中国投资年鉴

2017

CHINA INVESTMENT YEARBOOK

中国市场出版社
China Market Press

·北京·

图书在版编目（CIP）数据

中国投资年鉴．2017 /《中国投资年鉴》编委会编．
-- 北京 ：中国市场出版社，2018.11
ISBN 978-7-5092-1711-5

Ⅰ．①中… Ⅱ．①中… Ⅲ．①投资－中国－2017－年鉴 Ⅳ．
① F832.48-54

中国版本图书馆 CIP 数据核字 (2018) 第 186894 号

中国投资年鉴 2017

ZHONGGUO TOUZI NIANJIAN 2017

编　　者：《中国投资年鉴》编委会
责任编辑：张再青
出版发行：中国市场出版社
社　　址：北京市西城区月坛北小街 2 号院 3 号楼（100837）
电　　话：（010）68034118/68024335/68022950/68020336
经　　销：新华书店
印　　刷：北京朝阳印刷厂有限责任公司
规　　格：210mm × 285mm　16 开本
印　　张：25.5　　字　　数：1500 千字
版　　次：2018 年 11 月第 1 版　印　　次：2018 年 11 月第 1 次印刷
书　　号：ISBN 978-7-5092-1711-5
定　　价：680.00 元

买公司 买项目 买资产
就用建行并购贷款
中国建设银行
China Construction Bank
行并购贷款是为各类企业兼并重组、做大做强主业、扩大企业版图所推出的专属融资产品，用于
权并购、资产收购等各类并购项目。服务专业、性价比高，让企业战略意图的实现更加得心应手。
客户服务热线：95533
网址：www.ccb.com

《中国投资年鉴》编委会

李朴民　国家发展改革委秘书长
李位民　山东能源集团有限公司董事长、党委书记
李雨时　商务部国际贸易经济合作研究院原副院长
李春洪　广东省发展改革委原主任
李敬辉　财政部经济建设司原副司长
连建家　中国石油天然气集团公司规划计划部
余自甦　攀枝花钢铁（集团）公司总经理
余和平　西藏自治区发展改革委原副书记、副主任
沙先华　中国长江三峡集团公司副总经理
沈传立　青海省发展改革委副主任
沈晓钟　重庆市发展改革委主任
初　鹏　中国石油化工集团公司发展计划部原副主任
张八五　宁夏回族自治区发展改革委主任
张汉亚　中国投资协会原会长
张守成　青海省经委原主任
张光进　陕西省发展改革委原副主任
张志强　天津市发展改革委原主任
张建东　北京市人民政府副市长、党组成员
张金铸　福建省经贸委原副主任
张海东　民航局规划司副司长
张晓刚　鞍山钢铁集团公司副董事长
张韶春　安徽省发展改革委主任
陈元先　中国航空工业集团公司副总经济师
陈永久　河北省发展改革委原主任
陈俐民　西安市经委原主任
范恒山　国家发展改革委副秘书长
罗　涛　中国有色矿业集团有限公司原总经理
罗云毅　国家发展改革委投资研究所原所长
郄建伟　国家粮食局原副局长
周学文　水利部原副部长、党组成员
周建平　国家发展改革委国民经济动员办公室原主任
郑栅洁　福建省发展改革委原党组副书记、副主任
胡成栋　哈尔滨市发展改革委副主任
胡祖才　国家发展改革委副主任
赵庆波　国家电网公司总经济师
赵家荣　国家发展改革委原副秘书长
姜　周　大连市发展改革委市长原助理、主任
姚昌恬　国家林业局发展规划与资金管理司原司长
秦　柯　山东省发展改革委原副主任
贾　康　财政部财政科学研究所原所长
徐　莹　江苏省发展改革委原副主任
徐水师　中国煤炭地质总局原局长
唐利民　四川省发展改革委原主任
黄春旺　中国国旅集团有限公司原总经理助理
黄晓舟　厦门市发改委原党组成员、副巡视员
章远新　广西壮族自治区发展改革委主任
梁铁城　内蒙古自治区发展改革委原主任
隋　斌　农业部发展计划司原副司长
韩　勇　海南省军民融合发展委员会办公室常务副主任
彭　林　沈阳市发展改革委原主任
董贺义　国家发展改革委办公厅原巡视员
蒋为民　宝钢集团有限公司原总经理助理
蒋作斌　湖南省发展改革委原主任
程晓蔚　南京市发展改革委原副主任
舒　庆　环境保护部规划财务司原司长
窦　皓　中国国际工程咨询公司副总经理
蔡　勇　广东省经贸委副主任
臧秋华　甘肃省发展改革委原副主任
裴伟东　辽宁省发展改革委原副主任
谭成旭　辽宁省经济和信息化委员会原主任
潘建国　广州市发展改革委原主任
魏国旗　国家海洋局政策法规和规划司副巡视员

《中国投资年鉴》主办单位与编委会名单

特别支持单位

厦门新凯复材科技有限公司

TOPKEY
Excellence in Composites

拓凯集团

创立于1980年，秉持“诚信、勤奋、创新、感恩”的经营理念，以创新科技材料及垂直整合为核心，服务全球知名品牌商品，持续提供更亮丽、更安全、更舒适的应用及商品。30余年的深耕合作，深获客户肯定，已成为全球复材科技应用生态圈的重要角色。

厦门新凯复材科技有限公司从事复合材料产品行业达30年，在复合材料产品研究开发方面储备了全面的技术和实际经营经验，自主研发树脂、涂料的特殊性能（如耐燃、密着等），生产高性能复合材料球拍、碳纤维自行车架及零部件、复合材料头盔、复合材料飞机座椅、高性能复合材料医疗床板等。

新鸿洲精密科技有限公司是从事各类精密模具的开发、设计、制造及各类塑料制品的加工为主的高新科技企业，并致力于创新，至今已取得专利数高达130余项，并跃进精密光学及特用注塑领域，如高像素对焦镜头音圈马达，将部件制造延伸至自动化组立服务。

集团获得ISO9001、AS9100、NADCAP等航空质量管理体系认证与ISO14001环境认证，各项产品符合美国、欧盟、日本、澳大利亚等地的产品质量要求。截至目前拥有专利52项；TOPKEY商标获得2015年福建省、厦门市“著名商标”“优质产品”称号。致力成为员工共好、客户共赢、股东共享、环境共生、社会共荣的“五赢”人本亲善企业。

营运据点

台湾 台中
拓凯实业股份有限公司

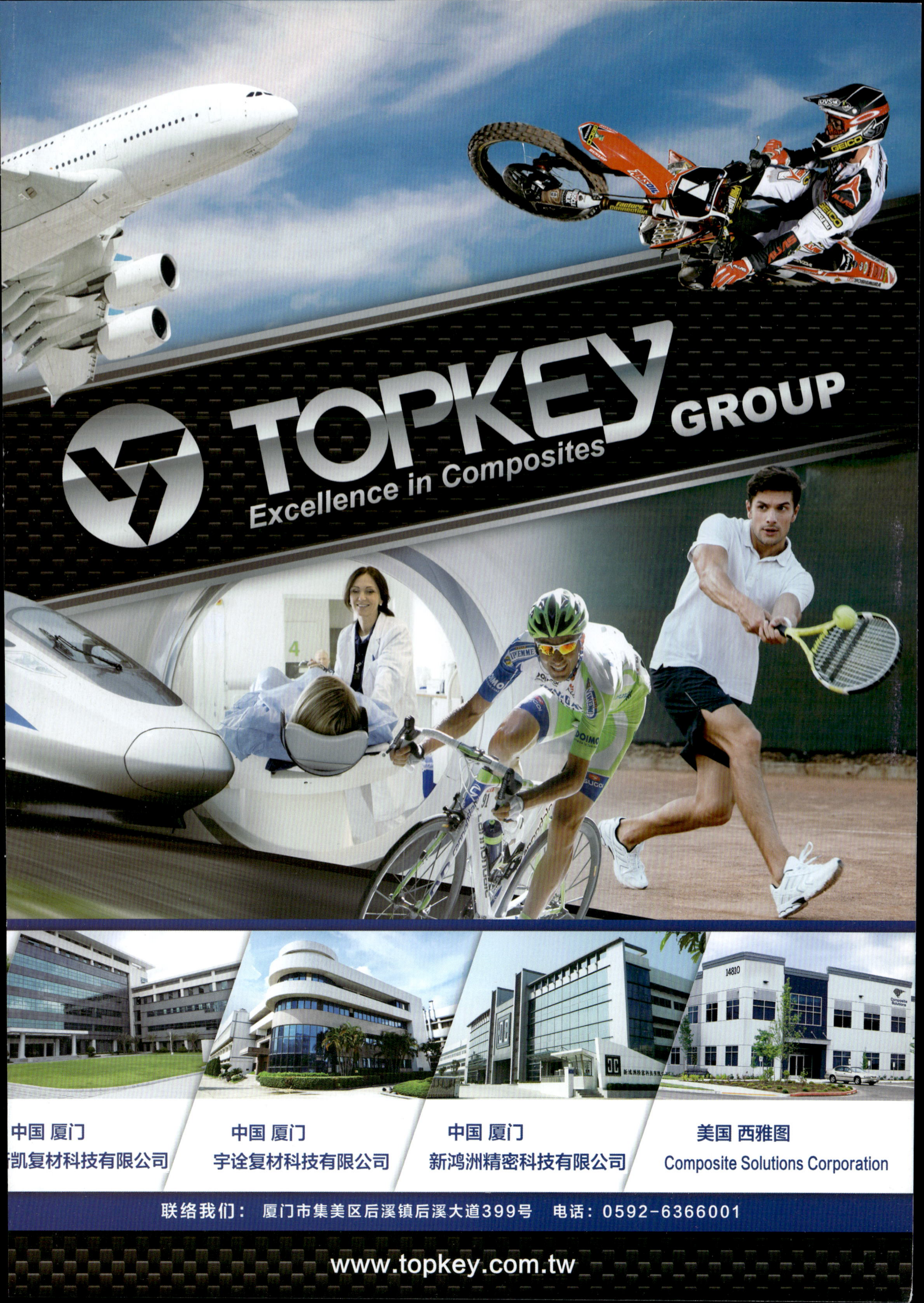
TOPKEY GROUP
Excellence in Composites
中国 厦门
凯复材科技有限公司
中国 厦门
宇诠复材科技有限公司
中国 厦门
新鸿洲精密科技有限公司
美国 西雅图
Composite Solutions Corporation
联络我们： 厦门市集美区后溪镇后溪大道399号 电话：0592-6366001
www.topkey.com.tw

TOPKEY
Excellence in Composites

公司核心研发与创新:

材料开发技术

1.Thermoset Resin Formulation

2.Thermoplastic Matrix Compound

预浸料含浸技术

1.Polymer Behaviors

2.Equipment Engineering

零件和工具 CAE/CAD

1.Composite Database

2.Simulation and Prediction

3.Tooling and Fixture Engineering for Production

模组化工程

1.Optimum parameter

2.Hybrid engineering (TS/TP/Metal…)

3.Bonding, Welding to Assembly

品质认证：AS9100 NADCAP ISO9001 ISO14001 ISO17025

厦门市集美区后溪镇后溪大道399号

0592-6366001 www.topkey.com.tw

华航24小时不打烊，出国任我行
自选座位
预办登机
购买机票
预选餐点
选购免税商品
购买高铁票

樺福遠航集團

樺福遠航集團由創辦人暨總裁張綱維先生於1990年創立，初期奠基於參與興建台北市重要公共建設“捷運BOT共構案”，並陸續推出多項大型知名建案，於2004年榮登台灣十大建商之列。

近年來，樺福遠航集團致力於多角化經營，除擴大房地產事業規模，同時跨足航空、飯店、商場、旅遊、餐飲、文創育樂、醫美及社會福利等產業，成為全方位發展的集團企業。

共享全方位樂活新魅力!

Wah Lee Industrial Corp

Material Pioneer · Technology Navigator

华立企业成立于1968年，为配合工业发展、科技演进与营运需求，订定引进及发展前瞻材料、设备与技术，提供高加值服务，以造福员工、客户及股东为公司的使命。走过半个世纪，华立先后引进复合材料、工程塑胶、印刷电路板、半导体、平面显示器、触控面板及光电产业的材料与设备。在更迭迅速的工业发展及产业转型过程中，华立始终扮演“全球资源整合者”及“产业技术领导者”的关键角色，成为两岸重点产业的关键供应商。

回顾20世纪80年代至今，为促成国际化的布局，以及扩大营运的需求，先后于美国、东南亚、祖国大陆、日本各重要城市设立子公司或代理据点，逐步将台湾成功的产业经营经验加以推广，成为大中华地区提供高科技、设备与技术的“整体解决方案领导厂商”。

时至21世纪初，随着全世界对环保、绿能与节能的重视，在秉持引进产业需求及善尽企业社会责任之一贯原则下，积极跨入相关产业，包括太阳能、LED及锂电池，对地球新能源与环保节能提供强而有力的支援。为因应全球高龄社会的到来，公司致力于跨进生技医疗领域，现阶段已攻入血液净化市场，期盼对大中华区的生医产业有举足轻重的贡献。

地球公民责任意识逐步抬头，十九大会议中也多次提及“美丽中国”的理想，促使华立致力布局环境资源保护，如空污、水污染防治等相关产业，未来除提供更多优质产品予客户外，将朝向高科技绿色产业发展，以建立优美的生态环境，奠定公司及全球人民永续发展基础。

华立企业股份有限公司

【高科技材料设备与技术的整体方案供应商】

诚信 · 热忱 · 尊重 · 传承 · 创新

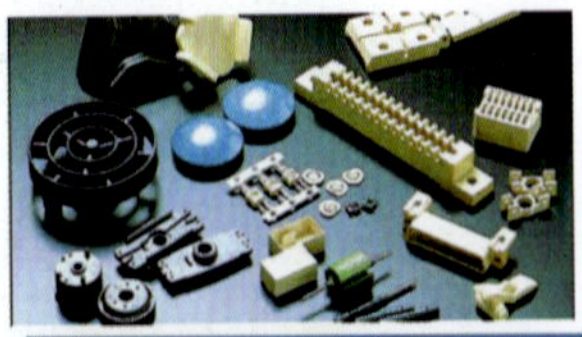

工程塑料 Engineering Plastic

- 电脑及周边用塑胶
- TFT LCD 产业用塑胶
- 电子连接器构装用塑胶
- 电子构装用塑胶
- 光学用塑胶
- 电子绝缘薄膜

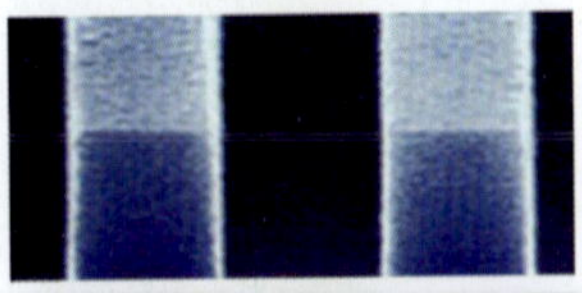

半导体 Semiconductor

- 光阻液及显影液
- 乾蚀刻后残留物去除剂
- IC 制程用化学品与特殊气体
- 半导体平整研磨液/垫片
- 石英、硅环及精细陶瓷组件
- 硅晶片

光电 Opto-electronics

- 平面显示器材料、控制 IC 与设备
- 触控面板用材料、控制 IC 与设备
- LED 制程与封装材料
- LED 元件与模组
- 光学膜

绿色能源 Green Energy

- 太阳能用晶片、模组
- 太阳能用电池模组及材料
- 电动车储能电池用材料
- 发动事业、区域电网、环保能源及节能系统
- 特殊材料

工业材料 Industrial Material

- 复合材料——玻璃纤维、芯材及树脂
- 船用引擎——游艇用柴油引擎及发电机
- 摩擦材料
- 特用化学品及其他工业材料——硅粉、抗静电剂
- 环保冷媒及其他工业材料

电子构装 Electronics & Mechanical

- 印刷电路板材料
- 印刷电路板设备
- 锂电池材料
- LED 散热材

东莞华港国际贸易有限公司
广东省东莞市长安镇长青路地王广场写字楼 23 楼
Tel：0769-8541-6451
Web site：www.raycong.com
厦门分公司：0592-399-2888
中山分公司：0760-2255-5858
重庆分公司：023-8678-2299

上海怡康化工材料有限公司
上海市长宁路 1027 号兆丰广场 20 楼 01-02 座
Tel：021-5241-9090
Web site：www.shanghaiyk.com
苏州分公司：0521-6285-8080
天津分公司：022-8787-8270
武汉分公司：027-5900-5380

高雄：高雄市801前金区中正四路235号10楼 (07)216-4311
台北：台北市中山区复兴北路369号11、12楼 (02)2715-2087
http://www.wahlee.com

新竹市企業經理協進會

專業 創新 誠信 服務

1994年11月26日 成立新竹市企業經理協進會，本會結合了工研院及科學園區的科技優勢及人才，鎖定在高科技業的經營管理服務，同時也以回饋社會的心，投入推動社區發展活動。

< 宗旨任務 >

本會宗旨

.傳播並交換企業經營管理經驗及知識，研究及改善企業經營實務。

.推行科學管理，協助企業改善經營，以促進經濟發展。

.提供專業服務，協助企業改進有關經營管理問題。

.推動社區關懷公益活動，營造和諧溫馨的生活環境。

本會任務

.舉辦有關企業經理實務的研討、講習及觀摩。

.接受委託，協助改進有關企業經營及管理事項。

.發行會刊及有關各項圖書刊物的收集及流通。

.與國內外有關企業管理組織聯繫及交流。

.加強經濟研究，包括國際商情的調查及分析。

.其他有關企業經理事項。

網址：http://www.cpmah.org.tw　電話：03-579-0348

傳真：03-666-2922　地址：302 新竹市介壽路45號2F

Email：service@cpmah.org.tw

ProPlus+ PROGROUPS TECHNOLOGY 博聚科技股份有限公司

1. 水性奈米树脂,为高科技新颖的先进材料,其粒径大小 60 奈米以下,可增加金属表面於锻造; 铸造时产生的细微孔洞加以填补;增加金属刚度及加工时表面平整度表现。
2. 硬度高于传统电镀制品,可达铅笔硬度 3H,避免表面刮伤及受损。
3. 颜色多样性。其颜色可为透色、遮蔽色,摆脱传统制程单调颜色、鲜少变化的困境。
4. 容易操作使用。开发此项水性奈米树脂,为便利一般大众使用,本公司研发单位研发出单液型,不需调配硬化剂,流程简单,更不辞辛苦到不同厂家及一般家庭操作。
5. 本公司注重消费型客户需求,添加奈米银离子,可达抗菌防霉效果,使此产品更加完备。
6. 环境保护方面,本公司产品为水性环保树脂,无空污问题,不仅可达中国排放标準,且更加先进的环境标準亦可通过。
7. 不含八大重金属,也通过 SGS PFOA 测试,对环境无污染,更对人体无害。
8. 相较於一般水性涂料,更能表现出金属光泽,物理特性更是高于一般标准。

水性表面处理树脂VS传统电镀 **Water based surface treatment resin v.s Traditional electro-plating**	水性表面处理树脂 Water based surface treatment resin	传统电镀 Traditional electro-plating
硬度 Hardness	2-4H	U V 3H 真空镀Vacuum Coating2H
膜厚 Thickness	20-60u	20-30u
百格 Cross-cut test	OK	OK
耐磨 Abrasion Resistance	＞100Time	50Time
耐冲击Impact resistance test	PASS	PASS
耐酒精Alcohol-resistant test	＞100Time	100Time
耐高温高湿Weather Resistance Test (相对溼度９５%、温度８０℃ Relative humidity95% ; Temperature80℃)	＞300hr	6hr
耐水煮Boiling resistance	PASS	FAIL
耐盐雾Salt Spray Test	＞168hr	8hr
排汗测试Moisture test	PASS	PASS

ProPlus+ 联络电话：+886-6-7962801 联络信箱：timhuang@proplus-tech.com

吉富投资集团
CHIFU INVESTMENT GROUP

简介

吉富集团三十多年来，秉承“不忘初心、行善得福、利成于益”的神圣使命，始终坚持做有社会责任的企业。以责任为投资策略的核心，通过参与以解决重要经济、社会和环境问题为目的的计划和项目，致力于以创新使世界更美好。

集团四大板块

金融
金融服务　责任之托

集团创立至今，深耕于金融领域三十余年，现旗下金融产业包含资产管理、私募股权、投资咨询和普惠金融等金融服务领域，以服务客户为己任，致力于打造更完善的金融体系。

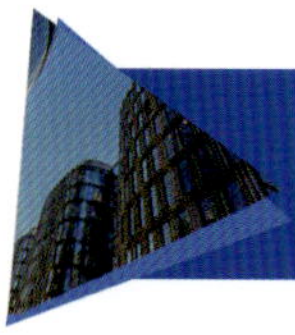

地产
以匠心诠释现代与传统

集团分别在上海、北京、天津等国内一线城市布局，拥有数个超大办公空间写字楼。先后规划并改造文化历史项目天津静园、五大道。总投资三亿美元的总部大楼，屹立于金融之都黄埔江畔，总建筑面积60000m²。

消费
助力中国消费升级

集团关注并关心当下中国消费人群，为满足当下消费群体追求品质生活不懈努力。集团消费产业涵盖了品质生活、文化创意、银发经济等，为国内不同年龄层的消费者打造优质的服务产业。

科技
科技改变人类生活

集团三十年来始终走在科技最前端。投资经营了包含生物科技、TMT、金融科技等科技产业，为改善人类生活不懈努力。

究竟生態健康生技事業
Truth Health Biotechnology

Ecological Pollution

Do something to protect yourself

當健康痛苦指數爆表！
怕癌找上？怕癌復發？
精準生態健檢，幫您找源頭！

生態環境污染透過食物鏈

究竟生態健康生技事業
Truth Health Biotechnology
地址：台北市忠孝東路五段669號5樓-2　聯絡人：張國珍　02-8785 0618　mail：jenny@fuga.com.tw

2017年《中国投资年鉴》编辑说明

《中国投资年鉴2017》系统收录了全国和各行业、各省市自治区2016年投资经济领域的重要文献资料、政策法规和统计数据，是一部如实反映中华人民共和国投资建设情况的专业性与资料性年度出版物。

本年鉴的内容包括：特载、宏观经济与投资、产业发展与投资、地区投资、利用外资与境外投资、生态文明建设投资、自主创新投资、发展建设规划、银行信贷与证券投资、投资政策法规、投融资统计、优秀企业展示等12个部分。由于鲜明的投融资专业性，本年鉴得到国家有关部委和各地投资主管部门的支持，受到商业银行、证券公司、投资公司、投资中介机构、科研机构、高等院校、企事业单位及广大投资者关注，成为了解国家投资政策与投融资社会热点演变的窗口，是进行投融资宏观与微观决策的重要参考书。

本书特载部分，收录了中国共产党第十九次代表大会报告，便于本年鉴读者随时查阅。

本书“投融资统计”部分包括：宏观经济与全社会固定资产投资，固定资产投资（不含农户）与城市设施建设，住宅投资与房地产开发，涉外投资与环保投资，金融概况，香港、澳门、台湾省生产总值与投资。所载数据全部来自中华人民共和国国家统计局所编的《中国统计年鉴2017》，并以其中“固定资产投资”篇为主要来源，同时选取国民经济核算、对外经济贸易、价格指数、人民生活、城市概况、资源和环境、金融业，以及香港、澳门、台湾省主要社会经济指标等篇中有关投融资的数据，以便投资专业人员查阅使用。

《中国投资年鉴》编委会

目　录

特 载

第一部分　宏观经济与投资

第二部分　产业发展与投资

第四部分　利用外资与境外投资

第五部分　生态文明建设投资

第六部分　自主创新投资

第七部分　发展建设规划

第八部分 银行信贷与证券投资

第九部分 投资政策法规

第十部分 投融资统计

一、宏观经济与全社会固定资产投资

二、固定资产投资（不含农户）与城市设施建设

三、住宅投资与房地产开发

四、涉外投资与环保投资

五、金融概况

六、香港、澳门、台湾省生产总值与投资

优秀企业展示

特载

决胜全面建成小康社会
夺取新时代中国特色社会主义伟大胜利

——在中国共产党第十九次全国代表大会上的报告（节选）

2017年10月18日

习近平

同志们：

现在，我代表第十八届中央委员会向大会作报告。

中国共产党第十九次全国代表大会，是在全面建成小康社会决胜阶段、中国特色社会主义进入新时代的关键时期召开的一次十分重要的大会。

大会的主题是：不忘初心，牢记使命，高举中国特色社会主义伟大旗帜，决胜全面建成小康社会，夺取新时代中国特色社会主义伟大胜利，为实现中华民族伟大复兴的中国梦不懈奋斗。

不忘初心，方得始终。中国共产党人的初心和使命，就是为中国人民谋幸福，为中华民族谋复兴。这个初心和使命是激励中国共产党人不断前进的根本动力。全党同志一定要永远与人民同呼吸、共命运、心连心，永远把人民对美好生活的向往作为奋斗目标，以永不懈怠的精神状态和一往无前的奋斗姿态，继续朝着实现中华民族伟大复兴的宏伟目标奋勇前进。

当前，国内外形势正在发生深刻复杂变化，我国发展仍处于重要战略机遇期，前景十分光明，挑战也十分严峻。全党同志一定要登高望远、居安思危，勇于变革、勇于创新，永不僵化、永不停滞，团结带领全国各族人民决胜全面建成小康社会，奋力夺取新时代中国特色社会主义伟大胜利。

一、过去五年的工作和历史性变革

十八大以来的五年，是党和国家发展进程中极不平凡的五年。面对世界经济复苏乏力、局部冲突和动荡频发、全球性问题加剧的外部环境，面对我国经济发展进入新常态等一系列深刻变化，我们坚持稳中求进工作总基调，迎难而上，开拓进取，取得了改革开放和社会主义现代化建设的历史性成就。

为贯彻十八大精神，党中央召开七次全会，分别就政府机构改革和职能转变、全面深化改革、全面推进依法治国、制定“十三五”规划、全面从严治党等重大问题作出决定和部署。五年来，我们统筹推进“五位一体”总体布局、协调推进“四个全面”战略布局，“十二五”规划胜利完成，“十三五”规划顺利实施，党和国家事业全面开创新局面。

经济建设取得重大成就。坚定不移贯彻新发展理念，坚决端正发展观念、转变发展方式，发展质量和效益不断提升。经济保持中高速增长，在世界主要国家中名列前茅，国内生产总值从五十四万亿元增长到八十万亿元，稳居世界第二，对世界经济增长贡献率超过百分之三十。供给侧结构性改革深入推进，经济结构不断优化，数字经济等新兴产业蓬勃发展，高铁、公路、桥梁、港口、机场等基础设施建设快速推进。农业现代化稳步推进，粮食生产能力达到一万二千亿斤。城镇化率年均提高一点二个百分点，八千多万农业转移人口成为城镇居民。区域发展协调性增强，“一带一路”建设、京津冀协同发展、长江经济带发展成效显著。创新驱动发展战略大力实施，创新型国家建设成果丰硕，天宫、蛟龙、天眼、悟空、墨子、大飞机等重大科技成果相继问世。南海岛礁建设积极推进。开放型经济新体制逐步健全，对外贸易、对外投资、外汇储备稳居世界前列。

全面深化改革取得重大突破。蹄疾步稳推进全面深化改革，坚决破除各方面体制机制弊端。改革全面发力、多点突破、纵深推进，着力增强改革系统性、整体性、协同性，压茬拓展改革广度和深度，推出一千五百多项改革举措，重要领域和关键环节改革取得突破性进展，主要领域改革主体框架基本确立。中国特色社会主义制度更加完善，国家治理体系和治理能力现代化水平明显提高，全社会发展活力和创新活力明显增强。

民主法治建设迈出重大步伐。积极发展社会主义民主政治，推进全面依法治国，党的领导、人民当家作主、依法治国有机统一的制度建设全面加强，党的领导体制机制不断完善，社会主义民主不断发展，党内民主更加广泛，社会主义协商民主全面展开，爱国统一战线巩固发展，民族宗教工作创新推进。科学立法、严格执法、公正司法、全民守法深入推进，法治国家、法治政府、法治社会建设相互促进，中国特色社会主义法治体系日益完善，全社会法治观念明显增强。国家监察体制改革试点取得实效，行政体制改革、司法体制改革、权力运行制约和监督体系建设有效实施。

思想文化建设取得重大进展。加强党对意识形态工作的领导，党的理论创新全面推进，马克思主义在意识形态领域的指导地位更加鲜明，中国特色社会主义和中国梦深入人心，社会主义核心价值观和中华优秀传统文化广泛弘扬，群众性精神文明创建活动扎实开展。公共文化服务水平不断提高，文艺创作持续繁荣，文化事业和文化产业蓬勃发展，互联网建设管理运用不断完善，全民健身和竞技体育全面发展。主旋律更加响亮，正能量更加强劲，文化自信得到彰显，国家文化软实力和中华文化影响力大幅提升，全党全社会思想上的团结统一更加巩固。

人民生活不断改善。深入贯彻以人民为中心的发展思想，一大批惠民举措落地实施，人民获得感显著增强。脱贫攻坚战取得决定性进展，六千多万贫困人口稳定脱贫，贫困发生率从百分之十点二下降到百分之四以下。教育事业全面发展，中西部和农村教育明显加强。就业状况持续改善，城镇新增就业年均一千三百万人以上。城乡居民收入增速超过经济增速，中等收入群体持续扩大。覆盖城乡居民的社会保障体系基本建立，人民健康和医疗卫生水平大幅提高，保障性住房建设稳步推进。社会治理体系更加完善，社会大局保持稳定，国家安全全面加强。

生态文明建设成效显著。大力度推进生态文明建设，全党全国贯彻绿色发展理念的自觉性和主动性显著增强，忽视生态环境保护的状况明显改变。生态文明制度体系加快形成，主体功能区制度逐步健全，国家公园体制试点积极推进。全面节约资源有效推进，能源资源消耗强度大幅下降。重大生态保护和修复工程进展顺利，森林覆盖率持续提高。生态环境治理明显加强，环境状况得到改善。引导应对气候变化国际合作，成为全球生态文明建设的重要参与者、贡献者、引领者。

强军兴军开创新局面。着眼于实现中国梦强军梦，制定新形势下军事战略方针，全力推进国防和军队现代化。召开古田全军政治工作会议，恢复和发扬我党我军光荣传统和优良作风，人民军队政治生态得到有效治理。国防和军队改革取得历史性突破，形成军委管总、战区主战、军种主建新格局，人民军队组织架构和力量体系实现革命性重塑。加强练兵备战，有效遂行海上维权、反恐维稳、抢险救灾、国际维和、亚丁湾护航、人道主义救援等重大任务，武器装备加快发展，军事斗争准备取得重大进展。人民军队在中国特色强军之路上迈出坚定步伐。

港澳台工作取得新进展。全面准确贯彻“一国两制”方针，牢牢掌握宪法和基本法赋予的中央对香港、澳门全面管治权，深化内地和港澳地区交流合作，保持香港、澳门繁荣稳定。坚持一个中国原则和“九二共识”，推动两岸关系和平发展，加强两岸经济文化交流合作，实现两岸领导人历史性会晤。妥善应对台湾局势变化，坚决反对和遏制“台独”分裂势力，有力维护台海和平稳定。

全方位外交布局深入展开。全面推进中国特色大国外交，形成全方位、多层次、立体化的外交布局，为我国发展营造了良好外部条件。实施共建“一带一路”倡议，发起创办亚洲基础设施投资银行，设立丝路基金，举办首届“一带一路”国际合作高峰论坛、亚太经合组织领导人非正式会议、二十国集团领导人杭州峰会、金砖国家领导人厦门会晤、亚信峰会。倡导构建人类命运共同体，促进全球治理体系变革。我国国际影响力、感召力、塑造力进一步提高，为世界和平与发展作出新的重大贡献。

全面从严治党成效卓著。全面加强党的领导和党的建设，坚决改变管党治党宽松软状况。推动全党尊崇党章，增强政治意识、大局意识、核心意识、看齐意识，坚决维护党中央权威和集中统一领导，严明党的政治纪律和政治规矩，层层落实管党治党政治责任。坚持照镜子、正衣冠、洗洗澡、治治病的要求，开展党的群众路线教育实践活动和“三严三实”专题教育，推进“两学一做”学习教育常态化制度化，全党理想信念更加坚定、党性更加坚强。贯彻新时期好干部标准，选人用人状况和风气明显好转。党的建设制度改革深入推进，党内法规制度体系不断完善。把纪律挺在前面，着力解决人民群众反映最强烈、对党的执政基础威胁最大的突出问题。出台中央八项规定，严厉整治形式主义、官僚主义、享乐主义和奢靡之风，坚决反对特权。巡视利剑作用彰显，实现中央和省级党委巡视全覆盖。坚持反腐败无禁区、全覆盖、零容忍，坚定不移“打虎”、“拍蝇”、“猎狐”，不敢腐的目标初步实现，不能腐的笼子越扎越牢，不想腐的堤坝正在构筑，反腐败斗争压倒性态势已经形成并巩固发展。

五年来的成就是全方位的、开创性的，五年来的变革是深层次的、根本性的。五年来，我们党以巨大的政治勇气和强烈的责任担当，提出一系列新理念新思想新战略，出台一系列重大方针政策，推出一系列重大举措，推进一系列重大工作，解决了许多长期想解决而没有解决的难题，办成了许多过去想办而没有办成的大事，推动党和国家事业发生历史性变革。这些历史性变革，对党和国家事业发展具有重大而深远的影响。

五年来，我们勇于面对党面临的重大风险考验和党内存在的突出问题，以顽强意志品质正风肃纪、反腐惩恶，消除了党和国家内部存在的严重隐患，党内政治生活气象更新，党内政治生态明显好转，党的创造力、凝聚力、战斗力显著增强，党的团结统一更加巩固，党群关系明显改善，党在革命性锻造中更加坚强，焕发出新的强大生机活力，为党和国家事业发展提供了坚强政治保证。

同时，必须清醒看到，我们的工作还存在许多不足，也面临不少困难和挑战。主要是：发展不平衡不充分的一些突出问题尚未解决，发展质量和效益还不高，创新能力不够强，实体经济水平有待提高，生态环境保护任重道远；民生领域还有不少短板，脱贫攻坚任务艰巨，城乡区域发展和收入分配差距依然较大，群众在就业、教育、医疗、居住、养老等方面面临不少难题；社会文明水平尚需提高；社会矛盾和问题交织叠加，全面依法治国任务依然繁重，国家治理体系和治理能力有待加强；意识形态领域斗争依然复杂，国家安全面临新情况；一些改革部署和重大政策措施需要进一步落实；党的建设方面还存在不少薄弱环节。这些问题，必须着力加以解决。

五年来的成就，是党中央坚强领导的结果，更是全党全国各族人民共同奋斗的结果。我代表中共中央，向全国各族人民，向各民主党派、各人民团体和各界爱国人士，向香港特别行政区同胞、澳门特别行政区同胞和台湾同胞以及广大侨胞，向关心和支持中国现代化建设的各国朋友，表示衷心的感谢！

同志们！改革开放之初，我们党发出了走自己的路、建设中国特色社会主义的伟大号召。从那时以来，我们党团结带领全国各族人民不懈奋斗，推动我国经济实力、科技实力、国防实力、综合国力进入世界前列，推动我国国际地位实现前所未有的提升，党的面貌、国家的面貌、人民的面貌、军队的面貌、中华民族的面貌发生了前所未有的变化，中华民族正以崭新姿态屹立于世界的东方。

经过长期努力，中国特色社会主义进入了新时代，这是我国发展新的历史方位。

中国特色社会主义进入新时代，意味着近代以来久经磨难的中华民族迎来了从站起来、富起来到强起来的伟大飞跃，迎来了实现中华民族伟大复兴的光明前景；意味着科学社会主义在二十一世纪的中国焕发出强大生机活力，在世界上高高举起了中国特色社会主义伟大旗帜；意味着中国特色社会主义道路、理论、制度、文化不断发展，拓展了发展中国家走向现代化的途径，给世界上那些既希望加快发展又希望保持自身独立性的国家和民族提供了全新选择，为解决人类问题贡献了中国智慧和中国方案。

这个新时代，是承前启后、继往开来、在新的历史条件下继续夺取中国特色社会主义伟大胜利的时代，是决胜全面建成小康社会、进而全面建设社会主义现代化强国的时代，是全国各族人民团结奋斗、不断创造美好生活、逐步实现全体人民共同富裕的时代，是全体中华儿女勠力同心、奋力实现中华民族伟大复兴中国梦的时代，是我国日益走近世界舞台中央、不断为人类作出更大贡献的时代。

中国特色社会主义进入新时代，我国社会主要矛盾已经转化为人民日益增长的美好生活需要和不平衡不充分的发展之间的矛盾。我国稳定解决了十几亿人的温饱问题，总体上实现小康，不久将全面建成小康社会，人民美好生活需要日益广泛，不仅对物质文化生活提出了更高要求，而且在民主、法治、公平、正义、安全、环境等方面的要求日益增长。同时，我国社会生产力水平总体上显著提高，社会生产能力在很多方面进入世界前列，更加突出的问题是发展不平衡不充分，这已经成为满足人民日益增长的美好生活需要的主要制约因素。

必须认识到，我国社会主要矛盾的变化是关系全局的历史性变化，对党和国家工作提出了许多新要求。我们要在继续推动发展的基础上，着力解决好发展不平衡不充分问题，大力提升发展质量和效益，更好满足人民在经济、政治、文化、社会、生态等方面日益增长的需要，更好推动人的全面发展、社会全面进步。

必须认识到，我国社会主要矛盾的变化，没有改变我们对我国社会主义所处历史阶段的判断，我国仍处于并将长期处于社会主义初级阶段的基本国情没有变，我国是世界最大发展中国家的国际地位没有变。全党要牢牢把握社会主义初级阶段这个基本国情，牢牢立足社会主义初级阶段这个最大实际，牢牢坚持党的基本路线这个党和国家的生命线、人民的幸福线，领导和团结全国各族人民，以经济建设为中心，坚持四项基本原则，坚持改革开放，自力更生，艰苦创业，为把我国建设成为富强民主文明和谐美丽的社会主义现代化强国而奋斗。

同志们！中国特色社会主义进入新时代，在中华人民共和国发展史上、中华民族发展史上具有重大意义，在世界社会主义发展史上、人类社会发展史上也具有重大意义。全党要坚定信心、奋发有为，让中国特色社会主义展现出更加强大的生命力！

二、新时代中国共产党的历史使命

一百年前，十月革命一声炮响，给中国送来了马克思列宁主义。中国先进分子从马克思列宁主义的科学真理中看到了解决中国问题的出路。在近代以后中国社会的剧烈运动中，在中国人民反抗封建统治和外来侵略的激烈斗争中，在马克思列宁主义同中国工人运动的结合过程中，一九二一年中国共产党应运而生。从此，中国人民谋求民族独立、人民解放和国家富强、人民幸福的斗争就有了主心骨，中国人民就从精神上由被动转为主动。

中华民族有五千多年的文明历史，创造了灿烂的中华文明，为人类作出了卓越贡献，成为世界上伟大的民族。鸦片战争后，中国陷入内忧外患的黑暗境地，中国人民经历了战乱频仍、山河破碎、民不聊生的深重苦难。为了民族复兴，无数仁人志士不屈不挠、前仆后继，进行了可歌可泣的斗争，进行了各式各样的尝试，但终究未能改变旧中国的社会性质和中国人民的悲惨命运。

实现中华民族伟大复兴是近代以来中华民族最伟大的梦想。中国共产党一经成立，就把实现共产主义作为党的最高理想和最终目标，义无反顾肩负起实现中华民族伟大复兴的历史使命，团结带领人民进行了艰苦卓绝的斗争，谱写了气吞山河的壮丽史诗。

我们党深刻认识到，实现中华民族伟大复兴，必须推翻压在中国人民头上的帝国主义、封建主义、官僚资本主义三座大山，实现民族独立、人民解放、国家统一、社会稳定。我们党团结带领人民找到了一条以农村包围城市、武装夺取政权的正确革命道路，进行了二十八年浴血奋战，完成了新民主主义革命，一九四九年建立了中华人民共和国，实现了中国从几千年封建专制政治向人民民主的伟大飞跃。

我们党深刻认识到，实现中华民族伟大复兴，必须建立符合我国实际的先进社会制度。我们党团结带领人民完成社会主义革命，确立社会主义基本制度，推进社会主义建设，完成了中华民族有史以来最为广泛而深刻的社会变革，为当代中国一切发展进步奠定了根本政治前提和制度基础，实现了中华民族由近代不断衰落到根本扭转命运、持续走向繁荣富强的伟大飞跃。

我们党深刻认识到，实现中华民族伟大复兴，必须合乎时代潮流、顺应人民意愿，勇于改革开放，让党和人民事业始终充满奋勇前进的强大动力。我们党团结带领人民进行改革开放新的伟大革命，破除阻碍国家和民族发展的一切思想和体制障碍，开辟了中国特色社会主义道路，使中国大踏步赶上时代。

九十六年来，为了实现中华民族伟大复兴的历史使命，无论是弱小还是强大，无论是顺境还是逆境，我们党都初心不改、矢志不渝，团结带领人民历经千难万险，付出巨大牺牲，敢于面对曲折，勇于修正错误，攻克了一个又一个看似不可攻克的难关，创造了一个又一个彪炳史册的人间奇迹。

同志们！今天，我们比历史上任何时期都更接近、更有信心和能力实现中华民族伟大复兴的目标。

行百里者半九十。中华民族伟大复兴，绝不是轻轻松松、敲锣打鼓就能实现的。全党必须准备付出更为艰巨、更为艰苦的努力。

实现伟大梦想，必须进行伟大斗争。社会是在矛盾运动中前进的，有矛盾就会有斗争。我们党要团结带领人民有效应对重大挑战、抵御重大风险、克服重大阻力、解决重大矛盾，必须进行具有许多新的历史特点的伟大斗争，任何贪图享受、消极懈怠、回避矛盾的思想和行为都是错误的。全党要更加自觉地坚持党的领导和我国社会主义制度，坚决反对一切削弱、歪曲、否定党的领导和我国社会主义制度的言行；更加自觉地维护人民利益，坚决反对一切损害人民利益、脱离群众的行为；更加自觉地投身改革创新时代潮流，坚决破除一切顽瘴痼疾；更加自觉地维护我国主权、安全、发展利益，坚决反对一切分裂祖国、破坏民族团结和社会和谐稳定的行为；更加自觉地防范各种风险，坚决战胜一切在政治、经济、文化、社会等领域和自然界出现的困难和挑战。全党要充分认识这场伟大斗争的长期性、复杂性、艰巨性，发扬斗争精神，提高斗争本领，不断夺取伟大斗争新胜利。

实现伟大梦想，必须建设伟大工程。这个伟大工程就是我们党正在深入推进的党的建设新的伟大工程。历史已经并将继续证明，没有中国共产党的领导，民族复兴必然是空想。我们党要始终成为时代先锋、民族脊梁，始终成为马克思主义执政党，自身必须始终过硬。全党要更加自觉地坚定党性原则，勇于直面问题，敢于刮骨疗毒，消除一切损害党的先进性和纯洁性的因素，清除一切侵蚀党的健康肌体的病毒，不断增强党的政治领导力、思想引领力、群众组织力、社会号召力，确保我们党永葆旺盛生命力和强大战斗力。

实现伟大梦想，必须推进伟大事业。中国特色社会主义是改革开放以来党的全部理论和实践的主题，是党和人民历尽千辛万苦、付出巨大代价取得的根本成就。中国特色社会主义道路是实现社会主义现代化、创造人民美好生活的必由之路，中国特色社会主义理论体系是指导党和人民实现中华民族伟大复兴的正确理论，中国特色社会主义制度是当代中国发展进步的根本制度保障，中国特色社会主义文化是激励全党全国各族人民奋勇前进的强大精神力量。全党要更加自觉地增强道路自信、理论自信、制度自信、文化自信，既不走封闭僵化的老路，也不走改旗易帜的邪路，保持政治定力，坚持实干兴邦，始终坚持和发展中国特色社会主义。

伟大斗争，伟大工程，伟大事业，伟大梦想，紧密联系、相互贯通、相互作用，其中起决定性作用的是党的建设新的伟大工程。推进伟大工程，要结合伟大斗争、伟大事业、伟大梦想的实践来进行，确保党在世界形势深刻变化的历史进程中始终走在时代前列，在应对国内外各种风险和考验的历史进程中始终成为全国人民的主心骨，在坚持和发展中国特色社会主义的历史进程中始终成为坚强领导核心。

同志们！使命呼唤担当，使命引领未来。我们要不负人民重托、无愧历史选择，在新时代中国特色社会主义的伟大实践中，以党的坚强领导和顽强奋斗，激励全体中华儿女不断奋进，凝聚起同心共筑中国梦的磅礴力量！

三、新时代中国特色社会主义思想和基本方略

十八大以来，国内外形势变化和我国各项事业发展都给我们提出了一个重大时代课题，这就是必须从理论和实践结合上系统回答新时代坚持和发展什么样的中国特色社会主义、怎样坚持和发展中国特色社会主义，包括新时代坚持和发展中国特色社会主义的总目标、总任务、总体布局、战略布局和发展方向、发展方式、发展动力、战略步骤、外部条件、政治保证等基本问题，并且要根据新的实践对经济、政治、法治、科技、文化、教育、民生、民族、宗教、社会、生态文明、国家安全、国防和军队、“一国两制”和祖国统一、统一战线、外交、党的建设等各方面作出理论分析和政策指导，以利于更好坚持和发展中国特色社会主义。

围绕这个重大时代课题，我们党坚持以马克思列宁主义、毛泽东思想、邓小平理论、“三个代表”重要思想、科学发展观为指导，坚持解放思想、实事求是、与时俱进、求真务实，坚持辩证唯物主义和历史唯物主义，紧密结合新的时代条件和实践要求，以全新的视野深化对共产党执政规律、社会主义建设规律、人类社会发展规律的认识，进行艰辛理论探索，取得重大理论创新成果，形成了新时代中国特色社会主义思想。

新时代中国特色社会主义思想，明确坚持和发展中国特色社会主义，总任务是实现社会主义现代化和中华民族伟大复兴，在全面建成小康社会的基础上，分两步走在本世纪中叶建成富强民主文明和谐美丽的社会主义现代化强国；明确新时代我国社会主要矛盾是人民日益增长的美好生活需要和不平衡不充分的发展之间的矛盾，必须坚持以人民为中心的发展思想，不断促进人的全面发展、全体人

民共同富裕；明确中国特色社会主义事业总体布局是“五位一体”、战略布局是“四个全面”，强调坚定道路自信、理论自信、制度自信、文化自信；明确全面深化改革总目标是完善和发展中国特色社会主义制度、推进国家治理体系和治理能力现代化；明确全面推进依法治国总目标是建设中国特色社会主义法治体系、建设社会主义法治国家；明确党在新时代的强军目标是建设一支听党指挥、能打胜仗、作风优良的人民军队，把人民军队建设成为世界一流军队；明确中国特色大国外交要推动构建新型国际关系，推动构建人类命运共同体；明确中国特色社会主义最本质的特征是中国共产党领导，中国特色社会主义制度的最大优势是中国共产党领导，党是最高政治领导力量，提出新时代党的建设总要求，突出政治建设在党的建设中的重要地位。

新时代中国特色社会主义思想，是对马克思列宁主义、毛泽东思想、邓小平理论、“三个代表”重要思想、科学发展观的继承和发展，是马克思主义中国化最新成果，是党和人民实践经验和集体智慧的结晶，是中国特色社会主义理论体系的重要组成部分，是全党全国人民为实现中华民族伟大复兴而奋斗的行动指南，必须长期坚持并不断发展。

全党要深刻领会新时代中国特色社会主义思想的精神实质和丰富内涵，在各项工作中全面准确贯彻落实。

（一）坚持党对一切工作的领导。党政军民学，东西南北中，党是领导一切的。必须增强政治意识、大局意识、核心意识、看齐意识，自觉维护党中央权威和集中统一领导，自觉在思想上政治上行动上同党中央保持高度一致，完善坚持党的领导的体制机制，坚持稳中求进工作总基调，统筹推进“五位一体”总体布局，协调推进“四个全面”战略布局，提高党把方向、谋大局、定政策、促改革的能力和定力，确保党始终总揽全局、协调各方。

（二）坚持以人民为中心。人民是历史的创造者，是决定党和国家前途命运的根本力量。必须坚持人民主体地位，坚持立党为公、执政为民，践行全心全意为人民服务的根本宗旨，把党的群众路线贯彻到治国理政全部活动之中，把人民对美好生活的向往作为奋斗目标，依靠人民创造历史伟业。

（三）坚持全面深化改革。只有社会主义才能救中国，只有改革开放才能发展中国、发展社会主义、发展马克思主义。必须坚持和完善中国特色社会主义制度，不断推进国家治理体系和治理能力现代化，坚决破除一切不合时宜的思想观念和体制机制弊端，突破利益固化的藩篱，吸收人类文明有益成果，构建系统完备、科学规范、运行有效的制度体系，充分发挥我国社会主义制度优越性。

（四）坚持新发展理念。发展是解决我国一切问题的基础和关键，发展必须是科学发展，必须坚定不移贯彻创新、协调、绿色、开放、共享的发展理念。必须坚持和完善我国社会主义基本经济制度和分配制度，毫不动摇巩固和发展公有制经济，毫不动摇鼓励、支持、引导非公有制经济发展，使市场在资源配置中起决定性作用，更好发挥政府作用，推动新型工业化、信息化、城镇化、农业现代化同步发展，主动参与和推动经济全球化进程，发展更高层次的开放型经济，不断壮大我国经济实力和综合国力。

（五）坚持人民当家作主。坚持党的领导、人民当家作主、依法治国有机统一是社会主义政治发展的必然要求。必须坚持中国特色社会主义政治发展道路，坚持和完善人民代表大会制度、中国共产党领导的多党合作和政治协商制度、民族区域自治制度、基层群众自治制度，巩固和发展最广泛的爱国统一战线，发展社会主义协商民主，健全民主制度，丰富民主形式，拓宽民主渠道，保证人民当家作主落实到国家政治生活和社会生活之中。

（六）坚持全面依法治国。全面依法治国是中国特色社会主义的本质要求和重要保障。必须把党的领导贯彻落实到依法治国全过程和各方面，坚定不移走中国特色社会主义法治道路，完善以宪法为核心的中国特色社会主义法律体系，建设中国特色社会主义法治体系，建设社会主义法治国家，发展中国特色社会主义法治理论，坚持依法治国、依法执政、依法行政共同推进，坚持法治国家、法治政府、法治社会一体建设，坚持依法治国和以德治国相结合，依法治国和依规治党有机统一，深化司法体制改革，提高全民族法治素养和道德素质。

（七）坚持社会主义核心价值体系。文化自信是一个国家、一个民族发展中更基本、更深沉、更持久的力量。必须坚持马克思主义，牢固树立共产主义远大理想和中国特色社会主义共同理想，培育和践行社会主义核心价值观，不断增强意识形态领域主导权和话语权，推动中华优秀传统文化创造性转化、创新性发展，继承革命文化，发展社会主义先进文化，不忘本来、吸收外来、面向未来，更好构筑中国精神、中国价值、中国力量，为人民提供精神指引。

（八）坚持在发展中保障和改善民生。增进民生福祉是发展的根本目的。必须多谋民生之利、多解民生之忧，在发展中补齐民生短板、促进社会公平正义，在幼有所育、学有所教、劳有所得、病有所医、老有所养、住有所居、弱有所扶上不断取得新进展，深入开展脱贫攻坚，保证全体人民在共建共享发展中有更多获得感，不断促进人的全面发展、全体人民共同富裕。建设平安中国，加强和创新社会治理，维护社会和谐稳定，确保国家长治久安、人民安居乐业。

（九）坚持人与自然和谐共生。建设生态文明是中华民族永续发展的千年大计。必须树立和践行绿水青山就是金山银山的理念，坚持节约资源和保护环境的基本国策，像对待生命一样对待生态环境，统筹山水林田湖草系统治理，实行最严格的生态环境保护制度，形成绿色发展方式和生活方式，坚定走生产发展、生活富裕、生态良好的文明发展道路，建设美丽中国，为人民创造良好生产生活环境，为全球生态安全作出贡献。

（十）坚持总体国家安全观。统筹发展和安全，增强忧患意识，做到居安思危，是我们党治国理政的一个重大原则。必须坚持国家利益至上，以人民安全为宗旨，以政治安全为根本，统筹外部安全和内部安全、国土安全和国民安全、传统安全和非传统安全、自身安全和共同安全，完善国家安全制度体系，加强国家安全能力建设，坚决维护国家主权、安全、发展利益。

（十一）坚持党对人民军队的绝对领导。建设一支听党指挥、能打胜仗、作风优良的人民军队，是实现"两个一百年"奋斗目标、实现中华民族伟大复兴的战略支撑。必须全面贯彻党领导人民军队的一系列根本原则和制度，确立新时代党的强军思想在国防和军队建设中的指导地位，坚持政治建军、改革强军、科技兴军、依法治军，更加注重聚焦实战，更加注重创新驱动，更加注重体系建设，更加注重集约高效，更加注重军民融合，实现党在新时代的强军目标。

（十二）坚持"一国两制"和推进祖国统一。保持香港、澳门长期繁荣稳定，实现祖国完全统一，是实现中华民族伟大复兴的必然要求。必须把维护中央对香港、澳门特别行政区全面管治权和保障特别行政区高度自治权有机结合起来，确保"一国两制"方针不会变、不动摇，确保"一国两制"实践不变形、不走样。必须坚持一个中国原则，坚持"九二共识"，推动两岸关系和平发展，深化两岸经济合作和文化往来，推动两岸同胞共同反对一切分裂国家的活动，共同为实现中华民族伟大复兴而奋斗。

（十三）坚持推动构建人类命运共同体。中国人民的梦想同各国人民的梦想息息相通，实现中国梦离不开和平的国际环境和稳定的国际秩序。必须统筹国内国际两个大局，始终不渝走和平发展道路、奉行互利共赢的开放战略，坚持正确义利观，树立共同、综合、合作、可持续的新安全观，谋求开放创新、包容互惠的发展前景，促进和而不同、兼收并蓄的文明交流，构筑尊崇自然、绿色发展的生态体系，始终做世界和平的建设者、全球发展的贡献者、国际秩序的维护者。

（十四）坚持全面从严治党。勇于自我革命，从严管党治党，是我们党最鲜明的品格。必须以党章为根本遵循，把党的政治建设摆在首位，思想建党和制度治党同向发力，统筹推进党的各项建设，抓住“关键少数”，坚持“三严三实”，坚持民主集中制，严肃党内政治生活，严明党的纪律，强化党内监督，发展积极健康的党内政治文化，全面净化党内政治生态，坚决纠正各种不正之风，以零容忍态度惩治腐败，不断增强党自我净化、自我完善、自我革新、自我提高的能力，始终保持党同人民群众的血肉联系。

以上十四条，构成新时代坚持和发展中国特色社会主义的基本方略。全党同志必须全面贯彻党的基本理论、基本路线、基本方略，更好引领党和人民事业发展。

实践没有止境，理论创新也没有止境。世界每时每刻都在发生变化，中国也每时每刻都在发生变化，我们必须在理论上跟上时代，不断认识规律，不断推进理论创新、实践创新、制度创新、文化创新以及其他各方面创新。

同志们！时代是思想之母，实践是理论之源。只要我们善于聆听时代声音，勇于坚持真理、修正错误，二十一世纪中国的马克思主义一定能够展现出更强大、更有说服力的真理力量！

四、决胜全面建成小康社会，开启全面建设社会主义现代化国家新征程

改革开放之后，我们党对我国社会主义现代化建设作出战略安排，提出“三步走”战略目标。解决人民温饱问题、人民生活总体上达到小康水平这两个目标已提前实现。在这个基础上，我们党提出，到建党一百年时建成经济更加发展、民主更加健全、科教更加进步、文化更加繁荣、社会更加和谐、人民生活更加殷实的小康社会，然后再奋斗三十年，到新中国成立一百年时，基本实现现代化，把我国建成社会主义现代化国家。

从现在到二〇二〇年，是全面建成小康社会决胜期。要按照十六大、十七大、十八大提出的全面建成小康社会各项要求，紧扣我国社会主要矛盾变化，统筹推进经济建设、政治建设、文化建设、社会建设、生态文明建设，坚定实施科教兴国战略、人才强国战略、创新驱动发展战略、乡村振兴战略、区域协调发展战略、可持续发展战略、军民融合发展战略，突出抓重点、补短板、强弱项，特别是要坚决打好防范化解重大风险、精准脱贫、污染防治的攻坚战，使全面建成小康社会得到人民认可、经得起历史检验。

从十九大到二十大，是“两个一百年”奋斗目标的历史交汇期。我们既要全面建成小康社会、实现第一个百年奋斗目标，又要乘势而上开启全面建设社会主义现代化国家新征程，向第二个百年奋斗目标进军。

综合分析国际国内形势和我国发展条件，从二〇二〇年到本世纪中叶可以分两个阶段来安排。

第一个阶段，从二〇二〇年到二〇三五年，在全面建成小康社会的基础上，再奋斗十五年，基本实现社会主义现代化。到那时，我国经济实力、科技实力将大幅跃升，跻身创新型国家前列；人民平等参与、平等发展权利得到充分保障，法治国家、法治政府、法治社会基本建成，各方面制度更加完善，国家治理体系和治理能力现代化基本实现；社会文明程度达到新的高度，国家文化软实力显著增强，中华文化影响更加广泛深入；人民生活更为宽裕，中等收入群体比例明显提高，城乡区域发展差距和居民生活水平差距显著缩小，基本公共服务均等化基本实现，全体人民共同富裕迈出坚实步伐；现代社会治理格局基本形成，社会充满活力又和谐有序；生态环境根本好转，美丽中国目标基本实现。

第二个阶段，从二〇三五年到本世纪中叶，在基本实现现代化的基础上，再奋斗十五年，把我国建成富强民主文明和谐美丽的社会主义现代化强国。到那时，我国物质文明、政治文明、精神文明、社会文明、生态文明将全面提升，实现国家治理体系和治理能力现代化，成为综合国力和国际影响力领先的国家，全体人民共同富裕基本实现，我国人民将享有更加幸福安康的生活，中华民族将以

更加昂扬的姿态屹立于世界民族之林。

同志们！从全面建成小康社会到基本实现现代化，再到全面建成社会主义现代化强国，是新时代中国特色社会主义发展的战略安排。我们要坚忍不拔、锲而不舍，奋力谱写社会主义现代化新征程的壮丽篇章！

五、贯彻新发展理念，建设现代化经济体系

实现“两个一百年”奋斗目标、实现中华民族伟大复兴的中国梦，不断提高人民生活水平，必须坚定不移把发展作为党执政兴国的第一要务，坚持解放和发展社会生产力，坚持社会主义市场经济改革方向，推动经济持续健康发展。

我国经济已由高速增长阶段转向高质量发展阶段，正处在转变发展方式、优化经济结构、转换增长动力的攻关期，建设现代化经济体系是跨越关口的迫切要求和我国发展的战略目标。必须坚持质量第一、效益优先，以供给侧结构性改革为主线，推动经济发展质量变革、效率变革、动力变革，提高全要素生产率，着力加快建设实体经济、科技创新、现代金融、人力资源协同发展的产业体系，着力构建市场机制有效、微观主体有活力、宏观调控有度的经济体制，不断增强我国经济创新力和竞争力。

（一）深化供给侧结构性改革。建设现代化经济体系，必须把发展经济的着力点放在实体经济上，把提高供给体系质量作为主攻方向，显著增强我国经济质量优势。加快建设制造强国，加快发展先进制造业，推动互联网、大数据、人工智能和实体经济深度融合，在中高端消费、创新引领、绿色低碳、共享经济、现代供应链、人力资本服务等领域培育新增长点、形成新动能。支持传统产业优化升级，加快发展现代服务业，瞄准国际标准提高水平。促进我国产业迈向全球价值链中高端，培育若干世界级先进制造业集群。加强水利、铁路、公路、水运、航空、管道、电网、信息、物流等基础设施网络建设。坚持去产能、去库存、去杠杆、降成本、补短板，优化存量资源配置，扩大优质增量供给，实现供需动态平衡。激发和保护企业家精神，鼓励更多社会主体投身创新创业。建设知识型、技能型、创新型劳动者大军，弘扬劳模精神和工匠精神，营造劳动光荣的社会风尚和精益求精的敬业风气。

（二）加快建设创新型国家。创新是引领发展的第一动力，是建设现代化经济体系的战略支撑。要瞄准世界科技前沿，强化基础研究，实现前瞻性基础研究、引领性原创成果重大突破。加强应用基础研究，拓展实施国家重大科技项目，突出关键共性技术、前沿引领技术、现代工程技术、颠覆性技术创新，为建设科技强国、质量强国、航天强国、网络强国、交通强国、数字中国、智慧社会提供有力支撑。加强国家创新体系建设，强化战略科技力量。深化科技体制改革，建立以企业为主体、市场为导向、产学研深度融合的技术创新体系，加强对中小企业创新的支持，促进科技成果转化。倡导创新文化，强化知识产权创造、保护、运用。培养造就一大批具有国际水平的战略科技人才、科技领军人才、青年科技人才和高水平创新团队。

（三）实施乡村振兴战略。农业农村农民问题是关系国计民生的根本性问题，必须始终把解决好“三农”问题作为全党工作重中之重。要坚持农业农村优先发展，按照产业兴旺、生态宜居、乡风文明、治理有效、生活富裕的总要求，建立健全城乡融合发展体制机制和政策体系，加快推进农业农村现代化。巩固和完善农村基本经营制度，深化农村土地制度改革，完善承包地“三权”分置制度。保持土地承包关系稳定并长久不变，第二轮土地承包到期后再延长三十年。深化农村集体产权制度改革，保障农民财产权益，壮大集体经济。确保国家粮食安全，把中国人的饭碗牢牢端在自己手中。构建现代农业产业体系、生产体系、经营体系，完善农业支持保护制度，发展多种形式适度规模经营，培育新型农业经营主体，健全农业社会化服务体系，实现小农户和现代农业发展有机衔接。促进农村一二三产业融合发展，支持和鼓励农民就业创业，拓宽增收渠道。

加强农村基层基础工作，健全自治、法治、德治相结合的乡村治理体系。培养造就一支懂农业、爱农村、爱农民的“三农”工作队伍。

（四）实施区域协调发展战略。加大力度支持革命老区、民族地区、边疆地区、贫困地区加快发展，强化举措推进西部大开发形成新格局，深化改革加快东北等老工业基地振兴，发挥优势推动中部地区崛起，创新引领率先实现东部地区优化发展，建立更加有效的区域协调发展新机制。以城市群为主体构建大中小城市和小城镇协调发展的城镇格局，加快农业转移人口市民化。以疏解北京非首都功能为“牛鼻子”推动京津冀协同发展，高起点规划、高标准建设雄安新区。以共抓大保护、不搞大开发为导向推动长江经济带发展。支持资源型地区经济转型发展。加快边疆发展，确保边疆巩固、边境安全。坚持陆海统筹，加快建设海洋强国。

（五）加快完善社会主义市场经济体制。经济体制改革必须以完善产权制度和要素市场化配置为重点，实现产权有效激励、要素自由流动、价格反应灵活、竞争公平有序、企业优胜劣汰。要完善各类国有资产管理体制，改革国有资本授权经营体制，加快国有经济布局优化、结构调整、战略性重组，促进国有资产保值增值，推动国有资本做强做优做大，有效防止国有资产流失。深化国有企业改革，发展混合所有制经济，培育具有全球竞争力的世界一流企业。全面实施市场准入负面清单制度，清理废除妨碍统一市场和公平竞争的各种规定和做法，支持民营企业发展，激发各类市场主体活力。深化商事制度改革，打破行政性垄断，防止市场垄断，加快要素价格市场化改革，放宽服务业准入限制，完善市场监管体制。创新和完善宏观调控，发挥国家发展规划的战略导向作用，健全财政、货币、产业、区域等经济政策协调机制。完善促进消费的体制机制，增强消费对经济发展的基础性作用。深化投融资体制改革，发挥投资对优化供给结构的关键性作用。加快建立现代财政制度，建立权责清晰、财力协调、区域均衡的中央和地方财政关系。建立全面规范透明、标准科学、约束有力的预算制度，全面实施绩效管理。深化税收制度改革，健全地方税体系。深化金融体制改革，增强金融服务实体经济能力，提高直接融资比重，促进多层次资本市场健康发展。健全货币政策和宏观审慎政策双支柱调控框架，深化利率和汇率市场化改革。健全金融监管体系，守住不发生系统性金融风险的底线。

（六）推动形成全面开放新格局。开放带来进步，封闭必然落后。中国开放的大门不会关闭，只会越开越大。要以“一带一路”建设为重点，坚持引进来和走出去并重，遵循共商共建共享原则，加强创新能力开放合作，形成陆海内外联动、东西双向互济的开放格局。拓展对外贸易，培育贸易新业态新模式，推进贸易强国建设。实行高水平的贸易和投资自由化便利化政策，全面实行准入前国民待遇加负面清单管理制度，大幅度放宽市场准入，扩大服务业对外开放，保护外商投资合法权益。凡是在我国境内注册的企业，都要一视同仁、平等对待。优化区域开放布局，加大西部开放力度。赋予自由贸易试验区更大改革自主权，探索建设自由贸易港。创新对外投资方式，促进国际产能合作，形成面向全球的贸易、投融资、生产、服务网络，加快培育国际经济合作和竞争新优势。

同志们！解放和发展社会生产力，是社会主义的本质要求。我们要激发全社会创造力和发展活力，努力实现更高质量、更有效率、更加公平、更可持续的发展！

六、健全人民当家作主制度体系，发展社会主义民主政治

我国是工人阶级领导的、以工农联盟为基础的人民民主专政的社会主义国家，国家一切权力属于人民。我国社会主义民主是维护人民根本利益的最广泛、最真实、最管用的民主。发展社会主义民主政治就是要体现人民意志、保障人民权益、激发人民创造活力，用制度体系保证人民当家作主。

中国特色社会主义政治发展道路，是近代以来

中国人民长期奋斗历史逻辑、理论逻辑、实践逻辑的必然结果，是坚持党的本质属性、践行党的根本宗旨的必然要求。世界上没有完全相同的政治制度模式，政治制度不能脱离特定社会政治条件和历史文化传统来抽象评判，不能定于一尊，不能生搬硬套外国政治制度模式。要长期坚持、不断发展我国社会主义民主政治，积极稳妥推进政治体制改革，推进社会主义民主政治制度化、规范化、法治化、程序化，保证人民依法通过各种途径和形式管理国家事务，管理经济文化事业，管理社会事务，巩固和发展生动活泼、安定团结的政治局面。

（一）坚持党的领导、人民当家作主、依法治国有机统一。党的领导是人民当家作主和依法治国的根本保证，人民当家作主是社会主义民主政治的本质特征，依法治国是党领导人民治理国家的基本方式，三者统一于我国社会主义民主政治伟大实践。在我国政治生活中，党是居于领导地位的，加强党的集中统一领导，支持人大、政府、政协和法院、检察院依法依章程履行职能、开展工作、发挥作用，这两个方面是统一的。要改进党的领导方式和执政方式，保证党领导人民有效治理国家；扩大人民有序政治参与，保证人民依法实行民主选举、民主协商、民主决策、民主管理、民主监督；维护国家法制统一、尊严、权威，加强人权法治保障，保证人民依法享有广泛权利和自由。巩固基层政权，完善基层民主制度，保障人民知情权、参与权、表达权、监督权。健全依法决策机制，构建决策科学、执行坚决、监督有力的权力运行机制。各级领导干部要增强民主意识，发扬民主作风，接受人民监督，当好人民公仆。

（二）加强人民当家作主制度保障。人民代表大会制度是坚持党的领导、人民当家作主、依法治国有机统一的根本政治制度安排，必须长期坚持、不断完善。要支持和保证人民通过人民代表大会行使国家权力。发挥人大及其常委会在立法工作中的主导作用，健全人大组织制度和工作制度，支持和保证人大依法行使立法权、监督权、决定权、任免权，更好发挥人大代表作用，使各级人大及其常委会成为全面担负起宪法法律赋予的各项职责的工作机关，成为同人民群众保持密切联系的代表机关。完善人大专门委员会设置，优化人大常委会和专门委员会组成人员结构。

（三）发挥社会主义协商民主重要作用。有事好商量，众人的事情由众人商量，是人民民主的真谛。协商民主是实现党的领导的重要方式，是我国社会主义民主政治的特有形式和独特优势。要推动协商民主广泛、多层、制度化发展，统筹推进政党协商、人大协商、政府协商、政协协商、人民团体协商、基层协商以及社会组织协商。加强协商民主制度建设，形成完整的制度程序和参与实践，保证人民在日常政治生活中有广泛持续深入参与的权利。

人民政协是具有中国特色的制度安排，是社会主义协商民主的重要渠道和专门协商机构。人民政协工作要聚焦党和国家中心任务，围绕团结和民主两大主题，把协商民主贯穿政治协商、民主监督、参政议政全过程，完善协商议政内容和形式，着力增进共识、促进团结。加强人民政协民主监督，重点监督党和国家重大方针政策和重要决策部署的贯彻落实。增强人民政协界别的代表性，加强委员队伍建设。

（四）深化依法治国实践。全面依法治国是国家治理的一场深刻革命，必须坚持厉行法治，推进科学立法、严格执法、公正司法、全民守法。成立中央全面依法治国领导小组，加强对法治中国建设的统一领导。加强宪法实施和监督，推进合宪性审查工作，维护宪法权威。推进科学立法、民主立法、依法立法，以良法促进发展、保障善治。建设法治政府，推进依法行政，严格规范公正文明执法。深化司法体制综合配套改革，全面落实司法责任制，努力让人民群众在每一个司法案件中感受到公平正义。加大全民普法力度，建设社会主义法治文化，树立宪法法律至上、法律面前人人平等的法治理念。各级党组织和全体党员要带头尊法学法守法用法，任何组织和个人都不得有超越宪法法律的特权，绝不允许以言代法、以权压法、逐利违法、徇私枉法。

（五）深化机构和行政体制改革。统筹考虑各类机构设置，科学配置党政部门及内设机构权力、明确职责。统筹使用各类编制资源，形成科学合理的管理体制，完善国家机构组织法。转变政府职能，深化简政放权，创新监管方式，增强政府公信力和执行力，建设人民满意的服务型政府。赋予省级及以下政府更多自主权。在省市县对职能相近的党政机关探索合并设立或合署办公。深化事业单位改革，强化公益属性，推进政事分开、事企分开、管办分离。

（六）巩固和发展爱国统一战线。统一战线是党的事业取得胜利的重要法宝，必须长期坚持。要高举爱国主义、社会主义旗帜，牢牢把握大团结大联合的主题，坚持一致性和多样性统一，找到最大公约数，画出最大同心圆。坚持长期共存、互相监督、肝胆相照、荣辱与共，支持民主党派按照中国特色社会主义参政党要求更好履行职能。深化民族团结进步教育，铸牢中华民族共同体意识，加强各民族交往交流交融，促进各民族像石榴籽一样紧紧抱在一起，共同团结奋斗、共同繁荣发展。全面贯彻党的宗教工作基本方针，坚持我国宗教的中国化方向，积极引导宗教与社会主义社会相适应。加强党外知识分子工作，做好新的社会阶层人士工作，发挥他们在中国特色社会主义事业中的重要作用。构建亲清新型政商关系，促进非公有制经济健康发展和非公有制经济人士健康成长。广泛团结联系海外侨胞和归侨侨眷，共同致力于中华民族伟大复兴。

同志们！中国特色社会主义政治制度是中国共产党和中国人民的伟大创造。我们完全有信心、有能力把我国社会主义民主政治的优势和特点充分发挥出来，为人类政治文明进步作出充满中国智慧的贡献！

七、坚定文化自信，推动社会主义文化繁荣兴盛

文化是一个国家、一个民族的灵魂。文化兴国运兴，文化强民族强。没有高度的文化自信，没有文化的繁荣兴盛，就没有中华民族伟大复兴。要坚持中国特色社会主义文化发展道路，激发全民族文化创新创造活力，建设社会主义文化强国。

中国特色社会主义文化，源自于中华民族五千多年文明历史所孕育的中华优秀传统文化，熔铸于党领导人民在革命、建设、改革中创造的革命文化和社会主义先进文化，植根于中国特色社会主义伟大实践。发展中国特色社会主义文化，就是以马克思主义为指导，坚守中华文化立场，立足当代中国现实，结合当今时代条件，发展面向现代化、面向世界、面向未来的，民族的科学的大众的社会主义文化，推动社会主义精神文明和物质文明协调发展。要坚持为人民服务、为社会主义服务，坚持百花齐放、百家争鸣，坚持创造性转化、创新性发展，不断铸就中华文化新辉煌。

（一）牢牢掌握意识形态工作领导权。意识形态决定文化前进方向和发展道路。必须推进马克思主义中国化时代化大众化，建设具有强大凝聚力和引领力的社会主义意识形态，使全体人民在理想信念、价值理念、道德观念上紧紧团结在一起。要加强理论武装，推动新时代中国特色社会主义思想深入人心。深化马克思主义理论研究和建设，加快构建中国特色哲学社会科学，加强中国特色新型智库建设。高度重视传播手段建设和创新，提高新闻舆论传播力、引导力、影响力、公信力。加强互联网内容建设，建立网络综合治理体系，营造清朗的网络空间。落实意识形态工作责任制，加强阵地建设和管理，注意区分政治原则问题、思想认识问题、学术观点问题，旗帜鲜明反对和抵制各种错误观点。

（二）培育和践行社会主义核心价值观。社会主义核心价值观是当代中国精神的集中体现，凝结着全体人民共同的价值追求。要以培养担当民族复兴大任的时代新人为着眼点，强化教育引导、实践养成、制度保障，发挥社会主义核心价值观对国民教育、精神文明创建、精神文化产品创作生产传播的引领作用，把社会主义核心价值观融入社会发展

各方面，转化为人们的情感认同和行为习惯。坚持全民行动、干部带头，从家庭做起，从娃娃抓起。深入挖掘中华优秀传统文化蕴含的思想观念、人文精神、道德规范，结合时代要求继承创新，让中华文化展现出永久魅力和时代风采。

（三）加强思想道德建设。人民有信仰，国家有力量，民族有希望。要提高人民思想觉悟、道德水准、文明素养，提高全社会文明程度。广泛开展理想信念教育，深化中国特色社会主义和中国梦宣传教育，弘扬民族精神和时代精神，加强爱国主义、集体主义、社会主义教育，引导人们树立正确的历史观、民族观、国家观、文化观。深入实施公民道德建设工程，推进社会公德、职业道德、家庭美德、个人品德建设，激励人们向上向善、孝老爱亲，忠于祖国、忠于人民。加强和改进思想政治工作，深化群众性精神文明创建活动。弘扬科学精神，普及科学知识，开展移风易俗、弘扬时代新风行动，抵制腐朽落后文化侵蚀。推进诚信建设和志愿服务制度化，强化社会责任意识、规则意识、奉献意识。

（四）繁荣发展社会主义文艺。社会主义文艺是人民的文艺，必须坚持以人民为中心的创作导向，在深入生活、扎根人民中进行无愧于时代的文艺创造。要繁荣文艺创作，坚持思想精深、艺术精湛、制作精良相统一，加强现实题材创作，不断推出讴歌党、讴歌祖国、讴歌人民、讴歌英雄的精品力作。发扬学术民主、艺术民主，提升文艺原创力，推动文艺创新。倡导讲品位、讲格调、讲责任，抵制低俗、庸俗、媚俗。加强文艺队伍建设，造就一大批德艺双馨名家大师，培育一大批高水平创作人才。

（五）推动文化事业和文化产业发展。满足人民过上美好生活的新期待，必须提供丰富的精神食粮。要深化文化体制改革，完善文化管理体制，加快构建把社会效益放在首位、社会效益和经济效益相统一的体制机制。完善公共文化服务体系，深入实施文化惠民工程，丰富群众性文化活动。加强文物保护利用和文化遗产保护传承。健全现代文化产业体系和市场体系，创新生产经营机制，完善文化经济政策，培育新型文化业态。广泛开展全民健身活动，加快推进体育强国建设，筹办好北京冬奥会、冬残奥会。加强中外人文交流，以我为主、兼收并蓄。推进国际传播能力建设，讲好中国故事，展现真实、立体、全面的中国，提高国家文化软实力。

同志们！中国共产党从成立之日起，既是中国先进文化的积极引领者和践行者，又是中华优秀传统文化的忠实传承者和弘扬者。当代中国共产党人和中国人民应该而且一定能够担负起新的文化使命，在实践创造中进行文化创造，在历史进步中实现文化进步！

八、提高保障和改善民生水平，加强和创新社会治理

全党必须牢记，为什么人的问题，是检验一个政党、一个政权性质的试金石。带领人民创造美好生活，是我们党始终不渝的奋斗目标。必须始终把人民利益摆在至高无上的地位，让改革发展成果更多更公平惠及全体人民，朝着实现全体人民共同富裕不断迈进。

保障和改善民生要抓住人民最关心最直接最现实的利益问题，既尽力而为，又量力而行，一件事情接着一件事情办，一年接着一年干。坚持人人尽责、人人享有，坚守底线、突出重点、完善制度、引导预期，完善公共服务体系，保障群众基本生活，不断满足人民日益增长的美好生活需要，不断促进社会公平正义，形成有效的社会治理、良好的社会秩序，使人民获得感、幸福感、安全感更加充实、更有保障、更可持续。

（一）优先发展教育事业。建设教育强国是中华民族伟大复兴的基础工程，必须把教育事业放在优先位置，加快教育现代化，办好人民满意的教育。要全面贯彻党的教育方针，落实立德树人根本任务，发展素质教育，推进教育公平，培养德智体美全面发展的社会主义建设者和接班人。推动城乡义务教育一体化发展，高度重视农村义务教育，办

好学前教育、特殊教育和网络教育，普及高中阶段教育，努力让每个孩子都能享有公平而有质量的教育。完善职业教育和培训体系，深化产教融合、校企合作。加快一流大学和一流学科建设，实现高等教育内涵式发展。健全学生资助制度，使绝大多数城乡新增劳动力接受高中阶段教育、更多接受高等教育。支持和规范社会力量兴办教育。加强师德师风建设，培养高素质教师队伍，倡导全社会尊师重教。办好继续教育，加快建设学习型社会，大力提高国民素质。

（二）提高就业质量和人民收入水平。就业是最大的民生。要坚持就业优先战略和积极就业政策，实现更高质量和更充分就业。大规模开展职业技能培训，注重解决结构性就业矛盾，鼓励创业带动就业。提供全方位公共就业服务，促进高校毕业生等青年群体、农民工多渠道就业创业。破除妨碍劳动力、人才社会性流动的体制机制弊端，使人人都有通过辛勤劳动实现自身发展的机会。完善政府、工会、企业共同参与的协商协调机制，构建和谐劳动关系。坚持按劳分配原则，完善按要素分配的体制机制，促进收入分配更合理、更有序。鼓励勤劳守法致富，扩大中等收入群体，增加低收入者收入，调节过高收入，取缔非法收入。坚持在经济增长的同时实现居民收入同步增长、在劳动生产率提高的同时实现劳动报酬同步提高。拓宽居民劳动收入和财产性收入渠道。履行好政府再分配调节职能，加快推进基本公共服务均等化，缩小收入分配差距。

（三）加强社会保障体系建设。按照兜底线、织密网、建机制的要求，全面建成覆盖全民、城乡统筹、权责清晰、保障适度、可持续的多层次社会保障体系。全面实施全民参保计划。完善城镇职工基本养老保险和城乡居民基本养老保险制度，尽快实现养老保险全国统筹。完善统一的城乡居民基本医疗保险制度和大病保险制度。完善失业、工伤保险制度。建立全国统一的社会保险公共服务平台。统筹城乡社会救助体系，完善最低生活保障制度。坚持男女平等基本国策，保障妇女儿童合法权益。完善社会救助、社会福利、慈善事业、优抚安置等制度，健全农村留守儿童和妇女、老年人关爱服务体系。发展残疾人事业，加强残疾康复服务。坚持房子是用来住的、不是用来炒的定位，加快建立多主体供给、多渠道保障、租购并举的住房制度，让全体人民住有所居。

（四）坚决打赢脱贫攻坚战。让贫困人口和贫困地区同全国一道进入全面小康社会是我们党的庄严承诺。要动员全党全国全社会力量，坚持精准扶贫、精准脱贫，坚持中央统筹省负总责市县抓落实的工作机制，强化党政一把手负总责的责任制，坚持大扶贫格局，注重扶贫同扶志、扶智相结合，深入实施东西部扶贫协作，重点攻克深度贫困地区脱贫任务，确保到二〇二〇年我国现行标准下农村贫困人口实现脱贫，贫困县全部摘帽，解决区域性整体贫困，做到脱真贫、真脱贫。

（五）实施健康中国战略。人民健康是民族昌盛和国家富强的重要标志。要完善国民健康政策，为人民群众提供全方位全周期健康服务。深化医药卫生体制改革，全面建立中国特色基本医疗卫生制度、医疗保障制度和优质高效的医疗卫生服务体系，健全现代医院管理制度。加强基层医疗卫生服务体系和全科医生队伍建设。全面取消以药养医，健全药品供应保障制度。坚持预防为主，深入开展爱国卫生运动，倡导健康文明生活方式，预防控制重大疾病。实施食品安全战略，让人民吃得放心。坚持中西医并重，传承发展中医药事业。支持社会办医，发展健康产业。促进生育政策和相关经济社会政策配套衔接，加强人口发展战略研究。积极应对人口老龄化，构建养老、孝老、敬老政策体系和社会环境，推进医养结合，加快老龄事业和产业发展。

（六）打造共建共治共享的社会治理格局。加强社会治理制度建设，完善党委领导、政府负责、社会协同、公众参与、法治保障的社会治理体制，提高社会治理社会化、法治化、智能化、专业化水平。加强预防和化解社会矛盾机制建设，正确处理人民内部矛盾。树立安全发展理念，弘扬生命至上、安全第一的思想，健全公共安全体系，完善安全生产责任制，坚决遏制重特大安全事故，提升防灾减灾救灾能力。加快社会治安防控体系建设，依法打击和惩治黄赌毒黑拐骗等违法犯罪活动，保护人民人身权、财产权、人格权。加强社会心理服务体系建设，培育自尊自信、理性平和、积极向上的社会心态。加强社区治理体系建设，推动社会治理重心向基层下移，发挥社会组织作用，实现政府治理和社会调节、居民自治良性互动。

（七）有效维护国家安全。国家安全是安邦定国的重要基石，维护国家安全是全国各族人民根本利益所在。要完善国家安全战略和国家安全政策，坚决维护国家政治安全，统筹推进各项安全工作。健全国家安全体系，加强国家安全法治保障，提高防范和抵御安全风险能力。严密防范和坚决打击各种渗透颠覆破坏活动、暴力恐怖活动、民族分裂活动、宗教极端活动。加强国家安全教育，增强全党全国人民国家安全意识，推动全社会形成维护国家安全的强大合力。

同志们！党的一切工作必须以最广大人民根本利益为最高标准。我们要坚持把人民群众的小事当作自己的大事，从人民群众关心的事情做起，从让人民群众满意的事情做起，带领人民不断创造美好生活！

九、加快生态文明体制改革，建设美丽中国

人与自然是生命共同体，人类必须尊重自然、顺应自然、保护自然。人类只有遵循自然规律才能有效防止在开发利用自然上走弯路，人类对大自然的伤害最终会伤及人类自身，这是无法抗拒的规律。

我们要建设的现代化是人与自然和谐共生的现代化，既要创造更多物质财富和精神财富以满足人民日益增长的美好生活需要，也要提供更多优质生态产品以满足人民日益增长的优美生态环境需要。必须坚持节约优先、保护优先、自然恢复为主的方针，形成节约资源和保护环境的空间格局、产业结构、生产方式、生活方式，还自然以宁静、和谐、美丽。

（一）推进绿色发展。加快建立绿色生产和消费的法律制度和政策导向，建立健全绿色低碳循环发展的经济体系。构建市场导向的绿色技术创新体系，发展绿色金融，壮大节能环保产业、清洁生产产业、清洁能源产业。推进能源生产和消费革命，构建清洁低碳、安全高效的能源体系。推进资源全面节约和循环利用，实施国家节水行动，降低能耗、物耗，实现生产系统和生活系统循环链接。倡导简约适度、绿色低碳的生活方式，反对奢侈浪费和不合理消费，开展创建节约型机关、绿色家庭、绿色学校、绿色社区和绿色出行等行动。

（二）着力解决突出环境问题。坚持全民共治、源头防治，持续实施大气污染防治行动，打赢蓝天保卫战。加快水污染防治，实施流域环境和近岸海域综合治理。强化土壤污染管控和修复，加强农业面源污染防治，开展农村人居环境整治行动。加强固体废弃物和垃圾处置。提高污染排放标准，强化排污者责任，健全环保信用评价、信息强制性披露、严惩重罚等制度。构建政府为主导、企业为主体、社会组织和公众共同参与的环境治理体系。积极参与全球环境治理，落实减排承诺。

（三）加大生态系统保护力度。实施重要生态系统保护和修复重大工程，优化生态安全屏障体系，构建生态廊道和生物多样性保护网络，提升生态系统质量和稳定性。完成生态保护红线、永久基本农田、城镇开发边界三条控制线划定工作。开展国土绿化行动，推进荒漠化、石漠化、水土流失综合治理，强化湿地保护和恢复，加强地质灾害防治。完善天然林保护制度，扩大退耕还林还草。严格保护耕地，扩大轮作休耕试点，健全耕地草原森林河流湖泊休养生息制度，建立市场化、多元化生态补偿机制。

（四）改革生态环境监管体制。加强对生态文明建设的总体设计和组织领导，设立国有自然资源资产管理和自然生态监管机构，完善生态环境管理制度，统一行使全民所有自然资源资产所有者职责，统一行使所有国土空间用途管制和生态保护修复职责，统一行使监管城乡各类污染排放和行政执法职责。构建国土空间开发保护制度，完善主体功能区配套政策，建立以国家公园为主体的自然保护地体系。坚决制止和惩处破坏生态环境行为。

同志们！生态文明建设功在当代、利在千秋。我们要牢固树立社会主义生态文明观，推动形成人与自然和谐发展现代化建设新格局，为保护生态环境作出我们这代人的努力！

十、坚持走中国特色强军之路，全面推进国防和军队现代化

国防和军队建设正站在新的历史起点上。面对国家安全环境的深刻变化，面对强国强军的时代要求，必须全面贯彻新时代党的强军思想，贯彻新形势下军事战略方针，建设强大的现代化陆军、海军、空军、火箭军和战略支援部队，打造坚强高效的战区联合作战指挥机构，构建中国特色现代作战体系，担当起党和人民赋予的新时代使命任务。

适应世界新军事革命发展趋势和国家安全需求，提高建设质量和效益，确保到二〇二〇年基本实现机械化，信息化建设取得重大进展，战略能力有大的提升。同国家现代化进程相一致，全面推进军事理论现代化、军队组织形态现代化、军事人员现代化、武器装备现代化，力争到二〇三五年基本实现国防和军队现代化，到本世纪中叶把人民军队全面建成世界一流军队。

加强军队党的建设，开展“传承红色基因、担当强军重任”主题教育，推进军人荣誉体系建设，培养有灵魂、有本事、有血性、有品德的新时代革命军人，永葆人民军队性质、宗旨、本色。继续深化国防和军队改革，深化军官职业化制度、文职人员制度等重大政策制度改革，推进军事管理革命，完善和发展中国特色社会主义军事制度。树立科技是核心战斗力的思想，推进重大技术创新、自主创新，加强军事人才培养体系建设，建设创新型人民军队。全面从严治军，推动治军方式根本性转变，提高国防和军队建设法治化水平。

军队是要准备打仗的，一切工作都必须坚持战斗力标准，向能打仗、打胜仗聚焦。扎实做好各战略方向军事斗争准备，统筹推进传统安全领域和新型安全领域军事斗争准备，发展新型作战力量和保障力量，开展实战化军事训练，加强军事力量运用，加快军事智能化发展，提高基于网络信息体系的联合作战能力、全域作战能力，有效塑造态势、管控危机、遏制战争、打赢战争。

坚持富国和强军相统一，强化统一领导、顶层设计、改革创新和重大项目落实，深化国防科技工业改革，形成军民融合深度发展格局，构建一体化的国家战略体系和能力。完善国防动员体系，建设强大稳固的现代边海空防。组建退役军人管理保障机构，维护军人军属合法权益，让军人成为全社会尊崇的职业。深化武警部队改革，建设现代化武装警察部队。

同志们！我们的军队是人民军队，我们的国防是全民国防。我们要加强全民国防教育，巩固军政军民团结，为实现中国梦强军梦凝聚强大力量！

十一、坚持“一国两制”，推进祖国统一

香港、澳门回归祖国以来，“一国两制”实践取得举世公认的成功。事实证明，“一国两制”是解决历史遗留的香港、澳门问题的最佳方案，也是香港、澳门回归后保持长期繁荣稳定的最佳制度。

保持香港、澳门长期繁荣稳定，必须全面准确贯彻“一国两制”、“港人治港”、“澳人治澳”、高度自治的方针，严格依照宪法和基本法办事，完善与基本法实施相关的制度和机制。要支持特别行政区政府和行政长官依法施政、积极作为，团结带领香港、澳门各界人士齐心协力谋发展、促和谐，保障和改善民生，有序推进民主，维护社会稳定，履行维护国家主权、安全、发展利益的宪制责任。

香港、澳门发展同内地发展紧密相连。要支持

香港、澳门融入国家发展大局，以粤港澳大湾区建设、粤港澳合作、泛珠三角区域合作等为重点，全面推进内地同香港、澳门互利合作，制定完善便利香港、澳门居民在内地发展的政策措施。

我们坚持爱国者为主体的“港人治港”、“澳人治澳”，发展壮大爱国爱港爱澳力量，增强香港、澳门同胞的国家意识和爱国精神，让香港、澳门同胞同祖国人民共担民族复兴的历史责任、共享祖国繁荣富强的伟大荣光。

解决台湾问题、实现祖国完全统一，是全体中华儿女共同愿望，是中华民族根本利益所在。必须继续坚持“和平统一、一国两制”方针，推动两岸关系和平发展，推进祖国和平统一进程。

一个中国原则是两岸关系的政治基础。体现一个中国原则的“九二共识”明确界定了两岸关系的根本性质，是确保两岸关系和平发展的关键。承认“九二共识”的历史事实，认同两岸同属一个中国，两岸双方就能开展对话，协商解决两岸同胞关心的问题，台湾任何政党和团体同大陆交往也不会存在障碍。

两岸同胞是命运与共的骨肉兄弟，是血浓于水的一家人。我们秉持“两岸一家亲”理念，尊重台湾现有的社会制度和台湾同胞生活方式，愿意率先同台湾同胞分享大陆发展的机遇。我们将扩大两岸经济文化交流合作，实现互利互惠，逐步为台湾同胞在大陆学习、创业、就业、生活提供与大陆同胞同等的待遇，增进台湾同胞福祉。我们将推动两岸同胞共同弘扬中华文化，促进心灵契合。

我们坚决维护国家主权和领土完整，绝不容忍国家分裂的历史悲剧重演。一切分裂祖国的活动都必将遭到全体中国人坚决反对。我们有坚定的意志、充分的信心、足够的能力挫败任何形式的“台独”分裂图谋。我们绝不允许任何人、任何组织、任何政党、在任何时候、以任何形式、把任何一块中国领土从中国分裂出去！

同志们！实现中华民族伟大复兴，是全体中国人共同的梦想。我们坚信，只要包括港澳台同胞在内的全体中华儿女顺应历史大势、共担民族大义，把民族命运牢牢掌握在自己手中，就一定能够共创中华民族伟大复兴的美好未来！

十二、坚持和平发展道路，推动构建人类命运共同体

中国共产党是为中国人民谋幸福的政党，也是为人类进步事业而奋斗的政党。中国共产党始终把为人类作出新的更大的贡献作为自己的使命。

中国将高举和平、发展、合作、共赢的旗帜，恪守维护世界和平、促进共同发展的外交政策宗旨，坚定不移在和平共处五项原则基础上发展同各国的友好合作，推动建设相互尊重、公平正义、合作共赢的新型国际关系。

世界正处于大发展大变革大调整时期，和平与发展仍然是时代主题。世界多极化、经济全球化、社会信息化、文化多样化深入发展，全球治理体系和国际秩序变革加速推进，各国相互联系和依存日益加深，国际力量对比更趋平衡，和平发展大势不可逆转。同时，世界面临的不稳定性不确定性突出，世界经济增长动能不足，贫富分化日益严重，地区热点问题此起彼伏，恐怖主义、网络安全、重大传染性疾病、气候变化等非传统安全威胁持续蔓延，人类面临许多共同挑战。

我们生活的世界充满希望，也充满挑战。我们不能因现实复杂而放弃梦想，不能因理想遥远而放弃追求。没有哪个国家能够独自应对人类面临的各种挑战，也没有哪个国家能够退回到自我封闭的孤岛。

我们呼吁，各国人民同心协力，构建人类命运共同体，建设持久和平、普遍安全、共同繁荣、开放包容、清洁美丽的世界。要相互尊重、平等协商，坚决摒弃冷战思维和强权政治，走对话而不对抗、结伴而不结盟的国与国交往新路。要坚持以对话解决争端、以协商化解分歧，统筹应对传统和非传统安全威胁，反对一切形式的恐怖主义。要同舟共济，促进贸易和投资自由化便利化，推动经济全球化朝着更加开放、包容、普惠、平衡、共赢的方向发展。要尊重世界文明多样性，以文明交流超越文明隔阂、文明互鉴超越文明冲突、文明共存超越文明优越。要坚持环境友好，合作应对气候变化，保护好人类赖以生存的地球家园。

中国坚定奉行独立自主的和平外交政策，尊重各国人民自主选择发展道路的权利，维护国际公平正义，反对把自己的意志强加于人，反对干涉别国内政，反对以强凌弱。中国决不会以牺牲别国利益为代价来发展自己，也决不放弃自己的正当权益，任何人不要幻想让中国吞下损害自身利益的苦果。中国奉行防御性的国防政策。中国发展不对任何国家构成威胁。中国无论发展到什么程度，永远不称霸，永远不搞扩张。

中国积极发展全球伙伴关系，扩大同各国的利益交汇点，推进大国协调和合作，构建总体稳定、均衡发展的大国关系框架，按照亲诚惠容理念和与邻为善、以邻为伴周边外交方针深化同周边国家关系，秉持正确义利观和真实亲诚理念加强同发展中国家团结合作。加强同各国政党和政治组织的交流合作，推进人大、政协、军队、地方、人民团体等的对外交往。

中国坚持对外开放的基本国策，坚持打开国门搞建设，积极促进“一带一路”国际合作，努力实现政策沟通、设施联通、贸易畅通、资金融通、民心相通，打造国际合作新平台，增添共同发展新动力。加大对发展中国家特别是最不发达国家援助力度，促进缩小南北发展差距。中国支持多边贸易体制，促进自由贸易区建设，推动建设开放型世界经济。

中国秉持共商共建共享的全球治理观，倡导国际关系民主化，坚持国家不分大小、强弱、贫富一律平等，支持联合国发挥积极作用，支持扩大发展中国家在国际事务中的代表性和发言权。中国将继续发挥负责任大国作用，积极参与全球治理体系改革和建设，不断贡献中国智慧和力量。

同志们！世界命运握在各国人民手中，人类前途系于各国人民的抉择。中国人民愿同各国人民一道，推动人类命运共同体建设，共同创造人类的美好未来！

政府工作报告

——2018年3月5日在第十三届全国人民代表大会第一次会议上

国务院总理　李克强

各位代表：

现在，我代表国务院，向大会报告过去五年政府工作，对今年工作提出建议，请予审议，并请全国政协委员提出意见。

一、过去五年工作回顾

第十二届全国人民代表大会第一次会议以来的五年，是我国发展进程中极不平凡的五年。面对极其错综复杂的国内外形势，以习近平同志为核心的党中央团结带领全国各族人民砥砺前行，统筹推进“五位一体”总体布局，协调推进“四个全面”战略布局，改革开放和社会主义现代化建设全面开创新局面。党的十九大确立了习近平新时代中国特色社会主义思想的历史地位，制定了决胜全面建成小康社会、夺取新时代中国特色社会主义伟大胜利的宏伟蓝图和行动纲领，具有重大现实意义和深远历史意义。各地区各部门不断增强政治意识、大局意识、核心意识、看齐意识，深入贯彻落实新发展理念，“十二五”规划胜利完成，“十三五”规划顺利实施，经济社会发展取得历史性成就、发生历史性变革。

五年来，经济实力跃上新台阶。国内生产总值从54万亿元增加到82.7万亿元，年均增长7.1%，占世界经济比重从11.4%提高到15%左右，对世界经济增长贡献率超过30%。财政收入从11.7万亿元增加到17.3万亿元。居民消费价格年均上涨1.9%，保持较低水平。城镇新增就业6600万人以上，13亿多人口的大国实现了比较充分就业。

五年来，经济结构出现重大变革。消费贡献率由54.9%提高到58.8%，服务业比重从45.3%上升到51.6%，成为经济增长主动力。高技术制造业年均增长11.7%。粮食生产能力达到1.2万亿斤。城镇化率从52.6%提高到58.5%，8000多万农业转移人口成为城镇居民。

五年来，创新驱动发展成果丰硕。全社会研发投入年均增长11%，规模跃居世界第二位。科技进步贡献率由52.2%提高到57.5%。载人航天、深海探测、量子通信、大飞机等重大创新成果不断涌现。高铁网络、电子商务、移动支付、共享经济等引领世界潮流。“互联网+”广泛融入各行各业。大众创业、万众创新蓬勃发展，日均新设企业由5千多户增加到1万6千多户。快速崛起的新动能，正在重塑经济增长格局、深刻改变生产生活方式，成为中国创新发展的新标志。

五年来，改革开放迈出重大步伐。改革全面发力、多点突破、纵深推进，重要领域和关键环节改革取得突破性进展，主要领域改革主体框架基本确立。简政放权、放管结合、优化服务等改革推动政府职能发生深刻转变，市场活力和社会创造力明显增强。“一带一路”建设成效显著，对外贸易和利用外资结构优化、规模稳居世界前列。

五年来，人民生活持续改善。脱贫攻坚取得决定性进展，贫困人口减少6800多万，易地扶贫搬迁830万人，贫困发生率由10.2%下降到3.1%。居民收入年均增长7.4%、超过经济增速，形成世界上人口最多的中等收入群体。出境旅游人次由8300万增加到1亿3千多万。教育事业全面发展。社会养老保险覆盖9亿多人，基本医疗保险覆盖13.5亿人，织就了世界上最大的社会保障网。人均预期寿命达到76.7岁。棚户区住房改造2600多万套，农村危房改造1700多万户，上亿人喜迁新居。

五年来，生态环境状况逐步好转。制定实施大气、水、土壤污染防治三个“十条”并取得扎实成效。单位国内生产总值能耗、水耗均下降20%以上，主要污染物排放量持续下降，重点城市重污染天数减少一半，森林面积增加1.63亿亩，沙化土地面积年均缩减近2000平方公里，绿色发展呈现可喜局面。

刚刚过去的2017年，经济社会发展主要目标任务全面完成并好于预期。国内生产总值增长6.9%，居民收入增长7.3%，增速均比上年有所加快；城镇新增就业1351万人，失业率为多年来最低；工业增速回升，企业利润增长21%；财政收入增长7.4%，扭转了增速放缓态势；进出口增长14.2%，实际使用外资1363亿美元、创历史新高。经济发展呈现出增长与质量、结构、效益相得益彰的良好局面。这是五年来一系列重大政策效应累积，各方面不懈努力、久久为功的结果。

过去五年取得的全方位、开创性成就，发生的深层次、根本性变革，再次令世界瞩目，全国各族人民备感振奋和自豪。

五年来，我们认真贯彻以习近平同志为核心的党中央决策部署，主要做了以下工作。

（一）坚持稳中求进工作总基调，着力创新和完善宏观调控，经济运行保持在合理区间、实现稳中向好。这些年，世界经济复苏乏力，国际金融市场跌宕起伏，保护主义明显抬头。我国经济发展中结构性问题和深层次矛盾凸显，经济下行压力持续加大，遇到不少两难多难抉择。面对这种局面，我们保持战略定力，坚持不搞“大水漫灌”式强刺激，而是适应把握引领经济发展新常态，统筹稳增长、促改革、调结构、惠民生、防风险，不断创新和完善宏观调控，确立区间调控的思路和方式，加强定向调控、相机调控、精准调控。明确强调只要经济运行在合理区间，就业增加、收入增长、环境改善，就集中精力促改革、调结构、添动力。采取既利当前更惠长远的举措，着力推进供给侧结构性改革，适度扩大总需求，推动实现更高层次的供需动态平衡。经过艰辛努力，我们顶住了经济下行压力、避免了“硬着陆”，保持了经济中高速增长，促进了结构优化，经济长期向好的基本面不断巩固和发展。

坚持实施积极的财政政策和稳健的货币政策。在财政收支矛盾较大情况下，着眼“放水养鱼”、增强后劲，我国率先大幅减税降费。分步骤全面推开营改增，结束了66年的营业税征收历史，累计减税超过2万亿元，加上采取小微企业税收优惠、清理各种收费等措施，共减轻市场主体负担3万多亿元。加强地方政府债务管理，实施地方政府存量债务置换，降低利息负担1.2万亿元。调整财政支出结构，盘活沉淀资金，保障基本民生和重点项目。财政赤字率一直控制在3%以内。货币政策保持稳健中性，广义货币M2增速呈下降趋势，信贷和社会融资规模适度增长。采取定向降准、专项再贷款等差别化政策，加强对重点领域和薄弱环节支持，小微企业贷款增速高于各项贷款平均增速。改革完善汇率市场化形成机制，保持人民币汇率基本稳定，外汇储备转降为升。妥善应对“钱荒”等金融市场异常波动，规范金融市场秩序，防范化解重点领域风险，守住了不发生系统性风险的底线，维护了国家经济金融安全。

（二）坚持以供给侧结构性改革为主线，着力培育壮大新动能，经济结构加快优化升级。紧紧依靠改革破解经济发展和结构失衡难题，大力发展新兴产业，改造提升传统产业，提高供给体系质量和效率。

扎实推进“三去一降一补”。五年来，在淘汰水泥、平板玻璃等落后产能基础上，以钢铁、煤炭等行业为重点加大去产能力度，中央财政安排1000亿元专项奖补资金予以支持，用于分流职工安置。退出钢铁产能1.7亿吨以上、煤炭产能8亿吨，安置分流职工110多万人。因城施策分类指导，三四线城市商品住宅去库存取得明显成效，热点城市房价涨势得到控制。积极稳妥去杠杆，控制债务规模，增加股权融资，工业企业资产负债率连续下降，宏观杠杆率涨幅明显收窄、总体趋于稳定。多措并举降成本，压减政府性基金项目30%，削减中央政府层面设立的涉企收费项目60%以上，阶段性降低“五险一金”缴费比例，推动降低用能、物流、电信等成本。突出重点加大补短板力度。

加快新旧发展动能接续转换。深入开展“互联网+”行动，实行包容审慎监管，推动大数据、云计算、物联网广泛应用，新兴产业蓬勃发展，传统产业深刻重塑。实施“中国制造2025”，推进工业强基、智能制造、绿色制造等重大工程，先进制造业加快发展。出台现代服务业改革发展举措，服务新业态新模式异军突起，促进了各行业融合升级。深化农业供给侧结构性改革，新型经营主体大批涌现，种植业适度规模经营比重从30%提升到40%以上。采取措施增加中低收入者收入，推动传统消费提档升级、新兴消费快速兴起，网上零售额年均增长30%以上，社会消费品零售总额年均增长11.3%。优化投资结构，鼓励民间投资，发挥政府投资撬动作用，引导更多资金投向强基础、增后劲、惠民生领域。高速铁路运营里程从9000多公里增加到2万5千公里、占世界三分之二，高速公路里程从9.6万公里增加到13.6万公里，新建改建农村公路127万公里，新建民航机场46个，开工重大水利工程122项，完成新一轮农村电网改造，建成全球最大的移动宽带网。五年来，发展新动能迅速壮大，经济增长实现由主要依靠投资、出口拉动转向依靠消费、投资、出口协同拉动，由主要依靠第二产业带动转向依靠三次产业共同带动。这是我们多年想实现而没有实现的重大结构性变革。

推进供给侧结构性改革，必须破除要素市场化配置障碍，降低制度性交易成本。针对长期存在的重审批、轻监管、弱服务问题，我们持续深化“放管服”改革，加快转变政府职能，减少微观管理、直接干预，注重加强宏观调控、市场监管和公共服务。五年来，国务院部门行政审批事项削减44%，非行政许可审批彻底终结，中央政府层面核准的企业投资项目减少90%，行政审批中介服务事项压减74%，职业资格许可和认定大幅减少。中央政府定价项目缩减80%，地方政府定价项目缩减50%以上。全面改革工商登记、注册资本等商事制度，企业开办时间缩短三分之一以上。创新和加强事中事后监管，实行“双随机、一公开”，随机抽取检查人员和检查对象、及时公开查处结果，提高了监管效能和公正性。推行“互联网+政务服务”，实施一站式服务等举措。营商环境持续改善，市场活力明显增强，群众办事更加便利。

（三）坚持创新引领发展，着力激发社会创造力，整体创新能力和效率显著提高。实施创新驱动发展战略，优化创新生态，形成多主体协同、全方位推进的创新局面。扩大科研机构和高校科研自主权，改进科研项目和经费管理，深化科技成果权益管理改革。推进全面创新改革试验，支持北京、上海建设科技创新中心，新设14个国家自主创新示范区，带动形成一批区域创新高地。以企业为主体加强技术创新体系建设，涌现一批具有国际竞争力的创新型企业和新型研发机构。深入开展大众创业、万众创新，实施普惠性支持政策，完善孵化体系。各类市场主体达到9800多万户，五年增加70%以上。国内有效发明专利拥有量增加两倍，技术交易额翻了一番。我国科技创新由跟跑为主转向更多领域并跑、领跑，成为全球瞩目的创新创业热土。

（四）坚持全面深化改革，着力破除体制机

制弊端，发展动力不断增强。国资国企改革扎实推进，公司制改革基本完成，兼并重组、压减层级、提质增效取得积极进展。国有企业效益明显好转，去年利润增长23.5%。深化能源、铁路、盐业等领域改革。放宽非公有制经济市场准入。建立不动产统一登记制度。完善产权保护制度。财税改革取得重大进展，全面推行财政预决算公开，构建以共享税为主的中央和地方收入分配格局，启动中央与地方财政事权和支出责任划分改革，中央对地方一般性转移支付规模大幅增加、专项转移支付项目减少三分之二。基本放开利率管制，建立存款保险制度，推动大中型商业银行设立普惠金融事业部，深化政策性、开发性金融机构改革，强化金融监管协调机制。稳步推进教育综合改革，完善城乡义务教育均衡发展促进机制，改革考试招生制度。建立统一的城乡居民基本养老、医疗保险制度，实现机关事业单位和企业养老保险制度并轨。出台划转部分国有资本充实社保基金方案。实施医疗、医保、医药联动改革，全面推开公立医院综合改革，取消长期实行的药品加成政策，药品医疗器械审批制度改革取得突破。推进农村承包地“三权”分置改革、确权面积超过80%，改革重要农产品收储制度。完善主体功能区制度，建立生态文明绩效考评和责任追究制度，推行河长制、湖长制，开展省级以下环保机构垂直管理制度改革试点。各领域改革的深化，推动了经济社会持续健康发展。

（五）坚持对外开放的基本国策，着力实现合作共赢，开放型经济水平显著提升。倡导和推动共建“一带一路”，发起创办亚投行，设立丝路基金，一批重大互联互通、经贸合作项目落地。在上海等省市设立11个自贸试验区，一批改革试点成果向全国推广。改革出口退税负担机制、退税增量全部由中央财政负担，设立13个跨境电商综合试验区，国际贸易“单一窗口”覆盖全国，货物通关时间平均缩短一半以上，进出口实现回稳向好。外商投资由审批制转向负面清单管理，限制性措施削减三分之二。外商投资结构优化，高技术产业占比提高一倍。加大引智力度，来华工作的外国专家增加40%。引导对外投资健康发展。推进国际产能合作，高铁、核电等装备走向世界。新签和升级8个自由贸易协定。沪港通、深港通、债券通相继启动，人民币加入国际货币基金组织特别提款权货币篮子，人民币国际化迈出重要步伐。中国开放的扩大，有力促进了自身发展，给世界带来重大机遇。

（六）坚持实施区域协调发展和新型城镇化战略，着力推动平衡发展，新的增长极增长带加快成长。积极推进京津冀协同发展、长江经济带发展，编制实施相关规划，建设一批重点项目。出台一系列促进西部开发、东北振兴、中部崛起、东部率先发展的改革创新举措。加大对革命老区、民族地区、边疆地区、贫困地区扶持力度，加强援藏援疆援青工作。海洋保护和开发有序推进。实施重点城市群规划，促进大中小城市和小城镇协调发展。绝大多数城市放宽落户限制，居住证制度全面实施，城镇基本公共服务向常住人口覆盖。城乡区域发展协调性显著增强。

（七）坚持以人民为中心的发展思想，着力保障和改善民生，人民群众获得感不断增强。在财力紧张情况下，持续加大民生投入。全面推进精准扶贫、精准脱贫，健全中央统筹、省负总责、市县抓落实的工作机制，中央财政五年投入专项扶贫资金2800多亿元。实施积极的就业政策，重点群体就业得到较好保障。坚持教育优先发展，财政性教育经费占国内生产总值比例持续超过4%。改善农村义务教育薄弱学校办学条件，提高乡村教师待遇，营养改善计划惠及3600多万农村学生。启动世界一流大学和一流学科建设。重点高校专项招收农村和贫困地区学生人数由1万人增加到10万人。加大对各类学校家庭困难学生资助力度，4.3亿人次受益。劳动年龄人口平均受教育年限提高到10.5年。居民基本医保人均财政补助标准由240元提高到450元，大病保险制度基本建立、已有1700多万人次受益，异地就医住院费用实现直接结算，分级诊疗和医联体建设加快推进。持续合理提高退休人员基本养老金。提高低保、优抚等标准，完善社会救助制度，近6000万低保人员和特困群众基本生活得到保障。建立困难和重度残疾人“两项补贴”制度，惠及2100多万人。实施全面两孩政策。强化基层公共文化服务，加快发展文化事业，文化产业年均增长13%以上。全民健身广泛开展，体育健儿勇创佳绩。

（八）坚持人与自然和谐发展，着力治理环境污染，生态文明建设取得明显成效。树立绿水青山就是金山银山理念，以前所未有的决心和力度加强生态环境保护。重拳整治大气污染，重点地区细颗粒物（PM2.5）平均浓度下降30%以上。加强散煤治理，推进重点行业节能减排，71%的煤电机组实现超低排放。优化能源结构，煤炭消费比重下降8.1个百分点，清洁能源消费比重提高6.3个百分点。提高燃油品质，淘汰黄标车和老旧车2000多万辆。加强重点流域海域水污染防治，化肥农药使用量实现零增长。推进重大生态保护和修复工程，扩大退耕还林还草还湿，加强荒漠化、石漠化、水土流失综合治理。开展中央环保督察，严肃查处违法案件，强化追责问责。积极推动《巴黎协定》签署生效，我国在应对全球气候变化中发挥了重要作用。

（九）坚持依法全面履行政府职能，着力加强和创新社会治理，社会保持和谐稳定。提请全国人大常委会制定修订法律95部，制定修订行政法规195部，修改废止一大批部门规章。省、市、县政府部门制定公布权责清单。开展国务院大督查和专项督查，对积极作为、成效突出的给予表彰和政策激励，对不作为的严肃问责。创新城乡基层治理。完善信访工作制度。扩大法律援助范围。促进安全生产领域改革发展，事故总量和重特大事故数量持续下降。改革完善食品药品监管，强化风险全程管控。加强地震、特大洪灾等防灾减灾救灾工作，健全分级负责、相互协同的应急机制，最大程度降低了灾害损失。加强国家安全。健全社会治安防控体系，依法打击各类违法犯罪，有力维护了公共安全。

贯彻落实党中央全面从严治党部署，加强党风廉政建设和反腐败斗争。深入开展党的群众路线教育实践活动、“三严三实”专题教育、“两学一做”学习教育，认真落实党中央八项规定精神，持之以恒纠正“四风”，严格执行国务院“约法三章”。严控新建政府性楼堂馆所和财政供养人员总量，“三公”经费大幅压减。加强行政监察和审计监督。坚决查处和纠正违法违规行为，严厉惩处腐败分子，反腐败斗争压倒性态势已经形成并巩固发展。

各位代表！

过去五年，民族、宗教、侨务等工作创新推进。支持民族地区加快发展，民族团结进步事业取得长足进展。积极引导宗教与社会主义社会相适应。海外侨胞和归侨侨眷在国家现代化建设中作出了独特贡献。

过去五年，在党中央、中央军委领导下，强军兴军开创新局面。制定新形势下军事战略方针，召开古田全军政治工作会议，深入推进政治建军、改革强军、科技兴军、依法治军，人民军队实现政治生态重塑、组织形态重塑、力量体系重塑、作风形象重塑。有效遂行海上维权、反恐维稳、抢险救灾、国际维和、亚丁湾护航、人道主义救援等重大任务。各方配合基本完成裁减军队员额30万任务。军事装备现代化水平显著提升，军民融合深度发展。军政军民紧密团结。人民军队面貌焕然一新，在中国特色强军之路上迈出坚实步伐。

过去五年，港澳台工作取得新进展。“一国两制”实践不断丰富和发展，宪法和基本法权威在港澳进一步彰显，内地与港澳交流合作深入推进，港珠澳大桥全线贯通，香港、澳门保持繁荣稳定。坚持一个中国原则和“九二共识”，加强两岸经济文化交流合作，实现两岸领导人历史性会晤。坚决反对和遏制“台独”分裂势力，有力维护了台海和平稳定。

过去五年，中国特色大国外交全面推进。成功举办首届“一带一路”国际合作高峰论坛、亚太经济合作组织领导人非正式会议、二十国集团领导人杭州峰会、金砖国家领导人厦门会晤等重大主场外交。习近平主席等国家领导人出访多国，出席联合国系列峰会、气候变化大会、世界经济论坛、东亚合作领导人系列会议等重大活动，全方位外交布局深入展开。倡导构建人类命运共同体，为全球治理体系变革贡献更多中国智慧。经济外交、人文交流卓有成效。坚定维护国家主权和海洋权益。中国作为负责任大国，在解决国际和地区热点问题上发挥了重要建设性作用，为世界和平与发展作出新的重大贡献。

各位代表！

回顾过去五年，诸多矛盾交织叠加，各种风险挑战接踵而至，国内外很多情况是改革开放以来没有碰到过的，我国改革发展成就实属来之不易。这是以习近平同志为核心的党中央坚强领导的结果，是习近平新时代中国特色社会主义思想科学指引的结果，是全党全军全国各族人民团结奋斗的结果。我代表国务院，向全国各族人民，向各民主党派、各人民团体和各界人士，表示诚挚感谢！向香港特别行政区同胞、澳门特别行政区同胞、台湾同胞和海外侨胞，表示诚挚感谢！向关心和支持中国现代化建设的各国政府、国际组织和各国朋友，表示诚挚感谢！

安不忘危，兴不忘忧。我们清醒认识到，我国仍处于并将长期处于社会主义初级阶段，仍是世界最大发展中国家，发展不平衡不充分的一些突出问题尚未解决。经济增长内生动力还不够足，创新能力还不够强，发展质量和效益不够高，一些企业特别是中小企业经营困难，民间投资增势疲弱，部分地区经济下行压力较大，金融等领域风险隐患不容忽视。脱贫攻坚任务艰巨，农业农村基础仍然薄弱，城乡区域发展和收入分配差距依然较大。重特大安全生产事故时有发生。在空气质量、环境卫生、食品药品安全和住房、教育、医疗、就业、养老等方面，群众还有不少不满意的地方。政府职能转变还不到位。政府工作存在不足，有些改革举措和政策落实不力，一些干部服务意识和法治意识不强、工作作风不实、担当精神不够，形式主义、官僚主义不同程度存在。群众和企业对办事难、乱收费意见较多。一些领域不正之风和腐败问题仍然多发。我们一定要以对国家和人民高度负责的精神，以不畏艰难的勇气、坚忍不拔的意志，尽心竭力做好工作，使人民政府不负人民重托！

二、2018年经济社会发展总体要求和政策取向

今年是全面贯彻党的十九大精神的开局之年，是改革开放40周年，是决胜全面建成小康社会、实施“十三五”规划承上启下的关键一年。做好政府工作，要在以习近平同志为核心的党中央坚强领导下，以马克思列宁主义、毛泽东思想、邓小平理论、“三个代表”重要思想、科学发展观、习近平新时代中国特色社会主义思想为指导，全面深入贯彻党的十九大和十九届二中、三中全会精神，贯彻党的基本理论、基本路线、基本方略，坚持和加强党的全面领导，坚持稳中求进工作总基调，坚持新发展理念，紧扣我国社会主要矛盾变化，按照高质量发展的要求，统筹推进“五位一体”总体布局和协调推进“四个全面”战略布局，坚持以供给侧结构性改革为主线，统筹推进稳增长、促改革、调结构、惠民生、防风险各项工作，大力推进改革开放，创新和完善宏观调控，推动质量变革、效率变革、动力变革，特别在打好防范化解重大风险、精准脱贫、污染防治的攻坚战方面取得扎实进展，引导和稳定预期，加强和改善民生，促进经济社会持续健康发展。

综合分析国内外形势，我国发展面临的机遇和挑战并存。世界经济有望继续复苏，但不稳定不确定因素很多，主要经济体政策调整及其外溢效应带来变数，保护主义加剧，地缘政治风险上升。我国经济正处在转变发展方式、优化经济结构、转换增长动力的攻关期，还有很多坡要爬、坎要过，需要应对可以预料和难以预料的风险挑战。实践表明，中国的发展成就从来都是在攻坚克难中取得的。当前我国物质技术基础更加雄厚，产业体系完备、市场规模巨大、人力资源丰富、创业创新活跃，综合优势明显，有能力有条件实现更高质量、更有效

率、更加公平、更可持续的发展。

今年发展主要预期目标是：国内生产总值增长6.5%左右；居民消费价格涨幅3%左右；城镇新增就业1100万人以上，城镇调查失业率5.5%以内，城镇登记失业率4.5%以内；居民收入增长和经济增长基本同步；进出口稳中向好，国际收支基本平衡；单位国内生产总值能耗下降3%以上，主要污染物排放量继续下降；供给侧结构性改革取得实质性进展，宏观杠杆率保持基本稳定，各类风险有序有效防控。

上述主要预期目标，考虑了决胜全面建成小康社会需要，符合我国经济已由高速增长阶段转向高质量发展阶段实际。从经济基本面和就业吸纳能力看，6.5%左右的增速可以实现比较充分的就业。城镇调查失业率涵盖农民工等城镇常住人口，今年首次把这一指标作为预期目标，以更全面反映就业状况，更好体现共享发展要求。

今年要继续创新和完善宏观调控，把握好宏观调控的度，保持宏观政策连续性稳定性，加强财政、货币、产业、区域等政策协调配合。

积极的财政政策取向不变，要聚力增效。今年赤字率拟按2.6%安排，比去年预算低0.4个百分点；财政赤字2.38万亿元，其中中央财政赤字1.55万亿元，地方财政赤字8300亿元。调低赤字率，主要是我国经济稳中向好、财政增收有基础，也为宏观调控留下更多政策空间。今年全国财政支出21万亿元，支出规模进一步加大。中央对地方一般性转移支付增长10.9%，增强地方特别是中西部地区财力。优化财政支出结构，提高财政支出的公共性、普惠性，加大对三大攻坚战的支持，更多向创新驱动、“三农”、民生等领域倾斜。当前财政状况出现好转，各级政府仍要坚持过紧日子，执守简朴、力戒浮华，严控一般性支出，把宝贵的资金更多用于为发展增添后劲、为民生雪中送炭。

稳健的货币政策保持中性，要松紧适度。管好货币供给总闸门，保持广义货币M2、信贷和社会融资规模合理增长，维护流动性合理稳定，提高直接融资特别是股权融资比重。疏通货币政策传导渠道，用好差别化准备金、差异化信贷等政策，引导资金更多投向小微企业、“三农”和贫困地区，更好服务实体经济。

做好今年工作，要认真贯彻习近平新时代中国特色社会主义经济思想，坚持稳中求进工作总基调，把稳和进作为一个整体来把握，注重以下几点。一是大力推动高质量发展。发展是解决我国一切问题的基础和关键。要着力解决发展不平衡不充分问题，围绕建设现代化经济体系，坚持质量第一、效益优先，促进经济结构优化升级。要尊重经济规律，远近结合，确保经济运行在合理区间，实现经济平稳增长和质量效益提高互促共进。二是加大改革开放力度。改革开放是决定当代中国命运的关键一招，也是实现“两个一百年”奋斗目标的关键一招。在新的历史起点上，思想要再解放，改革要再深化，开放要再扩大。充分发挥人民首创精神，鼓励各地从实际出发，敢闯敢试，敢于碰硬，把改革开放不断向前推进。三是抓好决胜全面建成小康社会三大攻坚战。要分别提出工作思路和具体举措，排出时间表、路线图、优先序，确保风险隐患得到有效控制，确保脱贫攻坚任务全面完成，确保生态环境质量总体改善。我们所做的一切工作，都是为了人民。要坚持以人民为中心的发展思想，从我国基本国情出发，尽力而为、量力而行，把群众最关切最烦心的事一件一件解决好，促进社会公平正义和人的全面发展，使人民生活随着国家发展一年比一年更好。

三、对2018年政府工作的建议

今年经济社会发展任务十分繁重。要紧紧抓住大有可为的历史机遇期，统筹兼顾、突出重点，扎实做好各项工作。

（一）深入推进供给侧结构性改革。坚持把发展经济着力点放在实体经济上，继续抓好“三去一降一补”，大力简政减税减费，不断优化营商环境，进一步激发市场主体活力，提升经济发展质量。

发展壮大新动能。做大做强新兴产业集群，

实施大数据发展行动，加强新一代人工智能研发应用，在医疗、养老、教育、文化、体育等多领域推进“互联网+”。加快发展现代服务业。发展智能产业，拓展智能生活，建设智慧社会。运用新技术、新业态、新模式，大力改造提升传统产业。加强新兴产业统计。加大网络提速降费力度，实现高速宽带城乡全覆盖，扩大公共场所免费上网范围，明显降低家庭宽带、企业宽带和专线使用费，取消流量“漫游”费，移动网络流量资费年内至少降低30%，让群众和企业切实受益，为数字中国、网络强国建设加油助力。

加快制造强国建设。推动集成电路、第五代移动通信、飞机发动机、新能源汽车、新材料等产业发展，实施重大短板装备专项工程，推进智能制造，发展工业互联网平台，创建“中国制造2025”示范区。大幅压减工业生产许可证，强化产品质量监管。全面开展质量提升行动，推进与国际先进水平对标达标，弘扬劳模精神和工匠精神，建设知识型、技能型、创新型劳动者大军，来一场中国制造的品质革命。

继续破除无效供给。坚持用市场化法治化手段，严格执行环保、质量、安全等法规标准，化解过剩产能、淘汰落后产能。今年再压减钢铁产能3000万吨左右，退出煤炭产能1.5亿吨左右，淘汰关停不达标的30万千瓦以下煤电机组。加大“僵尸企业”破产清算和重整力度，做好职工安置和债务处置。减少无效供给要抓出新成效。

深化“放管服”改革。全面实施全国统一的市场准入负面清单制度。在全国推开“证照分离”改革，重点是照后减证，各类证能减尽减、能合则合，进一步压缩企业开办时间。大幅缩短商标注册周期。工程建设项目审批时间再压减一半。推进企业投资项目承诺制改革试点。全面实施“双随机、一公开”监管，决不允许假冒伪劣滋生蔓延，决不允许执法者吃拿卡要。深入推进“互联网+政务服务”，使更多事项在网上办理，必须到现场办的也要力争做到“只进一扇门”、“最多跑一次”。加强政务服务标准化建设。大力推进综合执法机构机制改革，着力解决多头多层重复执法问题。加快政府信息系统互联互通，打通信息孤岛。清理群众和企业办事的各类证明，没有法律法规依据的一律取消。优化营商环境就是解放生产力、提高竞争力，要破障碍、去烦苛、筑坦途，为市场主体添活力，为人民群众增便利。

进一步减轻企业税负。改革完善增值税制度，按照三档并两档方向调整税率水平，重点降低制造业、交通运输等行业税率，提高小规模纳税人年销售额标准。大幅扩展享受减半征收所得税优惠政策的小微企业范围。大幅提高企业新购入仪器设备税前扣除上限。实施企业境外所得综合抵免政策。扩大物流企业仓储用地税收优惠范围。继续实施企业重组土地增值税、契税等到期优惠政策。全年再为企业和个人减税8000多亿元，促进实体经济转型升级，着力激发市场活力和社会创造力。

大幅降低企业非税负担。进一步清理规范行政事业性收费，调低部分政府性基金征收标准。继续阶段性降低企业“五险一金”缴费比例。降低电网环节收费和输配电价格，一般工商业电价平均降低10%。深化收费公路制度改革，降低过路过桥费用。加大中介服务收费清理整顿力度。全年要为市场主体减轻非税负担3000多亿元，不合理的坚决取消，过高的坚决降下来，让企业轻装上阵、聚力发展。

（二）加快建设创新型国家。把握世界新一轮科技革命和产业变革大势，深入实施创新驱动发展战略，不断增强经济创新力和竞争力。

加强国家创新体系建设。强化基础研究、应用基础研究和原始创新，启动一批科技创新重大项目，高标准建设国家实验室。鼓励企业牵头实施重大科技项目，支持科研院所、高校与企业融通创新，加快创新成果转化应用。国家科技投入要向民生领域倾斜，加强雾霾治理研究，推进癌症等重大疾病防治攻关，使科技更好造福人民。

落实和完善创新激励政策。改革科技管理制度，科研项目绩效评价要加快从重过程向重结果转变。赋予创新团队和领军人才更大的人财物支配权和技术路线决策权。对承担重大科技攻关任务的科研人员，采取灵活的薪酬制度和奖励措施。探索赋予科研人员科技成果所有权或长期使用权。有悖于激励创新的陈规旧章，要抓紧修改废止；有碍于释放创新活力的繁文缛节，要下决心砍掉。

促进大众创业、万众创新上水平。我国拥有世界上规模最大的人力人才资源，这是创新发展的最大"富矿"。要提供全方位创新创业服务，推进"双创"示范基地建设，鼓励大企业、高校和科研院所等开放创新资源，发展平台经济、共享经济，形成线上线下结合、产学研用协同、大中小企业融合的创新创业格局，打造"双创"升级版。设立国家融资担保基金，支持优质创新型企业上市融资，将创业投资、天使投资税收优惠政策试点范围扩大到全国。深化人才发展体制改革，推动人力资源自由有序流动，支持企业提高技术工人待遇，加大高技能人才激励，鼓励海外留学人员回国创新创业，拓宽外国人才来华绿色通道。集众智汇众力，一定能跑出中国创新"加速度"。

（三）深化基础性关键领域改革。以改革开放40周年为重要契机，推动改革取得新突破，不断解放和发展社会生产力。

推进国资国企改革。制定出资人监管权责清单。深化国有资本投资、运营公司等改革试点，赋予更多自主权。继续推进国有企业优化重组和央企股份制改革，加快形成有效制衡的法人治理结构和灵活高效的市场化经营机制，持续瘦身健体，提升主业核心竞争力，推动国有资本做强做优做大。积极稳妥推进混合所有制改革。落实向全国人大常委会报告国有资产管理情况的制度。国有企业要通过改革创新，走在高质量发展前列。

支持民营企业发展。坚持"两个毫不动摇"，坚持权利平等、机会平等、规则平等，全面落实支持非公有制经济发展的政策措施，认真解决民营企业反映的突出问题，坚决破除各种隐性壁垒。构建亲清新型政商关系，健全企业家参与涉企政策制定机制。激发和保护企业家精神，壮大企业家队伍，增强企业家信心，让民营企业在市场经济浪潮中尽显身手。

完善产权制度和要素市场化配置机制。产权制度是社会主义市场经济的基石。要以保护产权、维护契约、统一市场、平等交换、公平竞争为基本导向，完善相关法律法规。对各种侵权行为要依法严肃处理，对产权纠纷申诉案件要依法甄别纠正。强化知识产权保护，实行侵权惩罚性赔偿制度。加快技术、土地等要素价格市场化改革，深化资源类产品和公共服务价格改革，打破行政垄断，防止市场垄断。要用有力的产权保护、顺畅的要素流动，让市场活力和社会创造力竞相迸发。

深化财税体制改革。推进中央与地方财政事权和支出责任划分改革，抓紧制定收入划分改革方案，完善转移支付制度。健全地方税体系，稳妥推进房地产税立法。改革个人所得税。全面实施绩效管理，使财政资金花得其所、用得安全。

加快金融体制改革。改革完善金融服务体系，支持金融机构扩展普惠金融业务，规范发展地方性中小金融机构，着力解决小微企业融资难、融资贵问题。深化多层次资本市场改革，推动债券、期货市场发展。拓展保险市场的风险保障功能。改革金融监管体制。深化利率汇率市场化改革，保持人民币汇率在合理均衡水平上的基本稳定。

推进社会体制改革。深化养老保险制度改革，建立企业职工基本养老保险基金中央调剂制度。深化公立医院综合改革，协调推进医疗价格、人事薪酬、药品流通、医保支付改革，提高医疗卫生服务质量，下大力气解决群众看病就医难题。深入推进教育、文化、体育等改革，充分释放社会领域巨大发展潜力。

健全生态文明体制。改革完善生态环境管理制度，加强自然生态空间用途管制，推行生态环境损害赔偿制度，完善生态补偿机制，以更加有效的制度保护生态环境。

（四）坚决打好三大攻坚战。要围绕完成年度攻坚任务，明确各方责任，强化政策保障，把各项工作做实做好。

推动重大风险防范化解取得明显进展。当前我国经济金融风险总体可控，要标本兼治，有效消除风险隐患。严厉打击非法集资、金融诈骗等违法犯罪活动。加快市场化法治化债转股和企业兼并重组。加强金融机构风险内控。强化金融监管统筹协调，健全对影子银行、互联网金融、金融控股公司等监管，进一步完善金融监管、提升监管效能。防范化解地方政府债务风险。严禁各类违法违规举债、担保等行为。省级政府对本辖区债务负总责，省级以下各级地方政府各负其责，积极稳妥处置存量债务。健全规范的地方政府举债融资机制。今年安排地方专项债券1.35万亿元，比去年增加5500亿元，优先支持在建项目平稳建设，合理扩大专项债券使用范围。我国经济基本面好，政策工具多，完全能够守住不发生系统性风险的底线。

加大精准脱贫力度。今年再减少农村贫困人口1000万以上，完成易地扶贫搬迁280万人。深入推进产业、教育、健康、生态和文化等扶贫，补齐基础设施和公共服务短板，加强东西部扶贫协作和对口支援，注重扶贫同扶志、扶智相结合，激发脱贫内生动力。强化对深度贫困地区支持，中央财政新增扶贫投入及有关转移支付向深度贫困地区倾斜。对老年人、残疾人、重病患者等特定贫困人口，因户因人落实保障措施。攻坚期内脱贫不脱政策，新产生的贫困人口和返贫人口要及时纳入帮扶。加强扶贫资金整合和绩效管理。开展扶贫领域腐败和作风问题专项治理，改进考核监督方式。坚持现行脱贫标准，确保进度和质量，让脱贫得到群众认可、经得起历史检验。

推进污染防治取得更大成效。巩固蓝天保卫战成果，今年二氧化硫、氮氧化物排放量要下降3%，重点地区细颗粒物（PM2.5）浓度继续下降。推动钢铁等行业超低排放改造。提高污染排放标准，实行限期达标。大力发展清洁能源。开展柴油货车、船舶超标排放专项治理，继续淘汰老旧车。深入推进水、土壤污染防治，今年化学需氧量、氨氮排放量要下降2%。实施重点流域和海域综合治理，全面整治黑臭水体。加大污水处理设施建设力度，完善收费政策。加强固体废弃物和垃圾分类处置，严禁“洋垃圾”入境。加强生态系统保护和修复，全面划定并严守生态保护红线，完成造林1亿亩以上，耕地轮作休耕试点面积增加到3000万亩，加强地下水保护和修复，扩大湿地保护和恢复范围，深化国家公园体制改革试点。严控填海造地。严格环境执法和问责。我们要携手行动，建设天蓝、地绿、水清的美丽中国。

（五）大力实施乡村振兴战略。科学制定规划，健全城乡融合发展体制机制，依靠改革创新壮大乡村发展新动能。

推进农业供给侧结构性改革。促进农林牧渔业和种业创新发展，加快建设现代农业产业园和特色农产品优势区。坚持提质导向，稳定和优化粮食生产。加快消化粮食库存。发展农产品加工业。新增高标准农田8000万亩以上、高效节水灌溉面积2000万亩。培育新型经营主体，提高农业科技水平，推进农业机械化全程全面发展，加强面向小农户的社会化服务。鼓励支持返乡农民工、大中专毕业生、科技人员、退役军人和工商企业等从事现代农业建设、发展农村新业态新模式。深入推进“互联网+农业”，多渠道增加农民收入，促进农村一二三产业融合发展。

全面深化农村改革。落实第二轮土地承包到期后再延长30年的政策。探索宅基地所有权、资格权、使用权分置改革。改进耕地占补平衡管理办法，建立新增耕地指标、城乡建设用地增减挂钩节余指标跨省域调剂机制，所得收益全部用于脱贫攻坚和支持乡村振兴。深化粮食收储、集体产权、集体林权、国有林区林场、农垦、供销社等改革，使农业农村充满生机活力。

推动农村各项事业全面发展。完善农村医疗、教育、文化等公共服务。改善供水、供电、信息等基础设施，新建改建农村公路20万公里。稳步开展农村人居环境整治三年行动，推进“厕所革命”和垃圾收集处理。促进农村移风易俗。健全自治、法治、德治相结合的乡村治理体系。大力培育乡村振兴人才。我们要坚持走中国特色社会主义乡村振兴道路，加快实现农业农村现代化。

（六）扎实推进区域协调发展战略。完善区域发展政策，推进基本公共服务均等化，逐步缩小城乡区域发展差距，把各地比较优势和潜力充分发挥出来。

塑造区域发展新格局。加强对革命老区、民族地区、边疆地区、贫困地区改革发展的支持。以疏解北京非首都功能为重点推进京津冀协同发展，高起点规划、高标准建设雄安新区。以生态优先、绿色发展为引领推进长江经济带发展。出台实施粤港澳大湾区发展规划纲要，全面推进内地同香港、澳门互利合作。制定西部大开发新的指导意见，落实东北等老工业基地振兴举措，继续推动中部地区崛起，支持东部地区率先发展。加强对资源型地区经济转型发展的支持。壮大海洋经济，坚决维护国家海洋权益。

提高新型城镇化质量。今年再进城落户1300万人，加快农业转移人口市民化。完善城镇规划，优先发展公共交通，健全菜市场、停车场等便民服务设施，加快无障碍设施建设。有序推进“城中村”、老旧小区改造，完善配套设施，鼓励有条件的加装电梯。加强排涝管网、地下综合管廊、海绵城市等建设。新型城镇化的核心在人，要加强精细化服务、人性化管理，使人人都有公平发展机会，让居民生活得方便、舒心。

（七）积极扩大消费和促进有效投资。顺应居民需求新变化扩大消费，着眼调结构增加投资，形成供给结构优化和总需求适度扩大的良性循环。

增强消费对经济发展的基础性作用。推进消费升级，发展消费新业态新模式。将新能源汽车车辆购置税优惠政策再延长三年，全面取消二手车限迁政策。支持社会力量增加医疗、养老、教育、文化、体育等服务供给。创建全域旅游示范区，降低重点国有景区门票价格。推动网购、快递健康发展。对各类侵害消费者权益的行为，要依法惩处、决不姑息。

发挥投资对优化供给结构的关键性作用。今年要完成铁路投资7320亿元、公路水运投资1.8万亿元左右，水利在建投资规模达到1万亿元。重大基础设施建设继续向中西部地区倾斜。实施新一轮重大技术改造升级工程。中央预算内投资安排5376亿元，比去年增加300亿元。落实鼓励民间投资政策措施，在铁路、民航、油气、电信等领域推出一批有吸引力的项目，务必使民间资本进得来、能发展。

（八）推动形成全面开放新格局。进一步拓展开放范围和层次，完善开放结构布局和体制机制，以高水平开放推动高质量发展。

推进“一带一路”国际合作。坚持共商共建共享，落实“一带一路”国际合作高峰论坛成果。推动国际大通道建设，深化沿线大通关合作。扩大国际产能合作，带动中国制造和中国服务走出去。优化对外投资结构。加大西部、内陆和沿边开放力度，提高边境跨境经济合作区发展水平，拓展开放合作新空间。

促进外商投资稳定增长。加强与国际通行经贸规则对接，建设国际一流营商环境。全面放开一般制造业，扩大电信、医疗、教育、养老、新能源汽车等领域开放。有序开放银行卡清算等市场，放开外资保险经纪公司经营范围限制，放宽或取消银行、证券、基金管理、期货、金融资产管理公司等外资股比限制，统一中外资银行市场准入标准。实施境外投资者境内利润再投资递延纳税。简化外资企业设立程序，商务备案与工商登记“一口办理”。全面复制推广自贸试验区经验，探索建设自由贸易港，打造改革开放新高地。

巩固外贸稳中向好势头。扩大出口信用保险覆盖面，整体通关时间再压缩三分之一。改革服务贸易发展机制。培育贸易新业态新模式。推动加工贸易向中西部梯度转移。积极扩大进口，办好首届中国国际进口博览会，下调汽车、部分日用消费品等进口关税。我们要以更大力度的市场开放，促进产业升级和贸易平衡发展，为消费者提供更多选择。

促进贸易和投资自由化便利化。中国坚定不移推进经济全球化，维护自由贸易，愿同有关方推动多边贸易谈判进程，早日结束区域全面经济伙伴关系协定谈判，加快亚太自贸区和东亚经济共同体建设。中国主张通过平等协商解决贸易争端，反对贸易保护主义，坚决捍卫自身合法权益。

（九）提高保障和改善民生水平。要在发展基础上多办利民实事、多解民生难事，兜牢民生底线，不断提升人民群众的获得感、幸福感、安全感。

着力促进就业创业。加强全方位公共就业服务，大规模开展职业技能培训，运用“互联网+”发展新就业形态。今年高校毕业生820多万人，再创历史新高，要促进多渠道就业，支持以创业带动就业。扎实做好退役军人安置、管理和保障工作。加大对残疾人等就业困难人员援助力度。扩大农民工就业，全面治理拖欠工资问题。要健全劳动关系协商机制，消除性别和身份歧视，使更加公平、更加充分的就业成为我国发展的突出亮点。

稳步提高居民收入水平。继续提高退休人员基本养老金和城乡居民基础养老金。合理调整社会最低工资标准。完善机关事业单位工资和津补贴制度，向艰苦地区、特殊岗位倾斜。提高个人所得税起征点，增加子女教育、大病医疗等专项费用扣除，合理减负，鼓励人民群众通过劳动增加收入、迈向富裕。

发展公平而有质量的教育。推动城乡义务教育一体化发展，教育投入继续向困难地区和薄弱环节倾斜。切实降低农村学生辍学率，抓紧消除城镇“大班额”，着力解决中小学生课外负担重问题。儿童是民族的未来、家庭的希望。要多渠道增加学前教育资源供给，重视对幼儿教师的关心和培养，运用互联网等信息化手段对儿童托育中育儿过程加强监管，一定要让家长放心安心。大力发展职业教育，支持和规范社会力量举办职业教育。推进普及高中阶段教育。以经济社会发展需要为导向，优化高等教育结构，加快“双一流”建设，支持中西部建设有特色、高水平大学。继续实施农村和贫困地区专项招生计划。发展民族教育、特殊教育、继续教育和网络教育。加强师资队伍和师德师风建设。要加快推进教育现代化，办好人民满意的教育，让每个人都有平等机会通过教育改变自身命运、成就人生梦想。

实施健康中国战略。提高基本医保和大病保险保障水平，居民基本医保人均财政补助标准再增加40元，一半用于大病保险。扩大跨省异地就医直接结算范围，把基层医院和外出农民工、外来就业创业人员等全部纳入。加大医护人员培养力度，加强全科医生、儿科医生队伍建设，推进分级诊疗和家庭医生签约服务。继续提高基本公共卫生服务经费人均财政补助标准。坚持预防为主，加强重大疾病防控。改善妇幼保健服务。支持中医药事业传承创新发展。鼓励中西医结合。创新食品药品监管方式，注重用互联网、大数据等提升监管效能，加快实现全程留痕、信息可追溯，让问题产品无处藏身、不法制售者难逃法网，让消费者买得放心、吃得安全。做好北京冬奥会、冬残奥会筹办工作，多渠道增加全民健身场所和设施。人民群众身心健康、向善向上，国家必将生机勃勃、走向繁荣富强。

更好解决群众住房问题。启动新的三年棚改攻坚计划，今年开工580万套。加大公租房保障力度，对低收入住房困难家庭要应保尽保，将符合条件的新就业无房职工、外来务工人员纳入保障范围。坚持房子是用来住的、不是用来炒的定位，落实地方主体责任，继续实行差别化调控，建立健全长效机制，促进房地产市场平稳健康发展。支持居民自住购房需求，培育住房租赁市场，发展共有产权住房。加快建立多主体供给、多渠道保障、租购并举的住房制度，让广大人民群众早日实现安居宜居。

强化民生兜底保障。稳步提高城乡低保、社会救助、抚恤优待等标准。积极应对人口老龄化，发展居家、社区和互助式养老，推进医养结合，提高养老院服务质量。关心帮助农村留守儿童。加强城乡困境儿童保障。做好伤残军人和军烈属优抚工作。加强残疾人康复服务。健全社会救助体系，支持公益慈善事业发展。倾情倾力做好托底工作，不因事难而推诿，不因善小而不为，要让每一个身处困境者都能得到社会的关爱和温暖。

打造共建共治共享社会治理格局。完善基层群众自治制度，加强社区治理。发挥好工会、共青团、妇联等群团组织作用。促进社会组织、专业社会工作、志愿服务健康发展。加强社会信用体系建设。完善公共法律服务体系，落实普法责任制。营造尊重妇女、关爱儿童、尊敬老人、爱护残疾人的良好风尚。完善社会矛盾纠纷多元化解机制。创新信访工作方式，依法及时解决群众合理诉求。严格落实安全生产责任，坚决遏制重特大事故。做好地震、气象、地质等工作，提高防灾减灾救灾能力。推进平安中国建设，严密防范和坚决打击暴力恐怖活动，依法开展扫黑除恶专项斗争，惩治盗抢骗黄赌毒等违法犯罪活动，整治电信网络诈骗、侵犯公民个人信息、网络传销等突出问题，维护国家安全和公共安全。

为人民过上美好生活提供丰富精神食粮。要弘扬中华优秀传统文化，继承革命文化，发展社会主义先进文化，培育和践行社会主义核心价值观。加强思想道德建设和群众性精神文明创建。加快构建中国特色哲学社会科学，繁荣文艺创作，发展新闻出版、广播影视、档案等事业。加强文物保护利用和文化遗产保护传承。建好新型智库。加强互联网内容建设。深入实施文化惠民工程，培育新型文化业态，加快文化产业发展。倡导全民阅读，建设学习型社会。深化中外人文交流，增强中华文化影响力。我们要以中国特色社会主义文化的繁荣兴盛，凝聚起实现民族复兴的磅礴精神力量。

各位代表！

进入新时代，政府工作在新的一年要有新气象新作为。要牢固树立“四个意识”，坚定“四个自信”，坚决维护习近平总书记核心地位，坚决维护党中央权威和集中统一领导，落实全面从严治党要求，加强政府自身建设，深入推进政府职能转变，全面提升履职水平，为人民提供优质高效服务。

全面推进依宪施政、依法行政。严格遵守宪法法律，加快建设法治政府，把政府活动全面纳入法治轨道。坚持严格规范公正文明执法，有权不可任性，用权必受监督。各级政府要依法接受同级人大及其常委会的监督，自觉接受人民政协的民主监督，主动接受社会和舆论监督，认真听取人大代表、政协委员意见，听取民主党派、工商联、无党派人士和各人民团体意见。政府要信守承诺，决不能“新官不理旧账”。全面推进政务公开。推行政府法律顾问制度。坚持科学、民主、依法决策，凡涉及公众利益的重大事项，都要深入听取各方意见包括批评意见。人民政府的所有工作都要体现人民意愿，干得好不好要看实际效果、最终由人民来评判。

全面加强党风廉政建设。推进“两学一做”学习教育常态化制度化，认真开展“不忘初心、牢记使命”主题教育。坚决贯彻落实党中央八项规定及实施细则精神，驰而不息整治“四风”，特别是力戒形式主义、官僚主义。加强审计监督。巩固发展反腐败斗争压倒性态势，把权力关进制度的笼子，坚决惩治各类腐败行为。政府工作人员要廉洁修身，勤勉尽责，自觉接受法律监督、监察监督和人民的监督，干干净净为人民做事，决不辜负人民公仆的称号。

全面提高政府效能。优化政府机构设置和职能配置，深化机构改革，形成职责明确、依法行政的政府治理体系，增强政府公信力和执行力。中国改革发展的一切成就，都是干出来的。对各级政府及其工作人员来说，为人民干事是天职、不干是失职。要完善激励约束、容错纠错机制，旗帜鲜明给积极干事者撑腰鼓劲，对庸政懒政者严肃问责。决不能表态多调门高、行动少落实差，决不允许占着位子不干事。广大干部要提高政治素质和工作本领，求真务实，干字当头，干出实打实的新业绩，干出群众的好口碑，干出千帆竞发、百舸争流的生动局面。

各位代表！

中华民族是一个和睦相处、团结温暖的大家庭。我们要坚持和完善民族区域自治制度，全面贯彻党的民族政策。继续加强对民族地区、人口较少民族发展的支持。组织好广西壮族自治区、宁夏回族自治区成立60周年庆祝活动。加强各民族交往交流交融，让中华民族共同体的根基更加坚实、纽带更加牢固。

我们要全面贯彻党的宗教工作基本方针，坚持我国宗教的中国化方向，促进宗教关系健康和谐，发挥宗教界人士和信教群众在促进经济社会发展中的积极作用。

我们要认真落实侨务政策，维护海外侨胞和归侨侨眷合法权益，为他们在国家现代化建设中发挥独特优势和重要作用创造更好条件，激励海内外中华儿女同心奋斗、共创辉煌。

各位代表！

面对国家安全环境的深刻变化，我们要以党在新时代的强军目标为引领，牢固确立习近平强军思想在国防和军队建设中的指导地位，坚定不移走中国特色强军之路，全面推进练兵备战工作，坚决有力维护国家主权、安全、发展利益。坚持党对军队绝对领导的根本原则和制度，全面深入贯彻军委主席负责制。继续推进国防和军队改革，建设强大稳固的现代边海空防。完善国防动员体系，加强全民国防教育。维护军人军属合法权益，让军人成为全社会尊崇的职业。深入实施军民融合发展战略，深化国防科技工业改革。各级政府要采取更有力的举措，支持国防和军队建设改革，深入开展拥军优属、拥政爱民活动，使军政军民团结始终坚如磐石、始终根深叶茂。

各位代表！

我们要继续全面准确贯彻“一国两制”方针，严格依照宪法和基本法办事。全力支持香港、澳门特别行政区政府和行政长官依法施政，大力发展经济、持续改善民生、有序推进民主、促进社会和谐。支持香港、澳门融入国家发展大局，深化内地与港澳地区交流合作。我们坚信，香港、澳门一定能与祖国内地同发展、共繁荣。

我们要继续贯彻对台工作大政方针，坚持一个中国原则，在“九二共识”基础上推动两岸关系和平发展，推进祖国和平统一进程。坚决维护国家主权和领土完整，绝不容忍任何“台独”分裂图谋和行径。扩大两岸经济文化交流合作，逐步为台湾同胞在大陆学习、创业、就业、生活提供与大陆同胞同等待遇。两岸同根，骨肉相亲。两岸同胞顺应历史大势、共担民族大义，必将共创中华民族伟大复兴的美好未来！

各位代表！

中国与世界各国发展紧密相连、命运休戚与共。我们将始终不渝走和平发展道路，推动构建新型国际关系。积极参与改革完善全球治理，致力于建设开放型世界经济。推进大国协调合作，深化同周边国家睦邻友好和共同发展，加强同发展中国家团结合作。办好博鳌亚洲论坛年会、上海合作组织峰会、中非合作论坛峰会等主场外交。继续为解决国际和地区热点问题发挥负责任大国作用。加强和完善海外利益安全保障体系。中国愿与各国一道，为推动构建人类命运共同体不懈努力！

各位代表！

团结凝聚力量，实干创造未来。我们要更加紧密地团结在以习近平同志为核心的党中央周围，高举中国特色社会主义伟大旗帜，以习近平新时代中国特色社会主义思想为指导，锐意进取，扎实工作，促进经济社会持续健康发展，为决胜全面建成小康社会、夺取新时代中国特色社会主义伟大胜利，为把我国建设成为富强民主文明和谐美丽的社会主义现代化强国、实现中华民族伟大复兴的中国梦作出新的贡献！

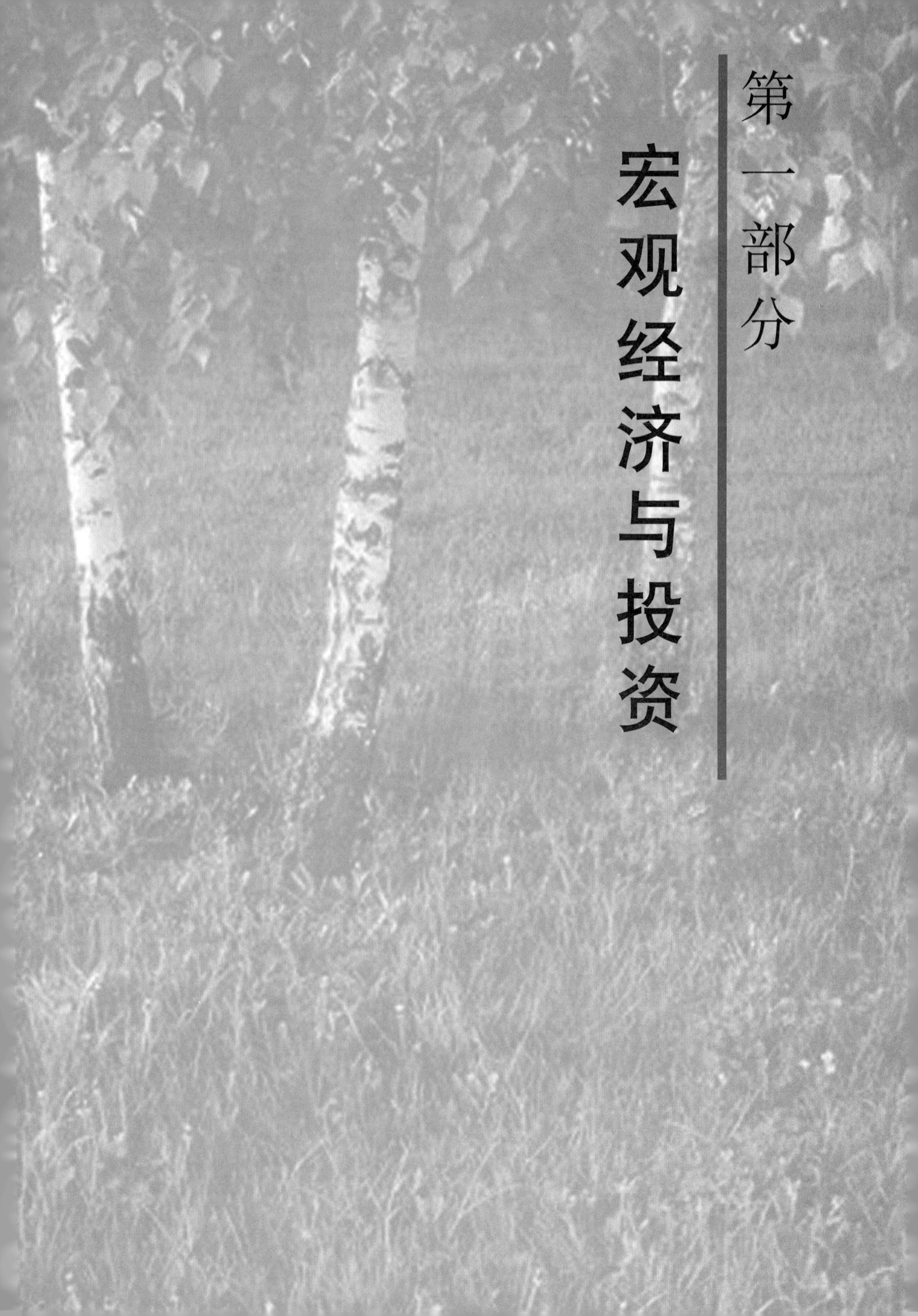

第一部分 宏观经济与投资

2016年国民经济和社会发展统计公报[1]

中华人民共和国国家统计局

2017年2月28日

2016年，面对复杂多变的国际环境和国内繁重艰巨的改革发展稳定任务，在以习近平同志为核心的党中央的坚强领导下，各地区各部门全面贯彻党的十八大和十八届三中、四中、五中、六中全会精神，认真落实党中央、国务院决策部署，统筹推进“五位一体”总体布局和协调推进“四个全面”战略布局，坚持稳中求进工作总基调，坚持新发展理念，以推进供给侧结构性改革为主线，适度扩大总需求，坚定推进改革，妥善应对风险挑战，引导形成良好社会预期，经济社会保持平稳健康发展，实现了“十三五”良好开局。

一、综合

初步核算，全年国内生产总值[2]744127亿元，比上年增长6.7%。其中，第一产业增加值63671亿元，增长3.3%；第二产业增加值296236亿元，增长6.1%；第三产业增加值384221亿元，增长7.8%。第一产业增加值占国内生产总值的比重为8.6%，第二产业增加值比重为39.8%，第三产业增加值比重为51.6%，比上年提高1.4个百分点。全年人均国内生产总值53980元，比上年增长6.1%。全年国民总收入[3]742352亿元，比上年增长6.9%。

年末全国大陆总人口138271万人，比上年末增加809万人，其中城镇常住人口79298万人，占总人口比重（常住人口城镇化率）为57.35%，比上年末

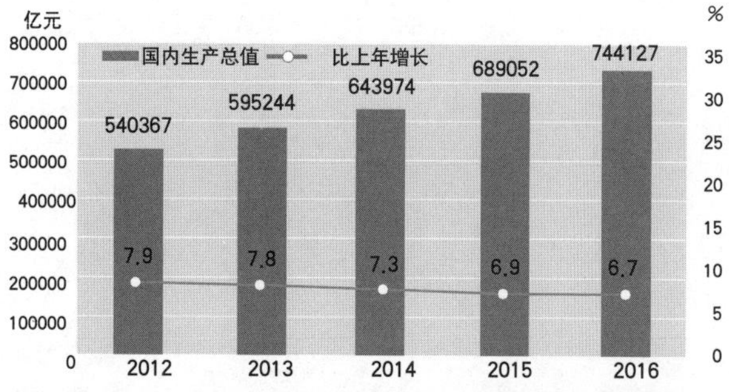

图1 2012—2016年国内生产总值及其增长速度

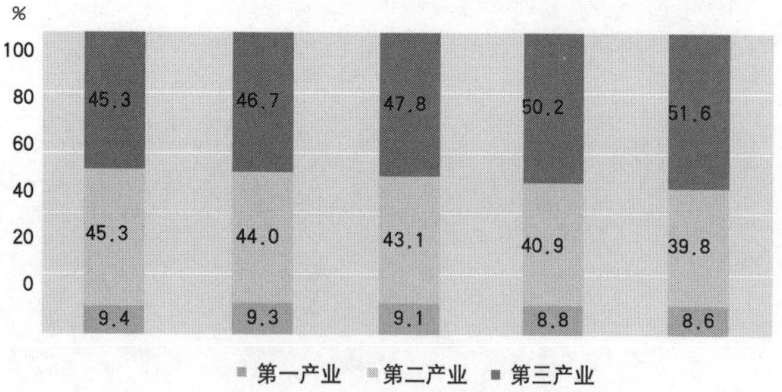

图2 2012—2016年三次产业增加值占国内生产总值比重

提高1.25个百分点。户籍人口城镇化率为41.2%，比上年末提高1.3个百分点。全年出生人口1786万人，出生率为12.95‰；死亡人口977万人，死亡率为7.09‰，自然增长率为5.86‰。全国人户分离的人口[4]2.92亿人，其中流动人口[5]2.45亿人。

表1 2016年年末人口数及其构成

指　标	年末数（万人）	比重（%）
全国总人口	138271	100.0

续表

指　标	年末数（万人）	比重（%）
其中：城镇	79298	57.35
乡村	58973	42.65
其中：男性	70815	51.2
女性	67456	48.8
其中：0～15岁（含不满16周岁）[6]	24438	17.7
16～59岁（含不满60周岁）	90747	65.6
60周岁及以上	23086	16.7
其中：65周岁及以上	15003	10.8

年末全国就业人员77603万人，其中城镇就业人员41428万人。全年城镇新增就业1314万人。年末城镇登记失业率为4.02%。全国农民工[7]总量28171万人，比上年增长1.5%。其中，外出农民工16934万人，增长0.3%；本地农民工11237万人，增长3.4%。

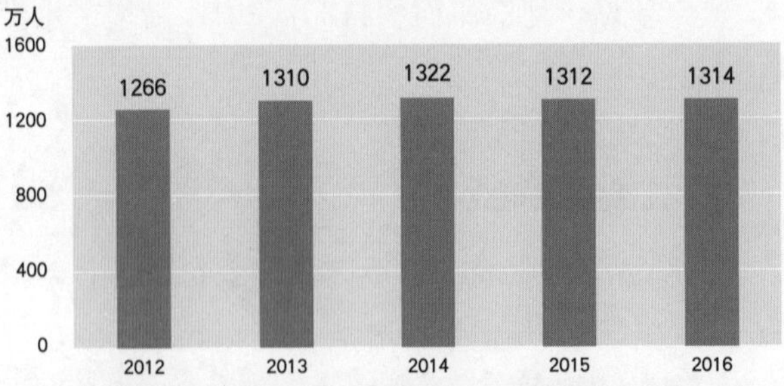

图3 2012—2016年城镇新增就业人数

全年全员劳动生产率[8]为94825元/人，比上年提高6.4%。

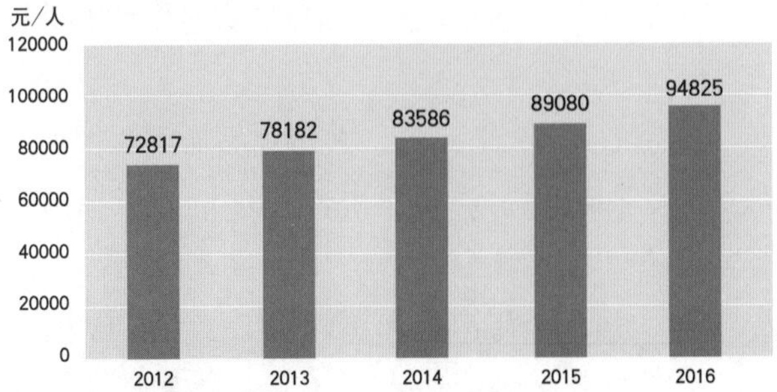

图4 2012—2016年全员劳动生产率

全年居民消费价格比上年上涨2.0%。工业生产者出厂价格下降1.4%。工业生产者购进价格下降2.0%。固定资产投资价格下降0.6%。农产品生产者价格[9]上涨3.4%。

表2 2016年居民消费价格比上年涨跌幅度

单位：%

指　　标	全国	城市	农村
居民消费价格	2.0	2.1	1.9
其中：食品烟酒	3.8	3.7	4.0
衣　着	1.4	1.5	1.3
居　住[10]	1.6	1.9	0.6
生活用品及服务	0.5	0.5	0.2
交通和通信	-1.3	-1.4	-1.1
教育文化和娱乐	1.6	1.5	1.9
医疗保健	3.8	4.4	2.5
其他用品和服务	2.8	2.9	2.2

12月份70个大中城市新建商品住宅销售价格月同比上涨的城市个数为65个，下降的为5个；月环比上涨的城市个数为46个，比年内高点减少19个，持平的为4个，下降的为20个。

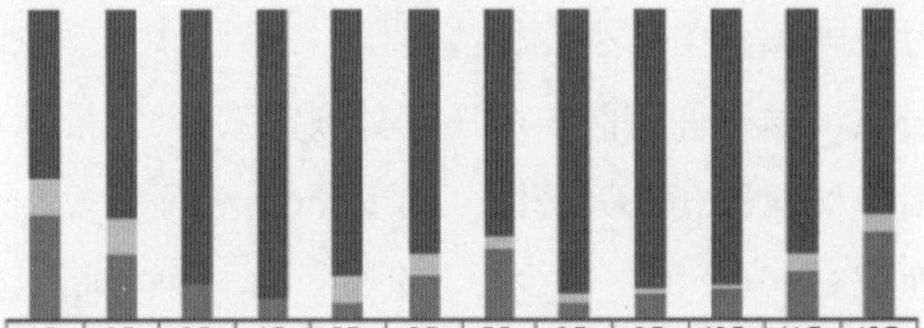

	1月	2月	3月	4月	5月	6月	7月	8月	9月	10月	11月	12月
上涨	38	47	62	65	60	55	51	64	63	62	55	46
持平	8	8	0	0	6	5	3	2	1	1	4	4
下降	24	15	8	5	4	10	16	4	6	7	11	20

图5　2016年新建商品住宅月环比价格上涨、持平、下降城市个数变化情况

全年全国一般公共预算收入159552亿元，比上年同口径[11]增加6828亿元，增长4.5%，其中税收收入130354亿元，增加5432亿元，增长4.3%。

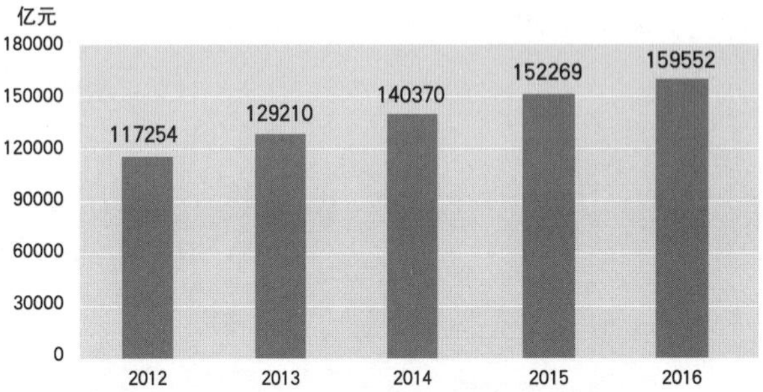

图6　2012—2016年全国一般公共预算收入

注：图中2012~2015年数据为全国一般公共预算收入决算数，2016年为执行数。

年末国家外汇储备30105亿美元，比上年末减少3198亿美元。全年人民币平均汇率为1美元兑6.6423元人民币，比上年贬值6.2%。

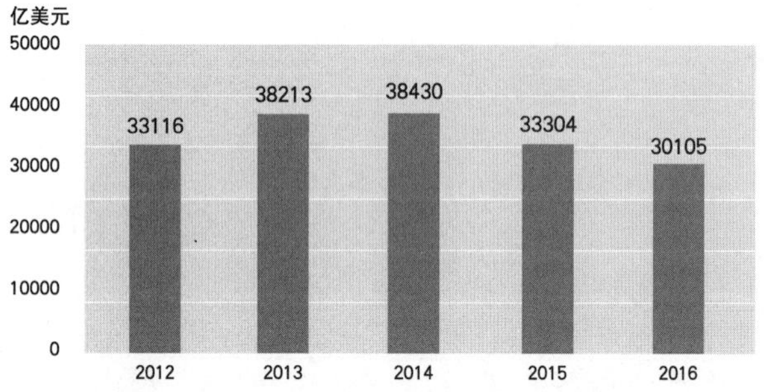

图7 2012—2016年年末国家外汇储备

二、农业

全年粮食种植面积11303万公顷，比上年减少31万公顷。其中，小麦种植面积2419万公顷，增加5万公顷；稻谷种植面积3016万公顷，减少5万公顷；玉米种植面积3676万公顷，减少136万公顷。棉花种植面积338万公顷，减少42万公顷。油料种植面积1412万公顷，增加8万公顷。糖料种植面积168万公顷，减少6万公顷。

全年粮食产量61624万吨，比上年减少520万吨，减产0.8%。其中，夏粮产量13920万吨，减产1.2%；早稻产量3278万吨，减产2.7%；秋粮产量44426万吨，减产0.6%。全年谷物产量56517万吨，比上年减产1.2%。其中，稻谷产量20693万吨，减产0.6%；小麦产量12885万吨，减产1.0%；玉米产量21955万吨，减产2.3%。

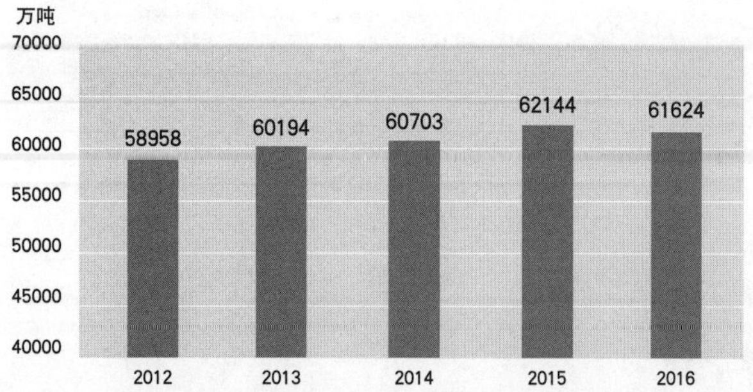

图8 2012—2016年粮食产量

全年棉花产量534万吨，比上年减产4.6%。油料产量3613万吨，增产2.2%。糖料产量12299万吨，减产1.6%。茶叶产量241万吨，增产7.4%。

全年肉类总产量8540万吨，比上年下降1.0%。其中，猪肉产量5299万吨，下降3.4%；牛肉产量717万吨，增长2.4%；羊肉产量459万吨，增长4.2%；禽肉产量1888万吨，增长3.4%。禽蛋产量3095万吨，增长3.2%。牛奶产量3602万吨，下降4.1%。年末生猪存栏43504万头，下降3.6%；生猪出栏68502万头，下降3.3%。

全年水产品产量6900万吨，比上年增长3.0%。其中，养殖水产品产量5156万吨，增长4.4%；捕捞水产品产量1744万吨，下降1.0%。

全年木材产量6683万立方米，比上年下降7.0%。

全年新增耕地灌溉面积118万公顷，新增节水灌溉面积211万公顷。

三、工业和建筑业

全年全部工业增加值247860亿元，比上年增长6.0%。规模以上工业增加值增长6.0%。在规模以上工业中，分经济类型看，国有控股企业增长2.0%；集体企业下降1.3%，股份制企业增长6.9%，外商及港澳台商投资企业增长4.5%；私营企业增长7.5%。分门类看，采矿业下降1.0%，制造业增长6.8%，电力、热力、燃气及水生产和供应业增长5.5%。

全年规模以上工业中，农副食品加工业增加值比上年增长6.1%，纺织业增长5.5%，化学原料和化学制品制造业增长7.7%，非金属矿物制品业增长6.5%，黑色金属冶炼和压延加工业下降1.7%，通用设备制造业增长5.9%，专用设备制造业增长6.7%，汽车制造业增长15.5%，电气机械和器材制造业增长8.5%，计算机、通信和其他电子设备制造业增长10.0%，电力、热力生产和供应业增长4.8%。工业战略性新兴产业[12]增加值增长10.5%。高技术制造业[13]增加值增长10.8%，占规模以上工业增加值的比重为12.4%。装备制造业[14]增加值增长9.5%，占规模以上工业增加值的比重为32.9%。六大高耗能行业[15]增加值增长5.2%，占规模以上工业增加值的比重为28.1%。

表3 2016年主要工业产品产量及其增长速度

产品名称	单 位	产 量	比上年增长（%）
纱	万吨	3732.6	5.5
布	亿米	906.8	1.6
化学纤维	万吨	4943.7	2.3
成品糖	万吨	1443.3	−2.1
卷 烟	亿支	23825.8	−8.0
彩色电视机	万台	15769.6	8.9
其中：液晶电视机	万台	15713.6	9.2
其中：智能电视	万台	9310.1	11.1
家用电冰箱	万台	8481.6	6.1
房间空气调节器	万台	14342.4	1.0
一次能源生产总量	亿吨标准煤	34.6	−4.2
原 煤	亿吨	34.1	−9.0
原 油	万吨	19968.5	−6.9
天然气	亿立方米	1368.7	1.7
发电量	亿千瓦小时	61424.9	5.6
其中：火[16]	亿千瓦小时	44370.7	3.6
水电	亿千瓦小时	11933.7	5.6
核电	亿千瓦小时	2132.9	24.9
粗 钢	万吨	80836.6	0.6
钢 材[17]	万吨	113801.2	1.3
十种有色金属	万吨	5310.3	3.0
其中：精炼铜（电解铜）	万吨	843.6	6.0
原铝（电解铝）	万吨	3187.3	1.5
水 泥	亿吨	24.1	2.3
硫酸（折100%）	万吨	8889.1	−1.0
烧碱（折100%）	万吨	3283.9	8.7
乙 烯	万吨	1781.1	3.9
化肥（折100%）	万吨	7128.6	−4.1
发电机组（发电设备）	万千瓦	13218.4	6.3
汽 车	万辆	2811.9	14.8
其中：基本型乘用车（轿车）	万辆	1211.1	4.1
运动型多用途乘用车（SUV）	万辆	914.4	51.8
其中：新能源汽车	万辆	45.9	40.0
大中型拖拉机	万台	63.0	−8.5
集成电路	亿块	1318.0	21.2
程控交换机	万线	1457.7	−22.5
移动通信手持机	万台	205819.3	13.6
其中：智能手机	万台	153764.1	9.9
微型计算机设备	万台	29008.5	−7.7
工业机器人	台（套）	72426.0	30.4

年末全国发电装机容量164575万千瓦，比上年末增长8.2%。其中[18]，火电装机容量105388万千瓦，增长5.3%；水电装机容量33211万千瓦，增长3.9%；核电装机容量3364万千瓦，增长23.8%；并网风电装机容量14864万千瓦，增长13.2%；并网太阳能发电装机容量7742万千瓦，增长81.6%。

全年规模以上工业企业实现利润68803亿元，比上年增长8.5%。分经济类型看，国有控股企业实现利润11751亿元，比上年增长6.7%；集体企业477亿元，下降4.2%，股份制企业47197亿元，增长8.3%，外商及港澳台商投资企业17352亿元，增长12.1%；私营企业24325亿元，增长4.8%。分门类看，采矿业实现利润1825亿元，比上年下降27.5%；制造业62398亿元，增长12.3%；电力、热力、燃气及水生产和供应业4580亿元，下降14.3%。全年规模以上工业企业每百元主营业务收入中的成本为85.52元，比上年下降0.1元。年末规模以上工业企业资产负债率为55.8%，比上年末下降0.4个百分点。

全年全社会建筑业增加值49522亿元，比上年增长6.6%。全国具有资质等级的总承包和专业承包建筑业企业实现利润6745亿元，增长4.6%。其中，国有控股企业1879亿元，增长6.8%。

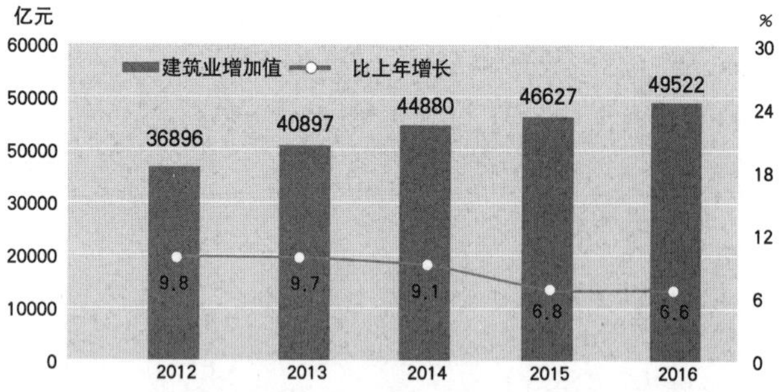

图9　2012—2016年建筑业增加值及其增长速度

四、固定资产投资

全年全社会固定资产投资606466亿元，比上年增长7.9%，扣除价格因素，实际增长8.6%。其中，固定资产投资（不含农户）596501亿元，增长8.1%。分区域看[19]，东部地区投资249665亿元，比上年增长9.1%；中部地区投资156762亿元，增长12.0%；西部地区投资154054亿元，增长12.2%；东北地区投资30642亿元，下降23.5%。

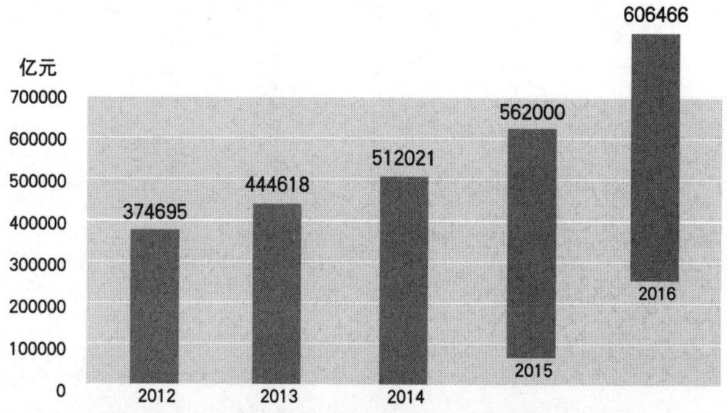

图10　2012—2016年全社会固定资产投资

在固定资产投资（不含农户）中，第一产业投资18838亿元，比上年增长21.1%；第二产业投资231826亿元，增长3.5%；第三产业投资345837亿元，增长10.9%。基础设施投资[20]118878亿元，增长17.4%，占固定资产投资（不含农户）的比重为19.9%。民间固定资产投资[21]365219亿元，增长3.2%，占固定资产投资（不含农户）的比重为61.2%。高技术产业投资[22]37747亿元，增长15.8%，占固定资产投资（不含农户）的比重为6.3%。六大高耗能行业投资66376亿元，增长3.1%，占固定资产投资（不含农户）的比重为11.1%。农林牧渔业、水利、环境保护等短板领域投资快速增长。

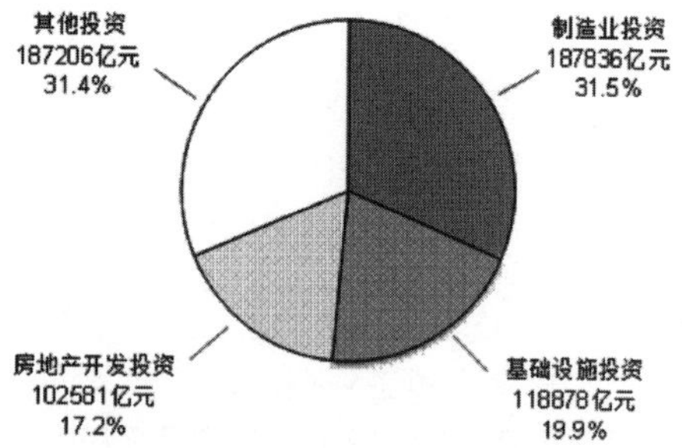

图11　2016年按领域分固定资产投资（不含农户）及其占比

表4　2016年分行业固定资产投资（不含农户）及其增长速度

行业	投资额（亿元）	比上年增（%）
总计	596501	8.1
农、林、牧、渔业	22774	19.5
采矿业	10320	−20.4
制造业	187836	4.2
电力、热力、燃气及水生产和供应业	29736	11.3
建筑业	4577	−6.5
批发和零售业	17939	−4.0
交通运输、仓储和邮政业	53628	9.5
住宿和餐饮业	5947	−8.6
信息传输、软件和信息技术服务业	6319	14.5
金融业	1310	−4.2
房地产业[23]	135284	6.8
租赁和商务服务业	12316	30.5
科学研究和技术服务业	5568	17.2
水利、环境和公共设施管理业	68647	23.3
居民服务、修理和其他服务业	2677	1.8
教育	9324	20.7
卫生和社会工作	6282	21.4
文化、体育和娱乐业	7830	16.4
公共管理、社会保障和社会组织	8188	4.3

表5　2016年固定资产投资新增主要生产与运营能力

指标	单位	绝对数
新增220千伏及以上变电设备	万千伏安	24336
新建铁路投产里程	公里	3281
其中：高速铁路[24]	公里	1903
增、新建铁路复线投产里程	公里	3612

续表

指标	单位	绝对数
电气化铁路投产里程	公里	5899
新改建公路里程	公里	324898
其中：高速公路	公里	6745
港口万吨级码头泊位新增吞吐能力	万吨	32436
新增民用运输机场	个	8
新增光缆线路长度	万公里	554

全年房地产开发投资102581亿元，比上年增长6.9%。其中，住宅投资68704亿元，增长6.4%；办公楼投资6533亿元，增长5.2%；商业营业用房投资15838亿元，增长8.4%。年末商品房待售面积69539万平方米，比上年末减少2314万平方米。年末商品住宅待售面积40257万平方米，比上年末减少4991万平方米。

表6 2016年房地产开发和销售主要指标及其增长速度

指标	单位	绝对数	比上年增长（%）
投资额	亿元	102581	6.9
其中：住宅	亿元	68704	6.4
其中：90平方米及以下	亿元	24772	0.5
房屋施工面积	万平方米	758975	3.2
其中：住宅	万平方米	521310	1.9
房屋新开工面积	万平方米	166928	8.1
其中：住宅	万平方米	115911	8.7
房屋竣工面积	万平方米	106128	6.1
其中：住宅	万平方米	77185	4.6
商品房销售面积	万平方米	157349	22.5
其中：住宅	万平方米	137540	22.4
本年到位资金	亿元	144214	15.2
其中：国内贷款	亿元	21512	6.4
个人按揭贷款	亿元	24403	46.5

全年全国城镇棚户区住房改造开工606万套，棚户区改造和公租房基本建成658万套。全年全国农村地区建档立卡贫困户危房改造158万户[25]。

五、国内贸易

全年社会消费品零售总额332316亿元，比上年增长10.4%，扣除价格因素，实际增长9.6%。按经营地统计，城镇消费品零售额285814亿元，增长10.4%；乡村消费品零售额46503亿元，增长10.9%。按消费类型统计，商品零售额296518亿元，增长10.4%；餐饮收入额35799亿元，增长10.8%。

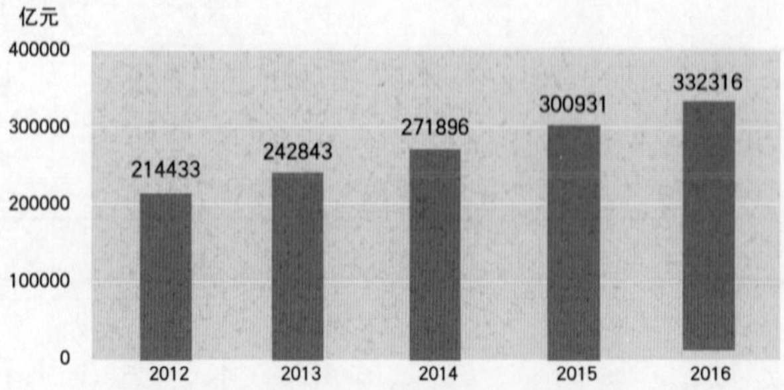

图12 2012—2016年全社会消费品零售总额

在限额以上企业商品零售额中，粮油、食品、饮料、烟酒类零售额比上年增长10.5%，服装、鞋帽、针纺织品类增长7.0%，化妆品类增长8.3%，金银珠宝类与上年持平，日用品类增长11.4%，家用电器和音像器材类增长8.7%，中西药品类增长12.0%，文化办公用品类增长11.2%，家具类增长12.7%，通信器材类增长11.9%，建筑及装潢材料类增长14.0%，汽车类增长10.1%，石油及制品类增长1.2%。

全年网上零售额[26]51556亿元，比上年增长26.2%。其中网上商品零售额41944亿元，增长25.6%，占社会消费品零售总额的比重为12.6%。在网上商品零售额中，吃类商品增长28.5%，穿类商品增长18.1%，用类商品增长28.8%。

六、对外经济[27]

全年货物进出口总额243386亿元，比上年下降0.9%。其中，出口138455亿元，下降1.9%；进口104932亿元，增长0.6%。货物进出口差额（出口减进口）33523亿元，比上年减少3308亿元。对“一带一路”[28]沿线国家进出口总额62517亿元，比上年增长0.5%。其中，出口38319亿元，增长0.5%；进口24198亿元，增长0.4%。

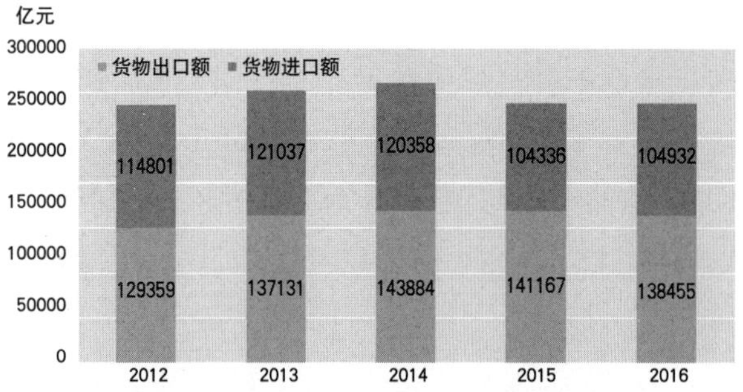

图13 2012—2016年货物进出口总额

表7 2016年货物进出口总额及其增长速度

指标	金额（亿元）	比上年增长(%)
货物进出口总额	243386	−0.9
货物出口额	138455	−1.9
其中：一般贸易	74601	−1.1
加工贸易	47237	−4.6
其中：机电产品	79820	−1.9
高新技术产品	39876	−2.1
货物进口额	104932	0.6
其中：一般贸易	59398	3.7
加工贸易	26223	−5.5
其中：机电产品	50985	1.9
高新技术产品	34618	1.8
货物进出口差额（出口减进口）	33523	—

表8 2016年主要商品出口数量、金额及其增长速度

商品名称	单位	数量	比上年增长(%)	金额(亿元)	比上年增长(%)
煤（包括褐煤）	万吨	879	64.6	46	48.0
钢材	万吨	10849	−3.5	3587	−7.8
纺织纱线、织物及制品	—	—	—	6925	1.9
服装及衣着附件	—	—	—	10413	−3.7
鞋类	万吨	422	−5.6	3113	−6.2
家具及其零件	—	—	—	3151	−3.8
自动数据处理设备及其部件	万台	159257	−7.1	9068	−4.1
手持或车载无线电话	万台	127192	−5.3	7643	−0.9
集装箱	万个	199	−26.7	279	−41.2
液晶显示板	万个	190569	−16.9	1700	−11.6
汽车	万辆	79	9.4	709	1.8

表9 2016年主要商品进口数量、金额及其增长速度

商品名称	单位	数量（万吨）	比上年增长（%）	金额（亿元）	比上年增长（%）
谷物及谷物粉	万吨	2199	−32.8	375	−35.5
大豆	万吨	8391	2.7	2247	4.1
食用植物油	万吨	553	−18.3	276	−11.5
铁矿砂及其精矿	万吨	102412	7.5	3809	7.0
氧化铝	万吨	303	−35.0	58	−43.1
煤（包括褐煤）	万吨	25551	25.2	938	25.1
原油	万吨	38101	13.6	7698	−7.5
成品油	万吨	2784	−6.5	735	−16.6
初级形状的塑料	万吨	2570	−1.5	2731	−2.2
纸浆	万吨	2106	6.2	808	2.1
钢材	万吨	1321	3.4	869	−2.3
未锻轧铜及铜材	万吨	495	2.9	1741	−3.3
汽车	万辆	107	−2.4	2942	6.1

表10 2016年对主要国家和地区货物进出口额及其增长速度

国家和地区	出口额（亿元）	比上年增长（%）	占我全部出口比重（%）	进口额（亿元）	比上年增长（%）	占我全部进口比重（%）
欧盟	22369	1.3	16.2	13747	5.9	13.1
美国	25415	0.0	18.4	8887	−3.2	8.5
东盟	16894	−1.9	12.2	12978	7.4	12.4
中国香港	19009	−7.6	13.7	1107	39.2	1.1
日本	8529	1.3	6.2	9626	8.4	9.2
韩国	6185	−1.7	4.5	10496	−3.2	10.0
中国台湾	2665	−4.3	1.9	9203	3.4	8.8
印度	3850	6.6	2.8	777	−6.4	0.7
俄罗斯	2466	14.2	1.8	2128	3.1	2.0

全年服务进出口[29]总额53484亿元，比上年增长14.2%。其中，服务出口18193亿元，增长2.3%；服务进口35291亿元，增长21.5%。服务进出口逆差17097亿元。

全年吸收外商直接投资（不含银行、证券、保险）新设立企业27900家，比上年增长5.0%。实际使用外商直接投资金额8132亿元（折1260亿美元），增长4.1%。其中“一带一路”沿线国家对华直接投资新设立企业2905家，增长34.1%；对华直接投资金额458亿元（折71亿美元）。

表11 2016年外商直接投资（不含银行、证券、保险）及其增长速度

行业	企业数（家）	比上年增长（%）	实际使用金额（亿元）	比上年增长（%）
总计	27900	5.0	8132.2	4.1
其中：农、林、牧、渔业	558	−8.4	123.2	30.0
制造业	4013	−11.0	2303.0	−6.1
电力、燃气及水生产和供应业	311	18.0	139.8	0.3
交通运输、仓储和邮政业	425	−5.4	329.2	26.7
信息传输、计算机服务和软件业	1463	11.6	540.4	128.0
批发和零售业	9399	2.7	1011.1	36.0
房地产业	378	−2.3	1264.4	−29.4
租赁和商务服务业	4631	3.7	1045.9	67.8
居民服务和其他服务业	245	13.0	33.0	−25.8

全年对外直接投资额（不含银行、证券、保险）11299亿元，按美元计价为1701亿美元，比上年增长44.1%。其中，对“一带一路”沿线国家直接投资额145亿美元。

表12 2016年对外直接投资额（不含银行、证券、保险）及其增长速度

行业	对外直接投资金额（亿美元）	比上年增长（%）
总计	1701.1	44.1
其中：农、林、牧、渔业	29.7	45.0
采矿业	86.7	−20.1
制造业	310.6	116.7
电力、热力、燃气及水生产和供应业	25.3	−9.2
建筑业	53.1	18.0
批发和零售业	275.6	72.0
交通运输、仓储和邮政业	36.2	17.1
信息传输、软件和信息技术服务业	203.6	252.2
房地产业	106.4	17.4
租赁和商务服务业	422.7	1.4

全年对外承包工程业务完成营业额10589亿元，按美元计价为1594亿美元，比上年增长3.5%。其中，对“一带一路”沿线国家完成营业额760亿美元，增长9.7%，占对外承包工程业务完成营业额比重为47.7%。对外劳务合作派出各类劳务人员49万人，下降6.8%。

七、交通、邮电和旅游

全年货物运输总量440亿吨，比上年增长5.7%。货物运输周转量185295亿吨公里，增长4.0%。全年规模以上港口完成货物吞吐量118.3亿吨，比上年增长3.2%，其中外贸货物吞吐量37.6亿吨，增长4.1%。规模以上港口集装箱吞吐量21798万标准箱，增长3.6%。

表13 2016年各种运输方式完成货物运输量及其增长速度

指标	单位	绝对数	比上年增长（%）
货物运输总量	亿吨	440.4	5.7
铁路	亿吨	33.3	−0.8
公路	亿吨	336.3	6.8
水运	亿吨	63.6	3.7
民航	万吨	666.9	6.0
管道	亿吨	7.0	5.3
货物运输周转量	亿吨公里	185294.9	4.0
铁路	亿吨公里	23792.3	0.2
公路	亿吨公里	61211.0	5.6
水运	亿吨公里	95399.9	4.0
民航	亿吨公里	221.1	6.3
管道	亿吨公里	4670.6	5.7

全年旅客运输总量192亿人次，比上年下降1.2%。旅客运输周转量31306亿人公里，增长4.1%。

表14 2016年各种运输方式完成旅客运输量及其增长速度

指标	单位	绝对数	比上年增长（%）
旅客运输总量	亿人次	192.0	−1.2
铁路	亿人次	28.1	11.0
公路	亿人次	156.3	−3.5
水运	亿人次	2.7	0.1
民航	亿人次	4.9	11.8
旅客运输周转量	亿人公里	31305.7	4.1

续表

指　　标	单　　位	绝对数	比上年增长（%）
铁路	亿人公里	12579.3	5.2
公路	亿人公里	10294.8	-4.2
水运	亿人公里	72.0	-1.4
民航	亿人公里	8359.5	14.8

年末全国民用汽车保有量19440万辆（包括三轮汽车和低速货车881万辆），比上年末增长12.8%，其中私人汽车保有量16559万辆，增长15.0%。民用轿车保有量10876万辆，增长14.4%，其中私人轿车10152万辆，增长15.5%。

全年完成邮电业务总量[30]43344亿元，比上年增长52.7%。其中，邮政行业业务总量7397亿元，增长45.7%；电信业务总量35948亿元，增长54.2%。邮政业全年完成邮政函件业务36.2亿件，包裹业务0.3亿件，快递业务量312.8亿件；快递业务收入3974亿元。电信业全年新增移动电话交换机容量[31]7318万户，达到218384万户。年末全国电话用户总数152856万户，其中移动电话用户132193万户。移动电话普及率上升至96.2部/百人。固定互联网宽带接入用户[32]29721万户，比上年增加3774万户，其中固定互联网光纤宽带接入用户[33]22766万户，比上年增加7941万户；移动宽带用户[34]94075万户，增加23464万户。移动互联网接入流量93.6亿G，比上年增长123.7%。互联网上网人数7.31亿人，增加4299万人，其中手机上网人数[35]6.95亿人，增加7550万人。互联网普及率达到53.2%，其中农村地区互联网普及率达到33.1%。软件和信息技术服务业[36]完成软件业务收入48511亿元，比上年增长14.9%。

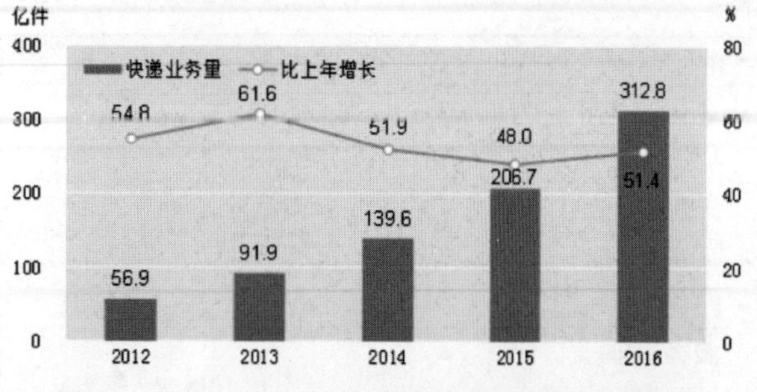

图14 2012—2016年快递业务量及其增长速度

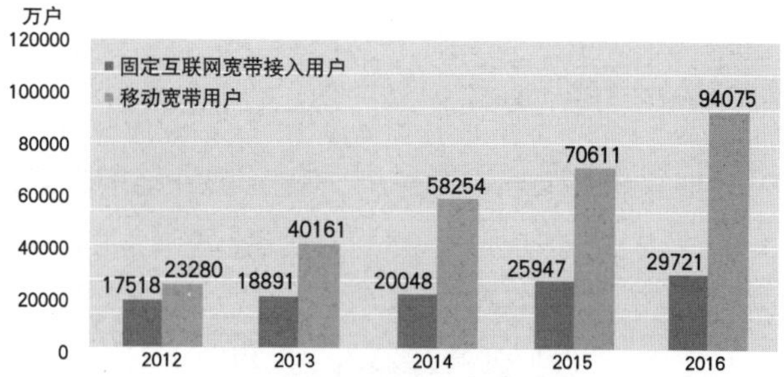

图15　2012—2016年末固定互联网宽带接入用户和移动宽带用户数

全年国内游客44亿人次，比上年增长11.2%，国内旅游收入39390亿元，增长15.2%。入境游客13844万人次，增长3.5%。其中，外国人2813万人次，增长8.3%；香港、澳门和台湾同胞11031万人次，增长2.3%。在入境游客中，过夜游客5927万人次，增长4.2%。国际旅游收入1200亿美元，增长5.6%。国内居民出境13513万人次，增长5.7%。其中因私出境12850万人次，增长5.6%；赴港澳台出境8395万人次，下降2.2%。

八、金融

年末广义货币供应量（M2）余额155.0万亿元，比上年末增长11.3%；狭义货币供应量（M1）余额48.7万亿元，增长21.4%；流通中货币（M0）余额6.8万亿元，增长8.1%。

全年社会融资规模增量[37]17.8万亿元，比上年多2.4万亿元。年末全部金融机构本外币各项存款余额155.5万亿元，比年初增加15.7万亿元，其中人民币各项存款余额150.6万亿元，增加14.9万亿元。全部金融机构本外币各项贷款余额112.1万亿元，增加12.7万亿元，其中人民币各项贷款余额106.6万亿元，增加12.6万亿元。

表15　2016年年末全部金融机构本外币存贷款余额及其增长速度

指　　标	年末数（亿元）	比上年末增长（%）
各项存款	1555247	11.3
其中：境内住户存款	606522	9.9
其中：人民币	597751	9.5
境内非金融企业存款	530895	16.6

续表

指　　标	年末数（亿元）	比上年末增长（%）
各项贷款	1120552	12.8
其中：境内短期贷款	380020	3.6
境内中长期贷款	635052	17.8

年末主要农村金融机构（农村信用社、农村合作银行、农村商业银行）人民币贷款余额134219亿元，比年初增加13895亿元。金融机构境内住户人民币消费贷款余额250472亿元，增加60998亿元。其中，短期消费贷款余额49313亿元，增加8347亿元；中长期消费贷款余额201159亿元，增加52651亿元。

全年上市公司通过境内市场累计筹资23342亿元，比上年增加5088亿元。其中，首次公开发行A股248只，筹资1634亿元；A股现金再融资（包括公开增发、定向增发[38]、配股、优先股）13387亿元，增加4618亿元；上市公司通过沪深交易所发行公司债、可转债筹资8321亿元，增加414亿元。全年全国中小企业股份转让系统[39]新增挂牌公司5034家，筹资1391亿元，增长14.4%。

全年发行公司信用类债券[40]8.22万亿元，比上年增加1.50万亿元。

全年保险公司原保险保费收入[41]30959亿元，比上年增长27.5%。其中，寿险业务原保险保费收入17442亿元，健康险和意外伤害险业务原保险保费收入4792亿元，财产险业务原保险保费收入8725亿元。支付各类赔款及给付10513亿元。其中，寿险业务给付4603亿元，健康险和意外伤害险赔款及给付1184亿元，财产险业务赔款4726亿元。

九、人民生活和社会保障

全年全国居民人均可支配收入[42]23821元，比上年增长8.4%，扣除价格因素，实际增长6.3%；全国居民人均可支配收入中位数[43]20883元，增长8.3%。按常住地分，城镇居民人均可支配收入33616元，比上年增长7.8%，扣除价格因素，实际增长5.6%；城镇居民人均可支配收入中位数31554元，增长8.3%。农村居民人均可支配收入12363元，比上年增长8.2%，扣除价格因素，实际增长6.2%；农村居民人均可支配收入中位数11149元，增长8.3%。按全国居民五等份收入分组[44]，低收入组人均可支配收入5529元，中等偏下收入组人均可支配收入12899元，中等收入组人均可支配收入20924元，中等偏上收入组人均可支配收入31990元，高收入组人均可支配收入59259元。贫困地区[45]农村居民人均可支配收入8452元，比上年增长10.4%，扣除价格因素，实际增长8.4%。全国农民工人均月收入3275元，比上年增长6.6%。

图16　2012—2016年全国居民人均可支配收入及其增长速度

全国居民人均消费支出17111元，比上年增长8.9%，扣除价格因素，实际增长6.8%。按常住地分，城镇居民人均消费支出23079元，增长7.9%，扣除价格因素，实际增长5.7%；农村居民人均消费支出10130元，增长9.8%，扣除价格因素，实际增长7.8%。恩格尔系数为30.1%，比上年下降0.5个百分点，其中城镇为29.3%，农村为32.2%。

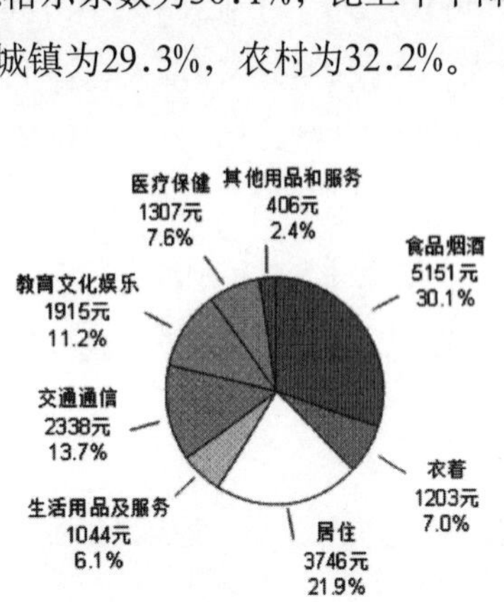

图17　2016年全国居民人均消费支出及其构成

年末全国参加城镇职工基本养老保险人数37862万人，比上年末增加2501万人。参加城乡居民基本养老保险人数50847万人，增加375万人。参加城镇基本医疗保险人数74839万人，增加8257万人。其中，参加职工基本医疗保险人数29524万人，增加631万人；参加城镇居民基本医疗保险人数45315万人，增加7626万人。参加失业保险人数18089万人，增加763万人。年末全国领取失业保险金人数230万人。参加工伤保险人数21887万人，增加455万人，其中参加工伤保险的农民工7510万人，增加21万人。参加生育保险人数18443万人，增加672万人。年末全国共有1479.9万人享受城市居民最低生活保障，4576.5万人享受农村居民最低生活保障，496.9万人享受农村特困人员[46]救助供养。全年资助5620.6万人参加基本医疗保险，医疗救助3099.8万人次。国家抚恤、补助各类优抚对象877.2万人。按照每人每年2300元（2010年不变价）的农村贫困标准计算，2016年农村贫困人口4335万人，比上年减少1240万人[47]。

十、教育、科学技术和文化体育

全年研究生教育招生66.7万人，在学研究生198.1万人，毕业生56.4万人。普通本专科招生748.6万人，在校生2695.8万人，毕业生704.2万人。中等职业教育[48]招生593.3万人，在校生1599.1万人，毕业生533.7万人。普通高中招生802.9万人，在校生2366.6万人，毕业生792.4万人。初中招生1487.2万人，在校生4329.4万人，毕业生1423.9万人。普通小学招生1752.5万人，在校生9913.0万人，毕业生1507.4万人。特殊教育招生9.2万人，在校生49.2万人，毕业生5.9万人。学前教育在园幼儿4413.9万人。九年义务教育巩固率为93.4%，高中阶段毛入学率为87.5%。

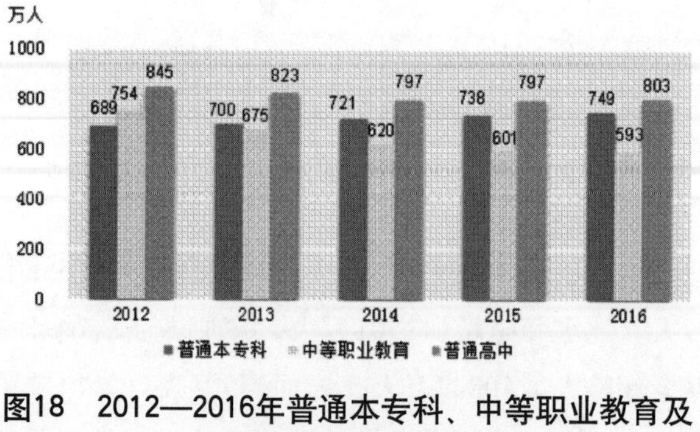

图18　2012—2016年普通本专科、中等职业教育及普通高中招生人数

全年研究与试验发展（R&D）经费支出15500亿元，比上年增长9.4%，与国内生产总值之比为2.08%，其中基础研究经费798亿元。全年国家重点研发计划共安排42个重点专项1163个科技项目，国家科技重大专项共安排224个课题，国家自然科学基金共资助41184个项目。截至年底，累计建设国家重点实验室488个，国家工程研究中心131个，国家工程实验室194个，国家企业技术中心1276家。国家科技成果转化引导基金累计设立9支子基金，资金总规模173.5亿元。全年受理境内外专利申请346.5万件，授予专利权175.4万件。截至年底，有效专利628.5万件，其中境内有效发明专利110.3万件，每万人口发明专利拥有量8.0件。全年共签订技术合同32.0万项，技术合同成交金额11407亿元，比上年增

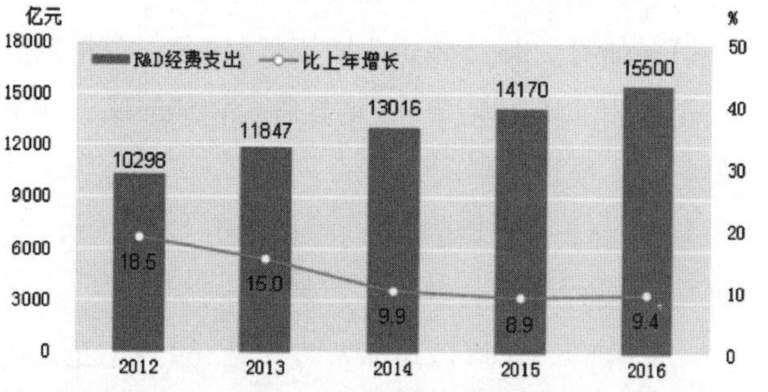

图19　2021—2016年研究与实验发展（R&D）经费支出及其增长速度

表16　2016年专利申请受理、授权和有效专利情况

指　标	专利数（万件）	比上年增长（%）
专利申请受理数	346.5	23.8
其中：境内专利申请受理	328.1	25.4
其中：发明专利申请受理	133.9	21.5
其中：境内发明专利	119.3	24.7
专利申请授权数	175.4	2.1
其中：境内专利授权	161.2	2.1
其中：发明专利授权	40.4	12.5
其中：境内发明专利	29.5	15.0
年末有效专利数	628.5	14.7
其中：境内有效专利	540.6	15.7
其中：有效发明专利	177.2	20.4
其中：境内有效发明专利	110.3	26.6

长16.0%。

全年完成22次宇航发射。长征五号、长征七号新一代运载火箭成功首飞；天宫二号空间实验室、神舟十一号载人飞船成功发射，航天员在轨驻留30天并安全返回；新一代静止轨道气象卫星风云四号、合成孔径雷达卫星高分三号、3颗北斗导航卫星等成功发射。

年末全国共有产品检测实验室34487个，其中国家检测中心681个。全国现有产品质量、体系认证机构312个，已累计完成对152525个企业的产品认证。全国共有法定计量技术机构3933个，全年强制检定计量器具7878万台（件）。全年制定、修订国家标准1763项，其中新制定1255项。

年末全国文化系统共有艺术表演团体2046个，博物馆3060个。全国共有公共图书馆3172个，总流通[49]64781万人次；文化馆3338个。有线电视实际用户2.23亿户，其中有线数字电视实际用户1.97亿户。年末广播节目综合人口覆盖率为98.4%，电视节目综合人口覆盖率为98.9%。全年生产电视剧330部14768集，电视动画片119895分钟。全年生产故事影片772部，科教、纪录、动画和特种影片[50]172部。出版各类报纸394亿份，各类期刊27亿册，图书86亿册（张），人均图书拥有量[51]6.27册（张）。年末全国共有档案馆4193个，已开放各类档案13388万卷（件）。

全年我国运动员在23个运动大项中获得107个世界冠军，共创9项世界纪录。在里约奥运会上，我国运动员共获得26枚金牌，奖牌总数70枚，位列奥运会金牌榜第三位，奖牌榜第二位。全年我国残疾人运动员在17项国际赛事中获得237个世界冠军。在里约残奥会上，我国运动员共获得107枚金牌，蝉联金牌榜和奖牌榜第一位。

十一、卫生和社会服务

年末全国共有医疗卫生机构99.3万个，其中医院2.9万个，在医院中有公立医院1.3万个，民营医院1.6万个；基层医疗卫生机构93.1万个，其中乡镇卫生院3.7万个，社区卫生服务中心（站）3.5万个，门诊部（所）21.7万个，村卫生室64.2万个；专业公共卫生机构2.9万个，其中疾病预防控制中心3484个，卫生监督所（中心）3138个。年末卫生技术人员844万人，其中执业医师和执业助理医师317万人，注册护士350万人。医疗卫生机构床位747万张，其中医院575万张，乡镇卫生院123万张。全年总诊疗人次[52]78.0亿人次，出院人数[53]2.2亿人。

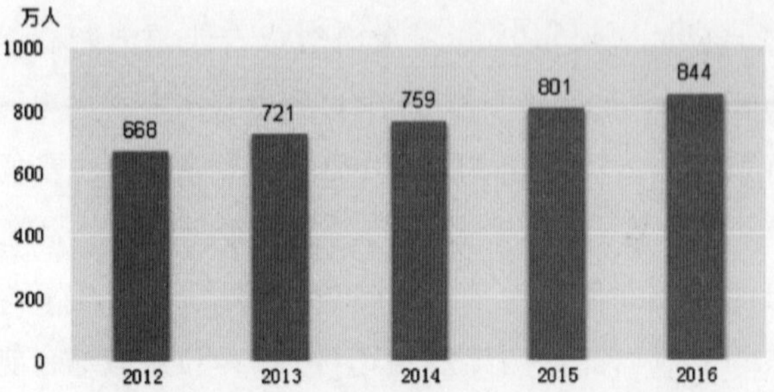

图20　2012—2016年卫生技术人员人数

年末全国共有各类提供住宿的社会服务机构3.1万个，其中养老服务机构2.8万个，儿童服务机构713个。社会服务床位[54]716.6万张，其中养老服务床位680.0万张，儿童服务床位10.0万张。年末共有社区服务中心2.4万个，社区服务站13.0万个。

十二、资源、环境和安全生产

全年全国国有建设用地供应总量[55]52万公顷，比上年下降2.9%。其中，工矿仓储用地12万公顷，下降3.2%；房地产用地[56]11万公顷，下降10.3%；基础设施等用地29万公顷，增长0.2%。

全年水资源总量30150亿立方米。全年平均降水量730毫米。年末全国监测的614座大型水库蓄水总量3409亿立方米，比上年末蓄水量略有减少。全年总用水量6150亿立方米，比上年增长0.8%。其中，生活用水增长2.7%，工业用水减少0.4%，农业用水增长0.7%，生态补水增长1.9%。万元国内生产总值用水量[57]84立方米，比上年下降5.6%。万元工业增加值用水量53立方米，下降6.0%。人均用水量446立方米，比上年增长0.2%。

全年完成造林面积679万公顷，其中人工造林面积381万公顷，占全部造林面积的56.1%。森林抚育面积837万公顷。截至年底，自然保护区达到2750个，其中国家级自然保护区446个。新增水土流失治理面积5.4万平方公里，新增实施水土流失地区封育保护面积1.6万平方公里。

初步核算，全年能源消费总量43.6亿吨标准煤，比上年增长1.4%。煤炭消费量下降4.7%，原油消费量增长5.5%，天然气消费量增长8.0%，电力消费量增长5.0%。煤炭消费量占能源消费总量的62.0%，比上年下降2.0个百分点；水电、风电、核电、天然气等清洁能源消费量占能源消费总量的19.7%，上升1.7个百分点。全国万元国内生产总值能耗下降5.0%。工业企业吨粗铜综合能耗下降9.45%，吨钢综合能耗下降0.08%，单位烧碱综合能耗下降2.08%，吨水泥综合能耗下降1.81%，每千瓦时火力发电标准煤耗下降0.97%。

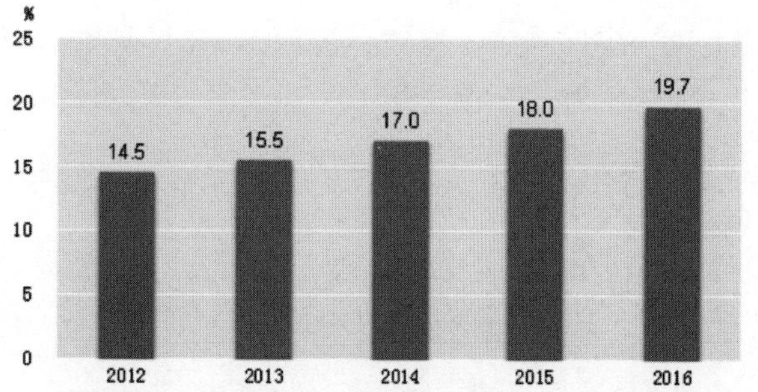

图21 2012—2016年清洁能源消费量占能源消费总量的比重

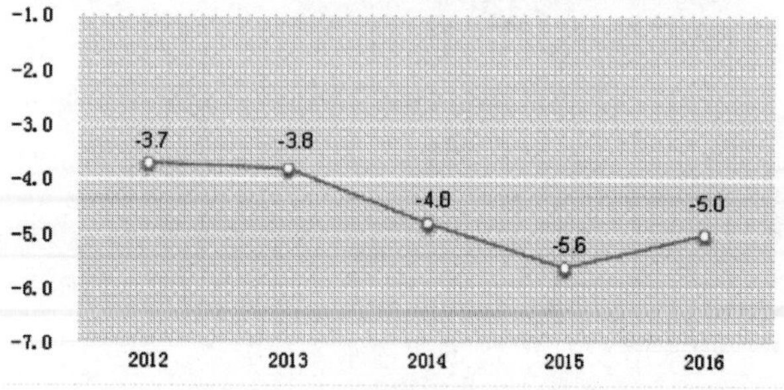

图22 2012—2016年万元国内生产总值能耗降低率

近岸海域417个海水水质监测点中，达到国家一、二类海水水质标准的监测点占73.4%，三类海水占10.3%，四类、劣四类海水占16.3%。

在监测的338个城市中，城市空气质量达标的城市占24.9%，未达标的城市占75.1%。细颗粒物（PM2.5）未达标地级及以上城市年平均浓度52微克/立方米，比上年下降8.8%。

在监测的322个城市中，城市区域声环境质量好的城市占5.0%，较好的占68.3%，一般的占26.1%，较差的占0.6%。

全年平均气温为10.49℃，比上年下降0.13℃。共有8个台风登陆。

年末城市污水处理厂日处理能力14823万立方米，比上年末增长5.6%；城市污水处理率为92.4%，提高0.5个百分点。城市生活垃圾无害化处理率为95.0%，提高0.9个百分点。城市集中供热面积70.7亿平方米，增长5.2%。城市建成区绿地面积197.1万公顷，增长3.3%；建成区绿地率为36.44%，提高0.08个百分点；人均公园绿地面积13.45平方米，增加0.10平方米。

全年农作物受灾面积2622万公顷，其中绝收290万公顷。全年因洪涝和地质灾害造成直接经济损失3134亿元，因旱灾造成直接经济损失418亿元，因低温冷冻和雪灾造成直接经济损失179亿元，因海洋灾害造成直接经济损失50亿元。全年大陆地区共发生5.0级以上地震18次，成灾16次，造成直接经济损失67亿元。全年共发生森林火灾2034起，森林火灾受害森林面积0.6万公顷。

全年各类生产安全事故[58]共死亡43062人。亿元国内生产总值生产安全事故死亡人数0.058人，按可比口径比上年下降10.8%；工矿商贸企业就业人员10万人生产安全事故死亡人数1.702人，按可比口径下降2.3%；道路交通事故万车死亡人数2.1人，与上年持平；煤矿百万吨死亡人数0.156人，下降3.7%。

注释：

[1]本公报中数据均为初步统计数。各项统计数据均未包括香港特别行政区、澳门特别行政区和台湾省。部分数据因四舍五入的原因，存在着与分项合计不等的情况。

[2]国内生产总值、各产业增加值和人均国内生产总值绝对数按现价计算，增长速度按不变价格计算。

[3]国民总收入，原称国民生产总值，是指一个国家或地区所有常住单位在一定时期内所获得的初次分配收入总额。它等于国内生产总值加上来自国外的净要素收入。

[4]人户分离的人口是指居住地与户口登记地所在的乡镇街道不一致且离开户口登记地半年及以上的人口。

[5]流动人口是指人户分离人口中扣除市辖区内人户分离的人口。市辖区内人户分离的人口是指一个直辖市或地级市所辖区内和区与区之间，居住地和户口登记地不在同一乡镇街道的人口。

[6]2016年年末，0～14岁（含不满15周岁）人口为23008万人，15～59岁（含不满60周岁）人口为92177万人。

[7]年度农民工数量包括年内在本乡镇以外从业6个月及以上的外出农民工和在本乡镇内从事非农产业6个月及以上的本地农民工两部分。

[8]全员劳动生产率为国内生产总值（以2015年价格计算）与全部就业人员的比率。

[9]农产品生产者价格是指农产品生产者直接出售其产品时的价格。

[10]居住类价格包括租赁房房租、住房保养维修及管理、水电燃料等价格。

[11]为推进财政资金统筹使用，2016年起将政府住房基金等5个项目从政府性基金预算转列一般公共预算，将从国有资本经营预算调入一般公共预算的资金由直接列为一般公共预算收入调整列为财政调入资金。因此，上年基数中考虑了上述因素影响，并以此为基础计算同口径增减额和增减幅。

[12]工业战略性新兴产业包括节能环保产业、新一代信息技术产业、生物产业、高端设备制造产业、新能源产业、新材料产业、新能源汽车产业等七大产业。

[13]高技术制造业包括医药制造业，航空、航天器及设备制造业，电子及通信设备制造业，计算机及办公设备制造业，医疗仪器设备及仪器仪表制造业，信息化学品制造业。

[14]装备制造业包括金属制品业，通用设备制造业，专用设备制造业，汽车制造业，铁路、船舶、航空航天和其他运输设备制造业，电气机械和器材制造业，计算机、通信和其他电子设备制造业，仪器仪表制造业。

[15]六大高耗能行业包括石油加工、炼焦和核燃料加工业，化学原料和化学制品制造业，非金属矿物制品业，黑色金属冶炼和压延加工业，有色金属冶炼和压延加工业，电力、热力生产和供应业。

[16]火电包括燃煤发电量，燃油发电量，燃气发电量，余热、余压、余气发电量，垃圾焚烧发电量，生物质发电量。

[17]钢材产量数据中含企业之间重复加工钢材约35443万吨。

[18]少量发电装机容量（如地热等）公报中未列出。

[19]固定资产投资按东部、中部、西部和东北地区计算的合计数据小于全国数据，是因为有部分跨地区的投资未计算在地区数据中。其中，东部地区是指北京、天津、河北、上海、江苏、浙江、福建、山东、广东和海南10省（市）；中部地区是指山西、安徽、江西、河南、湖北和湖南6省；西部地区是指内蒙古、广西、重庆、四川、贵州、云南、西藏、陕西、甘肃、青海、宁夏和新疆12省（区、市）；东北地区是指辽宁、吉林和黑龙江3省。

[20]基础设施投资是指建造或购置为社会生产和生活提供基础性、大众性服务的工程和设施的支出。公报中的基础设施投资包括交通运输、邮政业，电信、广播电视和卫星传输服务业，互联网和

相关服务业，水利、环境和公共设施管理业投资。

[21]民间固定资产投资是指具有集体、私营、个人性质的内资企事业单位，以及由其控股（包括绝对控股和相对控股）的企业单位建造或购置固定资产的投资。

[22]高技术产业投资包括医药制造、航空航天器及设备制造等六大类高技术制造业投资和信息服务、电子商务服务等九大类高技术服务业投资。

[23]房地产业投资除房地产开发投资外，还包括建设单位自建房屋，以及物业管理、中介服务和其他房地产投资。

[24]高速铁路是指最高营运速度达到200公里/小时及以上的铁路。

[25]数据来源为各省（区、市）汇总上报截至2016年12月底建档立卡贫困户农村危房改造实际开工数。

[26]网上零售额是指通过公共网络交易平台（包括自建网站和第三方平台）实现的商品和服务零售额。其中，网上零售额包括的服务，以及少部分用于生产经营用或被转卖的商品不统计在社会消费品零售总额中。

[27]货物贸易、服务贸易、吸收外资采用人民币计价。对外投资和对外承包工程由于技术原因仍主要沿用美元计价。

[28]“一带一路”是指“丝绸之路经济带”和“21世纪海上丝绸之路”。

[29]服务进出口按照《国际收支手册（第六版）》标准统计，不含政府服务，增速按可比口径计算。

[30]邮电业务总量按2010年价格计算。

[31]移动电话交换机容量是指移动电话交换机根据一定话务模型和交换机处理能力计算出来的最大同时服务用户的数量。

[32]固定互联网宽带接入用户是指报告期末在电信企业登记注册，通过xDSL、FTTx+LAN、FTTH/0及其他宽带接入方式和普通专线接入公众互联网的用户。

[33]固定互联网光纤宽带接入用户是指报告期末在电信企业登记注册，通过FTTH或FTTO方式接入公众互联网的用户。

[34]移动宽带用户是指报告期末在计费系统拥有使用信息，占用3G或4G网络资源的在网用户。

[35]手机上网人数是指过去半年通过手机接入并使用互联网的6周岁及以上中国居民数量。

[36]软件和信息技术服务业包括软件开发、信息系统集成服务、信息技术咨询服务、数据处理和存储服务、集成电路设计服务和其他信息技术服务等行业。

[37]社会融资规模增量是指一定时期内实体经济从金融体系获得的资金总额。

[38]定向增发不含资产认购部分。

[39]全国中小企业股份转让系统又称“新三板”，是2012年经国务院批准设立的全国性证券交易场所。

[40]公司信用类债券包括非金融企业债务融资工具、企业债券以及公司债、可转债等。

[41]原保险保费收入是指保险企业确认的原保险合同保费收入。

[42]全国居民收入增速快于分城乡居民收入增速的原因是：在城镇化过程中，一部分在农村收入较高的人口进入城镇地区，但在城镇属于较低收入人群，他们的迁移对城乡居民收入均有拉低作用。但无论在城镇还是农村，其收入增长效应都会体现在全体居民收入增长中。

[43]人均收入中位数是指将所有调查户按人均收入水平从低到高（或从高到低）顺序排列，处于最中间位置调查户的人均收入。

[44]全国居民五等份收入分组是指将所有调查户按人均收入水平从低到高顺序排列，平均分为五个等份，处于最高20%的收入群体为高收入组，依此类推依次为中等偏上收入组、中等收入组、中等偏下收入组、低收入组。

[45]贫困地区包括集中连片特困地区和片区外的国家扶贫开发工作重点县，共832个县，其中国家扶贫开发工作重点县共计592个。

[46]农村特困人员是指无劳动能力，无生活来

源，无法定赡养、抚养、扶养义务人或者其法定义务人无履行义务能力的农村老年人、残疾人，以及未满16周岁的未成年人。

[47]减贫人口等于当年贫困人口减去上年贫困人口，也相当于当年脱贫人口减去当年返贫人口。

[48]中等职业教育包括普通中专、成人中专、职业高中和技工学校。

[49]总流通人次是指本年度内到图书馆场馆接受图书馆服务的总人次，包括借阅书刊、咨询问题及参加各类读者活动等。

[50]特种影片是指那些采用与常规影院放映在技术、设备、节目方面不同的电影展示方式，如巨幕电影、立体电影、立体特效（4D）电影、动感电影、球幕电影等。

[51]人均图书拥有量是指在一年内全国平均每人能拥有的当年出版图书册数。

[52]总诊疗人次指所有诊疗工作的总人次数，包括门诊、急诊、出诊、预约诊疗、单项健康检查、健康咨询指导（不含健康讲座）人次。

[53]出院人数指报告期内所有住院后出院的人数，包括医嘱离院、医嘱转其他医疗机构、非医嘱离院、死亡及其他人数，不含家庭病床撤床人数。

[54]社会服务床位数除收养性机构外，还包括救助类机构、社区类机构，以及军休所、军供站等机构的床位。

[55]国有建设用地供应总量是指报告期内市、县人民政府根据年度土地供应计划依法以出让、划拨、租赁等方式将土地使用权提供给单位或个人使用的国有建设用地总量。

[56]房地产用地是指商服用地和住宅用地的总和。

[57]万元国内生产总值用水量、万元工业增加值用水量和万元国内生产总值能耗按2015年价格计算。

[58]2016年起，安全监管总局对生产安全事故统计制度进行改革，由于排除了非生产经营领域的事故，事故统计口径发生变化，数据同比按照可比口径计算。

资料来源：

本公报中户籍人口城镇化率、民用汽车、交通事故数据来自公安部；城镇新增就业、登记失业率、社会保障、技工学校数据来自人力资源社会保障部；财政数据来自财政部；外汇储备、汇率、货币金融、公司信用类债券数据来自人民银行；水产品产量数据来自农业部；木材产量、林业、森林火灾数据来自林业局；灌溉面积、水资源数据来自水利部；发电装机容量、新增220千伏及以上变电设备数据来自中电联；新建铁路投产里程、增新建铁路复线投产里程、电气化铁路投产里程、铁路运输数据来自铁路总公司；新改建公路里程、港口万吨级码头泊位新增吞吐能力、公路运输、水运、港口货物吞吐量数据来自交通运输部；新增民用运输机场、民航数据来自民航局；新增光缆线路长度、电话交换机容量、电话用户、宽带用户、移动互联网接入流量、上网人数、互联网普及率、软件业务收入等数据来自工业和信息化部；农村地区互联网普及率数据来自中国互联网络信息中心；棚户区住房改造、农村地区建档立卡贫困户危房改造、城市污水处理、城市垃圾处理、城市集中供热面积、建成区绿地数据来自住房城乡建设部；货物进出口数据来自海关总署；服务进出口、外商直接投资、对外直接投资、对外承包工程、对外劳务合作等数据来自商务部；管道数据来自中石油、中石化、中海油；邮政业务数据来自邮政局；旅游数据来自旅游局、公安部；上市公司数据来自证监会；保险业数据来自保监会；城乡低保、农村特困人员救助供养、社会服务、农作物受灾面积、洪涝地质灾害造成直接经济损失、旱灾造成直接经济损失、低温冷冻和雪灾造成直接经济损失来自民政部；教育数据来自教育部；重点研发计划、科技重大专项、国家重点实验室、科技成果转化引导基金、技术合同等数据来自科技部；自然科学基金项目数据来自自然基金委；国家工程研究中心、企业技术中心等数据来自国家发展改革委；专利数据来自国家知识产权局；宇航发射数据来自国家国防科工局；质量检验、国家标准制定修订等数据来自国家质检总局；艺术表演团体、博物馆、公共图书馆、文化馆数据来自文化部；广播电视、电影、报纸、期刊、图书数据来自新闻出版广电总局；档案数据来自档案局；体育数据来自体育总局；残疾人运动员数据来自中国残联；卫生数据来自卫生计生委；国有建设用地供应数据来自国土资源部；自然保护区、环境监测数据来自环境保护部；平均气温、登陆台风数据来自国家气象局；海洋灾害造成直接经济损失数据来自国家海洋局；地震次数、地震灾害直接经济损失数据来自国家地震局；安全生产数据来自国家安全监管总局；其他数据均来自国家统计局。

2016年国民经济和社会发展计划执行情况

——《2016年国民经济和社会发展计划执行情况与2017年国民经济和社会发展计划草案的报告》节选

国家发展和改革委员会

2017年3月5日

去年以来，国内外环境复杂严峻，世界经济艰难复苏，国内经济下行压力依然较大。在以习近平同志为核心的党中央坚强领导下，各地区各部门坚持稳中求进工作总基调，坚持新发展理念，认真执行十二届全国人大四次会议审议批准的2016年国民经济和社会发展计划，落实全国人大财政经济委员会的审查意见，以推进供给侧结构性改革为主线，适度扩大总需求，坚定推进改革，妥善应对风险挑战，引导形成良好社会预期，扎实做好各项工作，经济社会保持平稳健康发展，“十三五”实现良好开局，计划执行情况总体是好的。

（一）创新和加强宏观调控，经济运行保持在合理区间。在区间调控基础上，加强定向调控、相机调控，积极的财政政策力度加大，稳健的货币政策灵活适度，确保经济平稳运行。国内生产总值达到74.41万亿元，增长6.7%，符合预期。

（单位:万亿元，%）

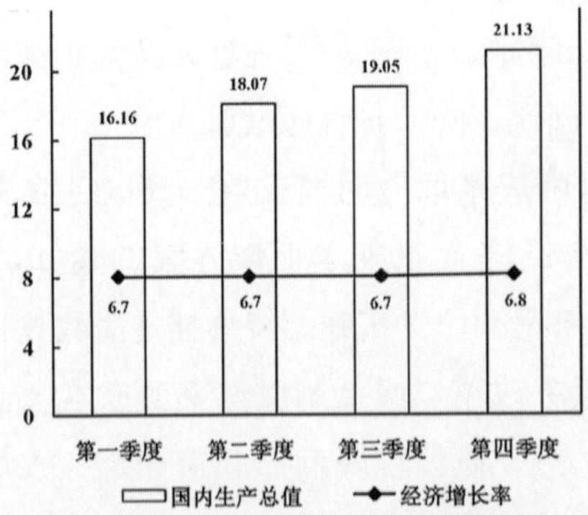

图1　2016年各季度国内生产总值和经济增长率

数据来源：国家统计局。

一是消费基础作用进一步增强。促进消费带动转型升级的行动方案出台，“十大扩消费行动”全面推进。促进绿色消费、实体零售创新转型、交通物流融合发展的政策出台实施。进一步扩大旅游文化体育健康养老教育培训等领域消费的意见发布实施，服务消费蓬勃兴起，汽车等实物消费扩大升级。激发重点群体活力带动城乡居民增收的实施意见出台，居民消费能力持续提升。社会消费品零售总额增长10.4%。消费在经济增长中发挥主要拉动作用，贡献率达到64.6%，消费和投资的比例关系进一步改善。

专栏1　十大扩消费行动

城镇商品销售畅通	➢ 畅通市场流通网络，重点降低物流成本，提高物流效率，促进优质品牌商品销售向三四线城市延伸。
农村消费升级	➢ 挖掘农村电商消费潜力，畅通城乡双向联动销售渠道，改善农村信息消费基础设施，着力引导农村消费质量升级。
居民住房改善	➢ 因城施策化解房地产库存，建立租购并举的住房制度，用足用好住房公积金，满足居民改善性住房消费需求。
汽车消费促进	➢ 开展放宽皮卡车进城试点，加快停车设施建设，促进汽车售后服务质量提升，满足居民汽车消费需求。
旅游休闲升级	➢ 着力打造全域旅游示范区，加快发展邮轮游艇等消费，积极发展生态旅游、老年旅游，加快培育通用航空市场。
康养家政服务扩容提质	➢ 加大家政服务人员培训力度，深入推进医养结合，支持整合改造闲置社会资源发展养老服务，推进个性化、多样化健康服务业发展。
教育文化信息消费创新	➢ 开展高水平职业教育和中外合作办学，鼓励发展文化创意产业，推进智慧家庭等新兴信息消费应用推广。加强实体书店、县级城市数字影院等文化消费基础设施建设。
体育健身消费扩容	➢ 进一步盘活体育场馆资源，完善赛事运营市场竞争机制，丰富体育赛事活动，激发并满足居民对体育消费的需求。
绿色消费壮大	➢ 实施家用电器能效领跑者计划，增加家用绿色净化器具的供给，推广绿色建材应用。
消费环境改善品质提升	➢ 推广应用全国信用信息共享平台，用好全国 12358 价格监管平台，加强市场价格监管，推动消费产品质量提升。支持分享经济等消费新业态发展。

二是投资保持稳定增长。围绕补短板、调结构、增供给，努力扩大合理有效投资。中央预算内投资结构继续优化，政府投资项目储备库和三年滚动投资计划初步形成，重大工程建设加快推进。着力调动民间投资积极性，制定促进民间投资“26条”政策，加大政府和社会资本合作（PPP）模式推广力度。全社会固定资产投资增长7.9%，民间投资占固定资产投资（不含农户）比重为61.2%。

专栏2　促进民间投资健康发展

督查督导	➢ 组织开展民间投资专项督查。 ➢ 对民间投资增速滞后的 7 省（市）开展专项督导。 ➢ 对民间投资负增长及增速下降较多的 11 省（区、市）进行重点督促。
扶持引导	➢ 印发 60 条促进民间投资典型经验和做法。 ➢ 制定《传统基础设施领域实施政府和社会资本合作项目工作导则》。 ➢ 组建政府和社会资本合作（PPP）专家库，向社会公开推介总投资 2.14 万亿元的传统基础设施政府和社会资本合作（PPP）项目。

三是就业形势总体较好。基层就业社保服务设施和公共实训基地建设加快推进，高校毕业生和化解过剩产能职工就业服务工作力度加大，支持农民工等人员返乡创业试点持续推进。全年城镇新增就业1314万人，年末城镇登记失业率4.02%。

（单位：万人）

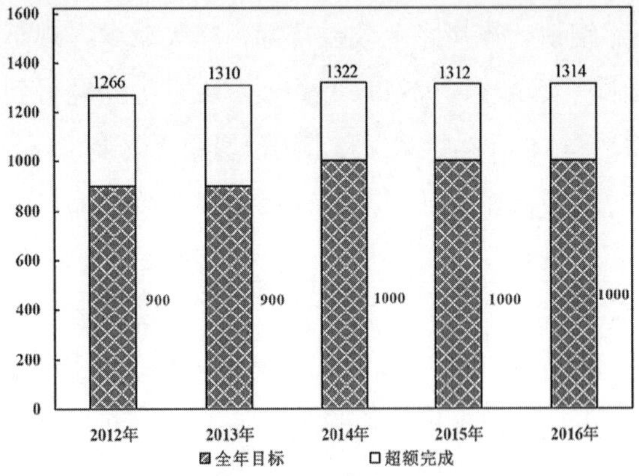

图2　城镇新增就业

四是价格总水平基本稳定。大宗商品价格调控进一步强化，生猪价格调控有效开展，汛期、重点节假日蔬菜等重要商品价格监测预警和调控监管加强。价格监管和反垄断执法强力推进，先后查处了数起反垄断案件。全年居民消费价格上涨2.0%。

五是各类风险挑战得到妥善应对。加强对外投资活动真实性审查，引导对外投资健康有序发展。按照市场化、法治化原则防范化解债券违约风险。因城因地施策，分类调控房地产市场。防范应对部分地区特别是长江流域发生的严重洪涝等灾害，及时有力开展抢险救灾，最大限度降低了灾害损失，恢复重建有序进行。

（二）扎实推进供给侧结构性改革，“三去一降一补”五大重点任务初见成效。加强政策引导和支持，建立工作推进机制，去产能、去库存、去杠杆、降成本、补短板取得初步成效。

一是去产能年度任务提前超额完成。《国务院关于钢铁行业化解过剩产能实现脱困发展的意见》（国发〔2016〕6号）和《国务院关于煤炭行业化解过剩产能实现脱困发展的意见》（国发〔2016〕7号）印发实施。组织开展了淘汰落后、违法违规建设项目清理、联合执法三个专项行动，严格控制新增产能，加快淘汰落后产能，有序引导过剩产能退出。积极做好职工安置和债务处置，推进企业兼并重组、转型升级和布局优化。及时妥善应对供需调整、价格波动影响。2016年退出钢铁和煤炭产能分别超过6500万吨和2.9亿吨，超额完成年度目标任务。钢铁、煤炭企业效益转好，拖欠减少，现金流紧张、安全投入欠账、工资欠发缓发等问题得到一定缓解，行业运行状况和市场预期有所改善。

二是去库存加快推进。推动农业转移人口落户城镇，满足新市民住房需求，年末商品住宅待售面积比上年末减少4991万平方米。棚户区住房改造货币化安置比例进一步提高，全年货币化安置294万户，占全年棚改开工量的48.5%，比2015年提高18.6个百分点。

三是去杠杆成效初步显现。《国务院关于积极稳妥降低企业杠杆率的意见》（国发〔2016〕54号）印发实施。采取兼并重组、市场化法治化债转股、发展股权融资等综合性措施，积极稳妥降低企业杠杆率。启动市场化银行债权转股权，截至2016年底，多家商业银行通过实施机构共选择了资产负债率偏高但具有发展前景的行业龙头企业20家，自主协商达成债转股框架协议，协议金额超过2500亿元。2016年末，全国规模以上工业企业资产负债率55.8%，同比下降0.4个百分点。

四是降成本取得明显成效。《国务院关于印发降低实体经济企业成本工作方案的通知》（国发〔2016〕48号）印发实施。持续推进简政放权放管结合优化服务改革，降低制度性交易成本。全面推开营改增试点，阶段性降低“五险一金”缴费比例。实施煤电价格联动，推进输配电价改革，扩大电力直接交易规模，完善基本电价执行方式，降低企业用能成本。清理规范进出口环节、金融等领域涉企收费，推进铁路货运体制改革，开展物流业降本增效专项行动，印发实施推进物流大通道建设行动计划。2016年，规模以上工业企业每百元主营业务收入中的成本同比降低0.1元，利润率同比提高0.19个百分点。

五是补短板力度加大。坚持既利当前又利长远，既重硬设施又重软能力，以市场化投融资方式带动银行贷款等资金投放，在脱贫攻坚、灾后水利恢复重建、社会事业、创新能力、新产业等关键领域和薄弱环节，抓好补短板建设。全年完成1000万以上农村贫困人口脱贫目标任务。

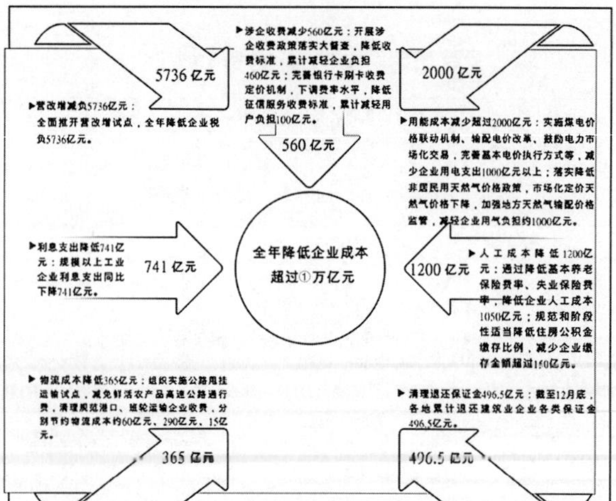

图3　降低实体经济企业成本

（三）改革开放取得新突破，经济社会发展活力进一步释放。一批具有标志性、关键性的重大改革方案出台实施，重要领域和关键环节改革取得突破性进展，开放型经济发展水平不断提升。

一是简政放权放管结合优化服务改革向纵深推进。在提前完成本届政府减少行政审批事项三分之一目标的基础上，去年又取消165项国务院部门及其指定地方实施的审批事项，清理规范192项审批中介服务事项、220项职业资格许可认定事项。第三次修订政府核准的投资项目目录。商事制度改革继续深化。全面推行“双随机、一公开”，增强事中事后监管的有效性，推进“互联网+政务服务”。市场准入负面清单制度改革试点开局良好。“放管服”四大平台建成运行。

专栏3　“放管服”改革

核准目录	➢ 中央层面核准项目累计削减比例达 90%。投资项目报建审批事项由 65 项减少为 42 项。
商事制度	➢ “五证合一、一照一码”全面推进实施，18 个省（区、市）开展工商登记注册全程电子化试点。
双随机、一公开	➢ 随机抽查事项，达到本部门市场监管执法事项的 70%以上、其他行政执法事项的 50%以上。
负面清单	➢ 积极推行外商投资负面清单管理模式。在全国范围内将不涉及国家规定实施准入特别管理措施的外商投资企业的设立及变更，由审批改为备案。 ➢ 在天津、上海、福建、广东开展市场准入负面清单制度试点。

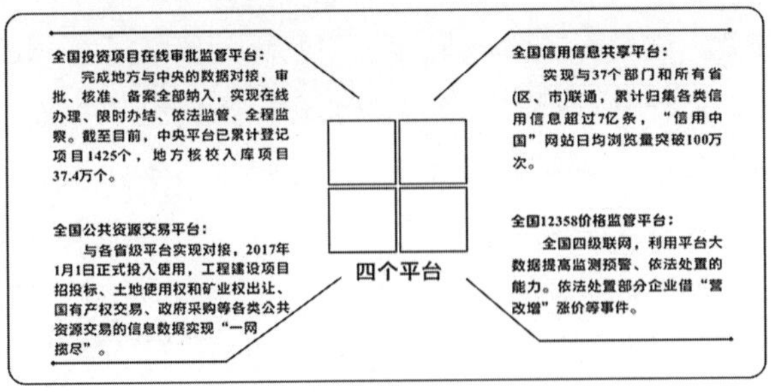

图4　四个平台

二是投融资体制改革步伐加快。深化投融资体制改革意见、企业投资项目核准和备案管理条例出台，新一轮投融资体制改革全面展开。修订发布中央预算内投资补助和贴息项目管理办法，制定80个专项管理办法。济青、杭绍台等铁路吸引社会资本示范项目取得积极进展。

三是价格改革继续深化。输配电价改革试点实现所有省级电网全覆盖。建立天然气管道运输定价新机制，占消费总量80%以上的非居民用气门站价格主要由市场主导形成。石油天然气交易市场加快发展。90%左右的城市已推广居民阶梯水电气价。全面推进医疗服务价格改革。铁路、民航旅客票价市场化程度明显提高。农业水价综合改革稳步推进。完善稻谷和小麦最低收购价政策，棉花、大豆目标价格改革试点深入推进。

专栏4　重点领域价格改革

成品油	➢ 完善成品油价格调控机制，放开液化石油气出厂价格。
天然气	➢ 明确储气设施相关价格由市场竞争形成，全面放开化肥用气价格，在福建开展天然气门站价格市场化改革试点。
输配电	➢ 2016 年 3 月，公布 5 个试点省份输配电价，同时新增 12 个省级电网和华北区域电网试点。9 月，启动 14 个省级电网输配电价改革试点，提前一年基本实现省级电网全覆盖。 ➢ 推动电力市场化交易，23%左右的发用电量由供求双方协商或市场竞价的方式确定价格。
医疗服务	➢ 出台《推进医疗服务价格改革的意见》，19 个省份出台了实施意见。 ➢ 公立医院医药价格改革实现县级全覆盖、在 10 个省的城市全面实施。 ➢ 23 个省份放开个性化需求较强、市场竞争比较充分的部分医疗服务价格。 ➢ 确定了 7 个改革联系示范点城市，并已全部出台改革实施方案。
交通运输	➢ 高铁动车组票价、普通旅客列车软座软卧票价交由铁路运输企业依法自主制定。 ➢ 放开民航 800 公里以下航线及 800 公里以上高铁动车组列车平行航线旅客票价。
水利	➢ 出台《推进农业水价综合改革的意见》。

四是国有企业和重点行业改革稳步开展。国企改革“1+N”文件体系基本形成，加快剥离办社会职能和解决历史遗留问题工作方案等配套文件出台，深化国企改革九项重点任务、十项改革试点扎实推进。第一批混合所有制改革试点进入实施阶段。第一批国有资本投资公司试点取得阶段性进展。31个省（区、市）电改方案获批复，公布了首批105个增量配电业务改革试点项目。各省（区、市）国有林场改革实施方案和内蒙古、吉林、黑龙江重点国有林区改革实施方案均已制定完成，浙江、湖南、江西等6省国有林场改革试点顺利完成。盐业体制改革方案出台，全面放开食盐出厂、批发和零售价格。改革玉米收储制度，将东北地区玉米临时收储政策调整为市场化收购加补贴新机制。政策性粮食和储备棉库存消化进展顺利。

专栏5 国有企业改革

九项重点任务	➢ 尽快完善“1+N”文件体系；深入推进“十项改革试点”；以管资本为主推进国资监管机构职能转变；分类推进国有企业改革；加大公司制股份制改革力度；推进董事会建设；推动中央企业重组调整；强化国有资产监督；坚持党对国有企业的领导。
重大改革举措	➢ 央企功能界定分类基本完成。 ➢ 公司制股份制改革步伐加快，央企子企业公司制改制面超过 92%，混合所有制企业户数占比达 68%。 ➢ 董事会建设进一步深化，83%的央企建立了规范的董事会制度；容错机制初步建立。

五是公平竞争市场环境加快形成。印发完善产权保护制度依法保护产权的意见，依法平等保护各种所有制经济权益。工业用地市场化配置改革试点稳步实施。在市场体系建设中建立公平竞争审查制度的意见出台，从源头上预防政府部门制定出台限制竞争的政策措施。社会信用体系建设取得新进展，出台政务、个人、电子商务领域诚信建设指导意见，50多个部门在12个领域开展失信联合惩戒、3个领域开展守信联合激励。打击侵权假冒合力增强，查办违法犯罪案件17万余件。国内贸易流通体制改革发展综合试点稳步推进。

六是财税金融改革有序推进。《国务院关于推进中央与地方财政事权和支出责任划分改革的指导意见》（国发〔2016〕49号）出台实施。全面推开营改增试点，将建筑业、房地产业、金融业、生活服务业纳入营改增范围，并将所有企业新增不动产所含增值税纳入抵扣范围。全面实施资源税从价计征改革，开展水资源税改革试点。深化国有商业银行和开发性、政策性金融机构改革。存款保险制度平稳运行。上海自贸试验区部分金融开放创新举措推广至广东、天津、福建自贸试验区。“深港通”开启。

七是社会领域改革加快推进。中央和国家机关公务用车制度改革全面完成，地方党政机关公车改革深入推进。行业协会商会与行政机关脱钩改革第二批试点启动实施。加快不动产统一登记制度落地，全国100%的地（市、州）、98%的县（市、区）实现“发新停旧”。国家科技计划管理改革继续深化，以增加知识价值为导向的分配政策出台，科技成果转化力度加大。教育领域综合改革向纵深推进。分级诊疗制度建设持续推进，城乡居民基本医疗保险制度整合取得实质性进展，个人卫生支出占卫生总费用的比重下降到28.9%。《国务院办公厅关于全面放开养老服务市场提升养老服务质量的若干意见》（国办发〔2016〕91号）印发实施。稳步推进机关事业单位养老保险制度改革。加快构建中国特色哲学社会科学，实施哲学社会科学创新工程。足球改革加快推进。

专栏6 社会领域改革

教育	➢ 统筹推进县域内城乡义务教育一体化改革发展的若干意见出台，从2016年春季学期起，统一城乡义务教育学校生均公用经费基准定额。 ➢ 在上海、山东、重庆、甘肃、江苏、深圳等地开展教育综合改革试点，设立36个国家学前教育改革发展试验区。
卫生	➢ 新增上海等7个省（区、市）开展综合医改试点。确定4个直辖市、266个地级市开展分级诊疗试点。 ➢ 完善实施全面两孩政策的法律法规和配套政策，29个省（区、市）修订地方人口与计划生育条例。 ➢ 改革完善药品生产流通使用政策，推进家庭医生签约服务，公立医院综合改革试点城市增加到200个。落实政府办医责任，进一步优化社会办医责任。
文化	➢ 加快构建现代公共文化服务体系，31个省（区、市）出台了贯彻落实《关于加快构建现代公共文化服务体系的意见》及《国家基本公共文化服务指导标准》的实施意见和实施标准。
体育	➢ 《中国足球中长期发展规划（2016—2050年）》、《全国足球场地设施建设规划（2016—2020年）》、《加快发展健身休闲产业的指导意见》等印发实施，全面启动各省（区、市）及足球发展重点城市足协改革。
社保	➢ 31个省（区、市）对整合城乡居民基本医疗保险制度作出规划或已实现整合，30个省（区、市）实现省内异地就医联网结算，所有统筹地区均已启动实施城乡居民大病保险。

八是以“一带一路”建设为统领推动开放型经济水平不断提升。“一带一路”建设进展快速。“六廊六路多国多港”主骨架建设稳步推进，战略对接、规划对接成效显著，中欧班列实现了统一品牌，累计开行近3000列。一批国际产能合作标志性工程落地，亚的斯亚贝巴—吉布提铁路正式通车，从投融资、技术标准到运营管理维护，全部采用中国标准，标志着中国铁路首次实现全产业链“走出去”。印尼雅万高铁、中老铁路、中泰铁路、马来西亚南部铁路、匈塞铁路、瓜达尔港等重大项目有序推进。外商投资便利化程度进一步提高，非金融类实际使用外资保持稳定。对外投资管理体制机制更加完善，非金融类对外投资继续增长。国际贸易“单一窗口”在沿海口岸全部启用，通关一体化、检验检疫一体化管理覆盖全国。全年货物贸易进出口总额下降0.9%，降幅比上年收窄6.1个百分点。服务贸易较快增长。人民币正式加入国际货币基金组

织特别提款权（SDR）货币篮子。特别是成功主办二十国集团领导人杭州峰会，影响深远。

专栏7　重点开发开放功能平台建设

国家级新区	➢ 20 世纪 90 年代初—2015 年，先后设立上海浦东、天津滨海、重庆两江、浙江舟山群岛、兰州、广州南沙、陕西西咸、贵州贵安、青岛西海岸、大连金普、四川天府、湖南湘江、南京江北、福州、云南滇中、哈尔滨等 16 个国家级新区。 ➢ 2016 年，新设立长春、江西赣江 2 个国家级新区。
重点开发开放试验区	➢ 2012 — 2015 年，先后在沿边地区设立广西东兴、云南瑞丽、内蒙古满洲里、二连浩特和云南勐腊（磨憨）5 个重点开发开放试验区。 ➢ 2016 年，新设立广西凭祥、黑龙江绥芬河—东宁 2 个重点开发开放试验区。
内陆开放型经济试验区	➢ 2012 年，设立宁夏内陆开放型经济试验区。 ➢ 2016 年，设立贵州内陆开放型经济试验区。
自由贸易试验区	➢ 2013 年，设立上海自由贸易试验区。 ➢ 2015 年，设立广东、天津、福建自由贸易试验区。 ➢ 2016 年，在辽宁、浙江、河南、湖北、重庆、四川、陕西新设立 7 个自由贸易试验区。
跨境电子商务综合试验区	➢ 2016 年，在天津、上海、重庆、合肥、郑州、广州、成都、大连、宁波、青岛、深圳、苏州等 12 个城市设立跨境电子商务综合试验区。
国家级经济技术开发区	➢ 2016 年，《完善国家级经济技术开发区考核制度促进创新驱动发展的指导意见》发布。

（四）深入实施创新驱动发展战略，经济发展新动能加快成长。《国家创新驱动发展战略纲要》印发实施，取得一批重大科技成果，高技术产业、装备制造业、战略性新兴产业较快增长，创新对发展的支撑作用增强。

一是创新能力持续提升。由点及面、有序布局重大科技创新平台建设，深入推进8个区域全面创新改革试验。北京、上海建设科技创新中心迈出新步伐。河北·京南、浙江、宁波3个国家科技成果转移转化示范区启动建设。首个国家高速列车技术创新中心建成。完全自主知识产权中国标准高速列车正式投入运营。建成世界最大单口径射电望远镜（FAST）等一批重大科技基础设施，在量子通信、航空航天等方面取得一批重大科技成果。国家科技重大专项深入实施，科技创新2030-重大项目遴选确定。大力推动企业技术创新，落实好研发费用加计扣除、股权激励和技术入股所得税优惠、完善高新技术企业认定办法等政策。

二是大众创业万众创新广泛开展。28个国家双创示范基地建设全面推进。双创政策信息服务平台开通，双创白皮书发布。国家新兴产业创业投资引

专栏8　创新平台建设

国家实验室	➢ 国家实验室组建方案制订完成。
国家重点实验室	➢ 新建 6 个省部共建国家重点实验室，建成学科国家重点实验室 255 个、企业国家重点实验室 177 个、省部共建国家重点实验室 18 个。
国家工程实验室	➢ 支持建设 40 家国家工程实验室。
电子商务示范城市	➢ 新设立 17 个电子商务示范城市，电子商务示范城市总数达到 70 个。
大数据综合试验区	➢ 设立贵州、京津冀、珠三角、上海、河南、重庆、沈阳、内蒙古 8 个大数据综合试验区。
国家自主创新示范区和高新区	➢ 批准河南郑洛新、辽宁沈大、山东半岛、福建福厦泉、安徽合芜蚌和重庆 6 个区域建设国家自主创新示范区，自创区总数达到 17 个，高新区总数达到 146 个。
创新型省市	➢ 湖北、福建、广东 3 省启动创新型省份建设，创新型省份总数达到 7 个，创新型城市总数达到 61 个。

导基金、科技成果转化引导基金子基金和国家中小企业发展基金实体基金设立运行，投贷联动试点启动，创业担保贷款创新发展。第二届全国双创活动周及“创响中国”巡回接力活动成功举办。大型央企建设双创实体平台128个，印发实施进一步完善中央财政科研项目资金管理等政策的若干意见，科研院所和高校鼓励创新创业机制逐步完善，各类孵化器、专业化众创空间日趋成熟。全年平均每天新登记企业1.51万户。

三是新技术新产业新业态新模式蓬勃发展。工业机器人、集成电路、卫星应用、通用航空、生物等新产业快速发展。战略性新兴产业实现平稳增长，2016年，27个重点监测战略性新兴产业行业规模以上企业实现收入和利润分别增长11.32%和13.96%。“互联网+”行动和国家大数据战略深入推进，人工智能、虚拟现实、基因工程等新技术加速兴起，平台经济、分享经济、协同经济等新模式广泛渗透，线上线下融合、跨境电商、社交电商、智慧家庭、智能交通等新业态不断涌现。全年网上零售交易额近5.2万亿元，同比增长26.2%；其中，实物商品网上零售额占社会消费品零售总额的12.6%。

四是传统产业转型升级步伐加快。加快落实《中国制造2025》，组织实施增强制造业核心竞争力三年行动计划和制造业升级改造重大工程包，8个产业化实施方案顺利推进。铁路关键装备研发试验取得重大突破，226个智能制造综合标准化试验验证和新模式应用项目有序开展，国家机器人检测与评定中心建设

进展顺利。先进制造产业投资基金设立。

五是服务业创新发展稳步推进。落实加快发展生产性服务业、生活性服务业的两个指导意见，服务业领域放宽市场准入实施规划出台，新一轮服务业综合改革试点启动。安排服务业发展引导资金，支持163个公共服务平台建设。第三产业增速继续超过第二产业，增加值占国内生产总值的比重提高到51.6%。

六是基础设施网络进一步完善。加快推进现代综合交通运输体系建设，交通基础设施网络总里程突破500万公里。交通提质增效、扶贫脱贫、重大基础设施建设“一二三百”工程出台实施，推进多式联运发展，促进通用航空业发展，推动交通物流融合发展。能源生产和消费革命战略出台，能源供应能力不断增强，非化石能源消费比重预计上升到13.3%，煤炭消费比重下降到62.0%。全国地级市基本建成光网城市，新一代信息基础设施更加完善，建成全球最大的4G网络。

专栏9　重大基础设施建设

铁路	➢ 铁路投产新线3281公里，铁路营业里程达12.4万公里，其中高速铁路约2.2万公里。郑徐高铁、渝万高铁建成通车，沪昆高铁全线贯通。
公路	➢ 公路通车里程达到469万公里，其中高速公路里程约13万公里。港珠澳大桥长达22.9公里的主体工程桥梁工程全线贯通。
水路	➢ 规模以上沿海港口（含长江南京以下港口）深水泊位超过2200个，内河高等级航道达标里程达到1.41万公里。
机场	➢ 通航民用运输机场达到215个。北京新机场加快建设，成都新机场开工建设。
城市轨道交通	➢ 全国已有29个城市开通城市轨道交通，运营总里程约4000公里。
城市地下综合管廊	➢ 全国已有147个城市、28个县城开工建设地下综合管廊2005公里。
能源	➢ 水电、风电、太阳能发电、生物质发电装机分别达到3.3亿千瓦、1.5亿千瓦、7742万千瓦、1400万千瓦。管道输油（气）里程12.2万公里。
水利	➢ 引江济淮等21项重大水利工程开工建设，172项重大水利工程已累计开工106项，在建工程投资规模超过8000亿元。
信息	➢ 互联网宽带接入端口达到6.9亿个。

（五）着力提升农业可持续发展能力，农业现代化建设取得新进展。农业农村发展继续保持稳中有进的良好态势，粮食总产量达到6.16亿吨，为经济社会发展大局提供了有力支撑。

一是农业生产能力继续提高。落实《全国新增1000亿斤粮食生产能力规划》，高标准农田建设加快推进，全面完成永久基本农田划定，国家粮食安全和重要农产品供给保障能力进一步增强。新建粮食仓容195亿斤。农业生产稳中调优，籽粒玉米种植面积调减2039万亩，粮改饲、粮改豆试点范围扩大，畜产品和水产品综合生产能力继续增强。农业绿色发展稳健起步，农业环境突出问题治理专项启动实施，农业可持续发展试验示范区启动创建，“一控两减三基本”行动取得阶段性成效，对农业面源污染、东北黑土地、农牧交错带已垦草原综合治理试点的支持力度加大。

二是农业农村基础设施不断完善。中小河流治理、小型病险水库除险加固、灌排骨干工程建设与配套改造和小型农田水利建设等进展顺利，新增高效节水灌溉面积2000万亩以上，农村饮水安全巩固提升工程启动实施。新一轮农村电网改造升级工程，包括小城镇中心村农网改造升级和平原地区农村机井通电等重点工程全面实施。农村交通基础设施服务水平不断提升，新改建农村公路29万公里。“宽带乡村”工程继续实施，电信普遍服务试点全面部署，农村信息基础设施进一步改善。

三是农村一二三产业融合发展进展顺利。农村产业融合发展“百县千乡万村”试点示范工程启动，137个试点示范县在优化发展布局、推进产城融合发展、构建现代农业产业体系、创新投融资机制等方面进行了积极探索。农村产业融合发展孵化园区加快建设，多元融合主体发展较快，打造了一批农业产业化龙头企业，农村新产业新业态蓬勃发展。

四是农村改革稳步推进。农村土地所有权、承包权、经营权分置办法出台实施，土地承包经营权确权登记颁证面积超过8亿亩。房地一体的农村宅基地、集体建设用地确权登记加快推进。农村集体产权制度改革意见出台，农村集体资产股份权能改革试点和土地承包权有偿退出试点积极开展。农村承包土地经营权和农民住房财产权抵押贷款试点稳妥有序推进。土地经营权流转和抵押规模不断扩大。各类新型经营主体发展壮大，数量超过270万家。

（六）深入实施三大战略和新型城镇化，城乡区域发展格局正在重塑优化。发挥三大战略、“四大板块”的叠加效应，促进城乡区域协调协同发展，提升新型城镇化质量和水平，新增长点增长极增长带加快发展壮大。

一是三大战略扎实有序推进。各省（区、市）主动融入丝绸之路经济带和21世纪海上丝绸之路建设，新疆、福建“一带一路”核心区建设成效初显。京津冀协同发展有序推进，北京城市副中心加快规划建设，一批疏解示范项目稳步实施，交通、生态、产业三个重点领域协同推进，一批重大改革举措落地。长江经济带发展规划纲要印发实施，坚持共抓大保护、不搞大开发，绿色生态廊道建设加快推进，覆盖上中下游地区的省际协商合作机制全面建立。

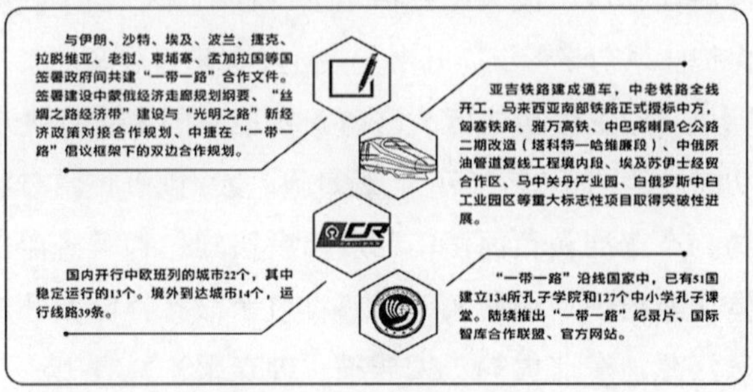

图5　“一带一路”建设

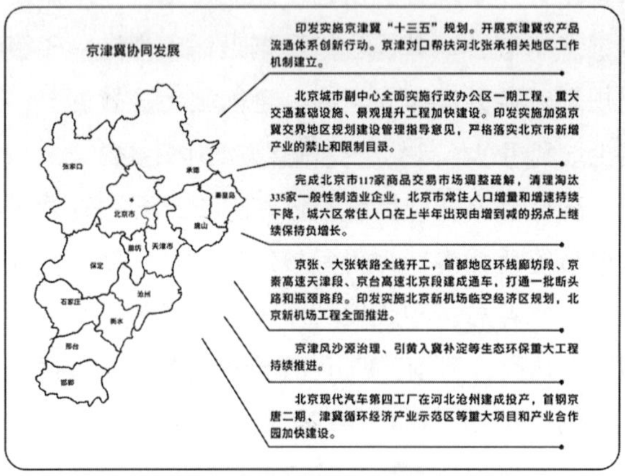

图6 京津冀协同发展

二是区域发展总体战略和差别化区域政策深入实施。加快新一轮西部大开发，一批重大标志性工程开工建设，中西部地区经济继续保持较快增长。出台实施新一轮东北振兴战略和若干重大政策举措，国企改革、投资营商环境改善等重点领域改革取得新进展。明确中部地区“一中心、四区”重要

图7 长江经济带发展

战略定位，长江中游城市群重要增长极作用强化。东部地区转型升级、开放创新、陆海统筹优势持续发挥，区域发展新动能新亮点不断涌现。出台促进区域协调发展的指导意见，差别化区域政策体系持续完善。国家综合配套改革试验区、国家级新区及各类开发区、承接产业转移示范区、产城融合示范区、临空经济示范区等重要功能平台建设有序推进。加快革命老区、民族地区、边疆地区和集中连片特困地区脱贫攻坚。完善支持政策措施，推进新疆、西藏、四省藏区经济社会发展和长治久安。

专栏10　“四大板块”

西部开发	➢ 出台《西部大开发“十三五”规划》、《国务院办公厅关于深入推进对口支援新疆工作的指导意见》（国办发〔2016〕4号）、《国务院办公厅关于进一步支持西藏经济社会发展若干政策和重大项目的意见》（国办发〔2016〕50号）、《国务院办公厅关于进一步支持四川云南甘肃青海省藏区经济社会发展若干政策和重大项目的意见》（国办发〔2016〕51号）等系列重要文件。 ➢ 新开工30项重点工程。
东北振兴	➢ 做好新一轮东北振兴战略顶层设计，出台《中共中央 国务院关于全面振兴东北地区等老工业基地的若干意见》、《国务院关于深入推进实施新一轮东北振兴战略 加快推动东北地区经济企稳向好若干重要举措的意见》（国办发〔2016〕62号）等系列重要文件。 ➢ 贯彻落实新一轮东北振兴战略部署，出台《东北振兴“十三五”规划》《推进东北地区等老工业基地振兴三年滚动实施方案（2016—2018年）》。 ➢ 出台《国务院办公厅关于加快推进采煤沉陷区综合治理的意见》（国办发〔2016〕102号）、《支持老工业城市和资源型城市产业转型升级的实施意见》、《推进东北地区民营经济发展改革的指导意见》。
中部崛起	➢ 出台《促进中部地区崛起“十三五”规划》。 ➢ 明确全国重要先进制造业中心、全国新型城镇化重点区、全国现代农业发展核心区、全国生态文明建设示范区、全方位开放重要支撑区“一中心、四区”的重要战略定位，确定160多项重大项目。
东部率先	➢ 促进重点地区合作发展，《国务院关于深化泛珠三角区域合作的指导意见》（国发〔2016〕102号）出台。 ➢ 贯彻落实建设海洋强国战略部署，出台《全国海洋经济发展“十三五”规划》《促进海洋经济发展示范区建设发展指导意见》。

三是新型城镇化建设稳步推进。农业转移人口市民化步伐加快，户籍制度改革意见、居住证制度以及人地挂钩、支持农业转移人口市民化财政政策等关键性配套政策出台，全年进城落户人口达1600万人，常住人口城镇化率达到57.35%，户籍人口城镇化率达到41.2%。城市群规划建设有序推进，支持武汉、郑州建设国家中心城市。在全国开展新生中小城市和特色小（城）镇培育，国家新型城镇化综合试点范围扩大到2个省246个城市（镇）。61个中小城市综合改革试点取得积极成效。

专栏11　新型城镇化建设

制定出台政策文件	➢ 《深入推进新型城镇化建设的若干意见》《推动1亿非户籍人口在城市落户方案》《深入推进经济发达镇行政管理体制改革的指导意见》《农村土地所有权承包权经营权分置办法》《实施支持农业转移人口市民化若干财政政策的通知》《建立城镇建设用地增加规模同吸纳农业转移人口落户数量挂钩机制的实施意见》《稳步推进农村集体产权制度改革的意见》。
编制出台重大规划	➢ 《长江三角洲城市群发展规划》《长江中游城市群发展规划》《成渝城市群发展规划》《哈长城市群发展规划》《中原城市群发展规划》。

（七）加强生态环境保护和能源资源节约，绿色发展初见成效。单位国内生产总值能耗和二氧化碳排放量分别下降5%和6.6%，超额完成全年目标，化学需氧量、氨氮、二氧化硫、氮氧化物排放量预计分别下降2.6%、2.9%、5.6%、4.0%，地级及以上城市空气质量优良天数比例同比提高2.1个百分点，74个重点城市细颗粒物（PM2.5）年均浓度下降9.1%，地表水达到或好于Ⅲ类水体比例同比提高1.8个百分点、劣Ⅴ类水体比例同比下降1.1个百分点，万元国内生产总值用水量下降5.6%。

（单位：%）

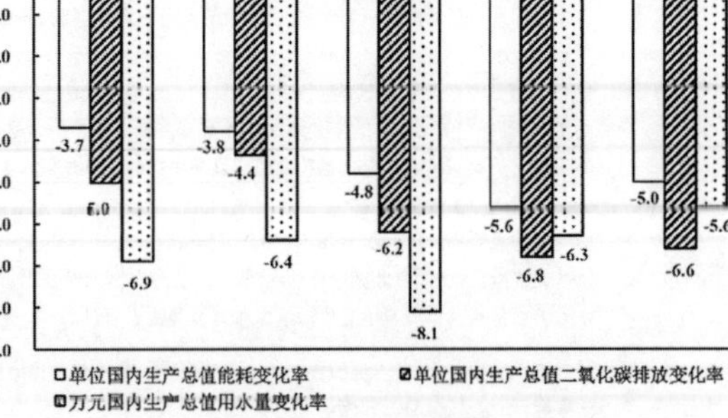

图8　生态文明建设和绿色发展

数据来源：国家统计局、国家发展改革委。

一是生态文明建设取得新进展。生态文明建设目标评价考核办法印发实施。决定在福建省、江西省和贵州省开展国家生态文明试验区建设，生态文明先行示范区建设持续深化。健全国家自然资源资产管理体制试点方案、省以下环保机构监测监察执法垂直管理制度改革试点指导意见、控制污染物排放许可制实施方案、划定并严守生态保护红线若干意见、培育环境治理和生态保护市场主体意见等一批改革方案印发实施。在吉林等7省（市）开展生态环境损害赔偿制度改革试点。全面推行河长制意见出台。生态保护补偿机制不断健全。新一轮退耕还林还草、重点防护林、石漠化综合治理、京津风沙源治理、水土流失综合治理等工程加快推进，湿地保护体系初步形成。开展中央环境保护督察。

二是主体功能区战略深入实施。国家重点生态功能区范围拓展到676个县及87个重点国有林区林业局，产业准入负面清单制度出台实施。省级海洋主体功能区规划编制实施工作在11个沿海省份展开。三江源、东北虎豹、大熊猫、神农架、武夷山、钱江源等国家公园体制试点方案印发实施。资源环境承载能力监测预警机制初步建立，先行在京津冀地区试点。市县“多规合一”试点深入推进，省级空间规划试点方案印发实施。全国国土规划纲要、全国土地利用总体规划纲要调整方案印发实施。

三是节能减排持续推进。“十二五”省级人民政府节能目标责任评价考核结果公布，“十三五”能耗、水耗总量和强度“双控”制度建立实施，在浙江、福建、河南、四川4省开展用能权有偿使用和交易制度试点。循环经济发展加快，生产者责任延伸制度方案印发实施，产业园区循环化改造继续推进。印发《“十三五”节能环保产业发展规划》，构建绿色金融体系指导意见出台实施，发行各类绿色债券2296.6亿元，节能环保产业不断做大做强。

四是环境综合治理力度加大。《京津冀地区大气污染防治强化措施（2016－2017年）》发布实施，重点地区煤炭消费量进一步压减，加快燃煤电厂超低排放改造，全国累计淘汰黄标车和老旧车

404.6万辆。制定实施2016－2017年长江经济带生态环境保护行动计划，完成11省（市）126个地级及以上城市全部319个集中式饮用水水源保护区划定，出台《全国重要饮用水水源地名录》，排查整治城市黑臭水体和非正规垃圾堆放点。深入开展农村生活垃圾治理专项行动，推进农村人居环境综合整治。土壤污染防治行动计划发布实施，出台污染地块土壤环境管理办法，启动14个土壤污染治理与修复试点项目和6个土壤污染综合防治先行区建设，加强重金属污染防控重点区域综合治理。全国矿山地质环境恢复和综合治理进一步加强。环境风险管控水平进一步提高，突发环境事件得到妥善处置。

五是应对气候变化工作不断强化。“十三五”控制温室气体排放工作方案印发实施。低碳省市、城（镇）、园区、社区等试点示范有序开展。碳排放权交易市场建设积极推进。城市适应气候变化行动方案发布实施。气候变化南南合作加快推进，“十百千”项目启动实施。首批签署和较早批准《巴黎协定》，创新性推动实现中美元首出席批准文书交存仪式，为推动《巴黎协定》尽早生效作出历史性贡献。建设性参加联合国气候变化马拉喀什会议并推动会议取得成功。

（八）加快发展社会事业和改善民生，人民生活水平持续提升。全力推进精准扶贫精准脱贫，加强社会政策托底，努力提高基本公共服务均等化水平。

一是脱贫攻坚战全面打响。《“十三五”脱贫攻坚规划》发布实施，全国财政专项扶贫资金投入超过1000亿元。印发实施“十三五”易地扶贫搬迁规划，22个省（区、市）全面启动易地扶贫搬迁项目，全年249万人易地扶贫搬迁建设任务如期完成。金融扶贫、特色产业扶贫、教育扶贫、交通扶贫、水利扶贫、旅游扶贫、光伏扶贫、电商扶贫、以工代赈等深入推进。东西部扶贫协作不断深化。推动集中连片特困地区“十三五”省级实施规划落地，对川陕等革命老区、赣南等原中央苏区振兴发展与脱贫攻坚支持力度持续加大。支持四川凉山、云南怒江、甘肃临夏等面临特殊困难的少数民族自治州加快建设小康社会进程。

专栏12　精准扶贫精准脱贫工程

易地搬迁脱贫	➢	全面推进新时期易地扶贫搬迁工作，统筹建设住房、配套基础设施和基本公共服务设施。
产业发展脱贫	➢	立足贫困地区资源禀赋，充分发挥农民合作组织、龙头企业等市场主体作用，建立健全产业到户到人的精准扶持机制，持续发展本地特色产业，实现贫困人口就地脱贫。
转移就业脱贫	➢	加强贫困人口职业技能培训和就业服务，保障贫困人口合法权益，开展劳务协作，推进就地就近转移就业。
教育扶贫	➢	合理布局贫困地区教育资源，系统改善办学条件，提高贫困人口基本文化素质和贫困家庭劳动力技能，加大力度实施各项教育扶贫政策。
健康扶贫	➢	改善贫困地区医疗卫生机构条件，提升服务能力，缩小区域间卫生资源差距，进一步完善基本医疗保障制度。全年共实施医疗救助3099.8万人次，临时救助223.9万户次家庭，重点对象人均补助644.6元。
	➢	逐户、逐人、逐病核实核准因病致贫情况，组织实施分类救治。实行倾斜性医保政策措施，提升农村贫困人口医疗保障水平。
生态保护扶贫	➢	加强贫困地区生态环境保护与治理修复，提升贫困地区可持续发展能力。逐步扩大对贫困地区和贫困人口的生态保护补偿。
兜底保障	➢	统筹社会救助体系，促进扶贫开发与社会保障有效衔接，完善农村低保、特困人员救助供养等社会救助制度，健全留守儿童、留守妇女、留守老人和残疾人关爱服务体系。
社会扶贫	➢	发挥东西部扶贫协作和中央单位定点帮扶的引领示范作用，凝聚国内国际社会各方面力量，进一步提升贫困人口帮扶精准度和帮扶效果，形成脱贫攻坚强大合力。
交通扶贫	➢	以革命老区、民族地区、边疆地区、集中连片特困地区为重点，实施交通精准扶贫脱贫，加快完善交通基础设施，新增通硬化路建制村超过1.3万个，通客车建制村5500个，建制村通客车率达到95%。

二是社会保障能力不断加强。全国居民人均可支配收入实际增长6.3%，农村居民收入增幅连续7年高于城镇居民。退休人员基本养老金水平提高6.5%左右。基本医疗保险参保人数超过13亿，城乡居民基本医保补助标准由每人每年380元提高到420元。在全国范围内建立了困难残疾人生活补贴和重度残疾人护理补贴制度。

三是公共服务供给持续改善。学前教育毛入园率、九年义务教育巩固率、高中阶段毛入学率分别达到77.4%、93.4%和87.5%。高等教育毛入学率达到42.7%，超过中高收入国家平均水平。现代职业教育体系进一步完善和发展。城乡基本医疗服务体系进一步健全，基本公共卫生服务项目年人均财政补助达到45元，均等化水平明显提高。“健康中国2030”规划纲要发布实施，每千人口执业（助理）医师数增长到2.31人，每万人全科医生数增长到1.53人。全年出生人口达到1786万人，全面两孩政策平稳落地，生育服务保障进一步加强。公共文化服务体系建设继续加强，各省（区、市）均已出台本地区的基本公共文化服务实施标准。实施中华优秀传统文化传承发展工程的意见等基础性制度出台。实施全民健身计划，体育健儿在里约奥运会、残奥会上再创佳绩。冰雪、水上、航空、山地户外等运动加快发展。

专栏13　公共服务供给

教育	➢ 支持1400余所义务教育学校、258所中等职业学校、208所普通高中、29所地方高校改善基本办学条件。
卫生	➢ 重点加强400个县级医院、29个地市级医院、32个儿童医疗服务机构、247个妇幼保健机构、236个疾病预防控制机构、244个食品安全风险监测能力项目建设。
养老	➢ 支持545个面向失能半失能老年人的专业养老机构、敬老院和社区日间照料中心等设施建设。
助残	➢ 支持187个省级、地市级残疾人康复设施和县级残疾人托养设施项目建设。
文化	➢ 支持73个地市级公共图书馆、文化馆、博物馆建设、225个国家文化和自然遗产保护利用设施建设。全国公共图书馆总流通人次、文化馆（站）服务人次、博物馆总参观人次分别增长12%、10%和5%，广播和电视节目综合人口覆盖率分别达到98.4%和98.9%。
体育	➢ 支持498个足球场地和县级公共体育场等项目建设。对1260个大型体育场馆进行了免费低收费开放补助。

四是保障性安居工程建设扎实推进。加大中央预算内投资和中央财政专项资金支持力度，继续发挥企业债券直接融资作用，支持棚户区住房改造等保障性安居工程。2016年，完成棚户区住房改造600多万套，农村危房改造380多万户。

从计划指标运行情况看，经济增长、就业、价格总水平、国际收支平衡等主要指标保持在合理区间，科技创新、生态环保、民生保障等反映发展质量和效益的指标进一步改善，总的完成情况是好的。

19个约束性指标全部完成。43个预期性指标中，38个指标运行情况符合或高于预期，第一产业、全社会固定资产投资、货物进出口额、广义货币供应量（M2）增长率、城镇居民人均可支配收入5个指标运行值与预期值存在差距。需要说明的是，预期性指标的计划目标不是指令性的，也不是预测值，而是国家期望的发展目标，体现预期和政策导向，实际运行情况可能高于预期目标，也可能低于预期目标。部分指标运行值与预期目标存在差距，主要有以下原因：一是针对农产品阶段性供大于求、库存高企、价格低迷的形势，主动推进种养结构调整，部分主要农产品产量有所回落，因此第一产业增加值增幅略低于预期目标。二是受市场需求偏弱、投资回报下降、企业信心不强等因素综合影响，投资特别是民间投资、制造业投资下行压力较大，加上固定资产投资价格下跌持续时间和幅度超出预期，导致全社会固定资产投资增幅低于预期目标。三是受全球经济复苏乏力、国际贸易需求疲软、针对我国的保护主义加剧等影响，货物贸易进出口虽回稳向好，但仍难以实现预期目标。四是为供给侧结构性改革营造适宜的货币金融环境，在对实体经济提供足够支持的同时，货币供应切实体现了不搞“大水漫灌”和去杠杆、防风险、抑制资产价格泡沫的要求，因此广义货币供应量（M2）增速低于预期目标。五是从收入指标完成情况看，全国居民人均可支配收入增长与经济增长基本同步，受经济下行压力影响，部分行业从业人员工资性收入增幅放缓，导致城镇居民人均可支配收入增幅低于预期目标。

总之，在国内外形势错综复杂的情况下，我国经济增速继续走在世界前列，发展质量和效益提高，经济结构继续优化，人民生活水平持续改善，生态环境有所好转，成绩来之不易。这是党中央、国务院正确领导的结果，是各地区各部门共同努力的结果，是全国各族人民团结奋斗的结果。

同时，我们也清醒地认识到，世界经济仍然在深度调整，复苏动力不足，不稳定和不确定性将进一步凸显，国际投资和贸易低迷，保护主义、内顾倾向抬头。国内经济稳定运行的基础还不牢固，仍面临不少突出矛盾和问题。一是实体经济结构性供需失衡。供给体系产能大多数只能满足中低端、低质量、低价格的需求，随着消费结构加快升级，出口需求和投资需求相对下降，供给结构不适应需求新变化。二是有效需求增长乏力。有效投资特别是民间投资、制造业投资增速较低。经济下行对就业、收入、消费的滞后影响开始显现。国际需求持续低迷，国内综合要素成本不断上涨，产业和订单向外转移加快，我国外贸发展面临的形势更加复杂严峻。三是部分区域、行业、企业困难较大。一些资源型和传统产业比重大的地区，下行压力和发展困难较大。部分行业分化调整的影响，可能沿产业链传导。受市场环境偏紧和经营成本较高双重挤压，企业盈利能力较弱、亏损面较大。四是部分领域风险仍在积累。一些地区财政收支矛盾突出，防控金融风险力度需进一步加大，房地产市场仍面临结构性高房价、高库存双重挑战。五是大气雾霾等环境问题仍然突出。多频次、广区域、长时间、重浓度的雾霾天气，给人民生产生活带来较大影响。与此同时，安全生产、食品药品质量和民生等领域也出现一些新问题。我们要高度重视，准确分析研判国内外形势，增强忧患意识，强化底线思维，保持战略定力，更加有效应对。

2016年中央和地方预算执行情况

——节选自《关于2016年中央和地方预算执行情况与2017年中央和地方预算草案的报告》

财政部

2017年3月5日

2016年，面对严峻复杂的国内外环境，在以习近平同志为核心的党中央坚强领导下，各地区、各部门坚持稳中求进工作总基调，坚持新发展理念，以推进供给侧结构性改革为主线，适度扩大总需求，经济社会保持平稳健康发展，实现了“十三五”良好开局。中央和地方预算执行情况较好。

（一）落实全国人大预算决议情况

财政部门强化预算法治意识，积极发挥职能作用，认真落实十二届全国人大四次会议有关决议，以及全国人大财政经济委员会的审查意见。

有效实施积极财政政策。实行大规模减税降费。全面推开营改增试点，将试点范围扩大到建筑业、房地产业、金融业、生活服务业，并将所有企业新增不动产所含增值税纳入抵扣范围，新增试点行业全部实现总体税负只减不增的预期目标，前期纳入试点的行业和原增值税行业因可抵扣进项税增加也实现了减税，全年降低企业税负5736亿元。进一步扩大企业研发费用加计扣除范围，加大对高新技术企业支持力度，出台股权激励和技术入股递延纳税政策，完善科技企业孵化器税收政策。取消、停征和归并一批政府性基金，扩大18项行政事业性收费免征范围，推动地方清理规范涉企行政事业性收费，减轻企业和个人负担460多亿元。合理扩大财政支出规模。赤字率适当提高，增加的赤字主要用于弥补减税降费带来的财政减收，保障政府应该承担的支出责任。新增地方政府债务限额1.18万亿元。继续发行地方政府债券置换存量债务4.9万亿元，加上2015年置换的3.2万亿元，累计置换8.1万亿元，全年降低利息成本约4000亿元。同时，实施针对性强的政策措施，着力推动“三去一降一补”。中央财政设立并及时拨付工业企业结构调整专项奖补资金，支持化解钢铁、煤炭行业过剩产能过程中职工分流安置工作。安排补助资金，支持中央企业处置“僵尸企业”。调整房地产交易环节契税、营业税政策，加强对居民自住和改善性住房需求的支持，推动化解商品房库存。明确债转股涉及的债权转让和核销政策，支持实施市场化银行债转股。阶段性降低社会保险费率，清理涉企保证金，进一步帮助企业降低成本。加大补短板力度，大幅增加财政扶贫投入助力脱贫攻坚，大力支持棚户区改造、基础设施建设等重点领域。

积极推进财税改革与立法。实现增值税对货物和服务全覆盖。全面推进资源税从价计征改革，开展水资源税改革试点。推动出台环境保护税法。制定政府非税收入管理办法。出台推进中央与地方财政事权和支出责任划分改革的指导意见，明确了改革的总体要求、划分原则、主要内容。合理确定全面推开营改增试点后中央与地方增值税收入分享比例，保持现有财力格局总体稳定。调整中央对地方增值税返还办法，进一步完善分税制财政体制。出台实施支持农业转移人口市民化的财政政策并建立奖励机制。改革和完善中央对地方转移支付制度，专项转移支付项目数量进一步减少到94项，一般性转移支付占比提高至60.6%。大力推进预决算公开，首次在中国政府网和财政部门户网站集中发布中央部门决算信息，制定地方预决算公开操作规程。

着力提高财政支出绩效。严格执行全国人大批准的预算，及时批复下达。加强预算绩效管理，中央部门项目支出绩效目标管理实现全覆盖，首次将重大项目的绩效目标及具体绩效指标同预算一并批复，对部分重大民生政策和重点专项支出开展绩效评价。部分中央部门预算绩效管理工作开展情况和项目绩效评价结果首次同部门决算一并向社会公开。盘活财政存量资金，按规定用于经济社会发展急需领域。开展贫困县统筹整合使用财政涉农资金试点，把纳入统筹整合范围的财政涉农资金的配置、使用权赋予贫困县。进一步完善中央财政科研项目资金管理，扩大高校、科研院所在科研项目资金、差旅会议等方面的管理权限。大力推广运用政府和社会资本合作（PPP）模式，加强PPP项目全生命周期财政管理，保障项目实施质量。截至2016年底，全国PPP综合信息平台入库项目11260个、总投资13.5万亿元，已签约落地的项目1351个、总投资2.2万亿元。加大政府购买服务改革力度，制定通过政府购买服务支持社会组织培育发展和做好事业单位政府购买服务改革工作的意见。推动政府投资基金加快运作，激发社会投资活力。

高度重视和防范地方政府债务风险。严格按照预算法、担保法等有关法律法规要求，进一步规范地方政府债务管理。2016年末，全国地方政府债务余额15.32万亿元，控制在年度地方政府债务限额17.19万亿元以内。完善地方政府一般债务和专项债务预算管理制度，首次在预算草案中全面反映地方政府债务情况，主动接受监督。开展地方政府债务风险评估和预警并向有关部门和地方政府通报结果，督促高风险地区多渠道筹集资金化解债务风险。出台地方政府性债务风险应急处置预案和分类处置指南，妥善做好风险事件应急处置政策储备。印发财政部驻各地专员办实施地方政府债务监督暂行办法，开展常态化监督。组织核查地方违法违规担保融资问题，督促相关地区和金融机构依法整改。

严格按预算法要求规范预算管理。细化预算编制，进一步压缩代编预算规模，做实中央部门预算项目库。政府性基金项目减少到23项，对保留的项目实行目录清单管理。进一步扩大中央国有资本经营预算实施范围，制定中央国有资本经营预算支出管理暂行办法。开展全国行政事业单位资产清查。积极推进权责发生制政府综合财务报告制度改革，印发固定资产等4项政府会计具体准则。组织开展新能源汽车推广应用补贴、地方预决算公开情况、政府采购代理机构执业情况等检查，查处曝光一批违反预算法和财经纪律的行为，对相关责任人员严肃追责。

2016年，财政部改进和加强服务全国人大代表、政协委员工作。认真办理建议提案，全年承办人大代表建议2889件、政协委员提案1323件。加大与代表委员沟通交流力度，积极听取和吸纳代表委员提出的意见建议，进一步改进财政工作。

（二）2016年预算调整情况

为进一步理顺全面推开营改增试点后中央与地方增值税收入划分关系，从2016年5月1日起，与全面推开营改增试点同步实施调整中央与地方增值税收入划分过渡方案。此次调整对2016年全国一般公共预算收支预算总量没有影响，但中央和地方收支预算结构发生变化。中央一般公共预算收入预算由70570亿元调整为72350亿元，增加的1780亿元全部用于对地方税收返还，相应的中央一般公共预算支出预算由85885亿元调整为87665亿元。按照预算法有关规定，中央预算调整方案已提请十二届全国人大常委会第二十四次会议审查批准。

（三）2016年预算收支情况

1.一般公共预算

全国一般公共预算收入159552.08亿元，为预算的101.5%，比2015年同口径（考虑5项政府性基金转列一般公共预算等影响）增长4.5%。加上使用结转结余及调入资金7271.08亿元，收入总量为166823.16亿元。全国一般公共预算支出187841.14亿元，完成预算的103.9%，扣除地方使用结转结余及调入资金后增长7.4%。加上补充中央预算稳定调节基金782.02亿元，支出总量为188623.16亿元。收支总量相抵，赤字21800亿元，与预算持平。

中央一般公共预算收入72357.31亿元，为调整预算的100%，比2015年同口径增长1.2%。加上从中央预算稳定调节基金调入1000亿元，从中央政府性基金预算、中央国有资本经营预算调入315.06亿元，收入总量为73672.37亿元。中央一般公共预算支出86890.35亿元（其中，中央本级支出27404亿元，中央对地方税收返还和转移支付59486.35亿元），完成调整预算的99.1%，增长4.5%。加上补充中央预算稳定调节基金782.02亿元，支出总量为87672.37亿元。收支总量相抵，中央财政赤字14000亿元，与预算持平。2016年中央预备费预算500亿元，实际支出146.1亿元，剩余353.9亿元全部转入中央预算稳定调节基金。2016年末，中央财政国债余额120066.75亿元，控制在年度预算限额125908.35亿元以内；中央预算稳定调节基金余额2678.06亿元（含通过收回中央财政结转资金补充1501.83亿元）。

地方一般公共预算收入146681.12亿元，其中，地方一般公共预算本级收入87194.77亿元，比2015年同口径增长7.4%；中央对地方税收返还和转移支付收入59486.35亿元。加上地方财政使用结转结余及调入资金5956.02亿元，收入总量为152637.14亿元。地方一般公共预算支出160437.14亿元，扣除使用结转结余及调入资金后增长7.4%。收支总量相抵，地方财政赤字7800亿元，与预算持平。

2.政府性基金预算

全国政府性基金收入46618.62亿元，增长11.9%。加上2015年结转收入249.84亿元和地方政府发行专项债券筹集收入4000亿元，全国政府性基金相关收入总量为50868.46亿元。全国政府性基金相关支出46851.52亿元，增长11.7%。

中央政府性基金收入4178.08亿元，为预算的97.8%，增长2.6%。加上2015年结转收入249.84亿元和地方上解收入7.59亿元，中央政府性基金收入总量为4435.51亿元。中央政府性基金支出3999.98亿元，完成预算的88.5%，下降6.8%。其中，中央本级支出2889.86亿元，对地方转移支付1110.12亿元。中央政府性基金收入大于支出435.53亿元。其中，结转下年继续使用298.5亿元；单项政府性基金结转超过当年收入30%的部分合计110.72亿元，按规定补充预算稳定调节基金；拟由政府性基金预算转列一般公共预算的3个项目结余26.31亿元，2017年调入一般公共预算。

地方政府性基金本级收入42440.54亿元，增长12.9%，其中国有土地使用权出让收入37456.63亿元。加上中央政府性基金对地方转移支付收入1110.12亿元和地方政府发行专项债券筹集收入4000亿元，地方政府性基金相关收入为47550.66亿元。地方政府性基金相关支出43961.66亿元，增长13%，其中国有土地使用权出让收入相关支出38405.84亿元。

3.国有资本经营预算

全国国有资本经营预算收入2601.84亿元，增长2%。全国国有资本经营预算支出2171.46亿元，增长18.2%。

中央国有资本经营预算收入1430.17亿元，为预算的102.2%，下降11.3%。加上2015年结转收入394.47亿元，收入总量为1824.64亿元。中央国有资本经营预算支出1450.61亿元，完成预算的93.5%，增长28.1%。其中，中央本级支出937.08亿元，对地方转移支付513.53亿元。向一般公共预算调出246亿元。结转下年支出128.03亿元。

地方国有资本经营预算本级收入1171.67亿元，增长24.9%。加上中央国有资本经营预算对地方转移支付收入513.53亿元，收入总量为1685.2亿元。地方国有资本经营预算支出1234.38亿元，增长48.5%。向一般公共预算调出246.91亿元。

4.社会保险基金预算

全国社会保险基金收入48272.53亿元，为预算的102.4%，增长4.1%。其中，保险费收入35065.86亿元，财政补贴收入11104.34亿元。全国社会保险基金支出43918.94亿元，完成预算的100.9%，增长12.3%。当年收支结余4353.59亿元，年末滚存结余63294.67亿元。

此外，按照国务院关于加强财政资金统筹使用的要求，部分地方政府性基金项目转列地方一般公共预算，对应的专项债务余额和限额116.82亿元相应转入一般债务余额和限额，不影响地方政府债务总限额。

（四）2016年主要支出政策落实情况

促进教育发展。统一城乡义务教育学校生均公用经费基准定额。免除普通高中建档立卡等家庭经济困难学生学杂费。支持全面改善贫困地区8万余所义务教育薄弱学校基本办学条件。全面建立中职学校生均拨款制度。落实新的中央高校预算拨款制度。全年8400多万人次享受到国家学生资助政策。

支持科技创新。优化科技支出结构，重点保障公共科技活动，进一步加大基础研究支持力度。完成中央财政科技计划（专项、基金等）优化整合工作。完善稳定支持机制，促进科研院所改革发展。支持系统推进全面创新改革试验和国家自主创新示范区建设。促进科技成果转移转化。

提高社会保障水平。按6.5%左右的幅度提高了机关事业单位和企业退休人员基本养老金标准。推进居家和社区养老服务改革试点。继续提高全国城乡最低生活保障标准。进一步建立健全特困人员救助供养制度。保障优抚对象等人员各项抚恤待遇落实。支持做好退役士兵安置工作。在全国范围建立困难残疾人生活补贴和重度残疾人护理补贴制度。通过社会保险补贴、职业培训补贴等方式，鼓励企业吸纳就业困难人员，提高劳动者职业技能，增强就业公共服务能力。

深化医药卫生体制改革。城乡居民基本医疗保险财政补助标准由每人每年380元提高到420元。城市公立医院改革试点扩大到200个城市，县级公立医院改革全面推开。支持19万名住院医师规范化培训，启动首批5000名助理全科医生培训。基本公共卫生服务项目年人均财政补助标准由40元提高到45元，继续推动实施疾病预防控制、妇幼健康等重大公共卫生服务项目。

加快现代农业建设。全面推开农业“三项补贴”改革。支持实施500万亩粮改豆和600万亩粮改饲试点，探索实行耕地轮作休耕制度试点。深入开展重金属污染耕地修复及种植结构调整试点，扩大地下水超采区综合治理试点范围。深化重要农产品收储制度改革，将玉米临时收储政策调整为市场化收购加补贴新机制，建立玉米生产者补贴制度，采取多种方式消化政策性粮棉油库存。支持培育新型农业经营体系，新增高效节水灌溉面积2000万亩以上，农业综合开发建设高标准农田2800万亩。扩大农村一二三产业融合发展试点范围，启动扶持村级集体经济发展试点。完成村级公益事业建设一事一议财政奖补项目约30万个。

支持生态环保建设。整合设立土壤污染防治专项资金，落实土壤污染防治行动计划。加强大气污染防治，资金安排进一步向燃煤污染控制、工业污染治理等重点领域倾斜。开展水污染防治项目储备库建设，继续安排资金支持重点区域、重点流域水污染防治。启动新一轮草原生态保护补助奖励政策，涉及草原面积38.11亿亩。支持实施新一轮退耕还林还草新增任务1510万亩。落实天然林保护全覆盖政策。支持河北京津冀水源涵养区等4个山水林田湖生态保护和修复工程试点。推动九洲江等4个流域建立横向生态保护补偿机制。支持18个城市开展蓝色海湾整治行动。

加强基本住房保障。支持棚户区改造开工606万套、农村危房改造314万户，均完成年度任务。棚改货币化安置比例达到48.5%，比上年提高18.6个百分点。

推动文化改革发展。支持49871家公益性文化设施向社会免费开放，支持1260个公共体育场馆向社会免费或低收费开放，实施国家重点文物保护项目1791个。鼓励文化产品创作生产，促进文化对外交流与传播。支持中央国有文化企业改革，推动文化事业和文化产业协调发展。

以上预算执行的具体情况详见《中华人民共和国2016年全国预算执行情况2017年全国预算（草案）》。

总的看，2016年财政运行基本平稳，财政改革发展各项工作取得新成效，促进了经济社会平稳健康发展。这是党中央、国务院坚强领导的结果，是全国人大、全国政协及代表委员们监督指导的结果，是各地区、各部门以及全国各族人民共同努力的结果。

同时，我们清醒地认识到，财政运行和财政工作中还面临一些困难和问题，主要是：在经济下行压力较大的形势下，财政收入增长动力不强，地方财政收入走势分化，一些资源型和传统产业比重大的地区财政收支矛盾加剧，部分基层财政保运转和民生兜底出现困难。财政支出结构不尽合理，部分支出项目形成只增不减的固化格局。有的改革举措没有真正落地，有的改革措施进度偏慢。转移支付管理亟待规范，专项转移支付清理整合没有完全到位，省以下转移支付制度改革进展不平衡。有的地方预决算不透明，财政资金使用不规范、效率不高，资金沉淀多。一些地方落实政府债务管理制度不力，存在违规担保或变相举债问题，地方政府隐性债务风险增大。我们高度重视这些问题，将采取有力措施加以解决。

中国货币政策执行报告

二〇一六年第四季度

中国人民银行货币政策分析小组

2017年2月17日

内容摘要

2016年以来，国际经济政治领域的不确定性因素进一步增多，中国经济运行出现积极变化，但结构性矛盾仍较突出，部分地区资产泡沫问题凸显。面对复杂多变的经济金融形势，中国人民银行按照党中央、国务院的统一部署，主动适应经济发展新常态，保持货币政策的审慎和稳健，尤其是注重根据形势变化把握好调控的节奏、力度和工具组合，加强预调微调，为供给侧结构性改革营造了适宜的货币金融环境。

一是优化货币政策工具组合和期限结构，保持适度流动性。在年初普降存款准备金率0.5个百分点补充长期流动性缺口的基础上，更多运用公开市场操作、中期借贷便利、常备借贷便利、抵押补充贷款等工具灵活提供不同期限流动性。同时，建立公开市场每日操作常态化机制，开展中期流动性常态化操作。

二是推动调控框架逐步转型。一方面继续强化价格型调控传导机制，探索构建利率走廊机制，另一方面也注意在一定区间内保持利率弹性，与经济运行和金融市场变化相匹配，发挥价格调节和引导功能。

连续在7天期逆回购利率进行操作，释放政策信号，并适时增加14天期和28天期逆回购品种，引导和优化货币市场交易期限结构。

三是进一步完善适合我国国情的宏观审慎政策框架。将差别准备金动态调整机制升级为宏观审慎评估（MPA），对金融机构行为进行多维度引导；将全口径跨境融资宏观审慎管理扩大至全国范围的金融机构和企业；按照“因城施策”原则对房地产信贷市场实施调控，强化住房金融宏观审慎管理。

四是促进信贷结构优化，支持经济结构调整和转型升级。发挥好信贷政策支持再贷款、再贴现和抵押补充贷款、窗口指导等的作用，创设扶贫再贷款，将民营银行纳入支小再贷款的支持范围，引导金融机构加大对小微企业、“三农”和棚改等国民经济重点领域和薄弱环节的支持力度。

与此同时，坚定推动金融市场化改革，进一步完善货币政策调控框架，疏通传导渠道。继续深入推进利率市场化改革，着力培育以上海银行间同业拆借利率（Shibor）、国债收益率曲线和贷款基础利率（LPR）等为代表的金融市场基准利率体系，不断健全市场利率定价自律机制。继续完善人民币汇率市场化形成机制，初步形成“收盘汇率+一篮子货币汇率变化”的人民币对美元汇率中间价形成机制，汇率政策的规则性、透明度和市场化水平进一步提高。圆满完成人民币加入SDR篮子的各项技术性准备，2016年10月1日人民币加入SDR货币篮子正式生效。

稳健货币政策取得了较好效果。银行体系流动性合理充裕，货币信贷和社会融资规模平稳较快增长，利率水平低位运行，人民币对一篮子货币汇率保持基本稳定，对美元双边汇率弹性进一步增强。2016年末，广义货币供应量M2余额同比增长11.3%；人民币贷款余额同比增长13.5%，比年初增加12.65万亿元，同比多增9257亿元；社会融资规模存量同比增长12.8%。12月份非金融企业及其他部门贷款加权平均利率为5.27%。2016年末，CFETS人民币汇率指数为94.83，人民币对美元汇率中间价为6.9370元。

在一系列政策措施的共同推动下，中国经济运行总体平稳，供给侧结构性改革取得积极进展。消费贡献率继续提高，投资缓中趋稳，贸易顺差收窄。工业生产平稳增长，企业效益好转，就业形势总体稳定。2016年，国内生产总值（GDP）比上年增长6.7%，居民消费价格（CPI）比上年上涨2.0%。

展望2017年，全球经济总体呈现复苏态势，中国经济增长的潜力依然巨大，随着供给侧结构性改革、简政放权和创新驱动战略不断深化实施，中国经济新的动能正在增强，稳定经济的有利因素逐步增多。当然也须看到，全球经济强劲增长的动力依然不足，政治经济社会领域的“黑天鹅”事件还可能较多；中国经济内生增长动力仍待强化，稳定经济增长、防范资产泡沫与促进环境保护之间的平衡面临较多挑战，结构性矛盾仍较为突出。

下一阶段，中国人民银行将按照党中央和国务院的战略部署，坚持稳中求进工作总基调，实施好稳健中性的货币政策，更好地平衡稳增长、调结构、抑泡沫和防风险之间的关系，为供给侧结构性改革营造适宜的货币金融环境。保持流动性基本稳定，综合运用价、量工具和宏观审慎政策加强预调微调，调节好货币闸门，并促进结构优化。

更加注重改革创新，寓改革于调控之中，把货币政策调控与深化改革紧密结合起来，更充分地发挥市场在资源配置中的决定性作用。针对金融深化和创新发展，进一步完善调控模式，强化价格型调节和传导，完善宏观审慎政策框架，畅通政策传导渠道和机制，抑制资产泡沫，防止“脱实向虚”，提高金融运行效率和服务实体经济的能力，同时牢牢守住不发生系统性金融风险的底线。

第一部分 货币信贷概况

2016年，银行体系流动性合理充裕，货币信贷和社会融资规模平稳较快增长，贷款结构继续改善，利率水平低位运行，人民币汇率弹性增强，货币金融环境基本稳定。

一、广义货币平稳较快增长

2016年末，广义货币供应量M2余额为155.0万亿元，同比增长11.3%，增速比上年末低2个百分点。狭义货币供应量M1余额为48.7万亿元，同比增长21.4%，增速比上年末高6.2个百分点。流通中货币M0余额为6.8万亿元，同比增长8.1%，增速比上年末高3.2个百分点。全年现金净投放5087亿元，同比多投放2130亿元。

年末M2增速仍明显高于名义GDP增速，相对于经济增长实际需要，货币增长仍处于较高水平。从供应渠道看，除人民币贷款投放较多外，通过债券投资、股权及其他投资派生的货币也较多，分别比年初增加5.67万亿元和7.15万亿元，同比分别多增3580亿元和5837亿元。截至2016年末，M1增速自高位连续5个月有所回落，较7月末的年内高点低4.0个百分点，M1-M2剪刀差进一步缩窄至10.1个百分点。

2016年末，基础货币余额为30.9万亿元，同比增长10.2%，增速比上年末高16.2个百分点，比年初增加2.9万亿元，同比多增4.8万亿元。2016年基础货币增长加快，主要是与央行供给流动性方式变化有关。2015年主要通过降低法定准备金率来供给流动性，降准后法定准备金会转化为超额准备金，由此基础货币的结构将发生变化，但基础货币总量不会增加。2016年则更多通过公开市场逆回购、中期借贷便利以及抵押补充贷款等工具供给流动性，这会直接增加基础货币总量，导致基础货币增长加快。由于基础货币数量与央行操作方式有关，因此近两年虽然基础货币增速变化较大，但银行体系流动性（超额准备金）总体保持在合理适度的水平上。2016年末货币乘数为5.02，比上年末略低0.02。金融机构超额准备金率为2.4%。其中，农村信用社为11.1%。

图1　货币供应量增速走势

数据来源：中国人民银行。

二、金融机构人民币活期存款占比有所上升

2016年末，金融机构本外币各项存款余额为155.5万亿元，同比增长11.3%，增速比上年末低1.1个百分点，比年初增加15.7万亿元，同比多增4348亿元。人民币各项存款余额为150.6万亿元，同比增长11.0%，增速比上年末低1.4个百分点，比年初增加14.9万亿元，同比少增924亿元。外币各项存款余额为7119亿美元，比年初增加845亿美元，同比多增678亿美元。

从人民币存款期限看，存款仍呈活期化态势，2016年住户存款和非金融企业存款增量中活期占比为56.4%，比上年提升2.8个百分点。从人民币存款部门分布看，非金融企业存款同比多增2.0万亿元；非银行业金融机构存款同比少增4.2万亿元，其中证券及交易结算类存款同比少增2.4万亿元，SPV存放同比少增2.1万亿元。

表1　2016年人民币存款结构

单位：亿元

	12月末余额	同比增速	当年新增额	同比多增额
人民币各项存款	1505864	11.0%	148750	-924
住户存款	597751	9.5%	51634	7623
非金融企业存款	502178	16.7%	72491	19688
政府存款	270379	11.8%	27952	8554
非银行业金融机构存款	126860	-0.6%	-783	-41628
境外存款	8695	-22.6%	-2544	4840

数据来源：中国人民银行。

三、金融机构对企业资金支持力度较大

2016年末，金融机构本外币各项贷款余额为112.1万亿元，同比增长12.8%，增速比上年末低0.6个百分点，比年初增加12.7万亿元，同比多增9810亿元。人民币各项贷款余额为106.6万亿元，同比增长13.5%，增速比上年末低0.8个百分点，比年初增加12.65万亿元，同比多增9257亿元。受经济景气有所改善、物价回升使实际贷款利率下降等因素影响，11月份后金融机构信贷投放出现加快势头。外币各项贷款余额为7858亿美元，比年初减少445亿美元，同比少减57亿美元。

从人民币贷款期限看，中长期贷款增量占比进一步提高。中长期贷款比年初增加9.8万亿元，同比多增3.1万亿元，增量占比为77.8%，比上年同期提高20.7个百分点。部分产能过剩行业贷款增速显著放缓。从人民币贷款部门分布看，住户贷款增长较快，主要是个人住房贷款增加较多。个人住房贷款比年初增加4.8万亿元，同比多增2.3万亿元，增速从高位开始放缓，年末为36.7%，比11月末低0.1个百分点，为近20个月以来首次放缓。非金融企业及机关团体贷款数据受特殊因素影响较大。非金融企业及机关团体贷款比年初增加6.1万亿元，同比少增1.3万亿元。实际上金融机构对企业的资金支持比企业贷款数据显示得要

更多。一方面是2016年以来地方政府债务置换较多、不良资产核销处置力度较大，使存量贷款减少，导致企业新增贷款明显低估。另一方面企业债券融资、股票融资等直接融资对企业贷款的替代性进一步增强。年末企业贷款有所回升，12月份新增4982亿元，同比基本持平，较10、11月份分别多增3298亿元和3326亿元。分机构看，中资中小型银行贷款同比多增较多。

表2 2016年人民币贷款结构

单位：亿元

	12月末余额	同比增速	当年新增额	同比多增额
人民币各项贷款	1066040	13.5%	126496	9258
住户贷款	333615	23.5%	63306	24585
非金融企业及机关团体贷款	718521	9.3%	60983	-12795
非银行业金融机构贷款	9532	11.6%	992	-2775
境外贷款	4373	38.7%	1215	243

数据来源：中国人民银行。

表3 2016年分机构新增人民币贷款情况

单位：亿元

	新增额	同比多增
中资大型银行①	51108	-1952
中资中小型银行②	73414	11342
小型农村金融机构③	13895	462
外资金融机构	424	-48

注：①中资大型银行是指本外币资产总量大于等于2万亿元的银行（以2008年末各金融机构本外币资产总额为参考标准）。②中资中小型银行是指本外币资产总量小于2万亿元的银行(以2008年末各金融机构本外币资产总额为参考标准)。③小型农村金融机构包括农村商业银行、农村合作银行、农村信用社。

数据来源：中国人民银行。

四、社会融资规模适度增长

初步统计，2016年末，社会融资规模存量为155.99万亿元，同比增长12.8%，增速比上年高0.3个百分点。2016年社会融资规模增量为17.8万亿元，比上年多2.4万亿元。社会融资规模增量主要有以下特点：一是对实体经济发放的人民币贷款大幅多增，个人住房贷款增加较多。全年对实体经济发放的人民币贷款占同期社会融资规模增量比重为69.9%。二是企业债券融资略有增长，股票融资同比多增。2016年企业债券占同期社会融资规模增量比重为16.8%，比上年低2.2个百分点。非金融企业境内股票融资占同期社会融资规模增量比重为7%，比上年高2个百分点。三是委托贷款和信托贷款明显增加。2016年委托贷款占同期社会融资规模增量比重为12.3%，比上年高1.9个百分点。信托贷款占同期社会融资规模增量比重为4.8%，比上年高4.5个百分点。四是未贴现的银行承兑汇票同比大幅减少。还应注意到的是，若考虑地方政府债券发行及债务置换等因素，全社会融资总量还要更大、增速也会更快。

表4 2016年末社会融资规模存量

单位:万亿元人民币，%

	社会融资规模存量①	其中：人民币贷款	外币贷款（折合人民币）	委托贷款	信托贷款	未贴现银行承兑汇票	企业债券	非金融企业境内股票融资
2016年末②	155.99	105.19	2.63	13.20	6.31	3.90	17.92	5.77
同比增速	12.8	13.4	-12.9	19.8	15.8	-33.4	22.5	27.6

注：①社会融资规模存量是指一定时期末实体经济（非金融企业和住户）从金融体系获得的资金余额。②当期数据为初步统计数。存量数据基于账面值或面值计算。同比增速为可比口径数据，为年增速。

数据来源：中国人民银行、国家发展和改革委员会、中国证券监督管理委员会、中国保险监督管理委员会、中央国债登记结算有限责任公司和中国银行间市场交易商协会等。

表5 2016年社会融资规模增量

单位:亿元

	社会融资规模增量①	其中：人民币贷款	外币贷款（折合人民币）	委托贷款	信托贷款	未贴现银行承兑汇票	企业债券	非金融企业境内股票融资
2016年②	178022	124372	-5640	21854	8593	-19531	29993	12416
同比增减	23959	11679	788	5943	8159	-8964	605	4826

注：①社会融资规模增量是指一定时期内实体经济（国内非金融企业和住户）从金融体系获得的资金额。②当期数据为初步统计数。

数据来源：中国人民银行、国家发展和改革委员会、中国证券监督管理委员会、中国保险监督管理委员会、中央国债登记结算有限责任公司和中国银行间市场交易商协会等。

五、金融机构存贷款利率稳中小幅下行

金融机构一般贷款加权平均利率小幅下行。12月，非金融企业及其他部门贷款加权平均利率为5.27%，与上年12月持平。其中，一般贷款加权平均利率为5.44%，比上年12月下降0.20个百分点；票据融资加权平均利率为3.90%，比上年12月上升0.58个百分点。个人住房贷款利率稳步下行后于四季度趋于平稳，12月加权平均利率为4.52%，比上年12月下降0.18个百分点。

从利率浮动情况看，执行下浮、基准利率的贷款占比上升，执行上浮利率的贷款占比下降。12月，一般贷款中执行下浮利率的贷款占比为28.22%，比上年12月上升6.77个百分点；执行基准利率的贷款占比为19.05%，比上年12月上升0.46个百分点；执行上浮利率的贷款占比为52.73%，比上年12月下降7.23个百分点。

表6　2016年金融机构人民币贷款各利率区间占比

单位：%

月份	下浮	基准	上浮					
			小计	(1，1.1)	(1.1，1.3)	(1.3，1.5)	(1.5，2.0)	2.0以上
1月	19.56	17.16	63.28	15.71	18.44	10.39	11.39	7.35
2月	21.92	16.92	61.16	15.06	17.08	9.55	11.71	7.76
3月	20.82	17.60	61.58	14.54	17.06	10.19	11.92	7.87
4月	21.99	16.27	61.74	13.88	16.73	10.45	12.53	8.15
5月	22.94	15.91	61.15	13.16	17.10	10.67	12.40	7.82
6月	24.06	17.80	58.14	13.57	16.24	10.13	11.40	6.80
7月	21.37	16.11	62.52	12.83	17.52	11.16	13.00	8.01
8月	21.46	15.77	62.77	12.95	17.61	11.07	13.27	7.87
9月	21.43	18.19	60.38	13.77	17.00	10.73	11.72	7.16
10月	22.94	16.89	60.17	13.01	16.17	10.82	12.20	7.98
11月	24.24	17.65	58.11	12.72	15.96	10.02	11.79	7.61
12月	28.22	19.05	52.73	13.04	14.93	8.44	10.02	6.29

数据来源：中国人民银行。

受国际金融市场利率波动、境内外币资金供求变化等因素影响，外币存贷款利率总体小幅上升。12月，活期、3个月以内大额美元存款加权平均利率分别为0.14%和0.88%，分别比上年12月下降0.02个和上升0.32个百分点；3个月以内、3（含）~6个月美元贷款加权平均利率分别为1.89%和2.26%，分别比上年12月上升0.24个和0.46个百分点。

表7　2016年大额美元存款与美元贷款平均利率

单位：%

月份	大额存款						贷　款				
	活期	3个月以内	3（含3个月）—6个月	6（含6个月）—12个月	1年	1年以上	3个月以内	3（含3个月）—6个月	6（含6个月）—12个月	1年	1年以上
1月	0.24	0.65	1.20	1.37	1.64	1.55	1.50	2.15	1.94	2.07	3.30
2月	0.22	0.62	1.11	1.25	1.44	1.40	1.47	1.99	1.84	1.99	4.14
3月	0.20	0.68	1.13	1.27	1.50	1.60	1.48	1.85	3.08	2.28	3.32
4月	0.23	0.81	0.96	1.39	1.52	1.53	1.48	2.02	1.81	1.97	3.50
5月	0.24	0.76	1.12	1.31	1.59	1.38	1.52	1.94	1.85	1.86	3.11
6月	0.18	0.67	1.23	1.51	1.62	1.41	1.62	1.84	1.76	2.29	3.45
7月	0.21	0.76	1.13	1.46	1.67	1.61	1.62	2.07	1.89	2.04	2.87
8月	0.21	0.79	1.24	1.63	1.76	1.79	1.74	2.23	2.02	2.14	3.26
9月	0.18	0.69	1.36	1.60	1.76	1.81	1.78	2.11	1.83	2.03	3.41
10月	0.18	0.74	1.11	1.51	1.66	1.73	1.72	2.26	1.93	2.16	3.31
11月	0.17	0.76	1.25	1.51	1.76	1.91	1.75	2.24	2.31	2.40	3.63
12月	0.14	0.88	1.50	1.80	1.79	1.95	1.89	2.26	2.61	2.46	3.69

数据来源：中国人民银行。

六、人民币汇率双向浮动弹性明显增强

2016年，美元整体走强，主要货币对美元多数贬值，人民币对美元汇率也有所贬值。2016年2月，人民银行明确了“收盘价+一篮子货币汇率变化”的人民币兑美元汇率中间价报价机制，增强了汇率形成机制的规则性、透明度和市场化水平，人民币对美元双边汇率弹性进一步增强，双向浮动的特征更加显著，汇率预期总体平稳。2016年末，CFETS人民币汇率指数为94.83，全年下行6.05%。参考BIS货币篮子和SDR货币篮子的人民币汇率指数分别为96.24和95.50，全年分别下行5.38%和3.38%。根据国际清算银行的计算，2016年，人民币名义有效汇率贬值5.85%，实际有效汇率贬值5.69%；2005年7月人民币汇率形成机制改革以来至2016年12月，人民币名义有效汇率升值37.34%，实际有效汇率升值47.14%。2016年末，人民币对美元汇率中间价为6.9370元，比2015年末贬值4434个基点，贬值幅度为6.39%。2005年人民币汇率形成机制改革以来至2016年末，人民币对美元汇率累计升值19.31%。

七、跨境人民币收付金额同比下降

2016年，跨境人民币收付金额合计9.85万亿元，同比下降18.6%，其中实收3.79万亿元，实付6.06万

亿元，净流出2.27万亿元，收付比为1:1.6。经常项目下跨境人民币收付金额合计5.23万亿元，同比下降27.7%；其中，货物贸易收付金额4.12万亿元，服务贸易及其他经常项下收付金额1.11万亿元；资本项目下人民币收付金额合计4.62万亿元，同比下降5.1%。

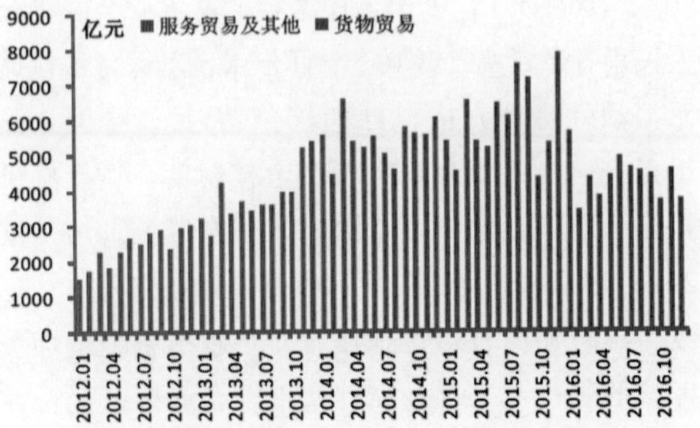

图2　经常项目人民币收付金额按月情况

数据来源：中国人民银行。

第二部分 货币政策操作

2016年以来，内外部经济金融形势错综复杂，中国经济运行出现积极变化但基础并不牢固，部分城市房地产价格大幅上涨，通胀预期有所上升。根据党中央、国务院的统一部署，中国人民银行主动适应经济发展新常态，坚持稳中求进的总基调，继续实施稳健的货币政策，根据形势发展变化，保持政策灵活适度，注重稳定市场预期，为供给侧结构性改革营造了适宜的货币金融环境。

一、灵活开展公开市场操作

2016年，受美联储加息、外汇占款下降等多种因素影响，我国银行体系流动性供求波动有所加大，同时部分市场机构加杠杆、地方政府债集中发行、金融业“营改增”、交易所可转（交）换债券发行冻结资金等也加剧了流动性供求变化的不确定性。结合流动性供求的长期性变化和季节性特点，中国人民银行以7天期逆回购为主搭配其他品种和工具灵活开展操作，同时进一步完善公开市场操作机制，丰富逆回购期限品种，“削峰填谷”熨平内外多种因素对流动性的扰动，推动完善金融业“营改增”相关政策，促进了银行体系流动性基本稳定和货币市场利率总体平稳运行。

年初，为进一步提高央行流动性管理的精细化程度和操作主动性，中国人民银行建立了公开市场每日操作机制，将操作频率由每周两次提高到每日一次。8月下旬和9月中旬，综合考虑经济运行、流动性形势以及市场“以短搏长”现象较为普遍等情况，中国人民银行在公开市场操作中先后增加了14天期和28天期逆回购品种，适当延长央行资金投放期限，引导金融机构提高负债稳定性，并通过公开市场业务一级交易商传导优化货币市场交易期限结构，对于防范资产负债期限错配和流动性风险发挥了积极作用。

2016年，公开市场逆回购中标利率基本保持稳定。2017年2月3日，由央行招标、公开市场业务一级交易商参与投标的7天期、14天期和28天期逆回购中标利率均上行10个基点分别至2.35%、2.50%和2.65%。此次中标利率上行是市场化招投标的结果，反映了2016年9月份以来货币市场利率中枢上行的走势，是在资金供求影响下随行就市的表现。为实现货币政策目标，公开市场操作也有相应的量、价目标，目标的调整和侧重点的变化服务于宏观调控的需要，这也意味着公开市场操作的招标规模和中标利率都是可变的。市场已经适应了公开市场操作招标规模的变化，也在逐步适应中标利率的变化，这无疑有利于未来更好地发挥市场供求的决定性作用。

2016年，公开市场累计开展逆回购操作24.8万亿元，其中7天期操作17.9万亿元，14天期操作3.9万亿元，28天期操作3万亿元；开展SLO操作累计投放流动性2050亿元。年末公开市场逆回购操作余额为13150亿元，SLO余额为0。

二、开展常备借贷便利和中期借贷便利操作

增加常备借贷便利期限品种，保持常备借贷便利利率稳定。2016年初，中国人民银行增加常备借贷便利1个月期限品种，满足金融机构春节期间流动性需求，要求分支机构对地方法人金融机构按需提供流动性，促进货币市场平稳运行。探索常备借贷便利利率发挥利率走廊上限的作用，保持常备借贷便利利率稳定，对符合宏观审慎要求的地方法人金融机构，隔夜、7天、1个月的利率分别为2.75%、3.25%、3.60%。在春节期间和月末、季末等货币市场利率易发生波动的时点，及时运用常备借贷便利满足中小金融机构临时性流动性需求。2016年中国人民银行累计开展常备借贷便利操作7122亿元，其中第四季度开展常备借贷便利操作1649亿元，期末常备借贷便利余额为1290亿元。2017年2月3日，为加强银行体系流动性管理，引导货币市场平稳运行，中国人民银行将隔夜、7天、1个月常备借贷便利利率调整为3.10%、3.35%、3.70%。

开展中期借贷便利常态化操作并丰富期限品种。建立中期流动性常态化操作机制，每月适时开展中期借贷便利操作，稳定市场预期。2016年，累计开展中期借贷便利操作55235亿元，期末余额为34573亿元，比年初增加27915亿元。中期借贷便利及时填补中期流动性缺口，成为央行基础货币供给的重要渠道。为满足金融机构不同期限的流动性需求，丰富中期借贷便利的期限品种，操作期限由6个月扩展为3个月、6个月、1年期。同时，根据货币政策调控需要，2016年初两次下调中期借贷便利利率，发挥中期政策利率作用，引导金融机构降低贷款利率和社会融资成本。2017年1月末，适度上调中期借贷便利利率，6个月、1年期利率分别为2.95%、3.10%。

2017年1月，为保障春节前由现金投放形成的集中性需求，促进银行体系流动性和货币市场平稳运行，中国人民银行通过临时流动性便利（TLF）操作为现金投放量较大的几家大型商业银行提供了临时流动性支持，通过市场化机制更有效地满足了临时性流动性需求。

三、运用存款准备金率工具，完善存款准备金制度

2016年3月，中国人民银行普遍下调金融机构人民币存款准备金率0.5个百分点，以保持银行体系流动性合理充裕。自2016年7月起，中国人民银行进一步改革存款准备金考核制度，对金融机构存款准备金的交存基数实施平均考核。这是继2015年9月将金融机构存款准备金考核由每日达标改为维持期内日均达标后，对存款准备金平均法考核的进一步完善，由此实现了存款准备金交存基数计算和维持期考核的“双平均”。实施“双平均”考核存款准备金，有助于提高金融机构流动性管理的灵活性，增强货币市场运行的稳健性，也有利于改善货币政策传导机制，为货币政策调控框架转型创造条件。

四、进一步完善宏观审慎政策框架

将差别准备金动态调整机制“升级”为宏观审慎评估（MPA）。MPA从资本和杠杆情况、资产负债情况、流动性情况、定价行为、资产质量情况、跨境业务风险情况、信贷政策执行情况七大方面对金融机构的行为进行多维度引导。从2016年宏观审慎评估情况看，货币信贷基本保持平稳增长态势，银行业金融机构总体上经营稳健，以资本约束为核心的稳健经营理念更加深入人心，自我约束和自律管理的能力及意识有所提高，市场利率定价秩序等得到有效维护，符合加强宏观审慎管理的预期。中国人民银行正在不断完善宏观审慎评估工作，研究将更多资产类型纳入评估框架，进一步加强与金融机构的沟通，引导其加强自律管理，保持审慎经营。2017年第一季度评估时开始正式将表外理财纳

入广义信贷范围，以合理引导金融机构加强对表外业务风险的管理。

专栏1　将表外理财纳入宏观审慎评估

2016年起中国人民银行将差别准备金动态调整机制“升级”为宏观审慎评估（MPA）。MPA已成为“货币政策+宏观审慎政策”双支柱的金融调控政策框架的重要组成部分。与差别准备金动态调整机制相比，MPA将对狭义贷款的关注拓展为对广义信贷的关注。在2016年的MPA评估中，银行广义信贷的范围包括贷款、债券投资、股权及其他投资、买入返售资产以及存放非存款类金融机构款项等资金运用类别（不含存款类金融机构之间的买入返售）。银行表内资金运用绝大部分已经纳入广义信贷范围。

从宏观审慎政策的理论发展和国际实践看，随着金融创新和金融市场发展，影子银行体系扩张往往快于传统信贷增长，在中国主要表现为表外业务的快速增长，其顺周期加杠杆、跨市场传播风险、羊群效应等现象也较为突出。将更广泛的金融资产、金融机构、金融市场纳入宏观审慎管理，防范系统性风险是大势所趋。近年来，我国银行表外理财业务增长较快。根据中国人民银行统计，2016年末银行业表外理财资产超过26万亿元，同比增长超过30%，比同期贷款增速高约20个百分点，但对表外理财业务的风险还缺乏有效识别与控制。一是表外理财底层资产的投向与表内广义信贷无太大差异，主要包括类信贷、债券等资产，同样发挥着信用扩张作用，若增长过快也会积累宏观风险，不符合“去杠杆”的要求。二是目前表外理财业务虽名为“表外”，但交易的法律关系还不够明确，业务界定尚不够清晰，一定程度上存在刚性兑付，出现风险时银行往往表内解决，未真正实现风险隔离，存在监管套利等问题。因此，将表外理财纳入广义信贷范围有利于更全面地反映银行体系信用扩张状况，更全面地对银行体系实施宏观审慎管理。

基于上述考虑，自2016年三季度起，中国人民银行开始就表外理财纳入MPA广义信贷指标开展模拟测算，并加强与市场和金融机构的沟通及预期引导，相关工作进展总体顺利，市场对此已有充分预期，实施条件已经具备。中国人民银行将于2017年一季度MPA评估时正式将表外理财纳入广义信贷范围，以合理引导金融机构加强对表外业务风险的管理。在具体操作上，将表外理财资产在扣除现金和存款之后纳入广义信贷范围，纳入后仍主要对新的广义信贷余额同比增速进行考核和评估。将表外理财纳入广义信贷之后，部分机构的广义信贷同比增速将会提高，与之对应的宏观审慎要求也会相应提高，由此引导金融机构稳健经营。需要指出的是，表外理财本质上属资产管理业务，应具有“受人之托、代客理财、投资者风险自担”的属性。要从根本上解决真实资本计量、风险隔离、刚性兑付、监管套利等问题，还需进一步理顺资产管理业务的法律关系和监管安排。

完善跨境资本流动宏观审慎框架。一是将全口径跨境融资宏观审慎管理政策推广至全国，并逐步完善。自2016年5月3日起，对金融机构和企业，中国人民银行和国家外汇管理局不再实行外债事前审批，而是由金融机构和企业在与其资本或净资产挂钩的跨境融资上限内，自主开展本外币跨境融资，充分体现了“简政放权”的改革理念和国务院“放管服”的总体要求。之后，中国人民银行对实施情况进行了全面评估，于2017年初进一步完善了政策框架，适当扩大了企业和金融机构的跨境融资空间，有利于境内机构充分利用境外低成本资金，支持实体经济发展。二是根据宏观调控需要和宏观审慎评估的结果设置并调节相关参数，对金融机构和企业的跨境融资进行逆周期调节，使跨境融资水平与宏观经济热度、整体偿债能力和国际收支状况相适应，控制杠杆率和货币错配风险，有效防范系统性金融风险。三是自2016年1月起，对境外金融机构在境内金融机构存放执行正常存款准备金率，以防范宏观金融风险，促进金融机构稳健经营。

坚持“房子是用来住的、不是用来炒的”的定位，按照“因城施策”的原则对房地产市场实施调控，强化住房金融宏观审慎管理，指导分支行配合地方政府开展房地产调控，在引导个人住房贷款合理增长的同时，支持合理自住购房，严格限制信贷流向投资投机性购房。

五、支持金融机构扩大对国民经济重点领域和薄弱环节信贷投放

一是根据宏观调控形势合理增加支农、支小再贷款额度，增大运用信贷政策支持再贷款资金发放贷款利率的加点幅度弹性；适当扩大支小再贷款对象，将民营银行纳入支小再贷款发放对象范围。2016年末，全国支农、支小再贷款余额分别为2089亿元、537亿元，再贴现余额1165亿元。

二是完善抵押补充贷款制度建设，扩大抵押补充贷款适用范围。明确抵押补充贷款管理办法和监测评估操作规程，要求国家开发银行、中国农业发展银行和中国进出口银行按照“特定用途，专款专用，保本微利，确保安全”的原则发放抵押补充贷款。经国务院批准，从2016年2月起，将抵押补充贷款的适用范围扩大至国家开发银行用于发放地下管廊贷款。根据三家银行上述贷款的发放进度。2016年，中国人民银行向三家银行提供抵押补充贷款共9714亿元，期末抵押补充贷款余额为20526亿元。

三是创设扶贫再贷款，为脱贫攻坚提供有力金融支持。为贯彻落实党中央、国务院关于脱贫攻坚的重要战略部署，2016年3月中国人民银行正式开办扶贫再贷款业务，优先和主要支持带动贫困人口就业发展的企业和建档立卡贫困户，积极推动贫困地区发展特色产业和贫困人口创业就业，促进贫困人口脱贫致富。2016年末，全国扶贫再贷款余额为1127亿元。

四是稳步推进信贷资产质押和央行内部评级试点。建立信贷资产央行内部评级操作规程，进一步完善试点各项制度。试点地区中国人民银行分支机构对辖内地方法人金融机构符合条件的贷款企业开展央行内部评级,将评级符合标准的信贷资产纳入中国人民银行发放再贷款可接受的合格抵押品范围，2016年以信贷资产质押方式向地方法人金融机构累计发放信贷政策支持再贷款共207亿元。

六、充分发挥窗口指导和信贷政策的结构引导作用

中国人民银行加强窗口指导和信贷政策的信号和结构引导作用，探索货币政策在支持经济结构调整和转型升级方面发挥积极作用，引导金融机构围绕去产能、去库存、去杠杆、降成本、补短板五大任务，更好地用好增量、盘活存量，合理使用央行提供的资金支持，探索创新组织架构、抵押品、产品和服务模式，将更多信贷资金配置到重点领域和薄弱环节，支持稳增长、调结构、惠民生。一是鼓励和引导银行业金融机构全面支持制造强国建设，继续做好产业结构战略性调整、基础设施建设和棚改、地下管廊、船舶、铁路、流通、能源等重点领域改革发展的金融服务，以扩大服务消费为重点带动产业转型，引导金融机构创新组织、产品和服务方式，加大养老、健康等新消费重点领域支持力度。二是扎实做好涉农和小微企业金融服务，慎重稳妥推进“两权”抵押贷款试点，鼓励中小企业通过发行非金融企业债务融资工具募集资金，支持符合条件的金融机构发行金融债券专项用于小微企业贷款。三是督促银行业金融机构落实好金融支持钢铁、煤炭等行业化解过剩产能的各项政策，建立完善绿色金融政策体系，大力发展绿色金融。四

是做好京津冀协同发展、长江经济带发展、一带一路、西部大开发等国家战略的金融支持工作，不断提升促进区域协调发展金融服务水平。五是继续完善扶贫、就业、助学、少数民族、农民工、大学生村官、防汛抗洪抢险救灾等民生金融服务。促进金融支持“双创”，积极推动科技金融结合试点。深入推进金融精准扶贫，加强易地扶贫搬迁信贷资金筹集、投放和管理工作，完善金融精准扶贫信息系统，改进金融精准扶贫政策效果评估制度，着力支持贫困地区经济社会持续健康发展和贫困人口脱贫致富。此外，进一步完善信贷政策导向效果评估工作机制，进一步推进信贷资产证券化，以改革创新盘活存量资金，引导金融机构将盘活的信贷资源重点支持棚改、水利、中西部铁路等领域建设。

七、深入推进利率市场化改革

加快建设市场化利率形成和调控机制。一是继续培育金融市场基准利率体系。着力培育以上海银行间同业拆借利率（Shibor）、国债收益率曲线和贷款基础利率（LPR）等为代表的金融市场基准利率体系，为金融产品定价提供重要参考。扎实推进Shibor、LPR应用，促进其使用范围逐步扩大。自2016年6月15日起，通过中国人民银行网站发布中国国债收益率曲线，推动市场主体提高对国债收益率曲线的关注和使用程度，进一步夯实国债收益率曲线的基准性。二是不断健全市场利率定价自律机制。进一步拓宽自律机制成员范围，目前自律机制成员已扩大至1556家，包括12家核心成员、873家基础成员和671家观察成员。同时，进一步完善省级自律机制。三是有序推进金融产品创新。逐步扩大存单发行主体范围，推进同业存单、大额存单发行交易。2016年6月6日进一步将个人投资人认购大额存单的起点金额由30万元调整至20万元。四是完善中央银行利率调控体系，积极疏通利率传导渠道，增强央行引导和调节市场利率的有效性。

总体看，利率市场化改革加快推进并取得重要进展。金融机构的自主定价和风险管理能力有所提升，金融市场基准利率体系逐步完善，中央银行利率调控能力显著增强，市场化利率形成和调控机制不断健全。同时，随着利率市场化的深入推进，市场在资源配置中的决定性作用得到进一步发挥，对缓解实体经济“融资难、融资贵”问题，促进经济结构调整和转型升级也发挥了积极作用。

八、进一步完善人民币汇率市场化形成机制

继续按主动性、可控性和渐进性原则，进一步完善人民币汇率市场化形成机制，保持人民币汇率在合理均衡水平上的基本稳定。2016年2月份，中国人民银行明确了“收盘汇率+一篮子货币汇率变化”的人民币兑美元汇率中间价形成机制。这一机制比较好地兼顾了市场供求指向、保持对一篮子货币基本稳定和稳定市场预期三者之间的关系，增强了汇率形成机制的规则性、透明度和市场化水平，人民币对美元双边汇率弹性进一步增强，双向浮动的特征更加显著，汇率预期总体平稳。

2016年，人民币对美元汇率中间价最高为6.4565元，最低为6.9508元，244个交易日中114个交易日升值、130个交易日贬值，最大单日升值幅度为0.57%（365点），最大单日贬值幅度为0.90%（599点）。

人民币对欧元、日元等其他国际主要货币汇率有升有贬。2016年末，人民币对欧元、日元汇率中间价分别为1欧元兑7.3068元人民币、100日元兑5.9591元人民币，分别较2015年末贬值2.90%和贬值9.59%。2005年人民币汇率形成机制改革以来至2016年末，人民币对欧元汇率累计升值37.05%，对日元汇率累计升值22.60%。

为促进双边贸易和投资，中国人民银行继续采取措施推动人民币直接交易市场发展，2016年，在银行间外汇市场推出人民币对韩元、南非兰特、阿联酋迪拉姆、沙特利亚尔、加拿大元、匈牙利福林、波兰兹罗提、丹麦克朗、瑞典克朗、挪威克朗、土耳其里拉和墨西哥比索直接交易。银行间外汇市场人民币直接交易成交活跃，流动性明显提

升，降低了微观经济主体的汇兑成本。

表8　2016年银行间外汇即期市场人民币对各币种交易量

单位：亿元人民币

币种	美元	欧元	日元	港币	英镑	澳大利亚元	新西兰元	新加坡元	瑞士法郎	加拿大元	林吉特	卢布
交易量	382615	4598	3275	1493	490	793	137	1088	180	252	34	118
币种	南非兰特	韩元	阿联酋迪拉姆	沙特利亚尔	匈牙利福林	波兰兹罗提	丹麦克朗	瑞典克朗	挪威克朗	土耳其里拉	墨西哥比索	泰铢
交易量	9	313	0.57	0.47	0.02	0.02	0.47	0.85	0.23	0.04	0.02	1.58

数据来源：中国外汇交易中心。

2016年末，在中国人民银行与境外货币当局签署的双边本币互换协议下，境外货币当局动用人民币余额为221.49亿元，中国人民银行动用外币余额折合11.18亿美元，对促进双边贸易投资发挥了积极作用。

九、深入推进金融机构改革

开发性、政策性金融机构改革加快推进。2016年11月24日、11月30日，国务院批准同意《国家开发银行章程》和《中国农业发展银行章程》、《中国进出口银行章程》。三家银行章程对其各自的功能定位、经营范围和业务、资金来源、治理结构、风险管控等方面作出了明确规定。12月26日，中国人民银行分别印发通知，要求三家银行遵照实行三家银行章程，建立促进三家银行可持续发展的体制机制安排，确保有效履行职责，充分发挥开发性、政策性金融作用。

推动邮储银行H股发行上市和东方、长城资产管理公司转型发展。2016年9月28日，邮储银行H股成功挂牌上市，股份制改革取得重要进展。8月30日、11月25日，东方、长城资产管理股份有限公司创立大会暨第一次股东大会顺利召开；10月16日、12月11日，东方、长城资产管理股份有限公司成立大会顺利召开，东方、长城资产管理公司转型发展取得阶段性成果。

着力完善存款保险制度功能。《存款保险条例》实施各项工作稳步推进。金融机构存款平稳增长，大、中、小银行存款格局保持稳定。金融机构50万元限额内的客户覆盖率为99.6%，保持稳定。在保持费率水平总体稳定的基础上，初步实施基于风险的差别费率，对投保机构的风险约束和正向激励作用正在逐步显现。积极开展存款保险宣传和业务培训，扎实、规范做好保费归集和基金管理工作。

农村信用社改革取得重要成果，农村信用社可持续发展能力显著增强，农村金融服务水平明显提升，产权制度改革稳步推进。按贷款五级分类口径统计，2016年末，全国农村信用社不良贷款比例为3.8%，比上年末下降0.5个百分点；资本充足率为12.1%，比上年末提高0.5个百分点；2016年实现利润2341亿元。各项存贷款余额分别为21.4万亿元和13.4万亿元，占同期全部金融机构各项存贷款余额的比例分别为14.2%和12.6%，各项贷款比例比上年末提高0.5个百分点。全国农村信用社涉农贷款余额和农户贷款余额分别为8.2万亿元和4.0万亿元，比上年末分别增长5.5%和7.4%。截至2016年末，全国共组建以县（市）为单位的统一法人农村信用社1054家，农村商业银行1114家，农村合作银行40家。

十、进一步深化外汇管理体制改革

持续推进外汇管理“放管服”改革。一是推进行政审批改革和法规清理。取消1项行政审批，宣布废止失效70余件外汇管理规范性文件，提高外汇管理公共服务质量和效率。二是跨境电子商务综合试验区范围扩大到天津等12个城市后，做好跨境电子商务综合试验区的配套措施。三是促进货物贸易便利化。允许A类企业贸易外汇收入直接进入经常项目外汇账户。允许银行为符合条件的企业进行电子单证审核，促进货物贸易外汇收支便利化。此外，继续实施合格境外机构投资者外汇管理改革。进一步提高对RQFII和QFII外汇管理的一致性，推动境内资本市场开放。

在现有政策框架下强化外汇管理和执行。一是加强对外直接投资真实性审核。发展改革委、商务部、人民银行、外汇局四部委进一步规范市场秩序，按有关规定对一些企业对外投资项目进行核实，促进我国对外投资持续健康发展。二是严厉打击外汇违规违法行为，2016年共查处违规案件近2000起，破获“地下钱庄”等非法买卖外汇案件80余起。三是创新事中事后管理方式。搭建外汇业务银行自律平台，组织14家核心成员银行签署《银行外汇业务展业公约》，完成全国外汇市场自律机制省级层面建设，完善外汇管理政策传导机制。四是加强跨部门联合监管。国家税务总局与国家外汇管理局签署《关于推进信息共享实施联合监管合作备忘录》，加强出口退税、跨境税源、外汇收付管理等方面的监管合作。

第三部分 金融市场运行

2016年，金融市场总体健康平稳运行。货币市场交易活跃，市场利率有所上行；债券发行规模较快增长，债券收益率曲线有所上移；股票市场成交量同比下降，筹资额上升；保险业资产、外汇和黄金交易保持较快增长。

一、金融市场运行概况

（一）货币市场交易活跃，市场利率有所上升

银行间回购、拆借交易量较快增长。2016年，银行间市场债券回购累计成交601.3万亿元，日均成交2.4万亿元，日均成交同比增长30.3%，增速比上年低74.5个百分点；同业拆借累计成交95.9万亿元，日均成交3821亿元，日均成交同比增长48.2%，增速比上年低23个百分点。从期限结构看，市场交易更趋集中于隔夜品种，全年回购和拆借隔夜品种的成交量分别占各自总量的85.2%和87.6%，占比较上年分别上升0.1个和3.5个百分点。交易所债券回购累计成交233.6万亿元，同比增长82.2%。

中资大型银行是货币市场主要资金融出方，证券业机构和其他金融机构及产品净融入资金较快增长，中资中小型银行、外资银行和保险业机构资金需求大幅下降。2016年，中资大型银行回购和拆借净融出资金219.1万亿元，同比增长5.8%；证券业机构全年净融入66.6万亿元，同比增长41.2%；其他金融机构及产品净融入111万亿元，同比增长40.7%；保险业机构自第三季度以来由资金融入方转为资金供给方；中资小型银行融入量同比明显减少，全年净融入37.6万亿元，同比下降36.9%。

表9 2016年金融机构回购、同业拆借资金净融出、净融入情况

单位：亿元

	回购市场		同业拆借	
	2016年	2015年	2016年	2015年
中资大型银行①	−1953274	−1885635	−237311	−183955
中资中小型银行②	356213	619911	19786	−23790
证券业机构③	490116	364808	175790	106682
保险业机构④	−31443	79014	97	58
外资银行	70702	104578	−270	29785
其他金融机构及产品⑤	1067686	717324	41909	71221

注：①中资大型银行包括工商银行、农业银行、中国银行、建设银行、国家开发银行、交通银行、邮政储蓄银行。②中资中小型银行包括招商银行等17家中型银行、小型城市商业银行、农村商业银行、农村合作银行、村镇银行。③证券业机构包括证券公司和基金公司。④保险业机构包括保险公司和企业年金。⑤其他金融机构及产品包括城市信用社、农村信用社、财务公司、信托投资公司、金融租赁公司、资产管理公司、社保基金、基金、理财产品、信托计划、其他投资产品等，其中部分金融机构和产品未参与同业拆借市场。⑥负号表示净融出，正号表示净融入。

数据来源：中国外汇交易中心。

2016年1—8月份货币市场利率水平总体平稳，9月份以来有所上升。12月份同业拆借月加权平均利率为2.44%，比9月份高19个基点；质押式回购月加权平均利率为2.56%，比9月份高28个基点。Shibor总体有所上行。截至2016年末，隔夜和1周Shibor分别为2.23%和2.54%，分别较上年末上升24个和19个基点；3个月和1年期Shibor分别为3.27%和3.37%，分别较上年末上升19个和2个基点。

利率互换交易增长较快。2016年，人民币利率互换市场达成交易87849笔，同比增长35.5%；名义本金总额9.92万亿元，同比增长19.9%。从期限结构

来看，1年及1年期以下交易最为活跃，名义本金总额达7.87万亿元，占总量的79.3%。从参考利率来看，人民币利率互换交易的浮动端参考利率主要包括7天回购定盘利率和Shibor，与之挂钩的利率互换交易名义本金占比为85.9%和13.9%。

表10　2016年利率衍生产品交易情况

	利率互换		标准利率衍生品		标准债券远期	
	交易笔数（笔）	名义本金额（亿元）	交易笔数（笔）	名义本金额（亿元）	交易笔数（笔）	交易量（亿元）
2016年	87849	99184.2	8	8	8	1
2015年	64832	82689.9	994	5014	59	17.2

数据来源：中国外汇交易中心。

同业存单发行交易量明显增加，大额存单业务进一步发展。2016年银行间市场陆续发行同业存单17643只，发行总量为13.04万亿元，二级市场交易总量为70.12万亿元，同业存单发行交易全部参照Shibor定价。同业存单发行利率与中长端Shibor的相关性进一步提高。2016年全年，3个月期同业存单发行加权平均利率为3.06%，比3个月Shibor高15个基点。金融机构陆续发行大额存单16896期，发行总量为5.3万亿元，同比增加3万亿元。同时，中国人民银行正在积极推进大额存单二级市场转让交易。大额存单发行交易的有序推进，进一步扩大了金融机构负债产品市场化定价范围，有利于培养金融机构的自主定价能力，健全市场化利率形成和传导机制。

（二）债券现券交易活跃，债券收益率曲线有所上移

债券现券成交大幅增长。2016年，银行间债券市场现券交易127.1万亿元，日均成交5063亿元，日均成交同比增长45.4%。从交易主体看，中资中小型银行和证券业机构是主要的卖出方，全年净卖出现券4.5万亿元；其他金融机构及产品是主要的买入方，净买入现券4.1万亿元。从交易品种看，全年银行间债券市场政府债券现券交易累计成交14.6万亿元，占银行间市场现券交易的11.5%；金融债券和公司信用类债券现券交易分别累计成交77.6万亿元和34.5万亿元，占比分别为61.1%和27.2%。交易所债券现券成交5.3万亿元，同比增长54.7%。

银行间债券市场指数下降。2016年，中债综合净价指数由年初的104.68点下降至年末的102.22点，降幅为2.35%；中债综合全价指数由年初的119.17点下降至年末的117.35点，降幅为1.53%。交易所上证国债指数由年初的154.66点上升至年末的159.79点，升幅为3.31%。

债券市场收益率波动较大，国债收益率曲线上移。2016年末，国债1年、3年、5年、7年和10年期收益率较年初分别上升30个、22个、11个、12个和14个基点，10年期与1年期国债期限利差为36个基点，较年初收窄16个基点。全年债券市场走势先强后弱。年初到4月初，收益率总体维持震荡调整格局；4月初至6月初，收益率有所上行；6月中至10月中旬，收益率稳步下行，中长期债券收益率下行尤为显著；10月下旬之后，债券市场出现一定调整，国债收益率曲线上移。

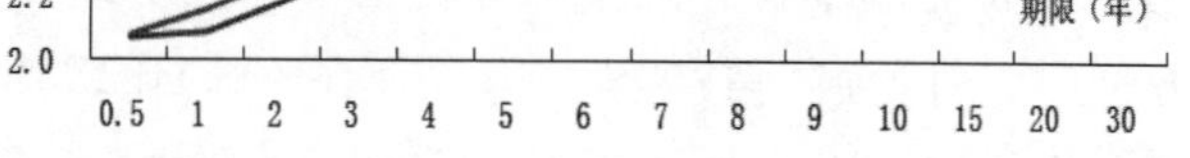

图3　银行间市场国债收益率曲线变化情况

数据来源：中央国债登记结算有限责任公司。

债券发行规模增长较快，第四季度有所放缓。全年累计发行各类债券35.6万亿元，同比增长55.5%，主要是地方政府债券、公司债和同业存单发行快速增长。2016年末国内各类债券余额为63.8万亿元，同比增长30.8%。

表11　2016年各类债券发行情况

债券品种	发行额（亿元）	较上年同期增减（亿元）
中央政府债券	30658	9600
地方政府债券	60428	22077
中央银行票据	0	0
金融债券[①]	182152	80057
其中：国家开发银行及政策性金融债	33571	7520
同业存单	129731	76707
公司信用类债券[②]	82242	15037
其中：非金融企业债务融资工具	51358	-2968
企业债券	7326	2295
公司债	23372	15664
国际机构债券	412	297
合计	355892	127069

注：①金融债券包括国开行金融债、政策性金融债、商业银行普通债、商业银行次级债、商业银行资本混合债、证券公司债券、同业存单等。②公司信用类债券包括非金融企业债务融资工具、企业债券以及公司债、可转债、可分离债、中小企业私募债等。

数据来源：中国人民银行、国家发展和改革委员会、中国证券监督管理委员会、中央国债登记结算有限责任公司。

各类债券发行利率总体有所上升。12月份发行的10年期国债发行利率为2.7%，比上年同期发行的同期限国债利率低29个基点；国开行发行的10年期金融债利率为3.74%，比上年11月发行的同期限金融债利率高27个基点；主体评级AAA的企业发行的一年期短期融资券（债券评级A－1）平均利率为4.27%，比上年同期高49个基点；5年期中期票据平均发行利率为4.53%，比上年同期高5个基点。Shibor对债券产品定价继续发挥重要的基准作用。2016年全年，发行以Shibor为基准定价的浮动利率债券（不包括同业存单）13只，总量为550亿元；发行固定利率企业债498只，总量为5925.7亿元，全部参照Shibor定价；发行参照Shibor定价的固定利率短期融资券4927.75亿元，占固定利率短期融资券发行总量的81.26%。

债券市场产品创新和机制创新不断推进。一是推出特别提款权（SDR）债券。2016年，世界银行和渣打银行先后在银行间债券市场成功发行总计6亿SDR债券，对于扩大SDR使用、促进人民币国际化和我国金融市场对外开放具有重要意义，也有利于增强国际货币体系的稳定性和韧性。二是推出扶贫社会效应债券。在银行间债券市场推出扶贫社会效应债券，规模5亿元，发债募集资金专项用于山东沂南县扶贫工程。扶贫社会效应债券的推出，是金融供给侧助推脱贫攻坚所做的创新和探索，为缓解脱贫攻坚资金供需时间不匹配矛盾、统筹和加快推进精准扶贫工作、提高扶贫服务效率和效益提供了可行的金融解决方案。

专栏2　债券市场对外开放稳步推进

近年来，我国债券市场对外开放稳步推进，在“走出去”和“引进来”方面取得了显著进展。人民币正式加入SDR，我国债券市场纳入国际主要债券指数取得进展，境外机构、特别是央行类机构对人民币资产的配置需求进一步增加。为积极应对新形势，人民银行采取一系列有效措施，进一步扩大债券市场的对外开放，以更好满足境外机构投资者对人民币资产的需求，稳步扩大人民币的国际使用，促进跨境资本流动双向平衡。

“走出去”方面：积极推动境内金融机构赴境外发行人民币债券。为统筹利用两个市场、两种资源，落实“一带一路”战略，2007年人民银行与发改委共同发布了《境内金融机构赴香港特别行政区发行人民币债券暂行管理办法》，允许符合条件的境内金融机构赴港发行人民币债券。迄今，已有十余家境内金融机构法人赴港发行人民币债券。2013年以来，中国工商银行、国家开发银行、中国建设银行又先后赴伦敦试点发行人民币债券65亿元，中国银行、中国农业银行等也先后在境外发行了外币二级资本债券、绿色债券。此外，2009年至2016年财政部在香港和伦敦发行人民币国债共计1670亿元。

“引进来”方面：一是稳步推进境外机构在银行间债券市场发行债券。2005年，人民银行与财政部等部门共同发布了《国际开发机构人民币债券发行管理暂行办法》，允许国际开发机构在境内发行人民币债券，国际金融公司和亚洲开发银行率先在银行间债券市场发行40亿元人民币债券。2013年，境外非金融企业在境内债券市场筹集人民币资金的渠道建立，境外非金融企业在银行间市场交易商协会注册后即可在银行间市场发行熊猫债。2015年9月，香港上海汇丰银行有限公司和中国银行（香港）有限公司，作为国际性商业银行首次获准在银行间债券市场发行人民币债券，成为继国际开发机构和境外非金融企业之后银行间债券市场的又一类发行主体。此后，加拿大不列颠哥伦比亚省、韩国、波兰政府等也获准在银行间债券市场发行人民币债券。截至2016年末，我国债券市场境外发债主体已包括境外非金融企业、金融机构、国际开发机构以及外国政府等，累计发行631亿元人民币熊猫债。此外，2016年8月，世界银行（国际复兴开发银行）在银行间债券市场成功发行第一期特别提款权（SDR）计价债券。SDR计价债券的推出，有利于丰富我国债券市场交易品种，促进我国债券市场的开放与发展，也是扩大SDR使用的标志性事件，对于增强国际货币体系的稳定性和韧性具有积极意义。

二是不断开放境外机构投资银行间债券市场，并持续提升管理的市场化程度与投资的便利性。自2010年以来，人民银行先后允许符合条件的境外央行或货币当局、主权财富基金、国际金融组织、人民币境外清算行和参加行、境外保险机构、RQFII和QFII进入银行间债券市场。2015年6月，人民银行允许已进入银行间债券市场的境外人民币业务清算行和参加行开展债券回购业务。2015年7月，人民银行对于境外央行类机构（境外中央银行或货币当局、主权财富基金、国际金融组织）投资银行间债券市场推出了更为便利的政策，并明确其业务范围可扩展至债券现券、债券回购、债券借贷、债券远期以及利率互换、远期利率协议等交易。2016年2月以来，人民银行发布了中国人民银行公告〔2016〕3号及相关配套政策，将境外投资主体范围进一步扩大至境外依法注册成立的各类金融机构及其发行的投资产品，以及养老基金等中长期机构投资者。为进一步便利境外机构投资者投资银行间债券市场，人民银行还指导支持相关市场基础设施开展跨境合作，同时，积极与有关部门沟通协调，推动丰富外汇风险对冲工具，并协调明确和完善相关的法律、税收、会计、审计政策、评级等制度，优化我国债券市场软环境。截至2016年末，已有407家境外机构进入银行间债券市场，较上年末增加105家。2017年1月，国际三大债券指数供应商之一的彭博公司宣布，将新推出两只包含中国债券市场的综合债券指数，这将有利于吸引更多境外资金投资中国债券市场。

下一步，人民银行将按照人民币国际化和资本项目可兑换的总体部署，加强统筹规划，把握好渐进可控、平衡效率与安全的原则，进一步协调明确税收、会计、审计等配套政策，推动丰富外汇风险对冲工具，稳步推动市场基础设施跨境合作，进一步增强境外机构投资者的投资便利性，全面、稳妥地推进银行间债券市场对外开放。

（三）票据融资增长放缓，利率小幅震荡

票据承兑业务有所下降。2016年，企业累计签发商业汇票18.1万亿元，同比下降19.3%；期末商业汇票未到期金额为9.0万亿元，同比下降13.3%。年初票据承兑余额小幅增长，2月末达到10.9万亿元，之后承兑余额逐月下降，年末比年初下降1.4万亿元。从行业结构看，企业签发的银行承兑汇票余额仍集中在制造业、批发和零售业；从企业结构看，由中小型企业签发的银行承兑汇票约占三分之二。

票据融资增长放缓，票据市场利率总体较为稳定。2016年，金融机构累计贴现84.5万亿元，同比下降17.2%；期末贴现余额5.5万亿元，同比增长19.6%。票据融资增长放缓，年末比年初增加8946亿元，同比少增7684亿元。期末票据融资余额占各项贷款的比重为5.1%，同比上升0.2个百分点。2016年，银行体系流动性合理充裕，票据市场利率小幅

震荡，年初和年末受季节性因素影响有所走高。

（四）股票市场成交额同比下降，筹资额稳步增长

年初股指有所波动，之后总体平稳，年末有所下跌。2016年末，上证综合指数收于3104点，比上年末下跌12.3%；深证成分指数收于10177点，比上年末下跌19.6%；创业板指数收于1962点，比上年末下跌27.7%。2016年末沪市A股加权平均市盈率从上年末的17.6倍降至15.9倍，深市A股加权平均市盈率从上年末的53.3倍降至41.6倍。

股票市场成交量同比下降。全年沪、深股市累计成交127.4万亿元，日均成交5221亿元，同比下降50.1%；创业板累计成交21.7万亿元，同比下降24%。2016年末，沪、深股市流通市值为39.3万亿元，同比下降5.9%；创业板流通市值为3.1万亿元，同比下降4.8%。

股票市场筹资额稳步增长。全年各类企业和金融机构在境内外股票市场上通过发行、增发、配股、权证行权等方式累计筹资1.5万亿元，同比增长28.2%，其中A股筹资1.3万亿元，同比增长56.2%。

（五）保险业资产保持较快增长

2016年，保险业累计实现保费收入3.1万亿元，同比增长27.5%，增速比上年高7.5个百分点；累计赔款、给付1.1万亿元，同比增长21.2%，其中，财产险赔付同比增长12.7%，人身险赔付同比增长29.2%。

保险业资产保持较快增长。2016年末，保险业总资产为15.1万亿元，同比增长22.3%，增速比上年末高0.6个百分点。其中，银行存款同比增长2%，投资类资产同比增长24.7%。

表12　2016年末主要保险资金运用余额及占比情况

	余额（亿元人民币）		占资产总额比重（%）	
	2016年末	2015年末	2016年末	2015年末
资产总额	151169	123598	100	100
其中：银行存款	24844	24350	16.4	19.7
投资	109066	87446	72.1	70.8

数据来源：中国保险监督管理委员会。

（六）外汇交易较快增长

2016年人民币外汇即期成交5.9万亿美元，同比增长21.9%；人民币外汇掉期交易累计成交金额折合10万亿美元，同比增长19.8%，其中隔夜美元掉期成交6万亿美元，占掉期总成交额的60.4%；人民币外汇远期市场累计成交1529亿美元，同比增长311%。“外币对”累计成交金额折合1159亿美元，同比下降3.6%，其中成交最多的产品为欧元对美元，占市场份额比重为34.3%。

外汇市场交易主体进一步扩展。截至2016年末，共有即期市场会员582家，远期、外汇掉期、货币掉期和期权市场会员各154家、154家、127家和87家，即期市场做市商30家，远掉期市场做市商26家。

（七）黄金市场量价齐升

黄金价格强势反弹后震荡回落。国际黄金价格最高为1366.25美元/盎司，最低为1077.00美元/盎司，年末收于1159.10美元/盎司，同比上涨9.12%。上海黄金交易所黄金Au9999最高为300元/克，最低为181.2元/克，年末收盘价为263.9元/克，同比上升18.42%。上海黄金交易所总体交易规模保持较快增长。2016年，上海黄金交易所黄金累计成交4.87万吨，同比增长42.88%；成交金额13.02万亿元，同比增长62.63%。

二、金融市场制度建设

（一）积极发展银行间债券市场，继续推动市场开放

一是出台《全国银行间债券市场柜台业务管理办法》，进一步丰富柜台业务品种，扩大柜台承办银行业务范围。二是明确机构投资者的合格性标准，拓宽投资者范围，优化备案、开户、联网流程。三是修订银行间债券市场做市业务指引及做市业务评价指标体系，进一步完善做市商管理制度。四是建立国债做市支持机制，以提高国债二级市场流动性，进一步完善国债收益率曲线。五是允许境外机构投资者投资银行间债券市场，不设单家机构限额或总限额。截至2016年末，已有180家境外机构

/基金在上海总部注册备案。熊猫债发行主体范围和规模进一步扩大。截至2016年末，在银行间债券市场发行人民币债券的境外发行主体已经覆盖境外国际开发机构、外国政府、境外金融机构和非金融企业，累计发行规模631亿元。

（二）规范票据业务发展，全国统一的票据交易平台上线运行

2015年以来，票据市场风险频出，根据国务院规范票据市场有关要求和工作部署，中国人民银行加强票据市场制度建设和基础设施建设，防范相关风险。2016年12月6日，中国人民银行印发《票据交易管理办法》，为商业银行规范票据业务发展提供了契机，将打破目前的市场格局，逐步形成以法人为参与主体的集约化市场组织形式，进一步有效规范市场经营行为，提升市场参与者风险防控水平。12月8日，全国统一的票据交易平台上线运行，上海票据交易所正式开业运营。全国统一票据交易平台的上线运行，改变了票据市场二十多年来纸质流转、线下交易、信息不透明的状态，将实现所有纸质票据和电子票据的信息集中以及集中交易、登记托管、清算结算，标志着票据交易迈入电子化集中交易新阶段，有效提升了市场透明度和交易效率，降低了操作风险。

（三）加强证券期货业监管制度建设

一是修订《基金管理公司子公司管理规定》，初步构建以净资本为核心的专户子公司风险控制指标体系，细化对子公司关联交易、利益冲突防范、固有资金运用等方面的监管要求。二是发布《基金管理公司特定客户资产管理子公司风险控制指标管理暂行规定》，将专户子公司开展的各类型业务统一纳入风控指标体系。三是发布《证券期货投资者适当性管理办法》，依据多维度指标将投资者分为普通和专业两类，明确了专业、普通投资者相互转化的条件和程序，突出对普通投资者的特别保护。

（四）推动保险业服务社会民生和实体经济，加强和改进保险监管

推动保险业改革创新，服务社会民生和实体经济。地震巨灾保险制度正式实施。设立保险业产业扶贫投资基金。推动短期出口信用保险市场建设，2016年为出口企业提供了4167亿美元的风险保障。完善“政府+银行+保险”模式的小额贷款保证保险试点。开展财险备案产品自主注册改革，商业车险改革在全国范围铺开。批准筹建首家专业科技保险公司，推进首台（套）重大技术装备保险补偿机制试点。批准设立首批3家相互制保险机构，成立上海保险交易所，推动设立宁波国家保险创新综合实验区。积极稳妥推进保险资金运用改革，放宽保险资金可投资基础设施的行业范围，增加PPP投资模式，保险资金可参与沪港通试点。

加强和改进保险监管。全面实施第二代偿付能力技术标准和监管要求，开展首次全行业风险管理能力评估和保险公司治理综合评价。严格人身险产品监管，压缩中短存续期业务占比，规范结算利率，调高产品保障水平，引导行业回归保障本源。建立保险公司资产配置审慎性监管制度，强化保险资产负债匹配管理，加强重大投资的信息披露。推进保险资金运用内部控制指引建设，针对未上市股权、不动产、金融产品、基础设施等制定具体准则。加强股东股权、关联交易信息披露，扩大披露范围和频度。开展万能险专项检查，规范险资举牌，暂停相关机构的万能险业务和股权投资。开展互联网保险风险整治工作，进一步规范互联网平台保证保险业务。

（五）积极发展黄金市场

规范银行业金融机构账户黄金业务，推出上海金人民币集中定价交易机制，进一步完善了人民币黄金市场的价格形成机制。

第四部分 宏观经济形势

一、世界经济金融形势

2016年，世界经济保持复苏态势，同时经济

政治社会领域"黑天鹅"事件频现，民粹主义、逆全球化、贸易及投资保护主义抬头，地缘政治不确定性上升。美国经济形势相对较好，但新政府的政策走向存在较大不确定性；欧元区经济略有改善，但仍面临难民问题与银行业风险；日本经济复苏缓慢且缺少政策空间；英国经济在公投脱欧后总体稳定，但脱欧安排仍有较大不确定性。新兴市场经济体经济有所企稳，但尚面临调整与转型压力。

（一）主要经济体经济形势

主要发达经济体经济复苏步伐持续分化。美国经济复苏态势较好，2016年呈恢复增长态势，全年GDP增速为1.6%，消费支出稳步提高。通胀水平有所上行，2016年9月以来CPI保持在1.5%以上且持续走高。劳动力市场状况继续改善，2016年11月失业率降至4.6%，为2007年8月以来最低，但12月略回升至4.7%，同时新增非农就业等部分短期数据仍有一定波动。受内需和出口回升拉动，欧元区经济复苏略有改善，通缩压力持续缓解，2016年12月综合消费者物价指数（HICP）同比增长1.1%，创2013年9月以来新高。劳动力市场缓慢改善，12月失业率降至9.6%，为2009年5月以来最低。日本在2016年推出了一系列宽松刺激措施，但经济增长仍较缓慢，四季度GDP年化环比增速为1.0%，CPI在连续6个月处于负区间后略有回升。尽管日本劳动力市场相对稳定，但家庭消费持续负增长，出口与投资仍较低迷。英国自2016年6月23日公投脱欧后，经济增长、物价与失业等数据均较为稳定，但英国脱欧安排的后续影响尚待进一步观察。

部分新兴市场经济体经济有所企稳，结构调整与转型压力依然存在。印度经济保持较快增长，2016年前三季度GDP同比增长均保持在7%以上，但面临银行坏账率较高、私人投资疲软、产能利用率低等挑战。由于石油等大宗商品价格回升，俄罗斯和巴西经济逐步企稳，通胀也得到一定控制。在全球总需求增长缓慢和美元走强的背景下，不少新兴市场经济体仍面临外需疲弱与跨境资本流动等潜在风险，自身也存在经济调整与转型压力。

表13　主要发达经济体宏观经济金融指标

国别	指标	2015年第四季度			2016年第一季度			2016年第二季度			2016年第三季度			2016年第四季度		
		10月	11月	12月	1月	2月	3月	4月	5月	6月	7月	8月	9月	10月	11月	12月
美国	实际GDP增速（环比折年率，%）		0.9			0.8			1.4			3.5			1.9	
	失业率（%）	5	5	5	4.9	4.9	5	5	4.7	4.9	4.9	4.9	4.9	4.8	4.6	4.7
	CPI（同比，%）	0.2	0.5	0.7	1.4	1	0.9	1.1	1	1	0.9	1.1	1.5	1.6	1.7	2.1
	DJ工业平均指数（期末）	17664	17720	17425	16466	16516	17685	17774	17787	17930	18432	18401	18308	18142	19124	19763
欧元区	实际GDP增速（环比折年率，%）		2.0			1.7			1.6			1.8			1.7	
	失业率（%）	10.6	10.5	10.4	10.4	10.3	10.2	10.2	10.1	10.1	10	10	9.8	9.7	9.7	9.6
	HICP综合物价指数（同比，%）	0.1	0.1	0.2	0.3	-0.2	0	-0.2	-0.1	0.1	0.2	0.2	0.4	0.5	0.6	1.1
	EURO STOXX 50（期末）	3418	3506	3268	3045	2946	3005	3028	3063	2865	2990	3023	3002	3055	3052	3291
日本	实际GDP增速（环比折年率，%）		-1.2			2.3			1.8			1.4			1.0	
	失业率（%）	3.1	3.2	3.1	3.2	3.3	3.2	3.2	3.2	3.1	3	3.1	3	3	3.1	3.1
	CPI（同比，%）	0.3	0.3	0.2	-0.1	0.2	0	-0.3	-0.5	-0.4	-0.4	-0.5	-0.5	0.1	0.5	0.3
	日经225指数（期末）	19083	19747	19033	17518	16086	16759	16666	17235	15576	16569	16887	16450	17425	18308	19114

数据来源：各经济体相关统计部门及中央银行。

（二）国际金融市场概况

美元指数上升，日元对美元升值，欧元和英镑对美元贬值，新兴市场经济体货币汇率升贬不一。截至2016年末，美元指数为102.38，较上年末上涨3.74%；受基本面、避险及套利因素影响，日元对美元汇率为116.87日元/美元，较上年末升值2.93%；欧元对美元汇率为1.0513美元/欧元，较上年末贬值3.2%；受英国公投脱欧冲击，英镑对美元汇率为1.2336美元/英镑，较上年末贬值16.30%。同期，少数新兴市场货币对美元升值，其中巴西里亚尔、俄罗斯卢布、南非兰特对美元汇率升幅较大，分别为21.7%、19.08%和12.60%。大部分新兴市场货币对美元贬值。其中，印度卢比对美元贬值2.57%；受特朗普当选美国总统影响，墨西哥比索对美元贬值17.11%；由于国内局势动荡，土耳其里拉对美元贬值17.30%。

受美国经济数据向好、美联储加息等因素影响，伦敦同业拆借市场美元Libor小幅上升，欧元区同业拆借利率Euribor继续走低。截至2016年12月30日，1年期Libor为1.6857%，较上年末上升51个基点；1年期Euribor为-0.082%，较上年末下降14个基点。

主要经济体国债收益率继续分化。2016年末，美国10年期国债收益率收于2.432%，较上年末上涨

16个基点。日、德、法、英10年期国债收益率分别收于0.049%、0.207%、0.682%和1.24%，较上年末分别下跌22个、43个、31个和72个基点。新兴市场经济体方面，2016年末，印度、俄罗斯和巴西10年期国债收益率较上年末分别下降124个、136个和503个基点；墨西哥、土耳其10年期国债收益率较上年末分别上升118个和62个基点。

主要经济体股市普遍回升。截至2016年末，美国道琼斯工业平均指数、日本日经225指数、欧元区STOXX50指数、德国法兰克福DAX指数、英国富时100指数较上年末分别上涨了13.42%、0.42%、0.70%、6.87%和14.43%。新兴市场经济体中，印度、印尼、巴西和俄罗斯股市分别较上年末上涨1.95%、15.32%、38.93%和52.22%。

大宗商品市场有所回暖，主要商品价格波动上行。受石油输出国组织（OPEC）2016年11月达成限产协议影响，原油价格涨幅较大。截至2016年末，伦敦布伦特原油期货和纽约轻质原油期货价格分别为56.82美元/桶和53.72美元/桶，较上年末分别上涨52.41%与45.03%。国际金价震荡上涨，2016年末黄金现货价格为1150美元/盎司，较上年末上涨8.46%。

（三）主要经济体货币政策

由于经济复苏情况不一，主要发达经济体货币政策进一步分化。2016年12月14日，美联储宣布将联邦基金利率目标区间上调25个基点至0.5%～0.75%，同时仍预计宏观经济复苏状态将使加息以渐进方式进行。美联储还上调了美国短期经济增长和通胀预期，并上调2017年加息预期次数至三次。

为刺激经济和提振通胀，欧央行于2016年3月10日加大量化宽松货币政策力度，将主要再融资操作利率、边际贷款便利利率和存款便利利率分别下调5个、5个和10个基点至0%、0.25%和-0.40%，自2016年4月起扩大月度资产购买规模至800亿欧元，同时将资产购买范围扩大至欧元区非银行公司发行的欧元计价的投资级债券，自6月22日起实施新一轮四年期定向长期再融资操作（TLTROII）。12月8日，欧央行宣布延长资产购买计划（APP）至2017年12月，从2017年4月至12月每月购买资产规模为600亿欧元。

日本货币政策进一步宽松。日本央行于2016年1月29日超预期实施负利率政策，引入三级利率体系，将金融机构存放在日本央行的部分超额准备金利率从之前的0.1%降至-0.1%，以鼓励金融机构借出更多资金。7月29日，日本银行决定将交易型开放指数基金(ETFs)的年度购买规模从3.3万亿日元扩大至6万亿日元，将美元借贷项目规模扩大一倍至240亿美元，并设立一个新的借贷便利机制，将日本国债借给金融机构作为美元资金供给操作的抵押品。9月21日，日本银行决定引入“配合收益率曲线管理的量化质化宽松政策”，通过对金融机构存放的准备金实施负利率以及购买日本政府债券等方式管理短期和长期利率，承诺继续扩大基础货币投放，直至通胀率稳定在2%的目标水平之上。

英格兰银行在2016年上半年例会上均决定维持0.5%的基准利率和3750亿英镑的资产购买规模不变。英国公投脱欧造成英镑贬值和经济前景趋弱，为促进经济增长、逐步实现通胀目标，英格兰银行在8月3日的例会上决定实施一揽子刺激措施：下调基准利率25个基点至0.25%；启动一项新的长期融资计划（TFS），推动利率下调政策有效传导至实体经济；购买100亿英镑的英国公司债券；新增600亿英镑的英国政府债券购买规模，从而将资产购买计划的存量规模增加至4350亿英镑。

新兴经济体货币政策持续分化，国际经济环境复杂性增加导致政策制定难度进一步加大。多个经济体为提振经济、缓解外部冲击继续放宽货币政策。俄罗斯、印度、巴西、乌克兰、土耳其、匈牙利和印尼央行均连续多次调低指标利率；韩国央行于2016年6月9日将基准利率下调25个基点至1.25%，创历史新低。另一方面，部分经济体收紧货币政策以应对国内通胀压力，减少美联储加息带来的冲击，减轻本币贬值和资本外流压力。哥伦比亚央行连续上调指标利率共200个基点至7.75%，南非储备银行2次上调政策利率共75个基点至7%，埃及央行3

次上调550个基点至14.75%，墨西哥央行5次上调基准利率共250个基点至5.75%。此外，埃及、尼日利亚等一些新兴市场经济体采取灵活汇率制度等措施应对金融市场动荡。

（四）国际经济展望及面临的主要风险

国际货币基金组织（IMF）在2017年1月更新的《世界经济展望》中维持了2016年10月对全球经济增速的预测，预计2016年和2017年全球经济将分别增长3.1%和3.4%。IMF上调了发达经济体增速，并下调了部分新兴市场经济体和发展中国家的增速。展望未来，全球经济可能面临以下风险：

民粹主义、逆全球化和国际贸易及投资保护主义抬头，逐渐成为全球经济复苏的重大风险之一。近期的国际政治变化和部分经济体实施的内顾型政策导致全球保护主义抬头，一旦保护主义情绪进一步加剧，必将放缓甚至逆转国际政策协调和经济全球化进程，阻碍贸易自由化、资本和劳动力流动，并可能拖累全球生产率和经济增长，加剧金融市场动荡。

美国新政府的经贸政策存在不确定性。市场普遍预计新政府将采取"减税加基础设施建设"的扩张性财政政策，这可能有助于促进美国经济增长并提振全球总需求，但若融资问题无法妥善解决，美国政府的财政与债务负担可能加剧。同时，扩张性财政政策或推升通胀水平，加大美联储加息预期，一些外债规模较大、经济脆弱性较高、政策空间有限的新兴经济体的货币贬值与资本外流压力可能增加。

欧洲银行业风险犹存。意大利、葡萄牙和希腊等国银行业问题仍然突出。意大利银行不良贷款率已攀升至18%，欧洲最主要的商业银行之一德意志银行因不当销售住房抵押证券产品行为面临美司法部72亿美元的巨额罚款与民事赔偿，对其资本金与未来经营造成压力。

地缘政治冲突多点爆发，风险因素加速累积。大国政治博弈使中东地区地缘政治更趋复杂。欧洲难民危机、恐怖主义威胁、韩国亲信干政丑闻曝光后的权力真空等可能造成地缘政治冲突多点爆发，风险因素和不确定性进一步累积。

二、中国宏观经济形势

2016年，中国经济下行压力减轻，运行总体平稳，供给侧结构性改革取得积极进展，经济结构继续优化。消费平稳较快增长，投资缓中趋稳，贸易顺差收窄。全年最终消费支出对国内生产总值增长的贡献率为64.6%，第三产业增加值占GDP的比重为51.6%，比上年提高1.4个百分点。工业生产平稳增长，企业效益好转。消费价格温和上涨，就业形势总体稳定。初步核算，全年实现国内生产总值（GDP）74.4万亿元，按可比价格计算，比上年增长6.7%。分季度看，四个季度同比分别增长6.7%、6.7%、6.7%和6.8%。全年居民消费价格（CPI）比上年上涨2.0%，进出口顺差为3.3万亿元人民币。

（一）消费平稳增长，投资增速缓中趋稳，贸易顺差收窄

城乡居民收入稳定增长，消费拉动作用增强，新兴业态消费增长较快。2016年，全国居民人均可支配收入为23821元，比上年增长8.4%，扣除价格因素实际增长6.3%。其中，城镇居民人均可支配收入为33616元，增长7.8%，扣除价格因素实际增长5.6%；农村居民人均可支配收入为12363元，增长8.2%，扣除价格因素实际增长6.2%。农民工月均收入水平为3275元，比上年增长6.6%。第四季度人民银行城镇储户问卷调查显示，居民收入感受和消费信心提升。当期收入感受指数为51.9%，为2013年第二季度以来的最高值；倾向于"更多消费"的居民占23.1%，为2009年二季度以来最高水平。2016年，社会消费品零售总额为33.2万亿元，比上年增长10.4%，扣除价格因素实际增长9.6%。分城乡看，城镇消费品零售额为28.6万亿元，增长10.4%；乡村消费品零售额为4.7万亿元，增长10.9%。网络零售保持较快增长，全年网上零售额为5.2万亿元，比上年增长26.2%。消费结构呈现升级特征，通讯和居住类商品增长较快，新能源汽车产销两旺。

固定资产投资缓中趋稳，制造业投资和民间投

资增速有所回升。全年固定资产投资（不含农户）59.7万亿元，比上年增长8.1%，扣除价格因素实际增长8.8%，较上年低3.2个百分点。制造业投资和民间投资增速自2016年9月份以后有所回升，2016年分别增长4.2%和3.2%。分地区看，中西部地区投资增长较快，东北地区投资下半年以来降幅收窄。2016年，东、中、西部地区投资分别增长9.1%、12%和12.2%；东北地区下降23.5%，降幅比上半年收窄8.5个百分点。新开工项目保持快速增长，2016年，新开工项目计划总投资49.3万亿元，比上年增长20.9%；施工项目计划总投资112.1万亿元，比上年增长10%。

进出口逐季回稳，降幅收窄。2016年全年进出口总值为24.3万亿元人民币，比上年下降0.9%，降幅比上年收窄6.1个百分点。其中出口13.8万亿元，下降2%；进口10.5万亿元，增长0.6%；进出口相抵，累计贸易顺差3.3万亿元。第四季度进、出口分别增长8.7%和0.3%，均实现正增长。按美元计价，进出口总值为3.68万亿美元，比上年下降6.8%。对部分一带一路沿线国家出口增长较快。从企业主体看，民营企业出口继续保持第一大出口主体，占比46.1%，较上年提高1.4个百分点。从贸易方式看，一般贸易进出口比重提升，2016年一般贸易进出口增长0.9%，占进出口总值的55%，较上年提高1个百分点。从商品结构看，机电产品、传统劳动密集型产品仍为出口主力，分别占出口总值的57.7%和20.8%。铁矿石、原油、铜等大宗商品进口数量保持增长。

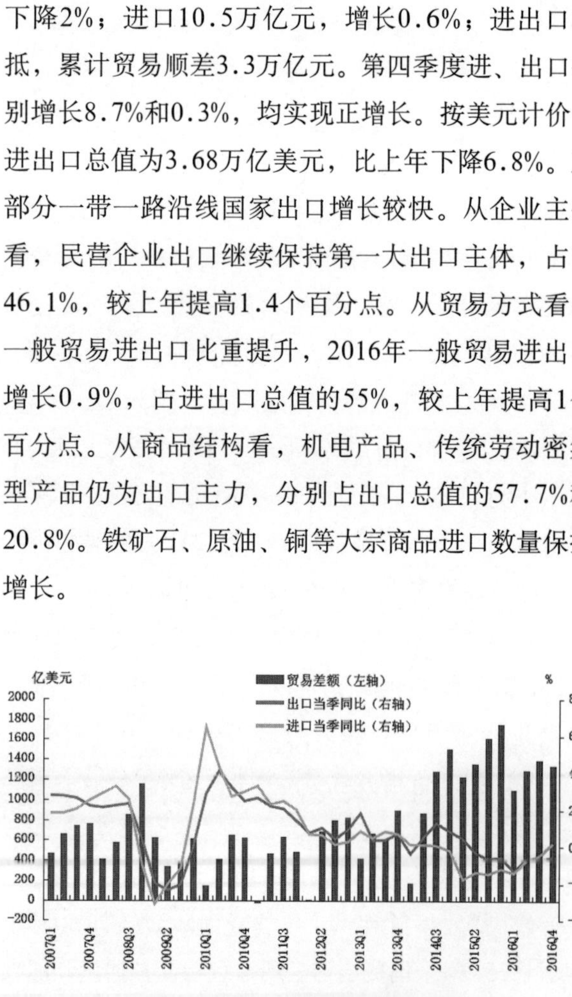

图4 进出口增速与贸易差额

资料来源：海关总署。

外商直接投资延续向高端产业聚集的态势，对外直接投资增长较快。2016年全年实际使用外商直接投资8132.2亿元人民币，比上年增长4.1%。服务业实际使用外资5715.8亿元人民币，比上年增长8.3%，占外资总量的70.3%；高技术服务业实际使用外资955.6亿元人民币，增长86.1%。高技术制造业实际使用外资598.1亿元人民币，增长2.5%。2016年，境内投资者非金融类对外直接投资11299.2亿元人民币（折合1701.1亿美元，比上年增长44.1%），其中对“一带一路”沿线国家直接投资145.3亿美元。对外投资行业结构进一步优化，2016年全年，我国企业对制造业投资占对外投资总额的比重从2015年的12.1%上升为18.3%；对信息传输、软件和信息技术服务业投资占对外投资总额的比重从2015年的4.9%上升为12.0%。

（二）粮食生产再获丰收，工业生产平稳增长

第三产业增加值增长快于第二产业，占比继续提高。2016年，三次产业增加值分别为6.4万亿元、29.6万亿元和38.4万亿元，比上年分别增长3.3%、6.1%和7.8%，占GDP比重分别为8.6%、39.8%和51.6%。第三产业占比较上年提高1.4个百分点，高于第二产业11.8个百分点。全年全国粮食总产量61624万吨，比上年减少520万吨，下降0.8%，仍是历史第二高产年。全年猪牛羊禽肉产量8364万吨，比上年下降1.1%。

工业生产平稳增长，企业效益有所提升。2016年全国规模以上工业增加值按可比价格计算比上年增长6%。分三大门类看，采矿业增加值下降1%，制造业增长6.8%，电力、热力、燃气及水的生产和供应业增长5.5%。

全年规模以上工业企业产销率达到97.8%。工业企业主营业务收入和利润总额增速总体保持上升态势，财务费用持续下降。2016年全国规模以上工业企业实现利润68803.2亿元，比上年增长8.5%；财务费用同比下降5.8%，利息支出同比下降6.2%。规模以上工业企业主营业务收入利润率为5.97%。第四季度人民银行5000户工业企业调查显示，企业生产

经营景气回升，盈利好转。企业生产经营景气指数为52.6%，连续两个季度高于50%；企业盈利指数为57.1%，连续三个季度回升。国内和出口订单指数有所回升，分别较上年同期上升7.4个和1.9个百分点。

（三）消费价格温和上涨，生产者价格指数由降转升

居民消费价格温和上涨。2016年，CPI同比上涨2.0%，涨幅比上年扩大0.6个百分点，其中各季度涨幅分别为2.1%、2.1%、1.7%和2.2%。从食品和非食品分类看，食品价格上涨4.6%，涨幅比上年提高2.3个百分点；非食品价格上涨1.4%，涨幅比上年提高0.4个百分点。从消费品和服务分类看，消费品价格上涨1.9%，涨幅比上年提高0.7个百分点；服务性消费活跃，带动服务价格上涨，全年服务价格上涨2.2%，涨幅比上年提高0.2个百分点，影响CPI上涨0.81个百分点。

工业生产者出厂价格涨幅由负转正，生产资料价格涨幅快速上升。2016年，PPI同比下降1.4%，降幅比上年缩小3.8个百分点，其中各季度涨幅分别为−4.8%、−2.9%、−0.8%和3.3%。PPI自2016年9月份结束54个月连续同比下降，转为上升，涨幅逐月扩大，12月份为5.5%。其中，生活资料价格涨幅相对稳定，生产资料价格涨幅快速上升。12月份生活资料价格和生产资料价格同比涨幅分别为0.8%和7.2%，比9月份分别上升0.8个和7.1个百分点。工业生产者购进价格自2016年10月开始同比涨幅由负转正，黑色金属、有色金属和燃料动力类价格指数上涨较快。全年生产者购进价格指数同比下降2.0%，降幅比上年缩小4.1个百分点，其中各季度涨幅分别为−5.8%、−3.9%、−1.6%和3.6%。农业生产资料价格同比上涨0.1%，涨幅比上年缩小0.3个百分点；农产品生产价格同比上涨3.4%，涨幅比上年提高1.7个百分点。2016年，中国人民银行监测的企业商品价格（CGPI）比上年下降1.6%。各季度同比涨幅分别为−5.9%、−3.7%、−1.1%和4.4%。初级产品价格回升较快，投资品价格回升幅度大于消费品。

受国际大宗商品价格总体上涨影响，进口价格涨幅由负转正。2016年各季度，洲际交易所布伦特原油期货当季平均价格分别环比上涨−21.2%、33.6%、−0.1%和8.7%，累计上涨14.3%；伦敦金属交易所铜累计上涨7.9%，铝累计上涨14.5%。2016年，进口价格同比下降3.0%，降幅比上年缩小8.5个百分点，其中各季度分别上涨−11.4%、−4.0%、−0.9%和4.4%；出口价格同比下降2.2%，降幅比上年扩大1.4个百分点，其中各季度分别下降3.6%、2.7%、2.0%和0.4%。

GDP平减指数涨幅扩大。2016年GDP平减指数（按当年价格计算的GDP与按固定价格计算的GDP的比率）同比上涨1.2%，比上年高1.1个百分点。

价格改革继续稳步推进。一是推进电力价格改革。输配电价改革基本实现全覆盖，实施煤电价格联动机制，完善基本电价执行方式，推动电力双边直接交易。二是推进天然气价格改革。建立天然气管道运输定价新机制，明确储气设施相关价格由市场竞争形成，全面放开化肥用气价格，在福建开展天然气门站价格市场化改革试点。三是推进医疗服务价格改革。印发《推进医疗服务价格改革的意见》，明确医疗服务价格分类管理，公立医疗机构提供的基本医疗服务实行政府指导价，非公立医疗机构提供的医疗服务实行市场调节价。四是推进交通运输价格改革。将高铁动车组票价、普通旅客列车软座软卧票价交由铁路运输企业依法自主制定，放开800公里以下航线及800公里以上高铁动车组列车平行航线民航旅客票价。

专栏3 工业生产者出厂价格指数（PPI）及其变化

工业生产者出厂价格指数（ProducerPriceIndex，简称PPI）是反映某个时期内生产领域价格变动情况的重要指标，主要用来衡量工业生产者出厂价格变动趋势和变动幅度，包含了原油、铁矿石、钢铁等生产资料价格和衣着、耐用品、日用品等生活资料价格。近几年PPI走势呈现出由持续下行到快速回升的转折性变化,成为宏观经济领域引人关注的现象。从走势变化看，PPI同比涨幅自2012年3月到2016年8

月连续54个月运行在负值区间，尤其是在2014年7月到2015年10月降幅连续扩大。2015年11月以来，同比PPI呈现快速回升态势，并在2016年9月结束了连续54个月的负增长，从最低时的-5.9%回升至2016年12月的5.5%。

在PPI持续下行和在负值区间运行阶段，市场上曾出现关于通缩风险的担忧。不过值得注意的是，较之1997年至2002年期间那一轮较为“典型”的通缩（CPI和PPI走势一致，共向变化，1998年、1999年和2001年CPI和PPI涨幅均为负值，物价水平全面下降），2012年以后的物价变化则呈现出更为复杂的结构性特征：一是PPI长期在负值区间运行，但CPI涨幅一直保持正增长。若再观察房价变化，情况就更复杂分化。二是PPI与CPI之间的缺口明显扩大。1997年至2002年期间，CPI与PPI之差平均为1.5个百分点，但在2012年至2015年10月期间，CPI与PPI之差的均值增大至4.7个百分点。有研究发现，劳动年龄人口增长趋缓后劳动力价格刚性的上升、全球大宗商品价格大幅下行以及国内较为突出的产能过剩矛盾等，可以较好解释当时PPI长期负增长以及PPI与CPI缺口明显扩大等现象，相比而言这期间需求变化的影响和冲击并不很强。由于造成物价涨幅回落的原因是多方面的，在应对上坚持了区别对待、抓住重点、多措并举、统筹兼顾的原则。对需求面的过快收缩，货币政策给予必要的逆周期调节；对由供给改善、成本下降以及产能过剩导致的物价下行压力，总需求政策则保持一定克制；由于经济下行压力主要来自内生增长动力不足，根本上需要通过推动供给侧结构调整和改革，培育和形成新的内生经济增长动力。

2015年末，中央经济工作会议提出要在适度扩大总需求的同时，推进供给侧结构性改革，实施好去产能、去库存、去杠杆、降成本、补短板五大任务。在供求的共同作用下，PPI涨幅出现回升。去产能、去库存步伐加快，有助于从供给端解决产能过剩问题，加快结构调整和优化。同时，房地产销售逐步回暖，地方政府债务置换力度加大，M1增速持续回升，总需求企稳并有所回升，PPI与货物周转量、发电量增速变化等相关性较高，也表明由房地产、基建拉动的重化工业回暖可能是推升PPI回升的重要原因，PPI回升后企业加速补库存又进一步放大了需求。PPI回升一定程度上反映了去产能取得积极进展、经济景气回升，也有助于防止通缩预期，改善企业利润。当然也要看到，PPI回升仍在较大程度上受到房地产、基建和重化工业回升的拉动，企业效益改善尚主要集中在煤炭、钢铁、化工等上中游行业，显示经济的结构性矛盾仍然比较突出。下一阶段，应继续实施稳健中性的货币政策，同时继续加快推进经济结构调整和改革，激发内生增长活力，促进经济更加平衡和可持续增长。

（四）财政收支低速增长

2016年，全国一般公共财政收入16万亿元，比上年增长4.5%，增速比上年低1.3个百分点。全国一般公共财政支出18.8万亿元，比上年增长6.4%，增速比上年低6.8个百分点。收支相抵，财政支大于收2.8万亿元，比上年多0.5万亿元。财政收入增幅偏低的主要原因：一是全面推开营改增试点，政策性减收较多；二是经济下行产生的滞后影响；三是金融业税收和部分非税收入2015年的基数较高。

从收入结构看，非税收入2.9万亿元，比上年增长5%，税收收入13万亿元，比上年增长4.3%。其中，企业所得税和个人所得税分别增长6.3%和17.1%，国内增值税增长30.9%，营业税和国内消费税分别下降40.4%和3.1%，证券交易印花税下降51%，进口货物增值税和消费税增长2%。从支出结构看，财政支出增长较快的有城乡社区支出、社会保障和就业支出、科学技术支出、医疗卫生与计划生育支出，比上年分别增长17.1%、13.3%、12%和10%。

（五）就业形势基本稳定

2016年城镇新增就业1314万人，与上年基本持平，超额完成全年目标。2016年末，城镇登记失业率为4.02%，比三季度末低0.02个百分点。中国人力资源市场信息监测中心对98个城市的公共就业服务机构市场供求信息进行的统计分析显示，第四季度劳动力市场需求略大于供给，求人倍率为1.13，比2015年同期和上季度均上升0.03。与2015年同期和上季度相比，市场供求人数均呈下降态势。与上年同期相比，金融业、农林牧渔业、文化体育和娱乐业、电力煤气及水的生产和供应业、建筑业等行业的用人需求有所增长；与上季度相比，金融业、公共管理和社会组织、科学研究、技术服务和地质勘查业等行业用人需求略有增长。市场对具有技术等级和专业技术职称劳动者的需求均大于供给。与2015年同期相比，对高级技师、高级技能的用人需求有所增长，对其他各类技术等级和专业技术职务的用人需求有所减少。

（六）国际收支总体平衡

国际收支继续呈现“一顺一逆”的格局。初步统计，2016年经常项目顺差2104亿美元，与同期GDP之比为1.9%，继续处于国际公认的合理范围之内。其中，货物贸易顺差4852亿美元，虽较2015年历史高位有所下降，但仍显著高于2014年度及以前各年度水平，显示我国对外贸易具有较强的竞争力；服务贸易逆差2423亿美元，增长33%，主要是旅行项下逆差增长。资本和金融项目逆差470亿美元。截至2016年末，外汇储备余额3.01万亿美元。

外债总规模小幅扩大，偿债风险可控。截至2016年9月末，全口径外债余额为14320亿美元，较6月末上涨3.1%。其中，短期外债余额为8944亿美元，较6月末上涨3.1%，占外债余额的62%。

（七）房地产行业分析

2016年，全国商品房销售快速增长，部分地区房价涨幅较大，带动全年房地产贷款较快增长；房地产投资总体平稳增长，较2015年明显回暖。第四季度，受多城房地产调控的影响，主要城市房价环比涨幅收窄，全国商品房销售量维持高位但增速出现显著下降，房地产投资总体保持平稳，房地产贷款增长势头趋缓。

房价环比上涨城市减少，涨幅收窄。2016年12月，全国70个大中城市中，新建商品住宅价格环比上涨的城市有46个，比9月份减少17个，其中53个城市涨幅较9月份收窄或跌幅扩大；价格同比上涨的城市有65个，比9月份增加1个。二手住宅价格环比上涨的城市有45个，比9月份减少15个，其中48个城市涨幅较9月份收窄或跌幅扩大；价格同比上涨的城市有61个，比9月份增加4个。

商品房销售绝对量维持高位，增速出现回落。2016年，全国商品房销售面积15.73亿平方米，同比增长22.5%，增速较1—9月降低4.4个百分点，其中10、11、12月销售面积分别为1.51亿、1.55亿和2.15亿平方米，同比分别增长26.4%、7.9%和11.8%。商品房销售额11.76万亿元，同比增长34.8%，增速较1—9月降低6.5个百分点。其中，商品住宅销售面积和销售额分别占商品房销售面积和销售额的87.4%和84.2%。房地产开发投资增速保持平稳。2016年，全国房地产开发投资完成额10.3万亿元，同比增长6.9%，增速较1—9月上升1.1个百分点，较上年回升5.9个百分点。其中，住宅开发投资额6.9万亿元，同比增长6.4%，增速较1—9月上升1.3个百分点，占房地产开发投资的比重为67%。全国房屋新开工面积16.7亿平方米，同比上升8.1%，增速较1—9月扩大1.3个百分点。全国房屋施工面积75.9亿平方米，同比增长3.2%，增速与1−9月持平。全国房屋竣工面积10.6亿平方米，同比增长6.1%，增速较1—9月低6个百分点。

房地产贷款增长较快，四季度以来增量有所下降。截至2016年末，全国主要金融机构（含外资）房地产贷款余额为26.7万亿元，同比增长27%，房地产贷款余额占各项贷款余额的25%。其中，个人住房贷款余额为18万亿元，同比增长38.1%，第四季度各月新增个人住房贷款额均低于2016年9月；住房开发贷款余额为4.4万亿元，同比增长13.3%，增速较9月末扩大3.7个百分点，主要由保障房开发贷款增长所致；地产开发贷款余额为1.4万亿元，同比减少4.9%，增速较9月末低5.8个百分点。2016年，新增房地产贷款5.7万亿元，同比多增2万亿元，占各项贷款新增额的44.8%。保障房信贷支持力度仍较大。截至2016年末，全国保障性住房开发贷款余额为2.5万亿元，同比增长38.3%，增速较9月末高2.3个百分点；全年新增6972.2亿元，占同期房产开发贷款增量的113.5%[1]，较1—9月提高3个百分点。此外，利用住房公积金贷款支持保障性住房建设试点工作稳步推进，截至2016年末，已有85个城市的373个保障房建设项目通过贷款审批，并按进度发放862.1亿元，收回贷款本金736亿元。

专栏4 资产价格、货币政策与住房金融宏观审慎政策

关于货币政策与资产价格的关系一直存在争论。本轮国际金融危机前相对主流的观点认为货币政策不应关注资产价格，除非资产价格变动会影响到通胀预期，央行只是在泡沫破灭后履行最后贷款人职责，维护市场稳定，即所谓的事后清理（mopupafter）。当然也有观点认为，当存在资产价格泡沫迹象等金融稳定风险时，央行宜采用比维持价格稳定所需更紧一些的货币政策，以避免风险积聚，也就是所谓的逆风干预（leanagainstthewind）。

本轮国际金融危机揭示出全球经济的新特征对宏观政策的挑战，经济学界对货币政策与资产价格的关系有了更进一步的认识。从全球来看，近年来房地产市场的重要性不断上升，发达国家财富增量中房地产占绝大多数，在财富总量中房地产的占比也超过一半，大多数信贷也投向房地产。在此背景下，一方面房地产价格变动会对经济和金融稳定产生较大影响，即使CPI保持基本稳定，房地产市场、金融市场波动仍可能较大；另一方面，传统上作为总量政策的货币政策也可能会产生比较明显的结构效应。国际上有研究显示，虽然货币政策目标是保持宏观经济稳定，但宏观经济状况会对分配结果产生间接影响，由于微观经济主体存在非同质性，货币政策还可能会通过影响收益率曲线和资产价格产生更直接的收入和财富分配效应。

为应对资产价格对金融稳定的影响，一个重要手段就是强化宏观审慎政策框架，有针对性地防范房地产金融市场可能形成的系统性风险。从各国实践看，房地产市场的宏观审慎政策工具主要有“针对房地产的资本充足率”（sectoralcapitalrequirements，SCR）、“贷款价值比”（loan-to-valueratio，LTV）和“债务收入比”（debtservice-to-incomeratio，DTI）等。其中，SCR作用于银行部门，DTI作用于借款人部门，而LTV则对两者都起作用。国际上多项实证研究表明，尽管在不同经济周期阶段，不同工具效果存在差异，但总体看宏观审慎政策工具有助于抑制房地产周期波动。

当然仅依靠宏观审慎政策，可能还不足以抑制资产泡沫。宏观审慎政策作为新生事物，尚有一个逐步完善的过程。国际货币基金组织（IMF）研究也指出，由于存在金融市场摩擦和各种约束条件，单靠某一项政策很难达到完美效果，货币政策和宏观审慎政策的协调配合有助于提高调控有效性。货币政策可以通过影响经济主体关于杠杆率、资产负债总量和结构的决策对资产价格乃至金融稳定产生一定影响。稳健的货币政策有助于保持流动性合理适度，为维护价格和产出稳定、金融稳定营造适宜的货币金融环境。防止资产价格泡沫离不开宏观审慎政策和货币政策的配合，需更好地发挥“货币政策+宏观审慎政策”双支柱政策框架的作用。

我国一直重视加强对房地产金融市场的宏观审慎管理，综合运用贷款价值比（LTV）、债务收入比（DTI）等工具对房地产信贷市场进行逆周期调节。近年来在总结经验基础上，进一步改进房地产调控，强调因城施策原则，在国家统一政策基础上，由各省级市场利率定价自律机制结合所在城市实际自主确定辖内商业性个人住房贷款的最低首付比例。货币政策在保持流动性合理适度的同时，也更加注重抑制资产泡沫和防范经济金融风险。

需要看到，我国房地产市场具有一定特殊性。一是结构性特征较为明显，一线城市与三四线城市房地产价格走势差异较大；二是供需具有一定刚性，住房是基本生活需求，其供给受土地供给限制，相关政策都会对房地产市场产生影响。2016年12月召开的中央经济工作会议指出，要综合运用金融、土地、财税、投资、立法等手段，加快研究建立符合国情、适应市场规律的基础性制度和长效机制，既抑制房地产泡沫，又防止出现大起大落。下一阶段，要贯彻中央经济工作会议精神，落实好各项制度和机制建设，宏观上管住货币，微观信贷政策要支持合理自主购房，严格限制信贷流向投资投机性购房，更为重要的，是从完善财税制度、改进土地占补平衡等方面入手，从供给端解决房地产供需错配问题，构建房地产市场健康发展的长效机制。

第五部分 货币政策趋势

一、中国宏观经济展望

展望未来一段时期，有利于经济稳定增长的因素不少。从国际上看，全球经济总体呈现复苏态势，部分发达经济体增长可能加快，国际货币基金组织（IMF）等预测2017年全球经济增速将超过上年。从国内看，作为发展中大国，中国经济增长的潜力依然巨大，新型城镇化、服务业、高端制造业以及消费升级有很大的发展空间，经济韧性好、潜力足、回旋空间大的特质没有改变。尤其是随着供给侧结构性改革、简政放权和创新驱动战略不断深化实施，中国经济新的动能正在增强，传统动能的改造升级也在加快，去产能、去库存取得进展，全社会杠杆率高位有所趋稳，新经济、新产业、新的商业模式快速发展，新登记企业快速增长，高端制造业和服务业发展加快，消费和服务业已经成为稳定经济增长的重要力量，2016年消费对经济增长的贡献率和第三产业增加值占国内生产总值的比重分别较上年提高了4.7个和1.4个百分点。一系列宏观调控措施在适度扩大总需求方面发挥重要作用，货币信贷和社会融资总量保持适度增长，都有助于经济实现中高速增长。在多种因素的共同推动下，2016年以来中国经济下行压力减轻，经济总体保持平稳增长态势，企业效益改善，就业形势稳定，尤其是三季度以来经济回升势头有所加快，民间投资增速也出现了小幅回升。中国人民银行2016年第四季度企业家及银行家问卷调查显示，宏观经济热度指数、信心指数、国内订单指数、资金周转指数、经营景气指数、盈利指数等均较上季度继续上升，不少指数自2016年以来逐季回升；城镇储户问卷调查显示居民未来收入信心指数和就业预期指数也已连续三个季度回升，尤其是2016年第四季度分别较上季大幅回升了5.1和3.2个百分点。

当然也必须看到，未来一段时期内外部形势仍很复杂，经济发展和结构调整面临的挑战也不少。从国际环境看，全球经济仍处在百年一遇的大危机、大调整过程中，强劲增长的动力依然不足，政治经济社会领域的“黑天鹅”事件还可能较多，民粹主义和逆全球化的影响还有可能加大，加之美联储加息和缩表节奏存在不确定性，过去几年极度宽松货币政策环境下逐渐积累的全球资产泡沫也有内在调整的压力，我们仍将面临一个高度复杂多变的国际环境。从国内经济看，经济运行对房地产、基建的依赖有所上升，近期企业效益改善尚主要集中在煤炭、钢铁、化工等上中游行业，民间投资活力尚显不足，内生增长动力仍待增强，结构性矛盾还比较突出，稳定经济增长、防范资产泡沫和促进环境保护之间的平衡也面临较多挑战。同时，信贷扩张表现出较强冲动，现实中各方面多希望货币条件能松一些，一旦出现金融风险，又寄望央行通过增发货币来帮助处置。受经济下行压力较大、金融市场出现较大波动等多种原因影响，部分时段的货币政策在实施上可能是稳健略偏宽松的。多目标之间的权衡增加了货币政策操作上的难度。当前我国面临的主要是结构性矛盾和发展方式上的问题，在经济结构调整过程中，货币政策总体须保持审慎和稳健。要适应经济潜在增速和发展阶段的变化，在适度扩大总需求的同时，以推进供给侧结构性改革为主线，加快培育新的发展动能，改造提升传统比较优势，持续深化“放、管、服”和财税等重点领域改革，全面落实“去产能、去库存、去杠杆、降成本、补短板”五大任务，深化国有企业改革，推进新型城镇化发展，增加劳动力市场灵活性，抑制资产泡沫，降低宏观税负，更充分地发挥市场在资源配置中的决定性作用，进一步提振市场信心，稳定市场预期。把顶层设计和基层创新结合起来，在新形势下运用新机制发挥好地方的积极性和主动性，促进非公有制经济健康发展，在扩大消费和发展服务业的短板领域取得突破，提高增长的质量和效益，完善金融机构的激励约束机制，保持融资的可持续性，拓展金融资源有效配置的领域和空间。

从物价形势看，通胀预期有所上升，未来变化值得关注。当前全球经济总体呈现复苏态势，部分经济体经济趋向好转，全球通胀预期有所变化。随着国内经济运行稳中有所回升，国内的通胀预期也有所上升。工业品价格保持了较快回升态势，这既与国内供给侧去产能、去库存有关，同时需求端回暖也是推升工业品价格的重要因素。2016年第四季度GDP平减指数达到2.9%，较前两季度分别回升了1.9个和2.3个百分点。中国人民银行2016年第四季度城镇储户问卷调查显示，未来物价指数较上季提高了5个百分点，连续第三个季度上升。当然，未来物价涨幅根本上取决于经济基本面状况和供求的相对变化，当前经济运行总体较为平稳，既有上行动力但也有下行风险，同时基数因素也可能使未来一段时期同比物价涨幅放缓，这些都有助于物价形势保持相对稳定，当然也存在不确定性，须继续密切关注。

二、下一阶段货币政策思路

中国人民银行将认真贯彻落实中央经济工作会议精神，按照党中央和国务院的战略部署，坚持稳中求进工作总基调和宏观政策要稳、微观政策要活的总体思路，实施好稳健中性的货币政策，增强调控的针对性和有效性，做好供给侧结构性改革中的总需求管理，为结构性改革营造中性适度的货币金融环境。更加注重改革创新，寓改革于调控之中，把货币政策调控与深化改革紧密结合起来，更充分地发挥市场在资源配置中的决定性作用。针对金融深化和创新发展，进一步完善调控模式，强化价格型调节和传导，完善宏观审慎政策框架，畅通政策传导渠道和机制，抑制资产泡沫，防止“脱实向虚”，提高金融运行效率和服务实体经济的能力，同时牢牢守住不发生系统性金融风险的底线。

一是保持总量稳定，综合运用价、量工具和宏观审慎政策加强预调微调，调节好货币闸门。适应货币供应方式变化和金融创新发展，密切关注国内外形势变化对流动性的可能冲击，更准确地监测和把握全社会的实际融资状况，灵活运用多种货币政策工具组合，维护流动性基本稳定；加强和改善宏观审慎管理，组织实施好宏观审慎评估，将表外理财业务纳入宏观审慎评估，并逐步探索将更多金融活动和金融市场纳入宏观审慎管理，保持货币金融环境的稳健和中性适度，实现货币信贷和社会融资规模适度增长。继续引导商业银行加强流动性和资产负债管理，合理安排资产负债总量和期限结构，提高流动性风险管理水平。

二是促进结构优化，支持经济结构调整和转型升级。继续优化流动性的投向和结构，发挥好信贷政策支持再贷款、再贴现和抵押补充贷款的作用，强化信贷政策在推进供给侧结构性改革中的重要作用，引导金融机构优化信贷结构。积极支持工业稳增长调结构增效益，持续改进对制造强国建设的金融支持与服务，重点做好钢铁、煤炭去产能的金融支持工作。继续做好基础设施建设及铁路、船舶等重点行业和领域转型调整的金融服务，加大对京津冀协同发展等国家重大战略以及养老等新消费领域的金融支持力度，进一步发挥信贷资产证券化盘活存量的积极作用。改进完善金融精准扶贫信息系统，加强信息对接共享和统计监测，统筹做好易地扶贫搬迁专项金融债券发行和信贷资金衔接投放管理工作，深入推进金融支持特色产业发展，支持贫困户脱贫。扎实做好新型农业经营主体金融服务，依法稳妥规范推进农村“两权”抵押贷款试点，引导银行业金融机构进一步加大对水利、农业基础设施、一二三产业融合、农业对外合作、现代种业、新型城镇化等重点领域的支持力度，严格限制信贷流向投资投机性购房。完善“三农”和小微企业信贷政策导向效果评估，开展金融精准扶贫政策效果评估。加大创业担保贷款实施力度，深化科技金融结合试点，积极探索金融支持创业创新市场化运作的长效机制，加大对科技、文化、战略性新兴产业等国民经济重点领域的金融支持力度。

三是进一步推进利率市场化和人民币汇率形成机制改革，提高金融资源配置效率，完善金融调控机制。进一步督促金融机构健全内控制度，增强自主合理定价能力和风险管理水平，从提高金融市场深度入手继续培育市场基准利率和完善国债收益率曲线，不断健全市场化的利率形成机制。探索利率走廊机制，增强利率调控能力，疏通央行政策利率向金融市场及实体经济的传导。加强对金融机构非理性定价行为的监督管理，发挥好市场利率定价自律机制的重要作用，采取有效方式激励约束利率定价行为，强化行业自律和风险防范，维护公平定价秩序。进一步完善人民币汇率市场化形成机制，加大市场决定汇率的力度，增强人民币汇率双向浮动弹性，保持人民币汇率在合理均衡水平上的基本稳定。加快发展外汇市场，坚持金融服务实体经济的原则，为基于实需原则的进出口企业提供汇率风险管理服务。支持人民币在跨境贸易和投资中的使用。推进人民币对其他货币直接交易市场发展，更好地为人民币的跨境使用服务。密切关注国际形势变化对资本流动的影响，完善对跨境资本流动的宏观审慎管理。

四是完善金融市场体系，切实发挥好金融市场在稳增长、调结构、促改革和防风险方面的作用。坚持市场化改革与发展方向，坚持创新和监管相协调，丰富债券市场产品和层次，完善市场基础设施，稳步推进债券市场对外开放，推动多层次资本市场建设，着力提高金融服务实体经济发展的能力和效率。积极推动债券市场产品创新，完善制度建设，进一步完善金融债券发行管理机制，优化债券及衍生品交易机制。稳妥推进债券市场对外开放，支持境外各类主体在境内人民币市场发行债券融资，提高境外机构在境内债券市场发行和交易的便利性，推动境内机构赴境外发行债券。加强金融市场基础设施建设和统筹管理，保证市场安全高效运行和整体稳定。加快建立健全信用风险处置机制，建立债券市场宏观审慎管理框架。加强债券市场管理协调和跨部门监管协作，切实发挥债券市场在提高直接融资比重、防范化解金融风险、优化资源配置方面的作用。

五是深化金融机构改革，通过增加供给和竞争改善金融服务。继续深化大型商业银行和其他大型金融企业改革，完善公司治理，形成有效的决策、执行、制衡机制，把公司治理的要求真正落实于日常经营管理和风险控制之中。继续推动农业银行“三农金融事业部”深化管理体制和运行机制改革，密切监测评估改革成效，不断提高县事业部服务县域经济的能力和水平。继续推动落实交通银行深化改革方案，不断提高其市场竞争力。推动全面落实开发性、政策性金融机构改革方案，会同有关单位根据改革方案要求和职责分工，抓紧做好健全治理结构、业务划分、完善风险补偿机制等后续工作，通过深化改革加快建立符合中国特色、能更好地为当前经济发展服务、可持续运营的开发性和政策性金融机构及其政策环境。继续推动资产管理公司转型发展。

六是把防控金融风险放到更加重要的位置，完善宏观审慎政策框架，切实维护金融体系稳定。坚持金融服务实体经济这个根本，努力畅通货币政策传导渠道和机制，保持总量稳定、促进结构优化。进一步完善金融风险监测、评估和预警体系建设，加强重点领域风险排查，加强对企业债务风险、银行资产质量和流动性变化情况、股票市场异常波动、保险资金运用、房地产泡沫风险、互联网金融、跨境资金流动、跨行业跨市场风险等领域的风险监测分析。继续做好金融机构和金融市场风险压力测试，及时提示风险，完善应对预案。防止资金

"脱实向虚"、"以钱炒钱"以及不合理的加杠杆行为，引导资金支持实体经济。提高预期管理能力，维护金融市场的基本稳定。加快完善存款保险的风险识别和处置功能，充分发挥存款保险市场化风险化解机制的作用。深入研究并积极稳妥推进金融监管体制改革，统一同类金融产品的标准规制，制定金融控股公司监管规则，减少监管真空和监管套利，落实监管责任。深化资本市场体制机制改革，促进资本市场稳定健康发展。坚持综合施策，下决心处置一批风险点，着力防控资产泡沫，及时采取有效措施防范化解金融风险，牢牢守住不发生系统性金融风险的底线。

注释：

[1]2016年全年新增房产开发贷款6141.22亿元，其中保障房开发贷款新增6972.18亿元，商业性房产开发贷款（含商品住宅、商业用房等）净减少830.96亿元，使得保障商开发贷款占比达113.5%。

2016年支付体系运行总体情况[1]

中国人民银行网站

2017年3月15日

2016年支付业务统计数据显示，全国支付体系运行平稳，社会资金交易规模不断扩大，支付业务量保持稳步增长。

一、非现金支付工具

2016年，全国共办理非现金支付业务[2]1251.11亿笔，金额3687.24万亿元，同比分别增长32.64%和6.91%。

（一）票据

票据业务量持续下降。2016年，全国共发生票据业务2.93亿笔，金额187.79万亿元，同比分别下降29.64%和21.17%。其中，支票业务2.73亿笔，金额165.80万亿元，同比分别下降30.23%和21.62%；实际结算商业汇票业务1656.45万笔，金额18.95万亿元，同比分别下降13.08%和9.71%；银行汇票业务153.01万笔，金额9504.63亿元，同比分别下降27.80%和39.05%；银行本票业务234.52万笔，金额2.09万亿元，同比分别下降48.86%和49.59%。

电子商业汇票系统业务量快速增长。截至2016年末，电子商业汇票系统参与者共计426家，较上年末增加30家。2016年，电子商业汇票系统出票230.47万笔，金额8.34万亿元，同比分别增长71.89%和48.96%；承兑237.75万笔，金额8.58万亿元，同比分别增长72.89%和48.29%；贴现83.77

万笔，金额5.77万亿元，同比分别增长69.09%和54.54%；转贴现325.08万笔，金额49.2万亿元，同比分别增长108.77%和122.26%。

（二）银行卡

发卡量保持稳步增长。截至2016年末，全国银行卡在用发卡数量61.25亿张，同比增长12.54%，增速上升2.28个百分点。其中，借记卡在用发卡数量56.60亿张，同比增长12.96%；信用卡和借贷合一卡在用发卡数量共计4.65亿张，同比增长7.60%。借记卡在用发卡数量与信用卡在用发卡数量之间的比例约为13.46:1，较上年末有所上升。截至2016年末，全国人均持有银行卡4.47张，同比增长11.83%。其中，人均持有信用卡0.31张，同比增长6.27%。北京信用卡人均拥有量仍远高于全国平均水平，达到1.35张。

受理市场环境不断完善。截至2016年末，银行卡跨行支付系统联网商户2067.20万户，联网POS机具2453.50万台，ATM 92.42万台，较上年末分别增加397.20万户、171.40万台和5.75万台。截至2016年末，每台ATM对应的银行卡数量为6627张，同比增长5.54%，每台POS机具对应的银行卡数量为250张，同比增长4.68%。

银行卡交易量继续增长。2016年，全国共发生银行卡交易[3]1154.74亿笔，金额741.81万亿元，同比分别增长35.49%和10.75%。日均3.16亿笔，金额2.03万亿元。其中，银行卡存现104.74亿笔，金额77.17万亿元，同比分别增长13.94%和8.74%；取现179.98亿笔，金额65.50万亿元，同比分别下降2.30%和10.46%；转账业务486.73亿笔，金额542.64万亿元，同比分别增长70.27%和15.29%；消费业务383.29亿笔，金额56.50万亿元，同比分别增长32.03%和2.72%。银行卡跨行消费业务[4]202.43亿笔，金额49.07万亿元，同比分别增长17.43%和14.35%，分别占银行卡消费业务量的52.81%和86.85%。全年银行卡渗透率达到48.47%，比上年上升0.51个百分点。银行卡卡均消费金额为9593元，同比下降5.08%；银行卡笔均消费金额为1474元，同比下降22.17%。

银行卡信贷规模继续增长。截至2016年末，银行卡授信总额[5]为9.14万亿元，同比增长29.06%；银行卡应偿信贷余额为4.06万亿元，同比增长23.63%。银行卡卡均授信额度1.96万元，授信使用率[6]44.45%。信用卡逾期半年未偿信贷总额535.68亿元，占信用卡应偿信贷余额的1.40%，占比较上年末上升0.17个百分点。

（三）贷记转账等其他结算业务

贷记转账金额占其他结算业务金额的九成以上。2016年，全国共发生贷记转账、直接借记、托收承付、国内信用证等其他业务93.44亿笔，金额2757.63万亿元，同比分别增长7.70%和8.53%。其中，贷记转账业务79.00亿笔，金额2675.18万亿元，分别占贷记转账、直接借记、托收承付以及国内信用证结算业务总量的84.55%和97.01%。

（四）电子支付

移动支付业务保持快速增长。2016年，银行业金融机构共处理电子支付[7]业务1395.61亿笔，金额2494.45万亿元。其中，网上支付业务461.78亿笔，金额2084.95万亿元，同比分别增长26.96%和3.31%；电话支付业务2.79亿笔，金额17.06万亿元，笔数同比下降6.61%，金额同比增长13.84%；移动支付业务257.10亿笔，金额157.55万亿元，同比分别增长85.82%和45.59%。

2016年，非银行支付机构累计发生网络支付业务[8]1639.02亿笔，金额99.27万亿元，同比分别增长99.53%和100.65%。

二、支付系统

2016年，支付系统[9]共处理支付业务592.87亿笔，金额5114.51万亿元，同比分别增长26.29%和16.70%。2016年支付系统处理支付业务金额是全国GDP总量的68.73倍。

从支付系统资金往来情况[10]看，全国共23个省（市、自治区）的辖内资金流动量占本省（市、自治区）资金流动总量的比例超过50%。2016年，处理资金总量居前三位的地区为北京、上海、广东[11]，其资金流动总量分别占全国资金流动总量的31.32%、17.58%和12.55%。

（一）人民银行支付系统

2016年，人民银行支付系统[12]共处理支付业务80.09亿笔，金额3821.35万亿元，同比分别增长33.58%和21.88%，分别占支付系统业务笔数和金额的13.51%和74.72%。日均处理业务2353.98万笔，金额15.14万亿元[13]。

大额实时支付系统业务持续平稳增长。2016年，大额实时支付系统处理业务8.26亿笔，金额3616.30万亿元，同比分别增长4.67%和22.50%。日均处理业务328.95万笔，金额14.41万亿元。

小额批量支付系统业务持续增长。2016年，小额批量支付系统处理业务23.48亿笔，金额30.91万亿元，同比分别增长27.95%和23.95%。日均处理业务646.91万笔，金额851.60亿元。

网上支付跨行清算系统业务增长较快。截至2016年末，共有195家机构接入网上支付跨行清算系统。2016年，网上支付跨行清算系统共处理业务44.53亿笔，金额37.46万亿元，同比分别增长50.16%和34.96%。日均处理业务1226.76万笔，金额1031.98亿元。

同城清算系统业务金额小幅增长。2016年，同城清算系统[14]共处理业务3.72亿笔，金额130.80万亿元，笔数同比下降5.74%，金额同比增长5.20%。日均处理业务148.39万笔，金额5211.35亿元。

境内外币支付系统业务小幅下降。2016年，境内外币支付系统共处理业务198.58万笔，处理业务金额8199.01亿美元（折合人民币约为5.47万亿元），同比分别下降4.47%和9.52%。日均处理业务7943.20笔，金额32.80亿美元（折合人民币约为218.93亿元）。

全国支票影像交换系统业务延续下降态势。2016年，全国支票影像交换系统共处理业务791.67万笔，金额4100.83亿元，同比分别下降11.65%和8.42%。日均处理业务2.18万笔，金额11.30亿元。

（二）其他机构支付系统

银行业金融机构行内支付系统业务持续增长。2016年，银行业金融机构行内支付系统共处理业务258.30亿笔，金额1215.47万亿元，同比分别增长31.07%和1.80%。日均处理业务7057.47万笔，金额3.32万亿元。

银行卡跨行支付系统业务稳步增长。2016年，银行卡跨行支付系统共处理业务237.62亿笔，金额67.07万亿元，同比分别增长14.97%和36.11%。日均处理业务6492.30万笔，金额1832.50亿元。

城市商业银行汇票处理系统和支付清算系统业务增长较快。2016年，城市商业银行汇票处理系统和支付清算系统处理业务387.46万笔，金额8253.17亿元，同比分别增长49.22%和52.65%。日均处理业务1.06万笔，金额22.55亿元。

农信银支付清算系统业务保持高位增长。2016年，农信银支付清算系统共处理业务16.81亿笔，金额5.43万亿元，同比分别增长193.41%和50.96%。日均处理业务459.28万笔，金额148.28亿元。

人民币跨境支付系统平稳运行。2016年，人民币跨境支付系统处理业务63.61万笔，金额4.36万亿元。日均处理业务2544.40笔，金额174.47亿元。

三、人民币银行结算账户

截至2016年末，全国共开立人民币银行结算账户83.53亿户，同比增长13.34%，增速上升0.17个百分点。其中，单位银行结算账户4939.47万户，占银行结算账户的0.59%；个人银行结算账户83.03亿户，占银行结算账户的99.41%。

（一）单位银行结算账户

单位银行结算账户数量平稳增长，基本存款账户数量在单位银行结算账户中的占比小幅上升，临时存款账户数量呈现持续减少趋势。截至2016年末，全国共开立单位银行结算账户4939.47万户，同比增长11.27%，增速下降0.35个百分点。其中，基本存款账户3282.67万户，一般存款账户1306.72万户，专用存款账户330.01万户，临时存款账户20.07

万户，分别占单位银行结算账户总量的66.46%、26.45%、6.68%和0.41%。基本存款账户、一般存款账户、专用存款账户同比分别增长15.77%、2.67%和6.41%，临时存款账户同比下降3.11%。

（二）个人银行结算账户

个人银行结算账户数量稳步增长。截至2016年末，全国共开立个人银行结算账户83.03亿户，同比增长13.35%，增速上升0.18个百分点。

注释:

[1]2016年全年新增房产开发贷款6141.22亿元，其中保障房开发贷款新增6972.18亿元，商业性房产开发贷款（含商品住宅、商业用房等）净减少830.96亿元，使得保障商开发贷款占比达113.5%。

[2]非现金支付业务包含票据、银行卡及其他结算业务。其中，其他结算业务包含贷记转账、直接借记、托收承付及国内信用证业务。

[3]银行卡交易量为银行卡本外币交易量之和。

[4]银行卡跨行消费业务是指通过POS(含移动POS)、网上、其他终端等设备受理的跨行银行卡消费的交易业务量。

[5]银行卡授信总额为信用卡和借贷合一卡的授信总额之和。

[6]授信使用率为银行卡应偿信贷余额与银行卡授信总额之比。

[7]电子支付是指客户通过网上银行、电话银行、手机银行、ATM、POS和其他电子渠道，从结算类账户发起的账务变动类业务笔数和金额。包括网上支付、电话支付、移动支付、ATM业务、POS业务和其他电子支付等六种业务类型。

[8]非银行支付机构处理网络支付业务量不包含红包类等娱乐性产品的业务量。

[9]包含大额实时支付系统、小额批量支付系统、网上支付跨行清算系统、同城清算系统、境内外币支付系统、全国支票影像交换系统、银行业金融机构行内支付系统、银行卡跨行支付系统、城市商业银行汇票处理系统和支付清算系统、农信银支付清算系统、人民币跨境支付系统。

[10]包含大额实时支付系统、小额批量支付系统和银行业金融机构行内支付系统处理的资金交易。

[11]含深圳市。

[12]包含大额实时支付系统、小额批量支付系统、网上支付跨行清算系统、同城清算系统、境内外币支付系统、全国支票影像交换系统。

[13]2016年大额实时支付系统实际运行251个工作日，小额批量支付系统实际运行363个工作日，网上支付跨行清算系统实际运行363个工作日，同城票据清算系统实际运行251个工作日，境内外币支付系统实际运行250个工作日，全国支票影像交换系统实际运行363个工作日，此处按实际运行工作日计算，下同。

[14]同城清算系统包括同城票据交换系统和同城电子清算系统。

2016年全国国有及国有控股企业经济运行情况

财政部资产管理司

2017年2月15日

2016年1—12月，全国国有及国有控股企业（以下简称国有企业）经济运行趋稳向好。国有企业收入和实现利润继续保持稳步增长，国有企业收入增幅有所提高，利润增幅略有下降。钢铁、化工、有色等行业亏损。

一、国有企业主要经济效益指标情况

（一）营业总收入。1—12月，国有企业营业总收入458978亿元，同比增长2.6%。（1）中央企业276783.6亿元，同比增长2%。（2）地方国有企业182194.4亿元，同比增长3.5%。

（二）营业总成本。1—12月，国有企业营业总成本449885亿元，同比增长2.5%，其中销售费用、管理费用和财务费用同比分别增长5.9%、增长6.7%和下降3.7%。（1）中央企业268039.9亿元，同比增长2.2%，其中销售费用、管理费用和财务费用同比分别增长5.8%、增长7.3%和下降5.8%。（2）地方国有企业181845.1亿元，同比增长3%，其中销售费用、管理费用和财务费用同比分别增长6.3%、增长5.7%和下降1.5%。

（三）实现利润。1—12月，国有企业利润总额23157.8亿元，同比增长1.7%。（1）中央企业15259.1亿元，同比下降4.7%。（2）地方国有企业7898.7亿元，同比增长16.9%。

（四）应交税金。1—12月，国有企业应交税金38076.1亿元，同比下降0.7%。（1）中央企业29153亿元，同比下降2.5%。（2）地方国有企业8923.1亿元，同比增长6%。

（五）资产、负债和所有者权益。12月末，国有企业资产总额1317174.5亿元，同比增长9.7%；负债总额870377.3亿元，同比增长10%；所有者权益合计446797.2亿元，同比增长9.2%。（1）中央企业资产总额694788.7亿元，同比增长7.7%；负债总额476526亿元，同比增长8.2%；所有者权益合计218262.7亿元，同比增长6.6%。（2）地方国有企业资产总额622385.8亿元，同比增长12%；负债总额393851.3亿元，同比增长12.1%；所有者权益合计228534.5亿元，同比增长11.7%。

二、主要行业盈利情况

1—12月，建材、交通和施工房地产等行业实现利润同比增幅较大。石油、纺织、烟草和石化等行业实现利润同比降幅较大。钢铁、化工、有色等行业亏损。

2016年全国固定资产投资主要情况

国家统计局

2017年1月20日

2016年，全国固定资产投资（不含农户）596501亿元，比上年名义增长8.1%(扣除价格因素实际增长8.8%)，增速比1—11月份回落0.2个百分点。从环比速度看，12月份固定资产投资（不含农户）增长0.53%。

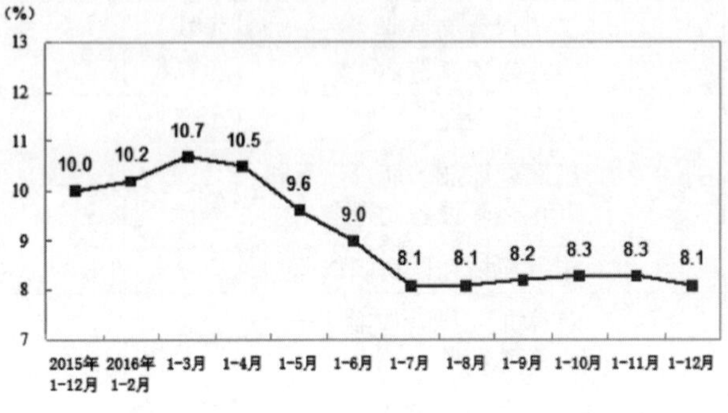

固定资产投资（不含农户）同比增速

分产业看，第一产业投资18838亿元，比上年增长21.1%，增速比1—11月份回落0.8个百分点；第二产业投资231826亿元，增长3.5%，增速提高0.2个百分点；第三产业投资345837亿元，增长10.9%，增速回落0.4个百分点。

第二产业中，工业投资227892亿元，比上年增长3.6%，增速比1—11月份提高0.2个百分点；其中，采矿业投资10320亿元，下降20.4%，降幅扩大0.2个百分点；制造业投资187836亿元，增长4.2%，增速比1—11月份提高0.6个百分点；电力、热力、燃气及水生产和供应业投资29736亿元，增长11.3%，增速回落1.9个百分点。

第三产业中，基础设施投资（不含电力、热力、燃气及水生产和供应业）118878亿元，比上年增长17.4%，增速比1—11月份回落1.5个百分点。其中，水利管理业投资增长20.4%，增速提高0.2个百分点；公共设施管理业投资增长22.9%，增速回落0.6个百分点；道路运输业投资增长15.1%，增速回落1.8个百分点；铁路运输业投资下降0.2%，1—11月份为增长5.0%。

分地区看，东部地区投资249665亿元，比上年增长9.1%，增速比1—11月份回落0.4个百分点；中部地区投资156762亿元，增长12%，增速回落0.6个百分点；西部地区投资154054亿元，增长12.2%，增速回落0.4个百分点；东北地区投资30642亿元，下降23.5%，降幅收窄1.2个百分点。

分登记注册类型看，内资企业投资568195亿元，比上年增长7.8%，增速比1—11月份回落0.2个百分点；港澳台商投资14145亿元，增长18.5%，增速提高1.3个百分点；外商投资12015亿元，增长12.4%，增速回落0.4个百分点。

从项目隶属关系看，中央项目投资25164亿元，比上年增长4.9%，增速比1—11月份提高4.2个百分点；地方项目投资571337亿元，增长8.3%，增速回落0.5个百分点。

从施工和新开工项目情况看，施工项目计划总投资1120561亿元，比上年增长10%，增速比1—11月份提高0.9个百分点；新开工项目计划总投资493295亿元，增长20.9%，增速回落0.1个百分点。

从到位资金情况看，固定资产投资到位资金606969亿元，比上年增长5.8%，增速比1—11月份提高0.4个百分点。其中，国家预算资金增长17.1%，增速提高0.6个百分点；国内贷款增长9.9%，增速提高1个百分点；自筹资金下降0.1%，降幅收窄0.3个百分点；利用外资下降20.5%，降幅扩大0.1个百分点；其他资金增长30.6%，增速回落0.9个百分点。

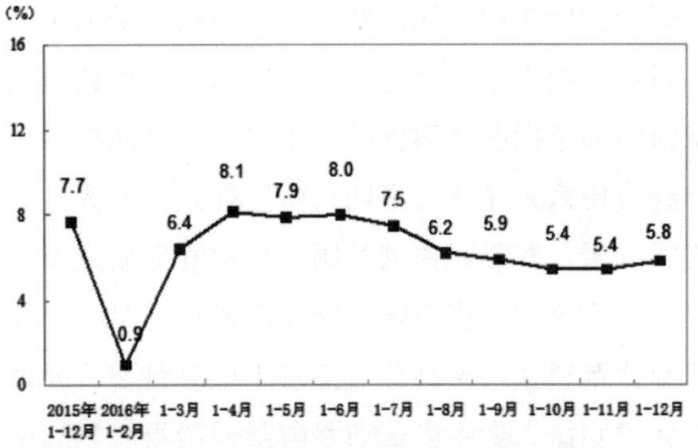

固定资产投资到位资金同比增速

2016年固定资产投资（不含农户）主要数据

指标	2016年	
	绝对量	比上年增长（%）
固定资产投资（不含农户）（亿元）	596501	8.1
其中：国有控股	213096	18.7
其中：民间投资	365219	3.2
分项目隶属关系		
中央项目	25164	4.9
地方项目	571337	8.3
按构成分		
建筑安装工程	415196	9.3
设备工器具购置	111860	2.1
其他费用	69445	11.4
分产业		
第一产业	18838	21.1
第二产业	231826	3.5
第三产业	345837	10.9

续表

指标	2016年	
	绝对量	比上年增长（%）
分行业		
农林牧渔业	22774	19.5
采矿业	10320	−20.4
其中：煤炭开采和洗选业	3038	−24.2
石油和天然气开采业	2331	−31.9
黑色金属矿采选业	978	−28.4
有色金属矿采选业	1429	−10.0
非金属矿采选业	2126	1.6
制造业	187836	4.2
其中：农副食品加工业	11786	9.5
食品制造业	5825	14.5
纺织业	6643	10.7
化学原料和化学制品制造业	14753	−1.6
医药制造业	6299	8.4
橡胶和塑料制品业	7015	7.4
非金属矿物制品业	16869	0.7
黑色金属冶炼和压延加工业	4161	−2.2
有色金属冶炼和压延加工业	5259	−5.8
金属制品业	10111	6.5
通用设备制造业	13061	−2.3
专用设备制造业	12037	−2.6
汽车制造业	12037	4.5
铁路、船舶、航空航天和其他运输设备制造业	2930	−9.2
电气机械和器材制造业	12782	13.0
计算机、通信和其他电子设备制造业	10464	15.8
电力、热力、燃气及水生产和供应业	29736	11.3
其中：电力、热力生产和供应业	22638	11.7
建筑业	4577	−6.5
交通运输、仓储和邮政业	53628	9.5
其中：铁路运输业	7748	−0.2
道路运输业	32937	15.1
水利、环境和公共设施管理业	68647	23.3
其中：水利管理业	8725	20.4
公共设施管理业	56776	22.9
教育	9324	20.7
卫生和社会工作	6282	21.4
文化、体育和娱乐业	7830	16.4
公共管理、社会保障和社会组织	8188	4.3
分注册类型		

续表

指标	2016年	
	绝对量	比上年增长（%）
其中：内资企业	568195	7.8
港澳台商投资企业	14145	18.5
外商投资企业	12015	12.4
分施工和新开工项目		
施工项目计划总投资	1120561	10
新开工项目计划总投资	493295	20.9
固定资产投资（不含农户）到位资金	606969	5.8
其中：国家预算资金	36212	17.1
国内贷款	66767	9.9
利用外资	2270	−20.5
自筹资金	404767	−0.1
其他资金	96953	30.6

注：1. 此表中速度均为未扣除价格因素的名义增速。

2. 此表中部分数据因四舍五入的原因，存在总计与分项合计不等的情况。

附注

1.指标解释

固定资产投资（不含农户）：是以货币形式表现的在一定时期内完成的建造和购置固定资产的工作量以及与此有关的费用的总称。

到位资金：是指固定资产投资单位在报告期内收到的，用于固定资产投资的各种货币资金，包括国家预算资金、国内贷款、利用外资、自筹资金和其他资金。

新开工项目：是指报告期内所有新开工的建设项目。

国有控股：在企业的全部实收资本中，国有经济成分的出资人拥有的实收资本(股本)所占企业全部实收资本(股本)的比例大于50%的国有绝对控股。

在企业的全部实收资本中，国有经济成分的出资人拥有的实收资本(股本)所占比例虽未大于50%，但相对大于其他任何一方经济成分的出资人所占比例的国有相对控股；或者虽不大于其他经济成分，但根据协议规定拥有企业实际控制权的国有协议控股。

投资双方各占50%，且未明确由谁绝对控股的企业，若其中一方为国有经济成分的，一律按国有控股处理。

行政和事业单位的投资项目都属于国有控股。

登记注册类型：划分企业登记注册类型的依据是工商行政管理部门对企业登记注册的类型，按照国家统计局、国家工商行政管理总局联合印发《关于划分企业登记注册类型的规定》的通知（国统字〔2011〕86号）执行。划分个体经营登记注册类型是依据国家统计局相关规定，按照国家统计局《关于“个体经营”登记注册类型分类及代码的通知》（国统办字〔1999〕2号）执行。

固定资产投资统计报表制度规定，基层统计单位均要填报登记注册类型。登记注册类型由从事固定资产投资活动的企业或个体经营单位填报。已在工商行政管理部门登记的，按登记注册类型填报，未登记的，按投资者的登记注册类型或有关文件的规定填报。

其中内资企业包括国有企业、集体企业、股份合作企业、联营企业、有限责任公司、股份有限公司、私营企业和其他企业。

港澳台商投资企业包括合资经营企业、合作经营企业、港澳台商独资经营企业、港澳台商投资股份有限公司和其他港澳台商投资企业。

外商投资企业包括中外合资经营企业、中外合作经营企业、外资企业、外商投资股份有限公司和其他外商投资企业。

2.统计范围

计划总投资500万元以上的固定资产项目投资及所有房地产开发项目投资。

3.调查方法

固定资产投资统计报表按月进行全面调查（1月份数据免报）。

4.东、中、西部和东北地区划分

东部地区包括北京、天津、河北、上海、江苏、浙江、福建、山东、广东、海南10个省（市）；中部地区包括山西、安徽、江西、河南、湖北、湖南6个省；西部地区包括内蒙古、广西、重庆、四川、贵州、云南、西藏、陕西、甘肃、青海、宁夏、新疆12个省（市、自治区）；东北地区包括辽宁、吉林、黑龙江3个省。

5.行业分类标准

执行国民经济行业分类标准（GB/T4754-2011），具体请参见http://www.stats.gov.cn/tjsj/tjbz/hyflbz。

6.增长速度计算

固定资产投资增长速度为名义增速，由于固定资产投资价格指数按季进行计算，除1—3月、1—6月、1—9月、1—12月可计算固定资产投资实际增速外，其他月份只计算名义增速。

7.环比数据修订

根据季节调整模型自动修正程序，对2015年12月份以来的固定资产投资（不含农户）环比增速进行修订。修订结果及2016年12月份环比数据如下：

年度	月份	环比增速（%）
2015年	12月	0.90
2016年	1月	0.75
	2月	0.65
	3月	0.87
	4月	0.60
	5月	0.63
	6月	0.66
	7月	0.54
	8月	0.62
	9月	0.68
	10月	0.62
	11月	0.57
	12月	0.53

第二部分

产业发展与投资

农、林、水、国土资源

2016年农业生产数据

国家统计局

2017年3月13日

全国粮食总产量61623.9万吨（12324.8亿斤），比2015年减少520.1万吨（104.0亿斤），减少0.8%。其中谷物产量56516.5万吨（11303.3亿斤），比2015年减少711.5万吨（142.3亿斤），减少1.2%。

全国粮食播种面积113028.2千公顷（169542.3万亩），比2015年减少314.7千公顷（472.1万亩），减少0.3%。其中谷物播种面积94370.8千公顷（141556.2万亩），比2015年减少1265.1千公顷

表1 2016年粮食播种面积、单位面积产量及总产量情况

	播种面积(千公顷)	单位面积产量(公斤/公顷)	总产量(万吨)
全年粮食	113028.2	5452.1	61623.9
一、分季节			
1.夏粮	27632.4	5037.7	13920.4
2.早稻	5619.8	5832.4	3277.7
3.秋粮	79776.0	5568.8	44425.8
二、分品种			
1.谷物	94370.8	5988.8	56516.5
其中：玉米	36759.7	5972.7	21955.4
稻谷	30162.4	6860.7	20693.4
小麦	24186.5	5327.4	12885.0
2.豆类	9710.5	1781.0	1729.4
3.薯类	8946.9	3775.5	3377.9

注：1.根据甘肃、宁夏、新疆等部分地区小麦实际产量对全国夏粮数据进行了修订。

2.由于计算机自动进位原因，分项数合计与全年数据略有差异。

表2 2016年全国及各省（区、市）粮食产量

地 区	播种面积（千公顷）	单位面积产量（公斤/公顷）	总产量（万吨）
全国总计	113028.2	5452.1	61623.9
北 京	87.3	6148.2	53.7
天 津	357.3	5496.6	196.4
河 北	6327.4	5468.7	3460.2
山 西	3241.4	4067.6	1318.5
内蒙古	5784.8	4806.1	2780.2
辽 宁	3231.4	6500.7	2100.6
吉 林	5021.6	7402.4	3717.2
黑龙江	11804.7	5132.3	6058.6
上 海	140.1	7107.1	99.5
江 苏	5432.7	6379.9	3466.0
浙 江	1255.4	5991.3	752.2
安 徽	6644.6	5143.2	3417.5
福 建	1176.7	5531.2	650.9
江 西	3686.2	5800.3	2138.1
山 东	7511.5	6258.0	4700.7
河 南	10286.2	5781.2	5946.6
湖 北	4436.9	5756.6	2554.1
湖 南	4890.6	6038.3	2953.1
广 东	2509.3	5420.7	1360.2
广 西	3023.6	5031.4	1521.3
海 南	360.4	4937.9	178.0
重 庆	2250.1	5182.1	1166.0
四 川	6453.9	5397.5	3483.5
贵 州	3113.3	3830.0	1192.4
云 南	4481.2	4246.4	1902.9
西 藏	176.6	5680.3	100.3
陕 西	3068.7	4002.6	1228.3
甘 肃	2814.0	4053.3	1140.6
青 海	281.1	3680.8	103.5
宁 夏	778.3	4761.5	370.6
新 疆	2401.1	6298.2	1512.3

注：由于计算机自动进位原因，分省合计数与全国数略有差异。

关于粮食产量调查制度和方法的说明

全国粮食总产量为31个省（区、市）夏粮、早稻和秋粮产量的总和。

（一）调查方法

粮食产量统计调查采取主要品种抽样调查、小品种全面统计相结合的方法，调查对象包括农业生产经营户和经营单位。国家统计局各调查总队负责农业生产经营户的抽样调查，各省（区、市）统计局负责农业生产经营单位的全面统计工作。

抽样调查对象是农业生产经营户，调查的主要粮食品种有稻谷、小麦和玉米等。通过以省为总体抽选的具有代表性的村民小组、农户和地块开展调查，播

种面积调查是在调查时点上对样本区内所有农作物进行清查；单位面积产量调查采用实割实测的方法，进而推算各主要粮食品种的实际播种面积和单位面积产量，两个结果相乘得到产量。农业生产经营户生产的粮食产量占全国粮食产量的95%以上。

（二）调查样本

目前粮食产量抽样调查在848个国家调查县中开展，农作物播种面积调查抽取8890个村民小组、48万农户，稻谷、小麦、玉米等主要粮食作物的单位面积产量调查抽取8890个村民小组、6万多地块，由国家统计局各基层调查队调查人员和辅助调查员实施。

（三）实割实测方法

主要粮食品种单位面积产量调查采用实割实测的方法取得。按照《农产量抽样调查制度》，在粮食

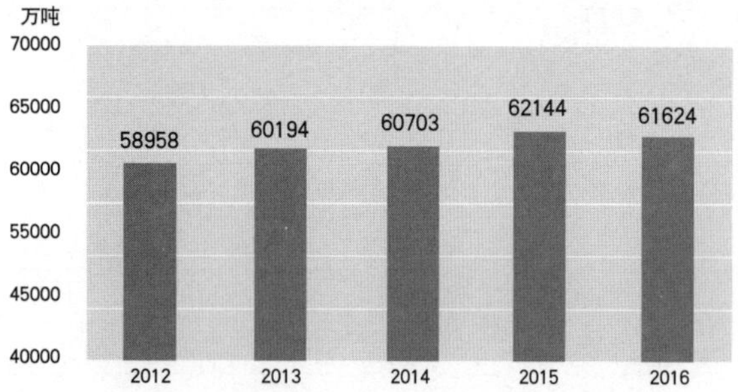

图1　中国年度粮食产量，2012—2016

作物收获前，各调查村中的基层调查员在播种面积调查样本的基础上对相应粮食品种种植地块逐块进行踏田估产、排队，抽选一定数量样本地块；待收获时各县级调查员或者辅助调查员在抽中样本地块上进行放样，割取样本，再通过脱粒、晾晒、测水杂、称重、核定割拉打损失等环节，计算出地块单产。国家统计局各调查总队根据抽中样本地块单产推算全省（区、市）平均单位面积产量。

全年棉花产量534万吨，比上年减产4.6%。油料产量3613万吨，增产2.2%。糖料产量12299万吨，减产1.6%。茶叶产量241万吨，增产7.4%。

全年肉类总产量8540万吨，比上年下降1.0%。其中，猪肉产量5299万吨，下降3.4%；牛肉产量717万吨，增长2.4%；羊肉产量459万吨，增长4.2%；禽肉产量1888万吨，增长3.4%。禽蛋产量3095万吨，增长3.2%。牛奶产量3602万吨，下降4.1%。年末生猪存栏43504万头，下降3.6%；生猪出栏68502万头，下降3.3%。

全年水产品产量6900万吨，比上年增长3.0%。其中，养殖水产品产量5156万吨，增长4.4%；捕捞水产品产量1744万吨，下降1.0%。

全年木材产量6683万立方米，比上年下降7.0%。

全年新增耕地灌溉面积118万公顷，新增节水灌溉面积211万公顷。

2016年中国林业发展报告

国家林业局计财司

2016年12月9日

1．生态建设成效明显，自然资源保护力度加大

造林绿化任务完成 2015年，坚持全国动员、全民动手植树造林，把建设美丽中国化为人民自觉行动。全国共完成造林面积768.20万公顷。其中，人工造林436.18万公顷，飞播造林12.84万公顷，新封山育林215.29万公顷，退化林修复73.93万公顷，人工更新29.96万公顷；新造用材林、经济林、防护林、薪炭林、特种用途林占全部造林面积比重分别为21.77%、29.80%、47.14%、0.96%和0.33%。完成森林抚育任务781.26万公顷。义务植树成效显著，部门绿化稳步推进。

森林质量进一步提高 2015年，新造混交林114.58万公顷，占全部人工造林面积的26.27%。混交林比重的提高，提升了森林的生态服务功能。人工造林中新造防护林205.61万公顷，占人工造林面积的47.14%。林种、树种结构进一步多样化。

首次建立国家层面的森林健康经营技术模式和经营示范区。实施生态脆弱区域天然次生林改造、土石山区水源涵养林多功能经营技术等10余个科技推广项目，进一步提升森林的生态功能。

湿地保护加强 2015年，按照《全国湿地保护工程“十二五”实施规划》，指导各地实施湿地保护与恢复工程，强化保护设施设备，恢复湿地生态功能，组织审查湿地保护与恢复工程项目73个，安排项目48个。中央财政安排资金16亿元，实施湿地补贴项目336个，项目数比2014年增长25.37%。其中，湿地保护与恢复项目225个，退耕还湿试点项目11个，湿地生态效益补偿试点项目20个，湿地保护奖励项目80个。湿地公园建设步伐进一步加快，新批国家湿地公园试点137处；验收国家湿地公园试点55处，通过验收46处。新指定国际重要湿地3处。

珍稀濒危物种保护成效显现 新增林业系统自然保护区39处。林业系统自然保护区总数达2228处。其中，国家级自然保护区345处。重点安排30多种珍稀濒危野生动物的野外巡护监测项目和近20种野生动物的栖息地恢复试点项目。支持重点省（自治区）40多种珍稀濒危野生植物开展野外救护与繁育、生境监测及恢复改造工作。全国第四次大熊猫调查结果显示，野外大熊猫种群数量稳定增长，从2003年全国第三次大熊猫调查的1596只上升到第四次调查的1864只；栖息地范围明显扩大，面积增长11.8%，潜在栖息地面积增长6.3%；有66.8%的野生大熊猫和53.8%的大熊猫栖息地纳入了自然保护区网络，种群和栖息地保护率不断提高。

防沙治沙步伐加快 2015年，贯彻落实《全国防沙治沙规划》，继续推进省级防沙治沙规划批复工作，科学推进沙化土地封禁保护区补助试点建设和国家沙漠公园试点建设工作，分别新增试点8个和22个。全年完成沙化土地治理面积191.9万公顷。第五次全国荒漠化和沙化监测结果与第四次监测结果相比，荒漠化和沙化土地呈整体遏制、持续缩减、功能增强的良好态势，5年间荒漠化土地面积净减少1.21万平方千米，年均减少2424平方千米；沙化土地面积净减少9902平方千米，年均减少1980平方千米。

林业重点生态工程深入推进 2015年，林业重点生态工程完成投资705.66亿元，比2014年增长5.96%。完成造林面积284.05万公顷，占全部造林面积的36.98%。其中，天然林资源保护工程、退耕还林工程、京津风沙源治理工程和三北及长江流域等重点防护林体系建设工程造林分别占全部造林面积的8.39%、8.28%、2.91%和17.40%。

国家储备林建设加快 2015年，完成国家储备林基地建设任务210万亩，落实中央投资4.5亿元。出台《国家储备林制度方案》，从六个方面搭建了国家储备林制度建设框架。《国家储备林核查办法（试行）》颁布实施，在7个重点省（自治区）组织开展了成果监测核查工作，抽查面积60万亩，核查总体合格率92%。国家林业局与国家开发银行签订《共同推进国家储备林等重点领域建设发展战略合作协议》，创新国家储备林投融资机制，为广西一期项目研究制定了新型林业金融产品。截至2015年，中央财政共安排资金18.36亿元，用于国家储备林造林、改培、抚育及基础设施建设，完成建设面积2990万亩（其中速生丰产林基地950万亩）。

2．林业产业保持中高速增长，林业服务业所占比重逐年增大

产值中高速增长 2015年，全年实现林业产业总产值5.94万亿元（按现价计算），比2014年增长9.86%。其中，第一、二、三产业分别增长8.88%、6.43%、25.41%。中、西部地区林业产业增速均超过15%。林业产业总产值超过3000亿元的省份共有8个，分别是广东、山东、广西、福建、江苏、浙江、湖南和江西。

产业结构逐步优化 林业三次产业的产值结构由2010年的39：52：9调整为2015年的34：50：16，第一产业、第二产业略有减少，第三产业有所增加。

产品产量稳定增长 2015年，人造板总产量为2.87亿立方米，比2014年增长4.78%；锯材产量7430.38万立方米，比2014年增长8.68%；木竹地板产量为7.74亿平方米，比2014年增长1.84%；各类经济林产品产量1.74亿吨，比2014年增长10.13%；大径竹产量23.55亿根，比2014年增长5.89%；花卉种植面积129.23万公顷；受国家天然林禁伐政策的影响，商品材总产量有较大幅度减少，比2014年减少12.55%，产量为7218.21万立方米。

3．生态服务载体多样，产品丰富

基础设施增强 2015年，各地推进生态公共服务基础设施建设，新建林业系统自然保护区39处、国家森林公园39处、国家湿地公园试点137处、国家沙漠公园试点22处、国家林木（花卉）公园3处、国家生态公园试点11处。山东省淄博市原山林场建成艰苦奋斗纪念馆，全面展示原山人艰苦创业、改革创新的奋斗历程，成为山东省林业系统和全国国有林场的教育基地。世界最大的模拟自然生态的场景式野生动物标本馆——横店中国野生动物标本馆建成开馆。福建闽南生态文化走廊被授予“全国生态文化示范基地”称号。北京市房山区南窖乡水峪村等120个行政村被授予“全国生态文化村”称号。

活动丰富 2015年，国家林业局编制《中国生态文化发展纲要（2016—2020）》，建立生态道德标尺、自然资源价值核算体系、绿色GDP核算体系、生态绩效评价体系和文化指标体系。全国绿化委员会、国家林业局授予河北省石家庄市等21个城市“国家森林城市”称号，截至2015年年底，全国有96个城市被授予“国家森林城市”称号。各地主管部门开展了形式多样的保护古树名木行动。国家科技基础性工作专项“中国森林典籍志书资料整编”项目启动。国家林业局举办了为期半年的“绿水青山，生态脊梁——百家媒体百名记者进林场”主题宣传活动，《光明日报》《科技日报》等多家媒体记者先后12次深入14个省28个林场进行采访宣传。

传播广泛 2015年，各主要新闻单位和网站共刊播或转载林业宣传稿件1.30万条（次）。中央林业报刊和各省林业报刊及时报道林业的重要政策、重点工作和先进典型，为引导全社会关注林业、关注生态营造了良好的舆论氛围。《林业科学》《北京林业大学学报》获中国国际影响力优秀科技类学术期刊，《林业经济》获中国国际影响力优秀人文社科类学术期刊，《林业研究》（英文版）获得“中国最具国际影响力学术期刊”。林业和生态主题的展览会、文化节、论坛等活动推陈出新、精彩纷呈。

教育深入 2015年，各级林业主管部门与社会各界着眼于公众生态文明观念的培养，充分利用与生态保护相关的节日，组织一系列面向公众的宣传教育活动，提升生态文明理念。其中，青少年生态文明教育发展迅速、颇有成效。生态文明教育进校园、入教材、进课堂活动持续开展。高等院校生态文明教育活动立足实际、渠道多元、求深求精。越来越多的企业践行生态文明理念，参与生态公益活动，履行绿色发展中的社会责任。

4．林业改革有重大突破，国有林区和国有林场改革全面启动

《国有林场改革方案》和《国有林区改革指导意见》印发 2015年2月，中共中央、国务院印发《国有林场改革方案》和《国有林区改革指导意见》，明确国有林场（林区）改革的指导思想、基本原则、总体目标、主要内容及政策支持体系。

重点国有林区改革积极推进 按照中发6号文件的要求和国务院安排部署，内蒙古、吉林、黑龙江三省（自治区）分别制定重点国有林区改革总体方案。2015年，发改委会同国家林业局共同批复《内蒙古大兴安岭重点国有林区改革总体方案》，该方案明确建立重点国有林管理机构，撤销森工集团，将企业经营归属地方管理，实现“四分开”；吉林省委、省政府召开会议，审议通过《吉林省重点国有林区改革总体方案》，报送国家国有林场林区改革工作小组，该方案明确将全省重点国有林区森林资源实行统一管理，建立省级以下垂直管理的重点国有林管理机构；黑龙江省政府常务会议和黑龙江省委全面深化改革领导小组会议分别审议并原则通过《黑龙江省重点国有林区改革总体方案》和《大兴安岭重点国有林区改革总体方案》。东北、内蒙古重点国有林区天然林商业性采伐全面停止。

国有林场改革全面铺开 21个省（自治区、直辖市）成立由省级领导任组长的国有林场改革工作小组，广东等15个省（自治区、直辖市）的《国有林场改革实施方案》获国家批复。改革配套政策陆续出台。中央改革补助资金36.3亿元。

集体林权制度改革深入推进 全国“明晰产权、确权发证”的主体改革任务基本完成，确权集体林地面积27.05亿亩。推进新型林业经营主体建设，确定全国林业专业合作社示范社348家，会同农业部等9部委共同评定国家级农民林业专业合作社示范社439家。开展集体林业综合改革试验示范区建设，确定全国农村改革试验区8个和国家林业局集体林业综合改革试验示范区22个。

国家林业局推动野生动物类型国家公园建设 为贯彻落实党中央关于建立国家公园体制的决策及中央领导同志关于加强野生动植物保护的批示指示精神，创新野生动物保护模式，2015年，国家林业局规划建立一批野生动物类型国家公园，提出率先建立大熊猫、东北虎、东北豹、亚洲象、藏羚羊等几个物种国家公园的任务。我国第一个大型野生动物类型国家公园——西藏羌塘藏羚羊、野牦牛国家公园在拉萨挂牌建立。

5．林业生态保护政策逐步完善，依法治林逐步推进

林业新政策陆续出台 2015年，在天然林保护、新一轮退耕还林和三北工程退化林分改造方面，国家提出，要统筹安排25°以上坡耕地、严重沙化耕地、丹江口库区和三峡库区15°～25°坡耕地退耕还林还草，合理调整25°以上坡耕地中的基本农田布局。将确需退耕还林还草的陡坡耕地基本农田调整为非基本农田，从2016年起，新一轮退耕还林重点向扶贫开发任务重、贫困人口较多的省份倾斜；国家明确，要严格控制低产低效天然林改造，严格控制天然林树木采挖移植；明确规定三北工程成过熟林、乔木林、灌木林等按退化林分改造的条件。在林地、湿地管理和沙化土地治理方面，出台《建设项目使用林地审核审

批管理办法》，明确了建设项目使用林地的范围、条件、程序、审批权限、申请材料、审查要求等；印发《关于光伏电站使用林地有关问题的通知》，明确光伏电站建设的禁止和限制建设区域，光伏电站建设可使用林地类型和“林光互补”用地模式；印发《关于加强临时占用林地监督管理的通知》，明确临时占用林地的范围、条件、审批及监管要求，落实恢复林业生产条件的责任和监管机制。严格禁止围垦占用湖泊湿地，地方各级林业主管部门要明确辖区湖泊湿地的边界“四至”，逐步理顺湖泊湿地产权关系，对湖泊湿地的保护和利用进行监管；印发《国家沙化土地封禁保护区管理办法》，明确国家沙化土地封禁保护区的管理体制、划定条件和程序、建设主体及其职责以及禁止性规定。在林业工作站建设和森林公园管理方面，印发《关于进一步加强乡镇林业工作站建设的意见》，提出六个方面的重点任务；颁布《全国城郊森林公园发展规划（2016—2025年）》和《国家级森林公园总体规划审批管理办法》，进一步规范森林公园管理。在国有林场改革方面，国有林场岗位设置指导意见出台，国有林场（区）道路纳入相关公路网规划。在产业发展方面，《中药材保护和发展规划（2015—2020年）》，野生植物培育利用和木本油料产业发展意见出台，产业发展能力进一步增强。

林业法制建设步伐加快 2015年，《中华人民共和国种子法》经第十二届全国人大常委会修订通过，颁布实施《建设项目使用林地审核审批管理办法》《林业固定资产投资建设项目管理办法》《林业工作站管理办法》3件部门规章，建立基层林业立法联系点制度。全国共发生各类林业行政案件19.70万起，比2014年减少15.27%。全国森林公安机关共立案侦查破坏森林和野生动物资源类刑事案件3.17万起，比2014年增长1.28%，打击处理违法犯罪人员3万人（次），收缴林木12.8万立方米、野生动物18.8万头（只），涉案金额8.1亿元。开展“非法侵占林地清理排查专项行动”“打击围垦占用湖泊湿地专项行动”等一系列专项执法行动，有效遏制了破坏森林、湿地等自然资源的违法犯罪活动。2015年，国家林业局共办理林业行政许可事项4845件、行政复议案25件、行政诉讼应诉11件；共取消和下放国家林业局实施的行政审批事项15项，其中，下放1项，取消14项。

6. 林业投资总额略有下降，投向生态保护与建设资金持续增长

2015年，在经济下行压力加大、财政收入增长回落的严峻形势下，全国林业建设资金投入略有减少，林业利用外资总额降到了10年来的最低点。但中央和地方各级财政预算内资金依然保持增长趋势，湿地恢复与保护、野生动植物保护及自然保护区建设、生态保护补偿等林业生态保护与建设资金投入仍保持了较高的增速，为加快我国林业改革发展和生态文明建设提供了重要保障。全国林业建设到位资金4257.45亿元，比2014年减少0.19%。其中，国家预算资金投入1910.44亿元，比2014年增长10.56%；国内贷款为375.49亿元，减少6.52%；自筹资金1629.22亿元，减少2.82%。全年完成林业投资4290.14亿元，其中，用于生态建设与保护、林业支撑与保障、林业产业发展、林业民生工程和其他方面完成投资分别为2017.20亿元、227.27亿元、1564.67亿元、103.03亿元和377.97亿元。

7. 林业支撑保障能力增强，保障体系不断完善

森林资源管理强化 2015年，对使用林地项目从严把关、依法审批。组织北京、河北等10个省份开展林地变更调查，印发《关于扎实做好全面停止商业性采伐工作的通知》，对全面停伐提出更为严格的政策规定和要求。林木种苗工程建设稳步推进2015年，中央预算内投资计划下达林木种苗工程建设投资2亿元，建设林木种苗工程项目65个，建设规模2462.7公顷。建设地县级林木种苗机构能力项目10个，涉及10个省（自治区、直辖市）。全国共采收林木种子2644万千克，生产穗条146亿条（根），完成育苗面积137万公顷，育苗总量671.7亿株。

林业灾害防控形势依然严峻 2015年，全国共

发生森林火灾2936起，受害森林面积1.29万公顷，人员伤亡26人，分别比2014年减少20.71%、32.29%、76.79%；森林火灾发生率（起火灾/万公顷森林）0.14，森林火灾控制率（以公顷为单位的受害森林面积/起森林火灾）4.41，森林火灾受害率（受害森林面积/森林总面积）0.06‰（按照全国森林面积20769万公顷计算）。2015年，全国主要林业有害生物发生1218.35万公顷，比2014年增长0.99%，整体偏重发生，局部成灾较重；完成防治面积877.77万公顷，主要林业有害生物成灾率控制在4.5‰以下，无公害防治率达到85%以上。2015年，全国共报告野生动物异常情况75起，死亡野生动物59种1.28万只（头），发现并处置一般疫情20起、较大疫情1起。

林业科技自主创新能力增强 2015年，林业科技共投入资金10.3亿元。新启动国家科技支撑计划项目4个，启动林业公益性行业科研专项56项；围绕生态建设、森林经营与保护、林木良种培育等七大领域，设立了“纳米纤维素绿色制备和高值化应用技术研究”“重大森林害虫持续防控关键技术与体系研究”等重大项目15个，完成了87项到期项目的验收工作；启动948项目新项目59项，完成了62项到期项目的验收工作。组织实施林业科技成果国家级推广项目56项；征集林业科技成果4200余项入库；加强180个基层林业科技推广站能力建设；建立完成7个工程技术研究中心；发布林业行业标准193项、国家标准35项。

林业教育迈上新台阶 2015学年，全国林业研究生教育毕业生7280人，林业本科教育毕业生4.74万人，林业高职教育毕业生4.15万人，林业中职教育毕业生6.08万人。2015年，7个涉林一级学科的59个学科点被确定为国家林业局重点学科。北京林业大学的科学技术哲学等15个学科方向被确定为国家林业局重点（培育）学科。全年78个涉林职业（工种）3.32万人通过林业行业职业技能鉴定，获人力资源社会保障部颁发的《职业资格证书》。

智慧林业建设全面推进 2015年，编制《“互联网＋”林业行动计划——全国林业信息化“十三五”发展规划》，“互联网+生态红线保护”“互联网+林业资源监管”“互联网+生态旅游”“互联网+现代林业”等4项工程列入国家“互联网+”重大项目。开展中国林业大数据建设，实施“明天去哪儿”“果子熟了”等林业大数据试点项目。建设国家林业局网上行政审批平台，完成林木种苗工程项目管理系统、全国竹藤资源培育与产业发展基础数据平台等多项重点应用项目，建设林业电子商务平台、基于微信的“微商”平台等互联网营销平台。中国林业网站群规模近4000个，访问量近20亿人次。开展智慧机关建设，完成国家林业局运维呼叫中心建设，实现4G移动办公。

林业工作站建设加快 2015年，全国完成林业站基本建设投资47281万元，比2014年下降35.40%。其中，中央投资14137万元，地方配套33144万元，分别比2014年下降3.30%和43.39%。新建180个乡（镇）林业站；373个林业站新建了办公用房，586个林业站配备了通信设备，466个林业站配备了机动交通工具，1663个林业站配备了计算机。完成林业站站长培训4.65万人次。林业工作站共指导、组织完成造林面积399万公顷。林业站加强对全国近2.1万个集体林场、6049个联办林场和1.8万个户办林场的业务指导和管理。

森林公园建设投入加大 2015年，各地森林公园共投入建设资金416.9亿元。新增风景林7.99万公顷，改造林相18.34万公顷。截至2015年底，全国森林公园有职工17.23万人、游（步）道8.17万千米、车船3.55万台（艘）、床位92.8万张、餐位177万个。

8. 区域林业发展良好，各具特色

经济区划下的区域林业 东部地区生态状况持续向好。2015年，完成造林面积141.29万公顷，占全国造林总面积的18.39%；林业产出效益显著，单位森林面积实现林业产业产值8.2万元/公顷，是全国平均水平的2.87倍；单位林地面积投资额2734.60元/公顷，是全国平均水平的1.99倍，居四区之首。中部地区林业产值增速最快，2015年，林业产业总产值1.36万亿元，比2014年增长16.92%；林业职工收入增幅明显，

在岗职工平均工资比2014年增长23.87%；森林火灾发生率低于全国平均火灾发生率水平。林业有害生物发生率5.50%，处于全国较高水平。西部地区是国土绿化主战场，2015年，完成造林面积387.79万公顷，占全国造林总面积的50.48%；林业旅游与休闲产业持续发展，共接待旅游人数6.72亿人次，实现旅游收入1594.58亿元，占全国的23.59%，直接带动其他产业产值3792.92亿元。西部地区仍是国家林业投资的重点区域，2015年，完成林业投资2039.20亿元，占全国总投资额的47.53%，比2014年增长2.77%，其中，国家投资占35.41%。东北地区森林资源保护能力提高，森林火灾发生率和火灾受害率均低于全国平均水平，森林火灾的预防和控制成效显著。林业有害生物发生率3.84%；林业有害生物防治率84.32%，与2014年相比，发生率略有下降；非木产业发展较快，该区森林食品干重占全国总产量的22.98%，是我国森林食品的主产区。国家投资主导林业建设，2015年，完成林业投资320.26亿元。其中，国家投资占80.16%。

国家新型发展战略下的区域林业 “一带一路”所涉及的18个省（自治区、直辖市）林地总面积为2.16亿公顷，占全国的69.18%；人均林地面积0.36公顷。造林总面积为428.74万公顷，占全国的55.81%。林业有害生物发生较为严重，发生面积为768.32万公顷，占全国的63.06%。林业产业总产值为3.02万亿元，占全国的50.84%；林业产业总产值占地区总产值的9.05%；人均林业产业总产值为5038.52元/人，单位森林面积林业产业产值为1.91万元/公顷。木材加工业发达，锯材产量3960.02万立方米，人造板产量8919.85万立方米，分别占全国的53.30%和31.10%。累计完成林业投资额2274.78亿元，占全国的58.82%。“长江经济带”所涉及的11个省（直辖市）林地总面积为1.06亿公顷，占全国的33.78%；人均林地面积0.18公顷。2015年，造林总面积为316万公顷，占全国的56.94%。该区林业产业较为发达，林业产业总产值为2.53万亿元，占全国的42.66%；林业产业总产值占地区总产值的8.29%；人均林业产业总产值为4309.38元/人，单位森林面积林业产业产值为2.99万元/公顷。油茶产业产值532.06亿元，占全国总产值的84.07%；林下经济总产值为3116.73亿元，占全国的57.68%；林业旅游与休闲产业收入3879.20亿元，占全国的57.39%。累计完成林业投资额1191.53亿元，占全国的27.77%；单位林地面积投资额为1128.40元/公顷。“京津冀协同发展”所涉及的3省（直辖市）林地总面积为835.05万公顷，占全国的2.67%；人均林地面积仅为0.08公顷；2015年，造林总面积为39.49万公顷，占全国的5.14%，其中重点生态工程造林面积为14.60万公顷，占该区总造林面积的36.98%。该区北京和天津森林防火控制工作成效明显，森林火灾发生仅为75起，占全国的2.55%，受害森林面积86公顷，仅占全国的0.67%。该区林业有害生物偏重发生，面积为56.83万公顷，占全国的4.66%；发生率为9.75%，防治率为81.77%。该区林业产业总产值为1641.25万元，占全国的2.76%；林业产业总产值占地区总产值的2.37%；人均林业产业总产值为1472.89元/人，单位森林面积林业产业产值为3.22万元/公顷。累计完成林业投资额269.99亿元，占全国的6.29%。单位林地面积投资额较高，为3233.17元/公顷。

9. 国际合作与交流成果丰富，领域拓展

2015年，林业双边部门间国际合作迈上新台阶，圆满完成中美战略与经济对话下林业领域各项成果磋商，拓展中非、中欧、中亚等林业合作，组织实施2015年林业援外培训项目18期，共培训58个发展中国家学员518人次，召开中伊朗林业、中韩生态保护、中韩林业工作组会议，推动与澳大利亚、新西兰在林产品贸易、候鸟保护等方面的往来，启动中阿（阿根廷）林业与生态保护分委会工作等。履约工作稳步推进，防治荒漠化、野生动植物保护、湿地保护等专项国际合作成果丰富。林业经济合作进展顺利，欧洲投资银行贷款林业和气候变化框架下4个项目签署了协议，落实贷款资金1.95亿欧元；世界银行贷款“林业综合发展项目”营造林工作按计划推进，贷款资金支付速度不断加快；亚洲开发银行贷款西北三省（自

治区）林业生态发展项目累计营造经济林37952.4公顷、生态林4513.63公顷。

10. 林产品进口增长、出口下降，进出口贸易总规模微幅减少，贸易顺差进一步扩大；木材产品市场总供给（总消费）低速增长；原木与锯材产品价格全面下跌

2015年，林产品出口742.62亿美元，比2014年增长3.99%，占全国商品出口额的3.26%；林产品进口636.04亿美元，比2014年下降5.92%，占全国商品进口额的3.78%。

2015年，木材产品市场总供给为55170.80万立方米，比2014年增长2.27%。其中，国内商品材产量为7218.21万立方米，木质刨花板和纤维板折合木材（扣除与薪材供给的重复计算）14809.80万立方米，农民自用材和烧柴产量3856.42万立方米，进口原木及其他木质林产品折合木材26655.82万立方米，上年库存、超限额采伐等形式形成的木材供给为2630.55万立方米。木质林产品进口中，原木进口4456.90万立方米，比2014年下降12.94%；锯材进口2659.77万立方米，比2014年增加3.34%。胶合板、纤维板和刨花板的进口量分别为16.59万立方米、22.05万立方米和63.89万立方米，与2014年相比，胶合板和纤维板进口量分别减少了6.69%和7.62%，刨花板进口量增加了10.54%；木家具进口额8.82亿美元，比2014年下降0.79%；木浆进口1979.18万吨，比2014年增长10.61%；纸和纸制品（按木纤维浆比例折合值）进口298.61万吨，比2014年增长1.38%；废纸进口2928.39万吨，比2014年增长6.42%。2015年木材产品市场总需求为55170.80万立方米，比2014年增长2.27%。其中，工业与建筑用材消耗量为42188.00万立方米，农民自用材（扣除农民建房用材）和烧柴消耗量为3040.72万立方米，出口原木及其他木质林产品折合9942.08万立方米。木质林产品出口中，原木出口1.21万立方米，锯材（不包括特形材）出口28.84万立方米，比2014年下降29.49%。胶合板、纤维板和刨花板的出口量分别为1076.68万立方米、301.49万立方米和25.44万立方米，分别比2014年下降7.45%、5.95%和31.74%；木家具出口3.27亿件，合228.54亿美元，分别比2014年增长3.48%和3.45%；纸和纸制品（按木纤维浆比例折合值）出口835.87万吨，比2014年下降1.90%。

2015年，中国木材市场价格综合指数在1—4月基本稳定在116.0%左右，从5月开始持续下跌至12月的107.4%；木材进口价格综合指数由1月的113.5%波动下跌至12月的102.0%。

2015年，非木质林产品出口179.65亿美元，比2014年增长5.22%，占林产品出口额的24.19%；进口219.42亿美元，比2014年下降0.94%，占林产品进口额的34.50%。

2015年，美国、日本仍为主要的出口市场，进口市场则以美国、东盟国家、加拿大、俄罗斯为主，但进出口贸易的市场集中度明显下降。按市场份额排序，前5位出口贸易伙伴依次是美国（22.86%）、中国香港（7.44%）、日本（7.15%）、英国（4.32%）、越南（3.78%）；前5位进口贸易伙伴分别为美国（12.58%）、泰国（10.81%）、印度尼西亚（9.53%）、加拿大（7.23%）、俄罗斯（6.52%）。

2016年全国渔业经济统计公报

农业部渔业渔政管理局

2017年7月25日

2016年是“十三五”规划的开局之年，也是推进渔业转方式调结构和渔业供给侧结构性改革的元年。在部党组的坚强领导下，全国渔业系统坚持稳中求进工作总基调，坚持新发展理念，以推进渔业供给侧结构性改革为主线，坚决落实“四调优”“四转变”“打好六场硬仗”的要求，妥善应对风险挑战，渔业经济保持平稳健康发展，实现了渔业“十三五”良好开局，渔业发展质量和效益同步提高，渔民收入保持较快增长。

一、全社会渔业经济总产值和增加值

按当年价格计算，全社会渔业经济总产值23662.29亿元，其中渔业产值12002.91亿元，渔业工业和建筑业产值5410.54亿元，渔业流通和服务业产值6248.85亿元。其中，休闲渔业产值664.54亿元，同比增长35.82%。三个产业产值的比例为50.7:22.9:26.4。据国家统计局核算，渔业增加值7019亿元，同比增长4.0%（渔业产值、增加值以国家统计局年报数为准）。

渔业产值中，海洋捕捞产值1977.22亿元，海水养殖产值3140.39亿元，淡水捕捞产值431.15亿元，淡水养殖产值5813.18亿元，水产苗种产值640.96亿元。

渔业产值中（不含苗种），海水产品与淡水产品的产值比例为45.0:55.0，养殖产品与捕捞产品的产值比例为78.8:21.2。

二、渔民人均纯收入

据对全国1万户渔民家庭当年收支情况调查，全国渔民人均纯收入16904.20元，比上年增加1309.37元、增长8.40%。

三、水产品产量及人均占有量

全国水产品总产量6901.25万吨，比上年增长3.01%。其中，养殖产量5142.39万吨，同比增长4.14%，捕捞产量1758.86万吨，同比降低0.16%，养殖产品与捕捞产品的产量比例为74.5:25.5；海水产品产量3490.15万吨，同比增长2.36%，淡水产品产量3411.11万吨，同比增长3.68%，海水产品与淡水产品的产量比例为50.6:49.4。

远洋渔业产量198.75万吨，同比下降9.33%，占水产品总产量的2.88%。

全国水产品人均占有量49.91千克，比上年增加1.17千克、增长2.40%。

四、水产养殖面积

全国水产养殖面积8346.34千公顷，同比下降1.40%。其中，海水养殖面积2166.72千公顷，同比下降6.52%；淡水养殖面积6179.62千公顷，同比增长0.53%；海水养殖与淡水养殖的面积比例为26.0:74.0。

表1　2016年全国水产养殖产量

单位：万吨

指标	养殖产量	海水养殖		淡水养殖	
		产量	同比(%)	产量	同比(%)
全国总计	5142.39	1963.13	4.67	3179.26	3.82
鱼类	2950.31	134.76	3.06	2815.54	3.70
甲壳类	440.88	156.46	9.04	284.42	5.71
贝类	1447.36	1420.75	4.59	26.61	1.49
藻类	217.81	216.93	3.83	0.88	-0.94
其他	86.03	34.23	0.46	51.80	1.39

表2　2016年国内捕捞产量

单位：万吨

指标	国内捕捞产量	海水捕捞		淡水捕捞	
		产量	同比(%)	产量	同比(%)
全国总计	1560.11	1328.27	1.03	231.84	1.79
鱼类	1089.63	918.52	1.45	171.11	1.67
甲壳类	271.33	239.64	-1.30	31.69	1.90
贝类	82.04	56.13	0.96	25.91	1.99
藻类	2.43	2.39	-7.30	0.04	4.64
头足类	71.56	71.56	2.25		
其他	43.12	40.02	4.08	3.09	5.71

五、渔船拥有量

年末渔船总数101.11万艘、总吨位1098.48万吨。其中，机动渔船65.42万艘、总吨位1054.06万吨、总功率2236.81万千瓦；非机动渔船35.69万艘、总吨位为44.42万吨。

机动渔船中，生产渔船62.71万艘、总吨位947.30万吨、总功率2020.76万千瓦。辅助渔船2.71万艘、总吨位106.76万吨、总功率216.05万千瓦。

六、渔业人口和渔业从业人员

渔业人口1973.41万人，比上年减少43.55万人、下降2.16%。渔业人口中传统渔民为661.11万人，比上年减少17.36万人、下降2.56%。渔业从业人员1381.69万人，比上年减少33.16万人、下降2.34%。

表3　2016年全国海水养殖面积

单位：千公顷

指标	2016年	同比（%）	占总面积比重(%)
总计	2166.72	-6.52	
鱼类	84.98	1.11	3.92
甲壳类	317.66	1.09	14.66
贝类	1359.20	-10.97	62.73
藻类	140.82	7.86	6.50
其他类	264.06	0.68	12.19

表4　2016年全国淡水养殖面积

单位：千公顷

指标	2016年	同比（%）	占总面积比重(%)
总计	6179.62	0.53	
池塘	2762.60	2.27	44.71
湖泊	990.82	-3.08	16.03
水库	2010.93	-0.07	32.54
河沟	267.69	-3.40	4.33
其他	147.58	10.00	2.39

七、水产品加工与贸易

截至2016年底，全国水产加工企业9694个，水产冷库8595座。水产加工品总量2165.44万吨，同比增长3.50%，其中，海水加工产品1775.07万吨，淡水产品390.37万吨，同比分别增长3.30%和4.40%。用于加工的水产品总量2635.76万吨，同比增长15.89%，其中，海水产品2066.37万吨，淡水产品569.39万吨，同比分别增长20.67%和1.34%。

据海关统计，我国水产品进出口总量827.91万吨、进出口总额301.12亿美元，同比分别增长1.69%和2.72%。其中，出口量423.76万吨、出口额207.38亿美元，同比分别增长4.37%和1.99%，出口额占农产品出口总额（729.9亿美元）的28.41%；进口量404.15万吨、进口额93.74亿美元，同比分别下降0.97%和增长4.37%。贸易顺差113.64亿美元，比上年同期增加0.13亿美元。

八、渔业灾情

全年由于渔业灾情造成水产品产量损失164.39万吨，受灾养殖面积1069.50千公顷，沉船1987艘，死亡、失踪和重伤人数165人，直接经济损失287.79亿元。

2016年中国海洋经济统计公报

国家海洋局

2017年3月

一、海洋经济总体运行情况

据初步核算，2016年全国海洋生产总值70507亿元，比上年增长6.8%，海洋生产总值占国内生产总值的9.5%。其中，海洋产业增加值43283亿元，海洋相关产业增加值27224亿元。海洋第一产业增加值3566亿元，第二产业增加值28488亿元，第三产业增加值38453亿元，海洋第一、第二、第三产业增加值占海洋生产总值的比重分别为5.1%、40.4%和54.5%。据测算，2016年全国涉海就业人员3624万人。

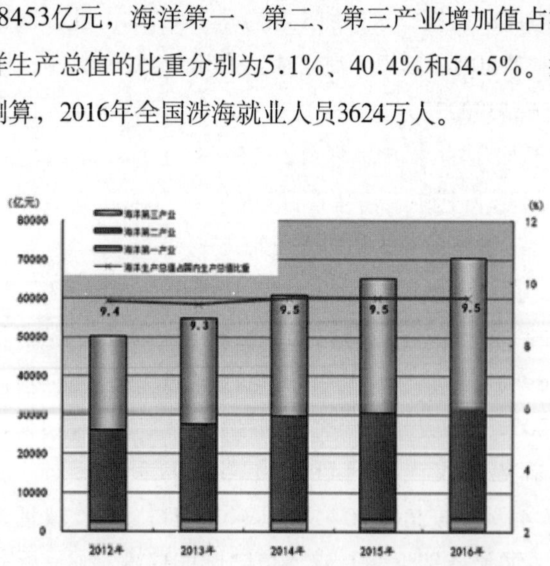

图1　2012—2016年全国海洋生产总值情况

二、主要海洋产业发展情况

2016年，我国海洋产业继续保持稳步增长。其中，主要海洋产业增加值28646亿元，比上年增长6.9%；海洋科研教育管理服务业增加值14637亿元，比上年增长12.8%。

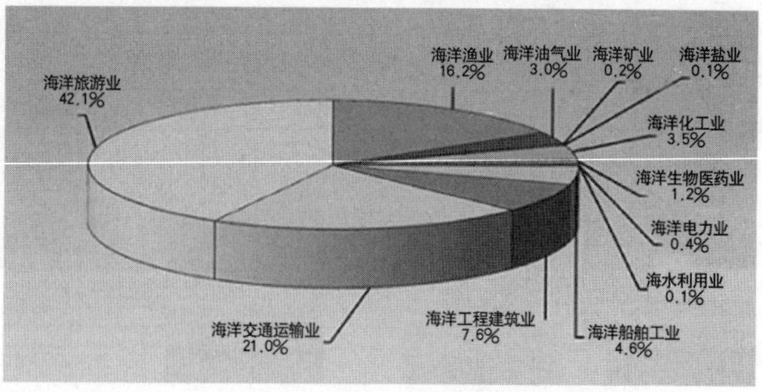

图2　2016年主要海洋产业增加值构成图

主要海洋产业发展情况如下：

——海洋渔业　海洋渔业总体保持平稳增长，近海捕捞和海水养殖产量保持稳定，1—11月，全国海洋捕捞产量1333万吨，同比增长1.4%。全年实现增加值4641亿元，比上年增长3.8%。

——海洋油气业 海洋油气产量同比减少，其中海洋原油产量5162万吨，比上年下降4.7%，海洋天然气产量129亿立方米，比上年下降12.5%。全年实现增加值869亿元，比上年减少7.3%。

——海洋矿业 海洋矿业平稳发展，全年实现增加值69亿元，比上年增长7.7%。

——海洋盐业 海洋盐业稳定增长，全年实现增加值39亿元，比上年增长0.4%。

——海洋化工业 海洋化工业稳步发展，全年实现增加值1017亿元，比上年增长8.5%。

——海洋生物医药业 海洋生物医药业较快增长，全年实现增加值336亿元，比上年增长13.2%。

——海洋电力业 海洋电力业保持良好的发展势头，海上风电项目稳步推进。全年实现增加值126亿元，比上年增长10.7%。

——海水利用业 海水利用业稳步发展，海水利用项目有序推进，全年实现增加值15亿元，比上年增长6.8%。

——海洋船舶工业 海洋船舶工业产品结构持续优化，产业集中度进一步提高，但面临形势较为严峻。全年实现增加值1312亿元，比上年下降1.9%。

——海洋工程建筑业 海洋工程建筑业稳步发展，多项重大海洋工程顺利完工。全年实现增加值2172亿元，比上年增长5.8%。

——海洋交通运输业 沿海港口生产呈现平稳增长态势，航运市场逐步复苏，海洋交通运输业总体稳定。全年实现增加值6004亿元，比上年增长7.8%。

——滨海旅游业 滨海旅游发展规模稳步扩大，新业态旅游成长步伐加快。全年实现增加值12047亿元，比上年增长9.9%。

三、区域海洋经济发展情况

2016年，环渤海地区海洋生产总值24323亿元，占全国海洋生产总值的比重为34.5%，比上年回落了0.8个百分点；长江三角洲地区海洋生产总值19912亿元，占全国海洋生产总值的比重为28.2%，比上年回落了0.2个百分点；珠江三角洲地区海洋生产总值15895亿元，占全国海洋生产总值的比重为22.5%，比上年提高了0.3个百分点。

注释：

1.本公报为初步核算数据。部分数据因四舍五入的原因，存在着与分项合计不等的情况。

2.本公报中增长速度均按可比价格计算。

3.沿海地区包括辽宁省、河北省、天津市、山东省、江苏省、上海市、浙江省、福建省、广东省、广西壮族自治区和海南省。

4.各项数据均未包括香港、澳门特别行政区和台湾省。

5.数据来自沿海地区海洋行政管理机构、统计机构和国务院有关部门。

附录一：2016年海洋生产总值

	总量（亿元）	增速（%）
海洋生产总值	70507	6.8
海洋产业	43283	8.8
主要海洋产业	28646	6.9
海洋渔业	4641	3.8
海洋油气业	869	-7.3
海洋矿业	69	7.7
海洋盐业	39	0.4
海洋化工业	1017	8.5
海洋生物医药业	336	13.2
海洋电力业	126	10.7
海水利用业	15	6.8
海洋船舶工业	1312	-1.9
海洋工程建筑业	2172	5.8
海洋交通运输业	6004	7.8
滨海旅游业	12047	9.9
海洋科研教育管理服务业	14637	12.8
海洋相关产业	27224	——

附录二：主要名词解释

海洋经济 开发、利用和保护海洋的各类产业活动，以及与之相关联活动的总和。

海洋生产总值 海洋经济生产总值的简称，指按市场价格计算的沿海地区常住单位在一定时期内海洋经济活动的最终成果，是海洋产业和海洋相关产业增加值之和。

增加值 按市场价格计算的常住单位在一定时期内生产与服务活动的最终成果。

海洋产业 开发、利用和保护海洋所进行的生产和服务活动，包括海洋渔业、海洋油气业、海洋矿业、海洋盐业、海洋化工业、海洋生物医药业、海洋电力业、海水利用业、海洋船舶工业、海洋工程建筑业、海洋交通运输业、滨海旅游等主要海洋产业，以及海洋科研教育管理服务业。

海洋科研教育管理服务业 开发、利用和保护海洋过程中所进行的科研、教育、管理及服务等活动，包括海洋信息服务业、海洋环境监测预报服务、海洋保险与社会保障业、海洋科学研究、海洋技术服务业、海洋地质勘查业、海洋环境保护业、海洋教育、海洋管理、海洋社会团体与国际组织等。

海洋相关产业 以各种投入产出为联系纽带，与主要海洋产业构成技术经济联系的上下游产业，涉及海洋农林业、海洋设备制造业、涉海产品及材料制造业、涉海建筑与安装业、海洋批发与零售业、涉海服务业等。

海洋渔业 包括海水养殖、海洋捕捞、远洋捕捞、海洋渔业服务业和海洋水产品加工等活动。

海洋油气业 在海洋中勘探、开采、输送、加工原油和天然气的生产活动。

海洋矿业 包括海滨砂矿、海滨土砂石、海滨地热、煤矿开采和深海采矿等采选活动。

海洋盐业 利用海水生产以氯化钠为主要成分的盐产品的活动，包括采盐和盐加工。

海洋化工业 包括海盐化工、海水化工、海藻化工及海洋石油化工的化工产品生产活动。

海洋生物医药业 以海洋生物为原料或提取有效成分，进行海洋药品与海洋保健品的生产加工及制造活动。

海洋电力业 在沿海地区利用海洋能、海洋风能进行的电力生产活动。不包括沿海地区的火力发电和核力发电。

海水利用业 对海水的直接利用和海水淡化活动，包括利用海水进行淡水生产和将海水应用于工业冷却用水和城市生活用水、消防用水等活动，不包括海水化学资源综合利用活动。

海洋船舶工业 以金属或非金属为主要材料，制造海洋船舶、海上固定及浮动装置的活动，以及对海洋船舶的修理及拆卸活动。

海洋工程建筑业 在海上、海底和海岸所进行的用于海洋生产、交通、娱乐、防护等用途的建筑工程施工及其准备活动，包括海港建筑、滨海电站建筑、海岸堤坝建筑、海洋隧道桥梁建筑、海上油气田陆地终端及处理设施建造、海底线路管道和设备安装，不包括各部门、各地区的房屋建筑及房屋装修工程。

海洋交通运输业 以船舶为主要工具从事海洋运输以及为海洋运输提供服务的活动，包括远洋旅客运输、沿海旅客运输、远洋货物运输、沿海货物运输、水上运输辅助活动、管道运输业、装卸搬运及其他运输服务活动。

滨海旅游 包括以海岸带、海岛及海洋各种自然景观、人文景观为依托的旅游经营、服务活动。主要包括：海洋观光游览、休闲娱乐、度假住宿、体育运动等活动。

沿海地区 有海岸线（大陆岸线和岛屿岸线）的省（自治区、直辖市）。

环渤海地区 环绕着渤海（包括部分黄海）的沿岸地区所组成的经济区域，主要包括辽宁省、河北省、天津市和山东省三省一市的海域与陆域。

长江三角洲地区 长江三角洲的沿岸地区所组成的经济区域，主要包括江苏省、上海市和浙江省两省一市的海域与陆域。

珠江三角洲地区 珠江三角洲的沿岸地区所组成的经济区域，主要包括广东省所辖的广州、深圳和珠海等城市的海域与陆域。

上述名词解释主要摘自《海洋及相关产业分类》（GB/T 20794–2006）、《沿海行政区域分类与代码》（HY/T 094–2006）。

2016中国环境状况公报

（节选）

环境保护部

2017年5月

综述

环境保护

2016年是全面建成小康社会决胜阶段的开局之年，是推进结构性改革的攻坚之年。各地区、各部门认真落实党中央、国务院决策部署，紧紧围绕统筹推进“五位一体”总体布局和协调推进“四个全面”战略布局，贯彻落实新发展理念，以改善环境质量为核心，以解决突出环境问题为重点，扎实推进环境保护工作，取得积极进展。

一是全力打好污染防治三大战役。深入实施《大气污染防治行动计划》。发布实施《京津冀地区大气污染防治强化措施（2016—2017年）》。推动能源结构优化调整，实施以电代煤、以气代煤，加快淘汰每小时10蒸吨及以下的燃煤锅炉。全国燃煤机组累计完成超低排放改造4.4亿千瓦，占煤电总装机容量的47%。制定重点行业挥发性有机物削减行动计划，围绕石油化工等11个重点行业实施清洁生产技术改造。进一步明确水泥错峰生产措施。全国淘汰黄标车和老旧车404.58万辆，超额完成全年任务。发布轻型汽车第六阶段排放标准、船舶发动机第一、二阶段排放标准。自2017年1月1日起，全国全面供应国五标准清洁油品。推进船舶排放控制区建设。加强重污染天气监测预警评估体系建设，统一京津冀区域重污染天气预警分级标准，及时组织空气质量预测预报会商，强化应急响应措施，加强督查督导，实施重污染天气区域应急联动。全面落实《水污染防治行动计划》。与各省（区、市）政府签订水污染防治目标责任书，建立相关工作协作机制。落实长江经济带大保护工作，出台《长江经济带沿江取水口、排污口和应急水源布局规划》，编制《长江经济带生态环境保护规划》。开展沿江饮用水水源地环保执法专项行动，完成11省（市）126个地级及以上城市全部319个集中式饮用水水源保护区划定。考核重点流域水污染防治“十二五”规划实施情况，规划考核断面达标率为75.4%。评估3300多个城镇集中式水源、抽样调查3800多个农村水源环境状况。实施农村饮水安全巩固提升工程。城乡饮用水水质监测基本覆盖全国所有地市县和80%的乡镇。制定加强地下水污染防治工作方案，实施国家地下水监测工程。推进黑臭水体整治，全国地级及以上城市开工1285个黑臭水体整治项目，占黑臭水体总数的62.4%。启动水资源消耗总量和强度双控行动，开展水效领跑者引领行动和合同节水管理。实施《土壤污染防治行动计划》。国务院印发《土壤污染防治行动计划》，同意开展全国土壤污染状况详查，明确25项拟出台配套政策措施。31个省（区、市）编制完成土壤污染防治工作方案，13个部门制定重点工作实施方案。出台《污染地块土壤环境管理办法》，推进土壤污染综合防治先行区建设，认真实施土壤污染治理与修复试点项目。加强重金属污染防控重点区域综合治理。开展农产品产地土壤重金属污染监测，研究建立农产品产地分级管理制度。推进生活垃圾焚烧处理设施建设，开展非正规垃圾堆放点排查整治。

二是健全环境预防体系。扎实推进供给侧结构性改革，积极构建绿色制造体系，加快淘汰落后产能，化解钢铁过剩产能超过6500万吨、煤炭产能超过2.9亿吨。出台能源生产和消费革命战略，非化石能源消费比重进一步上升，煤炭消费比重继续下降。新增部分地方纳入国家重点生态功能区，严格实施产业准入负面清单制度。深入推进京津冀、长三角和珠三角地区战略环评。环境保护部对84个重大项目环评文件进行批复，涉及总投资9108亿元，对11个不符合环境准入要求的项目不予审批，涉及总投资970亿元。31个省（区、市）、新疆生产建设兵团和420个地市级的环保部门与环境保护部实现环评审批信息每周联网报送。全国环保系统358家环评机构全部完成脱钩。发布59项国家环境保护标准，现行有效的环境保护标准达1732项。

三是深化生态环保领域改革。开展16个省（区）中央环境保护督察工作，共受理群众举报3.3万件，约谈6307人，问责6454人，有力落实地方党委和政府以及有关部门环境保护责任。中共中央办公厅、国务院办公厅印发《关于省以下环保机构监测监察执法垂直管理制度改革试点工作的指导意见》，河北、重庆率先实施垂直管理制度改革试点。中央全面深化改革领导小组审议通过《关于划定并严守生态保护红线的若干意见》，31个省（区、市）均已启动生态保护红线划定工作。国务院办公厅印发《控制污染物排放许可制实施方案》，启动火电、造纸行业排污许可证申请与核发。全面完成1436个国控环境空气质量监测站事权上收任务，建成由2767个监测断面组成的国家地表水监测网，初步建成国家土壤环境监测网。印发《培育发展农业面源污染治理、农村污水垃圾处理市场主体方案》《“十三五”环境影响评价改革实施方案》，出台《生态环境损害鉴定评估技术指导指南总纲》等技术规范，在吉林等7省（市）开展生态环境损害赔偿制度改革试点，试点工作实施方案经中央全面深化改革领导小组会议审议通过后由7省（市）印发实施。印发《关于构建绿色金融体系的指导意见》。

四是强化环境执法监管和风险应对。完成环境保护税法、环境影响评价法、海洋环境保护法等法律制修订，修订《最高人民法院最高人民检察院关于办理环境污染刑事案件适用法律若干问题的解释》。持续开展环境保护法实施年活动。环境保护部对环境质量恶化趋势明显的8个市政府主要负责同志公开约谈。环境执法力度明显加大，各级环境保护部门下达行政处罚决定12.4万余份，罚款66.3亿元，比2015年分别增长28%和56%；全国实施按日连续处罚、查封扣押、限产停产、移送行政拘留、移送涉嫌环境污染犯罪案件共22730件，同比增长93%。加快建立实时在线环境监控系统，建成由352个监控中心、10257个国家重点监控企业组成的污染源监控体系。修订《国家危险废物名录》，开展打击涉危险废物环境违法犯罪行为专项行动。环境保护部直接调度处置突发环境事件60起，有力维护环境安全和群众合法权益。严格核与辐射安全监管，圆满完成第四、五次朝核试验辐射环境应急任务。

五是加大生态保护和农村环境治理力度。国务院批准新建18个、调整5个国家级自然保护区。对446个国家级自然保护区人类活动开展遥感监测，对5个国家级自然保护区进行公开约谈。开展生物多样性观测试点，建立以鸟类、两栖动物、哺乳动物、蝴蝶为指示生物类群的观测样区400余个。启动首批山水林田湖生态保护工程试点。重点生态功能区财政转移支付资金规模达570亿元，补助范围涉及725个重点生态县域和全部国家级禁止开发区域。推动海洋生态修复，实施18个“蓝色海湾”项目和10处“生态岛礁”工程。中央财政安排资金60亿元，推动农村环境综合整治。

六是强化各项保障措施。国务院印发《“十三五”

生态环境保护规划》。中央财政分别安排大气、水、土壤污染防治专项资金112亿元、140亿元、91亿元。发挥政府与社会资本合作（PPP）示范项目引领作用，生态环境保护领域入库项目630多个、总投资额6500多亿元。推进水体污染控制与治理科技重大专项，实施“大气污染成因与控制技术研究”“典型脆弱生态修复与保护研究”等重点专项研究。积极推进生态环境大数据工程建设，数据资源整合和应用取得积极进展。开通“环保部发布”官方微博微信公众号，及时做好信息发布和解读。建立例行新闻发布制度。

环境状况

2016年，全国338个地级及以上城市中，有84个城市环境空气质量达标，占全部城市数的24.9%；254个城市环境空气质量超标，占75.1%。338个地级及以上城市平均优良天数比例为78.8%，比2015年上升2.1个百分点；平均超标天数比例为21.2%。474个城市（区、县）开展了降水监测，酸雨城市比例为19.8%，酸雨频率平均为12.7%，酸雨类型总体仍为硫酸型，酸雨污染主要分布在长江以南-云贵高原以东地区。

全国地表水1940个评价、考核、排名断面（点位）中，Ⅰ类、Ⅱ类、Ⅲ类、Ⅳ类、Ⅴ类和劣Ⅴ类分别占2.4%、37.5%、27.9%、16.8%、6.9%和8.6%。6124个地下水水质监测点中，水质为优良级、良好级、较好级、较差级和极差级的监测点分别占10.1%、25.4%、4.4%、45.4%和14.7%。地级及以上城市897个在用集中式生活饮用水水源监测断面（点位）中，有811个全年均达标，占90.4%。春季和夏季，符合第一类海水水质标准的海域面积均占中国管辖海域面积的95%。近岸海域417个点位中，一类、二类、三类、四类和劣四类分别占32.4%、41.0%、10.3%、3.1%和13.2%。

322个进行昼间区域声环境监测的地级及以上城市，区域声环境等效声级平均值为54.0分贝；320个进行昼间道路交通声环境监测的地级及以上城市，道路交通等效声级平均值为66.8分贝；309个开展功能区声环境监测的地级及以上城市，昼间监测点次达标率为92.2%，夜间监测点次达标率为74.0%。

全国环境电离辐射水平处于本底涨落范围内，环境电磁辐射水平低于国家规定的相应限值。

全国现有森林面积2.08亿公顷，森林覆盖率21.63%；草原面积近4亿公顷，约占国土面积的41.7%。全国共建立各种类型、不同级别的自然保护区2750个，其中陆地面积约占全国陆地面积的14.88%；国家级自然保护区446个，其中陆地面积约占全国陆地面积的9.97%。

生态环境质量“优”和“良”的县域主要分布在秦岭淮河以南、东北大小兴安岭和长白山地区，“一般”的县域主要分布在华北平原、东北平原中西部、内蒙古中部、青藏高原中部和新疆北部等地区，“较差”和“差”的县域主要分布在内蒙古西部、甘肃西北部、青藏高原北部和新疆大部。

大气

空气质量

地级及以上城市　2016年，全国338个地级及以上城市[1]（以下简称338城市）中，有84个城市环境空气质量达标[2]，占全部城市数的24.9%；254个城市环境空气质量超标，占75.1%。

338城市平均优良天数[3]比例为78.8%，比2015年上升2.1个百分点；　平均超标天数[4]比例为21.2%。8个城市的优良天数比例为100%，169个城市的优良天数比例在80%～100%之间，137个城市的优良天数比例在50%～80%之间，24个城市的城市优良天数比例低于50%。

338城市发生重度污染2464天次、严重污染784天次，以PM2.5为首要污染物[5]的天数占重度及以

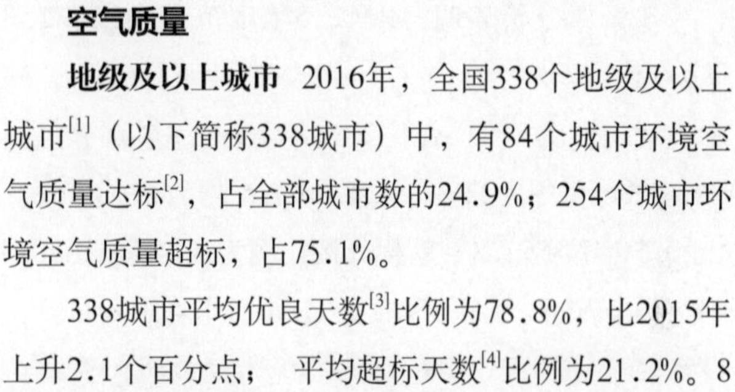

图1　2016年338城市环境空气质量级别比例

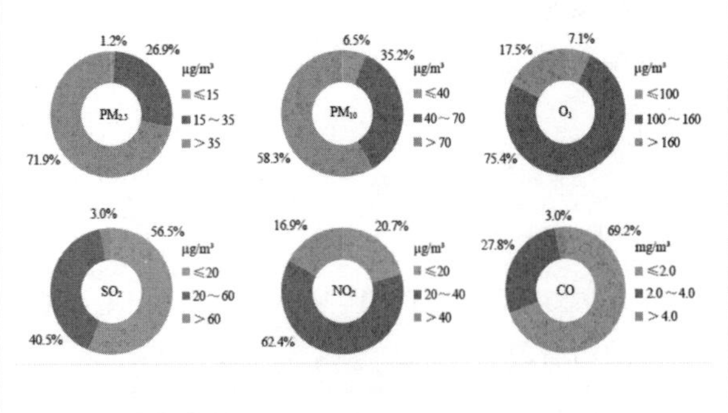

图2 2016年338城市六项污染指标不同浓度区间城市比例

上污染天数的80.3%，以PM10为首要污染物的占20.4%，以O_3为首要污染物的占0.9%。其中，有32个城市重度及以上污染天数超过30天，分布在新疆（部分城市受沙尘影响）、河北、山西、山东、河南、北京和陕西。

各指标分析表明，PM2.5浓度范围为12～158μg/m³，平均为47μg/m³，比2015年下降6.0%；超标天数比例为14.7%，比2015年下降2.8个百分点。PM10浓度范围为22～436μg/m³，平均为82μg/m³，比2015年下降5.7%；超标天数比例为10.4%，比2015年下降1.7个百分点。O_3日最大8小时平均第90百分位数浓度[6]范围为73～200μg/m³，平均为138μg/m³，比2015年上升3.0%；超标天数比例为5.2%，比2015年上升0.6个百分点。SO_2浓度范围为3～88μg/m³，平均为22μg/m³，比2015年下降12.0%；超标天数比例为0.5%，比2015年下降0.2个百分点。NO_2浓度范围为9～61μg/m³，平均为30μg/m³，与2015年持平；超标天数比例为1.6%，与2015年持平。CO日均值第95百分位数浓度范围为0.8～5.0mg/m³，平均为1.9mg/m³，比2015年下降9.5%；超标天数比例为0.4%，比2015年下降0.1个百分点。

新标准第一阶段监测实施城市 2016年，74个新标准第一阶段监测实施城市（包括京津冀、长三角、珠三角等重点区域地级城市及直辖市、省会城市和计划单列市，以下简称74城市）平均优良天数比例为74.2%，比2015年上升3.0个百分点；平均超标天数比例为25.8%。26个城市的优良天数比例在80%～100%之间，42个城市的优良天数比例在50%～80%之间，6个城市的优良天数比例低于50%。以PM2.5为首要污染物的天数占污染总天数的57.5%，以O_3为首要污染物的占30.8%，以PM10为首要污染物的占10.5%，以NO_2为首要污染物的占1.6%，以SO_2为首要污染物的占0.1%。

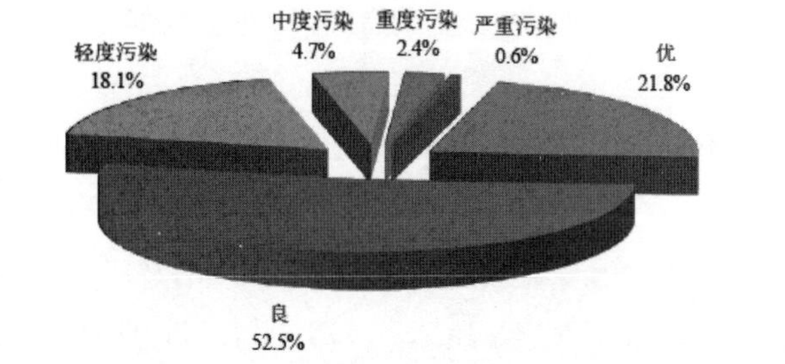

图3 2016年74城市环境空气质量级别比例

按照环境空气质量综合指数[7]评价，74城市环境空气质量相对较差的10个城市（从第74名到第65名）依次是衡水、石家庄、保定、邢台、邯郸、唐山、郑州、西安、济南和太原，空气质量相对较好的10个城市（从第1名到第10名）依次是海口、舟山、惠州、厦门、福州、深圳、丽水、珠海、昆明和台州。

各指标分析表明，PM2.5浓度范围为21～99μg/m³，平均为50μg/m³，比2015年下降9.1%；超标天数比例为16.7%，比2015年下降4.1 个百分点。2个城市PM2.5浓度达到一级标准，占2.7%；12个城市达到二级标准，占16.2%；60个城市超二级标准，占81.1%。PM10浓度范围为39～164μg/m³，平均为85μg/m³，比2015年下降8.6%；超标天数比例为11.5%，比2015年下降2.8个百分点。1个城市PM10浓度达到一级标准，占1.4%；27个城市达到二级标准，占36.5%；46个城市超二级标准，占62.2%。O_3日最大8小时平均第90百分位数浓度范围为102～199μg/m³，平均为154μg/m³，比2015 年上升2.7%；超标天数比例为8.6%，比2015年上升0.4个百分点。

表1 2016年74城市环境空气质量综合指数及主要污染物

序号	城市	综合指数	最大指数	主要污染物	序号	城市	综合指数	最大指数	主要污染物
1	海口	2.55	0.67	O_3	38	哈尔滨	5.22	1.49	PM2.5
2	舟山	3.05	0.86	O_3	38	淮安	5.22	1.51	PM2.5
3	惠州	3.25	0.83	O_3	40	重庆	5.24	1.54	PM2.5
4	厦门	3.29	0.80	PM2.5	40	杭州	5.24	1.40	PM2.5
5	福州	3.35	0.77	PM2.5	42	镇江	5.28	1.43	PM2.5
6	深圳	3.44	0.84	O_3	43	扬州	5.30	1.46	PM2.5
7	丽水	3.46	0.94	PM2.5	44	苏州	5.32	1.31	PM2.5
8	珠海	3.47	0.90	O_3	45	泰州	5.40	1.57	PM2.5
9	昆明	3.71	0.80	PM2.5	46	宿迁	5.45	1.60	PM2.5
10	台州	3.81	1.03	PM2.5	47	合肥	5.56	1.63	PM2.5
11	中山	3.83	0.96	O_3	48	南京	5.58	1.37	PM2.5
12	拉萨	3.86	1.14	PM10	49	呼和浩特	5.67	1.36	PM10
13	南宁	3.95	1.03	PM2.5	50	武汉	5.69	1.63	PM2.5
14	贵阳	4.00	1.06	PM2.5	51	常州	5.71	1.51	PM2.5
15	东莞	4.09	1.04	O_3	52	无锡	5.79	1.51	PM2.5
16	江门	4.14	1.01	O_3	53	秦皇岛	5.87	1.31	PM2.5
17	肇庆	4.23	1.06	PM2.5	54	沈阳	6.09	1.54	PM2.5
18	衢州	4.35	1.20	PM2.5	55	西宁	6.18	1.61	PM10
19	宁波	4.41	1.09	PM2.5	56	成都	6.38	1.80	PM2.5
20	佛山	4.45	1.09	PM2.5	57	徐州	6.54	1.71	PM2.5
21	广州	4.47	1.15	NO_2	58	银川	6.63	1.60	PM2.5
22	张家口	4.50	1.19	PM10	59	天津	6.65	1.97	PM2.5
23	温州	4.52	1.09	PM2.5	60	兰州	6.79	1.89	PM10
24	盐城	4.53	1.23	PM2.5	61	北京	6.81	2.09	PM2.5
25	大连	4.60	1.11	PM2.5	62	乌鲁木齐	6.95	2.11	PM2.5
26	金华	4.61	1.31	PM2.5	63	廊坊	7.11	1.89	PM2.5
27	南昌	4.70	1.23	PM2.5	64	沧州	7.13	1.97	PM2.5
28	绍兴	4.76	1.31	PM2.5	65	太原	7.66	1.89	PM2.5
29	上海	4.80	1.29	PM2.5	66	济南	7.77	2.17	PM2.5
30	嘉兴	4.85	1.26	PM2.5	67	西安	7.82	2.17	PM2.5
31	湖州	5.02	1.31	PM2.5	68	郑州	7.96	2.23	PM2.5
32	南通	5.04	1.31	PM2.5	69	唐山	8.27	2.11	PM2.5
33	长沙	5.06	1.51	PM2.5	70	邯郸	8.56	2.34	PM2.5
34	青岛	5.09	1.31	PM2.5	71	邢台	8.85	2.49	PM2.5
35	连云港	5.11	1.31	PM2.5	72	保定	9.05	2.66	PM2.5
36	长春	5.17	1.31	PM2.5	73	石家庄	9.30	2.83	PM2.5
36	承德	5.17	1.16	PM10	74	衡水	10.44	3.43	PM2.5

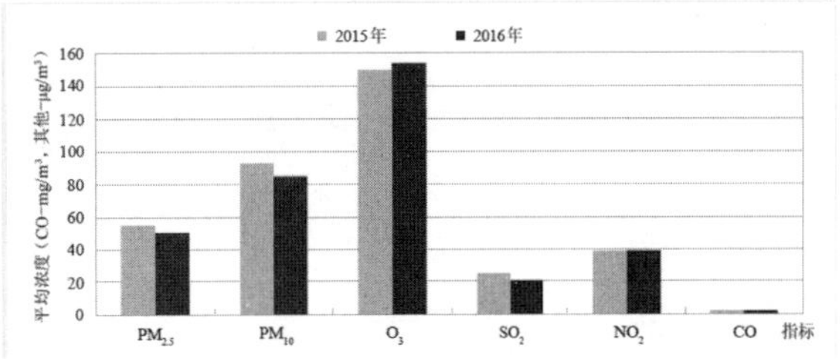

图4 2016年74城市六项污染指标浓度年际比较

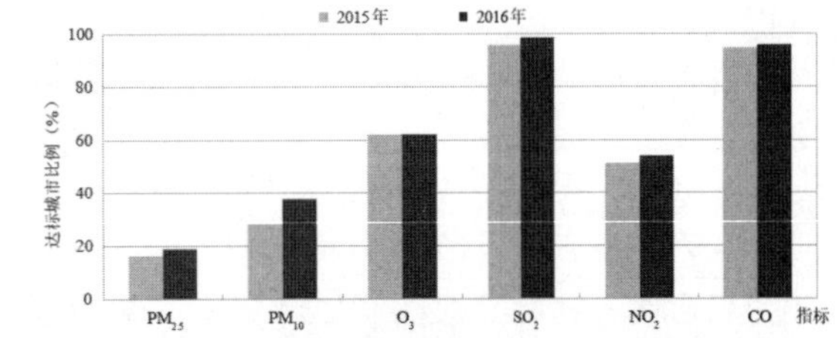

图5 2016年74城市六项污染指标达标城市比例年际比较

46个城市达到二级标准，占62.2%；28个城市超二级标准，占37.8%。SO_2浓度范围为6～68μg/m^3，平均为21μg/m^3，比2015年下降16.0%；超标天数比例为0.3%，比2015年下降0.6个百分点。48个城市SO_2浓度达到一级标准，占64.9%；25个城市达到二级标准，占33.8%；1个城市SO_2浓度超二级标准，占1.4%。NO_2浓度范围为16～61μg/m^3，平均为39μg/m^3，与2015年持平；超标天数比例为4.2%，比2015年上升0.1个百分点。40个城市NO_2浓度达到一级标准（与二级标准值相同），占54.1%；34个城市超二级标准，占45.9%。CO日均值第95百分位数浓度范围为0.9～4.4mg/m^3，平均为1.9mg/m^3，比2015年下降9.5%；超标天数比例为0.6%，比2015年下降0.2个百分点。71个城市CO浓度达到一级标准（与二级标准值相同），占95.9%；3个城市超二级标准，占4.1%。

京津冀地区13个城市优良天数比例范围为35.8%～78.7%，平均为56.8%，比2015年上升4.3个百分点；平均超标天数比例为43.2%，其中轻度污染为25.3%，中度污染为8.8%，重度污染为7.0%，严重污染为2.2%。9个城市的优良天数比例在50%～80%之间，4个城市的优良天数比例低于50%。超标天数中，以PM2.5、O_3、PM10、NO_2和CO为首要污染物的天数分别占污染总天数的63.1%、26.3%、10.8%、0.3%和0.1%，未出现以SO_2为首要污染物的污染天。

北京优良天数比例为54.1%，比2015年上升3.1个百分点。出现重度污染30天，严重污染9天，重度及以上污染天数比2015年减少7天。超标天数中，以PM2.5为首要污染物的天数最多，其次是O_3。

长三角地区 25个城市优良天数比例范围为65.0%～95.4%，平均为76.1%，比2015年上升4.0个百分点；平均超标天数比例为23.9%，其中轻度污染为19.0%，中度污染为3.9%，重度污染为0.9%，无严重污染。7个城市的优良天数比例在80%～100%之间，18个城市的优良天数比例在50%～80%之间。超标天数中以PM2.5、O_3、PM10和NO2为首要污染物的天数分别占污染总天数的55.3%、39.8%、3.4%和2.1%，未出现以SO_2和CO为首要污染物的污染天。

上海优良天数比例为75.4%，比2015年上升5.2个百分点。出现重度污染2天，未出现严重污染，重度及以上污染天数比2015年减少6天。超标天数中，以PM2.5为首要污染物的天数最多，其次为O_3。

表2 2016年京津冀地区污染物浓度变化

区域	指标	平均浓度（CO：mg/m^3，其他：μg/m^3）	比2015年变化（%）
京津冀	PM2.5	71	−7.8
	PM10	119	−9.8
	O_3	172	6.2
	SO_2	31	−18.4
	NO_2	49	6.5
	CO	3.2	−13.5
北京	PM2.5	73	−9.9
	PM10	92	−9.8
	O_3	199	−2.0
	SO_2	10	−28.6
	NO_2	48	−4.0
	CO	3.2	−11.1

珠三角地区 9个城市优良天数比例范围为84.4%~96.7%，平均为89.5%，比2015年上升0.3个百分点；平均超标天数比例为10.5%，其中轻度污染为8.9%，中度污染为1.4%，重度污染为0.2%，未出现严重污染。9个城市的优良天数比例均在80%~100%之间。超标天数中，以O_3、PM2.5和NO_2为首要污染物的天数分别占污染总天数的70.3%、19.6%和10.4%，未出现以PM10、SO_2和CO为首要污染物的污染天。

广州优良天数比例为84.7%，比2015年下降0.8个百分点。出现重度污染1天，未出现严重污染，重度及以上污染天数比2015年增加1天。

表3 2016年珠三角地区污染物浓度变化

区域	指标	平均浓度（CO：mg/m^3，其他：μg/m^3）	比2015年变化（%）
珠三角	PM2.5	32	−5.9
	PM10	49	−7.5
	O_3	151	4.1
	SO_2	11	−15.4
	NO_2	35	6.1
	CO	1.2	−7.1
广州	PM2.5	36	−7.7
	PM10	56	−5.1
	O_3	155	6.9
	SO_2	12	−7.7
	NO_2	46	−2.1
	CO	1.3	−7.1

酸雨

酸雨频率 2016年，474个监测降水的城市（区、县）中，酸雨频率平均值为12.7%。出现酸雨的城市比例为38.8%，比2015年下降1.6个百分点；酸雨频率在25%以上的城市比例为20.3%，比2015年下降0.5个百分点；酸雨频率在50%以上的城市比例为10.1%，比2015年下降2.6个百分点；酸雨频率在75%以上的城市比例为3.8%，比2015年下降1.2个百分点。

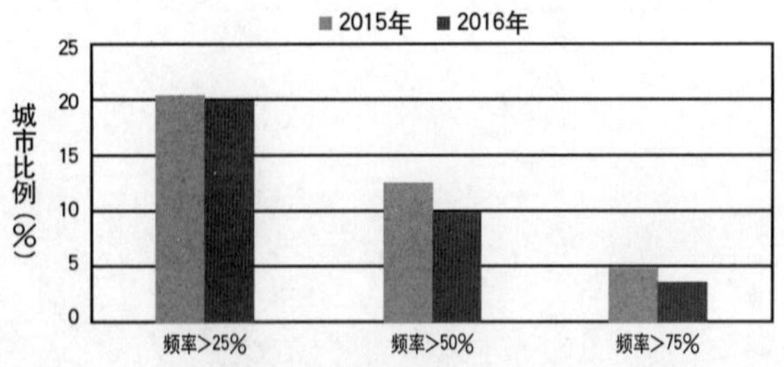

图6 2016年不同酸雨频率的城市比例年际比较

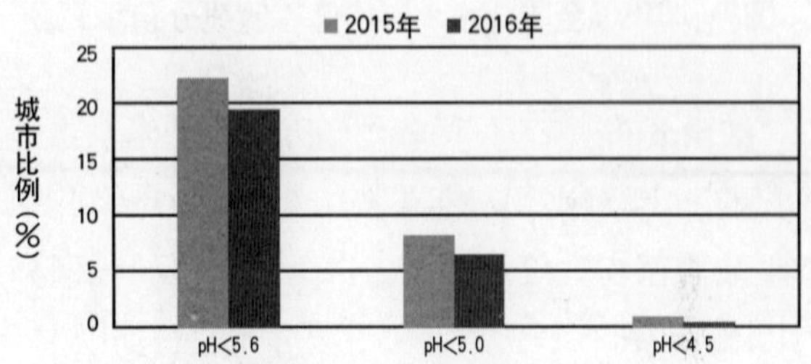

图7 2016年不同降水pH 年均值的城市比例年际比较

降水酸度 全国降水pH年均值范围在4.1（湖南株洲）~8.1（新疆库尔勒）之间。其中，酸雨（降水pH年均值低于5.6）、较重酸雨（降水pH年均值低于5.0）和重酸雨（降水pH年均值低于4.5）的城市比例分别为19.8%、6.8%和0.8%，分别比2015年下降2.7个、1.7个和0.2个百分点。化学组成降水中的主要阳离子为钙和铵，分别占离子总当量的24.0%和14.5%；主要阴离子为硫酸根，占离子总当量的22.5%；硝酸根占离子总当量的8.7%。酸雨类型总体仍为硫酸型。与2015年相比，硫酸根、钙离子当量浓度比例有所下降，氟离子、氯离子和钠离子当量浓度比例有所上升，其他离子当量浓度比例保持稳定。

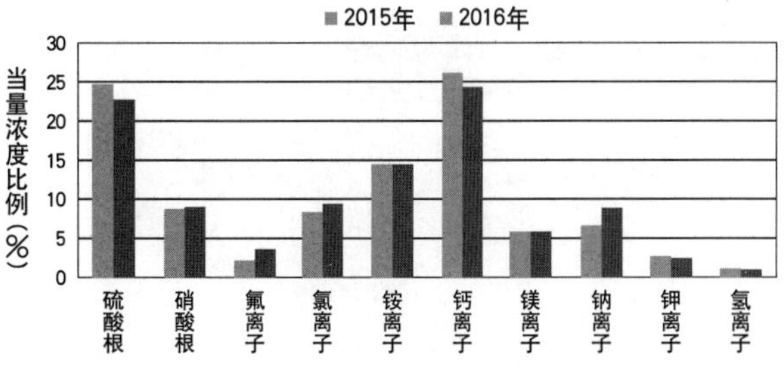

图8 2016年降水中主要离子当量浓度比例年际比较

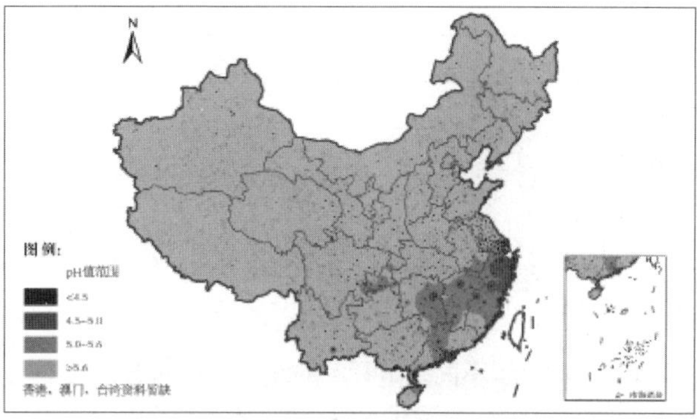

图9 2016年全国降水pH年均值等值线分布示意图

酸雨分布 酸雨区面积约69万平方千米，占国土面积的7.2%，比2015年下降0.4个百分点；其中，较重酸雨区和重酸雨区面积占国土面积的比例分别为1.0%和0.03%。酸雨污染主要分布在长江以南-云贵高原以东地区，主要包括浙江、上海、江西、福建的大部分地区，湖南中东部、广东中部、重庆南部、江苏南部和安徽南部的少部分地区。

淡水

全国地表水

2016年，1940个国考断面*中，Ⅰ类47个，占2.4%；Ⅱ类728个，占37.5%；Ⅲ类541个，占27.9%；Ⅳ类325个，占16.8%；Ⅴ类133个，占6.9%；劣Ⅴ类166个，占8.6%**。与2015年相比，Ⅰ类水质断面比例上升0.4个百分点，Ⅱ类上升4.1个百分点，Ⅲ类下降2.7个百分点，Ⅳ类下降1.7个百分点，Ⅴ类上升1.1个百分点，劣Ⅴ类下降1.1个百分点。

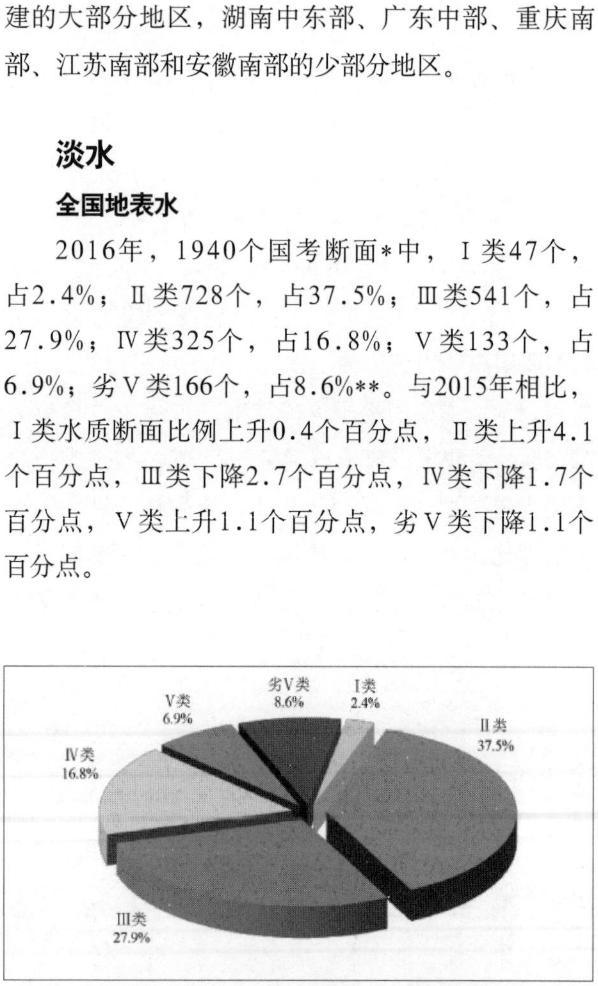

图10 2016年全国地表水水质类别比例

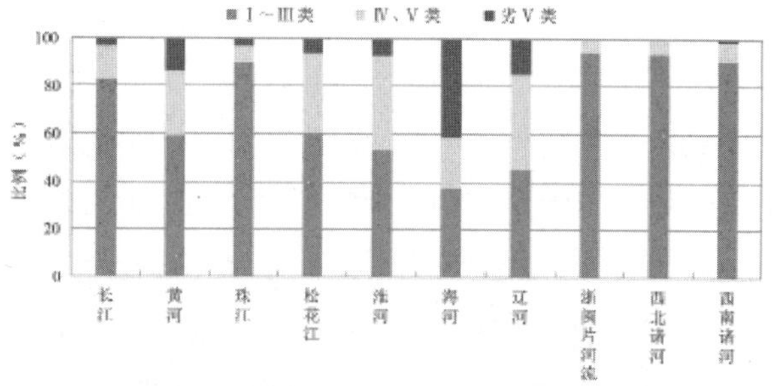

图11 2016年七大流域和浙闽片河流、西北诸河、西南诸河水质状况

流域

2016年，长江、黄河、珠江、松花江、淮河、海河、辽河等七大流域和浙闽片河流、西北诸河、西南诸河的1617个国考断面中，Ⅰ类34个，占2.1%；Ⅱ类676个，占41.8%；Ⅲ类441个，占27.3%；Ⅳ类217个，占13.4%；Ⅴ类102个，占6.3%；劣Ⅴ类147个，占9.1%。与2015年相比，Ⅰ类水质断面比例上升0.2个百分点，Ⅱ类上升5.5个百分点，Ⅲ类下降3.5个百分点，Ⅳ类下降1.9个百分点，Ⅴ类上升0.5个百分点，劣Ⅴ类下降0.8个百分点。主要污染指标为化学需氧量、总磷和五日生化需氧量，断面超标率分别为17.6%、15.1%和14.2%。

其中，浙闽片河流、西北诸河和西南诸河水质为优，长江和珠江流域水质良好，黄河、松花江、淮河和辽河流域为轻度污染，海河流域为重度污染。

长江流域 水质良好。510个国考断面中，Ⅰ类占2.7%，Ⅱ类占53.5%，Ⅲ类占26.1%，Ⅳ类占9.6%，Ⅴ类占4.5%，劣Ⅴ类占3.5%。与2015年相比，Ⅰ类上升0.5个百分点，Ⅱ类上升7.0个百分点，Ⅲ类下降7.0个百分点，Ⅳ类上升0.2个百分点，Ⅴ类上升1.8个百分点，劣Ⅴ类下降2.6个百分点。

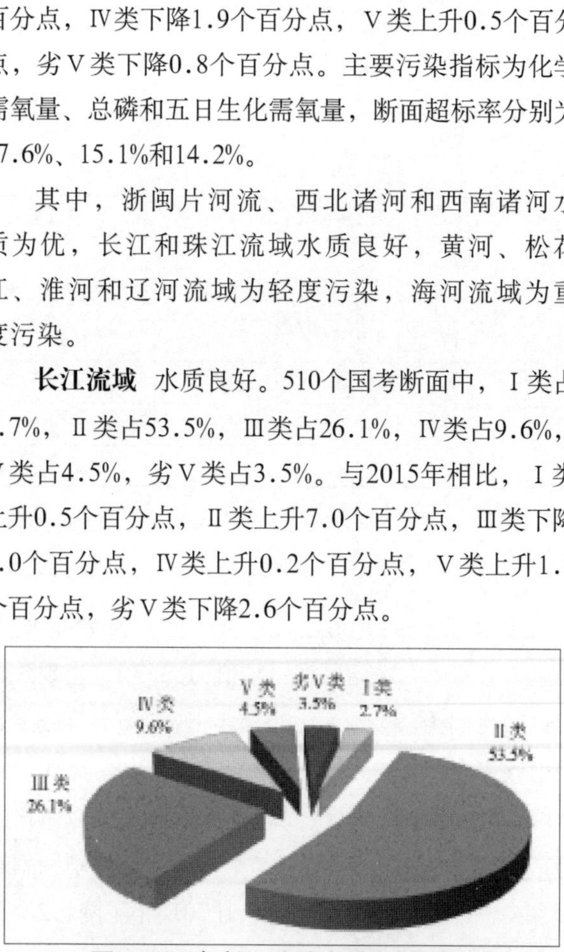

图12 2016年长江流域水质类别比例

长江干流水质为优。59个国考断面中，Ⅰ类占6.8%，Ⅱ类占50.8%，Ⅲ类占37.3%，Ⅳ类占5.1%，无Ⅴ类和劣Ⅴ类。与2015年相比，Ⅱ类上升18.6个百分点，Ⅲ类下降22.0个百分点，Ⅳ类上升5.1个百分点，Ⅴ类下降1.7个百分点，Ⅰ类和劣Ⅴ类均持平。

长江主要支流水质良好。451个国考断面中，Ⅰ类占2.2%，Ⅱ类占53.9%，Ⅲ类占24.6%，Ⅳ类占10.2%，Ⅴ类占5.1%，劣Ⅴ类占4.0%。与2015年相比，Ⅰ类上升0.6个百分点，Ⅱ类上升5.6个百分点，Ⅲ类下降5.1个百分点，Ⅳ类下降0.4个百分点，Ⅴ类上升2.2个百分点，劣Ⅴ类下降2.9个百分点。

黄河流域 轻度污染，主要污染指标为化学需氧量、氨氮和五日生化需氧量。137个国考断面中，Ⅰ类占2.2%，Ⅱ类占32.1%，Ⅲ类占24.8%，Ⅳ类占20.4%，Ⅴ类占6.6%，劣Ⅴ类占13.9%。与2015年相比，Ⅰ类持平，Ⅱ类上升3.6个百分点，Ⅲ类下降0.7个百分点，Ⅳ类上升2.2个百分点，Ⅴ类下降2.2个百分点，劣Ⅴ类下降2.9个百分点。

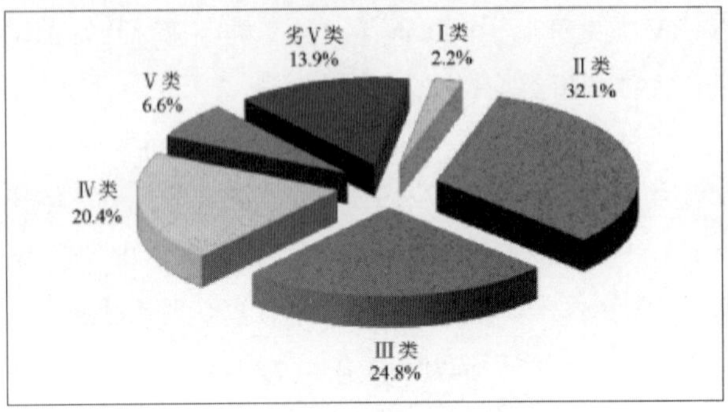

图13 2016年黄河流域水质类别比例

黄河干流水质为优。31个国考断面中，Ⅰ类占6.5%，Ⅱ类占64.5%，Ⅲ类占22.6%，Ⅳ类占6.5%，无Ⅴ类和劣Ⅴ类。与2015年相比，Ⅱ类上升19.4个百分点，Ⅲ类下降16.1个百分点，Ⅳ类下降3.2个百分点，Ⅰ类、Ⅴ类和劣Ⅴ类均持平。

黄河主要支流为轻度污染。106个国考断面中，Ⅰ类占0.9%，Ⅱ类占22.6%，Ⅲ类占25.5%，Ⅳ类占24.5%，Ⅴ类占8.5%，劣Ⅴ类占17.9%。与2015年相比，Ⅰ类持平，Ⅱ类下降0.9个百分点，Ⅲ类上升3.8个百分点，Ⅳ类上升3.8个百分点，Ⅴ类下降2.8个百分点，劣Ⅴ类下降3.8个百分点。

珠江流域 水质良好。165个国考断面中，Ⅰ类占2.4%，Ⅱ类占62.4%，Ⅲ类占24.8%，Ⅳ类占4.8%，Ⅴ类占1.8%，劣Ⅴ类占3.6%。与2015年相比，Ⅰ类上升0.6个百分点，Ⅱ类上升1.2个百分点，Ⅲ类上升1.2个百分点，Ⅳ类下降3.6个百分点，Ⅴ类上升0.6个百分点，劣Ⅴ类持平。珠江干流水质良好。50个国考断面中，Ⅰ类占4.0%，Ⅱ类占72.0%，Ⅲ类占12.0%，Ⅳ类占10.0%，Ⅴ类占2.0%，无劣Ⅴ类。与2015年相比，Ⅰ类上升2.0百分点，Ⅲ类下降2.0个百分点，Ⅳ类上升2.0个百分点，劣Ⅴ类下降2.0个百分点，Ⅱ类和Ⅴ类均持平。

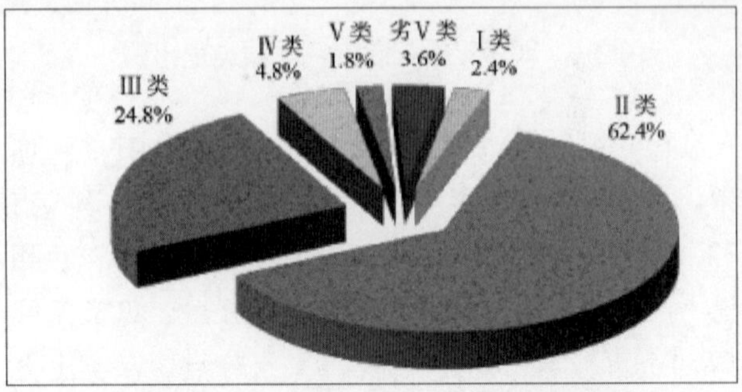

图14 2016年珠江流域水质类别比例

珠江主要支流水质良好。101个国考断面中，Ⅰ类占2.0%，Ⅱ类占56.4%，Ⅲ类占30.7%，Ⅳ类占3.0%，Ⅴ类占2.0%，劣Ⅴ类占5.9%。与2015年相比，Ⅰ类持平，Ⅱ类上升2.0个百分点，Ⅲ类上升3.0个百分点，Ⅳ类下降6.9个百分点，Ⅴ类上升1.0个百分点，劣Ⅴ类上升0.9个百分点。

海南岛内河流水质为优。14个国考断面中，Ⅱ类占71.4%，Ⅲ类占28.6%，无Ⅰ类、Ⅳ类、Ⅴ类和劣Ⅴ类。与2015年相比，各类水质断面比例均持平。

松花江流域 轻度污染，主要污染指标为化学需氧量、高锰酸盐指数和氨氮。108个国考断面中，无Ⅰ类，Ⅱ类占13.9%，Ⅲ类占46.3%，Ⅳ类占29.6%，Ⅴ类占3.7%，劣Ⅴ类占6.5%。与2015年相比，Ⅱ类上升3.7个百分点，Ⅲ类下降7.4个百分点，Ⅴ类上升0.9个百分点，劣Ⅴ类上升2.8个百分点，Ⅰ类和Ⅳ类均持平。

松花江干流水质为优。17个国考断面中，Ⅱ类占23.5%，Ⅲ类占70.6%，Ⅳ类占5.9%，无Ⅰ类、Ⅴ类和劣Ⅴ类。与2015年相比，Ⅱ类下降5.9个百分点，Ⅲ类上升17.6个百分点，Ⅳ类下降11.7个百分点，Ⅰ类、Ⅴ类和劣Ⅴ类均持平。

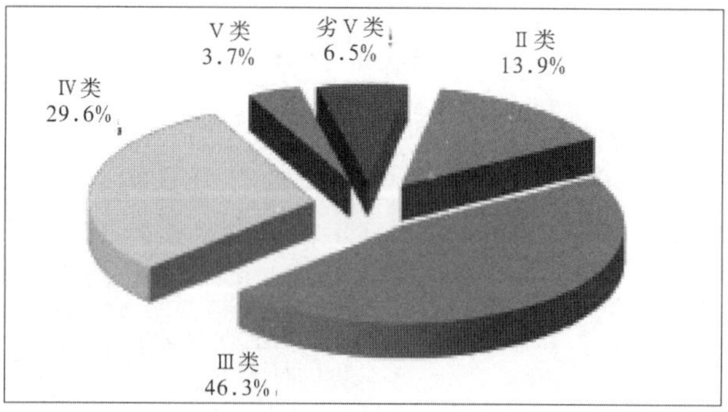

图15　2016年松花江流域水质类别比例

松花江主要支流为轻度污染。56个国考断面中，无Ⅰ类，Ⅱ类占14.3%，Ⅲ类占39.3%，Ⅳ类占32.1%，Ⅴ类占5.4%，劣Ⅴ类占8.9%。与2015年相比，Ⅰ类持平，Ⅱ类上升3.6个百分点，Ⅲ类下降17.9个百分点，Ⅳ类上升8.9个百分点，Ⅴ类上升3.6个百分点，劣Ⅴ类上升1.8个百分点。

黑龙江水系为轻度污染。18个国考断面中，Ⅱ类占5.6%，Ⅲ类占38.9%，Ⅳ类占50.0%，Ⅴ类占5.6%，无Ⅰ类和劣Ⅴ类。与2015年相比，Ⅱ类上升1.9个百分点，Ⅲ类下降9.3个百分点，Ⅳ类上升5.6个百分点，Ⅴ类上升1.9个百分点，Ⅰ类和劣Ⅴ类均持平。

图们江为轻度污染。7个国考断面中，无Ⅰ类和Ⅱ类，Ⅲ类占57.1%，Ⅳ类、Ⅴ类和劣Ⅴ类各占14.3%。与2015年相比，Ⅳ类下降14.3个百分点，劣Ⅴ类上升14.3个百分点，Ⅰ类、Ⅱ类、Ⅲ类和Ⅴ类均持平。

绥芬河水质良好。1个国考断面为Ⅲ类水质，与2015年相比有所好转。

淮河流域　轻度污染，主要污染指标为化学需氧量、五日生化需氧量和高锰酸盐指数。180个国考断面中，无Ⅰ类，Ⅱ类占7.2%，Ⅲ类占46.1%，Ⅳ类占23.9%，Ⅴ类占15.6%，劣Ⅴ类占7.2%。与2015年相比，Ⅰ类持平，Ⅱ类下降2.8个百分点，Ⅲ类上升3.3个百分点，Ⅳ类上升0.6个百分点，Ⅴ类上升2.2个百分点，劣Ⅴ类下降3.3个百分点。

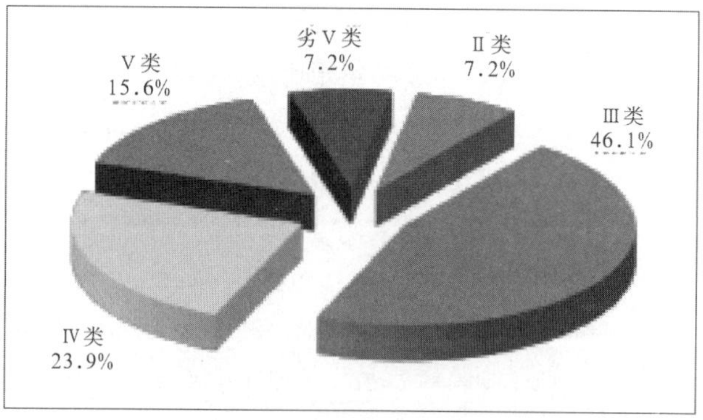

图16　2016年淮河流域水质类别比例

淮河干流水质为优。10个国考断面中，Ⅲ类占90.0%，Ⅳ类占10.0%，无Ⅰ类、Ⅱ类、Ⅴ类和劣Ⅴ类。与2015年相比，Ⅱ类下降30.0个百分点，Ⅲ类上升30.0个百分点，其他类均持平。

淮河主要支流为轻度污染。101个国考断面中，无Ⅰ类，Ⅱ类占9.9%，Ⅲ类占35.6%，Ⅳ类占28.7%，Ⅴ类占18.8%，劣Ⅴ类占6.9%。与2015年相比，Ⅱ类下降1.0个百分点，Ⅳ类上升2.0个百分点，Ⅴ类上升4.9个百分点，劣Ⅴ类下降6.0个百分点，Ⅰ类和Ⅲ类均持平。

沂沭泗水系为轻度污染。48个国考断面中，无Ⅰ类和Ⅱ类，Ⅲ类占72.9%，Ⅳ类占8.8%，Ⅴ类占2.1%，劣Ⅴ类占6.3%。与2015年相比，Ⅲ类上升6.2个百分点，Ⅳ类下降6.3个百分点，Ⅴ类下降4.1个百分点，劣Ⅴ类上升4.2个百分点，Ⅰ类和Ⅱ类均持平。

山东半岛独流入海河流为轻度污染。21个国考断面中，无Ⅰ类，Ⅱ类占14.3%，Ⅲ类占14.3%，Ⅳ类占19.0%，Ⅴ类占38.1%，劣Ⅴ类占14.3%。与2015年相比，Ⅱ类下降4.8个百分点，Ⅳ类上升9.5个百分点，Ⅴ类上升4.8个百分点，劣Ⅴ类下降9.5个百分点，Ⅰ类和Ⅲ类均持平。

海河流域　重度污染，主要污染指标为化学需氧量、五日生化需氧量和氨氮。161个国考断面中，Ⅰ类占1.9%，Ⅱ类占19.3%，Ⅲ类占16.1%，Ⅳ类占13.0%，Ⅴ类占8.7%，劣Ⅴ类占41.0%。与2015年相比，Ⅰ类下降0.6百分点，Ⅱ类上升3.2个百分点，Ⅲ类下降1.3个百分点，Ⅳ类上升1.2个百分点，Ⅴ

类下降5.6个百分点，劣Ⅴ类上升3.1个百分点。

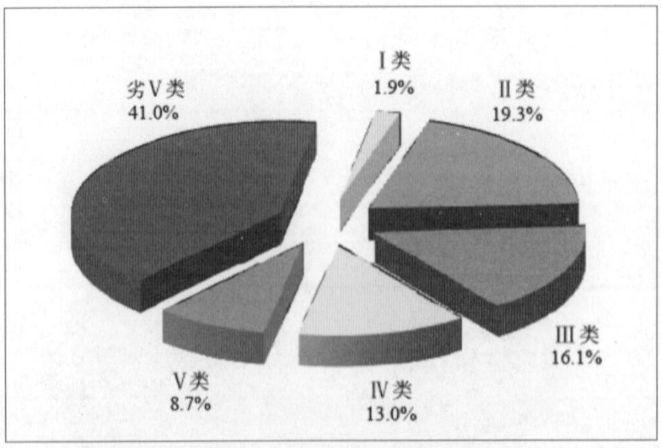

图17 2016年海河流域水质类别比例

海河水系干流2个国考断面，三岔口为Ⅳ类，与2015相比有所好转；海河大闸为劣Ⅴ类，与2015相比无明显变化。

海河水系主要支流为重度污染。125个国考断面中，Ⅰ类占2.4%，Ⅱ类占18.4%，Ⅲ类占12.0%，Ⅳ类占10.4%，Ⅴ类占7.2%，劣Ⅴ类占49.6%。与2015年相比，Ⅰ类下降0.8百分点，Ⅱ类上升3.2个百分点，Ⅲ类下降1.6个百分点，Ⅳ类持平，Ⅴ类下降4.0个百分点，劣Ⅴ类上升3.2个百分点。

滦河水系水质良好。17个国考断面中，Ⅱ类占41.2%，Ⅲ类占47.1%，Ⅳ类占11.8%，无Ⅰ类、Ⅴ类和劣Ⅴ类。与2015年相比，Ⅱ类上升23.6个百分点，Ⅲ类下降23.5个百分点，Ⅰ类、Ⅳ类、Ⅴ类和劣Ⅴ类均持平。

徒骇马颊河水系为中度污染。11个国考断面中，无Ⅰ类，Ⅱ类占9.1%，Ⅲ类占18.2%，Ⅳ类占9.1%，Ⅴ类占36.4%，劣Ⅴ类占27.3%。与2015年相比，Ⅱ类上升9.1个百分点，Ⅴ类下降18.1个百分点，劣Ⅴ类上升9.1个百分点，Ⅰ类、Ⅲ类和Ⅳ类均持平。

冀东沿海诸河水系为轻度污染。6个国考断面中，Ⅲ类占16.7%，Ⅳ类占66.7%，劣Ⅴ类占16.7%，无Ⅰ类、Ⅱ类和Ⅴ类。与2015年相比，Ⅲ类上升16.7个百分点，Ⅴ类下降16.7个百分点，Ⅰ类、Ⅱ类、Ⅳ类和劣Ⅴ类均持平。

辽河流域 轻度污染，主要污染指标为化学需氧量、五日生化需氧量和氨氮。106个国考断面中，Ⅰ类占1.9%，Ⅱ类占31.1%，Ⅲ类占12.3%，Ⅳ类占22.6%，Ⅴ类占17.0%，劣Ⅴ类占15.1%。与2015年相比，Ⅰ类下降0.9百分点，Ⅱ类上升8.5个百分点，Ⅲ类持平，Ⅳ类下降22.7个百分点，Ⅴ类上升10.4个百分点，劣Ⅴ类上升4.7个百分点。

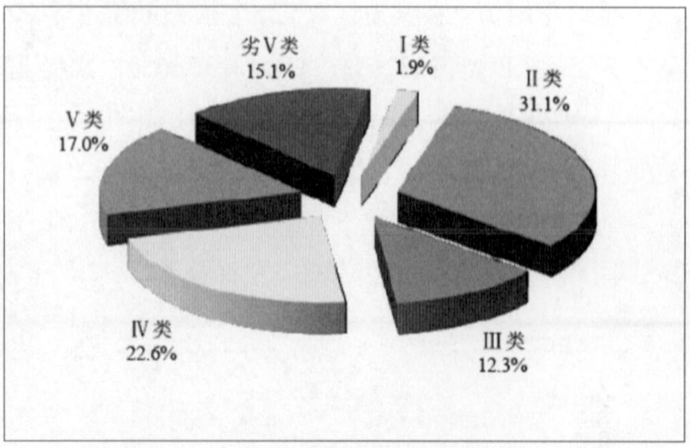

图18 2016年辽河流域水质类别比例

辽河干流为轻度污染。15个国考断面中，Ⅲ类占13.3%，Ⅳ类占46.7%，Ⅴ类占33.3%，劣Ⅴ类占6.7%，无Ⅰ类和Ⅱ类。与2015年相比，Ⅲ类上升6.6个百分点，Ⅳ类下降26.6个百分点，Ⅴ类上升13.3个百分点，劣Ⅴ类上升6.7个百分点，Ⅰ类和Ⅱ类均持平。

辽河主要支流为中度污染。21个国考断面中，无Ⅰ类，Ⅱ类占9.5%，Ⅲ类占23.8%，Ⅳ类占14.3%，Ⅴ类占23.8%，劣Ⅴ类占28.6%。与2015年相比，Ⅰ类持平，Ⅱ类上升4.7个百分点，Ⅲ类上升23.8个百分点，Ⅳ类下降47.6个百分点，Ⅴ类上升14.3个百分点，劣Ⅴ类上升4.8个百分点。

大辽河水系为轻度污染。28个国考断面中，Ⅱ类占35.7%，Ⅳ类占28.6%，Ⅴ类占17.9%，劣Ⅴ类占17.9%，无Ⅰ类和Ⅲ类。与2015年相比，Ⅰ类下降7.2百分点，Ⅱ类上升21.4个百分点，Ⅲ类下降10.7个百分点，Ⅳ类下降10.7个百分点，Ⅴ类上升10.8个百分点，劣Ⅴ类下降3.5个百分点。

大凌河水系为轻度污染。11个国考断面中，无Ⅰ类，Ⅱ类占45.5%，Ⅲ类占9.1%，Ⅳ类占9.1%，Ⅴ类占27.3%，劣Ⅴ类占9.1%。与2015年相比，Ⅰ类持平，Ⅱ类上升9.1个百分点，Ⅲ类下降18.1个百分点，Ⅳ类下降27.3个百分点，Ⅴ类上升27.3个百分点，劣Ⅴ类上升9.1个百分点。

鸭绿江水系水质为优。13个国考断面中，Ⅰ类占7.7%，Ⅱ类占84.6%，Ⅲ类占7.7%，无Ⅳ类、Ⅴ类和劣Ⅴ类。与2015年相比，Ⅱ类上升7.7个百分点，Ⅳ类下降7.7个百分点，其他类均持平。

浙闽片河流 水质为优。125个国考断面中，Ⅰ类占3.2%，Ⅱ类占53.6%，Ⅲ类占37.6%，Ⅳ类占3.2%，Ⅴ类占2.4%，无劣Ⅴ类。与2015年相比，Ⅰ类上升0.8个百分点，Ⅱ类上升12.8个百分点，Ⅲ类下降6.4个百分点，Ⅳ类下降2.4个百分点，Ⅴ类下降2.4个百分点，劣Ⅴ类下降2.4个百分点。

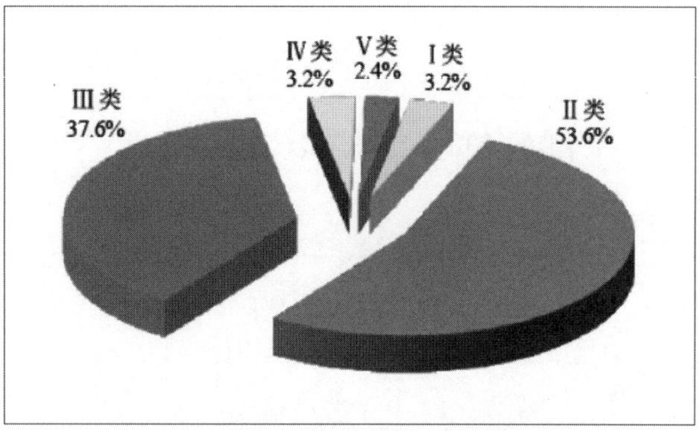

图19 2016年浙闽片河流水质类别比例

西北诸河 水质为优。62个国考断面中，Ⅰ类占4.8%，Ⅱ类占75.8%，Ⅲ类占12.9%，Ⅳ类占4.8%，Ⅴ类占1.6%，无劣Ⅴ类。与2015年相比，Ⅰ类下降1.7个百分点，Ⅱ类上升1.6个百分点，Ⅲ类上升1.6个百分点，Ⅴ类下降1.6个百分点，Ⅳ类和劣Ⅴ类均持平。

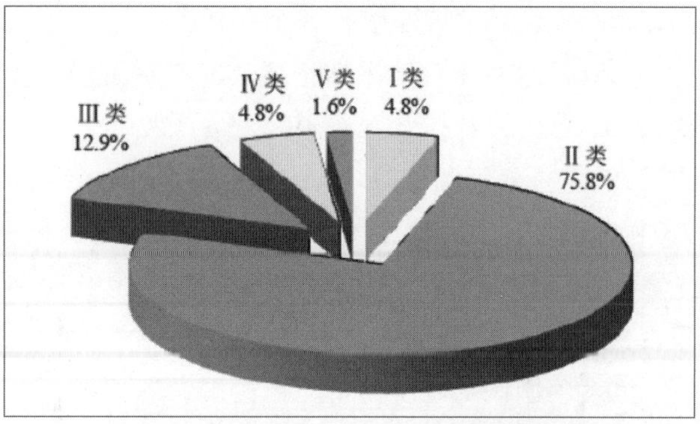

图20 2016年西北诸河水质类别比例

西南诸河 水质为优。63个国考断面中，Ⅰ类占1.6%，Ⅱ类占79.4%，Ⅲ类占9.5%，Ⅳ类占7.9%，劣Ⅴ类占1.6%，无Ⅴ类。与2015年相比，Ⅰ类上升1.6百分点，Ⅱ类上升25.4个百分点，Ⅲ类下降17.5个百分点，Ⅳ类下降7.9个百分点，Ⅴ类下降1.6个百分点，劣Ⅴ类持平。

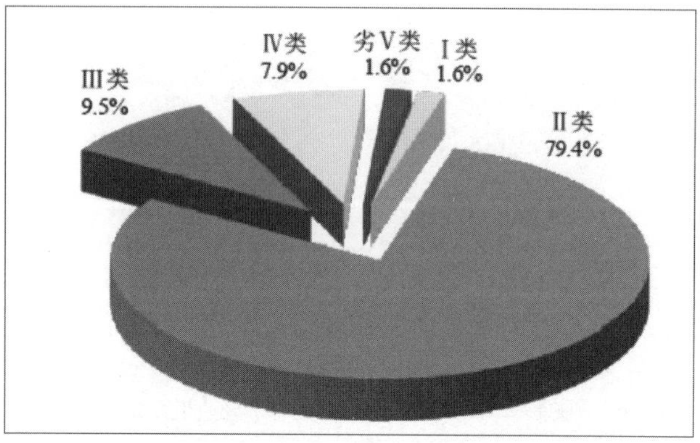

图21 2016年西南诸河水质类别比例

湖泊（水库）

2016年，112个重要湖泊（水库）中，Ⅰ类水质的湖泊（水库）8个，占7.1%；Ⅱ类28个，占25.0%；Ⅲ类38个，占33.9%；Ⅳ类23个，占20.5%；Ⅴ类6个，占5.4%；劣Ⅴ类9个，占8.0%。主要污染指标为总磷、化学需氧量和高锰酸盐指数。108个监测营养状态的湖泊（水库）中，贫营养的10个，中营养的73个，轻度富营养的20个，中度富营养的5个。

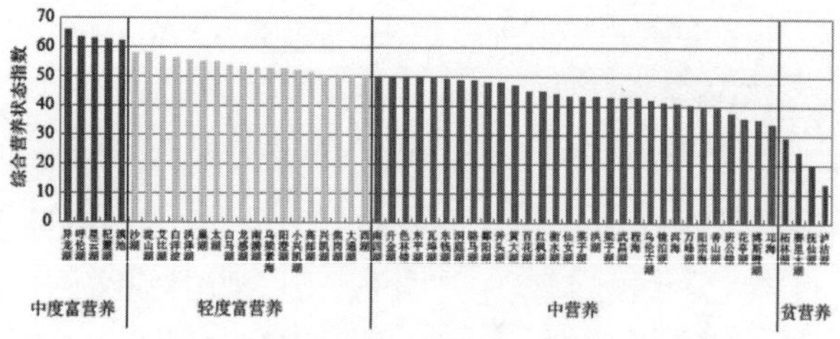

图22 2016年重要湖泊营养状态比较

太湖 湖体为轻度污染，主要污染指标为总磷。

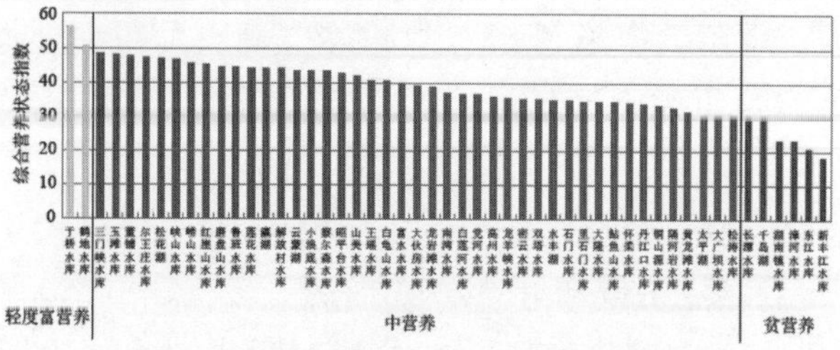

图23 2016年重要水库营养状态比较

17个国考点位中，Ⅲ类4个，占23.5%；Ⅳ类12个，占70.6%；Ⅴ类1个，占5.9%；无Ⅰ类、Ⅱ类和劣Ⅴ类。与2015年相比，各类水质点位比例均持平。全湖平均为轻度富营养状态。

环湖河流为轻度污染，主要污染指标为氨氮、总磷和化学需氧量。55个国考断面中，Ⅱ类12个，占21.8%；Ⅲ类26个，占47.3%；Ⅳ类14个，占25.5%；Ⅴ类3个，占5.5%；无Ⅰ类和劣Ⅴ类。与2015年相比，Ⅰ类水质断面比例持平，Ⅱ类上升3.6个百分点，Ⅲ类上升9.1个百分点，Ⅳ类下降12.8个百分点，Ⅴ类上升3.6个百分点，劣Ⅴ类下降3.6个百分点。

巢湖　湖体为轻度污染，主要污染指标为总磷。8个国考点位中，Ⅳ类5个，占62.5%；Ⅴ类3个，占37.5%；无Ⅰ类、Ⅱ类、Ⅲ类和劣Ⅴ类。与2015年相比，各类水质点位比例均持平。全湖平均为轻度富营养状态。

环湖河流为中度污染，主要污染指标为氨氮、总磷和五日生化需氧量。14个国考断面中，Ⅱ类1个，占7.1%；Ⅲ类9个，占64.3%；劣Ⅴ类4个，占28.6%；无Ⅰ类、Ⅳ类和Ⅴ类。与2015年相比，各类水质断面比例均持平。

滇池　湖体为中度污染，主要污染指标为总磷、化学需氧量和五日生化需氧量。10个国考点位均为Ⅴ类。草海和外海均为中度污染。与2015年相比，Ⅴ类水质断面比例上升90.0个百分点，劣Ⅴ类下降90.0个百分点，其他类均持平。全湖平均为中度富营养状态。

环湖河流为轻度污染，主要污染指标为化学需氧量、五日生化需氧量和总磷。12个国考断面中，Ⅱ类1个，占8.3%；Ⅲ类2个，占16.7%；Ⅳ类7个，占58.3%；劣Ⅴ类2个，占16.7%；无Ⅰ类和Ⅴ类。与2015年相比，Ⅳ类水质断面比例下降8.4个百分点，Ⅴ类下降8.3个百分点，劣Ⅴ类上升16.7个百分点，Ⅰ类、Ⅱ类和Ⅲ类均持平。

地下水

2016年，以地下水含水系统为单元，以潜水为主的浅层地下水和承压水为主的中深层地下水为对象，国土资源部门对全国31个省（区、市）225个地市级行政区的6124个监测点（其中国家级监测点

表4　2016年重要湖泊（水库）水质状况

水质类别	三湖	重要湖泊	重要水库
Ⅰ类、Ⅱ类	——	梁子湖、香山湖、班公错、花亭湖、邛海、柘林湖、赛里木湖、抚仙湖、泸沽湖	崂山水库、瀛湖、解放村水库、云蒙湖、山美水库、白龟山水库、大伙房水库、白莲河水库、党河水库、密云水库、双塔水库、石门水库、里石门水库、大隆水库、怀柔水库、丹江口水库、隔河岩水库、黄龙滩水库、太平湖、大广坝水库、松涛水库、长潭水库、千岛湖、湖南镇水库、漳河水库、东江水库、新丰江水库
Ⅲ类	——	南漪湖、小兴凯湖、高邮湖、兴凯湖、焦岗湖、西湖、南四湖、升金湖、色林错、东平湖、瓦埠湖、骆马湖、斧头湖、衡水湖、菜子湖、武昌湖、镜泊湖、洱海、万峰湖、阳宗海、羊卓雍错	鹤地水库、玉滩水库、董铺水库、尔王庄水库、峡山水库、红崖山水库、磨盘山水库、小浪底水库、昭平台水库、王瑶水库、富水水库、南湾水库、高州水库、龙羊峡水库、鲇鱼山水库、铜山源水库、鸭子荡水库
Ⅳ类	太湖、巢湖	白马湖、龙感湖、阳澄湖、东钱湖、洞庭湖、鄱阳湖、黄大湖、百花湖、红枫湖、仙女湖、洪湖、博斯腾湖、高唐湖	于桥水库、三门峡水库、松花湖、鲁班水库、莲花水库、察尔森水库、龙岩滩水库、水丰湖
Ⅴ类	滇池	杞麓湖、淀山湖、白洋淀、洪泽湖、乌梁素海	——
劣Ⅴ类	——	异龙湖、呼伦湖、星云湖、沙湖、大通湖程海、乌伦古湖、纳木错、艾比湖（此四个湖泊为天然背景值较高所致）	——

1000个）开展了地下水水质监测。评价结果显示：水质为优良级、良好级、较好级、较差级和极差级的监测点分别占10.1%、25.4%、4.4%、45.4%和14.7%。主要超标指标为锰、铁、总硬度、溶解性总固体、“三氮”（亚硝酸盐氮、硝酸盐氮和氨氮）、硫酸盐、氟化物等，个别监测点存在砷、铅、汞、六价铬、镉等重（类）金属超标现象。

水利部门流域地下水水质监测井主要分布于松辽平原、黄淮海平原、山西及西北地区盆地和平原、江汉平原重点区域，监测对象以浅层地下水为主，基本涵盖了地下水开发利用程度较大、污染较严重的地区。2104个测站地下水质量综合评价结果[10]显示：水质评价结果总体较差。水质优良的测站比例为2.9%，良好的测站比例为21.2%，无较好测站，较差的测站比例为56.2%，极差的测站比例为19.8%。主要污染指标除总硬度、溶解性总固体、锰、铁和氟化物可能由于水文地质化学背景值偏高外，“三氮”污染情况较重，部分地区存在一定程度的重金属和有毒有机物污染。

全国地级及以上城市集中式饮用水水源

2016年，338个地级及以上城市897个在用集中式生活饮用水水源监测断面（点位）中，有811个全年均达标，占90.4%。其中地表水水源监测断面（点位）563个，有527个全年均达标，占93.6%，主要超标指标为总磷、硫酸盐和锰；地下水水源监测断面（点位）334个，有284个全年均达标，占85.0%，主要超标指标为锰、铁和氨氮。

重点水利工程

三峡库区　2016年，三峡库区长江主要支流监测的24个地表水基本项目中，9项指标出现超标，超标率分别为总氮89.5%、总磷79.1%、粪大肠菌群5.7%、化学需氧量4.9%、氨氮1.3%、高锰酸盐指数1.5%、五日生化需氧量0.9%、pH值0.3%、阴离子表面活性剂0.3%。77个监测断面综合营养状态指数范围为14.8～79.2，水体处于富营养状态的断面占监测断面总数的24.0%，中营养状态的占73.8%，贫营养状态的占2.2%。

南水北调（东线）　长江取水口夹江三江营断面为Ⅱ类水质。输水干线京杭运河里运河段、宝应运河段、宿迁运河段、鲁南运河段、韩庄运河段和梁济运河段为Ⅲ类水质。洪泽湖湖体6个点位均为Ⅴ类水质，营养状态为轻度富营养；骆马湖湖体2个点位、南四湖湖体5个点位为Ⅲ类水质，营养状态为中营养；东平湖湖体1个点位为Ⅲ类水质，1个点位为Ⅳ类水质，营养状态为中营养。

表5　2016年各流域片区地下水水质综合评价结果

流域	测站比例（%）		
	良好以上	较差	极差
松花江	12.9	72.0	15.1
辽河	10.6	60.6	28.8
海河	31.1	52.0	16.9
黄河	25.5	44.1	30.5
淮河	25.1	65.4	9.5
长江	20.0	65.7	14.3
内陆河	26.1	48.6	25.4
全国	24.0	56.2	19.8

南水北调（中线）　取水口陶岔断面为Ⅱ类水质。丹江口水库5个点位为Ⅱ类水质，营养状态为中营养。入丹江口水库的9条支流17个断面中，汉江1个断面为Ⅰ类水质，5个断面为Ⅱ类水质；天河、金钱河、浪河、堵河、老灌河、淇河和丹江的10个断面为Ⅱ类水质；官山河1个断面为Ⅲ类水质。

省界水体

2016年，监测的544个重要省界断面中，Ⅰ类、Ⅱ类、Ⅲ类、Ⅳ类、Ⅴ类和劣Ⅴ类水质断面比例分别为3.5%、42.3%、21.3%、10.1%、5.7%和17.1%。主要污染指标为化学需氧量、氨氮和总磷。与2015年相比（514个可比断面），Ⅰ～Ⅲ类水质断面比例上升2.3个百分点，劣Ⅴ类下降0.8个百分点。

内陆渔业水域

2016年，全国渔业生态环境监测网对黑龙江流域、黄河流域、长江流域和珠江流域的80个重要鱼、虾类的产卵场、索饵场、洄游通道、增养殖区及自然保护区进行了监测，监测水域总面积187.4万公顷。江河重要渔业水域主要污染指标为总氮和总磷。总氮、总磷、高锰酸盐指数、非离子氨、铜、挥发性酚和石油类监测浓度优于评价标准的面积占

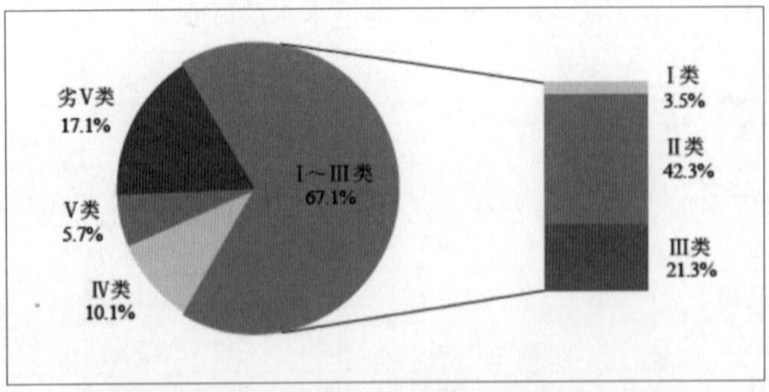

图24　2016年全国省界断面水质类别比例

所监测面积的比例分别为1.0%、47.4%、75.9%、93.8%、97.4%、97.8%和99.3%。与2015年相比，总氮、总磷、高锰酸盐指数和铜超标面积有所增加。湖泊、水库重要渔业水域主要污染指标为总氮、总磷和高锰酸盐指数。总氮、总磷、高锰酸盐指数、铜、石油类和挥发性酚监测浓度优于评价标准的面积占所监测面积的比例分别为3.4%、23.0%、35.4%、86.1%、91.4%和99.6%。与2015年相比，总氮、总磷、高锰酸盐指数、挥发性酚和铜超标面积均有不同程度增加，其中高锰酸盐指数增幅较大，石油类超标面积有所减小。对41个国家级水产种质资源保护区（内陆）进行了监测，监测面积为371.8万公顷，主要污染指标为总氮。总氮、石油类、高锰酸盐指数、总磷、和铜监测浓度优于评价标准的面积占所监测面积的比例分别为1.6%、91.4%、94.2%、96.1%和99.7%。

海洋

全海域

2016年春季和夏季，符合第一类海水水质标准的海域面积均占中国管辖海域面积的95%；劣于第四类海水水质标准的海域面积分别为42430和37420平方千米，与2015年同期相比，分别减少9310和2600平方千米。

近岸海域

2016年，全国近岸海域水质基本保持稳定，水质级别为一般。417个点位中，一类海水比例[11]为32.4%，比2015年下降1.2个百分点；二类41.0%，比2015年上升4.1个百分点；三类10.3%，比2015年上升2.7个百分点；四类3.1%，比2015年下降0.6个百分点；劣四类13.2%，比2015年下降5.1个百分点。主要污染指标为无机氮和活性磷酸盐。

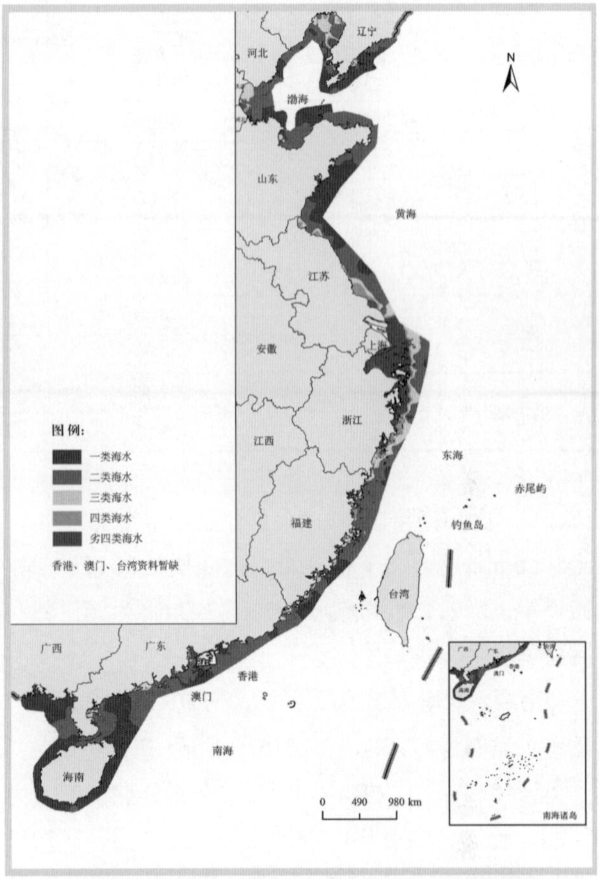

图25　2016年全国近岸海域水质分布示意图

渤海　近岸海域水质一般，与2015年持平。一类海水比例为28.4%，比2015年上升14.1个百分点；二类为44.4%，比2015年下降12.7个百分点；三类为17.3%，比2015年上升3.0个百分点；四类为4.9%，比2015年下降3.3个百分点；劣四类为4.9%，比2015年下降1.2个百分点。主要污染指标为无机氮。

黄海　近岸海域水质良好，与2015年持平。一类海水比例为38.5%，比2015年上升1.5个百分点；二类为50.5%，比2015年下降1.4个百分点；三类为4.4%，比2015年下降1.2个百分点；四类为5.5%，比2015年上升3.6个百分点；劣四类为1.1%，比2015年下降2.6个百分点。主要污染指标为无机氮。

东海　近岸海域水质差，比2015年好转。一类海水比例为12.4%，比2015年下降7.6个百分点；二类为31.9%，比2015年上升15.1个百分点；三类为

表6 2016年未达到第一类海水水质标准的各类海域面积

海区	季节	各类海水水质海域面积（平方千米）			
		第二类	第三类	第四类	劣于第四类
渤海	春季	11660	6670	2340	3050
	夏季	9950	5690	3130	5000
黄海	春季	7310	9980	5060	6420
	夏季	12160	7440	3260	2530
东海	春季	19510	17040	8590	27770
	夏季	22740	8070	8060	21950
南海	春季	6780	8730	1840	5190
	夏季	4460	9820	3320	7940
全海域	春季	45260	42420	17830	42430
	夏季	49310	31020	17770	37420

15.0%，比2015年上升3.4个百分点；四类为3.5%，比2015年下降1.8个百分点；劣四类为37.2%，比2015年下降9.1个百分点。主要污染指标为无机氮和活性磷酸盐。

南海 近岸海域水质良好，与2015年持平。一类海水比例为47.7%，比2015年下降5.7个百分点；二类为40.2%，比2015年上升2.3个百分点；三类为6.1%，比2015年上升4.2个百分点；无四类，比2015年下降1.0个百分点；劣四类为6.1%，比2015年上升0.3个百分点。主要污染指标为pH、无机氮和活性磷酸盐。

重要河口海湾 9个重要河口海湾中，北部湾水质优，辽东湾、黄河口和胶州湾水质一般，渤海湾和珠江口水质差，长江口、杭州湾和闽江口水质极差。与2015年相比，辽东湾和珠江口水质好转，闽江口水质恶化，其他河口海湾水质基本保持稳定。

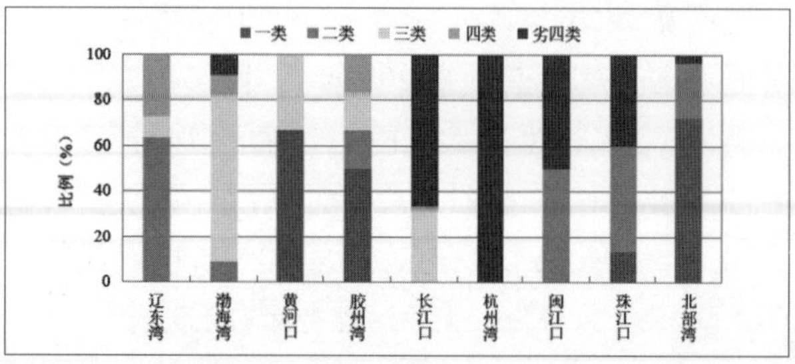

图26 2016年重要河口海湾近岸海域水质类别比例

入海河流 监测的192个入海河流断面中，无Ⅰ类；Ⅱ类26个，占13.5%；Ⅲ类64个，占33.3%；Ⅳ类49个，占25.5%；Ⅴ类20个，占10.4%；劣Ⅴ类33个，占17.2%。主要污染指标为化学需氧量、五日生化需氧量和高锰酸盐指数。

直排海污染源 对419个日排污水量大于100立方米的直排海工业污染源、生活污染源、综合排污口进行监测。污水排放总量约为657430万吨，化学需氧量198555吨，石油类788.2吨，氨氮15304吨，总氮64466吨，总磷2739吨，部分直排海污染源排放汞、六价铬、铅和镉等污染物。

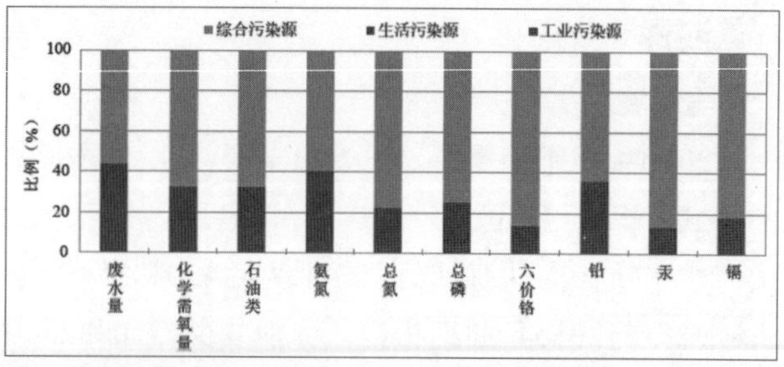

图27 2016年不同类型直排海污染源主要污染物排放比例

海洋渔业水域

2016年，全国渔业生态环境监测网对中国黄渤海区、东海区、南海区的40个重要鱼、虾、贝、藻类的产卵场、索饵场、洄游通道、自然保护区及重要增养殖水域进行了监测，监测水域总面积595.8万公顷。海洋重要鱼、虾、贝类的产卵场、索饵场、洄游通道及自然保护区主要污染指标为无机氮和活性磷酸盐。无机氮、活性磷酸盐、化学需氧量和石油类监测浓度优于评价标准的面积占所监测面积的比例分别为14.9%、38.2%、76.4%和94.8%。与2015年相比，无机氮、活性磷酸盐和化学需氧量超标面积有所扩大，石油类超标面积有所减小。海水重点增养殖区主要污染指标为无机氮和活性磷酸盐。无机氮、活性磷酸盐、石油类和化学需氧量监测浓度优于评价标准的面积占所监测面积的比例分别为17.1%、22.8%、60.8%和74.3%。与2015年相比，无机氮、活性磷酸盐和化学需氧量超标面积均明显增加，石油类超标面积有所增加。对29个海洋重要渔业水域沉积物的监测结果表明，石油类、铜、镉和砷超标水域比例分别为8.7%、3.4%、3.4%和3.4%，锌、铅和汞的平均浓度均优于评价标准。对8个国家级水产种质资源保护区（海洋）进行了监测，监测面积为32.6万公顷，主要污染指标为无机氮和化学需氧量。无机氮、化学需氧量、活性磷酸盐和石油类监测浓度优于评价标准的面积占所监测面积的比例分别为23.1%、46.2%、78.8%和89.0%。

土地

土地资源及耕地

截至2015年末[12]，全国共有农用地64545.68万公顷，其中耕地13499.87万公顷，园地1432.33万公顷，林地25299.20万公顷，牧草地21942.06万公顷；建设用地3859.33万公顷，含城镇村及工矿用地3142.98万公顷。2015年，全国因建设占用、灾毁、生态退耕、农业结构调整等原因减少耕地面积30.17万公顷，通过土地整治、农业结构调整等增加耕地面积24.23万公顷，年内净减少耕地面积5.95万公顷。

2015年，全国耕地平均质量等级为5.11等[13]。其中，评价为一等至三等的耕地面积为3658.46万公顷，占耕地总面积的27.1%；评价为四等至六等的耕地面积为6088.44万公顷，占耕地总面积的45.1%；评价为七等至十等的耕地面积为3752.96万公顷，占耕地总面积的27.8%。

水土流失

根据第一次全国水利普查水土保持情况普查成果[14]，中国土壤侵蚀总面积294.9万平方千米，占普查范围总面积的31.1%。其中，水力侵蚀129.3万平方千米，风力侵蚀165.6万平方千米。

荒漠化和沙化

第五次全国荒漠化和沙化监测结果[15]显示，截至2014年，全国荒漠化土地面积261.16万平方千米，沙化土地面积172.12万平方千米。与2009年相比，5年间荒漠化土地面积净减少12120平方千米，年均减少2424平方千米；沙化土地面积净减少9902平方千米，年均减少1980平方千米。自2004年以来，全国荒漠化和沙化状况连续三个监测期“双缩减”，呈现整体遏制、持续缩减、功能增强、效果明显的良好态势，但防治形势依然严峻。

自然生态

生态环境质量

2015年[16]，2591个县域中，生态环境质量[17]为“优”“良”“一般”“较差”和“差”的县域分别有548个、1057个、702个、267个和17个。“优”和“良”的县域占国土面积的44.9%，主要分布在秦岭淮河以南、东北大小兴安岭和长白山地区；“一般”的县域占22.2%，主要分布在华北平原、东北平原中西部、内蒙古中部、青藏高原中部和新疆北部等地区；“较差”和“差”的县域占32.9%，主要分布在内蒙古西部、甘肃西北部、青藏高原北部和新疆大部。

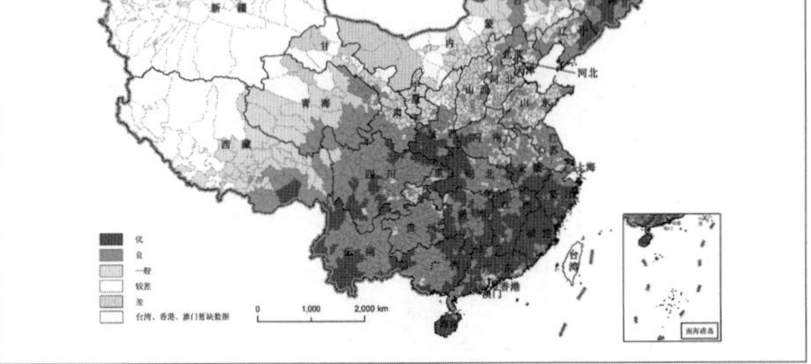

图28 2015年全国县域生态环境质量分布示意图

生物多样性

在生态系统多样性方面，具有地球陆地生态系统的各种类型，其中森林类型212类、竹林36类、灌丛113类、草甸77类、荒漠52类。淡水生态系统复杂，自然湿地有沼泽湿地、近海与海岸湿地、河滨湿地和湖泊湿地等4大类。近海海域有黄海、东海、南海和黑潮流域4个大海洋生态系统，分布滨海湿地、红树林、珊瑚礁、河口、海湾、泻湖、岛屿、上升流、海草床等典型海洋生态系统，以及海底古森林、海蚀与海积地貌等自然景观和自然遗迹。还有农田生态系统、人工林生态系统、人工湿地生态系统、人工草地生态系统和城市生态系统等人工生态系统。

在物种多样性方面，已知物种及种下单元数86575种，其中，动物界35905种，植物界41940种，细菌界469种，色素界2239种，真菌界3488种，原生动物界1729种，病毒805种。列入国家重点保护野生动物名录的珍稀濒危野生动物共420种，大熊猫、朱鹮、金丝猴、华南虎、扬子鳄等数百种动物为中国所特有。已查明真菌种类10000多种。

在遗传资源多样性方面，有栽培作物528类1339个栽培种，经济树种达1000种以上，中国原产的观赏植物种类达7000种，家养动物576个品种。

受威胁物种 对全国34450种高等植物的评估结果显示，受威胁的高等植物有3767种，约占评估物种总数的10.9%；属于近危等级（NT）的有2723种；属于数据缺乏等级（DD）的有3612种。需要重点关注和保护的高等植物达10102种，占评估物种总数的29.3%。

对全国4357种已知脊椎动物（除海洋鱼类）受威胁状况的评估结果显示，受威胁的脊椎动物有932种，约占评估物种总数的21.4%；属于近危等级（NT）的有598种；属于数据缺乏等级（DD）的有941种。需要重点关注和保护的脊椎动物达2471种，占56.7%。外来入侵物种已发现560多种外来入侵物种，且呈逐年上升趋势，对中国生态环境、经济发展和人民群众健康已造成严重影响。

自然保护区

截至2016年底，全国共建立各种类型、不同级别的自然保护区2750个，保护区总面积14733万公顷。其中，自然保护区陆地面积约14288万公顷，占全国陆地面积的14.88%。国家级自然保护区446个，面积约9695万公顷，其中陆地面积占全国陆地面积的9.97%。

表7 2016年未达到第一类海水水质标准的各类海域面积

类型	数量（个）	面积（公顷）
森林生态	1427	31728927
草原草甸	41	1654155
荒漠生态	31	40054288
内陆湿地	383	31105732
海洋海岸	68	716828
野生动物	529	38770689
野生植物	153	1769717
地质遗迹	85	982564
古生物遗迹	33549557	
合计	2750	147332457

湿地 2016年，国家湿地公园试点总数达到836处，新增国家湿地公园试点134处，新增保护面积23.5万公顷。实施湿地保护与修复工程、中央财政湿地补贴项目300多个，恢复退化湿地30万亩，退耕还湿20万亩。

海洋国家级自然保护区 监测的65个国家级海洋保护区中，36个保护区开展保护对象监测，54个保护区开展水质监测。结果表明，大部分保护区的保护对象和水质状况基本保持稳定。开展监测的保护对象中，珊瑚、红树、贝藻类等基本保持稳定；贝壳堤面积有所减少，出露滩面的古树桩多被侵蚀。

典型海洋生态系统 监测的21个典型海洋生态系统中，处于健康、亚健康和不健康状态的海洋生态系统个数分别占生态系统总数的23.8%、66.7%和9.5%。

风景名胜区 截至2016年底，全国共建立国家级风景名胜区225处，总面积约10.36万平方千米，约占全国国土面积的1.08%；省级风景名胜区737处，总面积约9.2万平方千米；全国省级（含）以上风景名胜区面积约占国土面积的2.03%。有40处国家级风景名胜区、9处省级风景名胜区被联合国教科文组织列入《世界遗产名录》。

表8　2016年典型海洋生态系统情况

生态系统类型	生态监控区名称	生态监控区面积（平方千米）	健康状况
河口	双台子河口	3000	亚健康
	滦河口—北戴河	900	亚健康
	黄河口	2600	亚健康
	长江口	13668	亚健康
	珠江口	3980	亚健康
海湾	锦州湾	650	不健康
	渤海湾	3000	亚健康
	莱州湾	3770	亚健康
	杭州湾	5000	不健康
	乐清湾	464	亚健康
	闽东沿岸	5063	亚健康
	大亚湾	1200	亚健康
滩涂湿地	苏北浅滩	15400	亚健康
珊瑚礁	雷州半岛西南沿岸	1150	健康
	广西北海	120	健康
	海南东海岸	3750	亚健康
	西沙珊瑚礁	400	亚健康
红树林	广西北海	120	健康
	北仑河口	150	健康
海草床	广西北海	120	亚健康
	海南东海岸	3750	健康

森林

森林资源　第八次全国森林资源清查（2009—2013年）结果[18]显示，全国森林面积2.08亿公顷，森林覆盖率21.63%，活立木总蓄积量164.33亿立方米，森林蓄积151.37亿立方米。森林面积和森林蓄积分别位居世界第5位和第6位，人工林面积居世界首位。

全国森林植被总生物量170.02亿吨，总碳储量达84.27亿吨。年涵养水源量5807亿立方米，年固土量81.91亿吨，年保肥量4.30亿吨，年吸收污染物量0.38亿吨，年滞尘量58.45亿吨。

森林生物灾害　2016年，全国林业有害生物发生1186.69万公顷，比2015年下降1.15%。其中，重度发生面积66.03万公顷，比2015年下降17.18%，但仍属于偏重发生状态。虫害发生面积857.04万公顷，比2015年上升1.23%；病害发生面积134.14万公顷，比2015年下降3.53%；鼠（兔）害发生面积195.51万公顷，比2015年下降8.99%。全国完成林业有害生物防治面积795.53万公顷，累计防治作业面积2349.37万公顷次，主要林业有害生物成灾率控制在4.5‰以下，无公害防治率达到85%以上。

入侵中国并造成严重危害的外来林业有害生物有42种，其中松材线虫病、美国白蛾、松突圆蚧、湿地松粉蚧等发生面积为158.88万公顷，严重威胁中国的森林资源安全。

森林火灾　2016年，全国共发生森林火灾2034起，受害森林面积6224公顷，因灾伤亡36人（其中死亡20人），未发生特大森林火灾和重大伤亡事故。与2015年相比，火灾次数下降30.7%，受害森林面积下降51.9%，人员伤亡上升38.5%（死亡人数下降13.0%）。

草原

草原资源　2016年，全国有草原面积近4亿公顷，约占国土面积的41.7%，是全国面积最大的陆地生态系统和生态安全屏障。中国北方和西部是天然草原的主要分布区，西部12省草原面积3.31亿公顷，占全国草原面积的84.2%；内蒙古、新疆、西藏、青海、甘肃和四川六大牧区省份，草原面积共2.93亿公顷，约占全国草原面积的3/4。南方地区草原以草山、草坡为主，大多分布在山地和丘陵，面积约0.67亿公顷。

草原生产力　2016年，全国草原综合植被盖度54.6%，比2015年提高0.6个百分点；全国天然草原鲜草总产量103864.86万吨，比2015年增加1.03%；折合干草约32029.43万吨，载畜能力约为25175.59万羊单位，均比2015年增加0.93%。全国23个重点省（区、市）鲜草总产量96526.13万吨，占全国总产量的92.93%，折合干草约30194.87万吨，载畜能力约为23738.25万羊单位。

草原灾害　2016年，全国共发生草原火灾56起，其中一般草原火灾53起，较大草原火灾2起，特大草原火灾1起。累计受害草原面积36916.8公顷，经济损失607.3万元，牲畜损失3075头（只）。与2015年相比，草原火灾发生次数减少32起，受害草原面积减少81200公顷，经济损失减少10153.7万元。全国草原鼠害危害面积2807万公顷，比2015年减少3.5%，约占全国草原总面积的7.1%；全国草原虫害危害面积1251.5万公顷，与2015年基本持平，约占全国草原总面积的3.2%。

声

区域声环境

2016年，有322个地级及以上城市开展区域声环境监测，共监测55449个点位，等效声级平均值为54.0分贝。区域昼间声环境监测统计结果为：16个城市评价等级为好（一级），占5.0%；220个城市为较好（二级），占68.3%；84个城市为一般（三级），占26.1%；2个城市为较差（四级），占0.6%；无差（五级）的城市[19]。

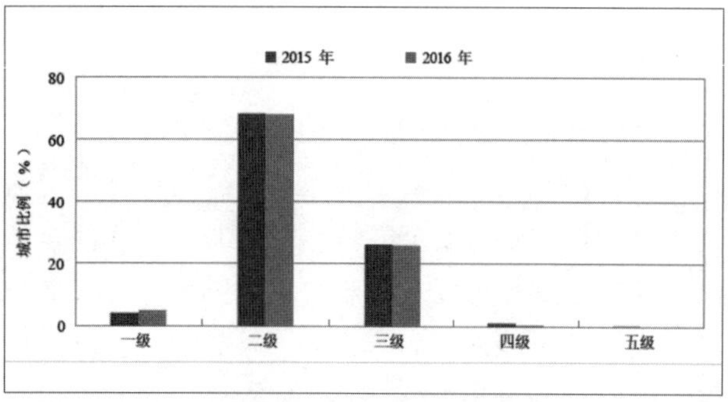

图29　2016年全国城市区域昼间声环境质量各级别城市比例年际比较

道路交通声环境

2016年，有320个地级及以上城市开展道路交通声环境监测，共监测20981个点位，等效声级平均值为66.8分贝。道路交通昼间声环境监测统计结果为：220个城市评价等级为好（一级），占68.8%；84个城市为较好（二级），占26.2%；11个城市为一般（三级），占3.4%；5个城市为较差（四级），占1.6%；无差（五级）的城市[20]。

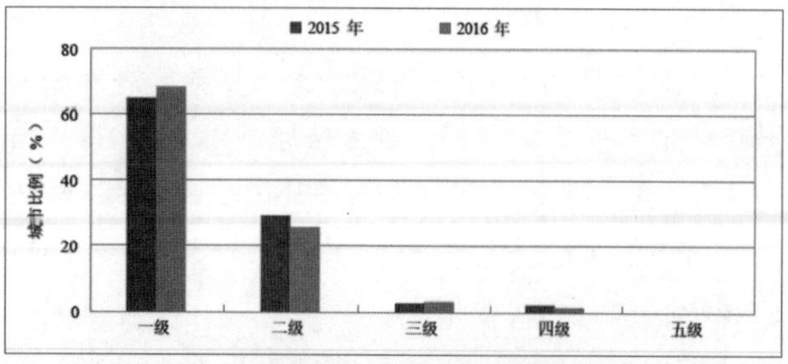

图30　2016年全国道路交通昼间声环境质量各级别城市比例年际比较

城市功能区声环境

2016年，有309个地级及以上城市开展功能区声环境监测，各类功能区[21]共监测21624点次，昼间、夜间各10812点次。各类功能区昼间总达标点次为9964个，达标率为92.2%；夜间总达标点次为7999个，达标率为74.0%。

辐射

环境电离辐射

2016年，全国环境电离辐射水平处于本底涨落范围内。实时连续空气吸收剂量率和累积剂量处于当地天然本底涨落范围内。空气中天然放射性核素活度浓度处于本底水平，人工放射性核素活度浓度未见异常。长江、黄河、珠江、松花江、淮河、海河、辽河等七大流域和浙闽片河流、西北诸河、西南诸河及重点湖泊（水库）中天然放射性核素活度浓度处于本底水平，人工放射性核素活度浓度未见异常。城市集中式饮用水水源地水及地下饮用水中总α和总β活度浓度低于《生活饮用水卫生标准》（GB 5749—2006）规定的指导值。近岸海域海水和海洋生物中天然放射性核素活度浓度处于本底水平，人工放射性核素活度浓度未见异常，其中海水中人工放射性核素活度浓度远低于《海水水质标准》（GB 3097—1997）规定的限值。土壤中天然放射性核素活度浓度处于本底水平，人工放射性核素活度浓度未见异常。

运行核电基地周围环境电离辐射　运行核电基地周围未监测到因核电厂运行引起的实时连续空气吸收剂量率异常。阳江核电基地、红沿河核电基地、福清核电基地、防城港核电基地和昌江核电基地周围空气、水、土壤、生物等环境介质中人工放射性核素活度浓度均未见异常，秦山核电基地和田湾核电基地周围个别气溶胶样品中检出微量的钴-60等人工放射性核素，秦山核电基地、大亚湾核电基地、田湾核电基地和宁德核电基地周围部分环境介质中氚活度浓度与核电厂运行前本底相比有所升高。评估结果表明，核电厂运行对公众造成的辐射剂量均远低于国家规定的剂量限值。

民用研究堆周围环境电离辐射　清华大学核能与

表9　2016年全国城市各类功能区达标情况年际比较

单位：%

年份	0类		1类		2类		3类		4a类		4b类	
	昼	夜	昼	夜	昼	夜	昼	夜	昼	夜	昼	夜
2016	78.6	57.3	87.4	72.8	92.5	83.4	97.2	88.3	92.6	50.5	95.3	72.1
2015	80.7	64.9	87.3	74.7	93.0	83.3	97.3	88.1	93.3	50.7	93.8	64.1

新能源技术研究院和深圳大学微堆等设施周围环境γ辐射空气吸收剂量率，气溶胶、沉降物、水和土壤中人工放射性核素活度浓度未见异常。中国原子能科学研究院和中国核动力研究设计院周围部分环境介质中检出微量的钴−60和碘−131等人工放射性核素，评估结果表明，对公众造成的辐射剂量远低于国家规定的剂量限值。

核燃料循环设施和废物处置设施周围环境电离辐射　中核兰州铀浓缩有限公司、中核陕西铀浓缩有限公司、中核北方核燃料元件有限公司、中核建中核燃料元件有限公司和中核四〇四有限公司等核燃料循环设施，以及西北低中放固体废物处置场和广东低中放固体废物北龙处置场周围环境γ辐射空气吸收剂量率处于当地天然本底涨落范围内，环境介质中与上述企业活动相关的放射性核素活度浓度未见异常。

铀矿冶周围环境电离辐射　铀矿冶设施周围辐射环境质量总体稳定。周围环境γ辐射空气吸收剂量率、空气中氡活度浓度、气溶胶中总α活度浓度、地表水中总铀和镭−226浓度与历年处于同一水平，周边饮用水中总铀、铅−210、钋−210和镭−226浓度低于《铀矿冶辐射防护和环境保护规定》（GB 23727—2009）的相应限值。

电磁辐射

2016年，省会城市环境电磁辐射水平远低于《电磁环境控制限值》（GB 8702—2014）规定的公众曝露控制限值12V/m（频率范围为30～3000MHz）。监测的大型电磁辐射发射设施、移动通信基站天线周围环境敏感点的电磁辐射水平、输电线和变电站周围环境敏感点工频电场强度和磁感应强度低于《电磁环境控制限值》（GB8702—2014）规定的公众曝露控制限值。

交通与能源

交通

基础设施　截至2016年底，全国铁路营业里程达12.4万公里，电气化里程达8.0万公里。全国公路总里程469.63万公里，高速公路里程达13.10万公里。全国内河航道通航里程12.71万公里。全国港口拥有生产用码头泊位30388个。全国共有颁证民用航空机场218个。

运输服务　全年完成铁路旅客发送量28.14亿人，旅客周转量12579.29亿人公里，完成货运总发送量33.32亿吨，货运总周转量23792.26亿吨公里。全年完成公路营业性客运量154.28亿人，旅客周转量10228.71亿人公里，完成货运量334.13亿吨，货物周转量61080.10亿吨公里。全年完成水路客运量2.72亿人，旅客周转量72.33亿人公里，完成水路货运量63.82亿吨，货物周转量97338.80亿吨公里，全年完成民航旅客运输量4.88亿人次，旅客周转量8359.54亿人公里，完成货邮运输量666.9万吨，货邮周转量221.13亿吨公里。全年完成城市客运量1285.15亿人，其中公共汽电车完成745.35亿人，运营里程358.32亿公里，轨道交通完成161.51亿人，运营里程4.33亿列公里，巡游出租车完成377.35亿人，运营里程1552.50亿公里，客运轮渡完成0.94亿人。

能源

初步核算，2016年，全国能源消费总量43.6亿吨标准煤，比2015年增长1.4%。煤炭消费量下降

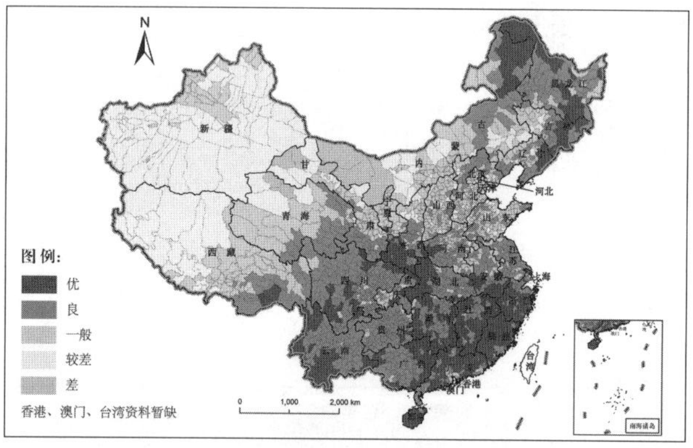

图31　2016年全国辐射环境自动监测站实时连续空气吸收剂量率分布示意图

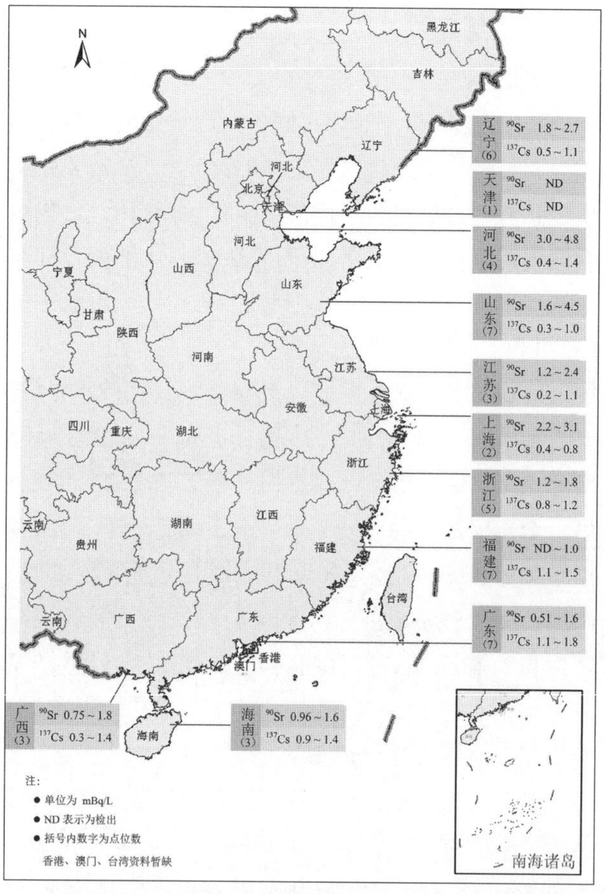

图32　2016年中国近岸海域海水中锶-90和铯-137活度浓度

4.7%，原油消费量增长5.5%，天然气消费量增长8.0%，电力消费量增长5.0%。煤炭消费量占能源消费总量的62.0%，水电、风电、核电、天然气等清洁能源消费量占能源消费总量的19.7%。全国万元国内生产总值能耗下降5.0%。

气候与自然灾害

气温

2016年，全国平均气温10.36℃，较常年（9.55℃）偏高0.81℃，为1951年以来第三高，仅次于2015年（10.49℃）和2007年（10.45℃）。四季气温均偏高，其中夏季气温为历史最高；除1月偏低、11月接近常年同期外，其余各月均偏高，其中12月偏高2.6℃，为历史同期最高。

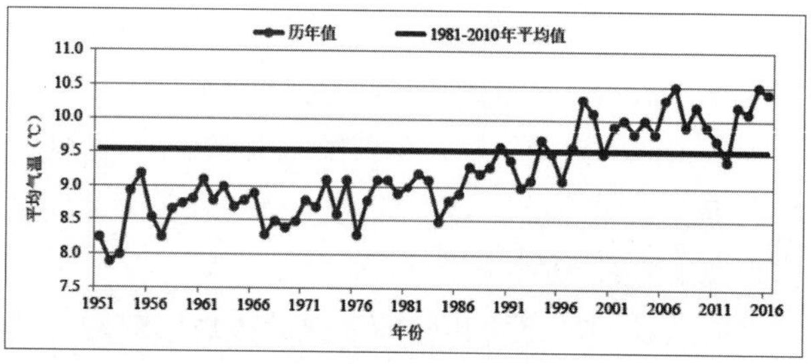

图33　1951—2016 年全国年平均气温年际变化

全国31个省（区、市）中，仅黑龙江平均气温较常年偏低0.2℃，其他省（区、市）气温均偏高，其中青海、甘肃、河南和贵州4省均为历史最高。

降水

2016年，全国年降水量范围为3.5毫米（新疆托克逊）～3494.4毫米（安徽黄山），全国平均降水量730.0毫米，较常年（629.9毫米）偏多16%，比2015年（648.8毫米）偏多13%，为1951年以来最多。2月和8月降水偏少，3月接近常年同期，其余各月均偏多，其中1月偏多94%、10月偏多55%，均为历史同期最多。

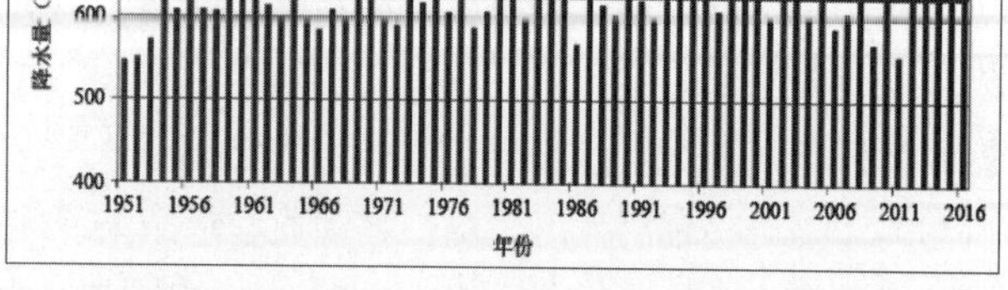

图34　1951—2016 年全国平均降水量年际变化

表10　2016年主要能源产品产量及年际比较

产品名称	单位	产量	比201年变化（%）
一次能源生产总量	亿吨标准煤	34.6	–4.2
原煤	亿吨	34.1	–9.0
原油	万吨	19968.5	–6.9
天然气	亿立方米	1368.7	1.7
发电量	亿千瓦小时	61424.9	5.6
其中：火电	亿千瓦小时	44370.7	3.6
水电	亿千瓦小时	11933.7	5.6
核电	亿千瓦小时	2132.9	24.9

空间分布分析表明，长江中下游及其以南地区、重庆大部、贵州东部、云南南部降水量有1200～2000毫米，其中安徽南部、江西东南部、福建、广东大部、海南等地超过2000毫米；东北、华北、西北东南部、黄淮、江淮北部、江汉北部、四川、云南东部和北部、贵州西部、西藏中东部、青海东南部等地降水量有400～1200毫米，内蒙古大部、宁夏、甘肃中西部、青海中西部、西藏西部、新疆北部等地降水量100～400毫米，新疆南部、甘肃西北部等地降水量不足100毫米。

与常年相比，全国大部地区降水量接近常年或偏多，其中东北中部和东北部、华北西部、长江中下游沿江、江南南部、华南中东部、重庆南部、湖北中南部、新疆大部、甘肃西北部、内蒙古西部、西藏西部等地偏多20%～50%，江苏南部、安徽东南部、福建南部等地偏多50%至1倍。

气象灾害

暴雨洪涝　2016年，入汛较常年偏早16天，较2015年偏早45天，为近7年最早；全年共出现46次区域性暴雨过程，为1961年以来第四多，全国有四分之三的县市出现暴雨，暴雨日数为1961年以来最多；强降水导致26个省（区、市）近百城市发生内涝。全国有473条河流发生超警戒水位以上洪水，118条超保证水位、51条超历史最高水位。受灾农作物1.39亿亩、人口1.02亿人，倒塌房屋43万间，直接经济损失约3661亿元。与2000年以来均值相比，农作物受灾面积、受灾人口、死亡人口、倒塌房屋分别少14%、27%、49%、57%，直接经济损失偏多150%。

干旱　2016年，没有出现大范围、持续时间长的严重干旱，旱情较常年偏轻，全国干旱受灾面积占气象灾害总受灾面积的37%。东北地区及内蒙古东部出现夏旱，黄淮、江淮及陕西等地发生夏秋连旱，湖北、湖南、贵州、广西壮族自治区等省（区）出现秋旱。全国作物受旱面积3.03亿亩、受灾面积1.48亿亩、成灾面积9196万亩，共有469万人、650万头大牲畜一度出现饮水困难。与2000年以来均值相比，作物受旱面积、受灾面积、人饮困难数量分别少31%、51%和80%。

台风　2016年，西北太平洋和南海共有26个台风（中心附近最大风力≥8级）生成，接近常年（25.5个）；8个台风登陆中国，较常年（7.2个）偏多0.8个；强度偏强，登陆台风中有6个达到强台风或以上级，其比例为历史最高，平均登陆强度为1973年以来第3强。初台“尼伯特”登陆为历史第二晚但强度大，是1949年以来最强初台，也是2016年造成人员伤亡最多的台风；“莫兰蒂”是2016年登陆中国大陆的最强台风，造成的经济损失最重。全年台风共造成174人死亡、24人失踪，直接经济损失766.5亿元。与2006—2015年平均值相比，2016年台风造成直接经济损失明显偏多，死亡失踪人口偏少。

强对流 2016年，大风、冰雹、龙卷风、雷电等局地强对流天气发生频繁，损失偏重。全国共发生59次大范围强对流天气过程，为2010年以来同期最多，发生冰雹或龙卷风天气的县（市）次超过2000多个。与2001—2015年平均值相比，2016年降雹次数明显偏多，其中北方风雹灾害突出；强对流天气造成的受灾面积和经济损失均偏多，死亡人数偏少，江苏、山西、新疆受灾严重。6月23日江苏盐城发生历史罕见龙卷风，造成的死亡人数为近25年来全国龙卷风灾害之最。

高温 2016年，南方高温日数普遍比常年偏多5～10天。夏季，全国平均高温（日最高气温≥35℃）日数9.9天，比常年同期偏多3天，为1961年以来第二多，仅次于2013年。华南夏季高温日数24.6天，为1961年以来最多，其中广东、广西夏季高温日数均为1961年以来最多。夏季，全国出现4次区域性高温天气过程，其中7月20日—8月26日，全国共有30个省（区、市）的1653个县（市）出现35℃以上高温天气，103个县（市）日最高气温超过40℃，64个县（市）日最高气温突破当地历史极值。

低温 2016年，低温冷冻害和雪灾影响偏轻。全年低温冷冻害和雪灾共造成12人死亡，农作物受灾面积200万公顷，绝收26.3万公顷，直接经济损失179亿元；与2010—2015年平均值相比，死亡人数、受灾面积、直接经济损失均偏少。1月下旬南方出现雨雪冰冻天气，69个县（市）最低气温突破历史记录，农林业、交通、供电和通讯等受到较大影响；2月中旬至3月上旬中东部接连遭受寒潮袭击，春运及农作物受到不利影响；11月下旬中东部遭受寒潮袭击，低温及雨雪使江淮、江汉及河南等地部分设施农业受影响。

沙尘暴 2016年春季，北方沙尘天气少，影响偏轻。共出现8次沙尘天气过程，比常年同期偏少9次；北方地区平均沙尘日数2.4天，比常年同期偏少2.7天，为1961年以来第三少。5月10—11日的沙尘暴天气过程是2016年最强的一次，南疆盆地、内蒙古中部、宁夏北部、辽宁西部、吉林西部等地出现扬沙或浮尘天气，其中南疆盆地局地出现强沙尘暴。

地震灾害

2016年，中国境内共发生5级以上地震33次（大陆地区发生18次，台湾地区发生15次），其中6.0～6.9级地震9次，5.0～5.9级地震24次，最大地震为2月6日台湾高雄市和11月25日新疆维吾尔自治区阿克陶县分别发生的6.7级地震。大陆地区地震共造成灾害事件16次，按照《国家地震应急预案》的分级标准判定，其中较大地震灾害事件3次，一般地震灾害事件13次，共造成2人死亡，103人受伤，直接经济损失66.87亿元。2月6日台湾高雄6.7级地震造成117人死亡，559人受伤。

地质灾害

2016年，共发生地质灾害9710起，造成370人死亡、35人失踪、209人受伤，直接经济损失31.7亿元。地质灾害发生数量、造成死亡失踪人数和直接经济损失分别比2015年上升18.1%、41.1%和27.4%。其中，特大型地质灾害21起，造成97人死亡、10人失踪、29人受伤，直接经济损失12.7亿元；大型地质灾害41起，造成25人死亡、5人失踪、7人受伤，直接经济损失2.8亿元；中型地质灾害307起，造成107人死亡、11人失踪、64人受伤，直接经济损失6.4亿元；小型地质灾害9341起，造成141人死亡、9人失踪、109人受伤，直接经济损失9.8亿元。

海洋灾害

2016年，各类海洋灾害共造成直接经济损失50.00亿元，死亡（含失踪）60人。其中，造成直接经济损失最严重的是风暴潮灾害，占总直接经济损失的92%；人员死亡（含失踪）全部由海浪灾害造成。单次海洋灾害过程中，造成直接经济损失较严重的是1614“莫兰蒂”和1616“马勒卡”台风风暴潮、1617“鲇鱼”台风风暴潮、“160720”温带风暴潮，分别造成直接经济损失9.19亿元、8.92亿元和8.56亿元。

注释：

[10]评价方法采用《地下水质量标准》（GB/T 14848—93）地下水质量综合评价法，总大肠菌群、细菌总数等微生物指标不参评。

[11] 海水比例：某一类别的监测站点数与监测站点总数的比值即为某一类别海水比例。

[12] 截至本公报发布时，2016 年数据尚在审核中，故采用2015 年数据。

[13] 耕地质量等级评定依据《耕地质量等级》（GB/T 33469—2016），划分为十个等级，一等地耕地质量最好，十等地耕地质量最差。一等至三等、四等至六等、七等至十等分别划分为高等地、中等地、低等地。

[14] 截至本公报发布时，第一次全国水利普查水土保持情况普查成果仍为最新数据，故沿用。

[15] 截至本公报发布时，第五次全国荒漠化和沙化监测结果仍为最新数据，故沿用。

[16]受数据收集时间所限，生态环境质量评价较其他境要素滞后一年。

[17]生态环境质量：依据《生态环境状况评价技术规范》（HJ 192—2015）评价。生态环境状况指数大于或等于75为优，植被覆盖度高，生物多样性丰富，生态系统稳定；55~75~为良，植被覆盖度较高，生物多样性较丰富，适合人类生活；35~55 为一般，植被覆盖度中等，生物多样性一般水平，较适合人类生活，但有不适合人类生活的制约性因子出现；20~35为较差，植被覆盖较差，严重干旱少雨，物种较少，存在明显限制人类生活的因素；小于20为差，条件较恶劣，人类生活受到限制。

[18]截至本公报发布时，第八次全国森林资源清查（2009—2013 年）结果仍为最新数据，故沿用。

[19]区域声环境平均等效声级小于或等50.0 分贝为一级，50.1~55.0 分贝为二级，55.1~60.0 分贝为三级，60.1~65.0 分贝为四级，大于65.0 分贝为五级。

[20]道路交通声环境平均等效声级小于或等于68.0 分贝为一级，68.1~70.0 分贝为二级，70.1~72.0 分贝为三级，72.1~74.0分贝为四级，大于74.0 分贝为五级。

[21]0.类功能区指康复疗养区等特别需要安静的区域；1.类功能区指以居民住宅、医疗卫生、文化教育、科研设计、行政办公为主功能，需要保持安静的区域；2.类功能区指以商业金融、集市贸易为主要功能，或者居住、商业、工业混杂，需要维护住宅安静的区域；3 类功能区指以工业生产、仓储物流为主要功能，需要防止工业噪声对周围环境产生严重影响的区域；4a 类功能区指道路交通两侧区域；4b 类功能区指铁路干线两侧区域。

2016中国国土资源公报

（节选）

国土资源部

2017年4月

2016年，国土资源系统在以习近平同志为核心的党中央坚强领导下，全面贯彻党的十八大和十八届三中、四中、五中、六中全会精神，认真落实党中央、国务院决策部署，围绕统筹推进“五位一体”总体布局和协调推进“四个全面”战略布局，坚持稳中求进工作总基调，牢固树立和贯彻落实新发展理念，适应把握引领经济发展新常态，以供给侧结构性改革为主线，尽职尽责保护国土资源、节约集约利用国土资源、尽心尽力维护群众权益，推进重点领域改革，加快科技创新，强化法治国土建设，推动国土资源治理体系和治理能力现代化，保障了经济平稳健康发展和社会和谐稳定，实现了“十三五”良好开局。

一、土地资源

截至2015年末，全国共有农用地64545.68万公顷，其中耕地13499.87万公顷（20.25亿亩），园地1432.33万公顷，林地25299.20万公顷，牧草地21942.06万公顷；建设用地3859.33万公顷，含城镇村及工矿用地3142.98万公顷。

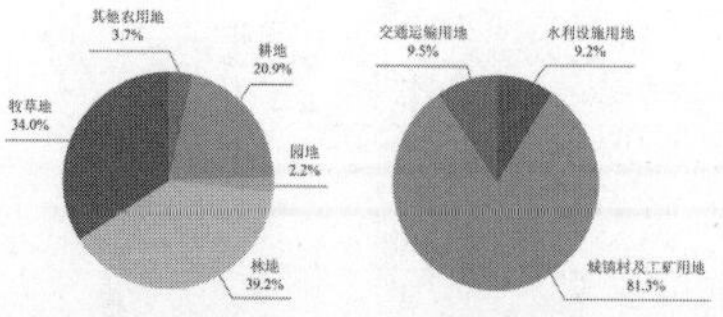

图1　2015年全国农用地和建设用地利用情况

2015年，全国因建设占用、灾毁、生态退耕、农业结构调整等原因减少耕地面积30.17万公顷，通过土地整治、农业结构调整等增加耕地面积24.23万公顷。

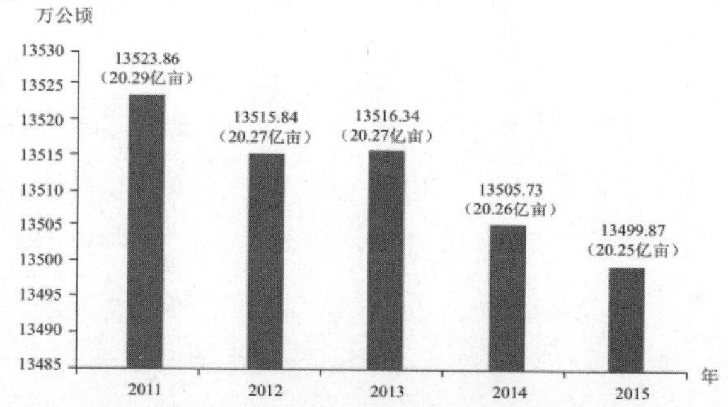

图2　2011—2015年全国耕地面积变化情况

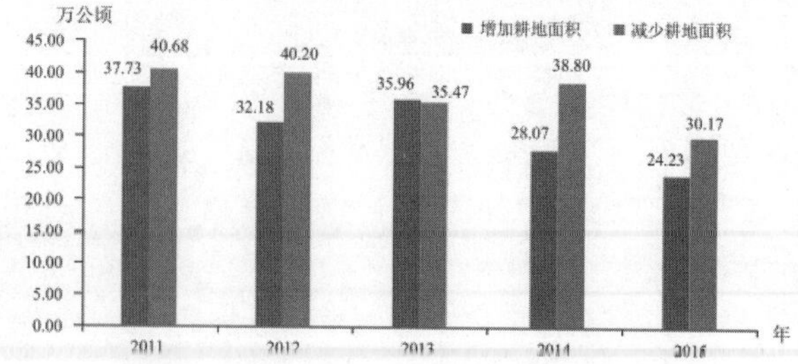

图3　2011—2015年耕地增减变化情况

全国土地利用数据预报结果显示[1]，截至2016年末，全国耕地面积为13495.66万公顷（20.24亿亩），2015年全国因建设占用、灾毁、生态退耕、农业结构调整等原因减少耕地面积33.65万公顷，通过土地整治、农业结构调整等增加耕地面积29.30万公顷，年内净减少耕地面积4.35万公顷；全国建设用地总面积为3906.82万公顷，新增建设用地51.97万公顷。

2016年，全年开展并验收土地整治项目13406个，建设总规模为333.73万公顷，新增耕地17.58万公顷，总投资618.75亿元。

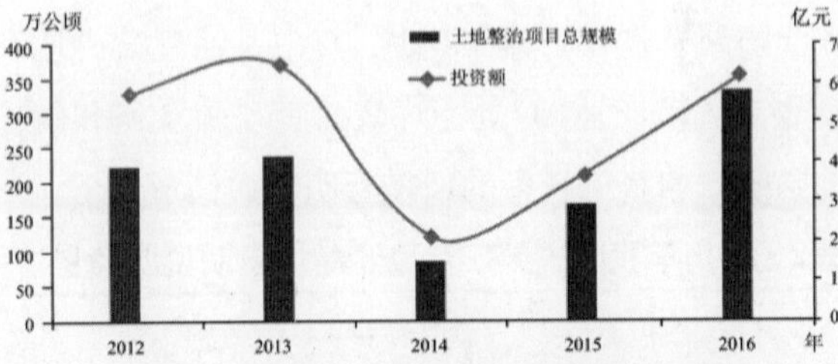

图4　2012—2016年全国土地整治情况

2015年，全国耕地平均质量等别为9.96等[2]。其中，优等地面积为397.38万公顷（5960.63万亩），占全国耕地评定总面积的2.9%；高等地面积为3584.60万公顷（53768.98万亩），占全国耕地评定总面积的26.5%；中等地面积为7138.52万公顷（107077.81万亩），占全国耕地评定总面积的52.8%；低等地面积为2389.25万公顷（35838.72万亩），占全国耕地评定总面积的17.7%。

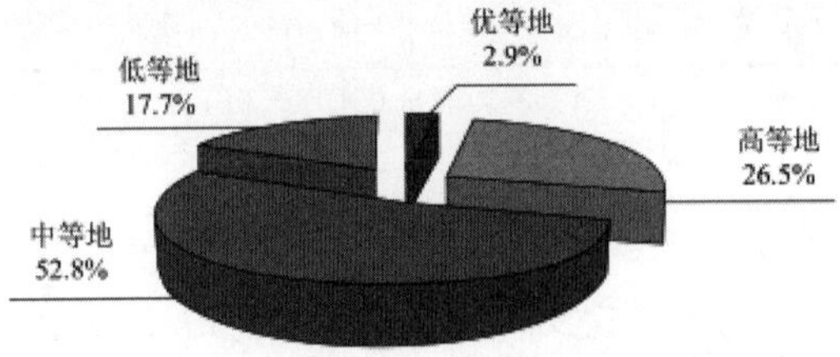

图5　2015年全国耕地质量等别面积所占比例情况

2015年，国有建设用地供应51.80万公顷（777.00万亩），同比减少2.9%。其中，工矿仓储用地、商服用地、住宅用地和基础设施等用地供应面积分别为12.08万公顷、3.46万公顷、7.29万公顷和28.97万公顷，同比分别下降3.2%、6.9%、11.7%和增长0.2%。四类用地分别占国有建设用地供应总量的23.3%、14.1%、6.7%和55.9%。

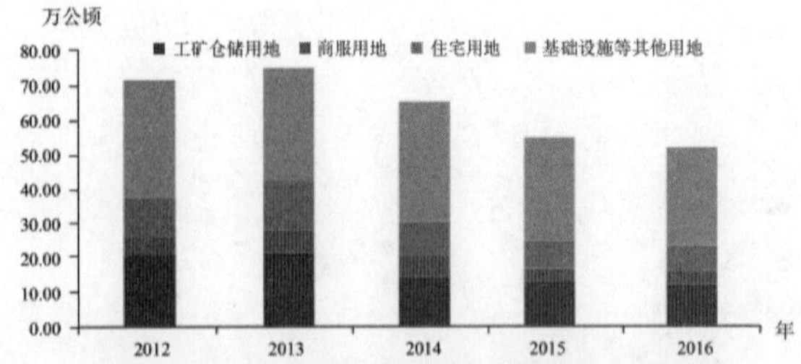

图6　2012—2016年国有建设用地供应情况

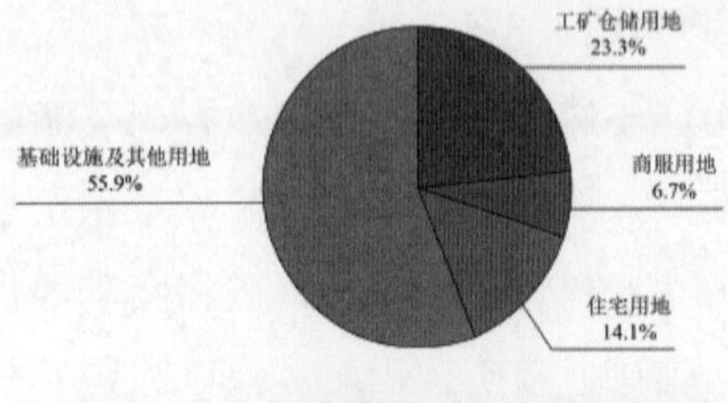

图7　2016年国有建设用地供应结构

分地区看，东部、中部和西部地区供地面积分别占全国供地总量的37.4%、27.2%和35.4%，占比较上年分别增加3.9个、减少0.2个和减少3.8个百分点。

全年出让国有建设用地20.82万公顷，出让合同价款[3]3.56万亿元，同比分别下降5.9%和增长19.3%。

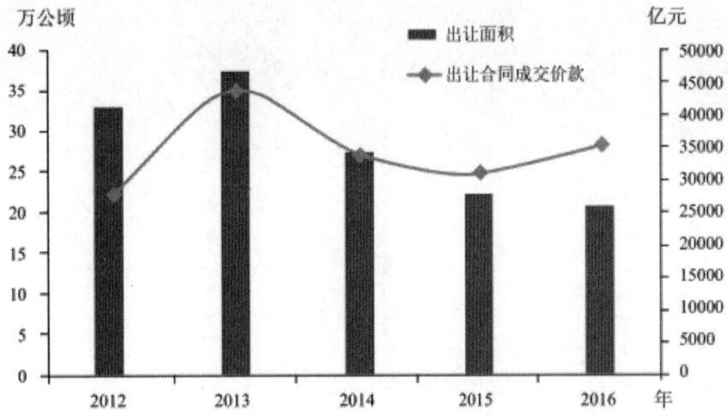

图8　2012—2016年国有建设用地出让面积和出让合同价款情况

2016年四季度末，全国105个主要监测城市综合地价、商服地价、住宅地价和工业地价分别为3826元／平方米、6937元／平方米、5918元／平方米和782元／平方米，环比增速分别为1.43%、0.96%、2.18%和0.64%。

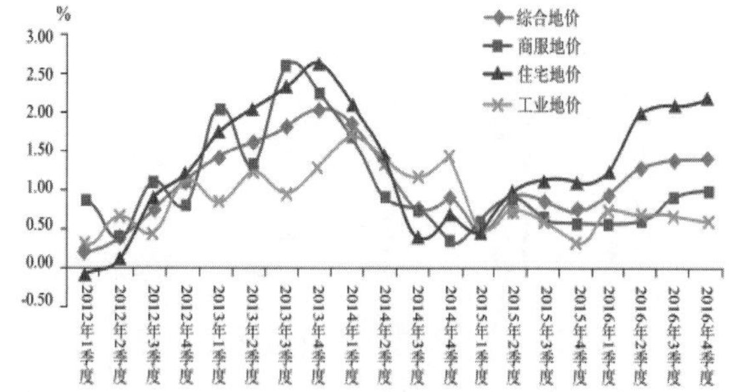

图9 2012—2016年全国主要城市监测地价环比增长率变化情况

二、矿产资源

截至2015年底，我国主要矿产查明资源储量保持增长。其中，能源矿产查明资源储量稳定增长，页岩气突破性增长；铝土矿、钨矿和金矿等快速增长，铜矿、铅矿、锌矿、钼矿、银矿和磷矿等也均有不同幅度的增长。

表1 2015年末我国主要矿产查明资源储量*

矿种	单位	查明资源储量	矿种	单位	查明资源储量
煤 炭	亿吨	15663.1	钨 矿	WO_3 万吨	958.8
石 油	亿吨	35.0	锡 矿	金属 万吨	418.0
天然气	万亿立方米	5.2	钼 矿	金属 万吨	2917.6
页岩气	亿立方米	1301.8	金 矿	金属 吨	11563.5
铁 矿	矿石 亿吨	850.8	银 矿	金属 万吨	25.4
铜 矿	金属 万吨	9910.3	硫铁矿	矿石 亿吨	58.8
铅 矿	金属 万吨	7766.9	磷 矿	矿石 亿吨	231.1
锌 矿	金属 万吨	14985.2	钾 盐	KCl 亿吨	10.8
铝土矿	矿石 亿吨	47.1			

*注：石油、天然气、页岩气为剩余技术可采储量。

2016年，全国地质勘查投资780.84亿元，比上年减少13.2%。其中，中央财政投资88.69亿元，同比减少11.5%；地方财政投资80.38亿元，同比减少15.6%；企事业投资611.77亿元，同比减少16.6%。按类型分，油气矿产勘查投资534.80亿元，非油气地质勘查投资246.04亿元。

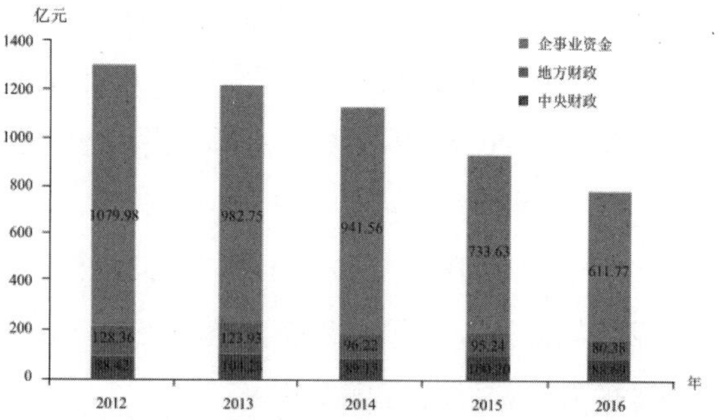

图10 2012—2016年我国地质矿产勘查投资变化情况

全国新发现矿产地156处。其中，油气矿产地22处，非油气矿产地134处。煤炭、锌矿、金矿和磷矿等重要矿产均获得较多的新增查明资源储量。

表2 2016年我国主要矿产勘查新增查明资源储量*

矿种	单位	查明资源储量	矿种	单位	查明资源储量
煤 炭	亿吨	400.5	钨矿	WO_3万吨	44.7
石 油	亿吨	9.1	锡矿	金属 万吨	4.6
天然气	亿立方米	7265.6	钼矿	金属 万吨	27.2
页岩气	亿立方米	—	锑矿	金属 吨	4.3
铁 矿	矿石 亿吨	8.6	金矿	金属 吨	1130.3
铜 矿	金属 万吨	306.2	银矿	金属 万吨	1.4
铅 矿	金属 万吨	605.9	铁矿	矿石 亿吨	1.4
锌 矿	金属 万吨	2203.7	磷矿	矿石 亿吨	14.3
铝土矿	矿石 亿吨	1.7	钾盐	KCl 万吨	—

*注：石油、天然气、页岩气为剩余技术可采储量。

2016年，累计出让探矿权1180个，同比增加22.9%；出让价款109.86亿元，同比增加701.9%。累计出让采矿权1844个，同比下降27.3%；出让价款173.44亿元，同比增长97.5%。

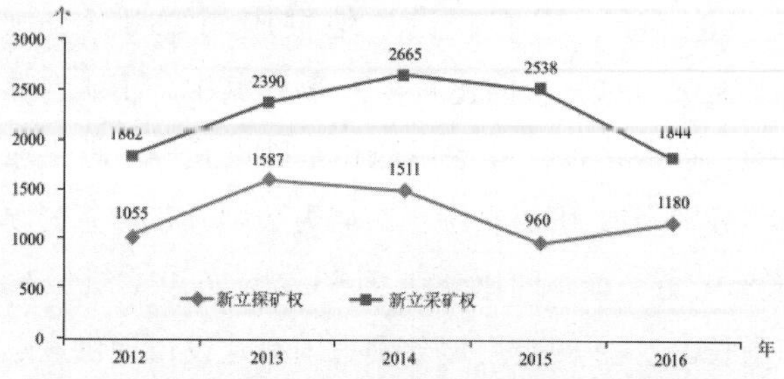

图11 2012—2016年新立探矿权和采矿权数量变化情况

三、海洋资源

2016年，全国海洋生产总值70507亿元，比上年增长6.8%，占国内生产总值的9.5%。其中，海洋产业增加值43283亿元，海洋相关产业增加值27224亿元。海洋第一产业增加值3566亿元，海洋第二产业增加值28488亿元，海洋第三产业增加值38453亿元。全国涉海就业人员3624万人。

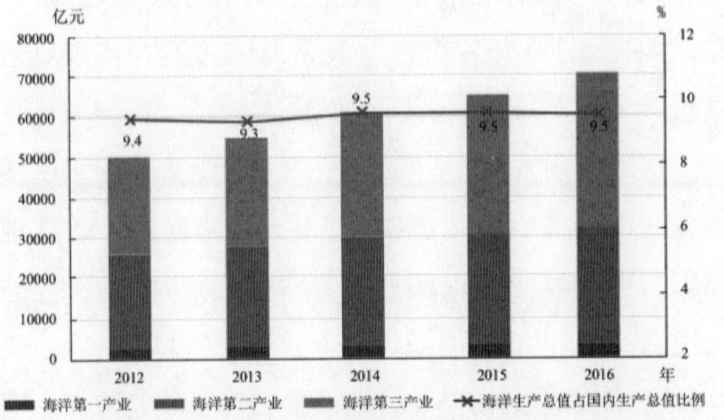

图12　2012—2016年全国海洋生产总值变化情况

从区域上看，环渤海地区海洋生产总值24323亿元，占全国海洋生产总值的34.5%；长江三角洲地区海洋生产总值19912亿元，占全国海洋生产总值的28.2%；珠江三角洲地区海洋生产总值15895亿元，占全国海洋生产总值的22.5%。

海洋生态环境状况基本稳定，符合第一类海水水质标准的海域面积占管辖海域面积的95%，比上年有所增加。

近岸局部海域污染较严重，冬季、春季、夏季和秋季劣于第四类海水水质标准的近岸海域面积分别为5.12万平方千米、4.21万平方千米、3.71万平方千米和4.28万平方千米。入海排污口邻近海域海洋环境质量状况总体较差。

在枯水期、丰水期和平水期，监测的68条河流入海断面水质劣于第Ⅴ类地表水水质标准的比例分别为35%、29%和38%。陆源入海排污口达标排放次数比例为55%。监测的河口、海湾、珊瑚礁等生态系统中76%处于亚健康或不健康状态。赤潮灾害次数和累计面积均较上年明显增加，绿潮灾害分布面积为近5年最大。

建立各级海洋自然和特别保护区（海洋公园）250余处，总面积约12.4万平方千米。新批准建立国家级海洋公园16个。

全年安排海洋生态整治修复专项资金26亿元，在18个城市实施“蓝色海湾”工程。

全年各类海洋灾害共造成直接经济损失50.00亿元，死亡（含失踪）60人。其中，风暴潮灾害造成直接经济损失占总经济损失的92%，人员死亡（含失踪）全部由海浪灾害造成。

海平面较常年高82毫米，较2015年高38毫米，为1980年以来的高位。我国沿海近5年的海平面处于30多年来的高位（1993—2011年为常年时段）。

全年颁发海域使用权证书6132本。其中，初始登记颁发海域使用权证书3413本，新增确权海域面积29.13万公顷，征收海域使用金65.46亿元。

国务院批准重大用海项目15个，项目投资1630亿元。

推进海岛生态保护工作，开展10处“生态岛礁”工程。批准无居民海岛开发利用项目1个。推进全国海岛监视监测系统建设，完成1万余个无居民海岛的监视监测工作。完成9个领海基点保护范围选划。

实施28个海洋可再生能源项目。发布27项海洋国家标准和行业标准，完成3项海洋国家计量技术规范报批工作。在西太平洋、东印度洋完成3个调查航次。批复6个国家科技兴海产业示范基地、8个海洋经济创新发展示范城市。

四、地质调查

2016年，地质调查预算投入90.41亿元，完成项目经费75.80亿元。地质调查支撑贫困地区精准脱贫，全年累计落实扶贫资金投入13.70亿元。

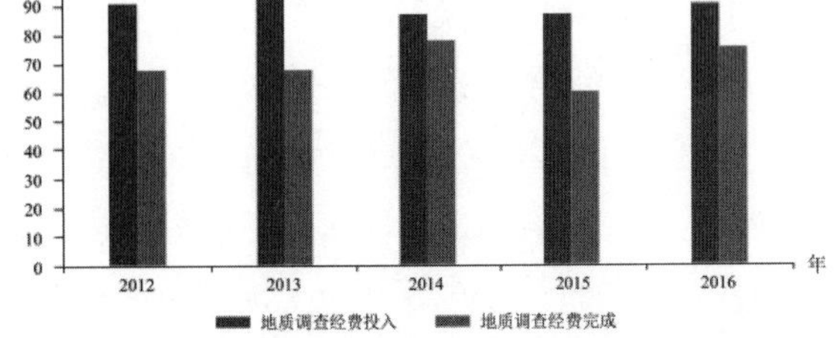

图13　2012—2016年地质调查投入情况

全年完成1：5万区域地质调查20.5万平方千米，完成矿产地质调查12.1万平方千米，完成1：5万区域水文地质调查5.0万平方千米，完成区域工程地质调查2.4万平方千米，完成区域环境地质调查5.3万平方千米，完成航空物探40万测线千米，完成1：25万多目标区域地球化学调查7.1万平方千米，完成机械岩心钻探10.8万千米，完成槽探40.2万立方米。圈定找矿靶区500余处，地质调查系统新发现矿产地50余处。

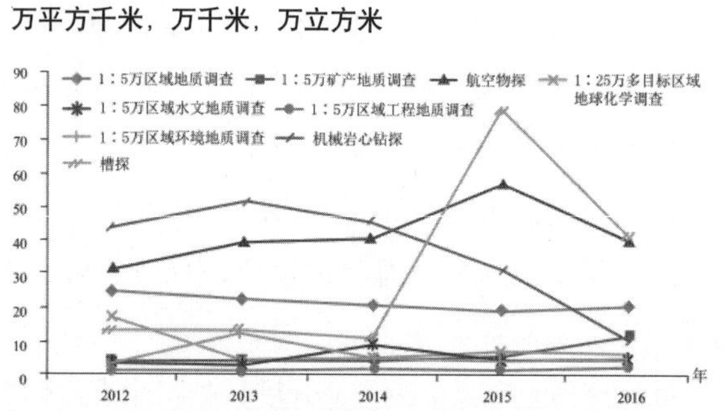

图14　2012—2016年地质调查主要实物工作量完成情况

全年地质调查项目人员投入3.35万人次，比上年下降19.0%。其中，地质调查局及直属单位投入2.56万人次，比上年增长10.6%；公益性地方地质调查队伍投入1786人（省级地质调查院1363人，省级环境监测站423人），比上年下降67.1%；行业地勘单位投入4515人次；院校投入432人次；其他单位投入1192人次。

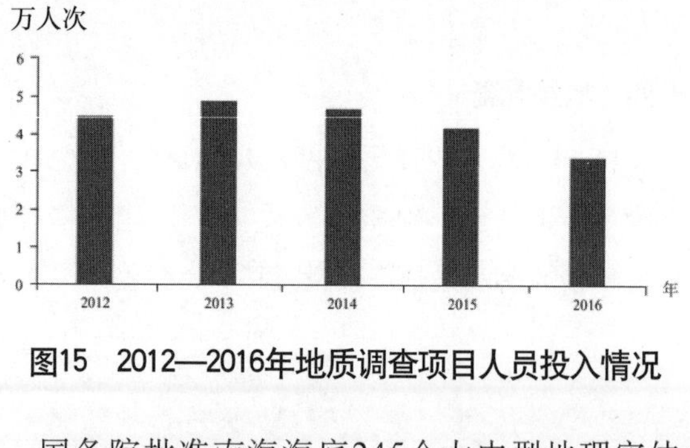

图15　2012—2016年地质调查项目人员投入情况

国务院批准南海海底245个大中型地理实体命名。完成天然气水合物试采优选3口试采井位。完成南黄海、南海北部等4个重点海域油气资源潜力评价。南海北部海域新圈定矿体面积12平方千米。完成第33航次南极科考任务，在西太平洋圈定新类型结核资源远景区6万平方千米。

优选11个有利油气勘查区块向社会招标出让。内蒙古银额盆地两个油气勘查区块获得高产工业油气流。贵州遵义安页1井钻获日产10万立方米高产稳产工业气流；湖北宜昌鄂宜页1井、鄂阳页1井获得多个层系页岩气和常规天然气重大突破；安徽宣城港地1井获得“一油三气”重大发现。西藏羌塘优选半岛湖、托纳木两个面积大于100平方千米的大型圈闭构造，羌塘盆地第一口油气参数井羌参1井成功开钻。陕西镇钾1井首次在石炭系海陆过渡相实现页岩气重大突破，钻获高产工业气流。

在乌蒙山片区、沂蒙山区、太行山区等缺水区实施探采结合井64眼，解决6万多人用水问题。建立地质灾害群测群防点1220处、专业监测点165处、应急处置点263处；查处崩塌1656个、滑坡4090个、泥石流911处、地面塌陷1396处、地裂缝1377条等危险点。国家地下水监测工作累计完成7500多个监测站点建设。

与“一带一路”沿线27个国家合作，完成境外地质、地球化学填图面积360余万平方千米。为400余家企业境外矿业投资和国际产能合作提供服务。与15个国家新签、续签谅解备忘录和合作协议，合作国家增加到55个。举办18期境外人员培训班，培训50个国家的500多名官员和技术人员。

全国地质资料信息集群化共享服务平台共有41.2万档资料提供在线目录服务，有1.5万档地质资料提供电子文件服务，在线电子文件20.6万件。各级地质资料馆藏机构的网站点击量为195.62万次，共提供到馆服务3.04万人次，提供资料服务11.8万份次。

五、地质环境

2016年，共发生地质灾害9710起，造成370人死亡、35人失踪、209人受伤，直接经济损失31.7亿元。地质灾害发生数量、造成死亡失踪人数和直接经济损失同比分别增长18.1%、41.1%和27.4%。

分类型看，特大型地质灾害有21起，造成97人死亡、10人失踪、29人受伤，直接经济损失12.7亿元；大型地质灾害有41起，造成25人死亡、5人失踪、7人受伤，直接经济损失2.8亿元；中型地质灾害有307起，造成107人死亡、11人失踪、64人受伤，直接经济损失6.4亿元；小型地质灾害有9341起，造成141人死亡、9人失踪、109人受伤，直接经济损失9.8亿元。

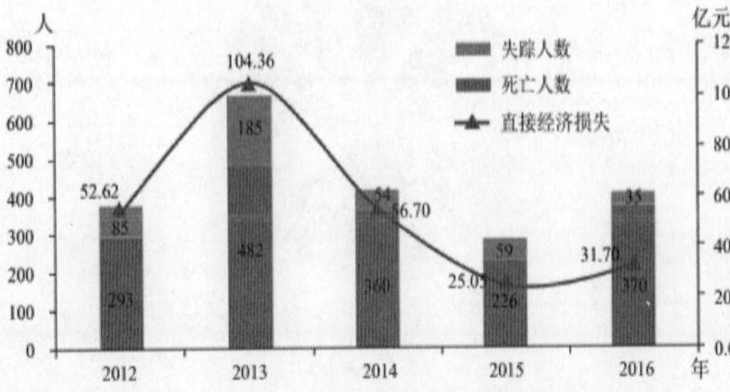

图16 2012—2016年地质灾害造成的死亡失踪人数和直接经济损失情况

中央本级地质灾害防治资金投入55亿元。全国共成功预报地质灾害676起，避免人员伤亡23956人，避免直接经济损失7.14亿元。

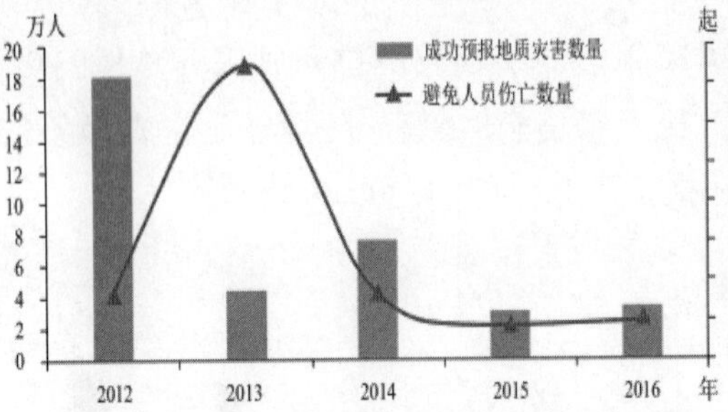

图17 2012—2016年成功预报地质灾害起数和避免人员伤亡情况

全年共有19个省（自治区、直辖市）完成了省级地质遗迹调查工作，查出省级以上地质遗迹4115处。

新认定国家级重点保护古生物化石集中产地15处。截至2016年底，全国共认定国家级重点保护古生物化石集中产地53处。

新增国家地质公园11个，新增地质公园面积12.8万公顷。截至2016年底，全国经联合国教科文组织批准世界地质公园33处；批准建立国家地质公园199处，国家矿山公园72处。

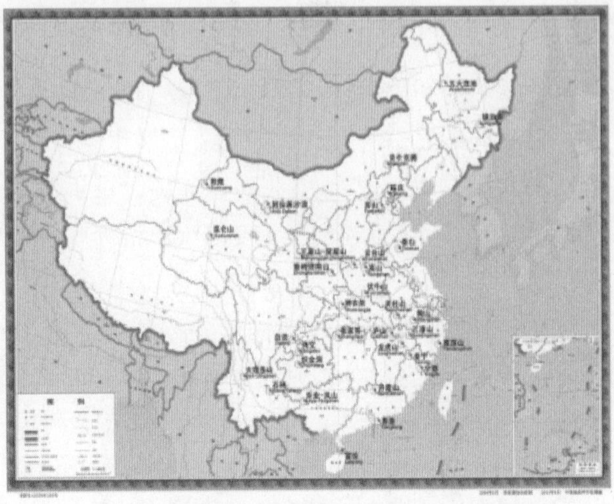

图18 世界地质公园网络中国成员分布图

六、国土资源执法

2016年，全国共发现土地违法案件74055件，涉及土地面积2.69万公顷，同比分别下降17.1%和21.8%。立案查处违法用地案件4.71万件，涉及土

表3 2012—2016年违法用地案件查处情况

单位：件，公顷

年度	本期发现违法			本期发现违法			本期发现违法		
	件数	涉及土地面积		件数	涉及土地面积		件数	涉及土地面积	
			耕地			耕地			耕地
2012	61821	32026	10765	36928	27419	9010	37480	28490	9875
2013	83978	41197	12359	58775	35728	10612	56926	34882	10655
2014	81420	40916	13378	58834	36295	11719	54777	33413	10631
2015	89373	34442	11472	62515	29762	9852	54417	25405	8243
2016	74055	26942	8775	47069	21688	6882	49438	24529	8283

地面积2.17万公顷，较上年同期分别下降24.7%和27.1%。收回土地1618.17公顷，罚没款10.50亿元。

全国共立案查处矿产违法案件4425件，同比下降8.5%。结案4337件，较上年同期下降8.8%；罚没款6.08亿元，较上年同期增长55.3%。

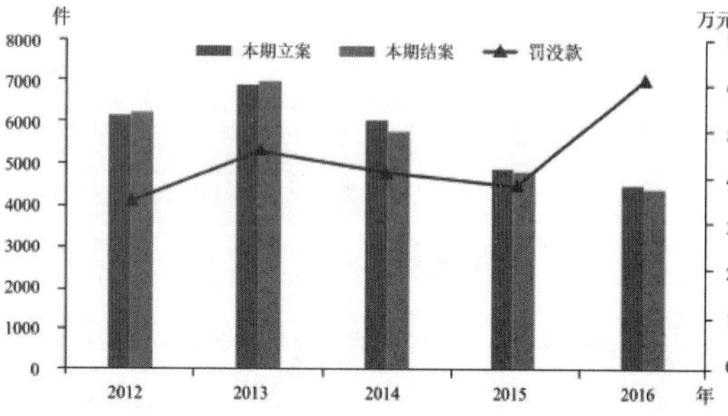

图19 2012—2016年矿产资源领域违法案件查处情况

国土资源部全年共收到行政复议申请1133件，主要类型为信息公开（36.7%）、投诉举报（21.0%）、不动产登记（12.4%）和行政征收（9.9%）。

国土资源部全年共收到行政诉讼案件629件。其中，一审案件397件，二审案件231件，再审案件1件。主要类型依次为复议行为（39.7%）、信息公开（38.8%）、投诉举报（7.8%）和行政赔偿（7.0%）。

国土资源部全年共处理来信15056件，接待群众来访9392起、17030人次。

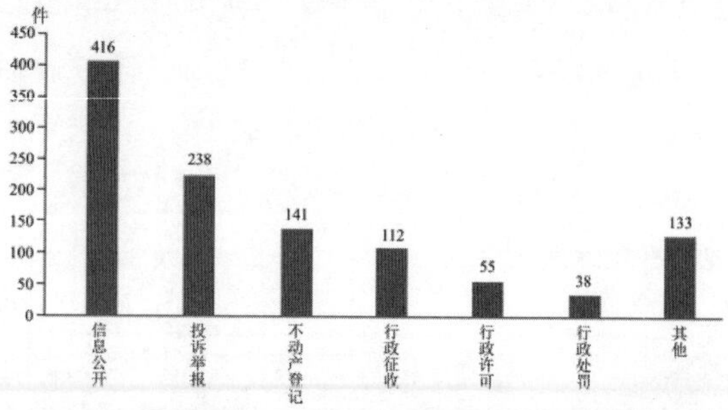

图20 2016年国土资源部受理行政复议申请情况

七、科技与人才

2016年，新获批国家重点研发计划项目10项。40项国土资源公益性行业科研专项项目通过验收。

全年获国家自然科学奖二等奖1项、国家科技进步奖二等奖2项、国际科学技术合作奖1项。69项成果获国土资源科学技术奖（其中一等奖12项，二等奖57项）。国土资源部登记科技成果308项。

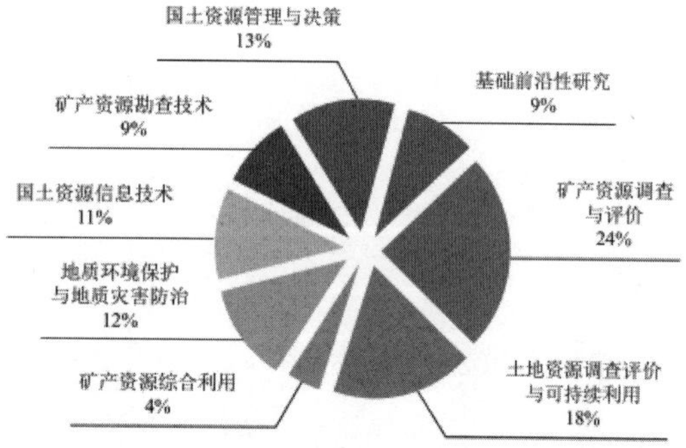

图21 2016年国土资源部登记科技成果领域构成情况

组织制定发布国家标准6项，制定发布实施行业标准53项。3人入选国家“万人计划”，1人1基地入选国家“创新人才推进计划”。

八、测绘和地理信息

2016年，测绘资质单位完成服务总值910.32亿元，比上年增长8.8%；民营企业完成服务总值335.12亿元，比上年增长30.4%。

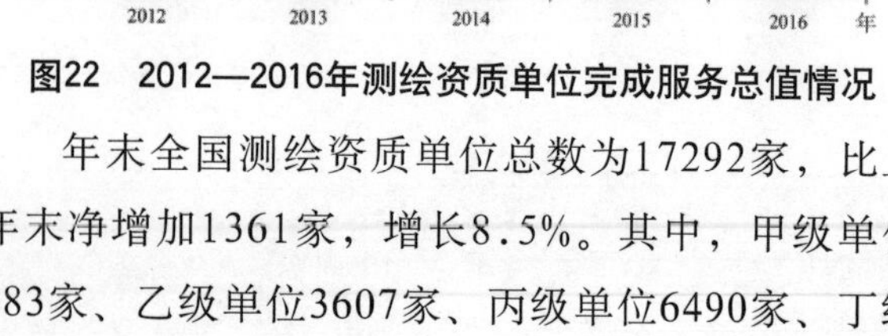

图22 2012—2016年测绘资质单位完成服务总值情况

年末全国测绘资质单位总数为17292家，比上年末净增加1361家，增长8.5%。其中，甲级单位983家、乙级单位3607家、丙级单位6490家、丁级单位6212家。民营资质单位9374家，比上年末净增加1133家，同比增长13.7%，占资质单位总数的54.2%。

年末测绘资质单位从业人员42.43万人，比上年末净增加3.42万人，同比增长8.8%。民营资质单位从业人员18.65万人，比上年末净增加3.03万人，同比增长19.4%，占资质单位总人数的44.0%。

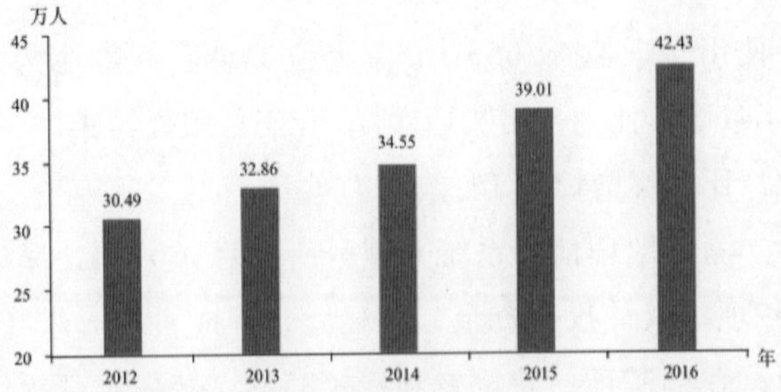

图23 2012—2016年测绘资质单位从业人员数量情况

表4 2016年测绘地理信息系统内单位生产完成情况

指标名称	数 量
一、测绘基准建设	—
卫星定位连续运行基准站（座）	143
GNSS大地控制点测量（点）	879
水准测量	—
点数（点）	3668
水准观测长度（千米）	13004.4
重力测量（点）	55
似大地水准面精化（平方千米）	51994.8
二、航空航天遥感资料获取	—
航空摄影（平方千米）	1495111.3
卫星影像获取（万平方千米）	125014.5
三、地图编制	—
地形图（幅）	196928
专题地图（种）	5139
地图集（种）	101
电子地图（种）	187
四、公开出版地图图书	—
品种（种）	3636
总印张（万印张）	53867.7
总印数（万幅/万册）	12754.97
总定价（万元）	160907.5
五、地理信息系统开发数量（项）	398
六、累计开展建设地级数字城市（个）	334
七、累计开展建设地级智慧城市（个）	44

续表

指标名称	数 量
八、地理信息数据生产	—
数字线划地图（DLG）	—
面积（平方千米）	54598652.6
图幅数（幅）	448892
数字高程模型（DEM）	—
面积（平方千米）	2020800.4
图幅数（幅）	178016
数字栅格地图（DRG）	—
面积（平方千米）	495108.5
图幅数（幅）	20803
数字正射影像（DOM）	—
面积（平方千米）	31659631.3
图幅数（幅）	968618
九、界线测绘和工程测量	—
地籍测绘（平方千米）	134250.0
房产测绘（万平方米）	7872.0
行政区域界线测绘（千米）	2684.8
工程测量（项）	13196
十、1：1万地图覆盖面积（平方千米）	—
地形图	5778585.3
数字线划地图（DLG）	5641028.1
数字高程模型（DEM）	5292532.7
数字正射影像（DOM）	5404310.1
面积（平方千米）	5404310.1

全年测绘地理信息系统成果管理部门共收到涉密基础测绘成果资料提供使用申请14293件，批准13655件；收到对外提供我国涉密测绘成果申请10件，批准10件；收到永久性测量标志拆迁申请58件，批准51件；收到送审地图6434件，批准通过5518件。从地图审查内容看，审查地图151288幅、教学教辅地图13051幅、图书报纸期刊插附地图73664幅、进口地图29025幅，地球仪103种，导航电子地图173件，互联网地图410件，其他地图2036幅。

测绘地理信息系统全年对外提供各种比例尺地形图247.7万张，提供4D成果数据245.96TB，提供测绘基准成果20.55万点，提供航摄成果数据254.66TB，提供卫星影像数据179.55TB。

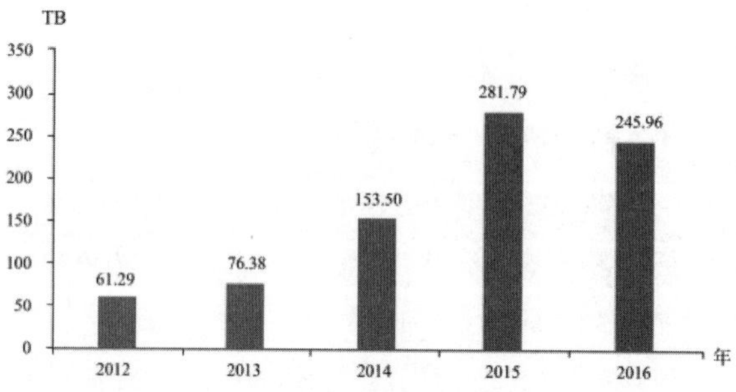

图24　2012—2016年测绘地理信息系统提供4D成果数据情况

全年各级测绘地理信息行政主管部门开展执法检查9754次，比上年增长34.0%。其中，测绘资质巡查2900次，测绘质量监督检查3304次，涉密测绘成果使用管理检查3053次。全年立案调查涉嫌违法案件641次，比上年增长19.4%；作出行政处罚案件246件，比上年增长72.0%。

测绘地理信息系统开展科研项目1009项，完成482项，累计投入资金5.44亿元。完成科技成果403项，登记57项，获得专利授权35项。获得省部级以上科技奖131项。其中，“国家电子政务协同式空间决策服务关键技术与应用”获得国家科技进步奖二等奖。

注释:

[1]该数据为预报数据，最终数据以全国土地变更调查结果数据为准。

[2]全国耕地评定为15个等别，1等耕地质量最好，15等耕地质量最差。1~4等、5~8等、 9~12等、13~15等耕地分别划为优等地、高等地、中等地、低等地。

[3]统计口径为2016年全国土地出让合同价款数，与财政部门统计的全国土地出让收入缴 入国库数口径不同。

2016中国矿产资源报告

（节选）

中华人民共和国国土资源部

前言

“十二五”期间，中国政府积极推进简政放权，全力推动行政审批制度和矿产资源税费制度改革，加大监管力度，不断提高服务水平，坚持开发与保护并重，充分发挥市场在资源配置中的决定性作用，依法行政、阳光行政，激发矿业市场活力，引导和规范矿业市场行为，矿产资源管理更加规范有序。

自2011年实施找矿突破战略行动以来，中国政府高度重视，地质勘查单位、矿业企业和科研院所积极响应，顺利完成了地质找矿“3年取得重大进展，5年实现重大突破”的前两阶段目标任务，其中页岩气勘查开发实现了历史性突破，天然气水合物调查取得重大进展，天然气、铜矿、铅锌矿、钨矿、钼矿、金矿等重要矿产形成一批新的资源基地，为第三阶段（2016—2020年）重塑矿产勘查开发格局奠定了基础。

为使社会公众更好地了解中国矿产资源勘查与开发利用状况以及矿产资源管理政策，切实增强国土资源部门公共服务能力，推进政府信息公开，国土资源部从2011年起组织编制《中国矿产资源报告》。2016年度报告着重介绍了“十二五”期间中国在矿产资源勘查与开发利用、矿山地质环境保护、地质矿产调查评价等方面的主要进展，从矿产资源规划、勘查、开发和监管等方面阐述矿产资源管理动态，从矿产资源政策法规体系建设、矿产资源税费制度等方面阐述改革进展和政策要点，从地质理论、矿产资源勘查与开发利用技术等方面展示地质矿产科技创新最新成果，以及矿产资源领域国际合作状况。

希望本报告能成为国内外广大关心和支持中国矿业发展的人士了解和把握中国矿产资源总体状况的窗口。

本报告统计数据主要来源于中华人民共和国国土资源部、中华人民共和国国家统计局和中华人民共和国海关总署，未包括香港特别行政区、澳门特别行政区和台湾省的统计数据。

摘要

“十二五”期间，面对复杂多变的国内外矿产资源形势，中国政府坚持立足国内，全面推进找矿突破战略行动，加强矿产资源节约与综合利用，增强矿产资源保障能力，大力推进简政放权，不断提升地质工作服务经济社会的能力。

进一步摸清资源家底。“十二五”期间，地质勘查投入为5681.8亿元，勘查取得重大进展。石油新增探明地质储量61.3亿吨，天然气3.92万亿立方米；设立页岩气为新矿种，累计探明地质储量5441亿立方米。“十二五”末，石油剩余技术可采储量35亿吨，比“十一五”末增长10.4%；天然气5.2万亿立方米，增长37.4%；煤炭查明资源储量1.57万亿吨，增长16.8%；铁矿850.8亿吨，增长17.0%；

铜矿9910万吨，增长23.3%；钨矿958.8万吨，增长62.2%；金矿1.16万吨，增长68.4%；钾盐10.8亿吨，增长16.1%。

进一步提高矿产资源供应能力。“十二五”期间，一次能源生产总量177.2亿吨标准煤，较“十一五”增长28.0%；消费总量206.2亿吨标准煤，增长27.7%。原煤产量192亿吨，增长30.2%；原油产量10.5亿吨，增长9.7%；天然气产量5941亿立方米，增长52.7%。铁矿石产量68.0亿吨，增长67.0%；粗钢产量38.5亿吨，增长46.8%；十种有色金属产量2.1亿吨，增长69.5%；黄金产量2100吨，增长45.1%；水泥产量115.7亿吨，增长53.3%。矿产品贸易总额4.99万亿美元，增长81.4%。进口煤炭13.3亿吨，增长195.7%；石油16.3亿吨，增长46.3%；铁矿石41.4亿吨，增长71.2%。

进一步加强资源节约与综合利用。“十二五”期间，制定和发布了矿产资源综合利用评价指标，发布27个矿种的开采回采率、选矿回收率、综合利用率指标要求，主要矿种的矿产资源节约与综合利用评价指标体系初步形成，优选210项先进适用技术予以推广，推动矿产资源综合利用示范基地建设。

进一步改善矿山地质环境。“十二五”期间，中央财政投入矿山地质环境治理资金180.7亿元，较“十一五”增长39.9%。实施“矿山复绿行动”以来，各地共投入资金146亿元，完成治理矿山3310座，总面积10.3万公顷。截至2015年底，矿山地质环境治理恢复面积约81万公顷，治理率为26.7%。积极推进绿色矿业发展和绿色矿山建设，优选661家矿山企业作为国家级绿色矿山试点单位，其中191家试点单位通过评估。

进一步推进矿产资源管理改革。取消25项涉及地质矿产类的审批事项，修改14项矿产资源行政法规和部门规章。资源税遵循从价计征为主、从量计征为辅的原则，由省级人民政府确定计征方式。

进一步提高地质工作服务水平。截至2015年底，1：5万区域地质调查面积占陆域国土面积的37.0%。完成1：25万水文地质调查面积4.5万平方千米，1：5万水文地质调查面积37万平方千米。公开发布了1：50万水工环调查成果系列图数据、矿产资源整装勘查区重要地质钻孔数据、矿产资源整装勘查区地学文献服务产品等，发布了40万个地质钻孔资料、11万幅全国矿产资源潜力评价成果省级地质资料服务目录、93幅海洋地质调查最新基础地质图件和1000余幅1：5万区域地质图。

进一步提高科技创新与国际合作水平。新一代中国地层表正式发布，深部地质与构造研究领域取得新进展，提出了岩溶作用成矿新模式。发布实施地质矿产国家标准13项、行业标准91项。充分利用中国国际矿业大会等国际合作平台，加强与美国、俄罗斯、蒙古、东盟、非洲、联合国教科文组织等在地质矿产领域的合作。

当前，地质找矿和矿产资源管理工作面临新的挑战和机遇，需要主动适应新的形势变化，根据生态文明建设要求，不断深化矿产资源管理制度改革，加快提升地质资料的服务水平，激发市场活力，着重发挥科技支撑作用，进一步促进矿业健康发展。

第一章　矿产资源状况

“十二五”期间，煤炭、天然气、锰矿、铝土矿、镍矿、钨矿、钼矿、金矿和磷矿等重要矿产查明资源储量增长明显。自2011年国务院批准页岩气为新矿种以来，已累计探明地质储量5441亿立方米。23种重要矿产资源潜力评价结果表明中国找矿潜力巨大。

一、矿产资源储量

1. 查明资源储量变化

“十二五”期间，主要矿产中41种查明资源储量增长，5种减少，新设立矿种页岩气探明地质储量快速增长。与“十一五”末相比，“十二五”末石油剩余技术可采储量增长10.4%，天然气增长37.4%，煤层气增长132.3%。煤炭查明资源储量增长16.8%，铁矿增长17.0%，锰矿增长55.8%，铜矿增长23.3%，铝土矿增长25.6%，钨矿增长62.2%，钼矿增长108.1%，金矿增长68.4%，磷矿增长24.0%，钾盐增长16.1%，晶质石墨增长40.5%（见表1-1）。

表1-1　主要矿产查明资源储量

矿　产	单　位	2010年	2015年	增减变/%
煤　炭	亿吨	13408.3	15663.1	16.8
石　油	亿吨	31.7	35.0	10.4
天然气	亿立方米	37793.2	51939.5	37.4
煤层气	亿立方米	1318.4	3062.5	132.3
页岩气	亿立方米	*	1301.8	*
铁　矿	矿石 亿吨	727	850.8	17.0
锰　矿	矿石 亿吨	8.86	13.8	55.8
铬铁矿	矿石 万吨	1490.5	1245.8	-16.4
钒　矿	V_2O_5 万吨	4381.9	6125.7	39.8
钛　矿	TiO_2 亿吨	7.2	7.64	6.1
铜　矿	金属 万吨	8040.7	9910.2	23.3
铅　矿	金属 万吨	5509.1	7766.9	41.0
锌　矿	金属 万吨	11596.2	14985.2	29.2
铝土矿	矿石 亿吨	37.5	47.1	25.6
镍　矿	金属 万吨	938	1116.6	19.0
钴　矿	金属 万吨	68.2	68.0	-0.3
钨　矿	WO_3 万吨	591	958.8	62.2
锡　矿	金属 万吨	431.9	418.0	-3.2
钼　矿	金属 万吨	1401.8	2917.6	108.1
锑　矿	金属 万吨	255	292.6	14.7
金　矿	金属　吨	6864.8	11563.5	68.4
银　矿	金属 万吨	17.2	25.4	47.7
铂族金属	金属 吨	334.6	369.2	10.3
锶　矿	天青石 万吨	4375.4	5583.3	27.6
菱镁矿	矿石 亿吨	36.4	29.7	-18.4
萤　石	矿物 亿吨	1.8	2.21	22.8
耐火黏土	矿石 亿吨	24.6	25.6	4.1
硫铁矿	矿石 亿吨	56.9	58.8	3.3
磷　矿	矿石 亿吨	186.3	231.1	24.0
钾　盐	KCl 亿吨	9.3	10.8	16.1
硼　矿	B_2O_3 万吨	7309.2	7575.7	3.6
钠　盐	NaCl 亿吨	13337.7	13680.0	2.6
芒　硝	Na_2SO_4 亿吨	934.2	1170.7	25.3
重晶石	矿石 亿吨	2.90	3.3	13.8
水泥用灰岩	矿石 亿吨	1021.0	1282.3	25.6
玻璃硅质原料	矿石 亿吨	64.7	79.0	22.1
石　膏	矿石 亿吨	769.1	1004.2	30.6
高岭土	矿石 亿吨	21.0	27.1	29.0
膨润土	矿石 亿吨	28.0	28.9	3.2
硅藻土	矿石 亿吨	4.3	4.8	11.6
饰面花岗岩	矿石 亿立方米	23.2	34.3	47.8
饰面大理岩	矿石 亿立方米	15.3	16.1	5.2
金刚石	矿物 千克	3702.1	3396.5	-8.3
晶质石墨	矿物 亿吨	1.85	2.6	40.5
石　棉	矿物 亿吨	8975.3	9157.4	2.0
滑　石	矿石 亿吨	2.67	2.75	3.0

续表

矿　产	单　位	2010年	2015年	增减变/%
硅灰石	矿石 亿吨	1.55	1.7	9.7

注：石油、天然气、煤层气、页岩气为剩余技术可采储量，其他矿产为当年保有的资源储量；*为新设矿种。

2. 新增查明资源储量

“十二五”期间，地质找矿工作取得显著成效，天然气、煤层气、页岩气、锰矿、钨矿和钼矿新增查明资源储量占累计查明资源储量的比例超过30%。与“十一五”相比，“十二五”期间中国主要矿产新增查明资源储量明显增长。石油新增探明地质储量增长6.6%，天然气增长25.6%，煤层气增长111.1%；锰矿新增查明资源储量增长256.5%，钨矿增长598.9%，钼矿增长250.6%，磷矿增长171.5%。2015年，石油新增探明地质储量11.18亿吨，天然气6772.2亿立方米，页岩气4373.79亿立方米；煤炭新增查明资源储量390.3亿吨，铁矿12.0亿吨，铜矿392.2万吨，铝土矿4.9亿吨，钨矿248.4万吨，金矿1720.4吨，磷矿17.4亿吨（见表1-2）。

二、矿产资源潜力

1. 油气矿产资源潜力

中国油气资源主要集中在大型含油气盆地，84%的石油资源分布在松辽、渤海湾、鄂尔多斯、塔里木、准噶尔、珠江口、柴达木、北部湾等8个大型盆地。根据2015年全国油气资源评价成果，截至2015年底，全国石油地质资源量1257亿吨、可采资源量301亿吨。天然气地质资源量90万亿立方米、可采资源量50万亿立方米。全国埋深4500米以浅页岩气地质资源量122万亿立方米，可采资源量22万亿立方米。埋深2000米以浅煤层气地质资源量30万亿立方米，可采资源量12.5万亿立方米。

2. 固体矿产资源潜力

煤炭、铁矿、锰矿、铬铁矿、铜矿、铅矿、锌矿、铝土矿、钨矿、锡矿、钼矿、锑矿、镍矿、金矿、银矿、锂矿、硫铁矿、磷矿、钾盐、菱镁矿、萤石、硼矿和重晶石等23种重要矿产资源潜力评价结果表明找矿潜力巨大（见表1-3）。

表1-2 重要矿产新增查明资源储量

矿种	单位	2015年	"十二五"	"十二五"同比变化/%	"十二五"新增储量占累计查明资源储量比例/%
煤炭	亿吨	390.3	2989.6	−26.9	18.1
石油	亿吨	11.18	61.3	6.6	16.5
天然气	亿立方米	6772.2	39224	25.6	30.1
煤层气	亿立方米	26.34	3504.9	111.1	55.7
页岩气	亿立方米	4373.79	5441.3	*	100
铁矿	矿石 亿吨	12.0	132.7	−19.1	13.5
锰矿	矿石 万吨	11312.4	61906.7	256.5	34.7
铜矿	金属 万吨	392.2	2341	10.6	17.9
铅矿	金属 万吨	437.2	2330.2	21.4	21.6
锌矿	金属 万吨	573.2	3783.2	21.3	17.7
铝土矿	矿石 万吨	49087	95781	47.3	18.6
镍矿	金属 万吨	112.9	279.2	56.2	19.9
钨矿	WO_3 万吨	248.4	459.9	598.9	37.8
锡矿	金属 万吨	4.4	78.7	16.2	9.5
钼矿	金属 万吨	102.3	1559.5	250.6	50.6
锑矿	金属 万吨	14.7	96.2	45.5	15.1
金矿	金属 吨	1720.4	4949.4	66.3	27.9
银矿	金属 吨	18050	81852	64	19.7
硫铁矿	矿石 万吨	11448.1	48162.1	−0.5	7.4
磷矿	矿石 亿吨	17.4	58.1	171.5	23.3
钾盐	KCl 亿吨	−36.7	9237	−30.1	7.1

注：石油、天然气、煤层气、页岩气为探明地质储量；
新增查明资源储量为当年或某段时间内新探明的资源储量；
累计查明资源储量为历史探明资源储量之和；
*为新设矿种。

表1-3 中国重要矿产资源潜力

矿产	单位	预测资源量	资源查明率/%[1]
煤炭	亿吨	38796	30.0
铁矿	矿石 亿吨	1960.2	33.5
锰矿	矿石 亿吨	35.2	34.6
铬铁矿	矿石 万吨	5556	24.8
铜矿	金属 万吨	30445	30.4
铅矿	金属 万吨	23503	31.9
锌矿	金属 万吨	51125	29.8
铝土矿	矿石 亿吨	129.7	29.3
镍矿	金属 万吨	2451.4	37.5
钨矿	WO_3 万吨	2973.1	30.8
锡矿	金属 万吨	1861.2	30.9
钼矿	金属 万吨	8960.3	25.8
锑矿	金属 万吨	1518.1	29.8
金矿	金属 吨	32668	36.8
银矿	金属 万吨	72.6	36.5
锂矿	锂辉石 万吨	593.7	37.7
	LiCl 万吨	9248.1	19.0
硫铁矿	矿石 亿吨	184	26.1
自然硫	硫 亿吨	2.3	61.0
磷矿	矿石 亿吨	560	31.4
钾盐	KCl 亿吨	20	39.1
重晶石	矿石 亿吨	14.4	26.9
硼矿	B_2O_3 万吨	18859.1	33.5
菱镁矿	矿石 亿吨	131.4	19.5
萤石	矿物 万吨	95276	26.9

注：[1]截至2015年底数据。

三、矿业权登记

1.能源矿产矿业权

截至2015年底，全国共有油气探矿权1000个，登记面积370.66万平方千米；采矿权720个，登记面积14.86万平方千米。与"十一五"末相比，全国油气探矿权数量下降了4.3%，登记面积下降了12.3%；采矿权数量上升了9.6%，登记面积上升了29.0%。

"十二五"期间，新立油气探矿权116个，新增登记面积27.48万平方千米；新立油气采矿权75个，新增登记面积2.42万平方千米。2015年新立油气探矿权12个，登记面积0.90万平方千米；新立油气采矿权16个，登记面积0.19万平方千米（见表1–4）。

表1–4　“十二五”期间全国油气新立矿业权情

年份	探矿权		采矿权	
	个数	面积/万平方千米	个数	面积/万平方千米
2011	22	3.19	4	0.10
2012	25	6.97	14	0.19
2013	55	16.34	11	1.28
2014	2	0.07	30	0.65
2015	12	0.90	16	0.19
合计	116	27.48	75	2.42

截至2015年底，全国共有煤炭探矿权1770个，登记面积9.76万平方千米；采矿权9480个，登记面积5.81万平方千米。“十二五”期间，新立煤炭探矿权199个，登记面积2.73万平方千米；新立煤炭采矿权283个，登记面积0.66万平方千米（见表1–5）。

表1–5　“十二五”期间全国煤炭新立矿业权情况

年份	探矿权		采矿权	
	个数	面积/万平方千米	个数	面积/万平方千米
2011	54	0.69	125	0.18
2012	66	1.22	57	0.14
2013	30	0.31	40	0.09
2014	25	0.29	26	0.07
2015	24	0.22	35	0.16
合计	199	2.73	283	0.66

2. 金属与非金属矿产矿业权

截至2015年底，全国共有金属与非金属矿产探矿权2.66万个，登记面积45.19万平方千米；采矿权6.45万个，登记面积4.60万平方千米，设计生产规模105.82亿吨/年。与“十一五”末相比，“十二五”末金属与非金属矿产探矿权数量下降了16.1%，登记面积下降22.63%；采矿权数量下降29.4%，登记面积增加4.8%，设计生产规模增加8.1%。

“十二五”期间，金属与非金属矿产新立探矿权6203个，新增登记面积15.65万平方千米；新立采矿权15070个，新增登记面积0.85万平方千米，新增设计生产规模27.15亿吨/年。2015年，全国新立金属与非金属矿产探矿权924个，新增登记面积2.34万平方千米；新立采矿权2487个，新增登记面积0.15万平方千米，新增设计生产规模2.85亿吨/年（见表1–6）。

表1–6　“十二五”期间全国金属与非金属矿产新立矿业权情况

年份	探矿权		采矿权	
	个数	面积/万平方千米	个数	面积/万平方千米
2011	1284	2.93	5826	0.29
2012	967	2.32	1788	0.12
2013	1543	4.29	2350	0.17
2014	1485	3.77	2619	0.12
2015	924	2.34	2487	0.15
合计	6203	15.65	15070	0.85

第二章　矿产资源勘查

“十二五”期间，中国全面推进找矿突破战略行动，深入贯彻落实中央关于生态文明建设重大决策部署，坚持源头保护，倡导绿色勘查，促进地质勘查工作和生态环境保护协调发展。全国地质勘查投入超过5600亿元，新发现一批铜、钨、钼等世界级矿床。

一、地质勘查投入

“十二五”期间，全国地质勘查投入5681.8亿元，较“十一五”增长53.2%（见图2–1）。其中，财政投入1005.3亿元，占全国地质勘查投入的17.7%，增长108.4%；社会投入4676.5亿元，占82.3%，增长44.9%。油气矿产投入3523.4亿元（见图2–2），增长39.0%，占全国地质勘查投入的62.0%。

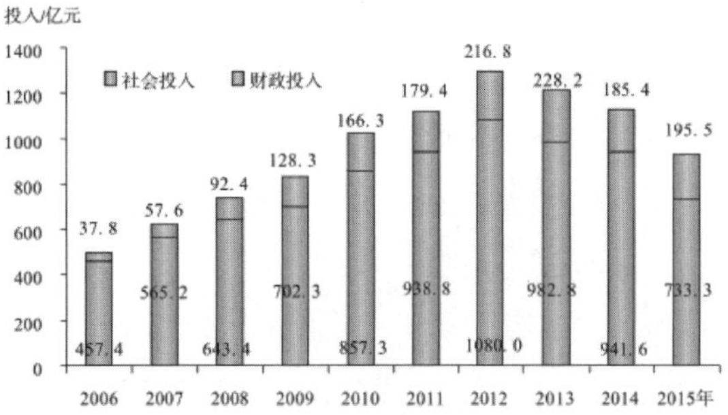

图2—1　地质勘查投入变化

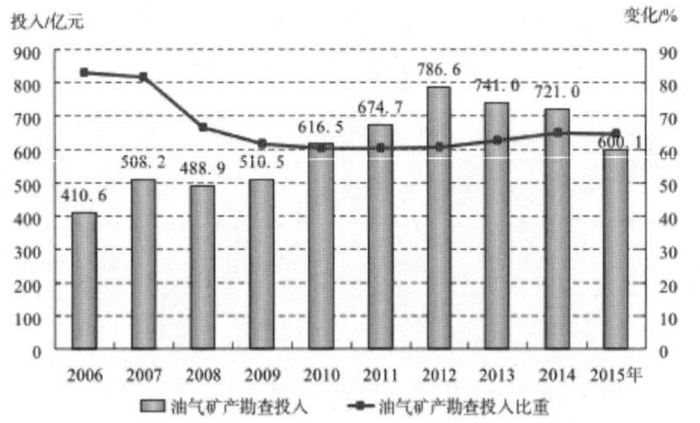

图2—2　油气矿产勘查投入变化

"十二五"期间，油气矿产勘查完成探井1.86万口，二维地震44.10万千米，三维地震22.63万平方千米，分别较"十一五"增长16.1%、5.7%和40.4%。煤炭、金属和非金属矿产勘查累计完成钻探工作量10535万米，增长42.6%。

"十二五"期间，全国新发现矿产地1235处。

二、能源矿产勘查

"十二五"期间，能源矿产勘查取得重大进展。新发现煤炭矿产地218处，其中大中型169处，新增查明资源储量2989.6亿吨，主要集中在内蒙古、山西、甘肃、四川、黑龙江、新疆等地。石油新增探明地质储量61.3亿吨，天然气3.92万亿立方米，主要集中在鄂尔多斯、塔里木、四川、琼东南、东海等盆地。

"十二五"期间，中国首次探获页岩气地质储量，主要赋存于四川盆地的涪陵、长宁–威远气田。中新生代陆相和晚古生代海陆过渡相页岩气勘查也取得重大进展。煤层气新增探明地质储量3504.9亿立方米，主要来自于沁水盆地和鄂尔多斯盆地。在珠江口盆地首次发现高纯度天然气水合物。

海洋油气地质调查取得重大发现。首次在致密油气藏层钻获油流，开辟了油气勘探新领域。在南黄海中部隆起部署的科学钻探井，首次在海相中生代—古生代地层中发现油气显示。

三、金属与非金属矿产勘查

"十二五"期间，金属与非金属矿产勘查取得了重大进展（见表2–1），探获一批大型、超大型矿床。铁矿新发现矿产地113处，其中大中型69处，新增查明资源储量132.7亿吨，主要集中在山东苍山县古林–兰陵矿区、四川西昌市太和钒钛磁铁矿区、攀西地区攀钢兰尖–朱家包包钒钛磁铁矿区、米易县白马钒钛磁铁矿区和辽宁本溪市大台沟矿区外围等。锰矿新发现矿产地18处，其中大中型16处，新增查明资源储量6.19亿吨，主要集中在贵州铜仁松桃整装勘查区、广西德保县扶晚矿区外围、天等县东平矿区带等。

表2–1　"十二五"期间重要矿产新发现矿产地数

矿　产	新发现矿产地/处	其中大中型矿产地/处
煤　炭	218	169
铁　矿	113	69
锰　矿	18	16
铜　矿	52	11
铅锌矿	81	41
镍　矿	6	4
钨　矿	25	23
钼　矿	29	20
金　矿	131	51
石　墨	17	12
磷　矿	18	10

铜矿新发现矿产地52处，其中大中型11处，新增查明资源储量2341万吨，在西藏、江西、云南等地新探获一批世界级铜矿区。铅锌矿新发现矿产地81处，其中大中型41处，铅矿、锌矿新增查明资源

储量分别为2330.2万吨、3783.2万吨，主要分布在新疆、湖南、福建等地。镍矿新发现矿产地6处，新增查明资源储量279.2万吨，主要集中在新疆、内蒙古和青海等地，其中，新疆若羌县罗布泊坡北和青海夏日哈木发现超大型镍矿床。钨矿新发现矿产地25处，其中大中型23处，新增查明资源储量459.9万吨，主要分布在江西、湖南、甘肃、河南、新疆等地，江西南部地区发现超过200万吨的世界级矿床。钼矿新发现矿产地29处，新增查明资源储量1559.5万吨，主要集中在安徽、新疆、内蒙古、河南、黑龙江等地，发现超过100万吨的矿产地3处，其中安徽金寨县沙坪沟钼矿为世界级。

金矿新发现矿产地131处，其中大中型51处，新增查明资源储量4949.4吨，主要分布在山东、内蒙古等地。

磷矿新发现矿产地18处，新增查明资源储量58.1亿吨。石墨新发现矿产地17处，其中大中型12处，超过千万吨的矿产地1处。

专栏2-1 中央地质勘查基金找矿新进展

2006—2015年，中央地质勘查基金开展矿产勘查项目382个，投入经费47.66亿元，完成钻探225万米，发现大中型矿产地100余处；煤炭、铁矿、锰矿、铜矿、铝土矿、镍矿、金矿、钨矿等23个矿种新增了资源储量；取得了内蒙古东胜和准格尔煤田、四川攀枝花钒钛磁铁矿、贵州务正道铝土矿、江西朱溪矿区外围钨铜矿、新疆坡北镍矿、青海多彩铜矿、柴达木盆地深层卤水钾盐等一批重大找矿成果。

第三章 矿产资源开发利用

“十二五”期间，中国采矿业固定资产投资较“十一五”增长超过70%，一次能源、粗钢、十种有色金属、水泥等产量居世界首位。国土资源部发布27种矿产开采回采率、选矿回收率和综合利用率（以下简称“三率”）指标要求，推广210项先进适用技术。

一、采矿业固定资产投资

“十二五”期间，中国采矿业固定资产投资6.72万亿元，较“十一五”增长74.7%。2015年，采矿业固定资产投资为1.3万亿元，较上年下降8.8%。其中，煤炭开采和洗选业4008亿元，下降14.4%；石油与天然气开采业3425亿元，下降5.7%；黑色金属矿采选业1366亿元，下降17.8%；有色金属矿采选业1588亿元，下降2.3%；非金属矿采选业2092亿元，增长2.1%（见图3–1）。

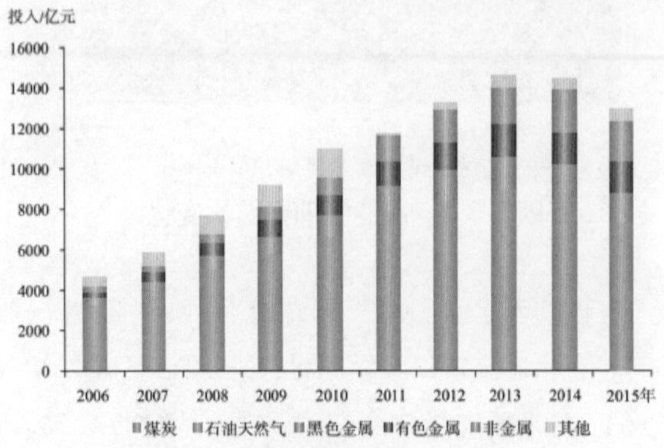

图3–1 采矿业固定资产投资变化

二、矿产品生产与消费

1. 能源生产与消费

中国为世界上第一大能源生产和消费国。“十二五”期间，一次能源生产总量为177.2亿吨标准煤，较“十一五”增长28.0%；消费总量为206.2亿吨标准煤，增长27.7%。2015年一次能源生产总量为36.2亿吨标准煤（见图3–2），消费总量为43.0亿吨标准煤，能源自给率为84.2%。

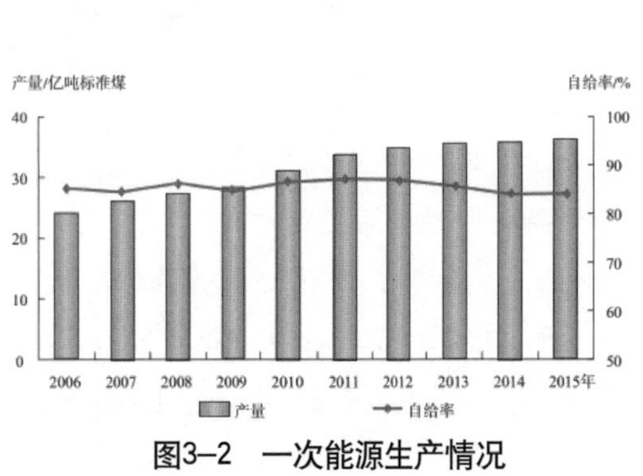

图3–2 一次能源生产情况

“十二五”期间，中国能源消费中煤炭比重不断下降，天然气等清洁能源比重不断上升。煤炭占能源消费的比重下降6.2个百分点，水电、风电、核电、天然气等增长4.9个百分点。2015年能源消费结构中煤炭占64.0%，石油占18.1%，天然气占5.9%，水电、风电和核电等占12.0%（见图3−3）。

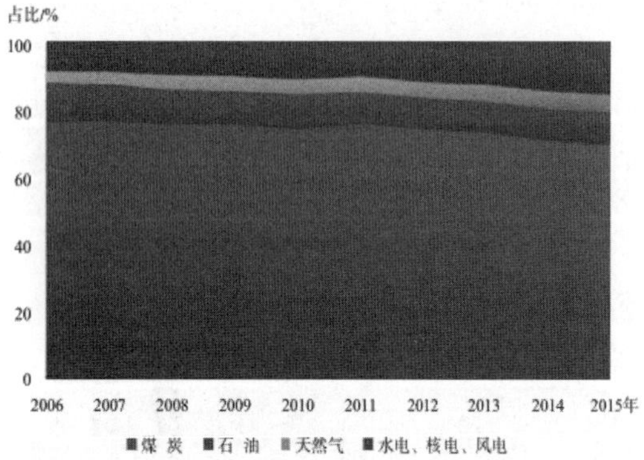

图3−3 一次能源消费结构变化

“十二五”期间，原煤产量192亿吨，较“十一五”增长30.2%；原油产量10.5亿吨，增长9.7%；天然气产量5941亿立方米，增长52.7%。2015年，原煤产量36.8亿吨，居世界第一位；原油产量2.15亿吨，居世界第五位（见图3−4）；天然气产量1271.4亿立方米，居世界第六位。

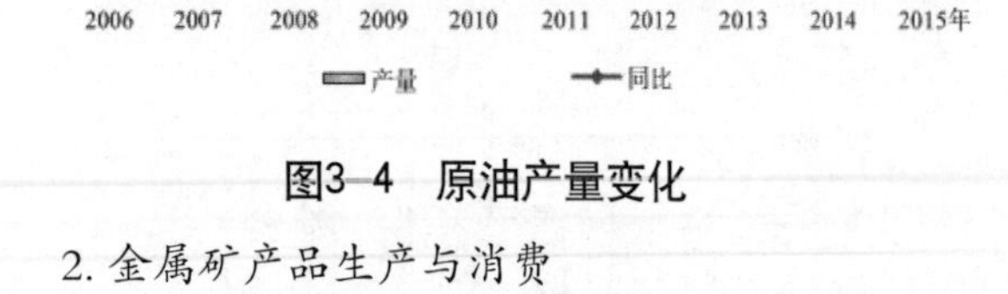

图3−4 原油产量变化

2. 金属矿产品生产与消费

“十二五”期间，铁矿石产量为68.0亿吨，较“十一五”增长67.0%；粗钢38.5亿吨，增长46.8%；十种有色金属2.1亿吨，增长69.5%；黄金2100吨，增长45.1%。2015年，铁矿石、粗钢、十种有色金属和黄金产销量均位居全球首位。生产铁矿石13.8亿吨，粗钢8.0亿吨（见图3−5）。十种有色金属5090万吨，其中精炼铜796.4万吨，电解铝3141.3万吨。黄金生产450.1吨，消费985.9吨。

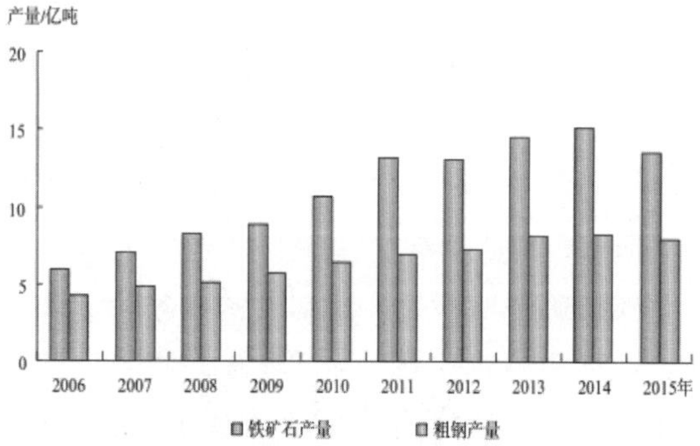

图3−5 铁矿石与粗钢产量变化

3. 非金属矿产品生产

“十二五”期间，水泥产量115.7亿吨，较“十一五”增长53.3%；平板玻璃产量39.0亿重量箱，增长36.9%。2015年，生产水泥23.5亿吨（见图3−6），平板玻璃7.4亿重量箱，磷矿石1.4亿吨（折合$P_2O_5$30%）。

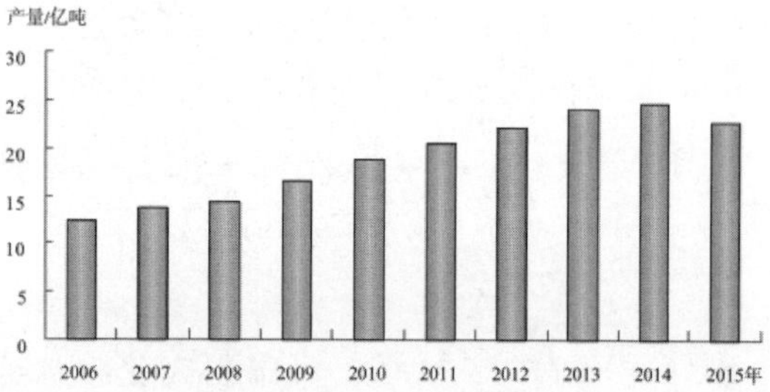

图3−6 水泥产量变化

三、矿产资源节约与综合利用

1. 基本摸清矿产资源“三率”现状

“十二五”期间，通过煤炭、石油和铁矿等22种重要矿产“三率”调查评价工作，基本查明了矿产资源“三率”现状。与1999年抽样调查结果相比，煤炭采区回采率和原煤入选率提高15个百分点以上；黑色金属矿产开采回采率提高超过5个百分点；有色金属矿产开采回采率普遍上升。

2. 初步建立主要矿产“三率”指标评价体系

国土资源部制定了《矿产资源综合利用技术指

标及其计算方法》，规范统一了以矿产资源“三率”作为行业评价指标。发布了27种（类）矿产的“三率”指标要求，涵盖能源矿产的煤炭、石油和天然气等，黑色金属中的钒钛磁铁矿、铁矿、锰矿和铬铁矿等，有色和贵金属中的铜矿、铅矿、锌矿、铝土矿、钨矿、钼矿、镍矿、锡矿、锑矿和金矿等，以及稀土和非金属矿产中的磷矿、钾盐、硫铁矿、高岭土、萤石、石墨、石棉、石膏和滑石等。初步形成主要矿产节约与综合利用评价指标体系，实现了矿产资源节约与综合利用的客观评价和规范管理。

3. 优选推广节约与综合利用先进适用技术

自2012年以来，国土资源部优选出210项先进适用技术并予以推广，其中油气类30项、煤炭类45项、金属类94项和非金属类41项。2015年，国土资源部发布了先进适用技术51项，其中油气类8项、煤炭类11项、金属类24项和非金属类8项（见表3-1）。

国土资源部采取多种形式，搭建信息交流平台，实现“让有需求的企业找到适用技术，让先进技术找到适用的企业”，提高了先进适用技术的转化率和普及率。

4. 矿产资源综合利用示范基地建设成效显著

国土资源部、财政部启动矿产资源综合利用示范基地（以下简称“示范基地”）建设工作，首批40个示范基地，涵盖油气、煤炭和有色等七大领域，中央财政投入200亿元，企业自筹计划投入1742亿元。示范基地建设取得三方面进展：一是以国家亟须大宗支柱性矿产和战略性新兴矿产综合利用为重点，突破了一批低品位、共伴生和难利用资源综合利用产业化技术，盘活了大量资源；二是探索形成一批资源绿色开发和产业发展新模式，成功探索了矿业转型升级新路径，示范带动作用显著；三是加速了规划、政策和标准的制定实施，促进形成资源节约与综合利用的制度与政策体系，建成一批产学研平台。

5. 出台矿产资源节约与综合利用鼓励、限制和淘汰技术目录修订版

强化技术政策引导，修订并印发《矿产资源节约与综合利用鼓励、限制和淘汰技术目录（修订版）》。修订后的目录包括鼓励、限制和淘汰三大类262项，涉及矿产资源采矿、选矿、预选和尾矿综合利用等领域。主要作为各级国土资源主管部门加强矿产资源开发利用准入管理的重要参考依据。

表3-1　2015年矿产资源综合利用先进适用技术推广目录

矿类	序号	高效采选和综合利用技术
煤炭（11项）	1	煤矿通风瓦斯（乏风）发电利用技术
	2	煤层气“三低”集气技术及应用
	3	急倾斜高瓦斯特厚煤层走向长壁综采放顶煤技术研究
	4	超高水材料井下充填开采技术
	5	矿井深部采区高承压水综合治理技术研究
	6	急倾斜特厚易燃煤层长壁倾斜综合开采技术研究
	7	高突矿井信息化建设关键技术研究与工艺示范
	8	东荣一矿特厚富水砂层“天窗”下安全开采技术
	9	厚煤层综放开采顶煤水压致裂弱化技术
	10	智能化无人开采技术
	11	基于多重探查信息的深部岩溶地热水疏放及综合利用工程配置
石油天然气（8项）	12	复杂碳酸盐缝洞体雕刻及勘探开发技术
	13	涪陵页岩气田“井工厂”开发技术
	14	低渗透油藏仿水井注水开发技术
	15	气田废弃物综合利用技术
	16	疏松砂岩气藏防砂开发技术
	17	山区煤层气田自动化技术的研究与应用
	18	异常高压特低渗透油藏天然气驱提高采收率技术
	19	污泥填充凝胶颗粒的研制及工业化应用技术
金属矿产（24项）	20	电解金属锰生产节能减排关键技术
	21	黑色金属矿高效预选新技术
	22	金属矿山全尾砂胶结充填资源化利用技术
	23	贫磁铁矿石选矿工艺与新型干式磁选机
	24	地面远程遥控井下电机车运输系统

续表

矿类	序号	高效采选和综合利用技术
金属矿产（24项）	25	白云鄂博综合回收铁、稀土、铌和萤石选矿新工艺
	26	大型铁矿山露天井下协同开采及风险防控关键技术与应用
	27	赤铁矿浮选尾矿回收利用技术
	28	低品位含磷铁矿石磷的综合利用技术
	29	悬浮式干式磁选机在超贫磁铁矿选矿中的应用
	30	电解锰渣高温可控脱硫生产活性微粉关键技术
	31	碳酸锰干选技术与工业示范应用
	32	非煤矿山井下用LED节能照明设备
	33	钢铁行业固体废弃物资源化利用技术
	34	极高浓度氰化尾液3R-O新技术及成套装备
	35	矽卡岩型低品位白钨矿高效利用新技术
	36	低品位黄金氧化矿资源堆浸回收技术
	37	高浓度大倍线自流胶结充填技术
	38	从铁钼型矿石中回收低品位钼的工艺技术
	39	低品位铜钼矿的柱机联合分选技术
	40	铅锌多金属矿分段浓缩选别节能环保技术
	41	含砷、锑复杂难处理金矿高效提金综合新技术
	42	环保型浸金试剂推广应用技术
	43	CO_2和O_2原地浸出采铀工艺技术
非金属矿产（8项）	44	低品位磷矿制黄磷技术
	45	机制砂生产技术
	46	中低品位磷矿综合利用无磷石膏排放绿色工艺
	47	优化水泥矿山资源利用的数字化信息化应用技术
	48	硫铁矿选矿提质升级技术
	49	水泥熟料及混合材配料优化与自动监测及废石综合利用技术
	50	膨润土猫砂的制备及干燥技术
	51	新型硫酸钙抑制剂在钾盐生产中的应用

第四章 矿山地质环境保护

矿山地质环境是生态环境的重要组成部分。“十二五”期间，国土资源部高度重视矿山地质环境恢复和综合治理，一方面开展历史遗留矿山地质环境的治理恢复，另一方面进行新建、生产矿山的地质环境保护制度建设，初步形成了“新老矿山地质环境问题”统筹解决的新局面。绿色矿山建设全面完成阶段性目标，形成典型模式，助推绿色矿业深入发展。

一、矿山地质环境治理恢复

矿山地质环境治理的财政资金保障力度不断加大。“十二五”期间，中央财政共下达矿山地质环境治理项目补助资金180.7亿元，较“十一五”增长39.9%。2015年为32.7亿元。资金主要用于支持资源枯竭型城市矿山地质环境治理工程和矿山地质环境治理示范工程的实施，带动地方政府和企业共同投入矿山地质环境治理工作。

矿山地质环境治理恢复成效明显。截至2015年底，全国完成矿山地质环境治理恢复面积约81万公顷，治理率为26.7%。

矿山地质环境治理恢复保证金制度全面实施，全国31个省（区、市）相继出台管理办法。按照“企业所有、政府监管、专户储存、专款专用”的原则，通过采取保证金缴存与采矿权审批、年检或矿山地质环境治理恢复方案挂钩等方法，总体上顺利推进了保证金的缴存工作，并利用保证金来督促和约束矿山企业进行矿山地质环境保护与治理恢复的工作，最大限度减少环境破坏。“十二五”期间，8.59万个矿山缴存矿山地质环境治理恢复保证金867.7亿元。采矿权人完成治理义务返回保证金307.4亿元；闭坑矿山未履行矿山地质环境治理义务，留存保证金25.2亿元。

国家矿山公园建设稳步推进，建设质量和管理水平明显提高。“十二五”期间批准建设11家，其中9家建成开园。一批历史悠久的矿山企业通过国家矿山公园建设，成为矿山地质环境恢复治理的示范区，矿业遗迹、矿业文化的保护地和地质矿产科普教育基地。矿山公园的建设将被动的恢复型环境治理转为主动的发展型环境保护与开发，对矿山或矿业城市的资源环境建设以及经济转型发展具有重要意义。

为贯彻落实《中共中央国务院关于加快推进生态文明建设的意见》，强化资源管理对自然生态的源头保护作用，加强矿山地质环境保护，加快矿山地质环境恢复和综合治理，尽快构建起开发与保护相互协调的矿产开发新格局，2016年7月，国土资源部联合工业和信息化部、财政部、环境保护部和国家能源局出台《关于加强矿山地质环境恢复和综合治理的指导意见》，提出了下阶段矿山地质环境保护和治理恢复的总体要求、主要任务和保障措施。一是明确到2025年，要建立动态监测体系，全面掌握和监控全国矿山地质环境动态变化情况。建立更加严格的矿业权人履行矿山地质环境保护法定义务的约束机制，使新建和生产矿山地质环境得到有效保护和及时治理，历史遗留问题加快解决，进一步巩固“加快还旧账、不再欠新账”的矿山地质环境保护新局面。二是确定历史遗留问题由各级政府负责统筹规划、综合治理，中央财政给予必要支持。三是严格矿山开发准入，加强保护与治理恢复方案编制与实施，加强开发和过程监管，将对矿山地质环境保护监管落实到“事前、事中、事后”全过程。四是通过整合完善土地利用和矿产开发政策，鼓励社会资金投入，推进构建“政府主导、政策扶持、社会参与、开发式治理、市场化运作”的矿山地质环境恢复和综合治理新机制。五是加快法制建设，强化科技支撑，加强宣传教育，进一步完善矿山地质环境保护法规制度，努力提高矿山地质环境保护的科技水平。

二、绿色矿业发展

“十二五”期间，国土资源部选择661家矿山作为试点，推进油气矿产高效开发、煤炭绿色开采、金属矿产伴生资源高效综合利用、化工和非金属矿山环境保护，树立了一批典型，在社会上产生了积极的影响，已成为转变矿业发展方式、提升矿业形象，改善民生、加强生态保护、促进社会和谐的重要平台，以及矿山企业规范运营、转型升级、融资上市、走出海外的绿色标签。同时，国土资源部正研究建立健全分地域、分行业的绿色矿山标准体系，完善配套支持政策，对绿色矿山建设在用地、用矿和矿山环境治理恢复保证金提前支取返还等方面给予倾斜。逐步形成有利于绿色矿业发展的政策体系，构建绿色矿业发展的长效机制。

完成试点建设目标。截至2015年底，661家矿山企业成为国家级绿色矿山试点单位，实现了“十二五”末国家级试点矿山600家以上的目标。这些矿山企业分布在全国29个省（区、市），涉及能源、冶金、有色、黄金、化工、非金属及建材等行业（图4—1）。

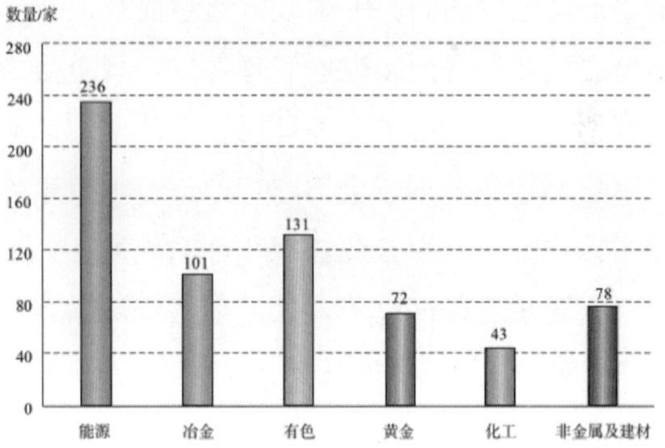

图4—1　国家级绿色矿山试点单位各行业数量

试点建设评估稳步开展。2014年和2015年对220家国家级绿色矿山试点单位进行了评估，191家试点矿山通过评估。其中，能源行业60家（煤炭59家，石油1家），冶金行业29家，有色行业44家，黄金行业23家，化工行业22家，非金属及建材行业13家。

试点建设典型模式初步形成。初步总结提炼出绿色矿山开采、矿山复垦和节约用地、矿地和谐、矿山遗迹多功能用途开发、绿色管理技术创新等可以宣传和推广的典型模式。

试点建设成效显著。一是加大数字化、现代化矿山建设，逐步提升企业形象。从评估情况看，90%以上的试点单位实现了矿山管理的数字化以及先进技术装备的应用，提高了企业生产效率，降低了生产经营成本，树立了现代化矿山的良好形象。二是大力开展关键技术改造，资源综合利用水平不断提高。试点单位的科技投入占每年销售收入的比例均在1%以上。三是矿山生态环境恢复治理成效显著，树立采矿工程再造环境的理念。矿山普遍安排了专项资金，用于土地复垦、矿山复绿、尾矿库治理、植被修复等生态环境治理再造项目。四是履行社会责任，推动矿地和谐发展。积极缴纳完成各项税费义务，为地方经济发展作出贡献；为地方提供尽可能多的就业岗位，开展就业技能培训，促进社会和谐稳定；通过项目合作的方式，支持矿区周边群众发展种植业等，改善周边群众生产生活环境，真正实现开矿一处，造福一方。

第五章 矿产资源管理与政策

“十二五”期间，中国政府通过简政放权、放管结合、优化服务创新政府管理方式，规范事中事后监督管理，营造公平竞争环境。取消了地质矿产审批事项25项，清理了全部非行政许可审批事项，修改了14项矿产资源行政法规和部门规章。大力推进矿产资源税费制度改革，推进油气资源勘查开采体制和地质勘查资质审批改革。

一、矿产资源管理制度

1. 审批制度改革

截至2016年6月，国务院明确由国土资源部保留执行的地矿类行政许可事项9项，调整为政府内部审批的事项2项，需要进一步改革和规范的其他权力事项3项（见表5-1）。

2013年以来，取消了地质矿产类审批事项25项，清理了全部非行政许可审批事项（见表5-2）。

2. 修改矿产资源行政法规和部门规章

2011年以来，中国政府分五批修改了14项矿产资源行政法规和部门规章。

表5-1 地质矿产行政审批制度改革一览表

分类	序号	审批事项
保留的行政许可事项	1	建设项目用地预审及建设项目压覆重要矿床审批
	2	勘查矿产资源审批
	3	开采矿产资源审批
	4	地质勘查资质审批
	5	地质灾害防治单位甲级资质审批
	6	重点保护古生物化石发掘审批
	7	收藏单位之间转让、交换、赠予其收藏的重点保护古生物化石审批
	8	重点保护古生物化石进出境审批
	9	国土资源部质量监督检测中心认定（需履行新设行政许可程序）
调整为政府内部审批的事项	1	矿产资源规划审批
	2	保护性开采的特定矿种审核
需要进一步改革和规范的其他权力事项	1	矿产资源储量评审备案与储量登记核准
	2	国家地质公园命名审批
	3	国家矿山公园审批

第一批，依据《国务院关于废止和修改部分行政法规的决定》（国务院第638号令），国务院修改了《中华人民共和国对外合作开采海洋石油资源条例》、《中华人民共和国对外合作开采陆上石油资源条例》和《乡镇煤矿管理条例》。

第二批，依据《国务院关于修改部分行政法规的决定》（国务院第653号令），国务院修改了《矿产资源勘查区块登记管理办法》、《矿产资源开采登记管理办法》和《探矿权采矿权转让管理办法》。

第三批，国土资源部修改了《地质灾害危险性评估单位资质管理办法》、《地质灾害治理工程勘查设计施工单位资质管理办法》、《地质灾害治理工程监理单位资质管理办法》、《矿山地质环境保护规定》和《古生物化石保护条例实施办法》。

第四批，国土资源部修改了《地质资料管理条例实施办法》和《中华人民共和国海洋石油勘探开发环境保护管理条例实施办法》。

表5–2　“十二五”以来取消的地质矿产类审批事项

序号	地质矿产类审批事项名称	类别	取消依据
1	国家出资从事区域性矿产地质调查的地区申请暂停受理新的探矿权备案核准申请	非行政许可审批	国发〔2013〕44号
2	整装勘查实施方案审批	非行政许可审批	
3	中外合作勘查、开采矿产资源前置性审查	行政许可	国发〔2014〕5号
4	地质调查备案核准	行政许可	
5	在国家地质公园地质遗迹保护区外的园区进行矿产资源勘查、开发和工程建设活动审批	非行政许可审批	
6	矿业权投放计划审批	非行政许可审批	
7	中国温泉之乡（城、都）命名审批	非行政许可审批	国发〔2014〕5号
8	煤炭矿业权审批管理改革试点省煤炭矿业权审批项目备案核准	非行政许可审批	
9	跨省、自治区、直辖市销售的矿泉水的注册登记	非行政许可审批	国发〔2014〕27号
10	地质资料延期汇交审批	行政许可	国发〔2014〕11号
11	矿产地储备区域矿产资源开发利用审批	非行政许可审批	
12	县级以上人民政府有关部门查阅保护期内的地质资料审查	非行政许可审批	
13	省、自治区、直辖市矿山地质环境保护规划审核	非行政许可审批	
14	重点保护古生物化石产地名录审批	非行政许可审批	
15	国土资源部科技平台建设审批	非行政许可审批	
16	整装勘查区设置审批	非行政许可审批	
17	调整矿产勘查风险分类审批	非行政许可审批	
18	矿产资源综合利用示范基地确定和矿产资源综合利用示范基地建设总体规划审查批准	非行政许可审批	国发〔2015〕27号
19	探矿权、采矿权协议出让申请审批	非行政许可审批	
20	矿业权设置方案审批或备案核准	非行政许可审批	
21	设立、变更或者撤销国家规划矿区、对国民经济具有重要价值的矿区审批	非行政许可审批	
22	矿业权价款评估备案核准	非行政许可审批	
23	直辖市人民政府申报的中国温泉之乡（城、都）的发展建设总体规划审查	非行政许可审批	
24	国家地质公园规划审批	非行政许可审批	
25	地质资料保护登记	行政许可	国发〔2016〕10号

第五批，依据《国务院关于修改部分行政法规的决定》（国务院令第666号），国土资源部修改了《地质资料管理条例》相关条款。

3. 清理规范涉及地质矿产行政审批相关中介服务事项

2015年10月15日发布的《国务院关于第一批清理规范89项国务院部门行政审批中介服务事项的决定》（国发〔2015〕58号）中，有9项涉及地质矿产行政审批相关中介服务事项，包括：①矿业权转让鉴证和公示（涉及勘查矿产资源审批事项），②采矿权申请范围核查，③矿产资源勘查实施方案编制，④开采矿产资源土地复垦方案报告书编制，⑤矿产资源储量核实，⑥矿产资源开发利用方案编制，⑦矿山储量年报编制，⑧矿山地质环境保护与治理恢复方案编制，⑨建设项目压覆重要矿产资源评估报告编制。申请人可按要求自行编制该类报告，也可委托有关机构编制，审批部门不得以任何形式要求申请人必须委托特定中介机构提供服务；保留审批部门对现有的技术评估和评审。鉴证、公示及核查由地方国土资源部门委托有关机构进行。

2016年2月28日，《国务院关于第二批清理规范192项国务院部门行政审批中介服务事项的决定》（国发〔2016〕11号）印发，涉及矿业权转让鉴定和公示（涉及开采矿产资源审批事项），以及矿产资源开采地质报告等2项中介服务事项。保留由国土资源部门实施的地矿类中介服务事项1项，为“建设项目地质灾害危险性评估”。

根据国务院行政审批制度改革工作领导小组办公室要求，国土资源部开展了中央指定地方实施行政审批事项的清理。《国务院关于第一批取消62项中央指定地方实施行政审批事项的决定》（国发〔2015〕57号）和《国务院关于第二批取消152项中央指定地方实施行政审批事项的决定》（国发〔2016〕9号）中5项中央指定地方实施的涉及国土资源部的地质矿产行政审批事项已全部取消。

4. 加强监督管理

国土资源部行政许可事项已全部纳入政务大厅集中受理。编制实施了新版《国土资源部行政许可事项服务指南》和《国土资源部行政许可事项审查工作细则》（2015年）。在审批系统中设置红黄绿灯提醒服务，建立并实施办理时限预警机制，建立行政审批“绿色通道”。在国土资源部门户网站开辟了“推进国土资源简政放权放管结合优化服务进行时”专栏，广泛听取社会意见。积极推进国土资源部行政审批信息网上公开查询，设立专门咨询台及热线电话，及时提供全程咨询服务，接受社会监督。

国土资源部严格执行矿业权出让转让公开制度，实现矿业权出让转让基本信息公示公开。2014年以来在矿业权市场网公示公开基本信息1.46万项（累计6.02万项），自动公告非涉密矿业权登记结果信息5.4万项（累计24.1万项），通过国土资源部网站向社会提供矿业权登记信息查验服务13.4万次（累计38.6万次）。

国土资源部印发《矿业权人勘查开采信息公示办法（试行）》，规定自2016年7月1日起，矿业权人需及时在国土资源部或省级国土资源主管部门门户网站公示勘查开采信息，主动接受监督。矿业权人不按规定公示信息或弄虚作假履行法定义务不到位的，国土资源主管部门将其列入异常名录和严重违法名单。凡是进入此“黑名单”的企业，将被限制或禁止参加国土资源管理部门组织的相关活动。

二、矿产资源税费

“十二五”以来，中国政府不断推进矿产资源税费制度改革，资源税改革遵循从价计征为主、从量计征为辅的原则推进，矿产资源补偿费费率降为零。根据生态文明建设方案要求，研究建立矿产资源权益金制度。

1. 矿产资源补偿费

“十二五”期间，矿产资源补偿费征收数额为884.4亿元，较“十一五”增长71.3%（见表5-3）。

表5-3　矿产资源补偿费征收情况

	2015年	“十一五”	“十二五”
矿产资源补偿费/亿元	88.8	516.3	884.4

2. 资源税制度改革

2014年10月，财政部、国家税务总局发布《关于实施煤炭资源税改革的通知》和《关于调整原油、天然气资源税有关政策的通知》，将原油、天然气矿产资源补偿费费率降为零，相应将资源税适用税率由5%提高至6%。2015年4月30日，财政部、国家税务总局发布《关于实施稀土、钨、钼资源税从价计征改革的通知》（财税〔2015〕52号），轻稀土按地区执行不同的适用税率，其中内蒙古为11.5%、四川为9.5%、山东为7.5%；中重稀土资源税适用税率为27%，钨资源税适用税率为6.5%，钼资源税适用税率为11%。

2016年5月10日，财政部、国家税务总局发布《关于全面推进资源税改革的通知》（财税〔2016〕53号）和《资源税税目税率幅度表》，提出自2016年7月1日起，将全部资源品目矿产资源补偿费费率降为零。资源税按照从价计征为主、从量计征为辅的原则，由省级人民政府确定计征方式。

三、矿产资源规划

1. 编制《全国矿产资源规划（2016—2020年）》

编制完成《全国矿产资源规划（2016—2020年）》并报国务院审批。新一轮规划以创新、协调、绿色、开放、共享的发展理念统筹矿产资源勘查开发利用与保护各项任务，一是明确全面建成小康社会资源安全供应的部署安排；二是明确新常态下推进矿业经济持续健康发展的重大举措；三是明确加快推动矿业转型和绿色发展的主要任务；四是明确积极促进矿业开放共享发展的重大政策；五是明确全面深化管理改革增强矿业发展活力与动力的总体思路。

2. 指导推动地方各级规划编制

一是印发《国土资源部关于开展第三轮矿产资源规划编制工作的通知》（国土资发〔2015〕35号），全面部署启动第三轮矿产资源规划编制工作；二是制定《省级矿产资源总体规划编制技术规程》和《市县级矿产资源总体规划编制指导意见》，指导地方各级规划编制；三是制定《矿产资源规划数据库标准（试行）》和《矿产资源规划数据库建设指南》，明确地方各级规划数据库建库要求，指导省、市、县同步做好规划数据库建设；四是联合环境保护部印发《关于做好矿产资源规划环境影响评价工作的通知》，明确规划环境影响评价的总体要求，推动各级矿产资源规划环境影响评价工作。

3. 实施矿业权设置区划制度

为贯彻落实《国务院关于取消非行政许可审批事项的决定》（国发〔2015〕27号）文件精神，深化矿产资源管理改革，减少审批事项，国土资源部取消矿业权设置方案审批或备案核准，实施矿业权设置区划制度。按照下放权力，简化程序，提高效率的原则，将矿业权设置方案与矿产资源规划中的勘查开采规划区块有机融合，统一为“矿业权设置区划”，在总体规划或专项规划中设“矿业权设置区划”专门篇章，对矿产资源勘查开发布局进行细化安排，作为优化矿山布局的重要抓手。

四、矿业权管理

“十二五”期间，国土资源部落实中央全面深化改革部署，推进油气资源勘查开采体制改革。将以往“申请在先”的出让方式，改为通过竞争取得油气探矿权。进行了二次常规油气和二次页岩气的竞争出让。2015年，在新疆开展常规油气探矿权改革试点，通过竞争方式出让了4个油气区块的探矿权。

经国务院批准，将页岩气设为新矿种，发布了《关于加强页岩气勘查开采和监督管理有关工作的通知》，开放了页岩气勘查开采市场。国土资源部联合地方政府和油气企业，设立重庆涪陵页岩气勘查开发示范基地及贵州黔北页岩气综合勘查试验区。

加强矿业权监管与服务。一是升级改造了全国矿业权统一配号系统，强化动态监测事后监管，全程备案存查，对异常情况及时提醒；二是发布了《国土资源部非油气矿业权审批登记服务指南》，进一步明确了矿业权办理条件、申请资料要求、审批时限和流程、结果送达和查询等内容；三是为矿业权人提供延续提醒服务，自2015年4月1日起，国土资源部门户网站公告了有效期不足120天的探矿权和采矿权632个。

持续改革创新矿业权管理制度。出台了《关于规范稀土矿钨矿探矿权采矿权审批管理的通知》，进一步规范稀土矿钨矿矿业权管理。强化优势矿产保护，出台了《关于采矿权人为他人债务提供担保的采矿权抵押备案有关问题的通知》，允许采矿权人以其拥有的采矿权为抵押物，为他人贷款提供担保，缓解矿业企业融资困难。

五、地质勘查资质管理

进一步加强地质勘查资质管理，支持和服务地质勘查单位改革发展，集中力量推动地质勘查资质审批改革和监管，拟出台制度性办法。由一年两次集中受理调整为常态化受理，情形简单的申请，当场办理。探索实行网上审批，建立地质勘查单位重要信息社会公示制度，通过社会监督和随机抽查，强化事中事后管理。

截至2015年底，全国2640个地勘单位共持有各类各级地质勘查资质7595个，其中：甲级资质2819个，乙级资质2915个，丙级资质1861个。具有最高等级为甲级资质的单位有1157个，具有最高等级为乙级资质的单位有756个，具有最高等级为丙级资质的单位有727个。

全国地勘单位资质类别构成为区域地质调查419个，海洋地质调查22个，石油天然气矿产勘查4个，液体矿产勘查696个，气体矿产勘查284个，固体矿产勘查1936个，水文地质、工程地质、环境地质调查1076个，地球物理勘查793个，地球化学勘查394个，航空地质调查5个，遥感地质调查84个，地质钻（坑）探1411个，地质实验测试471个（图5–1）。“十二五”末，全国地质勘查资质数比“十一五”末增长29.7%。

2015年地勘单位的经济类型构成为国有1291个，集体19个，股份合作12个，有限责任1164个，股份有限71个，私营57个，其他22个，合资经营（港或澳、台资）1个，港、澳、台商独资经营1个，外资1个，外商投资股份有限公司1个（图5–2）。

2015年，国土资源部颁发地质勘查资质证书438个，其中新设165个，延续15个，变更257个，补证1个；注销地质勘查资质7个。

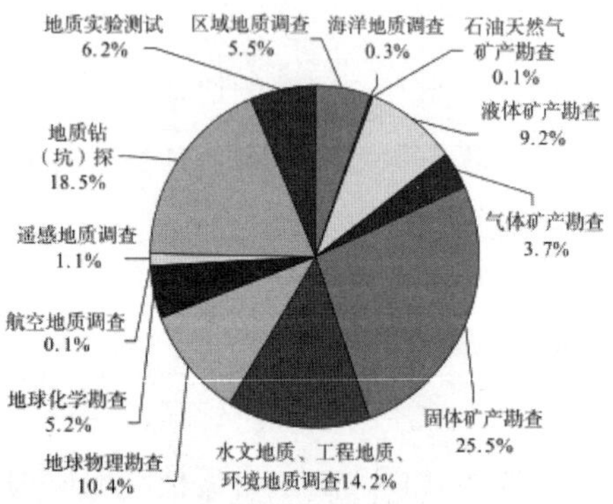

图5–1　2015年全国地质勘查单位资质类别构成

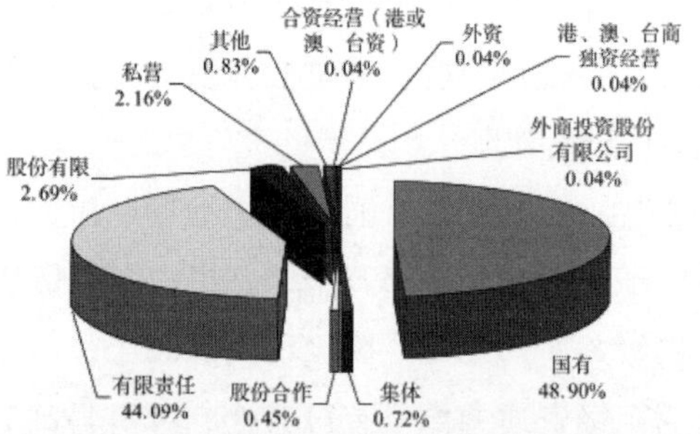

图5–2　2015年全国地质勘查单位经济类型构成

第六章 地质矿产调查评价与地质资料服务

“十二五”期间，地质矿产调查评价与地质资料服务在国家经济社会发展中的作用愈加凸显，为社会发展及生态文明建设提供了重要的支撑。地质矿产调查评价成果丰硕，为国家矿产资源安全提供了重要保障。地质资料产品不断丰富，服务能力及水平进一步提升。

一、基础地质调查

1. 区域地质调查

截至2015年底，全国累计完成1：5万区域地质调查352万平方千米，占陆域国土面积37.0%；重点成矿区带累计完成201.7万平方千米，工作程度提高至52.3%。2015年完成20.5万平方千米。

2. 遥感地质调查

2015年，继续在班公湖–怒江、阿尔金、东昆仑等重要成矿带，应用高分一号、高分二号等国产卫星数据和ASTER、ETM等国外卫星数据，开展了岩性–构造、重点区成（控）矿地质要素、蚀变（矿化）信息提取等遥感解译，完成面积4200平方千米。继续在东北、西北和西南等边海防地区开展基础地质遥感调查10.76万平方千米。

3. 矿产地质调查

截至2015年底，重点成矿区带累计完成185.7万平方千米，工作程度提高到46.0%。圈定综合异常3300余处，新发现矿（化）点1250处，圈定找矿靶区500余处。完成新疆塔里木和准噶尔盆地重点区域1：5万航空重力调查4万平方千米。

2015年，完成1：5万矿产地质调查9.7万平方千米。

4. 海洋地质调查

启动中国管辖海域1：100万海洋区域地质调查成果集成，初步建立了东部、南部海域地层格架。开展重点海域1：25万海洋区域地质调查13个图幅。完成1：5万海洋区域地质调查试点面积2000平方千米。继续开展重点海岸带综合地质调查与监测，启动海陆统筹综合地质调查试点。继续开展重点海域海洋油气资源调查，首次在南黄海崂山隆起区中生代—古生代海相地层多个层段发现油气显示，实现了海域新区域新层系油气调查的重要发现。继续开展天然气水合物资源勘查与试采以及大洋科学考察等工作。

二、矿产资源调查评价

1. 常规油气资源调查评价

在鄂尔多斯盆地东南部地区实施宜参1井，在奥陶系古风化壳储层的新层系获得工业气流，开拓了上千平方千米的勘探新区。在羌塘盆地半岛湖、托纳木，识别出2个面积100平方千米以上有利于油气成藏的大型圈闭构造。

2. 非常规油气资源调查评价

贵州省遵义市正安县实施的安页1井获得了天然气和页岩气的“四层楼”式油气重大突破，这是60多年来在四川盆地以外南方复杂构造区首次取得的重大突破，开辟了油气勘查新区，有望成为新的工业气田。

湖北宜地2井在寒武系水井沱组下段钻获70米优质烃源岩，预测页岩气资源量5000亿立方米以上，为南方寒武系页岩气勘探打开了新局面。山东汶页1井发现页岩油93层，累计厚度200余米，证实鲁西南地区具有很好的页岩油资源前景。

3. 地热资源调查评价

“十二五”期间，中国地质调查局组织开展了336个地级以上城市浅层地温能调查评价，31个省（区、市）地下热水资源调查评价，启动了干热岩资源调查，实施了中国第一口干热岩科学钻探孔，累计调查温泉2334个，地热井5818口，钻探7万多米，基本查明了中国地热资源分布与开发利用现状，初步评价了地热资源量及开发利用潜力。调查结果表明，浅层地温能资源每年可开采量折合标准煤7亿吨，可实现建筑物供暖或制冷面积超过320亿平方米。地下热水资源每年可采量折合标准煤19亿吨，主要分布在中国的华北、松嫩、汾渭、江汉、苏北、下辽河等盆地及滇藏、东南沿海、胶辽半岛、台湾等山地丘陵地区。在青藏铁路沿线370米深度钻获205℃高温蒸汽，为中国同深度最高温度。经初步估算，中国地下3000～10000米范围内干热岩资源量856万亿吨标准煤。中国地质调查局在福建漳州实施了中国第一口干热岩科学钻探孔。

4. 固体矿产资源调查评价

西藏多龙铁格隆南矿区累计探获铜资源量超过1000万吨。四川甲基卡外围共新增氧化锂资源量80多万吨，资源总量超过200万吨。青海柴达木新发现钾盐矿产地2处，新增氯化钾资源量超过1亿吨。内蒙古浩宾塔拉地区提交一处特大型萤石矿产地，资源量2000万吨以上。河南西峡—桐柏地区新发现2处石墨矿，矿物量200万吨以上。

5. 地下水资源调查评价

“十二五”期间，中国地质调查局组织开展了河套平原、江汉平原、成都平原、巴丹吉林沙漠等地区地下水资源与环境问题调查，完成1：25万水文地质调查面积4.5万平方千米。开展了乌蒙山区、沂蒙山区、太行山区、陕甘宁、柴达木盆地等生态脆弱区和集中连片特困区水文地质调查，完成1：5万水文地质调查面积37万平方千米。在柴达木盆地探获了4处特大型地下水富集区和8处中型—大型供水水源地。陇东能源基地圈定9处优质深层地下水源地，单井出水量达每日3000～5000立方米。开展了北方四省抗旱找水打井应急行动，施工探采结合井2200余口，解决了220万人饮水困难。开展了宁夏中南部生态移民区地下水勘查，实施探采结合井53口，解决了12万人饮水困难。开展了黑龙江完达山地区地下水应急勘查，为40万城镇居民提供了地下水资源保障。

2015年，在重点地区完成1：5万水文地质调查面积5万平方千米，实施探采结合井300口，解决了33万人饮水困难。启动了国家地下水监测工程，完成了首批350口国家地下水监测井施工任务。

三、地质资料服务

1. 服务产品不断丰富

“十二五”期间，公开发布了1：50万水工环调查成果系列图数据、矿产资源整装勘查区重要地质钻孔数据、矿产资源整装勘查区地学文献服务产品等。发布了40万个地质钻孔资料、11万幅全国矿产资源潜力评价成果省级地质资料服务目录，首次向社会提供93幅海洋地质调查最新基础地质图件，发布了《中国地质调查年度报告（2015）》、1000余幅1：5万区域地质图。截至2015年底，地质资料信息集群化共享服务平台共有37.3万档资料在线提供目录服务，共有1.3万档地质资料提供电子文件服务，在线电子文件19.7万件。

2. 发布一批重大地质调查成果

推进成果转化应用和服务，推出一批一流地质调查成果，发布了《支撑服务京津冀协同发展地质调查报告（2015）》、《京津冀地区国土资源与环境地质图集》、《支撑长江经济带发展地质调查报告》、《中国地球化学调查报告》和《中国页岩气资源调查报告》等报告，有力助推经济社会发展。

3. 地质资料社会化服务持续推进

2015年，全国地质资料馆和31个省（区、市）地质资料馆藏机构共接待到馆服务2.33万人次，提供资料服务10.44万份次。受委托保管油气等地质资料单位共接待到馆服务9093人次，其中原始地质资料服务5744人次，实物地质资料服务3349人次，提供原始地质资料服务2.24万份次。

第七章　科技创新与国际合作

“十二五”期间，创新了成矿理论、找矿模型及勘查方法。在资源勘查、地质环境生态调查等方面，发布实施了多项国家和行业技术标准，地质矿产领域国际合作取得新进展。

一、基础地质与矿产理论研究

1. 新一代中国地层表正式发布

建立了中国与国际年代地层系统之间的精确对比关系，正式发布了《中国地层表（2014）》《中国地层指南及中国地层指南说明书（2014年版）》。

2. 在深部地质与构造研究领域取得新进展

第一次揭示了松辽盆地之下的古太平洋板块与鄂霍次克洋板块对冲的岩石圈结构，在四川盆地之下发现扬子克拉通内部的古老俯冲带，在雪峰山之下发现隐伏的古老造山带。首次在东南沿海发现侏罗纪古太平洋板块作用的记录。首次在华北克拉通划分出3个年龄大于26亿年的古陆块。

深部探测技术与实验研究专项顺利完成，为中国全面开展地球深部探测做好了技术和队伍准备，主要取得4个方面重要成果。一是系统构建了适应中国地球深部特征的立体探测技术体系，自主研发的深部探测关键仪器设备达到国际先进水平；二是深部探测带动重大科学发现，中国跻身世界深部探测大国行列；三是发现一批具有战略意义的重大找矿线索，为找矿突破战略行动提供有力支撑；四是把握地球活动性的脉搏，为提高自然灾害预警能力提供有力支撑。

3.　创新成矿理论、找矿模型及勘查方法

首次创建了以成矿地质体、成矿构造和成矿结构面、成矿作用特征标志研究为核心的勘查区找矿预测理论与方法体系，系统构建了我国25种主要矿床类型的找矿地质模型，在老矿山和整装勘查区找矿实践中广泛应用，显著提高了找矿成功率。发现蛇绿岩型金刚石新富集类型，发现一种新的金矿床类型——岩浆型金矿，建立了矿床的成因模式。通过中国陆块海相成钾理论研究，揭示了中国小陆块海相成钾的“构造、物源和气候”三者的耦合机制，提出了东特提斯域小陆块的成钾模式，获得了思茅盆地勐野井组的绝对年龄以及钾盐成矿年龄，确定了四川盆地三叠纪古盐湖卤水具有成钾条件。提出了海相火山岩型铁矿形成于“冷（地）壳热（地）幔、陡俯冲”的特殊地球动力学背景，鞍山式磁铁富矿后期热液叠加改造的“去硅富铁”和“铁质活化再富集”两种方式，海相火山岩型铁矿和沉积变质型铁矿是中国寻找富铁矿主要目标。针对陆相盆地含铀岩系沉积环境、表生流体、煤等有机质及盆地构造对铀矿的成矿制约等方面开展研究，构建了铀矿成矿理论创新框架，提出了陆相盆地铀大规模成矿作用新认识。在系统总结中国南方页岩气富集理论与成藏规律的基础上，提出了富有机质页岩发育、构造保存稳定、地层超压“三位一体”南方复杂构造区页岩气成藏新理论认识。

二、矿产资源勘查开发技术

1. 研发或集成了一批地质勘查技术仪器装备

研制成功了2000米以内全液压地质岩芯钻探装备及关键器具，成果荣获2015年度国家科技进步二等奖。研发了航磁三分量磁力仪、磁补偿仪和数据收录系统。研制了干热岩高温钻探Φ140涡轮钻具和高压钻井液流变仪样机。研制出了JW－1便携式地质灾害应急调查工具箱。研发了地下水分层远程监测系统和小型地下水动态监测仪，实现了一孔多层监测井管理。研制了小道距高分辨率多道数字地震探测系统，开发完成了一套基于网络的双缆多道采集和记录系统。

2. 地质勘查方法技术体系进一步完善

研发了直升机吊舱式时间域航空电磁勘查去噪和数据校正方法。完成了02C卫星无缝拼接、匀色处理以及02CHR和MUX数据不同融合方法等关键技术研究，初步建立了02C星从数据统筹、接收和分发的地矿数据应用服务模式。研发了有机氯和镉、铬污染土壤的动力学与PRB修复技术，以及熔融制样LA－HR－ICP－MS法测定稀有稀散元素的方法。

3. 应用示范有效促进技术装备实用化

自主研制的“海马”号4500米级深海无人遥控潜水器（ROV）成功投入地质勘查，首次获取了活动性“冷泉”标志的高清视频记录和实物样品等信息。研发了大口径同径长钻程取芯技术，创造了Φ311毫米口径连续取芯和单回次进尺超30米两项钻探世界纪录，首次实现大口径井段“同径取芯、一径完钻”和“三筒联装长回次钻进”作业。集成了直升机硬架式航磁测量系统，在新疆西昆仑高海拔区取得应用突破。

4. 矿产资源综合利用技术得到高效应用

磨矿－选择性解离－复合力场磁选精选铁新技术取得重要进展，研发成功了具有复合力场的高效选铁精选设备。强磁抛尾－粗精矿再磨－离心选矿－浮选联合选钛工艺获得突破，实现了钛铁矿的高效利用。研发了两段焙烧新工艺，实现了黄金冶炼渣金、银、铜、铅、锌、铁的综合回收利用。研发了微生物溶浸回收铁矿中伴生金属元素的新工艺，大大提高了伴生金属的回收率。

三、地质矿产技术标准

构建了统一归口管理、分工协作实施、专家咨询指导、单位支撑保障、行业协调推进的标准化工作格局，使地质矿产标准成为矿产资源法及配套法规必要和有益的补充，对于推进地质矿产领域依法行政、规范矿业秩序起到积极的作用。

“十二五”期间，共发布实施地质矿产国家标准13项，行业标准91项。2015年，发布实施了《区域地质图图例》1项国家标准，发布实施了《固体矿产勘查原始地质编录规程》、《固体矿产勘查地质资料综合整理综合研究技术要求》、《矿山地质环境监测技术规程》、《地面沉降调查与监测规范》、《地质灾害排查规范》、《地质灾害危险性评估规范》、《地下水水质标准》、《重力调查技术规范》、《可控源音频大地电磁法技术规程》、《相位激发极化法技术规程》、《地球化学普查规范（1：50000）》、《区域生态地球化学评价规范》、《区域地质调查中遥感技术规定（1：50000）》、《区域环境地质勘查遥感技术规定（1：50000）》、《矿产资源综合利用技术指标及其计算方法》、《岩矿鉴定技术规范》（共5个部分）、《地质资料汇交规范》、《地质数据库建设规范的结构与编写》等60项推荐性地质矿产行业标准，为矿产资源勘查、开发、保护和管理等工作开展提供了技术支撑。

开通运行了国土资源标准化信息服务平台，涉及标准化工作动态、技术委员会运行管理、标准制定（修订）、标准知识、标准查询、标准信息咨询服务和标准论坛等内容，提升了国土资源标准化工作的信息化水平，有效促进了政务公开。

四、国际合作

1. 拓展矿业领域国际交流

“十二五”期间，国土资源系统深入开展国土资源国际合作，在参与国家总体外交、拓展国际合作网络、支撑国土资源业务、完善国际合作平台、加强国际科技合作、推动引智和培训、健全外事管理制度等方面开展了大量的工作，为服务支撑国家开放合作大局和国土资源事业发展作出了积极贡献。

2015年，成功召开中国国际矿业大会，加强了与澳大利亚、加拿大、智利和秘鲁等矿业大国的合作。在中国-东盟博览会、丝绸之路国际博览会、中国-俄罗斯博览会和中国-蒙古博览会的总体框架下，召开了地质矿产领域相关会议。丰富中非合作论坛约翰内斯堡峰会成果，地质矿产领域合作纳入《中国对非洲政策文件》。加强与埃塞俄比亚、加纳和安哥拉等国在地质矿产领域的合作。地质矿产与空间规划领域合作纳入《中国-中东欧国家合作中期规划》，推动与波兰在页岩气勘查开发技术及管理领域的合作。

“十二五”期间，为近80个国家500余人进行了培训。2015年，来自40多个国家的252名地矿人员来华参加培训，首次与老挝自然资源和环境部在老挝联合进行数字填图和地球化学填图技术与应用培训。

2. 加强国际矿业领域科技合作

“十二五”期间，国际地学合作工作取得了一系列开创性和具有重要影响的成果，有效推动了全球矿业命运共同体建设，在支撑国际矿业投资、促进生态文明、推进地质科技进步、促进人才成长和提升国际话语权等方面发挥了重要作用。

与世界上51个国家和地区地质调查机构及国际地学组织签署了115份合作谅解备忘录或项目合作协议，与老挝等20多个国家开展地质地球化学合作调查。40余名专家在国际地质科学联合会、世界地质图委员会、国际滑坡协会和东亚东南亚地学计划协调委员会(CCOP)等政府间国际地学组织任职。建立了“联合国教科文组织国际岩溶研究中心”和“中国-上海合作组织地学合作研究中心”等国际地学研究中心，进一步提升了地质科技水平。

联合国教科文组织支持的“全球尺度地球化学国际研究中心”成功获得批准。做好国际地科联秘书处工作,推动实施“为后代提供资源”倡议计划。成功主办了第51届东亚东南亚地学计划协调委员会年会等重要国际会议。利用国土资源部中国-上海合作组织地学合作研究中心加强与中亚国家的地学合作研究，举办两届地学合作论坛。利用联合国教科文组织、世界地质公园网络办公室等举办地质公园、岩溶地质环境等多期国际研讨会。

地质调查国际合作取得新进展。2015年航空物探地质调查首次走出国门，与16个国家合作开展了区域地质、地球物理调查工作。与美国地质调查局开展地下水调查合作，举办两届中美地下水水质监测研讨会。在水文地质、岩溶和矿山环境等方面与东盟和中亚国家开展了合作，编制了东南亚地区系列水文地质图件，启动了中越“长江三角洲与红河三角洲全新世沉积演化对比合作研究项目”。

能源、交通、通信

2016年全国煤炭经济运行情况

（节选）

中国煤炭工业协会

2017年2月23日

2016年各地各部门认真贯彻落实党中央决策部署，积极推动供给侧结构性改革，不断加大煤炭行业化解过剩产能实现脱困发展工作力度，取得了阶段性进展，去产能任务超额完成，市场供需严重失衡局面得到改善，价格理性回归，企业经营状况有所好转。进入2017年以来，煤炭市场延续了供需总体平衡的态势。

煤炭经济运行情况

（一）煤炭消费。2016年全国煤炭消费在连续两年下降的基础上同比继续下降1.3%（具体数据国家统计局尚未对外发布），其中电力行业耗煤同比增长0.3%，钢铁行业耗煤下降1.4%，建材行业耗煤下降0.6%，化工行业耗煤增长4.2%。从月度变化情况看，前8个月全国煤炭消费同比下降3.4%，9月份以后，受水电出力减少等因素的影响，火电增速加快（9—12月火电平均增速8.9%），拉动煤炭消耗增加（9—12月全国煤炭消费同比平均增长3%，其中电力行业耗煤平均增长8%）。

进入2017年以来电煤消耗同比继续增长，截至2月上旬，重点发电企业日均耗煤347万吨，同比增长4.4%。

（二）煤炭产量。根据国家统计数据，2016年全国规模以上煤炭企业原煤产量33.64亿吨，同比下降9.4%，预计全国煤炭产量34.5亿吨左右。从月度变化情况看，4—10月月度产量降幅超过10%，煤炭市场供需由严重供大于求逐渐转为基本平衡；9月份以后，有关部门根据市场需求有序释放先进产能，产量环比逐步增加，降幅不断收窄。据对重点产煤省区部分大型煤炭企业产量监测，受春节因素影响，2017年1月份产量环比下降4.7%。

（三）煤炭进出口。2016年全国进口煤炭2.56亿吨，同比增长25.2%；出口878万吨，增长64.5%；净进口2.47亿吨，同比增加4800万吨，增长24.2%。

从月度情况看，2016年前4个月煤炭进口同比下降2.6%，6月份以后月度进口量持续在2000万吨以上。2017年1月进口煤炭2491万吨，同比增长64.4%；出口60万吨，同比下降1.5%；净进口2431万吨，同比增加1454万吨，增长67.2%。

（四）煤炭发运。2016年全国铁路发运煤炭19亿吨，同比下降4.7%。前9个月铁路发运煤炭同比下降9.1%，9月份以后发运量同比由负转正(9—12月份增速分别为2%、6.6%、11.9%和5.5%)。2017年1月份全国铁路发运煤炭1.86亿吨，同比增加1003万吨，增长5.7%。

2016年主要港口发运煤炭6.44亿吨，同比基本持平。2017年1月份发运6032万吨，同比增长10.2%。

（五）煤炭库存。2016年全社会存煤在连续四年增加后出现下降。年末，重点煤炭企业存煤9300万吨，比年初减少3499万吨，下降27.3%。重点发电企业存煤6546万吨，比年初减少812万吨，下降11%。进入2017年以来主要电厂及港口存煤继续减少，2月16日重点发电企业存煤5843万吨，比年初减少703万吨，下降10.7%。环渤海五港存煤1437万吨，比年初下降26.8%，其中秦皇岛港存煤444万吨。

（六）煤炭价格。2016年煤炭价格大幅波动，逐步合理回归。全国煤炭价格指数由年初的115.8点回升到11月中旬的162.4点，之后到年末回落至160点。CCTD秦皇岛煤炭价格由年初的365—375元/吨回升到11月中旬的高点695—705元/吨，之后到年末回落到639元/吨；全年平均价格为473.5元/吨，与2015年相比回升53.6元/吨，增长12.8%。进入2017年以来价格继续小幅回落，2月19日CCTD秦皇岛煤炭价格为602元/吨，目前还处于合理区间，但下行的压力较大。

山西焦肥精煤综合售价由2016年年初的569元/吨回升到年末的1489元/吨，2017年2月14日回落至1463元/吨，比上年末略降26元/吨。

（七）煤炭投资。2016年全国煤炭采选业固定资产投资完成3038亿元，同比下降24.2%，比2013年高点下降了42.3%。其中民间投资1864亿元，同比下降18.3%，比2013年下降37.1%。

（八）行业收益。2016年，全国规模以上煤炭企业主营业务收入2.32万亿元，同比下降1.6%；利润总额1090.9亿元，同比增长223.6%(从月度看，前2个月行业整体亏损，前7个月利润水平同比下降19%，8月份后利润实现正增长)。协会统计的90家大型煤炭企业(产量占全国的68%)全年利润320.8亿元，比去年同期增加363.7亿元(从月度看，前5个月亏损40.65亿元，6月份后利润实现正增长)。

总体看，影响2016年煤炭市场的因素是多重的，既是国家加大煤炭供给侧结构性改革工作力度，去产能、去库存、降成本政策效应的直接体现，也有能源结构短时变化，水电出力减少、火电大幅增加的原因；既有气候异常、夏季持续酷热、自然灾害多发等偶发因素，也有公路治超、铁路运输紧张、前期主要用户库存偏低后期补库需求增长，以及国际煤炭资源紧张和市场预期变化等的影响。但必须看到，当前煤炭供求基本面并未发生根本改变，行业平稳运行尚缺乏坚实基础，近期煤炭价格下行的压力仍在加大。

2016中国电力行业年度发展报告

（节选）

中电联规划发展部

2017年1月25日

2016年，全国用电形势呈现增速同比提高、动力持续转换、消费结构继续调整的特征。全社会用电量同比增长5.0%，增速同比提高4.0个百分点。在实体经济运行显现出稳中趋好迹象、夏季高温天气、上年同期低基数等因素影响下，三、四季度全社会用电量增长较快。第三产业用电量增长11.2%，持续保持较高增速，显示服务业消费拉动我国经济增长作用突出；城乡居民生活用电量增长10.8%；第二产业用电量同比增长2.9%，制造业用电量同比增长2.5%，制造业中的四大高耗能行业合计用电量同比零增长，而装备制造、新兴技术及大众消费品业增长势头较好，反映制造业产业结构调整和转型升级效果继续显现，电力消费结构不断优化。年底全国全口径发电装机容量16.5亿千瓦，同比增长8.2%，局部地区电力供应能力过剩问题进一步加剧；非化石能源发电量持续快速增长，火电设备利用小时进一步降至4165小时，为1964年以来年度最低。电煤供需形势从上半年的宽松转为下半年的偏紧，全国电力供需总体宽松、部分地区相对过剩。

2016年度全国电力供需状况

（一）电力消费增速同比提高，三、四季度较快增长

2016年全国全社会用电量5.92万亿千瓦时、同比增长5.0%，比上年提高4.0个百分点；各季度同比分别增长3.2%（扣除闰年因素增长2.1%）、2.1%、7.8%和6.5%。夏季持续大范围高温天气、2015年同期基数偏低、实体经济运行呈现出稳中趋好迹象是三季度增速明显提高的主要原因。进入四季度后，全社会用电量仍然维持平稳较快增长，除了上年同期低基数因素外，主要原因是实体经济运行稳中趋好迹象更加明显。在国家推进去产能政策、基建投资快速增长、房地产和汽车市场回暖等综合影响下，建材、黑色和有色金属冶炼等重要生产资料价格总体呈上升态势，市场预期好转，其主要产品产量增速逐步提高；此外，交通运输电气电子设备、通用及专用设备制造业等装备制造，以及文体用品制造业、木材加工及家具制品业等大众消费品业增速也逐步上升，共同支撑全社会用电量保持较快增长。

电力消费主要特点有：

一是第二产业及其制造业用电增速比上年提高，产业结构调整和转型升级效果继续显现。第二产业用电量同比增长2.9%，增速比上年提高3.7个百分点；制造业用电量增长2.5%，增速比上年提高3.1个百分点。在制造业行业中，用电负增长的黑色金属冶炼行业，以及低速增长的化工、有色金属冶炼行业排在制造业用电增速倒数后三位，建材行业排在倒数第六位。除高耗能行业外，其他大部分制造业保持一定增长水平，其中装备制造、新兴技术及大众消费品业增长势头较好，反映出当前制造业中产业结构调整和转型升级效果继续显现。

二是第三产业及其各行业用电快速增长。与服务业增加值保持较快增长相对应，第三产业用电量同比增长11.2%。其中，信息传输计算机服务和软件业用电同比增长15.0%，延续近年来的快速增长势头；交通运输、仓储、邮政业用电增长11.3%，比上年提高6.3个百分点，其中城市公共交通用电量增长22.3%，电气化铁路用电量增长12.5%，体现出交通运输业领域电能替代成效明显。

三是城乡居民生活用电量快速增长。全年用电量同比增长10.8%，比上年提高5.8个百分点，受气温因素拉动较大，其中，三季度增速为18.4%，创10年来城乡居民生活用电量季度增速新高；此外，随着我国城镇化率以及居民电气化水平逐步提高，居民家庭用电量也在稳步增加。

四是电力消费增长动力持续转换、消费结构继续调整。从用电增长动力看，2016年，第二产业、第三产业和城乡居民生活用电量分别拉动全社会用电量增长2.1、1.4和1.4个百分点；第二产业中的四大高耗能行业对全社会用电量增长拉动为零，当前，全社会用电量增长主要动力从前些年的传统高耗能行业，持续向服务业、生活用电、新兴技术行业及大众消费品业转换。

从电力消费结构看，2016年，一、二、三产及城乡居民生活用电量占全社会用电量的比重分别为1.8%、71.1%、13.4%和13.6%。与上年相比，第三产业和城乡居民生活用电量占比均提高0.7个百分点；第二产业占比降低1.5个百分点，其中四大高耗能行业占全社会用电量比重降低1.5个百分点，可见，第二产业用电占比下降全部因高耗能行业下降所致。

五是东、中部地区用电增速领先并呈前低后高走势。东、中、西部和东北地区全社会用电量同比分别增长5.9%、5.4%、3.7%和2.7%，东、中部地区用电形势相对较好，是全国用电增长的主要拉动力。各地区分季度用电走势均呈现前低后高的趋势，下半年以来各地区用电均实现较为明显的提高。

（二）发电装机容量快速增长，电力供应能力总体富余

2016年，全国主要电力企业合计完成投资同比增长3.3%。在国家配电网建设改造行动计划及新一轮农村电网改造升级等政策引导下，电网投资同比增长16.9%，其中占电网总投资58%的110千伏及以下电网投资同比增长35.6%；在国家促进燃煤发电有序发展等一系列政策措施影响下，电源投资同比下降12.9%。

2016年，全国净增发电装机容量1.2亿千瓦、比上年减少2186万千瓦，其中净增非化石能源发电装机7200万千瓦、接近上年水平，而煤电净增规模同比减少1154万千瓦，电力行业控制投资节奏、优化投资结构的效果开始显现。截至2016年底，全国全口径发电装机容量16.5亿千瓦，同比增长8.2%,其中非化石能源6.0亿千瓦,占总发电装机容量的比重较上年提高1.7个百分点。全年全国全口径发电量5.99万亿千瓦时、同比增长5.2%；发电设备利用小时3785小时、同比降低203小时。

电力供应主要特点有：

一是火电净增装机容量比上年明显减少，设备利用小时创1964年以来年度新低。2016年，火电投资同比增长0.9%，其中煤电投资同比下降4.7%，扭转了前两年煤电投资持续快速增长的势头；净增火电装机5338万千瓦、同比减少1983万千瓦，其中煤电净增4753万千瓦、同比减少1154万千瓦，煤电投资下降和净增规模减少反映国家出台的促进煤电有序发展系列政策措施效果明显。2016年底，全国全口径火电装机10.5亿千瓦、同比增长5.3%，全口径火电发电量同比增长2.4%，自2013年以来首次实现正增长。设备利用小时4165小时、比上年降低199小时。

二是水电投资连续四年下降，设备利用小时保持较高水平。水电投资同比下降22.4%，已连续四年下降；净增水电装机1259万千瓦，其中抽水蓄能电站366万千瓦。2016年底，全国全口径水电装机3.3亿千瓦、同比增长3.9%。全国全口径水电发电量同比增长6.2%，受来水形势变化等因素影响，全年水电生产呈现前高后低的特征。设备利用小时3621小时，比上年提高31小时，为近20年来的年度第三高水平。

三是风电投资理性回落，东、中部地区净增装机占半数。风电投资下降25.3%，首次出现下降，下降的地区为西部和东北地区，同比分别下降49.7%和46.8%，而东、中部地区同比分别增长35.1%和13.1%，东、中部地区风电投资比重比上年大幅提高22.0个百分点；全年净增并网风电装机1743万千瓦，比上年减少1684万千瓦，其中东、中部比重过半，较前几年明显提高。风电投资和投产减少，布局优化，反映出国家及时调整风电发展思路，企业投资逐步回归理性，更加重视质量和效益。年底全国并网风电装机1.5亿千瓦、同比增长13.2%，占总装机容量比重为9.0%；并网风电发电量同比增长30.1%，设备利用小时1742小时、同比提高18小时，但西北、东北等地区弃风情况仍然突出。

四是并网太阳能发电装机容量及发电量高速增长，设备利用小时比上年下降。受光伏发电上网电价限期下调等政策影响，全年净增并网太阳能发电装机3479万千瓦、同比增加一倍，在国家相关规划及政策引导下，超半数净增装机位于中、东部各省。年底并网太阳能发电装机容量7742万千瓦（绝大部分为光伏发电），同比增长81.6%；并网太阳能发电量662亿千瓦时、同比增长72.0%；并网太阳能发电设备利用小时1125小时、同比下降99小时，降幅比上年扩大88小时，西北地区部分省份弃光情况较为突出。

五是核电装机及发电量快速增长，设备利用小时持续下降。核电投资同比下降10.5%；年底全国核电装机3364万千瓦、同比增长23.8%，发电量同比增长24.4%；设备利用小时7042小时、同比下降361小时，已连续3年下降，其中，辽宁核电设备利用小时为4982小时，主要是因东北地区电力过剩、加之近两年多台核电机组陆续投产，导致部分核电机组降负荷运行甚至停机备用。

六是跨区、跨省送电增速均同比提高。跨区送电量增长6.9%，比上年提高4.1个百分点，跨区送电量的增长主要是电网公司积极通过特高压外送消纳西北新能源以及西南水电。跨省输出电量增长4.8%，较上年提高5.9个百分点，南方电网区域西电东送电量同比增长3.3%。

七是全国电煤供需形势由宽松转为偏紧，发电用天然气供应总体平稳。受煤炭去产能控产量政策影响，煤炭产量降幅明显超过消费量降幅，导致电煤供需失衡，电煤供需形势从宽松逐步转为偏紧、部分地区紧张，电煤价格急剧上涨，加剧煤电企业经营困难局面。一季度，全国天然气需求明显回升，个别地区部分时段天然气发电供气受到一定影响，后几个季度发电用天然气供应总体平稳。

（三）全国电力供需进一步宽松，部分地区过剩

2016年，全国电力供需进一步宽松、部分地区过剩。分区域看，华北区域电力供需总体平衡，华东、华中、南方区域供需总体宽松，东北和西北区域电力供应能力过剩。

2016年交通运输行业发展统计公报

交通运输部

2017年4月17日

2016年，面对复杂严峻的国内外环境和艰巨繁重的改革发展稳定任务，全国交通运输行业全面贯彻落实党的十八大和十八届三中、四中、五中、六中全会精神，深入贯彻落实习近平总书记系列重要讲话精神和治国理政新理念新思想新战略，坚持稳中求进工作总基调，以推进供给侧结构性改革为主线，团结奋斗、攻坚克难，改革创新、开拓进取，圆满完成各项目标任务，实现了“十三五”良好开局。

一、基础设施

（一）铁路

年末全国铁路营业里程达到12.4万公里，比上年增长2.5%，其中高铁营业里程超过2.2万公里。全国铁路路网密度129.2公里/万平方公里，增加3.2公里/万平方公里。

铁路营业里程中，复线里程6.8万公里，比上年增长5.2%；电气化里程8.0万公里，增长7.4%

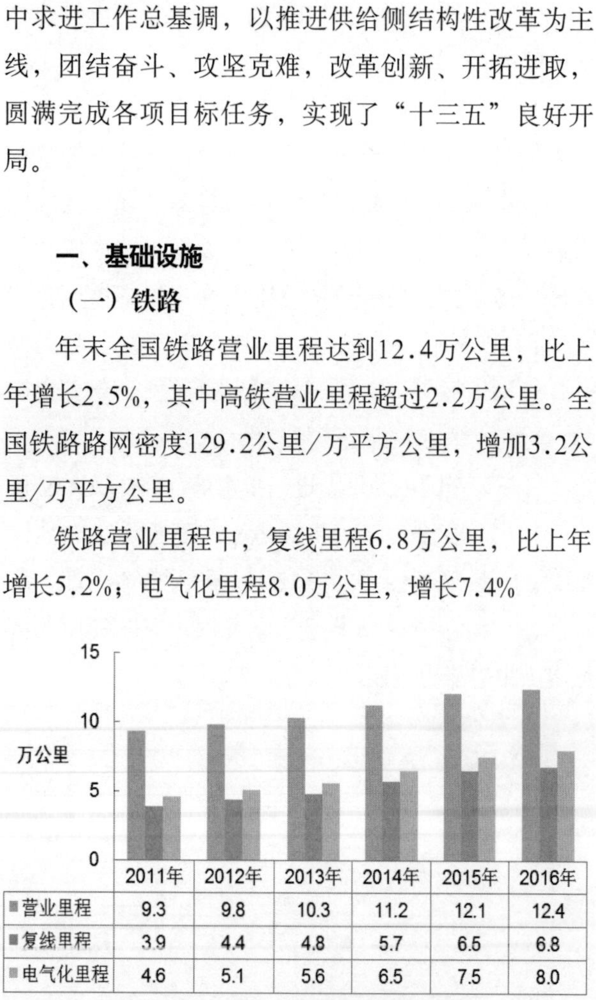

	2011年	2012年	2013年	2014年	2015年	2016年
■营业里程	9.3	9.8	10.3	11.2	12.1	12.4
■复线里程	3.9	4.4	4.8	5.7	6.5	6.8
■电气化里程	4.6	5.1	5.6	6.5	7.5	8.0

图1　2011—2016年全国铁路营业里程

（二）公路

年末全国公路总里程469.63万公里，比上年增加11.90万公里。公路密度48.92公里/百平方公里，增加1.24公里/百平方公里。公路养护里程459.00万公里，占公路总里程97.7%。

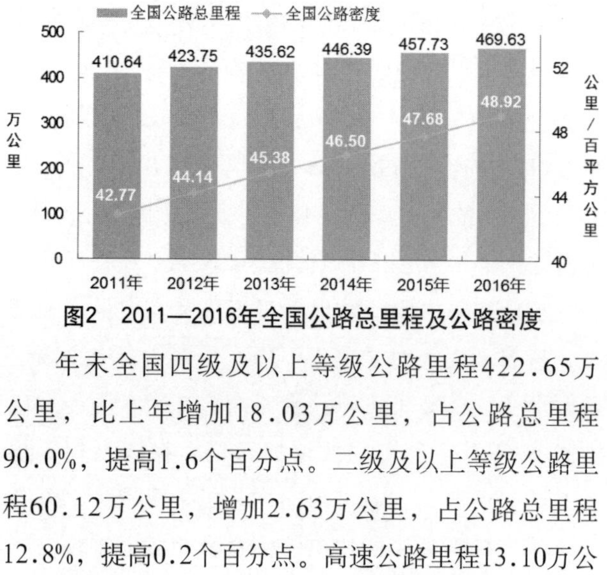

图2　2011—2016年全国公路总里程及公路密度

年末全国四级及以上等级公路里程422.65万公里，比上年增加18.03万公里，占公路总里程90.0%，提高1.6个百分点。二级及以上等级公路里程60.12万公里，增加2.63万公里，占公路总里程12.8%，提高0.2个百分点。高速公路里程13.10万公里，增加0.74万公里；高速公路车道里程57.95万公里，增加3.11万公里。国家高速公路9.92万公里，增加1.96万公里。

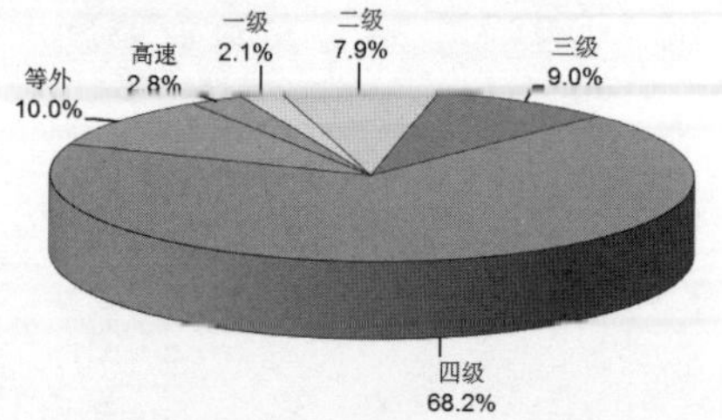

图3　2016年全国公路里程分技术等级构成

年末国道35.48万公里，省道31.33万公里。农村公路里程395.98万公里，其中县道56.21万公里，乡道114.72万公里，村道225.05万公里。

年末全国通公路的乡（镇）占全国乡（镇）总数99.99%，其中通硬化路面的乡（镇）占全国乡（镇）总数99.00%、比上年提高0.38个百分点；通公路的建制村占全国建制村总数99.94%，其中通硬化路面的建制村占全国建制村总数96.69%、提高2.24个百分点。

年末全国公路桥梁80.53万座、4916.97万米，比上年增加2.61万座、324.19万米，其中特大桥梁4257座、753.54万米，大桥86178座、2251.50万米。全国公路隧道为15181处、1403.97万米，增加1175处、135.58万米，其中特长隧道815处、362.27万米，长隧道3520处、604.55万米。

（三）水路

1. 内河航道

年末全国内河航道通航里程12.71万公里，比上年增加0.01万公里。等级航道6.64万公里，占总里程52.3%，提高0.1个百分点。其中三级及以上航道1.21万公里，占总里程9.5%，提高0.4个百分点。

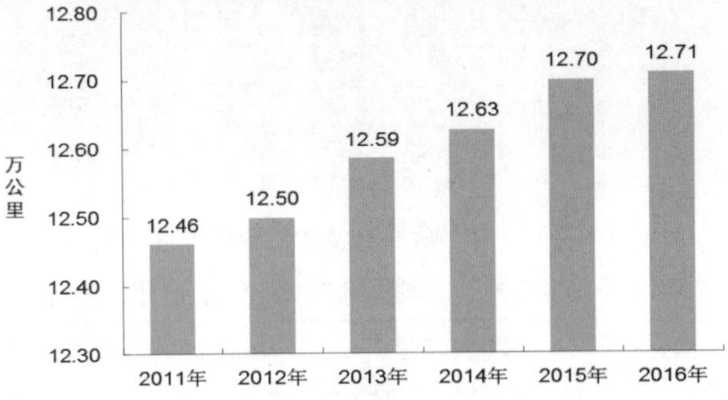

图4 2011—2016年全国内河航道通航里程

各等级内河航道通航里程分别为：一级航道1342公里，二级航道3681公里，三级航道7054公里，四级航道10862公里，五级航道7485公里，六级航道18150公里，七级航道17835公里。等外航道6.07万公里。

各水系内河航道通航里程分别为：长江水系64883公里，珠江水系16450公里，黄河水系3533公里，黑龙江水系8211公里，京杭运河1438公里，闽江水系1973公里，淮河水系17507公里。

2. 港口

年末全国港口拥有生产用码头泊位30388个，比上年减少871个。其中，沿海港口生产用码头泊位5887个，减少12个；内河港口生产用码头泊位24501个，减少859个。

年末全国港口拥有万吨级及以上泊位2317个，比上年增加96个。其中，沿海港口万吨级及以上泊位1894个，增加87个；内河港口万吨级及以上泊位423个，增加9个。

表1 2016年全国港口万吨级及以上泊位数量

计量单位：个

泊位吨级	全国港口	比上年末增加	沿海港口	比上年末增加	内河港口	比上年末增加
合计	2317	96	1894	87	423	9
1~3万吨级（不含3万）	814	21	637	18	177	3
3~5万吨级（不含5万）	384	15	279	13	105	2
5~10万吨级（不含10万）	757	29	628	28	129	1
10万吨级及以上	362	31	350	28	12	3

全国万吨级及以上泊位中，专业化泊位1223个，比上年增加50个；通用散货泊位506个，增加33个；通用件杂货泊位381个，增加10个。

表2 全国万吨级及以上泊位构成（按主要用途分）

计量单位：个

泊位用途	2016年	2015年	比上年增加
专业化泊位	1223	1173	50
#集装箱泊位	329	325	4
煤炭泊位	246	238	8
金属矿石泊位	83	80	3
原油泊位	74	73	1
成品油泊位	132	133	-1
液体化工泊位	200	184	16
散装粮食泊位	39	38	1
通用散货泊位	506	473	33
通用件杂货泊位	381	371	10

（四）民航

年末共有颁证民用航空机场218个，比上年增加8个，其中定期航班通航机场216个，定期航班通航城市214个。

年旅客吞吐量达到100万人次以上的通航机场有77个，比上年增加7个，年旅客吞吐量达到1000万人次以上的有28个，增加2个。年货邮吞吐量达到10000吨以上的有50个，减少1个。

（五）公路水路交通流量

全国国道观测里程12.88万公里，机动车年平均日交通量为16090辆，比上年增长4.7%，年平均日行驶量为207141万车公里，增长1.4%。其中，国家高速公路年平均日交通量为24468辆，增长5.0%，年平均日行驶量为109261万车公里，增长1.9%；普通国道年平均日交通量为11637辆，增长4.3%，年平均日行驶量为97872万车公里，增长0.9%。

长江干线航道设有27个水上交通流量观测断面，年平均日船舶流量662.6艘，比上年增长2.3%。其中，上游航道年平均日船舶流量213.6艘，增长6.0%；中游航道年平均日船舶流量290.8艘，增长7.1%；下游航道年平均日船舶流量874.2艘，增长1.8%。

二、运输装备

（一）铁路

年末全国拥有铁路机车2.1万台，其中内燃机车占41.8%，电力机车占58.1%。拥有铁路客车7.1万辆，比上年增加0.3万辆，其中动车组2586标准组、20688辆，增加380标准组、3040辆。拥有铁路货车76.4万辆。

（二）公路

年末全国拥有公路营运汽车1435.77万辆，比上年减少2.5%。

拥有载客汽车84.00万辆，比上年增长0.1%，2140.26万客位，减少0.4%。其中大型客车30.57万辆，增长0.2%，1332.57万客位，增长0.6%。

图5 2011—2016年全国载客汽车拥有量

拥有载货汽车1351.77万辆，比上年减少2.7%，10826.78万吨位，增长4.4%。其中，普通货车946.03万辆，减少6.5%，4843.83万吨位，减少2.8%；专用货车47.56万辆，减少1.7%，527.63万吨位，增长4.9%。

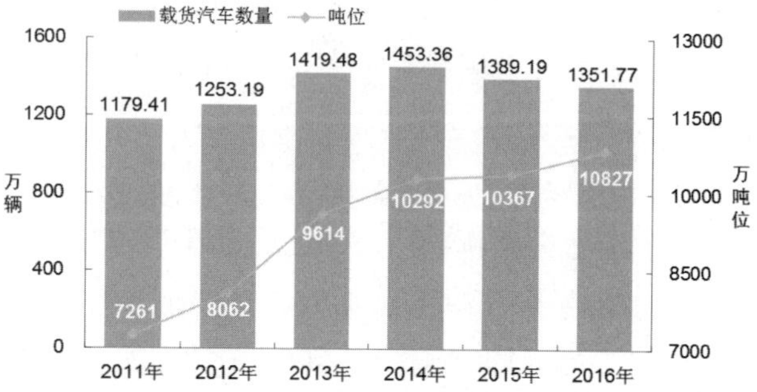

图6 2011—2016年全国载货汽车拥有量

（三）水路

年末全国拥有水上运输船舶16.01万艘，比上年减少3.5%；净载重量26622.71万吨，减少2.3%；载客量100.21万客位，减少1.5%；集装箱箱位191.04万标准箱，减少26.6%。

图7 2011—2016年全国水上运输船舶拥有量

表3 2016年全国水上运输船舶构成（按航行区域分）

指标	计量单位	实绩	比上年增长（%）
内河运输船舶：			
运输船舶数量	万艘	14.72	-3.5
净载重量	万吨	13360.81	6.9
载客量	万客位	77.44	-1.1
集装箱箱位	万 TEU	29.72	9.9
沿海运输船舶：			
运输船舶数量	艘	10513	-1.9
净载重量	万吨	6739.15	-1.7
载客量	万客位	20.36	-2.6
集装箱箱位	万 TEU	41.91	-21.4
远洋运输船舶：			
运输船舶数量	艘	2409	-10.4
净载重量	万吨	6522.76	-17.4
载客量	万客位	2.42	-5.4
集装箱箱位	万 TEU	119.42	-33.7

（四）城市客运

年末全国拥有公共汽电车60.86万辆，比上年增长8.3%，其中BRT车辆7689辆，增长24.8%。按车辆燃料类型分，柴油车占37.2%，天然气车占30.5%，汽油车占1.4%，混合动力车占11.5%，纯电动车占15.6%。

全国有30个城市开通了轨道交通，2016年新开通4个。拥有轨道交通车站2468个，增加376个；运营车辆23791辆，增长19.3%。

拥有巡游出租车140.40万辆，增长0.8%。拥有城市客运轮渡282艘，减少9.0%。

表4　全国城市客运装备拥有量

年份	公共汽电车（万辆）	轨道交通运营车辆（辆）	巡游出租车（万辆）	城市客运轮渡（艘）
2011年	45.33	9945	126.38	1061
2012年	47.49	12611	129.97	590
2013年	50.96	14366	134.00	422
2014年	52.88	17300	137.01	329
2015年	56.18	19941	139.25	310
2016年	60.86	23791	140.40	282

三、运输服务

2016年，全社会完成营业性客运量190.02亿人，比上年下降2.2%，旅客周转量31239.87亿人公里，增长3.9%，货运量431.34亿吨，增长5.2%，货物周转量182432.29亿吨公里，增长5.0%。

注：自2013年起，公路旅客运输量统计口径作了调整。

图8　2011—2016年全社会客运量

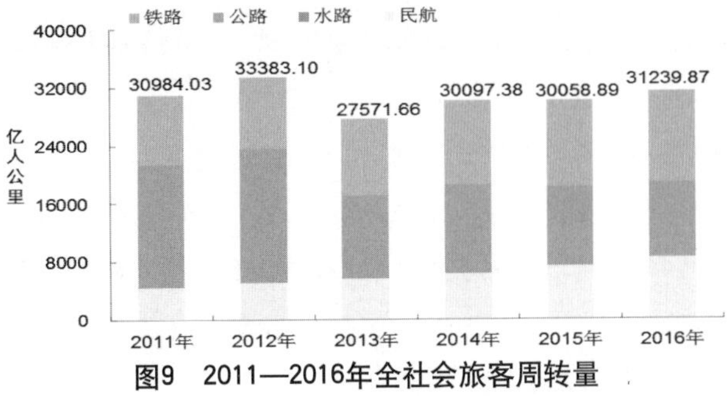

图9　2011—2016年全社会旅客周转量

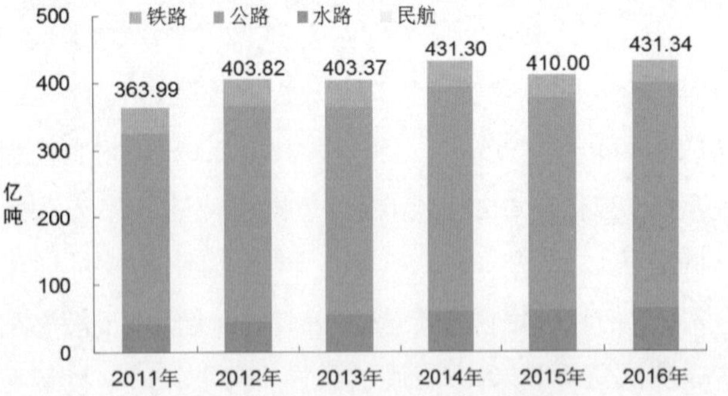

注：自2013年起，公路货物运输量统计口径作了调整。

图10　2011－2016年全社会货运量

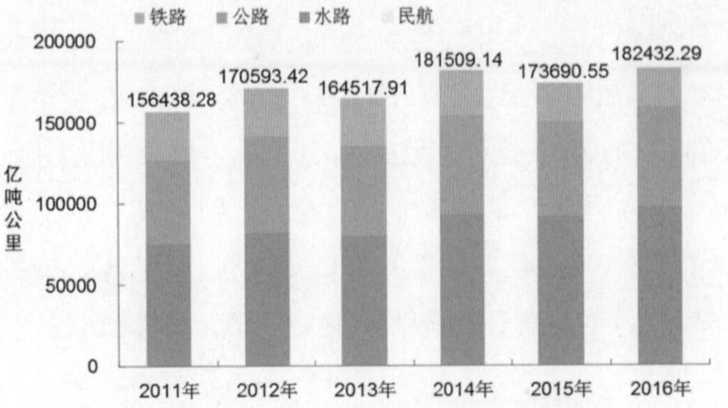

图11　2011－2016年全社会货物周转量

（一）铁路

全年完成旅客发送量28.14亿人，比上年增长11.0%，旅客周转量12579.29亿人公里，增长5.2%。其中国家铁路旅客发送量27.73亿人，增长11.1%，旅客周转量12527.88亿人公里，增长5.2%。

全国铁路完成货运总发送量33.32亿吨，比上年下降0.8%，货运总周转量23792.26亿吨公里，增长0.2%。其中国家铁路完成货运总发送量26.52亿吨，下降2.3%，货运总周转量21273.21亿吨公里，下降1.5%。

（二）公路

全年完成营业性客运量154.28亿人，比上年下降4.7%，旅客周转量10228.71亿人公里，下降4.8%。完成货运量334.13亿吨，增长6.1%，货物周转量61080.10亿吨公里，增长5.4%。

年末全国开通客运线路的乡镇比例为99.02%，开通客运线路的建制村比例为95.37%，建制村通车率比上年提高1.09个百分点。

（三）水路

全年完成客运量2.72亿人，比上年增长0.6%，旅客周转量72.33亿人公里，减少1.0%。完成货运量63.82亿吨，增长4.0%，货物周转量97338.80亿吨公里，增长6.1%。其中，内河运输完成货运量35.72亿吨、货物周转量14091.68亿吨公里；沿海运输完成货运量20.13亿吨、货物周转量25172.51亿吨公里；远洋运输完成货运量7.98亿吨、货物周转量58074.62亿吨公里。

全国港口完成旅客吞吐量1.85亿人，比上年下降0.3%。其中，沿海港口完成0.82亿人，增长0.5%；内河港口完成1.03亿人，减少0.9%。全年全国港口共接待国际邮轮旅客218万人，增长79%。

全国港口完成货物吞吐量132.01亿吨，比上年增长3.5%。其中，沿海港口完成84.55亿吨，增长3.8%；内河港口完成47.46亿吨，增长3.1%。

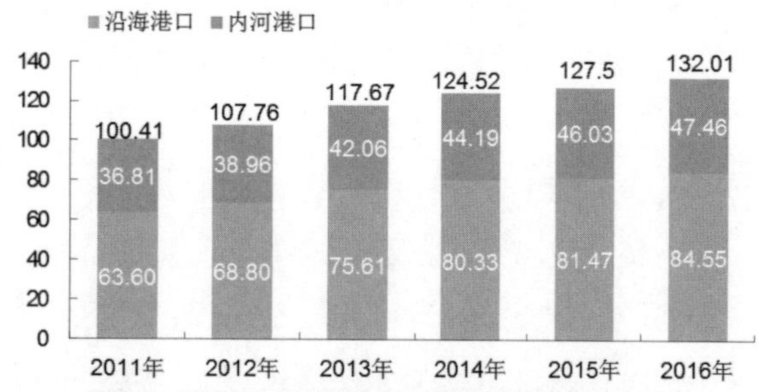

图12　2011—2016年全国港口货物吞吐量

全国港口完成外贸货物吞吐量38.51亿吨，比上年增长5.1%。其中，沿海港口完成34.53亿吨，增长4.6%；内河港口完成3.98亿吨，增长9.7%。

图13　2011—2016年全国港口外贸货物吞吐量

全国港口完成集装箱吞吐量2.20亿TEU，比上年增长4.0%。其中，沿海港口完成1.96亿TEU，增长3.6%；内河港口完成2415万TEU，增长7.4%。

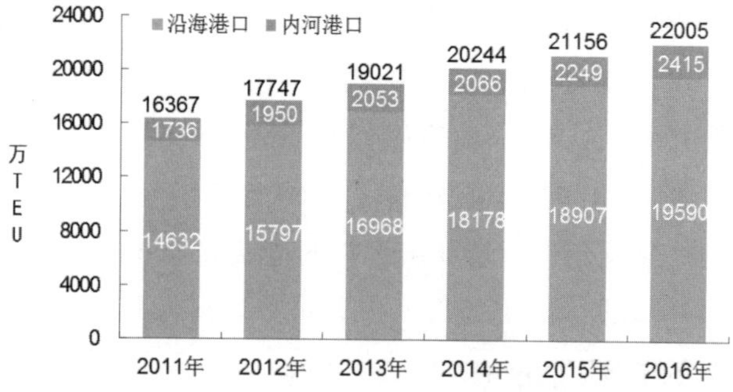

图14　2011—2016年全国港口集装箱吞吐量

全国规模以上港口完成货物吞吐量118.89亿吨，比上年增长3.7%。其中，完成煤炭及制品吞吐量21.51亿吨，增长3.8%；石油、天然气及制品吞吐量9.30亿吨，增长9.0%；金属矿石吞吐量19.13亿吨，增长4.7%。

（四）民航

全年完成旅客运输量4.88亿人次，比上年增长11.8%，旅客周转量8359.54亿人公里，增长14.8%。其中，国内航线完成旅客运输量4.36亿人次，增长10.7%；港澳台航线完成旅客运输量983.3万人次，减少3.6%；国际航线完成旅客运输量5162.0万人次，增长22.7%。

完成货邮运输量666.9万吨，比上年增长6.0%，货邮周转量221.13亿吨公里，增长6.3%。

民航运输机场完成旅客吞吐量10.16亿人次，比上年增长11.1%。完成货邮吞吐量1510.4万吨，增长7.2%。

（五）邮政

全年完成邮政行业业务总量7397.24亿元，比上年增长45.7%。

邮政普遍服务完成函件业务36.19亿件，比上年下降21.0%；包裹业务完成2794.0万件，下降34.2%；报纸业务完成178.70亿份，下降5.0%；杂志业务完成8.44亿份，下降15.6%；汇兑业务完成5804.4万笔，下降29.6%。

快递业务量完成312.83亿件，比上年增长51.4%。快递服务企业业务收入完成3974.36亿元，增长43.5%，快递业务收入占邮政行业业务收入的73.9%，提高5.3个百分点。

年末邮政邮路条数2.6万条，比上年增长4.2%，邮政邮路总长度（单程）658.5万公里，增加20.9万公里。农村投递线路条数9.0万条，减少0.7%，农村投递线路长度（单程）376.8万公里，增长0.3%；城市投递线路条数6.0万条，增长7.3%，城市投递线路长度（单程）147.5万公里，增长7.6%。

（六）城市客运

年末全国拥有公共汽电车运营线路52789条，比上年增加3884条，运营线路总长度98.12万公里，增加8.69万公里。其中，公交专用车道9777.8公里，增加1208.7公里；BRT线路长度3433.5公里，增加352.3公里。轨道交通运营线路124条，增加19条，运营线路总长度3727.5公里，增加532.1公里；其中，地铁线路103条、3269.7公里，轻轨线路9条、298.8公里。城市客运轮渡运营航线112条，减少11条，运营航线总长度505.0公里，减少63.9公里。

全年完成城市客运量1285.15亿人，比上年下降1.4%。其中，公共汽电车完成745.35亿人，下降2.6%，其中BRT客运量17.65亿人次，增长23.2%，公共汽电车运营里程358.32亿公里，增长1.7%；轨道交通完成161.51亿人，增长15.4%，运营里程4.33亿列公里，增长15.7%；巡游出租车完成377.35亿人，下降4.9%，运营里程1552.50亿公里，下降3.1%；客运轮渡完成0.94亿人，下降7.2%。

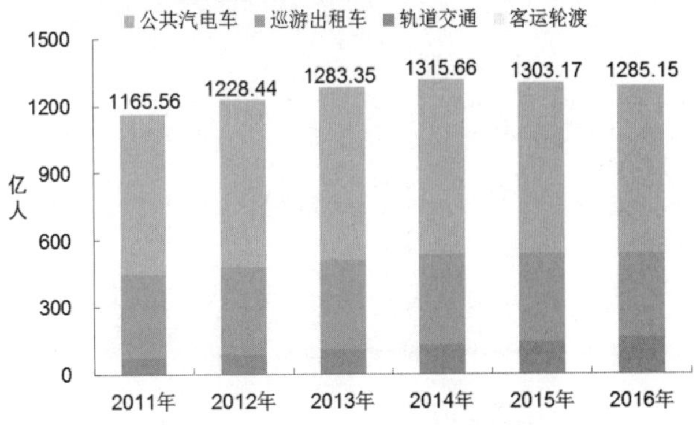

图15　2011—2016年全国城市客运量

四、固定资产投资

全年全国完成铁路公路水路固定资产投资27902.63亿元，比上年增长4.7%。

（一）铁路

全年完成铁路固定资产投资8015亿元，投产新线3281公里，其中高速铁路1903公里。

（二）公路

全年完成公路建设投资17975.81亿元，比上年增长8.9%。其中，高速公路建设完成投资8235.32亿元，增长3.6%；普通国省道建设完成投资6081.28亿元，增长14.0%；农村公路建设完成投资3659.20亿元，增长13.4%，新改建农村公路29.90万公里。

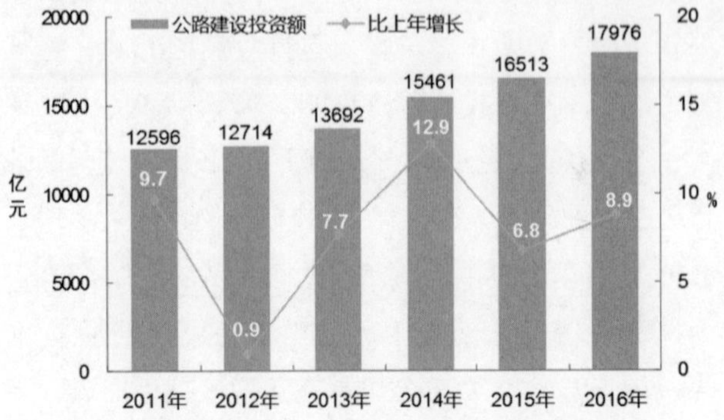

图16　2011—2016年公路建设投资额及增长速度

（三）水路

全年完成水运建设投资1417.37亿元，比上年下降2.7%。其中，内河建设完成投资552.15亿元，增长1.0%，内河港口新建及改（扩）建码头泊位173个，新增通过能力13335万吨，其中万吨级及以上泊位新增通过能力3989万吨，全年新增及改善内河航道里程750公里；沿海建设完成投资865.23亿元，下降5.0%，沿海港口新建及改（扩）建码头泊位171个，新增通过能力22487万吨，其中万吨级及以上泊位新增通过能力21019万吨。

全年完成公路水路支持系统及其他建设投资494.45亿元，比上年增长9.8%。

五、生产安全

全年未发生特别重大、重大铁路交通事故，铁路交通事故死亡人数比上年下降10.1%。

全年共发生运输船舶水上交通事故196件，比上年下降7.8%，死亡失踪203人，下降8.6%，沉船82

艘，下降14.6%。

公路水路交通运输建设领域全年共发生生产安全事故39起，比上年增长11.4%，死亡67人，增长36.7%。未发生重特大事故。

六、能源消耗与环境保护

（一）能源消耗

国家铁路能源消耗折算标准煤1591.60万吨，比上年增长0.9%。单位运输工作量综合能耗4.71吨标准煤/百万换算吨公里，与上年持平。国家铁路主要污染物排放量中化学需氧量排放量1965吨，降低2.0%，二氧化硫排放量23924吨，降低13.9%。

全年共监测公路水路运输企业125家。监测的城市公交企业每万人次单耗1.6吨标准煤，比上年增长5.9%，百车公里单耗48.5千克标准煤，下降0.9%；公路班线客运企业每千人公里单耗14.5千克标准煤，增长9.6%，百车公里单耗29.7千克标准煤，下降1.5%；公路专业货运企业每百吨公里单耗1.8千克标准煤，下降4.0%；远洋和沿海货运企业每千吨海里单耗5.0千克标准煤，下降4.9%；港口企业每万吨单耗2.5吨标准煤，下降3.0%。

（二）公路水路环境保护投入

全年公路水路交通运输行业环境保护投入218.61亿元，其中公路环境保护投入163.60亿元，水路环境保护投入55.00亿元。公路环境保护投入中，生态保护措施投入111.51亿元，污染防治设施投入23.93亿元。水路环境保护投入中，生态保护措施投入7.15亿元，污染防治设施投入37.73亿元。

七、科技与人才队伍建设

全年铁路行业共发布116项铁路技术标准和11项铁路工程建设标准，4项科技成果获2016年度国家科学技术奖，其中科学技术进步二等奖3项，国家技术发明二等奖1项。

全年公路水路交通运输科研基础条件建设完成投资近15亿元。年末交通运输行业共有50个行业重点实验室，18个行业研发中心以及19个协同创新平台。1项科技成果获2016年度国家科技进步奖二等奖。

全年获得团中央、交通运输部等部门联合表彰的全国青年文明号116个。获得交通运输部表彰的全国交通运输行业文明单位188个、文明示范窗口205个、文明职工标兵189人、精神文明建设先进工作者89人。全年获得“全国技术能手”称号13人、“全国交通技术能手”称号38人，全年共培养“交通青年科技英才”142人。

注释：

1．香港、澳门特别行政区及台湾省统计数据未包括在本公报内。

2．按照《国家公路网规划（2013—2030年）》，结合各省（区、市）路网调整情况，本公报中国道、省道、县道、乡道、村道里程的统计口径作了部分调整。

3．本公报中全社会营业性旅客运输量为铁路、公路、水路、民航完成数，不包括城市客运量；全社会货物运输量为铁路、公路、水路、民航完成数，不包括管道数据。

4．铁路客货发送量、客货周转量为确报数，其余铁路数据均为速报数。国家铁路含控股合资铁路。

5．民航客货运输量、机场旅客吞吐量、机场货邮吞吐量数据为初步统计结果。

6．公路环保投入统计范围为高速公路及普通国省道公路，水路环保投入统计范围为规模以上港口、干线航道及直属海事系统。

资料来源：

本公报数据来自交通运输部、国家铁路局、中国民用航空局和国家邮政局。

2016年铁道统计公报

国家铁路局

2017年3月24日

2016年，全国铁路全面贯彻党的十八大和十八届三中、四中、五中、六中全会精神，深入贯彻习近平总书记系列重要讲话精神和治国理政新理念新思想新战略，主动适应经济发展新常态，深化铁路供给侧结构性改革，铁路安全、建设发展、客货运输、科技创新取得新成绩。

一、运输生产

旅客运输。全国铁路旅客发送量完成28.14亿人，比上年增加2.79亿人，增长11.0%，其中，国家铁路27.73亿人，比上年增长11.1%；全国铁路旅客周转量完成12579.29亿人公里，比上年增加618.69亿人公里，增长5.2%，其中，国家铁路12527.88亿人公里，比上年增长5.2%。

表1 全国铁路旅客运输量

指标	单位	2016年	比上年±%
旅客发送量	万人	281405	11.0
国家铁路	万人	277301	11.1
旅客周转量	亿人公里	12579.29	5.2
国家铁路	亿人公里	12527.88	5.2

货物运输。全国铁路货运总发送量完成33.32亿吨，比上年减少0.26亿吨，下降0.8%。其中，国家铁路26.52亿吨，比上年下降2.3%。全国铁路货运总周转量完成23792.26亿吨公里，比上年增加37.95亿吨公里，增长0.2%。其中，国家铁路21273.21亿吨公里，比上年下降1.5%。集装箱、商品汽车、散货快运量比上年分别增长40%、53%和25%。

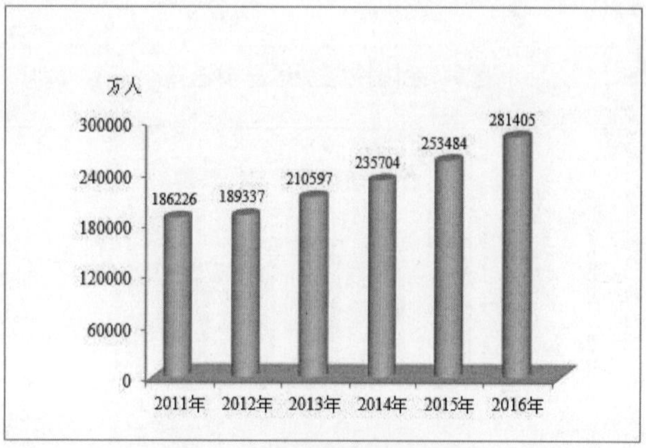

图1 全国铁路旅客发送量

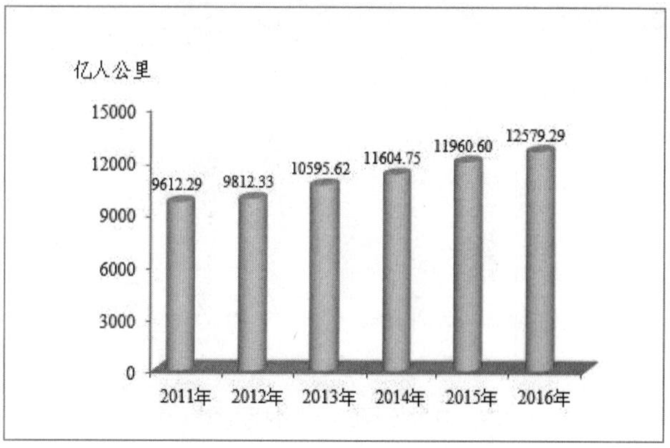

图2 全国铁路旅客周转量

换算周转量。全国铁路总换算周转量完成36371.56亿吨公里，比上年增加656.65亿吨公里，增长1.8%。其中，国家铁路33801.08亿吨公里，比上年增长0.9%。

表2 全国铁路货物运输量

指　　标	单　位	2016年	比上年±%
货运总发送量	万吨	333186	－0.8
国家铁路	万吨	265206	－2.3
货运总周转量	亿吨公里	23792.26	0.2
国家铁路	亿吨公里	21273.21	－1.5

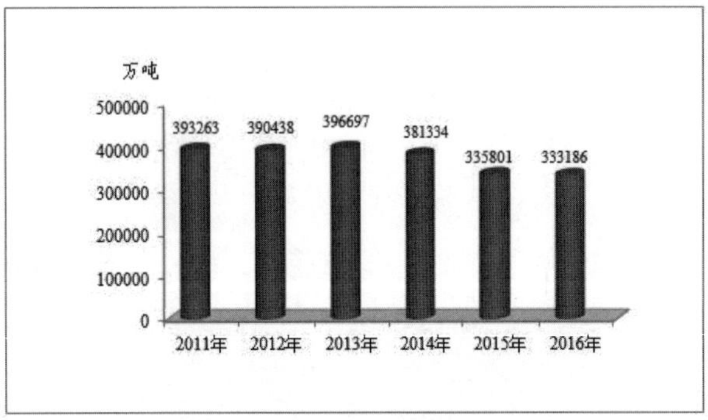

图3 全国铁路货运总发送量

图4 全国铁路货运总周转量

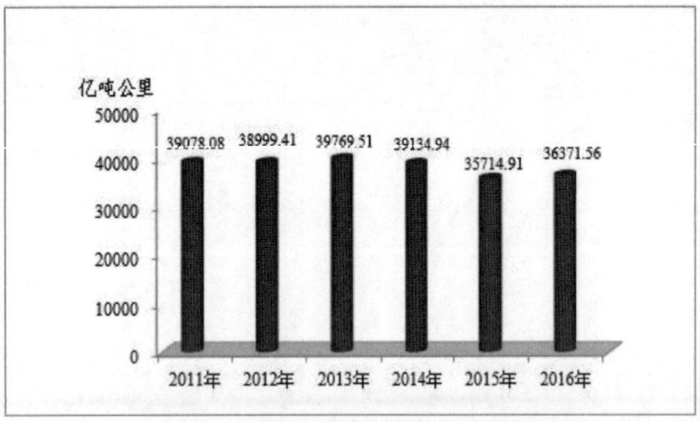

图5 全国铁路总换算图周转量

运输安全。全年未发生特别重大、重大铁路交通事故，铁路交通事故死亡人数比上年下降10.1%。

二、铁路建设

全国铁路固定资产投资完成8015亿元，投产新线3281公里，其中高速铁路1903公里。

路网规模。全国铁路营业里程达到12.4万公里，比上年增长2.5%。全国铁路路网密度129.2公里/万平方公里，比上年增加3.2公里/万平方公里。其中，复线里程6.8万公里，比上年增长5.2%，复线率54.9%，比上年提高1.4个百分点；电气化里程8.0万公里，比上年增长7.4%，电化率64.8%，比上年提高3.0个百分点。西部地区铁路营业里程5.0万公里，比上年增加2230.9公里，增长4.6%。

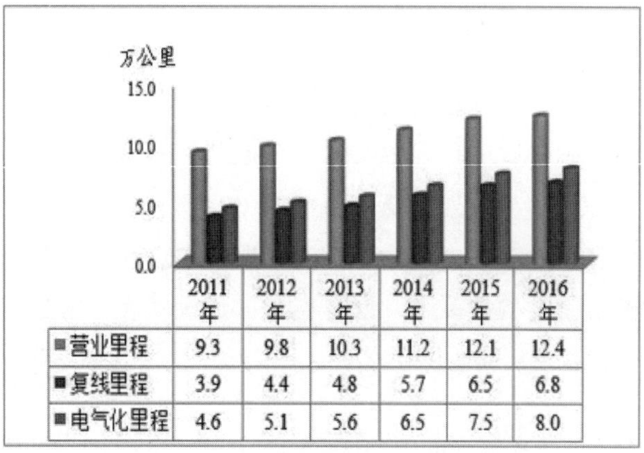

图6 全国铁路营业里程

移动装备。全国铁路机车拥有量为2.1万台，比上年增加87台，其中，内燃机车占41.8%，比上年下降0.9个百分点，电力机车占58.1%，比上年提高0.9个百分点。全国铁路客车拥有量为7.1万辆，比上年增加0.3万辆。其中，动车组2586标准组、20688辆，比上年增加380标准组、3040辆。全国铁路货车拥有量为76.4万辆。

三、标准和科技创新

重要技术标准制定。发布了《铁路列车荷载图式》《动车组车体结构强度设计及试验》《列控中心技术条件》等116项铁路技术标准。发布了《铁路隧道设计规范》《铁路通信设计规范》《铁路动车组设备设计规范》等11项铁路工程建设标准。

知识产权及获奖成果。铁路行业《高速铁路标准梁桥技术与应用》《基于耦合动力学的高速铁路接触网/受电弓系统技术创新及应用》《跨江越海大断面暗挖隧道修建关键技术与应用》等3项科技成果荣获2016年度国家科学技术进步二等奖，《高速铁路轨道平顺性保持技术》荣获2016年度国家技术发明二等奖。铁路行业“双阀双布袋袖阀管注浆方法”“一种正线道岔稳定车及其作业方法”“接触网悬挂状态监测系统”“一种长距离大坡度斜井全断面岩石掘进机”“一种高速铁路无砟轨道自充填混凝土专用改性剂”“铁路铺轨机的导轨自动化回送系统”等荣获第十八届中国专利优秀奖。

四、节能减排

综合能耗。国家铁路能源消耗折算标准煤1591.60万吨，比上年增加14.25万吨，增长0.9%。单位运输工作量综合能耗4.71吨标准煤/百万换算吨公里，与上年持平。单位运输工作量主营综合能耗4.15吨标准煤/百万换算吨公里，比上年增加0.08吨标准煤/百万换算吨公里，增长2.0%。

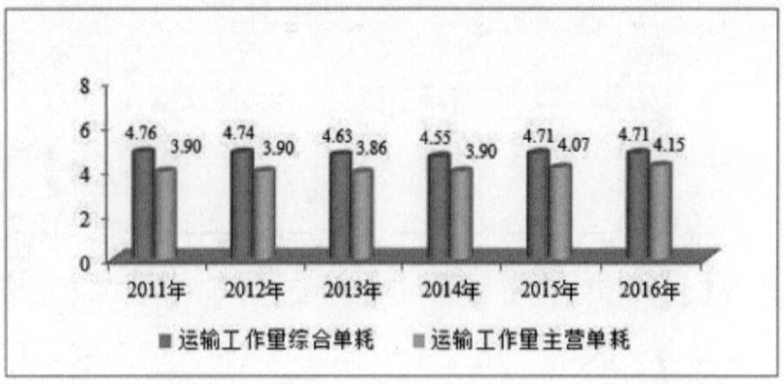

图7 国家铁路运输工作量综合单耗、主营单耗

主要污染物排放量。国家铁路化学需氧量排放量1965吨，比上年减排41吨，降低2.0%。二氧化硫排放量23924吨，比上年减排3851吨，降低13.9%。

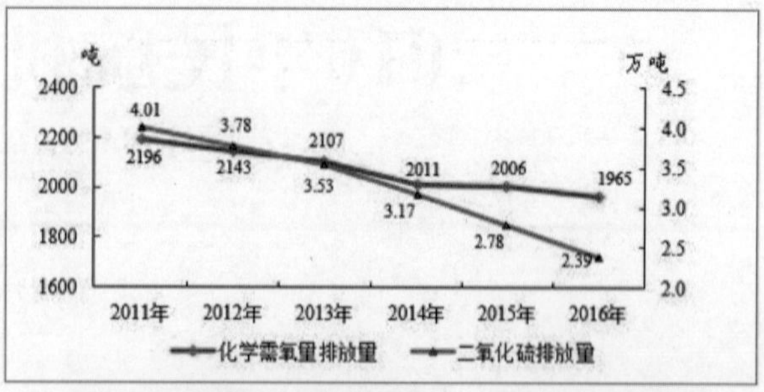

图8 国家铁路化学需氧量、二氧化硫排放量

沿线绿化。国家铁路绿化里程4.57万公里，比上年增加0.12万公里，增长2.7%。

注：

1. 除注明外，国家铁路含控股合资铁路。

2. 客货发送量、客货周转量为确报数，其余数据均为速报数。

3. 统计范围不含港澳台。

4. 除注明外，比上年为同口径。

2016年民航机场生产统计公报

中国民航局

2017年2月24日

一、通航城市和机场

2016年，我国境内民用航空（颁证）机场共有218个（不含香港、澳门和台湾地区，以下简称境内机场），其中定期航班通航机场216个，定期航班通航城市214个。

年内定期航班新通航的城市有：山西临汾、湖北十堰、福建三明、海南琼海、青海果洛、内蒙古乌兰察布、内蒙古扎兰屯、海南三沙、云南沧源。陕西安康机场停航，江西九江机场注销（2016年5月）。

新增机场9个：		
山西临汾（LPR)	湖北十堰（WDS)	福建三明（SQJ)
海南琼海（RAR)	青海果洛（CMQ)	内蒙古乌兰察布（UCB)
内蒙古扎兰屯（NZL)	海南三沙（XYI)	云南沧源（CWT)

停航机场1个：
陕西安康（AKA)

注销机场1个：
江西九江（JIU)

图1　2016年民用航空（颁证）机场增减情况

注：括号内为机场三字代码

二、主要生产指标

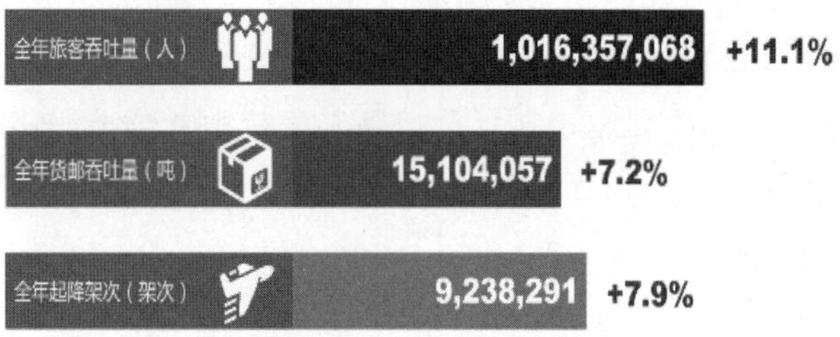

图2　2016年机场主要生产指标完成值

2016年我国境内机场主要生产指标保持平稳较快增长，全年旅客吞吐量首次突破10亿人次，完成101635.7万人次，比上年增长11.1%。分航线看，国内航线完成91401.7万人次，比上年增长10.3%（其中内地至香港、澳门和台湾地区航线完成2764.5万人次，比上年下降1.4%）；国际航线首次突破1亿人次，完成10234.0万人次，比上年增长19.3%。

完成货邮吞吐量1510.4万吨，比上年增长7.2%。分航线看，国内航线完成974.0万吨，比上年增长6.1%（其中内地至香港、澳门和台湾地区航线完成93.6万吨，比上年增长4.2%）；国际航线完成536.4万吨，比上年增长9.1%。

完成飞机起降923.8万架次，比上年增长7.9%（其中运输架次为793.5万架次，比上年增长8.8%）。分航线看，国内航线完成842.8万架次，比上年增长7.1%（其中内地至香港、澳门和台湾地区航线完成20.3万架次，比上年下降2.8%）；国际航线完成81.0万架次，比上年增长16.9%。

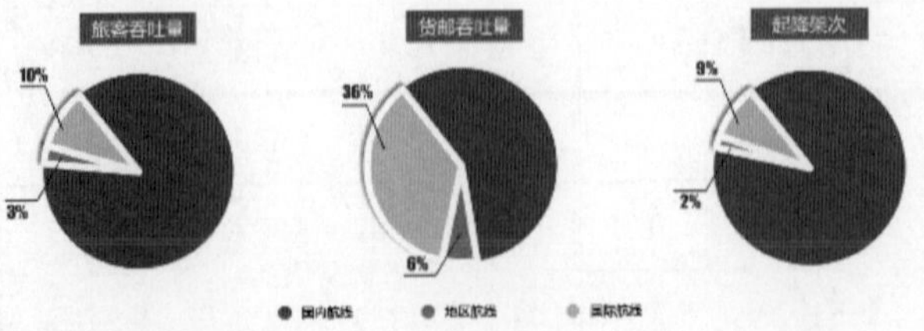

图3　2016年机场主要生产指标分航线占比

三、旅客吞吐量分布

所有境内机场中，年旅客吞吐量1000万人次以上的机场有28个，较上年净增2个，完成旅客吞吐量占全部境内机场旅客吞吐量的79.1%，其中首都机场突破9000万人次，上海两场合计突破1亿人次，北京、上海和广州三大城市机场旅客吞吐量占全部境内机场旅客吞吐量的26.2%。年旅客吞吐量200万～1000万人次机场有21个，较上年净减1个，完成旅客吞吐量占全部境内机场旅客吞吐量的12.8%。年旅客吞吐量200万人次以下的机场有169个，较上年净增7个，完成旅客吞吐量占全部境内机场旅客吞吐量的8.1%。

图4　2016年机场旅客吞吐量分类统计

国内各地区旅客吞吐量的分布情况是：华北地区占15.3%（15.8%），东北地区占6.1%（6.0%），华东地区占29.0%（29.1%），中南地区占23.8%（23.7%），西南地区占16.9%（16.8%），西北地区占6.2%（5.9%），新疆地区占2.7%（2.8%）（注：由于四舍五入的原因，各地区占比之和可能不等于100%，括号内为2015年数字，下同）。

四、机场货邮吞吐量分布

所有境内机场中，年货邮吞吐量10000吨以上的机场有50个，较上年净减1个，完成货邮吞吐量占全部境内机场货邮吞吐量的98.3%，其中北京、上海和广州三大城市机场货邮吞吐量占全部境内机场货邮吞吐量的49.6%。年货邮吞吐量10000吨以下的机场有168个，较上年净增9个，完成货邮吞吐量占全部境内机场货邮吞吐量的1.7%。

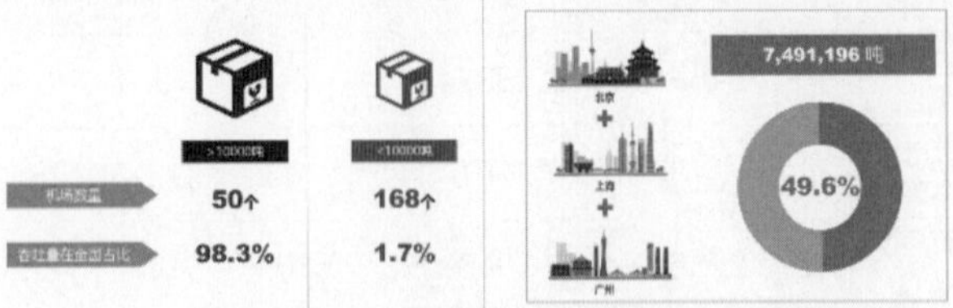

图5　2016年机场货邮吞吐量分类统计

国内各地区货邮吞吐量的分布情况是：华北地区占15.8%（16.5%），东北地区占3.5%（3.5%），华东地区占40.4%（40.7%），中南地区占26.4%（25.9%），西南地区占10.2%（9.9%），西北地区占2.4%（2.3%），新疆地区占1.2%（1.3%）。

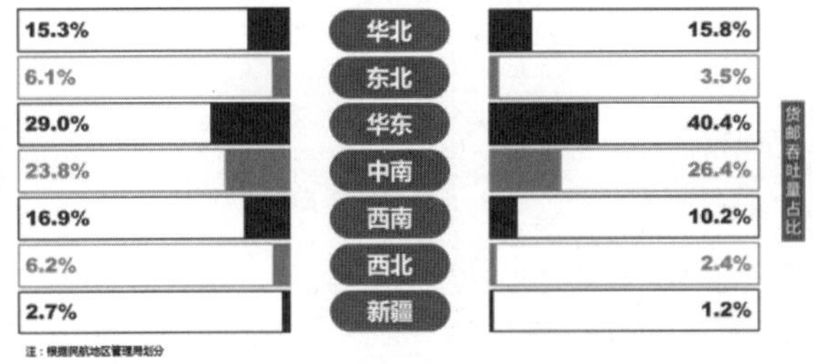

图6　2016年机场吞吐量分地区占比

附件：

2016年民航机场吞吐量排名

2016-01-01到2016-12-31

机场	旅客吞吐量（人次）				货邮吞吐量（吨）				起降架次（架次）			
	名次	本期完成	上年同期	同比增速%	名次	本期完成	上年同期	同比增速%	名次	本期完成	上年同期	同比增速%
合计		1016357068	914773311	11.1		15104056.7	14094002.7	7.2		9238291	8565526	7.9
北京/首都	1	94393454	89939049	5.0	2	1943159.7	1889439.5	2.8	1	606081	590199	2.7
上海/浦东	2	66002414	60098073	9.8	1	3440279.7	3275231.1	5.0	2	479902	449171	6.8
广州/白云	3	59732147	55201915	8.2	3	1652214.9	1537758.9	7.4	3	435231	409679	6.2
成都/双流	4	46039037	42239468	9.0	5	611590.7	556552.1	9.9	5	319382	293643	8.8
昆明/长水	5	41980339	37523098	11.9	9	382854.3	355422.8	7.7	4	325934	300406	8.5
深圳/宝安	6	41975090	39721619	5.7	4	1125984.6	1013690.5	11.1	6	318582	305461	4.3
上海/虹桥	7	40460135	39090865	3.5	8	428907.5	433600.1	-1.1	9	261981	256603	2.1
西安/咸阳	8	36994506	32970215	12.2	14	233779.0	211591.5	10.5	7	291027	267102	9.0
重庆/江北	9	35888819	32402196	10.8	10	361091.0	318781.5	13.3	8	276807	255414	8.4
杭州/萧山	10	31594959	28354435	11.4	6	487984.2	424932.7	14.8	10	251048	232079	8.2
厦门/高崎	11	22737610	21814244	4.2	12	328419.5	310606.6	5.7	13	183546	180112	1.9
南京/禄口	12	22357998	19163768	16.7	11	341267.1	326026.5	4.7	12	187968	166858	12.7
长沙/黄花	13	21296675	18715278	13.8	21	130276.1	122022.1	6.8	18	167910	153367	9.5
武汉/天河	14	20771564	18942038	9.7	16	175294.8	154656.2	13.3	16	175669	164524	6.8
郑州/新郑	15	20763217	17297385	20.0	7	456708.8	403339.0	13.2	14	178054	154468	15.3
青岛/流亭	16	20505038	18202085	12.7	15	230747.8	208064.0	10.9	17	168537	155483	8.4
乌鲁木齐/地窝堡	17	20200767	18506463	9.2	17	157508.7	156469.8	0.7	19	162265	153097	6.0
海口/美兰	18	18803848	16167004	16.3	20	148814.2	135944.6	9.5	21	135523	121825	11.2
三亚/凤凰	19	17369550	16191930	7.3	29	86846.8	85369.3	1.7	26	114581	108532	5.6
天津/滨海	20	16871889	14314322	17.9	13	237085.2	217279.2	9.1	20	143822	125693	14.4
哈尔滨/太平	21	16267130	14054357	15.7	22	124794.7	116103.8	7.5	24	122282	108428	12.8
大连/周水子	22	15258209	14154130	7.8	19	149008.0	137048.1	8.7	23	127680	117794	8.4
贵阳/龙洞堡	23	15105225	13244982	14.0	28	95898.6	87207.0	10.0	22	129001	116914	10.3
沈阳/桃仙	24	14967228	12680118	18.0	18	155769.4	142069.6	9.6	25	115164	99563	15.7
济南/遥墙	25	11616914	9520887	22.0	26	100013.2	86336.8	15.8	27	100152	86158	16.2
福州/长乐	26	11606446	10887292	6.6	23	121657.5	116497.5	4.4	28	97606	96127	1.5

续表

机场	旅客吞吐量（人次）				货邮吞吐量（吨）				起降架次（架次）			
	名次	本期完成	上年同期	同比增速%	名次	本期完成	上年同期	同比增速%	名次	本期完成	上年同期	同比增速%
南宁/吴圩	27	11559860	10393728	11.2	25	104618.1	95710.3	9.3	30	94065	86873	8.3
兰州/中川	28	10897025	8009040	36.1	32	59455.2	50093.8	18.7	31	91091	67835	34.3
太原/武宿	29	9847840	8842987	11.4	36	49103.8	45463.6	8.0	35	82641	79376	4.1
长春/龙嘉	30	9493351	8556182	11.0	30	86554.1	77793.9	11.3	37	73371	67763	8.3
温州/龙湾	31	8189717	7360467	11.3	31	77747.7	72638.1	7.0	39	67916	61750	10.0
呼和浩特/白塔	32	8185210	7446250	9.9	39	37446.1	36077.8	3.8	36	81873	74509	9.9
南昌/昌北	33	7863635	7487930	5.0	34	50607.7	51080.5	−0.9	40	66409	67304	−1.3
宁波/栎社	34	7792305	6855075	13.7	24	107019.7	77054.2	38.9	42	63663	56110	13.5
合肥/新桥	35	7391998	6613111	11.8	33	58096.7	51291.1	13.3	41	63750	57294	11.3
石家庄/正定	36	7214590	5985389	20.5	37	43765.2	44693.9	−2.1	38	68687	56728	21.1
丽江/三义	37	6784474	5626307	20.6	52	9299.2	8291.1	12.2	46	53170	45938	15.7
桂林/两江	38	6630251	6361045	4.2	45	26413.9	29519.5	−10.5	44	57387	54089	6.1
银川/河东	39	6341479	5389908	17.7	40	37106.6	33326.1	11.3	45	53921	47058	14.6
珠海/金湾	40	6130384	4708706	30.2	42	31511.6	25828.1	22.0	43	61400	50478	21.6
北京/南苑	41	5586388	5265201	6.1	44	26634.5	36755.6	−27.5	58	39507	42129	−6.2
无锡/硕放	42	5561927	4609344	20.7	27	95983.7	89060.0	7.8	50	45679	38569	18.4
烟台/蓬莱	43	5135200	4246581	20.9	38	43055.3	36610.8	17.6	48	50962	44424	14.7
西宁/曹家堡	44	4681138	4005667	16.9	47	24435.2	21657.2	12.8	56	40873	34668	17.9
西双版纳/嘎洒	45	4335339	4150734	4.4	50	10904.1	7875.2	38.5	60	35034	34512	1.5
揭阳/潮汕	46	3818152	3204464	19.2	46	25243.2	19779.9	27.6	52	42684	38937	9.6
泉州/晋江	47	3793150	3635607	4.3	35	49683.4	43033.3	15.5	61	33787	32687	3.4
拉萨/贡嘎	48	3339429	2908416	14.8	43	27686.8	25378.3	9.1	62	31054	27758	11.9
绵阳/南郊	49	2172922	1547533	40.4	62	6465.3	5312.8	21.7	11	190062	199050	−4.5
常州/奔牛	50	1955844	1810842	8.0	49	15690.4	17619.7	−10.9	64	26121	26347	−0.9
呼伦贝尔/东山	51	1878901	1835915	2.3	57	7265.2	7187.9	1.1	80	16443	17178	−4.3
包头/二里半	52	1867690	1901035	−1.8	51	9409.5	10758.4	−12.5	75	17478	17954	−2.7
喀什	53	1815091	1732958	4.7	61	6553.6	6657.3	−1.6	70	19524	14056	38.9
威海/大水泊	54	1735309	1320989	31.4	66	5255.8	5251.1	0.1	83	15263	12622	20.9

续表

机场	旅客吞吐量（人次）				货邮吞吐量（吨）				起降架次（架次）			
	名次	本期完成	上年同期	同比增速%	名次	本期完成	上年同期	同比增速%	名次	本期完成	上年同期	同比增速%
鄂尔多斯/伊金霍洛	55	1706356	1522697	12.1	53	9115.1	10588.6	−13.9	51	44162	31002	42.4
张家界/荷花	56	1701712	1405465	21.1	108	1014.4	914.2	11.0	77	16939	14087	20.2
南通/兴东	57	1538158	1161819	32.4	41	35371.1	31345.3	12.8	68	21281	22537	−5.6
德宏/芒市	58	1537536	1323465	16.2	59	6857.7	7778.8	−11.8	88	12726	11230	13.3
宜昌/三峡	59	1535707	1244275	23.4	75	3806.8	3608.7	5.5	55	41504	41836	−0.8
榆林/榆阳	60	1513793	1483089	2.1	77	3709.2	3414.7	8.6	81	15551	16159	−3.8
湛江	61	1503904	1206811	24.6	72	4238.5	4169.0	1.7	73	18970	16655	13.9
徐州/观音	62	1487086	1318477	12.8	54	9088.1	7039.4	29.1	63	29470	31789	−7.3
延吉/朝阳川	63	1481159	1458440	1.6	58	7237.0	6731.7	7.5	86	12899	12585	2.5
扬州/泰州	64	1434193	870775	64.7	55	8225.5	6169.9	33.3	59	38080	30614	24.4
大理	65	1431116	1262486	13.4	73	4123.4	2796.3	47.5	85	13130	12156	8.0
北海/福成	66	1234031	1078148	14.5	70	4654.5	4103.3	13.4	84	14868	11996	23.9
义乌	67	1226697	1196477	2.5	64	5913.9	5380.2	9.9	95	11302	11272	0.3
盐城/南洋	68	1209004	851990	41.9	69	5118.0	3005.7	70.3	89	12402	8842	40.3
临沂/沭埠岭	69	1203387	1038437	15.9	68	5129.0	4753.6	7.9	91	12079	10617	13.8
库尔勒	70	1147634	1179185	−2.7	63	6118.3	5556.2	10.1	98	10574	11001	−3.9
遵义	71	1135432	836614	35.7	111	976.6	175.9	455.2	92	11856	8969	32.2
九寨/黄龙	72	1122223	1416980	−20.8	160	137.8	232.9	−40.8	100	10139	12898	−21.4
阿克苏/温宿	73	1103589	1067009	3.4	67	5170.5	3546.5	45.8	101	10052	10244	−1.9
赣州/黄金	74	1083240	925101	17.1	56	7306.6	6058.7	20.6	82	15269	13928	9.6
赤峰/玉龙	75	1042682	987024	5.6	94	1640.2	2588.8	−36.6	87	12748	11901	7.1
伊宁	76	1041470	964446	8.0	74	3904.3	2944.2	32.6	103	9673	9183	5.3
柳州/白莲	77	1036219	868802	19.3	65	5409.8	4243.6	27.5	94	11393	9879	15.3
泸州/蓝田	78	985108	844624	16.6	78	3293.1	2868.2	14.8	102	9992	8932	11.9
和田	79	935314	719831	29.9	96	1585.3	1175.0	34.9	110	7714	6176	24.9
洛阳/北郊	80	915971	721665	26.9	97	1486.2	1510.2	−1.6	15	176630	196572	−10.1
淮安/涟水	81	861533	504753	70.7	71	4637.5	3754.3	23.5	66	23215	10048	131.0
连云港/白塔埠	82	860972	708063	20.0	103	1245.0	1435.7	−13.3	104	9322	7802	19.5
运城/张孝	83	843226	814469	3.5	79	3200.0	2439.1	31.2	79	16634	12606	32.0
襄阳/刘集	84	824160	793425	3.9	83	2510.8	2378.9	5.5	34	83261	69936	19.1
腾冲/驼峰	85	805638	664448	21.2	100	1443.8	1008.6	43.1	111	7144	6930	3.1

续表

机场	旅客吞吐量（人次）				货邮吞吐量（吨）				起降架次（架次）			
	名次	本期完成	上年同期	同比增速%	名次	本期完成	上年同期	同比增速%	名次	本期完成	上年同期	同比增速%
舟山/普陀山	86	800877	644719	24.2	141	319.1	319.7	−0.2	67	21359	20527	4.1
宜宾/莱坝	87	762935	715973	6.6	82	2919.9	2881.0	1.4	108	7925	7624	3.9
长治/王村	88	741573	617888	20.0	124	718.6	636.4	12.9	105	9175	7218	27.1
毕节/飞雄	89	733605	563861	30.1	135	432.9	814.4	−46.8	99	10455	8483	23.2
通辽	90	710474	869550	−18.3	99	1471.9	3394.9	−56.6	93	11846	10626	11.5
牡丹江/海浪	91	694286	650991	6.7	105	1162.3	1501.5	−22.6	122	5534	5568	−0.6
台州/路桥	92	691442	584708	18.3	60	6719.5	5985.1	12.3	121	5658	4708	20.2
济宁/曲阜	93	623948	487626	28.0	88	1813.5	1173.3	54.6	119	5794	4966	16.7
南阳/姜营	94	612572	567002	8.0	123	797.4	912.8	−12.6	49	48272	38161	26.5
黄山/屯溪	95	604911	591281	2.3	86	2067.0	2101.7	−1.7	112	6575	6454	1.9
南充/高坪	96	597489	549802	8.7	80	3107.1	2964.2	4.8	74	18542	18128	2.3
锡林浩特	97	582194	484643	20.1	87	2015.9	2248.8	−10.4	69	21016	19529	7.6
铜仁/凤凰	98	577645	343043	68.4	173	54.6	32.7	66.7	96	11060	5718	93.4
乌兰浩特/义勒力特	99	573856	453742	26.5	85	2067.8	2688.0	−23.1	90	12261	5152	138.0
万州/五桥	100	550727	553381	−0.5	84	2247.4	2475.4	−9.2	76	17438	8368	108.4
惠州/平潭	101	545560	368886	47.9	76	3722.9	1630.8	128.3	124	5232	3430	52.5
大同/云冈	102	544530	470893	15.6	92	1655.3	1902.7	−13.0	72	19147	16700	14.7
景德镇/罗家	103	543371	490392	10.8	89	1811.0	2032.6	−10.9	136	4252	3982	6.8
井冈山	104	540865	514175	5.2	81	3010.8	3006.2	0.2	115	5870	5842	0.5
潍坊	105	540828	465181	16.3	48	22185.6	18721.4	18.5	114	6499	5858	10.9
白山/长白山	106	537709	503598	6.8	157	176.1	81.3	116.5	113	6527	4766	36.9
兴义	107	519653	303255	71.4	151	243.0	211.4	14.9	109	7802	4719	65.3
敦煌	108	496459	397198	25.0	129	518.2	508.2	2.0	118	5839	5002	16.7
恩施/许家坪	109	496148	406295	22.1	109	988.8	989.6	−0.1	141	4050	3514	15.3
大庆/萨尔图	110	489354	532379	−8.1	102	1347.4	1725.0	−21.9	132	4563	4790	−4.7
普洱/思茅	111	487808	332193	46.8	122	814.1	770.9	5.6	120	5713	4203	35.9
迪庆/香格里拉	112	486640	503800	−3.4	116	874.3	839.9	4.1	125	5112	5204	−1.8
宜春/明月山	113	469976	407148	15.4	146	275.4	232.3	18.6	127	5078	4604	10.3
西昌/青山	114	469089	417333	12.4	104	1242.4	1194.0	4.1	129	4790	4896	−2.2
邯郸	115	462657	248601	86.1	130	515.7	396.6	30.0	65	24824	38552	−35.6
武夷山	116	455688	503090	−9.4	117	867.5	1256.9	−31.0	117	5845	5689	2.7

续表

机场	旅客吞吐量（人次）				货邮吞吐量（吨）				起降架次（架次）			
	名次	本期完成	上年同期	同比增速%	名次	本期完成	上年同期	同比增速%	名次	本期完成	上年同期	同比增速%
佳木斯/东郊	117	455337	498777	−8.7	107	1080.5	1040.5	3.8	138	4170	5266	−20.8
满洲里/西郊	118	454371	419509	8.3	91	1665.2	2234.4	−25.5	123	5390	5113	5.4
阜阳	119	450308	438747	2.6	128	547.2	567.0	−3.5	106	8560	5908	44.9
常德/桃花源	120	413484	376384	9.9	147	257.6	189.6	35.9	32	89336	83942	6.4
保山/云瑞	121	410557	305139	34.5	119	835.2	613.9	36.0	142	3960	3256	21.6
日照/山字河	122	408507	3457	11716.8	132	456.6			78	16827	44	38143.2
达州/河市	123	402691	367570	9.6	98	1474.7	1303.9	13.1	131	4563	3956	15.3
嘉峪关	124	399401	354860	12.6	90	1703.5	1673.0	1.8	133	4561	4324	5.5
林芝/米林	125	389530	383375	1.6	93	1653.6	1652.5	0.1	137	4248	4579	−7.2
十堰/武当山	126	388923			211				130	4726		
东营/胜利	127	377826	319264	18.3	143	297.6	410.2	−27.4	53	42217	26884	57.0
池州/九华山	128	355956	271876	30.9	140	364.3	21.8	1570.9	135	4275	3290	29.9
佛山/沙堤	129	355904	296511	20.0	133	445.4	671.7	−33.7	156	2784	3010	−7.5
临沧	130	353467	324021	9.1	126	669.6	595.3	12.5	149	3200	3388	−5.5
张家口/宁远	131	351950	207848	69.3	162	96.5	63.9	51.1	145	3822	2678	42.7
乌海	132	339824	375031	−9.4	110	988.1	1385.2	−28.7	139	4069	4192	−2.9
梅县/长岗岌	133	335974	227091	47.9	155	194.2	48.1	303.6	126	5097	4240	20.2
安庆	134	325634	232590	40.0	101	1418.3	862.5	64.4	144	3894	3032	28.4
庆阳	135	324790	229122	41.8	180	37.6	30.0	25.3	71	19234	14192	35.5
齐齐哈尔/三家子	136	322120	382288	−15.7	120	833.1	1063.5	−21.7	152	2964	3350	−11.5
衡阳/南岳	137	311549	114511	172.1	115	881.6	484.0	82.2	146	3644	1318	176.5
阿勒泰	138	298486	259915	14.8	156	183.6	303.5	−39.5	128	4859	3336	45.7
库车/龟兹	139	273695	269995	1.4	145	292.5	589.3	−50.4	150	3178	3309	−4.0
巴彦淖尔/天吉泰	140	273136	234816	16.3	114	891.4	1401.0	−36.4	140	4066	3198	27.1
克拉玛依	141	272585	146617	85.9	153	210.9	262.0	−19.5	54	41598	35454	17.3
安顺/黄果树	142	250798	148860	68.5	113	957.9	1155.8	−17.1	134	4545	4699	−3.3
唐山/三女河	143	240999	251206	−4.1	118	836.7	734.2	14.0	151	2986	3000	−0.5
延安/二十里堡	144	236909	212593	11.4	152	217.1	181.0	19.9	162	2287	2052	11.5
广元/盘龙	145	236664	214977	10.1	144	292.6	244.1	19.8	159	2488	2290	8.6
秦皇岛/北戴河	146	231240	155591	48.6	136	426.1	330.4	29.0	147	3511	2736	28.3

续表

机场	旅客吞吐量（人次）				货邮吞吐量（吨）				起降架次（架次）			
	名次	本期完成	上年同期	同比增速%	名次	本期完成	上年同期	同比增速%	名次	本期完成	上年同期	同比增速%
攀枝花/保安营	147	228508	161910	41.1	106	1154.1	420.4	174.5	161	2404	1920	25.2
六盘水/月照	148	227958	88268	158.3	175	51.0	1.0	4816.7	143	3898	1907	104.4
昌都/邦达	149	225666	220107	2.5	112	976.2	1071.7	–8.9	165	2204	2194	0.5
昭通	150	224051	213845	4.8	167	83.9	195.5	–57.1	153	2964	2682	10.5
吕梁/大武	151	213797	140959	51.7	185	20.5	14.3	43.3	154	2906	2529	14.9
丹东/浪头	152	211516	218547	–3.2	95	1623.3	1444.0	12.4	163	2280	2220	2.7
衢州	153	208219	212658	–2.1	127	639.4	799.7	–20.0	181	1692	1792	–5.6
汉中/城固	154	195178	127918	52.6	138	401.7	132.1	204.1	167	2137	1504	42.1
鸡西/兴凯湖	155	190754	192504	–0.9	142	313.2	387.7	–19.2	171	2078	2620	–20.7
稻城/亚丁	156	186350	223247	–16.5	154	206.3	185.9	11.0	173	1980	2315	–14.5
玉树/巴塘	157	181215	192941	–6.1	139	387.2	565.6	–31.5	169	2090	2172	–3.8
哈密	158	163528	79783	105.0	137	410.2	332.5	23.4	164	2220	1254	77.0
锦州/锦州湾	159	158154	152528	3.7	121	829.0	937.8	–11.6	184	1593	1332	19.6
黔江/武陵山	160	153443	142649	7.6	169	78.3	114.2	–31.4	170	2086	2116	–1.4
鞍山/腾鳌	161	152647	145016	5.3	187	16.8	30.4	–44.7	175	1896	1820	4.2
临汾/乔李	162	151093			158	174.6			166	2174		
格尔木	163	149056	119038	25.2	125	678.3	943.0	–28.1	172	1990	1610	23.6
黑河	164	140752	126860	11.0	170	65.2	393.9	–83.4	158	2684	2574	4.3
塔城	165	138353	111158	24.5	184	22.0	15.7	40.0	180	1718	1404	22.4
甘孜/康定	166	133669	105969	26.1	188	13.2			176	1830	1464	25.0
朝阳	167	132273	117439	12.6	166	85.2	196.0	–56.5	33	83469	102346	–18.4
加格达奇	168	132221	132394	–0.1	182	37.0	25.8	43.4	157	2772	2846	–2.6
博乐/阿拉山口	169	129030	124676	3.5	172	55.4	17.1	224.1	47	51666	50359	2.6
伊春/林都	170	122081	94081	29.8	179	43.7	38.3	14.1	192	1273	1026	24.1
二连浩特/赛乌素	171	121788	118645	2.6	131	496.9	473.8	4.9	168	2130	2168	–1.8
张掖/甘州	172	117637	83821	40.3	164	90.0	103.0	–12.7	185	1576	1146	37.5
连城/冠豸山	173	115931	104466	11.0	163	96.4	120.7	–20.2	183	1609	1312	22.6
怀化/芷江	174	115518	184285	–37.3	190	9.9	17.0	–41.6	174	1946	3335	–41.6
营口/兰旗	175	115468			183	25.5			188	1515		
金昌/金川	176	114797	100361	14.4	159	138.6	115.0	20.5	148	3502	2067	69.4

续表

机场	旅客吞吐量（人次）				货邮吞吐量（吨）				起降架次（架次）			
	名次	本期完成	上年同期	同比增速%	名次	本期完成	上年同期	同比增速%	名次	本期完成	上年同期	同比增速%
永州/零陵	177	112039	63979	75.1	176	48.8	48.3	1.0	182	1616	1338	20.8
忻州/五台山	178	111585	641	17308.0	189	10.7			177	1798	8	22375.0
天水/麦积山	179	109207	63327	72.4	181	37.5	24.7	52.1	160	2426	1635	48.4
固原/六盘山	180	107358	55963	91.8	192	7.8			107	8106	17880	−54.7
阿尔山/伊尔施	181	105043	94099	11.6	134	442.6	374.8	18.1	179	1726	1634	5.6
中卫/香山	182	102834	93760	9.7	165	89.5	71.5	25.2	57	40046	58350	−31.4
布尔津/喀纳斯	183	99574	72775	36.8	193	3.4	2.6	29.0	199	1105	956	15.6
百色/巴马	184	99489	83335	19.4	209				186	1534	1312	16.9
凯里/黄平	185	94137	7486	1157.5	214				116	5862	1466	299.9
那拉提	186	92634	86638	6.9	178	44.0	59.0	−25.3	196	1172	1236	−5.2
文山/普者黑	187	91699	105106	−12.8	149	253.9	228.3	11.2	198	1126	1392	−19.1
甘南/夏河	188	91556	45866	99.6	150	249.3	160.2	55.6	189	1438	820	75.4
通化/三源浦	189	74831	77578	−3.5	201	0.1	1.2	−91.5	197	1167	968	20.6
漠河/古莲	190	72505	92458	−21.6	177	45.2	85.7	−47.3	178	1774	1936	−8.4
梧州/长州岛	191	70639	43138	63.8	186	20.5	15.1	35.7	29	95876	83803	14.4
三明/沙县	192	69734			168	80.5			187	1531		
乌兰察布/集宁	193	66507			204				194	1203		
海西/德令哈	194	62961	19017	231.1	171	64.2	132.1	−51.4	202	728	687	6.0
抚远/东极	195	62509	62735	−0.4	197	1.2	1.0	30.7	201	836	656	27.4
阿里/昆莎	196	62341	60981	2.2	174	52.2	42.9	21.7	200	956	864	10.6
阿拉善左旗/巴彦浩特	197	56690	77848	−27.2	203				155	2866	3218	−10.9
吐鲁番/交河	198	55373	26921	105.7	161	101.1			190	1360	624	117.9
日喀则	199	48132	36741	31.0	148	257.0	216.9	18.5	206	606	485	24.9
黎平	200	47358	49049	−3.4	199	0.9	21.0	−95.9	191	1310	1350	−3.0
黔南州/荔波	201	46242	47395	−2.4	198	1.0	5.2	−81.6	193	1210	1525	−20.7
宁蒗/泸沽湖	202	40090	8012	400.4	196	1.5	8.5	−82.2	210	408	90	353.3
富蕴/可可托海	203	38805	14336	170.7	191	8.1	1.9	339.8	204	690	292	136.3

续表

机场	旅客吞吐量（人次）				货邮吞吐量（吨）				起降架次（架次）			
	名次	本期完成	上年同期	同比增速%	名次	本期完成	上年同期	同比增速%	名次	本期完成	上年同期	同比增速%
石河子/花园	204	38646			194	3.3			203	720		
河池/金城江	205	30299	26445	14.6	213				205	666	635	4.9
阿坝/红原	206	24713	12757	93.7	217				212	346	234	47.9
海西/花土沟	207	24082	456	5181.1	205				213	244	28	771.4
神农架/红坪	208	18074	28031	-35.5	208				211	348	566	-38.5
额济纳旗/桃来	209	17264	23195	-25.6	200	0.1			207	568	918	-38.1
果洛机场	210	12369			202				214	116		
琼海/博鳌	211	10696			195	1.7			195	1179		
阿拉善右旗/巴丹吉林	212	5041	15682	-67.9	215		0.1	-100.0	208	476	898	-47.0
长海/大长山岛	213	3392	1543	119.8	210				209	467	245	90.6
沧源/佤山	214	2773			216				215	22		
且末	215	1464			207				216	16		
三沙/永兴	216	759			218				217	16		
扎兰屯/成吉思汗	217	432			206				218	8		
*九江/庐山	218		25960	-100.0	212		111.7	-100.0	219		416	-100.0
安康	219				219	*九江庐山机场于2016年5月注销			97	10700	20932	-48.9

*九江庐山机场于2016年5月注销。

2016年通信运营业统计公报

工业和信息化部运行监测协调局

2017年1月22日

2016年，我国通信运营业认真贯彻落实中央各项政策措施，继续推进“提速降费”行动，提升4G网络和宽带基础设施水平，积极发展移动互联网、IPTV等新型消费，全面服务国民经济和社会发展，全行业保持健康发展。

一、综合

（一）行业平稳运行，业务总量与收入增速差距扩大

经初步核算[1]，2016年电信业务收入完成11893亿元，同比增长5.6%，比上年回升7.6个百分点。电信业务总量完成35948亿元[2]，同比增长54.2%，比上年提高25.5个百分点。

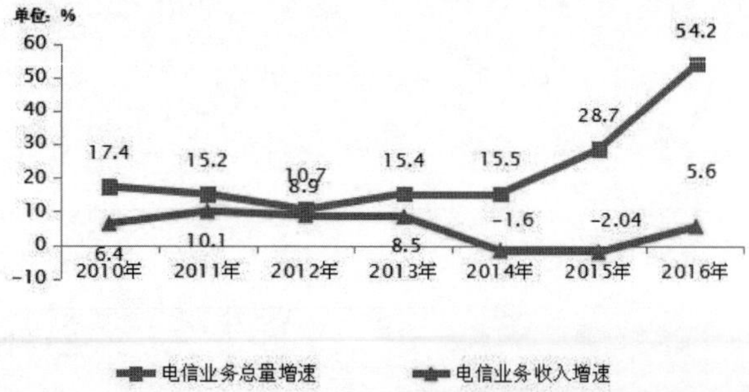

图1　2010—2016年电信业务总量与业务收入增长情况

（二）行业转型步伐加快，用户和收入结构日趋优化

2016年，电信业务收入结构继续向互联网接入和移动流量业务倾斜。非话音业务收入占比由上年的69.5%提高至75.0%；移动数据及互联网业务收入占电信业务收入的比重从上年的26.9%提高至36.4%。

移动宽带（3G/4G）用户占比大幅提高，光纤接入成为固定互联网宽带接入的主流。移动宽带用户在移动用户中的渗透率达到71.2%，比上年提高15.6个百分点；8M以上宽带用户占比达91.0%，光纤接入（FTTH/0）用户占宽带用户的比重超过四分之三。融合业务发展渐成规模，截至12月末，IPTV用户达8673万户。

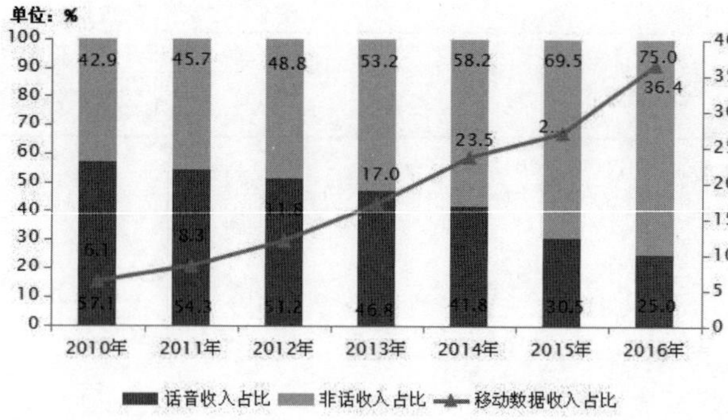

图2　2010—2016年话音业务和非话音业务收入占比变化情况

二、用户规模

（一）电话用户规模继续扩大

2016年，全国电话用户净增2617万户，总数达到15.3亿户，同比增长1.7%。其中，移动电话用户

净增5054万户，总数达13.2亿户，移动电话用户普及率达96.2部/百人，比上年提高3.7部/百人。

全国共有10省市的移动电话普及率超过100部/百人，分别为北京、广东、上海、浙江、福建、宁夏、海南、江苏、辽宁和陕西。固定电话用户总数2.07亿户，比上年减少2437万户。

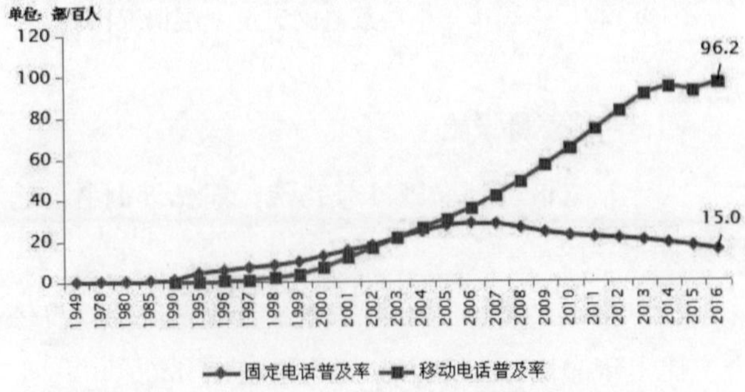

图3 1949—2016年固定电话、移动电话用户发展情况

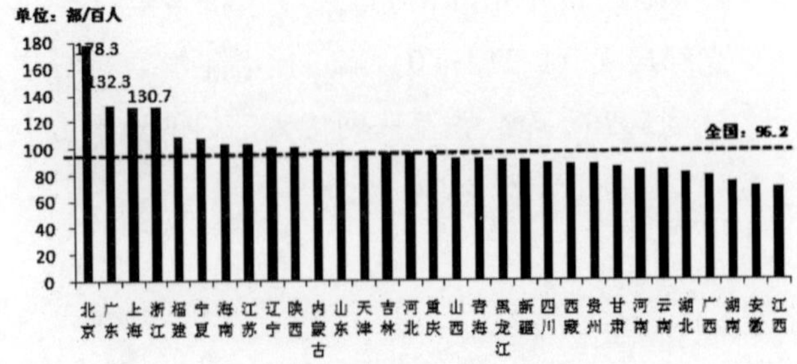

图4 2016年移动电话普及率各省发展情况

（二）4G移动电话用户占比接近六成

2016年，4G用户数呈爆发式增长，全年新增3.4亿户，总数达到7.7亿户，在移动电话用户中的渗透率达到58.2%。2G移动电话用户减少1.84亿户，占移动电话用户的比重由上年的44.5%下降至28.8%。

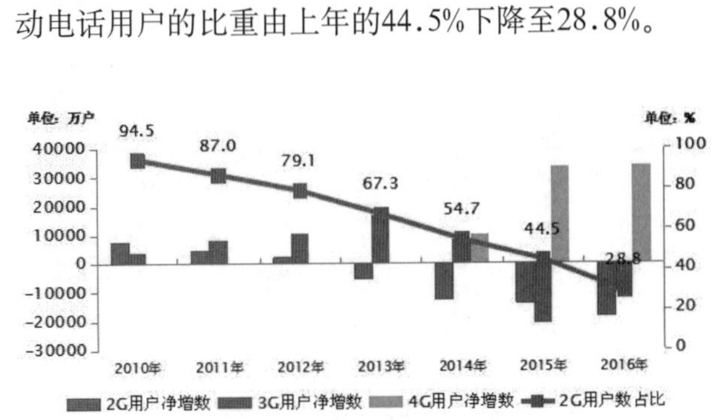

图5 2010—2016年各制式移动电话用户发展情况

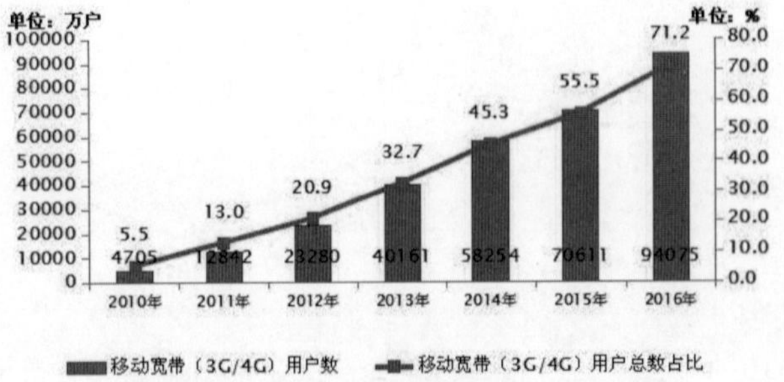

图6 2010—2016年3G/4G用户发展情况

（三）光纤接入用户占比明显提升

2016年，三家基础电信企业固定互联网宽带接入用户净增3774万户，总数达到2.97亿户。宽带城市建设继续推动光纤接入的普及，光纤接入（FTTH/0）用户净增7941万户，总数达2.28亿户，占宽带用户总数的比重比上年提高19.5个百分点，达到76.6%。

8M以上、20M以上宽带用户总数占宽带用户总数的比重分别达91.0%、77.8%，比上年提高21.3、46.6个百分点。

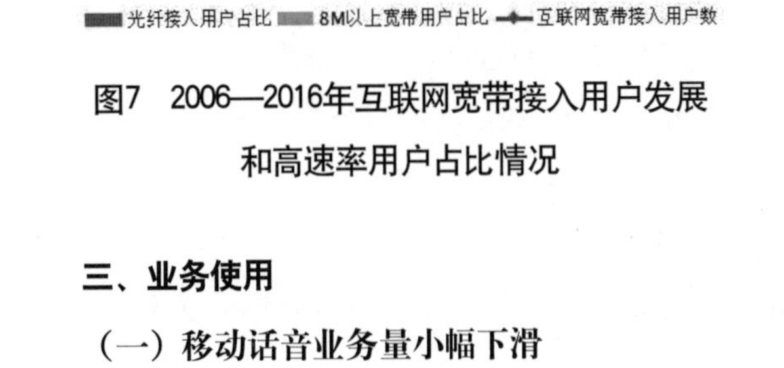

图7 2006—2016年互联网宽带接入用户发展和高速率用户占比情况

三、业务使用

（一）移动话音业务量小幅下滑

2016年，全国移动电话去话通话时长2.81万亿分钟，同比下滑1.4%。其中，移动非漫游去话通话时长同比下降1.6%，移动国际漫游和港澳台漫游通话时长分别下滑15.6%和14.5%。移动国内漫游通话去话通话时长同比增长0.4%。

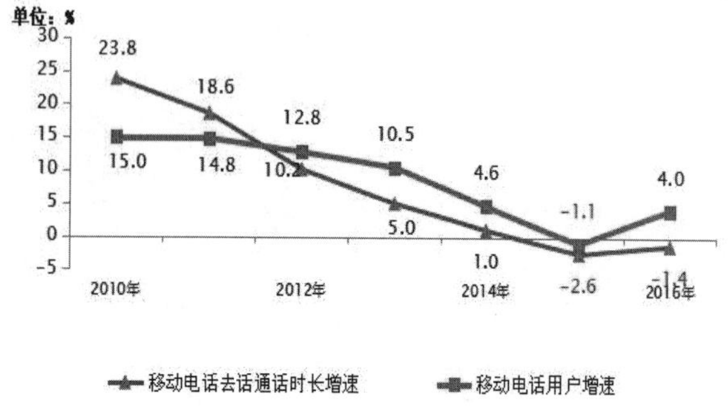

图8　2010—2016年移动通话量
和移动电话用户同比增长各年比较

（二）移动短信业务收入降幅超10%

2016年，全国移动短信业务量6671亿条，同比下降4.6%，降幅较去年同期缩小4.3个百分点。彩信业务量557亿条，同比下降9.8%。移动短信业务收入完成365亿元，同比下降10.7%。

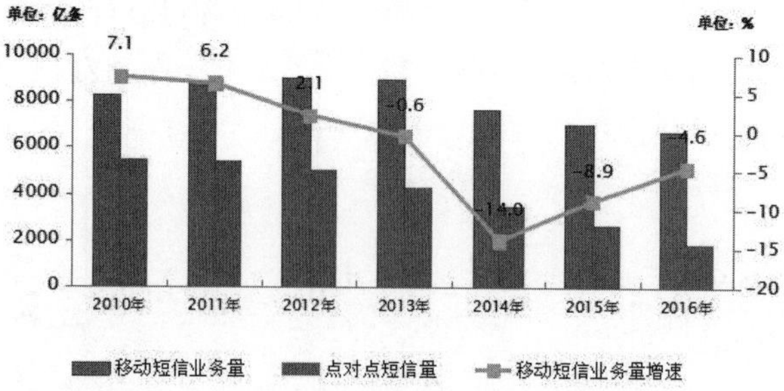

图9　2010—2016年移动短信量
和点对点短信量各年比较

（三）移动互联网流量增速翻倍

2016年，在4G移动电话用户大幅增长、移动互联网应用加快普及的带动下，移动互联网接入流量消费达93.6亿G，同比增长123.7%，比上年提高20.7个百分点。全年月户均移动互联网接入流量达到772M，同比增长98.3%。

其中，通过手机上网的流量达到84.2亿G，同比增长124.1%，在总流量中的比重达到90.0%。固定互联网使用量同期保持较快增长，固定宽带接入时长达57.5万亿分钟，同比增长15.0%。

图10　2010—2016年移动互联网流量发展情况比较

四、网络基础设施

（一）宽带基础设施日益完善，“光进铜退”趋势明显

2016年，互联网宽带接入端口数量达到6.9亿个，比上年净增1.14亿个，同比增长19.8%。

互联网宽带接入端口“光进铜退”趋势更加明显，xDSL端口比上年减少6259万个，总数降至3733万个，占互联网接入端口的比重由上年的17.3%下降至5.4%。

光纤接入（FTTH/0）端口比上年净增1.81亿个，达到5.22亿个，占互联网接入端口的比重由上年的59.3%提升至75.6%。

图11　2010—2016年互联网宽带接入端口发展情况

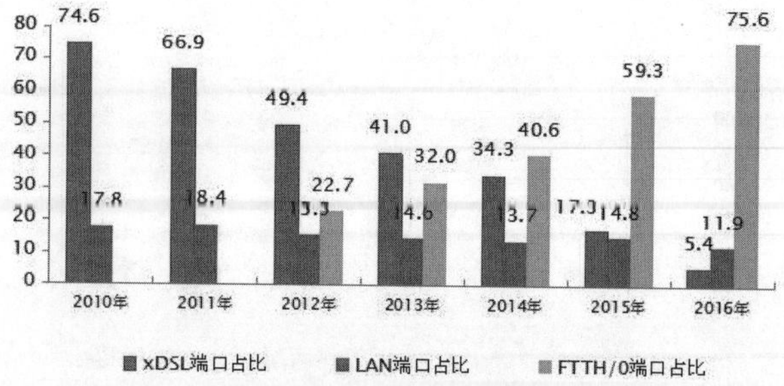

图12　2010—2016年互联网宽带接入端口
按技术类型占比情况

（二）移动通信设施建设步伐加快，移动基站规模创新高

2016年，基础电信企业加快了移动网络建设，新增移动通信基站92.6万个，总数达559万个。其中4G基站新增86.1万个，总数达到263万个，移动网络覆盖范围和服务能力继续提升。

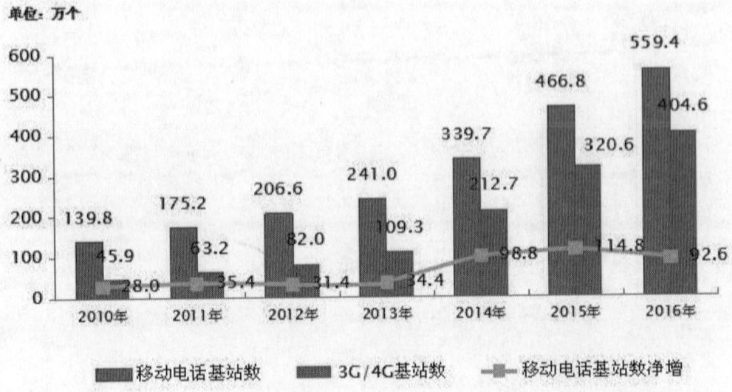

图13 2010—2016年移动电话基站发展情况

（三）传输网设施不断完善，本地网光缆规模与增长居首

2016年，全国新建光缆线路554万公里，光缆线路总长度3041万公里，同比增长22.3%，整体保持较快增长态势。

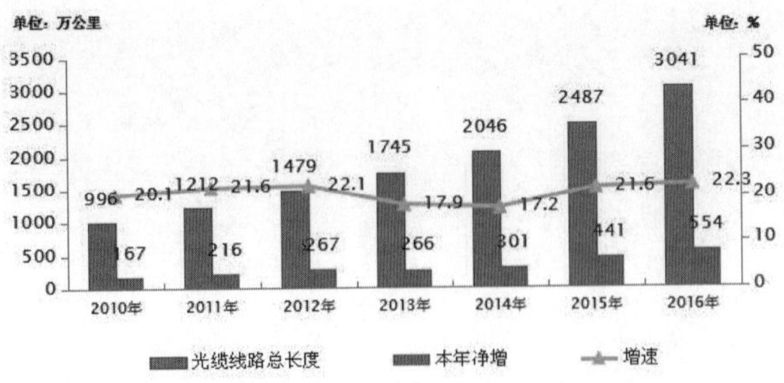

图14 2010—2016年光缆线路总长度发展情况

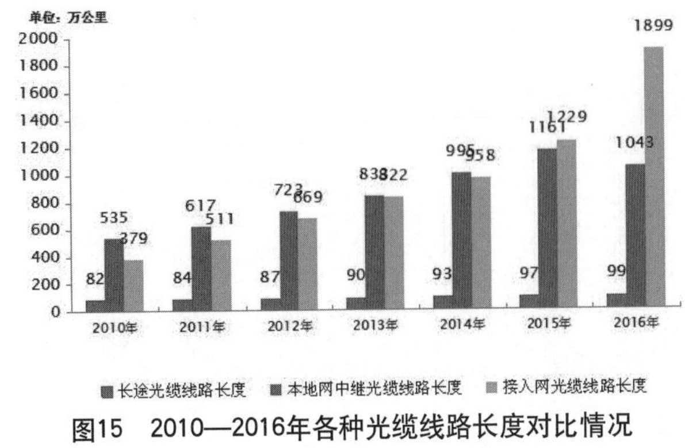

图15 2010—2016年各种光缆线路长度对比情况

全国新建光缆中，接入网光缆、本地网中继光缆和长途光缆线路所占比重分别为62.4%、34.3%和3.3%。其中长途光缆保持小幅扩容，同比增长3.5%，新建长途光缆长度达3.32万公里。

五、收入结构

（一）移动通信业务收入占比超七成

2016年，移动通信业务实现收入8586亿元，同比增长5.2%，占电信业务收入的比重为72.2%，比上年提高1.8个百分点。

其中，话音业务收入在移动通信业务收入占比30.4%，比上年下降7.9个百分点。固定通信业务实现收入3306亿元，同比增长6.7%，其中固定话音业务收入在固定通信业务收入占比11.0%，比上年下降0.9个百分点。

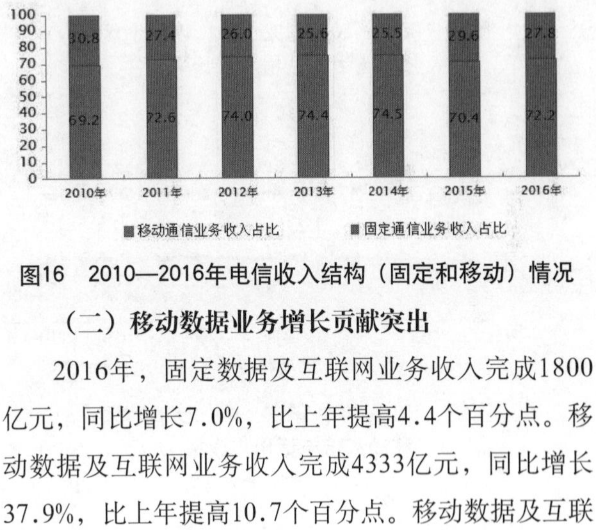

图16 2010—2016年电信收入结构（固定和移动）情况

（二）移动数据业务增长贡献突出

2016年，固定数据及互联网业务收入完成1800亿元，同比增长7.0%，比上年提高4.4个百分点。移动数据及互联网业务收入完成4333亿元，同比增长37.9%，比上年提高10.7个百分点。移动数据及互联网业务收入在电信业务收入中占比达到36.4%，比上年提高8.5个百分点，拉动电信业务收入增长10.6个百分点。

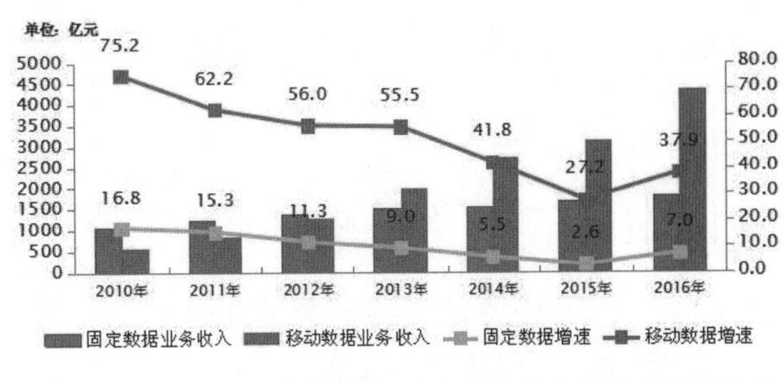

图17 2010—2016年固定与移动数据业务收入发展情况

六、固定资产投资

2016年，全行业固定资产投资规模完成4350亿元，其中移动通信投资完成2355亿元。

七、区域发展

（一）西部移动宽带用户增速快于东中部

2016年，西部移动宽带用户增速比东部和中部增速分别高9.8和1.2个百分点。东、中、西部移动宽带电话用户占比与上年大体相当，分别为48.9%、25.5%、25.6%。

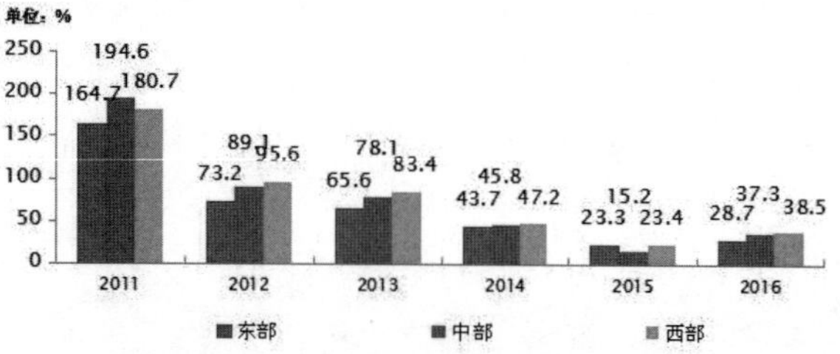

图18　2011—2016年东、中、西部地区移动宽带电话用户增长率

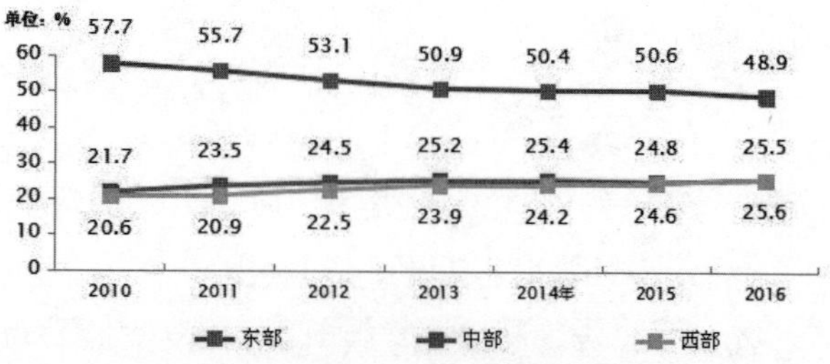

图19　2010—2016年东、中、西部地区移动宽带电话用户比重

（二）区域差距进一步缩小

2016年，东部地区实现电信业务收入6671.7亿元，占全国电信业务收入比重为54.0%，同比下降0.2个百分点，自2010年以来占比持续下降。中部地区占比与上年持平，西部地区占比较上年小幅提升0.2个百分点，达到23.1%。

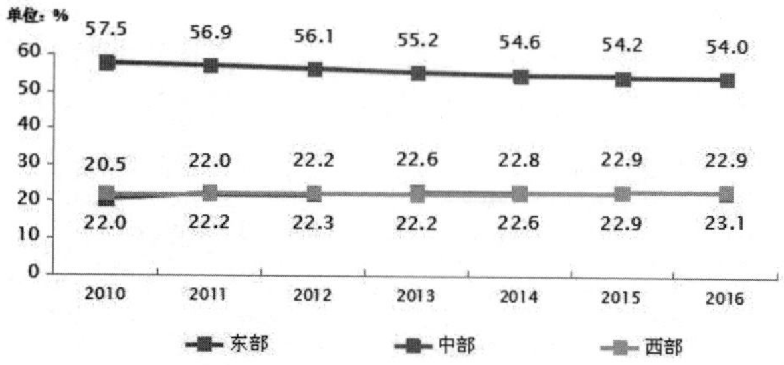

图20　2010—2016年东、中、西部地区电信业务收入比重

注释：

[1]2015年及以前的数据为年报最终核算数，2016年的数据为12月快报初步核算数。下同。

[2]按照2014年微调的2010年不变单价计算。

2016年邮政行业运行情况

国家邮政局

2017年1月4日

2016年，邮政行业业务收入（不包括邮政储蓄银行直接营业收入）累计完成5379.2亿元，同比增长33.2%；业务总量累计完成7397.2亿元，同比增长45.7%。

12月份，全行业业务收入完成542.3亿元，同比增长30%；业务总量完成781.6亿元，同比增长37.1%。

2016年，邮政函件业务累计完成36.2亿件，同比下降21%；包裹业务累计完成2793.6万件，同比下降34.2%；报纸业务累计完成179.9亿份，同比下降4.3%；杂志业务累计完成8.5亿份，同比下降15%；汇兑业务累计完成5804.4万笔，同比下降29.8%。

2016年，全国快递服务企业业务量累计完成312.8亿件，同比增长51.4%；业务收入累计完成3974.4亿元，同比增长43.5%。其中，同城业务收入累计完成563.1亿元，同比增长40.5%；异地业务收入累计完成2099.3亿元，同比增长38.8%；国际/港澳台业务收入累计完成429亿元，同比增长16.1%。

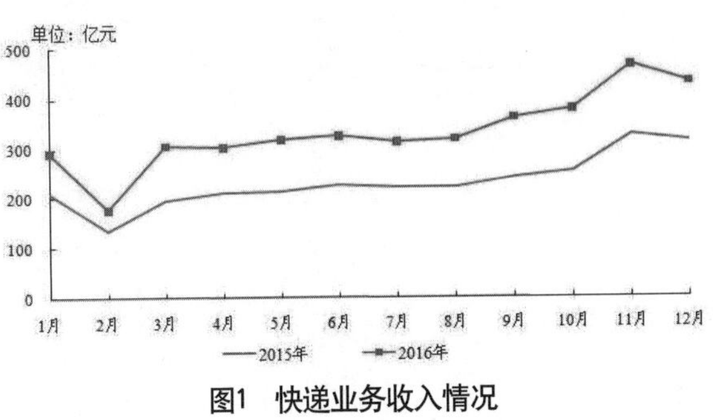

图1 快递业务收入情况

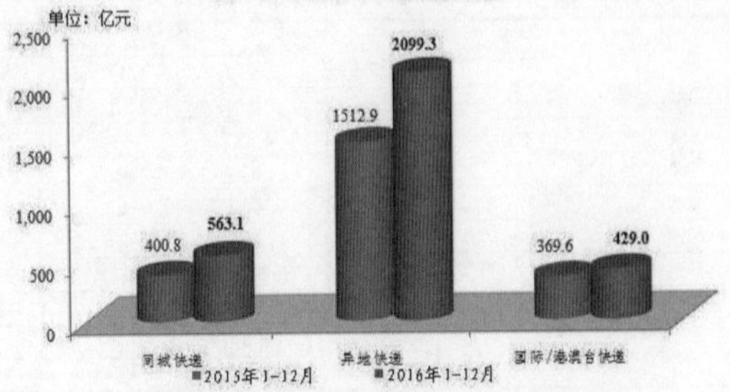

图2 分专业快递业务收入比较

12月份，快递业务量完成34亿件，同比增长40.4%；业务收入完成430.3亿元，同比增长37.3%。

2016年，同城、异地、国际/港澳台快递业务收入分别占全部快递收入的14.2%、52.8%和10.8%；业务量分别占全部快递业务量的23.7%、74.3%和2%。与去年同期相比，同城快递业务收入的比重下降0.3个百分点，异地快递业务收入的比重下降1.8个百分点，国际/港澳台业务收入的比重下降2.5个百分点。

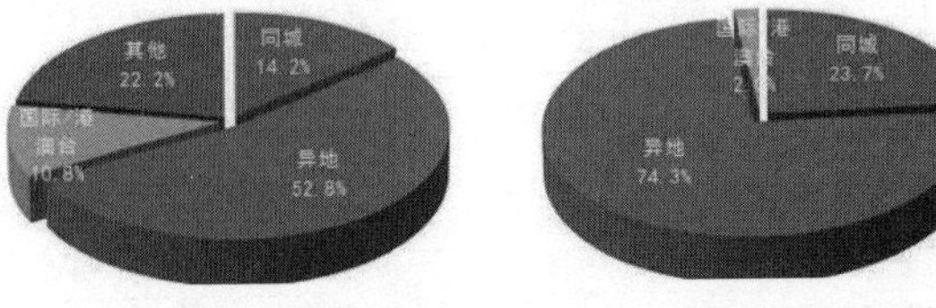

图3–1 快递业务收入结构 图3–2 快递业务量结构图

2016年，东、中、西部地区快递业务收入的比重分别为81.1%、10.7%和8.2%，业务量比重分别为80.9%、11.9%和7.2%。与去年同期相比，东部地区快递业务收入比重下降了0.8个百分点，快递业务量比重下降了1.1个百分点；中部地区快递业务收入比重上升了0.4个百分点，快递业务量比重上升了0.7个百分点；西部地区快递业务收入比重上升了0.4个百分点，快递业务量比重上升了0.4个百分点。

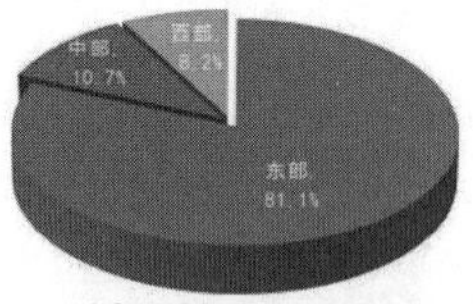

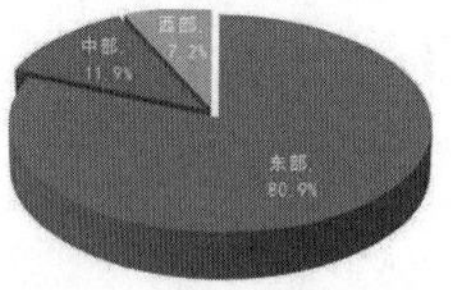

图4—1 地区快递业务收入结构　图4—2 地区快递业务量结构

2016年，快递服务品牌集中度指数CR8为76.7，较1—11月份下降了0.1。

表1　全国邮政行业发展情况

指标名称	单位	12月份		比去年同期增长(%)	
		累计	当月	累计	当月
一.邮政行业业务收入	亿元	5379.2	542.3	33.2	30.0
其中：快递业务收入	亿元	3974.4	430.3	43.5	37.3
二：邮政行业业务总量	亿元	7397.2	781.6	45.7	37.1
其中：函件	万件	361887.3	27011.7	-21.0	-21.8
包裹	万件	2793.6	292.3	-34.2	-9.8
快递	万件	3128315.1	339540.0	51.4	40.4
订销报纸累计数	万份	1799487.0	155539.8	-4.3	-3.9
订销杂志累计数	万份	85106.8	6645.8	-15.0	-12.7
汇总	万笔	5804.4	479.1	-29.8	-26.7

注：邮政行业业务收入中未包括邮政储蓄银行直接营业收入。

表2　分省快递服务企业业务量和业务收入情况

单位	快递业务量累计(万件)	同比增长(%)	快递收入累计(万元)	同比增长(%)
全国	3128315.1	51.4	39743601.3	43.5
北京	196029.0	38.6	2565681.3	41.2
天津	41005.4	60.0	634879.9	45.8
河北	90392.4	64.6	942582.7	67.8
山西	18665.2	62.6	221412.2	44.8
内蒙古	8470.6	56.6	185011.0	50.4
辽宁	39825.9	61.4	556909.3	40.7
吉林	13894.0	54.1	251313.4	48.2
黑龙江	21769.8	72.3	331634.7	55.4
上海	260274.4	52.4	7095143.5	55.9
江苏	183823.2	23.9	3391633.5	16.7
浙江	598770.0	56.3	5412544.6	41.0
安徽	68878.3	72.5	705619.0	53.0
福建	128985.8	45.3	1348336.3	33.7
江西	38304.6	63.2	412915.5	49.2
山东	120533.9	64.2	1389811.6	43.2
河南	83875.3	63.0	943664.1	49.5
湖北	77348.1	52.1	871650.5	46.3
湖南	48603.5	52.9	515976.6	52.2
广东	767241.6	53.0	8802789.8	42.9
广西	22835.4	82.1	338879.1	55.6
海南	4869.4	64.9	100338.6	58.2
重庆	28382.5	38.3	389617.2	36.0
四川	80147.8	64.2	963552.7	53.2
贵州	11260.1	60.1	217919.1	64.6
云南	17445.8	57.0	289569.0	44.0
西藏	734.4	27.0	20713.0	23.1
陕西	36901.6	81.3	456462.2	67.3
甘肃	6065.1	71.3	125040.5	72.4
青海	1078.6	50.5	30040.5	64.7
宁夏	3241.5	45.2	58591.2	21.2
新疆	8661.9	22.9	173369.1	34.1

表3　快递业务量前50位城市情况

排名	城市	快递业务量累计(万件)	排名	城市	快递业务量累计(万件)
1	广州市	286698.2	26	济南市	26745.8
2	上海市	260274.4	27	福州市	26427.2
3	深圳市	204503.2	28	长沙市	26028.2
4	北京市	196029.0	29	青岛市	24978.4
5	杭州市	180473.3	30	中山市	24499.9
6	金华(义乌)市	168962.4	31	绍兴市	24411.8
7	东莞市	106895.6	32	汕头市	23086.0
8	苏州市	85093.3	33	南通市	21628.0
9	成都市	61463.1	34	厦门市	20303.9
10	温州市	58652.7	35	沈阳市	19289.1
11	泉州市	55419.5	36	湖州市	18682.0
12	武汉市	54760.6	37	保定市	18173.7
13	宁波市	50677.5	38	徐州市	17377.7
14	台州市	49250.1	39	南昌市	17149.7
15	南京市	47229.6	40	常州市	16435.8
16	郑州市	42374.8	41	惠州市	15886.7
17	天津市	41005.4	42	哈尔滨市	15528.2
18	揭阳市	36316.5	43	廊坊市	12864.5
19	无锡市	34752.7	44	临沂市	12195.1
20	嘉兴市	33227.7	45	昆明市	11775.4
21	合肥市	30324.2	46	太原市	11424.6
22	佛山市	29683.2	47	南宁市	11407.7
23	重庆市	28382.5	48	宿迁市	11156.8
24	西安市	27716.4	49	扬州市	10736.3
25	石家庄市	27643.0	50	潍坊市	10442.9

表4　快递业务收入前50位城市情况

排名	城市	快递业务收入累计(万元)	排名	城市	快递业务收入累计(万元)
1	上海市	7095143.5	26	厦门市	307403.7
2	深圳市	2983449.2	27	石家庄市	305226.1
3	广州市	2754615.6	28	中山市	287243.7
4	北京市	2565681.3	29	长沙市	282125.1
5	杭州市	1956943.8	30	福州市	272787.9
6	东莞市	1226028.8	31	揭阳市	255856.8
7	金华(义乌)市	1196523.3	32	常州市	245364.3
8	苏州市	1141460.7	33	沈阳市	240690.4
9	成都市	692310.4	34	南通市	232568.8
10	天津市	634879.9	35	哈尔滨市	224967.8
11	南京市	605723.4	36	绍兴市	220890.7
12	武汉市	600679.5	37	南昌市	194381.5
13	宁波市	583874.3	38	汕头市	189918.7
14	郑州市	518040.7	39	昆明市	184839.4
15	温州市	484986.5	40	保定市	178000.5
16	泉州市	462273.7	41	惠州市	176004.3
17	无锡市	448137.9	42	南宁市	171039.9
18	重庆市	389617.2	43	大连市	167369.1
19	佛山市	373903.2	44	长春市	156956.9
20	嘉兴市	359947.9	45	徐州市	144585.7
21	青岛市	345091.9	46	湖州市	141157.7
22	台州市	341953.1	47	烟台市	136052.2
23	西安市	331604.9	48	廊坊市	127141.7
24	济南市	321886.8	49	潍坊市	121581.9
25	合肥市	319580.1	50	莆田市	118005.4
云南	17445.8	57.0	289569.0	44.0	
西藏	734.4	27.0	20713.0	23.1	
陕西	36901.6	81.3	456462.2	67.3	
甘肃	6065.1	71.3	125040.5	72.4	
青海	1078.6	50.5	30040.5	64.7	
宁夏	3241.5	45.2	58591.2	21.2	
新疆	8661.9	22.9	173369.1	34.1	

工业、电子信息

2016年中国石油和天然气开采业经济运行情况分析

中商产业研究院

2017年2月10日

1. 行业亏损面有所减少，亏损总额持续增长

中商产业研究院通过石油和天然气开采业监测数据显示，截至2016年12月底，我国石油和天然气开采业规模以上企业数量达到140家。12月，行业亏损面有所下降，亏损企业达到70家，与上月相比减少4家，规模以上企业亏损比例达到50%，较上月下降2.86个百分点。1-12月，石油和天然气开采业亏损总额1125.0亿元，同比增长126.8%。

表1 2016年1—12月石油和天然气开采业企业数量及亏损情况统计

	企业数量（个）	亏损企业数（个）	亏损总额（亿元）	增长率（%）
1-2月	141	80	269.8	244.6
1-3月	140	82	383.4	263.8
1-4月	141	77	482.5	259.5
1-5月	137	74	552.4	264.9
1-6月	137	77	604.2	284.4
1-7月	138	76	664.9	298.1
1-8月	138	75	734.7	295.0
1-9月	140	76	804.0	243.0
1-10月	140	76	862.0	199.0
1-11月	140	74	938.1	161.2
1-12月	140	70	1125.0	126.8

数据来源：中商产业研究院整理。

2. 行业存货下降速度加快，产成品库存减少

2016年12月，石油和天然气开采业产成品库存为95.4亿元，比上月减少12.3亿元，累计增速同比持平，减幅较上月下降11.5个百分点。

3. 固定资产投资增速上升，行业资产规模有所下降

2016年1—12月，我国石油和天然气开采业固定资产投资2331亿元，同比下降31.9%。截至2016年12月底，石油和天然气开采业资产总额达到20036.3亿元，同比下降3.2%，行业负债合计9152.8亿元，同比下降4.5%。

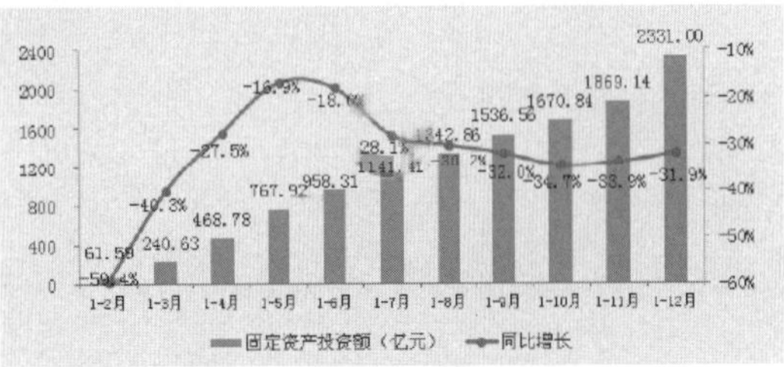

图1 2016年1—12月中国石油和天然气开采业固定资产投资及增速

数据来源：中商产业研究院整理。

4、行业经营效益持续下降，行业毛利率14.6%

2016年1—12月，我国石油和天然气开采业主营

业务收入达到6470.3亿元，同比下降16.8%，行业实现利润总额亏损达到476.3亿元，同比下降158.9%。石油和天然气开采业毛利率为14.6%，与上月相比上涨0.9个百分点。石油和天然气开采业销售利润率为-7.4%，与上月相比下降0.8个百分点。

表2　2016年1—12月中国石油和天然气开采业主营业务收入及利润总额

	主营业务收入（亿元）	增长率（%）	利润总额（亿元）	增长率（%）
1—2月	848.0	-31.8	-203.4	-234.1
1—3月	1306.9	-30.9	-285.9	-202.0
1—4月	1803.4	-29.0	-355.8	-196.0
1—5月	2332.5	-27.2	-376.8	-175.8
1—6月	2889.9	-26.5	-389.9	-161.7
1—7月	3442.6	-25.8	-386.3	-149.9
1—8月	3981.7	-24.9	-394.7	-145.8
1—9月	4536.2	-23.4	-392.6	-144.0
1—10月	5113.7	-21.9	-377.7	-141.6
1—11月	5726.1	-20.0	-376.0	-141.0
1—12月	6470.3	-16.8	-476.3	-158.9

数据来源：中商产业研究院整理。

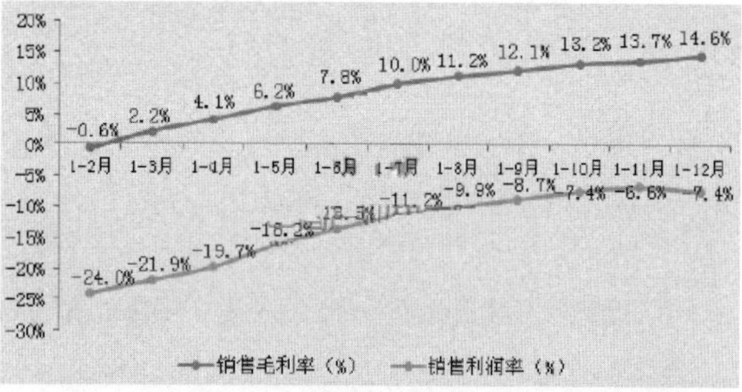

图2　2016年1—12月 中国石油和天然气开采业盈利能力趋势图

数据来源：中商产业研究院整理。

5、主营业务成本稳定增长，财务费用增速下滑

2016年1—12月，我国石油和天然气开采业主营业务成本达到5524.6亿元，同比增长0.7%；销售费用37.62亿元，同比下降15.1%；管理费用659.6亿元，同比增长5.6%；财务费用164.3亿元，同比下降9.3%。

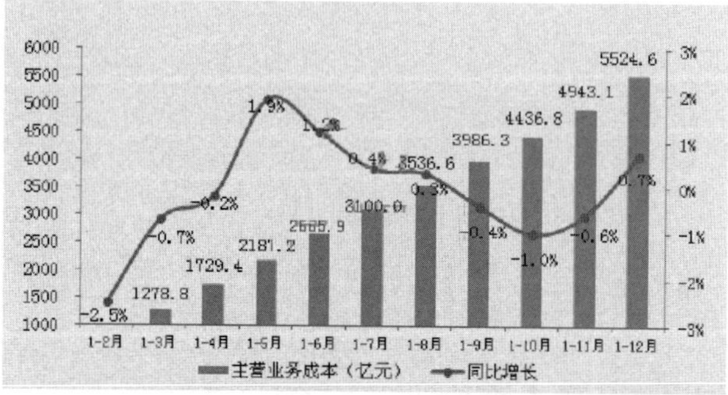

图3　2016年1—12月 中国石油和天然气开采业主营业务成本及增速

数据来源：中商产业研究院整理。

2016年化工行业运行情况

国家发展改革委

2017年2月13日

2016年，化工行业增加值同比增长7.6%，增速同比回落1.7个百分点。主要产品中，乙烯产量1781万吨，增长3.9%。初级形态的塑料产量8227万吨，增长6.6%；合成橡胶产量546万吨，增长8.9%；合成纤维产量4536万吨，增长3.5%。烧碱产量3284万吨，增长8.8%；纯碱产量2588万吨，增长2.6%。化肥产量7005万吨，下降4.8%；其中，氮肥、磷肥产量分别下降7.9%和0.2%，钾肥产量增长8.4%。农药产量378万吨，增长0.7%。橡胶轮胎外胎产量94698万条，增长8.6%。电石产量2588万吨，增长4.2%。

重点监测的化工产品中，多数产品价格比上月上涨。12月份，烧碱（片碱）平均价格为3300元/吨，比上月下跌1.5%，同比上涨42.2%；纯碱2150元/吨，比上月上涨20.8%，同比上涨62.9%。尿素1520元/吨，比上月上涨8.6%，同比上涨5.6%；国产磷酸二铵2400元/吨，比上月下跌9.8%，同比下跌10.8%。电石2600元/吨，比上月下跌0.4%，同比上涨22.6%。

注：

文中数据如无说明，均来自国家统计局、有关协会或据此计算。

2016年钢铁行业运行情况

工业和信息化部

2017年3月1日

2016年，钢铁行业深入推进供给侧结构性改革，大力化解过剩产能，各项政策措施陆续出台，效果开始显现，市场出现积极变化，钢铁行业运行走势稳中趋好。全年粗钢产量同比小幅上升，钢材价格大幅上涨，钢材出口略有下降，企业效益好转。但产能过剩基本面没有改变，价格上涨、效益回升的基础仍不牢固，行业还没有完全走出困境，2017年仍要突出重点，坚定不移化解过剩产能。

一、2016年钢铁行业运行情况

（一）钢铁去产能超额完成年度任务

2016年是化解钢铁过剩产能工作的开局之年，钢铁行业认真贯彻落实党中央国务院决策部署，深入推进供给侧结构性改革，共化解粗钢产能超过6500万吨，超额完成2016年化解4500万吨粗钢产能的目标任务。

（二）生产消费量双增长

2016年，全国粗钢产量8.08亿吨，同比上涨1.2%。国内粗钢表观消费7.10亿吨，在连续两年出现下降后止跌回升，同比上涨1.3%。钢材（含重复材）产量11.38亿吨，同比增长2.3%，增幅上涨1.7个百分点。中国粗钢产量占全球比重为49.6%，增加0.2个百分点。

（三）钢材价格触底回升

国内钢材价格在连续多年下降后，2016年止跌回升。钢材综合价格指数由年初的56.37点上涨到99.51点，上涨43.14点，涨幅76.5%。从品种上看，板材涨幅大于长材，其中板材价格指数由56.79升至104.60点，涨幅84.2%；长材价格指数由56.92升至97.60点，涨幅71.5%。

（四）钢铁行业扭亏为盈

2016年随着钢铁去产能工作的推进和市场需求的回升，钢材价格震荡上涨，钢铁行业实现扭亏为盈。重点统计钢铁企业实现销售收入2.8万亿元，同比下降1.8%；累计盈利303.78亿元，上年同期为亏损779.38亿元，利润增长超过1000亿元。

（五）钢材出口略有下降

2016年，受国内钢材价格回升和国际贸易保护主义的影响，钢材出口下降。我国出口钢材（坯）1.08亿吨，同比下降3.5%；进口钢材（坯）1350万吨，同比增长3.2%；折合净出口粗钢9855万吨，同比下降4.4%，占我国粗钢总产量的12.2%。

（六）固定资产投资持续下降

2016年，我国钢铁行业固定资产投资5139亿元，同比下降8.6%。其中黑色金属冶炼及压延业投资4161亿元，同比下降93.6亿元，下降2.2%；黑色金属矿采选业投资978亿元，下降28.4%。钢铁行业投资处于萎缩阶段，自2014年以来已经连续3年下降。

二、钢铁行业发展中的突出问题

（一）产业集中度处于低位，产能过剩问题仍然严重

2016年，宝钢、武钢重组成立了宝武集团，产

业集中度有所提高，扭转了产业集中度连年下降的趋势，CR10上升为35.9%，同比增加1.7%，CR4上升为21.7%，同比增加3.1%，但行业集中度依然较低，仍处于近十年来的低位水平。虽然钢铁去产能工作取得了阶段性成效，但是产能过剩格局没有发生根本性改变，行业恶性竞争依然激烈。

（二）钢材国际贸易摩擦加剧，出口秩序有待规范

全球粗钢需求增长乏力与钢铁产能过剩矛盾加剧了各种形式的贸易保护主义抬头，国际竞争更加激烈复杂，钢铁国际贸易摩擦更加尖锐。同时，国内一些企业在普通钢品种上加入微量合金，冒充合金钢低价出口，扰乱了国际国内市场秩序。2016年各国对我发起双反调查共117起，其中对钢铁49起，占比42%。我国钢材出口难度增大，出口同比下降3.5%。预计2017年我国钢材出口将遭遇更多困难。

（三）原燃料价格大幅上涨，钢铁行业利润率偏低

2016年，焦炭和铁矿石等原材料价格大幅上涨，焦炭价格综合指数从年初的618点上涨到年末的1983点；铁矿石价格止跌回升，2016年末，国产铁精矿价格为606元/吨，进口铁矿石粉矿到岸价格为78美元/吨，较年初分别上涨40%及88%。受此影响，黑色金属冶炼和压延加工业的利润率仅为2.63%，是16个制造业子行业中利润率最低的行业。

（四）“地条钢”乱象严重，市场环境需进一步完善

“地条钢”一直是钢铁行业的顽疾，严重扰乱钢铁市场环境。随着去产能工作的推进，各地暴露出大量的“地条钢”企业，这些企业不但在产品的质量、安全、环保等方面不符合要求，而且存在不开发票偷税漏税、假冒优质企业产品、无证生产销售等行为，严重扰乱市场秩序，严重挤压合法合规企业生产经营的市场空间，亟待全面取缔。

三、2017年钢铁行业发展形势展望

2017年是供给侧结构性改革的深化之年，也是去产能的攻坚之年。钢铁行业要适应这种新变化，抓住并利用好这个新变化，实现行业的脱困发展、转型升级。

（一）化解过剩产能力度将持续加大

2017年钢铁化解过剩产能工作将更加强化市场化、法治化方式，突出严格执行环保、能耗、安全标准，将“地条钢”作为产能退出重中之重，坚决依法彻底取缔“地条钢”违法违规产能。中央、地方、社会、企业通力合作，重拳打击“地条钢”，确保2017年6月底前将其全面取缔，规范钢铁行业生产经营秩序。

（二）有效供给水平将不断提升

供给侧结构性改革将促进钢铁行业加快发展智能制造、绿色制造，不断提升钢铁产品的有效供给水平。流程型智能制造、网络协同制造、大规模个性化定制、远程运维等智能制造新模式有望在行业内得以进一步推广；钢结构建筑应用将会加强；高技术船舶、海洋工程装备、先进轨道交通、电力等领域所需的关键品种产品将持续突破和产业化。

（三）钢铁行业兼并重组将深入推进

宝钢、武钢的正式合并，为钢铁行业兼并重组起到了示范作用，宝武钢铁集团深度整合的经验，将有利于完善企业实施兼并重组的政策环境。以提升质量品牌、整合区域资源为主要任务的减量化兼并重组将会取得实质性进展，随着国家去产能工作的持续推进，钢铁产能会进一步向优势企业集中，产业集中度情况将会有所改观。

（四）钢材需求量将保持稳定

随着我国经济增速从高速增长转向中高速增长，经济发展方式从规模速度型粗放增长转向质量效益型集约增长，经济结构从增量扩能为主转向调整存量、做优增量并存的深度调整，传统制造业、房地产等行业对钢材需求强度会有所下降，高端制造业、新兴产业用钢需求会有所增长，总体来看，2017年钢材需求有望保持稳定并略有增长。

2016年建材工业经济运行情况

工业和信息化部

2017年2月28日

2016年，建材行业经济运行呈现筑底回升、稳中向好势头，主要产品生产增速平稳，价格理性回升，经济效益持续好转，发展质量有所改善。但产能过剩矛盾没有根本缓解，供给结构仍待优化，国际市场需求疲软，行业回升势头仍不稳固。

一、生产总体平稳

2016年建材工业增加值同比增长6.7%，增速与2015年持平，比整个工业高0.7个百分点。主要建材产品产量与2015年相比均实现增长，其中，水泥产量24亿吨，同比增长2.5%，平板玻璃产量7.7亿重量箱，同比增长5.8%。商品混凝土、玻璃纤维、钢化玻璃、建筑陶瓷、砖瓦等产品增长7%以上。

二、产品价格回升

建材行业主要产品价格自2016年1季度触底后，呈持续回升势头，扭转连续两年下滑局面，但全年平均价格仍低于上年水平。12月份，水泥出厂价格较年初上涨46.5元，涨幅20%，升至302.7元，重回300元以上区间，年末价格指数同比上涨23.18点；平板玻璃出厂价格也回到每重量箱70元以上，达到70.7元，同比上涨6.6元，年末价格指数同比上涨208点。

三、行业效益好转

2016年，建材工业主营业务收入7.6万亿元，同比增长5.3%，增速较去年同期提高2个百分点，实现利润4906.9亿元，同比增长9.1%。其中，水泥行业完成主营业务收入8764亿元，同比增长1.2%，实现利润517.5亿元，同比增长56%，均扭转近两年连续下滑局面；平板玻璃行业完成主营业务收入682亿元，同比增长16%；实现利润57.9亿元，同比增长283%。行业效益改善主要得益于大力推进去产能调结构增效益工作，业内联合重组加快，无序竞争有所遏制，区域市场供求关系得到阶段性改善。

四、固定资产投资降中趋稳

2016年建材行业完成固定资产投资1.6万亿元，同比增长1.0%，与前3季度同比下降3.9%相比，增速由负转正。其中，水泥全年完成投资990亿元，同比下降8.4%，平板玻璃全年完成投资270亿元，同比下降9.3%。这一方面说明抑制水泥、平板玻璃过剩产能投资效果显现，另一方面说明建材新兴产业发展逐步提速，在一定程度上弥补了产能过剩行业投资下降。

五、出口量价齐跌

2016年建材行业出口310亿美元，同比下降19%。除建筑与技术玻璃外，占建材出口半数的建筑卫生陶瓷、建筑用石出口数量和金额均继续呈现下降势头，其中建筑卫生陶瓷出口1898万吨，金额91.7亿美元，同比分别下降6.6%和33.4%；建筑用石出口1153.4万吨，金额62.8亿美元，同比分别下降10.6%和17.5%。主要原因是国际市场低迷，建材产品出口离岸价格同比下降26.8%，导致建材出口量价齐跌。

六、发展质量有所改善

2016年，建材工业平均销售利润率6.4%，同比提高0.2个百分点，比全国工业企业平均销售利润率高0.4个百分点。其中，水泥行业销售利润率5.9%，同比提高2.1个百分点；平板玻璃行业销售利润率8.5%，同比提高5.9个百分点。截至12月，建材行业亏损面缩小至11%，同比下降1.1个百分点；全年人均创造利润7.53万元，人均创利同比提高11%；资产负债率51.3%，同比下降0.9个百分点。

七、产业结构进一步优化

2016年中建材、中材两央企实现合并，金隅和冀东、拉法基和华新水泥、昆钢嘉华和华润分别完成战略重组，吉林省和河北沙河分别启动压减水泥和平板玻璃过剩产能试点，河南、内蒙古、辽宁等省区开始组建水泥集团，初步统计，2016年全国前10家水泥及熟料产业集中度分别为44%和58%，比上年分别提高5.0和7.0个百分点。同时，建材行业正由传统产业单项支撑向传统产业和新兴产业双支撑转变，2016年建材加工制品业主营业务收入同比增长7.1%，增速比整个行业高1.8个百分点，主营业务收入占整个建材行业比重同比提高1.0个百分点，为全行业稳增长提供了重要支撑。

2016年机械行业运行情况报告

中国机械工业联合会

2017年2月14日

2016年是实施“十三五”规划的开局之年，机械工业认真贯彻落实党中央、国务院的战略部署，面对复杂多变的国内外经济环境，积极探索行业发展的新路径。在《中国制造2025》及相关政策的引领下，增长速度出现回升，发展态势总体平稳。与此同时，随着结构调整的深入推进，行业发展面对的市场环境依然严峻，行业内部深层次的矛盾愈加突出，产业转型升级的任务更加繁重。

展望2017年，机械工业将全面贯彻落实党的十八大和十八届三中、四中、五中、六中全会精神，认真落实中央经济工作会议决策部署，坚持稳中求进工作总基调，深化创新驱动，在实施供给侧结构性改革过程中，稳步提高行业经济效益水平，全面提升行业发展质量，迎接党的十九大胜利召开。

一、2016年机械工业经济运行情况

（一）主要经济指标增速回升

2016年以来机械工业主要经济指标增速在上年较低水平基础上普遍回升，增长速度超年初预期。

1. 增加值增速高于工业平均水平

2016年机械工业增加值增速呈现逐月攀升的态势，1-12月同比增长9.6%，比上年增速提高4.1个百分点，高于同期全国工业增速3.6个百分点。

2. 主营业务收入增速提升

2016年机械工业累计实现主营业务收入24.55万亿元，同比增长7.44%，比上年同期提高4.12个百分点，高于同期全国工业2.53个百分点。从全年走势看，增速逐月提升且始终高于同期全国工业平均水平。

3. 利润总额继续增长

2016年机械工业实现利润总额1.68万亿元，同比增长5.54%，高于上年同期3.08个百分点，但低于同期主营业务收入增速，也低于全国工业利润平均增速。主营业务收入利润率为6.87%，较上年下降0.12个百分点，已连续两年下滑。企业亏损面11.91%，比上年提高0.41个百分点；亏损额增长6.25%。

（二）多数产品产量保持增长

在国家统计局公布的64种主要机械产品中，产量实现增长的有41种，占比为64.1%；产量下降的23种，占比为35.9%。实现产量增长的产品比重较上年提高了36个百分点。

（三）投资增速回落过快

2016年机械工业固定资产投资延续了近年来增速持续回落的态势，1—12月累计完成投资5.01万亿元，同比仅增长1.7%，分别低于全社会及制造业投资增速6.4和2.5个百分点，与上年机械工业投资增幅相比大幅回落8个百分点，增速已连续五年回落。

（四）订货形势仍不稳定

2016年机械工业市场需求疲软的态势没有明显改善，1—12月机械工业重点联系企业累计订货额同比增长10.37%，数据虽比上年有所回升，但订货形势仍不稳定，工程、重型、矿山机械、石油机械等相关行业的企业订单明显不足。同时订单质量有所下降。

（五）外贸进出口总额持续下降

2016年机械工业对外贸易延续了上年的疲软态势，外贸总额持续负增长。全年累计实现进出口总额6474.55亿美元，同比下降2.86%；其中进口2727亿美元，同比下降1.82%，降幅较上年收窄；出口3748亿美元，同比下降3.6%，已连续两年负增长。全年实现贸易顺差1021亿美元。

（六）产品价格指数略有回升

2016年机械工业产品价格总体延续了近年来的疲软下行趋势，机械工业生产者出厂价格指数全年均低于100。从趋势看，机械产品价格指数的降幅在收窄，12月价格指数为99.8，较年初提高1.5个百分点。但与同期工业生产者购进价格指数上升幅度相比（上升12.1个百分点），机械产品价格回升艰难。

二、结构调整积极推进

（一）产品结构调整升级

1. 顺应市场变化，产品产销增减分化

工程机械产品销售触底回升，据统计10种主要产品中有8种实现正增长。而农业机械产品经历多年快速增长后高位下滑，据统计10种主要产品中8种产品产量下降。汽车产销快速增长，据中国汽车工业协会统计，2016年汽车产销分别为2812万辆和2802万辆，同比分别增长14.5%和13.7%，产销双双突破2800万辆，再创历史新高，连续八年蝉联全球第一。发电设备产量稳居世界首位，据机械工业发电设备中心统计，2016年发电设备产量1.15亿千瓦，同比增长8.4%。

2. 符合国家政策导向的产品稳定增长

在严峻的市场竞争中，企业顺应国家产业结构调整方向，努力发展适销对路产品，发展势头良好。

一是与消费、环境保护关系密切的产品产量保持增长。乘用车全年产销分别完成2442万辆、2438

万辆，同比增长15.5%、14.9%。环保产品增长突出，1–12月环境污染防治专用设备同比增长30.3%，其中大气污染防治设备同比增长29.65%，水质污染防治设备同比增长37.04%；与物流仓储消费相关的内燃叉车同比增长7.68%，电动叉车同比增长4.28%，收获后处理机械同比增长16.69%。

二是与新能源、智能制造相关的产品销售快速增长。全年新能源汽车产销量分别为51.7万辆和50.7万辆，同比分别增长51.7%和53%；电工仪器仪表同比增长18.54%。

（二）自主研发亮点频现

在《中国制造2025》强国战略等相关产业政策的引导下，机械工业转型升级、创新发展持续推进。

大型核电、水电、火电和风电设备、特高压交直流及柔性直流输变电设备、油气长输管线关键装备、大型煤化工关键设备、高档数控机床等高端设备自主研发取得突破。如世界首台大断面马蹄形盾构掘进机在陕西正式开机掘进；北京和利时系统工程有限公司参与的联合研制的核电站数字化仪控系统平台项目通过验收；上海电气核电设备有限公司自主研制的全球首座第四代核电站反应堆压力容器在华能石岛湾核电厂吊装成功；哈电集团C4项目反应堆冷却剂泵组设备通过验收；中国一拖研制成功具有国内领先水平的拖拉机性能试验用的200kN负荷车；特高压输变电装备关键零部件技术取得新突破。

（三）创新能力建设受到重视

“创新驱动、创新引领”已成为越来越多企业的自主选择，对创新能力建设的实际投入持续提升。大型压缩机试验台、水轮模型试验台、电站安全阀试验台等新产品研发的基础试验检测平台相继建成。同时还有一批具备世界先进水平的试验检测平台陆续开始建设，如全球最高电压等级±1100kV变压器类产品的试验条件已在建设。

（四）智能制造开始起步

在相关产业政策的引导下，我国传统制造领域的数字化改造持续进行，涵盖企业生产、运营、管理全过程的信息化建设步伐加快。同时融合了互联网、云计算等信息技术，现代传感技术，高精度控制技术和数字化制造技术的智能制造已在部分领域开始起步。以工业机器人为例，据中国机器人产业联盟统计数据显示，我国已连续三年成为全球第一大工业机器人消费市场。其中，搬运是机器人的首要应用领域，特别是在铸造等工况条件较为恶劣的领域，工业机器人的使用量迅速攀升。预计2016年中国市场机器人销量仍将位居全球第一位。

（五）积极探索转型发展新路径

机械企业积极探索发展的新路径，新业态、新模式不断涌现。为推动传统行业向制造服务业发展，中国机械工业联合会发布了《关于机械工业发展服务型制造的指导意见》，鼓励企业积极探索发展的新路径。目前机械工业服务型制造已全面延伸到所有大行业，实现从研发设计到产品回收处理和再制造等各个环节完备的服务链条，并涌现出陕西鼓风机集团、潍柴动力集团、杭州制氧机集团、浙江中控技术股份有限公司等一批典型与示范企业。发展服务型制造已成为机械工业企业转型升级的重要途径。

2016年汽车工业经济运行情况

工业和信息化部

2017年1月17日

2016年我国汽车产销较快增长，产销总量再创历史新高，全年汽车产销分别完成2811.9万辆和2802.8万辆，比上年同期分别增长14.5%和13.7%，高于上年同期11.2和9.0个百分点。

12月，汽车产销分别完成306.3万辆和305.7万辆，单月销量首次突破300万辆，产销比上月分别增长1.7%和4.0%，比上年同期分别增长15.0%和9.5%。

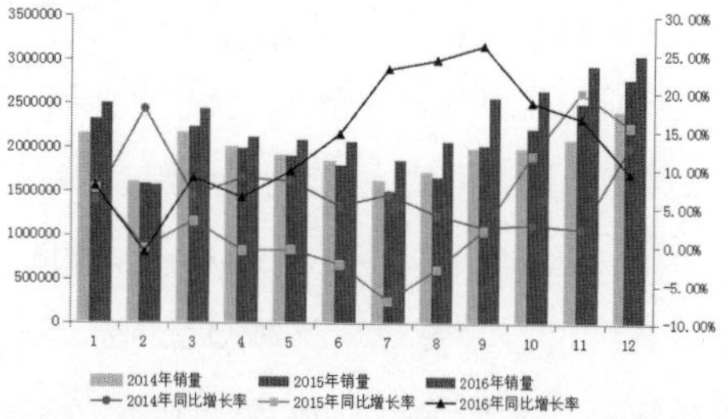

图1　2014—2016年月度汽车销售量及同比变化情况

一、乘用车销售同比增长14.9%

2016年，乘用车产销分别完成2442.1辆和2437.7万辆，比上年同期分别增长15.5%和14.9%，增速高于汽车总体1.0和1.2个百分点，其快速增长对于汽车产销增长贡献度分别达到92.3%和94.1%。其中，轿车销售1215.0万辆，同比增长3.4%；SUV销售904.7万辆，同比增长44.6%；MPV销售249.7万辆，同比增长18.4%；交叉型乘用车销售68.4万辆，同比下降37.8%。

12月乘用车产销分别完成264.4万辆和267.2万辆，产销量比上月分别增长0.2%和3.2%；与上年同期相比，产销量分别增长13.6%和9.1%，产销同比均呈较快增长。其中，轿车销售125.5万辆，同比下降2.3%；SUV销售108.2万辆，同比增长35.6%；MPV销售27.2万辆，同比下降0.5%；交叉型乘用车销售6.4万辆，同比下降32.6%。

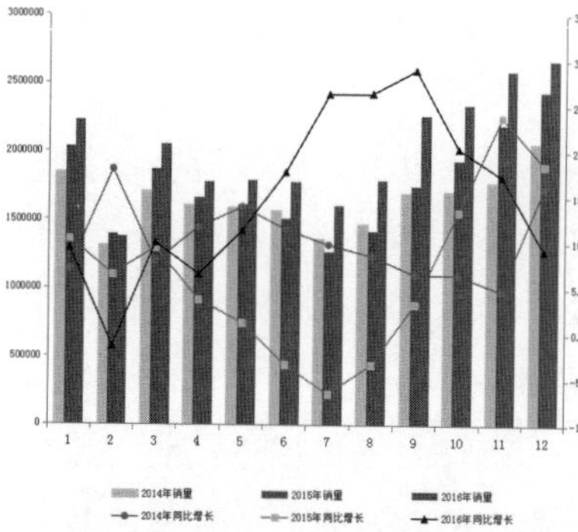

图2　2014—2016年月度乘用车销量及同比变化情况

（一）1.6升及以下乘用车持续快速增长

受购置税优惠政策影响，2016年1.6升及以下乘用车销售1760.7万辆，比上年增长21.4%，占乘用车销量比重为72.2%，比上年同期提高3.6个百分点。

12月1.6升及以下乘用车销售197.9万辆，同比增长14.3%，高于乘用车总体增速5.2个百分点，1.6升及以下乘用车占乘用车销量比重为74.0%。

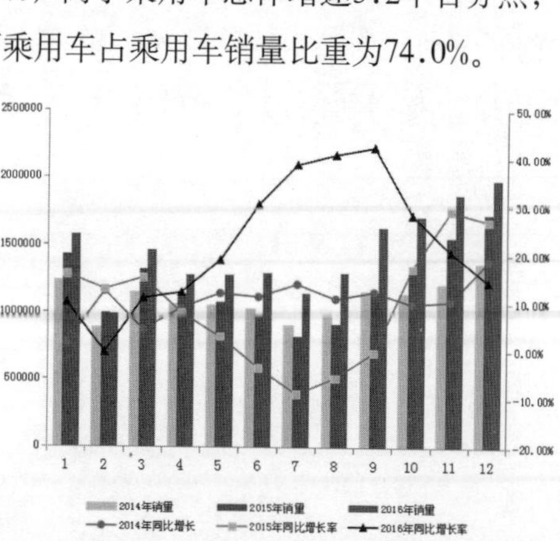

图3 2014—2016年1.6L及以下乘用车销量变化情况

（二）中国品牌乘用车销量首次超过千万辆

2016年，中国品牌乘用车共销售1052.9万辆，同比增长20.5%，占乘用车销售总量的43.2%，占有率比上年同期提升2个百分点。其中轿车销量234.0万辆，同比下降3.7%，市场份额19.3%，比上年同期下降1.4个百分点；SUV销量526.8万辆，同比增长57.6%，市场份额58.2%，比上年同期增长4.8个百分点；MPV销量223.8万辆，同比增长19.9%，市场份额89.6%，比上年同期增长1.2个百分点。

12月，中国品牌乘用车共销售125.1万辆，环比增长10.8%，同比增长20.7%，占乘用车销售总量的46.8%，占有率比上月提升3.2个百分点。

二、商用车销售同比增长5.8%

2016年，商用车产销分别完成369.8万辆和365.1万辆，同比分别增长了8.0%和5.8%，增幅进一步提高。分车型看，客车产销54.7万辆和54.3万辆，同比下降7.4%和8.7%；货车产销315.1万辆和310.8万辆，同比增长11.2%和8.8%。

12月商用车生产41.9万辆，环比增长12.4%，同比增长25.1%；销售38.5万辆，环比增长10.5%，同比增长12.1%。

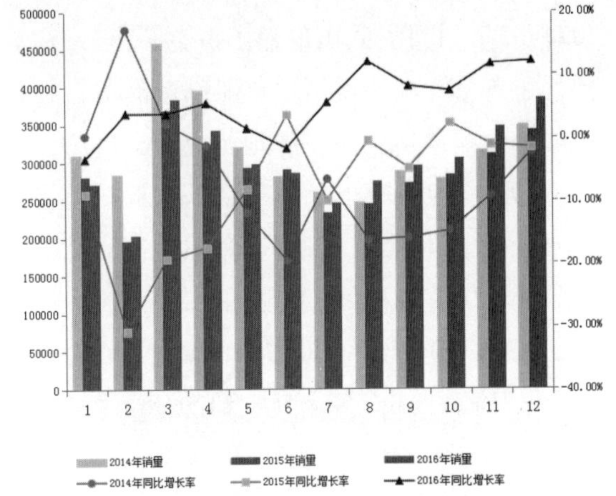

图4 2014—2016商用车月度销量变化情况

三、新能源汽车销售同比增长53.0%

2016年新能源汽车生产51.7万辆，销售50.7万辆，比上年同期分别增长51.7%和53.0%。其中纯电动汽车产销分别完成41.7万辆和40.9万辆，比上年同期分别增长63.9%和65.1%；插电式混合动力汽车产销分别完成9.9万辆和9.8万辆，比上年同期分别增长15.7%和17.1%。

12月新能源汽车生产8.9万辆，销售10.4万辆，同比分别增长16.8%和23.5%。其中纯电动汽车产销分别完成7.7万辆和9.2万辆；插电式混合动力汽车产销均完成1.2万辆。

图5 2015—2016年月度新能源汽车销量及同比变化情况

四、1-11月重点企业（集团）经济效益良好

据中国汽车工业协会统计，行业内重点企业（集团）营业收入保持增长，增幅提升。2016年1—11月，汽车工业重点企业（集团）累计实现营业收入32596.9亿元，比上年同期增长16.2%。累计实现利税总额5309.5亿元，比上年同期增长7.4%。

五、1-11月汽车出口同比增长4.7%

根据海关统计口径，2016年1—11月，汽车整车进口95.8万辆，比上年同期下降3.4%；出口73.2万辆，比上年同期增长4.7%。

2016年船舶工业经济运行分析

中国船舶工业行业协会

2017年1月20日

2016年是船舶工业“十三五”的开局之年，也是全球造船业深度调整、我国船舶工业进入全面做强阶段的关键之年。我国船舶工业在党中央、国务院关心下，在国家有关部门的指导下，认真贯彻中央经济工作会议精神，抓紧落实“三去一降一补”五大任务，实现了产业集中度不断提高、科技创新能力逐步提升、过剩产能有效化解、行业发展短板有所弥补、降本增效扎实推进、国际产能合作稳步开展的良好开端，造船大国地位进一步巩固。但受国际船舶市场持续深度调整的影响，我国骨干船舶企业在承接订单方面竞争更加激烈，完工船舶交付更加艰难，融资贷款审查更加严格，全行业手持订单持续下滑，盈利水平大幅下降，船舶工业面临的形势更为严峻。

一、经济运行基本情况

（一）三大造船指标同比下降

2016年，全国造船完工量为3532万载重吨，同比下降15.6%；承接新船订单量为2107万载重吨，同比下降32.6%；截至2016年12月底，手持船舶订单量为9961万载重吨，同比下降19%。出口船舶在全国造船完工量、新接订单量、手持订单量中所占比重分别为94.7%、77.2%、92.6%。

（二）船舶行业经济效益下降

2016年1—11月，全国规模以上船舶工业企业有1459家，实现主营业务收入6975.7亿元，同比下降1.6%。其中，船舶建造业3421.9亿元，同比下降3.1%；船舶配套业936.1亿元，同比增长0.8%；船舶修理业184.7亿元，同比下降4.6%；海洋工程专用设备制造675.5亿元，同比增长15.3%。

规模以上船舶工业企业实现利润总额147.4亿元，同比下降1.9%。其中，船舶建造业123.1亿元，同比增长5.3%；船舶配套业51.8亿元，同比增长18.2%；船舶修理业5亿元，同比下降35.2%；海洋工程专用设备制造亏损41.9亿元。

（三）船舶出口金额同比下降

2016年1—11月，我国船舶出口金额为215亿美元，同比下降19.4%。我国出口船舶产品中，散货船、油船和集装箱船仍占主导地位，其出口额合计122.5亿美元，占出口总额的57%。我国船舶产品出口到160多个国家和地区，亚洲仍然是我国船舶出口的主要地区。我国向亚洲出口船舶金额为100.9亿美元，占出口总额的47%；向欧洲出口船舶金额为40.1亿美元，占21%；向拉丁美洲出口船舶金额为15.4亿美元，占7.2%。

二、经济运行的主要特点

（一）国际市场份额保持前列，产业集中度不断提高

2016年，国际船舶市场继续深度调整，全球新

船成交量同比大幅下降67%，年末全球船企手持订单较2015年底下滑25%。我国船企克服市场低迷带来的困难，逆势拼抢订单，造船完工量、新船订单量和手持订单量在全球市场所占份额分别为35.6%、65.2%和43.9%，继续保持世界前列。在市场机制作用和产业政策引导下，骨干企业优势不断扩大，全国造船完工量前10家企业的完工量占全国的比重为56.9%，比2015年提高3.5个百分点；新接订单量前10家企业的接单量占全国的比重为74.7%，比2015年提高4.1个百分点，产业集中度进一步提高。

（二）产品结构持续优化，科技创新能力逐步提升

2016年，船舶企业不断加大科技创新力度，产品结构持续优化，一批高技术、高附加值首制船研制成功并交付船东，获得市场青睐。3.88万吨双相不锈钢化学品船、1.5万吨双燃料化学品船、液化天然气（LNG）动力4000车位汽车滚装船、3.75万立方米乙烯船和极地重载甲板运输船等全球首制船完成交付。40万吨超大型矿砂船（VLOC）、8.5万立方米乙烷运输船、2万吨级化学品船和多型支线集装箱船等获得批量订单。2万TEU集装箱船开工建造，豪华邮轮和1万车位汽车滚装船等项目稳步推进。

（三）多措并举消化过剩产能，兼并重组迈出实质步伐

2016年，在产业政策的引导下，船舶工业大力推进供给侧结构性改革，坚决落实化解过剩产能的重点任务。工业和信息化部发布《船舶行业规范企业监督管理办法》，对规范企业进行动态管理，中国船舶工业行业协会发布中国造船产能利用监测指数；骨干船企主动应对市场变化，利用自身优势拓展非船领域，化解过剩产能，中国船舶重工集团公司三峡升船机等项目取得突破；央企兼并重组迈出实质步伐，中国远洋海运集团整合13家大型船厂和20多家配套服务公司成立中远海运重工有限公司，中船重工大船与山船、武船与北船、风帆与火炬能源、重庆红江与重跃整合重组稳步推进；中国船舶工业集团公司所属上船公司、广船国际、中船澄西等主要造修船企业主动开展存量产能削减，沪东中华、外高桥造船、黄埔文冲等企业提出产能压控和资产处置的行动计划表。此外，江苏、浙江、山东、福建等地通过产能置换、退城还园、改造升级等方式主动压减和化解过剩产能。

（四）船配发展短板有所弥补，产学融合取得新进展

2016年，工业和信息化部发布《船舶配套产业能力提升行动计划（2016—2020年）》，鼓励企业提升船用设备配套能力和水平，一些船舶配套设备和系统取得重要突破，行业发展短板有所弥补。中船动力6EX340EF自主品牌二冲程低速柴油机填补空白，重齿低速柴油机齿轮箱GCS1000国内首研成功，上海船用柴油机研究所自主知识产权低速机低压选择性催化还原（SCR）系统获型式认可证书，大连华锐批量承接世界冲程最长、单支重量最大的船用曲轴订单，自主品牌锚绞机、舱口盖、贝克舵等甲板机械实现批量装船。行业产学融合取得新的进展，企业加大科技投入力度。中国深远海海洋工程装备技术产业联盟，以及中国海洋材料技术创新联盟和船舶海工、新材料产业联盟等组建成立。南通中远川崎和亚星锚链等2家企业的技术中心被认定为国家级企业技术中心，截至2016年底，船舶工业国家级企业技术中心累计达27家，上海船舶工艺研究所等5家单位成为国家工程实验室的技术依托单位。

（五）扎实推进降本增效，稳步开展智能制造

2016年，面对激烈的市场竞争，骨干船企大力推行精益生产模式，强化成本控制，努力实现降本增效。广船国际、金陵船厂等单位密切跟踪钢材市场走势，实现低位采购，综合成本仅为2800元/吨；烟台中集来福士发挥国际化优势，整合全球供应链降低采购成本约2000万美元；南通中远重工通过优化营销资源、提高实际产出能力、推进管理提升等举措实现扭亏为盈；南通中远川崎通过条材加工自动化生产线减少劳动力超过60%，生产效率提高3倍；大船重工开发自动化加工技术，小组立和中/大组立自动焊利用率分别达到76%和50%；金海重工实施“机器换人”项目，减少劳动力20%以上，关键工序生产效率提升50%，降低综合成本近40%。我国船企依据自身特点，因地制宜，稳步开展智能制造工程。江苏自动化研究所自主知识产权船舶制造多功能舱室焊接机器人正式上岗，沪东中华LNG船分段建造数字化车间、大船重工船舶分段制造数字化车间、振华重工海上钻井平台装备制造智能化焊接车间等项目稳步推进。

（六）健全完善行业标准，大力推行绿色修船

2016年，中国船协修船分会落实供给侧结构性改革要求，健全完善修船行业管理标准和技术标准，编辑发布《中国修船价格指引（2016版）》，填补了新船型空白，完善了大型船规格，强调安全环保投入，充分反映了近年来国家安全环保政策对修船业的要求，探索建立修船价格与资源价格的联动机制；多次组织会议，大力推行绿色修船，成立修船业超高压水技术联盟，推广智能涂装作业机器人实现绿色坞修，提高生产效率，降低人工和管理成本，提升我国修船产业竞争力。

（七）积极推进国际产能合作，努力提高国际话语权

2016年，我国船企深入落实“一带一路”倡议，积极推进国际产能和装备制造合作，加大“引进来、走出去”实施力度。中船集团与意大利芬坎蒂尼集团等公司共同推进大型豪华邮轮建造项目；中船重工海装公司5兆瓦海上风电机组装备成功布局英国市场；中远海运重工收购希腊比雷埃弗斯船厂完成签约；上海船用柴油机研究所在巴基斯坦电厂煤电码头总包项目（EPC）正式开工。船舶工业基础技术研究能力快速提升，国际标准的制定权和话语权有所提高。中国船协积极推进活跃的造船专家联盟（ASEF）申请国际海事组织（IMO）观察员地位，上海船舶研究设计院双燃料船舶EEDI中国方法终获IMO全面认可和批准，《中国造船质量标准》和《中国修船质量标准》两项标准中英文发布实施。

三、经济运行存在的问题

（一）手持订单持续下滑，船企开工不足压力增大

2016年，新船市场有效需求严重不足，船企接单愈加艰难。全球承接到新船订单的船企仅占全球活跃船企比例的34%，我国新接订单船企占国内活跃船企的41%。多数船企仍处于一单难求的状态，订单严重不足，手持订单持续下滑，船台（坞）放空情况与日俱增。按年末手持订单和实际产能测算，我国船企订单保障系数已下降到目前的1.5年，开工船舶明显不足，企业生产持续面临严峻挑战。

（二）交船难日益严重，在手订单风险加大

受航运市场持续低迷的影响，部分船东经营业绩持续恶化，船企交船难情况愈加明显。据统计，截至2016年底，受船东变更合同、延期交付和撤单等因素影响，我国船企按期交付率仅为80%，生产计划不能按时完成，生产进度难以有效管理。当前，海洋工程装备市场极度低迷，海工装备运营市场利用率大幅下滑，船东的大量订单延期交付，甚至出现弃单、撤单，在手订单系统性风险逐渐加大，已成为我国海洋工程装备产业必须面对的当务之急。

（三）融资难没有得到缓解，船企正常生产受到冲击

近年来，国家有关部委出台了多部金融支持船舶工业的指导意见，引导银行业金融机构等给予优质船舶企业信贷支持，帮助有前景的企业渡过难关。但受国际市场持续低迷和部分企业破产重组等因素影响，金融机构对船舶工业的信贷政策仍持续收紧，造船资金总量缺口问题仍然严重，船企融资成本居高不下，企业垫付资金显著增多，现金流日趋紧张。骨干船企的资金压力已经影响到企业的正常生产经营，国际竞争能力持续下降。

（四）企业盈利能力大幅下降，行业平稳发展受到挑战

受新船价格持续走低、原材料成本大幅上涨、船东频繁改单、船企开工不足、融资成本高企等因素影响，我国船企盈利能力大幅下降，2016年底，重点监测企业营业利润率仅为0.5%，比2015年下降0.8个百分点，亏损企业和亏损额都有所增长，企业盈利能力大幅下降。据统计，2016年我国共有59%的企业没有承接到新船订单，中小船企的倒闭潮已经蔓延至大型骨干造船企业。江苏熔盛、舜天船舶、南通明德、浙江正和、浙江造船等我国骨干中大型船企深受影响，生产经营几乎停滞，甚至进入破产重组程序，我国主要造船企业面临生存难的极大压力，行业平稳健康发展受到巨大挑战。

（五）船舶市场持续低迷，船配企业经营风险加剧

2016年，受船舶和海工装备市场持续走低的影响，船舶配套企业面临较大经营压力。据统计，我国低速柴油机完工301台/510万千瓦，台数和功率数同比分别下降22.2%和8.8%，船用曲轴、甲板机械、船用发电机等主要配套设备产量也有所下降。新接订单的大幅萎缩，严重影响企业后续生产安排，部分产品价格重签或延期撤单，给企业货款回笼带来困难，船舶配套企业经营风险不断加剧。

四、预测和建议

（一）预测

世界经济复苏缓慢，二手船（含海工装备）市场规模较大，船舶营运能力和造船产能过剩的局面在短期内难以得到根本改善，预计2017年新造船市场形势难有明显起色，全球新船成交量在3000万～4000万载重吨，海洋工程装备成交量约为100亿美元，但新船价格有望止跌企稳。受在手订单大量交付的影响，油船、散货船和大型集装箱船三大主流船型市场总体仍将处于低位，化学品船、支线箱船、滚装船和豪华邮轮等细分市场将继续保持活跃。国际原油价格仍将低位徘徊，钻井装备市场继续低迷，生产装备市场有望小幅增长，海洋工程装备市场难有明显好转。

预计2017年，我国船舶工业主要经济指标有望止跌企稳，造船完工量与2016年大致持平，新接订单总量或将有所下降，年末手持订单量将低于9000万载重吨。

（二）建议

1.认真贯彻落实行动计划，深化结构调整转型升级

工业和信息化部联合国家发展和改革委员会、财政部、中国人民银行、中国银行业监督管理委员会、国家国防科技工业局等五部委在开展深入研究和充分听取相关意见的基础上，发布了《船舶工业深化结构调整加快转型升级行动计划（2016—2020年）》（以下简称《行动计划》）。《行动计划》是指导“十三五”时期船舶工业发展的纲领性文件，我们必须深入学习和认真贯彻，紧紧围绕《中国制造2025》和建设海洋强国的战略目标，以创新发展和产业升级为核心，以制造技术与信息技术深度融合为重要抓手，大力推进供给侧结构性改革，稳增长、去产能、补短板、降成本、调结构、提质量、强品牌，全面提升产业国际竞争力和持续发展能力。

2.加强生产计划管理，提升产品品牌形象

当前，船东改单撤单现象明显增多，建议船舶企业主动与船东沟通，加大生产管理力度，提高生产计划管理水平，强化风险管理意识，努力将不利影响降到最低。企业还要提高产品质量控制能力和产品质量水平，避免因产品质量问题而出现交单困难的现象。同时，企业应培育和弘扬精益求精的工匠精神，全面推进船舶产品品质升级，提升自身产品品牌形象，打造一批技术先进、成本经济、建造高效、质量优良、有较高信誉度的国际知名品牌。

3.打造先进高效制造模式，努力提高竞争能力

当前，船舶市场持续低迷，国际新规不断出台，船东要求愈加严格。船舶企业应不断坚持强化管理、降本增效，顺应技术发展趋势，将智能制造作为提升水平的主攻方向，夯实精益造船基础，加大信息化和工业化融合力度，有计划地开展智能车间建设，抓好产品结构优化升级，打造高效船舶制造体系，加大技术人才引进和培养力度，不断提高

企业竞争能力。

4.适度开展多元经营，缓解市场低迷压力

船市低迷，一单难求，使不少企业能力放空。适度开展多元经营，优化业务结构无疑是减少市场风险、缓解生产压力的重要举措。有实力的企业应积极组织富余力量，深入开展市场调查，努力开拓新兴产业、军民融合产业和生产性服务业等，从单一产品向相关多元、从船用市场向陆用市场、从产品营销向物流增值等发展，调整自身的产业和产品结构。

2016年中国轻工业发展趋势

中国产业信息网

2017年2月20日

近五年来，轻工业经济总量保持着较快发展。在轻工业的六大类别中，文体休闲用品行业主营业务收入增长51%；日用消费品行业增长40%；快速消费品行业增长39%；耐用消费品行业增长38%；轻工机械装备行业增长38%；原料产品行业增长25%。

轻工行业产业关联度低，轻工行业的六大类别也呈现出不同的发展特点。

消费类产品更加贴近民生。食品、日用品产业的发展突出绿色、品质、健康、安全；家电、家具等耐用消费品更趋智能、便捷和时尚化。

休闲类用品优化升级助力开启“乐享生活”新模式。随着人们生活水平的提高和消费观念的转变，文体用品、乐器、玩具、工艺美术等产业持续快速发展，满足了人们不断增长的教育、健康、娱乐等更高品质生活需求。

原料产品的匹配能力更强。借助发达的市场网络信息及期货等手段，产业链上下游发展更加协调，部分龙头企业放眼全球产业布局，通过海外投资建厂或并购，提高原料保障水平。

轻工装备水平大幅提升。轻工装备企业认真贯彻《中国制造2025》规划，智能水平不断增加，与国际先进水平差距逐渐缩小，特别是随着国际产能合作工作的推进，轻工装备的出口额实现较快增长，国际竞争力不断提高。

行业发展稳中有进

轻工业增加值是工业企业生产成果的重要指标。根据《报告》显示的数据，2016年，轻工业工业增加值累计增速6.8%，高于全国工业0.8个百分点。

根据中国轻工业联合会提供的数据，消费类产品成为行业经济稳定发展的重要支撑。电池制造、照明器具制造、食品制造、金属制品、塑料制品业等行业工业增加值增速较高。如食品类零售总额增长11.2%；饮料类增长10.7%；烟酒类增长9.1%；服装鞋帽类增长6.9%；化妆品增长8.0%；日用品增长11.2%；家用电器类增长8.6%；文化办公用品增长10.6%；家具增长13.0%。轻工消费市场表现出蓬勃生机，成为轻工业持续健康发展的重要支撑。

“两化融合”提升效能也促进了工业增加值的提升。轻工业属劳动密集型产业，为提高劳动生产率，轻工业围绕智能制造、“互联网+”、物联网、云计算、大数据、防伪追溯等重点方向，积极推进两化融合，近年来有50多家轻工企业被工信部授予两化融合贯标企业。一批轻工企业开展“机器换人”活动，比如海尔公司、格力公司等公司的黑灯无人工厂等一批智能制造项目，提升了行业先进制造水平。

此外，供给侧结构性改革取得实效也促进了工业增加值的增速。随着“互联网+”时代的到来，智能家电引领消费潮流，家电产品在满足消费者日常使用需求的基础上，智能化、时尚化、健康化特征凸显。各大家电企业开发拥有人机交互、机器互联以及自学模式等更多智能化功能的产品。6月20日，工业和信息化部总工程师 张峰在出席“智慧轻工”高峰论坛时对轻工业提出希望，“‘十三五’期间是我国全民建成小康社会的决胜阶段，轻工业要主动适应新常态，着力改善供给结构，提高发展质量和效率，加快轻工强国建设”。

标准化体系不断完善

“不以规矩，不能成方圆”，古人早已领悟规则的重要性。推古及今，标准成为工业领域的“规矩”，是产业转型升级的有力支撑。多年来，轻工标准化工作一直在稳步推进，轻工标准体系进一步完善，基础性地位显著增强。根据中国轻工业联合会提供的数据，目前，轻工现行标准总数达到5288项，其中国家标准2323项，行业标准2965项。近五年来，轻工共完成标准制、修订1345项，其中制定983项，修订362项。轻工在研项目共1349项，其中国家标准项目计划678项，行业标准项目计划671项。

目前在家电、家具、首饰、烟花爆竹、造纸、照明、玩具、制鞋等轻工重点领域开展了国际标准比对，在安全指标及检测方法方面，我国标准与ISO、IEC等国际标准基本保持一致。与国外先进标准比较，家电、照明行业标准水平与国外差距不大，烟花爆竹、造纸行业许多安全、卫生指标严于其他国家。

张崇和会长表示，下一步，轻工行业将按照国务院《标准化改革方案》的要求，落实《消费品标准和质量提升规划（2016—2020年）》和消费品工业“三品”专项行动的重点任务，围绕人民群众消费升级和轻工产品创新急需，抓紧研制一批重要国家标准、行业标准，大力开展国际标准的转化工作，力争重点消费品标准与国际标准一致程度达到95%以上，使轻工标准体系更加完善，标准水平得到整体提升。

结构调整初见成效

随着党的十八届五中全会的召开，增强生态文明建设首度被写入国家五年规划。去年工业和信息化部发布的《轻工业发展规划（2016—2020年）》也将全面推行绿色制造列为六大重点任务之一。实际上，轻工业近年来一直致力于以淘汰低端落后污染环境的产能和调整产品结构两方面进行产业转型升级。目前，结构调整已初见成效。

在淘汰低端落后污染环境的产能方面。2013年，为落实好“十二五”期间工业领域重点行业淘汰落后产能目标任务，根据工信部确定19个行业淘汰落后产能目标任务，轻工业淘汰造纸455万吨，酒精30.3万吨，味精28.5万吨，柠檬酸7万吨，制革690万标张，铅蓄电池极板1420万千伏安时、组装1067万千伏安时。2014年，轻工业再度淘汰造纸行业产能492万吨、制革行业产能551万标张、铅蓄电池行业产能极板831万千伏安时和组装531万千伏安时。轻工行业淘汰落后产能，对完成“十二五”节能减排任务、化解产能过剩、优化市场结构起到积极作用。

在以市场需求为导向，调整产品结构方面。2016年国家统计局提供的92种轻工主要产品产量中，67种产品产量实现正增长，占总数的72.8%，比重比2015年提高14.1个百分点。在产量增长的轻工产品中，锂电池、碱性蓄电池、燃气热水器、太阳能电池、微波炉、衡器等产品增速较快，分别增长35.81%、32.91%、18.59%、17.78%、17.67%、15.20%。以纸、毛皮为代表的原料类产品和被转型替代的产品增速继续下降。其中：新闻纸产量下降15.65%，天然毛皮服装产量下降7.56%，荧光灯、白炽灯产量分别下降6.08%和3.98%。经过调整，轻工产业结构和产品结构更加合理，更加适应了市场的需求。

2016年纺织行业经济运行分析

中商情报网

2017年2月14日

1. 行业亏损面扩大下降，亏损总额小幅增长

中商产业研究院通过纺织业监测数据显示，截至2016年12月底，我国纺织业规模以上企业数量达到20201家，与上月相比增加30家。12月，行业亏损面有所下降，亏损企业达到1973家，与上月相比减少208家，规模以上企业亏损比例达到9.77%，较上月下降1.05个百分点。1—12月，纺织业亏损总额77亿元，同比下降11.2%。

表1 2016年1—12月纺织业企业数量及亏损情况统计

	企业数量（个）	亏损企业数（个）	亏损总额（亿元）	增长率（%）
1—2月	20584	3630	29.4	-2.0
1—3月	20591	3500	41.4	1.0
1—4月	20596	3150	46.7	-2.3
1—5月	19951	2779	51.5	-2.8
1—6月	19937	2707	55.1	-1.6
1—7月	19966	2594	61.9	-0.8
1—8月	20005	2479	66.8	-3.3
1—9月	20050	2463	70.5	-5.9
1—10月	20102	2341	73.5	-6.8
1—11月	20171	2181	76.0	-8.2
1—12月	20201	1973	77.0	-11.2

数据来源：中商产业研究院整理。

2. 行业存货增速有所下降，产成品库存小幅下降

2016年12月，纺织业产成品库存为1512.6亿元，比上月减少28亿元，累计增速同比持平。

3. 固定资产投资增速上升，行业资产规模持续扩大

2016年1—12月，我国纺织业固定资产投资6643.0亿元，同比增长10.7%。截至2016年12月底，纺织业资产总额达到24726.4亿元，同比增长4.1%，行业负债合计12839.7亿元，同比增长3.7%。

图1 2016年1—12月中国纺织业固定资产投资及增速

数据来源：中商产业研究院整理。

4. 行业经营效益持续改善，行业毛利率10.6%

2016年1—12月，我国纺织业主营业务收入达到40869.7亿元，同比增长3.9%，行业实现利润总额达到2194.1亿元，同比增长3.5%。纺织业毛利率为10.6%，与上月相比上涨0.2个百分点。纺织业销售利润率为5.4%，与上月相比上涨0.2个百分点。

表2 2016年1—12月中国纺织业主营业务收入及利润总额

	主营业务收入（亿元）	增长率（%）	利润总额（亿元）	增长率（%）
1—2月	5472.7	5.0	270.7	7.0
1—3月	8765.0	5.1	425.6	6.7
1—4月	11856.8	4.3	582.7	6.8
1—5月	15147.4	4.9	748.6	6.9
1—6月	18743.5	4.5	943.9	7.5
1—7月	22180.8	4.2	1110.5	6.1
1—8月	25632.4	4.1	1283.2	5.8
1—9月	29220.9	8	1459.9	4.2
1—10月	32966.8	4.0	1667.1	4.3
1—11月	36899.8	4.2	1904.8	4.4
1—12月	40869.7	3.9	2194.1	3.5

数据来源：中商产业研究院整理。

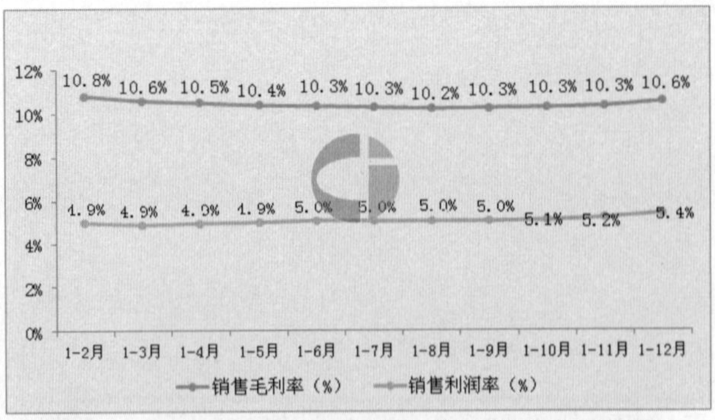

图2 2016年1—12月中国纺织业盈利能力趋势图

数据来源：中商产业研究院整理。

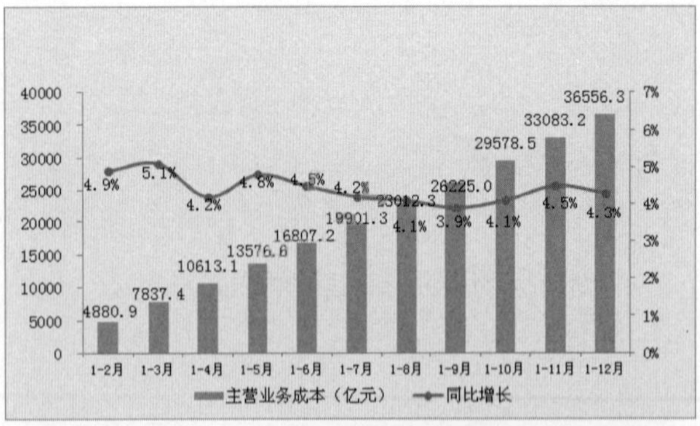

图3 2016年1—12月中国纺织业营业务成本及增速

5、主营业务成本稳定增长，财务费用增速下滑

2016年1—12月，我国纺织业主营业务成本达到36556.3亿元，同比增长4.3%；销售费用589.8亿元，同比增长5.4%；管理费用1024.4亿元，同比增长3.7%；财务费用441.9亿元，同比下降4.3%。

2016年软件业经济运行情况

工业和信息化部

2017年1月5日

2016年1—11月，我国软件和信息技术服务业运行态势平稳，收入持续两位数增长，盈利状况良好，出口低迷中略有回升。中西部地区继续较快发展，中心城市软件业保持领先增长态势。

一、总体运行情况

软件业务收入增速趋稳。2016年1–11月，我国软件和信息技术服务业完成软件业务收入43133亿元，同比增长14.8%，增速同比回落1.4个百分点。其中，11月软件业务收入增长16.1%，比10月提高0.9个百分点。

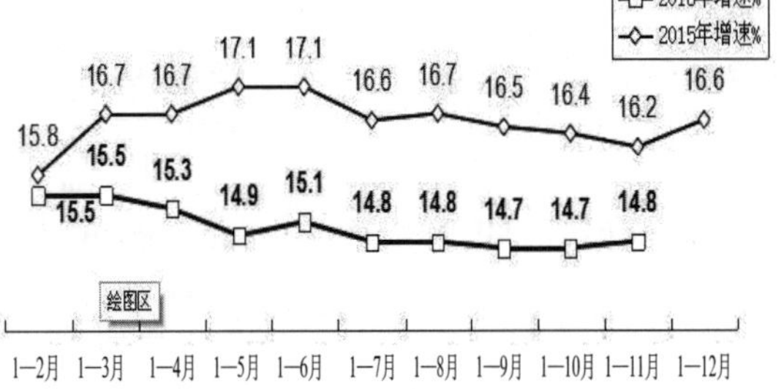

图1 2016年1—11月软件业务收入增长情况

效益保持较快增长。2016年1—11月，全行业实现利润总额5254亿元，同比增长19.8%，增速同比提高9个百分点。其中11月利润总额增长29.6%，比10月提高17.4个百分点。

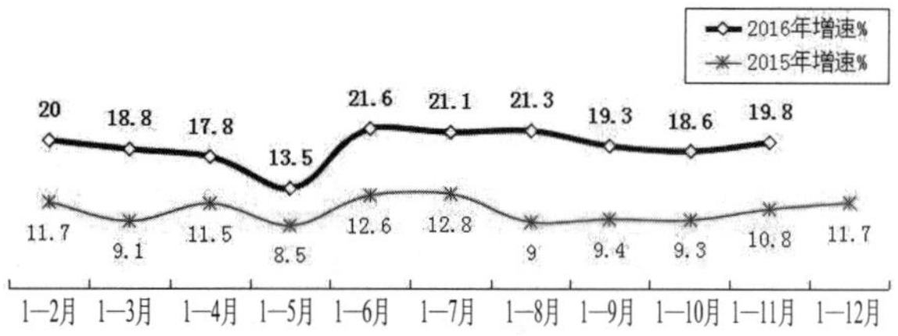

图2　2016年1—11月软件利润总额走势

出口增速略有回升。2016年1—11月，软件业实现出口441亿美元，同比增长7.0%，增速同比提高2个百分点。其中，外包服务出口增长8.8%，增速同比提高7.7个百分点；嵌入式系统软件出口增长5.7%，增速同比提高1.7个百分点。

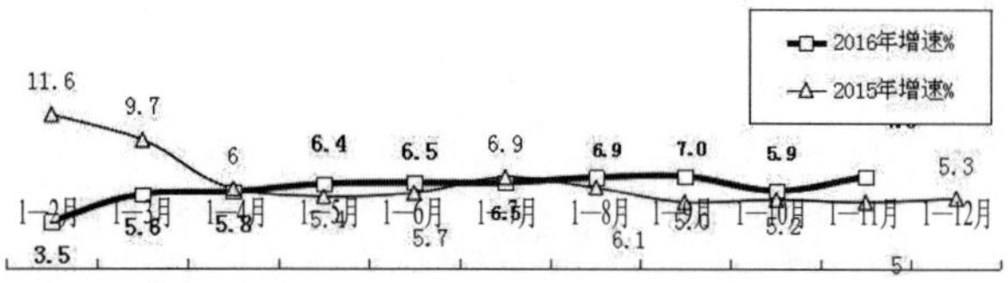

图3　2016年1—11月软件出口增长情况

从业人数保持稳定，工资水平继续较快增长。2016年1—11月，我国软件和信息技术服务业从业平均人数572万人，同比增长6.2%，增速同比回落0.2个百分点。从业人员工资总额增长15.2%，增速同比上升2.6个百分点；人均工资增长8.5%，同比上升2.7个百分点。

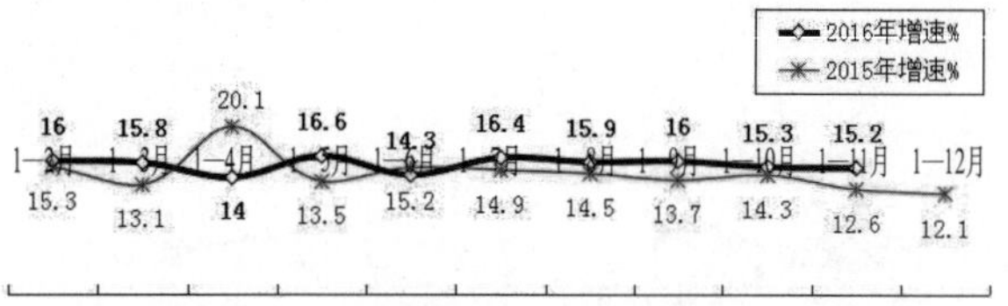

图4　2016年1–11月软件业从业人员工资总额增长情况

二、分领域运行情况

软件产品收入增速低于全行业平均水平。2016年1–11月，软件产品实现收入13346亿元，同比增长12.7%，增速同比回落2.5个百分点，低于全行业平均水平2.1个百分点。其中，11月软件产品收入增长19.5%，比10月提高9.7个百分点。1—11月，信息安全产品增长13.7%。

信息技术服务收入增长保持平稳。2016年1—11月，信息技术服务实现收入22649亿元，同比增长15.7%，增速高出全行业水平0.9个百分点，但同比回落2.1个百分点。其中，11月信息技术服务增长22.4%，比10月提高6.5个百分点。细分领域来看，运营相关服务（包括在线软件运营服务、平台运营服务、基础设施运营服务等在内的信息技术服务）收入增长15.9%；电子商务平台技术服务（包括在线交易平台服务、在线交易支撑服务在内的信息技术支持服务）收入增长17.9%；集成电路设计增长12.0%；其他信息技术服务（包括信息技术咨询设计服务、系统集成、运维服务、数据服务等）收入增长15.6%。

嵌入式系统软件收入增速有所回落。2016年1—11月，嵌入式系统软件实现收入7138亿元，同比增长16.2%，增速同比提高2.7个百分点。其中11月嵌入式系统软件收入下降13%。

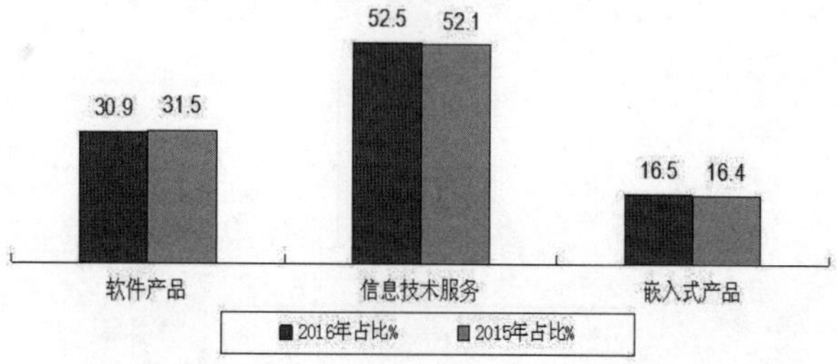

图5　2016年1—11月软件产业分类收入占比情况

三、分地区运行情况

中西部地区增长较快。2016年1—11月，东部地区完成软件业务收入33789亿元，同比增长15.0%，增速同比回落1.6个百分点；中部地区完成软件业务收入2066亿元，增长20.7%，增速同比回落1.6个百分点；西部地区完成软件业务收入4648亿元，增长17.1%，增速与去年同期持平；东北地区完成软件业务收入2629亿元，增长5.8%，增速同比回落5个百分点。总量居前5名的江苏、广东、北京、山东、浙江完成软件业务收入分别增长14.8%、15.3%、11.7%、15.6%和19.4%。

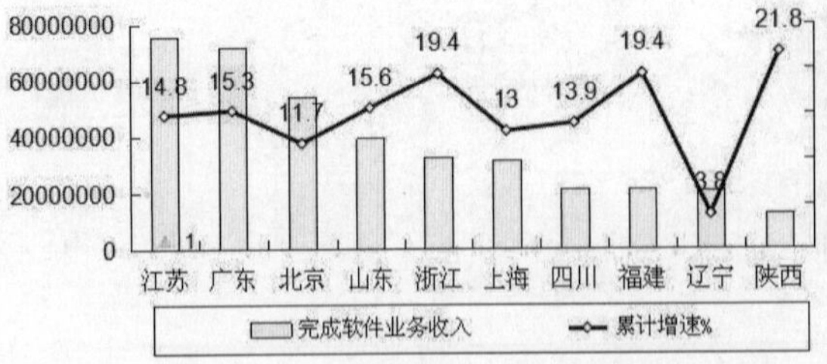

图6 2016年1—11月前十位省市软件业增长情况

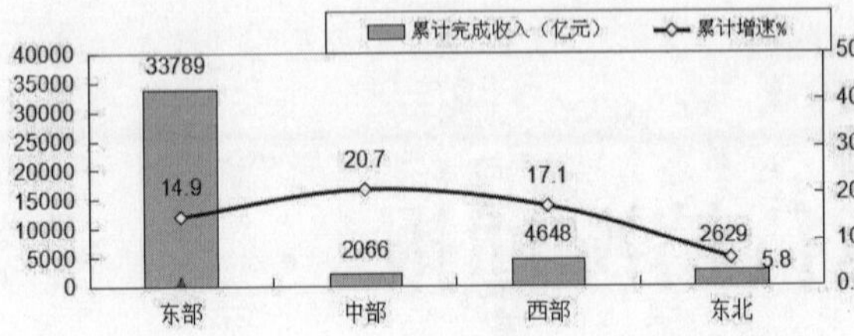

图7 2016年1—11月软件业分区域增长情况

中心城市软件业领先全国发展水平。2016年1—11月，全国15个副省级中心城市实现软件业务收入24098亿元，同比增长15.1%，增速同比回落1.8个百分点，高出全国软件业务收入增速0.3个百分点。其中中心城市信息安全产品和信息技术服务增势突出，同比增长14.1%和17.6%，分别高出全国平均水平0.4和1.9个百分点。1—11月，中心城市软件业利润总额同比增长22.8%，高出全国平均水平3个百分点。

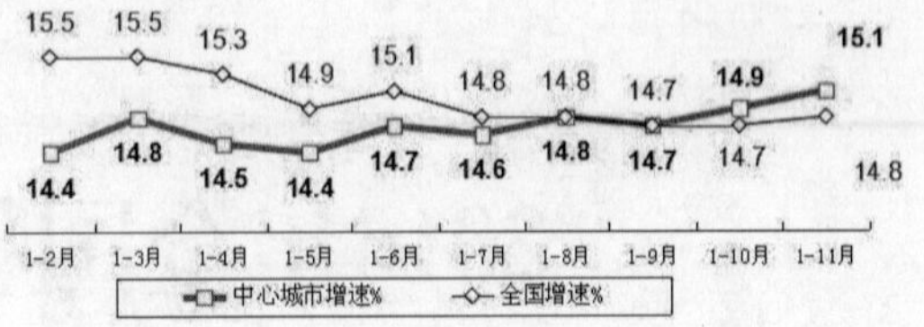

图8 2016年1—11月中心城市软件业务收入增长情况

物流、科教、卫生

2016年全国物流运行情况通报

国家发展改革委　中国物流与采购联合会

在国民经济稳中提质的同时，2016年社会物流总额增速小幅回升，社会物流总费用与GDP的比率稳步下降。

一、社会物流总额小幅回升

2016年全国社会物流总额229.7万亿元，按可比价格计算，比上年增长6.1%，增速比上年提高0.3个百分点。分季度看，一季度50.7万亿元，增长6.0%，提高0.4个百分点；上半年107.0万亿元，增长6.2%，提高0.5个百分点；前三季度167.4万亿元，增长6.1%，提高0.3个百分点；全年社会物流总额呈现稳中有升的发展态势。

从构成看，工业品物流总额214.0万亿元，按可比价格计算，比上年增长6.0%，增速比上年回落0.1个百分点；进口货物物流总额10.5万亿元，增长7.4%，提高7.2个百分点；农产品物流总额3.6万亿元，增长3.1%，回落0.8个百分点；再生资源物流总额0.9万亿元，增长7.5%，回落11.5个百分点；单位与居民物品物流总额0.7万亿元，增长42.8%，提高7.3个百分点。

二、社会物流总费用低速增长

2016年社会物流总费用11.1万亿元，比上年增长2.9%，增速虽比上年提高0.1个百分点，但明显低于社会物流总额、GDP增速。其中，运输费用6.0万亿元，增长3.3%，提高0.2个百分点；保管费用3.7万亿元，增长1.3%，回落0.3个百分点；管理费用1.4万亿元，增长5.6%，提高0.6个百分点。

2016年社会物流总费用与GDP的比率为14.9%，比上年下降1.1个百分点。

三、物流业总收入稳步增长

2016年物流业总收入7.9万亿元，比上年增长4.6%。

2016年全国教育事业发展统计公报[1]

教育部

2017年7月10日

2016年，全国教育系统深入学习贯彻习近平总书记系列重要讲话精神和治国理政新理念新思想新战略，全面贯彻党的教育方针，坚持教育为人民服务，为中国共产党治国理政服务，为巩固和发展中国特色社会主义制度服务，为改革开放和社会主义现代化建设服务。紧紧围绕提高教育质量这一战略主题，以立德树人为根本任务、以促进公平为基本要求、以优化结构为主攻方向、以深化改革为根本动力，加快推进教育现代化，教育事业发展取得新进展。

一、学前教育

全国共有幼儿园23.98万所，比上年增加1.61万所，入园儿童1922.09万人，比上年减少86.76万人。在园儿童（包括附设班）4413.86万人，比上年增加149.03万人。幼儿园园长和教师共249.88万人，比上年增加19.56万人。学前教育毛入园率[2]达到77.4%，比上年提高2.4个百分点。

二、义务教育

全国共有义务教育阶段学校22.98万所，比上年减少1.32万所；招生3239.63万人；在校生1.42亿人；专任教师927.69万人；九年义务教育巩固率[3]93.4%。

1.小学

全国共有小学17.76万所，比上年减少1.29万所；招生1752.47万人，比上年增加23.42万人；在校生9913.01万人，比上年增加220.83万人；毕业生1507.45万人，比上年增加70.19万人。小学学龄儿童净入学率[4]达到99.92%。

小学教职工[5]（不含九年一贯制学校、十二年一贯制学校小学段）553.73万人，比上年增加4.79万人；专任教师578.91万人，比上年增加10.40万人。专任教师学历合格率[6]99.94%，比上年提高0.03个百分点。生师比17.12:1。

普通小学（含教学点）校舍建筑面积70964.49万平方米，比上年增加3612.45万平方米。设施设备配备达标的学校比例[7]情况分别为：体育运动场（馆）面积达标学校比例75.00%，体育器械配备达标学校比例80.18%，音乐器材配备达标学校比例79.50%，美术器材配备达标学校比例79.47%，数学自然实验仪器达标学校比例79.84%。

2.初中

全国共有初中学校5.21万所（含职业初中16所），比上年减少287所。招生1487.17万人，比上年增加76.14万人；在校生4329.37万人，比上年增加17.42万人；毕业生1423.87万人，比上年增加6.27万人。初中阶段毛入学率104.0%，初中毕业生升学率93.7%。

初中教职工（含九年一贯制学校，不含完全中学、十二年一贯制学校初中段）399.75万人，比上年增加2.12万人；专任教师348.78万人，比上年增加1.22万人。初中专任教师学历合格率99.76%，比上年提高0.10个百分点。生师比12.41:1。

初中校舍建筑面积57827.20万平方米，比上年增加2785.13万平方米。设施设备配备达标的学校比例情况分别为：体育运动场（馆）面积达标学校比例85.36%，体育器械配备达标学校比例89.60%，音乐器材配备达标学校比例88.88%，美术器材配备达标学校比例88.58%，理科实验仪器达标学校比例90.62%。

3.进城务工人员随迁子女

全国义务教育阶段在校生中进城务工人员随迁子女[8]共1394.77万人。其中，在小学就读1036.71万人，在初中就读358.06万人。

三、特殊教育

全国共有特殊教育学校2080所，比上年增加27所；特殊教育学校共有专任教师5.32万人，比上年增加0.29万人。

全国共招收特殊教育学生9.15万人，比上年增加0.82万人；在校生49.17万人，比上年增加4.95万人。其中，视力残疾学生3.61万人，听力残疾学生9.00万人，智力残疾学生26.05万人，其他残疾学生10.51万人。特殊教育毕业生5.92万人，比上年增加0.63万人。

普通小学、初中随班就读和附设特教班招收的学生5.18万人，在校生27.08万人，分别占特殊教育招生总数和在校生总数的56.60%和55.06%。

四、高中阶段教育

全国高中阶段教育[9]共有学校2.47万所，比上年减少234所；招生1396.26万人，比上年减少1.59万人；在校学生3970.06万人，比上年减少67.63万人。高中阶段毛入学率87.5%，比上年提高0.5个百分点。

1.普通高中

全国普通高中1.34万所，比上年增加143所；招生802.92万人，比上年增加6.31万人；在校生2366.65万人，比上年减少7.75万人；毕业生792.35万人，比上年减少5.30万人。

普通高中教职工（含完全中学、十二年一贯制学校）259.19万人，比上年增加4.87万人；专任教师173.35万人，比上年增加3.81万人，生师比13.65∶1，比上年的14.01∶1有所改善；专任教师学历合格率97.91%，比上年提高0.21个百分点。

普通高中共有校舍建筑面积49142.31万平方米，比上年增长2006.35万平方米。普通高中设施设备配备达标的学校比例情况分别为：体育运动场（馆）面积达标学校比例89.28%，体育器械配备达标学校比例91.17%，音乐器材配备达标学校比例89.82%，美术器材配备达标学校比例89.95%，理科实验仪器达标学校比例91.52%。

2.成人高中

全国成人高中435所，比上年减少68所；在校生4.40万人，毕业生4.64万人。成人高中教职工3313人，专任教师2521人。

3.中等职业教育

全国中等职业教育[10]共有学校1.09万所，比上年减少309所。其中，普通中等专业学校3398所，比上年减少58所；职业高中3726所，比上年减少181所；技工学校2526所，比上年减少19所；成人中等专业学校1243所，比上年减少51所。

中等职业教育招生593.34万人，比上年减少7.91万人，占高中阶段教育招生总数的42.49%。其中，普通中专招生255.18万人，比上年减少4.76万人；职业高中招生151.43万人，比上年减少3.76万人；技工学校招生127.2万人，比上年增加5.77万人；成人中专招生59.53万人，比上年减少5.15万人。

中等职业教育在校生1599.01万人，比上年减少57.69万人，占高中阶段教育在校生总数的40.28%。其中，普通中专在校生718.12万人，比上年减少14.59万人；职业高中在校生416.57万人，比上年减少23.29万人；技工学校在校生323.15万人，比上年增加1.69万人；成人中专在校生141.17万人，比上年减少21.51万人。

中等职业教育毕业生533.62万人，比上年减少34.26万人。其中，普通中专毕业生229.02万人，比上年减少7.72万人；职业高中毕业生141.87万人，比上年减少14.14万人；技工学校毕业生93.07万人，比上年减少1.55万人；成人中专毕业生69.66万人，比上年减少10.85万人。

中等职业教育学校共有教职工108.61万人，比上年减少1.57万人。其中，普通中等专业学校教职工40.14万人，比上年减少7349人；职业高中教职工34.46万人，比上年减少8109人；技工学校教职工26.51万人，比上年增加4734人；成人中等专业学校教职工6.36万人，比上年减少2359人。

中等职业教育学校共有专任教师83.96万人，比上年减少4497人，生师比[11]19.84:1，比上年的20.47:1有所改善。其中，普通中等专业学校专任教师30.27万人，比上年减少1598人；职业高中专任教师28.51万人，比上年减少4960人；技工学校专任教师19.64万人，比上年增加4807人；成人中等专业学校专任教师4.72万人，比上年减少1000人。

五、高等教育

全国各类高等教育在学总规模达到3699万人，高等教育毛入学率达到42.7%。全国共有普通高等学校和成人高等学校2880所，比上年增加28所。其中，普通高等学校2596所（含独立学院266所），比上年增加36所；成人高等学校284所，比上年减少8所。普通高校中本科院校1237所，比上年增加18所；高职（专科）院校1359所，比上年增加18所。全国共有研究生培养机构793个，其中，普通高校576个，科研机构217个。

研究生招生66.71万人，比上年增加2.20万人，其中，博士生招生7.73万人，硕士生招生58.98万人。在学研究生198.11万人，比上年增加6.96万人，其中，在学博士生34.2万人，在学硕士生163.90万人。毕业研究生56.39万人，比上年增加1.24万人，其中，毕业博士生5.5万人，毕业硕士生50.89万人。

普通高等教育本专科共招生748.61万人，比上年增加10.76万人；在校生2695.84万人，比上年增加70.55万人；毕业生704.18万人，比上年增加23.29万人。

成人高等教育本专科共招生211.23万人，比上年减少25.52万人；在校生584.39万人，比上年减少51.55万人；毕业生244.47万人，比上年增加8.21万人。

全国高等教育自学考试学历教育报考504.10万人次，取得毕业证书67.77万人。

普通高等学校校均规模[12]10342人，其中，本科学校14532人，高职（专科）学校6528人。

普通高等学校教职工240.48万人，比上年增加3.55万人；专任教师160.20万人，比上年增加2.94万人。普通高校生师比[13]为17.07:1，其中，本科学校16.78:1，高职（专科）学校17.73:1。成人高等学校教职工4.31万人，比上年减少8173人；专任教师2.52万人，比上年减少5032人。

普通高等学校校舍总建筑面积[14]92671.05万平方米，比上年增加455.86万平方米；教学科研仪器设备总值[15]4514.42亿元，比上年增加456.82亿元。

六、成人培训与扫盲教育

全国接受各种非学历高等教育的学生725.84万人次，当年已毕（结）业907.54万人次；接受各种非学历中等教育的学生达4462.69万人次，当年已毕（结）业4720.63万人次。

全国职业技术培训机构9.34万所，比上年减少0.56万所；教职工45.08万人；专任教师26.39万人。

全国有成人小学1.18万所，在校生83.27万人，教职工2.32万人，其中，专任教师1.24万人；成人初中569所，在校生28.01万人，教职工2779人，其中，专任教师2198人。

全国共扫除文盲33.12万人，比上年减少11.64万人；另有33.42万人正在参加扫盲学习，比上年减少14.06万人。扫盲教育教职工1.57万人，比上年减少6458人；专任教师7405人，比上年减少3307人。

七、民办教育

全国共有各级各类民办学校17.10万所，比上年增加8253所；招生1640.28万人，比上年增加3.37万人；各类教育在校生达4825.47万人，比上年增加

253.95万人。其中：

民办幼儿园15.42万所，比上年增加7827所；入园儿童965.08万人，比上年减少33.11万人；在园儿童2437.66万人，比上年增加135.22万人。

民办普通小学5975所，比上年增加116所；招生127.76万人，比上年增加3.40万人；在校生756.33万人，比上年增加42.51万人。

民办普通初中5085所，比上年增加209所；招生188.74万人，比上年增加18.01万人；在校生532.82万人，比上年增加29.89万人。

民办普通高中2787所，比上年增加202所；招生102.89万人，比上年增加8.39万人；在校生279.08万人，与上年增加22.12万人。

民办中等职业学校2115所，比上年减少110所；招生73.64万人，比上年增加2.71万人；在校生184.14万人，比上年增加7739人。另有非学历教育学生22.06万人。

民办高校742所（含独立学院266所），比上年增加8所；招生181.83万人，比上年减少2.16万人；在校生634.06万人，比上年增加23.15万人。其中，硕士研究生在校生715人，本科在校生391.52万人，高职（专科）在校生242.46万人；另有自考助学班学生、预科生、进修及培训学生35.45万人。民办的其他高等教育机构813所，各类注册学生75.56万人。

另外，还有其他民办培训机构1.95万所，846.80万人次接受了培训。

注释：

[1]各项统计数据均未包括香港特别行政区、澳门特别行政区和台湾省。部分数据因四舍五入的原因，存在着与分项合计不等的情况。

[2]毛入学率，是指某一级教育不分年龄的在校学生总数占该级教育国家规定年龄组人口数的百分比。由于包含非正规年龄组（低龄或超龄）学生，毛入学率可能会超过100%。

[3]九年义务教育巩固率，是指初中毕业班学生数占该年级入小学一年级时学生数的百分比。

[4]小学学龄儿童净入学率，是指小学教育在校学龄人口数占小学教育国家规定年龄组人口总数的百分比，是按各地不同入学年龄和学制分别计算的。

[5]因九年一贯制学校的教职工数计入初中阶段教育，完全中学、十二年一贯制学校的教职工数计入高中阶段教育，而专任教师是按照教育层次进行归类，存在小学教职工数据小于专任教师数据的情况。

[6]专任教师学历合格率，是指某一级教育具有国家规定的最低学历要求的专任教师数占该级教育专任教师总数的百分比。各级教育教师的最低学历要求，参照《中华人民共和国教师法》中的相关规定：取得小学教师资格，应当具备中等师范学校毕业及其以上学历；取得初级中学教师、初级职业学校文化、专业课教师资格，应当具备高等师范专科学校或者其他大学专科毕业及其以上学历；取得高级中学教师资格和中等专业学校、技工学校、职业高中文化课、专业课教师资格，应当具备高等师范院校本科或者其他大学本科毕业及其以上学历。

[7]设施设备配备达标的学校，是指体育运动场（馆）面积、体育器械配备达到《教育部卫生部财政部关于印发国家学校体育卫生条件试行基本标准的通知》（教体艺〔2008〕5号）的相关标准；音乐器材配备、美术器材配备、数学自然实验仪器、理科实验仪器等达到各省、自治区、直辖市规定的仪器配备相关标准。含普通小学、初中和普通高中。

[8]进城务工人员随迁子女，是指户籍登记在外省（区、市）、本省外县（区）的乡村，随务工父母到输入地的城区、镇区（同住）并接受义务教育的适龄儿童少年。

[9]高中阶段包括普通高中、成人高中、中等职业学校。

[10]中等职业教育包括普通中等专业学校、职业高中、技工学校和成人中等专业学校。

[11]中等职业教育生师比不含技工学校数据。

[12]普通高等学校校均规模，仅含普通本专科在校生，不含分校点数据。

[13]普通高校生师比，不含分校点数据，学生总数为折合学生数。

[14][15]包括学校产权和非产权独立使用。

2016年医药行业运行情况报告

（节选）

工信部消费品司

2016年4月17日

（一）医药市场概述

1. 全球医药行业发展

根据IMS的数据，2013年全球医药市场销售额达到9890亿美元，与2008年时相比增长1940亿美元，年均复合增长率为4.46%。IMS预计，截至2018年，全球医药市场销售额将达到13000亿美元，与2013年相比增长30%左右，年均复合增速可达4%～7%。

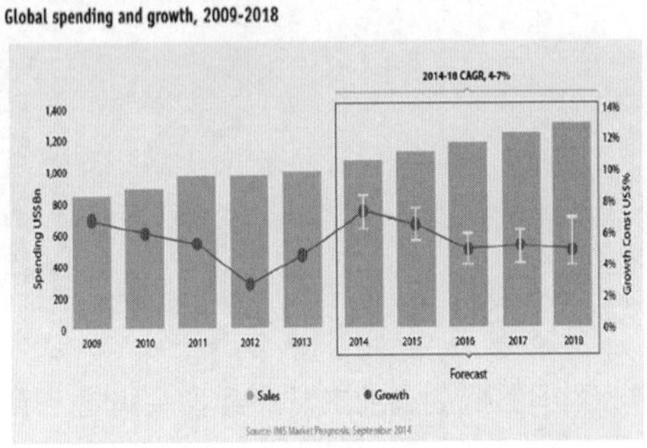

图1　2009—2018年全球医药市场销售额及增速

在全球范围内，美国仍然是第一大市场，预计其2013—2018年年均增速可达5%—8%。受美国经济复苏以及医保改革法案的刺激，美国医药需求增速较快，2013—2018年间增长额可占全球总增长额的40%，略高于其总需求额占全球市场的比例。但总体而言，发达国家市场，包括日本、欧洲等，在2013—2018年间增速较慢，这主要受到了其经济发展减缓、人口增长缓慢以及政府削减开支的影响。

受人口增长，全球化导致的经济发展以及各类新药在发展中国家逐渐普及的影响，新兴医药市场发展速度要显著快于发达国家，IMS预计2014–2018年新兴医药市场年均增速可达8%–11%。其中，非专利药和仿制药的增速可达专利药的2倍。

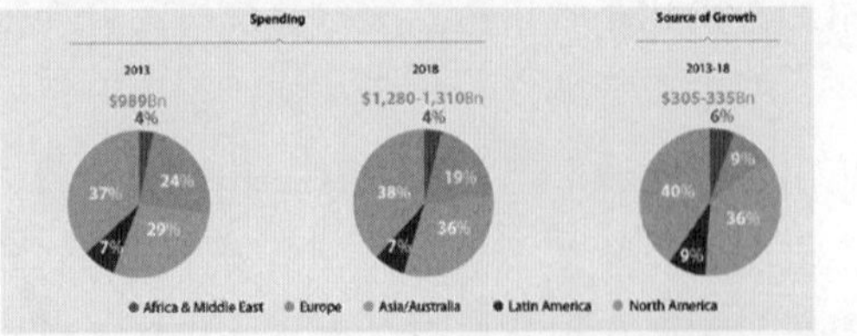

图2　2013年和2018年全球各地区销售额占比

根据IMS分类，发展中国家医药市场主要包括中国、印度、俄罗斯，以及墨西哥、土耳其、阿根廷等国家。

中国是新兴医药市场的领头羊，医药市场占新兴医药市场的46%，而且在未来数年当中，中国也将贡献主要的医药市场增量，IMS预计，2016—2020年中国医药市场年均增速6%～9%。

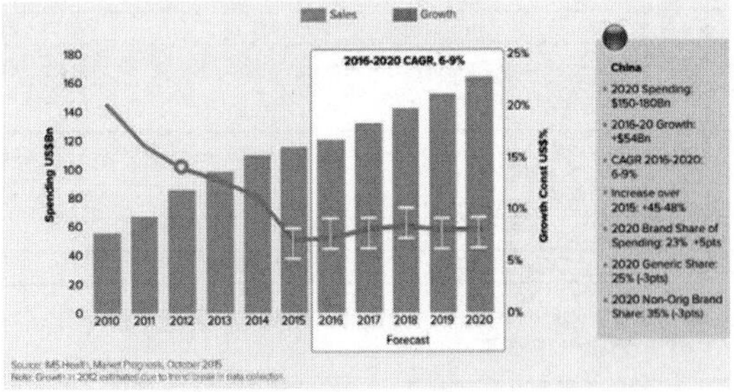

图3　预测中国未来医药市场规模

2．中国医药行业发展

作为传统产业和现代产业相结合的行业，医药工业是我国工业行业中一个重要子类，也是我国国民经济的重要组成部分。我国医药需求的特点是起点低、总量大，居民人均消费水平相较发达国家而言仍然较低，增长潜力大。随着社会经济发展、科技进步、政府投入加大以及居民健康意识的提升，人们越来越重视防治各类疾病，居民对医药产品的需求从根本上拉动了医药工业的快速发展。与此同时日趋增长的卫生需求也对我国医药产业提出了更高的技术和创新要求。

（1）医药品种分类

从分类上，根据《国家基本药物目录》（2012年版），按临床药理学分类，化学药品和生物制品可分为抗微生物药；抗寄生虫病药；麻醉药；镇痛、解热、抗炎、抗风湿、抗痛风药；神经系统用药；治疗精神障碍药；心血管系统用药；呼吸系统用药；消化系统用药；泌尿系统用药；血液系统用药；激素及影响内分泌药；抗变态反应药；免疫系统用药；抗肿瘤药；维生素、矿物质类药；调节水、电解质及酸碱平衡药；解毒药；生物制品；诊断用药；皮肤科用药；眼科用药；耳鼻喉科用药；妇产科用药；计划生育用药等。

按创新药、仿制药分类，根据《药品注册管理办法》，我国药品共分为6类，1～5类为新药，6类为仿制药，具体如下：

类别	子类	具体类别
1类	1	通过合成或者半合成的方法制得的原料药及其制剂
	2	天然物质中提取或者通过发酵提取的新的有效单体及其制剂
	3	用拆分或者合成等方法制得的已知药物中的光学异构体及其制剂
	4	由已上市销售的多组份药物制备为较少组份的药物
	5	新的复方制剂
	6	已在国内上市销售的制剂增加国内外均未批准的新适应证
2类	–	改变给药途径且尚未在国内外上市销售的制剂
3类	1	已在国外上市销售的制剂及其原料药，和/或改变该制剂的剂型，但不改变给药途径的制剂
	2	已在国外上市销售的复方制剂，和/或改变该制剂的剂型，但不改变给药途径的制剂
	3	改变给药途径并已在国外上市销售的制剂
	4	国内上市销售的制剂增加已在国外批准的新适应证
4类	–	改变已上市销售盐类药物的酸根、碱基（或者金属元素），但不改变其药理作用的原料药及其制剂
5类	–	改变国内已上市销售药品的剂型，但不改变给药途径的制剂
6类	–	已有国家药品标准的原料药或者制剂

按剂型分类，根据来自《中华人民共和国药典》中的制剂通则以及《国家基本药物目录》（2012年版）的规定，我国药品剂型包括口服剂型、注射剂型、外用剂型和其他剂型。

口服剂型主要包括片剂（即普通片）、分散片、肠溶片、缓释（含控释）片、口腔崩解片、胶囊（即硬胶囊）、软胶囊、肠溶胶囊等。注射剂型包括注射液、注射用无菌粉末（含冻干粉针剂）。外用剂型包括软膏剂、乳膏剂、外用溶液剂、胶浆剂等。其他剂型包括气雾剂、雾化溶液剂、吸入溶液剂、灌肠剂等。公司产品主要为注射剂型当中的冻干粉针剂和注射液。

（2）医药行业情况

根据国家统计局的数据，在"十一五"期间，我国规模以上医药制造业主营业务收入复合增长率达到23.31%，进入"十二五"，随着医保覆盖面的扩大以及城镇居民医保和新农合参保者补助标准的持续提高，我国各类群体的医疗保障程度均逐步提升，医药行业仍然保持快速增长势头。

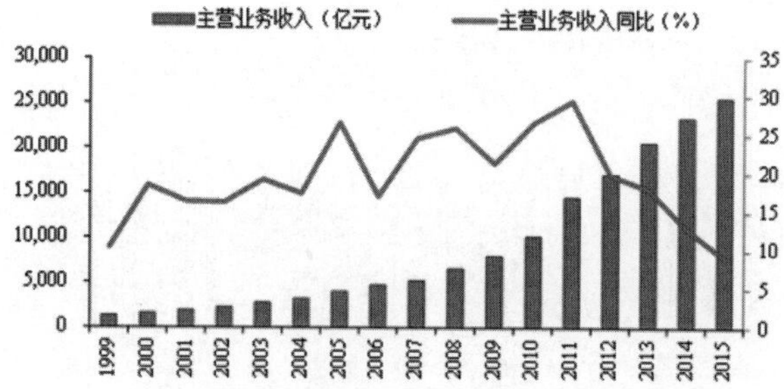

图4　我国医药制造业主营业务收入和同比增速

2015年医药制造业主营业务收入为25537.1亿元，同比增长9.1%，利润总额为2627.3亿元，同比增长12.9%，收入与利润增速均有所放缓，主要是受医保控费、新版GMP改造检查以及国内外经济增速下滑等因素的影响。

从药品流通领域情况来看，在《全国药品流通行业发展规划纲要（2011—2015年）》的指导下，药品流通行业的集中度和流通效率均有所提升，销售规模与经济效益稳步增长，总体呈现持续向好的发展态势。如下图所示：

图5 我国药品销售企业商品销售额和同比增速

根据商务部的数据，包括药品批发企业、药品零售连锁企业和零售单体药店在内的药品流通企业2014年药品流通市场销售规模继续提高，全年药品流通行业销售总额达15021亿元，同比增长15.23%。

3．医药行业发展的驱动因素

（1）政府投入加大以及政府政策的支持

医药行业关系每一个人的切身福祉，也是历届政府施政的重点。政府政策重点包鼓励医药产业发展，理顺医疗链条体制以及增加医保、政府卫生支出的覆盖度和支付力度等。

《“十二五”期间深化医药卫生体制改革规划暨实施方案》提出，到2015年，基本医疗卫生服务更加公平可及，服务水平和效率明显提高；卫生总费用增长得到合理控制，政府卫生投入增长幅度高于经常性财政支出增长幅度，政府卫生投入占经常性财政支出的比重逐步提高，群众负担明显减轻，个人卫生支出占卫生总费用的比例降低到30%以下。

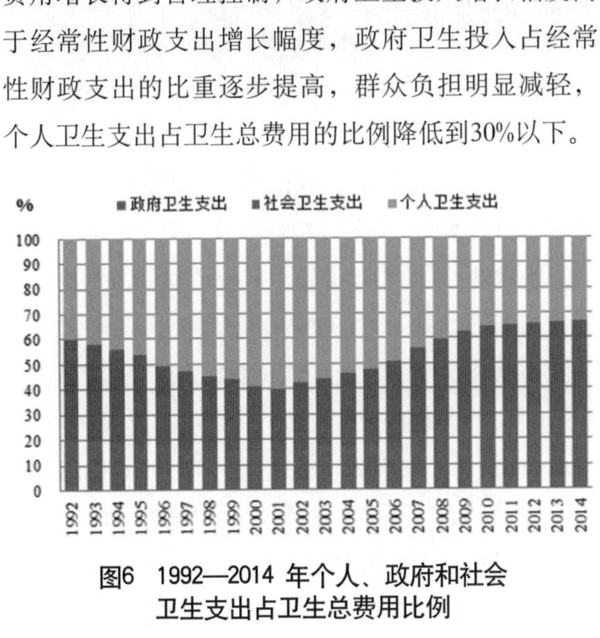

图6 1992—2014 年个人、政府和社会卫生支出占卫生总费用比例

根据《卫生和计划生育事业发展统计公报》，2014年全国卫生总费用预计达35378.9亿元，其中：政府卫生支出10590.7亿元（占29.9%），社会卫生支出13042.9亿元（占36.9%），个人卫生支出11745.3亿元（占33.2%）。从趋势来看，个人卫生支出进一步下降，政府持续加大卫生支出，社会卫生支出比例持续增加，有利于医疗卫生需求的增长和医药产业的未来发展。

从卫生费用占GDP的比例来看，我国卫生费用所占比例仍然较低，2013年为GDP的5.56%。卫生部“健康中国2020”战略提出，我国政府未来将履行政府职责，加大健康投入，到2020年，卫生总费用占GDP的比重达到6.5%～7%。

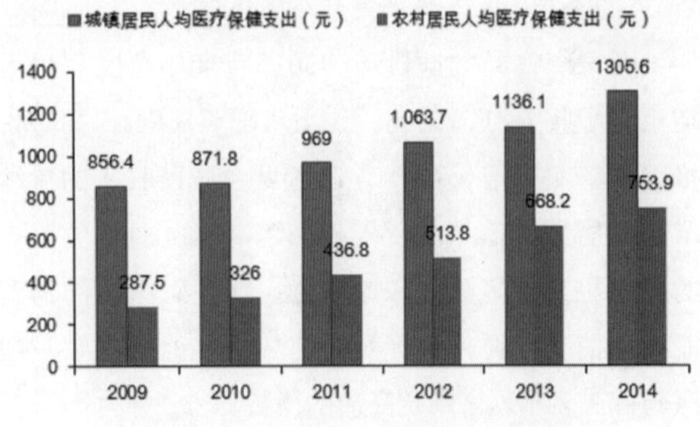

图7 1992–2014 年个人、政府和社会卫生支出占卫生总费用比例

城镇职工基本医疗保险、城镇居民基本医疗保险和新型农村合作医疗制度在全国范围内推广是我国达成上述目标的重要手段和保障，医疗保险的覆盖率和筹资水平持续提升。1998年我国开始建立城镇职工基本医疗保险制度，之后又启动了新型农村合作医疗制度试点，建立了城乡医疗救助制度，自2007年起，国务院决定开展城镇居民基本医疗保险试点，2010年在全国全面推开，逐步覆盖全体城镇非从业居民。通过试点，探索和完善城镇居民基本医疗保险的政策体系，形成合理的筹资机制、健全的管理体制和规范的运行机制，逐步建立以大病统筹为主的城镇居民基本医疗保险制度。

2002年，我国明确提出各级政府要积极引导农民建立以大病统筹为主的新型农村合作医疗制度。2009年，我国作出深化医药卫生体制改革的重要战略部署，确立新农合作为农村基本医疗保障制度的地位。根据《关于做好2015年新型农村合作医疗工作的通知》（国卫基层发〔2015〕4号）的规定，各级财政对新农合和居民医保人均补助标准在2014年的基础上提高60元，达到380元。

根据国家卫生和计划生育委员会公布的《2014年我国卫生和计划生育事业发展统计公报》，截至2014年底，全国参加新型农村合作医疗人口数达7.36亿人，参合率为98.9%。2014年度新农合筹资总额达3025.3亿元，人均筹资410.9元，人均筹资额同比上升10.87%。医疗保险覆盖率的提升和筹资水平的提高带来了就诊人数的增加以及医药行业的增长。

（2）居民收入水平提升与城镇化

国家统计局数据显示，2015年全年全国居民人均可支配收入21,966元，比上年增长8.9%，扣除价格因素，实际增长7.4%。随着城乡居民收入的持续增长，居民对健康的要求越来越高，医药卫生服务的需求也日趋多样化和深入化。国民对医药的消费能力和消费意愿持续提升，这从根本上促进了我国医药行业多年以来稳定高速的增长。

从城镇化的角度来看，由于城乡收入仍不均衡，我国城镇居民卫生费用支出要显著高于农村居民，《中国卫生统计年鉴》的数据显示，我国城镇居民卫生费用支出平均是农村居民的2倍左右，随着我国城镇化进程的推进，越来越多的农村居民转化为城镇居民，城镇化带来的居民消费意识、健康意识提升，医疗服务便利性提高、社保覆盖程度加大等积极因素都会促进医药需求的增长。

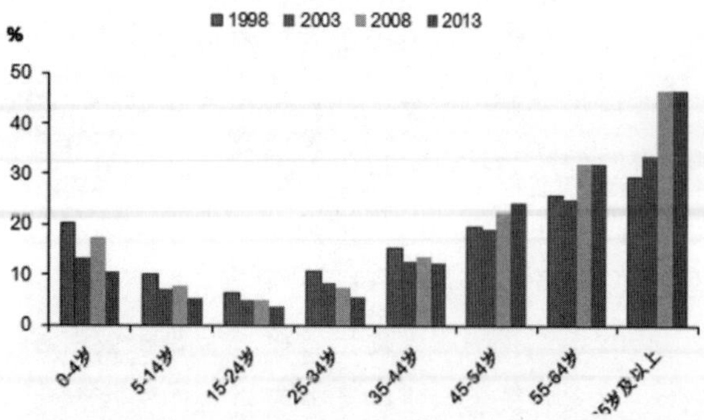

图8 城镇居民和农村居民年度人均医疗保健支出情况

（3）老年人口增长使我国人口患病率、年龄谱发生变化

药品需求与人口数量、人口结构以及患病率密切相关。患病率方面，我国历次卫生服务调查显示，1998、2003、2008年和2013年居民两周患病率分别为15.0%、14.3%、18.9%和24.1%。2013年居民患病率相比以往显著提升。由于患病率是通过不同年龄分组的患病率加权计算得来的，因此，从细分年龄组别来看，可以发现患病率的大幅提升主要是由于老龄人口的患病率以及在人口中的占比不断提升造成的，中青年的患病率变化并不显著。如下图所示：

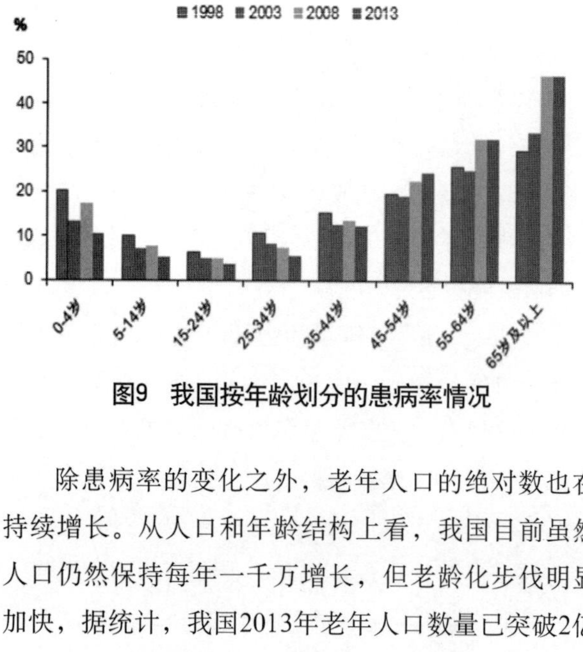

图9 我国按年龄划分的患病率情况

除患病率的变化之外，老年人口的绝对数也在持续增长。从人口和年龄结构上看，我国目前虽然人口仍然保持每年一千万增长，但老龄化步伐明显加快，据统计，我国2013年老年人口数量已突破2亿大关。有关文献预计，到2026年，我国60岁及以上老年人口总数将达3亿，2041年，60岁及以上老年人口总数将达4亿。老年人口对医疗资源的需求相比年轻人口显著增加，有报道指出，老年人消耗的卫生资源是全部人口平均消耗资源的1.9倍，60岁以上人口慢性病患病率是全部人口的3.2倍，伤残率是全部人口的3.6倍，在65岁以上老年人口中有66%的人使用处方药和非处方药，一个老年人每年有12到17次处方，平均每次处方要使用4.5种处方药和2.1种非处方药。人口的老龄化将使药品的需求呈现长期、持续增长。

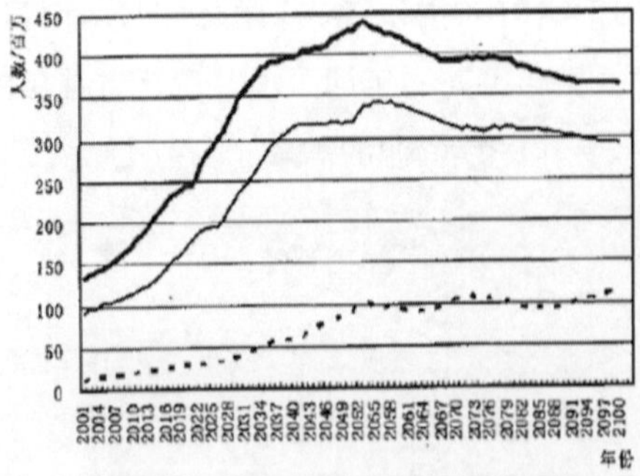

图10　2001—2100年我国老龄人口数量

（4）疾病谱变化造成医药消费结构变化

从1998、2003、2008、2013年四次国家卫生服务调查的数据来看，我国居民的疾病谱发生了明显的变化，其基本趋势为：随着我国医疗系统的进步以及居民卫生观念的变化，以各类急性传染病和感染性疾病为主的疾病谱患病率逐步下降，逐步被以心脑血管类疾病、消化类疾病为代表的各类与人们不良的生活方式密切相关的慢性病所取代。

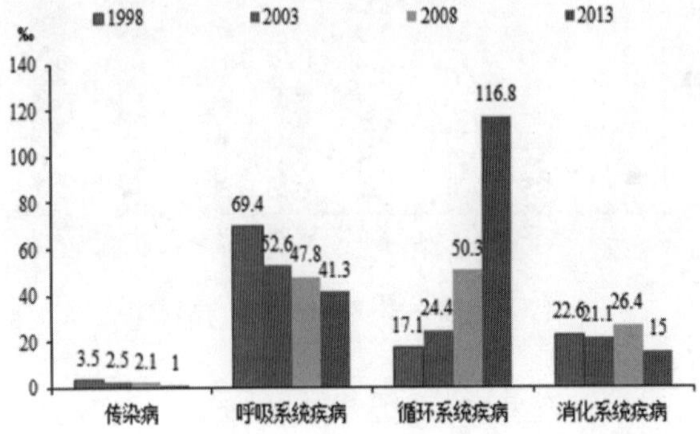

图11　1998—2013年四大类疾病的两周患病率

快节奏、高压力的城市生活方式使城市人口普遍存在亚健康的现象，循环系统疾病、神经系统疾病的发病率在过去十几年间显著提高。人口结构的老龄化也对疾病谱有一定的影响，表现在退行性疾病比例的增大，如肿瘤、心脑血管病和糖尿病等。我国医药行业的消费结构与疾病谱的变化密切相关，结构在过去十几年间也有明显调整。

医院用药结构的变化具体表现在抗肿瘤药、神经精神系统用药、心血管疾病用药等老年病、慢性病用药份额显著提高。

2040年我国60岁以上人口比例预计将达到28%，仍有巨大上升空间，60岁以上老年人才是医疗需求的主力；恶性肿瘤、糖尿病、心脑血管等慢性疾病发病率快速上升，对新一代疗效更好、副作用更小的治疗方案需求十分迫切，驱动产业创新。从国际比较经验看，处于人口加速老龄化阶段，卫生总费用GDP占比仍将持续提升。

中国医疗产品供应链面临质量标准的全面提升：1）药品、医疗器械审评审批标准全面向欧美最高标准看齐，创新药、市场亟须产品有望获得加速审批；2）仿制药一致性再评价势在必行，推动已上市药品质量快速提升；3）“两票制”逐步落地、“营改增”加重代理渠道税票处理难度，医药流通行业迎来集中度快速提升的第二次浪潮。未来几年，医疗产品供给端质量标准全面提升，唯有创新型企业强者恒强。

在中药注射剂、辅助用药、抗生素等品种的驱动下，我国医药行业经过近10年的快速增长，当前国内医药行业增速逐步开始显现出下滑趋势，不少投资者对医疗行业的发展前景产生疑问。我国医疗行业真的饱和了吗？

我们认为国内的医疗环境没有发生实质改变，中国有庞大的消费人群，与之对应的庞大临床受试群体；中国拥有全球具竞争力的中间体和原料药制造技术和低成本；随着中国企业实力提升，未来中国制造中会出现中国创造，我们坚定看好行业发展前景。

图12　我国终端药品销售情况

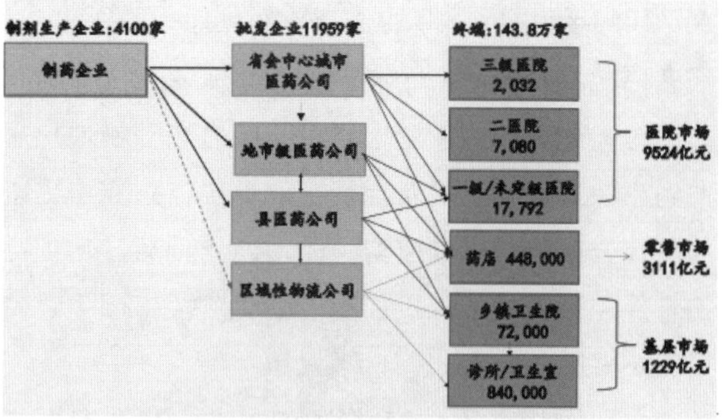

图13 我国终端市场药物销售构成

我国医疗支出GDP占比、人均卫生费用、医师密度、病床数等都落后于中等发达国家，提升空间大。

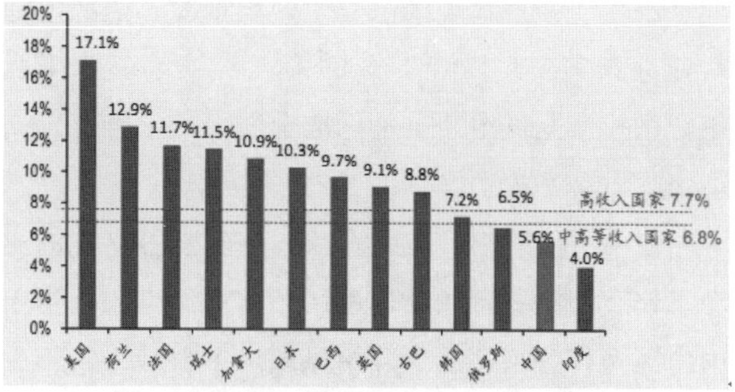

图14 部分国家医疗卫生费用占GDP比例

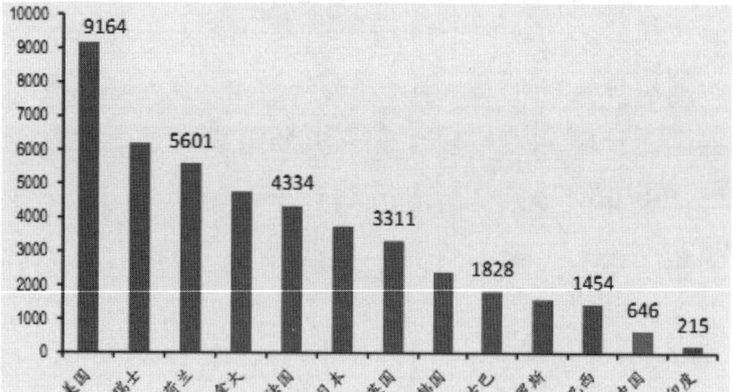

图15 部分国家人均医疗卫生费用对比

医药的需求按照消费层次划分可以分为：刚性需求和弹性需求；按照种类划分可以分为：医药产品需求和医疗服务需求。

医药的刚性需求是指满足大部分国民基础救治的医疗保障，刚性需求不是一成不变的，与人口结构的变化、疾病谱的变迁密切相关。我国人口老年化加剧，肥胖人群增多等都将驱动医药刚性需求的上升。到2040年我国60岁以上人口的比例预计将达到28%，65岁以上老年人的年均医疗开销是青壮年的3倍，老年化社会对医疗资源的需求十分巨大。

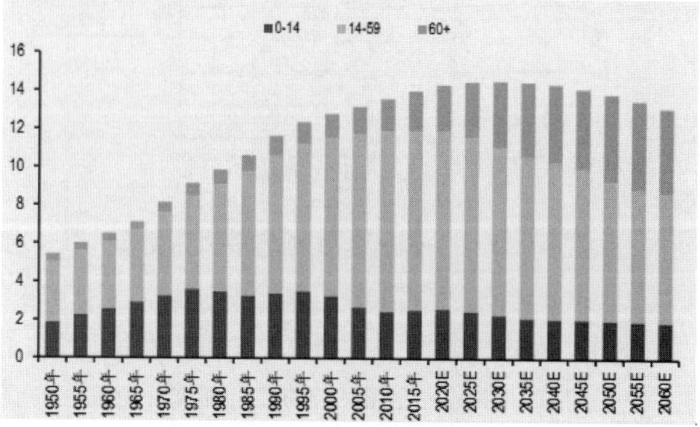

图16 我国人口老龄化趋势

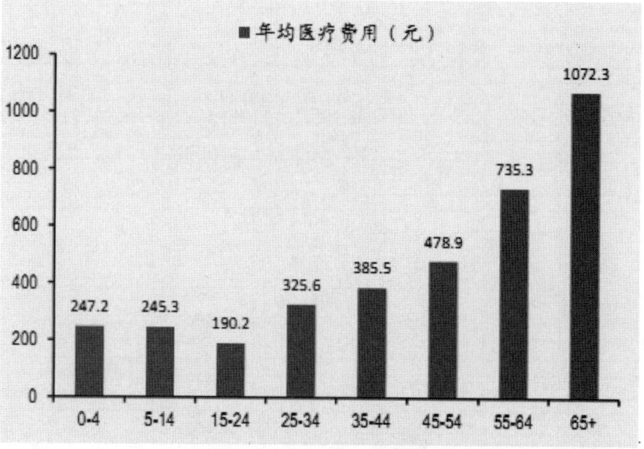

图17 不同年龄段的年均医疗费用

随着经济发展、生活节奏的加快，中国与世界都将面对慢性病负担比率逐渐增高的问题。目前中国明确诊断的慢性病患者超过2.6亿人。影响慢病的主要社会决定因素包括工业化、城镇化和老龄化。

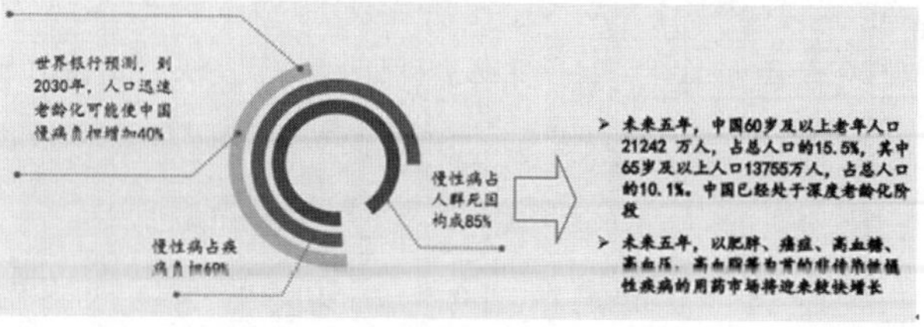

图18 我国终端药品销售情况

除了人口老龄化、疾病谱的迁移导致的刚性用药需求外，随着国民收入水平的提高以及消费观念的改变，人们追求的是用疗效更好、副作用更小的高端药物、创新技术，我们将其定义为对医药的弹性需求。最具代表性的领域是抗体生物药、精准医疗、互联网医疗等。

图19 精准医疗市场规模预测

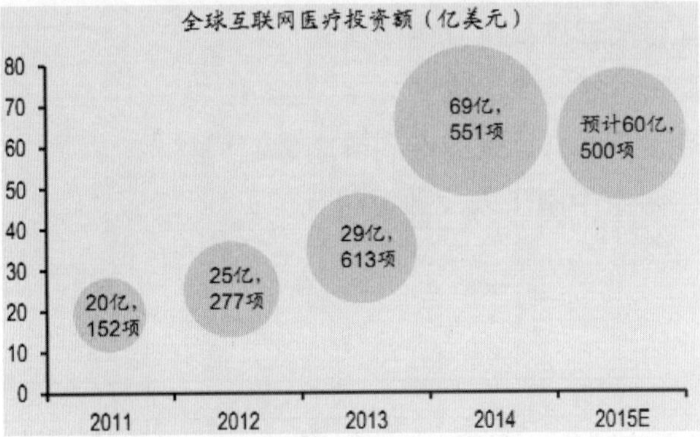

图20 全球互联网医疗投资额

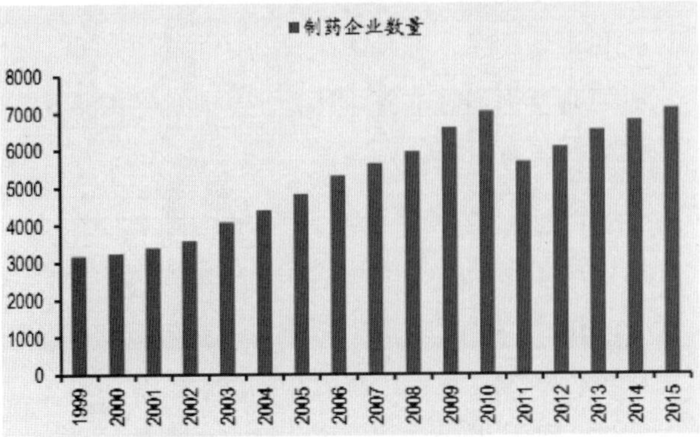

图21 我国制药企业数量过多

2015年，我国制药企业数量达到7116家，但是规模均偏小，国内2005年工业百强的市场集中度为36%，到2013年市场集中度提升到45%，但是和全球百强药企80%以上的集中度相比，市场依然比较分散。

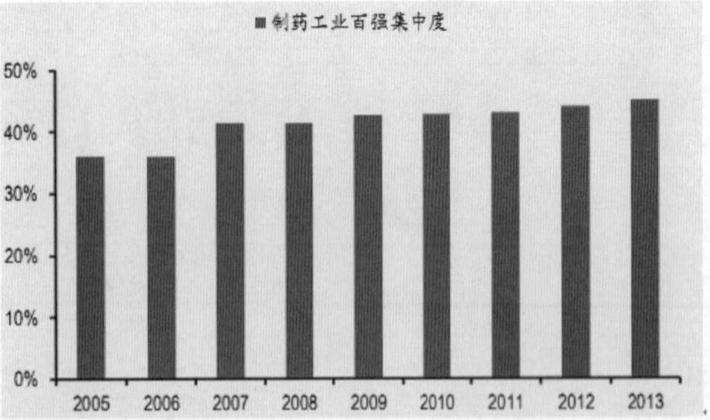

图22 制药工业集中度依然偏低

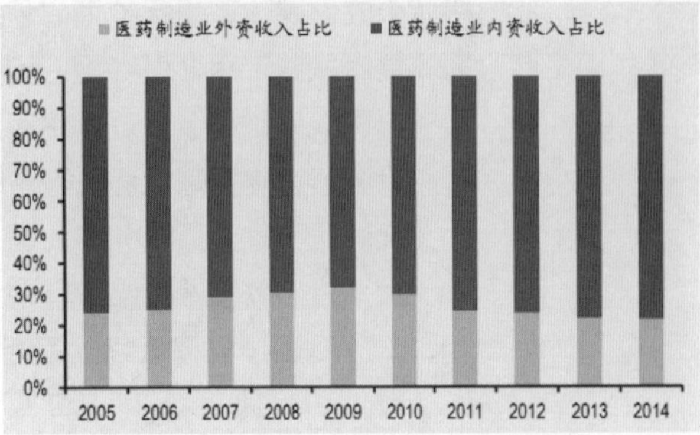

图23 我国医药制造内外资收入占比

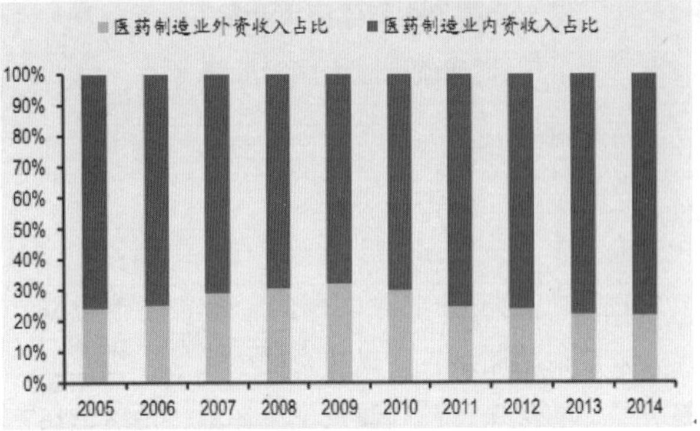

图24 我国医药制造内外资利润占比

国内医药制造业中内资药企的收入占比不断提升，2012年达到76%的水平，至2014年均稳定在该比例附近，仿制药已经达到极限。2014年，内资制药企业的净利润占比达到75%，较多低质量高价格仿制药“劣币驱逐良币”成为受益者。

2016年度卫生计生十大新闻

1.《全国卫生与健康大会召开，健康优先成为国家战略》；
2.《全球健康促进大会发布〈上海宣言〉，健康促进呼唤共同体意识》；
3.《〈"健康中国2030"规划纲要〉发布，健康中国有了行动纲领》；
4.《公立医院改革提标扩面，"三医联动"推进综合医改》；
5.《健康扶贫工程全面实施，因病致贫返贫有望成为历史》；
6.《全国人大常委会通过〈中医药法〉，国医终于得到国法保障》；
7.《我国器官年捐献量居亚洲首位，器官捐献移植建立中国模式》；
8.《全面两孩政策落地一年，国人生育观悄然转变》；
9.《大义诊、改善医疗服务行动计划持续开展，让医生走到群众身边》；
10.《"互联网+健康医疗"不断推进，健康中国步入大数据时代》。

全国卫生与健康大会召开
健康优先成为国家战略

新闻回放：

今年8月，全国卫生与健康大会在京召开。中共中央总书记、国家主席习近平在会上强调，没有全民健康，就没有全面小康。要把人民健康放在优先发展的战略地位，以普及健康生活、优化健康服务、完善健康保障、建设健康环境、发展健康产业为重点，加快推进健康中国建设，为实现"两个一百年"奋斗目标、实现中华民族伟大复兴的中国梦打下坚实健康基础。

习近平总结概括了"以基层为重点，以改革创新为动力，预防为主，中西医并重，把健康融入所有政策，人民共建共享"的卫生与健康工作新38字方针。他要求，坚持基本医疗卫生事业的公益性，不断完善制度、扩展服务、提高质量，让人民群众享有公平可及、系统连续的预防、治疗、康复、健康促进等健康服务。坚持正确处理政府和市场关系，在基本医疗卫生服务领域政府要有所为，在非基本医疗卫生服务领域市场要有活力。

当前，医药卫生体制改革已进入深水区，到了啃硬骨头的攻坚期。习近平要求，着力推进基本医疗卫生制度建设，努力在分级诊疗制度、现代医院管理制度、全民医保制度、药品供应保障制度、综合监管制度建设上取得突破。着力推动中医药振兴发展，坚持中西医并重，推动中医药和西医药相互补充、协调发展，努力实现中医药健康养生文化的创造性转化、创新性发展。着力发挥广大医务人员积极性，从提升薪酬待遇、发展空间、执业环境、社会地位等方面入手，关心爱护医务人员身心健康，增强医务人员职业荣誉感，营造全社会尊医重卫的良好风气。

会上，国务院总理李克强要求，以公平可及和群众受益为目标把医改推向纵深。完善全民基本医保制度，逐步实现医保省级统筹。用两年时间实现异地就医直接结算，减少群众“跑腿”“垫资”。加快推进公立医院改革，破除以药补医机制，坚持基本医疗卫生事业公益性。国务院副总理刘延东指出，要牢牢把握卫生与健康工作方针，树立“大健康”理念，推动医疗、医保、医药“三医联动”，健康事业与健康产业有机衔接，全民健身和全民健康深度融合，使健康政策融入全局、健康服务贯穿全程、健康福祉惠及全民。

点评：

这次大会是近20年来我国卫生和健康领域最重要的会议。习近平总书记从实现民族复兴、增进人民福祉的战略高度，首次提出健康优先这一全新的发展理念，成为社会经济发展方向的新标识。这是对健康在国民经济社会生活中地位的又一次提升，也是我国卫生与健康事业发展史上的一个里程碑。

“健康优先”这一发展理念，使医疗卫生事业发展有了坚定方向。推进健康中国建设，把人民健康放在优先发展战略地位，非常迫切和重要。我们必须改变重治疗轻预防的倾向，从全民健康的高度构建医疗卫生服务体系及其运行体制机制。必须敢于啃硬骨头，向顽瘴痼疾开刀，解决深层次矛盾和问题。只有强基层、保基本，把服务供给倾向真正有需求的地方，才能打赢全面深化医药卫生体制改革这场攻坚战，使得各项医疗卫生政策转化为惠及大众的红利。

全球健康促进大会发布《上海宣言》健康促进呼唤共同体意识

新闻回放：

11月21日—24日，由国家卫生计生委和世界卫生组织联合主办、上海市政府承办的第九届全球健康促进大会在沪召开，国务院总理李克强出席大会开幕式并致辞。

李克强表示，希望各国加强政策对话，搭建健康治理合作平台；促进包容联动，构建全球公共卫生安全防控体系；推动创新合作，增强健康供给和服务能力，集中力量攻克人类健康面临的共同难题；倡导互学互鉴，促进传统医学和现代医学融合发展，发挥人文交流在推动健康合作中的独特作用。

李克强指出，中国是健康促进的积极倡导者和坚定践行者，走出了一条符合中国国情的卫生与健康发展道路。通过多年努力，织起了全民基本医保网，为人人病有所医提供了制度保障。大力推进公共卫生服务均等化，为所有城乡居民免费提供基本公共卫生服务。中国积极倡导和促进全球卫生合作，努力承担国际责任和义务。健康是人类的永恒追求，健康促进是国际社会的共同责任。

世界卫生组织总干事陈冯富珍等国际组织负责人，以及来自120余个国家的卫生部长、城市市长等代表约1200人参加了大会。与会代表紧紧围绕“可持续发展中的健康促进”主题，参加了精彩的开幕式和6个主论坛、健康城市市长论坛、30个平行论坛，分享了各个国家和地区健康促进的经验与成果。11月23日被设定为“中国国家日”，与会代表等450余人，参观考察了上海市在健康促进和可持续发展领域的实践成果。

大会发布了成果文件《2030可持续发展中的健康促进上海宣言》和《健康城市上海共识》。大会呼吁世界各国增强命运共同体意识，将健康促进放在社会经济可持续发展全局重要位置，搭建多层次、宽领域、机制化的对话合作平台，政府、社会、个人共同发力，推动全球健康治理更加公正合理，筑牢全球公共卫生安全防控屏障，促进传统医学与现代医学互学互鉴，共同构筑公平、创新、共享、融合的健康促进事业发展道路。同时，大会还呼吁在联合国和世界卫生组织的框架下，充分发挥健康城市市长作用，推动各国城市将健康融入所有政策，把健康优先原则体现在经济社会发展的全过程、各环节，积极培育和发展绿色健康经济，让人民共享健康城市建设成果。

点评：

全球健康促进大会是健康促进领域最高级别会议，受到国际社会的广泛关注。今年是我国“十三五”规划开局之年，推进“健康中国”建设的起航之年，又恰逢首届全球健康促进大会召开30周年。在这样一个关键时刻，由中国举办第九届全球健康促进大会，不仅向世界展现了中国在卫生发展、健康促进方面的经验和成果，提升了健康在可持续发展目标中的地位和作用，也有利于推动健康促进的理论和实践，为健康促进在21世纪的发展注入新活力，为改善各国人民健康作出重要贡献。

这次盛会把健康促进列入可持续发展议程中，将其提升为各国政府的政治承诺，是健康促进领域的新起点。中国愿意和世界各国继续携手努力，共同开启全球健康促进新时代，共同为世界人民健康而努力奋斗。

《“健康中国2030”规划纲要》发布
健康中国有了行动纲领

新闻回放：

10月25日，中共中央、国务院发布《“健康中国2030”规划纲要》（以下简称《纲要》）。《纲要》围绕总体健康水平、健康影响因素、健康服务与健康保障、健康产业、促进健康的制度体系等方面设置了若干量化指标，提出了健康中国“三步走”的目标，即“2020年，主要健康指标居于中高收入国家前列”，“2030年，主要健康指标进入高收入国家行列”的战略目标，并展望2050年，提出“建成与社会主义现代化国家相适应的健康国家”的长远目标。

2015年全国两会期间，李克强总理在政府工作报告中强调，“健康是群众的基本需求，要不断提高医疗卫生水平，打造健康中国”，从国家层面首次提出健康中国概念。同年10月召开的中共中央十八届五中全会明确将健康中国纳入“十三五”规划建议，提出推进健康中国建设。

2016年3月，20多个部门参加的《“健康中国2030”规划纲要》起草工作组及专家组成立。编制工作组织有关部门、智库和专家开展了专题研究、平行研究和国际比较研究，借鉴国内其他领域和国际国民健康中长期发展规划经验，广泛听取地方、企事业单位和社会团体等多方面意见，并于2016年5月向社会公开征集意见和建议。

2016年8月19日—20日召开的全国卫生与健康大会征求了全体与会代表意见，对《“健康中国2030”规划纲要》进行修改；8月26日，中共中央政治局会议审议通过《纲要》，预示着建设健康中国新征程开启。

此外，今年12月21日，国务院常务会议通过了《“十三五”卫生与健康规划》，从卫生与健康领域各项重点工作入手，提出了加强重大疾病防治、推动爱国卫生运动与健康促进、加强妇幼卫生保健和生育服务、加快健康产业发展等10项工作任务。

点评：

从健康中国概念首次提出，到上升为国家战略，再到《“健康中国2030”规划纲要》落地，可以看到，健康中国逐渐从抽象的概念变成清晰的行动指南。《纲要》不仅明确了指导原则，还细致地阐述了战略重点、主要任务及保障措施。

我国正面临人口老龄化、慢性病高发所带来的新挑战，卫生与健康相关社会问题比较突出，建设健康中国任重而道远。未来15年，是推进健康中国建设的重要战略机遇期，经济保持中高速增长将为维护人民健康奠定坚实基础，科技创新将为提高健康水平提供有力支撑，各方面制度更加成熟、更加定型将为健康领域可持续发展构建强大保障。

国家从顶层设计上描绘了健康中国建设的蓝图，同时需要全民共建共享，从供给侧和需求侧两端发力，统筹社会、行业和个人三个层面，实现政府牵头负责、社会积极参与、个人履行健康责任，形成维护和促进健康的强大合力；各级政府、部门应加强责任感和紧迫感，坚持问题导向、抓紧补齐短板，真正实现“健康入万策”。

公立医院改革提标扩面
“三医联动”推进综合医改

新闻回放：

2016年，公立医院改革继续提标扩面。5月11日，国务院深化医药卫生体制改革领导小组发函，新增上海市、浙江省、湖南省、重庆市、四川省、陕西省、宁夏回族自治区开展综合医改试点。随后，国家卫生计生委、财政部、国务院医改领导小组办公室公布辽宁省锦州市等100个地级行政区为第四批公立医院改革国家联系试点城市。

除了要求综合医改试点地区要聚焦事关医改全局、涉及重大利益调整、亟须探索突破的改革硬骨头，集中力量在深层次体制机制改革上攻坚突破，今年的深化医改工作尤其强调要强化医疗、医保、医药“三医联动”，加强部门协同配合，形成改革合力，推动医改工作从试点探索、单项突破逐步转向系统配套、全面推进，充分发挥各项改革政策的叠加效应。

11月8日，中共中央办公厅、国务院办公厅转发《关于进一步推广深化医药卫生体制改革经验的若干意见》（以下简称《意见》）。《意见》总结了新一轮深化医改以来典型地区形成的24条经验，其中，“深化医改工作由地方各级党政一把手亲自负责”位列第一项。

2016年，城乡居民医保整合政策也在为医改“助攻”。1月，国务院印发《关于整合城乡居民基本医疗保险制度的意见》，就整合城乡居民医保制度政策明确提出了“六统一”的要求。《意见》要求各地于年底前出台具体实施方案，并鼓励有条件的地区理顺医保管理体制，统一基本医保行政管理职能。截至目前，全国已有约2/3的省份对建立统一的城乡居民医保制度进行了总体部署或已全面整合。

今年，采取统一谈判的方式把价格降至合理区间的呼声终于有了政策回应。5月20日，国家卫生计生委公布国家药品价格谈判结果，慢性乙肝治疗用药富马酸替诺福韦二吡呋酯（韦瑞德），价格降幅达67%；非小细胞肺癌治疗用药盐酸埃克替尼（凯美纳）和盐酸吉非替尼（易瑞沙），价格降幅分别为54%、55%。国家卫生计生委、国家发展改革委、人社部等7部委要求各地做好国家谈判药品集中采购相关工作，并做好与医保支付政策的衔接。

点评：

在趟进深水区之后，医改开始更多触及各方利益，改革难度进一步加大，一些地区出现医改进度缓慢甚至裹足不前的情况。而多头管理下的不同部门政策“打架”、部门间协调不畅，正是导致体制机制障碍难突破、改革措施难落实的主要原因，突破医改困局需要“三医联动”、凝聚合力，逐渐成为各方共识。

要推动政策落地见效，关键还要建立强有力的领导体制，形成统筹医疗、医保和医药改革的推动机制。对此，以综合医改试点省为代表的一些地区，加强领导、高位推动，敢于“动奶酪”“碰钉子”，形成了一批符合实际、可复制、可推广的经验做法。尤其福建省在改革中建立了“三医联动”的组织保障，探索出推进综合改革的内在逻辑、关键政策、实施路径，成为全国医改的一面旗帜。

健康扶贫工程全面实施
因病致贫返贫有望成为历史

新闻回放：

在国家全面推进精准扶贫的大格局中，健康扶贫是重要的一环。2016年，健康扶贫工作迎来政策春天，全方位、多领域、多部门、多层级打造健康扶贫大环境。

今年3月，国家卫生计生委召开扶贫开发与对口支援工作领导小组会议，部署实施2016年健康扶贫工程。会上提出，“十三五”卫生计生改革发展各项规划及专业规划安排的政策、项目等都要最大限度地向贫困地区、贫困人口倾斜，研究项目、制定政策、安排资金等都要将贫困地区和健康扶贫工作作为重点，予以倾斜支持。

4月，国家卫生计生委会同国务院扶贫办启动建档立卡农村贫困人口“因病致贫、因病返贫”调查，采取一地一策、一户一档、一人一卡的措施，精确到户、精准到人，让每个贫困人口享有基本的医疗保障。

6月，国家卫生计生委、国务院扶贫办等15部委联合印发《关于实施健康扶贫工程的指导意见》，建立基本医疗保险、大病保险、疾病应急救助、医疗救助等制度的衔接机制，发挥协同互补作用，形成保障合力。同时，实施全国三级医院与连片特困地区县和国家扶贫开发重点县县级医院一对一帮扶，从全国遴选能力较强的三级医院，进行“组团式”帮扶。

7月，国家卫生计生委、国务院扶贫办、中央军委后勤保障部卫生局联合召开全国健康扶贫工作会议，国家卫生计生委主任李斌在会上强调，实施健康扶贫工程，要因地因人施策、因病分类救治，加大健康扶贫投入，充分动员社会力量参与，形成健康扶贫强大合力。

11月，国家卫生计生委召开农村贫困人口大病专项救治工作启动会议。会议明确，2016—2018年，国家将对建档立卡农村贫困人口和经民政部门核实核准的农村特困人员及低保对象中，罹患儿童急性淋巴细胞白血病等9种大病的患者进行集中救治。

12月，国务院发布《“十三五”脱贫攻坚规划》，再次对健康扶贫提出要求：建档立卡贫困人口大病和慢性病得到及时有效救治，因病致贫返贫问题得到有效解决。

此外，今年，国家卫生计生委还召开了医疗人才“组团式”支援工作推进会，医疗人才“组团式”支援西藏和新疆取得了重要阶段性成果，不仅快速提升了受援医院医疗水平，推动了西藏和新疆医疗卫生事业的整体发展，还加强了医疗卫生人才队伍建设，让各族群众享受更高水平的医疗服务。“组团式”支援已经成为提高西藏和新疆人民群众健康水平的一项制度创新。

点评：

根据国务院扶贫办建档立卡统计，因病致贫、因病返贫贫困户占建档立卡贫困户总数的42%，患大病和患长期慢性病的贫困人口疾病负担较重，因病致贫是制约贫困人口如期脱贫的主要障碍。实施健康扶贫工程的核心，就是要让农村贫困人口看得上病、看得起病，并且看得好病，最好少生病、不生病。如何让贫困地区的贫困人口看得起病？一方面，需要坚持提高医疗保障水平和控制医疗费用相结合的政策思路，进一步增强防大病、兜底线能力；建立基本医疗保险、大病保险、医疗救助、疾病应急救助、商业保险等制度的衔接机制，力争对贫困人口应治尽治。

与此同时，最大限度地调动行业资源，精准发力、分类施策，特别是在基层医疗服务能力还较为薄弱的前提下，从供给侧发力提升基层医疗卫生保障能力，加大对口支援力度，把支援医院的技术、制度和作风“带着泥土移栽”到受援医院，尤为重要。

全国人大常委会通过《中医药法》 国医终于得到国法保障

河北省邯郸市邯山区农林路小学组织学生走进邯郸市中医院，开展以“体验中医文化、感受中医魅力”为主题的课外实践活动。

新闻回放：

2016年12月24日，第十二届全国人大常委会第二十五次会议表决通过了《中华人民共和国中医药法》（以下简称《中医药法》），国家主席习近平签署第五十九号主席令，正式公布该法，并将于2017年7月1日起施行。

国家卫生计生委副主任、国家中医药管理局局长王国强深深地了解其分量：“《中医药法》作为第一部全面、系统体现中医药特点的综合性法律，将党和国家关于发展中医药的方针政策用法律的形式固定下来，将人民群众对于中医药的期盼和要求用法律的形式体现出来，对于中医药行业发展具有里程碑意义。”

早在20世纪80年代，老一代中医学家就奔走呼号，提议出台《中医药法》。经20多年多方努力，促使国务院出台了《中医药条例》。进入新世纪，随着中医药事业的迅速发展和矛盾、问题的不断暴露，一部国家大法的出台再次成为行业最高呼声。业内人士认为，中医药法制建设相对滞后，对中医药事业健康、持续、稳定发展带来了极大的不确定性因素。出台一部立得住、行得通、切实管用的《中医药法》是中医药行业的夙愿。但争议也从未停止，比如，在涉及中药材、中药制剂生产、经营、管理的规定方面，中医药领域要求适当松绑的声音，引起了药监部门的反弹，也被不少法律界人士担心影响用药安全。最终，经过多方沟通、协调、反复论证，本着保护扶持与监管规范并重的原则，一部凝聚智慧、心血、汗水和期待的法律诞生了。

点评：

法律的生命力在于实施，法律的权威也在于实施。《中医药法》的出台，只是中医药法治化进程的关键一步，落地实行的前路走得如何，才更具实际价值。在感慨过诞生不易、欢呼过保障有大法之后，如果做好《中医药法》的学习宣传贯彻落实工作，确保严格执法，让法律落地生根，将是新一轮考验的开始。

与此同时，应该注意到，审议期间围绕这部法律展开的争锋，很多并没有尘埃落定，而是留待配套跟进法律、法规及规范性文件中再行解决。这意味着，中医药界仍需要继续关注中医药法治建设，并通过自身发展，增加显示度、说服力，在下一步工作中赢得话语权。我们更需要看到，对于中医药事业来说，要保障其持续、健康、快速发展，为群众健康福祉贡献更大力量，法治建设仅是其中的一环。很多问题、困难，还需要在发展中一步步解决。《中医药法》为中医药事业新阶段的征程开了一个好头，走出康庄大道、光明未来，还需要更多的智慧、勇气和实干。

我国器官年捐献量居亚洲首位
器官捐献移植建立中国模式

新闻回放：

2016年3月10日在京召开的中国人体器官捐献与移植委员会工作会议公布数据：2015年，我国每百万人口年器官捐献率从2010年的0.03上升到2.1，提高了70倍；年捐献数量位居亚洲第一位、世界第三位，器官移植手术数量仅次于美国，位居世界第二位。

8月18日至23日，第26届国际器官移植大会暨国际器官移植协会（TTS）成立50周年纪念大会在香港举行。在大会主席论坛上，中国人体器官捐献与移植委员会主任委员黄洁夫介绍，截至2016年6月30日，器官捐献比去年同期增加45%。

近年来，我国移植器官来源实现重大转型，停用了死囚器官。在对器官来源进行结构性变革的情况下，经过长期不懈的努力，实现了器官捐献量、移植量的稳中保增，国家卫生计生委主任李斌表示，这意味着我国已摸索出器官捐献与移植的中国模式，初步建立了符合国情、文化和社会治理结构的人体器官移植工作体系。

2016年5月，国家卫生计生委、公安部、交通运输部、中国民用航空局、中国铁路总公司、中国红十字会总会联合印发《关于建立人体捐献器官转运绿色通道的通知》，要求建立人体捐献器官转运绿色通道，并明确了各方职责，旨在确保捐献人体器官转运流程的通畅，将因器官转运环节对器官移植患者的质量安全影响减少到最低程度。

2016年年底，中国器官捐献登记工作进入“互联网+”时代。国家卫生计生委下属的中国器官移植发展基金会在支付宝医疗服务平台上线了“器官捐赠登记”功能，支付宝实名用户可一键完成登记，过程不超过10秒。器官捐献志愿登记工作与互联网服务结合，出现了超常规社会动员方式，推动中国器官捐献意愿的表达进入新阶段。

点评：

数字和政策或许是生硬的，但背后的故事却都生动无比。每一个鲜活生命的离去都让人悲痛，但器官移植以一种特殊的方式实现了生命的延续。它不仅是对逝去生命的最好纪念，也是对另一个生命的莫大帮助。近年来，器官捐赠、移植的长足发展，得益于公民捐献器官意愿的显著提升、社会观念的极大进步，是文明、开明、爱心的生长结出的美好果实。

需要注意到的是，器官资源匮乏、供需缺口巨大，仍是我国器官捐献事业面临的不争事实。有数据显示，在我国人体器官分配和共享系统中，有2.4万余名登记患者在等待器官移植；而实际上需要进行器官移植的患者数量更为庞大，估计每年约有100万名以上。

这项伟大的事业需要更大助力。一方面，要建立更加完善、高效的捐献移植体系，从立法、经济投入等方面，加大对器官捐献的支持力度；另一方面，要完善器官获取和分配体系，全面封堵“利益交换”漏洞，从制度上确保器官捐献在阳光下运行。此外，还应完善补偿机制，从公益途径给予捐赠家庭切实的帮助和保障，激励更多人传递爱心。

全面两孩政策落地一年
国人生育观悄然转变

新闻回放：

2016年1月1日，全面两孩政策正式实施。这宣告我国实施30多年的独生子女计划生育模式已经终结，中国的常规家庭规模将从“一家三口”转变为“一家四口”。

国家卫生计生委的相关数据显示，今年上半年的出生人口与2015年同期相比上升了6.9个百分点，其中第二个孩子占比超过40%。根据住院分娩统计和各省出生人口与孕情资料等综合研判，今年我国出生人口将超过1750万人，大致相当于2000年前后的出生人口规模。

生育政策的调整改变了国人的生育观，身边的两孩家庭越来越多，对很多原本不打算生育两孩的妈妈，产生了极大的触动和影响。两孩的到来，还改变了很多家庭的教育观，一定程度上缓解了家长对独生子女的过度关注和溺爱，使家庭教育回归理性。

然而，生育两孩也面临很多现实困难。在我国，夫妇多为双职工，产假过后，妈妈们要重新投入职场，还不到学前教育年龄的3岁以下宝宝，是该交给双方老人看护，请月嫂、育婴师，还是送入托幼机构？全面两孩时代，在目前公共服务不到位的情况下，在综合考虑各种养育成本的选择中，谁来带孩子显得尤为棘手。

此外，许多怀揣二孩梦的家庭还遭遇了年龄尴尬。据统计，在全面两孩政策目标人群中，40岁以上的女性占50%，发生孕期并发症，以及孩子发生出生缺陷的风险增大。根据测算，2017年～2020年，每年高龄孕产妇预计达到300万人，是以往的1.3倍。为此，国家卫生计生委要求，落实高危孕产妇专案管理；强化危急重症临床救治，健全诊疗预案，完善急救用血等保障机制，二级以上综合医院重症医学科要保障危重孕产妇救治床位；在区域层面和医疗机构内部均建立健全协调协作机制；2017年年底前，省级要建立若干危重孕产妇和新生儿救治中心，市、县两级均要建立至少1家危重孕产妇救治中心和1家危重新生儿救治中心。

点评：

添丁进口，绝不是加双筷子那么简单。“一家四口”的时代来了，这不仅意味着延续多年的“4-2-1”家庭结构将逐渐向“4-2-2”转变，整个社会特别是已经集聚了庞大人口的城市，无疑更需要推出一系列有温度的配套政策措施，把全面两孩这项深远影响国计民生的重大利好政策落实好。

从独生子女时代过渡到两孩时代，需要逐步完善鼓励按政策生育的制度体系，让符合条件并且有生育意愿的家庭敢生、能生。当“一对夫妻生育两个孩子”得到鼓励和提倡后，医疗提供、人口服务、教育改革都在面临着全新课题。生育政策的调整完善，需要相关各方共同努力、缓解资源供给和需求之间存在的矛盾，增加对家庭的外部支持。

在全面两孩政策实施一周年之际，还应对政策实施情况进行评估，特别是对目标群体的生育意愿、生育行为、生育时间、抚育成本等实施第三方监测，这样不仅有利于真实、客观掌握政策的现实效果，也将为相关政策的进一步调整和完善提供重要参考。

大义诊、改善医疗服务行动计划持续开展
让医生走到群众身边

新闻回放：

2016年9月3日至10日，“服务百姓健康行动”大型义诊活动再度起航。该活动从2013年启动，至今已经连续开展4年。结合纪念红军长征胜利80周年，今年的义诊活动主题为“传承长征精神，义诊服务百姓”。

一周时间内，全国1800余家三级医院、5700余家二级医院、1.7万余家其他医疗机构的近80万人次医务人员深入城乡基层，累计义诊群众1960余万人次，发放宣传材料1800余万份，减免医疗费用1.17亿元。

重走长征路、深入老区义诊，特别针对红军老战士进行慰问和免费体检，并提供家庭医生签约服务，是今年大义诊的突出亮点。活动周期间，国家卫生计生委等3部门组建了9支国家医疗队，赴江西瑞金、贵州遵义、陕西吴起等长征沿途地区20个县（市）开展义诊。在瑞金义诊现场，国务院副总理刘延东称赞，这是“把医院送到群众中去”的好形式。

在走出医院大门，把关怀送到群众身边、直接带动基层医疗水平提升同时，全国医疗机构也在持续锤炼内功，努力为群众提供更加优质的医疗服务。今年是《进一步改善医疗服务行动计划》实施的第二个年头。自2015年起，国家卫生计生委和国家中医药管理局在全国医疗系统开展进一步改善医疗服务行动，大力推进深化改革和改善服务，通过改善环境、优化流程、提升质量、保障安全、促进沟通、建立机制、科技支撑等措施，为人民群众提供安全、有效、方便、价廉的基本医疗服务。

2016年4月20日，国家卫生计生委办公厅发文，为今年改善医疗服务行动计划列出具体的10项“任务清单”。方案明确，行动计划的工作范围为各级各类医疗机构，重点为城市大型三级医院。今年要重点做好预约诊疗、日间手术、医疗质量、信息推送、结算服务、药事服务、急诊急救、优质护理、中医医疗、人文关怀10项工作。一年中，全国医疗机构精心组织实施，各项工作取得积极进展。

点评：

不用舟车劳顿、排队挂号，就能在家门口享受到大医院大专家的服务，持续开展的大义诊活动让大家真实感受到了党和政府对老百姓的关心，也向社会传递出满满的行业正能量，让公众对医疗卫生行业多一份理解和敬意。承担繁重日常诊疗任务的大型公立医院抽调精兵强将奔赴城乡基层、深入革命老区，重点服务老少边穷群众，充分彰显了公立医疗机构对公益性的坚持与坚守，白衣天使全心护佑百姓安康的职业精神。

走出诊室来到群众身边，也让医务人员对患者就医中的渴求与艰辛有了更切身的体会，这样特殊的心灵洗礼也为医疗机构改善医疗服务提供了精神动力。大到医保结算衔接服务，小到预约挂号时间精确到小时，在患者看病就医中每个环节，各地医疗机构都在开动脑筋想办法，在点滴间用心、在细微处着眼，改善患者就医感受。

持续开展的两项大型活动各有特色，但目标是一致的，都是要努力为群众看病就医提供更加优质、便捷的服务，提高医疗服务水平，提升社会满意度，构建更加和谐的医患关系，这也是行业和社会共同的期待。

“互联网+健康医疗”不断推进
健康中国步入大数据时代

新闻回放：

2016年，“互联网+”成为各行各业转变发展方式、实现创新发展的新动能，成为推动大众创新、万众创业的新引擎。随着大数据、人工智能、虚拟现实等新科技与医疗行业深度融合，互联网健康行业重新回归医疗本质，也开始从最初的一拥而上转入理性发展的轨道。

6月24日，国务院办公厅印发《关于促进和规范健康医疗大数据应用发展的指导意见》，部署通过“互联网+健康医疗”探索服务新模式、培育发展新业态，努力建设人民满意的医疗卫生事业，为打造健康中国提供有力支撑。

8月召开的全国卫生与健康大会指出，要完善人口健康信息服务体系建设，推进健康医疗大数据应用。

10月21日，国家卫生计生委召开健康医疗大数据中心与产业园建设国家试点工程启动推进电视电话会，确定福建省、江苏省及福州、厦门、南京、常州为第一批试点省市。会议提出，“十三五”时期，国家卫生计生委将全面推进“互联网+健康医疗”服务，建设互联互通的国家、省、市、县四级人口健康信息平台，全员人口信息、电子健康档案和电子病历三大数据库基本覆盖全国人口并实现数据动态更新。大力推动互联网医疗新兴业态发展，发展远程医疗和智慧医疗，促进云计算、大数据、物联网、移动互联网等信息技术与健康服务的深度融合。

10月22日，由国家卫生计生委指导、健康报社主办的第三届“互联网+健康中国大会”在京举行，会议主题确定为“回归医疗本质、超越传统互联、融合所有力量”。10月24日，2016年全国人口健康信息化工作会议召开，国家卫生计生委副主任马晓伟在会上提出，要全面推进人口健康信息化建设，积极促进和规范健康医疗大数据应用发展。

11月17日，第三届世界互联网大会在浙江乌镇举办，并特设“互联网+智慧医疗”分论坛。这是世界互联网大会首次举办与医疗相关的主题活动。国家卫生计生委主任李斌在会上提出，依托互联网、云计算、大数据的新型健康服务模式已现端倪，并将为健康事业与健康产业发展插上信息化的“翅膀”。

点评：

2016年，一度激流勇进的“互联网+健康医疗”开始归于冷静。随着互联网、大数据和人工智能技术与健康加速融合，“互联网+健康”从概念迈向实干，大数据在健康领域的应用也愈加广泛。可以看到，信息化已经深入医疗卫生的各个领域，成为医疗卫生事业发展的重要引擎，利用信息化手段可以提升医疗机构医务人员的管理水平，推动分级诊疗工作，延伸放大医疗卫生机构服务能力，同时加强医疗质量安全。此外，“互联网+”的另一大优势就是可以让临床诊疗更加精准。

不可否认，“互联网+健康”领域的信息孤岛依然存在，需要国家从更高层面积极推动信息流动和共享，推动互联网与医疗健康的深度融合。此外，确保医疗健康相关数据安全，事关每一位患者的切身利益，仍需制定明确严格的“游戏规则”。

第三部分

地区投资

2016年北京市投资情况

（节选）

固定资产投资

固定资产投资：全年完成全社会固定资产投资8461.7亿元，比上年增长5.9%。其中，完成基础设施投资2399.5亿元，增长10.3%。从基础设施投资投向上看，交通运输投资973亿元，所占比重为40.6%；公共服务业投资643.8亿元，所占比重为26.8%。完成民间投资2766亿元，下降5.6%。

分产业看，第一产业投资99.8亿元，比上年下降10.1%；第二产业投资722.9亿元，增长6.8%；第三产业投资7639亿元，增长6.1%。

表9　2016年分行业固定资产投资

行业名称	投资额（亿元）	比上年增长（%）
总计	8461.7	5.9
农、林、牧、渔业	104.8	-5.6
采矿业	2.9	14.2
制造业	384.8	4.4
电力、热力、燃气及水生产和供应业	332	10.5
建筑业	6.6	16.3
批发和零售业	30	-50.7
交通运输、仓储和邮政业	995.6	17.2
住宿和餐饮业	45.9	12.1
信息传输、软件和信息技术服务业	198.9	-18.1
金融业	50.6	-30.9
房地产业	4856.8	2.1
租赁和商务服务业	129.2	99.9
科学研究和技术服务业	81	-18.1
水利、环境和公共设施管理业	774.4	32.1
居民服务、修理和其他服务业	16.3	-24.8
教育	139.9	-1.6
卫生和社会工作	58.2	12.2
文化、体育和娱乐业	214.4	55.2
公共管理、社会保障和社会组织	39.3	-33.6

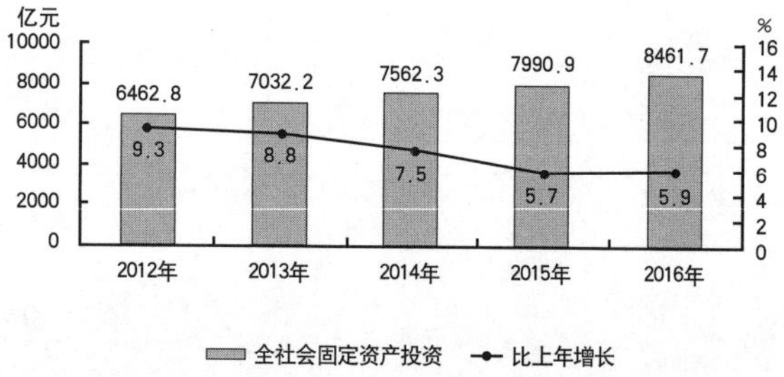

图8　2012—2016年全社会固定资产投资及增长速度

房地产开发

房地产开发：全年完成房地产开发投资4045.4亿元，比上年下降4.3%。其中，住宅投资1950.9亿元，下降0.6%；办公楼投资699.1亿元，下降22.9%；商业、非公益用房及其他投资1395.5亿元，增长2.8%。

表10　2016年房地产开发和销售主要指标

指标	单位	绝对数	比上年增长(%)
房地产开发投资	亿元	4045.4	-4.3
其中：住宅	亿元	1950.9	-0.6
本年实际到位资金	亿元	8059.6	10.7
其中：国内贷款	亿元	2148.5	9
自筹资金	亿元	1978.9	-13.1
定金及预收款	亿元	2515.6	42.5
商品房施工面积	万平方米	13089.8	持平
其中：住宅	万平方米	5927.6	-6.1
其中：本年新开工面积	万平方米	2813.7	0.8
其中：住宅	万平方米	1209.3	0.8
商品房竣工面积	万平方米	2383.1	-9.4
其中：住宅	万平方米	1275.2	-7.5
商品房销售面积	万平方米	1675.1	7.7
其中：住宅	万平方米	993.5	-11.9
商品房待售面积	万平方米	2160.8	-0.3
其中：住宅	万平方米	845.8	-2.5

保障性住房建设：全年新开工、筹集各类保障性住房5.6万套，竣工6.4万套，公开配租配售9.7万户。

对外经济

对外经济：全年北京地区进出口总值18625.2亿元，比上年下降6.1%。其中，出口3418.1亿元，增长0.7%；进口15207.1亿元，下降7.5%。

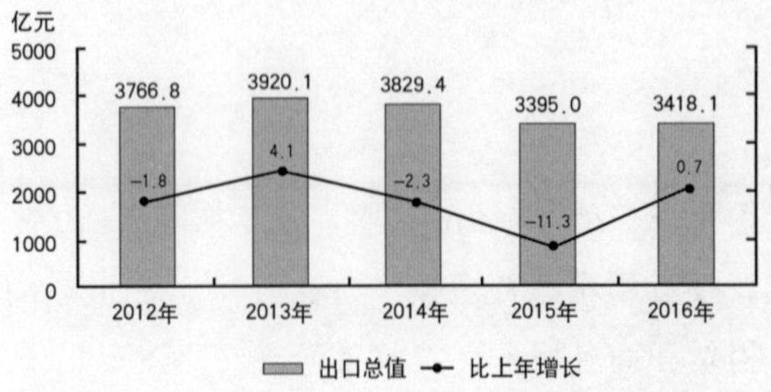

图10　2012—2016年出口总值及增长速度

全年合同外资220.7亿美元，比上年下降31.8%。实际利用外资130.3亿美元，增长0.3%。其中，批发和零售业占44.9%，科学研究、技术服务和地质勘查业占12.1%，租赁和商务服务业占9.2%，信息传输、计算机服务和软件业占8.7%。

表12　2016年分行业实际利用外商投资情况

行业名称	实际利用外资（万美元）	比上年增长（%）
总计	1302858	0.3
农、林、牧、渔业	2303	−69.8
制造业	63806	7.4
建筑业	113	−13.7
交通运输、仓储和邮政业	89048	3793.7
信息传输、计算机服务和软件业	113490	133.5
批发和零售业	584292	141.3
住宿和餐饮业	3010	448.3
金融业	90406	−87.7
房地产业	66160	140.2
租赁和商务服务业	120407	69.1
科学研究、技术服务和地质勘查业	157508	59.3
水利、环境和公共设施管理业	1754	−62.8
居民服务和其他服务业	16	−80.7
文化、体育和娱乐业	6198	98.9

全年境外投资中方实际投资额155.1亿美元，比上年增长62.3%。对外承包工程完成营业额25亿美元，下降29.7%。对外劳务合作人员实际收入1.1亿美元，下降34.2%。

2016年天津市投资情况

（节选）

固定资产投资

投资保持较快增长。全年全社会固定资产投资14629.22亿元，增长12.0%。在固定资产投资（不含农户）中，第一产业投资289.15亿元，增长19.5%；第二产业投资3940.48亿元，增长6.5%；第三产业投资10376.56亿元，增长14.0%，比重达到71.0%，比上年提高1.3个百分点。实体投资主体地位进一步显现，完成投资9590.06亿元，增长17.2%，占固定资产投资的65.7%；基础设施投资2716.12亿元，占固定资产投资的18.6%。

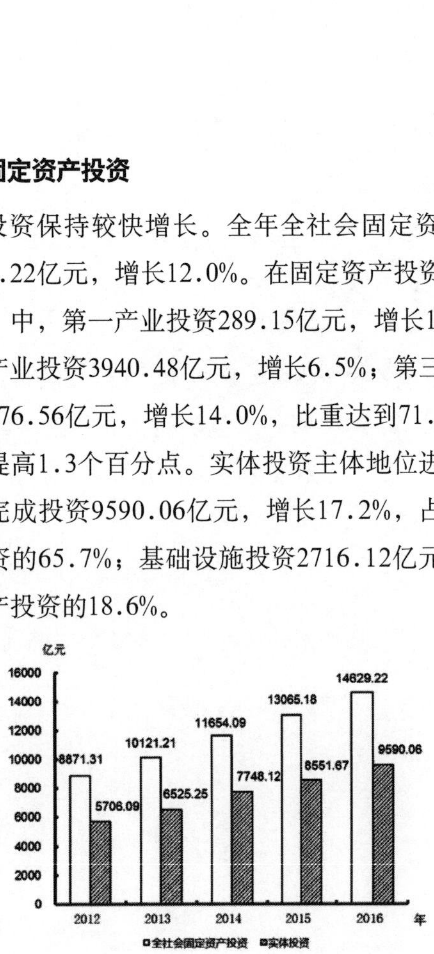

图2 2012—2016年全社会固定资产投资和实体投资

供给侧结构性改革初现成效。钢铁行业"去产能"提前完成370万吨粗钢产能年度压减任务，生铁、粗钢、平板玻璃等产量分别下降15.0%、11.5%和1.5%。"降成本"工作扎实开展，推出两批40项降成本措施，减轻企业负担近600亿元，规模以上工业企业百元主营业务收入成本比年初下降2.28元。商务楼宇"去库存"效果显著，累计盘活空置楼宇440万平方米。"去杠杆"稳步推进，年末规模以上工业企业资产负债率为61.9%，比年初降低1.0个百分点。投资领域"补短板"力度加大，科研技术服务、租赁和商务服务、农林牧渔、文化体育娱乐等方面投资分别增长1.1倍、58.5%、22.4%和25.1%。

房地产开发

建筑业稳定发展。全年建筑业增加值786.89亿元，增长7.6%。建筑业总产值4891.81亿元，增长9.0%；其中，在外省市完成产值2015.25亿元，增长22.1%，比重达到41.2%，比上年提高4.4个百分点。房屋建筑施工面积17036.16万平方米，增长8.9%；竣工面积3428.73万平方米，下降3.3%。截至年末，全市总承包和专业承包建筑业中具有特级、一级和二级资质企业714家，比上年末增加25家。

涉外经济

招商引资取得新提升。围绕汽车、航空航天等产业链招商深入推进，外资在融资租赁、商业保理领域的聚集效应进一步增强。全年新批外商投资企业1106家，合同外资额308.26亿美元，实际直接利用外资101.00亿美元，增长12.2%。其中，服务业实际直接利用外资67.41亿美元，增长60.0%。全市实际利用内资4536.53亿元，增长12.0%。

对外投资合作实现新跨越。全年新设境外企业机构219家，中方投资额261.95亿美元，增长2.5倍。对外承包工程新签合同额26.48亿美元，完成营业额62.92亿美元，增长32.1%。截至年末，对外承包工程和劳务合作在外人员1.38万人。积极融入“一带一路”建设，有序推进中蒙俄经济走廊建设，开工建设埃及苏伊士经贸合作区拓展区，印尼聚龙产业园获批国家级境外经贸合作区。

外贸结构调整取得新进展。全年外贸进出口总额1026.51亿美元，下降10.2%。其中，进口583.65亿美元，下降7.6%；出口442.86亿美元，下降13.4%。从出口方式看，一般贸易出口210.42亿美元，占全市出口的47.5%，比上年提高4.4个百分点；加工贸易出口202.28亿美元，占全市出口的45.7%。从出口市场看，对部分“一带一路”沿线国家出口增长，对俄罗斯、泰国和印度尼西亚出口分别增长1.5倍、11.3%和15.0%。以外贸综合服务企业、跨境电子商务为代表的新型贸易业态快速发展。

自贸区制度创新持续推进。投资贸易便利化水平显著提高。对外商投资实行准入前国民待遇加负面清单管理模式，全年新登记市场主体1.36万户，新设外资企业846家，实际直接利用外资25.01亿美元；新设境外企业机构90家，中方投资额119.94亿美元，占全市的45.8%。获批跨境电商综合试验区，建立国际贸易单一窗口，全年平行进口汽车入境申报4.18万辆。人民银行支持自贸试验区建设的“金改30条”超70%已落地，跨境本外币资金池、跨境融资等创新业务取得明显成效。飞机、船舶、海洋工程钻井平台等租赁业务继续保持全国领先地位。

2016年上海市投资情况

（节选）

固定资产投资

全年完成全社会固定资产投资总额6755.88亿元，比上年增长6.3%。其中，第三产业投资占全社会固定资产投资总额的比重为85.4%；非国有经济投资占全社会固定资产投资总额的比重为72.7%（见表3）。

表3　2016年全社会固定资产投资及其增长速度

指　标	绝对值（亿元）	比上年增长(%)
全社会固定资产投资总额	6755.88	6.3
按经济类型分		
国有经济	1844.66	−6.6
非国有经济	4911.22	12.2
#私营经济	1074.30	5.6
股份制经济	2611.71	22.9
外商及港澳台经济	1153.48	−1.0
按产业分		
第一产业	4.09	3.6
第二产业	982.69	2.5
第三产业	5769.11	7.0
按行业分		
#工业	979.56	2.3
交通运输、仓储和邮政业	944.86	18.9
金融业	18.49	−24.5
卫生和社会工作	52.76	15.8

以上年价格为100，全年居民消费价格指数为103.2，其中，食品烟酒类价格指数为103.7，居住类价格指数为105.1，医疗保健类价格指数为109.0（见表4）；固定资产投资价格指数为99.6；工业生产者出厂价格指数为98.8，工业生产者购进价格指数为97.7。

房地产开发

全年实现建筑业总产值6046.19亿元，比上年增长7.0%；房屋建筑施工面积36019.72万平方米，下降1.7%；竣工面积7481.15万平方米，增长3.1%。

涉外经济

全年上海关区货物进出口总额52334.85亿元，比上年增长3.3%。其中，进口20683.76亿元，增长5.1%；出口31651.09亿元，增长2.1%。

全年上海市货物进出口总额28664.37亿元，比上年增长2.7%。其中，进口16558.92亿元，增长5.2%；出口12105.45亿元，下降0.5%（见表4）。按市场分，对欧盟进口3729.41亿元，增长6.3%；出口1990.54亿元，下降10.9%；对美国进口1791.99亿元，增长2.4%；出口2965.08亿元，增长5.6%；对东盟进口2069.86亿元，增长6.2%；出口1446.00亿元，增长6.3%；对日本进口1941.73亿元，增长9.7%；出口1266.95亿元，下降3.5%（见表5）。

表4　2016年上海市货物进出口总额及其增长速度

指 标	绝对值（亿元）	比上年增长（%）
上海市货物进出口总额	28664.37	2.7
上海市货物进口总额	16558.92	5.2
#国有企业	3024.38	6.7
外商投资企业	10749.20	2.0
私营企业	2618.84	16.1
#一般贸易	8870.70	9.5
加工贸易	2033.48	−5.8
#机电产品	8139.15	0.4
#高新技术产品	5134.10	−1.1

续表

指 标	绝对值（亿元）	比上年增长（%）
上海市货物出口总额	12105.45	−0.5
#国有企业	1478.40	−6.3
外商投资企业	8159.31	0.3
私营企业	2355.17	0.9
#一般贸易	5255.66	1.1
加工贸易	4847.34	−6.4
#机电产品	8506.80	−0.1
#高新技术产品	5219.96	−1.4

表5　2016年上海对主要国家和地区货物进、出口总额及其增长速度

国家和地区	出口额（亿元）	比上年增长（%）	进口额（亿元）	比上年增长（%）
美国	2965.08	5.6	1791.99	2.4
欧盟	1990.54	−10.9	3729.41	6.3
东盟	1446.00	6.3	2069.86	6.2
日本	1266.95	−3.5	1941.73	9.7
中国香港	1196.48	−0.2	267.37	100.7
韩国	484.09	−8.1	1079.57	−14.1
中国台湾	425.55	12.1	1050.67	8.8
俄罗斯	108.65	2.6	137.10	−21.5

全年新设外商直接投资项目5153项，比上年下降14.2%；合同金额509.78亿美元，下降13.5%；全年外商直接投资实际到位金额185.14亿美元，增长0.3%。全年第三产业实际到位金额163.35亿美元，增长2.5%，占全市实际利用外资的比重为88.2%。至年末，在上海投资的国家和地区达168个。在上海落户的跨国公司地区总部达到580家，投资性公司330家，外资研发中心411家。年内新增跨国公司地区总部45家，其中亚太区总部15家；投资性公司18家；外资研发中心15家。

全年备案和核准对外直接投资项目1425项，比上年增长6.5%；对外直接投资中方投资额366.50亿美元，下降8.1%。签订对外承包工程合同金额118.45亿美元，增长6.7%；实际完成营业额66.56亿美元，下降10.7%；派出人员6497人次，增长

10.8%。对外劳务合作派出人员15290人次，增长6.4%。至年末，上海对外承包工程和劳务合作涉及的国家和地区达178个。

全年举办各类展览会项目880个，总展出面积1605.08万平方米，比上年增长6.2%。其中，国际展览会项目287个，展出面积1177.47万平方米，增长4.8%；国内展览会项目593个，展出面积427.60万平方米，增长10.5%。

2016年重庆市投资情况

（节选）

固定资产投资

全年完成固定资产投资总额17361.12亿元，比上年增长12.1%。其中，基础设施建设投资5660.87亿元，比上年增长30.0%，占全市固定资产投资的32.6%；民间投资8858.50亿元，增长11.0%，占全市固定资产投资的比重为51.0%。

表10 2016年按产业分固定资产投资及其增长速度

指标	绝对量（亿元）	比上年增长(%)	比重(%)
全市固定资产投资总额	17361.12	12.1	100.0
第一产业	558.09	4.7	3.2
第二产业	5666.36	13.4	32.6
#工业	5663.73	13.5	32.6
汽车制造业	760.91	3.2	4.4
电子制造业	970.16	37.7	5.6
装备制造业	887.91	3.5	5.1
化医行业	502.95	42.5	2.9
材料行业	642.76	9.3	3.7
消费品行业	1172.45	29.0	6.8
能源工业	726.60	–13.5	4.2
第三产业	11136.67	11.9	64.1
#房地产开发	3725.95	–0.7	21.5

表11 2016年五大功能区域固定资产投资总额

指 标	绝对量（亿元）	比上年增长(%)	比重(%)
全市固定资产投资总额	17361.12	12.1	100.0
都市功能核心区	1331.30	–5.1	7.7
都市功能拓展区	4090.43	8.2	23.5
城市发展新区	7362.90	17.0	42.4
渝东北生态涵养发展区	3387.22	13.7	19.5
渝东南生态保护发展区	1189.26	16.1	6.9

房地产开发

全年房地产开发投资3725.95亿元，比上年下降0.7%。其中，住宅投资2319.97亿元，下降3.0%；办公楼投资166.04亿元，下降18.4%；商业营业用房投资704.37亿元，增长14.3%。

全年主城区建成公租房327万平方米。完成城市棚户区改造356.64万平方米。完成农村危旧房改造

6.44万平方米。

表12　2016年商品房建设与销售

指标	绝对量	比上年增长(%)
施工面积（万平方米）	27363.39	-5.6
#住宅	17932.69	-7.5
办公楼	1020.2	-10.9
商业营业用房	4193.65	2
新开工面积（万平方米）	4875.16	-16.1
#住宅	2998.92	-18.3
办公楼	160.79	2.1
商业营业用房	899.94	-13.3
竣工面积（万平方米）	4421.3	-4.5
#住宅	3084	-3.2
办公楼	100.97	-48.4
商业营业用房	634.46	4.7
销售面积（万平方米）	6257.15	16.3
#住宅	5105.46	14
办公楼	106.99	-7.6
商业营业用房	622.18	34.4
销售额（亿元）	3432	16.3
#住宅	2635.64	17.4
办公楼	98.86	-16.2
商业营业用房	552.77	14.3

涉外经济

全年实现货物进出口总额4140.39亿元，比上年下降10.3%。其中，出口2677.96亿元，下降21.6%；进口1462.43亿元，增长22.1%。按美元计算，货物实现进出口627.71亿美元，比上年下降15.7%。其中，出口406.94亿美元，下降26.3%；进口220.77亿美元，增长14.5%。全市货物出口前三位国家（地区）为美国、德国和中国香港，分别出口643.94亿元、264.46亿元和259.51亿元，比上年分别下降16.1%、12.6%和2.6%。货物进口前三位国家（地区）为中国台湾、韩国和马来西亚，分别进口227.11亿元、173.44亿元和159.85亿元，中国台湾和韩国分别增长24.6%、19.2%，马来西亚下降5.3%。

表13　2016年货物进出口总额

指标	绝对量（亿元）	比上年增长(%)
进出口总额	4140.39	-10.3
出口额	2677.96	-21.6
#国有企业	113.60	24.6
外资企业	1534.02	-6.4
私营企业	1010.60	-39.4
#一般贸易	1133.44	-36.8
加工贸易	1447.39	-6.9
#机电产品	2241.95	-13.6
#高新技术产品	1657.15	-5.1
#笔记本电脑	1050.34	-9.2
进口额	1462.43	22.1
#国有企业	432.91	49.6
外资企业	669.18	11.4
私营企业	359.91	16.8
#一般贸易	665.17	39.7
加工贸易	220.44	-4.9
#机电产品	1101.55	11.7
#高新技术产品	862.08	14.1

全年服务外包离岸执行额20.53亿美元，比上年增长12.9%，其中，知识流程外包12.33亿美元，增长1.7%。全年我市18个示范区国际服务外包累计执行额19.3亿美元。

全年实际使用外资金额113.42亿美元，比上年增长5.4%。其中，外商直接投资26.26亿美元，下降30.4%。全市新签订外资项目260个，合同外资额40.93亿美元，分别下降17.5%和15.0%。全年实际利用内资项目3.56万个，下降3.2%。实际利用内资金额9345.04亿元，增长9.6%。截至2016年底，累计有272家世界500强企业落户重庆。

全年对外承包工程签订合同额27.54亿美元，比上年增长1.03倍；完成营业额13.35亿美元，增长10.5%。

2016年黑龙江省投资情况

（节选）

固定资产投资

全年完成固定资产投资(不含农户)10432.6亿元，比上年增长5.5%。第一产业完成投资1008.6亿元，增长11.6%；第二产业投资3970.0亿元，增长2.4%；第三产业投资5453.9亿元，增长6.9%。装备、石化、能源、食品四大主导产业完成投资2784.4亿元，增长1.1%，占工业投资的74.0%。民间投资7114.7亿元，增长7.9%。全年施工项目21798个，增长20.3%；新开工项目16743个，增长25.4%。全省产业项目7399个，增长23.9%，其中亿元以上产业项目1031个。

房地产开发

全年完成房地产开发投资864.8亿元，比上年下降12.8%。商品房销售面积2117.3万平方米，比上年增长6.0%，其中住宅销售面积1797.0万平方米，增长5.1%；商品房销售额1121.0亿元，增长9.1%，其中住宅销售额903.7亿元，增长9.6%。全年建筑业企业实现增加值874.2亿元，按可比价格计算，比上年增长3.5%。全省1566个资质等级三级及以上的建筑业企业实现主营业务收入1479.1亿元，比上年增长1.7%；实现利税总额103.3亿元，增长2.2%，其中利润47.6亿元，增长2.2%。全省完成房屋建筑施工面积5404.1万平方米，比上年下降3.8%，其中实行投标承包的房屋施工面积占72.7%，竣工房屋面积占50.8%。

涉外经济

全年实现进出口总值165.4亿美元，比上年下降21.3%。其中，出口50.4亿美元，下降37.2%；进口114.9亿美元，下降11.4%。从贸易方式看，一般贸易进出口112.3亿美元，下降22.1%；边境贸易进出口31.7亿美元，下降18.6%；加工贸易进出口11.9亿美元，下降21.0%。从企业性质看，国有企业进出口82.6亿美元，下降18.4%；民营企业进出口70.6亿美元，下降26.5%；外商投资企业(中外合作企业、中外合资企业、外商独资企业)进出口10.9亿美元，下降10.4%。从国别看，黑龙江省与俄罗斯贸易往来仍为对外贸易主体，对俄实现进出口91.9亿美元，比上年下降15.3%，降幅同比收窄38.1个百分点，对俄贸易比重(55.6%)比上年提高3.9个百分点。其中，对俄出口17.0亿美元，下降27.7%；自俄进口74.9亿美元，下降11.8%。对美国实现进出口总额10.2亿美元，下降31.3%；对巴西实现进出口7.8亿美元，下降2.4%；对沙特阿拉伯实现进出口4.4亿美元，下降24.4%；对东盟实现进出口4.4亿美元，下降66.9%；对日本实现进出口3.8亿美元，增长16.5%；对欧盟(25国)实现进出口12.5亿美元，增长8.1%。全省实际利用外资59.0亿美元，比上年增长6.3%。从外资来源看，共有28个国家和地区来黑龙江省投资兴业。其中，亚洲国家和地区投资45.3亿美元，占全省实际利用外资总额的77.9%；北美洲和拉美洲位居其后，分别投资4.6亿美元和2.6亿美元，分别占7.8%和4.4%。

2016年吉林省投资情况

（节选）

固定资产投资

全年全省全社会固定资产投资13923.20亿元，比上年增长9.6%。其中，固定资产投资（不含农户）13773.17亿元，增长10.1%。

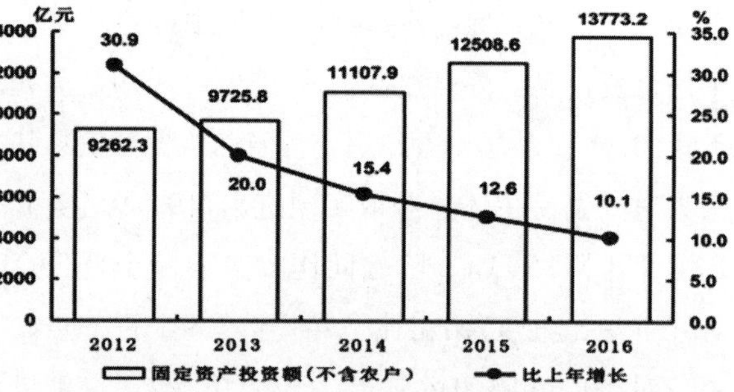

图1　2012—2016年固定资产投资额（不含农户）及其增长速度

在固定资产投资（不含农户）中，第一产业投资708.50亿元，比上年增长31.0%；第二产业投资7186.49亿元，增长2.4%，其中，工业投资7008.55亿元，增长2.8%；第三产业投资5878.18亿元，增长18.8%。基础设施投资2087.10亿元，增长28.9%，占固定资产投资（不含农户）的比重为15.2%。民间投资10200.05亿元，增长12.0%，占固定资产投资（不含农户）的比重为74.1%。高耗能行业投资占固定资产投资（不含农户）的比重为11.2%，比上年下降1.1个百分点。

表1　2016年分行业固定资产投资（不含农户）及其增长速度

行　业	投资额（亿元）	比上年增长（%）
农、林、牧、渔业	708.50	31.0
采矿业	449.97	-15.5
制造业	6011.64	3.3
电力、热力、燃气及水生产和供应业	546.94	18.1
建筑业	177.94	-12.7
批发和零售业	746.75	25.8
交通运输、仓储和邮政业	1162.75	21.7
住宿和餐饮业	154.32	48.0
信息传输、软件和信息技术服务业	226.18	18.3
金融业	68.48	86.5
房地产业	1210.34	10.2
租赁和商务服务业	266.71	35.5
科学研究和技术服务业	150.77	26.7
水利、环境和公共设施管理业	1161.29	23.7
居民服务、修理和其他服务业	105.44	22.3
教育	123.86	11.1
卫生和社会工作	145.38	28.8
文化、体育和娱乐业	107.78	-4.2
公共管理、社会保障和社会组织	248.14	-14.8

全年新建项目完成投资6039.97亿元，比上年增长25.7%；扩建项目完成投资2280.85亿元，增长25.2%；改建和技术改造项目完成投资3432.97亿元，下降11.7%。

房地产开发

全年全省完成房地产开发投资1016.76亿元，比上年增长10.0%。其中，住宅投资710.69亿元，增长9.5%。本年房屋竣工面积1351.65万平方米，

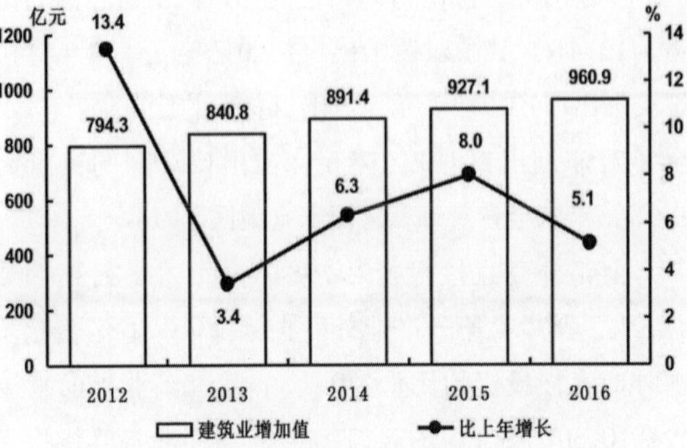

图2 2016年全省建筑业增加值及其增长速度

增长5.0%。商品房销售面积1919.30万平方米，增长28.7%。其中，住宅销售面积1630.72万平方米，增长25.0%。商品房销售额1029.58亿元，增长26.0%。全年全省建筑业实现增加值960.88亿元，比上年增长5.1%。全省具有资质等级的总承包和专业承包建筑业企业完成总产值2283.56亿元，增长3.0%。

涉外经济

全年全省实现外贸进出口总额1216.91亿元，比上年增长3.8%。其中，出口总额277.40亿元，下降3.0%；进口总额939.51亿元，增长6.0%。全年全省实际利用外资94.31亿美元，比上年增长10.0%，其中，外商直接投资22.74亿美元，增长6.9%。全年实际利用外省资金7649.36亿元，增长12.0%。

2016年辽宁省投资情况

（节选）

固定资产投资

全年固定资产投资（不含农户）6436.3亿元，比上年下降63.5%，其中建设项目投资4341.5亿元，房地产开发投资2094.8亿元。

全年第一产业投资115.3亿元，占固定资产投资的比重为1.8%；第二产业投资2198.5亿元，占34.1%；第三产业投资4122.5亿元，占64.1%。

全年基础设施投资1347.5亿元，占固定资产投资的比重为20.9%。全年民间投资4254.7亿元，占固定资产投资的比重为66.1%。

全年新开工的计划总投资10亿元以上的建设项目64个。大连恒力石化2000万吨/年炼化项目、中石油辽阳分公司俄罗斯原油增效改造项目、大连华能热电新建背压机组和抽凝机组项目、锦州华润电力“上大压小”项目、沈阳地铁10号线项目、本溪观音阁水库输水工程项目、大连英特尔非易失性存储器项目、大连新机场沿岸商务区项目等重点项目建设进展顺利。

全年商品房销售面积3711.9万平方米，其中住宅

销售面积3383.1万平方米。全年商品房销售额2256.9亿元，其中住宅销售额1988.0亿元。全年商品房待售面积4127.1万平方米。

房地产开发

全年具有建筑业资质等级的总承包和专业承包建筑企业共签订工程合同额7992亿元，实现利税187.8亿元。

涉外经济

全年进出口总额865.21亿美元，比上年下降9.8%。其中，出口总额430.65亿美元，进口总额434.56亿美元。在出口总额中，分贸易方式看，一般贸易出口222.0亿美元，加工贸易出口175.3亿美元；分产品类别看，机电产品出口174.8亿美元，高新技术产品出口48.1亿美元。在进口总额中，分贸易方式看，一般贸易进口239.0亿美元，加工贸易进口91.5亿美元；分产品类别看，机电产品进口132.0亿美元，高新技术产品进口48.2亿美元。

全年对亚洲出口275.7亿美元，占出口总额的比重为64.0%。其中，对东盟出口82.7亿美元，对日本出口78.2亿美元，对韩国出口40.4亿美元。全年对欧洲出口66.8亿美元，占出口总额的比重为15.5%。其中，对欧盟出口57.3亿美元，对俄罗斯出口8.0亿美元。全年对北美洲出口53.2亿美元，占出口总额的比重为12.4%，其中对美国出口47.0亿美元。全年对拉丁美洲出口19.9亿美元，占出口总额的比重为4.6%。全年对非洲出口8.1亿美元，占出口总额的比重为1.9%。年末全省对外贸易国家（地区）214个。

全年外商直接投资29.99亿美元，比上年下降42.2%。其中，第一产业外商直接投资0.02亿美元，占外商直接投资的比重为0.1%；第二产业外商直接投资10.30亿美元，占34.3%；第三产业外商直接投资19.67亿美元，占65.6%。

全年对外承包工程新签合同125份，新签合同额14.4亿美元；完成营业额15.6亿美元。全年共核准对外直接投资企业208家，对外劳务合作派出人员1.6万人次。

2016年河北省投资情况

（节选）

固定资产投资

全社会固定资产投资完成31750.0亿元，比上年增长7.8%。其中，固定资产投资(不含农户)31340.1亿元，增长8.4%。

在固定资产投资(不含农户)中，第一产业投资1539.8亿元，比上年增长9.3%；第二产业投资15758.8亿元，增长7.6%；第三产业投资14041.5亿元，增长9.3%。工业技改投资9375.9亿元，增长

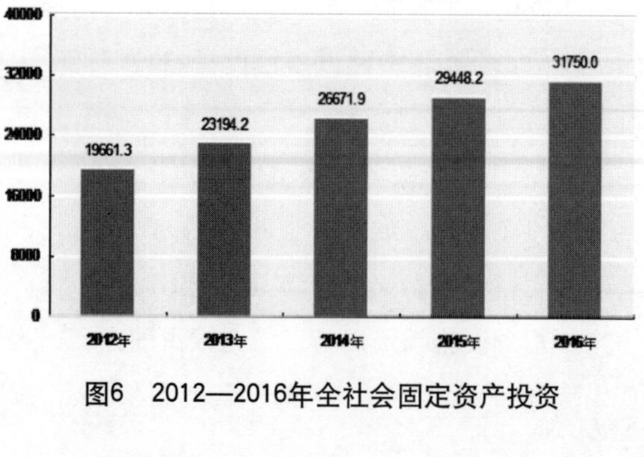

图6　2012—2016年全社会固定资产投资

4.4%，占工业投资的比重为59.4%。基础设施投资7143.1亿元，增长15.7%，占固定资产投资（不含农户）的比重为22.8%。民间固定资产投资24034.7亿元，增长5.6%。高新技术产业投资4136.8亿元，增长10.7%，占固定资产投资（不含农户）的比重为13.2%。其中，生物技术投资增长21.2%，环保产业投资增长28.8%，新能源投资增长33.5%。

在固定资产投资（不含农户）项目中，总投资亿元以上项目6867个，比上年增加963个；完成投资19450.3亿元，增长15.6%。

表2 2016年分行业固定资产投资及增速

单位:亿元

行　业	绝对值	比上年增长(%)
总计	31340.1	8.4
农、林、牧、渔业	1686.6	11.7
采矿业	442.4	−21.2
制造业	13448.9	6.9
电力、热力、燃气及水的生产和供应业	1889.8	23.6
建筑业	7.0	−64.9
批发和零售业	851.7	−12.0
交通运输、仓储和邮政业	2081.3	2.2
住宿和餐饮业	185.6	−16.2
信息传输、软件和信息技术服务业	239.1	62.5
金融业	93.1	94.4
房地产业	5469.7	3.4
租赁和商务服务业	501.0	20.2
科学研究和技术服务业	351.8	89.5
水利、环境和公共设施管理业	2705.9	21.9
居民服务、修理和其他服务业	93.9	7.8
教育	325.3	25.0
卫生和社会工作	316.4	21.0
文化、体育和娱乐业	461.7	0.0
公共管理、社会保障和社会组织	188.9	76.9

房地产开发

房地产开发投资4695.6亿元，比上年增长9.6%。其中，商品住宅投资3475.5亿元，增长9.9%；办公楼投资219.3亿元，增长24.7%；商业营业用房投资651.6亿元，增长27.9%。房屋新开工面积8161.3万平方米，增长13.0%，其中住宅新开工面积增长11.7%。商品房销售面积6682.3万平方米，增长14.1%，其中住宅销售面积增长14.3%。商品房销售额4301.8亿元，增长27.6%，其中住宅销售额增长30.0%。

涉外经济

进出口总值完成3074.7亿元，比上年下降3.7%。其中，出口总值2014.5亿元，下降1.3%；进口总值1060.2亿元，下降8.0%。在出口中，纺织纱线、织物及制品出口110.4亿元，增长9.4%；服装及衣着附件出口242.8亿元，增长2.3%；钢材出口534.7亿元，下降12.5%；农产品出口99.7亿元，下降3.0%；机电产品出口545.3亿元，增长0.02%；高新技术产品出口125.1亿元，下降14.6%。

表3 2016年进出口总值及增速

单位:亿元

指　标	绝对值	比上年增长（%）
进出口总值	3074.7	−3.7
其中：进口总值	1060.2	−8.0
出口总值	2014.5	−1.3
其中：一般贸易	1834.2	2.2
加工贸易	152.4	−25.3
其中：国有企业	288.8	−8.0
外商投资企业	398.9	−16.2
集体私营及其他企业	1326.9	6.0
其中：亚洲	950.2	−3.6
中国香港	40.1	−15.6
日本	97.6	−4.0
韩国	138.8	1.5
非洲	146.0	−5.2
拉丁美洲	132.5	−5.8
欧洲	460.8	5.8
欧盟	289.6	3.7
北美洲	290.4	−1.4
美国	263.0	−2.0
大洋洲	34.6	12.4

实际利用外资 81.5亿美元，比上年增长10.6%。其中外商直接投资73.5亿美元，增长19.0%。全省新设立外商直接投资企业(项目)162个。

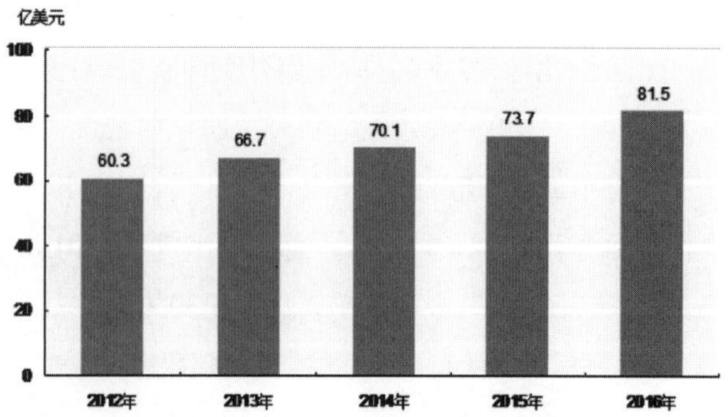

图8　2012—2016年实际利用外资

备案（核准）对外投资企业132家，比上年增长0.8%；对外投资总额36.3亿美元，增长18.5%；中方对外投资额33.5亿美元，增长42.6%。

对外承包工程业务完成营业额25.8亿美元，比上年下降27.9%；对外劳务合作派出各类劳务人员1287人，增长2.8倍。对外劳务合作劳务人员实际收入总额1596万美元，增长1.2倍。

引进省外技术4422项，比上年下降14.7%；引进资金7480.3亿元，增长3.4%；引进人才10.4万人，下降5.5%。

2016年山西省投资情况

（节选）

固定资产投资

全年全省全社会固定资产投资14285.0亿元，增长1.0%。其中，固定资产投资（不含跨省、农户）13859.4亿元，增长0.8%。

在固定资产投资（不含跨省、农户）中，基础设施投资完成2571.9亿元，增长11.0%。

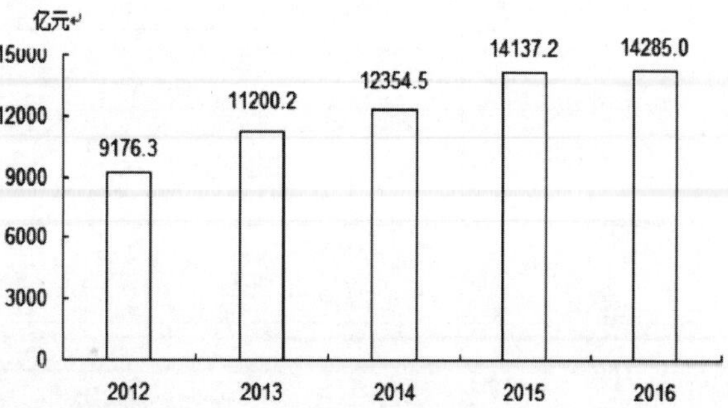

图4　2012—2016年全社会固定资产投资

在固定资产投资（不含跨省、农户）中，国有及国有控股投资4691.6亿元，下降9.4%；民间投资9024.1亿元，增长7.4%。

分登记注册类型看，内资企业和个体经营投资13576.3亿元，增长0.5%；外商及港澳台商企业投资283.1亿元，增长18.5%。

分产业看，第一产业投资1797.4亿元，增长19.8%；第二产业投资4908.5亿元，下降5.7%；第三产业投资7153.4亿元，增长1.6%。

全省工业投资（含第三产业中开采辅助活动和金属制品、机械和设备修理业）4961.6亿元，下降6.1%。其中，煤炭工业投资769.2亿元，下降26.6%，非煤产业投资4192.4亿元，下降1.0%；传统产业（煤炭、焦炭、冶金、电力）投资合计

2016.2亿元，下降18.6%，非传统产业投资合计2945.4亿元，增长4.9%。

表7　2016年分行业固定资产（不含跨省、农户）及其增长速度

单位:亿元

行　业	投资额	比上年增长%
总　计	13859.4	0.8
农林牧渔业	1905.9	21.6
采矿业	1054.6	-25.3
制造业	2643.0	5.1
电力、热力、燃气及水生产和供应业	1264.0	-6.8
建筑业	13.4	37.8
批发和零售业	363.7	6.0
交通运输、仓储和邮政业	881.7	-0.8
住宿和餐饮业	73.3	-5.3
信息传输、软件和信息技术服务业	100.9	-3.5
金融业	9.2	105.2
房地产业	2723.5	-12.6
租赁和商务服务业	162.6	133.3
科学研究和技术服务业	104.6	36.0
水利、环境和公共设施管理业	1873.6	16.6
居民服务、修理和其他服务业	42.1	-8.9
教　育	186.8	3.2
卫生、社会工作	166.8	32.9
文化、体育和娱乐业	192.8	-1.3
公共管理、社会保障和社会组织	96.9	97.9

全年全省在建固定资产投资项目23317个。其中，亿元以上项目2713个，计划总投资19135.7亿元，完成投资5707.5亿元。

房地产开发

全年全省房地产开发投资1597.4亿元，增长6.9%。其中，住宅投资1141.1亿元，增长3.9%；商业营业用房投资217.3亿元，增长26.9%。

表8　2016年房地产开发和销售情况

单位:亿元

指　标	单位	绝对数	比上年增长%
投资完成额	亿　元	1597.4	6.9
其中：住　宅	亿　元	1141.1	3.9
房屋施工面积	万平方米	17069.3	8.5
其中：住　宅	万平方米	12222.3	6.7
房屋新开工面积	万平方米	3854.8	4.2
其中：住　宅	万平方米	2654.3	1.1
房屋竣工面积	万平方米	2683.6	26.9
其中：住　宅	万平方米	2042.2	29.7
商品房销售面积	万平方米	2061.1	29.4
其中：住　宅	万平方米	1881.5	27.0
商品房待售面积	万平方米	1761.0	-3.0
其中：住　宅	万平方米	1234.0	-4.0
商品房销售额	亿　元	1027.1	32.4
其中：住　宅	亿　元	900.8	28.3

涉外经济

全年全省海关进出口总额1099.0亿元，增长20.5%。其中，进口额443.6亿元，增长14.2%；出口额655.3亿元，增长25.2%。

表11　2016年海关进出口总额及其增长速度

单位:亿元

指　标	绝对数	比上年增长%
进出口总额	1099.0	20.5
出口额		
其中：一般贸易	175.7	-6.4
加工贸易	476.4	43.9
其中：机电产品	479.5	44.3
高新技术产品	415.5	68.3
其中：国有企业	121.8	-13.0
外商投资企业	430.0	56.0
进口额		
其中：一般贸易	162.1	-7.6
加工贸易	276.9	32.1
其中：机电产品	257.4	30.6
高新技术产品	216.7	47.8
其中：国有企业	132.0	16.1
外商投资企业	246.8	24.8

全年出口煤炭1.3万吨，下降94.5%；出口焦炭24.3万吨，下降65.6%；出口镁及其制品4.9万吨，下降15.3%；出口钢材142.2万吨，下降2.7%，其中不锈钢79.9万吨，增长10.4%。出口机电产品479.5亿元，增长44.3%；出口高新技术产品415.5亿元，增长68.3%。

全年进口铁矿砂879万吨，下降34.3%，进口金额30.1亿元，下降35.3%；进口机电产品257.4亿元，增长30.6%。

表12　2016年与山西有贸易往来的主要国家和地区进出口情况

单位:亿元

国家和地区	出口额	比上年增长%	进口额	比上年增长%
中国台湾	296502	1.7	417977	33.4
印　度	406605	11.9	35484	1337.0
澳大利亚	123366	38.8	258331	-32.1
美　国	1265648	2.8	122651	98.6
巴　西	93062	50.7	200058	-8.2
日　本	433665	220.0	367237	4.2
韩　国	244246	-16.2	649260	48.3
德　国	321747	106.6	83895	-28.3
荷　兰	852423	76.5	1173	-74.6

全年全省新设立外商直接投资企业30家；按全口径统计实际使用外商直接投资金额23.3亿美元，下降18.7%。

全年全省对外经济合作新签合同额2.2亿美元，下降36.2%，完成营业额6.9亿美元，下降7.0%。

2016年青海省投资情况

（节选）

固定资产投资

全年全省完成全社会固定资产投资3533.19亿元，比上年增长10.9%，其中民间投资1212.08亿元，增长9.4%。按产业分，第一产业投资159.56亿元，增长7.4%；第二产业投资1302.67亿元，下降10.9%，其中工业投资1193.44亿元，下降8.5%；第三产业投资2070.96亿元，增长31.5%。全年基础设施投资1419.13亿元，增长21.4%。

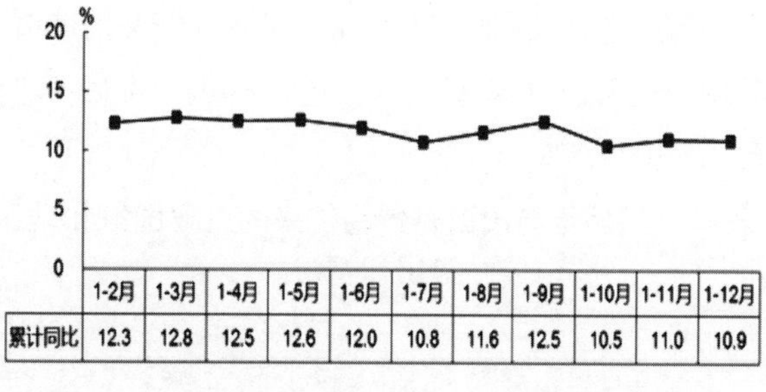

图7　2016年全社会固定资产投资增长速度

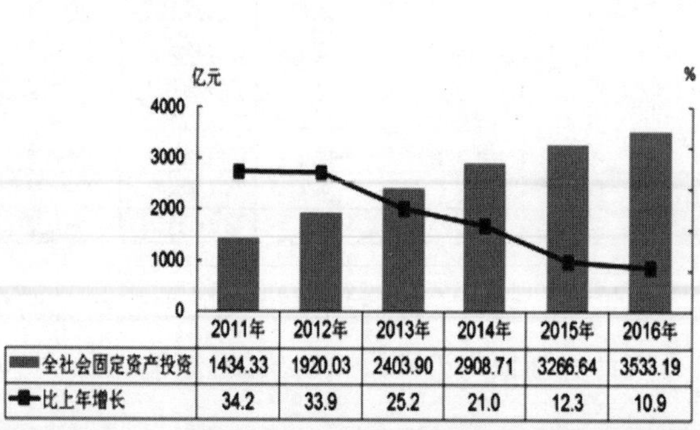

图8　2011—2016年全社会固定资产投资及增长速度

表7　2016年分行业50万元及以上项目固定资产投资及增长速度

指标名称	投资额（亿元）	比上年增长（%）
农林牧渔业	159.56	7.4
采矿业	97.52	-52.2
制造业	649.91	0.2
电力、热力、燃气及水的生产和供应业	446.01	-1.2
建筑业	109.23	-30.7
交通运输、仓储和邮政业	596.47	40.4
信息传输、软件和信息技术服务业	76.78	-4.7
批发和零售业	29.48	-11.8
住宿和餐饮业	33.37	70.9
金融业	4.85	189.9
房地产业	181.48	88.0
租赁和商务服务业	43.04	-6.4
科学研究和技术服务业	40.16	230.0
水利、环境和公共设施管理业	338.27	39.5
居民服务、修理和其他服务业	6.40	23.4
教育	73.25	22.5
卫生和社会工作	28.25	6.2
文化、体育和娱乐业	46.72	66.3
公共管理、社会保障和社会组织	175.51	8.5

在50万元及以上工业项目固定资产投资中，新能源产业投资335.69亿元，比上年增长19.7%；新材料产业投资85.39亿元，增长12.3%；盐湖化工产业投资126.05亿元，增长15.3%；生物产业投资97.26亿元，增长56.7%。

房地产开发

全年全省房地产开发投资396.92亿元，比上年增长18.1%。其中，商品住宅投资227.78亿元，增长13.1%；商业营业用房投资96.02亿元，增长48.6%。

表8　2016年房地产开发和销售

指标名称	计量单位	绝对数	比上年增长（%）
房地产开发投资额	亿元	396.92	18.1
#住宅	亿元	227.78	13.1
房屋施工面积	万平方米	2847.71	10.1
#住宅	万平方米	1753.44	6.3
竣工房屋面积	万平方米	386.67	-14.9
#住宅	万平方米	231.21	-27.9
商品房销售面积	万平方米	437.85	11.4
#住宅	万平方米	373.03	13.1

涉外投资

全年全省货物进出口总额100.78亿元，比上年下降15.9%。其中，出口额90.29亿元，下降11.2%；进口额10.49亿元，下降42.1%。

表9　2016年货物进出口额及增长速度

指标名称	绝对数（亿元）	比上年增长(%)
出口	90.29	-11.2
#一般贸易	90.07	-10.8
#机电产品	22.68	-27.2
#高新技术产品	1.70	-28.3
进口	10.49	-42.1
#一般贸易	10.36	-40.9
#机电产品	2.64	-40.7
#高新技术产品	0.45	31.1

表10　2016年主要商品进出口额及增长速度

指标名称	绝对数（亿元）	比上年增长（%）
出口	90.29	-11.2
#服装及衣着附件	16.47	105.6
#针织或钩编的服装	7.80	181.3
纺织纱线、织物及制品	11.68	14.7
#地毯	3.64	28.5
鞋类	4.78	35.1
金属制品	7.99	-31.4
电器及电子产品	5.13	-5.8
钢材	1.93	11.0
铁合金	3.05	-49.9
进口	10.49	-42.1
#氧化铝	3.73	-16.8
煤及褐煤	2.97	-57.9

表11　2016年对主要国家和地区进出口额及增长速度

指标名称	绝对数（亿元）	比上年增长（%）
出口	90.29	-11.2
#韩国	11.81	50.5
吉尔吉斯斯坦	9.18	128117
美国	8.45	-18.1
巴基斯坦	5.56	4.6
中国香港	4.89	13.8
进口	10.49	-42.1
#澳大利亚	3.20	-41.2
印尼	3.00	-44.9
韩国	1.13	9867

全年新批外资项目6个。合同使用外商直接投资金额0.96亿美元，实际使用外商直接投资金额0.15亿美元。全年对外承包工程业务完成营业额3.09亿美元，对外劳务合作派出各类劳务人员713人。

2016年山东省投资情况

（节选）

固定资产投资

固定资产投资较快增长。固定资产投资（不含农户）52364.5亿元，比上年增长10.5%。新开工项目43760个，增长7.1%。其中，亿元以上新开工项目5157个，增长10.2%。

表5　2016年分行业固定资产投资（不含农户）及其增长速度

指标	投资额（亿元）	比上年增长（%）
总计	52364.5	10.5
农、林、牧、渔业	1268.7	10
采矿业	499.4	-23.1
制造业	23399.9	12.1
电力、热力、燃气及水生产和供应业	2499	44.6
建筑业	1070.3	20.8
批发和零售业	2276	-16.3
交通运输、仓储和邮政业	2982.2	6.9
住宿和餐饮业	369.9	7.8
信息传输、软件和信息技术服务业	290.7	2.4
金融业	101.8	2.4
房地产业	8910	7.4
租赁和商务服务业	1183.1	31.7
科学研究和技术服务业	1055.7	2.8
水利、环境和公共设施管理业	2959.7	26.5
居民服务、修理和其他服务业	305.7	-17.6
教育	744.2	22.9
卫生和社会工作	545.9	27.1
文化、体育和娱乐业	827.4	9.9
公共管理、社会保障和社会组织	1074.9	-5.2

房地产开发

房地产开发投资增势稳定。房地产开发投资6323.4亿元，比上年增长7.3%。其中，住宅投资4690.2亿元，增长6.6%。房屋施工面积59957.1万平方米，增长4.8%。其中，住宅施工面积44158.1万平方米，增长4.5%。竣工面积8253.5万平方米，下降0.3%。其中，住宅竣工面积6358.2平方米，增长2.8%。

房屋销售面积快速增长。商品房销售面积11789.9万平方米，比上年增长21.2%。其中，住宅销售面积10598.6万平方米，增长24.3%。

保障性安居工程加快推进。新开工各类保障性安居工程54.7万套，基本建成52.4万套，年度任务完成率分别为111.0%和232.5%。棚户区改造开工53.4万套，年度任务完成率为111.2%。

建筑业平稳发展。具有资质等级的总承包和专业承包建筑业企业6171家，比上年增加97家。其中，特级和一级建筑企业580家，增加23家。建筑业总产值10087.4亿元，增长7.5%。其中，国有及国有控股企业产值2557.5亿元，增长10.6%；非国有建筑企业产值7529.9亿元，增长6.5%。

涉外经济

对外贸易稳定增长。进出口总额15466.5亿元，比上年增长3.5%。其中，出口9052.2亿元，增长1.2%；进口6414.3亿元，增长6.8%。出口市场中，对“一带一路”沿线国家和地区出口增长11.0%，对东盟、韩国、日本出口分别增长5.9%、4.3%和0.4%，对美国、欧盟出口分别下降3.9%和3.0%。新业态持续发力，30家外贸综合服务企业出口209.1亿元，跨境电子商务出口477.6亿元，分别增长1.6倍和45.3%。主要出口商品中，机电产品出口3466.3亿元，下降3.1%；农产品出口1075.3亿元，增长13.1%；高新技术产品出口976.1亿元，下降11.2%。

外商投资增长较快。新设立外商投资企业1477家；合同外资1404.3亿元，比上年增长12.7%；实际使用外资1110.7亿元，增长9.8%。其中，制造业实际使用外资588.9亿元，增长1.6%；服务业实际使用外资428.3亿元，增长14.2%。总投资过亿美元项目82个，合同外资655.4亿元，分别增长39.0%和57.1%。引进世界500强企业投资项目63个，投资总额371.7亿元，分别增长37.0%和86.6%。

国际经济合作步伐加快。实际对外投资862.3亿元，比上年增长1.4倍。对外承包工程新签合同额841.2亿元，完成营业额726.0亿元，分别增长12.7%和14.6%。其中，“一带一路”沿线地区新签工程合同额513.7亿元，完成营业额425.9亿元，分别增长34.3%和45.0%。派出各类劳务人员6.9万人次，增长13.0%。离岸服务外包执行额456.6亿元，增长11.0%。

2016年河南省投资情况

（节选）

固定资产投资

全年全省固定资产投资（不含农户，下同）39753.93亿元，比上年增长13.7%。

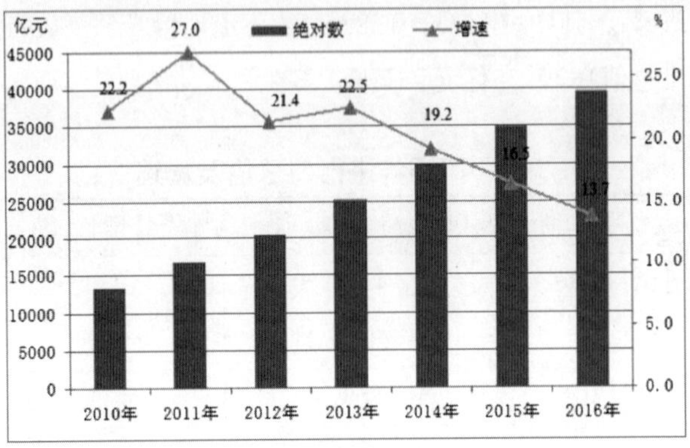

图9　2010年以来固定资产投资及增速

在固定资产投资中，第一产业投资1932.11亿元，比上年增长31.1%；第二产业投资18523.16亿元，增长9.0%；第三产业投资19298.66亿元，增长17.1%。基础设施投资6770.19亿元，增长29.0%，占固定资产投资的17.0%。工业投资18536.63亿元，增长8.9%，占固定资产投资的46.6%。民间投资31414.73亿元，增长5.9%，占固定资产投资的79.0%。

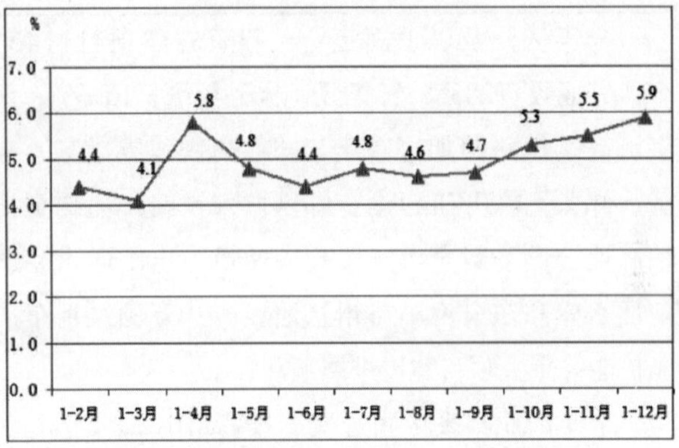

图10　2016年民间投资月度累计增速

表5　2016年分行业固定资产投资（不含农户）及增速

行　业	投资额（亿元）	比上年增长（%）
合计	39753.93	13.7
农林牧渔业	2159.76	29.6
工业	18536.63	8.9
采矿业	567.59	-0.1
制造业	16237.24	5.8
电力、燃气及水的生产和供应业	1731.80	55.5
建筑业	3.56	-47.1
批发和零售业	1221.76	4.2
交通运输、仓储和邮政业	1944.56	2.0

续表

行　业	投资额（亿元）	比上年增长（%）
住宿和餐饮业	358.04	-12.1
信息传输、软件和信息技术服务业	238.95	47.8
金融业	30.77	56.4
房地产业	8949.07	17.7
租赁和商务服务业	450.23	2.7
科学研究和技术服务业	252.20	36.5
水利、环境和公共设施管理业	3697.92	32.9
居民服务、修理和其他服务业	152.21	-15.8
教育	533.74	27.7
卫生和社会工作	555.87	33.5
文化、体育和娱乐业	547.66	47.6
公共管理、社会保障和社会组织	120.98	-37.0

全年亿元及以上固定资产投资在建项目11435个，完成投资28358.13亿元，比上年增长15.9%。米字形高速铁路网加快构建，郑徐高铁建成通车，郑济、郑太高铁开工建设。郑州城郊铁路、焦作至桐柏高速公路登封至汝州段投入使用。出山店水库、前坪水库和东风汽车郑州基地年产20万辆乘用车产能扩能等重大项目建设进展顺利。

全年产业集聚区固定资产投资21013.58亿元，比上年增长13.5%，占全省固定资产投资的52.9%。其中，产业集聚区工业投资13903.01亿元，增长9.1%。郑州航空港经济综合实验区固定资产投资618.96亿元，增长18.6%。

房地产开发

全年房地产开发投资6179.13亿元，比上年增长28.2%，其中住宅4558.07亿元，增长29.2%。城镇保障性安居工程新开工36.91万套，基本建成28.79万套。

表6　2016年房地产开发和销售主要指标及增速

指　标	单位	绝对数	比上年增长（%）
投资额	亿元	6179.13	28.2
住宅	亿元	4558.07	29.2
90平方米及以下	亿元	1530.62	20.3
房屋施工面积	万平方米	47359.55	15.5
住宅	万平方米	35579.02	14.0
房屋新开工面积	万平方米	14669.72	33.7
住宅	万平方米	10954.03	30.8
房屋竣工面积	万平方米	6299.44	16.9
住宅	万平方米	5015.23	18.3
商品房销售面积	万平方米	11306.27	32.1
住宅	万平方米	10137.13	32.6
商品房待售面积	万平方米	3395.26	-5.9
住宅	万平方米	2530.41	-8.6

全年建筑业增加值2287.04亿元，比上年增长7.2%。资质内建筑业企业7012家，比上年增加660家；建筑业总产值8807.99亿元，增长9.4%；房屋施工面积55784.03万平方米，增长5.0%。

涉外经济

全年全省进出口总值4714.70亿元，比上年增长2.6%。其中，出口总值2835.34亿元，增长5.7%；进口总值1879.35亿元，下降1.8%。

表7　2016年进出口总值及增速

指　标	金额（亿元）	比上年增长（%）
进出口总值	4714.70	2.6
出口总值	2835.34	5.7
一般贸易	863.35	4.1
加工贸易	1934.54	6.8
机电产品	2143.15	8.1
高新技术产品	1879.28	8.7
进口总值	1879.35	-1.8

全年新批准外商投资企业196个。实际吸收外资169.93亿美元，比上年增长5.6%。实际利用省外资金8438.10亿元，增长7.9%。

全年对外承包工程和劳务合作业务新签合同额44.68亿美元，比上年增长3.1%；营业额52.68亿美元，增长9.0%。

2016年江苏省投资情况

（节选）

固定资产投资

固定资产投资缓中趋稳。全年完成固定资产投资49370.9亿元，比上年增长7.5%。其中，国有及国有经济控股投资10444.3亿元，增长5.1%；港澳台及外商投资4692.8亿元，增长20.3%；民间投资34233.7亿元，增长6.8%，占固定资产投资比重达69.3%。分类型看，完成项目投资40414.5亿元，比上年增长7.1%；房地产开发投资8956.4亿元，增长9.8%。

投资结构持续调优。第一产业投资293.1亿元，比上年增长26.2%；第二产业投资24673.8亿元，增长7.8%；第三产业投资24403.9亿元，增长7.1%。第二产业投资中，工业投资24544.4亿元，增长7.9%，其中制造业投资22869.7亿元，增长7.7%。技术改造投资14570亿元，增长14.8%，占全部投资比重达29.5%；其中工业技改投资13603.9亿元，增长10.2%，占工业投资比重达55.4%。高新技术产业投资8010.8亿元，增长6.3%。

重点项目扎实推进。启动实施民生保障、公共服务等五大领域200个项目，完成投资4000亿元以上。交通、能源、水利、信息等一批重大基础设施项目相继建成。

房地产开发

建筑业稳定发展。全年实现建筑业总产值25791.8亿元，比上年增长4.1%；竣工产值21270.4亿元，增长4.1%；竣工率达82.5%；全省建筑企业实现利税总额1823.5亿元，增长4.1%；建筑业劳动生产率为30.5万元/人，增长2.5%；建筑业企业房屋建筑施工面积221493.6万平方米，增长2.7%；竣工面积74990.3万平方米，减少2.4%，其中住宅竣工面积54532.7万平方米，减少3.3%。

涉外经济

外贸形势略有好转。全年进出口总额33634.8亿元，比上年下降0.7%。其中，出口总额21063.2亿元，比上年增长0.2%；进口总额12571.6亿元，下降2.2%。

表4　进出口贸易主要分类情况

指　标	绝对数（亿元）	比上年增长（%）
出口总额	21063.2	0.2
一般贸易	10253.4	6.4
加工贸易	9165.1	−0.2
工业制成品	20300.3	−0.5
初级产品	338.6	7.1
机电产品	13721.1	−1.7
高新技术产品	7718.0	−5.2
国有企业	1892.7	−0.8
外商投资企业	12305.7	2.3
私营企业	6473.2	−2.4
进口总额	12571.6	−2.2
一般贸易	5849.9	12.7
加工贸易	5093.5	0.4
工业制成品	10518.0	−3.2
初级产品	1541.5	−1.9
机电产品	7557.3	−4.1
高新技术产品	5199.6	−7.8
国有企业	830.0	−6.2
外商投资企业	9210.2	3.5
私营企业	2346.0	−17.1

表5 对主要国家和地区货物进出口额及增长速度

国家和地区	出口额（亿元）	比上年增长（%）	进口额（亿元）	比上年增长（%）
美国	4732.5	4.7	811.7	−6.3
欧盟	3922.6	4.0	1495.8	0.5
东盟	2316.0	6.3	1559.2	2.3
中国香港	1799.5	−16.9	41.6	47.2
日本	1713.8	−1.7	1591.5	3.7
拉丁美洲	1114.3	−5.0	625.4	10.9
韩国	1100.9	6.4	2478.0	−4.6
中国台湾	657.9	−22.9	1821.9	−1.0
印度	654.5	9.5	65.5	−16.4
非洲	507.7	−5.9	103.0	6.9
俄罗斯	254.9	18.1	53.5	36.4

境外投资较快增长。全年新批外商投资企业2859家，新批协议注册外资431.4亿美元；实际使用外资245.4亿美元，比上年增长1.1%。新批及净增资9000万美元以上的外商投资大项目290个。全年新批境外投资项目1067个，比上年增长21.3%；中方协议投资142.2亿美元，比上年增长38.0%。

2016年安徽省投资情况

（节选）

固定资产投资

全年固定资产投资26758.1亿元，比上年增长11.7%。其中，工业及信息化产业技术改造投资6363.2亿元，增长10.5%；基础设施投资5285.9亿元，增长26%；民间投资18375.4亿元，增长6.5%。分区域看，皖江示范区投资18438.4亿元，增长11.7%；皖北六市投资7017.8亿元，增长13%。分产业看，第一产业投资增长6.6%，第二产业增长9.7%，第三产业增长13.6%。分行业看，工业投资增长9.6%，其中制造业增长9.4%，制造业中装备制造业增长16.8%。六大高耗能行业投资增长8.1%。

表1 2016年全省分行业固定资产投资额及增长速度

行业	投资额（亿元）	比上年增长（%）
农、林、牧、渔业	813.6	6.6
采矿业	232.9	−28.1
制造业	10361.9	9.4
电力、热力、燃气及水生产和供应业	993.2	28.4
建筑业	154.0	17.9
交通运输、仓储和邮政业	1841.4	25.3
信息传输、软件和信息技术服务业	299.2	15.7
批发和零售业	926.9	−3.0

续表

行 业	投资额（亿元）	比上年增长（%）
住宿和餐饮业	275.1	7.6
金融业	92.0	27.8
房地产业	5763.8	2.3
租赁和商务服务业	653.6	51.3
科学研究和技术服务业	345.0	32.6
水利、环境和公共设施管理业	2589.2	27.7
居民服务、修理和其他服务业	105.0	9.9
教育	375.0	37.6
卫生和社会工作	231.3	3.1
文化、体育和娱乐业	241.4	19.8
公共管理、社会保障和社会组织	463.3	35.3

全年共安排亿元以上重点项目4796个，当年完成投资13025.3亿元。开工建设引江济淮工程、江巷水库、合安高铁、郑阜高铁、合肥康宁10.5代玻璃基板等2205个项目，建成投产投运郑徐客专、望东长江公路大桥、青弋江分洪道、合肥轨道1号线、马鞍山圆融LED芯片、池州普洛康裕制药、芜湖奇瑞1.0L发动机、六安大别山旅游扶贫快速通道等1529个项目。

年末煤炭产能15061万吨；发电装机容量5732.7万千瓦，其中燃煤火电4668.5万千瓦，新能源和可再生能源912万千瓦。

房地产开发

全年房地产开发投资4603.6亿元，比上年增长4%。商品房销售面积8499.7万平方米，增长37.7%；商品房销售额5035.5亿元，增长49.4%。年末商品房待售面积2401.4万平方米，下降4.3%。建成各类保障性安居工程住房30.2万套。全年具有资质等级的总承包和专业承包建筑业企业实现利润197.7亿元，增长5.5%。房屋建筑施工面积40126.4万平方米，比上年减少1353.4万平方米；房屋竣工面积14590.7万平方米，减少963万平方米。

涉外经济

全年进出口总额443.8亿美元，比上年下降7.2%。其中，出口284.8亿美元，下降11.7%；进口159亿美元，增长2.1%。从出口经营主体看，生产型企业出口下降11.3%，贸易型企业出口下降15.4%。从出口商品看，机电产品、高新技术产品出口分别下降9.6%和10.4%。

表2 2016年全省出口主要分类及地区分布

指 标	绝对数（亿美元）	比上年增长（%）
出口额	284.8	-11.7
其中：机电产品	154.2	-9.6
其中：高新技术产品	59.7	-10.4
其中：一般贸易	204.0	-11.8
加工贸易	71.9	-10.2
其中：对亚洲	122.5	-12.0
对欧洲	57.7	-6.9
对北美洲	58.5	-3.5
对非洲	17.2	-20.3
对拉丁美洲	23.3	-27.7
对大洋洲	5.6	-21.3

全省亿元以上在建省外投资项目5454个，当年实际到位资金9903.3亿元，比上年增长10.4%。全年新批外商投资项目267个，下降7.6%；合同利用外资41.1亿美元，增长4.5%；实际利用外商直接投资147.7亿美元，增长8.4%。到2016年底，来皖投资的境外世界500强企业增加到73家，其中当年新引进1家。

全年对外承包工程新签合同金额30.8亿美元，比上年增长0.2%；完成营业额30.9亿美元，增长14.9%。当年外派劳务人员10044人，下降4.3%。全年新批境外企业（机构）121个，实际对外投资12.4亿美元，增长28%，其中对“一带一路”沿线国家和地区投资0.7亿美元。

2016年浙江省投资情况

（节选）

固定资产投资

全年固定资产投资29571亿元，比上年增长10.9%。非国有投资18146亿元，占61.4%，其中民间投资16441亿元，占55.6%。

在固定资产投资中，第一产业投资386亿元，比上年增长13.9%；第二产业投资9109亿元，增长3.5%；第三产业投资20076亿元，增长14.6%。投资项目51754个，比上年增长7.8%，其中新开工项目36732个，增长22.0%。

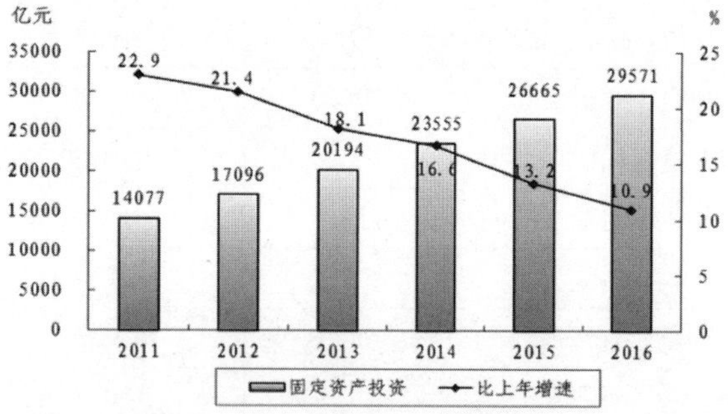

图4 2011—2016年固定资产投资及其增长速度

表7 2016年固定资产投资分项情况

指标名称	投资额（亿元）	比上年增长（%）
按项目划分		
其中：项目投资	22102	13.0
其中：基础设施投资	9365	26.3
其中：房地产开发投资	7469	5.0
其中：住宅投资	4807	8.0
按产业划分		
基其中：农业投资	386	13.9
工业投资	9097	4.0
其中：工业技术改造投资	7126	6.3
其中：制造业投资	7822	3.2
其中：装备制造业投资	3858	5.5
战略性新兴产业投资	2745	7.9
服务业投资	20076	14.6
其中：交通道路、水上、航空运输业	2125	16.3
水利、环境和公共设施管理业	4061.00	41.1
信息传输、软件和信息技术服务业	319	15.8
重点领域投资：		
其中：重大基础设施投资	3998	35.3
重大产业项目投资	9593	17.6
高新技术产业投资	3157	17.3
其中：高新技术产业投资（制造业）	2365	9.4
高技术服务业投资	792	32.3
生态保护和环境治理业投资	330	51.9

房地产开发

全年房地产开发投资7469亿元，比上年增长5.0%，其中住宅投资4807亿元，增长8.0%。商品房销售面积8637万平方米，增长44.3%；商品房销售额9605亿元，增长52.5%。全年建筑业增加值2611亿元，比上年增长2.8%。具有资质的总承包和专业承包建筑业企业总产值24989亿元，增长4.2%；实现利税总额1215亿元，增长2.4%。

涉外经济

全年货物进出口总额22202亿元，比上年增长3.1%。其中，出口17666亿元，增长3.0%，出口占全国的12.8%，份额比上年提高0.6个百分点；进口4536亿元，增长3.7%。民营企业出口13380亿元，增长6.5%，占出口总额的75.7%，比上年提高2.5个百分点。机电产品出口7490亿元，增长3.6%；高新技术产品出口1112亿元，增长6.5%。市场采购贸易出口1872亿元，增长5.9%，占出口总额的10.6%；外贸综合服务平台出口792亿元，增长66.8%。对“一带一路”沿线主要国家合计出口1506亿元，增长18.6%。

表8 2016年货物进出口主要分类情况

指标名称	金额（亿元）	比让年增长(%)
货物进出口总额	22202	3.1
货物出口额	17666	3.0
其中：一般贸易	13936	4.4
加工贸易	1694	-6.7
市场采购贸易	1872	5.9
其中：机电产品	7490	3.6
高新技术产品	1112	6.5
货物进口额	4536	3.7
其中：一般贸易	3481	7.9
加工贸易	608	-8.6
其中：机电产品	854	4.0

表9 2016年对主要市场货物进出口情况

国家和地区	出口额(亿元)	比上年增长(%)	进口额(亿元)	比上年增长(%)
欧盟	3947	4.9	584	8.4
美国	3250	6.9	381	0.6
东盟	1614	7.5	586	8.1
日本	747	1.4	497	0.7
俄罗斯	445	6.4	98	62.8
韩国	445	11.3	405	14.3
中国香港	265	-20.9	10	-13.1
中国台湾	177	-9.2	445	-9.7

全年服务贸易进出口额3173亿元，比上年增长15.2%，服务贸易进出口额占货物和服务贸易总额的12.5%，比重比上年提高1.2个百分点。其中，出口2074亿元，增长17.0%；进口1099亿元，增长12.0%。

新批外商直接投资项目2145个，比上年增加367个；合同外资281亿美元，实际利用外资176亿美元，分别增长0.9%和3.6%。第二产业中，化学原料及化学制品制造业，电力、燃气及水的生产和供应实际利用外资分别增长1.9倍和1.1倍。第三产业为外商投资主要领域，有投资项目1718个，比上年增长25.8%，占外商直接投资项目总数的80.1%，合同外资180亿元，实际利用外资103亿元，分别增长3.3%和6.4%，占外资总额的比重分别为64.2%和58.6%。

国外经济合作完成营业额474亿元，比上年增长16.9%。其中，对外承包工程完成营业额463亿元，增长15.3%；新签合同额376亿元，与上年基本持平；共派出各类劳务人员20396人次，外派劳务人员实际收入11.2亿元。经备案、核准的境外企业和机构803家，比上年增加43家；境外直接投资备案额1172亿元，增长29.0%。

2016年福建省投资情况

（节选）

固定资产投资

全年固定资产投资22927.99亿元，比上年增长9.3%。

从含跨区项目情况看，第一产业投资增长39.9%；第二产业投资增长4.9%，其中，工业投资增长7.3%；第三产业投资增长9.3%。基础设施投资7650.40亿元，增长22.3%，占固定资产投资的比重为33.1%。民间投资13307.68亿元，增长5.3%，占固定资产投资的比重为57.6%。高技术产业投资891.86亿元，增长60.6%，占固定资产投资的比重为3.9%。从到位资金情况看，全年到位资金22717.10亿元，比上年增长5.4%。其中，国家预算资金增长25.9%，国内贷款增长1.6%，利用外资下降35.1%，自筹资金下降0.9%，其他资金增长29.4%。

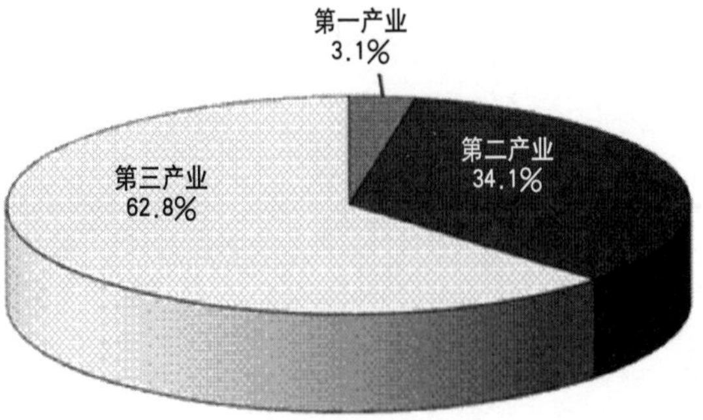

图10 2016年固定资产投资（含跨区项目）三次产业投资构成

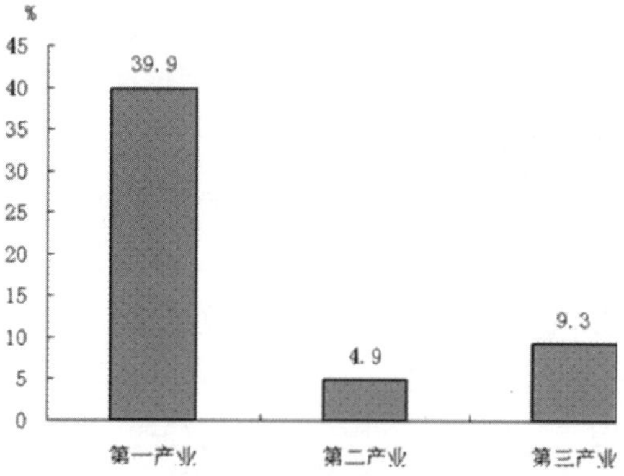

图11 2016年固定资产投资（含跨区项目）分产业投资增长速度

表6 2016年分行业固定资产投资（含跨区项目）情况

行 业	投资额（亿元）	比上年增长(%)
农、林、牧、渔业	818.28	32.6
采矿业	219.46	-21.0
制造业	6454.57	5.8
电力、燃气及水的生产和供应业	1143.93	25.9
建筑业	80.57	-64.2
批发和零售业	413.80	-19.1
交通运输、仓储和邮政业	2678.05	7.5
住宿和餐饮业	191.48	-27.3
信息传输、软件和信息技术服务业	311.14	-2.5
金融业	50.57	-11.4
房地产业	5462.43	1.8
租赁和商务服务业	335.97	24.9
科学研究和技术服务业	115.96	39.7
水利、环境和公共设施管理业	3588.53	34.4
居民服务、修理和其他服务业	50.39	-27.6
教育	328.17	20.0
卫生和社会工作	198.67	15.5
文化、体育和娱乐业	323.98	21.9
公共管理、社会保障和社会组织	341.54	-4.7

房地产开发

全年房地产开发投资4588.83亿元，比上年增长2.7%。其中，住宅投资2999.29亿元，增长4.7%；办公楼投资339.01亿元，增长3.4%；商业营业用房投资590.95亿元，下降11.9%。商品房去化周期比2016年初减少9个月。

全年新开工建设城镇保障性安居工程住房13.45万套（户），基本建成城镇保障性安居工程住房13.1万套。

表7 2016年房地产开发和销售主要指标完成情况

指 标	单位	绝对数	比上年增长(%)
投资完成额	亿元	4588.83	2.7
其中：住宅	亿元	2999.29	4.7
其中：90平方米及以下	亿元	981.15	8.8
房屋施工面积	万平方米	31064.14	0.6
其中：住宅	万平方米	19436.54	-0.6
房屋新开工面积	万平方米	4875.06	-7.1
其中：住宅	万平方米	3168.77	-0.5
房屋竣工面积	万平方米	3665.25	6.7
其中：住宅	万平方米	2420.45	0.9
房屋销售面积	万平方米	4915.35	21.7
其中：住宅	万平方米	4134.46	24.7
本年实际到位资金	亿元	6067.78	7.6
其中：国内贷款	亿元	808.76	-4.5
其中：个人按揭贷款	亿元	1147.52	37.8
本年土地购置面积	万平方米	969.81	-8.2
土地购置费	亿元	1107.32	3.2

1029个在建省重点项目完成投资4227亿元。全年建成或部分建成155个项目，新开工160个项目。

全年全社会建筑业实现增加值2421.34亿元，比上年增长6.9%。全省具有资质等级的总承包和专业承包建筑业企业完成建筑业总产值8531.45亿元，增长12.2%；实现利润279.32亿元，增长6.2%；税金总额280.89亿元，增长7.4%。

涉外经济

全年进出口总额10351.56亿元，比上年下降1.2%。其中，出口6838.87亿元，下降2.2%；进口3512.69亿元，增长0.7%。进出口顺差3326.18亿元。

表8　2016年进出口主要分类情况

指　标	绝对数(亿元)	比上年增长(%)
进出口总额	10351.56	-1.2
出口额	6838.87	-2.2
其中：一般贸易	5028.25	-1.6
加工贸易	1479.65	-6.8
其中：机电产品	2384.59	-4.0
其中：高新技术产品	824.45	-9.3
进口额	3512.69	0.7
其中：一般贸易	2418.01	4.8
加工贸易	752.47	-11.3
其中：机电产品	1211.28	7.6
其中：高新技术产品	911.09	8.1

表9　2016年对主要国家和地区进出口情况

国家和地区	出口额(亿元)	比上年增长(%)	进口额(亿元)	比上年增长(%)
美国	1326.06	-2.6	361.62	-22.5
欧盟	1199.07	1.0	285.49	12.4
东盟	1128.17	7.3	507.16	6.1
日本	371.34	2.5	235.27	38.1
香港地区	554.90	-5.0	6.79	-58.9
台湾地区	253.42	9.2	403.07	-12.6
韩国	220.64	-3.8	207.38	7.8
俄罗斯联邦	79.28	-2.9	44.29	54.3

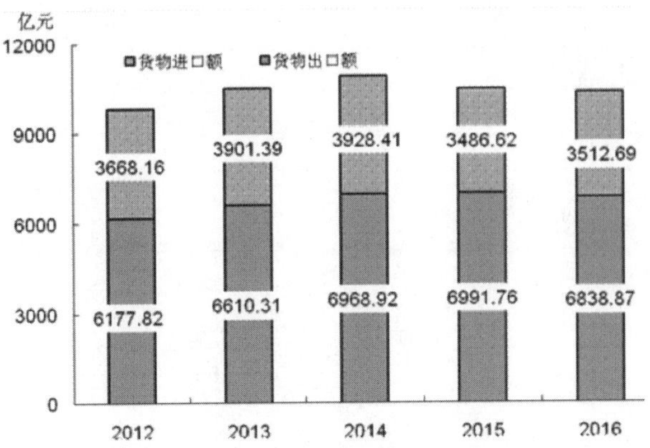

图14　2012—2016年货物进出口总额

新设外商直接投资企业2355家，比上年增长39.4%。实际利用外商直接投资81.95亿美元，增长6.7%。

表10　2016年分行业外商直接投资情况

行　业	实际利用金额(万美元)
总计	819465
农、林、牧、渔业	34509
采矿业	447
制造业	430776
电力、燃气及水的生产和供应业	11040
建筑业	5153
批发和零售业	141818
交通运输、仓储和邮政业	10427
住宿和餐饮业	4158
信息传输、软件和信息技术服务业	42141
金融业	55768
房地产业	27195
租赁和商务服务业	45150
科学研究和技术服务业	8390
水利、环境和公共设施管理业	357
居民服务、修理和其他服务业	633
教育	
卫生和社会工作	1391
文化、体育和娱乐业	112
公共管理、社会保障和社会组织	
国际组织	

备案和核准对外直接投资项目607个，中方协议投资额111.55亿美元，分别比上年增长78.0%和137.9%。对外直接投资额54.66亿美元，增长164.7%。

全年对外承包工程完成营业额9.50亿美元，增长2.5%；对外劳务合作劳务人员实际收入总额7.05亿美元，增长13.0%。

2016年江西省投资情况

（节选）

固定资产投资

全年全社会固定资产投资19694.2亿元，比上年增长13.3%。其中，固定资产投资（不含农户）19378.7亿元，增长14.0%。

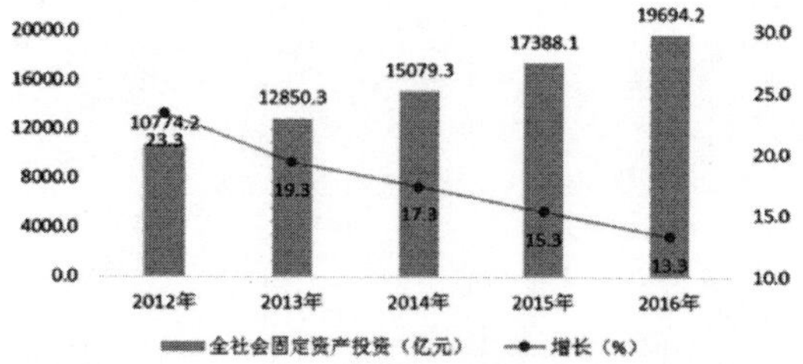

图6 2012—2016年全社会固定资产投资及其增长速度

固定资产投资（不含农户）中：分产业看，第一产业投资436.2亿元，增长1.7%；第二产业投资10322.0亿元，增长14.2%，其中，工业投资10284.9亿元，增长15.3%；第三产业投资8620.5亿元，增长14.5%。分投资主体看，国有投资4147.6亿元，增长8.2%；非国有投资15231.1亿元，增长15.7%，其中，民间投资13830.2亿元，增长9.8%。

表5 2016年分行业固定资产投资（不含农户）及其增长速度

行　业	投资额（亿元）	比上年增长（%）
总计	19378.7	14.0
第一产业	436.2	1.7
第二产业	10322.0	14.2
工业	10284.9	15.3
采矿业	302.0	23.0
制造业	9190.7	13.5
化学原料及化学制品制造业	746.4	5.7

续表

行　业	投资额（亿元）	比上年增长（%）
非金属矿制品业	1039.5	10.8
黑色金属冶炼和压延加工业	93.7	68.7
有色金属冶炼和压延加工业	404.7	−0.2
电气机械及器材制造业	876.3	37.9
计算机、通信和其他电子设备制造业	575.1	31.3
电力、热力、燃气及水生产和供应业	792.2	38.2
建筑业	46.3	−64.6
第三产业	8620.5	14.5
批发和零售业	940.1	−3.2
交通运输、仓储和邮政业	958.3	17.2
住宿和餐饮业	275.4	−6.0
信息传输、软件和信息技术服务业	171.2	36.5
金融业	48.9	19.0
房地产业	2522.2	20.3
租赁和商务服务业	494.7	49.9
科学研究和技术服务业	153.3	
水利、环境和公共设施管理业	2004.4	18.5
居民服务、修理和其他服务业	120.2	−1.2
教育	218.3	−10.4
卫生和社会工作	145.6	−8.8
文化、体育和娱乐业	176.0	−32.6
公共管理、社会保障和社会组织	327.6	44.4

房地 产开发

全年房地产开发投资1770.9亿元，比上年增长16.5%。其中，住宅投资1247.6亿元，增长12.1%；办公楼投资73.9亿元，增长41.8%；商业营业用房投资315.8亿元，增长31.9%。商品房竣工面积1635.6万平方米，下降14.3%；商品房销售面积4691.8万平方米，增长34.9%；商品房销售额2678.4亿元，增长43.7%。年末商品房待售面积1434.6万平方米，下降4.1%。全年建筑业总产值5179.0亿元，比上年增长12.5%；建筑业增加值1609.9亿元，增长7.5%。资质以上建筑业企业1957家，比上年增加140家。其中，特级企业和一级企业215家，增加26家。房屋竣工面积14835.8万平方米，增长4.1%。竣工房屋价值2094.6亿元，增长11.6%。

涉外经济

全年进出口总值2643.9亿元，比上年增长0.6%。其中，出口值1966.9亿元，下降4.1%；进口值677.0亿元，增长17.3%。

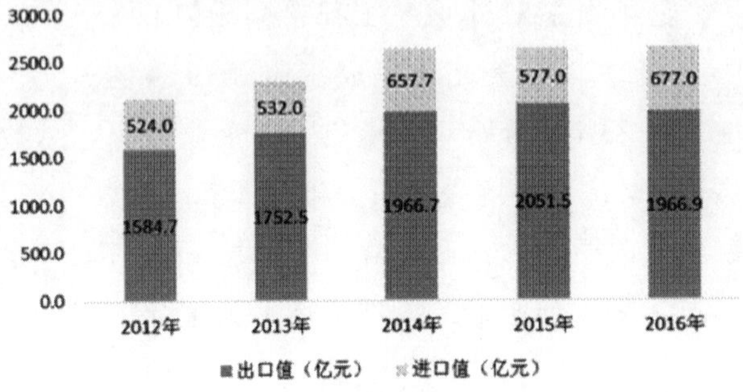

图8　2012—2016年进出口总值构成

分贸易方式看，一般贸易出口1687.1亿元，下降1.6%；加工贸易出口270.0亿元，下降7.2%。分重点商品看，机电产品出口815.2亿元，下降5.6%；高新技术产品出口293.4亿元，下降8.0%。

表7　2016年货物进出口总值及其增长速度

指　标	金额（亿元）	比上年增长（%）
进出口总值	2643.9	0.6
出口值	1966.9	−4.1
其中：一般贸易	1687.1	−1.6
加工贸易	270.0	−7.2
其中：机电产品	815.2	−5.6
高新技术产品	293.4	−8.0
进口值	677.0	17.3
其中：一般贸易	427.0	29.3
加工贸易	239.5	3.8
其中：机电产品	332.0	20.4
高新技术产品	252.6	25.7

表8　2016年主要商品出口数量、金额及其增长速度

商品名称	单位	数量	比上年增长(%)	(金额)亿元	比上年增长(%)
机电产品（包括本目录已具体列名的机电产品）	–			815.2	−5.6
高新技术产品	–			293.4	−8.0
服装及衣着附件	–			226.1	−8.5
文化产品	–			105.7	21.3
鞋类	吨	88923	−2.5	91.9	−3.0
二极管及类似半导体器件	万个	92809	−74.4	76.9	−30.6
纺织纱线、织物及制品	–			71.1	−9.8
太阳能电池	万个	2506	−9.4	61.5	−23.0
家具及其零件	–			60.9	−27.5
灯具、照明装置及零件	–			58.6	−18.5
钢材	吨	1591205	6.4	56.5	1.7
陶瓷产品	吨	428748	5.2	54.1	−19.8

注：“机电产品”和“高新技术产品”有交叉。

表9　2016年主要商品进口数量、金额及其增长速度

商品名称	单位	数量	比上年增长(%)	金额(亿元)	比上年增长（%）
机电产品(包括本目录已具体列名的机电产品)	–			332.0	20.4
高新技术产品	–			252.6	25.7
集成电路	万个	256543	20.8	145.3	27.3

续表

商品名称	单位	数量	比上年增长	金额	比上年增长（%）
铜矿砂及其精矿	吨	1390719	10.9	123.6	8.1
未锻轧铜及铜材	吨	147894	38.3	49.1	20.8
铁矿砂及其精矿	吨	10698264	25.4	37.4	28.7
二极管及类似半导体器件	万个	124379	18.7	24.4	−13.1
纸浆	吨	334469	36.8	19.3	49.6
纺织纱线、织物及制品	—			8.8	7.4
废铜	吨	44324	−21.6	6.1	−34.3

注："机电产品"和"高新技术产品"有交叉。

表10　2016年对主要国家和地区货物进出口额及其增长速度

国别（地区）	进出口总值(亿元)	比上年增长（%）	出口值(亿元)	比上年增长（%）	进口值(亿元)	比上年增长（%）
亚洲	1459.1	0.2	1073.5	−6.6	385.6	25.6
香港	245.2	−14.1	239.1	−14.9	6.0	31.9
日本	114.1	22.0	65.0	3.2	49.1	61.0
韩国	188.4	22.0	112.8	3.2	75.6	67.3
中国台湾	168.0	1.8	37.1	15.7	130.9	−1.6
非洲	160.2	−26.0	123.7	−33.6	36.5	21.4
南非	33.5	−10.7	18.2	−28.4	15.3	26.0
欧洲	336.5	1.3	282.6	−0.9	53.9	14.9
英国	55.1	−0.8	53.2	0.2	1.9	−20.7
德国	73.7	11.8	48.9	4.1	24.8	30.9

续表

国别（地区）	进出口总值(亿元)	比上年增长（%）	出口值(亿元)	比上年增长（%）	进口值(亿元)	比上年增长（%）
荷兰	44.7	−4.4	41.5	−5.9	3.2	21.1
拉丁美洲	248.2	−0.7	105.9	−0.6	142.3	−0.7
巴西	48.8	24.7	26.0	43.5	22.9	8.6
智利	107.1	−11.2	16.2	−37.0	90.9	−4.2
北美洲	371.5	19.7	346.3	19.2	25.2	27.6
美国	341.5	19.1	322.1	18.7	19.5	26.6
大洋洲	68.4	7.9	34.9	4.1	33.5	12.2
澳大利亚	61.0	9.2	28.0	6.1	33.0	11.9
东盟	405.9	−5.6	340.7	−10.4	65.2	30.8
欧盟	292.8	0.7	249.9	−0.7	42.9	9.4

全年新批外商投资企业568家，实际使用外商直接投资额104.4亿美元，比上年增长10.2%。利用省外项目实际进资5905.8亿元，增长12.9%。截至年底，在赣投资的具有世界500强投资背景企业66家，国内500强148家。

全年新签对外承包工程合同项目198个，合同金额28.9亿美元，完成营业额39.4亿美元，增长12.3%。新增对外承包工程企业22家，总数达135家；新增境外投资企业104家，总数达653家。江西国际、江西中煤、中鼎国际等三家"走出去"龙头企业继续入围全球最大国际工程承包商250强。

2016年湖南省投资情况

（节选）

固定资产投资

全省固定资产投资（不含农户）27688.5亿元，比上年增长13.8%。其中，民间投资16381.3亿元，增长3.8%，占全部投资的比重为59.2%。分经济类型看，国有投资9253.5亿元，增长23.9%；非国有投资18434.9亿元，增长9.4%。分投资方向看，民生投资2674.6亿元，增长46.4%；生态投资1246.7亿元，增长29.3%；基础设施投资7349.9亿元，增长26.2%；高新技术产业投资1774.4亿元，增长19.7%；技改投资7196.0亿元，下降0.1%；战略性新兴产业投资6396.0亿元，增长17.5%。分区域看，长株潭地区10977.4亿元，增长13.9%；湘南地区6262.6亿元，增长14.0%；大湘西地区4598.6亿元，增长14.1%；洞庭湖地区5640.0亿元，增长14.5%。

表2　2016年固定资产投资及其增长速度

指　标	投资额（亿元）	比上年增（%）
固定资产投资（不含农户）	27688.5	13.8
第一产业	1000.8	11.6
第二产业	10567.8	6.3
其中：采矿业	499.5	-12.4
制造业	8824.5	7.9
电力、热力、燃气及水生产和供应业	950.8	18.1
建筑业	318.7	-24.9
第三产业	16119.9	19.5
其中：交通运输、仓储和邮政业	1944.4	16.7
信息传输、软件和信息技术服务业	298.3	8.0

续表

指　标	投资额（亿元）	比上年增（%）
批发和零售业	1104.8	-5.9
住宿和餐饮业	293.9	-7.0
金融业	78.6	-30.2
房地产业	4369.5	21.9
租赁和商务服务业	723.4	34.9
科学研究和技术服务业	358.2	16.9
水利、环境和公共设施管理	4526.2	32.6
居民服务、修理和其他服务业	131.0	0.9
教育	568.1	18.1
卫生和社会工作	414.3	42.2
文化、体育和娱乐业	512.8	79.1
公共管理、社会保障和社会组织	539.9	-20.5

房地产开发

全省施工项目共有49962个，比上年增长4.8%。其中，本年新开工项目40912个，增长4.3%。本年投产项目33375个，下降5.8%。

全省房地产开发投资2957.0亿元，比上年增长13.1%。其中，住宅投资1871.3亿元，增长3.8%。商品房销售面积8085.4万平方米，增长27.1%。其中，住宅销售面积7190.7万平方米，增长26.8%。商品房销售额3751.9亿元，增长37.0%。其中，住宅销售额3113.6亿元，增长38.1%。年末商品房待售面积2901.5万平方米，下降12.3%，比上年末减少408.1万平方米。

全省建筑业增加值2016.6亿元，比上年增长

6.7%。具有资质等级的总承包和专业承包建筑企业实现利润总额239.6亿元，增长6.8%。房屋建筑施工面积50327.5万平方米，增长5.9%。房屋建筑竣工面积18629.2万平方米，增长7.1%。

涉外经济

全省进出口总额1782.2亿元，比上年下降2.1%。其中，出口1205.3亿元，增长1.5%；进口577.0亿元，下降8.9%。分贸易方式看，一般贸易出口883.0亿元，增长21.3%；加工贸易出口302.6亿元，下降22.7%。分商品类别看，服装及衣着附件出口76.6亿元，增长51.6%；钢材49.5亿元，下降18.0%；金属银39.7亿元，下降5.9%；家用陶瓷23.8亿元，增长5.6%。分产销国别（地区）看，对香港出口307.3亿元，下降7.5%；美国174.3亿元，增长26.5%；欧盟155.1亿元，增长40.0%；日本28.0亿元，增长11.5%。

表5　2016年进出口总额及其增长速度

指　标	绝对数（亿元）	比上年增长（%）
进出口总额	1782.2	−2.1
出口额	1205.3	1.5
按贸易方式分		
其中：一般贸易	883.0	21.3
加工贸易	302.6	−22.7
按重点商品分		
其中：机电产品	565.3	−8.9
高新技术产品	175.6	−22.0
农产品	69.0	5.7
进口额	577.0	−8.9
按贸易方式分		
其中：一般贸易	381.3	15.2
加工贸易	175.9	−22.7
按重点商品分		
其中：机电产品	268.6	−15.2
高新技术产品	101.2	−37.2
农产品	32.5	52.2

全省实际利用外商直接投资128.5亿美元，比上年增长11.1%。其中，第一产业6.2亿美元，下降0.4%；第二产业68.6亿美元，下降4.0%；第三产业53.7亿美元，增长41.5%。实际到位资金3000万美元以上外资项目10个。年末在湘投资的世界500强企业140家，年内新引进2家。实际引进境内省外资金4361.8亿元，增长15.0%。其中，第一产业290.4亿元，增长50.4%；第二产业2204.0亿元，增长5.9%；第三产业1867.3亿元，增长23.1%。引进2亿元以上境内省外项目424个，增长22.9%；实际到位资金1563.3亿元，增长21.3%。

全省新签对外承包工程、劳务合作和设计咨询合同金额66.0亿美元，比上年增长11.6%；实现营业额63.1亿美元，增长22.0%；外派劳务9.6万人，增长17.8%。对外合同投资额47.0亿美元，增长51.7%。其中，中方合同投资额33.5亿美元，增长20.6%。对外实际投资额16.5亿美元，增长11.5%。

2016年湖北省投资情况

（节选）

固定资产投资

全省完成固定资产投资(不含农户)29503.88亿元，增长13.1%，其中房地产开发投资完成4296.38亿元，增长1.1%。商品房销售面积7427.16万平方米，增长18.9%，实现商品房销售额4994.05亿元，增长36.4%。按产业划分，全省一、二、三次产业投资分别为889.94亿元、12224.54亿元和16389.40亿元，分别增长41.8%、10.1%、14.2%。全省292个在建重点建设项目全年完成投资2702.86亿元，占固定资产投资的比重为9.2%。

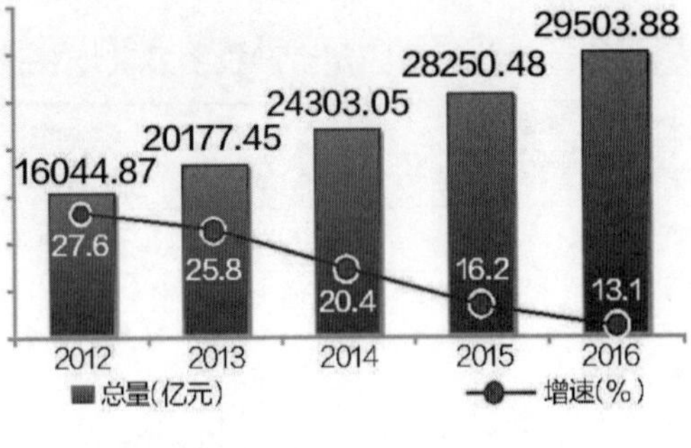

图4　2012—2016固定资产投资（不含农户）及增速

全省亿元以上新开工项目3996个，其中：第一、二和三产业亿元以上新开工项目分别为167个、2180个和1649个。亿元以上新开工项目完成投资8785.94亿元，增长27.1%。

房地产开发

建筑业发展步伐加快。全年全省资质以内建筑企业完成施工产值11862.40亿元，增长12.0%；实现利润509.65亿元，增长7.8%。新开工房屋建筑施工面积32702.23万平方米，增长4.3%。

涉外经济

全年全省实现外贸进出口总额2600.1亿元，下降8.3%，其中：进口880.0亿元，下降13.6%；出口1720.1亿元，下降5.3%。新批外商直接投资项目235个。全年外商直接投资101.29亿美元，增长13.2%。

2016年广东省投资情况

（节选）

固定资产投资

全年固定资产投资33008.86亿元，比上年增长10.0%。分投资主体看，国有经济投资6181.63亿元，下降2.9%；民间投资20504.39亿元，增长13.5%；港澳台、外商经济投资4036.96亿元，增长16.0%。分地区看，珠三角地区投资22321.24亿元，增长11.3%；东翼投资4172.14亿元，增长15.5%；西翼投资3298.27亿元，增长5.7%；山区投资3217.21亿元，增长0.1%。

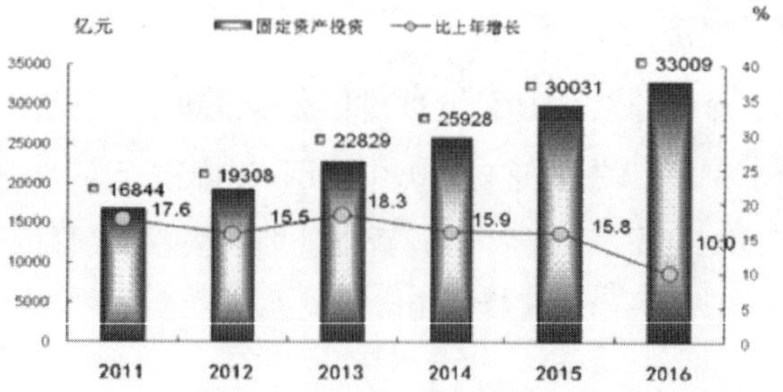

图5 2011—2016年固定资产投资及其增长速度

在固定资产投资中，第一产业投资445.11亿元，比上年增长5.9%；第二产业投资11088.49亿元，增长8.9%，其中，工业投资11051.68亿元，增长8.9%；第三产业投资21475.26亿元，增长10.5%。基础设施投资 7376.79亿元，增长5.7%，占固定资产投资的比重为22.3%。高技术制造业投资1647.71亿元，增长20.6%，占固定资产投资的比重为5.0%。先进制造业投资4329.19亿元，增长11.0%，占固定资产投资的比重为13.1%。

表6 2016年固定资产投资新增主要生产能力

指　标	单位	新增生产能力
新增投产骨干电源装机	万千瓦	400
11万伏及以上变电设备	万千伏安	1769.8
新建公路	公里	855
其中：高速公路	公里	662.3
港口万吨级码头泊位新增吞吐能力	万吨	3151
新建3G/4G移动通信基站	万个	8.6

表7 2016年分行业固定资产投资及其增长速度

行　业	投资额（亿元）	比上年增长（%）
固定资产投资	33008.86	10.0
农、林、牧、渔业	518.70	3.5
采矿业	163.62	1.0
其中：石油和天然气开采业	42.48	79.0
制造业	9594.01	9.2
其中：农副食品加工业	254.00	3.5
食品制造业	253.29	10.0
石油加工、炼焦和核燃料加工业	269.73	4.3
化学原料和化学制品制造业	464.94	−4.5
非金属矿物制品业	870.21	5.6
黑色金属冶炼和压延加工业	159.07	−35.4

续表

行 业	投资额（亿元）	比上年增长（%）
有色金属冶炼和压延加工业	123.64	−1.6
金属制品业	738.17	19.6
通用设备制造业	359.44	−0.1
专用设备制造业	492.02	29.9
汽车制造业	488.23	12.1
铁路、船舶、航空航天和其他运输设备制造业	118.47	26.5
电气机械及器材制造业	760.79	21.6
计算机、通信和其他电子设备制造业	1096.56	17.0
电力、热力、燃气及水的生产和供应业	1294.06	7.3
其中：电力、热力生产和供应业	964.76	4.4
建筑业	49.02	−12.2
批发和零售业	793.09	−13.3
交通运输、仓储和邮政业	3087.13	−0.5
住宿和餐饮业	350.64	−24.1
信息传输、软件和信息技术服务业	505.74	3.9
金融业	94.07	−16.9
房地产业	11759.76	16.2
租赁和商务服务业	441.70	40.1
科学研究、技术服务业	225.01	3.1
水利、环境和公共设施管理业	2832.61	15.9
居民服务、修理和其他服务业	41.14	−14.3
教育	513.46	23.6
卫生和社会工作	215.28	−15.5
文化、体育和娱乐业	318.34	8.8
公共管理、社会保障和社会组织	211.48	58.4

房地产开发

全年房地产开发投资10307.80 亿元，比上年增长20.7%。按地区分，珠三角地区8601.17亿元，增长21.6%；东翼478.40 亿元，增长28.9%；西翼434.43亿元，增长12.4%；山区793.80 亿元，增长12.6%。按用途分，商品住宅开发投资6977.66亿元，增长18.5%；办公楼和商业营业用房投资852.07亿元和1390.28 亿元，分别增长51.1%和28.0%。

表8 2016年房地产开发和销售主要指标完成情况

指 标	单位	绝对数	比上年增长（%）
地产开发投资	亿元	10307.80	20.7
其中：土地购置费	亿元	2243.98	31.1
其中：住宅	亿元	6977.66	18.5
房屋施工面积	万平方米	64233.80	10.9
其中：住宅	万平方米	44171.00	9.4
房屋新开工面积	万平方米	14847.51	17.1
其中：住宅	万平方米	10165.64	17.1
房屋竣工面积	万平方米	6593.75	9.1
其中：住宅	万平方米	4773.04	7.6
商品房销售面积	万平方米	14611.60	25.1
其中：住宅	万平方米	13021.97	24.0
商品房销售额	亿元	16214.61	41.7
其中：住宅	亿元	14240.33	42.9
商品房待售面积	万平方米	5502.46	−2.4
其中：住宅	万平方米	3085.78	−11.7
本年资金来源小计	亿元	17666.05	24.7
其中：国内贷款	亿元	2559.13	−0.7
个人按揭贷款	亿元	3569.32	53.7
本年购置土地面积	万平方米	1750.32	18.4

全年资质等级以上建筑企业5054个，比上年增长2.8 %；总承包和专业承包完成建筑业总产值9652.31亿元，增长8.9%；实现利润总额424.91亿元，增长7.2%；利税总额728.97亿元，增长4.2%。

涉外经济

全年进出口总额63029.47亿元，比上年下降0.8%。其中，出口39455.07亿元，下降1.3%；进口23574.40亿元，增长0.01%。进出口差额（出口减进口）15880.66亿元，比上年减少525.82亿元。全省纳入统计的跨境电子商务进出口228 亿元，增长53.8%。

表9　2016年进出口总额及其增长速度

指　标	绝对数(亿元)	比上年增长（%）
进出口总额	63029.47	−0.8
出口额	39455.07	−1.3
其中：一般贸易	17093.40	−0.2
加工贸易	15758.59	−9.8
其中：机电产品	26798.98	−1.5
高新技术产品	14095.43	−2.5
其中：国有企业	2906.96	−5.6
外商投资企业	19049.44	−7.9
其他企业	17498.68	8.1
进口额	23574.40	0.01
其中：一般贸易	10243.09	6.3
加工贸易	8710.09	−11.9
其中：机电产品	15911.88	2.8
高新技术产品	12520.11	4.2
其中：国有企业	1659.07	−12.3
外商投资企业	11966.67	−8.2
其他企业	9948.67	15.0
进出口差额（出口减进口）	15880.66	−3.2

表10　2016年主要商品出口数量、金额及其增长速度

商品名称	单位	数量	比上年增（%）	金额（亿元）	比上年增（%）
钢材	万吨	398.54	−3.5	227.53	−2.0
纺织纱线、织物及制品				764.29	−2.2
服装及衣着附件				2488.02	1.2
鞋类				945.52	−4.6
家具及其零件				1316.19	2.3
自动数据处理设备及其部件	万台	84088.42	−9.3	2487.22	−4.1
手持或车载无线电话	万台	76080.27	−6.1	2832.01	−8.5
集装箱	万个	24.05	−53.1	43.65	54.2
集成电路	百万个	30310.19	−4.7	802.17	2.7
液晶显示板	万个	113514.64	−12.5	712.70	−1.4
汽车（包括整套散件）	万辆	5.27	170.4	42.73	5.8

表11　2016年主要商品进口数量、金额及其增长速度

商品名称	数量（万吨）	比上年增长（%）	金额（亿元）	比上年增长（%）
谷物及谷物粉	637.78	−12.7	119.56	−14.4
大豆	509.76	−2.5	138.93	1.3
食用植物油	82.04	−48.4	36.32	−42.9
天然橡胶（包括胶乳）	11.38	−10.5	9.55	−14.5
合成橡胶（包括胶乳）	22.75	4.3	33.16	−1.1
铁矿砂及其精矿	2534.91	49.1	99.49	62.6
氧化铝	16.22	−72.0	3.34	−74.2
原油	937.12	−33.4	174.79	−49.2
成品油	257.95	−6.8	69.33	−13.8
初级形状的塑料	764.90	−4.1	865.56	−4.3
纸浆	166.12	2.0	60.08	−5.7
钢材	391.93	2.5	209.24	−4.8
未锻造的铜及铜材	63.99	−3.5	269.77	−6.3

表12　2016年主要国家和地区进出口总额及其增长速度

国家和地区	出口额（亿元）	比上年增长（%）	进口额（亿元）	比上年增长（%）
香港地区	11986.87	−6.1	279.77	−2.5
美国	6552.50	−2.1	1250.55	−2.1
欧洲联盟（28国）	5336.70	2.1	1513.26	5.9
东盟	3833.83	6.6	3777.72	9.7
日本	1559.97	3.4	2436.68	3.3
韩国	1347.48	−8.8	2716.14	6.1
中国台湾	469.72	2.4	3492.00	5.6
俄罗斯	343.39	5.8	27.66	−31.1

注：欧洲联盟于2013年7月增加克罗地亚。

全年新签外商直接投资项目8078个，比上年增长14.9%；合同外资金额866.75亿美元，比上年增长54.5%。实际使用外商直接投资金额233.49亿美元，下降13.1%。

表13　2016年分行业外商直接投资及其增长速度

行业名称	合同外资金额（亿美元）	比上年增长（%）	实际使用金额（亿美元）	比上年增长（%）
总　计	866.75	54.5	233.49	-13.1
农、林、牧、渔业	8.88	36.8	1.11	41.3
采矿业	6.18	762.1	0.13	-54.1
制造业	104.99	-24.2	57.76	-43.8
电力、燃气及水的生产和供应业	29.46	315.5	8.21	60.9
建筑业	8.30	928.6	5.39	-21.3
交通运输、仓储和邮政业	8.40	-23.5	5.27	11.2
信息传输、计算机服务和软件业	52.64	101.3	34.11	402.5
批发和零售业	61.91	15.2	18.54	0.7
住宿和餐饮业	6.53	125.3	0.64	-48.6
金融业	419.79	197.3	19.64	40.2
房地产业	35.49	-52.1	36.23	-48.6
租赁和商务服务业	91.08	13.0	40.50	41.5

续表

行业名称	合同外资金额（亿美元）	比上年增长（%）	实际使用金额（亿美元）	比上年增长（%）
科学研究、技术服务和地质勘查业	22.68	55.5	4.28	-25.5
水利、环境和公共设施管理业	0.06	-91.9	0.56	121.5
居民服务和其他服务业	-0.24	-119.5	0.30	-77.7
教育	0.38	471.2	0.14	813.6
卫生、社会保障和社会福利业	3.87	812.6	0.02	-94.6
文化、体育和娱乐业	6.35	890.7	0.66	-36.0

全年经核准境外投资新增中方协议投资额282.76亿美元，比上年下降5.7%；新增中方实际投资额206.84亿美元，比上年增长94.3%。对外承包工程完成营业额181.64亿美元，比上年下降8.6%；对外劳务合作新签劳务人员合同工资总额6.55亿美元，劳务人员实际收入总额8.92亿美元；承包工程和劳务合作年末在外人员共8.48万人。

2016年海南省投资情况

（节选）

固定资产投资

全年全省固定资产投资（不含农户）完成3747.03亿元，比上年增长11.7%。其中，房地产开发完成投资1787.60亿元,增长4.9%。按产业分，第一产业投资40.74亿元，下降21.2%；第二产业投资289.41亿元，下降10.4%；第三产业投资3416.88亿元，增长14.6%。按地区分，海澄文一体化综合经济圈投资增长20.8%，大三亚旅游经济圈增长11.5%，东部地区增长15.0%，中部地区增长5.5%，西部地区增长2.8%。全部在建投资项目3390个，比上年增加411个，增长13.8%。其中，新开工项目1325个，增长13.9%。

全年421个重点项目完成投资2136.7亿元，比上年增长11.5%。有54个省重点项目全年完成投资额均超过了10亿元，其中包括海口观澜湖度假区、三亚亚特兰蒂斯、儋州海花岛旅游综合体、陵水清水湾旅游度假区、文昌铜鼓岭国际生态旅游区等旅游产业项目，海南生态智慧新城、海口万达商业综合体等互联网或商业项目，昌江核电一期、海口海秀快速干道一期、海口美兰机场二期、三亚新机场、琼中至乐东高速、文昌至博鳌高速、电网建设与改造、红岭灌区等基础设施项目，海口旧城改造、三亚棚户区改造等民生项目。

房地产开发

全年全省房地产业完成增加值345.04亿元，比上年增长13.2%。全年房地产项目房屋施工面积8936.78万平方米，增长7.5%；销售面积1508.53万平方米，增长43.4%；销售额1490.20亿元，增长51.6%。

全年全省旅游业完成增加值310亿元，比上年增长10.9%。全年全省接待国内外游客总人数6023.59万人次，比上年增长12.9%；其中接待旅游过夜人数4977.28万人次，增长10.8%。旅游总收入672.10亿元，增长17.4%。年末全省共有挂牌星级宾馆133家，其中五星级宾馆26家，四星级宾馆41家，三星级宾馆58家。

全年全省城镇保障性安居工程新开工5.01万套，新开工建设面积217.74万平方米；建成6.18万套，建成面积294.25万平方米。农村危房改造开工4.11万户，改造面积302.65万平方米；竣工3.57万户，竣工面积267.64万平方米。

全年全省建筑业完成增加值423.50亿元，比上年增长8.1%。本省具有资质等级的建筑企业单位170个，增长1.2%；从业人员7.42万人，下降0.2%。本省资质内建筑企业全年房屋建筑施工面积2085.41万平方米，下降2.2%；房屋建筑竣工面积652.44万平方米，下降12.4%。本省资质内建筑企业实现利润总额12.23亿元，增长5.8%。

涉外经济

全年全省对外贸易进出口总值748.40亿元，比上年下降13.9%；其中进口总值607.72亿元，下降4.5%；出口总值140.68亿元，下降39.5%。在出口总值中，对香港出口8.85亿元，下降61.5%；对日本出口23.25亿元，增长64.1%；对美国出口16.83

亿元，下降6.9%；对欧盟出口7.77亿元，下降39.9%；对东盟出口26.73亿元，下降65.5%；对中东出口12.65亿元，增长34.4%。主要出口商品中，机电产品出口值21.47亿元，下降12.2%；高新技术产品出口值13.10亿元，下降28.0%；农产品出口值34.39亿元，增长2.9%；成品油出口值9.96亿元，下降91.3%。

全年全省实际利用外资总额22.16亿美元，比上年下降10.1%。其中，外商直接投资21.31亿美元，增长6.3%。新签外商投资项目88宗，增长23.9%。

2016年甘肃省投资情况

（节选）

固定资产投资

全年固定资产投资9534.10亿元，比上年增长10.52%。按三次产业分，第一产业投资678.30亿元，增长26.81%；第二产业投资3220.99亿元，下降6.23%，其中工业投资2216.82亿元，下降3.68%；第三产业投资5634.81亿元，增长21.00%。

全年项目投资8684.07亿元，增长10.50%。其中，制造业投资1315.18亿元，增长6.71%；交通运输、仓储和邮政业投资1100.04亿元，增长34.99%；水利、环境和公共设施管理业投资1073.57亿元，增长40.78%；建筑业投资1004.16亿元，下降11.41%。

表5　2016年甘肃省分行业项目投资及其增长速度

单位：亿元、%

行　业	投资额	比上年增长
农林牧渔业	678.30	26.81
采矿业	178.78	-41.63
制造业	1315.18	6.71
电力、热力、燃气及水的生产和供应业	722.86	-5.23
建筑业	1004.16	-11.41

续表

行　业	投资额	比上年增长
批发和零售业	481.15	1.91
交通运输、仓储和邮政业	1100.04	34.99
住宿和餐饮业	195.60	15.05
信息传输、计算机服务和软件业	105.02	45.43
金融业	22.51	69.44
房地产业	494.65	15.39
租赁和商务服务业	145.00	14.55
科学研究、技术服务和地质勘查业	79.00	35.17
水利、环境和公共设施管理业	1073.57	40.78
居民服务和其他服务业	141.98	-8.09
教育	294.28	43.36
卫生、社会保障和社会福利业	155.09	51.69
文化、体育和娱乐业	291.72	43.10
公共管理和社会组织	205.17	-32.53

房地产开发

全年房地产开发投资850.03亿元，比上年增长10.67%，其中住宅投资563.75亿元，增长7.06%。

房屋施工面积8933.24万平方米，增长4.04%，其中住宅施工面积6191.65万平方米，增长1.71%；房屋新开工面积2331.71万平方米，增长0.82%，其中住宅新开工面积1587.23万平方米，增长2.59%；房屋竣工面积991.73万平方米，增长3.07%，其中住宅竣工面积730.25万平方米，下降4.56%；商品房销售面积1679.49万平方米，增长17.04%，其中住宅销售面积1478.81万平方米，增长13.10%。

全年建筑业实现增加值776.35亿元，比上年增长7.7%。

涉外经济

全年进出口总额453.2亿元，比上年下降8.3%。其中，出口268.2亿元，下降25.7%；进口185.0亿元，增长39.3%。一般贸易出口223.9亿元，下降33.4%；一般贸易进口84.8亿元，增长25.6%。加工贸易出口36.8亿元，增长1.1倍；加工贸易进口86.3亿元，增长45.0%。

全年外商直接投资合同项目30个，外商直接投资实际使用金额1.15亿美元，比上年增长5%。对外承包工程完成营业额2.7亿美元，下降8%。对外承包工程新签合同金额4.7亿美元。

2016年陕西省投资情况

（节选）

固定资产投资

全年全社会固定资产投资20825.25亿元，比上年增长12.1%。其中，固定资产投资（不含农户）20474.85亿元，增长12.3%；农户投资350.40亿元，下降0.2%。

在固定资产投资（不含农户）中，第一产业投资1149.79亿元，比上年增长14.2%；第二产业投资5594.63亿元，增长1.0%，其中工业投资5585.43亿元，增长1.1%；第三产业投资13730.43亿元，增长17.5%。

全年民间投资8738.60亿元，比上年下降3.6%；基础设施投资6022.24亿元，增长31.9%；战略性新兴产业投资2607.24亿元，增长16.7%；文化产业投资1464.15亿元，增长55.1%；省级46个重点推进项目本年完成投资513.87亿元，是本年计划投资的1.5倍，超进度完成全年目标任务。

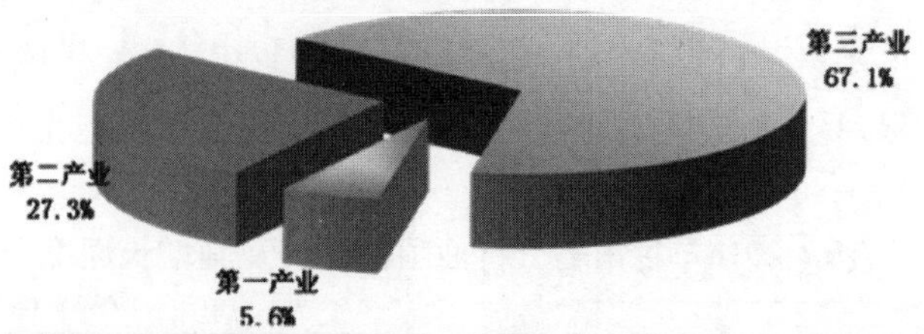

图5　2016年固定资产投资（不含农户）三次产业构成

房地产开发

全年房地产开发投资2736.75亿元，比上年增长9.7%；房地产开发企业房屋施工面积22297.53万平方米，增长7.4%；商品房销售面积3262.70万平方米，增长9.5%；商品房待售面积892.39万平方米，增长29.7%。

全年全社会建筑业增加值1943.20亿元，比上年增长9.3%。资质以上建筑业累计实现总产值5329.23亿元，增长12.1%，其中国有及国有控股企业3332.09亿元，增长14.6%。资质以上建筑企业共签订合同额11535.46亿元，增长15.7%；房屋建筑施工面积24528.29万平方米，增长2.2%。

涉外经济

全年外贸进出口总值1974.80亿元人民币，比上年增长4.2%。其中，出口1044.61亿元，增长13.7%；进口930.19亿元，下降4.8%。在进出口总值中，进料加工贸易1291.44亿元，增长20.3%。

全年新批外商投资项目116个。合同外资46.33亿美元，比上年下降19.9%；实际利用外资50.12亿美元，增长8.5%。全年对外承包工程新签合同额35.32亿美元，增长7.4%；完成营业额24.29亿美元，增长10.2%；对外劳务人员实际收入总额8447万美元，下降14.3%。

2016年四川省投资情况

（节选）

固定资产投资

全年全社会固定资产投资29126.0亿元，比上年增长12.1%，其中固定资产投资（不含农户）28229.8亿元，增长13.1%。

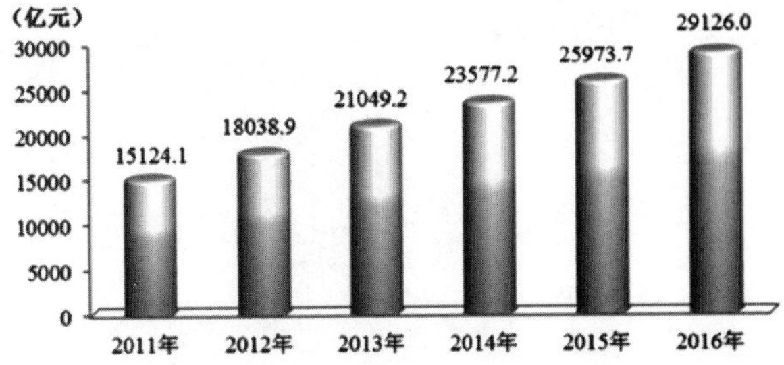

图5 2011—2016年全社会固定资产投资

分产业看，第一产业投资1115.1亿元，增长32.7%；第二产业投资8222.4亿元，增长10.2%，其中工业投资8161.7亿元，增长10.9%；第三产业投资19788.5亿元，增长12.0%。

房地产开发

全年房地产开发投资5282.6亿元，比上年增长9.8%。商品房施工面积41532.1万平方米，增长6.5%。商品房销售面积9300.5万平方米，增长21.2%。

全年建筑业增加值2473.0亿元，比上年增长6.6%。年末施工总承包和专业承包建筑企业3991

个，实现利税总额519.4亿元，增长7.5%。房屋建筑施工面积54048.3万平方米，增长2.4%；房屋建筑竣工面积21089.3万平方米，增长2.0%，其中住宅竣工面积15850.1万平方米，增长0.8%。

涉外经济

全年实际利用外资85.5亿美元，比上年下降18.1%。新批外商直接投资企业331家，累计批准11122家。外商投资实际到位资金80.3亿美元。落户四川的境外世界500强企业232家。年末驻川外国领事机构16家。

全年对外承包工程新签合同金额70亿美元，完成营业额44.7亿美元，比上年下降18.1%。新增境外投资企业196家，境外投资企业累计845家。

全年在履约的国内省外投资项目9025个（含往年结转项目），实际到位国内省外资金9613.6亿元，增长5.5%。

全年进出口总额493.3亿美元，比上年下降3.6%。其中，出口额279.5亿美元，下降15.6%；进口额213.9亿美元，增长18.2%。

全年以加工贸易方式进出口273.2亿美元，比上年增长17.1%，占全省进出口总额的55.4%；以一般贸易方式进出口163.7亿美元，下降21.3%，占全省进出口总额的33.2%。

2016年贵州省投资情况

（节选）

固定资产投资

全年固定资产投资12929.17亿元，比上年增长21.1%。按产业分，第一产业投资289.20亿元，增长29.9%；第二产业投资3076.84亿元，增长12.8%；第三产业投资9563.13亿元，增长23.8%。

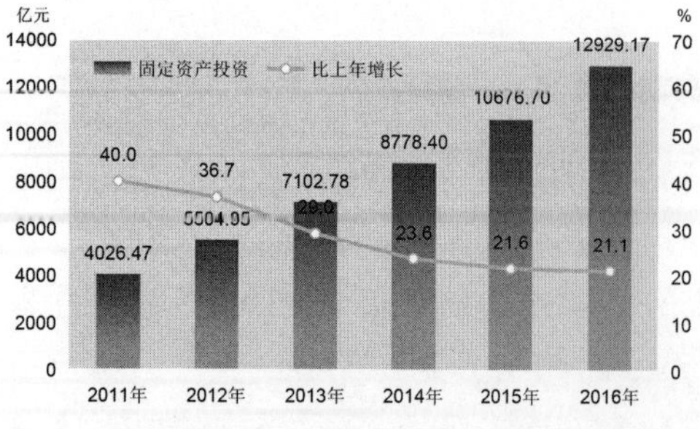

图5　2011—2016年固定资产投资及其增长速度

按重点领域分，基础设施投资5340.13亿元，比上年增长29.1%，占固定资产投资的比重为41.3%。工业投资3076.50亿元，比上年增长12.0%，占固定资产投资的比重为23.8%，其中，制造业投资2019.23亿元，增长12.5%。租赁和商务服务业、科学研究和技术服务业、生物制药等新兴产业投资分别比上年增长70.2%、47.5%、26.1%。

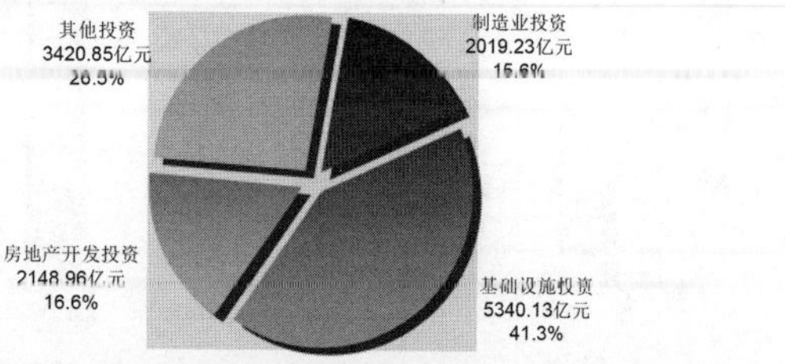

图6　2016年按领域分固定资产投资及其占比

房地产开发

全年房地产开发投资2148.96亿元，比上年下降2.5%，占固定资产投资的比重为16.6%。其中，住宅投资1243.60亿元，下降6.3%；办公楼投资151.81亿元，下降7.5%；商业营业用房投资562.53亿元，增长11.0%。

表7 2016年房地产开发和销售主要指标及其增长速度

指标名称	绝对数	比上年增长（%）
房地产开发投资（亿元）	2148.96	−2.5
#住宅	1243.60	−6.3
办公楼	151.81	−7.5
商业营业用房	562.53	11.0
房屋施工面积（万平方米）	20352.24	−2.5
房屋竣工面积（万平方米）	1901.45	−26.4
商品房销售面积（万平方米）	4156.93	16.8
#住宅	3426.96	16.4
商品房销售面额（亿元）	1790.53	13.9
#住宅	1269.43	18.8
土地购置面积	317.06	−47.3

年末资质以上建筑业总承包企业和专业承包企业1011户，比上年末增加119户。其中，特、一级资质企业63户，企业数量与上年持平；二级资质企业334户，增加68户；三级资质企业614户，增加51户。全年完成建筑业总产值2362.95亿元，比上年增长21.3%。建筑业企业实现主营业务收入2219.62亿元，比上年增长20.7%；实现利润总额63.93亿元，比上年增长39.9%；税金总额87.43亿元，比上年增长24.9%。

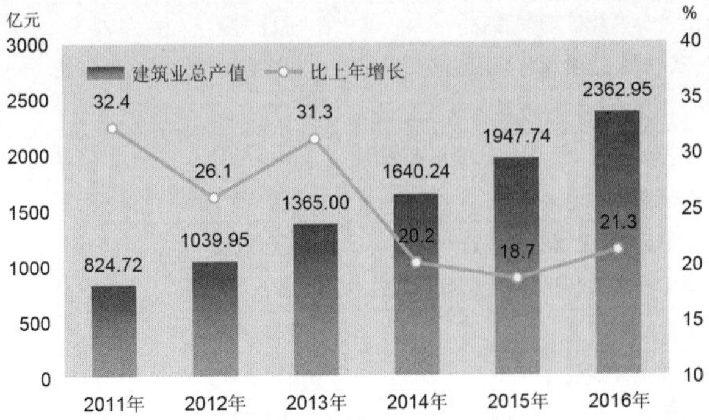

图4　2011—2016年建筑业总产值及其增长速度

涉外经济

获批建设国家内陆开放型经济试验区。全年引进省外实际到位资金8086.35亿元，比上年增长12.1%。引进省外项目4545个，比上年增长5.8%。引进项目合同约定投资12507.97亿元，比上年增长6.9%。新批利用外资项目207个，比上年增长10.7%。全年实际利用外资32.16亿美元，比上年增长27.4%。

全年对外承包工程新签约合同总额5.96亿美元，比上年增长3.5%；对外承包工程完成营业额6.81亿美元，增长0.1%。

全年进出口总额377.16亿元，比上年下降50.5%。进口总额63.16 亿元，比上年下降55.7%，其中，一般贸易进口36.41亿元，下降25.6%；加工贸易进口18.23亿元，下降39.9%。出口总额314.00亿元，比上年下降49.2%，其中，一般贸易出口272.08亿元，下降49.9%；加工贸易出口35.89亿元，下降13.3%。货物出口前三位市场为香港、东盟和美国，分别出口62.84亿元、57.64亿元和28.97亿元，分别比上年下降0.7%、59.2%和63.1%。货物进口前三位市场为东盟、美国和澳大利亚，分别进口12.39亿元、8.64亿元和6.48亿元，东盟比上年增长29.5%，美国和澳大利亚分别比上年下降53.4%和3.7%。

2016年云南省投资情况

（节选）

固定资产投资

全年固定资产投资（不含农户）达15662.49亿元，增长19.8%。分三次产业看，第一产业投资629.08亿元，增长25.8%；第二产业投资2850.91亿元，下降9.4%，其中工业投资完成2850.20亿元，下降9.4%；第三产业投资完成12182.50亿元，增长29.3%。民间固定资产投资5380.39亿元，下降4.1%，占全省固定资产投资的比重为34.4%。基础设施投资完成5565.29亿元，增长28.9%，增速较上年提高7.3个百分点，占全省固定资产投资的比重达到35.5%。

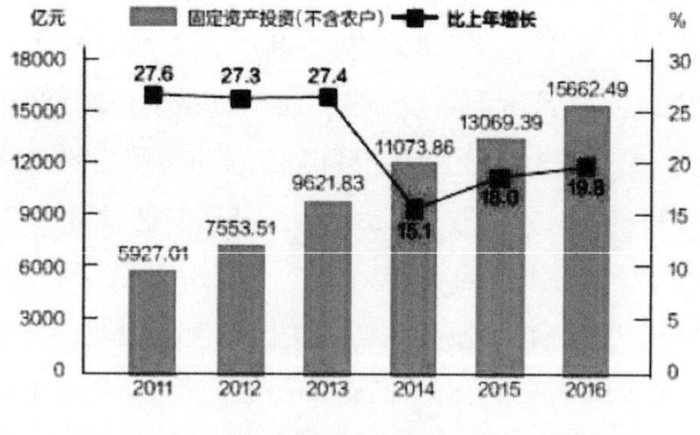

图4　2011—2016年云南固定资产投资（不含农户）及其增长速度

房地产开发

全年房地产开发投资达2688.34亿元，比上年增长0.7%，其中，商品住宅投资1635.38亿元，下降2.1%；办公楼投资159.80亿元，下降1.4%；商业营业用房投资497.36亿元，下降2.3%。

全年商品房施工面积20593.19万平方米，比上年下降0.6%；商品房屋竣工面积2115.08万平方米，下降16.9%；商品房销售面积3639.75万平方米，增长15.7%；商品房销售额1917.76亿元，增长15.1%。

表4　2016年云南分行业固定资产投资及其增长速度

行　业	投资额(亿元)	比上年增长(%)
全省	15662.49	19.8
农林牧渔业	874.59	21.7
采矿业	378.83	-13.3
制造业	1616.32	-3.2
烟草制品业	18.30	-45.6
化学原料及化学制品制造业	88.25	16.1
医药制造业	74.28	28.8
非金属矿物制品业	217.89	7.9
黑色金属冶炼及压延加工业	21.69	-47.2
有色金属冶炼及压延加工业	83.97	-5.3
电力、热力、燃气及水的生产和供应	855.05	-17.6
建筑业	0.71	-3.0
交通运输、仓储及邮政业	2560.50	41.7
信息传输、软件和信息技术服务业	228.48	303.9
批发和零售业	273.88	-1.4
住宿和餐饮业	232.04	-6.3
金融业	10.23	13.7
房地产开发	2688.34	0.7
租赁和商务服务业	59.45	-49.5
科学研究和技术服务业	18.13	-18.0
水利、环境和公共设施管理业	2022.09	38.1
居民服务和其他服务业	55.49	4.7
教育	438.75	47.6
卫生和社会工作	215.54	54.7
文化、体育和娱乐业	186.10	5.4
公共管理和社会组织	508.62	70.8

全年全社会建筑业增加值1806.22亿元，比上年增长14.6%。全年全省具有资质等级的总承包和专业承包建筑业企业完成总产值3867.22亿元，比上年增长18.3%；实现利润125亿元，增长0.5%；上缴税金126亿元，增长0.3%。

表5　2016年云南房地产业发展主要指标情况

指　标	单　位	绝对数	比上年增长(%)
房地产开发投资额	亿元	2688.34	0.7
其中:住宅	亿元	1635.38	-2.1
其中:90平方米以下住宅	亿元	472.84	-8.1
房屋施工面积	万平方米	20593.19	-0.6
其中:住宅	万平方米	13324.64	-3.9
房屋新开工面积	万平方米	3453.98	-10.1
其中:住宅	万平方米	2201.34	-12.6
房屋竣工面积	万平方米	2115.08	-16.9
其中:住宅	万平方米	1433.86	-24.4
商品房销售面积	万平方米	3639.75	15.7
其中:住宅	万平方米	2933.10	13.8
本年资金来源	亿元	2590.37	-9.1
其中:国内贷款	亿元	453.50	-14.2
其中:个人按揭贷款	亿元	301.89	3.2
本年购置土地面积	万平方米	518.81	-37.3
土地成交价款	亿元	146.21	-0.1

涉外经济

全年外贸进出口总额达199.99亿美元，比上年下降18.4%。其中出口总额115.82亿美元，下降30.3%；进口总额84.17亿美元，增长6.7%。全年对欧盟进出口10.03亿美元，下降33.1%；对东盟进出口118.33亿美元，下降10.2%；对南亚进出口5.73亿美元，下降48.1%。

全年共批准利用外资项目134个，比上年下降5.6%。合同利用外资26.54亿美元，增长17.5%。实际使用外商直接投资8.67亿美元。

全年非金融领域对外直接投资额16.13亿美元，比上年增长19.9%。

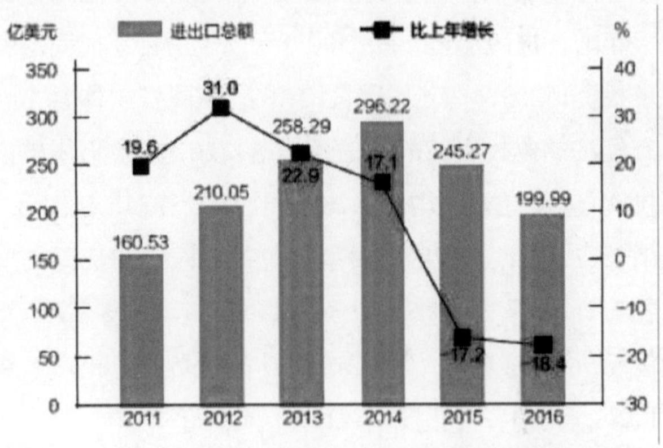

图6　2011—2016年云南进出口总额及其增长速度

2016年内蒙古自治区投资情况

（节选）

固定资产投资

全年全社会固定资产投资总额15469.5亿元，比上年增长11.9%。其中，500万元以上项目完成固定资产投资15283.4亿元，增长12.0%。从投资主体看，国有经济单位投资6807.1亿元，增长26.0%；集体单位投资162.2亿元，增长30.8%；个体投资248.9亿元，增长11.9%；其他经济类型单位投资8251.3亿元，增长4.2%。从三次产业投资看，第一产业投资776.3亿元，增长11.6%；第二产业投资6495.8亿元，下降1.2%，其中，工业投资6425.6亿元，下降0.4%；第三产业投资8197.4亿元，增长25.1%。按项目隶属关系分，地方项目完成投资14301.2亿元，增长9.3%；中央项目完成投资1168.3亿元，增长57.8%。

图4　2016年500万元以上项目固定资产投资累计增速

表4　分行业500万元以上固定资产投资及增速

单位：亿元

	2016年	同比增长（%）
农林牧渔业	931.5	13.5
采矿业	959.8	-4.9
制造业	3562.4	-4.0
电力、燃气及水的生产和供应业	1903.5	9.9
建筑业	151.1	-7.3
批发和零售业	385.3	-2.9
交通运输、仓储及邮政业	1761.6	34.5
住宿和餐饮业	67.3	-32.4
信息传输、软件和信息技术服务业	126.0	49.6
水利、环境和公共设施管理	2465.3	49.3
教育	149.2	6.1
卫生和社会工作	127.6	12.4
文化、体育和娱乐业	210.5	55.4
公共管理、社会保障和社会组织	294.5	-1.5

房地产开发

新开工项目19665个，增长54.9%；在建项目投资总规模36955.7亿元，增长3.6%。全年房地产开发投资额1133.5亿元，增长4.9%。商品房销售面积2527.9万平方米，增长6.7%；商品房销售额1149.1亿元，增长9.2%。

全年建筑业增加值1322.5亿元，比上年增长6.9%。全区具有建筑业资质等级的建筑施工企业991个；施工企业房屋建筑施工面积6296.0万平方米，下降9.7%；竣工房屋面积2538.6万平方米，下降18.1%；房屋建筑竣工率40.3%。全年具有建筑业资质等级的建筑企业实现利润50.0亿元，比上年增长

7.5%；实现税金44.7亿元，增长8.2%。

涉外经济

全年海关进出口总额772.8亿元（人民币，下同），比上年下降2.1%。其中，出口总额295.3亿元，下降15.7%；进口总额477.5亿元，增长8.7%。从主要贸易方式看，一般贸易进出口额达433.8亿元，占进出口总额的56.1%；边境小额贸易进出口额达208.3亿元；加工贸易进出口额达32.2亿元。

表6　海关进出口分项表

	单位	2016年	比上年增长（%）
海关进出口总额	亿元	772.8	−2.1
出口总额	亿元	295.3	−15.7
一般贸易	亿元	224.1	−20.2
边境小额贸易	亿元	26.3	−14.7
加工贸易	亿元	20.8	203.9
进口总额	亿元	477.5	8.7
一般贸易	亿元	209.7	31.4
边境小额贸易	亿元	182.0	13.3
加工贸易	亿元	11.4	37.4

全年实际使用外商直接投资额39.7亿美元，比上年增长17.8%。年内全区在工商部门注册的外商投资企业3362家。新批准外商投资企业50家，比上年减少2家。

2016年新疆维吾尔自治区投资情况

（节选）

固定资产投资

全年完成固定资产投资（不含农户）9983.86亿元，比上年下降6.9%。其中，第一产业投资498.01亿元，增长35.9%；第二产业投资3879.67亿元，下降25.1%；第三产业投资5606.18亿元，增长8.1%。在第二产业投资中，工业投资3738.46亿元，下降26.1%。

在固定资产投资（不含农户）中，国有及国有控股投资6519.17亿元，增长3.7%，占固定资产投资（不含农户）的比重为65.3%。民间投资3411.30亿元，下降21.7%，占固定资产投资（不含农户）的比重为34.2%。基础设施投资3814.72亿元，下降13.2%，占固定资产投资（不含农户）的比重为38.2%。

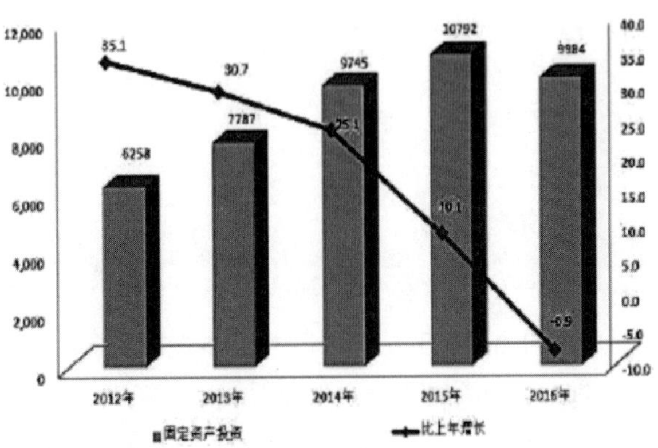

图1　2012—2016年固定资产投资（不含农户）总额及增速

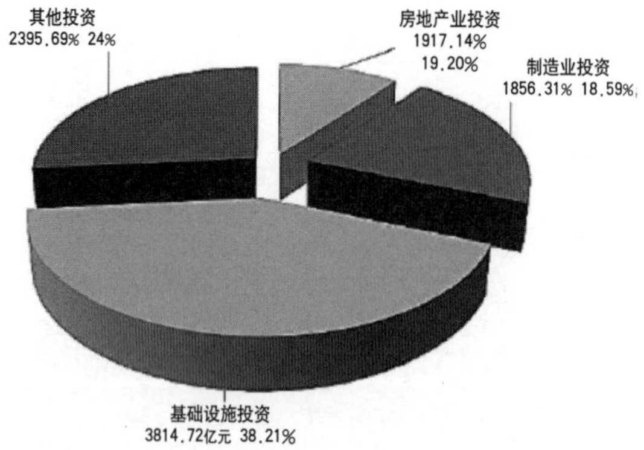

图2 2016年按领域分固定资产投资（不含农户）及其占比

房地产开发

房地产开发投资923.40亿元，下降7.6%，其中，住宅投资518.83亿元，下降14.1%。房屋施工面积11530.59万平方米，增长0.6%；房屋竣工面积1695.91万平方米，增长5.4%。商品房销售面积1828.22万平方米，增长0.2%；商品房销售额846.84亿元，下降0.3%。

全年实现建筑业增加值1049.92亿元，增长9.6%。具有资质等级的总承包和专业承包建筑企业实现利润总额49.15亿元，增长2.1%。

涉外经济

全年货物进出口总额179.63亿美元，比上年下降8.7%。其中，出口159.12亿美元，下降9.1%；进口20.51亿美元，下降5.6%。

按登记注册类型划分，国有企业进出口22.21亿美元，下降23.2%；集体企业0.94亿美元，下降6.9%；外商投资企业1.96亿美元，下降22.2%；私营企业154.44亿美元，下降5.9%。

新批准设立外商直接投资企业74个，增长48.0%；外商直接投资合同金额4.97亿美元，下降42.0%；实际利用外商直接投资4.01亿美元，下降11.4%。

2016年西藏自治区投资情况

（节选）

固定资产投资

全年完成全社会固定资产投资总额1655.50亿元，比上年增长23.3%。其中：民间投资264.57亿元，下降17.3%。

按产业分：第一产业完成97.24亿元，比上年增长17.3%；第二产业完成294.84亿元，增长11.7%；第三产业完成1263.42亿元，增长26.9%。按经济类型分：国有经济完成投资1294.96亿元，比上年增长32.8%；集体经济完成投资2.31亿元，增长45.3%；个体经济完成投资20.39亿元，增长3.0%；其他各种经济类型完成投资337.84亿元，下降2.2%。

在固定资产投资中，农林牧渔业投资完成97.24亿元，增长17.3%；采矿业投资完成49.51亿元，下降34.2%；制造业投资完成39.49亿元，增长31.1%；

电力、燃气及水的生产和供应业投资完成201.79亿元，增长27.8%；建筑业投资完成4.05亿元，增长501.1%；交通运输、仓储和邮政业投资完成548.67亿元，增长56.5%；信息传输、软件和信息技术服务业投资完成11.72亿元，增长38.5%；批发和零售业投资完成15.17亿元，下降0.1%；住宿和餐饮业投资完成22.55亿元，增长46.8%；金融业投资完成5.46亿元，下降88.6%；房地产业投资完成130.13亿元，增长59.4%；租赁和商务服务业投资完成18.21亿元，增长175.2%；科学研究和技术服务业投资完成7.74亿元，下降31.8%；水利、环境和公共设施管理业投资完成201.33亿元，增长35.7%；居民服务、修理和其他服务业投资完成9.30亿元，下降24.3%；教育投资完成48.07亿元，增长30.9%；卫生和社会工作投资完成20.45亿元，增长27.5%；文化、体育和娱乐业投资完成27.71亿元，增长47.3%；公共管理、社会保障和社会组织投资完成148.36亿元，下降15.7%。

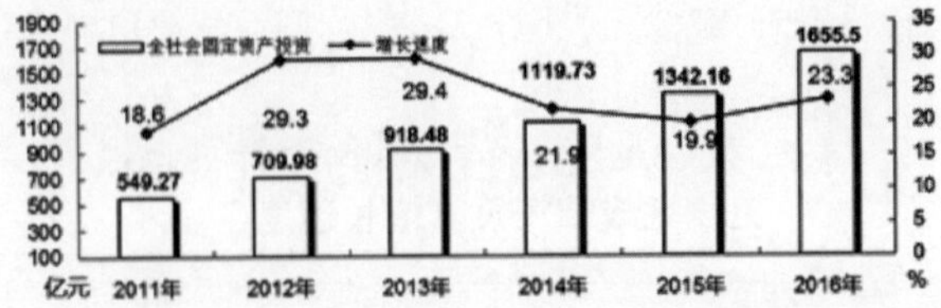

图7 固定资产投资总额及增长速度

房地产开发

全年房地产开发投资48.54亿元，比上年下降3.0%。房地产开发施工房屋面积348.77万平方米，比上年下降8.4%；竣工房屋面积31.53万平方米，下降65.8%；商品房销售面积74.61万平方米，增长45.5%。

全年建筑业实现增加值341.23亿元，比上年增长12.1%。

涉外经济

全年进出口总额51.68亿元，比上年下降8.6%。其中：出口总额31.24亿元，下降13.8%；进口总额20.44亿元，增长0.6%。

在进出口贸易中，边境小额贸易29.86亿元，比上年下降1.2%，占进出口贸易总额的57.8%。其中：出口29.60亿元，下降1.0%；进口0.26亿元，下降21.9%。

2016年，西藏自治区与60个国家和地区开展了双边贸易，尼泊尔联邦民主共和国为最主要的贸易伙伴，与其贸易总值达到30.66亿元，与上年相比下降2.4%，占外贸进出口总值的59.3%，超过其他59个国家和地区的贸易值总量。除尼泊尔外，西藏外贸交易前三位的是法国、美国和比利时，贸易额分别为8.92亿元、3.01亿元和2.97亿元，比上年分别增长2.3倍和下降23.0%、38.6%。

全年合同利用外商直接投资10320.21万美元，实际利用外商直接投资6399.11万美元。

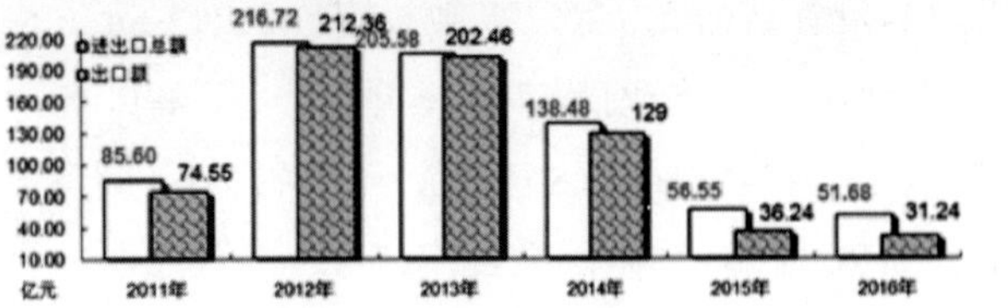

图8 对外进出口总额

2016年宁夏回族自治区投资情况

（节选）

固定资产投资

全年全社会固定资产投资3835.46亿元，比上年增长8.6%。其中，基本建设投资2552.65亿元，增长6.6%；更新改造投资450.76亿元，增长10.4%；房地产开发投资728.16亿元，增长14.9%；农村农户投资85.20亿元，增长7.8%。分投资主体看，国有及国有经济控股投资1716.56亿元，增长3.2%；非国有经济控股投资2118.90亿元，增长13.3%，其中，民间投资2104.79亿元，增长13.8%。

图7　2012—2016年全社会固定资产投资额及其增长速度

从投资结构看，第一产业投资162.21亿元，增长19.9%；第二产业投资1641.40亿元，下降1.3%。其中，工业投资1640.85亿元，下降0.5%；第三产业投资2031.85亿元，增长17.1%。三大产业的投资结构由2015年的3.8:47.1:49.1调整为2016年的4.2:42.8:53.0。

全年固定资产投资施工项目4219个，比上年减少37个。施工项目计划总投资12700.17亿元，增长5.4%。全区亿元以上项目完成固定资产投资2317.93亿元，增长8.0%。

房地产开发

全年房地产开发投资728.16亿元，比上年增长14.9%。其中，住宅投资435.41亿元，增长9.8%；办公楼投资51.87亿元，增长51.2%；商业营业用房投资152.45亿元，增长17.7%。

表6　2016年分行业全社会固定资产投资及其增长速度

指标	投资额（亿元）	比上年增长（%）
全社会固定资产投资	3835.46	8.6
农、林、牧、渔业	204.76	23.0
采矿业	57.58	-52.4
制造业	946.28	17.7
电力、热力、燃气及水生产和供应业	636.99	-9.3
建筑业	0.56	-96
批发和零售业	47.29	43.5
交通运输、仓储和邮政业	397.67	47.5
住宿和餐饮业	20.52	28.1
信息传输、软件和信息技术服务业	66.52	29.4
金融业	0.97	-83.7
房地产业	866.24	-1.6
租赁和商务服务业	22.69	-2.4
科学研究和技术服务业	17.22	60.7
水利、环境和公共设施管理业	348.27	29.1
居民服务和其他服务业	20.17	1.9倍
教育	56.92	7.3
卫生和社会工作	45.65	58.1
文化、体育和娱乐业	45.25	1.2倍
公共管理和社会组织	33.92	-2.6

表7　2016年房地产开发和销售主要指标完成情况及其增长速度

指标	单位	绝对数	比上年增长（%）
房地产开发投资	亿元	728.16	17.9
房屋施工面积	万平方米	7110.06	0.9
其中：住宅	万平方米	4555.28	0.1
其中：本年新开工面积	万平方米	1391.34	0.02
房屋竣工面积	万平方米	1294.55	10.7
其中：住宅	万平方米	931.25	24.7
商品房销售面积	万平方米	966.07	15.1
其中：住宅	万平方米	830.22	17.2
商品房待售面积	万平方米	1247.29	3.3
其中：住宅	万平方米	715.57	-2.4
商品房销售面积	亿元	409.71	10.6
其中：住宅	亿元	325.89	14.8
房地产开发资金	亿元	678.74	-8.0
其中：国内贷款	亿元	96.80	0.2
自筹资金	亿元	260.03	-19.7
其他资金来源	亿元	32.91	1.5

全区具有资质的总承包和专业承包建筑业企业579家，全年完成建筑业总产值511.25亿元，比上年下降2.5%。建筑业企业房屋建筑施工面积2771.34万平方米，下降15.6%；房屋竣工面积1017.77万平方米，下降17.0%；竣工产值为378.19亿元，下降6.4%。按建筑业总产值计算的劳动生产率26.76万元/人，比上年增长0.3%。

涉外经济

据银川海关统计，全年货物进出口总额216.27亿元，比上年下降6.4%。其中，出口165.45亿元，下降9.7%；进口50.82亿元，增长6.2%。货物进出口差额（出口减进口）114.63亿元。重点出口产品实现出口52.60亿元，增长0.8%。其中，泰乐菌素出口7.73亿元，增长16.1%；羊绒纱线出口7.09亿元,增长16.8%；羊绒衫出口6.84亿元，下降1.2%；双氰胺出口4.93亿元，增长8.4%；活性炭出口2.71亿元，下降11.4%；轮胎出口2.37亿元，增长75.5%；铁合金出口1.32亿元，增长24.8%。

全年外商投资实际利用外资（不含境外借款）2.54亿美元，比上年增长36.1%。全区新批准外商直接投资项目29个，合同外资金额5.65亿美元，比上年下降58.4%。其中，制造业签订利用外商直接投资项目10个，合同额2.02亿美元。

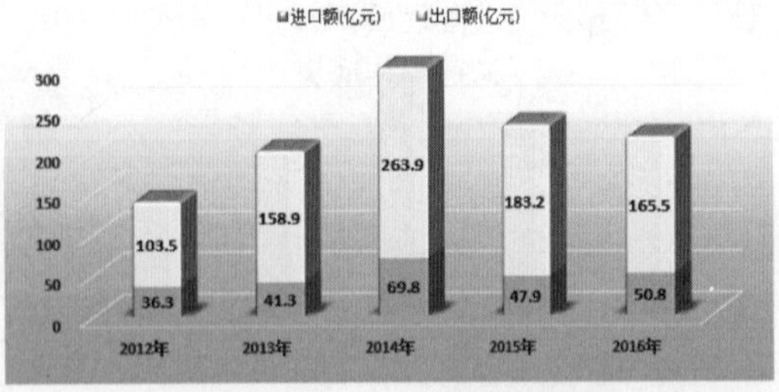

图9 2012—2016年进出口总额

2016年广西壮族自治区投资情况

（节选）

固定资产投资

全年全区全社会固定资产投资18236.78亿元，比上年增长12.4%,扣除价格因素，实际增长12.9%。其中，固定资产投资（不含农户）17652.95亿元，比上年增长12.8%。

在固定资产投资（不含农户）中，第一产业投资948.89亿元，比上年增长26.8%；第二产业投资6526.70亿元，增长0.7%，其中工业投资6404.46亿元，增长0.2%；第三产业投资10177.35亿元，增长20.8%。基础设施投资5909.91亿元，增长20.9%，占固定资产投资（不含农户）的比重为33.5%。民间固定资产投资10869.59亿元，增长7.5%，占固定资产投资（不含农户）的比重为61.2%。高技术产业投资834.71亿元，增长15.9%，占固定资产投资（不含农户）的比重为4.7%。

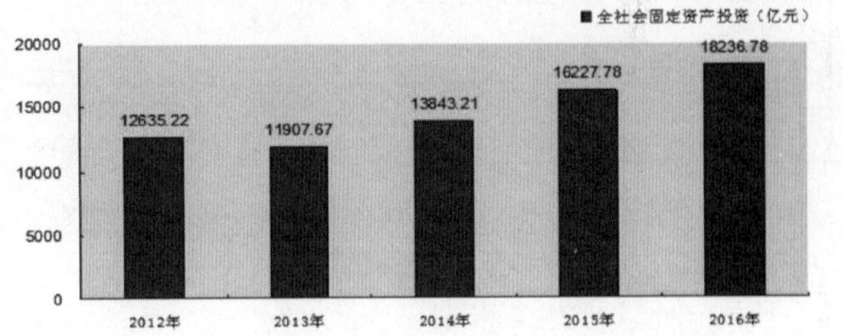

图7 2012—2016年广西全社会固定资产投资

注：2013年起广西固定资产投资统计口径从计划总投资50万元项目提高至500万元。

房地产开发

全年全区房地产开发投资2397.99亿元，比上年增长25.6%。其中，住宅投资1725.29亿元，增长22.6%；办公楼投资93.53亿元，增长28.9%；商业营业用房投资320.21亿元，增长31.3%。商品房施工面积21134.65万平方米，增长13.6%，其中住宅15339.29万平方米，增长11.6%。商品房竣工面积1735.05万平方米，增长3.6%，其中住宅1373.27万平方米，增长4.8%。商品房销售面积4215.39万平方米，增长19.6%，其中住宅3864.01万平方米，增长21.5%。

表5 2016年分行业固定资产投资（不含农户）及其增长速度

单位：亿元

指标	投资额（亿元）	比上年增长（%）
总计	17652.95	12.80
农、林、牧、渔业	948.89	26.80
采矿业	276.88	-29.70
制造业	5188.04	-1.20
其中：农副食品加工业	367.40	13.10
造纸和纸制品业	136.18	8.30
石油加工、炼焦和核燃料加工业	27.39	-44.00
化学原料和化学制品制造业	255.10	-8.80
非金属矿物制品业	863.09	-3.00
黑色金属冶炼和压延加工业	99.83	-27.10
有色金属冶炼和压延加工业	145.87	-20.20
金属制品业	202.62	7.40
通用设备制造业	175.79	5.40
专用设备制造业	253.07	3.90
交通运输设备制造业	40.41	-16.90
电气机械和器材制造业	213.87	-1.00
通信设备计算机和其他电子设备制造业	183.17	4.90
电力、热力、燃气及水生产和供应业	939.53	26.40
其中：电力、热力、的生产与供应业	676.97	35.20
建筑业	122.25	38.10
交通运输、仓储和邮政业	1844.22	17.60
信息传输、软件和信息技术服务业	223.23	46.10
批发和零售业	756.17	14.70
住宿和餐饮业	202.04	-6.80
金融业	72.07	84.80
房地产业	2999.09	24.40
租赁和商务服务业	560.11	47.30
科学研究和技术服务业	153.43	31.30
水利、环境和公共设施管理业	2087.68	21.00
居民服务、修理和其他服务业	94.15	27.10
教育	477.54	22.00
卫生和社会工作	219.03	27.30
文化、体育和娱乐业	224.86	-0.10
公共管理和社会组织	262.50	-11.20

表6 2016年房地产开发和销售主要指标完成情况及其增长速度

指标	单位	绝对数	比上年增长(%)
投资额	亿元	2397.99	25.60
其中：住宅	亿元	1725.29	22.60
其中：90平方米及以下	亿元	550.1	12.50
房屋施工面积	万平方米	21134.65	13.60
其中：住宅	万平方米	15339.29	11.60
房屋新开工面积	万平方米	4984.18	29.50
其中：住宅	万平方米	3577.13	28.00
房屋竣工面积	万平方米	1735.05	3.60
其中：住宅	万平方米	1373.27	4.80
商品房销售面积	万平方米	4215.39	19.60
其中：住宅	万平方米	3864.01	21.50
本年资金来源	亿元	3159.72	35.10
其中：国内贷款	亿元	468.38	41.10
其中：个人按揭贷款	亿元	632.64	40.40
本年购置土地面积	万平方米	639.1	53.60
土地成交价款	亿元	206.53	90.40

表7 2016年货物进出口总额及其增长速度

单位：亿元

指标名称	绝对数	比上年增长（%）
货物进出口总额	3170.42	-0.50
其中：一般贸易	828.43	-6.10
其中：货物出口额	1523.83	-12.40
其中：一般贸易	307.91	-1.50
来料加工	84.77	-12.90
进料加工	255.68	-0.50
边境小额贸易	752.58	-25.90
货物进口额	1646.59	13.90

表8 2016年对主要国家和地区货物进出口总额及其增长速度

单位：亿元

国家和地区	货物出口额	比上年增长%	货物进口额	比上年增长%
亚洲	1267.74	-16.3	1125.79	23.2
其中：东盟	991.93	-17.8	843.50	40.4
其中：越南	916.16	-17.5	673.08	58.4
其中：中国香港	194.59	-14.4	1.38	-96.3
日本	23.00	-1.4	22.71	28.3
韩国	12.47	11.7	13.24	15.9
非洲	20.84	-7.9	34.23	-2.9
欧洲	66.09	3.0	54.72	-13.6
其中：欧盟	60.39	6.2	35.20	-20.3
拉丁美洲	30.09	42.1	224.86	-10.2
北美洲	115.13	17.1	125.35	7.8
其中：美国	110.27	19.5	75.06	4.7
大洋洲	23.94	26.2	81.64	22.6

全年全区全社会建筑业增加值1456.41亿元，比上年增长7.8%。全区具有资质等级的总承包和专业承包建筑业企业实现利润62.98亿元，比上年增长15.9%；上缴税金98.50亿元，增长5.2%。

涉外经济

全年全区货物进出口总额3170.42亿元，比上年下降0.5%。其中，货物出口1523.83亿元，比上年下降12.4%；货物进口1646.59亿元，增长13.9%。贸易逆差（出口小于进口）122.75亿元。从出口企业性质看，国有企业出口164.58亿元，比上年下降10.9%；外商投资企业出口283.63亿元，增长3.1%；私营企业出口993.80亿元，下降21.6%。

全年全区批准项目合同外资额(商务部口径，下同)23.19亿美元，比上年下降30.9%；实际利用外资额8.88亿美元，比上年下降48.4%。

全年全区对外承包工程和劳务合作完成营业额8.51亿美元，比上年下降9.5%。

第四部分

利用外资与境外投资

2016年全国吸收外资情况

商务部新闻办公室

2017年1月13日

2016年1—12月，我国实际使用外资金额8132.2亿元人民币，同比增长4.1%。商务部外资司负责人指出，1—12月全国吸收外资呈现以下特点：

一、全国吸收外资规模总体保持稳定

2016年1—12月，全国新设立外商投资企业27900家，同比增长5%；实际使用外资金额8132.2亿元人民币，同比增长4.1%（未含银行、证券、保险领域数据，下同）。12月当月，全国新设立外商投资企业3545家，同比增长21.1%；实际使用外资金额814.2亿元人民币，同比增长5.7%。

二、外商投资延续向高端产业聚集的态势

服务业实际使用外资金额5715.8亿元人民币，同比增长8.3%，占外资总量的70.3%。其中，信息、咨询服务业，计算机应用服务业，综合技术服务业，分销服务，零售业实际使用外资同比分别增长59.8%、112.8%、66.4%、42.9%和83.1%。高技术服务业实际使用外资955.6亿元人民币，同比增长86.1%。

制造业中，医药制造业、医疗仪器设备及仪器仪表制造业实际使用外资同比分别增长55.8%和95%。高技术制造业实际使用外资598.1亿元人民币，同比增长2.5%。

三、改革制度红利持续显现

一是上海、广东、天津、福建四个自贸试验区实际使用外资达879.6亿元人民币，同比增长81.3%，以十万分之五的国土面积占全国实际使用外资的10.8%。

二是从10月份外商投资企业审批改为备案制后，95.3%的外商投资企业设立与变更事项通过备案完成，外商投资便利度大幅提升。

三是北京市服务业扩大开放综合试点改革成效显著，全市服务业实际使用外资占全国比重为13%。

四、西部地区吸收外资小幅增长，产业结构不断完善；东部地区保持稳定增长

西部地区实际使用外资金额626.9亿元人民币，同比增长1.6%。其中，农、林、牧、渔业，制造业，电力、燃气及水的生产和供应业，信息传输、计算机服务和软件业，租赁和商业服务业实际使用外资同比分别增长457.7%、11.3%、30.6%、115.6%和24.9%。农、林、牧、渔业，制造业和服务业的外资比重为7.6%、34.3%和58%。东部地区实际使用外资金额7047亿元人民币，同比增长7.6%。

五、主要投资来源地分布多元化，美国、欧盟28国、澳门特区、韩国保持较高增速，日本对华投资止跌回稳

美欧对华投资继续保持较快增长势头。美国、欧盟28国对华实际投资同比分别增长52.6%和41.3%。欧盟28国中，英、德、卢森堡、瑞典对华实际投资

同比分别增长113.9%、80.9%、125%和43.8%。亚洲投资来源地中，中国澳门、韩国实际投入金额同比分别增长290.3%和23.8%；日本全年实际投资同比增长1.7%，逆转了连续两年大幅下跌态势（上述国家/地区对华投资数据包括这些国家/地区通过英属维尔京、开曼群岛、萨摩亚、毛里求斯和巴巴多斯等自由港对华投资）。

六、新设立及增资的大型企业数量较多

新设立投资总额1亿美元以上的大型外商投资企业超过840家，增资1亿美元以上的外商投资企业超过450家。所投资行业覆盖众多新兴产业、高科技行业及高端服务业，表明跨国公司对华投资仍充满信心。

2016年全国吸收外商直接投资情况

商务部外资司

2017年2月4日

据统计，2016年1—2月，全国设立外商投资企业3396家，同比下降11.4%；实际使用外资金额1418.8亿元人民币（折225.2亿美元），同比增长2.7%。

（单位：亿美元）

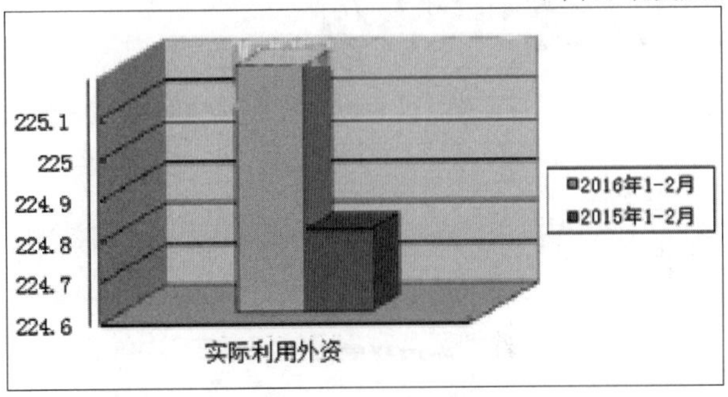

图1　2016年1—2月份实际外资图表

2月当月，全国设立外商投资企业1388家，同比下降11.3%；实际使用外资金额536.3亿元人民币（折84.4亿美元），同比增长1.8%。

（单位：亿美元）

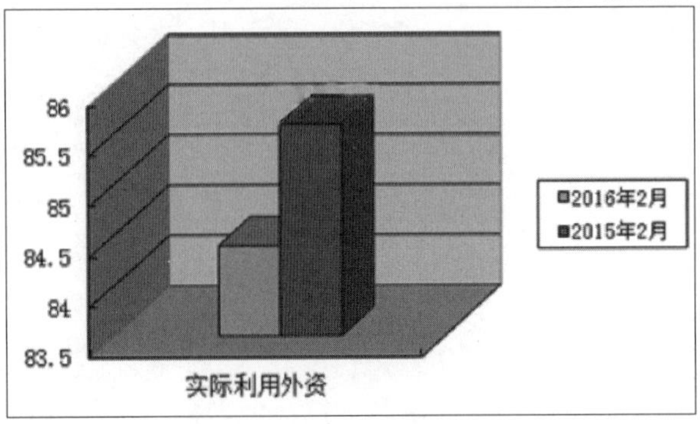

2016年2月份实际外资图表

1—2月，东盟对华投资新设立企业146家，同比下降24%，实际投入外资金额10.5亿美元，同比增长53.9%。欧盟28国对华投资新设立企业222家，同比下降14%，实际投入外资金额16.5亿美元，同比增长22.8%。“一带一路”沿线国家对华投资新设立企业322家，同比增长3.2%，实际投入外资金额10.7亿美元，同比增长5.2%。长江经济带区域新设立外商投资企业1315家，同比下降33.1%，实际使用外资99亿美元，同比增长0.4%。

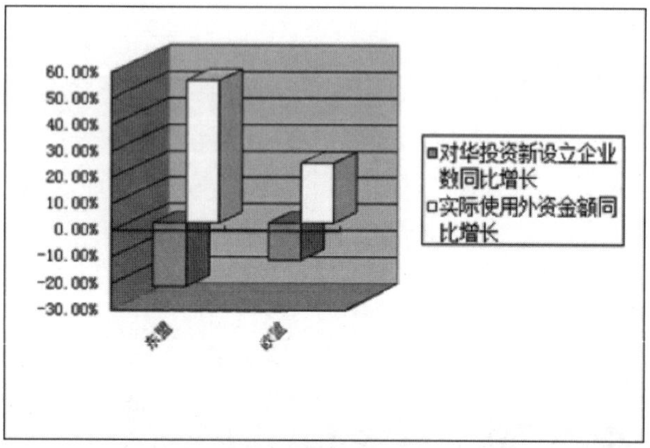

图3　2016年1—12月东盟和欧盟对华投资同比增长情况

主要国家/地区对华投资总体保持稳定。1—2月，前十位国家/地区（以实际投入外资金额计）实际投入外资总额213.3亿美元，占全国实际使用外资金额的94.7%，同比增长0.4%。对华投资前十位国家/地区依次为：中国香港（134.8亿美元）、中国澳门（27.4亿美元）、美国（10亿美元）、新加坡（9亿美元）、中国台湾（8.2亿美元）、日本（6.6亿美元）、韩国（5.3亿美元）、英国（4.6亿美元）、德国（4.4亿美元）和瑞典（2.9亿美元）。

（单位：亿美元）

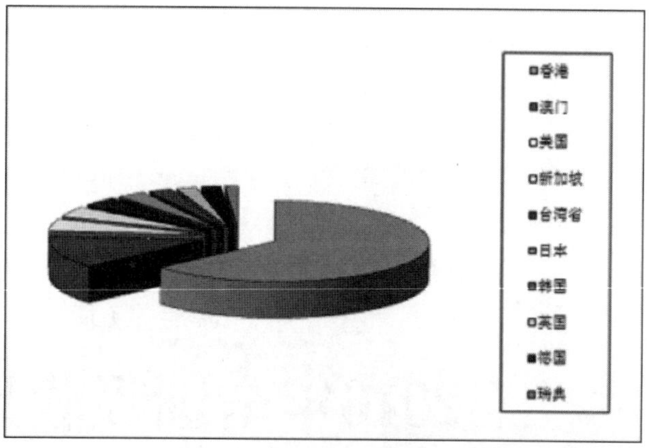

图4　2016年1—2月对华投资前十位国家/地区（以实际投入外资金额计）

说明：上述国家/地区对华投资数据包括这些国家/地区通过英属维尔京、开曼群岛、萨摩亚、毛里求斯和巴巴多斯等自由港对华投资。

2016年我国对外投资合作情况

商务部新闻办公室

2017年1月16日

2016年，我国境内投资者全年共对全球164个国家和地区的7961家境外企业进行了非金融类直接投资，累计实现投资11299.2亿元人民币(折合1701.1亿美元，同比增长44.1%)；12月当月对外直接投资558.6亿元人民币（折合84.1亿美元，同比下降39.4%)。对外承包工程全年完成营业额10589.2亿元人民币（折合1594.2亿美元，同比增长3.5%），新签合同额16207.9亿元人民币（折合2440.1亿美元，同比增长16.2%）。2016年末我在外各类劳务人员约97万人，同比微降5.6%。

商务部合作司负责人指出，2016年全年，我国对外投资合作呈现以下特点：

一是对外投资合作健康有序发展，与“一带一路”沿线国家合作成为亮点。2016年全年，我企业对“一带一路”沿线国家直接投资145.3亿美元；对外承包工程新签合同额1260.3亿美元，占同期我国对外承包工程新签合同额的51.6%；完成营业额759.7亿美元，占同期总额的47.7%。截至2016年底，我企业在“一带一路”沿线国家建立初具规模的合作区56家，累计投资185.5亿美元，入区企业1082家，总产值506.9亿美元，上缴东道国税费10.7亿美元，为当地创造就业岗位17.7万个。

二是对外投资行业结构进一步优化，实体经济和新兴产业受到重点关注。2016年全年，我国企业对制造业，信息传输、软件和信息技术服务业以及科学研究和技术服务业的投资分别为310.6亿美元、203.6亿美元和49.5亿美元。其中对制造业投资占对外投资总额的比重从2015年的12.1%上升为18.3%；对信息传输、软件和信息技术服务业投资占对外投资总额的比重从2015年的4.9%上升为12.0%。

三是并购的地位和作用凸显，支持结构调整和转型升级的领域成为热点。2016年全年，我国企业共实施对外投资并购项目742起，实际交易金额1072亿美元，涉及73个国家和地区的18个行业大类。其中对制造业，信息传输、软件和信息技术服务业分别实施并购项目197起和109起，占我境外并购总数的26.6%和14.7%。海尔全资收购美国通用电器公司家电业务等一批有代表性的并购项目对推动我国相关产业转型升级、全球价值链布局起到积极促进作用。

四是地方企业占据对外投资主导地位，长江经济带沿线省市表现活跃。2016年全年，地方企业对外直接投资1487.2亿美元，占同期对外直接投资总额的比重从2015年的66.7%增至87.4%。其中长江经济带沿线省市对外直接投资604.6亿美元，占全国对外直接投资总额的35.5%。上海市、江苏省和浙江省对外直接投资分别为251.3、131.6和109.4亿美元，列各省区市对外投资的第一、第五和第七位。

五是对外承包工程新签大项目多，带动出口作用明显。2016年全年，我国对外承包工程新签合同额在5000万美元以上的项目815个，较上年同期增加94个，累计合同额2066.9亿美元，占新签合同总额的84.7%。亚吉铁路、中巴经济走廊等一批国际产能合作和基础设施互联互通项目成功实施。2016全年对外承包工程项下带动设备材料出口133亿美元

《中国对外投资合作发展报告（2016）》

（节选）

商务部

2017年3月23日

全球视野下的中国对外投资合作

2015年，全球外商直接投资流入量（FDI）增长了38%，达到1.76万亿美元，直接投资流出流量（简称投资流量）达1.47万亿美元，是2008年全球金融危机以来的最高水平。其中，中国对外直接投资实现历史性突破，对外直接投资流量首次位列全球第二，占全球的比重提升到9.9%，首次超过同年吸引外资金额，并首次成为资本净输出国，中国成为当之无愧的国际投资大国。

第一节　中国在全球资本流动中的地位提高

2015年，中国作为世界第二大对外投资母国，在全球资本流动中展现出独有的特点，无论从投资增速还是投资流向等方面，对全球的贡献都在增大。

一、中国对外投资增速继续高于全球

据联合国贸易和发展会议（UNCTAD）《2016年世界投资报告》统计数据显示，2015年，全球对外直接投资流出量为1.47万亿美元，同比上升11.8%，增幅为2012年以来最大，年末投资存量达到25.04万亿美元。2015年，发达经济体对外直接投资快速增长，达到10652亿美元，同比上升33%，全球占比进一步提升，从2014年的61%上升为72%。发展中经济体和转型经济体对外投资均有所减少，发展中经济体对外投资流量为3779亿美元，全球占比26%，其中，亚洲发展中经济体对外直接投资同比下滑17%，降为3320亿美元；转型经济体对外投资为311亿美元，全球占比2%。

中国商务部、国家统计局和国家外汇管理局发布的《2015年度中国对外直接投资统计公报》数据显示，2015年中国对外直接投资流出量为1456.7亿美元，同比增长18.3%，高于全球6.5%的增幅，连续13年保持快速增长，2002—2015年均增长速度高达35.9%。

（单位：亿美元）

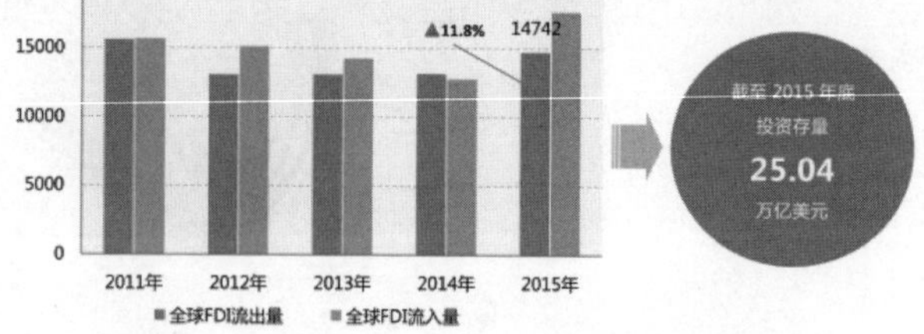

图1–1　2011—2015年全球FDI流量变化

数据来源：联合国贸易和发展会议《2016年世界投资报告》。

（单位：亿美元）

图1–2　2015年全球各经济体FDI流出情况

数据来源：联合国贸易和发展会议《2016年世界投资报告》。

二、中国对外直接投资流量首次跃居全球第二

据《2016年世界投资报告》和《2015年度中国对外直接投资统计公报》统计，2015年全球对外直接投资流出量排名前三甲的分别为美国、中国和日本，其中，美国对外直接投资流量为2999.7亿美元，同比下降5%，但仍然以绝对优势保持全球第一；日本对外投资流出量为1286.5亿美元，同比上升13%，排名第三；中国对外直接投资流量高出日本170.2亿美元，首次位居全球第二，规模接近美国同期的50%，达到日本同期的1.1倍，全球占比9.9%，成为全球第二大对外直接投资国。

“十二五”期间，中国对外直接投资流量全球占比保持逐年递增，2011—2015年全球整体占比分别为4.8%、6.7%、8.2%、9.3%和9.9%。

（单位：亿美元）

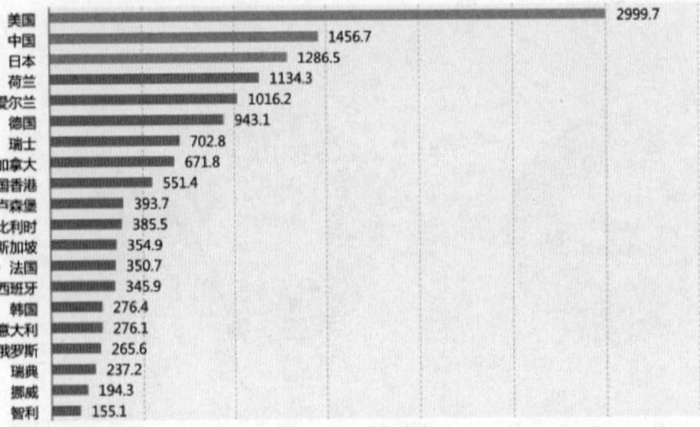

图1-3　2015年全球FDI流出量前20的国家（地区）

数据来源：商务部、国家统计局、国家外汇管理局，《2015年度中国对外直接投资统计公报》；联合国贸易和发展会议《2016年世界投资报告》。

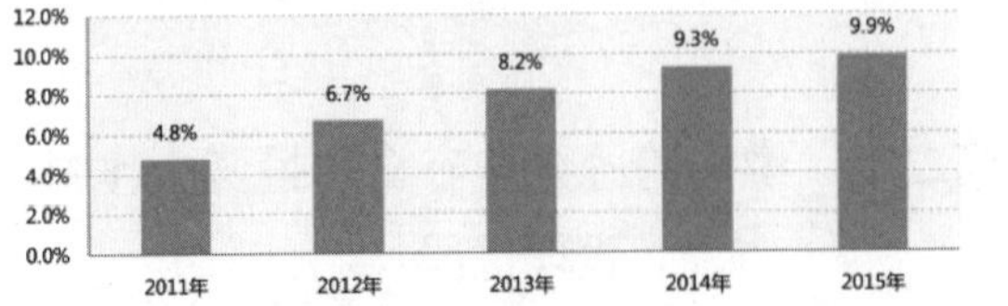

图1-4　“十二五”期间中国对外直接投资流量全球占比

数据来源：商务部、国家统计局、国家外汇管理局，《2015年度中国对外直接投资统计公报》；联合国贸易和发展会议《2016年世界投资报告》。

三、中国对外投资首次超过吸引外资

2015年，世界经济整体复苏疲弱乏力，增长速度放缓，但中国吸引外资和对外直接投资都继续保持良好的发展势头。2015年，中国对外直接投资（ODI）和中国实际使用外资（FDI）金额分别为1456.7亿美元和1356亿美元，对外直接投资首次超过同期吸引外资水平，较同年吸引外资高出100.7亿美元，实现直接投资项下资本净输出，中国开始步入资本净输出国行列。

（单位：亿美元）

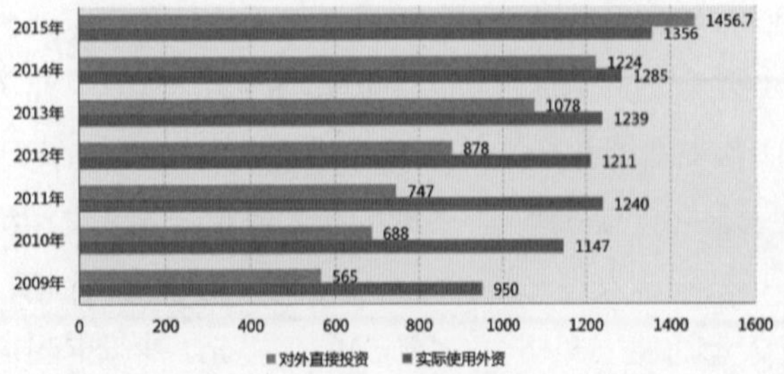

图1-5　2009—2015年中国双向直接投资对比图

数据来源：商务部、国家统计局、国家外汇管理局，《2015年度中国对外直接投资统计公报》。

四、中国对外直接投资存量与发达国家差距缩小

《2016年世界投资报告》统计数据显示，截至2015年末，全球对外直接投资存量为25.04万亿美元，同比2014年的25.9万亿美元下降3%。根据《2015年度中国对外直接投资统计公报》，2015年中国对外直接投资存量为10978.6亿美元，较上年提高2152亿美元，占全球对外投资存量的4.4%，较上年占比上升1%，继续位列全球第八。2015年中国对外直接投资存量分别相当于美国、德国、英国、法国、日本当期存量的18.4%、60.6%、71.4%、83.5%、89.5%，比上年分别提高了4.3%、4.9%、15.7%、14.5%和15.5%，与美国、德国、英国等发达国家的投资存量差距进一步缩小。

（单位：亿美元）

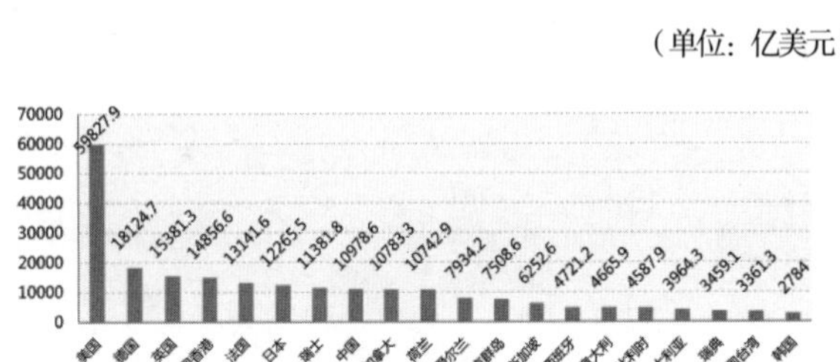

图1-6　2015年末全球对外直接投资存量前20的国家（地区）

数据来源：商务部、国家统计局、国家外汇管理局，《2015年度中国对外直接投资统计公报》；联合国贸易和发展会议《2016年世界投资报告》。

五、中国资本主要流向发展中经济体

2015年，全球对外直接投资流入量是2008年全球经济危机以来的最高水平。发达经济体全球FDI流入量同比增长84%，达到9625亿美元，全球占比由上年的41%上升到近55%；发展中经济体全球FDI流入量同比增长9%，达到7647亿美元，全球占比超过43%；转型经济体全球FDI流入量同比下降38%，为350亿美元，全球占比近2%。发达经济体中，北美FDI流入量增长160%，达到4290亿美元；欧洲的FDI流入量同比增长65%，达到5040亿美元。发展中经济体中，亚洲发展中经济体是全球最大的FDI流入地，流入量同比上升16%，达到5407亿美元；非洲FDI流入量同比下降7%，降为540亿美元；拉美和加勒比地区的FDI同比下降2%，降为1680亿美元。

（单位：亿美元）

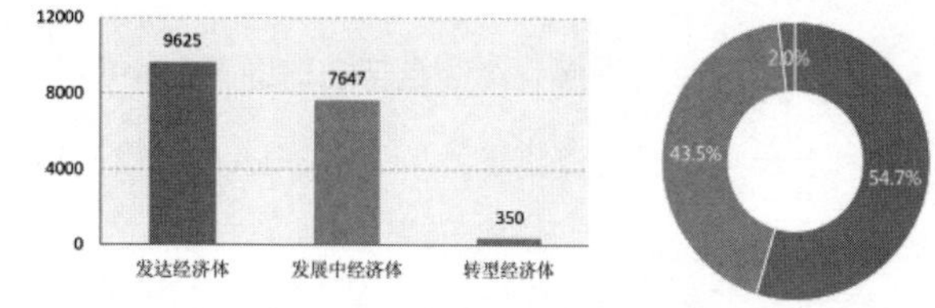

图1—7　2015年全球各经济体FDI流入情况

数据来源：联合国贸易和发展会议《2016年世界投资报告》。

2015年，中国对外直接投资主要流向发展中经济体，达到1032.3亿美元，同比上升53.8%，占比达到70.9%，高于上年的54.5%；流向发达经济体的对外投资流量为365.7亿美元，同比下降20.5%，占比为25.1%，低于上年的37.4%；流向转型经济体的对外投资流量为58.7亿美元，同比下滑41.2%，整体比重为4%，低于上年的8.1%。

（单位：亿美元）

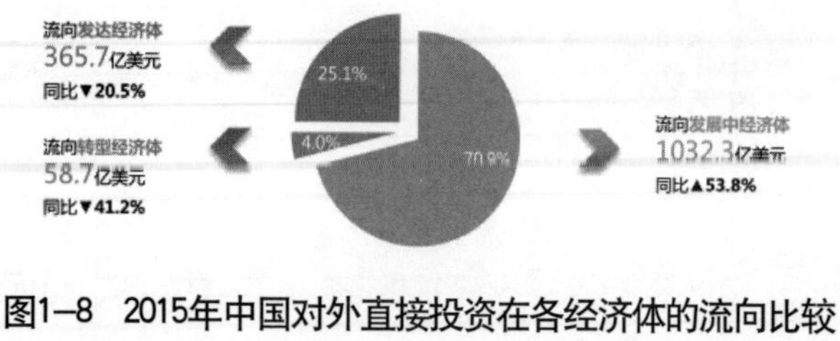

图1—8　2015年中国对外直接投资在各经济体的流向比较

数据来源：商务部、国家统计局、国家外汇管理局，《2015年度中国对外直接投资统计公报》。

六、中国对外投资并购行业分布与全球资本流向趋势基本一致

根据联合国贸易和发展会议的划分，全球对外直接投资分为跨境并购投资和绿地投资。

从跨境并购投资来看，2015年全球跨境并购投资流向最大的行业是制造业，中国对外并购投资流向的最大行业也是制造业。2015年全球制造业跨境并购大幅上升，并购额达到3880亿美元，占比53.7%，同比上升105.3%；服务业并购额为3020亿美元，占比41.8%，同比上升45.9%；初级品部门（采矿、采石、石油）并购额为320亿美元，占比4.4%，同比下降11.1%。从中国境外并购投资的行业分布来看，2015年中国跨境并购流向制造业137.2亿美元，占比25.2%，同比增长13.4%，位居首位。

（单位：亿美元）

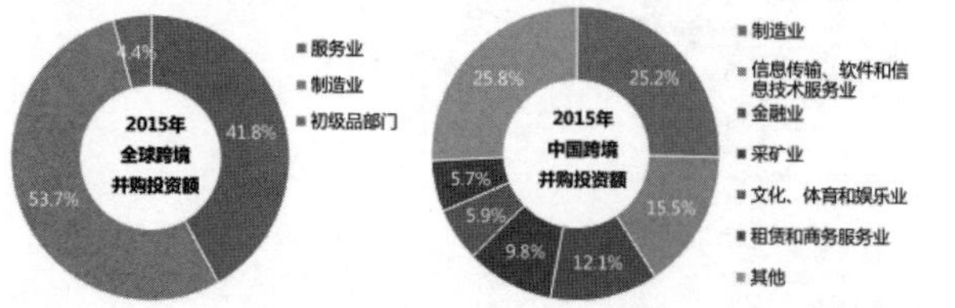

图1—9　2015年全球与中国跨境并购投资的产业分布比较

数据来源：商务部、国家统计局、国家外汇管理局，《2015年度中国对外直接投资统计公报》；联合国贸易和发展会议《2016年世界投资报告》。

第二节　中国跨国企业在全球投资合作中表现优异

近年来，在中国政府的倡议和引导下，中国企业“走出去”步伐加快，虽然中国企业对外投资合作起步较晚，但后劲大，同全球相比，2015年，中国跨国企业表现耀眼。

一、中国跨国企业海外资产存量持续上升

联合国贸发会议数据显示，2015年财年世界前

表1–1　入选2015发展中和转型经济体前100非金融类跨国公司的中国内地企业

海外资产排名	公司名称	行业	海外资产（亿美元）
3	中国海洋石油总公司	石油加工、提炼、分销	710.9
7	中国远洋运输（集团）总公司	交通、仓储	448.1
14	联想控股股 有限公司	计算机设备	269.6
22	中国石油天然气集团公司	石油加工、提炼、分销	228.6
23	中国建筑工程总公司	建筑	224.4
24	中国石油化工集团公司	石油加工、提炼、分销	219.4
27	中国五矿集团	金属、金属制品	192.3
29	中国中化集团公司	石油加工、提炼、分销	187.1
35	联想集团有限公司	计算机设备	167.9
57	中国移劢有限公司	申	105.6
61	中国申子 息产业集团有限公司	计算机和数据处理	102.3
62	中粮集团有限公司	批发贸易	102.3
70	大连万达商业地产有限公司	建筑	91.9
75	腾讯控股有限公司	计算机和数据处理	82.6
76	复星国际有限公司	金属、金属制品	82.1
97	中国铁道建筑总公司	批发贸易	49.5

数据来源：UNCTAD网站（www.worldinvestmentreport.org/annex-tables/）。

100非金融跨国企业的海外资产总规模为8万亿美元，海外资产平均值为797亿美元，与上年度持平。入选的中国内地企业中，排名第39位的中国海洋石油总公司、排名第70位的中国远洋运输（集团）总公司，其海外资产分别为711亿美元、448亿美元，海外资产平均值为580亿美元，同比上年的89.3亿美元大幅提高549%。

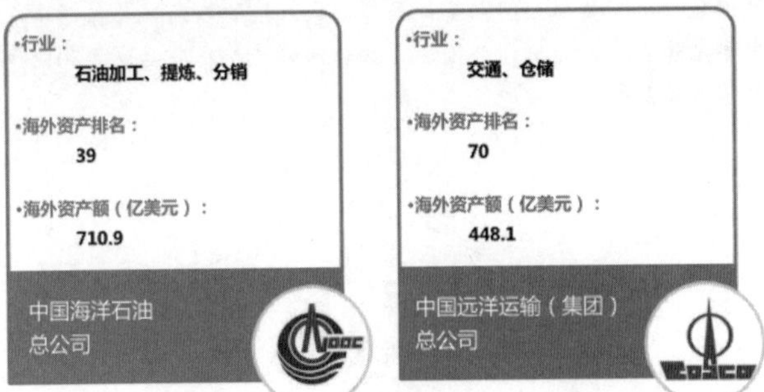

图1–10　入选2015世界前100非金融类跨国公司的中国内地企业

数据来源：UNCTAD网站（www.worldinvestmentreport.org/annex-tables/）。

2014财年，按海外资产排名的发展中和转型经济体前100非金融类跨国企业，其海外资产规模合计为1.73万亿美元，海外资产平均值为173亿美元。入选的中国内地企业16家，海外资产合计为3264亿美元，占前100强企业海外总资产的19%，海外资产平均值为204亿美元，比前100强企业海外资产均值高出18%。

二、中国跨国企业在发达经济体的并购活跃

2015年全球对外直接投资达到2008—2009年全球金融危机以来的最高水平，根据联合国贸发会议统计，2015年全球跨境并购（M&A）达到7215亿美元，同比上升近67%，是全球对外直接投资跃升的最重要驱动因素。据2015年联合国贸发会议投资促进机构调查显示，中国跨国企业海外并购日渐活跃，2016—2018年最具前景的投资母国和地区经济体排名中，中国首次超越美国跃居首位，成为最具前景的投资母国。

2015年全球跨境并购合计有10044起，同比温和上升1%，发达经济体国家跨国并购数量同比上升2.4%，发展中经济体和转型经济体跨国并购数量则均下降。中国跨境并购579起，实际交易总额544.4亿美元，同比下滑4.3%。据《2016年世界投资报告》显示，2015年中国跨境并购在发达经济体的并购额占比67%，同比上升了近8%。

图1-11　2015年全球和中国跨境并购投资比较

数据来源：商务部、国家统计局、国家外汇管理局，《2015年度中国对外直接投资统计公报》；联合国贸易和发展会议《2016年世界投资报告》。

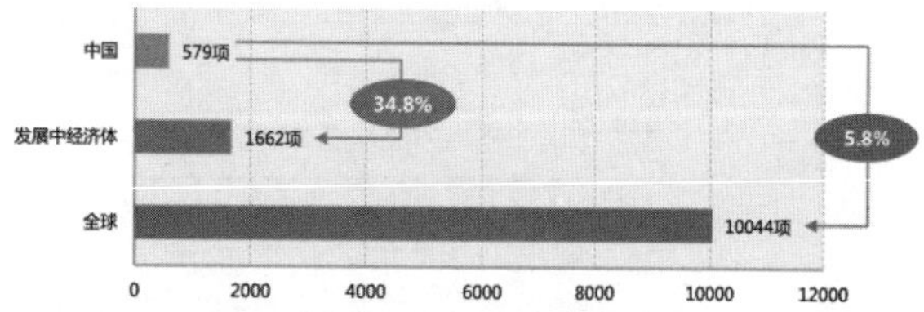

图1-12　2015年全球和中国跨境并购数量比较

数据来源：商务部、国家统计局、国家外汇管理局，《2015年度中国对外直接投资统计公报》；UNCTAD网站（www.worldinvestmentreport.org/annex-tables/）。

三、中国资本在全球价值链的位置明显上升

近年来，全球金融业、制造业等领域跨国并购增长快速，带动全球资本流入金融业和制造业等领域的流量不断增大。据联合国贸发会议《2016年世界投资报告》数据显示，2015年全球金融业对外直接投资流量为3014.2亿美元，较上年增长37.6%，其中，跨境并购投资流量2740亿美元、绿地投资流量274.2亿美元；2015年全球制造业对外直接投资流量为6882.1亿美元，同比上年增长33.1%，其中，跨境并购投资流量3657.3亿美元、绿地投资流量3224亿美元；2015年全球商务服务业对外直接投资流量为1014.3亿美元，同比下滑10.2%，其中，跨境并购投资流量321亿美元、绿地投资流量为693.3亿美元。

随着中国企业“走出去”的步伐加快，中国资本在全球价值链中的位置不断上移，金融业和先进制造业等高端领域的对外投资流量出现大幅度增长。2015年中国在制造业、金融业和信息传输/软件和信息技术服务业等价值含量较高的领域的外直接投资增长较快，其中信息传输/软件和信息技术服务业同比增长高达115.2%。租赁和商务服务业、金融业、制造业是2015年中国对外直接投资流量比重最大的前三个行业，比重分别达到24.9%、16.6%和13.7%。2015年中国金融业对外直接投资流量为242.5亿美元，同比上年增长52.3%，占全球金融业对外投资流量的8%。2015年中国制造业对外直接投资流量为199.9亿美元，同比上年增长108.5%，占全球制造业对外投资流量的2.9%。2015年中国租赁和商务服务业对外直接投资流量为362.6亿美元，同比上年下滑1.6%，占全球商务服务业对外投资流量的35.7%。2015年中国金融业、制造业、租赁和商务服务业的对外直接投资流量增幅均高于全球相关行业增幅数据。

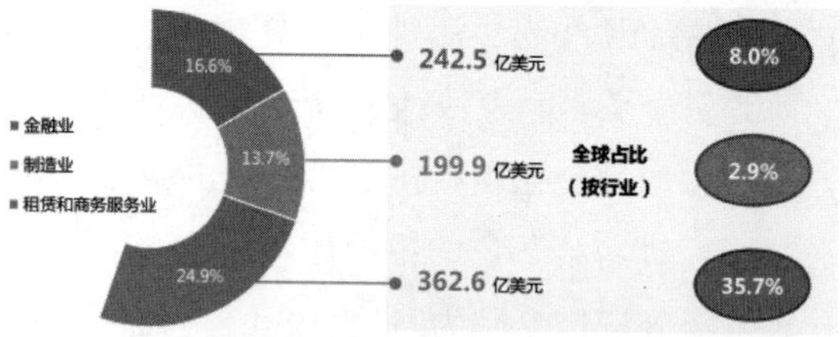

图1-13　2015年中国金融业、制造业、商务服务业对外投资流量全球占比情况

数据来源：商务部、国家统计局、国家外汇管理局，《2015年度中国对外直接投资统计公报》；联合国贸易和发展会议《2016年世界投资报告》。

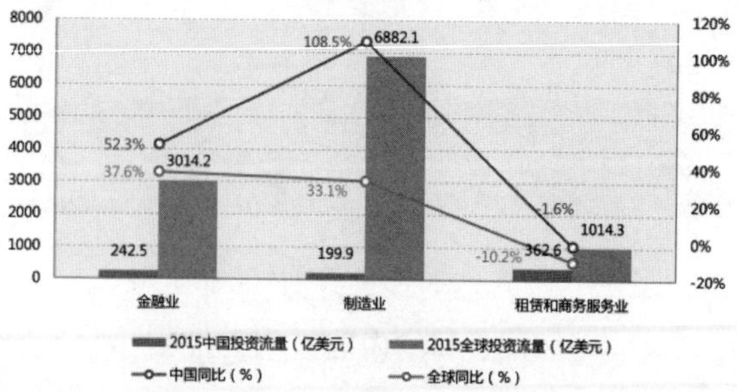

图1-14　2015年全球及中国金融业、制造业、商务服务业对外投资流量增速

数据来源：商务部、国家统计局、国家外汇管理局，《2015年度中国对外直接投资统计公报》；联合国贸易和发展会议《2016年世界投资报告》。

中国对外投资合作发展迅速

2015年是“十二五”规划的收官之年，面对错综复杂的国际形势，中国政府积极推进“一带一路”建设，稳步开展国际产能合作，不断完善“走出去”工作体系，对外投资合作继续保持快速发展，中资企业融入经济全球化步伐加快，有效地促进了中国经济转型升级，实现对外合作互利共赢、共同发展。

第一节 对外投资合作发展动态及特点

2015年，中国对外投资合作在众多领域取得了历史性突破，对外直接投资创历史新高、对外承包工程亮点纷呈、对外劳务合作发展平稳有序。

一、对外直接投资快速发展

根据《2015年度中国对外直接投资统计公报》数据显示，“十二五”（2011—2015）期间中国对外直接投资出现持续快速增长，对外直接投资流量累计达到5390.9亿美元，年均增速18.2%，是“十一五”（2006—2010）期间的2.4倍。截至“十二五”期末，对外直接投资存量首次超过万亿美元大关，达10978.6亿美元，是“十一五”期末的3.46倍。

图1-15 “十一五”与“十二五”期间中国对外直接投资流量比较

数据来源：商务部、国家统计局、国家外汇管理局，《2015年度中国对外直接投资统计公报》。

2015年，中国对外直接投资流量1456.7亿美元，同比增长18.3%。截至2015年底，中国共有2.02万家境内投资者在境外设立对外直接投资企业3.08万家，分布在全球188个国家和地区，年末境外企业资产总额4.37万亿美元。

（一）对外直接投资实现新突破

2015年中国对外直接投资实现历史性突破，对外直接投资流量首次位列全球第二位。其中，非金融类对外直接投资1214.2亿美元，同比增长13.3%；金融类对外直接投资流量242.5亿美元，同比增长52.3%。自2002年中国政府建立对外直接投资统计制度以来，中国对外投资流量已实现连续13年快速增长，年均增幅高达35.9%，2015年的对外直接投资流量是2002年的54倍。

（单位：亿美元）

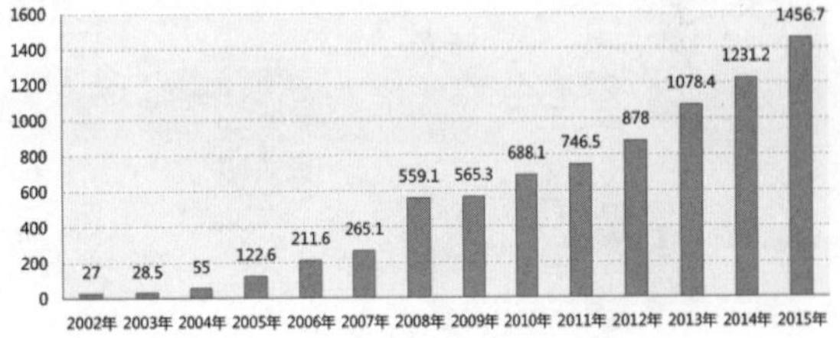

图1-16 2002—2015年中国对外直接投资流量

数据来源：商务部、国家统计局、国家外汇管理局，《2015年度中国对外直接投资统计公报》。

（单位：亿美元）

图1-17 2015年中国对外直接投资流量构成

数据来源：商务部、国家统计局、国家外汇管理局，《2015年度中国对外直接投资统计公报》。

此外，在非金融类对外直接投资中，流向制造业的投资199.9亿美元，同比增长108.5%，其中流向装备制造业的投资100.5亿美元，同比增长158.4%，占制造业对外投资的50.3%，占同期总投资额的6.9%。

受全球经济不景气和大宗商品价格大幅下降的影响，中国境外企业营收水平出现下滑。2015年，境外企业实现销售收入13863亿美元，同比下降11.7%；境内投资者通过境外企业实现的进出口额为3132亿美元，其中，进口总值2045亿美元，同比下降39.5%；出口总值1087亿美元，同比下降1.4%。

（二）投资区域分布更加广泛

2015年，中国对亚洲、拉美和北美地区的投资快速增长，分别为1083.7亿美元、126.1亿美元、107.2亿美元，同比增长27.5%、19.6%、16.4%。中国企业对“一带一路”沿线国家的投资流量达189.3亿美元，同比增长38.6%，是对全球投资增幅的2倍，占当年流量总额的13%，对其他地区的投资则有不同程度的减少。

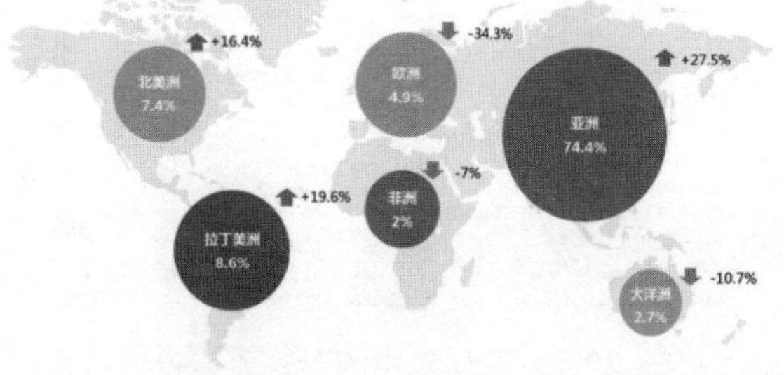

图1–18 2015年中国对外直接投资流量地区构成情况

数据来源：商务部、国家统计局、国家外汇管理局，《2015年度中国对外直接投资统计公报》。

2015年，中国对外直接投资的国家（地区）相对集中，对外直接投资主要分布在中国香港、开曼群岛、美国、新加坡、英属维尔京群岛、荷兰、澳大利亚等。其中，流向中国香港、荷兰、开曼群岛、英属维尔京群岛、百慕大群岛的投资共计1164.4亿美元，占当年流量总额的79.9%。

2015年，中国对主要世界经济体的直接投资涨跌交替，对东盟、俄罗斯联邦的投资爆发性增长，分别为146.04亿美元、29.61亿美元，同比增长87%和367.3%；对美国投资稳步上升，达到80.3亿美元，同比增长5.7%；而对欧盟、澳大利亚的投资下降幅度较大，投资流量分别为54.8亿美元、34.01亿美元，同比下降44%和16%。

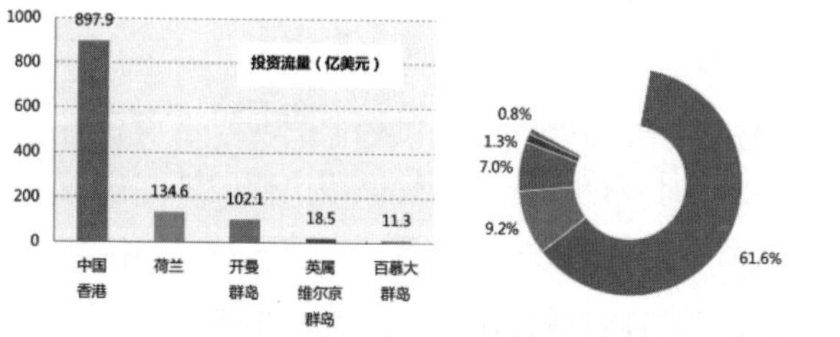

图1–19 2015年中国对外直接投资主要国家和地区流向

数据来源：商务部、国家统计局、国家外汇管理局，《2015年度中国对外直接投资统计公报》。

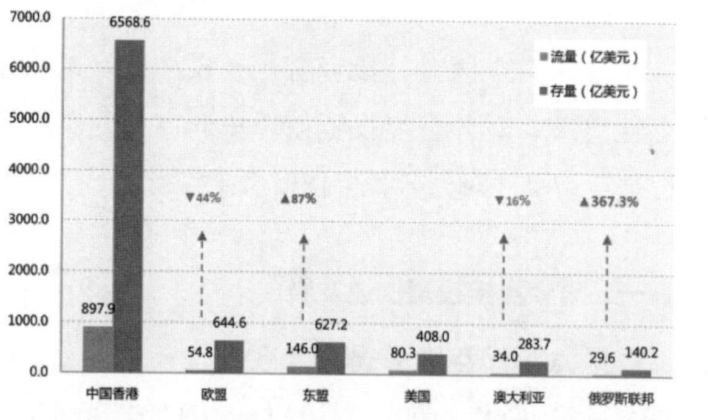

图1–20 2015年中国对主要经济体投资情况

数据来源：商务部、国家统计局、国家外汇管理局，《2015年度中国对外直接投资统计公报》。

截至2015年年末，中国对外直接投资存量分布在全球的188个国家和地区，覆盖全球国家（地区）总数的80.7%，其中，在亚洲的投资存量为7689亿美元，占70%；拉丁美洲1263.2亿美元，占11.5%；欧洲836.8亿美元，占7.6%；北美洲521.8亿美元，占4.8%，非洲346.9亿美元，占3.2%；大洋洲320.9亿美元，占2.9%。2015年末，中国对“一带一路”沿线国家的直接投资存量为1156.8亿美元，占中国对外直接投资存量的10.5%。

（三）行业流向结构进一步优化

2015年，中国对外直接投资的行业流向更加广泛，涵盖了国民经济的19个行业大类，行业结构持续优化。较2014年，2015年对外直接投资的行业热点发生了较大变化，制造业、金融业、信息传输、软件和信息技术服务业、研究和技术服务业、文化、体育和娱乐业、水利、环境和公共设施管理业、住宿和餐饮业等领域的投资快速增长，增速同比分别达到108.5%、52.3%、115.2%、100.5%、236.6%、148.1%和195.5%。

同期，交通运输、仓储和邮政业以及采矿业、租赁和商务服务业等领域的投资出现了较大幅度的下滑，分别同比下降了34.7%、32%和1.6%。

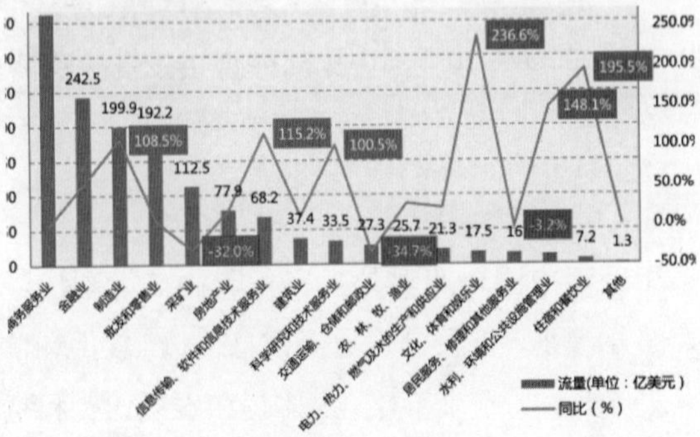

图1—21　2015年中国对外直接投资主要行业流向

数据来源：商务部、国家统计局、国家外汇管理局，《2015年度中国对外直接投资统计公报》。

截至2015年末，中国对外直接投资存量规模上千亿美元的行业有4个，租赁和商务服务业以4095.7亿美元高居榜首，占中国对外直接投资存量的37.3%；其次为金融业1596.6亿美元，占14.5%；采矿业1423.8亿美元位列第三，占13%；批发和零售业1219.4亿美元，占11.1%。以上行业累计存量为8335.5亿美元，占中国对外直接投资存量的75.9%。

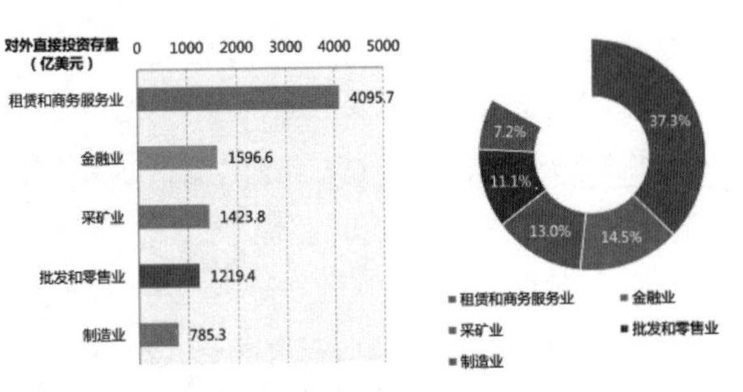

图1—22　2015年中国对外直接投资主要流向

数据来源：商务部、国家统计局、国家外汇管理局，《2015年度中国对外直接投资统计公报》。

（四）投资主体结构多元化

截至2015年末，中国非金融类对外直接投资存量为9382亿美元，其中，国有企业占50.4%，占比继续下降；非国有企业占49.6%，较上年增加3.2个百分点，基本与国有企业的对外投资平分天下，投资主体结构多元化发展。

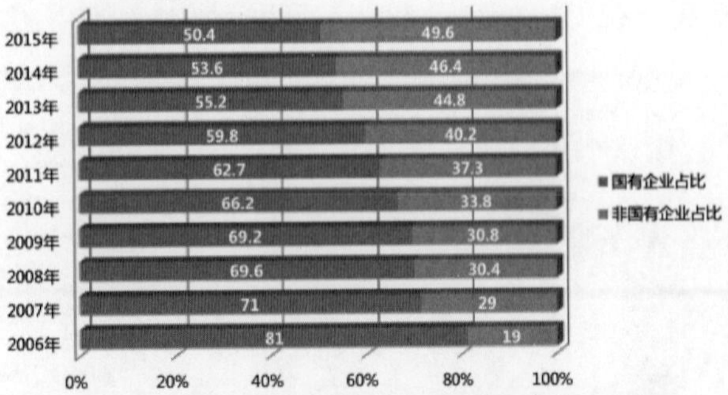

图1—23　2015年中国对外直接投资企业结构

数据来源：商务部、国家统计局、国家外汇管理局，《2015年度中国对外直接投资统计公报》。

2015年末，中国对外直接投资者达到2.02万家，投资企业类型日益多元化，其中有限责任公司、私营企业、股份有限公司、外商投资企业、港澳台投资企业、个体经营和集体企业分别占67.4%、9.3%、7.7%、5.8%、2.8%、2.3%、1.9%、0.9%和0.4%。

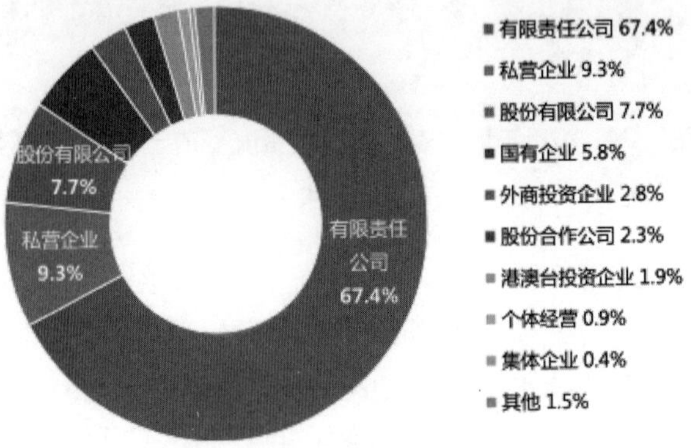

图1—24　2015年中国对外直接投资企业类型构成

数据来源：商务部、国家统计局、国家外汇管理局，《2015年度中国对外直接投资统计公报》。

（五）地方企业投资更加活跃

2015年，地方企业成为中国对外直接投资的主要力量，地方企业非金融类对外直接投资流量达936亿美元，同比增长71%，占全国非金融类对外投资流量的77%，其中，东部、西部、中部地区的对外投资流量分别达到798.2亿美元、74.5亿美元和63.3亿美元。上海、北京和广东2015年流量分别突破百亿美元，位列地方投资的前三。2015年末，地方企业非金融类对外直接投资存量达到3444.8亿美元，占全国非金融类对外投资存量的36.7%，较上年增加5.1个百分点。

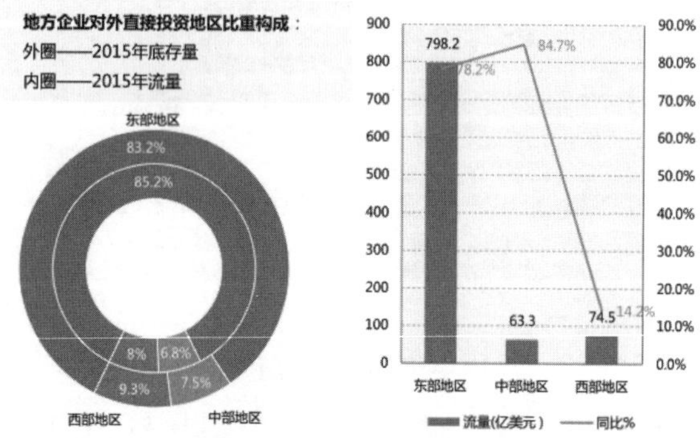

图1—25　2015年地方对外直接投资流量按区域分布情况

数据来源：商务部、国家统计局、国家外汇管理局，《2015年度中国对外直接投资统计公报》。

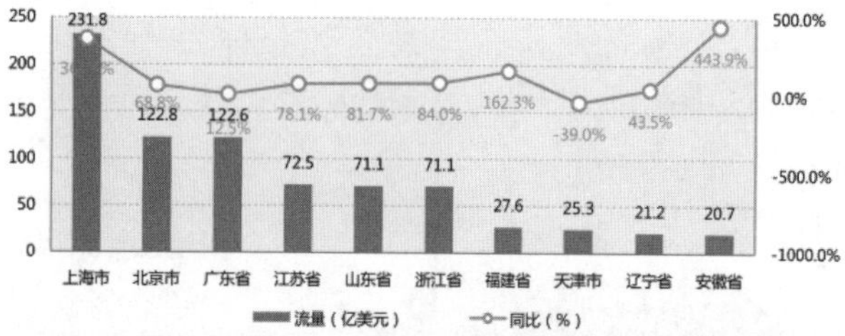

图1—26　2015年地方对外直接投资流量前十位的省市区

数据来源：商务部、国家统计局、国家外汇管理局，《2015年度中国对外直接投资统计公报》。

从境外非金融类企业的隶属情况看，地方企业居绝大多数，占86.9%，中央企业和单位仅占13.1%。广东、浙江、江苏、上海、山东、北京、辽宁、福建、湖南、天津位列地方境外企业数量前10位，累计占境外企业总数的69.2%。

（六）跨国并购领域广泛

2015年，中国企业对外投资并购非常活跃，并购领域不断扩大，共实施对外投资并购579起，涉及62个国家（地区），实际交易总额544.4亿美元，其中直接投资372.8亿美元，占并购交易总额的68.5%。中国化工橡胶有限公司52.9亿美元收购意大利倍耐力集团公司近60%的股份，是2015年度中国企业最大的海外投资并购项目。从并购金额上看，地方企业发起的并购投资占并购总额的75.6%，成为以并购投资整合海外资源的主力军。

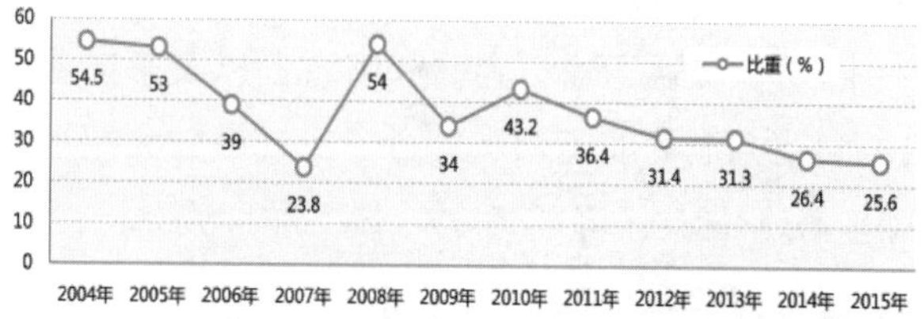

图1—27　2004—2015年中国对外直接投资并购情况

数据来源：商务部、国家统计局、国家外汇管理局，《2015年度中国对外直接投资统计公报》。

2015年中国企业对外投资并购涵盖了国民经济的大部分行业，涉及制造业、信息传输/软件和信息技术服务业、采矿业、文化/体育和娱乐业、租赁和商务服务业等18个行业大类。

图1—28　2015年中国对外投资并购行业构成

数据来源：商务部、国家统计局、国家外汇管理局，《2015年度中国对外直接投资统计公报》。

（七）股权投资成为主流方式

2015年，新增股权投资首超六成，达967.1亿美元，占当年流量总额的66.4%，较上年占比提升21.1%；收益再投资379.1亿美元，占26%，较上年下降10个百分点，股权和收益再投资共计1346.2亿美元，占到流量总额的92.4%；债务工具投资110.5亿美元，占比创历史新低，较上年占比减少一成，仅为7.6%。

（单位：比重%）

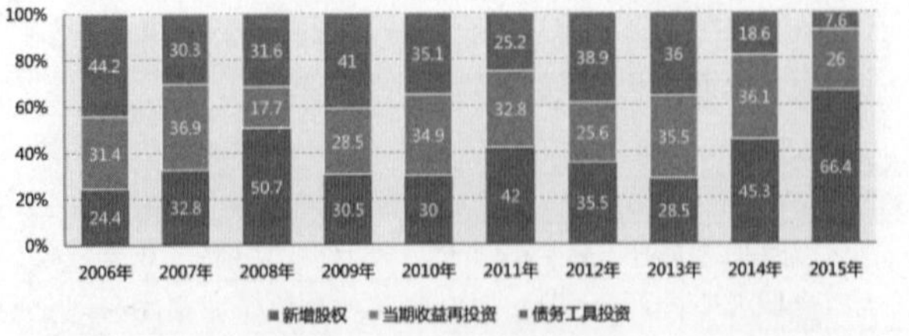

图1–29 2006—2015年中国对外直接投资构成情况

数据来源：商务部、国家统计局、国家外汇管理局，《2015年度中国对外直接投资统计公报》。

二、对外承包工程持续稳步发展

（一）“十二五”期间对外承包工程发展迅速

近年来，中国对外承包工程保持较为平稳的增长态势。据《中国对外承包工程、劳务合作业务统计年报》数据显示，“十二五”期间，中国对外承包工程完成营业额累计达6536.5亿美元，年均增长10.5%，完成营业总额是“十一五”期间的2.2倍；新签合同额累计达8722.3亿美元，年均增长9.3%，新签合同总额是“十一五”期间的1.7倍。

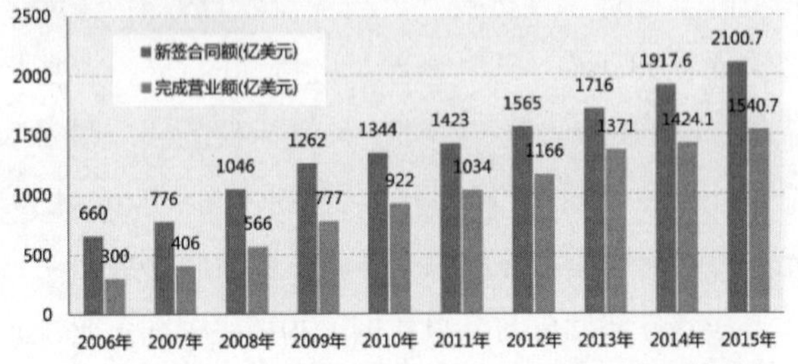

图1–30 2006—2015年对外承包工程业务承接情况

数据来源：商务部《中国对外承包工程、劳务合作业务统计年报》。

2015年，中国对外承包工程业务完成营业额1540.7亿美元，同比增长8.2%，新签合同额2100.7亿美元，同比增长9.5%。中国企业承担的工程项目大型化趋势进一步增强。新签合同额在5000万美元以上的项目721个，合计1758.5亿美元，占新签合同总额的83.7%，其中，上亿美元的项目434个，较上年增加69个。

截至2015年底，对外承包工程业务累计签订合同15717亿美元，完成营业额10892亿美元。中国企业在国际基础设施合作中的整体实力进一步增强。

（二）对外承包工程模式创新

从对外承包工程的发展阶段看，年合同额上千亿美元大约经历了近30年的时间，即2008年达1045.6亿美元，而跨入两千亿美元仅用了7年的时间。随着业务规模的不断提升，模式创新越发重要，近年来，商务部提出基础设施合作建营一体化发展方向，鼓励企业承揽特许经营类工程项目（包括BOT、BOO、PPP等），据商务部统计数据显示，2015年中国企业新签和在建（包括运营）的特许经营类项目30个，涉及合同金额超过100亿美元。2015年，中国企业对外承包工作业务完成营业额超过20亿美元的达9家，新签合同额超过20亿美元有19家，再创新高。

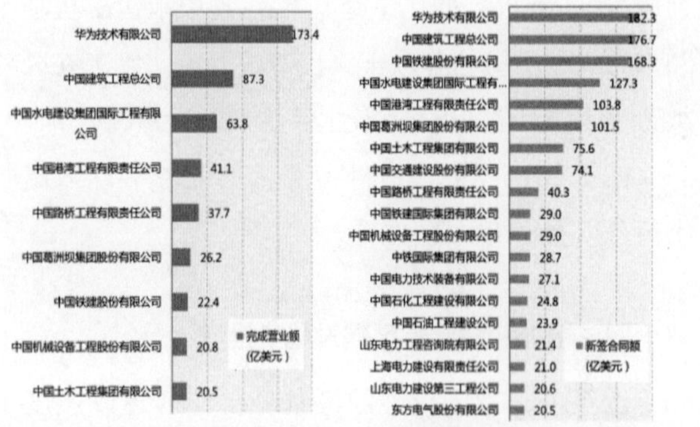

图1–31 2015年对外承包工程业务完成营业额和新签合同额超过20亿美元的企业数量

数据来源：商务部《中国对外承包工程、劳务合作业务统计年报》。

据《工程新闻纪录》排名，2015年中国跻身世界最大250家国际承包商的企业有65家，新增3家，排名提高的有家52家。

三、对外劳务合作平稳发展

“十二五”期间，中国对外劳务合作发展较为平稳有序。据《中国对外承包工程、劳务合作业务统计年报》数据显示，“十二五”期间，中国派出各类劳务人员累计达到258.2万人，年均增长4.0%，派出人数是“十一五”（2006—2010年）期间的1.3倍；“十二五”期末在外各类劳务人员达102.7万人，年均增长3.9%，是“十一五”期末的1.2倍。

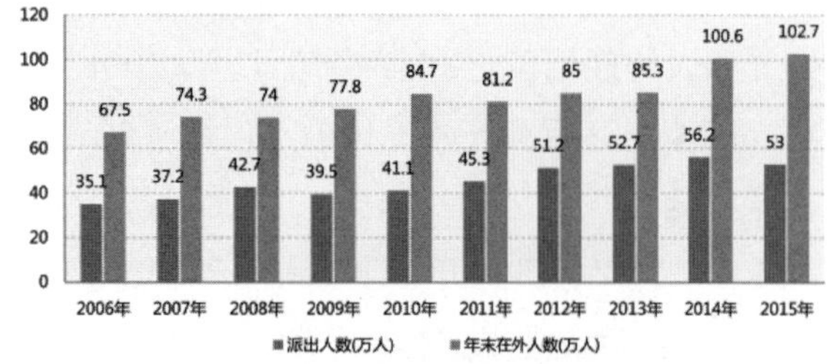

图1—32　2006—2015年对外劳务合作外派人数和年末在外人数

数据来源：商务部《中国对外承包工程、劳务合作业务统计年报》。

2015年，随着中国海外企业属地化战略的推进，加之东道国对外籍劳工政策的收紧等因素影响，中国对外劳务合作派出各类劳务人员53万人，较去年同期减少3.2万人，同比下降5.7%；其中承包工程项下25.3万人，劳务合作项下派出27.7万人。年末在外各类劳务人员102.7万人，较上年增加2.1万人。

截至2015年底，对外劳务合作业务累计派出各类劳务人员802万人。

四、境外经贸合作区建设稳步推进

近年来，中国境外经济贸易合作区建设速度不断加快，合作区管理水平不断提升，成为中国企业“走出去”的重要平台和载体，也是中国政府推进“一带一路”建设、国际产能合作及中非工业化伙伴行动的重要支点和有力抓手。

据商务部统计，2015年，中国企业在境外建设经贸合作区共计75个，其中一半以上是与产能合作密切相关的加工制造类园区，建区企业累计投资70.5亿美元，入区企业1209家，合作区累计总产值420.9亿美元，上缴东道国税费14.2亿美元，带动了纺织、服装、轻工、家电等优势传统行业部分产能向境外转移。

2015年，商务部、财政部出台了《境外经济贸易合作区考核办法》，通过确认考核和年度考核方式，规范和完善对合作区的管理。截至2015年底，通过确认考核的合作区有13个。

表1—2　通过确认考核的境外经贸合作区名录

序号	合作区名称	境内实施企业名称
1	柬埔寨西哈努克港经济特区	江苏太湖柬埔寨国际经济合作区投资有限公司
2	泰国泰中罗勇工业园	华立产业集团有限公司
3	越南龙江工业园	前江投资管理有限责任公司
4	巴基斯坦海尔—鲁巴经济区	海尔集团电器产业有限公司
5	赞比亚中国经济贸易合作区	中国有色矿业集团有限公司
6	埃及苏伊士经贸合作区	中非泰达投资股份有限公司
7	尼日利亚莱基自由贸易区	中非莱基投资有限公司
8	俄罗斯乌苏里斯克经贸合作区	康吉国际投资有限公司
9	俄罗斯中俄托木斯克木材工贸合作区	中航林业有限公司
10	埃塞俄比亚东方工业园	江苏永元投资有限公司
11	中俄（滨海边疆区）农业产业合作区	黑龙江东宁华信经济贸易有限责任公司
12	俄罗斯龙跃林业经贸合作区	黑龙江省牡丹江龙跃经贸有限公司
13	匈牙利中欧商贸物流园	山东帝豪国际投资有限公司

数据来源：商务部合作司。

第二节　对外投资合作取得成效

一、对“一带一路”沿线国家投资合作快速增长

“一带一路”沿线国家已成为对外投资合作重点区域。2015年，中国企业共对“一带一路”沿线的50个国家进行了直接投资，投资流量189.3亿美元，同比增长38.6%，是对全球投资增幅的2倍，占当年流量总额的13%。在“一带一路”沿线的60个国家承揽对外承包工程项目3987个，新签合同额926.4亿美元，占同期中国对外承包工程新签合同额的44%。

据商务部发布的公报数据，2015年中国企业投向交通运输、电力、通讯等优势产业直接投资共计约116.8亿美元，同比增长80.2%。装备制造业对外直接投资100.5亿美元，同比增长158.4%。2015年，中国企业对“一带一路”沿线国家的流量位列前10的国家有：新加坡、俄罗斯、印度尼西亚、阿联酋、印度、土耳其、越南、老挝、马来西亚和柬埔寨。

二、国际产能合作取得重大进展

对外投资合作推动国际产能和装备合作快速增长，中国与有关重点国家务实合作日益深化，一批重大战略性项目相继顺利实施，企业实力不断增强，对拉动外贸出口、促进产业转型升级起到了重要支撑作用。

一是与产能合作相关的重点领域对外投资合作稳步推进。商务部统计公报显示，2015年，制造业对外直接投资额199.9亿美元，同比增长108.5%；对信息传输/软件和信息技术服务业直接投资额68.2亿美元，同比增长115.2%，通讯领域的对外承包工程合同额219.6亿美元，同比增长45.5%；对电力/热力/燃气及水的生产和供应直接投资额21.3亿美元，同比增长21.0%；电力项目的对外承包工程合同额456.7亿美元，同比增长53.6%。

二是在铁路、钢铁、电力、通讯、化工、电解铝、装备制造等领域，一批重大项目顺利实施，如中铁二局集团埃塞俄比亚国家项目、河北钢铁集团收购塞尔维亚斯梅代雷钢厂项目、三峡集团收购巴西朱比亚水电站和伊利亚水电站30年经营权100%股权项目、哈尔滨电气集团迪拜哈翔4X600MW清洁煤电项目、华为公司泰国电信项目、中化橡胶收购意大利倍耐力58.9%股权项目、云南铝业收购中老铝业有限公司51%股权项目、潍柴动力收购德国凯傲集团股份公司38.25%股权项目等。

三是对外投资合作带动装备出口较快增长。我国装备制造业对外直接投资70.4亿美元，同比增长154.2%，带动大型成套设备出口额同比增长10%。对外承包工程带动设备材料出口161.3亿美元。

三、境外经贸合作区初见成效

据商务部统计，截至2016年9月底，中国企业在36个国家投资建设了77个境外经贸合作区，主要有加工制造型、资源利用型、农业加工型以及商贸物流型四大类，涉及轻纺、家电、钢铁、建材、化工、汽车、机械、矿产品加工等产业。一批起步较早的合作区已成为产能合作平台，如埃塞俄比亚东方工业园已形成年产176万吨水泥、30万吨螺纹钢、1260万双鞋、7000万米布料、600万条头巾、60万个汽车配件和8000辆汽车的生产能力；赞比亚中国经贸合作区形成年产铜精矿30万吨的生产能力；泰中罗勇工业园已形成年产光纤250万千米、摩托车4万辆、集装箱挂车200辆、紧固件3.2万吨、空调配件2300万件、汽车轮毂140万件、轮胎500万套的生产能力；柬埔寨西哈努克港经济特区已形成年产纺织品1150万件、叉车2万套、箱包400万个、鞋160万双的生产能力；伊朗奇瑞汽车工业园已形成年产汽车6万台的生产能力。

四、技术和标准“走出去”逐步推广

通过推进国际产能合作，使中国铁路、电力、通讯等优势行业的相关技术、标准和规范在东道国得到接受并推广应用，为进一步巩固“中国制造”的海外市场奠定了基础。如中车集团成功中标美国芝加哥7000系846辆地铁车辆采购项目，是迄今中国轨道交通设备企业出口发达国家最大的地铁车辆项目；由中国企业承建的伊朗德黑兰多条地铁线路建设及车辆出口项目带动出口上千辆国产列车、数百套信号及通信系统以及大量相关装备备件，中国成分占比达60%～70%；由中国水利电力对外公司承建的几内亚卡雷塔水电站项目工程设计全部采用中国标准和规范，永久机电设备全部从中国进口；由中核集团实施的卡拉奇核电站项目采用中国拥有完整自主知识产权的“中国先进压水堆”三代核电ACP1000技术，实现了中国百万千瓦核电机组的首次出口。

综合性政策措施

2015年5月13日，国务院发布《关于推进国际产能和装备制造合作的指导意见》（国发〔2015〕30号），要求适应经济全球化新形势，着眼全球经济发展新格局，把握国际经济合作新方向，将中国产业

优势和资金优势与国外需求相结合，以企业为主体，以市场为导向，加强政府统筹协调，创新对外合作机制，加大政策支持力度，健全服务保障体系，大力推进国际产能和装备制造合作，有力促进国内经济发展、产业转型升级，拓展产业发展新空间，打造经济增长新动力，开创对外开放新局面。商务部、国家发展改革委、外交部、国资委、海关总署等部门积极落实国务院工作部署和要求，颁布实施多项政策，推进“一带一路”建设及国际产能和装备制造合作，指导企业更快更好地“走出去”。

第一节　商务部

2015年，围绕深化改革、创新制度、完善服务、营造环境、保护权益等重点，积极推进“一带一路”建设，稳步开展国际产能合作，有效实施“中非工业化伙伴行动计划”“建营一体化”“境外经贸合作区创新工程”等重要专项工作，不断完善各项政策措施，推动中国对外投资合作继续保持良好发展态势。

一、政策文件

作为对外投资合作的主管部门，2015年以来，商务部进一步加强了该领域的政策制度体系建设，完善了多项规范性政策文件，更加全面地为“走出去”战略提供政策指引。

2015年1月8日，商务部、国家统计局、国家外汇管理局联合发布《关于印发<对外直接投资统计制度>的通知》（商合函〔2015〕6号）。

2015年1月20日，商务部办公厅发布《关于继续做好对外劳务合作管理有关工作的通知》（商办合函〔2015〕35号）。

2015年2月9日，商务部发布《关于新形势下做好境外中资企业商（协）会工作的通知》（商合函〔2015〕47号）。

2015年3月28日，国家发展改革委、外交部、商务部联合发布《推动共建丝绸之路经济带和21世纪海上丝绸之路的愿景与行动》。

2015年4月13日，商务部办公厅发布《关于进一步做好对外投资合作企业环境保护工作的通知》（商办合函〔2015〕129号）。

2015年5月18日，商务部办公厅发布《关于境外投资备案实行无纸化管理和简化境外投资注销手续的通知》（商办合函〔2015〕197号）。

2015年8月4日，商务部发布《关于印发<境外经贸合作区服务指南范本>的通知》（商合函〔2015〕408号）。

2015年8月14日，商务部、财政部发布《关于印发<境外经济贸易合作区考核办法>的通知》（商合发〔2015〕296号）。

2015年10月10日，商务部办公厅发布《关于印发<关于驻外经商机构为企业办理对外承包工程项目投标（议标）核准意见的暂行规定>的通知》（商办合函〔2015〕686号）。

2015年10月21日，商务部、外交部、国资委联合发布《关于规范对外承包工程外派人员管理的通知》（商合函〔2015〕877号）。

二、权威解读

（一）《关于印发<对外直接投资统计制度>的通知》解读

该文件是对2012年12月印发的《对外直接投资统计制度》进行的修订和完善。根据1999年国家统计局下发的《部门统计调差管理暂行办法》（国家统计局令1994年第4号）的要求，结合近几年来中国对外直接投资的实际情况和特点，按照经济合作与发展组织（OECD）《关于外国直接投资基准定义》（第四版）的相关要求，新的统计制度在以下几个方面（共计12个细节）进行了调整：①对统计指标名称进行了规范。②将部分表格细化、拆分、增减、修订。③对国家（地区）的统计界定进行修改。④扩大了统计原则的界定范围。新的统计制度为各级部门做好对外直接投资统计工作提供了新的依据，顺应了新时代对外投资环境发展的需要，加强了对外直接投资统计体系的监管，为中国对外直接投资环境的健康发展提供了有力的保障。

（二）《关于继续做好对外劳务合作管理有关工作的通知》解读

作为《商务部关于加强对外劳务合作管理的通知》（商合函〔2014〕733号）的后续，一方面肯定了前一版政策在管理对外劳务合作，清理整顿本地区外派劳务市场秩序等方面取得的成效，另一方面对各地以往报送情况中反映的问题作出了回应，为对外劳务合作的规范化管理，劳务人员合法权益的保障提供了新的政策依据。

（三）《境外经济贸易合作区考核办法》解读

该办法有利于国内优势企业“走出去”，促进国内产业协同发展、优势互补，有利于资源配置，增强国际产能合作的配套服务功能，有利于拓展贸易发展空间，有利于开展技术合作，提升技术创新水平，有利于促进所在国的经济社会发展，实现互利共赢。《境外经贸合作区考核办法》作为最重要的规范性政策文件，指定了五大类重点支持的合作区，并对各合作区年度考核各项指标提出了具体要求。五大类园区包括：加工制造型园区、资源利用型园区、农业产业型园区、商贸物流型园区、科技研发型园区。同时，对合作区、企业及中介结构提供的申请材料、考核资质等内容的真实性提出更高的要求，发布了惩罚措施。

（四）《进一步做好对外投资合作企业环境保护工作的通知》解读

近年来，虽然多数对外投资合作企业能够自觉遵守东道国法律法规，履行环保责任，但仍有少数企业因环保意识淡薄、环保经验不足等原因，忽视了环保工作，对当地生态环境造成不良影响，导致业务开展受阻，在这样的背景下，商务部下发了此通知，其中对七项内容提出要求。该政策是对对外投资合作环境保护工作的宏观指导，有效维护政府及企业的国际形象，促进对外投资合作业务的可持续发展。

（五）《关于印发<境外经贸合作区服务指南范本>的通知》解读

《境外经贸合作区服务指南范本》（以下简称《范本》）以扩大合作区影响力，协同发展为目标，为园区和企业的可持续发展提供了有效的指引和帮助。《范本》要求企业根据自身能力和优势提升服务质量，吸引更多优秀企业入区投资，实现共同发展，加快境外产业集聚，促进产业发展平台建设。《范本》对合作区内的四大类服务、共计15余种服务细类进行了详细的指导。这四大类服务包括：信息咨询服务、运营管理服务、物业管理服务和突发事件应急服务。

（六）《推动共建丝绸之路经济带和21世纪海上丝绸之路的愿景与行动》解读

该文件从时代背景、共建原则、框架思路、合作重点、合作机制等方面阐述了“一带一路”的主张与内涵，提出了共建“一带一路”的方向和任务。同时，还能有效尊重沿线国家的基本权利，取得沿线国家的支持和参与；能有效引导沿线国家以和平方式解决国际争端，创设和平发展的国际政治环境；有利于沿线国家开展国际竞争，增强综合国力，提高国际地位。

（七）《关于驻外经商机构为企业办理对外承包工程项目投标（议标）核准意见的暂行规定》解读

企业申请对外承包工程项目投标（议标）核准的重要依据是驻项目所在国使（领）馆经商机构意见，该文件对该意见的具体标准和流程作出明确规定，包括：依据标准化评分体系为企业出具意见；坚持问题导向，强化事中事后监管；实行网上审核，限定办理时间；健全民主决策机制，责任落实到人。

三、引导和支持举措

（一）持续改进营商环境

持续推进境外投资便利化，实行备案为主的管理模式。加大投融资支持力度，安排落实优惠信贷、项目融资、出口保险等政策支持。

（二）不断深化管理体制改革

落实中央深化经济体制改革的决定，持续推进境外投资管理体制改革，印发《关于境外投资备案实行无纸化管理和简化境外投资注销手续的通知》，进一步便利企业办理境外投资备案和注销手续。印发《关于驻外经商机构为企业办理对外承包工程项目投标（议标）核准意见的暂行规定》，完善对外承包工程项目数据库。印发《境外经贸合作区考核办法》，加大对合作区建设的支持。指导安徽、四川等11省将对外劳务合作经营资格审批权进一步下放至地市级商务主管部门，将《外派劳务培训合格证》印制工作下放至省级商务主管部门负责。印发《关于继续做好对外劳务合作管理有关工作的通知》《关于规范对外承包工程外派人员管理的通知》《境外经贸合作区服务指南范本》等规范性文件。

（三）强化政府公共服务

在商务部网站完善"走出去"公共服务平台，为企业提供全方位服务。加强对企业开展对外投资合作的国别环境指导，发布涉及171个国家（地区）《对外投资合作国别（地区）指南（2015年版）》，发布《中国对外投资合作发展报告2015》《2014年度中国对外直接投资统计公报》《国别投资经营便利化状况报告2015》，汇编《"走出去"典型案例》《国别投资经营障碍报告汇编2014》，上述公共服务产品已成为中国企业了解世界各国投资合作环境的权威信息渠道。推动商协会与合作区建立合作关系，利用商协会资源帮助合作区对外招商推介。做好对外投资合作政策培训，搭建投资促进平台，加强宣传和舆论引导。

（四）推动双边合作务实开展

加强政府间合作，与有关国家签署投资保护协定、避免双重增税协定等；编制双边投资合作中长期发展规划，促进中国与有关国家经贸关系深入发展。积极参与国际规则制订，加快推进自贸区布局。与非洲开展跨国跨区域基础设施合作，推动企业实施一批高铁、铁路、核电等重大境外项目建设。稳步推进"一带一路"沿线国家互联互通重点项目，推进境外经贸合作区建设，推动集群式"走出去"。务实推进重大项目，积极与有关国家开展工业化伙伴、境外经贸合作区、基础设施互联互通建设，推动农业、林业等重点领域对外直接投资。

（五）加强境外风险防控

加强国别风险评估和安全预警，发布安全预警信息，共发布境外安全风险预警和提示33期。加强境外中资企业安全管理，开展境外投资合作安全生产大检查。参与处置也门撤侨、马里恐怖袭击等重大境外突发和安全事件10起。会同有关部门妥善处置在安哥拉等国十余起重大劳务纠纷事件。

第二节　国家发展和改革委员会

2015年以来，发展改革委积极会同部门、地方、协会、企业、金融机构等有关方面，认真贯彻党中央、国务院决策部署，坚持按照"企业主体、市场导向、商业运作、国际惯例"的原则，建好用活系列协同机制，有力、有度、有效推进国际产能合作，国际产能合作的政策支持框架基本建立，实现良好开局，优势装备优质产能加快出海，合作布局加快形成，推进合力持续增强，为支撑"一带一路"建设、推进供给侧结构性改革、促进经济实现"双中高"发展发挥了积极作用。

一、机制建设全面推进

（一）委省协同机制

为了积极发挥各地方积极性，2015年以来，国家发展改革委陆续与陕西、福建、浙江、上海等21个省份签署合作协议，建立委省协同机制，明确共同推进国际产能合作的主要任务和重点项目，加强中央地方联动，推动形成中央和地方分工明确、运转顺畅、协调高效的国际产能合作工作局面，大力支持地方推动重大项目实施。

（二）省国对接机制

按照"一省牵头、多省配合"的方式，以各省为主，以友好城市（省州）为纽带，联合中国电建等32家骨干央企、民企，与印尼、埃塞俄比亚、巴西等45个重点国家全面形成合作对接关系，推动重点项目加快落地。

（三）行业协会联动机制

国家发展改革委同钢铁、有色、电力、化工等

12家重点行业协会建立了联动机制，发挥行业协会桥梁纽带作用。在发展改革委等部门指导支持下，已成立电力、石油和化工、建材、汽车等四个行业国际产能合作企业联盟，有力促进了相关行业企业“抱团出海”。

（四）双边产能和投资机制

紧密结合领导人高访等重大外交行动，目前累计同27个国家建立产能和投资合作机制，积极开展政策沟通和项目对接，为中国企业破除进入壁垒、承揽项目和订单铺路搭桥。

（五）系列多双边合作论坛

2015年以来，成功举办博鳌亚洲论坛年会国际产能合作论坛、中国中部国际产能合作论坛暨企业对接洽谈会、中国西部国际产能合作论坛暨企业对接洽谈会、中国－南亚博览会国际产能合作论坛、中国－中东欧国际产能合作论坛、中国－尼日利亚产能与投资合作论坛、中国－南非产能合作研讨会等系列形式多样、务实高效的论坛展会活动，国家发展改革委、商务部、外交部等部门和相关省区领导同志多次亲自出席有关活动，大力推介中国产能和装备品质优良、技术先进、环保节能的综合优势，促成一大批合作项目签约或达成意向。

二、开局良好，发展迅猛

2015年以来，国际产能合作坚持市场主导、政府推动、互利共赢、防患避险，在扩外需、畅互通、优布局、补短板、降成本、防风险等六大方面取得了积极进展。

（一）扩外需，广泛开展多双边机制化合作，助力企业开拓国际市场

国际产能合作是扩大外部需求的重要举措。发展改革委会同有关部门，充分发挥政府间合作机制对企业承揽项目和订单的推动作用，着力释放产能合作需求。

（二）畅互通，支持企业推进铁路港口重大项目，带动基建和装备出海

国际产能合作是“一带一路”建设的重要支撑。发展改革委支持有条件的企业按商业原则开展境外基础设施合作，促进周边及“一带一路”沿线国家互联互通。今年以来，中老铁路、中泰铁路、匈塞铁路、印尼雅万高铁、俄罗斯莫喀高铁、亚吉铁路、肯尼亚蒙内铁路、中欧“三海港区”合作等一批境外铁路、港口重大项目取得积极进展，对改善合作国基础设施、带动中国产能、装备、技术、标准“走出去”的积极作用将不断显现。

（三）优布局，引导企业合理配置产能资源，促进产业结构调整优化

国际产能合作是企业优化产能布局的重要途径。国家发展改革委支持有条件的企业以市场为导向配置产能资源，以优质环保的产能和装备满足合作国工业化需要。

（四）补短板，服务企业整合境外生产要素，提高供给体系质量和效率

国际产能合作是补齐供给短板的重要方式。国家发展改革委加强对外政策磋商，着力推动合作国为中国企业营造公平竞争环境，支持有条件的企业开展境外投资，增强产业链重点领域和薄弱环节，扩大有效和中高端供给。

（五）降成本，优化企业跨国经营环境，破除市场壁垒和融资瓶颈

国家发展改革委充分发挥多双边产能和投资合作机制作用，推动合作国出台便利措施，在劳工准入、工作签证、专业资质和标准互认等方面减少企业实际困难，着力降低企业跨国经营的制度性交易成本。上半年，持续推动落实中哈产能合作框架下的签证便利化安排，发挥示范效应。新设中非产能合作基金，推进中欧共同投资基金、中－阿（联酋）投资合作基金等系列多双边基金筹设工作，着力降低重点项目融资成本。深化外债规模改革试点，2016年1—6月备案登记企业境外发债规模715亿美元，有效支持企业获取境外低成本资金。

（六）防风险，强化海外利益保护，规范企业境外竞争秩序

国家发展改革委积极会同有关部门推进风险防控体系和能力建设，加强重大风险监测、评估、预警

和处置工作。妥善应对有关国家局势变化，加强重点国别合作风险管控，把握推进国际产能合作的力度和节奏。注重互利共赢和风险共担，充分发挥多双边合作机制作用，推动合作国切实加强对中国企业和公民的安全保障。在实施境外投资项目备案管理、组织开展双边项目对接等过程中，加强对企业的风险提示和分类指导。强化企业主体责任，引导企业视情加大安保投入、优化对外合作模式和风险分散机制。发挥行业组织作用，支持成立中国电力企业国际产能合作联盟，促进企业“抱团出海”，减少无序和恶性竞争。

第三节　外交部

2015年中国领导人实现了对北美、欧亚、欧洲、亚太、非洲和拉美方向的访问，与到访国家政府进行双边合作的顶层设计，达成经贸合作安排，极大地促进了双边经贸合作。

一、推进“一带一路”建设有关情况

三年来，“一带一路”取得了实实在在的成果和超乎预期的进展。100多个国家和国际组织表达积极参与的态度，30多个国家与中方达成合作协议，经济走廊建议取得重要早期收获，互联互通网络逐步成型，贸易投资大幅增长，亚洲基础设施投资银行正式运行，丝路基金加快具体项目投资，一批双多边大项目合作稳步推进。中方与沿线国家在基础设施互联互通、经贸、产业投资、金融、生态环保、人文交流等领域不断取得早期收获，“一带一路”建设展现良好的发展前景。“一带一路”已初步完成规划和布局，正在向落地生根、深耕细作、持久发展的阶段迈进。

二、推进国际产能和产业合作的相关情况

国际产能和产业合作倡议一经提出，就受到发展中国家的广泛欢迎，主动要求与中方开展产能和产业合作，带动一批项目落地。同时，包括欧洲各国在内的发达国家也积极响应，法、德、英等国均表示愿与中方一道开展第三方市场合作，把中国的制造业性价比优势，发展中国家的市场潜力和发达国家的技术优势结合起来，达到双赢和多赢。

下阶段，中国政府将继续与外方加强沟通对接，推进与有关国家产能和产业合作，创新开展第三方市场合作。加强与东盟、非盟、欧盟、拉共体等区域性组织对接，发挥多边平台作用，务实开展多边产能合作。健全涉外法律体系，加速与有关国家商签简化签证手续协定，继续做好领事保护，为企业人员出国便利和安全生产创造条件。提高外交服务水平，完善信息平台建设，加强对地方和企业的指导，加速推进国际产能和产业合作。

第四节　国务院国有资产监督管理委员会

国资委鼓励和支持中央企业开展国际化经营，积极推动央企参与“一带一路”建设及国际产能和装备制造合作。

一、政策文件

印发《关于加强中央企业境外安全风险防范工作的紧急通知》，组织开展《中央企业“十三五”国际化经营战略研究》。

二、引导和支持举措

（一）以规划为引领，推动中央企业开展国际化经营

组织开展《中央企业“十三五”国际化经营战略研究》，结合“一带一路”、国际产能合作、周边国家互联互通、非洲“三网一化”等国家战略规划，指导中央企业制订和完善国际化经营规划，明确开展国际化经营的重点领域、重点区域和重点项目。

（二）指导中央企业做好境外安全风险防范和突发事件处置

配合有关部门指导企业做好安全风险预警和也门遭空袭、尼泊尔地震、马里恐怖袭击等突发事件的应对工

作，指导企业做好新形势下境外安全风险防范工作。

（三）加强中央企业境外项目管理和协调

一是组织开发中央企业境外重大项目监测系统，加强对中央企业境外重点项目监控。初步建立中央企业参与“一带一路”建设数据库，及时掌握中央企业参与“一带一路”建设重点项目进展。

二是配合有关部门协调中央企业积极有序参与希腊比雷埃夫斯港、墨西哥高铁、中老铁路、中俄高铁、中白工业园等境外重大项目建设，指导企业加强合作，维护良好的境外竞争秩序。

三是开展国际化经营评价工作。设立评价指标体系，在企业自评的基础上，组织专家进行审核，选取部分项目进行实地检查。通过国际化经营评价工作，形成境外国有资产监管闭环，促进中央企业更好地开展国际化经营。

三、推进“一带一路”建设和国际产能和装备制造合作下一步举措

（一）指导中央企业将“一带一路”、国际产能和装备制造合作等国家战略规划作为“十三五”发展规划的重要内容，制定和完善国际化经营规划，督促落实，组织开展企业国际化经营“十二五”规划执行情况评价。

（二）围绕“一带一路”、国际产能和装备制造合作等战略，打造若干优势产业、高效产能、商产融、跨国并购平台。

（三）修订《中央企业境外投资管理办法》，建立负面清单管理方式，防范中央企业境外投资风险。

（四）指导中央企业做好“走出去”风险防控和境外突发事件应对工作，建立中央企业境外重大项目第三方风险评估制度，印发《中央企业境外安全风险防控指导意见》，研究制定境外安全风险防控标准及操作规范，组织开展境外安全风险培训。

（五）修订评价指标体系，开展2015年度中央企业国际化经营评价工作，选取5个境外项目进行实地检查。

（六）以市场为导向，以契合国家“走出去”战略、符合政府与出资人诉求为标准，发挥国家资金的杠杆效应，设立中央企业国际化经营基金，助力“一带一路”、国际产能合作等国家战略落地。

（七）根据试运行企业反馈情况，对中央企业境外项目监测系统进行调整和完善，向开展国际化经营的中央企业进行全面推广。

第五节 海关总署

海关总署认真贯彻落实中央决策部署，全力服务“一带一路”建设和“走出去”战略实施，推进国际产能和装备制造合作，为中国企业对外投资合作提供有力支持。

一、政策文件

2015年7月印发《落实“三互”推进大通关建设改革方案任务分工》（署岸函〔2015〕310号）。

2015年7月出台《海关总署关于在全国范围推广汇总征税的公告》（海关总署公告2015年第33号）。

2015年11月出台《海关总署进一步促进外贸稳定增长18项重点工作》（署研发〔2015〕270号）。

2015年12月出台《海关总署关于市场采购贸易扩大试点的公告》（海关总署公告2015年第67号）。

2016年4月出台《全国通关一体化改革框架方案》（署改发〔2016〕85号）。

2016年4月出台《跨境电子商务综合试验区海关可复制推广的制度措施》（署监函〔2016〕163号）。

2016年6月出台《海关总署关于不断优化监管查验机制进一步支持外贸稳定发展的通知》（署监发〔2016〕123号）。

二、权威解读

积极推动天津等12个城市跨境电子商务综合试验区建设，在认真总结借鉴杭州跨境电子商务综合试验区经验做法的基础上，确定了10项可复制推广的制度措施，积极创新，促进通关便利化。

增设“市场采购”监管方式代码，积极配合商务部研究扩大市场采购贸易试点范围，全力支持配合地方政府建立市场综合管理系统和市场采购商品认定体系信息化系统。

对符合条件的进出口纳税义务人在一定时期内多次进出口货物应纳税款实施汇总计征。简单来说就是“先放后税，汇总纳税”。企业由此可以缩短通关时间，提高资金使用效率、简化申请手续，助推企业降成本、增效率。

持续优化调整出口查验率，进一步下调出口查验率1个百分点。提高查验精准度，大幅提高海关非侵入式查验比例，为企业省时间、降成本。

三、引导和支持举措

（一）如期完成上海等11个沿海省、区、市“单一窗口”上线实际运行或系统试点运行，基本实现沿海口岸“单一窗口”工作目标。关检合作“三个一”已推广到全国所有直属海关和检验检疫部门。在大连、丹东、东莞、珠海、厦门等口岸加快实施“一站式作业”。

（二）2016年6月1日，在上海启动全国通关一体化改革试点，通过制度创新、业务整合、流程再造，为全国企业提供集约化、功能化、一体化监管和服务。

（三）贯彻落实党中央国务院政策措施，解决企业实际困难，使通关更加便捷、服务更高效，促进企业对外投资贸易和外贸稳定增长和转型升级。

（四）支持新兴业态发展。一是支持跨境电子商务发展。出台措施，积极落实有关规定，推动跨境电子商务健康发展。二是推进市场采购贸易方式发展。

（五）对符合条件的进出口纳税义务人在一定时期内多次进出口货物应纳税款实施汇总计征。

（六）大力推行“双随机、一公开”监管，制定《海关系统全面推广随机抽查实施方案》。继续全面推进无纸化通关，目前已覆盖所有通关现场和业务领域。

四、推进“一带一路”建设的有关情况

于2015年和2016年分别推出了16项和14项推进“一带一路”建设的重点工作。

（一）在编制国家口岸发展规划和口岸开放年度审理计划时优先考虑“一带一路”沿线地区项目，推进重庆、西安等中欧班列重要铁路口岸对外开放，打通国际物流大通道的重要节点。在西安、青岛、郑州等新亚欧大陆桥重要节点城市设立海关多式联运监管中心。建立中欧班列沿线海关通关协调机制，促进沿线通关便利。

（二）支持新疆、福建两大核心区的建设，推动“一带一路”沿线地区开展跨境电子商务、市场采购贸易、外贸综合服务平台等新兴业态。充分发挥海关特殊监管区域的政策优势，对丝绸之路经济带沿线地区设立海关特殊监管区域给予政策倾斜，推动外贸新旧动能接续转换。

（三）加强沿线海关国际合作。积极与世界海关组织、亚太经合组织等国际组织成员开展“一带一路”海关合作，大力推进中蒙俄、中东欧、中哈等海关监管合作，开通中俄、中哈、中塔、中吉等农产品快速通关“绿色通道”，积极推动中俄边境口岸监管结果互认，中欧、中新AEO互认合作等海关重点合作项目，打造一批促进互联互通的项目典范。完善中亚、澜沧江－湄公河等区域海关合作机制。加强与沿线国家和地区海关间的能力建设合作，在上海海关学院设立“‘一带一路’沿线国家和地区海关培训中心”。

五、推进国际产能和装备制造合作的有关情况

一是为企业“走出去”营造环境。积极参与建立健全双边、多边和区域投资贸易合作新机制，积极倡议开展并参与多边联合执法行动，积极开展原产地规则和海关程序与贸易便利化议题领域的牵头谈判和基础研究，积极参与关税减让等相关议题谈判。二是利用政府间高层对话机制、署级会见、重要国际双边会议等场合加强海关贸易便利化合作。三是研究制定海关支持企业参与国际产能合作的相关政策措施，完善出境加工、进境维修等海关管理制度。四是加强海关国际合作与交流，拓展和深化与相关国家海关的知识

产权执法合作，打击侵权违法活动。

第六节　国家质量监督检验检疫总局

2015年以来，国家质检总局发布系列政策文件，制定实施计划、专项方案，积极推进“一带一路”建设和国际产能和装备制造合作。

一、政策文件

2016年1月26日发布《关于进口俄罗斯小麦、大豆、玉米、水稻、油菜籽和哈萨克斯坦小麦植物检验检疫要求的公告》（质检总局公告〔2016〕8号）。发布了《共同推动认证认可服务“一带一路”建设的愿景与行动》，制定并发布了《〈愿景与行动〉三年滚动实施计划》。2015年10月，推进印发《标准联通“一带一路”行动计划》（2015—2017年）。

二、权威解读

（一）解决中国农业“走出去”在俄、哈等国企业返销农产品实际困难，解决农业对外合作返销粮食等农产品的准入问题。

（二）提出构建互信互鉴、合作共赢的“一带一路”认证认可双多边合作关系，共同推进“一带一路”建设。明确了认证认可服务“一带一路”建设工作的32个重点国家和7个重点业务领域，在开展国别研究、建立合作渠道、推动国际互认、主导建立国际区域组织、认证认可检验检测“走出去”等多个方面提出了具体目标。

（三）充分发挥标准化的基础性、战略性作用，全面深化与沿线国家和地区在标准化方面的双多边务实合作，通过中国标准的海外推广应用更好地支撑中国产业、产品、技术、工程和服务“走出去”，服务“一带一路”建设。

三、引导和支持举措

（一）降低出口货物口岸查验率，提高进出口货物检验检疫口岸查验的针对性和有效性，提高出口货物口岸通关速度。支持国际贸易“单一窗口”建设，编制标准统一的检验检疫申报数据字典、代码规范和随附单证规范，主动向各地单一窗口开放数据通道。

（二）主动与对外农业合部际联席会牵头单位协商沟通涉及进出境农产品检验检疫监管相关事宜；共同构建农业“走出去”公共服务平台。

（三）组织专家对新增示范区上报材料进行审核和现场考核，对已批准的226家出口农产品质量安全示范区进行飞行检查和抽查。

四、保障措施

（一）重点加强与农业“走出去”相关国家开展动植物疫情疫病联合监测防控，实施境外产地预检及体系考察。积极为农业“走出去”返销粮食等农产品开展安全风险评估，加快检验检疫准入进程，增加准入种类，提供安全技术保障。

（二）在安全风险可控基础上，为“走出去”所需投入品和返销农产品提供便利化措施。

（三）积极采用国际组织标准和国内外先进标准，及时关注并解决可能存在的安全质量隐患。

五、推进“一带一路”建设的相关举措

并行推进四项重点工作，包括沿边重点地区开发开放、中欧班列扩量增效、以福建为核心区的海丝建设、以新疆为核心区的丝路经济带建设。

同时，深入推进通关机制改革创新，提升通关便利化水平；积极推进国际合作，促进沿线质检互信；切实维护国门安全，保障沿线通道顺畅五个方面出发，推进落实各项重点工作，制定一系列专项方案。

六、推进国际产能和装备制造合作的相关举措

（一）通过中俄标准计量认证和检验监管小组合作平台，与俄标准委、认可局等部门对接，组织中国机动车生产企业与俄方会谈，促进中国机动车扩大出口。

（二）提出了加快中国标准输出步伐、提高中

国标准与国际标准一致性程度、夯实国际标准化研究基础等8项具体任务，并细化了落实措施。

第七节　中华全国工商业联合会

2015年以来，重点开展了民营企业“走出去”和参与“一带一路”建设调研、营造良好环境、推进民营企业参与国际产能和装备制造合作等多项工作。

一、政策文件

制订了《工商联引导服务民营企业参与“一带一路”建设和走出去若干意见》（全联发〔2016〕3号）。下发了《全国工商联办公厅关于引导服务民营企业走出去和参与“一带一路”建设有关工作的通知》（全联厅字〔2016〕6号）。对做好民营企业参与“一带一路”建设信息收集，加强企业库、项目库、案例库建设，以及做好“走出去”网站信息上报工作进行了安排部署。与有关部委共同研究服务企业“走出去”和参与“一带一路”建设工作的具体措施；充分反映民营企业在“走出去”和参与“一带一路”建设中遇到的实际困难和问题。对涉及“一带一路”及国际产能和装备制造合作的多个政策文件提出了建议。

二、引导和支持举措

（一）完善推进机制

在与国家发展改革委、商务部建立的合作机制中，将推动民营企业参与“一带一路”建设工作列为合作重点，并建立了日常工作机制。加大对工商联干部涉外工作培训，提升服务素质和能力。

（二）加强调查研究

多次组织开展了民营企业“走出去”和参与“一带一路”建设调研，分析民营企业“走出去”和参与“一带一路”建设中的新情况，有针对性地提出政策建议和开展服务工作。

（三）做好基础工作

收集民营企业“走出去”和参与“一带一路”建设的最新动态、项目信息、区域经济合作情况，掌握民营企业“走出去”和参与“一带一路”建设整体情况。

（四）注重宣传引导

加大对民营企业“走出去”和参与“一带一路”建设典型事迹的宣传力度，在《中华工商时报》《中国工商》杂志推出“走出去”专栏专版，解读“走出去”政策，树立民营企业“走出去”典型。

三、推进“一带一路”建设、国际产能和装备制造合作的相关举措

（一）开展民营企业“走出去”和参与“一带一路”建设调研

赴13个省区市进行了重点调研，召开企业、商会、工商联、政府部门各类座谈会165场，实地调研企业592家、商会116家，汇总“走出去”企业有效调查问卷2933份，形成了《民营企业走出去和参与“一带一路”建设调研报告》并报送党中央和国务院。

（二）组织民营企业参加推进“一带一路”、国际产能和装备制造合作工作座谈会

与国家发展改革委联合召开了民营企业推进国际产能和装备制造合作座谈会，就国际产能合作开展形式、重大项目和重点产业、加快推进国际产能合作重点政策与“三年行动计划”进行了深入解读。

（三）组织民营企业出访“一带一路”沿线国家

率团出访，加深了与沿线有关国家政府机构和商会组织的联系，考察了中国民营企业海外投资发展和境外工业园区情况；了解民营企业“走出去”的现状和问题。

（四）举办“一带一路”建设和“走出去”相关培训班

举办培训班，与中国驻外使领馆面对面交流活动，针对民营企业在“走出去”和参与“一带一路”建设过程中遇到的政策、信息、融资、税收、风险等突出问题开展培训。

（五）组织开展民营企业参与境外工业园区建设

研究开展民营企业境外工业园区调研，研究民营企业参与境外工业园区建设工作。

财税金融政策措施

统筹国内、国外“两个市场、两种资源”，对接相关国家建设和发展需求，加大财税金融支持“一带一路”建设、支持国际产能和装备制造合作力度，不仅是扩大国际投资经贸合作的重要机遇，也是国内经济结构调整和产业优化升级的重要抓手。2015年以来，人民银行、国家税务总局、证监会、银监会、保监会、外汇管理局等部门颁布实施了多项提高“走出去”效率，防范风险，促进企业对外投资发展的政策措施。

第一节 中国人民银行

2015年以来，人民银行积极落实国务院各项工作部署和要求，采取以下措施，推进与国际产能和装备制造合作，以及“一带一路”建设相关的企业“走出去”工作。

一、完善宏观信贷政策指导，加大资金支持力度，打造多渠道投融资框架，营造良好的金融环境

一是鼓励商业性金融机构创新金融产品，引导金融机构以企业境外资产和股权、矿权等权益为抵押提供贷款，加强对企业“走出去”的金融服务。二是完善外汇储备多元化运用，运营好规模为400亿美元的丝路基金，以及成立首期规模各为100亿美元的中拉产能合作投资基金与中非产能合作基金；与非洲开发银行、国际金融公司、泛美开发银行等多边开发机构设立了联合融资基金。通过股权投资、债务融资等手段，以市场化方式支持企业“走出去”的有关重点项目和关键领域。三是鼓励“一带一路”沿线机构参与中国债券市场。2015年7月，人民银行宣布将境外央行、国际金融组织、主权财富基金运用人民币投资银行间市场的申请程序简化为备案制，取消其投资额度限制，扩大其投资范围。2016年2月，人民银行发布公告，进一步拓宽银行间债券市场境外机构投资者范围，引入更多投资者类型，取消投资额度限制，简化管理流程，同时加强信息监测等审慎管理。此外，人民银行还积极推动境外机构在境内发行人民币债券，截至2016年10月，银行间债券市场境外发债主体已包括政府类机构、国际开发机构、金融机构、非金融企业等，累计发行人民币债券516亿元。

二、推进人民币国际化进程，提高人民币跨境结算效率，扩大人民币在跨境贸易和投资中的使用

一是成功推动人民币加入国际货币基金组织特别提款权货币（SDR）篮子，人民币纳入SDR货币篮子是人民币国际化的里程碑，有助于跨境贸易和投资中人民币的使用。2016年8月和10月，世界银行和渣打银行（香港）分别在中国银行间债券市场成功发行SDR计价债券，这是推动SDR金融工具市场化的有益尝试，也有利于进一步促进扩大SDR的使用。二是进一步完善跨境人民币清算安排，组织建设人民币跨境支付系统（CIPS，一期）。2015年10月，CIPS（一期）顺利投产，并逐步成为人民币跨境结算业务的重要渠道，对推动人民币国际化起到支撑作用。截至2016年11月底，CIPS（一期）共有27家境内外直接参与者，480家境内外间接参与者。较上线初期增加8家直接参与者、304家间接参与者。三是支持人民币在“一带一路”沿线跨境贸易和投资中的使用。2016年1月至11月，“一带一路”沿线国家跨境人民币收付总额为6.69万亿元，约占同期跨境人民币收付总额的72.6%。截至2016年11月底，已有17个国家或地区获得人民币合格境外机构投资者（RQFII）额度，其中7个为“一带一路”沿

线国家或地区，额度共6000亿元人民币，占获准总额度的41.1%。四是开展双边本币互换和完善人民币清算安排。截至2016年11月底，人民银行已先后与22个“一带一路”沿线国家和地区的央行签订了双边本币互换协议，总规模超过1.38万亿元人民币，约占已签订互换协议总金额的41%。截至目前，人民银行已在23个国家和地区设立了人民币清算行，其中10家设在“一带一路”沿线国家和地区。

三、积极推动与多边开发机构合作，为企业“走出去”搭建重要平台

一是推动中国2016年1月加入欧洲复兴开发银行（EBRD），加入EBRD有助于强化中国与有关地区金融合作，助推“一带一路”建设与欧洲投资计划等顺利对接，便利中资企业和金融机构与EBRD开展项目融资合作。二是稳步开展亚投行和金砖国家新开发银行有关工作。金砖国家新开发银行已于7月在中国发行了30亿元人民币的绿色债券。

第二节　国家税务总局

近年来，国家税务总局不断完善税收政策，充分发挥税收协定作用，拓展税收信息宣传与服务，主动服务“一带一路”发展战略，为中国纳税人“走出去”提供了有力支持和保障。

一、完善税收政策，优化征管流程

（一）明晰境外所得税收政策，助力企业“走出去”

为助推中国企业走出去，现行税收法规政策对境外所得采取限额抵免课税制度，国家税务总局不断明晰政策规定、优化征管流程。具体规定包括：

1．《中华人民共和国企业所得税法》及《中华人民共和国企业所得税法实施条例》规定，中国采取限额抵免制度对企业来源于境外的所得进行课税。

2．《关于企业境外所得税收抵免有关问题的通知》（财税〔2009〕125号）。文件从境外所得的适用范围、收入确认、投资损失和业务盈亏弥补的处理、境外缴纳税款的抵扣、特殊扶持政策、申报管理及违规处罚措施等方面对所得税法规定的境外所得税收抵免制度做了较为全面的规定。

3．《关于发布<境外所得税收抵免操作指南>的公告》（国家税务总局公告2010年1号）。通过11个示例，从具体操作角度对财税〔2009〕125号文进行了解释。

4．《财政部 国家税务总局关于高新技术企业境外所得适用税率及税收抵免问题的通知》（财税〔2011〕47号）。明确了高新技术企业其来源于境外的所得可以适用15%的优惠税率，在计算境外抵免限额时，可按照15%的税率计算境内外应纳税总额。

5．《财政部 国家税务总局关于我国石油企业在境外从事油（气）资源开采所得税收抵免有关问题的通知》（财税〔2011〕23号）。对“走出去”的特定行业做了特殊规定：一是试行“不分国不分项”的抵免计算方法，二是间接抵免层级增加至五层。

6．《国家税务总局关于境外注册中资控股企业依据实际管理机构标准认定为居民企业有关问题的通知》（国税发〔2009〕82号）。明确了境外注册中资控股企业由于实际管理机构在中国境内而被认定为中国居民企业的，可以适用居民企业税收政策。

7．《国家税务总局关于企业境外所得适用简易征收和饶让抵免的核准事项取消后有关后续管理问题的公告》（国家税务总局公告2015年第70号）。简化税务行政审批，将原税务审批规定调整为事后备案管理，符合条件的企业可在年度汇算清缴期内，向主管税务机关报送备案资料。

8．《国家税务总局关于开具<中国税收居民身份证明>有关事项的公告》（国家税务总局公告2016年第40号）。简化办理流程，明确办理时限和资料要求，便利企业和个人开具《中国税收居民身份证明》、享受税收协定优惠待遇。

（二）优化出口退税管理制度，促进外向型经济发展

1．实施出口退（免）税企业分类管理。先后发

布《国家税务总局关于发布<出口退(免)税企业分类管理办法>的公告》（国家税务总局公告2015年第2号）及《国家税务总局关于发布修订后的〈出口退（免）税企业分类管理办法〉的公告》（国家税务总局公告2016年第46号）。根据纳税信用、税收遵从、内部风险控制等情况，对出口企业实施分类管理。

2．进一步优化出口退税服务。一是允许延期退税申报。发布《国家税务总局关于逾期未申报的出口退（免）税可延期申报的公告》（国家税务总局公告2015年第44号），规定出口企业由于特殊原因逾期未办理的出口退（免）税可延期办理。二是延长相关业务申报期限。发布《国家税务总局关于延长2016年出口退（免）税相关业务申报期限的公告》（国家税务总局公告2016年第22号），延长2016年出口退（免）税相关业务的申报期限，帮助企业统筹做好全面推开“营改增”试点、出口退税信息系统升级等相关工作。三是简化退税申报手续。2015年先后发布《国家税务总局关于出口企业申报出口退（免）税免予提供纸质出口货物报关单的公告》（国家税务总局公告2015年第26号）及《国家税务总局关于出口退（免）税有关问题的公告》（国家税务总局公告2015年第29号），规定自2015年5月1日起出口的货物，企业在申报退税时，不再提供纸质出口报关单，并取消了3项退税申报资料，进一步减轻纳税人的办税负担。四是完善有关出口退税管理规定。发布《国家税务总局关于进一步加强出口退（免）税事中事后管理有关问题的公告》（国家税务总局公告2016年第1号），加强出口退（免）税事中事后管理，持续优化退税服务。

二、完善国际税收协定网络，积极维护“走出去”企业的权益

（一）不断提升中国国际税收协定覆盖面

经过30多年的努力，中国的税收协定网络已经延伸到六大洲，覆盖了中国主要的投资来源地和对外投资目的地，有力配合了中国“走出去”战略的实施，有效保护了中国对外投资者的利益。计划对未签署协定的国家加快谈签进程，同时积极推动对早年已签署协定的部分或全面修订，争取早日实现“一带一路”国家税收协定全面覆盖，为中国企业境外投资经营保驾护航，清障搭桥。“一带一路”建设实施以来，中国与俄罗斯、印度尼西亚、爱沙尼亚、罗马尼亚、巴林等国对已有协定完成了全面或部分修订，并签署了税收协定或议定书；与柬埔寨签署了税收协定；与波兰签署了互免国际运输增值税的协议。

（二）积极发挥税收协定磋商机制作用

运用税收协定项下的双边磋商机制，为企业解决境外税收争议提供维权服务。确保企业在东道国切实享受协定优惠待遇，并为其解决涉税争议，消除税收歧视，避免双重征税或税款损失。

“走出去”企业到与中国签有税收协定的国家投资或经营，如果认为该国的主管税务当局征收的税款或采取的税收措施与双方签订的税收协定的规定不相符，可以向中国省级税务机关提出申请，由国家税务总局与缔约国对方主管税务当局进行相互协商。“一带一路”建设实施以来，中国与哈萨克斯坦、塔吉克斯坦、印度、印度尼西亚等国开展了税收协定相互协商，为中国企业消除双重征税共计6.4亿元。

三、加大税收政策宣传，主动服务“走出去”企业

2015年，国家税务总局下发了《国家税务总局关于落实“一带一路”发展战略要求做好税收服务与管理的通知》（税总发〔2015〕60号），从“谈签协定维权益、改善服务促发展、加强合作谋共赢”三个方面研究提出了服务“一带一路”发展战略的十条税收措施，要求各地贯彻落实。

一是建立了税收服务“一带一路”网页，介绍有关国家税收政策和中国有关税收政策解读、办税服务指南等。深入了解境外企业涉税诉求，为海外中资企业答疑解惑。二是通过各种媒体，举办各种宣传活动，帮助“走出去”企业了解税收协定的作用，利用税收协定维护自身境外税收权益。三是加

强纳税服务热线的跨境投资税收政策咨询功能。多省在税务咨询12366平台上设置专岗，解答“走出去”企业的政策咨询，回应服务诉求。四是合理引导注册会计师事务所、注册税务师事务所等中介机构“走出去”，努力为“走出去”企业提供稳定、及时、方便的专业服务。

第三节 中国银行业监督管理委员会

一、政策文件

2015年2月，印发《中国银监会关于印发<商业银行并购贷款风险管理指引>的通知》（银监发〔2015〕5号）。

2015年8月，印发《中国银监会国家发展和改革委员会关于银行业支持重点领域重大工程建设的指导意见》（银监发〔2015〕43号）。

2016年2月，印发《中国银监会办公厅关于2016年进一步提升银行业服务实体经济质效工作的意见》（银监办发〔2016〕35号）。

二、权威解读

《商业银行并购贷款风险管理指引》的出台，有利于引导银行业金融机构优化并购贷款投向，帮助企业化解产能过剩，实现技术升级；有利于促进有竞争优势的境内企业“走出去”，提升跨国经营能力和产业国际竞争力。

《关于银行业支持重点领域重大工程建设的指导意见》的出台，旨在贯彻落实党中央、国务院相关工作要求，持续推进“一带一路”等重大战略实施，切实发挥银行业金融机构对国家重点领域、重大工程、重点项目的支持作用。

《中国银监会办公厅关于2016年进一步提升银行业服务实体经济质效工作的意见》的出台，有利于银行业金融机构进一步加大对实力较强、有比较优势企业“走出去”的支持力度，提升与“一带一路”及国际产能合作重点国家有关企业在基础设施建设、装备制造等多领域的合作水平；有利于进一步加大“两优”贷款和进出口信贷支持力度，支持生产型海外项目建设；有利于进一步完善金融产品与服务，借助境外资产、股权、矿权及自贸试验区投融资便利政策等为“走出去”企业提供多样化金融产品和服务；有利于进一步完善中资银行业金融机构海外机构布局。

三、引导和支持举措

2016年3月，中国银行业服务“一带一路”研讨会在京举行，21家中资银行和11家中资企业代表参加会议。研讨会初步建立起中国银行业服务“一带一路”沟通机制，为成员机构信息共享、经验交流、诉求反映、银企对接提供了平台。同时，发布《“一带一路”金融合作概览》，对“一带一路”沿线64个国家和地区的社会经济概况、银行业及银行监管合作情况进行了梳理和汇总。

2016年3月，银监会与捷克中央银行联合召开“一带一路”国家金融合作论坛，来自中捷金融机构、中资银行“一带一路”沿线分支机构和中捷银行业协会的代表参加论坛。期间，中国银行业协会与捷克银行业协会签署谅解备忘录，中国银行同捷克PPF集团签署合作协议，银监会与捷克中央银行签署《跨境危机管理合作协议》。论坛的召开及一系列协议的签订标志着中捷两国在金融领域的交流与合作向纵深发展，也为深化同其他“一带一路”国家金融合作提供了示范。

四、推进“一带一路”建设有关情况、措施、前景及下一步思路

（一）“一带一路”有关工作开展情况

完善机构和网络布局。截至2016年6月末，共有9家中资银行在“一带一路”沿线24个国家设立了56家一级分支机构，其中子行16家、分行32家、代表处8家。

全面提升金融服务水平。在依法合规、风险可控的前提下，引导银行业金融机构有序开展产品和

业务创新，加大对“一带一路”沿线基础设施建设、产能合作等重点领域信贷支持力度，保证重点项目稳步推进。

强化跨境监管合作。积极拓展深化同重点国家地区监管部门合作，加强跨境金融风险防范，为中外资银行业金融机构发展营造良好外部环境。截至2016年10月底，银监会共与68个国家或地区监管当局签署了双边监管合作谅解备忘录（MOU）或合作换文，其中“一带一路”沿线国家29个。

（二）下一步工作打算

一是引导银行业金融机构根据战略定位和自身特点进行产品和服务创新，为“一带一路”建设提供差异化、特色化的金融服务。在做好传统结算类、信贷类业务的基础上，鼓励银行业金融机构有序开展专项融资、现金管理等金融服务。鼓励有条件的银行到境外市场适度发行人民币和外币债券，募集资金主要用于支持“一带一路”建设。

二是支持银行业金融机构根据“一带一路”沿线国家情况及特点，通过建立境外贷款制度、加强项目前期调研、合理设计项目结构、完善风险缓释机制等多种手段有效管控风险，重点做好国别风险、声誉风险和法律风险管理。

五、推进国际产能和装备制造合作的下一步思路

一是引导银行业金融机构持续关注装备制造和国际产能合作，充分发挥政策性金融、开发性金融和商业性金融作用，为国际产能和装备制造合作提供融资支持。支持银行业金融机构总结支持国际产能和装备制造合作的良好经验，有序开展业务领域拓展和产品创新，在做好融资服务的同时，更好地为企业提供“融智”服务。

二是引导银行业金融机构围绕国际产能合作和装备制造合作开展调查研究，针对“走出去”企业、境外业务及东道国政治经济环境等方面的特殊性，完善公司治理、业务经营、风险防范等方面的体制机制，为机构良性发展和业务持续开展提供制度保障。

第四节 中国证券监督管理委员会

一、引导和支持举措

（一）支持境内证券期货经营机构“走出去”

根据中国内地与香港、澳门《关于建立更紧密经贸关系的安排(CEPA)》协议，截至2016年6月底，内地已批准27家证券公司、25家基金公司和18家期货公司在中国香港、美国设立分支机构。

（二）实施合格境内机构投资者(QDII)制度

截至2016年6月底，共批准40家基金管理公司QDII资格和124只QDII基金产品，已经成立111只QDII基金，资产净值903.87亿元；已批准15家证券公司QDII资格，QDII资产管理计划17只，资产净值27.87亿元。

（三）大力推进境外上市审批制度改革，积极支持境内企业到境外发行上市

2015年以来，为落实简政放权，便利企业以H股方式直接到境外上市，证监会梳理H股监管定位和逻辑，简化审核内容程序，突出监管重点，推出了一系列市场化的改革举措，基本实现境外上市审核向简易注册制的转变。

（四）研究启动“深港通”

“深港通”是复制沪港通试点取得的成功经验，境内交易所再度与香港交易所建立的连接机制，是内地与香港金融市场互联互通的又一重大举措。2015年，证监会做好完善“沪港通”、研究启动“深港通”的准备工作。

（五）两地基金互认

稳步推动实现两地基金产品互认。2015年5月，协助完成了证监会与香港证监会关于基金互认监管合作MOU的签署工作。2015年7月1日，两地基金互认正式实施。两地基金互认正式实施后，通过与香港证监会保持密切的联系与沟通，稳步推动两地基金互认产品的注册工作。2015年12月18日，首批两地互认基金同步正式注册。

二、保障措施

（一）积极开展国际交流与对外监管合作

中国证监会一贯重视与境外证券期货监管机构、国际组织、和政府部门的交流合作。积极配合国家“一带一路”建设，完成了与波兰金融监督管理局、哈萨克斯坦国家银行、阿塞拜疆国家证券委员会等3家沿线国家监管机构签署双边谅解备忘录事宜。截至2016年6月底，中国证监会已与58个国家（或地区）的证券期货监管机构签署了63个监管合作谅解备忘录。在上述双边监管备忘录和国际证监会组织（IOSCO）多边备忘录框架下，通过互派人员实习培训、共同参与国际性会议以及相互提供跨境监管协助，中国证监会与境外主要的证券监管机构增进了相互了解，扩大了监管合作范围。

（二）努力做好政府间高层对话、投资协定谈判和自贸区谈判等工作

2015年，完成了共计19次双边和多边对话谈判工作，取得了一系列成果，主要包括：一是促成中英双方就“沪伦通”开展可行性研究。二是利用首次中德财金对话机制，推动中资机构参与德国RQFII业务，促成了中德证券产品交易平台(中欧国际交易所)的建立。三是在中美BIT谈判中改进了负面清单出价，提出了分阶段放开证券期货行业外资股比限制的出价方案，为中方在谈判中争取了极大的主动，成为奠定下一步对美谈判基调的重要筹码。四是第七次中美战略与经济对话中，就“小红筹”监管信息互换、审计监管合作等问题与美方达成了共识，有力地配合了习近平主席对美的首次国事访问。五是习近平访问新加坡期间，促进证券监管机构间的定期高层对话机制建立，共同探讨监管合作和产品开发，强化两国资本市场合作。

（三）以增强在国际证监会组织（IOSCO）中的参与度和话语权为抓手，积极参与国际宏观经济政策协调机制

一是积极参与IOSCO相关工作，提升参与国际证券监管标准制定的水平和能力；二是跟踪研究IOSCO各项工作进展，在多边场合积极发声，宣传中国资本市场的改革举措。参与IOSCO公司治理、市场创新、资本市场数字化、金融体系操作风险情景分析等专项研究；三是加强与IMF、FSB、OECD等多边国际组织合作。按照金融部门评估规划(FSAP)办公室统一部署，启动了FSAP更新评估工作。配合做好国际货币基金组织(IMF)第四条款年度磋商和后续关于中国股市波动的补充磋商，争取IMF对中国稳定市场措施的客观评价和有关意见建议，配合完成金融稳定理事会(FSB)关于金融脆弱性和影子银行同行评估和起草中国与经济合作与发展组织(OECD)合作的中期愿景及行动计划。同时，积极参与亚太经合组织金融监管机构培训倡议(AEPCFRTI)，与亚洲开发银行(ADB)、东盟与中日韩宏观经济研究办公室(AMRO)等国际组织和机构保持良好的工作联系。

第五节　中国保险监督管理委员会

一、政策文件

2015年3月27日，出台《中国保监会关于调整保险资金境外投资有关政策的通知》（保监发〔2015〕33号）。

二、权威解读

一是在风险管控方面，调整境外投资专业人员资质要求。要求保险机构应当参照《关于保险机构投资风险责任人有关事项的通知》实施境外投资风险责任人制度，至少配备2名境外投资风险责任人，落实境外投资业务风险责任。

二是适当拓宽境外投资范围，给予保险机构更多的自主配置空间。拓展保险资产管理机构受托投资范围，扩大境外债券投资范围，增加香港创业板股票投资。

三、引导和支持举措

（一）宣传保险资金境外投资有关政策

一是定期召开境外投资政策培训会，一方面解读保险资金境外投资政策，另一方面披露保险资金境外投资相关情况和风险状况。二是定期举办境外投资专项培训交流会议。专门就海外不动产、基础

设施和私募股权等领域举办专项培训交流，

（二）推动上海航运保险协会“走出去”参与国际规则制定

通过支持该协会开发保险产品、实施航运保险产品注册制改革等举措，激发市场活力和创新动力，提升航运保险供给能力和水平。推动形成了保险公司、行业协会、保险经纪人条款互为补充的多层次产品体系。推动上海航运保险协会加入国际海上保险联盟（IUMI）支持保险业更好地服务对外投资合作和外贸出口业务发展。

四、保险资金境外投资总体情况

截至2016年9月末，共有52家保险机构获准投资境外市场，投资余额为457.51亿美元，占上季末总资产的2.14%。

总的看，保险资金境外投资呈现以下特点：一是投资地域从香港市场拓展至英、美和澳大利亚等发达国家和地区；二是投资品种从股票投资扩大至股权、股权投资基金和不动产等投资品种，保险机构逐步开始资产的全球化、多元化配置。

五、保障措施

一是加强保险机构境外投资管理能力建设。顺应简政放权总体要求，取消保险资金境外投资行政许可，同时加强后端管理，推动保险机构提升境外投资能力建设。

二是规范保险机构境外融资行为。联合保险资产管理行业协会召集保险机构专题研究保险机构境外融资，起草《关于规范保险机构开展内保外贷业务有关事项的通知》，规范保险机构开展内保外贷业务，防范境外融资风险。

三是完善保险资金境外投资统计制度。增加保险资金境外直接投资的统计维度，采集境外投资数据，为非现场监测奠定坚实的基础。

六、推进“一带一路”建设有关情况

一是为“一带一路”建设提供资金支持。建立总规模3000亿元的保险行业投资基金，将引导保险资金更好地服务“一带一路”等国家战略和实体经济发展。

二是推动中资保险机构在“一带一路”沿线国家设立营业机构，为中国在当地投资项目提供保险保障。

三是提升保险服务能力保障“一带一路”建设。指导保险公司不断提升承保理赔效率，服务保障“一带一路”建设。

下一步，将继续鼓励保险机构进行产品创新和服务创新，加大对出口信用保险、海外投资保险和再保险等方面的支持力度。

七、推进国际产能和装备制造合作的有关情况

积极配合财政部等部门，推动中国出口信用保险公司发挥海外投资保险作用。截至2016年6月底，海外投资保险累计承保“一带一路”项目1062个，涉及国家32个，承保金额共计1506.2亿美元。

第六节 国家外汇管理局

近年来，根据中国国际收支发展形势，大力改革创新，积极发挥外汇政策支持实体经济的功能，扶持境内企业“走出去”，大力支持“一带一路”建设、扶持装备制造业等实体经济的功能，推进国际产能合作。

一、政策文件

2015年2月，发布《国家外汇管理局关于进一步简化和改进直接投资外汇管理政策的通知》（汇发〔2015〕13号，以下简称《通知》）。

二、权威解读

《通知》包括外商直接投资和境外直接投资外汇管理有关内容。其中，境外直接投资外汇管理主要包括：一是简化境外直接投资项下外汇登记。二是取消境外再投资外汇备案。三是境外直接投资外汇年检改为投资存量权益登记。四是不断完善事中事后监管。

三、推进“一带一路”建设、推进国际产能和装备制造合作

根据汇发〔2015〕13号文件，自2015年6月1日起，下放直接投资项下外汇登记核准。目前，包括装备业等在内的全国境内企业可直接到银行办理境外直接投资项下相关外汇登记。在东北地区实施境外并购外汇管理改革试点，允许境内企业在境外并购投资时“先上车、后买票”，开辟了东北地区装备制造业的企业汇出境外并购资金的“直通车”渠道，有效实施“一带一路”“国际产能合作”国家战略。

下一步，以有序推进人民币资本项目可兑换为中心，继续深化外汇管理重点领域改革，进一步贯彻落实国家“走出去”战略，大力支持和促进境内企业“走出去”发展壮大。加强境外直接投资相关的监管部门联动，强化境外直接投资真实性、合规性审核，在推进境外直接投资便利化的同时积极防范境外直接投资风险，完善和规范市场秩序，促进境外直接投资有序健康发展，保持国际收支基本平衡。

“一带一路”沿线主要国家

随着“一带一路”建设持续推进，中国积极发展与沿线国家的经济合作关系，在中国与“一带一路”沿线国家经济合作方面，跨境直接投资是一个关键和核心的领域，合作重点包括基础设施互联互通、能源资源合作、工业园区和优势产能合作等。2015年，中国对“一带一路”沿线国家投资流量快速增长，投资行业日趋多元化，同时并购持续活跃。预计未来，中国对“一带一路”沿线国家的直接投资规模将会显著上升，合作前景更加广阔。

第一节　发展回顾

2015年，中国对“一带一路”沿线的50个国家进行了直接投资，投资流量快速增长，是对全球投资增幅的2倍。投资行业日趋多元化，分布在租赁和商务服务业、制造业、能源、采矿业、金融业、建筑业等多个行业领域，同时并购活动较为活跃。

一、投资流量快速增长

2015年中国企业对“一带一路”沿线国家的投资流量189.3亿美元，同比增长38.6%，是对全球投资增幅的2倍，占当年流量总额的13%。截至2015年末，中国对“一带一路”沿线国家的直接投资存量为1156.8亿美元，占中国对外直接投资存量的10.5%。

（单位：亿美元）

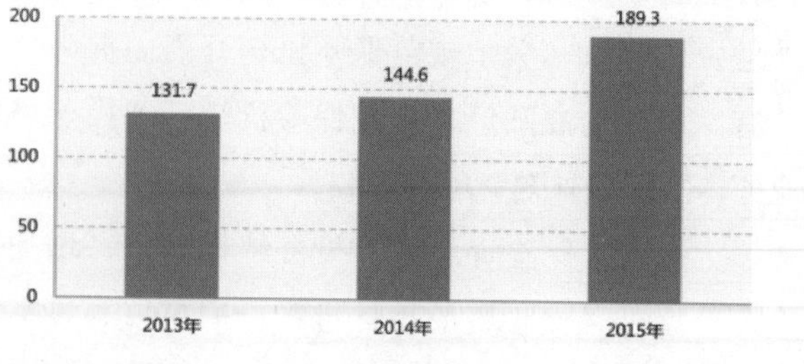

图3—31　2013—2015年中国对“一带一路”直接投资流量

数据来源：商务部、国家统计局、国家外汇管理局《2015年度中国对外直接投资统计公报》。

二、国别（地区）分布全覆盖，重点国别占比较高

2015年，中国企业共对“一带一路”沿线的50个国家进行了直接投资。从投资流量看，排名前10的国家有：新加坡、俄罗斯、印度尼西亚、阿联酋、印度、土耳其、越南、老挝、马来西亚、柬埔寨。从投资存量看，截至2015年末，位列前10的国家是：新加坡、俄罗斯、印度尼西亚、哈萨克斯坦、老挝、阿联酋、缅甸、巴基斯坦、印度和蒙古，对以上十国投资存量总额占全球存量总额的74%。其中，对新加坡投资流量和存量都位居第一，分别占“一带一路”沿线国家的55%和28%；其次是俄罗斯，2015年中国对俄罗斯直接投资快速增长，流量29.61亿美元，同比增长367.3%，占对“一带一路”投资流量的16%。

（单位：亿美元）

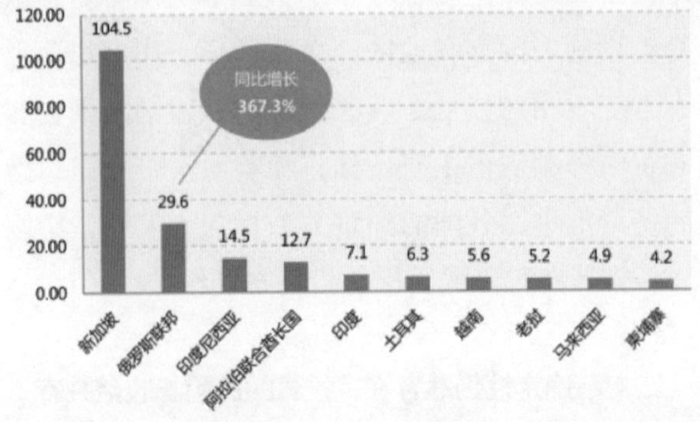

图3-32　2015年中国对“一带一路”直接投资流量前10国别和地区分布

数据来源：商务部、国家统计局、国家外汇管理局《2015年度中国对外直接投资统计公报》。

（单位：亿美元）

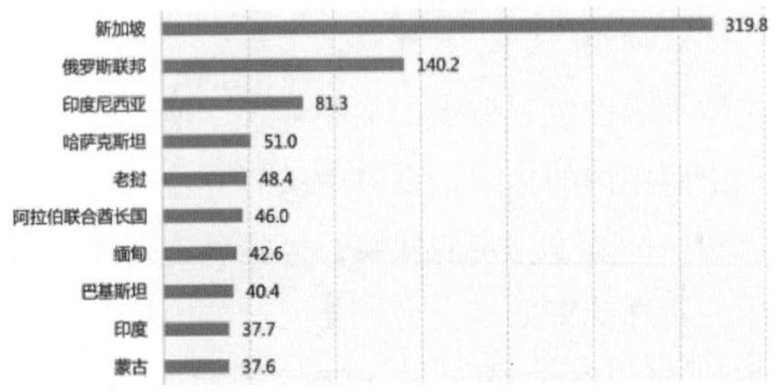

图3-33　2015年末中国对“一带一路”直接投资存量前10国别和地区分布

数据来源：商务部、国家统计局、国家外汇管理局《2015年度中国对外直接投资统计公报》。

三、投资行业日趋多元化

2015年，中国对“一带一路”沿线国家和地区的投资行业日趋多元化，投资存量分布在多个行业领域，包括租赁和商务服务业、制造业、能源、批发和零售业、采矿业、金融业、建筑业等。以东盟为例，2015年，中国对东盟投资主要流向租赁和商务服务业66.74亿美元，同比增长438.6%，占45.7%，主要分布在新加坡、越南、马来西亚、印度尼西亚等；制造业26.39亿美元，占18.1%，主要分布在印度尼西亚、泰国、新加坡等；批发和零售业17.43亿美元，占11.9%，主要分布在新加坡、泰国、柬埔寨、马来西亚等；金融业9.12亿美元，占6.2%，主要分布在新加坡、缅甸、柬埔寨、越南等。

（单位：亿美元）

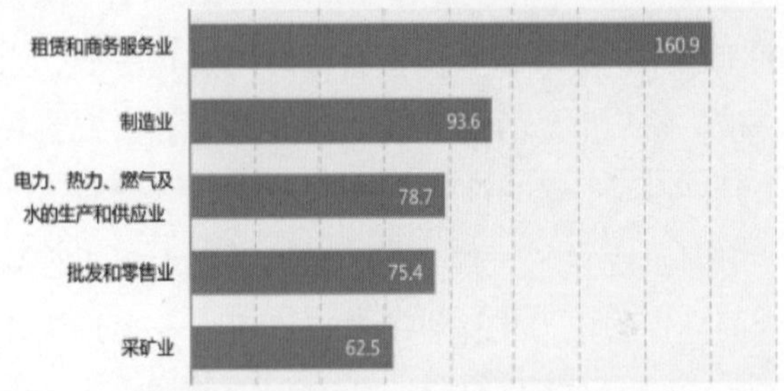

图3-34　2015年末中国对东盟直接投资存量行业分布

数据来源：商务部、国家统计局、国家外汇管理局，《2015年度中国对外直接投资统计公报》。

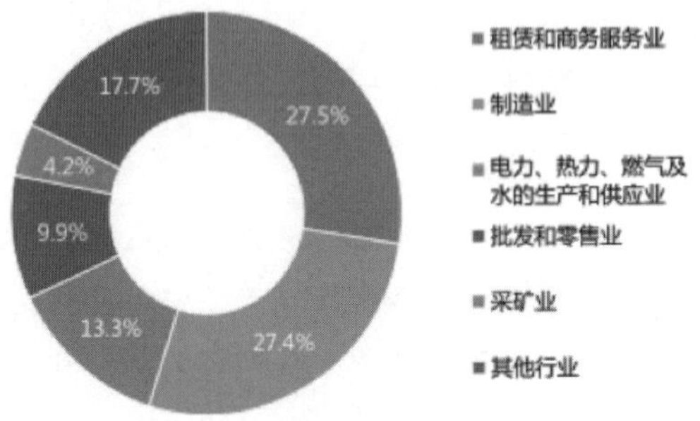

图3-35　2015年末中国对东盟直接投资存量行业比重图

数据来源：商务部、国家统计局、国家外汇管理局，《2015年度中国对外直接投资统计公报》。

四、并购项目逐步增加

2015年中国企业对“一带一路”沿线国家并购项目101起，并购金额92.3亿美元，占并购总额的17%。其中，以色列、哈萨克斯坦、新加坡、俄罗斯、老挝等国家吸引中国企业并购投资超过10亿美元。

五、承包工程持续增长

中国与“一带一路”沿线国家在基础设施领域的合作日益加强。2015年，中国对“一带一路”沿线国家承包工程新签合同额926.39亿美元，同比增长7.4%；完成营业额692.65亿美元，同比增加7.6%；分别占当年各国（地区）新签合同总额和完成营业额总额的44.1%和44.9%。

巴基斯坦、印度尼西亚、马来西亚、沙特阿拉伯、老挝、孟加拉、泰国、越南、埃及和土耳其是中国企业在“一带一路”上承包工程领域十个最大的国别市场，新签合同额合计570.15亿美元，占“一带一路”市场的61.5%；完成营业额合计352.16亿美元，占“一带一路”市场的50.8%。

中国企业在“一带一路”沿线国家承包工程新签合同额中，电力工程建设占27.35%，交通运输建设占16.2%，房屋建筑项目占15.69%。

第二节 发展前景

一、中国与“一带一路”沿线国家将全方位深化合作

随着“一带一路”建设持续推进，中国将积极发展与沿线国家的经济合作伙伴关系，共同打造一个政治互信、经济融合、文化包容的利益共同体、命运共同体和责任共同体。通过强化双多边合作机制，特别是发挥上海合作组织（SCO）、中国－东盟“10+1”、亚太经合组织（APEC）、亚欧会议（ASEM）、中国－中东欧国家合作机制（16+1）等现有多边合作机制作用，进一步加强同相关国家沟通，增强政治互信。“一带一路”主要地区相关国家领导人均公开表示，支持并愿意参加丝绸之路经济带建设，扩大双边贸易与相互投资，以拉动交通，经贸和基础设施建设，加强合作，推动多双边关系进一步发展。

二、投资规模将继续扩大，投资领域向多元化发展

中国与“一带一路”沿线国家的合作领域，除了电力、交通、石油石化、建筑建设等传统领域外，将进一步朝着多元化方向发展，在租赁和商务服务业、批发和零售业、金融业等领域的投资规模将持续增加。预计未来，区域性投资差异将逐渐显现，对不同区域的国家（地区）在主要投资领域方面将会有较大不同。传统领域如石油石化，电力工程建设合作仍然主要在分布于中亚等资源丰富但缺少基础设施的国家和地区，而菲律宾、印度尼西亚等人力资本相对较低，资源稀少的东盟国家则会在服务贸易等领域占主要份额。随着“一带一路”建设的持续推进，各国的经贸关系将深入发展，中国对“一带一路”沿线国家的投资将继续扩大。

三、不确定性仍然存在，投资的风险与收益并存

随着国际金融危机的影响持续，世界各国经济普遍低迷，需求下降，世界贸易投资格局发生了深刻的变化，如何更好地利用“一带一路”建设刺激各国经济，构建一个丝绸之路经济共同体还是一个亟待解决的问题。而战略上由美国主导的跨太平洋伙伴关系协议（TPP）是一项多边贸易协定，体现了美国提出的重返亚太的战略诉求，通过提高准入门槛限制中国的加入，会对中国“一带一路”建设的成功实施造成一定的威胁。但随着支持美国退出TPP的新总统特朗普上台，美国对“一带一路”的政策是持续对抗还是减少干涉甚至加入亚投行还是一个未知数。而由俄罗斯总统普京于2011年提出的欧亚经济联盟会很大程度上促使中俄合作共同开发中亚地区，但不能排除因为功能重合而产生矛盾的可能性。

金融业对外投资合作

2015年在“一带一路”建设的推动下，中国金融业对外投资大幅增长。金融业不但成为中国“走出去”的主要行业，同时也为中国实体企业“走出去”提供积极的金融服务。

第一节 对外投资合作概况

一、发展现状

2015年，中国金融机构对外直接投资活跃。全年累计实现对外直接投资244.3亿美元，其中流向境外金融类企业的直接投资237亿美元，流向境外非金融类企业的直接投资7.3亿美元。2015年中国企业对金融业直接投资流量242.7亿美元，同比增长52.3%，占比16.6%，其中非金融机构流向境外金融企业的投资5.5亿美元。

（单位：亿美元）

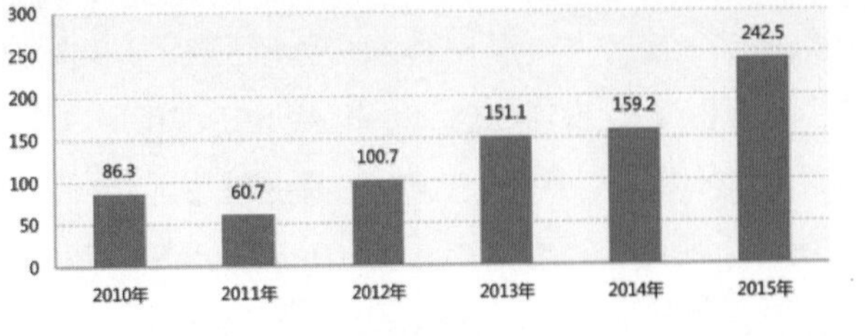

图4—1 2010—2015年中国金融业对外直接投资流量

数据来源：商务部、国家统计局、国家外汇管理局，《2015年度中国对外直接投资统计公报》。

截至2015年末，中国金融业对外直接投资存量为1596.6亿美元，占比14.5%，是中国对外直接投资的第二大行业。其中以亚洲市场的直接投资规模最大，以大洋洲市场的直接投资增长最快。2015年末，中国金融业境外企业共449家，占比1.5%。

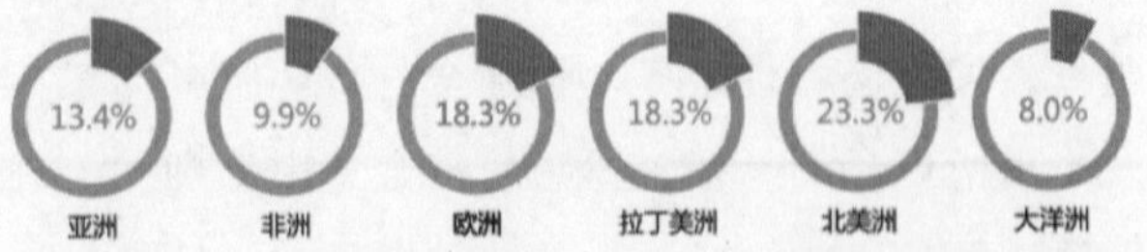

图4—2 2015年末金融业在各大洲投资占比情况

数据来源：商务部、国家统计局、国家外汇管理局，《2015年度中国对外直接投资统计公报》。

二、发展趋势

随着中国企业“走出去”进入新的发展阶段，中国金融业对外投资合作有望迎来新一轮发展机会。投资主体更加多元化，银行、证券、保险齐头并进，中资金融机构、民营资本将深入参与国际金融投资合作。国际服务内容日益全面，增值类服务增多，并逐渐成为新的增长热点。投资方式由传统设立分支机构的方式转向兼并收购，更好地整合东道国本地资源。投资市场聚集亚洲之外，进一步部署欧洲、拉丁美洲，并积极拓展“一带一路”沿线国家。2016年2月，银监会出台了《中国银监会办公厅关于2016年进一步提升银行业服务实体经济质效工作的意见》（银监办发〔2016〕35号），指出支持政策性银行、大型银行和全国性股份制商业银行在风险可控、商业可持续的前提下，稳步推进海外机构布局，中国银行业海外布局有望进一步加速。

第二节 国际合作特点

一、海外金融服务内容更加丰富

截至2015年末，工行、农行、中行、建行、交行五大国有商业银行（以下简称“五大行”）境外资产投资总规模9.87万亿元人民币，同比增长14.2%，境外营业收入突破2000亿元，利润突破

1000亿元，同比增长分别为17.0%、6.7%；中国保险资金境外投资余额2518.0亿元人民币，同比增长54.7%，占保险业总资产的2.05%，海外金融服务逐渐成为金融机构新的业务增长点，境外盈利能力提升，服务内容更加丰富，除传统的存贷款业务、国际结算业务外，增加了财务顾问、开发顾问等投行业务，加强前端性服务，构建全方位的服务体系，人民币衍生品交易、企业跨境资金集中管理、境外人民币债券等领域成为新的业务增长点。证券机构逐渐提升在海外上市承销、财务顾问、经纪业务、资产管理、财富管理等领域的服务水平。

二、各类金融机构加速海外布局

银行业走在中国金融国际合作的前沿。截至2015年末，22家中资银行开设了1298家海外分支机构，覆盖全球59个国家和地区，其中五大行设立境外分行和附属机构合计136家。银行业积极参与国际项目融资，出台政策文件、设立联合融资基金，促进有竞争优势的境内企业“走出去”，扶持企业完成海外收购项目，如2015年，进出口银行“走出去”及国际产能合作业务增速达到21.2%；中国银行对与国际产能合作密切相关的装备制造业客户授信余额约3255亿元人民币；工行为中国光明食品集团收购以色列Tnuva公司股权提供1亿欧元贷款。同时，银监会积极拓展和深化跨境监管合作，加强跨境风险防范，截至2016年10月底，银监会共与68个国家或地区监管当局签署了双边监管合作谅解备忘录（MOU）或合作换文。

保险资金境外投资步伐加快。近几年，人民币汇率升值预期降低，保险资金境外投资步伐明显加快，投资规模持续增加，投资范围不断扩大，投资标的日趋丰富。2015年3月，保监会出台了《中国保监会关于调整保险资金境外投资有关政策的通知》，拓展了保险资金境外投资范围，为保险机构在全球范围内实施资产多元化配置创造了有利环境。同年，国务院通过了《中国保险投资基金设立方案》，将引导保险资金更好地服务国家战略和实体经济发展，支持国际产能合作和“走出去”重大项目。

证券行业积极推进海外布局。截至2016年6月底，已批准27家证券公司、25家基金公司和18家期货公司在中国香港、美国设立分支机构，证券机构立足香港市场之外，向日本、新加坡及欧洲市场延伸，截至2015年，香港中资背景以环球证券、环球期货为主营的公司分别达到30多家和20多家。2015年中信证券收购昆仑国际金融集团有限公司60%的股权，光大证券旗下子公司收购新鸿基金融集团有限公司70%股份，上海证券交易所、德意志交易所集团、中国金融期货交易所共同出资成立中欧国际交易所。此外，中国证券监督管理委员会积极推动政府间高层对话、投资协定谈判和自贸区谈判等工作，2015年完成19次双边和多边对话谈判，积极争取国际证监会组织(IOSCO)话语权，完善“深港通”“沪港通”，推动中国内地、香港两地基金互认，实施合格境内机构投资者(QDII)制度加，加快中国资本市场对外开放制度创新。同时，证券行业落实简政放权，推进境外上市审批制度改革，积极支持境内企业到境外发行上市。

三、聚焦亚洲市场，拓展“一带一路”沿线

中国金融业对外投资资金主要流向亚洲市场。2015年对香港的直接投资流量164.5亿美元，位列第一。截至2015年末，对亚洲的直接投资存量1030.9亿美元，占比64.6%，其中香港898.6亿美元；其次对拉丁美洲的直接投资存量230.7亿美元，占比14.4%，其中美国103.2亿美元；对欧洲的直接投资存量153.4亿美元，占比9.6%，其中欧盟150.2亿美元。

（单位：亿美元）

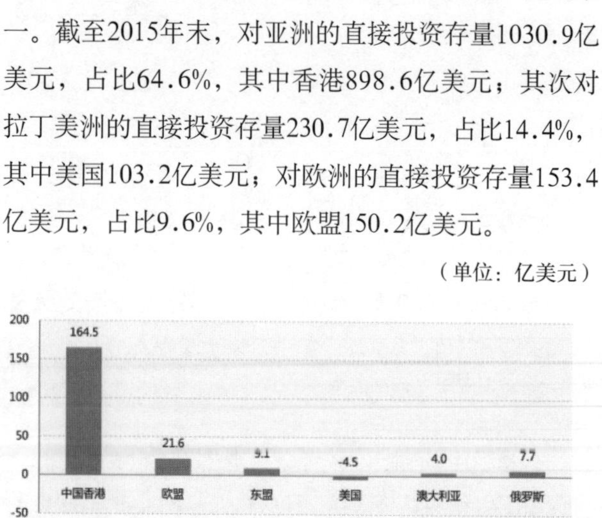

图4–3　2015年金融业在各主要经济体的对外投资规模

数据来源：商务部、国家统计局、国家外汇管理局，《2015年度中国对外直接投资统计公报》。

中国银行业和保险业加快布局“一带一路”沿线。截至2016年6月末，共有9家中资银行在“一带一路”沿线24个国家设立了56家一级分支机构，其中子行16家、分行32家、代表处8家。同时，建立了中国银行业服务“一带一路”沟通机制，编制《“一带一路”金融合作概览》，积极支持“一带一路”沿线基础设施建设，提高互联互通水平，促进境外资源开发，带动国际产能合作，助力企业“走出去”。截至2016年10月底，银监会与29个“一带一路”沿线国家加强跨境监管合作，签署合作备忘录。2015年，中国银行发行了首支“一带一路”债券，跟进区域重大项目约330个，意向性提供授信支持约870亿美元。

截至2016年6月底，有4家中资保险机构在“一带一路”沿线国家设立了营业机构，分别是中国人寿保险股份有限公司在新加坡设立的子公司，中国再保险（集团）股份有限公司在新加坡设立的子公司，中国太平保险有限公司在新加坡和印度尼西亚设立的子公司。目前中国保险投资基金已发行“中保投－招商局轮船股份股权投资计划”，服务于“一带一路”国家战略，投资地域覆盖欧洲、亚洲、美洲，投资领域涉及港口交通、能源运输、海上装备等，包括收购土耳其新建港口和欧洲成熟港口、对接俄罗斯亚马尔液化天然气运输项目等。截至2016年6月底，中国出口信用保险公司海外投资保险累计承保“一带一路”项目1062个，涉及国家32个，承保金额共计1506.2亿美元。

中国证券业积极参与“一带一路”建设。截至2016年6月底，中国证监会已与58个国家(或地区)的证券期货监管机构签署了63个监管合作谅解备忘录。其中，完成了与波兰金融监督管理局、哈萨克斯坦国家银行、阿塞拜疆国家证券委员会等3家沿线国家监管机构签署双边谅解备忘录事宜。

四、金融机构加速海外并购

除延续在海外设立分支机构的方式外，中国金融机构并购加速，通过控股的方式加强国际合作。2015年，中国金融业并购投资金额达66.1亿美元，同比增加217.8%，涉及项目18个，其中主要并购项目有中国民生投资股份有限公司全资收购天狼星保险集团，中国工商银行股份有限公司收购英国共银标准银行和土耳其TEKSTIL银行等。同时，在最新一轮的海外并购热潮中，券商已经取代银行成为主力。

第三节　金融业对外投资发展环境

一、总体判断

近年来，世界经济长期振荡调整，发达经济体缓慢复苏，增加了对外国投资者的需求，为吸引投资提供了各种便利。中国经济持续中高速增长，已经逐步走向资本输出时代，对世界经济发展的作用逐步提升。随着人民币国际化进程的加速，中国企业国际合作增加，中国金融机构处在“走出去”的黄金时期，金融机构的全球布局有望日益完善，金融服务更加有效。

二、发展机遇

（一）中国金融改革的持续推进

随着供给侧结构性改革的深入，中国金融机构努力提升商业化、市场化运营水平，不断完善公司治理结构，提升资源配置效率，进一步提升金融机构“走出去”能力。

（二）新一轮开放战略的有序部署

“开放”是中国经济“十三五”期间的五大理念之一，将支持中国企业“走出去”，实施国际化经营战略，开展国际产能合作。企业“走出去”离不开金融支撑，必将加快金融机构“走出去”步伐。资金融通是“一带一路”倡议重要内容，以亚洲基础设施投资银行（AIIB）为主导，国际金融合作有望进一步加深。

（三）人民币国际化程度不断提升

2015年人民币跨境支付系统（CIPS）成功上线，2016年人民币正式纳入特别提款权（SDR）货币篮子，并逐步向储备货币迈进，人民币在国际货币体系的地位逐步上升，为中国金融机构开展国际业务提供更为广阔的空间。

（四）全球市场对与中国开展金融合作更加积极

截至2015年末，中国人民银行已与33个国家和地区的货币当局签署货币互换协议，货币互换余额为3.31万亿元人民币；中国内地资本市场积极开展与境外市场合作，如“沪港通”“深港通”等股市互联互通机制陆续落地；中国也陆续对更多的境外机构投资者开放银行间债券市场。

三、面临挑战

（一）世界经济给不稳定带来金融风险

全球经济增长持续放缓，加之多国政治不稳定，使得金融对外投资风险加大。据IMF统计，已有近40%的发达经济体政府出现债券负收益，发达经济体25%以上的银行表现疲软。

（二）金融机构国际化发展经验不足

中国相对高速的经济增长及巨大市场潜力使得金融机构长期关注国内市场，对境外业务重视不足，缺乏从事国际业务的专业人才与经验，对于东道国金融监管体制、文化习俗、法律法规等方面不甚熟悉。同时境内外业务模式的差异，也给金融机构国际化发展带来一定挑战。

（三）中资金融机构海外布局遭遇准入壁垒

中资金融机构进入东道国市场不但要面临本国大型金融机构的直接竞争，同时存在部分国家对于中资金融机构申请牌照过度审查的情况，审查周期会超过其他外资银行。

第四节　促进金融业对外投资合作的对策措施

一、进一步深化金融体制改革

首先，进一步深化外汇管理体制改革，放宽跨境资本流动限制，简化审批登记手续。在自贸区谈判、服务贸易、区域经济合作谈判中，为金融机构“走出去”争取更有利的发展环境，进一步放宽准入门槛。

其次，进一步完善各类金融机构公司治理，鼓励模式创新、产品创新和服务创新，增加民间资本投入，支持拓展国内国际两个市场，提升竞争水平，提高运营效率。

二、加强金融“走出去”规划引导

要从中国新一轮对外开放的大局规划思考金融业“走出去”问题，积极围绕“一带一路”倡议，扩大和完善银行证券保险业在全球的战略布局，重点加大对东盟、非洲、拉丁美洲地区投资；重视对金融市场发达的国家和地区投资。

三、完善金融风险监管机制

持续建立宏观审慎政策框架，完善国有金融资本管理制度，完善外汇储备管理制度，建立健全外债和资本流动管理体系，实现金融风险监管全覆盖。同时，加强国际监管合作，对接国际监管规范。

四、培育金融国际化专业人才

重视国际化复合型专业人才培训，培养一支既熟悉国际法律法规和国际化运营与管理经验，又精通东道国语言、文化、习俗的专业化金融人才队伍。

农业对外投资合作

2014年以来，中国对外农业投资保持了强劲增长，投资企业数量、投资流量和存量实现三连增；投资主体构成日益多元化，各类型企业加快了对外农业投资步伐。在“一带一路”倡议的引领和带动下，中国对外农业投资整体形势向好，迎来发展的重要机遇期。2015年中国对外农业投资继续保持了强劲增长态势。

第一节　对外投资合作概况

一、对外农业投资概况

2014年中国对外农业投资流量由2013年13.0亿美元上升至18.0亿美元，增长幅度达38.4%，高于其他行业对外投资增速。截至2014年底，中国对外农业投资存量57.8亿美元，与上年同期相比增长46%。共有415家境内投资机构在境外设立了505家农业企业，与上年同期相比增加了14%，投资范围覆盖六大洲（除南极洲）的85个国家（地区）。其中，亚洲是中国对外农业投资最为集中的区域。中国企业在境外的经营范围涵盖了生产、加工、仓储、物流等多项业务，企业日益重视产业链建设，同时经营两种及以上业务的企业占23%。2015年，中国对外农业投资进一步增长，农、林、牧、渔业对外直接投资流量为25.7亿美元，占中国对外直接投资流量总额比重1.8%，同比增长26.4%。其中，中国企业实施对外农业投资并购项目37起，投资并购金额2.6亿美元，占同年中国对外投资并购交易总额的0.5%。2015年末中国农、林、牧、渔业对外直接投资存量为114.8亿美元，占中国对外直接投资存量的1.0%，其中农业占27%，林业占21.9%，渔业占9.9%。

二、对外农业投资发展趋势

“一带一路”倡议的实施为中国企业在沿线60多个国家开展农业投资合作带来机遇。“2015中国农业发展论坛”与会专家认为，在“一带一路”倡议带动下，或催生7500亿元农业海外投资合作机会。据农业部统计，2015年新增对外农业投资意向总规模达190亿美元。在投资方式上，独资仍然是最主要的投资方式。在投资主体上，随着中国经济对外开放程度的不断加深和对外投资经验的积累，投资主体将继续呈现多样化的发展趋势，其中，国有企业仍是引领中国农业对外投资发展的主体，民营企业也发挥了积极作用。在新增企业对外农业投资区域意愿上，亚洲和欧洲是中国境内投资机构最主要的意愿投资地，非洲因其廉价的劳动力和宽松的投资环境也成为国内众多企业的理想投资区域。

第二节　国际合作特点

一、行业结构以种植业为主，逐步呈现多元化趋势

2014年中国对外农业投资在结构分布上主要集中于种植业和农林牧渔服务业。境内投资主体的产业结构分布逐渐形成以种植业和农林牧渔服务业两大产业为主的趋势，截至2014年末，种植业对外投资存量占比53.6%，农林牧渔服务业占比14.1%。渔业和农林牧渔服务业对外农业投资增长较快，行业结构逐步呈现出多元化趋势。

二、海外布局集中在亚洲，“一带一路”沿线成热点

截至2014年末，中国企业已在全球85个国家（地区）进行海外农业投资，国别投资覆盖率达38.3%。中国对外农业投资与全行业总体投资的流向基本保持一致，主要集中于亚洲区域。中国企业对亚洲投资存量29.8亿美元，占比51.6%；其次是欧洲8.9亿美元，占比15.3%；大洋洲7.8亿美元，占比13.5%；非洲6.9亿美元，占比11.9%；南美洲3.3亿美元，占比5.7%；北美洲1.2亿美元，占比2%。从投资流量增长速度来看，中国对亚洲的农业投资增速最快。东盟10国、俄罗斯、中亚5国等“一带一路”沿线国家因其资源、地理、人文和政治经济等优势成为热点，尤其吸引了中资企业的投资。

三、投资方式以独资为主，合资合作形式有所加强

在投资合作方式上，独资仍然是中国企业对外农业投资最主要的方式。从企业数量看，独资企业数量占比59%，合资企业占比32.1%，合作企业占比

8.9%。从企业在境外设立公司的方式看，子公司占比71.4%；联营公司占比20.5%；分支机构占比8.1%。随着中国企业实力的不断增强，海外并购成为大型国有企业和民营企业开展对外农业投资的重要方式。

四、民营企业数量占优，投资总规模持平国有企业

在投资主体方面，私营企业和有限责任公司是中国境内投资机构的两大主体，在数量上分别占比38%和19.8%，而国有企业数量仅占中国对外农业投资企业总量的15.4%。从规模上看，民营企业和国有企业对外农业投资存量基本持平，但企均投资规模远低于国有企业。目前，对外农业投资企业数量和规模的快速增长表明中国境内机构正在加大海外投资力度，特别是民营企业以其灵活的经营方式表现出快速增长的态势，将成为中国对外农业投资的重要力量。

第三节　农业对外投资合作发展环境

一、总体判断

近年来，全球农业发展格局深度调整，气候变化对粮食主产区影响不断加深，生物质能源、金融投机活动等非传统因素使农产品国际市场不确定性持续加强，全球粮食安全及贫困问题仍然困扰着很多发展中国家，世界上仍有近8亿人忍受长期饥饿，20亿人遭受营养不良。农业持续增长动力不足和农产品市场供求结构显著变化，已经成为世界各国需要共同面对的新问题、新挑战，需要各国加强农业合作，共同促进农业可持续发展。

二、发展机遇

一是国际环境有利。后金融危机时代，各国更加重视农业基础地位，更加注重全球农业资源的整合利用和农产品市场的深度开发，对开展农业国际合作的诉求也更加强烈，为中国农业对外合作提供了难得的历史机遇。

二是国内组织保障。2014年11月，国务院批复同意农业部牵头成立农业对外合作部际联席会议，国家发展改革委、商务部等20家部门单位作为成员单位。2016年4月，国务院办公厅下发《关于促进农业对外合作的若干意见》（以下简称《意见》），从国家层面为农业对外合作提供了指导和遵循。

三是“一带一路”倡议有效串联国内国际。当前，中国正与有关国家积极开展战略对接，共同构建“一带一路”合作框架，多双边合作机制日益完善，为开展农业合作提供了有利平台。“一带一路”倡议政策沟通、设施联通、贸易畅通、资金融通、民心相通串联国内国际两个市场、两种资源，为开展农业合作提供了保障，为沿线国家实现农业产业优势互补、共享发展机遇创造了良好条件。

三、面临挑战

一是全球范围内争夺优质农业资源日益激烈。近年来，极端天气频繁影响全球粮食主要产区，全球粮食供应波动增大。发达国家依托国际大粮商的垄断力量，不断强化全球粮源、物流、贸易、加工、销售全产业链布局，对重要农产品市场的掌控力度加大。

二是国内农业产业发展面临挑战。耕地资源日益减少、质量下降，面源污染问题突出，农业发展的资源环境束缚不断加重。农资、人工及土地流转价格不断提高，农产品成本居高不下，而进口农产品价格较低，导致国内农产品价格受到高“地板”与低“天花板”双重挤压。

三是政府服务水平需要进一步提高。《意见》已出台，下一步要认真贯彻落实《意见》精神，研究出台更多的务实管用的政策措施。尽快推动《农业对外合作规划》出台，并指导地方和各产业出台具体规划，引导企业有序、更好地“走出去”。在信息资讯、人才队伍、产业园区等方面也要加大服务力度，为农业对外合作提供支撑。

四是中国“走出去”农业企业竞争力不强。中国农业产业集中度偏低，农业企业规模相对较小，缺乏国际经营管理经验和能力。企业投资集中在

传统领域，创新能力较弱，技术附加值不高。农业“走出去”企业仍处于各自为战、无序竞争的状态，在市场渠道方面的国际竞争优势不强。

第四节 促进农业对外投资合作的对策措施

一是强化政策创设。要全面落实好国办意见，同时积极争取农业“走出去”企业贷款、专项建设基金等政策。

二是强化工作机制创新。各省（区、市）要按照国办《意见》要求，加快建立省级联席会议工作机制，上下贯通，形成全国一盘棋的工作格局。同时，还要加强与合作国政府农业部门的沟通协调，保障中国走出去企业的权益。

三是强化人才队伍支撑。加大“扬帆出海”培训工程实施力度，打造农业走出去企业家、科技专家、政策资讯、行政管理、外交官5支队伍，建立农业走出去高端智库和培训教材体系，在境内外布局一批人才培训基地，建设农业“走出去”人才储备库。

四是强化规范引导和风险防范。加强对农业“走出去”企业的规范和引导，使企业实现自身发展与东道国获益的双赢结果。探索与“走出去”重点国家签署双边农业投资保护协定，加强境外国有资产监管和投资权益保护。

五是强化统筹协调。妥善处理好政府与市场的关系，既充分发挥政府的宏观调控、方向指引、服务保障作用，又充分发挥市场在资源配置中的决定性作用，激发企业活力，形成政府引导、市场运作、企业主体的农业“走出去”合作机制。

2016年度中国对外直接投资统计公报

商务部 国家统计局 国家外汇管理局

2017年10月9日

2016年世界经济增长乏力，全球外国直接投资复苏之路依旧崎岖。在继上年强劲上扬后，2016年全球直接投资流出流量1.45万亿美元，呈现小幅下降。中国政府积极推动“一带一路”建设，稳步开展国际产能合作，“走出去”工作体系不断完善，中国企业主动融入经济全球化进程加快。2016年中国对外直接投资创下1961.5亿美元的历史最高值，蝉联全球第二位。

一、中国对外直接投资综述

（一）2016年，中国对外直接投资净额(以下简称流量)为1961.5亿美元,同比增长34.7%。其中：新增股权投资1141.3亿美元，占58.2%；当期收益再投资306.6亿美元，占15.6%；债务工具投资513.6亿美元，占26.2%。

截至2016年底,中国2.44万家境内投资者在国(境)外共设立对外直接投资企业(以下简称境外企

表1　2016 年中国对外直接投资流量、存量分类构成情况

单位：亿美元

分类	流量			存量	
	金额	同比(%)	比重(%)	金额	比重(%)
合计	1961.5	34.7	100.0	13573.9	100.0
金融类	149.2	–38.5	7.6	1773.4	13.1
非金融类	1812.3	49.3	92.4	11800.5	86.9

注：1. 金融类指境内投资者直接投向境外金融企业的投资；非金融类指境内投资者直接投向境外非金融企业的投资。
2. 2016年非金融流量数据与商务部2016年快报数据（1701.1 亿美元）差异主要为：境内金融业投资者流向境外非金融领域的投资以及收益再投资部分。

业)3.72万家，分布在全球190个国家(地区)，年末境外企业资产总额5万亿美元。对外直接投资累计净额（以下简称存量）达13573.9亿美元，其中：股权投资7272.1亿美元，占53.6%；收益再投资4002.1亿美元，占29.5%；债务工具投资2299.7亿美元，占16.9%。

联合国贸发会议(UNCTAD)《2017世界投资报告》显示，2016年全球外国直接投资流出流量1.45万亿美元，年末存量26.16万亿美元。以此为基数计算，2016年中国对外直接投资分别占全球当年流量、存量的13.5%和5.2%，流量承上年继续位列按全球国家（地区）排名的第2位，占比较上年提升3.6个百分点，存量由2015年的第8位跃至第6位，占比提升0.8个百分点。

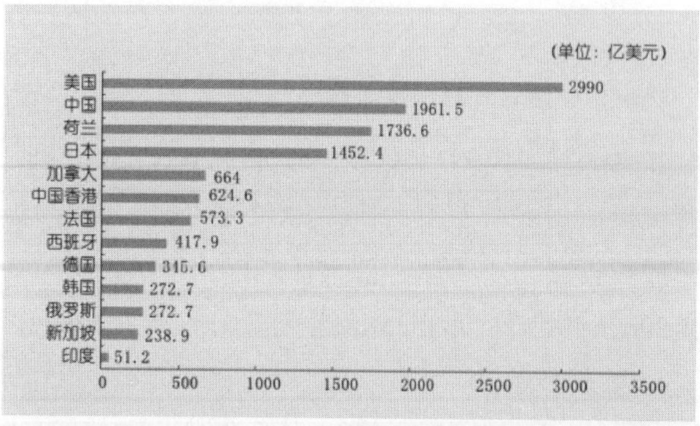

图1　2016年中国与全球主要国家(地区)流量对比

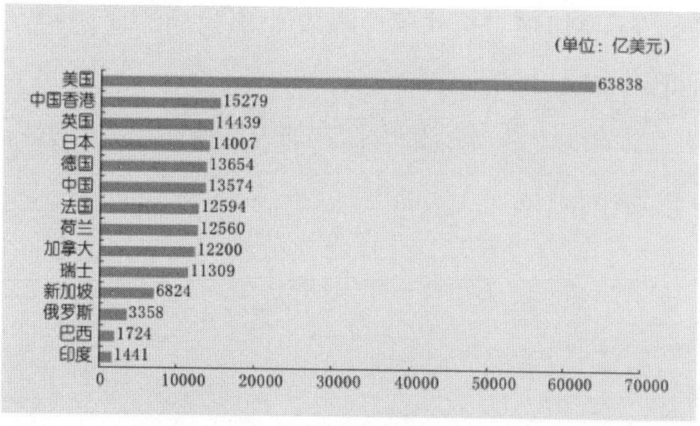

图2　2016年中国与全球主要国家（地区）存量对比

注：2016年中国对外直接投资来源于《中国对外直接投资统计公报》，其他国家（地区）统计数据来源于联合国贸发会议《2017世界投资报告》。

（二）2016年，对外金融类直接投资流量149.2亿美元，同比下降38.5%，其中对外货币金融服务类（原银行业）直接投资101.7亿美元，占68.2%。

2016年末，对外金融类直接投资存量1773.4亿美元，其中对外货币金融服务类直接投资1019.4亿美元，占57.5%；保险业27.9亿美元，占1.6%；资本市场服务（原证券业）74.1亿美元，占4.2%；其他金融业652亿美元，占36.7%。

截至2016年末，中国国有商业银行共在美国、日本、英国等45个国家（地区）开设83家分行、59家附属机构，员工总人数达5.1万人，其中雇用外方员工4.8万人，占94.1%。2016年末，中国共在境外设立保险

表2　中国建立《对外直接投资统计制度》以来各年份的统计结果

单位：亿美元

月 份	流量			存量	
	金 额	全球位次	同比(%)	金 额	全球位次
2002	27.0	26	—	299.0	25
2003	28.5	21	5.6	332.0	25
2004	55.0	20	93.0	448.0	27
2005	122.6	17	122.9	572.0	24
2006	211.6	13	43.8	906.3	23
2007	265.1	17	25.3	1179.1	22
2008	559.1	12	110.9	1839.7	18
2009	565.3	5	1.1	2457.5	16
2010	688.1	5	21.7	3172.1	17
2011	746.5	6	8.5	4247.8	13
2012	878.0	3	17.6	5319.4	13
2013	1078.4	3	22.8	6604.8	11
2014	1231.2	3	14.2	8826.4	8
2015	1456.7	2	18.3	10978.6	8
2016	1961.5	2	34.7	13573.9	6

注：1.2002—2005年数据为中国对外非金融类直接投资数据，2006—2016 年为全行业对外直接投资数据。

2.2006 年同比为对外非金融类直接投资比值。

机构9家。

（三）2016年，对外非金融类直接投资1812.3亿美元，同比增长49.3%；境外企业实现销售收入15440亿美元，同比增长11.4%。境内投资者通过境外企业实现的进出口额为3206亿美元，其中：进口总值1814亿美元，出口总值1392亿美元。

2016年末，对外非金融类直接投资存量11800.5亿美元，境外企业资产总额2.87万亿美元。

（四）2016年，境外企业向投资所在国家（地区）缴纳各种税金总额近300亿美元；年末境外企业员工总数286.5万人，其中雇用外方员工134.3万人，占46.9%，较上年末增加11.8万人。

二、中国对外直接投资流量、存量

（一）2016年中国对外直接投资流量

1.流量蝉联全球第二，比重首超一成。

2016年，全球经济增长率较2015年有所下降，发达经济体经济增速明显回落，新兴市场与发展中经济体增速止跌回升。国际贸易依然低迷，英国脱欧等不确定因素引发国际金融市场一度出现较大幅度的震荡。全球外国直接投资继2015年强劲上扬之后，在2016年失去了增长动力，全年流出流量下降2%。中国对外直接投资则呈现快速增长态势，当年创下1961.5亿美元的历史新纪录，同比增长34.7%，流量规模仅次于美国（2990亿美元），继上年仍位居世界第二位。

自2003年中国有关部门权威发布年度数据以来，中国对外直接投资实现14年连增，2016年流量是2002年的72.6倍，占全球比重由2002年的0.5%提升至13.5%，首次突破两位数，在全球外国直接投资中的地位和作用日益凸显；2002—2016年的年均增长速度高达35.8%；2016年中国对外直接投资再次超过吸引外资（1340亿美元），连续两年实现双向直接投资项下的资本净输出。

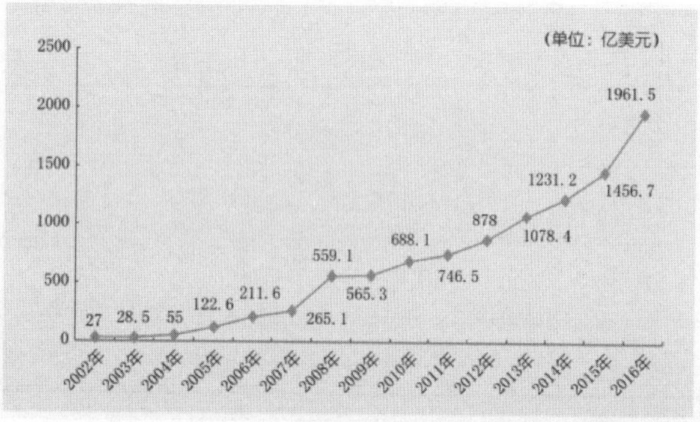

图3　2002—2016年中国对外直接投资流量情况

注：数据来源于《中国对外直接投资统计公报》。

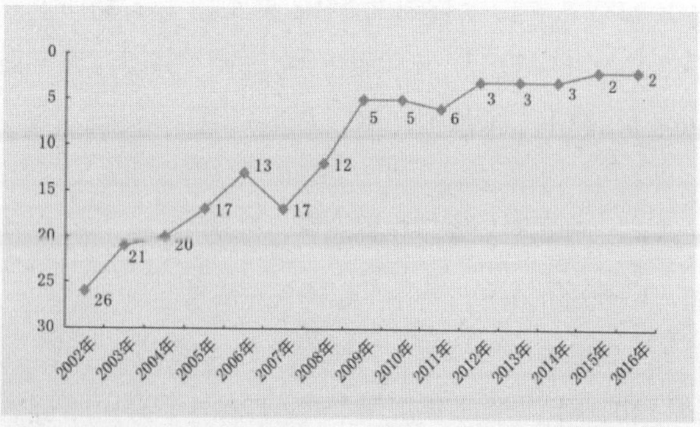

图4　2002—2016年中国对外直接投资流量在全球的位次

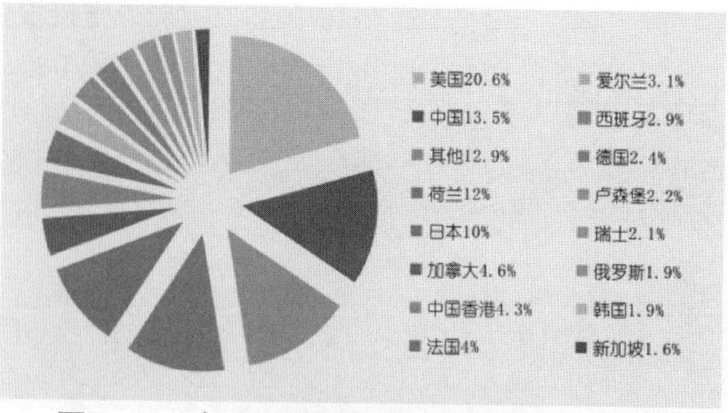

图5　2016年全球主要对外投资国家（地区）流量占比情况

注：其他国家（地区）数据来源于联合国贸发会议《2017世界投资报告》。

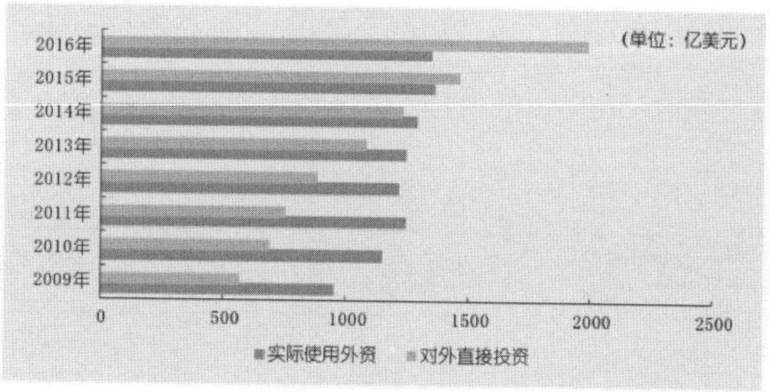

图6　2009—2016年中国双向直接投资对比图

注：2009至2016年中国实际使用外资数据来源于联合国贸发会议《2017世界投资报告》。

2.对外投资并购领域广泛，数量金额创历史之最。

2016年是中国企业对外投资并购最为活跃的年份，共实施完成并购项目765起，涉及74个国家（地区），实际交易总额1353.3亿美元，其中直接投资865亿美元，占并购总额的63.9%，占当年中国对外直接投资总额的44.1%；境外融资488.3亿美元，占并购金额的36.1%。中国信达资产管理股份有限公司88.8亿美元收购南洋商业银行100%股份，是2016年中国企业"走出去"实施的最大海外并购项目。

2016年中国企业对外投资并购涉及制造业、信息传输/软件和信息技术服务业、交通运输/仓储和邮政业、电力/热力/燃气及水的生产和供应业等18个行业大类。从并购金额上看，制造业301.1亿美元，同比增长119.5%，位居首位，涉及200个项目；信息传输/软件和信息技术服务业264.1亿美元，同比增长214%，位列次席；交通运输/仓储和邮政业137.9亿美元，同比增长756.5%，位居第三位；电力/热力/燃气及水的生产和供应业112.1亿美元，同比增长28.5倍，位居第四位。上述四个行业中，交易金额最大的项目分别是青岛海尔股份有限公司55.8亿美元收购美国通用电气公司家电业务项目、腾讯控股有限公司等41亿美元收购芬兰Supercell公司84.3%股权、天津天海物流投资管理有限公司60.1亿美元收购美国英迈国际公司、中国长江三峡集团37.7亿美元收购巴西朱比亚水电站和伊利亚水电站30年经营权项目，它们也成为截至2016年底中国企业在制造、信息传输/软件和信息技术服务、交通运输/仓储和邮政、电力生产和供

表3　2016 年我国对外投资并购行业构成果

行业类别	数量（起）	金额（亿美元）	金额占比(%)
制造业	200	301.1	22.3
信息传输 / 软件和信息技术服务业	109	264.1	19.5
交通运输 / 仓储和邮政业	21	137.9	10.2
电力 / 热力 / 燃气及水的生产和供应业	17	112.1	8.3
金融业	13	97.9	7.2
租赁和商务服务业	77	95.3	7.0
房地产业	59	92.7	6.8
采矿业	29	75.0	5.5
住宿和餐饮业	15	54.7	4.0
文化 / 体育和娱乐业	22	44.1	3.3
批发和零售业	82	28.2	2.1
科学研究和技术服务业	53	24.5	1.8
卫生和社会工作	4	8.1	0.6
农 / 林 / 牧 / 渔业	33	6.7	0.5
教育	10	4.7	0.3
水利 / 环境和公共设施管理业	8	3.3	0.2
居民服务 / 修理和其他服务业	6	2.1	0.2
建筑业	7	0.8	0.1
总计	765	1353.3	100.0

应领域最大的对外投资并购项目。

2016年中国企业对外投资并购分布在全球74个国家（地区）。从实际并购金额看，美国、中国香港、开曼群岛、巴西、德国、芬兰、英属维尔京群岛、澳大利亚、法国和英国位列前十。

2016年中国企业对“一带一路”沿线国家并购项目115起，并购金额66.4亿美元，占并购总额的4.9%。其中，马来西亚、柬埔寨、捷克等国家吸引中国企业并购投资超过5亿美元。

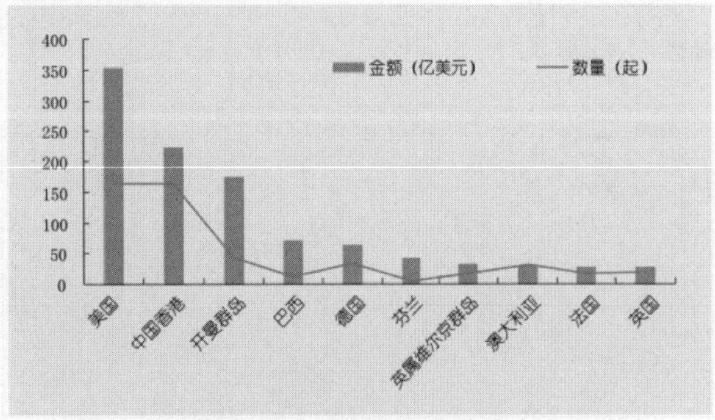

图7　2016年中国企业对外投资并购十大目的地（按并购金额）

表4　2004—2016年中国对外直接投资并购情况

单位:亿美元

年份	并购金额	同比(%)	比重（%）
2004	30.0	——	54.4
2005	65.0	116.7	53.0
2006	82.5	26.9	39.0
2007	63.0	–23.6	23.8
2008	302.0	379.4	54.0
2009	192.0	–36.4	34.0
2010	297.0	54.7	43.2
2011	272.0	–8.4	36.4
2012	434.0	59.6	31.4
2013	529.0	21.9	31.3
2014	569.0	7.6	26.4
2015	544.4	–4.3	25.6
2016	1353.3	148.6	44.1

注:2012—2016年并购金额包括境外融资部分，比重为直接投资占当年流量的比重。

3.近六成投资形成境外企业股权，债务工具规模

表5　2006—2016年中国对外直接投资流量构成表

单位：亿美元

年份	流量	新增股权		当期收益再投资		债务工具投资	
		金额	比重(%)	金额	比重(%)	金额	比重(%)
2006	211.6	51.7	24.4	66.5	31.4	93.4	44.2
2007	265.1	86.9	32.8	97.9	36.9	80.3	30.3
2008	559.1	283.6	50.7	98.9	17.7	176.6	31.6
2009	565.3	172.5	30.5	161.3	28.5	231.5	41.0
2010	688.1	206.4	30.0	240.1	34.9	241.6	35.1
2011	746.5	313.8	42.0	244.6	32.8	188.1	25.2
2012	878.0	311.4	35.5	224.7	25.6	341.9	38.9
2013	1078.4	307.3	28.5	383.2	35.5	387.9	36.0
2014	1231.2	557.3	45.3	444.0	36.1	229.9	18.6
2015	1456.7	967.1	66.4	379.1	26.0	110.5	7.6
2016	1961.5	1141.3	58.2	306.6	15.6	513.6	26.2

创历史极值。

2016年，新增股权投资1141.3亿美元，同比增长18%，占当年流量总额的58.2%，较上年占比下降8.2个百分点；收益再投资306.6亿美元，同比下降19.1%，占15.6%，股权和收益再投资共计1447.9亿美元，占流量总额的73.8%；债务工具投资（仅涉及对外非金融类企业）为513.6亿美元，是上年的4.6倍，占26.2%。

2016年我国对外直接投资流量为负值的国家（地区）共计27个，累计金额为31.7亿美元。从结构构成上看，主要体现在收益再投资为负值（如当年境外企业对以往年度的未分配利润进行分配）、债务工具为负值（如境外企业到期归还中国境内母公司贷款）、新增股权为负值（如境外企业撤、注销等）。

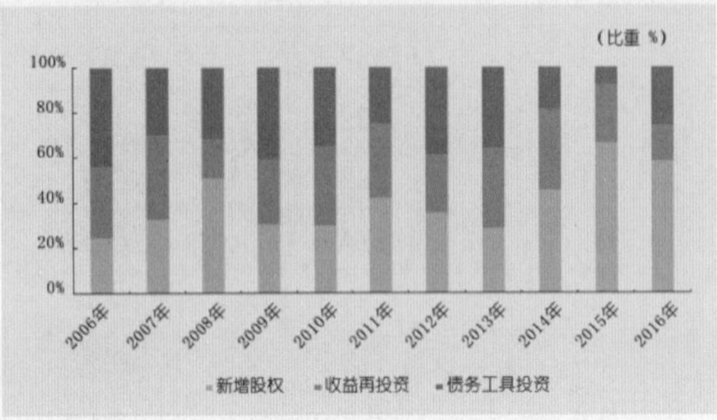

图8 2006—2016年中国对外直接投资构成情况

4.制造业投资流量跃至第二位，采矿业创2005年来新低。

2016年，中国对外直接投资涵盖了国民经济的18个行业大类。其中流量上百亿美元的涉及六个领域，租赁和商务服务业保持第一位，制造业首次上升至第二。

流向租赁和商务服务业的投资657.8亿美元，继上年小幅下降后实现81.4%的高速增长，占当年流量总额的33.5%。投资主要分布在中国香港、英属维尔京群岛、开曼群岛、荷兰、卢森堡等国家（地区）。

制造业290.5亿美元，同比增长45.3%，占当年流量总额的14.8%；主要流向汽车制造业、计算机/通信及其他电子设备制造业、专用设备制造业、化学原料和化学制品制造业、医药制造业、橡胶和塑料制品业、纺织业、皮革/毛皮/羽毛及其制品和制鞋业、铁路/船舶/航空航天和其他运输设备制造业、食品制造业等。其中流向装备制造业的投资142.5亿美元，同比增长41.4%，占制造业投资的49.1%。

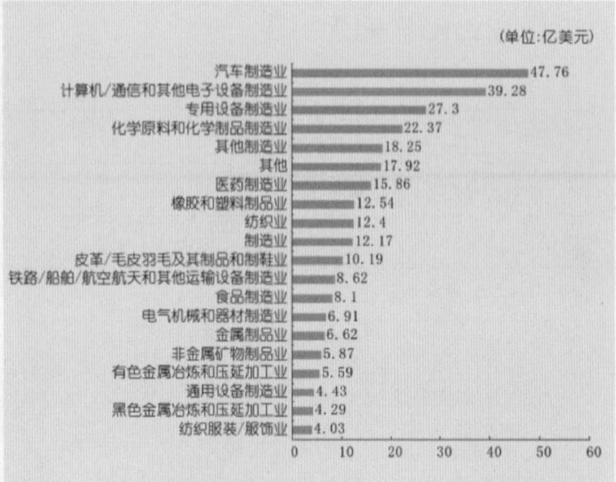

图9 2016年中国对外制造业投资流向的主要二级类别

批发和零售业208.9亿美元，同比增长8.7%，占10.7%。

信息传输、软件和信息技术服务业186.7亿美元，同比增长173.6%，占9.5%。

房地产业152.5亿美元，同比增长95.8%，占7.8%。

金融业149.2亿美元，同比下降38.5%，占7.6%。2016年，中国金融业境内投资者对外直接投资活跃，累计实现对外直接投资233.7亿美元，其中流向境外金融类企业的直接投资144.7亿美元，流向境外非金融类企业的直接投资89亿美元；中国非金融业境内投资者投向境外金融企业的投资4.5亿美元。

2016年中国对外直接投资主要领域中，除金融业流量下降外，受国际大宗商品价格低迷的影响，流向采矿业的投资仅为19.3亿美元，同比下降82.8%，从而创下2005年以来中国企业对该领域投资的新低；交通运输/仓储和邮政业16.8亿美元，同比下降38.4%；水利/环境和公共设施管理业8.4亿美元，同比下降38.1%。

表6　2016年中国对外直接投资流量行业分布情况

单位：亿美元

行 业	流 量	同比（%）	比重（%）
合计	1,961.5	34.7	100.0
租赁和商务服务业	657.8	81.4	33.5
制造业	290.5	45.3	14.8
批发和零售业	208.9	8.7	10.7
信息传输/软件和信息技术服务业	186.7	173.6	9.5
房地产业	152.5	95.8	7.8
金融业	149.2	–38.5	7.6
居民服务/修理和其他服务业	54.2	239.1	2.8
建筑业	43.9	17.6	2.2
科学研究和技术服务业	42.4	26.7	2.2
文化/体育和娱乐业	38.7	121.4	2.0
电力/热力/燃气及水的生产和供应业	35.4	65.6	1.8
农/林/牧/渔业	32.9	27.8	1.7
采矿业	19.3	–82.8	1.0
交通运输/仓储和邮政业	16.8	–38.4	0.9
住宿和餐饮业	16.2	124.8	0.8
水利/环境和公共设施管理业	8.4	–38.1	0.4
卫生和社会工作	4.9	480.9	0.2
教育	2.8	356.8	0.1

5.对美洲、欧洲地区的投资增幅高于全球，对非洲投资下降近两成。

2016年，流向亚洲地区的直接投资流量1302.7亿美元，同比增长20.2%，占当年对外直接投资流量的66.4%。其中对中国香港的投资1142.3亿美元，同比增长27.2%，占对亚洲投资的87.7%；对东盟10国的投资102.8亿美元，同比下降29.6%，占对亚洲投资的7.9%。

流向拉丁美洲地区的投资272.3亿美元，同比增长115.9%，占当年对外直接投资流量的13.9%。主要流向开曼群岛（135.2亿美元）、英属维尔京群岛（122.9亿美元）、牙买加（4.2亿美元）、墨西哥（2.1亿美元）等。

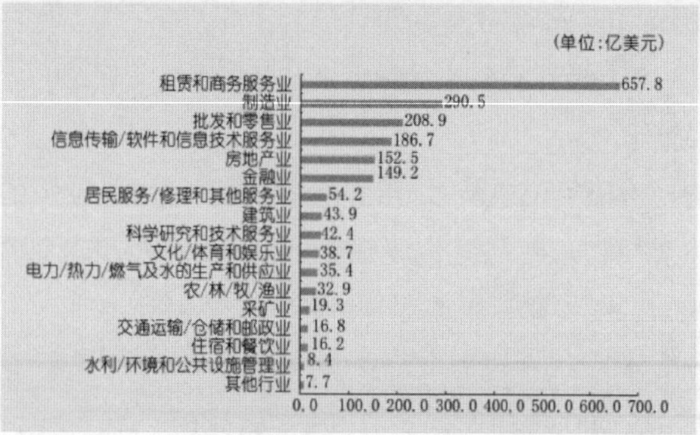

图10　2016年中国对外直接投资流量行业分布

流向北美洲地区的投资203.5亿美元，同比增长89.9%，占当年对外直接投资流量的10.4%。其中对美国投资169.8亿美元，同比增长111.5%；加拿大28.7亿美元，同比增长83.7%。

流向欧洲的投资106.9亿美元，同比增长50.2%，占当年对外直接投资流量的5.4%。其中流量在10亿美元以上的国家有6个，分别是：德国（23.8亿美元）、卢森堡（16亿美元）、法国（15亿美元）、英国（14.8亿美元）、俄罗斯联邦（12.9亿美元）、荷兰（11.7亿美元）。

流向大洋洲52.1亿美元，同比增长34.6%，占当年对外直接投资流量的2.7%。主要流向澳大利亚、新西兰、萨摩亚、斐济等国家。

流向非洲24亿美元，同比下降19.4%，占当年对外直接投资流量的1.2%。主要流向南非、加纳、埃塞俄比亚、赞比亚、安哥拉、乌干达、喀麦隆、埃及等国家。

表7 2016年中国对外直接投资流量地区构成情况

单位:亿美元

洲别	金额	同比(%)	比重(%)
亚洲	1302.7	20.2	66.4
拉丁美洲	272.3	115.9	13.9
北美洲	203.5	89.9	10.4
欧洲	106.9	50.2	5.4
大洋洲	52.1	34.6	2.7
非洲	24.0	-19.4	1.2
合计	1961.5	35.9	100.0

6.发达经济体是投资热点，对美国、欧盟、澳大利亚的投资均创历史新高。

2016年，流向发达经济体的投资为368.4亿美元，较上年实现了94%的高速增长。其中对欧盟直接投资99.94亿美元，同比增长82.4%，占欧盟当年吸引外资的1.8%；对美国投资169.81亿美元，同比增长111.5%，占美吸引外资的4.3%；对澳大利亚投资41.87亿美元，同比增长23.1%，占澳吸引外资的8.7%；对加拿大投资28.71亿美元，同比增长83.7%，占加吸引外资的8.5%；对新西兰投资9.06亿美元，同比增长160.3%，占新吸引外资的39.3%。2016年，中国对欧盟、美国、澳大利亚的投资均创历史最高值，发达国家成为众多中国企业对外投资的首选投资目的地。

表8 2016年中国对外直接投资流量前20位的国家（地区）

单位:亿美元

序号	国家（地区）	流量	占总额比重（%）
1	中国香港	1142.3	58.2
2	美国	169.8	8.7
3	开曼群岛	135.2	6.9
4	英属维尔京群岛	122.9	6.3
5	澳大利亚	41.9	2.1
6	新加坡	31.7	1.6
7	加拿大	28.7	1.5
8	德国	23.8	1.2
9	以色列	18.4	0.9
10	马来西亚	18.3	0.9
11	卢森堡	16.0	0.8
12	法国	15.0	0.8
13	英国	14.8	0.7
14	印度尼西亚	14.6	0.7
15	俄罗斯联邦	12.9	0.7
16	越南	12.8	0.7
17	荷兰	11.7	0.6
18	韩国	11.5	0.6
19	泰国	11.2	0.6
20	新西兰	9.1	0.5
合计		1862.6	95.0

表9 2016年中国对发达经济体投资情况

单位:亿美元

国家、经济体名称	流量	同比（%）
欧盟	99.94	82.4
美国	169.81	111.5
加拿大	28.71	83.7
澳大利亚	41.87	23.1
日本	3.44	43.3
新西兰	9.06	160.3
挪威	-8.51	--
瑞士	0.68	-72.5
以色列	18.41	700.4
百慕大群岛	4.99	-55.7
合计	368.4	94.0

注：发达经济体划分标准同联合国贸发会议世界投资报告。

7.地方占比突破八成，上海、广东、天津位列前三。

2016年，地方企业对外非金融类直接投资流量达1505.1亿美元，同比增长60.8%，占全国非金融类流量的83%，是2016年中国对外直接投资的主力军。其中：东部地区1256亿美元，占地方投资流量的83.4%，同比增长63.9%；西部地区115.5亿美元，占7.7%，同比增长55%；中部地区101.1亿美元，占6.7%，同比增长59.7%；东北三省32.5亿美元，占2.2%，同比增长1.4%。上海、广东、天津、北京、山东、浙江、江苏、河南、福建、河北位列地方对外直接投资流量前10位，合计1292.4亿美元，占地方对外直接投资流量的85.9%。上海、广东2016年流量分别突破两百亿美元，创地方对外投资新高。

表10 2016年地方对外直接投资流量按区域分布情况

单位:亿美元

地区	流量	比重（%）	同比(%)
东部地区	1256.0	83.4	63.9
中部地区	101.1	6.7	59.7
西部地区	115.5	7.7	55.0
东北三省	32.5	2.2	1.4
合计	1505.1	100.0	60.8

表11 2016年地方对外直接投资流量前十位的省市区

单位：亿美元

序号	省、市、区名称	流量	同比（%）
1	上海市	239.68	3.4
2	广东省	229.62	87.2
3	天津市	179.40	609.9
4	北京市	155.74	26.8
5	山东省	130.24	83.2
6	浙江省	123.14	73.2
7	江苏省	122.02	68.3
8	河南省	41.25	214.2
9	福建省	41.19	49.4
10	河北省	30.13	220.5
合计		1292.41	——

8.非金融类流量的近七成来自非公有经济控股投资主体。

2016年中国对外非金融类投资流量中，属非公有经济控股的境内投资者对外投资1232.4亿美元，占68%，公有经济控股579.9亿美元，占32%。

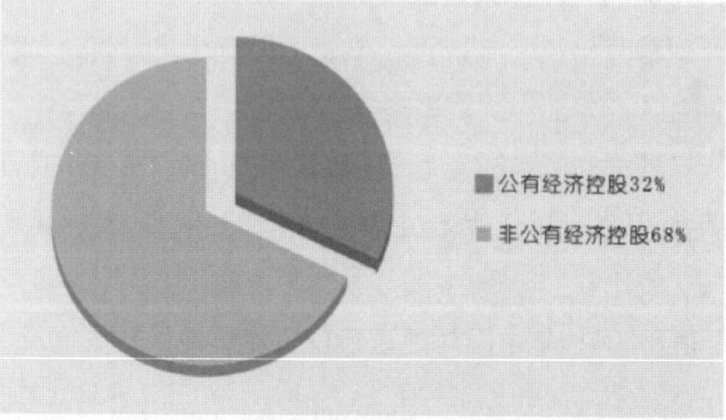

图11 2016年中国公有控股和非公有控股流量构成

（二）2016年末中国对外直接投资存量

1.在全球的位置和比重。

2016年末，中国对外直接投资存量13573.9亿美元，较上年末增加2595.3亿美元，是2002年末存量的45.4倍，占全球外国直接投资流出存量的份额由2002年的0.4%提升至5.2%，排名由第25位上升至第6位。全球对外直接投资存量前五位的国家（地区）分别是美国（6.38万亿美元）、中国香港（1.53万亿美元）、英国（1.44万亿美元）、日本（1.4万亿美元）、德国（1.37万亿美元）。

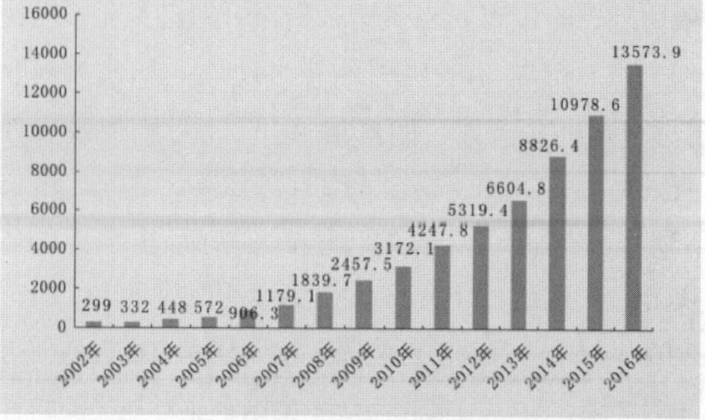

图12 2002—2016年中国对外直接投资存量情况

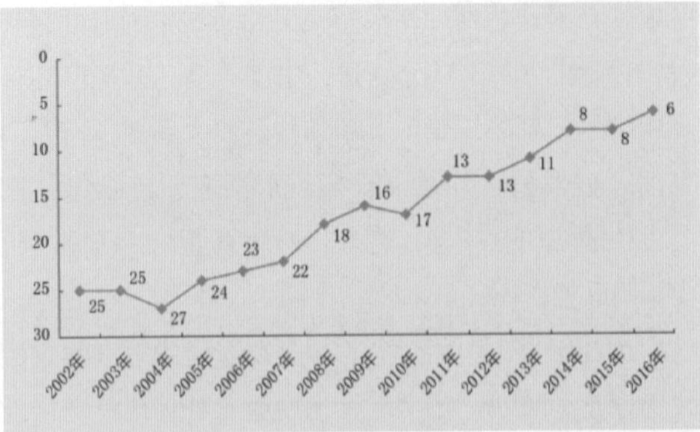

图13 2002—2016年中国对外直接投资存量在全球的位次

表12 2016年末全球对外直接投资存量前十位的国家（地区）

单位：亿美元

位次	国家（地区）	存量	占全球比重（%）
1	美国	63837.5	24.4
2	中国香港	15278.8	5.9
3	英国	14439.4	5.5
4	日本	14006.9	5.4
5	德国	13653.7	5.2
6	中国	13573.9	5.2
7	法国	12593.8	4.8
8	荷兰	12559.5	4.8
9	加拿大	12199.9	4.7
10	瑞士	11309.1	4.3
	合计	183452.5	70.2

注：2016年中国对外直接投资来源于《中国对外直接投资统计公报》，其他国家（地区）统计数据来源于联合国贸发会议《2017世界投资报告》。

2.国家地区分布。

2016年末，中国对外直接投资存量分布在全球的190个国家（地区），占全球国家（地区）总数的81.2%，2016年较上年新增了对洪都拉斯、布基纳法索的投资。

2016年末，中国在亚洲的投资存量为9094.5亿美元，占67%，主要分布在中国香港、新加坡、印度尼西亚、中国澳门、老挝、哈萨克斯坦、越南、阿联酋、巴基斯坦、缅甸、泰国、柬埔寨、韩国、以色列、蒙古、马来西亚等；中国香港占亚洲存量的85.8%。

拉丁美洲2071.5亿美元，占15.3%，主要分布在开曼群岛、英属维尔京群岛、巴西、委内瑞拉、阿根廷、厄瓜多尔、牙买加、秘鲁、特立尼达和多巴哥、墨西哥等。其中开曼群岛和英属维尔京群岛累计存量1929.7亿美元，占对拉美地区投资存量的93.2%。

欧洲872亿美元，占6.4%，主要分布在荷兰、英国、俄罗斯、卢森堡、德国、法国、瑞典、挪威、意大利等。

北美洲754.7亿美元，占5.6%，主要分布在美国、加拿大。

非洲398.8亿美元，占2.9%，主要分布在南非、刚果（金）、赞比亚、阿尔及利亚、尼日利亚、埃塞俄比亚、加纳、津巴布韦、安哥拉、坦桑尼亚、毛里求斯、苏丹、肯尼亚等。

大洋洲382.4亿美元，占2.8%，主要分布在澳大利亚、新西兰、巴布亚新几内亚、萨摩亚、斐济等。

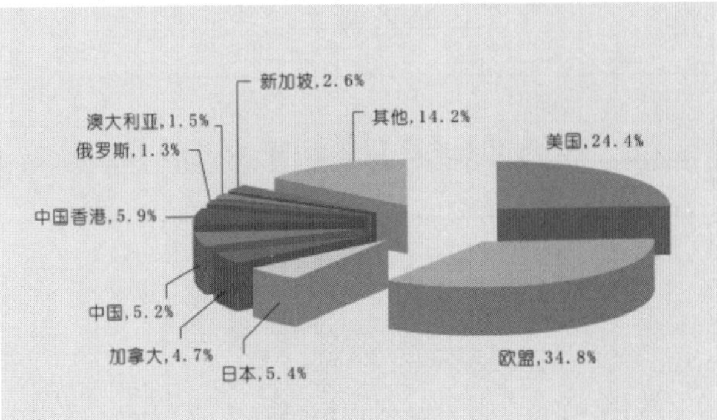

图14 2016年末全球主要经济体对外直接投资存量占比

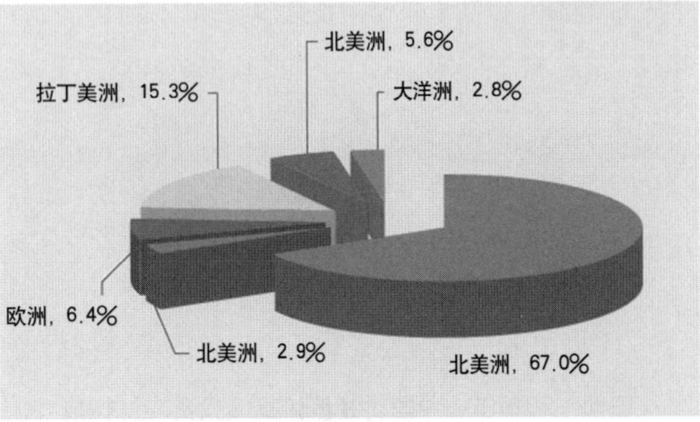

图15 2016年中国对外直接投资存量地区分布情况

中国对外直接投资存量的八成分布在发展中经济体。2016年末，中国在发展中经济体的投资存量为11426.18亿美元，占84.2%，其中中国香港7807.45亿美元，占发展中经济体投资存量的68.3%；东盟715.54亿美元，占6.3%。在发达经济体存量1913.97亿美元，占14.1%，其中欧盟698.4亿美元，占在发达经济体投资存量的36.5%；美国605.8亿美元，占31.7%；澳大利亚333.51亿美元，占17.4%；加拿大127.26亿美元，占6.6%；以色列42.3亿美元，占2.2%；挪威26.42亿美元，占1.4%；日本31.84亿美元，占1.7%。

表13　2016年末中国在发达国家（地区）直接投资存量情况

单位：亿美元

国家、经济体名称	存量	比重（%）
欧盟	698.40	36.5
挪威	26.42	1.4
瑞士	5.76	0.3
美国	605.80	31.7
加拿大	127.26	6.6
澳大利亚	333.51	17.4
新西兰	21.02	1.1
日本	31.84	1.7
以色列	42.30	2.2
百慕大	21.66	1.1
合计	1913.97	100.0

2016年末，中国在转型经济体的直接投资存量233.75亿美元，占存量总额的1.7%。其中俄罗斯129.8亿美元，占转型经济体投资存量的55.5%；哈萨克斯坦54.32亿美元，占23.2%；吉尔吉斯斯坦12.38亿美元，占5.3%；塔吉克斯坦11.67亿美元，占5%；土库曼斯坦2.49亿美元，占1.1%。

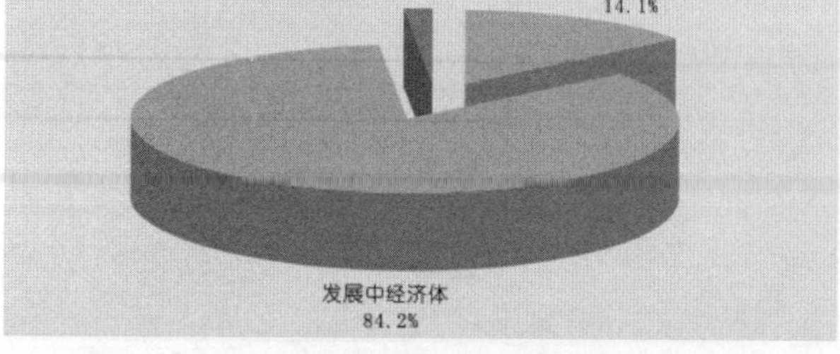

图16　2016年末中国对经济体直接投资存量构成

2016年末，中国对外直接投资存量前20位的国家（地区）累计达到12288.77亿美元，占中国对外直接投资存量的90.5%。分别是：中国香港、开曼群岛、英属维尔京群岛、美国、新加坡、澳大利亚、荷兰、英国、俄罗斯、加拿大、印度尼西亚、卢森堡、德国、中国澳门、南非、老挝、哈萨克斯坦、法国、越南、阿联酋。

2016年末，中国对“一带一路”沿线国家的直接投资存量为1294.1亿美元，占中国对外直接投资存量的9.5%。存量位列前十的国家是：新加坡、俄罗斯、印度尼西亚、老挝、哈萨克斯坦、越南、阿联酋、巴基斯坦、缅甸、泰国。

表14　2016年末中国对外直接投资存量前二十位的国家(地区)

单位：亿美元

序号	国家(地区)	存量	比重(%)
1	中国香港	7807.45	57.5
2	开曼群岛	1042.09	7.7
3	英属维尔京群岛	887.66	6.5
4	美国	605.80	4.4
5	新加坡	334.46	2.5
6	澳大利亚	333.51	2.5
7	荷兰	205.88	1.5
8	英国	176.12	1.3
9	俄罗斯联邦	129.80	1.0
10	加拿大	127.26	0.9
11	印度尼西亚	95.46	0.7
12	卢森堡	87.77	0.6
13	德国	78.42	0.6
14	中国澳门	67.83	0.5
15	南非	60.01	0.4
16	老挝	55.00	0.4
17	哈萨克斯坦	50.95	0.4
18	法国	51.16	0.4
19	越南	49.84	0.4
20	阿拉伯联合酋长国	48.88	0.3
	合计	12288.77	90.5

3.行业分布。

（1）按国民经济行业分。

2016年末，中国对外直接投资覆盖了国民经济所有行业类别。存量规模上千亿美元的行业有5个，较上年末增加了制造业。

租赁和商务服务业以4739.9亿美元高居榜首，占中国对外直接投资存量的34.9%。包括以投资控股为主要目的的对外投资活动，主要分布在中国香港、开曼群岛、英属维尔京群岛、卢森堡、荷兰等国家（地区）。

金融业1773.4亿美元，占13.1%。

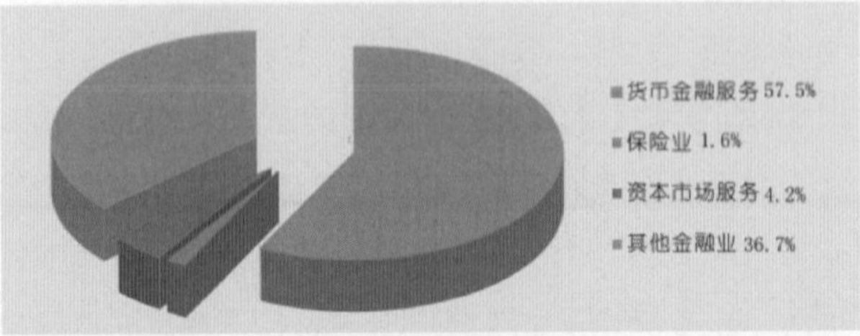

图17　2016年末中国对外金融业直接投资存量构成

批发和零售业1691.7亿美元，升至第三位，占12.5%。

采矿业1523.7亿美元，占11.2%；主要分布在石油和天然气开采、有色金属矿采选、黑色金属矿采选、煤炭开采等领域。

制造业1081.1亿美元，占8%。主要分布在汽车制造、计算机/通信及其他电子设备制造、专用设备制造、化学原料及化学制品制造、其他制造、橡胶和塑料制品、医药制造、纺织、食品制造、电气机械和器材制造、有色金属冶炼及压延加工、铁路/船舶/航空航天和其他运输设备制造、非金属矿物制品、通用设备制造、金属制品、纺织服装/装饰等领域。其中装备制造业存量470.4亿美元，占制造业投资存量的43.5%。中国企业对汽车制造、计算机/通信及其他电子设备制造、专用设备制造领域的投资均超过100亿美元。

以上五个行业累计存量为10809.8亿美元，占中国对外直接投资存量的79.6%。其他主要行业分布情况：

信息传输/软件和信息技术服务业648亿美元，占4.8%。

房地产业461.1亿美元，占3.4%。

交通运输/仓储和邮政业414.2亿美元，占3.1%，主要分布在水上运输业、装卸搬运及其他运输代理业、航空运输业、管道运输业等。

建筑业324.2亿美元，占2.4%，主要是房屋建筑业、建筑装饰和其他建筑业、建筑安装业的投资。

电力/热力/燃气及水的生产和供应业228.2亿美元，占1.7%，主要为电力、热力生产和供应业的投资。

科学研究和技术服务业197.2亿美元，占1.4%，主要为专业技术服务业、研究试验和发展的投资。

居民服务/修理和其他服务业169亿美元，占1.2%，主要是其他服务业以及居民服务业的投资。

农/林/牧/渔业148.9亿美元，占1.1%，其中农业占29.5%，林业占18.6%，渔业占11.4%。

文化/体育和娱乐业79.1亿美元，占0.6%。

住宿和餐饮业41.9亿美元，占0.3%。

水利/环境和公共设施管理业35.8亿美元，占0.2%。

从存量行业的地区分布情况看，中国对各地区直接投资的行业高度集中。

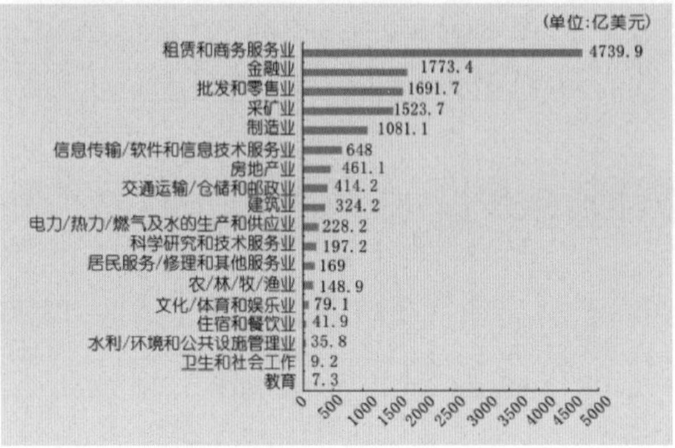

图18　2016年末中国对外直接投资存量行业分布

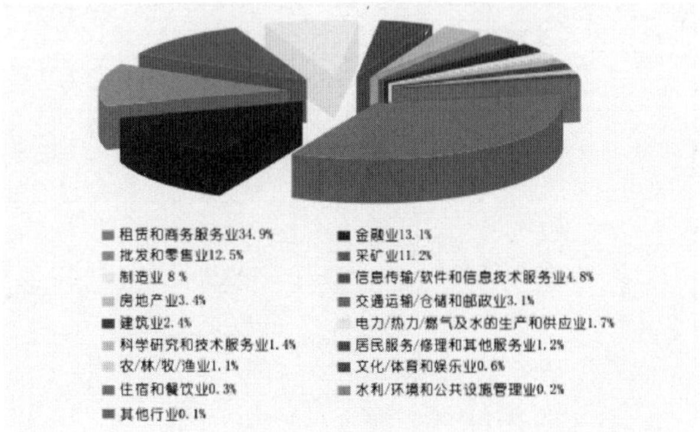

图19　2016年末中国对外直接投资存量行业比重图

表15　2016年末中国对各洲直接投资存量前五位的行业

单位：亿美元

地区	行业名称	存量	占比(%)
亚洲	租赁和商务服务业	3855.0	42.4
	金融业	1189.5	13.1
	批发和零售业	1170.0	12.9
	采矿业	717.2	7.9
	制造业	624.0	6.9
	小计	7555.7	83.2
非洲	建筑业	113.0	28.3
	采矿业	104.1	26.1
	制造业	50.9	12.8
	金融业	45.6	11.4
	科学研究和技术服务业	19.1	4.8
	小计	332.7	83.4
欧洲	采矿业	238.6	27.3
	制造业	175.1	20.1
	金融业	144.4	16.6
	批发和零售业	78.7	9.0
	租赁和商务服务业	70.8	8.1
	小计	707.6	81.1
拉丁美洲	租赁和商务服务业	690.4	33.3
	信息传输/软件和信息技术服务业	380.2	18.4
	批发和零售业	371.4	17.9
	金融业	242.6	11.7
	采矿业	159.3	7.7
	小计	1843.9	89.0
北美洲	制造业	171.3	22.7
	金融业	123.9	16.4
	采矿业	95.9	12.7
	租赁和商务服务业	88.8	11.8
	房地产业	62.3	8.2
	小计	542.2	71.8
大洋洲	采矿业	208.5	54.5
	房地产业	44.3	11.6
	金融业	27.4	7.2
	租赁和商务服务业	20.0	5.2
	批发和零售业	16.3	4.3
	小计	316.5	82.8

（2）按三次产业分

2016年末中国对外直接投资存量的76.3%分布在第三产业（即服务业），金额为10360.4亿美元，主要分布在租赁和商务服务、金融、批发和零售、信息传输/软件和信息技术服务、房地产、交通运输/仓储等领域。第二产业3083亿美元，占中国对外直接投资存量的22.7%，其中采矿业（不含开采辅助活动）1451.3亿美元，占第二产业的47.1%；制造业（不含金属制品、机械和设备修理业）1079.3亿美元，占35%；建筑业324.2亿美元，占10.5%；电力/热力/燃气及水的生产和供应业228.2亿美元，占7.4%。第一产业（农/林/牧/渔业，但不含农/林/牧/渔服务业）130.5亿美元，占中国对外直接投资存量的1%。

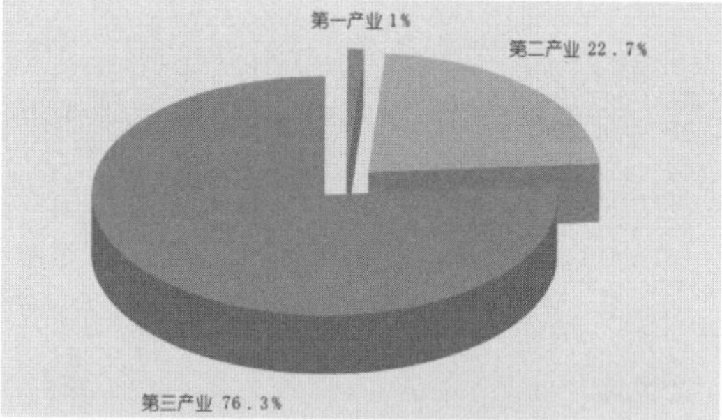

图20　2016年末中国对外直接投资存量按三次产业分类构成

4.按境内投资者工商行政管理注册类型分类。

2016年末，在对外非金融类直接投资11800.5亿美元存量中，国有企业占54.3%；非国有企业占45.7%，其中有限责任公司占17.8%，私营企业占8.7%，股份有限公司占8.6%，外商投资企业占3.5%，港澳台商投资企业占3.5%，股份合作企业占0.7%，集体企业占0.3%，其他占2.6%。

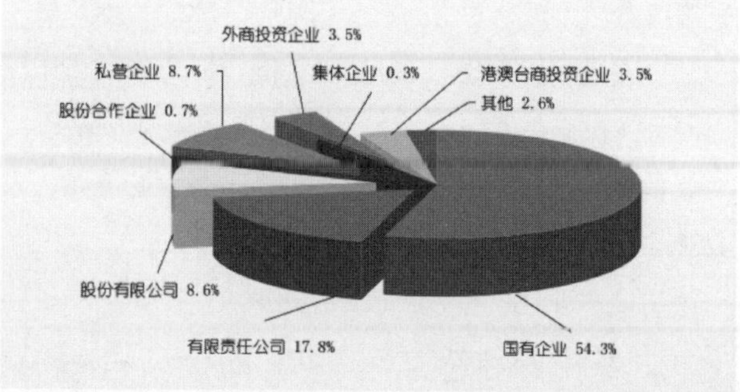

图2　12016年末中国对外非金融类直接投资存量

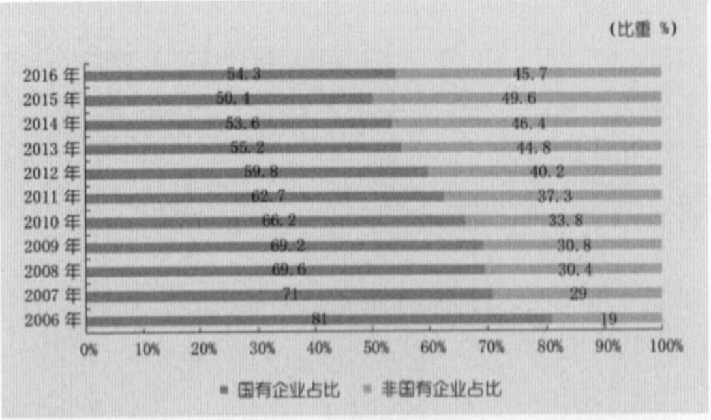

图22 2006—2016年中国国有企业和非国有企业存量占比情况

5.省市区分布。

2016年末，地方企业对外非金融类直接投资存量达到5240.5亿美元，占全国非金融类存量的44.4%，较上年增加7.7个百分点。其中：东部地区4232.9亿美元，占80.7%；西部地区428.1亿美元，占8.2%；中部地区356亿美元，占6.8%；东北三省223.5亿美元，占4.3%。广东省以1250.4亿美元的存量位列地方对外直接投资存量之首，其次为上海840.5亿美元，其后依次为北京、山东、江苏、浙江、天津、辽宁、福建、湖南等。在5个计划单列市中，深圳市以852.6亿美元位列第一，占广东省对外直接投资存量的68.2%，宁波市以117.8亿美元位列第二，占浙江省存量的36%。

表16 2016年末对外直接投资存量前十位的省市区

单位：亿美元

序号	省、市、区名称	存量
1	广东省	1250.4
2	上海市	840.5
3	北京市	543.8
4	山东省	411.9
5	江苏省	349.5
6	浙江省	326.8
7	天津市	262.3
8	辽宁省	132.2
9	福建省	111.3
10	湖南省	101.7
合计（占地方存量82.6%）		4330.4

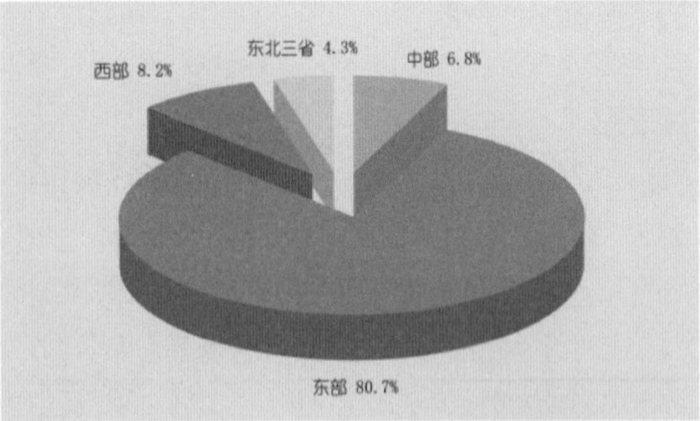

图23 2016年末地方对外直接投资存量地区比重构成

三、中国对世界主要经济体的直接投资

表17 2016年中国对主要经济体投资情况表

单位：亿美元

经济体名称	流量			存量	
	金额	同比(%)	比重(%)	金额	比重(%)
中国香港	1142.33	27.2	58.2	7807.45	57.5
欧盟	99.94	82.4	5.1	698.37	5.1
东盟	102.79	−29.6	5.2	715.54	5.3
美国	169.81	111.5	8.7	605.80	4.5
澳大利亚	41.87	23.1	2.1	333.51	2.4
俄罗斯联邦	12.93	−56.3	0.7	129.80	1.0
合计	1569.67	26.3	80.0	10290.47	75.8

（一）中国内地对香港地区的投资

2016年，中国内地对香港地区的投资流量首次突破千亿美元（1142.33亿美元），占当年中国对外直接投资总额近六成，同比增长27.2%。当年，中国企业共实施对香港地区企业的并购164起，涉及金额153.74亿美元；同时，中国企业通过其在香港地区设立的平台公司进行再投资并购活跃，如青岛海尔股份有限公司55.8亿美元收购美国通用电气公司家电业务、腾讯等公司41亿美元收购芬兰Supercell公司

84.3%股份、三峡集团37.73亿美元收购巴西朱比亚水电站和伊利亚水电站30年经营权项目等均是通过再投资完成。

从流量行业构成情况看，流向租赁和商务服务业（以投资控股为主要目的）485.06亿美元，同比增长35.9%，占42.5%；金融业158.06亿美元，同比下降3.9%，占13.8%；批发和零售业149.31亿美元，同比增长4.3%，占13.1%；制造业106.97亿美元，同比增长85%，占9.4%；房地产业92.44亿美元，同比增长68.4%，占8.1%；信息传输/软件和信息技术服务业51.62亿美元，同比增长87.7%，占4.5%；居民服务/修理和其他服务业44.79亿美元，同比增长244.8%，占3.9%。

2016年末，中国内地共在香港地区设立境外企业近1.2万家，年末投资存量7807.45亿美元，占存量总额的57.5%。从主要行业构成看，租赁和商务服务业3724.93亿美元，占47.7%；金融业1050.46亿美元，占13.5%；批发和零售业1039.34亿美元，占13.3%；采矿业478.06亿美元，占6.1%；制造业390.09亿美元，占5%；交通运输/仓储和邮政业297.95亿美元，占3.8%；房地产业占3.5%；信息传输/软件和信息技术服务业占2.2%；居民服务/修理和其他服务业占1.7%；电力/热力/燃气及水的生产和供应业占0.9%；科学研究和技术服务业、建筑业各占0.6%；其他行业占1.1%。

表18　2016年中国内地对中国香港直接投资的主要行业

单位:万美元

行业	流量	比重(%)	存量	比重（%）
租赁和商务服务业	4850641	42.5	37249336	47.7
金融业	1580559	13.8	10504616	13.5
批发和零售业	1493055	13.1	10393401	13.3
采矿业	-302300	-2.6	4780617	6.1
制造业	1069730	9.4	3909454	5.0

续表

行业	流量	比重(%)	存量	比重（%）
交通运输/仓储和邮政业	145268	1.3	2979539	3.8
房地产业	924429	8.1	2745304	3.5
信息传输/软件和信息技术服务业	516238	4.5	1687897	2.2
居民服务/修理和其他服务业	447929	3.9	1316396	1.7
电力/热力/燃气及水的生产和供应业	174316	1.5	686586	0.9
科学研究和技术服务业	89342	0.8	479375	0.6
建筑业	93916	0.8	456605	0.6
文化/体育和娱乐业	130595	1.1	380029	0.5
农/林/牧/渔业	78846	0.7	187876	0.2
水利/环境和公共设施管理业	61775	0.5	166855	0.2
其他行业	68922	0.6	150603	0.2
合计	11423261	100.0	78074489	100.0

（二）中国对欧盟的投资

2016年，中国对欧盟直接投资快速增长，流量金额近百亿美元（99.94亿美元），同比增长82.4%，占流量总额的5.1%，占对欧洲投资流量的93.5%。

从流向的主要国家看，德国位居首位，流量达23.81亿美元，是上年同期的5.8倍，占对欧盟投资流量的23.8%，主要投向的行业为制造业、租赁和商务服务业、科学研究和技术服务业；其次为卢森堡16.02亿美元，占16%，主要投向的行业为金融业、租赁和商务服务业；法国15亿美元位列第三，是上年同期的4.6倍，占15%，主要投向的行业为批发和零售业、租赁和商务服务业、制造业。此外，中国对马耳他、爱尔兰、意大利、塞浦路斯、匈牙利的投资实现快速增长。

从行业分布看，流向制造业36.55亿美元，占36.6%，主要分布在荷兰、德国、英国、爱尔兰等；批发和零售业16.22亿美元，占16.2%，主要分布在法国、卢森堡、英国、德国等；租赁和商务服务业14.36亿美元，占14.4%，主要分布在德国、卢森堡、法国、英国等；科学研究和技术服务业6.84亿美元，占6.8%，主要在德国、英国；金融业6.25亿美元，占6.2%，主要在卢森堡、法国、德国等；文化/体育和娱乐业4.51亿美元，占4.5%，主要在意大利。

截至2016年末，中国对欧盟的投资存量为698.37亿美元，占存量总额的5.1%，占对欧洲投资存量的80.1%。存量在30亿美元以上的国家有六个，分别为：荷兰、英国、卢森堡、德国、法国、瑞典。

由于中国境内投资者对境外企业管理架构的调整（将对外直接投资企业即境外子公司调整为再投资企业），造成2016年末对法国、英国等国家投资存量的变动。

从存量的行业分布看，制造业160.69亿美元，占23%，主要分布在英国、德国、瑞典、荷兰等；采矿业153.4亿美元，占22%，主要分布在荷兰、卢森堡、法国、比利时等；金融业140.48亿美元，占20.1%，主要分布在英国、卢森堡、法国、德国等；批发和零售业72.59亿美元，占10.4%，主要分布在荷兰、法国、英国、德国、卢森堡等；租赁和商务服务业55.78亿美元，占8%，主要分布在英国、卢森堡、荷兰、德国等；房地产业31.56亿美元，占8%，主要在英国和德国；科学研究和技术服务业20.81亿美元，占3%，主要分布在英国、德国、瑞典、捷克等；电力/热力/燃气及水的生产和供应业占2.5%；交通运输/仓储和邮政业占1.7%；农/林/牧/渔业占1.2%。

2016年末，中国共在欧盟设立直接投资企业2700多家，已覆盖欧盟的全部28个成员国，雇用外方员工13.37万人。

表19 2016年中国对欧盟直接投资的主要行业

单位：万美元

行业	流量	比重(%)	存量	比重(%)
制造业	365467	36.6	1606859	23.0
采矿业	7661	0.8	1534022	22.0
金融业	62460	6.2	1404813	20.1
批发和零售业	162179	16.2	725859	10.4
租赁和商务服务业	143560	14.4	557824	8.0
房地产业	11591	1.2	315562	4.5
科学研究和技术服务业	68386	6.8	208073	3.0
电力/热力/燃气及水的生产和供应业	42407	4.2	176276	2.5
交通运输/仓储和邮政业	12601	1.3	116518	1.7
农/林/牧/渔业	17245	1.7	80699	1.2
住宿和餐饮业	11499	1.2	78516	1.1
文化/体育和娱乐业	45059	4.5	55268	0.9
信息传输/软件和信息技术服务业	25176	2.5	49481	0.7
居民服务/修理和其他服务业	4847	0.5	30717	0.4
建筑业	3853	0.4	17155	0.2
教育	6812	0.7	17001	0.2
其他	8623	0.8	9026	0.1
合计	999426	100.0	6983669	100.0

（三）中国对东盟的投资

2016年，中国对东盟十国的投资流量为102.79亿美元,同比下降29.6%，占流量总额的5.2%，对亚洲投资流量的7.9%；存量为715.54亿美元,占存量总额的5.3%，亚洲投资存量的7.9%。2016年末,中国共在东盟设立直接投资企业4300家,雇用外方员工28.39万人。

2016年，中国对新加坡的投资31.72亿美元，较上年（104.52亿美元）下降69.7%，对马来西亚、越南、泰国的投资实现较快增长。从流量的行业分布看，制造业35.44亿美元，同比增长34.3%，占34.5%，主要分布在印度尼西亚、越南、泰国、马来西亚等;批发和零售业19.63亿美元，占19.1%，主要分布在新加坡、泰国等；租赁和商务服务业13.71亿美元，占13.3%，主要分布在新加坡；房地产业12.46亿美元，占12.1%，主要分布在马来西亚、新加坡等；电力/热力/燃气及水的生产和供应业6.64亿美元，占6.5%,主要分布在越南、印度尼西亚、泰国；建筑业6.35亿美元，占6.2%,主要分布在马来西亚、印度尼西亚等；金融业4.54亿美元，占4.4%，主要分布在印度尼西亚、马来西亚等；农/林/牧/渔业3.74亿美元，占3.6%，主要分布在缅甸、老挝、新加坡、柬埔寨等；采矿业2.41亿美元，占2.3%。

表20　2016年中国对东盟直接投资的主要行业

单位:万美元

行业	流量	比重(%)	存量	比重(%)
制造业	354370	34.5	1314969	18.4
租赁和商务服务业	137106	13.3	1122250	15.7
采矿业	24119	2.3	1016925	14.2
批发和零售业	196304	19.1	968975	13.5
电力/热力/燃气及水的生产和供应业	66424	6.5	912135	12.7

续表

行业	流量	比重(%)	存量	比重(%)
金融业	45400	4.4	457319	6.4
建筑业	63487	6.2	450678	6.4
农/林/牧/渔业	37370	3.6	313845	4.4
房地产业	124590	12.1	198793	2.8
交通运输/仓储和邮政业	−67010	−6.5	182306	2.5
科学研究和技术服务业	7364	0.7	71912	1.0
信息传输/软件和信息服务业	19125	1.9	60017	0.8
居民服务/修理和其他服务业	15515	1.5	56598	0.8
住宿和餐饮业	1759	0.2	11977	0.2
文化/体育和娱乐业	3149	0.3	7917	0.1
水利/环境和公共设施管理业	−1877	−0.2	6954	0.1
教育	581	0.1	1660	0.0
其他行业	92	0.0	179	0.0
合计	1027868	100.0	7155409	100.0

从2016年中国对东盟投资存量的行业分布情况看，制造业131.5亿美元，占18.4%，是中国对东盟投资存量最大的行业，其中投资额上十亿美元的国家有：印度尼西亚（28.87亿美元）、越南（24.79亿

美元）、泰国（21.19亿美元）、新加坡（20.49亿美元）、马来西亚（12.39亿美元）。租赁和商务服务业112.23亿美元，占15.7%，主要分布在新加坡、印度尼西亚、老挝、越南、马来西亚等。采矿业101.69亿美元，占14.2%，主要分布在新加坡、印度尼西亚、缅甸、老挝等。批发和零售业96.9亿美元，占13.5%，主要分布在新加坡、印度尼西亚、泰国、越南、马来西亚、菲律宾等。电力/热力/燃气及水的生产供应业91.21亿美元，占12.7%，主要分布在新加坡、缅甸、印度尼西亚、老挝、柬埔寨等。金融业45.73亿美元，占6.4%，主要分布在新加坡、泰国、印度尼西亚、越南等。建筑业45.07亿美元，占6.4%，主要分布在新加坡、柬埔寨、老挝、马来西亚等。农/林/牧/渔业31.38亿美元，占4.4%，主要分布在老挝、新加坡、柬埔寨、印度尼西亚等。房地产业19.88亿美元，占2.8%，主要在马来西亚、新加坡、老挝等。交通运输/仓储和邮政业占2.5%，主要分布在新加坡、泰国等。科学研究和技术服务业占1%；信息传输/软件和信息服务业占0.8%；居民服务和其他服务业占0.8%；住宿和餐饮业占0.2%。

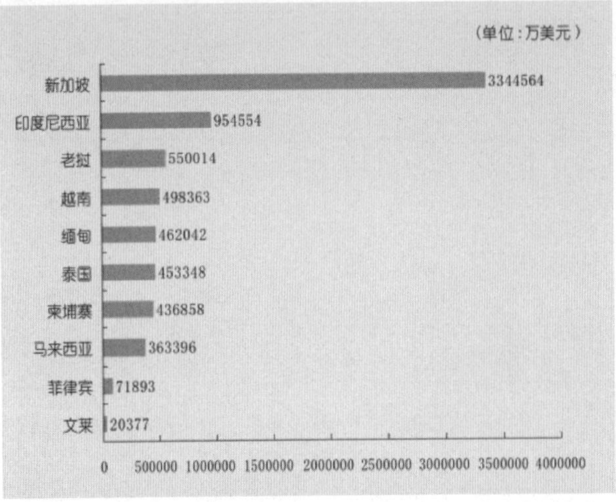

图24 2016年末中国对东盟十国直接投资存量情况

（四）中国对美国的投资

2016年，中国对美直接投资流量为169.81亿美元，是上年的2.1倍，创中国对美直接投资历史新高，占流量总额的8.7%，其中非金融类流量205.29亿美元，金融类流量−35.48亿美元。2016年末，对美投资存量为605.8亿美元，占中国对外直接投资存量的4.5%，境外企业雇用美国当地员工9.1万人，较上年末增加1万余人。

2016年，中国企业共对美实施并购项目164起，实际交易金额354亿美元，主要分布在制造、交通运输和仓储、软件和信息技术服务、房地产、文化娱乐等领域。包括海航的天津天海物流投资管理有限公司60.1亿美元收购美国英迈国际、青岛海尔55.8亿美元收购美国通用电气公司家电业务项目、万达集团28亿美元收购美国传奇影业、艾派克集团27亿美元收购利盟国际、海航集团18.8亿美元收购卡尔森酒店集团等。2016年，中国企业通过直接投资和境外企业再投资累计对美实现各类投资超过400亿美元。

2016年，中国对美投资领域多元，其中流量在10亿美元以上的行业有6个，较上年增加3个。对美制造业投资以59.95亿美元位列首位，同比增长49.6%，占对美投资流量的35.3%；其次为信息传输/软件和信息技术服务业49.32亿美元，是上年的15.9倍，占29%；房地产业以23.26亿美元位列第三，是上年的12.7倍，占13.7%。其后依次为文化/体育和娱乐业18.66亿美元，占11%；租赁和商务服务业16.3亿美元，占9.6%；科学研究和技术服务业12.22亿美元，占7.2%；批发和零售业9.58亿美元，占5.6%；采矿业5.06亿美元，占3%。

从存量行业分布情况看，制造业以151.82亿美元高居榜首，占对美投资存量的25.1%，主要分布在汽车制造业、医药制造业、专用设备制造业、皮革/毛皮/羽毛及其制品和制鞋业、计算机/通信和其他电子设备制造业、铁路/船舶/航空航天和其他运输设备制造业、金属制品业、非金属矿物制品业、化学原料和化学制品制造业等。其后依次为：金融业104.92亿美元，占17.3%；租赁和商务服务业69.51亿美元，占11.5%；房地产业57.19亿美元，占9.4%；信息传输/软件和信息技术服务业54.46亿美元，占9%；批发和零售业40.18亿美元，占6.6%；采矿业占5.1%；科学研究和技术服务占5.0%；文化/体育和娱乐业占3.9%。

表21　2016年中国对美国直接投资的主要行业

单位:万美元

行业	流量	比重(%)	存量	比重(%)
制造业	599498	35.3	1518212	25.1
金融业	–354764	–20.9	1049164	17.3
租赁和商务服务业	162992	9.6	695116	11.5
房地产业	232634	13.7	571873	9.4
信息传输/软件和信息技术服务业	493152	29.0	544576	9.0
批发和零售业	95770	5.6	401776	6.6
采矿业	50619	3.0	308190	5.1
科学研究和技术服务业	122154	7.2	302511	5.0
文化/体育和娱乐业	186555	11.0	235386	3.9
建筑业	46768	2.8	126631	2.1
居民服务/修理和其他服务业	21668	1.3	98657	1.6
交通运输/仓储和邮政业	1383	0.1	56172	0.9
住宿和餐饮业	22928	1.4	52894	0.9
电力/热力/燃气及水的生产和供应业	5130	0.3	50033	0.8
农/林/牧/渔业	4445	0.2	25940	0.4
教育	4195	0.2	10443	0.2
卫生和社会工作	1717	0.1	5372	0.1
水利/环境和公共设施管理业	1237	0.1	5051	0.1
合计	1698082	100.0	6057998	100.0

（五）中国对澳大利亚的投资

2016年，中国对澳直接投资流量41.87亿美元，创对澳投资新高，同比增长23.1%，占流量总额的2.1%。主要流向：房地产业13.32亿美元，占31.8%；采矿业9.78亿美元，占23.4%；交通运输/仓储和邮政业3.89亿美元，占9.3%；租赁和商务服务业3.28亿美元，占7.8%；卫生和社会工作占6%；农/林/牧/渔业占5.4%；制造业占5.4%。

2016年末，中国对澳大利亚投资存量为333.51亿美元，占中国对外直接投资存量的2.4%，对大洋洲投资存量的87.2%；共在澳大利亚设立超过960家境外企业，雇用澳方员工近2万人。存量主要行业分布情况：采矿业191.52亿美元，占57.4%；房地产业41.06亿美元，占12.3%；金融业24.72亿美元，占7.4%；租赁和商务服务业18.08亿美元，占5.4%；制造业12.62亿美元，占3.8%；批发和零售业11.59亿美元，占3.5%；交通运输/仓储和邮政业7.94亿美元，占2.4%。

表22　2016年中国对澳大利亚直接投资的主要行业

单位：万美元

行业	流量	比重(%)	存量	比重(%)
采矿业	97790	23.4	1915218	57.4
房地产业	133217	31.8	410608	12.3
金融业	–17989	–4.3	247222	7.4
租赁和商务服务业	32841	7.8	180813	5.4
制造业	22407	5.4	126205	3.8
批发和零售业	21517	5.1	115944	3.5
交通运输/仓储和邮政业	38920	9.3	79439	2.4
农/林/牧/渔业	22792	5.4	71120	2.1
水利/环境和公共设施管理业	5000	1.2	38534	1.2
建筑业	11218	2.7	34420	1.0
电力/热力/燃气及水的生产和供应业	10028	2.4	29461	0.9
居民服务/修理和其他服务业	10587	2.5	26404	0.8
卫生和社会工作	25187	6.0	25301	0.8
科学研究和技术服务业	2020	0.5	15763	0.5
其他行业	3153	0.8	18604	0.5
合计	418688	100.0	3335056	100.0

（六）中国对俄罗斯的投资

2016年，中国对俄罗斯的直接投资流量12.93亿美元，同比下降56.3%，占流量总额的0.7%，占对欧洲投资流量的12.1%。从行业分布情况看，投资主要集中在采矿业(41.9%)、农/林/牧/渔业（33.5%）、制造业（17.2%）、批发和零售业（4%）、租赁和商务服务业（2.9%）、金融业（2.8%）、科学研究和技术服务业（1.6%）等。

2016年末，中国对俄罗斯的投资存量为129.8亿美元，占中国对外直接投资存量的1%，对欧洲地区投资存量的14.9%；共在俄罗斯设立境外企业1100多家，雇用外方员工2.2万人。从存量的主要行业分布情况看，采矿业61.8亿美元，占47.6%；农/林/牧/渔业30.1亿美元，占23.2%；制造业11.6亿美元，占8.9%；租赁和商务服务业11.2亿美元，占8.6%；批发和零售业4.1亿美元，占3.1%；房地产业3.7亿美元，占2.9%；金融业3.1亿美元，占2.4%；建筑业2.4亿美元，占1.8%。

表23 2016年中国对俄罗斯直接投资的主要行业

单位：万美元

行业	流量	比重(%)	存量	比重(%)
采矿业	54238	41.9	618186	47.6
农/林/牧/渔业	43276	33.5	300671	23.2
制造业	22257	17.2	115659	8.9
租赁和商务服务业	3695	2.9	111635	8.6
批发和零售业	5223	4.0	40591	3.1
房地产业	22	0.0	37164	2.9
金融业	3633	2.8	31426	2.4
建筑业	-293	-0.2	23819	1.8
居民服务/修理和其他服务业	-5737	-4.4	6462	0.5
科学研究和技术服务业	2066	1.6	5155	0.4
交通运输/仓储和邮政业	144	0.1	3202	0.3
信息传输/软件和信息技术服务业	45	0.0	1826	0.1
其他行业	738	0.6	2155	0.2
合计	129307	100.0	1297951	100.0

四、中国对外直接投资者的构成

2016年末，中国对外直接投资者（以下简称境内投资者）达到2.44万家，从其在中国工商行政管理部门登记注册情况看，有限责任公司占43.2%，是中国对外投资最为活跃的群体；私营企业占26.2%，位列次席；股份有限公司占10.1%；国有企业占5.2%，较上年下降0.6个百分点；外商投资企业占4.8%；港、澳、台商投资企业占3.2%；个体经营占2.4%，股份合作企业占2%，集体企业占0.5%，其他占2.4%。

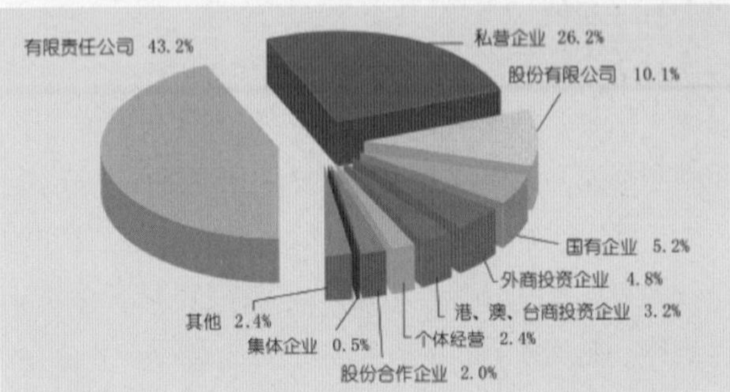

图25 2016年末境内投资者按登记注册类型构成

表24 2016年末境内投资者按登记注册类型分类情况

单位：家

工商登记注册类型	家数	比重(%)
有限责任公司	10536	43.2
私营企业	6386	26.2
股份有限公司	2474	10.1
国有企业	1268	5.2
外商投资企业	1175	4.8
港/澳/台商投资企业	776	3.2
个体经营	593	2.4
股份合作企业	498	2.0
集体企业	113	0.5
其他	583	2.4
合计	24402	100.0

在境内投资者中，中央企业及单位177家，仅占0.7%，各省市区的地方企业投资者占99.3%。境内投资者数量前十位的省市区依次为：广东、浙江、

江苏、上海、北京、山东、辽宁、福建、湖南、黑龙江，共占境内投资者总数的79.7%。广东省境内投资者数量最多，超过5400家，占22.2%；其次为浙江省，占12%；江苏省位列第三，占10%。超六成的私营企业投资者来自广东、浙江、江苏、上海、北京等地。

从境内投资者的行业分布看，制造业、批发和零售业共计1.46万家，占到境内投资者总数的59.9%，其中：制造业位列首位，占境内投资者的31.2%主要分布在计算机/通信和其他电子设备制造业、专用设备制造业、纺织服装/装饰业、纺织业、通用设备制造业、医药制造业、电气机械和器材制造业、金属制品业、化学原料及化学制品制造业、汽车制造业、橡胶和塑料制品业等；其次为批发和零售业占28.7%。另外，租赁和商务服务业占8.7%;信息传输/软件和信息技术服务业占5.2%；农/林/牧/渔业占4%；建筑业占3.3%；科学研究和技术服务业占2.8%。

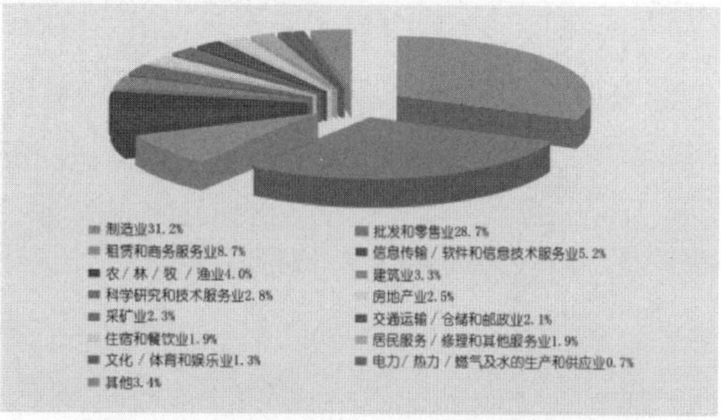

图26 2016年末境内投资者行业构成情况

表25 2016年末中国境内投资者行业构成情况

单位：家

行业	数量	比重（%）
制造业	7616	31.2
批发和零售业	7012	28.7
租赁和商务服务业	2110	8.7
信息传输/软件和信息技术服务业	1276	5.2
农/林/牧/渔业	985	4.0
建筑业	806	3.3
科学研究和技术服务业	671	2.8
房地产业	601	2.5
采矿业	569	2.3
交通运输/仓储和邮政业	513	2.1
住宿和餐饮业	467	1.9
居民服务/修理和其他服务业	458	1.9
文化/体育和娱乐业	307	1.3
电力/热力/燃气及水的生产和供应业	175	0.7
其他	836	3.4
合计	24402	100.0

五、中国对外直接投资企业的构成

（一）国家(地区)分布

2016年末，中国境内投资者共在全球190个国家（地区）设立对外直接投资企业（简称境外企业）3.72万家，较上年末增加6300多家，遍布全球超过80%的国家（地区）。其中：亚洲的境外企业覆盖率与上年持平，为97.9%，欧洲为87.8%，非洲为86.7%，北美洲为75%，拉丁美洲为69.4%，大洋洲为50%。

表26 2016年末中国境外企业在各洲分布情况

单位：个

洲别	2016年末国家（地区）总数	中国境外企业覆盖的国家（地区）数量	覆盖率(%)
亚洲	48	46	97.9
欧洲	49	43	87.8
非洲	60	52	86.7
北美洲	4	3	75.0
拉丁美洲	49	34	69.4
大洋洲	24	12	50.0
合计	234	190	81.5

注：1.覆盖率为中国境外企业覆盖国家数量与国家地区总数的比率。

2.亚洲国家地区数量包括中国，覆盖率计算基数未包括。

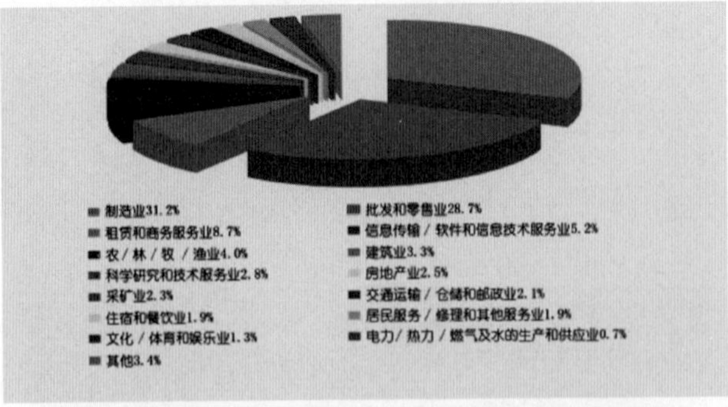

图27　2016年末中国境外企业在各洲覆盖比率

表27　2016年末中国境外企业未涉及的国家（地区）

单位：个

洲别	数量	国家(地区)名称
亚洲	1	不丹
欧洲	6	安道尔、直布罗陀、摩纳哥、梵蒂冈城国、法罗群岛、圣马力诺
非洲	8	加那利群岛、塞卜泰、留尼汪、索马里、梅利利亚、斯威士兰、马约特、西撒哈拉
拉丁美洲	15	阿鲁巴、博内尔、库腊群岛、法属圭亚那、瓜得罗普、海地、马提尼克、蒙特塞拉特、波多黎各、萨巴、圣马丁岛、特克斯和凯科斯群岛、圣其茨和尼维斯、圣皮埃尔和密克隆、荷属安地列斯
北美洲	1	格陵兰
大洋洲	12	盖比群岛、马克萨斯群岛、瑙鲁、新喀里多尼亚、诺福克岛、社会群岛、所罗门群岛、土阿莫土群岛、土布艾群岛、图瓦卢、法属波利尼西亚、瓦利斯和浮图纳
合计	43	

从境外企业的国家（地区）分布情况看，中国在亚洲设立的境外企业数量近2.1万家，占55.8%,主要分布在中国香港、新加坡、日本、越南、韩国、印度尼西亚、老挝、阿拉伯联合酋长国、泰国、柬埔寨、马来西亚、蒙古等。在中国香港设立的境外企业近1.2万家，占到中国境外企业总数的三成，是中国设立境外企业数量最多、投资最活跃的地区。

在北美洲设立的境外企业超过5600家，占15.2%，主要分布在美国、加拿大。中国企业在美国设立的境外企业数量仅次于中国香港。

在欧洲设立的境外企业4100多家，占11.3%,主要分布在俄罗斯、德国、英国、荷兰、法国、意大利等。

在非洲设立的境外企业超过3200家，占8.8%,主要分布在赞比亚、尼日利亚、埃塞俄比亚、南非、坦桑尼亚、肯尼亚、加纳、安哥拉、乌干达等。

在拉丁美洲设立的境外企业2000多家，占5.5%，主要分布在英属维尔京群岛、开曼群岛、巴西、墨西哥、智利、秘鲁、阿根廷、委内瑞拉等。

在大洋洲设立的境外企业1200多家，占3.4%。主要分布在澳大利亚、新西兰、巴布亚新几内亚、萨摩亚、斐济等。

表28　2016年末中国境外企业各洲构成情况

单位：家

洲别	境外企业数量	比重(%)
亚洲	20748	55.8
北美洲	5650	15.2
欧洲	4177	11.3
非洲	3254	8.8
拉丁美洲	2058	5.5
大洋洲	1277	3.4
合计	37164	100.0

2016年末，中国设立境外企业数量前20位的国家（地区）依次为：中国香港、美国、俄罗斯联邦、澳大利亚、新加坡、德国、日本、英属维尔京、越南、加拿大、韩国、印度尼西亚、老挝、阿拉伯联合酋长国、开曼群岛、泰国、柬埔寨、英国、马来西亚、蒙古，累计近2.8万家，占中国在国（境）外设立企业总数的75.2%。

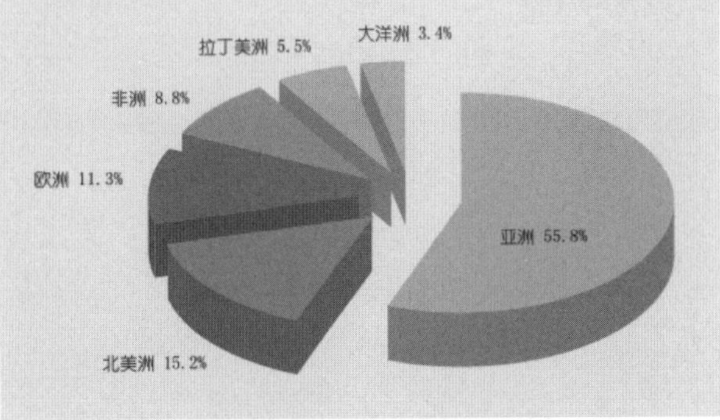

图28　2016年末中国境外企业各洲分布情况

（二）行业分布

从中国境外企业分布的主要行业情况看，批发和零售业、制造业、租赁和商务服务业依然是境外企业最为聚集的行业，累计数量超过2.3万家，占境外企业总数的62.7%。其中批发和零售业超过1万家，占中国境外企业总数的28.7%；制造业7700多家，占20.8%；租赁和商务服务业近4900家，占13.2%；建筑业占6.4%；信息传输/软件和信息技术服务业占4.7%；农/林/牧/渔业占4.7%；科学研究和技术服务业占4.3%；采矿业占4.1%；交通运输/仓储和邮政业占2.7%；居民服务/修理和其他服务业占2.5%；房地产业占2.4%；金融业占1.3%。

表29　2016年末境外企业的行业分布情况

单位：家

行业	境外企业数量	比重(%)
批发和零售业	10,648	28.7
制造业	7,721	20.8
租赁和商务服务业	4,889	13.2
建筑业	2,386	6.4
信息传输/软件和信息技术服务业	1,745	4.7
农/林/牧/渔业	1,737	4.7
科学研究和技术服务业	1,578	4.3
采矿业	1,516	4.1
交通运输/仓储和邮政业	1,004	2.7
居民服务/修理和其他服务业	944	2.5
房地产业	910	2.4
文化/体育和娱乐业	488	1.3
金融业	477	1.3

续表

行业	境外企业数量	比重(%)
电力/热力/燃气及水的生产和供应业	464	1.2
住宿和餐饮业	384	1.0
教育	112	0.3
其他	161	0.4
合计	37,164	100.0

（三）省市区分布

从境外非金融类企业的隶属情况看，地方企业占88%，中央企业和单位仅占12%。广东、浙江、江苏、上海、北京、山东、辽宁、福建、湖南、天津位列地方境外企业数量前10位，合计占境外企业总数的70.2%。广东省是中国拥有境外企业数量最多的省份，占境外企业总数的18%；其次为浙江省，占11.2%；江苏省位列第三，占8.9%。

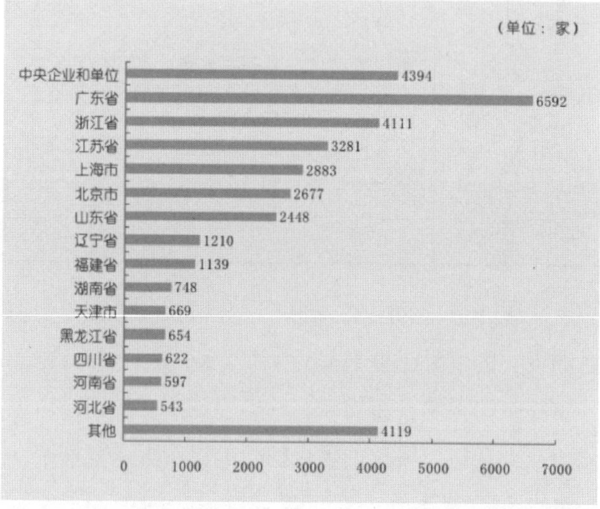

图29　2016年末中国主要省市区设立境外企业情况

2016年中国对外贸易发展情况

商务部
2017年5月5日

2016年，中国外贸发展面临的形势严峻复杂，国际市场需求疲弱，国内综合成本不断上升，不确定、不稳定因素增多，下行压力加大。党中央、国务院高度重视外贸工作，及时出台促进外贸回稳向好、促进加工贸易创新发展等一系列支持政策，相关部门和各地区积极细化落实政策，为企业减负助力。一大批进出口企业从供给侧发力，加快转型升级，开展技术创新、产品创新、商业模式创新，国际竞争力进一步提升。在各方面共同努力下，中国外贸实现回稳向好目标，进出口降幅收窄，结构优化，效益提升，新的发展动能不断积聚，成绩来之不易。

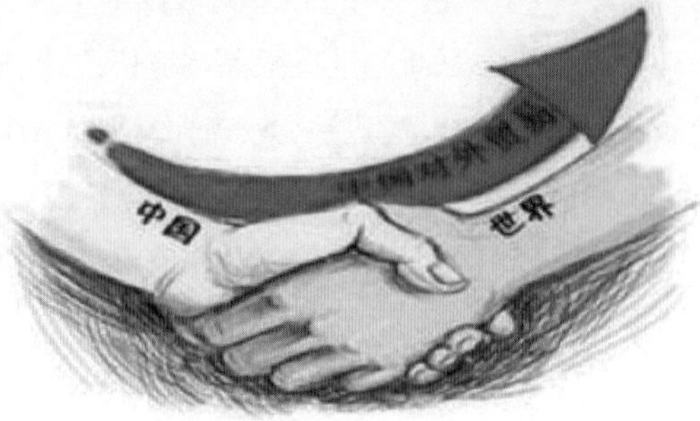

一、进出口增速逐季回稳

2016年，中国货物贸易进出口总值24.3万亿元人民币（下同），较2015年下降0.9%，降幅较2015年收窄6.1个百分点。其中，出口13.8万亿元，下降1.9%；进口10.5万亿元，增长0.6%，扭转了2015年大幅下降的态势；贸易顺差3.4万亿元，下降8.8%。以美元计，进出口总值3.7万亿美元，下降6.8%。其中，出口2.1万亿美元，下降7.7%；进口1.6万亿美元，下降5.5%；贸易顺差5107.3亿美元，下降13.9%。

分季度看，进出口同比由降转升，增速逐季回稳。1—4季度，以人民币计价的进出口分别下降8.1%、下降1.1%、增长0.8%和增长3.8%。11、12月进口和出口连续两个月实现“双升”。

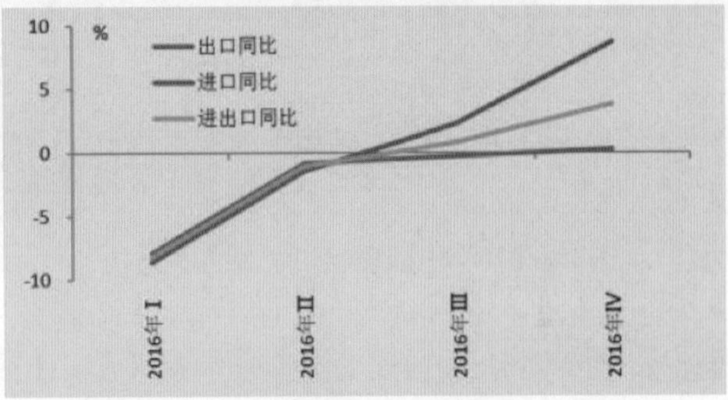

图1 2016年中国进出口季度同比情况

注：人民币计价，下同。

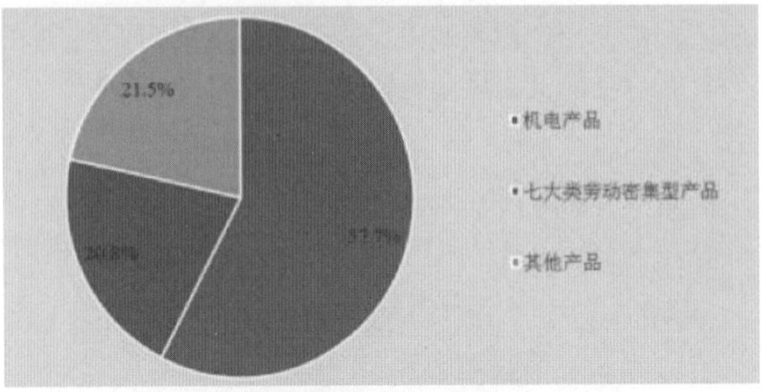

图2 2016年中国主要出口商品占比情况

二、部分高附加值机电产品和劳动密集型产品出口增长

2016年，机电产品出口8.0万亿元，下降1.9%，占出口总值的57.7%。其中，航空航天器、光通信设

备出口增长超过10%，医疗仪器及器械和大型成套设备出口增长超过5%。工程机械、汽车、家电、机床、发电机出口均实现正增长。七大类劳动密集型产品出口2.9万亿元，下降1.7%，占出口总值的20.8%。其中，纺织品、玩具和塑料制品出口实现正增长。

三、外贸新业态成为增长新动力

2016年，一般贸易进出口13.4万亿元，增长0.9%，占进出口总值的55%，较2015年提高0.9个百分点，贸易方式结构继续优化。加工贸易进出口7.3万亿元，下降5%。加工贸易国内增值率达80.1%，同比提高1.6个百分点。

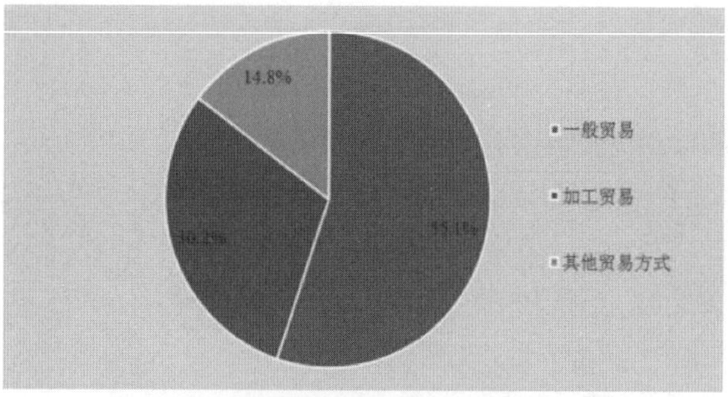

图3　2016年中国进出口贸易方式结构

中国大力支持外贸新业态发展，2016年新设12个跨境电子商务综合试验区，新增5家市场采购贸易方式试点，选取4家企业开展首批外贸综合服务企业试点。全年试点区域跨境电商进出口1637亿元，增长1倍以上。市场采购贸易出口2039亿元，增长16%。4家外贸综合服务试点企业服务中小企业超过4万家。

四、市场多元化成效显著

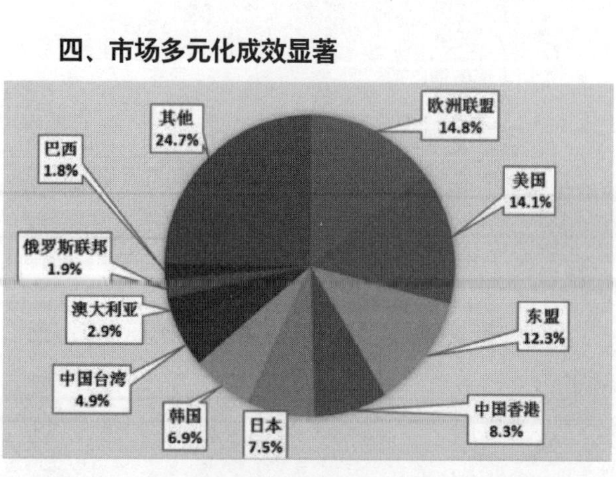

图4　2016年中国主要贸易伙伴进出口占比情况

2016年，中国对“一带一路”沿线部分国家出口实现较快增长，其中对俄罗斯、孟加拉、印度出口分别增长14.2%、9.3%和6.6%。中国对欧盟和美国出口分别增长1.3%和0.1%，对东盟出口下降1.9%，对三者出口合计占中国出口总额的46.7%。

五、进出口企业转型升级取得新成效

2016年，民营企业进出口9.3万亿元，增长2.2%，占全国外贸总值的38.1%。其中，出口6.4万亿元，下降0.2%，占出口总值的46%，较2015年提高0.8个百分点。国有企业进出口3.8万亿元，下降5.6%。外资企业进出口11.1万亿元，下降2.1%。2016年，商务部开展外贸稳增长调结构专题调研，深入200家重点企业进行了实地调研。调研发现，许多外贸企业加大自主创新投入，积极培育自主品牌、开发具有自主知识产权的产品、构建自主营销渠道，参与更高层次的国际分工，培育以技术、标准、品牌、质量、服务为核心的对外经济新优势，在创新发展、转型升级方面取得新成效，为外贸回稳向好作出了积极贡献。

六、进口效益进一步提升

2016年，主要大宗商品进口量保持增长，其中，原油、铁矿石、钢材、铜进口量分别增长13.6%、7.5%、3.4%和2.9%。由于国际市场价格低迷，多数大宗商品进口价格继续下降。其中，铁矿石、原油、成品油、铜和钢材进口价格分别下跌0.5%、18.6%、10.8%、6%和5.5%。因进口价格下降，中国进口原油、铁矿石、铜精矿等10类大宗商品减少付汇约4100亿元，有利于企业降成本、增效益。

七、服务贸易在对外贸易中占比进一步提升

2016年，中国服务贸易保持了较好发展势头，全年进出口5.4万亿元人民币，较2015年增长14.2%，首次突破5万亿大关，世界排名继续保持第二位，仅次于美国。服务进出口占中国对外贸易总额比重达到18%，较2015年提高2.6个百分点。

2016年我国外贸进出口情况

海关总署

2017年1月13日

据海关统计，2016年，我国货物贸易进出口总值24.33万亿元人民币，比2015年（下同）下降0.9%。其中，出口13.84万亿元，下降2%；进口10.49万亿元，增长0.6%；贸易顺差3.35万亿元，收窄9.1%。具体情况主要有以下几个方面：

一、进出口逐季回稳，第四季度进、出口均实现正增长。2016年，我国进出口呈现前低后高、逐季回稳向好态势。其中，第一季度，我国进出口、出口和进口值分别下降8.2%、7.9%和8.6%；第二季度，进出口、出口、进口值分别下降1.1%、0.8%和1.5%；第三季度，进出口和进口值分别增长0.8%和2.3%，出口值下降0.3%；第四季度，进出口、出口、进口值分别增长3.8%、0.3%和8.7%。

二、一般贸易进出口增长，比重提升。2016年，我国一般贸易进出口13.39万亿元，增长0.9%，占我国进出口总值的55%，比2015年提升1个百分点，贸易方式结构有所优化。

三、对部分“一带一路”沿线国家出口增长。2016年，我国对巴基斯坦、俄罗斯、波兰、孟加拉国和印度等国出口分别增长11%、14.1%、11.8%、9%和6.5%。同期，我国对欧盟出口增长1.2%、对美国出口微增0.1%、对东盟出口下降2%，三者合计占我国出口总值的46.7%。

四、民营企业出口占比继续保持首位。2016年，我国民营企业进出口9.28万亿元，增长2.2%，占我外贸总值的38.1%。其中，出口6.35万亿元，下降0.2%，占出口总值的45.9%，继续保持出口份额居首的地位；进口增长8.1%。

五、机电产品、传统劳动密集型产品仍为出口主力。2016年，我国机电产品出口7.98万亿元，下降1.9%，占我国出口总值的57.7%。其中，医疗仪器及器械出口增长6.1%，蓄电池出口增长4%。同期，传统劳动密集型产品合计出口2.88万亿元，下降1.7%，占出口总值的20.8%。其中，纺织品、玩具和塑料制品出口增长，依然保持良好的竞争优势。

六、铁矿石、原油、铜等大宗商品进口量保持增长，主要进口商品价格仍处于低位但跌幅收窄。2016年，我国进口铁矿石10.24亿吨，增长7.5%；原油3.81亿吨，增长13.6%；煤2.56亿吨，增长25.2%；钢材1321万吨，增长3.4%；铜495万吨，增长2.9%；成品油2784万吨，下降6.5%。同期，我国进口价格总体下跌2.1%。其中，铁矿石进口均价同比下跌0.5%，原油下跌18.6%，成品油下跌10.8%，煤下跌0.1%，铜下跌6%，钢材下跌5.5%，跌幅较上半年、前三季度收窄。

七、12月中国外贸出口先导指数继续回升。2016年四季度，中国外贸出口先导指数连续三个月环比回升，到12月份为37.4，回升0.5，表明2017年一季度我国出口压力有望缓解。其中，根据网络问卷调查数据显示，当月，我国出口经理人指数回落0.6至39.4；

新增出口订单指数回升0.6至41.9，经理人信心指数回落2至43.5，企业综合成本指数回落1.6至23.9。

当前，我国外贸发展仍然存在一些困难，具体表现在：我国外商投资企业、国有企业进出口分别下降2.2%和5.6%；加工贸易进出口下降4.9%。

面对严峻复杂的国际贸易形势，海关将继续坚持稳中求进工作总基调，坚决贯彻落实稳定外贸增长的各项政策措施，围绕构建开放型经济新体制，全面深化改革，扎实推进海关各项改革落地生根，着力促进外贸回稳向好，更好地服务国家经济社会发展大局。

2017年1—9月我国对外投资合作情况

商务部合作司

2017年10月18日

10月17日，商务部合作司负责人介绍了2017年1—9月我国对外投资合作情况。

2017年前三季度，我国境内投资者共对全球154个国家和地区的5159家境外企业新增非金融类直接投资，累计实现投资780.3亿美元，同比下降41.9%，非理性对外投资得到进一步有效遏制。对外承包工程完成营业额1024.5亿美元，同比增长2.3%；新签合同额1682亿美元，同比增长13.8%。对外劳务合作派出各类劳务人员37.3万人。三季度末在外各类劳务人员96.4万人。

该负责人指出，前三季度，对外投资合作主要呈现以下特点：

一是对“一带一路”沿线国家投资合作稳步推进。前三季度，我国企业对“一带一路”沿线的57个国家有新增投资，合计96亿美元，占同期总额的12.3%，比去年同期增加4个百分点。沿线非金融类投资额增长较快的国家有柬埔寨、老挝、马来西亚、俄罗斯，分别同比增长82.9%、68.8%、68.2%、34.1%。在“一带一路”沿线的61个国家新签对外承包工程合同额967.2亿美元，占同期总额的57.5%，同比增长29.7%；完成营业额493.8亿美元，占同期总额的48.2%，同比增长7.9%。

二是对外投资降幅收窄，行业结构持续优化。前三季度，我国非金融类对外直接投资降幅比上半年减少3.9个百分点，进一步收窄；其中第三季度较第二季度环比增长7.9%。对外投资主要流向租赁和商务服务业、制造业、批发和零售业，以及信息传输、软件和信息技术服务业，占比分别为32%、17.3%、12.2%和10.5%。房地产业、体育和娱乐业对外投资没有新增项目。

三是对外承包工程新签大项目多，带动出口作用明显。前三季度，对外承包工程新签合同额在5000万美元以上的项目508个，合计1426.7亿美元，占新签合同总额的84.8%。对外承包工程带动货物出口109.7亿美元，同比增长17.1%，高于同期货物贸易出口增幅。

2017年1—9月我国对“一带一路”沿线国家投资合作情况

商务部合作司

2017年11月1日

1—9月，我国境内投资者共对全球154个国家和地区的5159家境外企业新增非金融类直接投资，累计实现投资5304.7亿元人民币，同比下降39.9%（折合780.3亿美元，同比下降41.9%）。其中，股权和债务工具投资4386.9亿元人民币，同比下降44.7%（折合645.3亿美元，同比下降46.5%），占82.7%；收益再投资917.8亿元人民币，同比增长3.4%（折合135亿美元，与上年持平），占17.3%。

2017年1—9月产能合作统计数据

商务部合作司

2017年11月1日

2017年1—9月，我国非金融类对外直接投资780.3亿美元，同比下降41.9%。从行业分布情况来看，流向制造业的投资134.7亿美元，同比下降44.8%，其中流向装备制造业的投资77.8亿美元，较上年同期下降48.3%，占制造业对外投资的57.8%，占同期总投资额的10%。

2017年1—9月我国对外承包工程业务简明统计

商务部合作司

2017年11月1日

1—9月，我国对外承包工程业务完成营业额6964.9亿元人民币，同比增长5.7%（折合1024.5亿美元，同比增长2.3%），新签合同额11434.7亿元人民币，同比增长17.6%（折合1682亿美元，同比增长13.8%）。

2017年1—9月我国对外劳务合作业务简明统计

商务部合作司

2017年11月1日

1—9月，我国对外劳务合作派出各类劳务人员37.3万人，较上年同期增加2.9万人；其中承包工程项下派出15.3万人，劳务合作项下派出22万人。9月末在外各类劳务人员96.4万人，较上年同期减少1.8万人。

第五部分

生态文明建设投资

关于印发《环境保护行政执法与刑事司法衔接工作办法》的通知

各省、自治区、直辖市环境保护厅（局）、公安厅（局）、人民检察院，新疆生产建设兵团环境保护局、公安局、人民检察院：

为进一步健全环境保护行政执法与刑事司法衔接工作机制，依法惩治环境犯罪行为，切实保障公众健康，推进生态文明建设，环境保护部、公安部和最高人民检察院联合研究制定了《环境保护行政执法与刑事司法衔接工作办法》，现予以印发，请遵照执行。

附件：环境保护行政执法与刑事司法衔接工作办法

环境保护部

公安部

最高人民检察院

2017 年 1 月 25 日

环境保护部办公厅 2017 年 1 月 25 日印发

附件

环境保护行政执法与刑事司法衔接工作办法

第一章 总 则

第一条 为进一步健全环境保护行政执法与刑事司法衔接工作机制，依法惩治环境犯罪行为，切实保障公众健康，推进生态文明建设，依据《刑法》《刑事诉讼法》《环境保护法》《行政执法机关移送涉嫌犯罪案件的规定》（国务院令第 310 号）等法律、法规及有关规定，制定本办法。

第二条 本办法适用于各级环境保护主管部门（以下简称环保部门）、公安机关和人民检察院办理的涉嫌环境犯罪案件。

第三条　各级环保部门、公安机关和人民检察院应当加强协作，统一法律适用，不断完善线索通报、案件移送、资源共享和信息发布等工作机制。

第四条　人民检察院对环保部门移送涉嫌环境犯罪案件活动和公安机关对移送案件的立案活动，依法实施法律监督。

第二章　案件移送与法律监督

第五条　环保部门在查办环境违法案件过程中，发现涉嫌环境犯罪案件，应当核实情况并作出移送涉嫌环境犯罪案件的书面报告。本机关负责人应当自接到报告之日起 3 日内作出批准移送或者不批准移送的决定。向公安机关移送的涉嫌环境犯罪案件，应当符合下列条件：

（一）实施行政执法的主体与程序合法。

（二）有合法证据证明有涉嫌环境犯罪的事实发生。

第六条　环保部门移送涉嫌环境犯罪案件，应当自作出移送决定后 24 小时内向同级公安机关移交案件材料，并将案件移送书抄送同级人民检察院。

环保部门向公安机关移送涉嫌环境犯罪案件时，应当附下列材料：

（一）案件移送书，载明移送机关名称、涉嫌犯罪罪名及主要依据、案件主办人及联系方式等。案件移送书应当附移送材料清单，并加盖移送机关公章。

（二）案件调查报告，载明案件来源、查获情况、犯罪嫌疑人基本情况、涉嫌犯罪的事实、证据和法律依据、处理建议和法律依据等。

（三）现场检查（勘察）笔录、调查询问笔录、现场勘验图、采样记录单等。

（四）涉案物品清单，载明已查封、扣押等采取行政强制措施的涉案物品名称、数量、特征、存放地等事项，并附采取行政强制措施、现场笔录等表明涉案物品来源的相关材料。

（五）现场照片或者录音录像资料及清单，载明需证明的事实对象、拍摄人、拍摄时间、拍摄地点等。

（六）监测、检验报告、突发环境事件调查报告、认定意见。

（七）其他有关涉嫌犯罪的材料。

对环境违法行为已经作出行政处罚决定的，还应当附行政处罚决定书。

第七条　对环保部门移送的涉嫌环境犯罪案件，公安机关应当依法接受，并立即出具接受案件回执或者在涉嫌环境犯罪案件移送书的回执上签字。

第八条　公安机关审查发现移送的涉嫌环境犯罪案件材料不全的，应当在接受案件的 24 小时内书面告知移送的环保部门在 3 日内补正。但不得以材料不全为由，不接受移送案件。

公安机关审查发现移送的涉嫌环境犯罪案件证据不充分的，可以就证明有犯罪事实的相关证据等提出补充调查意见，由移送案件的环保部门补充调查。环保部门应当按照要求补充调查，并及时将调查结果反馈公安机关。因客观条件所限，无法补正的，环保部门应当向公安机关作出书面说明。

第九条　公安机关对环保部门移送的涉嫌环境犯罪案件，应当自接受案件之日起 3 日内作出立案或者不予立案的决定；涉嫌环境犯罪线索需要查证的，应当自接受案件之日起 7 日内作出决定；重大疑难复杂案件，经县级以上公安机关负责人批准，可以自受案之日起 30 日内作出决定。接受案件后对属于公安机关管辖但不属于本公安机关管辖的案件，应当在 24 小时内移送有管辖权的公安机关，并书面通知移送案件的环保部门，抄送同级人民检察院。对不属于公安机关管辖的，应当在 24 小时内退回移送案件的环保部门。

公安机关作出立案、不予立案、撤销案件决定的，应当自作出决定之日起 3 日内书面通知环保部门，并抄送同级人民检察院。公安机关作出不予立案或者撤销案件决定的，应当书面说明理由，并将案卷材料退回环保部门。

第十条　环保部门应当自接到公安机关立案通知书之日起 3 日内将涉案物品以及与案件有关的其他材料移交公安机关，并办理交接手续。

涉及查封、扣押物品的，环保部门和公安机关应当密切配合，加强协作，防止涉案物品转移、隐匿、损毁、灭失等情况发生。对具有危险性或者环境危害性的涉案物品，环保部门应当组织临时处理处置，公安机关应当积极协助；对无明确责任人、责任人不具备履行责任能力或者超出部门处置能力的，应当呈报涉案物品所在地政府组织处置。上述处置费用清单随附处置合同、缴费凭证等作为犯罪获利的证据，及时补充移送公安机关。

第十一条 环保部门认为公安机关不予立案决定不当的，可以自接到不予立案通知书之日起 3 个工作日内向作出决定的公安机关申请复议，公安机关应当自收到复议申请之日起 3 个工作日内作出立案或者不予立案的复议决定，并书面通知环保部门。

第十二条 环保部门对公安机关逾期未作出是否立案决定，以及对不予立案决定、复议决定、立案后撤销案件决定有异议的，应当建议人民检察院进行立案监督。人民检察院应当受理并进行审查。

第十三条 环保部门建议人民检察院进行立案监督的案件，应当提供立案监督建议书、相关案件材料，并附公安机关不予立案、立案后撤销案件决定及说明理由材料，复议维持不予立案决定材料或者公安机关逾期未作出是否立案决定的材料。

第十四条 人民检察院发现环保部门不移送涉嫌环境犯罪案件的，可以派员查询、调阅有关案件材料，认为涉嫌环境犯罪应当移送的，应当提出建议移送的检察意见。环保部门应当自收到检察意见后 3 日内将案件移送公安机关，并将执行情况通知人民检察院。

第十五条 人民检察院发现公安机关可能存在应当立案而不立案或者逾期未作出是否立案决定的，应当启动立案监督程序。

第十六条 环保部门向公安机关移送涉嫌环境犯罪案件，已作出的警告、责令停产停业、暂扣或者吊销许可证的行政处罚决定，不停止执行。未作出行政处罚决定的，原则上应当在公安机关决定不予立案或者撤销案件、人民检察院作出不起诉决定、人民法院作出无罪判决或者免予刑事处罚后，再决定是否给予行政处罚。涉嫌犯罪案件的移送办理期间，不计入行政处罚期限。

对尚未作出生效裁判的案件，环保部门依法应当给予或者提请人民政府给予暂扣或者吊销许可证、责令停产停业等行政处罚，需要配合的，公安机关、人民检察院应当给予配合。

第十七条 公安机关对涉嫌环境犯罪案件，经审查没有犯罪事实，或者立案侦查后认为犯罪事实显著轻微、不需要追究刑事责任，但经审查依法应当予以行政处罚的，应当及时将案件移交环保部门，并抄送同级人民检察院。

第十八条 人民检察院对符合逮捕、起诉条件的环境犯罪嫌疑人，应当及时批准逮捕、提起公诉。人民检察院对决定不起诉的案件，应当自作出决定之日起 3 日内，书面告知移送案件的环保部门，认为应当给予行政处罚的，可以提出予以行政处罚的检察意见。

第十九条 人民检察院对公安机关提请批准逮捕的犯罪嫌疑人作出不批准逮捕决定，并通知公安机关补充侦查的，或者人民检察院对公安机关移送审查起诉的案件审查后，认为犯罪事实不清、证据不足，将案件退回补充侦查的，应当制作补充侦查提纲，写明补充侦查的方向和要求。

对退回补充侦查的案件，公安机关应当按照补充侦查提纲的要求，在一个月内补充侦查完毕。公安机关补充侦查和人民检察院自行侦查需要环保部门协助的，环保部门应当予以协助。

第三章 证据的收集与使用

第二十条 环保部门在行政执法和查办案件过程中依法收集制作的物证、书证、视听资料、电子数据、监测报告、检验报告、认定意见、鉴定意见、勘验笔录、检查笔录等证据材料，在刑事诉讼中可以作为证据使用。

第二十一条 环保部门、公安机关、人民检察院收集的证据材料，经法庭查证属实，且收集程序符合有关法律、行政法规规定的，可以作为定案的根据。

第二十二条 环保部门或者公安机关依据《国家危险废物名录》或者组织专家研判等得出认定意见的，应当载明涉案单位名称、案由、涉案物品识别认定的理由，按照“经认定，……属于／不属于……危险废物，废物代码……”的格式出具结论，加盖公章。

第四章 协作机制

第二十三条 环保部门、公安机关和人民检察院应当建立健全环境行政执法与刑事司法衔接的长效工作机制。确定牵头部门及联络人，定期召开联席会议，通报衔接工作情况，研究存在的问题，提出加强部门衔接的对策，协调解决环境执法问题，开展部门联合培训。联席会议应明确议定事项。

第二十四条 环保部门、公安机关、人民检察院应当建立双向案件咨询制度。环保部门对重大疑难复杂案件，可以就刑事案件立案追诉标准、证据的固定和保全等问题咨询公安机关、人民检察院；公安机关、人民检察院可以就案件办理中的专业性问题咨询环保部门。受咨询的机关应当认真研究，及时答复；书面咨询的，应当在 7 日内书面答复。

第二十五条 公安机关、人民检察院办理涉嫌环境污染犯罪案件，需要环保部门提供环境监测或者技术支持的，环保部门应当按照上述部门刑事案件办理的法定时限要求积极协助，及时提供现场勘验、环境监测及认定意见。所需经费，应当列入本机关的行政经费预算，由同级财政予以保障。

第二十六条 环保部门在执法检查时，发现违法行为明显涉嫌犯罪的，应当及时向公安机关通报。公安机关认为有必要的可以依法开展初查，对符合立案条件的，应当及时依法立案侦查。在公安机关立案侦查前，环保部门应当继续对违法行为进行调查。

第二十七条 环保部门、公安机关应当相互依托“12369”环保举报热线和“110”报警服务平台，建立完善接处警的快速响应和联合调查机制，强化对打击涉嫌环境犯罪的联勤联动。在办案过程中，环保部门、公安机关应当依法及时启动相应的调查程序，分工协作，防止证据灭失。

第二十八条 在联合调查中，环保部门应当重点查明排污者严重污染环境的事实，污染物的排放方式，及时收集、提取、监测、固定污染物种类、浓度、数量、排放去向等。公安机关应当注意控制现场，重点查明相关责任人身份、岗位信息，视情节轻重对直接负责的主管人员和其他责任人员依法采取相应强制措施。两部门均应规范制作笔录，并留存现场摄像或照片。

第二十九条 对案情重大或者复杂疑难案件，公安机关可以听取人民检察院的意见。人民检察院应当及时提出意见和建议。

第三十条 涉及移送的案件在庭审中，需要出庭说明情况的相关执法或者技术人员有义务出庭说明情况，接受庭审质证。

第三十一条 环保部门、公安机关和人民检察院应当加强对重大案件的联合督办工作，适时对重大案件进行联合挂牌督办，督促案件办理。同时，要逐步建立专家库，吸纳污染防治、重点行业以及环境案件侦办等方面的专家和技术骨干，为查处打击环境污染犯罪案件提供专业支持。

第三十二条 环保部门和公安机关在查办环境污染违法犯罪案件过程中发现包庇纵容、徇私舞弊、贪污受贿、失职渎职等涉嫌职务犯罪行为的，应当及时将线索移送人民检察院。

第五章 信息共享

第三十三条 各级环保部门、公安机关、人民检察院应当积极建设、规范使用行政执法与刑事司法衔接信息共享平台，逐步实现涉嫌环境犯罪案件的网上移送、网上受理和网上监督。

第三十四条 已经接入信息共享平台的环保部门、公安机关、人民检察院，应当自作出相关决定之日起 7 日内分别录入下列信息：

（一）适用一般程序的环境违法事实、案件行政处罚、案件移送、提请复议和建议人民检察院进行立案监督的信息。

（二）移送涉嫌犯罪案件的立案、不予立案、立案后撤销案件、复议、人民检察院监督立案后的处理情况，以及提请批准逮捕、移送审查起诉的信息。

（三）监督移送、监督立案以及批准逮捕、提起公诉、裁判结果的信息。

尚未建成信息共享平台的环保部门、公安机关、人民检察院，应当自作出相关决定后及时向其他部门通报前款规定的信息。

第三十五条 各级环保部门、公安机关、人民检察院应当对信息共享平台录入的案件信息及时汇总、分析、综合研判，定期总结通报平台运行情况。

第六章 附 则

第三十六条 各省、自治区、直辖市的环保部门、公安机关、人民检察院可以根据本办法制定本行政区域的实施细则。

第三十七条 环境行政执法中部分专有名词的含义。

（一）“现场勘验图”，是指描绘主要生产及排污设备布置等案发现场情况、现场周边环境、各采样点位、污染物排放途径的平面示意图。

（二）“外环境”，是指污染物排入的自然环境。满足下列条件之一的，视同为外环境。

1. 排污单位停产或没有排污，但有依法取得的证据证明其有持续或间歇排污，而且无可处理相应污染因子的措施的，经核实生产工艺后，其产污环节之后的废水收集池（槽、罐、沟）内。

2. 发现暗管，虽无当场排污，但在外环境有确认由该单位排放污染物的痕迹，此暗管连通的废水收集池（槽、罐、沟）内。

3. 排污单位连通外环境的雨水沟（井、渠）中任何一处。

4. 对排放含第一类污染物的废水，其产生车间或车间处理设施的排放口。无法在车间或者车间处理设施排放口对含第一类污染物的废水采样的，废水总排放口或查实由该企业排入其他外环境处。

第三十八条 本办法所涉期间除明确为工作日以外，其余均以自然日计算。期间开始之日不算在期间以内。期间的最后一日为节假日的，以节假日后的第一日为期满日期。

第三十九条 本办法自发布之日起施行。原国家环保总局、公安部和最高人民检察院《关于环境保护主管部门移送涉嫌环境犯罪案件的若干规定》（环发〔2007〕78 号）同时废止。

国务院办公厅关于转发国家发展改革委住房城乡建设部生活垃圾分类制度实施方案的通知

（国办发〔2017〕26号）

各省、自治区、直辖市人民政府，国务院各部委、各直属机构：

国家发展改革委、住房城乡建设部《生活垃圾分类制度实施方案》已经国务院同意，现转发给你们，请认真贯彻执行。

国务院办公厅

2017年3月18日

生活垃圾分类制度实施方案

国家发展改革委　住房城乡建设部

随着经济社会发展和物质消费水平大幅提高，我国生活垃圾产生量迅速增长，环境隐患日益突出，已经成为新型城镇化发展的制约因素。遵循减量化、资源化、无害化的原则，实施生活垃圾分类，可以有效改善城乡环境，促进资源回收利用，加快“两型社会”建设，提高新型城镇化质量和生态文明建设水平。为切实推动生活垃圾分类，根据党中央、国务院有关工作部署，特制定以下方案。

一、总体要求

（一）指导思想。全面贯彻党的十八大和十八届三中、四中、五中、六中全会精神，深入贯彻习近平总书记系列重要讲话精神和治国理政新理念新思想新战略，统筹推进“五位一体”总体布局和协调推进“四个全面”战略布局，牢固树立和贯彻落实创新、协调、绿色、开放、共享的发展理念，加快建立分类投放、分类收集、分类运输、分类处理的垃圾处理系统，形成以法治为基础、政府推动、全民参与、城乡统筹、因地制宜的垃圾分类制度，努力提高垃圾分类制度覆盖范围，将生活垃圾分类作为推进绿色发展的重要举措，不断完善城市管理和服务，创造优良的人居环境。

（二）基本原则。政府推动，全民参与。落实城市人民政府主体责任，强化公共机构和企业示范带头作用，引导居民逐步养成主动分类的习惯，形成全社会共同参与垃圾分类的良好氛围。

因地制宜，循序渐进。综合考虑各地气候特征、发展水平、生活习惯、垃圾成分等方面实际情况，合理确定实施路径，有序推进生活垃圾分类。

完善机制，创新发展。充分发挥市场作用，形成有效的激励约束机制。完善相关法律法规标准，加强技术创新，利用信息化手段提高垃圾分类效率。

协同推进，有效衔接。加强垃圾分类收集、运输、资源化利用和终端处置等环节的衔接，形成统一完整、能力适应、协同高效的全过程运行系统。

（三）主要目标。到 2020 年年底，基本建立垃圾分类相关法律法规和标准体系，形成可复制、可推广的生活垃圾分类模式，在实施生活垃圾强制分类的城市，生活垃圾回收利用率达到 35% 以上。

二、部分范围内先行实施生活垃圾强制分类

（一）实施区域。2020 年年底前，在以下重点城市的城区范围内先行实施生活垃圾强制分类。

1. 直辖市、省会城市和计划单列市。

2. 住房城乡建设部等部门确定的第一批生活垃圾分类示范城市，包括：河北省邯郸市、江苏省苏州市、安徽省铜陵市、江西省宜春市、山东省泰安市、湖北省宜昌市、四川省广元市、四川省德阳市、西藏自治区日喀则市、陕西省咸阳市。

3. 鼓励各省（区）结合实际，选择本地区具备条件的城市实施生活垃圾强制分类，国家生态文明试验区、各地新城新区应率先实施生活垃圾强制分类。

（二）主体范围。上述区域内的以下主体，负责对其产生的生活垃圾进行分类。

1. 公共机构。包括党政机关，学校、科研、文化、出版、广播电视等事业单位，协会、学会、联合会等社团组织，车站、机场、码头、体育场馆、演出场馆等公共场所管理单位。

2. 相关企业。包括宾馆、饭店、购物中心、超市、专业市场、农贸市场、农产品批发市场、商铺、商用写字楼等。

（三）强制分类要求。实施生活垃圾强制分类的城市要结合本地实际，于 2017 年年底前制定出台办法，细化垃圾分类类别、品种、投放、收运、处置等方面要求；其中，必须将有害垃圾作为强制分类的类别之一，同时参照生活垃圾分类及其评价标准，再选择确定易腐垃圾、可回收物等强制分类的类别。未纳入分类的垃圾按现行办法处理。

1. 有害垃圾。

(1) 主要品种。包括：废电池（镉镍电池、氧化汞电池、铅蓄电池等），废荧光灯管（日光灯管、节能灯等），废温度计，废血压计，废药品及其包装物，废油漆、溶剂及其包装物，废杀虫剂、消毒剂及其包装物，废胶片及废相纸等。

(2) 投放暂存。按照便利、快捷、安全原则，设立专门场所或容器，对不同品种的有害垃圾进行分类投放、收集、暂存，并在醒目位置设置有害垃圾标志。对列入《国家危险废物名录》（环境保护部令第 39 号）的品种，应按要求设置临时贮存场所。

(3) 收运处置。根据有害垃圾的品种和产生数量，合理确定或约定收运频率。危险废物运输、处置应符合国家有关规定。鼓励骨干环保企业全过程统筹实施垃圾分类、收集、运输和处置；尚无终端处置设施的

城市，应尽快建设完善。

2. 易腐垃圾。

(1) 主要品种。包括：相关单位食堂、宾馆、饭店等产生的餐厨垃圾，农贸市场、农产品批发市场产生的蔬菜瓜果垃圾、腐肉、肉碎骨、蛋壳、畜禽产品内脏等。

(2) 投放暂存。设置专门容器单独投放，除农贸市场、农产品批发市场可设置敞开式容器外，其他场所原则上应采用密闭容器存放。餐厨垃圾可由专人清理，避免混入废餐具、塑料、饮料瓶罐、废纸等不利于后续处理的杂质，并做到“日产日清”。按规定建立台账制度（农贸市场、农产品批发市场除外），记录易腐垃圾的种类、数量、去向等。

(3) 收运处置。易腐垃圾应采用密闭专用车辆运送至专业单位处理，运输过程中应加强对泄露、遗撒和臭气的控制。相关部门要加强对餐厨垃圾运输、处理的监控。

3. 可回收物。

(1) 主要品种。包括：废纸，废塑料，废金属，废包装物，废旧纺织物，废弃电器电子产品，废玻璃，废纸塑铝复合包装等。

(2) 投放暂存。根据可回收物的产生数量，设置容器或临时存储空间，实现单独分类、定点投放，必要时可设专人分拣打包。

(3) 收运处置。可回收物产生主体可自行运送，也可联系再生资源回收利用企业上门收集，进行资源化处理。

三、引导居民自觉开展生活垃圾分类

城市人民政府可结合实际制定居民生活垃圾分类指南，引导居民自觉、科学地开展生活垃圾分类。前述对有关单位和企业实施生活垃圾强制分类的城市，应选择不同类型的社区开展居民生活垃圾强制分类示范试点，并根据试点情况完善地方性法规，逐步扩大生活垃圾强制分类的实施范围。本方案发布前已制定地方性法规、对居民生活垃圾分类提出强制要求的，从其规定。

（一）单独投放有害垃圾。居民社区应通过设立宣传栏、垃圾分类督导员等方式，引导居民单独投放有害垃圾。针对家庭源有害垃圾数量少、投放频次低等特点，可在社区设立固定回收点或设置专门容器分类收集、独立储存有害垃圾，由居民自行定时投放，社区居委会、物业公司等负责管理，并委托专业单位定时集中收运。

（二）分类投放其他生活垃圾。根据本地实际情况，采取灵活多样、简便易行的分类方法。引导居民将“湿垃圾”（滤出水分后的厨余垃圾）与“干垃圾”分类收集、分类投放。有条件的地方可在居民社区设置专门设施对“湿垃圾”就地处理，或由环卫部门、专业企业采用专用车辆运至餐厨垃圾处理场所，做到“日产日清”。鼓励居民和社区对“干垃圾”深入分类，将可回收物交由再生资源回收利用企业收运和处置。有条件的地区可探索采取定时定点分类收运方式，引导居民将分类后的垃圾直接投入收运车辆，逐步减少固定垃圾桶。

四、加强生活垃圾分类配套体系建设

（一）建立与分类品种相配套的收运体系。完善垃圾分类相关标志，配备标志清晰的分类收集容器。改造城区内的垃圾房、转运站、压缩站等，适应和满足生活垃圾分类要求。更新老旧垃圾运输车辆，配备满足垃圾分类清运需求、密封性好、标志明显、节能环保的专用收运车辆。鼓励采用“车载桶装”等收运方式，避免垃圾分类投放后重新混合收运。建立符合环保要求、与分类需求相匹配的有害垃圾收运系统。

（二）建立与再生资源利用相协调的回收体系。健全再生资源回收利用网络，合理布局布点，提高建设标准，清理取缔违法占道、私搭乱建、不符合环境卫生要求的违规站点。推进垃圾收运系统与再生资源回收利用系统的衔接，建设兼具垃圾分类与再生资源回收功能的交投点和中转站。鼓励在公共机构、社区、企业等场所设置专门的分类回收设施。建立再生资源回收利用信息化平台，提供回收种类、交易价格、回收方式等信息。

（三）完善与垃圾分类相衔接的终端处理设施。加快危险废物处理设施建设，建立健全非工业源有害垃圾收运处理系统，确保分类后的有害垃圾得到安全处置。鼓励利用易腐垃圾生产工业油脂、生物柴油、饲料添加剂、土壤调理剂、沼气等，或与秸秆、粪便、污泥等联合处置。已开展餐厨垃圾处理试点的城市，要在稳定运营的基础上推动区域全覆盖。尚未建成餐厨（厨余）垃圾处理设施的城市，可暂不要求居民对厨余“湿垃圾”单独分类。严厉打击和防范“地沟油”生产流通。严禁将城镇生活垃圾直接用作肥料。加快培育大型龙头企业，推动再生资源规范化、专业化、清洁化处理和高值化利用。鼓励回收利用企业将再生资源送钢铁、有色、造纸、塑料加工等企业实现安全、环保利用。

（四）探索建立垃圾协同处置利用基地。统筹规划建设生活垃圾终端处理利用设施，积极探索建立集垃圾焚烧、餐厨垃圾资源化利用、再生资源回收利用、垃圾填埋、有害垃圾处置于一体的生活垃圾协同处置利用基地，安全化、清洁化、集约化、高效化配置相关设施，促进基地内各类基础设施共建共享，实现垃圾分类处理、资源利用、废物处置的无缝高效衔接，提高土地资源节约集约利用水平，缓解生态环境压力，降低“邻避”效应和社会稳定风险。

五、强化组织领导和工作保障

（一）加强组织领导。省级人民政府、国务院有关部门要加强对生活垃圾分类工作的指导，在生态文明先行示范区、卫生城市、环境保护模范城市、园林城市和全域旅游示范区等创建活动中，逐步将垃圾分类实施情况列为考核指标；因地制宜探索农村生活垃圾分类模式。实施生活垃圾强制分类的城市人民政府要切实承担主体责任，建立协调机制，研究解决重大问题，分工负责推进相关工作；要加强对生活垃圾强制分类实施情况的监督检查和工作考核，向社会公布考核结果，对不按要求进行分类的依法予以处罚。

（二）健全法律法规。加快完善生活垃圾分类方面的法律制度，推动相关城市出台地方性法规、规章，明确生活垃圾强制分类要求，依法推进生活垃圾强制分类。发布生活垃圾分类指导目录。完善生活垃圾分类及站点建设相关标准。

（三）完善支持政策。按照污染者付费原则，完善垃圾处理收费制度。发挥中央基建投资引导带动作用，采取投资补助、贷款贴息等方式，支持相关城市建设生活垃圾分类收运处理设施。严格落实国家对资源综合利用的税收优惠政策。地方财政应对垃圾分类收运处理系统的建设运行予以支持。

（四）创新体制机制。鼓励社会资本参与生活垃圾分类收集、运输和处理。积极探索特许经营、承包经营、租赁经营等方式，通过公开招标引入专业化服务公司。加快城市智慧环卫系统研发和建设，通过“互联网＋”等模式促进垃圾分类回收系统线上平台与线下物流实体相结合。逐步将生活垃圾强制分类主体纳入环境信用体系。推动建设一批以企业为主导的生活垃圾资源化产业技术创新战略联盟及技术研发基地，提升分类回收和处理水平。通过建立居民“绿色账户”“环保档案”等方式，对正确分类投放垃圾的居民给予可兑换积分奖励。探索“社工＋志愿者”等模式，推动企业和社会组织开展垃圾分类服务。

（五）动员社会参与。树立垃圾分类、人人有责的环保理念，积极开展多种形式的宣传教育，普及垃圾分类知识，引导公众从身边做起、从点滴做起。强化国民教育，着力提高全体学生的垃圾分类和资源环境意识。加快生活垃圾分类示范教育基地建设，开展垃圾分类收集专业知识和技能培训。建立垃圾分类督导员及志愿者队伍，引导公众分类投放。充分发挥新闻媒体的作用，报道垃圾分类工作实施情况和典型经验，形成良好社会舆论氛围。

关于推进绿色"一带一路"建设的指导意见

环境保护部　外交部　国家发展改革委　商务部

2017年4月26日

推进"一带一路"建设工作领导小组各成员单位：

丝绸之路经济带和21世纪海上丝绸之路（以下简称"一带一路"）建设，是党中央、国务院着力构建更全面、更深入、更多元的对外开放格局，审时度势提出的重大倡议，对于我国加快形成崇尚创新、注重协调、倡导绿色、厚植开放、推进共享的机制和环境具有重要意义。为深入落实《推动共建丝绸之路经济带和21世纪海上丝绸之路的愿景与行动》，在"一带一路"建设中突出生态文明理念，推动绿色发展，加强生态环境保护，共同建设绿色丝绸之路，现提出以下意见。

一、重要意义

（一）**推进绿色"一带一路"建设是分享生态文明理念、实现可持续发展的内在要求。**绿色"一带一路"建设以生态文明与绿色发展理念为指导，坚持资源节约和环境友好原则，提升政策沟通、设施联通、贸易畅通、资金融通、民心相通（以下简称"五通"）的绿色化水平，将生态环保融入"一带一路"建设的各方面和全过程。推进绿色"一带一路"建设，加强生态环境保护，有利于增进沿线各国政府、企业和公众的相互理解和支持，分享我国生态文明和绿色发展理念与实践，提高生态环境保护能力，防范生态环境风险，促进沿线国家和地区共同实现2030年可持续发展目标，为"一带一路"建设提供有力的服务、支撑和保障。

（二）**推进绿色"一带一路"建设是参与全球环境治理、推动绿色发展理念的重要实践。**绿色发展成为各国共同追求的目标和全球治理的重要内容。推进绿色"一带一路"建设，是顺应和引领绿色、低碳、循环发展国际潮流的必然选择，是增强经济持续健康发展动力的有效途径。推进绿色"一带一路"建设，应将资源节约和环境友好原则融入国际产能和装备制造合作全过程，促进企业遵守相关环保法律法规和标准，促进绿色技术和产业发展，提高我国参与全球环境治理的能力。

（三）**推进绿色"一带一路"建设是服务打造利益共同体、责任共同体和命运共同体的重要举措。**全球和区域生态环境挑战日益严峻，良好生态环境成为各国经济社会发展的基本条件和共同需求，防控环境污染和生态破坏是各国的共同责任。推进绿色"一带一路"建设，有利于务实开展合作，推进绿色投资、绿色贸易和绿色金融体系发展，促进经济发展与环境保护双赢，服务于打造利益共同体、责任共同体和命运共同体的总体目标。

二、总体要求

（一）**总体思路。**按照党中央和国务院决策部署，以和平合作、开放包容、互学互鉴、互利共赢的"丝绸之路"精神为指引，牢固树立创新、协调、绿色、开放、共享发展理念，坚持各国共商、共建、共享，遵循平等、追求互利，全面推进“五通”绿色化进程，建设生态环保交流合作、风险防范和服务支撑体系，搭建沟通对话、信息支撑、产业技术合作平台，推动构建政府引导、企业推动、民间促进的立体合作格局，为推动绿色“一带一路”建设作出积极贡献。

（二）**基本原则**。理念先行，合作共享。突出生态文明和绿色发展理念，注重生态环保与社会、经济发展相融合，积极与沿线国家或地区相关战略、规划开展对接，加强生态环保政策对话，丰富合作机制和交流平台，促进绿色发展成果共享。

绿色引领，环保支撑。推动形成多渠道、多层面生态环保立体合作模式，加强政企统筹，鼓励行业和企业采用更先进、环境更友好的标准，提高绿色竞争力，引领绿色发展。

依法依规，防范风险。推动企业遵守国际经贸规则和所在国生态环保法律法规、政策和标准，高度重视当地民众生态环保诉求，加强企业信用制度建设，防范生态环境风险，保障生态环境安全。

科学统筹，有序推进。加强部门统筹和上下联动，根据生态环境承载力，推动形成产能和装备制造业合作的科学布局；依托重要合作机制，选择重点国别、重点领域有序推进绿色“一带一路”建设。

（三）**主要目标**。根据生态文明建设、绿色发展和沿线国家可持续发展要求，构建互利合作网络、新型合作模式、多元合作平台，力争用 3 ~ 5 年时间，建成务实高效的生态环保合作交流体系、支撑与服务平台和产业技术合作基地，制定落实一系列生态环境风险防范政策和措施，为绿色“一带一路”建设打好坚实基础；用 5 ~ 10 年时间，建成较为完善的生态环保服务、支撑、保障体系，实施一批重要生态环保项目，并取得良好效果。

三、主要任务

（一）全面服务“五通”，促进绿色发展，保障生态环境安全。

1. 突出生态文明理念，加强生态环保政策沟通，促进民心相通。按照“一带一路”建设总体要求，围绕生态文明建设、可持续发展目标以及相关环保要求，统筹国内国际现有合作机制，发挥生态环保国际合作窗口作用，加强与沿线国家或地区生态环保战略和规划对接，构建合作交流体系；充分发挥传统媒体和新媒体作用，宣传生态文明和绿色发展理念、法律法规、政策标准、技术实践，讲好中国环保故事；支持环保社会组织与沿线国家相关机构建立合作伙伴关系，联合开展形式多样的生态环保公益活动，形成共建绿色“一带一路”的良好氛围，促进民心相通。

2. 做好基础工作，优化产能布局，防范生态环境风险。了解项目所在地的生态环境状况和相关环保要求，识别生态环境敏感区和脆弱区，开展综合生态环境影响评估，合理布局产能合作项目；加强环境应急预警领域的合作交流，提升生态环境风险防范能力，为“一带一路”建设提供生态环境安全保障。

3. 推进绿色基础设施建设，强化生态环境质量保障。制定基础设施建设的环保标准和规范，加大对“一带一路”沿线重大基础设施建设项目的生态环保服务与支持，推广绿色交通、绿色建筑、清洁能源等行业的节能环保标准和实践，推动水、大气、土壤、生物多样性等领域环境保护，促进环境基础设施建设，提升绿色化、低碳化建设和运营水平。

4. 推进绿色贸易发展，促进可持续生产和消费。研究制定政策措施和相关标准规范，促进绿色贸易发展。将环保要求融入自由贸易协定，做好环境与贸易相关协定谈判和实施；提高环保产业开放水平，扩大绿色产品和服务的进出口；加快绿色产品评价标准的研究与制定，推动绿色产品标准体系构建，加强国际交流与合作，推广中国绿色产品标准，减少绿色贸易壁垒。加强绿色供应链管理，推进绿色生产、绿色采购和绿色消费，加强绿色供应链国际合作与示范，带动产业链上下游采取节能环保措施，以市场手段降低生态环境影响。

5. 加强对外投资的环境管理，促进绿色金融体系发展。推动制定和落实防范投融资项目生态环保风险的政策和措施，加强对外投资的环境管理，促进企业主动承担环境社会责任，严格保护生物多样性和生态环境；推动我国金融机构、中国参与发起的多边开发机构以及相关企业采用环境风险管理的自愿原则，支持绿色“一带一路”建设；积极推动绿色产业发展和生态环保合作项目落地。

（二）**加强绿色合作平台建设，提供全面支撑与服务。**

1. 加强环保合作机制和平台建设，完善国际环境治理体系。以绿色“一带一路”建设为统领，统筹并充分发挥现有双边、多边环保国际合作机制，构建环保合作网络，创新环保国际合作模式，建设政府、智库、企业、社会组织和公众共同参与的多元合作平台，强化中国—东盟、上海合作组织、澜沧江—湄公河、亚信、欧亚、中非合作论坛、中国—阿拉伯等合作机制作用，推动六大经济走廊的环保合作平台建设，扩大与相关国际组织和机构合作，推动国际环境治理体系改革。

2. 加强生态环保标准与科技创新合作，引领绿色发展。建设绿色技术银行，加强绿色、先进、适用技术在“一带一路”沿线发展中国家转移转化。鼓励相关行业协会制定发布与国际标准接轨的行业生态环保标准、规范及指南，促进先进生态环保技术的联合研发、推广和应用。加强环保科技人员交流，推动科研机构、智库之间联合构建科学研究和技术研发平台，为绿色“一带一路”建设提供智力支持。

3. 推进环保信息共享和公开，提供综合信息支撑与保障。加强环保大数据建设，发挥国家空间和信息基础设施作用，加强环境信息共享，合作建设绿色“一带一路”生态环保大数据服务平台，推动环保法律法规、政策标准与实践经验交流与分享，加强部门间统筹合作与项目生态环保信息共享与公开，提升对境外项目生态环境风险评估与防范的咨询服务能力，推动生态环保信息产品、技术和服务合作，为绿色“一带一路”建设提供综合环保信息支持与保障。

（三）**制定完善政策措施，加强政企统筹，保障实施效果。**

1. 加大对外援助支持力度，推动绿色项目落地实施。以生态环保、污染防治、环保技术与产业、人员培训与交流等为重点领域，优先开展节能减排、生态环保等基础设施及能力建设项目，探索在境外设立生态环保合作中心。发挥南南合作援助基金作用，支持社会组织开展形式多样的生态环保类项目，服务“一带一路”建设。

2. 强化企业行为绿色指引，鼓励企业采取自愿性措施。鼓励环保企业开拓沿线国家市场，引导优势环保产业集群式“走出去”，借鉴我国的国家生态工业示范园区建设标准，探索与沿线国家共建生态环保园区的创新合作模式。落实《对外投资合作环境保护指南》，推动企业自觉遵守当地环保法律法规、标准和规范，履行环境社会责任，发布年度环境报告；鼓励企业优先采用低碳、节能、环保、绿色的材料与技术工艺；加强生物多样性保护，优先采取就地、就近保护措施，做好生态恢复；引导企业加大应对气候变化领域重大技术的研发和应用。

3. 加强政企统筹，发挥企业主体作用。研究制定相关文件，规范指导相关企业在“一带一路”建设过程中履行环境社会责任。完善企业对外投资审查机制，有关行业协会、商会要建立企业海外投资行为准则，通过行业自律引导企业规范环境行为。

（四）**发挥地方优势，加强能力建设，促进项目落地。**

1. 发挥区位优势，明确定位与合作方向。充分发挥各地在“一带一路”建设中区位优势，明确各自定位。加快在有条件的地方建设“一带一路”环境技术创新和转移中心以及环保技术和产业合作示范基地，建设面向东盟、中亚、南亚、中东欧、阿拉伯、非洲等国家的环保技术和产业合作示范基地；推动和支持环保工业园区、循环经济工业园区、主要工业行业、环保企业提升国际化水平，推动长江经济带、环渤海、珠三角、中原城市群等支持环保技术和产业合作项目落地，支撑绿色“一带一路”建设。

2. 加大统筹协调和支持力度，加强环保能力建设。推动绿色“一带一路”建设融入地方社会、经济发展规划、计划，科学规划产业空间布局，制定严格的环保制度，推动地方产业转型升级和经济绿色发展。重点加强黑龙江、内蒙古、吉林、新疆、云南、广西等边境地区环境监管和治理能力建设，推动江苏、广东、陕西、福建等“一带一路”沿线省份提升绿色发展水平；鼓励各地积极参加双多边环保合作，推动建立省级、市级国际合作伙伴关系，积极创新合作模式，推动形成上下联动、政企统筹、智库支撑的良好局面。

四、组织保障

（一）**加强组织协调**。建立健全综合协调和落实机制，加强政府部门之间、中央和地方之间、政府与企业及公众之间多层次、多渠道的沟通交流与良性互动，分工负责，统筹推进，细化工作方案，确保有关部署和举措落实到各部门、各地方以及每个项目执行单位和企业。

（二）**强化资金保障**。鼓励符合条件的“一带一路”绿色项目按程序申请国家绿色发展基金、中国政府和社会资本合作（PPP）融资支持基金等现有资金（基金）支持。发挥国家开发银行、进出口银行等现有金融机构引导作用，形成中央投入、地方配套和社会资金集成使用的多渠道投入体系和长效机制。发挥政策性金融机构的独特优势，引导、带动各方资金，共同为绿色“一带一路”建设造血输血。继续通过现有国际多双边合作机构和基金，如丝路基金、南南合作援助基金、中国－东盟合作基金、中国—中东欧投资合作基金、中国—东盟海上合作基金、亚洲区域合作专项资金、澜沧江—湄公河合作专项基金等对“一带一路”绿色项目给予积极支持。

（三）**加强人才队伍建设**。构建绿色“一带一路”智力支撑体系，建设“绿色丝绸之路”新型智库；创新、完善人才培养机制，重点培养具有国际视野、掌握国际规则、熟悉环保业务的复合型人才，提高对绿色“一带一路”建设的人才支持力度。

生态保护红线划定指南

（节选）

环境保护部 国家发展改革委

2017 年 5 月 27 日

为贯彻《中华人民共和国环境保护法》《中共中央关于全面深化改革若干重大问题的决定》，落实《关于划定并严守生态保护红线的若干意见》（以下简称《若干意见》），指导全国生态保护红线划定工作，保障国家生态安全，制定本指南。

1. 适用范围

本指南适用于中华人民共和国陆地国土空间生态保护红线的划定。

2. 编制依据

《中华人民共和国环境保护法》

《中华人民共和国国家安全法》

《中华人民共和国水土保持法》

《中华人民共和国土地管理法》

《中华人民共和国水法》

《中华人民共和国草原法》

《中华人民共和国防沙治沙法》

《中华人民共和国森林法》

《中共中央国务院关于加快推进生态文明建设的意见》（中发〔2015〕12 号）

《生态文明体制改革总体方案》（中发〔2015〕25 号）

《关于划定并严守生态保护红线的若干意见》（中办国办〔2017〕2 号）

《国务院关于印发全国主体功能区规划的通知》（国发〔2010〕46 号）

《国务院关于印发全国国土规划纲要（2016—2030 年）的通知》（国发〔2017〕3 号）

《国务院办公厅关于印发湿地保护修复制度方案的通知》（国办〔2016〕89 号）

《国务院关于印发“十三五”生态环境保护规划的通知》（国发〔2016〕65 号）

《国务院关于全国水土保持规划（2015—2030 年）的批复》（国函〔2015〕160 号）

《国务院关于全国重要江河湖泊水功能区划（2011—2030 年）的批复》（国函〔2011〕167 号）

《国务院关于全国林地保护利用规划纲要（2010—2020 年）的批复》（国函〔2010〕69 号）

《国务院关于印发全国土地利用总体规划纲要（2006—2020 年）的通知》（国发〔2008〕33 号）

《关于印发全国土地利用总体规划纲要（2006–2020 年）调整方案的通知》（国土资发〔2016〕67 号）

《水利部关于印发全国重要饮用水水源地名录（2016 年）的通知》（水资源函〔2016〕383 号）

《农业部关于印发全国草原保护建设利用总体规划的通知》（农计发〔2007〕11 号）

《关于印发全国生态功能区划（修编版）的公告》（环境保护部 中国科学院公告 2015 年第 61 号）

GB/T 2260 中华人民共和国行政区划代码

GB/T 12343 国家基本比例尺地图编绘规范

GB/T 13923 基础地理信息要素分类与代码

GB/T21010—2007 土地利用现状分类

HJ/T 338 饮用水水源保护区划分技术规范

SL 190 土壤侵蚀分类分级标准

CH/T 9005 基础地理信息数据库基本规定

3. 术语和定义

生态保护红线：指在生态空间范围内具有特殊重要生态功能、必须强制性严格保护的区域，是保障和维护国家生态安全的底线和生命线，通常包括具有重要水源涵养、生物多样性维护、水土保持、防风固沙、海岸生态稳定等功能的生态功能重要区域，以及水土流失、土地沙化、石漠化、盐渍化等生态环境敏感脆弱区域。

国土空间：指国家主权与主权权利管辖下的地域空间，是国民生存的场所和环境，包括陆地、陆上水域、内水、领海、领空等。

生态空间：指具有自然属性、以提供生态服务或生态产品为主体功能的国土空间，包括森林、草原、湿地、河流、湖泊、滩涂、岸线、海洋、荒地、荒漠、戈壁、冰川、高山冻原、无居民海岛等。

重点生态功能区：指生态系统十分重要，关系全国或区域生态安全，需要在国土空间开发中限制进行大规模高强度工业化城镇化开发，以保持并提高生态产品供给能力的区域，主要类型包括水源涵养区、水土保持区、防风固沙区和生物多样性维护区。

生态环境敏感脆弱区：指生态系统稳定性差，容易受到外界活动影响而产生生态退化且难以自我修复的区域。

禁止开发区域：指依法设立的各级各类自然文化资源保护区域，以及其他禁止进行工业化城镇化开发、需要特殊保护的重点生态功能区。

生态安全：指在国家或区域尺度上，生态系统结构合理、功能完善、格局稳定，并能够为人类生存和经济社会发展持续提供生态服务的状态，是国家安全的重要组成部分。

生态安全格局：指由事关国家和区域生态安全的关键性保护地构成的结构完整、功能完备、分布连续的生态空间布局。

勘界定标：指对已划定的生态保护红线边界进行实地勘查、测绘，核准拐点坐标，勘定精确界线，设立统一规范的界碑界桩和标识标牌的行为。

4. 划定原则

4.1 科学性原则。以构建国家生态安全格局为目标，采取定量评估与定性判定相结合的方法划定生态保护红线。在资源环境承载能力和国土空间开发适宜性评价的基础上，按生态系统服务功能（以下简称生态功能）重要性、生态环境敏感性识别生态保护红线范围，并落实到国土空间，确保生态保护红线布局合理、落地准确、边界清晰。

4.2 整体性原则。统筹考虑自然生态整体性和系统性，结合山脉、河流、地貌单元、植被等自然边界以及生态廊道的连通性，合理划定生态保护红线，应划尽划，避免生境破碎化，加强跨区域间生态保护红线的有序衔接。

4.3 协调性原则。建立协调有序的生态保护红线划定工作机制，强化部门联动，上下结合，充分与主体功能区规划、生态功能区划、水功能区划及土地利用现状、城乡发展布局、国家应对气候变化规划等相衔接，与永久基本农田保护红线和城镇开发边界相协调，与经济社会发展需求和当前监管能力相适应，统筹划定生态保护红线。

4.4 动态性原则。根据构建国家和区域生态安全格局，提升生态保护能力和生态系统完整性的需要，生态保护红线布局应不断优化和完善，面积只增不减。

5. 管控要求

生态保护红线原则上按禁止开发区域的要求进行管理。严禁不符合主体功能定位的各类开发活动，严禁任意改变用途，确保生态功能不降低、面积不减少、性质不改变。因国家重大基础设施、重大民生保障项目建设等需要调整的，由省级政府组织论证，提出调整方案，经环境保护部、国家发展改革委会同有关部门提出审核意见后，报国务院批准。

——功能不降低。生态保护红线内的自然生态系统结构保持相对稳定，退化生态系统功能不断改善，质量不断提升。

——面积不减少。生态保护红线边界保持相对固定，生态保护红线面积只能增加，不能减少。

——性质不改变。严格实施生态保护红线国土空间用途管制，严禁随意改变用地性质。

6. 划定工作程序

采取自上而下和自下而上相结合的方式划定全国和各省（区、市）生态保护红线。

6.1 制定工作方案和技术方案。各省（区、市）依照本指南和生态保护红线划定的总体要求，建立划定工作责任制和协调机制，制定各省（区、市）工作方案和技术方案，明确职责分工，组织专门队伍，有序推进划定工作。

6.2 开展划定工作。环境保护部、国家发展改革委会同有关部门开展国家生态保护红线顶层设计，提出各省（区、市）生态保护红线空间格局和分布建议方案，明确需要保护的湿地、草原、森林等生态系统分布范围，指导各地生态保护红线划定，并做好跨省域生态保护红线的衔接与协调。

各省（区、市）依据工作方案和技术方案组织开展划定工作，参照国家生态保护红线空间格局和分布建议方案，结合本地实际情况，形成本行政区生态保护红线划定初步方案（含文本、图件、登记表），征求相关部门和地方政府意见，开展专家论证。经修改完善报省（区、市）人民政府审议同意后，形成生态保护红线划定方案（送审稿）。

6.3 各省（区、市）方案上报与审核。各省（区、市）人民政府将生态保护红线划定方案（送审稿）报送环境保护部、国家发展改革委，环境保护部、国家发展改革委会同有关部门组织对各省（区、市）生态保护红线开展技术审核并提出意见，各省（区、市）人民政府根据意见修改完善后，形成生态保护红线划定方案（报批稿）。

6.4 方案批准与发布。环境保护部、国家发展改革委会同有关部门将各省（区、市）生态保护红线划定方案报国务院审批后，由各省（区、市）人民政府发布实施。环境保护部、国家发展改革委会同有关部门在各省（区、市）生态保护红线划定方案基础上进行汇总，形成全国生态保护红线划定方案，报国务院同意后，向社会发布。

已初步完成或发布实施生态保护红线划定方案的有关省（区、市）按照《若干意见》和本指南要求，进一步优化调整划定方案，按程序上报审批。

7. 划定技术流程

按照定量与定性相结合的原则，通过科学评估，识别生态保护的重点类型和重要区域，合理划定生态保护红线。

7.1 开展科学评估。在国土空间范围内，按照资源环境承载能力和国土空间开发适宜性评价技术方法，开展生态功能重要性评估和生态环境敏感性评估，确定水源涵养、生物多样性维护、水土保持、防风固沙等生态功能极重要区域及极敏感区域，纳入生态保护红线。

科学评估的主要步骤包括：确定基本评估单元、选择评估类型与方法、数据准备、模型运算、评估分级和现场校验。

(1) 确定基本评估单元。根据生态评估参数的数据可获取性，统一评估工作精度要求。原则上评估的基本空间单元应为250m×250m网格，有条件的地区可进一步提高精度。评估工作运行环境采用地理信息系统软件。

(2) 选择评估类型与方法。根据本地区生态环境特征和主要生态问题，确定生态功能和生态环境敏感性类型，并结合数据条件，选取适宜的评估方法（参见附录A和附录B）。

(3) 数据准备。根据评估方法，搜集评估所需的各类数据，如基础地理信息数据、土地利用现状及年度调查监测数据、气象观测数据、遥感影像、地表参量、生态系统类型与分布数据等。评估的基础数据类型为栅格数据，非栅格数据应进行预处理，统一转换为便于空间计算的网格化栅格数据。

(4) 模型运算。根据评估公式，在地理信息系统软件中输入评估所需的各项参数，计算生态系统服务功能重要性和生态环境敏感性指数。

(5) 评估分级。根据评估结果，将生态功能重要性依次划分为一般重要、重要和极重要3个等级，将生态环境敏感性依次划分为一般敏感、敏感和极敏感3个等级。

(6) 现场校核。根据相关规划、区划中重要生态区域空间分布，结合专家知识，综合判断评估结果与实际生态状况的相符性。针对不符合实际情况的评估结果开展现场核查校验与调整，使评估结果趋于合理。

7.2　校验划定范围。根据科学评估结果，将评估得到的生态功能极重要区和生态环境极敏感区进行叠加合并，并与以下保护地进行校验，形成生态保护红线空间叠加图，确保划定范围涵盖国家级和省级禁止开发区域，以及其他有必要严格保护的各类保护地。

(1) 国家级和省级禁止开发区域：

——国家公园；

——自然保护区；

——森林公园的生态保育区和核心景观区；

——风景名胜区的核心景区；

——地质公园的地质遗迹保护区；

——世界自然遗产的核心区和缓冲区；

——湿地公园的湿地保育区和恢复重建区；

——饮用水水源地的一级保护区；

——水产种质资源保护区的核心区；

——其他类型禁止开发区的核心保护区域。

对于上述禁止开发区域内的不同功能分区，应根据生态评估结果最终确定纳入生态保护红线的具体范围。位于生态空间以外或人文景观类的禁止开发区域，不纳入生态保护红线。

(2) 其他各类保护地。除上述禁止开发区域以外，各地可结合实际情况，根据生态功能重要性，将有必要实施严格保护的各类保护地纳入生态保护红线范围。主要涵盖：极小种群物种分布的栖息地、国家一级公益林、重要湿地（含滨海湿地）、国家级水土流失重点预防区、沙化土地封禁保护区、野生植物集中分布地、自然岸线、雪山冰川、高原冻土等重要生态保护地。

7.3　确定红线边界。将7.2确定的生态保护红线叠加图，通过边界处理、现状与规划衔接、跨区域协调、上下对接等步骤，确定生态保护红线边界。

(1) 边界处理。采用地理信息系统软件，对叠加图层进行图斑聚合处理，合理扣除独立细小斑块和建设用地、基本农田（综合制图方法参见附录C）。边界调整的底图建议采用第一次全国地理普查数据库或土地利用现状及年度调查监测成果，按照保护需要和开发利用现状，结合以下几类界线勾绘调整生态保护红线边界：

——自然边界，主要是依据地形地貌或生态系统完整性确定的边界，如林线、雪线、流域分界线，以及生态系统分布界线等；

——自然保护区、风景名胜区等各类保护地边界；

——江河、湖库，以及海岸等向陆域（或向海）延伸一定距离的边界；

——地理国情普查、全国土地调查、森林草原湿地荒漠等自然资源调查等明确的地块边界。

(2) 现状与规划衔接。将生态保护红线边界与各类规划、区划空间边界及土地利用现状相衔接，综合分析开发建设与生态保护的关系，结合经济社会发展实际，合理确定开发与保护边界，提高生态保护红线划定合理性和可行性。

(3) 跨区域协调。根据生态安全格局构建需要，综合考虑区域或流域生态系统完整性，以地形、地貌、植被、河流水系等自然界线为依据，充分与相邻行政区域生态保护红线划定结果进行衔接与协调，开展跨区域技术对接，确保生态保护红线空间连续，实现跨区域生态系统整体保护。

(4) 上下对接。采取上下结合的方式开展技术对接，广泛征求各市县级政府意见，修改完善后达成一致意见，确定生态保护红线边界。

7.4　形成划定成果。在上述工作基础上，编制生态保护红线划定文本、图件、登记表及技术报告，建立台账数据库，形成生态保护红线划定方案。

7.5　开展勘界定标。根据划定方案确定的生态保护红线分布图，搜集红线附近原有平面控制点坐标成果、控制点网图，以高清正射影像图、地形图和地籍图等相关资料为辅助，调查生态保护红线各类基础信息，明确红线区块边界走向和实地拐点坐标，详细勘定红线边界。选定界桩位置，完成界桩埋设，测定界桩精确空间坐标，建立界桩数据库，形成生态保护红线勘测定界图。

设立统一规范的标识标牌，主要内容包括生态保护红线区块的范围、面积、具体拐点坐标、保护对象、主导生态功能、主要管控措施、责任人、监督管理电话等。

8. 命名与编码

8.1　命名。生态保护红线命名采取“自然地理单元 + 主导生态功能 + 生态保护红线”的命名方式，如“燕山水源涵养生态保护红线”。

落到具体地块，增加生态保护红线所属县级行政区，即“县级行政区 + 自然地理单元 + 主导生态功能（或生态环境敏感性）+ 生态保护红线”的命名方式，如“密云区密云水库水源涵养生态保护红线”，以便以县域为基本单元建立生态保护红线台账系统。

8.2　编码。为加强生态保护红线信息化管理，对生态保护红线实行统一编码，采用“行政代码—类型代码—数量代码”的三级编码方式。

(1) 行政代码以县级行政区为单位，由 6 位阿拉伯数字组成。

(2) 类型代码由 2 位数字组成，第 1 位表示类型特征，其中，1 表示生态功能，2 表示生态环境敏感性。后 1 位表示属性分类，其中，生态功能包括：1- 水源涵养，2- 生物多样性维护，3- 水土保持，4- 防风固沙，5- 其他生态功能。生态环境敏感性包括：1- 水土流失，2- 土地沙化，3- 石漠化，4- 盐渍化，5- 其他敏感性。

(3) 数量代码表示某一类型生态保护红线的地块序号，从 001 开始编号。

9. 成果要求

生态保护红线划定成果包括文本、图件、登记表、台账数据库、技术报告等。

9.1　文本。生态保护红线划定文本内容主要包括：划定生态保护红线的重要性和必要性，指导思想、基本原则和目标，生态保护红线类型与概述，管控措施，生态保护红线汇总表。

9.2　图件。生态保护红线图件数据采用 2000 国家大地坐标系统，高斯 - 克吕格投影，1985 国家高程基准；省级层面基本比例尺为 1:5 万，县级层面基本比例尺原则上不小于 1:1 万，基础数据不满足要求的可采用 1:5 万。

生态保护红线图件应包括但不限于：

(1) 生态保护红线分布图

(2) 生态功能重要性评估系列图

(3) 生态环境敏感性评估系列图

(4) 禁止开发区域分布图

(5) 其他保护地分布图

9.3　登记表。以县级行政区为基本单元，编制生态保护红线登记表。登记表内容主要包括红线区块代码、名称、类型、地理位置、面积、人口数量、生态功能、主要生态环境问题、主要人类活动、管控措施等基本信息。

9.4　台账数据库。以县级行政区为基本单元，构建生态保护红线台账数据库。台账信息主要包括红线区块登记表信息、基础地理信息、气象观测要素、社会经济要素、地面监测要素、遥感影像、地表生态参数、土地权属等。

9.5　技术报告。以文字报告形式表述生态保护红线划定的主要内容。

10. 附则

本指南由环境保护部、国家发展改革委负责解释。

本指南自发布之日起实施，《生态保护红线划定技术指南》（环发〔2015〕56 号）同时废止。

国务院办公厅关于印发禁止洋垃圾入境推进固体废物进口管理制度改革实施方案的通知

（国办发〔2017〕70号）

各省、自治区、直辖市人民政府，国务院各部委、各直属机构：

《禁止洋垃圾入境推进固体废物进口管理制度改革实施方案》已经国务院同意，现印发给你们，请认真贯彻执行。

国务院办公厅

2017年7月18日

禁止洋垃圾入境推进固体废物进口管理制度改革实施方案

（节选）

20世纪80年代以来，为缓解原料不足，我国开始从境外进口可用作原料的固体废物。同时，为加强管理，防范环境风险，逐步建立了较为完善的固体废物进口管理制度体系。近年来，各地区、各有关部门在打击洋垃圾走私、加强进口固体废物监管方面做了大量工作，取得一定成效。但是由于一些地方仍然存在重发展轻环保的思想，部分企业为谋取非法利益不惜铤而走险，洋垃圾非法入境问题屡禁不绝，严重危害人民群众身体健康和我国生态环境安全。按照党中央、国务院关于推进生态文明建设和生态文明体制改革的决策部署，为全面禁止洋垃圾入境，推进固体废物进口管理制度改革，促进国内固体废物无害化、资源化利用，保护生态环境安全和人民群众身体健康，制定以下方案。

一、总体要求

（一）**指导思想**。全面贯彻党的十八大和十八届三中、四中、五中、六中全会精神，深入贯彻习近平总书记系列重要讲话精神和治国理政新理念新思想新战略，认真落实党中央、国务院决策部署，统筹推进“五位一体”总体布局和协调推进“四个全面”战略布局，牢固树立和贯彻落实创新、协调、绿色、开放、共享的发展理念，坚持以人民为中心的发展思想，坚持稳中求进工作总基调，以提高发展质量和效益为中心，以供给侧结构性改革为主线，以深化改革为动力，全面禁止洋垃圾入境，完善进口固体废物管理制度；切实加强固体废物回收利用管理，大力发展循环经济，切实改善环境质量、维护国家生态环境安全和人民群众身体健康。

（二）**基本原则**。坚持疏堵结合、标本兼治。调整完善进口固体废物管理政策，持续保持高压态势，严厉打击洋垃圾走私；提升国内固体废物回收利用水平。

坚持稳妥推进、分类施策。根据环境风险、产业发展现状等因素，分行业分种类制定禁止进口的时间表，分批分类调整进口固体废物管理目录；综合运用法律、经济、行政手段，大幅减少进口种类和数量，全面禁止洋垃圾入境。

坚持协调配合、狠抓落实。各部门要按照职责分工，密切配合、齐抓共管，形成工作合力，加强跟踪督查，确保各项任务按照时间节点落地见效。地方各级人民政府要落实主体责任，切实做好固体废物集散地综合整治、产业转型发展、人员就业安置等工作。

（三）**主要目标**。严格固体废物进口管理，2017年年底前，全面禁止进口环境危害大、群众反映强烈的固体废物；2019年年底前，逐步停止进口国内资源可以替代的固体废物。通过持续加强对固体废物进口、运输、利用等各环节的监管，确保生态环境安全。保持打击洋垃圾走私高压态势，彻底堵住洋垃圾入境。强化资源节约集约利用，全面提升国内固体废物无害化、资源化利用水平，逐步补齐国内资源缺口，为建设美丽中国和全面建成小康社会提供有力保障。

二、完善堵住洋垃圾进口的监管制度

（四）**禁止进口环境危害大、群众反映强烈的固体废物**。2017年7月底前，调整进口固体废物管理目录；2017年年底前，禁止进口生活来源废塑料、未经分拣的废纸以及纺织废料、钒渣等品种。（环境保护部、商务部、国家发展改革委、海关总署、质检总局负责落实）

（五）**逐步有序减少固体废物进口种类和数量**。分批分类调整进口固体废物管理目录，大幅减少固体废物进口种类和数量。（环境保护部、商务部、国家发展改革委、海关总署、质检总局负责落实，2019年年底前完成）

（六）**提高固体废物进口门槛**。进一步加严标准，修订《进口可用作原料的固体废物环境保护控制标准》，加严夹带物控制指标。（环境保护部、质检总局负责落实，2017年年底前完成）印发《进口废纸环境保护管理规定》，提高进口废纸加工利用企业规模要求。（环境保护部负责落实，2017年年底前完成）

（七）**完善法律法规和相关制度**。修订《固体废物进口管理办法》，限定固体废物进口口岸，减少固体废物进口口岸数量。（环境保护部、商务部、国家发展改革委、海关总署、质检总局负责落实，2018年年底前完成）完善固体废物进口许可证制度，取消贸易单位代理进口。（环境保护部、商务部、国家发展改革委、海关总署、质检总局负责落实，2017年年底前完成）增加固体废物鉴别单位数量，解决鉴别难等突出问题。（环境保护部、海关总署、质检总局负责落实，2017年年底前完成）适时提请修订《中华人民共和国固体废物污染环境防治法》等法律法规，提高对走私洋垃圾、非法进口固体废物等行为的处罚标准。（环境保护部、海关总署、质检总局、国务院法制办负责落实，2019 年年底前完成）

（八）**保障政策平稳过渡**。做好政策解读和舆情引导工作，依法依规公开政策调整实施的时间节点、管理要求。（中央宣传部、国家网信办、环境保护部、商务部、国家发展改革委、海关总署、质检总局负责落实，2020 年年底前完成）综合运用现有政策措施，促进行业转型，优化产业结构，做好相关从业人员再就业等保障工作。（各有关地方人民政府负责落实，2020 年年底前完成）

三、强化洋垃圾非法入境管控

（九）**持续严厉打击洋垃圾走私**。将打击洋垃圾走私作为海关工作的重中之重，严厉查处走私危险废物、医疗废物、电子废物、生活垃圾等违法行为。深入推进各类专项打私行动，加大海上和沿边非设关地打私工作力度，封堵洋垃圾偷运入境通道，严厉打击货运渠道藏匿、伪报、瞒报、倒证倒货等走私行为。对专项打私行动中发现的洋垃圾，坚决依法予以退运或销毁。（海关总署、公安部、中国海警局负责长期落实）联合开展强化监管严厉打击洋垃圾违法专项行动，重点打击走私、非法进口利用废塑料、废纸、生活垃圾、电子废物、废旧服装等固体废物的各类违法行为。（海关总署、环境保护部、质检总局、公安部负责落实，2017 年 11 月底前完成）对废塑料进口及加工利用企业开展联合专项稽查，重点查处倒卖证件、倒卖货物、企业资质不符等问题。（海关总署、环境保护部、质检总局负责落实，2017 年 11 月底前完成）

（十）**加大全过程监管力度**。从严审查进口固体废物申请，减量审批固体废物进口许可证，控制许可进口总量。（环境保护部负责长期落实）加强进口固体废物装运前现场检验、结果审核、证书签发等关键控制点的监督管理，强化入境检验检疫，严格执行现场开箱、掏箱规定和查验标准。（质检总局负责长期落实）进一步加大进口固体废物查验力度，严格落实“三个 100%”（已配备集装箱检查设备的 100% 过机，没有配备集装箱检查设备的 100% 开箱，以及 100% 过磅）查验要求。（海关总署负责长期落实）加强对重点风险监管企业的现场检查，严厉查处倒卖、非法加工利用进口固体废物以及其他环境违法行为。（环境保护部、海关总署负责长期落实）

（十一）**全面整治固体废物集散地**。开展全国典型废塑料、废旧服装和电子废物等废物堆放处置利用集散地专项整治行动。贯彻落实《土壤污染防治行动计划》，督促各有关地方人民政府对电子废物、废轮胎、废塑料等再生利用活动进行清理整顿，整治情况列入中央环保督察重点内容。（环境保护部、国家发展改革委、工业和信息化部、商务部、工商总局、各有关地方人民政府负责落实，2017 年年底前完成）

四、建立堵住洋垃圾入境长效机制

（十二）**落实企业主体责任**。强化日常执法监管，加大对走私洋垃圾、非法进口固体废物、倒卖或非法加工利用固体废物等违法犯罪行为的查处力度。加强法制宣传培训，进一步提高企业守法意识。（海关总署、环境保护部、公安部、质检总局负责长期落实）建立健全中央与地方、部门与部门之间执法信息共享机制，将固体废物利用处置违法企业信息在全国信用信息共享平台、“信用中国”网站和国家企业信用信息公示系统上公示，开展联合惩戒。（国家发展改革委、工业和信息化部、公安部、财政部、环境保护部、商务部、海关总署、工商总局、质检总局等负责长期落实）

（十三）**建立国际合作机制**。推动与越南等东盟国家建立洋垃圾反走私合作机制，适时发起区域性联合执法行动。利用国际执法合作渠道，强化洋垃圾境外源头地情报研判，加强与世界海关组织、国际刑警组织、联合国环境规划署等机构的合作，建立完善走私洋垃圾退运国际合作机制。（海关总署、公安部、环境保护部负责长期落实）

（十四）**开拓新的再生资源渠道**。推动贸易和加工模式转变，主动为国内企业“走出去”提供服务，指导相关企业遵守所在国的法律法规，爱护当地资源和环境，维护中国企业良好形象。（国家发展改革委、工业和信息化部、商务部负责长期落实）

五、提升国内固体废物回收利用水平

（十五）**提高国内固体废物回收利用率。**加快国内固体废物回收利用体系建设，建立健全生产者责任延伸制，推进城乡生活垃圾分类，提高国内固体废物的回收利用率，到2020年，将国内固体废物回收量由2015年的2.46亿吨提高到3.5亿吨。（国家发展改革委、工业和信息化部、商务部、住房城乡建设部负责落实）

（十六）**规范国内固体废物加工利用产业发展。**发挥"城市矿产"示范基地、资源再生利用重大示范工程、循环经济示范园区等的引领作用和回收利用骨干企业的带动作用，完善再生资源回收利用基础设施，促进国内固体废物加工利用园区化、规模化和清洁化发展。（国家发展改革委、工业和信息化部、商务部负责长期落实）

（十七）**加大科技研发力度。**提升固体废物资源化利用装备技术水平。提高废弃电器电子产品、报废汽车拆解利用水平。鼓励和支持企业联合科研院所、高校开展非木纤维造纸技术装备研发和产业化，着力提高竹子、芦苇、蔗渣、秸秆等非木纤维应用水平，加大非木纤维清洁制浆技术推广力度。（国家发展改革委、工业和信息化部、科技部、商务部负责长期落实）

（十八）**切实加强宣传引导。**加大对固体废物进口管理和打击洋垃圾走私成效的宣传力度，及时公开违法犯罪典型案例，彰显我国保护生态环境安全和人民群众身体健康的坚定决心。积极引导公众参与垃圾分类，倡导绿色消费，抵制过度包装。大力推进"互联网+"订货、设计、生产、销售、物流模式，倡导节约使用纸张、塑料等，努力营造全社会共同支持、积极践行保护环境和节约资源的良好氛围。（中央宣传部、国家发展改革委、工业和信息化部、环境保护部、住房城乡建设部、商务部、海关总署、质检总局、国家网信办负责长期落实）

中华人民共和国国务院令

第 682 号

《国务院关于修改〈建设项目环境保护管理条例〉的决定》已经 2017 年 6 月 21 日国务院第 177 次常务会议通过，现予公布，自 2017 年 10 月 1 日起施行。

总理　　李克强

2017 年 7 月 16 日

国务院关于修改《建设项目环境保护管理条例》的决定

国务院决定对《建设项目环境保护管理条例》作如下修改：

一、删去第六条第二款。

二、将第七条第二款修改为：“建设项目环境影响评价分类管理名录，由国务院环境保护行政主管部门在组织专家进行论证和征求有关部门、行业协会、企事业单位、公众等意见的基础上制定并公布。”

三、删去第八条第二款。

四、将第九条、第十条合并，作为第九条，修改为：“依法应当编制环境影响报告书、环境影响报告表的建设项目，建设单位应当在开工建设前将环境影响报告书、环境影响报告表报有审批权的环境保护行政主管部门审批；建设项目的环境影响评价文件未依法经审批部门审查或者审查后未予批准的，建设单位不得开工建设。

“环境保护行政主管部门审批环境影响报告书、环境影响报告表，应当重点审查建设项目的环境可行性、环境影响分析预测评估的可靠性、环境保护措施的有效性、环境影响评价结论的科学性等，并分别自收到环境影响报告书之日起 60 日内、收到环境影响报告表之日起 30 日内，作出审批决定并书面通知建设单位。

“环境保护行政主管部门可以组织技术机构对建设项目环境影响报告书、环境影响报告表进行技术评估，并承担相应费用；技术机构应当对其提出的技术评估意见负责，不得向建设单位、从事环境影响评价工作的单位收取任何费用。

“依法应当填报环境影响登记表的建设项目，建设单位应当按照国务院环境保护行政主管部门的规定将环境影响登记表报建设项目所在地县级环境保护行政主管部门备案。

“环境保护行政主管部门应当开展环境影响评价文件网上审批、备案和信息公开。”

五、将第十一条改为第十条，删去该条中的“或者环境影响登记表”。

六、增加一条，作为第十一条：“建设项目有下列情形之一的，环境保护行政主管部门应当对环境影响报告书、环境影响报告表作出不予批准的决定：

“（一）建设项目类型及其选址、布局、规模等不符合环境保护法律法规和相关法定规划；

“（二）所在区域环境质量未达到国家或者地方环境质量标准，且建设项目拟采取的措施不能满足区域环境质量改善目标管理要求；

“（三）建设项目采取的污染防治措施无法确保污染物排放达到国家和地方排放标准，或者未采取必要措施预防和控制生态破坏；

“（四）改建、扩建和技术改造项目，未针对项目原有环境污染和生态破坏提出有效防治措施；

“（五）建设项目的环境影响报告书、环境影响报告表的基础资料数据明显不实，内容存在重大缺陷、遗漏，或者环境影响评价结论不明确、不合理。”

七、将第十二条修改为：“建设项目环境影响报告书、环境影响报告表经批准后，建设项目的性质、规模、地点、采用的生产工艺或者防治污染、防止生态破坏的措施发生重大变动的，建设单位应当重新报批建设项目环境影响报告书、环境影响报告表。

“建设项目环境影响报告书、环境影响报告表自批准之日起满 5 年，建设项目方开工建设的，其环境影响报告书、环境影响报告表应当报原审批部门重新审核。原审批部门应当自收到建设项目环境影响报告书、环境影响报告表之日起 10 日内，将审核意见书面通知建设单位；逾期未通知的，视为审核同意。

“审核、审批建设项目环境影响报告书、环境影响报告表及备案环境影响登记表，不得收取任何费用。”

八、删去第十三条。

九、将第十七条改为第十六条，修改为：“建设项目的初步设计，应当按照环境保护设计规范的要求，编制环境保护篇章，落实防治环境污染和生态破坏的措施以及环境保护设施投资概算。

“建设单位应当将环境保护设施建设纳入施工合同，保证环境保护设施建设进度和资金，并在项目建设过程中同时组织实施环境影响报告书、环境影响报告表及其审批部门审批决定中提出的环境保护对策措施。”

十、删去第十八条、第十九条。

十一、将第二十条改为第十七条，修改为：“编制环境影响报告书、环境影响报告表的建设项目竣工后，建设单位应当按照国务院环境保护行政主管部门规定的标准和程序，对配套建设的环境保护设施进行验收，编制验收报告。

“建设单位在环境保护设施验收过程中，应当如实查验、监测、记载建设项目环境保护设施的建设和调试情况，不得弄虚作假。

“除按照国家规定需要保密的情形外，建设单位应当依法向社会公开验收报告。”

十二、删去第二十二条。

十三、将第二十三条改为第十九条，修改为：“编制环境影响报告书、环境影响报告表的建设项目，其配套建设的环境保护设施经验收合格，方可投入生产或者使用；未经验收或者验收不合格的，不得投入生产或者使用。

“前款规定的建设项目投入生产或者使用后，应当按照国务院环境保护行政主管部门的规定开展环境影响后评价。”

十四、增加一条，作为第二十条：“环境保护行政主管部门应当对建设项目环境保护设施设计、施工、验收、投入生产或者使用情况，以及有关环境影响评价文件确定的其他环境保护措施的落实情况，进行监督检查。

“环境保护行政主管部门应当将建设项目有关环境违法信息记入社会诚信档案，及时向社会公开违法者名单。”

十五、将第二十四条、第二十五条合并，作为第二十一条，修改为：“建设单位有下列行为之一的，依照《中华人民共和国环境影响评价法》的规定处罚：

“（一）建设项目环境影响报告书、环境影响报告表未依法报批或者报请重新审核，擅自开工建设；

“（二）建设项目环境影响报告书、环境影响报告表未经批准或者重新审核同意，擅自开工建设；

“（三）建设项目环境影响登记表未依法备案。”

十六、增加一条，作为第二十二条：“违反本条例规定，建设单位编制建设项目初步设计未落实防治环境污染和生态破坏的措施以及环境保护设施投资概算，未将环境保护设施建设纳入施工合同，或者未依法开展环境影响后评价的，由建设项目所在地县级以上环境保护行政主管部门责令限期改正，处5万元以上20万元以下的罚款；逾期不改正的，处20万元以上100万元以下的罚款。

“违反本条例规定，建设单位在项目建设过程中未同时组织实施环境影响报告书、环境影响报告表及其审批部门审批决定中提出的环境保护对策措施的，由建设项目所在地县级以上环境保护行政主管部门责令限期改正，处20万元以上100万元以下的罚款；逾期不改正的，责令停止建设。”

十七、删去第二十六条、第二十七条。

十八、将第二十八条改为第二十三条，修改为：“违反本条例规定，需要配套建设的环境保护设施未建成、未经验收或者验收不合格，建设项目即投入生产或者使用，或者在环境保护设施验收中弄虚作假的，由县级以上环境保护行政主管部门责令限期改正，处20万元以上100万元以下的罚款；逾期不改正的，处100万元以上200万元以下的罚款；对直接负责的主管人员和其他责任人员，处5万元以上20万元以下的罚款；造成重大环境污染或者生态破坏的，责令停止生产或者使用，或者报经有批准权的人民政府批准，责令关闭。

“违反本条例规定，建设单位未依法向社会公开环境保护设施验收报告的，由县级以上环境保护行政主管部门责令公开，处5万元以上20万元以下的罚款，并予以公告。”

十九、增加一条，作为第二十四条：“违反本条例规定，技术机构向建设单位、从事环境影响评价工作的单位收取费用的，由县级以上环境保护行政主管部门责令退还所收费用，处所收费用1倍以上3倍以下的罚款。”

二十、将第二十九条改为第二十五条，修改为：“从事建设项目环境影响评价工作的单位，在环境影响评价工作中弄虚作假的，由县级以上环境保护行政主管部门处所收费用1倍以上3倍以下的罚款。”

二十一、将第三十二条改为第二十八条，并将该条中的“海洋石油勘探开发”修改为“海洋工程”。

本决定自2017年10月1日起施行。

《建设项目环境保护管理条例》根据本决定作相应修改并对条文序号作相应调整，重新公布。

建设项目环境保护管理条例

1998年11月29日中华人民共和国国务院令第253号发布

根据2017年7月16日《国务院关于修改〈建设项目环境保护管理条例〉的决定》修订

第一章　总则

第一条　为了防止建设项目产生新的污染、破坏生态环境，制定本条例。

第二条　在中华人民共和国领域和中华人民共和国管辖的其他海域内建设对环境有影响的建设项目，适用本条例。

第三条　建设产生污染的建设项目，必须遵守污染物排放的国家标准和地方标准；在实施重点污染物排放总量控制的区域内，还必须符合重点污染物排放总量控制的要求。

第四条　工业建设项目应当采用能耗物耗小、污染物产生量少的清洁生产工艺，合理利用自然资源，防止环境污染和生态破坏。

第五条　改建、扩建项目和技术改造项目必须采取措施，治理与该项目有关的原有环境污染和生态破坏。

第二章　环境影响评价

第六条　国家实行建设项目环境影响评价制度。

第七条　国家根据建设项目对环境的影响程度，按照下列规定对建设项目的环境保护实行分类管理：

（一）建设项目对环境可能造成重大影响的，应当编制环境影响报告书，对建设项目产生的污染和对环境的影响进行全面、详细的评价；

（二）建设项目对环境可能造成轻度影响的，应当编制环境影响报告表，对建设项目产生的污染和对环境的影响进行分析或者专项评价；

（三）建设项目对环境影响很小，不需要进行环境影响评价的，应当填报环境影响登记表。

建设项目环境影响评价分类管理名录，由国务院环境保护行政主管部门在组织专家进行论证和征求有关部门、行业协会、企事业单位、公众等意见的基础上制定并公布。

第八条　建设项目环境影响报告书，应当包括下列内容：

（一）建设项目概况；

（二）建设项目周围环境现状；

（三）建设项目对环境可能造成影响的分析和预测；

（四）环境保护措施及其经济、技术论证；

（五）环境影响经济损益分析；

（六）对建设项目实施环境监测的建议；

（七）环境影响评价结论。

建设项目环境影响报告表、环境影响登记表的内容和格式，由国务院环境保护行政主管部门规定。

第九条　依法应当编制环境影响报告书、环境影响报告表的建设项目，建设单位应当在开工建设前将环境影响报告书、环境影响报告表报有审批权的环境保护行政主管部门审批；建设项目的环境影响评价文件未依法经审批部门审查或者审查后未予批准的，建设单位不得开工建设。

环境保护行政主管部门审批环境影响报告书、环境影响报告表，应当重点审查建设项目的环境可行性、环境影响分析预测评估的可靠性、环境保护措施的有效性、环境影响评价结论的科学性等，并分别自收到环境影响报告书之日起60日内、收到环境影响报告表之日起30日内，作出审批决定并书面通知建设单位。

环境保护行政主管部门可以组织技术机构对建设项目环境影响报告书、环境影响报告表进行技术评估，并承担相应费用；技术机构应当对其提出的技术评估意见负责，不得向建设单位、从事环境影响评价工作的单位收取任何费用。

依法应当填报环境影响登记表的建设项目，建设单位应当按照国务院环境保护行政主管部门的规定将环境影响登记表报建设项目所在地县级环境保护行政主管部门备案。

环境保护行政主管部门应当开展环境影响评价文件网上审批、备案和信息公开。

第十条 国务院环境保护行政主管部门负责审批下列建设项目环境影响报告书、环境影响报告表：

（一）核设施、绝密工程等特殊性质的建设项目；

（二）跨省、自治区、直辖市行政区域的建设项目；

（三）国务院审批的或者国务院授权有关部门审批的建设项目。

前款规定以外的建设项目环境影响报告书、环境影响报告表的审批权限，由省、自治区、直辖市人民政府规定。

建设项目造成跨行政区域环境影响，有关环境保护行政主管部门对环境影响评价结论有争议的，其环境影响报告书或者环境影响报告表由共同上一级环境保护行政主管部门审批。

第十一条 建设项目有下列情形之一的，环境保护行政主管部门应当对环境影响报告书、环境影响报告表作出不予批准的决定：

（一）建设项目类型及其选址、布局、规模等不符合环境保护法律法规和相关法定规划；

（二）所在区域环境质量未达到国家或者地方环境质量标准，且建设项目拟采取的措施不能满足区域环境质量改善目标管理要求；

（三）建设项目采取的污染防治措施无法确保污染物排放达到国家和地方排放标准，或者未采取必要措施预防和控制生态破坏；

（四）改建、扩建和技术改造项目，未针对项目原有环境污染和生态破坏提出有效防治措施；

（五）建设项目的环境影响报告书、环境影响报告表的基础资料数据明显不实，内容存在重大缺陷、遗漏，或者环境影响评价结论不明确、不合理。

第十二条 建设项目环境影响报告书、环境影响报告表经批准后，建设项目的性质、规模、地点、采用的生产工艺或者防治污染、防止生态破坏的措施发生重大变动的，建设单位应当重新报批建设项目环境影响报告书、环境影响报告表。

建设项目环境影响报告书、环境影响报告表自批准之日起满5年，建设项目方开工建设的，其环境影响报告书、环境影响报告表应当报原审批部门重新审核。原审批部门应当自收到建设项目环境影响报告书、环境影响报告表之日起10日内，将审核意见书面通知建设单位；逾期未通知的，视为审核同意。

审核、审批建设项目环境影响报告书、环境影响报告表及备案环境影响登记表，不得收取任何费用。

第十三条 建设单位可以采取公开招标的方式，选择从事环境影响评价工作的单位，对建设项目进行环境影响评价。

任何行政机关不得为建设单位指定从事环境影响评价工作的单位，进行环境影响评价。

第十四条 建设单位编制环境影响报告书，应当依照有关法律规定，征求建设项目所在地有关单位和居民的意见。

第三章 环境保护设施建设

第十五条 建设项目需要配套建设的环境保护设施，必须与主体工程同时设计、同时施工、同时投产使用。

第十六条 建设项目的初步设计，应当按照环境保护设计规范的要求，编制环境保护篇章，落实防治环境污染和生态破坏的措施以及环境保护设施投资概算。

建设单位应当将环境保护设施建设纳入施工合同，保证环境保护设施建设进度和资金，并在项目建设过程中同时组织实施环境影响报告书、环境影响报告表及其审批部门审批决定中提出的环境保护对策措施。

第十七条　编制环境影响报告书、环境影响报告表的建设项目竣工后，建设单位应当按照国务院环境保护行政主管部门规定的标准和程序，对配套建设的环境保护设施进行验收，编制验收报告。

建设单位在环境保护设施验收过程中，应当如实查验、监测、记载建设项目环境保护设施的建设和调试情况，不得弄虚作假。

除按照国家规定需要保密的情形外，建设单位应当依法向社会公开验收报告。

第十八条　分期建设、分期投入生产或者使用的建设项目，其相应的环境保护设施应当分期验收。

第十九条　编制环境影响报告书、环境影响报告表的建设项目，其配套建设的环境保护设施经验收合格，方可投入生产或者使用；未经验收或者验收不合格的，不得投入生产或者使用。

前款规定的建设项目投入生产或者使用后，应当按照国务院环境保护行政主管部门的规定开展环境影响后评价。

第二十条　环境保护行政主管部门应当对建设项目环境保护设施设计、施工、验收、投入生产或者使用情况，以及有关环境影响评价文件确定的其他环境保护措施的落实情况，进行监督检查。

环境保护行政主管部门应当将建设项目有关环境违法信息记入社会诚信档案，及时向社会公开违法者名单。

第四章　法律责任

第二十一条　建设单位有下列行为之一的，依照《中华人民共和国环境影响评价法》的规定处罚：

（一）建设项目环境影响报告书、环境影响报告表未依法报批或者报请重新审核，擅自开工建设；

（二）建设项目环境影响报告书、环境影响报告表未经批准或者重新审核同意，擅自开工建设；

（三）建设项目环境影响登记表未依法备案。

第二十二条　违反本条例规定，建设单位编制建设项目初步设计未落实防治环境污染和生态破坏的措施以及环境保护设施投资概算，未将环境保护设施建设纳入施工合同，或者未依法开展环境影响后评价的，由建设项目所在地县级以上环境保护行政主管部门责令限期改正，处5万元以上20万元以下的罚款；逾期不改正的，处20万元以上100万元以下的罚款。

违反本条例规定，建设单位在项目建设过程中未同时组织实施环境影响报告书、环境影响报告表及其审批部门审批决定中提出的环境保护对策措施的，由建设项目所在地县级以上环境保护行政主管部门责令限期改正，处20万元以上100万元以下的罚款；逾期不改正的，责令停止建设。

第二十三条　违反本条例规定，需要配套建设的环境保护设施未建成、未经验收或者验收不合格，建设项目即投入生产或者使用，或者在环境保护设施验收中弄虚作假的，由县级以上环境保护行政主管部门责令限期改正，处20万元以上100万元以下的罚款；逾期不改正的，处100万元以上200万元以下的罚款；对直接负责的主管人员和其他责任人员，处5万元以上20万元以下的罚款；造成重大环境污染或者生态破坏的，责令停止生产或者使用，或者报经有批准权的人民政府批准，责令关闭。

违反本条例规定，建设单位未依法向社会公开环境保护设施验收报告的，由县级以上环境保护行政主管部门责令公开，处5万元以上20万元以下的罚款，并予以公告。

第二十四条　违反本条例规定，技术机构向建设单位、从事环境影响评价工作的单位收取费用的，由县级以上环境保护行政主管部门责令退还所收费用，处所收费用1倍以上3倍以下的罚款。

第二十五条　从事建设项目环境影响评价工作的单位，在环境影响评价工作中弄虚作假的，由县级以上环境保护行政主管部门处所收费用1倍以上3倍以下的罚款。

第二十六条 环境保护行政主管部门的工作人员徇私舞弊、滥用职权、玩忽职守，构成犯罪的，依法追究刑事责任；尚不构成犯罪的，依法给予行政处分。

第五章 附则

第二十七条 流域开发、开发区建设、城市新区建设和旧区改建等区域性开发，编制建设规划时，应当进行环境影响评价。具体办法由国务院环境保护行政主管部门会同国务院有关部门另行规定。

第二十八条 海洋工程建设项目的环境保护管理，按照国务院关于海洋工程环境保护管理的规定执行。

第二十九条 军事设施建设项目的环境保护管理，按照中央军事委员会的有关规定执行。

第三十条 本条例自发布之日起施行。

关于印发《京津冀及周边地区 2017—2018 年秋冬季大气污染综合治理攻坚行动强化督查方案》的通知

国家发展改革委 环境保护部

2016 年 2 月 24 日

各省、自治区、直辖市环境保护厅（局），新疆生产建设兵团环境保护局：

为进一步督促京津冀及周边地区地方各级政府及相关部门严格落实国务院印发的《大气污染防治行动计划》，全面实现京津冀及周边地区环境空气质量改善目标，我部制定了《京津冀及周边地区 2017-2018 年秋冬季大气污染综合治理攻坚行动强化督查方案》（见附件）。现印发给你们，请认真组织实施。

附件：京津冀及周边地区 2017—2018 年秋冬季大气污染综合治理攻坚行动强化督查方案

环境保护部

2017 年 8 月 22 日

抄送：北京、天津市各区人民政府，石家庄、唐山、保定、廊坊、沧州、衡水、邯郸、邢台、太原、阳泉、长治、晋城、济南、淄博、聊城、德州、滨州、济宁、菏泽、郑州、新乡、鹤壁、安阳、焦作、濮阳、开封市人民政府及其所属县（市、区）人民政府。

关于印发《京津冀及周边地区 2017–2018 年秋冬季大气污染综合治理攻坚行动强化督查方案》的通知

各省、自治区、直辖市环境保护厅（局），新疆生产建设兵团环境保护局：

为进一步督促京津冀及周边地区地方各级政府及相关部门严格落实国务院印发的《大气污染防治行动计划》，全面实现京津冀及周边地区环境空气质量改善目标，我部制定了《京津冀及周边地区 2017–2018 年秋冬季大气污染综合治理攻坚行动强化督查方案》（见附件）。现印发给你们，请认真组织实施。

附件：京津冀及周边地区 2017–2018 年秋冬季大气污染综合治理攻坚行动强化督查方案

环境保护部

2017 年 8 月 22 日

为全面实现国务院印发的《大气污染防治行动计划》既定目标，进一步保障京津冀及周边地区秋冬季环境空气质量，更加深入推进大气环境执法检查工作，按照“突出重点、综合施策、科学治污”的基本原则，根据《2017–2018 年京津冀及周边地区大气污染防治强化督查方案》（以下简称《督查方案》），结合《京津冀及周边地区 2017—2018 年秋冬季大气污染综合治理攻坚行动方案》（以下简称《攻坚方案》）制定本方案。

一、目标任务

督促各地政府及相关部门严格落实《大气污染防治行动计划》，按期完成《攻坚方案》任务。实行区域联动、综合整治，打好秋冬季大气污染防治攻坚战，进一步加大对违法排放大气污染物等环境违法行为的打击力度，促进秋冬季大气环境质量改善。

二、督查范围

督查范围为京津冀大气污染传输通道城市，包括北京市，天津市，河北省石家庄（含辛集）、唐山、邯郸、邢台、保定（含定州）、沧州、廊坊、衡水市，山西省太原、阳泉、长治、晋城市，山东省济南、淄博、济宁、德州、聊城、滨州、菏泽市，河南省郑州（含巩义）、开封（含兰考）、安阳（含滑县）、鹤壁、新乡（含长垣）、焦作、濮阳市，以下简称“2+26”城市。

三、督查时间

总体时间安排为 2017 年 9 月 1 日至 2018 年 3 月 29 日。第一阶段（2017 年 9 月 1 日至 11 月 9 日），共 5 个轮次（第 11 至 15 轮次）70 天，重点对“2+26”城市所有县（区）全部 12 项任务完成情况、各项减排措施的落实情况、任务清单外的涉气类突出问题以及《攻坚方案》中“2+26”城市的其他大气污染综合治理任务进行督查。

第二阶段（2017 年 11 月 10 日至 2018 年 3 月 29 日），共 10 个轮次（第 16 轮次至 25 轮次）140 天。

进入采暖期，重点通过热点网格、高架源排放情况、“12369”环境举报热线等掌握的线索，调度督查组和“2+26”城市环保部门对存在问题的区域和行业进行“双向反馈式”督查。

四、督查内容

根据前期大气污染防治强化督查情况及采暖期企业的生产方式、污染物排放特点、检查重点，按照《攻坚方案》要求，梳理出12项重点任务和各城市“清单化”任务233项，聚焦重点区域、重点行业，对督查重点内容进行了调整，具体内容如下：

（一）“散乱污”企业及集群综合整治情况

1. 按照“散乱污”企业清理整治进展情况清单进行核对，以县为单位，每轮次抽查50%的县区，根据工作量确定抽查比例。对提升改造类“散乱污”企业，是否存在未经相关部门会审签字同意擅自恢复生产、恢复生产后仍发现存在超标排放、不正常运行治污设施的情况。

2. 是否存在清单外的“散乱污”企业，或清单内未取缔、未整改，仍在生产或有近期生产迹象的“散乱污”企业。

3. 是否存在“散乱污”企业或集群“死灰复燃”情况。

（二）小锅炉淘汰、改造情况

1. 按照小锅炉清单进行核对，以县为单位，每轮次抽查50%的县区，根据工作量确定抽查比例。

2. 是否存在清单外的10蒸吨以下燃煤锅炉，建成区20蒸吨（部分地区35蒸吨）以下燃煤锅炉。（要求以《攻坚方案》为准）

（三）清洁取暖及燃煤替代

1. 按照清单，以乡镇（街道）为单位，入户抽查散煤替代工作落实情况，列入清单的乡镇（街道）应全部取缔散煤燃烧。

2. 已划定的“禁煤区”“高污染燃料禁燃区”内是否存在散煤燃烧、销售问题。

（四）工业类治理项目

1. 重点对火电、钢铁、石化、铝工业（不含氧化铝）、水泥等行业以及燃煤锅炉（含生物质锅炉）、露天矿山综合治理工作情况开展检查，按照任务完成的时间要求进行阶段性现场核查。根据企业治理改造方案进行核实。

2. 对特别排放限值、超低排放改造项目要重点检查，检查治污设施工艺、选型是否满足相关标准及环境保护部文件要求，是否安装污染物自动监测设施并联网，污染物排放浓度是否满足相应标准要求。必要时可安排现场监测。

（五）工业类淘汰、搬迁项目

对照淘汰、搬迁类企业清单，包括列入整治关闭计划的露天矿山，逐一核实关停、淘汰情况，检查是否存在生产相关行为活动，可到当地供电部门调查企业用电量情况。搬迁类企业原厂区必须停产。

（六）重点行业排污许可证发放

按照《攻坚方案》明确的时间节点，2017年11月份对电力、钢铁、水泥行业企业，2018年1月对铜铅锌冶炼、电解铝、原料药制造、农药等行业企业排污许可证取得情况进行现场核查，主要检查是否存在无证排污行为。

（七）挥发性有机物（VOCs）治理项目

对照治理项目清单，逐一现场检查治理措施落实情况。可采取现场即时检测方式检验VOCs泄漏及排放情况。

（八）工业企业扬尘治理情况

1. 检查工业企业（含供热企事业单位）是否完成物料无组织排放治理改造任务。

2. 检查钢铁、建材、有色、火电、锅炉、焦化等行业企业是否符合标准规定的无组织排放管控要求。

（九）加油站整改情况

1. 随机抽查加油站油气回收设施安装、运行情况。

2.《攻坚方案》中要求安装在线监测设施的，需核实安装使用情况。

3. 对高速路、国道、省道边加油站，应检查是否销售车用尿素。

（十）施工工地扬尘管理情况

1. 随机抽查城市及县城建成区内施工工地扬尘

管理情况，检查是否做到工地周边围挡、物料堆放覆盖、工地湿法作业、路面硬化、出入车辆清洗、渣土车辆密闭等 6 个 100%。

2. 在采暖期，城市建成区内是否存在各类建设工程土石方作业、房屋拆迁（拆除）施工，停止道路工程、水利工程等土石方作业情况（对于重大民生工程和重点项目涉及土石方作业确实无法停工的，由项目建设单位申请、行业主管部门初审，报市级人民政府同意后方可实施）。

（十一）错峰生产落实情况

对照清单督查相关企业是否按采暖季错峰生产方案要求进行限产、停产，未执行错峰生产的，是否按要求进行审批或备案（可通过当地供电部门用电数据核实停产、限产落实情况）。

（十二）重污染天气应急措施落实情况

遇重污染天气时，督查地方政府重污染天气应急预案相关措施落实情况。

1. 重污染天气高发时段，当预测区域内多个连片城市空气质量达到启动橙色及以上预警级别时，督查各城市是否按照环境保护部的提示信息，及时发布相应级别预警，启动区域应急联动机制。

2. 督查各城市是否按照当地重污染天气应急预案要求，及时发布相应级别预警，启动应急预案。

3. 督查各城市是否制定重污染天气应急减排项目清单，是否按照预案落实减排措施。

（十三）其他督查内容

督查任务清单外的涉气类突出问题以及《攻坚方案》中涉及“2+26”城市的其他大气污染综合治理任务。

五、督查方式

（一）环境保护部强化督查办公室（以下简称办公室）负责统一指挥、调度、协调强化督查工作。办公室建立督查组组长微信联络群，通过微信群实现实时调度。

第一阶段：办公室在强化督查培训时向督查组提供《攻坚方案》中“2+26”城市相关任务清单和进展情况清单。针对《攻坚方案》任务类型多、完成时限和要求不一的特点，办公室每月按照阶段性工作重点明确、细化督查内容，制定督查任务周计划表，实现任务精准安排，确保督查取得实效。

2017 年 9 月 1 日至同年 11 月 9 日，督查组对确定的每周任务，逐个县（区）、逐项任务对照任务清单进行督查，确保所有“清单化”、“时限化”任务在本阶段督查完毕，督促整改完毕。

根据督查任务进展，并结合巡查组驻县督查特点，2017 年 10 月 13 日起（第 14 轮次），清洁取暖及燃煤替代、施工工地扬尘管理等任务的督查工作，可交由驻县巡查组进行督查。

第二阶段 ：2017 年 11 月 10 日起，开展“双向反馈式”督查，即利用热点网格作为督查点位指导依据，办公室每日向各督查组推送前一日集中分布的突出热点网格，向“2+26”城市环保部门推送分散分布的突出热点网格。督查组与各城市环保部门分别对突出热点网格内的涉气环境问题进行精细化排查，并于当日向办公室反馈网格内污染物浓度上升的原因和存在问题情况。督查组将立行立改问题及时移交当地环保部门及其他相关职能部门进行处理，突出问题由办公室进行会审并列入督办范围。对同一热点网格经排查整治后仍未明显改善的，将再次调度督查组和各城市环保部门进行复查，直至发现问题，解决问题，并根据任务量酌减督查热点网格数。

同时，办公室将结合空气质量预测、重污染天气预警、高架源自动监测数据等情况，分析大气治理工作存在的薄弱环节和应采取的措施，成立特别行动组赴重点区域、重点行业进行督查，实现督查精准调度。

如在上述两个阶段督查过程中遇重污染天气，督查工作以检查重污染天气应急响应措施为主，督查组根据调度安排赴具体区域开展督查：

一是督查各城市人民政府是否按照当地重污染天气应急预案要求，及时发布相应级别预警，启动应急预案，并通过广播、电视、网络、报刊等媒体公开有关信息。

二是按照重污染天气应急减排项目清单，检查工业企业是否制定和实施“一厂一策”的停产或限产应急减排方案和措施。

三是督查相关职能部门是否落实防止扬尘和机动车减排措施的监管责任。

（二）办公室每周四向地方政府或环保部门调度《攻坚方案》各项清单任务完成进展，按周次比对分析各城市任务完成进度，并指派具体任务至各督查组，要求各督查组以“盯进度、促落实”方式对整治薄弱环节进行再督查。

（三）督查组通过核对清单内企业（单位）任务完成情况开展督查；在进行督查的同时，应注意发现清单外大气污染问题，一并进行现场检查。

（四）对督查中发现的《攻坚方案》任务未完成、落实不到位的问题，要及时针对具体任务固定证据，保存相关资料，必要时可现场制作询问及勘验笔录，形成完整证据链，为下一步启动问责机制做准备。

六、人员安排

人员组织部署、组织方式及轮换方式依照《督查方案》进行，安排后期15个轮次督查，各省（区、市）组织选派处级干部或地市级城市支队长（或副支队长）担任组长（副组长）。

根据阶段性督查情况，抽调前期督查中表现优秀的督查队伍以及参加过2016年全国环境执法大练兵的集体、个人组成若干“别动队”，对整治进度缓慢、问题突出或问题督查不够深入的地区集中开展有针对性的督查。

七、工作要求

（一）**开展独立督查**。此次督查采取独立督查方式，原则上不需地方各级环保部门陪同。各督查组应对照“清单化”任务和《攻坚方案》要求，严查工业企业环境违法行为，以及秋冬季大气污染防治工作不到位的情况。督查时如发现环境违法行为线索，可要求当地环保部门做好调查取证、执法监测等配合工作。环境保护部适时安排无人机开展执法检查。

（二）**覆盖所有县（区）**。各督查组要根据总任务量，合理安排时间和人员，平均分配工作量，确保本轮次的督查覆盖所有要求完成的县（区）。

（三）**涵盖全部主要任务**。凡是未完成的任务项，每月均要督查：1. 对已到时间节点的任务，全部督查（抽查）；2. 对尚未到时间节点，有部分已完成的，抽查已完成部分；3. 对其他列入整治计划，提前完成的任务，检查进展情况；4. 对需要长期开展的任务，抽查执行情况；5. 对尚未到完成时限，地方也上报为未完成的，暂不抽查。

（四）**合理确定抽查比例和点位**。检查的企业（点位）要具有代表性，须从名单中随机选取，不得由地方指定，尽量覆盖所有主要乡镇，能充分反映各县（区）整体情况。具体任务分工由各督查组自行讨论决定，由组长负责。

（五）**及时报送信息**。各督查组现场检查时要使用环境保护部提供的环境执法监管平台（APP）做好记录，及时上传信息，同组检查人员同日不得重复上传。各督查组与各城市环保部门安排专人报送信息，当日督查情况及发现的问题及时报送环境保护部办公室。每周报送督查情况报告，综述督查中发现的问题和处理情况以及地方在秋冬季大气污染综合治理工作中好的做法。督查组、各城市环保部门报送的各类信息需经有关负责人确认。

（六）**完善督查交接**。前后两轮次督查人员应做好工作交接。前一轮次人员要将前期督查工作情况、发现的问题、地方整改情况，以及环境保护部印发的通报、督办、简报等信息，通过电子件移交至下一轮次督查组负责人。前一轮次人员应通过“传、帮、带”的形式，对当地重点行业类型、污染源分布等基本情况进行讲解；对前期总结出的督查经验进行传授；对近两轮次督查情况作重点说明。

（七）**坚持压力传导**。各督查组要紧紧围绕地方党委、政府及部门秋冬季大气污染综合治理责任落实情况开展督查，不替代地方开展工作。不同城市各有侧重，重点盯住不作为、乱作为、慢作为等问题，通过督查切实传导压力，推动地方真正把工作抓实。强化严督严查，始终保持高压态势。

八、督查工作情况通报

为确保异地督查效果，切实发挥督查实效，环境保护部将对督查工作情况进行通报。

（一）每日对各督查组检查任务的数量、发现问题数量进行统计，对发现问题依严重程度和难易程度进行评估，并在督查组内部进行通报，在不同督查组、各成员之间营造“比学赶超”氛围。对发现问题不力、督促整改不及时的地方环保部门进行通报，问题严重的实施量化问责。

（二）每轮次督查结束后，向督查人员所在省级环保部门通报督查人员工作情况，使抽调人员所在省份及时了解派出人员工作情况。

（三）对“能查”、“擅查”、表现突出的环境执法人员，向其所在的省级人民政府致函表扬。

（四）环境保护部将安排媒体记者不定期随同督查组进行现场采访，对地方秋冬季大气污染综合治理工作开展情况、督查发现的问题、督查组工作情况等进行报道。

九、严守廉政纪律

督查中要严格执行中央八项规定精神和党风廉政建设的相关规定，不安排与督查无关的活动。如督查期间出现督查组人员违法违纪违规情况，将移交有关部门严肃处理。

中华人民共和国环境保护部
中华人民共和国农业部 令

（第46号）

根据《中华人民共和国环境保护法》等有关法律、行政法规和《土壤污染防治行动计划》，制定《农用地土壤环境管理办法（试行）》。现予公布，自2017年11月1日起施行。

环境保护部部长 李干杰

农业部部长 韩长赋

2017年9月25日

附件

农用地土壤环境管理办法（试行）

第一章 总则

第一条 为了加强农用地土壤环境保护监督管理，保护农用地土壤环境，管控农用地土壤环境风险，保障农产品质量安全，根据《中华人民共和国环境保护法》《中华人民共和国农产品质量安全法》等法律法规和《土壤污染防治行动计划》，制定本办法。

第二条 农用地土壤污染防治相关活动及其监督管理适用本办法。

前款所指的农用地土壤污染防治相关活动，是指对农用地开展的土壤污染预防、土壤污染状况调查、环境监测、环境质量类别划分、分类管理等活动。

本办法所称的农用地土壤环境质量类别划分和分类管理，主要适用于耕地。园地、草地、林地可参照本办法。

第三条 环境保护部对全国农用地土壤环境保护工作实施统一监督管理；县级以上地方环境保护主管部门对本行政区域内农用地土壤污染防治相关活动实施统一监督管理。

农业部对全国农用地土壤安全利用、严格管控、治理与修复等工作实施监督管理；县级以上地方农业主管部门负责本行政区域内农用地土壤安全利用、严格管控、治理与修复等工作的组织实施。

农用地土壤污染预防、土壤污染状况调查、环境监测、环境质量类别划分、农用地土壤优先保护、监督管理等工作，由县级以上环境保护和农业主管部门按照本办法有关规定组织实施。

第四条 环境保护部会同农业部制定农用地土壤污染状况调查、环境监测、环境质量类别划分等技术规范。

农业部会同环境保护部制定农用地土壤安全利用、严格管控、治理与修复、治理与修复效果评估等技术规范。

第五条 县级以上地方环境保护和农业主管部门在编制本行政区域的环境保护规划和农业发展规划时，应当包含农用地土壤污染防治工作的内容。

第六条 环境保护部会同农业部等部门组织建立全国农用地土壤环境管理信息系统（以下简称农用地环境信息系统），实行信息共享。

县级以上地方环境保护主管部门、农业主管部门应当按照国家有关规定，在本行政区域内组织建设和应用农用地环境信息系统，并加强农用地土壤环境信息统计工作，健全农用地土壤环境信息档案，定期上传农用地环境信息系统，实行信息共享。

第七条 受委托从事农用地土壤污染防治相关活动的专业机构，以及受委托从事治理与修复效果评估的第三方机构，应当遵守有关环境保护标准和技术规范，并对其出具的技术文件的真实性、准确性、完整性负责。

受委托从事治理与修复的专业机构，应当遵守国家有关环境保护标准和技术规范，在合同约定范围内开展工作，对治理与修复活动及其效果负责。

受委托从事治理与修复的专业机构在治理与修复活动中弄虚作假，对造成的环境污染和生态破坏负有责任的，除依照有关法律法规接受处罚外，还应当依法与造成环境污染和生态破坏的其他责任者承担连带责任。

第二章　土壤污染预防

第八条　排放污染物的企业事业单位和其他生产经营者应当采取有效措施，确保废水、废气排放和固体废物处理、处置符合国家有关规定要求，防止对周边农用地土壤造成污染。

从事固体废物和化学品储存、运输、处置的企业，应当采取措施防止固体废物和化学品的泄露、渗漏、遗撒、扬散污染农用地。

第九条　县级以上地方环境保护主管部门应当加强对企业事业单位和其他生产经营者排污行为的监管，将土壤污染防治作为环境执法的重要内容。

设区的市级以上地方环境保护主管部门应当根据本行政区域内工矿企业分布和污染排放情况，确定土壤环境重点监管企业名单，上传农用地环境信息系统，实行动态更新，并向社会公布。

第十条　从事规模化畜禽养殖和农产品加工的单位和个人，应当按照相关规范要求，确定废物无害化处理方式和消纳场地。

县级以上地方环境保护主管部门、农业主管部门应当依据法定职责加强畜禽养殖污染防治工作，指导畜禽养殖废弃物综合利用，防止畜禽养殖活动对农用地土壤环境造成污染。

第十一条　县级以上地方农业主管部门应当加强农用地土壤污染防治知识宣传，提高农业生产者的农用地土壤环境保护意识，引导农业生产者合理使用肥料、农药、兽药、农用薄膜等农业投入品，根据科学的测土配方进行合理施肥，鼓励采取种养结合、轮作等良好农业生产措施。

第十二条　禁止在农用地排放、倾倒、使用污泥、清淤底泥、尾矿（渣）等可能对土壤造成污染的固体废物。

农田灌溉用水应当符合相应的水质标准，防止污染土壤、地下水和农产品。禁止向农田灌溉渠道排放工业废水或者医疗污水。向农田灌溉渠道排放城镇污水以及未综合利用的畜禽养殖废水、农产品加工废水的，应当保证其下游最近的灌溉取水点的水质符合农田灌溉水质标准。

第三章　调查与监测

第十三条　环境保护部会同农业部等部门建立农用地土壤污染状况定期调查制度，制定调查工作方案，每十年开展一次。

第十四条　环境保护部会同农业部等部门建立全国土壤环境质量监测网络，统一规划农用地土壤环境质量国控监测点位，规定监测要求，并组织实施全国农用地土壤环境监测工作。

农用地土壤环境质量国控监测点位应当重点布设在粮食生产功能区、重要农产品生产保护区、特色农产品优势区以及污染风险较大的区域等。

县级以上地方环境保护主管部门会同农业等有关部门，可以根据工作需要，布设地方农用地土壤环境质量监测点位，增加特征污染物监测项目，提高监测频次，有关监测结果应当及时上传农用地环境信息系统。

第十五条　县级以上农业主管部门应当根据不同区域的农产品质量安全情况，组织实施耕地土壤与农产品协同监测，开展风险评估，根据监测评估结果，优化调整安全利用措施，并将监测结果及时上传农用地环境信息系统。

第四章　分类管理

第十六条　省级农业主管部门会同环境保护主管部门，按照国家有关技术规范，根据土壤污染程度、农产品质量情况，组织开展耕地土壤环境质量类别划分工作，将耕地划分为优先保护类、安全利用类和严格管控类，划分结果报省级人民政府审定，并根据土地利用变更和土壤环境质量变化情况，定期对各类别农用地面积、分布等信息进行更新，数据上传至农用地环境信息系统。

第十七条 县级以上地方农业主管部门应当根据永久基本农田划定工作要求，积极配合相关部门将符合条件的优先保护类耕地划为永久基本农田，纳入粮食生产功能区和重要农产品生产保护区建设，实行严格保护，确保其面积不减少，耕地污染程度不上升。在优先保护类耕地集中的地区，优先开展高标准农田建设。

第十八条 严格控制在优先保护类耕地集中区域新建有色金属冶炼、石油加工、化工、焦化、电镀、制革等行业企业，有关环境保护主管部门依法不予审批可能造成耕地土壤污染的建设项目环境影响报告书或者报告表。优先保护类耕地集中区域现有可能造成土壤污染的相关行业企业应当按照有关规定采取措施，防止对耕地造成污染。

第十九条 对安全利用类耕地，应当优先采取农艺调控、替代种植、轮作、间作等措施，阻断或者减少污染物和其他有毒有害物质进入农作物可食部分，降低农产品超标风险。

对严格管控类耕地，主要采取种植结构调整或者按照国家计划经批准后进行退耕还林还草等风险管控措施。

对需要采取治理与修复工程措施的安全利用类或者严格管控类耕地，应当优先采取不影响农业生产、不降低土壤生产功能的生物修复措施，或辅助采取物理、化学治理与修复措施。

第二十条 县级以上地方农业主管部门应当根据农用地土壤安全利用相关技术规范要求，结合当地实际情况，组织制定农用地安全利用方案，报所在地人民政府批准后实施，并上传农用地环境信息系统。

农用地安全利用方案应当包括以下风险管控措施：

（一）针对主要农作物种类、品种和农作制度等具体情况，推广低积累品种替代、水肥调控、土壤调理等农艺调控措施，降低农产品有害物质超标风险；

（二）定期开展农产品质量安全监测和调查评估，实施跟踪监测，根据监测和评估结果及时优化调整农艺调控措施。

第二十一条 对需要采取治理与修复工程措施的受污染耕地，县级以上地方农业主管部门应当组织制定土壤污染治理与修复方案，报所在地人民政府批准后实施，并上传农用地环境信息系统。

第二十二条 从事农用地土壤污染治理与修复活动的单位和个人应当采取必要措施防止产生二次污染，并防止对被修复土壤和周边环境造成新的污染。治理与修复过程中产生的废水、废气和固体废物，应当按照国家有关规定进行处理或者处置，并达到国家或者地方规定的环境保护标准和要求。

第二十三条 县级以上地方环境保护主管部门应当对农用地土壤污染治理与修复的环境保护措施落实情况进行监督检查。

治理与修复活动结束后，县级以上地方农业主管部门应当委托第三方机构对治理与修复效果进行评估，评估结果上传农用地环境信息系统。

第二十四条 县级以上地方农业主管部门应当对严格管控类耕地采取以下风险管控措施：

（一）依法提出划定特定农产品禁止生产区域的建议；

（二）会同有关部门按照国家退耕还林还草计划，组织制定种植结构调整或者退耕还林还草计划，报所在地人民政府批准后组织实施，并上传农用地环境信息系统。

第二十五条 对威胁地下水、饮用水水源安全的严格管控类耕地，县级环境保护主管部门应当会同农业等主管部门制定环境风险管控方案，报同级人民政府批准后组织实施，并上传农用地环境信息系统。

第五章　监督管理

第二十六条 设区的市级以上地方环境保护主管部门应当定期对土壤环境重点监管企业周边农用地开展监测，监测结果作为环境执法和风险预警的重要依据，并上传农用地环境信息系统。

设区的市级以上地方环境保护主管部门应当督

促土壤环境重点监管企业自行或者委托专业机构开展土壤环境监测，监测结果向社会公开，并上传农用地环境信息系统。

第二十七条 县级以上环境保护主管部门和县级以上农业主管部门，有权对本行政区域内的农用地土壤污染防治相关活动进行现场检查。被检查单位应当予以配合，如实反映情况，提供必要的资料。实施现场检查的部门、机构及其工作人员应当为被检查单位保守商业秘密。

第二十八条 突发环境事件可能造成农用地土壤污染的，县级以上地方环境保护主管部门应当及时会同农业主管部门对可能受到污染的农用地土壤进行监测，并根据监测结果及时向当地人民政府提出应急处置建议。

第二十九条 违反本办法规定，受委托的专业机构在从事农用地土壤污染防治相关活动中，不负责任或者弄虚作假的，由县级以上地方环境保护主管部门、农业主管部门将该机构失信情况记入其环境信用记录，并通过企业信用信息系统向社会公开。

第六章 附则

第三十条 本办法自 2017 年 11 月 1 日起施行。

重点流域水污染防治规划（2016—2020）

（节选）

环境保护部　国家发展改革委　水利部

2017 年 10 月 12 日

第一章 水污染防治基本形势

一、重点流域范围及概况

（一）规划范围

包括长江、黄河、珠江、松花江、淮河、海河、辽河等七大流域，以及浙闽片河流、西南诸河、西北诸河。

其中，七大流域共涉及 30 个省（区、市），287 个市（州、盟），2426 个县（市、区、旗）。总面积约 509.8 万平方公里，占全国 53.1%。

（二）经济社会概况

2015 年，七大流域常住人口约 12.3 亿，占全国人口的 89.7%，其中，城镇人口约 6.9 亿。七大流域 GDP 总量约 60.0 万亿元，占全国总量的 88.7%，三产比例约为 9:40:51；人均 GDP 约为 4.87 万元，略低于全国平均水平。

二、水环境质量状况

（一）地表水总体水质

按照《地表水环境质量评价办法（试行）》（环办〔2011〕22 号）进行评价，2015 年，全国地表水总体水质为轻度污染。1940 个监测断面（点位）中，达到或优于Ⅲ类的断面占 66.0%，劣Ⅴ类断面占 9.7%，主要污染指标为氨氮、总磷和化学需氧量。1483个河流断面中，各流域干流总体水质为良好，达到或优于Ⅲ类的断面比例为81.9%，劣Ⅴ类断面比例为2.1%；支流总体水质为轻度污染，达到或优于Ⅲ类的断面比例为68.3%，劣Ⅴ类断面比例为12.2%。

珠江、浙闽片河流、西南诸河等流域总体水质为良好，长江、黄河、松花江、淮河、辽河、西北诸河等流域总体水质为轻度污染，海河流域总体水质为中度污染。长江、黄河、珠江、松花江、淮河、海河、辽河等七大重点流域达到或优于Ⅲ类的断面比例分别为73.4%、57.6%、86.4%、60.8%、55.8%、40.9%、43.8%；劣Ⅴ类断面比例分别为6.8%、16.7%、4.5%、4.8%、9.5%、36.9%、11.4%。

（二）饮用水水源水质

2015年，全国338个地级以上城市的集中式饮用水水源地中，地表水饮用水水源地557个，达标水源地占92.6%，主要污染指标为总磷、溶解氧和五日生化需氧量；地下水饮用水水源地358个，达标水源地占86.6%，主要污染指标为锰、铁和氨氮。

（三）主要湖库水质

2015年，全国112个有考核点位的湖泊（水库）中，达到或优于Ⅲ类的比例为72.6%；劣Ⅴ类的比例为10.4%；主要污染指标为总磷、化学需氧量和高锰酸盐指数。

2015年，开展营养状态监测的湖泊（水库）中，贫营养、中营养、轻度富营养、中度富营养的比例分别为14.3%、65.7%、15.2%、4.8%。太湖、巢湖蓝藻水华状况较为严重，全年累计面积分别为1.2万、0.4万平方公里。

（四）主要入海河流水质

2015年，195个入海河流监测断面中，达到或优于Ⅲ类的断面比例为41.5%，劣Ⅴ类断面比例为21.5%，主要污染指标为化学需氧量、五日生化需氧量和总磷。

三、水污染防治成效

“十二五”期间，国务院各部门积极建立全国水污染防治工作协作机制和京津冀、长三角、珠三角等重点区域水污染防治联动协作机制。各地扎实推进水污染治理工作，其中浙江省全面实施“五水共治”，山东省积极构建“治、用、保”流域治污体系，安徽省和浙江省在新安江流域实施了全国首个跨省流域上下游横向生态补偿试点，重点流域水污染防治取得积极成效。

“十二五”期间，重点流域达到或优于Ⅲ类的断面比例增加了18.9个百分点，劣Ⅴ类断面比例降低了8个百分点，实现《重点流域水污染防治规划（2011-2015年）》水质目标要求。完成（含调试）项目4985个，占项目总数的72.8%。截至2015年底，我国城镇污水日处理能力达到1.82亿吨，城市污水处理率达91.97%，已成为全世界污水处理能力最大的国家之一。

四、主要水环境问题

虽然重点流域水污染防治工作取得明显成效，但部分区域仍存在着排放不达标、处理设施不完善、管网配套不足、排污布局与水环境承载能力不匹配等现象，部分水体水环境质量差、水资源供需不平衡、水生态受损严重、水环境隐患多等问题依然十分突出，与2020年全面建成小康社会的环境要求和人民群众不断增长的环境需求相比，仍有不小差距。

（一）部分水体水环境质量差

全国地表水仍有近十分之一的断面水质为劣Ⅴ类，约五分之一的湖泊呈现不同程度的富营养化，约2000条城市水体存在黑臭现象，氮、磷等污染问题日益凸显。其中海河流域北京、天津、河北，辽河流域辽宁，黄河流域山西，淮河流域河南，长江流域湖北、贵州、四川、云南、江苏，珠江流域广东等地污染问题相对突出。

（二）水资源供需矛盾依然突出

随着我国经济社会用水量不断增长，水资源过度开发问题十分突出，水资源开发利用程度已超出了部分地区的承载能力，黄河、淮河、海河以及辽河浑河、太子河、西辽河等流域耗水量超过水资源可利用量的80%，造成部分河流断流甚至常年干涸。长江、珠江等流域中上游地区干支流高强度的水电梯级开发导致河流生境阻隔、生物多样性下降。农田灌溉水有效利用系数0.53，与2020年达到0.55的目标相比仍有一定差距。

（三）水生态受损严重

湿地、海岸带、湖滨、河滨等自然生态空间不断减少，全国湿地面积近年来每年减少约510万亩，三江平原湿地面积已由建国初期的5万平方公里减少至0.91万平方公里，海河流域主要湿地面积减少了83%，自然岸线保有率大幅降低。

（四）水环境隐患多

全国近80%的化工、石化项目布设在江河沿岸、人口密集区等敏感区域，水污染突发环境事件频发；部分饮用水水源保护区内仍有违法排污、交通线路穿越等现象，饮用水水源安全保障水平亟须提升；因水环境问题引发的群体性事件呈上升趋势，社会反映强烈。

五、机遇与挑战

“十三五”时期是全面建成小康社会的决胜阶段，是补齐生态环境短板、实现环境质量总体改善的攻坚期，重点流域水污染防治将迎来重要的战略机遇。《生态文明体制改革总体方案》等一系列重要文件的出台提供了良好的制度环境；供给侧结构性改革为优化区域产业结构，加快推进绿色发展创造了有利契机；“一带一路”建设、京津冀协同发展、长江经济带发展等国家重大战略的实施，有利于推动跨区域生态保护、环境治理等方面协调联动。

同时，我国工业化、城镇化、农业现代化的任务尚未完成，流域水污染防治工作的复杂性、艰巨性和长期性没有改变，“十三五”时期水环境保护仍面临巨大压力，水环境形势依然严峻。

第二章 水环境质量改善总体要求

一、指导思想

全面贯彻党的十八大和十八届三中、四中、五中、六中全会精神，深入贯彻习近平总书记系列重要讲话精神和治国理政新理念新思想新战略，统筹推进“五位一体”总体布局和协调推进“四个全面”战略布局，牢固树立和贯彻落实新发展理念，贯彻党中央、国务院关于生态文明建设的决策部署，树立“绿水青山就是金山银山”的理念，细化落实《水污染防治行动计划》目标要求和任务措施，以改善水环境质量为核心，系统推进水环境、水生态和水资源保护，综合运用政策、法规、市场、科技、文化等手段，落实流域分区的差异化要求，不断提高水环境管理系统化、科学化、法治化、精细化、信息化水平，确保水环境目标如期实现。

二、基本原则

（一）质量导向，系统治理

强化水环境质量目标管理，明确重点水体的质量改善目标和清单，采取科学、系统、有效的措施，突出针对性、差异性和可操作性的任务要求，系统推进水环境治理与水生态修复。

（二）分区控制，突出重点

加强流域分区，划定控制单元并实施分级分类管理。强化水功能区水质目标管理。将含有重要饮用水水源、具有重要生态功能以及水质达标难度较大的控制单元列为优先控制单元，强化污染防治，加大资金投入力度。

（三）水陆统筹，防治并举

坚持“山水林田湖草是一个生命共同体”理念，综合运用控源减排、循环利用、生态修复、强化监管等多种手段，实施一批重大工程，开展多污染物协同治理，以防促治、防治并举。

（四）落实责任，多元共治

各排污单位要切实承担污染治理主体责任，加强再生水循环利用，确保稳定达标排放。地方人民政府是规划实施和水环境保护的责任主体，要建立健全以党政领导负责制为核心的责任体系，确保水环境质量只能更好、不能变坏。加强信息公开与激励，构建全民参与格局。

三、规划目标

总体目标：到2020年，全国地表水环境质量得到阶段性改善，水质优良水体有所增加，污染严重水体较大幅度减少，饮用水安全保障水平持续提升。长江流域总体水质由轻度污染改善到良好，其他流域总体水质在现状基础上进一步改善。

具体目标：到2020年，长江、黄河、珠江、松花江、淮河、海河、辽河等七大重点流域水质优良（达到或优于Ⅲ类）比例总体达到70%以上，劣Ⅴ类比例控制在5%以下。

四、分区管理

（一）实施以水质改善为核心的分区管理

依据主体功能区规划和行政区划，划定陆域控制单元，实施流域、水生态控制区、水环境控制单元三级分区管理。全国共划分为341个水生态控制区、1784个控制单元。流域层面重点从宏观尺度明确水污染防治重点和方向，协调流域内上下游、左右岸防治工作；水生态控制区层面重点把握区域水生态保护格局，明确各区域主要生态功能和保护要求；控制单元重点落实水污染防治目标、任务措施、工程项目及总量控制、环评审批、排污许可与交易等环境管理措施。控制单元中的水质断面以水污染防治目标责任书确定的断面和《水利部关于印发全国省际河流省界水资源监测断面名录的通知》（水资源〔2014〕286号）中流域管理机构监测的省界断面为依据。

表1　水生态控制区和水环境控制单元一览表

流域	水生态控制区数量（个）	水环境控制单元数量（个）
长江流域	110	628
黄河流域	54	150
珠江流域	25	160
松花江流域	26	119
淮河流域	20	188
海河流域	30	164
辽河流域	26	105
浙闽片河流	21	134
西南诸河	6	66
西北诸河	23	70
合计	341	1784

（二）维护水生态控制区主导功能

依据国家主体功能区和生态安全屏障建设布局，综合考虑地形、气候、植被等因素，全国水生态控制区共分为水源涵养与水文调节、生境维持、水生珍稀特有物种栖息地与洄游通道、重要生态资产保护、土壤保持、农业生产支撑、城市生活支撑等七种主导功能类型，开展生态健康评价，实施生态空间管控，推进重点生态功能保护与修复，维护区域生态格局安全。

（三）推进控制单元分级分类防治

综合考虑控制单元水环境问题严重性、水生态环境重要性、水资源禀赋、人口和工业聚集度等因素，全国共划分580个优先控制单元和1204个一般控制单元，结合地方水环境管理需求，优先控制单元进一步细分为283个水质改善型和297个防止退化型单元，实施分级分类管理，因地制宜综合运用水污染治理、水资源配置、水生态保护等措施，提高污染防治的科学性、系统性和针对性。研究建立流域水生态环境功能分区管理体系。

表2　防止水质退化和水质改善一览表

流域	防止退化型单（个）	水质改善型单元（个）
长江流域	102	98
黄河流域	27	23
珠江流域	36	16
松花江流域	19	8
淮河流域	36	39
海河流域	21	53
辽河流域	16	13
浙闽片河流	24	22
西南诸河	2	6
西北诸河	14	5

五、明确流域污染防治重点方向

（一）长江流域

长江流域共划分628个控制单元，筛选200个优先控制单元，其中水质改善型98个，防止退化型102个。水质改善型单元主要分布在长三角水网区、太湖、巢湖、滇池、洞庭湖、涢水、竹皮河、府河、岷江、沱江、乌江、清水江、螳螂川等水系，涉及上海、苏州、无锡、常州、武汉、荆门、长沙、成都、重庆、贵阳、昆明等城市；防止退化型单元主要涉及长江、汉江、沅江、资江、赣江、三峡库区、丹江口水库、太平湖、柘林湖、斧头湖、洪湖等现状水质较好的水体，以及太湖、滇池、沮漳河等需要巩固已有治污成果、保持现状水质的区域。

长江流域需重点控制贵州乌江、清水江，四川岷江、沱江，湖南洞庭湖等水体的总磷污染，加强涉磷企业综合治理；继续推进湘江、沅江等重金属污染治理；深化太湖、巢湖、滇池入湖河流污染防治，实施氮磷总量控制，减少蓝藻水华发生频次及面积；加强长江干流城市群城市水体治理，强化江西、湖北、湖南、四川、重庆等地污水管网建设，推进重庆、湖北、江西、上海等地城镇污水处理厂提标改造；严厉打击超标污水直排入江。到2020年，长三角区域力争消除劣Ⅴ类水体。

提高用水效率，鼓励钢铁、纺织印染、造纸、石油石化、化工、制革等高耗水企业废水深度处理回用，推进上海、湖南、湖北等地区再生水处理利用设施建设；大力推广农田退水循环利用和净化处理措施，严格落实畜禽规模养殖污染防治条例，推进畜禽粪污资源化利用和污染治理；推进饮用水水源规范化建设；实施三江源、三峡库区、南水北调中线水源区、鄱阳湖等生态保护，修复生态功能；增强船舶和港口污染防治能力，加强污染物接收、转运及处置设施间的衔接，控制船舶和港口码头污染，有效防范船舶流动源和沿江工业企业环境风险。

（二）黄河流域

黄河流域共划分150个控制单元，筛选50个优先控制单元，其中水质改善型23个，防止退化型27个。水质改善型单元主要分布在汾河、涑水河、渭河、灞河、总排干、大黑河、乌梁素海、湟水河等水系，涉及太原、临汾、鄂尔多斯、包头、渭南、咸阳、西宁等城市；防止退化型单元主要涉及黄河、汾河、沁河、大汶河、东平湖等现状水质较好的水体，以及都斯兔河、榆溪河、湟水河、清水河等需要巩固已有治污成果、保持现状水质的区域。

黄河流域要加强汾河、伊洛河等支流水污染防治，控制造纸、煤炭和石油开采、氮肥化工、煤化工及金属冶炼等行业发展速度和规模；加大河套地区农田退水治理力度；推进河南等地污水管网建设和内蒙古、宁夏等地污泥处理处置设施建设。

加强推进甘肃、河北、山东、河南等省份用水量较大的农业种植结构调整，加强农业节水和煤炭等矿区矿井水综合利用，在黄河干流下游开展生态流量试点；加强宁东、陕北和鄂尔多斯地区能源化工基地风险防控；实施沁河、大汶河及东平湖等良好水体保护；保障黄河干流城市群饮用水安全。

（三）珠江流域

珠江流域共划分160个控制单元，筛选52个优先控制单元，其中水质改善型16个，防止退化型36个。水质改善型单元主要分布在茅洲河、淡水河、练江、深圳河、阳宗海、杞麓湖、星云湖等水系，涉及汕头、茂名、深圳、东莞、广州、昆明、玉溪等城市；防止退化型单元主要涉及汀江、东江、北江、西江、九州江、榕江、柳江、南盘江、北盘江、抚仙湖等现状水质较好的水体，以及南流江、钦江等需要巩固已有治污成果、保持现状水质的区域。

珠江流域要加强珠三角等重点城市黑臭水体治理，持续改善茅洲河等重污染水体水质；制定实施广东分流域、分区域重点行业限期整治方案；着力加强广东等地污水管网建设及敏感区域污水处理厂提标改造，推进城镇再生水利用。到2020年，珠三角区域力争消除劣Ⅴ类水体。

大力推进西江中游红水河段及北江重金属污染防治，严格防范涉重金属风险；深化上游抚仙湖等高原湖泊生态保护修复，加大中上游水土流失、石漠化治理力度，维护优良水质和水生态，保障珠三角城市群供水安全；建立健全广东、广西、贵州、云南等跨区联防联控体系，推进九洲江、汀江、东江等流域上下游生态保护联动。

（四）松花江流域

松花江流域共划分119个控制单元，筛选27个优先控制单元，其中水质改善型8个，防止退化型19个。水质改善型单元主要分布在阿什河、饮马河、甘河、呼伦湖、兴凯湖、镜泊湖等水系，涉及呼伦贝尔、哈尔滨、牡丹江、大庆、鸡西、长春等城市；防止退化型单元主要涉及松花江、嫩江、牡丹江等现状水质较好的水体，以及辉发河、饮马河、安邦河、呼兰河、乌裕尔河等需要巩固已有治污成果、保持现状水质的区域。

松花江流域要持续改善阿什河等污染较重水体水质，重点解决石化、酿造、制药、造纸等行业污染问题，加强大型灌区农田退水治理；推进黑龙江等地污水管网建设；保障哈尔滨、长春等重点城市饮用水安全；加强额尔古纳河、黑龙江、乌苏里江、图们江、绥芬河、兴凯湖等跨国界水体保护；加大水生态保护力度，增加野生鱼类种群数量，加快恢复湿地生物多样性；加强拉林河、嫩江等左右岸省界河流省际间水污染协同防治。

（五）淮河流域

淮河流域共划分188个控制单元，筛选75个优先控制单元，其中水质改善型39个，防止退化型36个。水质改善型单元主要分布在运料河、涡河、颍河、沱河、贾鲁河、清 河、洙赵新河、小清河、洪泽湖、白马湖等水系，涉及淮安、宿迁、亳州、阜阳、济宁、枣庄、漯河、周口、许昌等城市；防止退化型单元主要涉及南四湖水系、沙河、东淠河、沂河、骆马湖、峡山水库等现状水质较好的水体，以及奎河、浍河、沱河、颍河等需要巩固已有治污成果、保持现状水质的区域。

淮河流域要大幅降低造纸、化肥、酿造等行业污染物排放强度；加强山东、河南等地污水管网建设，推进江苏、山东等省份敏感区域内城镇污水处理设施提标改造，深化河南、山东等地区污泥处理处置设施建设；促进畜禽养殖布局调整优化，推进畜禽养殖粪便资源化利用和污染治理；持续改善洪河、涡河、颍河、惠济河、包河等支流水质。

推进高耗水企业废水深度处理回用；加强跨省界水体治理和突发污染事件防控；实施闸坝联合调度，开展生态流量试点；严格东淠河、沂河等河流上游优良水体和南四湖、骆马湖、峡山水库等良好湖库生态环境保护，保障京杭运河、通榆河、通扬运河等南水北调东线输水河流水质安全。

（六）海河流域

海河流域共划分164个控制单元，筛选74个优先控制单元，其中水质改善型53个，防止退化型21个。水质改善型单元主要分布在潮白河、北运河、大清河（白洋淀）、卫运河、徒骇河、马颊河等水系，涉及北京、天津、廊坊、石家庄、邢台、保定、沧州、新乡、鹤壁、德州、聊城等城市；防止退化型单元主要涉及于桥水库、滹沱河、桑干河等现状水质较好的水体，以及徒骇河、马颊河等需要巩固已有治污成果、保持现状水质的区域。

海河流域要狠抓北京、天津、廊坊、保定、沧州、邯郸、新乡、鹤壁、德州、聊城等城市黑臭水体治理，加大造纸、焦化、印染、皮革等产业结构和布局调整力度，提高工业集聚区污染治理和风险防控水平，大幅减少潮白河、北运河、大清河（白洋淀）、卫运河、徒骇河、马颊河等水系污染负荷，强化跨省界水体治理；加强河北污水管网建设，推进北京、天津、河北等省份污泥处理处置设施建设。

突出节水和再生水利用，高效配置生活、生产和生态用水，运用综合措施加大白洋淀、衡水湖、永定河等重要河湖的生态保护与修复力度；保障密云水库、于桥水库、岳城水库、岗黄水库、西大洋水库、王快水库、朱庄水库、桃林口水库、潘家口－大黑汀水库等水源地水质安全。

（七）辽河流域

辽河流域共划分105个控制单元，筛选29个优先控制单元，其中水质改善型13个，防止退化型16个。水质改善型单元主要分布在大凌河、浑河、条子河、东辽河、辽河、亮子河、大伙房水库等水系，涉及葫芦岛、朝阳、沈阳、铁岭、四平等城市；防止退化型单元主要涉及碧流河、苏子河、英那河、浑江、水丰水库等现状水质较好的水体，以及太子河、招苏台河等需要巩固已有治污成果、保持现状水质的区域。

辽河流域要大幅降低石化、造纸、化工、农副食品加工等行业污染物排放强度，提升沈阳、铁岭、四平、朝阳、葫芦岛等城市污染治理水平，持续改善大凌河、太子河、浑河、条子河、招苏台河、东辽河、辽河、亮子河等水体水质；加强辽宁省污水管网建设，推进敏感区域内城镇污水处理设施提标改造。

维护鸭绿江、碧流河、苏子河、英那河、浑江等上游优良水体及水丰水库等良好湖库优良水质；保障大伙房水库水源地水质安全；加强水库调度，显著恢复辽河保护区、凌河保护区水生态。

（八）浙闽片河流、西南诸河和西北诸河

浙闽片流域共划分134个控制单元，筛选46个优先控制单元，其中水质改善型22个，防止退化型24个；西南诸河共划分66个控制单元，筛选8个优先控制单元，其中水质改善型6个，防止退化型2个；西北诸河共划分70个控制单元，筛选19个优先控制单元，其中水质改善型5个，防止退化型14个。三大流域片水质改善型单元主要分布在浦阳江、姚江、西洱河、克孜河等水系，涉及金华、宁波、大理、喀什等城市；防止退化型单元主要涉及新安江、闽江、额尔齐斯河、千岛湖、长潭水库等现状水质较好的水体，以及温州鳌江、乌鲁木齐水磨河等需要巩固已有治污成果、保持现状水质的区域。

浙闽片河流、西南诸河、西北诸河流域加强金华、宁波、大理、喀什等中心城市污染治理，持续改善浦阳江、姚江、西洱河、克孜河等水体水质；加强福建省敏感区域内城镇污水处理设施提标改造，推进污泥处理处置设施建设。

以西南诸河澜沧江、红河、瑞丽江、怒江、雅鲁藏布江，西北诸河额尔齐斯河、伊犁河、额敏河、霍尔果斯河、特克斯河等跨国界水体为重点，加大基础设施建设与中央资金支持力度，加强跨界河流环保双边机制建设，加大对相关机构能力建设的投入力度，系统、科学防范跨界风险；严格保护新安江、闽江、额尔齐斯河等上游优良水体及千岛湖、长潭水库等湖库优良水质和水生态。

六、强化重点战略区水环境保护

（一）京津冀区域

京津冀区域作为海河流域污染防治的关键区域，要打破行政区域限制，加强顶层设计，持续提升水污染治理、水资源管理、水生态保护和修复水平。开展华北地下水超采区综合治理，大力提高用水效率，推进节水型社会建设，大力推动非常规水资源开发利用，将再生水纳入水资源统一配置，逐步提高沿海钢铁、重化工等企业海水淡化及海水利用比例。以跨界河流为重点，强化辖区内水质达标管理，推进上下游联防联控、联动治污，着力解决跨界水污染纠纷，大幅减少丧失使用功能的水体，推进京津冀“六河五湖”等重要河湖和湿地生态保护与修复，实现区域经济社会发展和生态环境保护建设协同推进。

加强水质较好水体的保护。以潮河、引滦入津河、白河、黎河、淋河、桑干河、洋河、滦河、柳河、青龙河、拒马河、漳河、唐河、滹沱河上游、密云水库、怀柔水库、于桥水库、岳城水库、衡水湖等现状水质达到或优于Ⅲ类的江河湖库为重点，开展生态环境安全调查评估，制定生态环境保护方案。

着力消除重污染水体。以水质劣于Ⅴ类的优先控制单元为重点，落实治污责任，加大整治力度，大幅削减单元污染负荷，加强生态流量保障工程建设和运行管理，科学安排闸坝下泄水量，维持河湖基本生态用水需求，确保断面水质达标。白洋淀流域要综合采取入淀河流治理、村镇环境综合整治、生态保护和修复以及必要的调水等措施，保证生态水量和生态水位，逐步恢复生态功能。到2020年，京津冀区域劣Ⅴ类断面比例下降15个百分点左右，重要江河湖泊水功能区水质达标率达到73%。

推进跨界水体一体化防治。以滦河、潮白河、北运河、永定河、卫运河、大清河、子牙河、子牙新河、徒骇河、马颊河等跨界河流为重点，强化辖区内水质达标管理，推进上下游联防联控、联动治污，着力解决跨界水污染纠纷。

（二）长江经济带

长江经济带11省（市）涉及长江、珠江、淮河、浙闽片河流、西南诸河等流域，要坚持生态优先、绿色发展，以改善生态环境质量为核心，严守资源利用上线、生态保护红线、环境质量底线，建立健全长江生态环境协同保护机制，共抓大保护，不搞大开发，按照流域统筹的理念，在上游重点加强水源涵养、水土保持和高原湖泊湿地、生物多样性保护，强化自然保护区建设和管护，合理开发利用水资源，严控水电开发带来的生态影响，禁止煤炭、有色金属、磷矿等资源的无序开发，加大湖泊、湿地等敏感区的保护力度，加强云贵川喀斯特地区、四川盆地周边水土流失治理与生态恢复，推进成渝城市群环境质量持续改善；在中游重点协调江湖关系，保护水生生态系统和生物多样性，恢复沿江沿岸湿地，确保丹江口水库水质安全，优化和规范沿江产业发展，管控土壤环境风险，引导湖北磷矿、湖南有色金属、江西稀土等资源合理开发；在下游重点修复太湖等退化水生态系统，强化饮用水水源保护，严格控制城镇周边生态空间占用，深化河网地区水污染治理。

全面推进水生态保护和修复。统筹陆域和水域生态保护，划定并严守生态保护红线，构建区域生态安全格局。加强鄱阳湖、洞庭湖、洪泽湖、若尔盖湿地、皖江湿地、新安江、浦阳江、永安溪以及长江口滨海滩涂等河湖湿地保护与修复。加强自然保护区保护与监管，推进白鳍豚等15种国家重点保护水生生物和圆口铜鱼等9种特有鱼类就地保护以及中华鲟和江豚等濒危物种迁地保护。加强三峡库区水土保持、水污染防治和生态修复，强化消落区分类管理和综合治理，推进库区生态屏障区建设，有效遏制支流回水区富营养化和水华发生，确保三峡水库水质和水生态安全。

加强重点湖库和支流治理。以城市黑臭水体整治和现状水质劣于Ⅴ类的优先控制单元为重点，推进漕桥河、南淝河、船房河等支流污染治理，减轻太湖、巢湖、滇池等湖库水质污染和富营养化程度。强化总磷污染重点地区城乡污水处理设施脱氮除磷要求，加强涉磷企业监督管理，严格控制新建涉磷项目，到2020年，重点地区总磷排放量降低10%。加强长江经济带69个重金属污染重点防控区域治理，继续推进湘江流域重金属污染治理，制定实施锰三角重金属污染综合整治方案。加强农业面源污染防治。到2020年，国控断面（点位）达到或优于Ⅲ类水质比例达到75.0%以上，劣Ⅴ类断面（点位）比例控制在2.5%以下，重要江河湖泊水功能区水质达标率达到84%。

有效防范沿江环境风险。2018年底前，完成沿江石化、化工、医药、纺织印染、危化品和石油类仓储、涉重金属和危险废物等重点企业环境风险评估，对环境隐患实施综合整治。优化沿江企业和码头布局，加快布局分散的企业向工业园区集中并完善园区风险防护设施。加强环境应急预案编制与备案管理，推进跨部门、跨区域、跨流域监管与应急协调联动机制建设，建立流域突发环境事件监控预警与应急平台，强化环境应急队伍建设和物资储备，提升环境应急协调联动能力。建立健全船舶环保标准，提升港口和船舶污染物的接收、转运及处置能力，并加强设施间的衔接；加强危化品道路运输风险管控及运输过程安全监管，严防交通运输次生突发环境事件风险。

第三章　规划重点任务

一、工业污染防治

（一）促进产业转型发展

严格环境准入。根据控制单元水质目标和主体功能区规划要求，细化功能分区，实施差别化环境准入政策。江苏太湖流域停止审批增加氮磷污染物排放的新建工业项目，沿江地区严格限制新建高污染化工项目，沿海地区严格控制新建医药、农药和染料中间体项目；提高贵州乌江、清水江流域新建磷化工项目磷石膏综合利用率；福建闽江水口电站以上流域范围禁止新建、扩建制革项目，严控新建、扩建植物制浆、印染项目，九龙江北溪江东北引桥闸以上、西溪桥闸以上流域范围禁止新建、扩建造纸、制革、电镀、漂染行业工业项目。

优化空间布局。新建企业原则上均应建在工业集聚区。推进企业向依法合规设立、环保设施齐全、符合规划环评要求的工业集聚区集中，并实施工业集聚区生态化改造。七大重点流域干流及一级支流沿岸，切实开展石油加工、化学原料和化学品制造、医药制造、化学纤维制造、有色金属冶炼、纺织印染等重点行业企业的空间分布优化，合理布局生产装置及危险化学品仓储等设施。造纸、印染等重点行业主要分布区域新建、改建、扩建该行业项目要实行污染物排放减量置换。有序推进产业梯度转移，强化承接产业转移区域的环境监管。完善工业园区污水集中处理设施。实行“清污分流、雨污分流”，实现废水分类收集、分质处理，入园企业应在达到国家或地方规定的排放标准后接入集中式污水处理设施处理，园区集中式污水处理设施总排口应安装自动监控系统、视频监控系统，并与环境保护主管部门联网。

强化水环境承载能力约束作用。建立水环境承载能力监测评价体系，实行承载能力监测预警，已超过承载能力的地区要统筹衔接水污染物排放总量和水功能区限制纳污总量，实施水污染物削减方案，加快调整发展规划和产业结构。现状水质劣于Ⅴ类的优先控制单元全部实施行业内新建项目重点污染物排放减量置换。黄河流域湟水河、渭河、汾河等重要支流要控制造纸、煤炭和石油开采、氮肥化工、煤化工及金属冶炼等行业发展速度和经济规模。

全面取缔“十小”企业。全面排查装备水平低、环保设施差的小型工业企业。按照水污染防治法律法规要求，以广东省电镀、四川省造纸、河北省制革、山西省炼焦等为重点，全部取缔不符合国家产业政策的小型造纸、制革、印染、染料、炼焦、炼硫、炼砷、炼油、电镀、农药等严重污染水环境的生产项目。

（二）提升工业清洁生产水平

依法实施强制性清洁生产审核。以区域性特征行业为重点，鼓励污染物排放达到国家或者地方排放标准的企业自愿开展清洁生产审核。2017年年底前，造纸行业力争完成纸浆无元素氯漂白改造或采取其他低污染制浆技术，钢铁企业焦炉完成干熄焦技术改造，氮肥行业尿素生产完成工艺冷凝液水解解析技术改造，印染行业实施低排水染整工艺改造，制药（抗生素、维生素）行业实施绿色酶法生产技术改造，制革行业实施铬减量化技术改造。

（三）实施工业污染源全面达标排放计划

加强工业污染源排放情况监管。2018年年底前，各地完成所有行业污染物排放情况评估工作，全面排查工业污染源超标排放、偷排偷放等问题。根据区域污染排放特点与环境质量改善要求，逐步实现将所有工业污染源纳入在线监控范围，及时发现超标排放行为。深化网格化监管制度，将监管责任落实到具体责任人，全面落实“双随机”制度，加强日常环境执法工作。

加大超标排放整治力度。对超标和超总量的企业予以“黄牌”警示，一律限制生产或停产整治，明确落实整改的措施、责任和时限；对整治仍不能达到要求且情节严重的企业予以“红牌”处罚，依法提请地方人民政府责令限期停业、关闭；对城市建成区内污染超标企业

实施有序搬迁改造或依法关闭。持续保持环境执法高压态势，依法严肃查处偷排偷放、数据造假、屡查屡犯的企业；对涉嫌犯罪的人员，依法移送司法机关；及时向社会公布违法企业及其法人和主要责任人名单、违法事实和处罚措施等信息，充分发挥负面典型案例的震慑警示作用。地方各级环保部门根据《关于对环境保护领域失信生产经营单位及其有关人员开展联合惩戒的合作备忘录》（发改财金〔2016〕1580号）的要求，加强与相关部门的协调配合，依法依规对违法排污单位及相关人员实施联合惩戒。“十三五”期间，每年分季度向社会公布“黄牌”和“红牌”企业名单，实施分类管理；加大抽查核查力度，对企业超标现象普遍、超标企业集中地区的地方政府采取公示、挂牌督办、公开约谈、区域限批等措施。

加强企业污染防治指导。完善行业和地方污染物排放标准体系，有序衔接排污许可证发放工作。督促、指导企业按照有关法律法规及技术规范要求严格开展自行监测和信息公开，提高企业的污染防治和环境管理水平。

二、城镇生活污染防治

（一）推进城镇化绿色发展

优化城镇建设空间布局。以资源环境承载力为依据，合理确定城市规模、开发边界、开发强度和保护性空间，科学划定城市功能分区。优化城市绿地布局，实施生态廊道建设，实现城市内外绿地连接贯通。制定并实施生态修复工作方案，修复被破坏的山体、河流、湿地、植被、产卵场，积极推进采矿废弃地修复和再利用，治理污染土地，恢复城市自然生态。

推进海绵城市建设。坚持生态保护优先，充分利用自然山体、河湖湿地、耕地、林地、草地等生态空间，大力建设雨水花园、储水池塘、湿地公园、下沉式绿地等雨水滞留设施，促进雨水自然积存、自然渗透、自然净化。全国各城市新区、各类园区、成片开发区要全面落实海绵城市建设要求，综合采取“渗、滞、蓄、净、用、排”等措施，最大限度地减少城市开发建设对生态环境的影响，将70%的降雨就地消纳和利用；到2020年，全国城市建成区20%以上的面积达到目标要求。

（二）完善污水处理厂配套管网建设

城镇生活污水收集配套管网的设计、建设与投运应与污水处理设施的新建、改建、扩建同步，统筹水功能区监督管理要求合理布局入河排污口，充分发挥污水处理设施效益。着力加强长江流域江西、湖北、湖南、四川，黄河流域河南，珠江流域广东，松花江流域黑龙江，淮河流域山东，海河流域河北，辽河流域辽宁等区域的污水管网建设。到2020年，新建污水收集管网不少于15万公里。进一步强化老旧城区、城乡接合部生活污水的截流和收集工作，加快实施对现有合流制排水系统的雨污分流改造。不具备改造条件的，应采取增加截留倍数、调蓄等措施防止污水外溢。除干旱地区外城镇新区建设均应采取雨污分流制，有条件的地区要推进初期雨水收集、处理和资源化利用。2017年底前，直辖市、省会城市、计划单列市建成区完成污水全收集、全处理，其他地级城市建成区于2020年年底前完成。

（三）继续推进污水处理设施建设

各地根据城镇化发展需求，适时增加城镇污水处理能力。到2020年，全国新增污水日处理能力4500万吨，所有县城和重点镇具备污水收集处理能力，县城、城市污水处理率分别达到85%、95%左右。京津冀、长三角、珠三角等区域提前一年完成。

以长江流域重庆、湖北、江西、上海，珠江流域广东，淮河流域江苏、山东，海河流域天津，辽河流域辽宁，浙闽片河流福建等区域为重点，加快推进太湖、三峡水库、丹江口水库等重点湖库以及近岸海域等敏感区域内城镇污水处理设施提标改造，2017年底前全面达到一级A排放标准。对所有执行二级及以下标准的城镇污水处理设施实施提标改造。鼓励京津冀、长三角等有条件的区域通过人工湿地等设施，进一步提升污水处理设施出水水质。到2020年，完成提标改造的污水处理设施日处理能力总和不低于4250万吨。

（四）强化污泥安全处理处置

污水处理设施产生的污泥应进行稳定化、无害化和资源化处理处置，禁止处理处置不达标的污泥进入耕地。现有污泥处理处置设施应于2017年底前基本完成达标改造。以长江流域四川，黄河流域内蒙古、宁夏，淮河流域河南、山东，海河流域北京、天津、河北，浙闽片河流福建等为重点，推进污泥处理处置设施建设；到2020年，全国新增污泥无害化日处理能力6万吨，地级及以上城市污泥无害化处理率达到90%。

表1　“十三五”新增城镇生活污染治理能力

流域	新增污水管网（公里）	新增污水处理能力（万吨／日）	提标改造规模（万吨／日）	新增污泥无害化处理能力（吨／日）	新增再生水处理能力（万吨／日）
长江流域	37686	1664	1148	19404	393
黄河流域	18315	380	369	4418	27
珠江流域	19316	925	647	10655	287

续表

流域	新增污水管网（公里）	新增污水处理能力（万吨／日）	提标改造规模（万吨／日）	新增污泥无害化处理能力（吨／日）	新增再生水处理能力（万吨／日）
松花江流域	14319	150	331	2321	46
淮河流域	16602	433	441	7382	54
海河流域	20035	415	676	6632	53
辽河流域	13022	147	254	3090	24
浙闽片河流	4310	273	222	4354	107
西南诸河	1398	63	66	504	4
西北诸河	4997	50	96	1240	5
总计	150000	4500	4250	60000	1000

（五）综合整治城市黑臭水体

全面排查水体环境状况，建立地级及以上城市建成区黑臭水体等污染严重水体清单，制定整治方案，以解决城市建成区污水直排环境问题为重要着力点，综合采取控源截污、节水减污、生态恢复、垃圾清理、底泥疏浚、流量保障等措施，切实解决城市建成区水体黑臭问题。各地区要细化分阶段目标和任务安排，向社会公布年度治理进展和水质改善情况。全面推行河长制，构建责任明确、协调有序、监管严格、保护有力的河湖管理保护机制，强化地方水环境保护属地责任。

建立全国城市黑臭水体整治监管平台，每半年公布全国黑臭水体清单，接受公众评议。各城市在当地主流媒体公布黑臭水体名单、整治期限、责任人、整治进展及效果，建立长效机制，开展水体日常维护与监管工作。研究鼓励社会资本以市场化方式设立黑臭水体治理专项基金。2017年底前，对于已经排查清楚的黑臭水体逐一编制和实施整治方案，作为近期治理的重点；未完成排查任务的地级城市，应尽快完成黑臭水体排查任务，及时公布黑臭水体名称、责任人及达标期限；地级及以上城市建成区应实现河面无大面积漂浮物，河岸无垃圾，无违法排污口，直辖市、省会城市、计划单列市基本消除黑臭水体。各城市应于2020年年底前完成黑臭水体的整治任务，地级及以上城市建成区黑臭水体均控制在10%以内。

三、农业农村污染防治

（一）加强养殖污染防治

优化畜禽养殖空间布局。加快完成畜禽养殖禁养区划定工作，2017年年底前，依法关闭或搬迁禁养区内的畜禽养殖场（小区）和养殖专业户，京津冀、长三角、珠三角等区域提前一年完成。以南方水网地区为重点，通过提升畜禽标准化规模养殖水平、推进养殖产业有序转移等措施促进畜禽养殖布局调整优化。丹江口库区等水质良好区域应加大规模畜禽养殖场改造升级力度，发展生态养殖。

推进畜禽养殖粪便资源化利用和污染治理。各地要出台具体措施，将畜牧业发展扶持资金及政策的安排，与畜禽养殖污染防治情况挂钩。优先考虑通过种养结合、种养平衡实现畜禽粪便等废弃物的就地就近利用。配套土地消纳能力与养殖规模不匹配的地区，鼓励建立畜禽粪便收集、运输体系和区域性有机肥生产中心。现有规模畜禽养殖场（小区）要根据污染防治需要，配套建设畜禽粪便贮存、处理、利用设施。鼓励散养密集区实行畜禽粪便分户收集、集中处理，推动建立政府组织、企业牵头、农户参与的农村畜禽养殖废弃物收集、转化、利用三级网络体系，形成利益分享、责任共担的农村环保长效机制。“十三五”期间，新建、改建、扩建规模畜禽养殖场（小区）要实施雨污分流、粪便污水资源化利用。

控制水产养殖污染。优化水产养殖空间布局，以饮用水水源、水质较好湖库等敏感区域为重点，科学划定养殖区，明确限养区和禁养区，拆除超过养殖容量的网箱围网设施。改造生产条件、优化养殖模式，大力推进生态健康养殖。引导和鼓励以节水减排为核心的池塘、工厂化车间和网箱标准化改造，重点支持废水处理、循环用水、网箱粪污残饵收集等环保设施设备升级改造。加强对大中型水产养殖场的水环境监测，推动制（修）订水产养殖尾水排放标准。

（二）推进农业面源污染治理

大力发展现代生态循环农业。积极推进浙江省生态循环农业试点、安徽省现代生态农业产业化建设，推动农业废弃物资源化利用试点和果菜茶有机肥替代化肥示范县建设，推动生态循环农业示范基地建设，积极探索高效生态循环农业模式，构建现代生态循环农业技术体系、标准化生产体系和社会化服务体系。

合理施用化肥、农药。通过精准施肥、调整化肥使用结构、改进施肥方式、有机肥替代化肥等路径，逐步控制化肥使用量。推进高效低毒低残留农药替代高毒高残留农药、大中型高效药械替代小型低效药械，推行精准科学施药和病虫害统防统治。到 2020 年，确保测土配方施肥技术推广覆盖率达 90% 以上，化肥利用率提高到 40% 以上，主要农作物化肥使用量和全国农药使用总量零增长，主要农作物病虫害生物、物理防治覆盖率达到 30% 以上，病虫害专业化统防统治覆盖率达 40% 以上，农药利用率达 40% 以上；京津冀、长三角、珠三角等区域提前一年完成。

推进重点区域农田退水治理。在松花江、海河、淮河、汉江、太湖等典型流域，三峡库区、南水北调水源地等敏感区域以及大中型灌区建设生态沟渠、植物隔离条带、净化塘、地表径流积池等设施减缓农田氮磷流失，减少对水体环境的直接污染。各地根据水质改善需求，综合考虑农田退水水质、农作物种植结构、区域地理位置、农业生产成本等因素，进一步明确农田退水治理的重点区域。化肥控制重点区域及措施

（1）东北地区。施肥原则：控氮、减磷、稳钾，补锌、硼、铁、钼等微量元素肥料。主要措施：结合深松整地和保护性耕作，加大秸秆还田力度，增施有机肥；适宜区域实行大豆、玉米合理轮作，在大豆、花生等作物推广根瘤菌；推广化肥机械深施技术，适时适量追肥；干旱地区玉米推广高效缓释肥料和水肥一体化技术。

（2）黄淮海地区。施肥原则：减氮、控磷、稳钾，补充硫、锌、铁、锰、硼等中微量元素。主要措施：周期性深耕深松和保护性耕作，实施小麦、玉米秸秆还田，推广配方肥、增施有机肥，推广玉米种肥同播，棉花机械追肥，注重小麦水肥耦合，推广氮肥后移和“一喷三防”技术；蔬菜、果树注重有机无机肥配合，有效控制氮磷肥用量；设施农业应用秸秆和调理剂等改良盐渍化土壤，推广水肥一体化技术；使用石灰等调理剂改良酸化土壤，发展果园绿肥。

（3）长江中下游地区。施肥原则：减氮、控磷、稳钾，配合施用硫、锌、硼等中微量元素。主要措施：推广秸秆还田技术，推广配方肥、增施有机肥，恢复发展冬闲田绿肥，推广果茶园绿肥；利用钙镁磷肥、石灰、硅钙等碱性调理剂改良酸化土壤，高效经济园艺作物推广水肥一体化技术。

（4）华南地区。施肥原则：减氮、稳磷、稳钾，配合施用钙、镁、锌、硼等中微量元素。主要措施：推广秸秆还田技术，推广配方肥、增施有机肥，适宜区域恢复发展冬闲田绿肥种植；注重利用钙镁磷肥、石灰、硅钙等碱性调理剂改良酸化土壤；注重施肥技术与轻简栽培技术结合，高效经济园艺作物推广水肥一体化技术。

（5）西南地区。施肥原则：稳氮、调磷、补钾，配合施用硼、钼、镁、硫、锌、钙等中微量元素。主要措施：推广秸秆还田技术，注重沼肥、畜禽粪便合理利用，恢复发展冬闲田绿肥种植；推广配方肥、增施有机肥，注重利用钙镁磷肥、石灰、硅钙等碱性调理剂改良酸化土壤，山地高效经济作物和园艺作物推广水肥一体化技术。

（6）西北地区。施肥原则：统筹水肥资源，以水定肥、以肥调水，稳氮、稳磷、调钾，配合施用锌、硼等中微量元素。主要措施：配合覆膜种植推广高效缓释肥料，实施保护性耕作、秸秆还田，推广配方肥、增施有机肥；在棉花、果树、马铃薯等作物推广膜下滴灌、水肥一体化等高效节水灌溉技术；结合工程措施利用石膏等调理剂改良盐碱地。

（三）开展农村环境综合整治

以长江经济带、京津冀、南水北调水源区及输水

沿线的优先控制单元为重点，推进农村环境综合整治。到 2020 年，全国新增完成环境综合整治的建制村不少于 13 万个，其中长江经济带约 5.05 万个、京津冀区域约 0.81 万个、南水北调东线中线水源地及其输水沿线约 2.28 万个。

推进农村污水垃圾处理设施建设。综合考虑村庄布局、人口规模、地形条件、现有治理设施等因素，坚持分散、半集中、集中处理相结合，因地制宜采取分散（户用）污水处理设施、污水处理厂（站）、人工湿地、氧化塘、土地渗滤等方式，统筹城乡污水处理设施布局。加强垃圾分类资源化利用，完善收集－转运－处理处置体系，推进特种收集机械研发和应用，实现规模化、专业化、社会化处理处置。完善农村污水垃圾处理设施运营机制，加强已建污水垃圾处理设施运行管理。

表 4　重点区域农村环境综合整治任务量一览表

重点区域	省份	区县（个）	建制村整治数量（个）
南水北调东线中线水源地及其输水沿线	北京	3	48
	天津	2	123
	河北	60	5745
	江苏	4	47
	安徽	7	437
	山东	40	6850
	河南	32	3102
	湖北	34	4042
	陕西	29	2437
	合计	211	22831
长江经济带	上海	4	113
	江苏	43	3459
	浙江	53	4669
	安徽	71	4068
	江西	52	3472
	湖北	56	4136
	湖南	98	13000
	重庆	31	2000
	四川	94	9452
	云南	40	2970
	贵州	38	3146
	合计	580	50485

四、流域水生态保护

（一）严格水资源保护

加强水资源开发利用控制、用水效率控制、水功能区限制纳污三条红线管理，全面推进节水型社会建设。完善水资源保护考核评价体系。加强水功能区监督管理，从严核定水域纳污能力。科学确定生态流量，在黄河、淮河等流域进行试点，分期分批确定生态流量（水位），作为流域水量调度的重要参考，维持河湖基本生态用水需求。严控地下水超采，以华北地区为重点，推进地下水超采区综合治理，到 2020 年，地下水超采得到严格控制。

（二）防治地下水污染

以集中式地下水饮用水水源和石油化工生产销售企业、矿山开采区、工业园区、危险废物堆存场、垃圾填埋场、再生水农灌区和高尔夫球场等污染源周边地下水环境为重点，加大地下水污染调查和基础环境状况调查评估力度。加快推进人为污染地下水饮用水水源治理。公布地下水污染地块清单，管控风险，对报废矿井、钻井、取水井实施封井回填，开展京津冀晋等区域地下水修复试点。加快实施国家地下水监测工程，完善地下水监测网络，实现对地下水动态有效监测和信息共享。建立健全地下水污染突发事件应急预案和技术储备体系。到 2020 年，全国地下水污染加剧趋势得到初步遏制，质量极差的地下水比例控制在 15% 左右。

（三）保护河湖湿地

划定并严守生态保护红线。以青藏高原、东北生态保育区、长江（经济带）生态涵养带、京津冀生态协同圈、三江平原、黄土高原—川滇生态修复带和沿海防护减灾带等地区的国际重要湿地、国家重要湿地、湿地自然保护区和国家湿地公园为重点，把对维护区域生态安全具有重要生态系统服务功能的区域优先划定为生态保护红线，实施最严格的生态保护。统筹江河湖库岸线资源，严格水域岸线用途管制。

积极保护生态空间。强化入河湖排污口监管和整治，对非法挤占水域及岸线的建筑提出限期退出清单，加快构建水生态廊道。因地制宜采取退田还湖、退养还滩、退耕还湿、退捕还渔、河岸带水生态保护与修复、植被恢复、生态补水、外来入侵物种和有害生物防控等措施，实施湿地综合治理，缓减人类活动干扰，恢复湿地生态功能。

提升生态系统整体功能。以现有的天然湖泊、大型水库、湿地等生态系统为依托，因地制宜扩大河湖浅滩湿地面积，减少污染物入河（湖），保护水生生物资源和水生态环境，维护与修复重要区域的水生态功能。对开发活动侵占湿地面积的，严格按照“占补平衡”原则，确保湿地面积不减少，区域生态系统服务功能稳步提升。开展湿地保护执法活动，对破坏湿地的违法行为依法予以处理。加强湿地保护与管理能力建设，建立湿地保护制度。

（四）防治富营养化

以太湖、巢湖、淀山湖、龙感湖、西湖、阳澄湖、南漪湖、乌梁素海、沙湖、小兴凯湖、洪泽湖、高邮湖、白马湖、白洋淀、于桥水库、艾比湖等16个轻度富营养湖库，以及滇池、杞麓湖、星云湖、异龙湖、呼伦湖等5个中度富营养湖泊为重点，开展河湖滩涂底泥污染调查，大幅削减入湖（库）河流污染负荷，实施入湖（库）河流总氮排放控制，加强内源污染控制，增殖滤食性鱼类，加大湖滨带保护与修复力度，确保湖库水质污染程度减轻，综合营养状态指数有所降低。

五、饮用水水源环境安全保障

（一）加快推进饮用水水源规范化建设

各省（区、市）应于2017年年底前，基本完成乡镇及以上地表水和地下水集中式饮用水水源保护区划定，开展定期监测和调查评估。依法清理集中式饮用水水源保护区内违法建筑及排污口。对于居住分散的农村地区，有条件的应尽快建立小型分散式污水处理设施，加强运维管理，确保污水达标排放。重点强化东北平原、长江中下游平原等粮食主产区湖库型水源保护区内农业面源污染防治。在饮用水水源二级保护区，采取禁止或者限制使用含磷洗涤剂、化肥、农药以及限制种植养殖等措施。对于单一水源城市，要加快备用水源建设，研究构建水源保护区特征污染物预警技术，完善应急处置技术库，提高预警和应急处置能力。加强农村分散型饮用水水源保护，开展化工企业聚集区周边地表水及地下水饮用水水源安全防控体系建设示范试点，划定饮用水水源保护范围并依法取缔保护区内排污设施和活动，进一步深入实施农村饮水安全工程，开展水质监测评估，推进污染治理和水质保护。

（二）加强监测能力建设和信息公开

以水源空间布局为核心，优化调整上游水环境监测网络。地级以上城市集中式水源优先安装饮用水源自动监测设施，明确不同级别水源监测项目和频次，建立水源定期监测和随机抽检制度。推进水源环境风险全过程管理，建立健全水源风险评估和预警预报系统，定期公布饮用水水源水质监测信息，接受社会监督，防范水源环境风险。

（三）加大饮用水水源保护与治理力度

保障南水北调工程水质安全。南水北调东线要继续深化洙赵新河、洙水河、梁济运河、洸府河、老运河、泗河、白马河等河流污染防治，保障南四湖水质；加强洪泽湖、骆马湖、白马湖等湖泊水质保护，以京杭运河等输水廊道及周边湖泊湿地为重点，建设水生态廊道，保障输水河流水质安全。南水北调中线要加快推进神定河、泗河、犟河、剑河等污染较重城市河流达标治理；以丹江口水库周边、汉江和丹江陕西省界段、老灌河等区域为重点，推进面源污染防治，开展总氮控制试点；有效防范尾矿库、交通流动源等环境风险，提升水质安全保障水平。

加强大型集中式饮用水水源保护。以大伙房水库、于桥水库、新丰江水库、千岛湖等服务人口100万人以上的大型集中式饮用水水源为重点，加强水源涵养，严格污染控制，推进生态保护和修复，严防水质退化和环境风险，确保供水安全。

严格饮用水水源污染控制。研究制定饮用水水源污染防治方案，优先解决由于人为污染引起的水质问题。对饮用水水源保护区内排放重金属等有毒有害污染物的企业，优先取缔关闭；对饮用水水源保护区受重金属污染的土壤，修复处理以确保饮用水水源环境安全；对天然背景值超标、水厂无法处理的重金属等污染的水源，需尽快更换。

表 5　重点治理的水源地清单一览表

序号	流域	省份	控制单元	水源地名称
1	长江流域	湖南省	资江益阳市万家嘴控制单元	益阳市龙山港（市二水厂）
2		四川省	北河德阳市控制单元	德阳市西郊地下水水源地
3		云南省	龙川江楚雄州江边控制单元	楚雄彝族自治州团山水库
4		江苏省	太湖北部湖区控制单元	无锡市太湖贡湖沙渚水源地
5		上海市	黄浦江上海市闵行西界控制单元	黄浦江闵行西界
6		浙江省	湘家荡嘉兴市控制单元	嘉兴市新塍塘饮用水源
7				嘉兴市长水塘饮用水源
8	黄河流域	宁夏回族自治区	黄河吴忠市控制单元	吴忠市金积水源地
9			清水河固原市控制单元	固原市贺家湾水库
10				固原市海子峡水库
11		山西省	汾河临汾市控制单元	临汾市尧都区龙祠水源地
12	珠江流域	广西壮族自治区	南流江北海市亚桥控制单元	北海市禾塘
13				北海市龙潭
14	松花江流域	黑龙江省	嫩江齐齐哈尔市浏园控制单元	齐齐哈尔市龙沙水源
15				齐齐哈尔市建华水源
16				齐齐哈尔市铁锋水源
17				齐齐哈尔市南三水源
18				齐齐哈尔市铁西水源
19			松花江干流佳木斯市控制单元	佳木斯市八水源
20			呼兰河绥化市绥望桥控制单元	绥化市第一水源地
21				绥化市第二水源地
22		吉林省	松花江松原市宁江控制单元	松原市松花江干流水源
23		内蒙古自治区	海拉尔河呼伦贝尔市陶海控制单元	呼伦贝尔市中心城区（海拉尔区、温克自治旗）水源地
24			呼伦湖呼伦贝尔市控制单元	满洲里市第二水源地
25	淮河流域	安徽省	涡河亳州市岳坊大桥控制单元	亳州市涡北水厂
26				亳州市三水厂
27		河南省	贾鲁河郑州市中牟陈桥控制单元	郑州市九五滩地地下水井群
28				郑州市北郊地下水井群
29		山东省	峄城大沙河枣庄市控制单元	枣庄市丁庄水源地
30	海河流域	山西省	绵河－冶河阳泉市控制单元	阳泉市娘子关排泄区水源地
31	辽河流域	内蒙古自治区	西辽河通辽市孔家控制单元	通辽市科尔沁区集中式饮用水水源地
32				通辽经济技术开发区集中式饮用水源地
33		辽宁省	二道河辽阳市控制单元	辽阳市首山水源
34			女儿河葫芦岛市控制单元	葫芦岛市乌金塘水源
35	西北诸河	内蒙古自治区	锡林河锡林郭勒盟控制单元	齐哈日格图饮用水水源地
36				锡盟锡林浩特市一棵树水源地
37			额济纳河阿拉善盟控制单元	阿盟阿左旗巴彦浩特西滩二水源
38				阿盟阿左旗巴彦浩特镇新井水源地
39		新疆维吾尔自治区	水磨河乌鲁木齐市控制单元	乌鲁木齐水磨河水源地
40			克孜河喀什地区控制单元	喀什市西城区水厂
41				喀什市东城区水厂
42			玉龙喀什河和田地区控制单元	和田市二水厂水源地

第四章　规划项目

建设中央和省级重点流域水污染防治规划项目储备库，实施动态管理，并做好与重点流域水环境综合治理项目储备库、水污染防治行动计划项目储备库等已有工作的衔接。

重点流域水污染防治规划项目由各地自主推进实施。各省（区、市）有关部门根据本行政区重点流域水污染防治工作的需要，组织设计和筛选工程项目，建立省级项目库，提前谋划并做好项目可行性研究等前期准备工作，加强项目储备并定期更新，根据水质改善需求有选择地实施，提升项目的针对性和效益。中央项目库项目来源于各省级项目库，并由环境保护部管理项目库。

根据“十三五”规划目标、任务和各地当前工作基础，确定饮用水水源地污染防治、工业污染防治、城镇污水处理及配套设施建设、农业农村污染防治、水环境综合治理等五大类项目，初步建立重点流域水污染防治中央项目储备库，匡算投资约7000亿元。其中，优先控制单元匡算投资约4500亿元，占总投资的64.3%。国务院有关部门要指导地方做好相关任务落实、项目前期工作并纳入部门项目储备库，利用现有资金渠道，对符合条件的项目（建设任务）给予支持。其中，对于申请中央预算内投资的重点流域水污染防治项目，要列入国家发展改革委组织实施的重点流域水环境综合治理项目储备库和国家重大建设项目库。

按流域划分：长江流域匡算投资1818亿元，占26.0%；黄河流域匡算投资713亿元，占10.2%；珠江流域匡算投资914亿元，占13.0%；松花江流域匡算投资483亿元，占6.9%；淮河流域匡算投资837亿元，占12.0%；海河流域匡算投资1017亿元，占14.5%；辽河流域匡算投资272亿元，占3.9%；浙闽片河流匡算投资354亿元，占5.0%；西南诸河匡算投资208亿元，占3.0%；西北诸河匡算投资384亿元，占5.5%。

按项目类型划分：饮用水水源地污染防治项目匡算投资168亿元，占2.4%；工业污染防治项目匡算投资505亿元，占7.2%；城镇污水处理及配套设施建设项目匡算投资3161亿元，占45.2%；农业农村污染防治项目匡算投资462亿元，占6.6%；水环境综合治理项目匡算投资2704亿元，占38.6%。

表6 “十三五”重点流域骨干工程项目投资匡算

（单位：亿元）

流域	饮用水水源地污染防治项目	工业污染防治项目	城镇污水处理及配套设施建设项目	农业农村污染防治项目	水环境综合治理项目	合计
长江流域	43.6	131.2	820.9	120.1	702.2	1818.0
黄河流域	17.1	51.4	321.8	47.1	275.2	712.6
珠江流域	21.9	66.0	413.0	60.4	353.3	914.6
松花江流域	11.6	34.9	218.1	31.8	186.6	483.0
淮河流域	20.1	60.4	377.8	55.3	323.3	836.9
海河流域	24.4	73.4	459.2	67.2	392.8	1017.0
辽河流域	6.5	19.8	123.0	18.0	105.2	272.5
浙闽片河流	8.5	25.5	159.7	23.4	136.6	353.7
西南诸河	5.0	15.0	93.9	13.7	80.4	208.0
西北诸河	9.2	27.7	173.3	25.3	148.2	383.7
总计	167.9	505.3	3160.7	462.3	2703.8	7000.0

第五章 保障措施

一、加强组织领导

强化地方政府水环境保护责任。重点流域涉及的各省（区、市）人民政府是规划实施的主体，要统筹流域和行政区边界，全面建立省、市、县、乡四级河长体系，层层分解落实规划目标和任务，将规划实施情况作为生态文明建设考核的重要内容，纳入各级党政领导干部政绩考核体系，并将有关情况纳入中央环保督查范畴。地方各级党委和政府对本地区水环境保护负总责，要将水环境质量“只能更好、不能变坏”作为水环境保护责任红线，加强对规划实施的组织领导，将规划目标、任务、项目等纳入本级国民经济和社会发展“十三五”规划，协调推进五位一体总体布局建设。地方各级政府要按照“一岗双责”的要求细化明确各部门水环境保护职责，分解落实规划任务，形成有效治污合力。

实施评估考核。自2017年起，环境保护部定期调度规划实施进展，识别水污染防治的重点控制单元、重点问题，适时组织开展水环境会商、预警，加大规划实施督导力度。各级地方政府要建立水环境形势分析机制，及时发现和解决突出环境问题，动态跟踪规划实施进展，及时研究调整工作部署，确保规划顺利实施。规划实施情况考核与《水污染防治行动计划》实施情况考核充分衔接，强化考核结果在中央资金分配、区域限批、领导干部追责等方面的应用。对考核结果较差的地区，综合采取预警、挂牌督办、区域限批、行政约谈等手段，督促规划各项目标任务的落实。

二、完善政策法规

鼓励各地结合实际，依据国家有关法律法规，研究起草环境质量目标管理、节水及循环利用、饮用水水源保护等地方性水污染防治法规。鼓励流域、区域统筹制定统一的污染防治法规。健全重点行业水污染物特别排放限值。各地可根据污染排放结构特征和水环境质量改善需要，完善水污染物排放控制指标体系，制定严于国家标准的地方水污染物排放标准。京津冀、长江流域清水江等总磷污染控制重点区域、国家重金属重点防控区等水环境质量差，环境容量较小、生态环境脆弱，环境风险高的地区，应执行水污染物特别排放限值；各地可根据水环境质量改善需要，扩大特别排放限值实施范围。

三、健全市场机制

增加政府资金投入。中央财政加大对属于中央事权的水环境保护项目支持力度，合理承担部分属于中央和地方共同事权的水环境保护项目，向国家重点战略区域、优先控制单元、跨国界地区以及欠发达地区倾斜。地方各级政府要加大资金投入，统筹水污染防治各项任务，提升资金使用绩效，确保实现规划目标。

引导社会资本投入。逐步将水污染防治领域全面向社会资本开放，健全投资回报机制，以合作双方风险分担、利益共享、权益融合为目标，大力推广运用政府和社会资本合作（PPP）模式。鼓励金融机构为相关项目提高授信额度、增进信用等级，支持开展排污权、收费权、政府购买服务协议及特许权协议项下收益质押担保融资，探索开展污水垃圾处理服务项目预期收益质押融资，鼓励社会资本加大水环境保护投入。

加强排污费、污水处理费征收使用管理，依法做好与环境保护税征收工作的衔接。严格按照“谁污染、谁付费”的原则，落实排污费征收政策。城镇污水处理收费标准应覆盖污水处理设施正常运营和污泥处理处置成本并合理盈利，做到应收尽收。

推进市场化运营。以污水、垃圾处理等环境公用设施和工业园区为重点，推行环境污染第三方治理，明显提高污染治理效率和专业化水平。大力推行基于水体质量改善需求的综合环境服务，鼓励环境服务市场主体以合同环境服务的方式，以取得可量化的环境效果为基础收取服务费。健全环保工程设计、建设、运营等领域招投标管理办法和技术标准。

健全流域上下游横向生态补偿机制。深化新安江流域、九洲江流域、汀江—韩江流域、东江流域水环境补偿，推动京津冀水源涵养区、赤水河流域等开展跨地区生态补偿试点，在南水北调工程水源区、长江流域水环境敏感地区等探索开展流域生态补偿试点。各级地方政府在国家有关部门指导下，积极推进横向生态补偿工作，研究制定横向生态补偿机制办法，切实建立“相互监督、联防共治”的流域治理新机制。鼓励受益地区与保护地区、流域下游与上游采取资金补偿、对口协作、产业转移、人才培训、共建园区等补偿方式。选取部分合适尺度的典型河流、湖库，指导地方开展流域水环境综合治理与可持续发展试点示范。

推进排污许可制实施。根据控制单元水质改善需求，规范排污许可证核发，落实排污权有偿使用制度，合理确定许可内容，分步实现排污许可全覆盖，2017年完成造纸、焦化、氮肥等十大重点行业及产能过剩行业企业排污许可证核发，到2020年，完成覆盖所有固定污染源的排污许可证核发工作。严格落实企事业单位按证排污、自行监测和定期报告责任。按照“谁核发、谁监管”的原则，依证严格开展监管执法，严厉查处违法排污行为。鼓励企事业单位在履行法定义务的基础上，通过清洁生产、技术改造升级等进一步削减污染物排放量，按规定开展排污权交易。

完善激励约束机制。逐步建立工业各行业、城镇生活、农业等领域污染防治“领跑者”制度，通过树立标杆、政策激励、提高标准，形成推动各领域污染防治水平不断提升的长效机制。加强企业环境信用体系建设，构建守信激励与失信惩戒机制，优先支持循环经济、污水处理等企业贷款，严格限制环境违法企业贷款，积极推行绿色金融。

四、强化科技支撑

强化控制单元管理。推进控制单元水环境信息管理平台建设，将水文、水资源、水质、经济社会等基础数据按控制单元归集，大力推动水环境保护大数据发展和应用，将控制单元作为落实环评准入、区域限批等各项环境管理措施与控源减排、截污导流等污染防治措施的基本空间单位，提升污染防治的科学化、信息化和精细化水平。

完善先进适用技术推广服务体系。鼓励创新财税机制激励科技成果的应用推广，加快公共技术服务平台建设，加强水体污染控制与治理科技重大专项等项目科技成果的提炼、推广与应用，定期编制和发布先进技术目录，供各地规划项目的设计、招投标、实施等环节参考。

以需求为导向攻关研发前瞻技术。各地应以控制单元水质改善、水生态保护、风险防范等需求为出发点，根据主要污染指标、主要污染来源、经济社会结构与布局等因素，优化污染防治战略部署和技术路线。加大科技研发的财政投入，针对特定控制单元总氮、总磷、重金属等特征污染物以及特定污染源、风险源，污水、雨水、地表水资源优化利用，农业农村水污染防治，城市（镇）生活污水处理节能、降耗、减排，化工、矿冶等重污染行业废水全过程治理与回用等攻关研发先进防治技术。

五、加强监督管理

严格环境执法。深入开展环境保护大检查，加强对排污企业的随机抽查力度，严厉查处环境违法行为和案件。推进环境执法重心向市县下移，开展联合执法、区域执法、交叉执法，强化执法监督和责任追究。强化环保、公安、检察等部门协作，健全行政执法与刑事司法衔接配合机制，完善案件移送、受理、立案、通报等规定。研究制定工业企业、化工园区等环境风险评估方法，以饮用水水源保护区、沿江河湖库和人口密集区工业企业、工业集聚区为重点定期评估环境风险，落实防控措施，消除环境隐患。将各级政府规划实施情况作为环保督查的一项重要内容，必要时引入第三方审计。

健全区域联动。以全面推行河长制为重要抓手，加强流域上下游、左右岸各级政府、各部门之间协调，探索跨行政区之间的环境保护合作框架，建立定期会商制度和协作应急处置、跨界交叉检查机制，形成治污合力。积极推进跨界河流水污染突发事件的双边协调机制与应急处理能力建设。

加强部门联动。国务院各部门要按照职责分工，加强对规划实施的指导。完善部际联席会议制度，加强部门协调，及时研究解决规划实施中存在的问题。

提升监测能力。进一步优化水环境监测网络，对重点湖库实施网格化监测。加强各级监测机构水环境监测能力和监测人员技术培训等软硬件建设。加强地表水水生生物监测、地下水环境监测、化学物质监测及环境风险防控技术支撑能力建设。加强水质监测预警工作，提升水质监测信息化水平。

六、弘扬生态文化

将生态文明纳入社会主义核心价值体系，牢固树立“尊重自然、顺应自然、保护自然”“山水林田湖草是一个生命共同体”“绿水青山就是金山银山”等生态文明理念。充分利用微博、微信等新媒体，加强生态文化宣传教育，提高全社会生态文明意识，倡导勤俭节约、绿色低碳、文明健康的生活方式和消费模式，鼓励购买使用节水产品和环境标志产品。

推进信息公开。2017 年建成全国排污许可证管理信息平台，将排污许可证申领、核发、监管执法等工作流程及信息纳入平台，及时公开企事业单位自行监测数据和环境保护部门监管执法信息。各地要建立统一的信息公开平台和生态环境监测信息统一发布机制，定期公布本行政区内环境质量状况、污染防治方案等信息。国家确定的重点排污单位应依法向社会公开其产生的主要污染物名称、排放方式、排放浓度和总量、超标排放情况，以及污染防治设施的建设和运行情况，主动接受监督。

引导公众参与。充分利用现代化信息技术手段，拓宽公众参与渠道，加大宣传力度，建立激励机制，引导公众在水环境保护建言献策、污染源排放监督等方面积极参与。引导和规范生态环保非政府公益组织发展。依托中小学节水教育、水土保持教育、环境教育等社会实践基地，开展环保社会实践活动。

牢固树立社会主义生态文明观

环境保护部党组书记、部长　李干杰

党的十九大把坚持人与自然和谐共生作为新时代坚持和发展中国特色社会主义基本方略的重要内容，强调要牢固树立社会主义生态文明观，推动形成人与自然和谐发展现代化建设新格局。这是党中央立足满足人民日益增长的优美生态环境需要、建设富强民主文明和谐美丽的社会主义现代化强国、实现中华民族永续发展作出的重大战略部署，具有重要现实意义和实践意义。

一、深刻认识社会主义生态文明观的丰富内涵

党的十八大以来，习近平总书记走到哪里，就把对生态文明建设和生态环境保护的关切、叮嘱讲到哪里，作出一系列重要讲话、重要论述和批示指示，提出一系列新理念新思想新战略，深刻回答了为什么建设生态文明、建设什么样的生态文明，怎样建设生态文明等重大问题，形成了科学系统的习近平总书记生态文明建设重要战略思想，集中体现了社会主义生态文明观，成为习近平新时代中国特色社会主义思想不可分割的有机组成部分。

生态兴则文明兴、生态衰则文明衰的深邃历史观。习近平总书记强调，生态文明建设是中华民族永续发展的千年大计。生态环境是人类生存最为基础的条件，是持续发展最为重要的基石。无论从世界还是从中华民族的文明历史看，生态环境的变化直接影响文明的兴衰演替。必须坚持节约资源和保护环境的基本国策，像对待生命一样对待生态环境，坚定走生产发展、生活富裕、生态良好的文明发展道路，为中华民族永续发展留下根基，为子孙后代留下天蓝、地绿、水净的美好家园。

人与自然是生命共同体的科学自然观。习近平总书记强调，人与自然是生命共同体，人类必须尊重自然、顺应自然、保护自然。人类只有遵循自然规律才能有效防止在开发利用自然上走弯路，人类对大自然的伤害最终会伤及人类自身，这是无法抗拒的规律。必须把生态文明建设摆在全局中的更加突出位置，坚持节约优先、保护优先、自然恢复为主的方针，推动形成人与自然和谐发展现代化建设新格局。

绿水青山就是金山银山的绿色发展观。习近平总书

记强调，必须树立和践行绿水青山就是金山银山的理念。绿水青山就是金山银山，深刻揭示了发展与保护的本质关系，指明了实现发展与保护内在统一、相互促进、协调共生的方法论。保护生态环境就是保护自然价值和增值自然资本的过程、保护经济社会发展潜力和后劲的过程。必须树立和贯彻新发展理念，处理好发展与保护的关系，推动形成绿色发展方式和生活方式，努力实现经济社会发展和生态环境保护协同共进。

良好生态环境是最普惠的民生福祉的基本民生观。习近平总书记强调，环境就是民生，青山就是美丽，蓝天也是幸福。随着我国社会生产力水平明显提高和人民生活显著改善，人民群众的需要呈现多样化多层次多方面特点，期盼享有更优美的生态环境。必须坚持以人民为中心的发展思想，坚决打好污染防治攻坚战，增加优质生态产品供给，以满足人民日益增长的良好优美生态环境新期待，提升人民群众获得感、幸福感和安全感。

统筹山水林田湖草系统治理的整体系统观。习近平总书记强调，坚持山水林田湖草是一个生命共同体。生态是统一的自然系统，是各种自然要素相互依存实现循环的自然链条。人的命脉在田，田的命脉在水，水的命脉在山，山的命脉在土，土的命脉在树和草。必须按照生态系统的整体性、系统性及内在规律，统筹考虑自然生态各要素、山上山下、地上地下、陆地海洋以及流域上下游，进行整体保护、宏观管控、综合治理，增强生态系统循环能力，维护生态平衡。

实行最严格生态环境保护制度的严密法治观。习近平总书记强调，只有实行最严格的制度、最严明的法治，才能为生态文明建设提供可靠保障。在生态环境保护问题上，就是不能越雷池一步，否则就应该受到惩罚。必须按照源头严防、过程严管、后果严惩的思路，构建产权清晰、多元参与、激励约束并重、系统完整的生态文明制度体系，建立有效约束开发行为和促进绿色发展、循环发展、低碳发展的生态文明法律体系，发挥制度和法制的引导、规制功能，为生态文明建设提供体制机制保障。

全社会共同参与的全民行动观。习近平总书记强调，生态文明建设同每个人息息相关，每个人都应该作践行者、推动者。优美生态环境为全社会共同享有，需要全社会共同建设、共同保护、共同治理。必须加强生态文明宣传教育，强化公民环境意识，推动形成节约适度、绿色低碳、文明健康的生活方式和消费模式，形成全社会共同参与的良好风尚，把建设美丽中国化为全体人民自觉行动。

建设清洁美丽世界的共赢全球观。习近平总书记强调，人类是命运共同体，建设绿色家园是人类的共同梦想。生态危机、环境危机成为全球挑战，没有哪个国家可以置身事外，独善其身。国际社会应该携手同行，构筑尊崇自然、绿色发展的生态体系，共谋全球生态文明建设之路，保护好人类赖以生存的地球家园。建设生态文明既是我国作为最大发展中国家在可持续发展方面的有效实践，也是为全球环境治理提供的中国理念、中国方案和中国贡献。

二、准确把握建设新时代社会主义生态文明的决策部署

党的十九大报告对生态文明建设和生态环境保护进行了全面总结和重点部署，提出一系列新变革、新理念、新要求、新目标和新部署，为推进新时代社会主义生态文明、建设美丽中国提供了根本遵循和行动指南。

准确把握新变革。党的十九大报告将“生态文明建设成效显著”，作为过去 5 年取得历史性成就、发生历史性变革的 10 个方面之一。党的十八大以来，我国生态文明建设和生态环境保护进入成效最好的时期，思想认识程度之深前所未有，污染治理力度之大前所未有，制度出台频度之密前所未有，监管执法尺度之严前所未有，环境改善速度之快前所未有，为我们进一步推动工作奠定了基础、增强了信心。

准确把握新理念。党的十九大报告把“坚持人与自然和谐共生”作为新时代坚持和发展中国特色社会主义基本方略的重要内容予以集中阐述，同时提出生态文明建设是中华民族永续发展的千年大计，还自然以宁静、和谐、美丽，牢固树立社会主义生态文明观等新论断，集中体现了习近平总书记生态文明建设重要战略思想。

准确把握新要求。人民日益增长的优美生态环境需要与更多优质生态产品的供给不足之间的矛盾突出，是我国社会主要矛盾新变化的重要方面。我们要建设的现代化是人与自然和谐共生的现代化，既要创造更多的物质财富和精神财富以满足人民日益增长的美好生活需要，也要提供更多优质生态产品以满足人民日益增长的优美生态环境需要。这是统领当前和未来生态文明建设和生态环境保护的新的根本要求。

准确把握新目标。到2020年，统筹推进经济建设、政治建设、文化建设、社会建设、生态文明建设，坚定实施可持续发展战略，特别是要坚决打好污染防治攻坚战，使全面建成小康社会得到人民认可，经得起历史检验；到2035年，生态环境根本好转，美丽中国目标基本实现；到本世纪中叶，把我国建成富强民主文明和谐美丽的社会主义现代化强国，物质文明、政治文明、精神文明、社会文明、生态文明将全面提升。这是振奋人心的新目标，也是催人奋进的新号令。

准确把握新部署。党的十九大报告从推进绿色发展、着力解决突出环境问题、加大生态系统保护力度、改革生态环境监管体制等四个方面，对生态文明建设和生态环境保护进行部署，力度更大、措施更严、要求更高，既有硬性任务安排又有制度性设计，既明确统筹推进又兼顾重点突破，对改善生态环境质量，推动形成人与自然和谐发展现代化建设新格局必将产生深远影响。

三、奋力开创新时代社会主义生态文明建设新局面

当前和今后一个时期，我们要全面贯彻党的十九大精神，以习近平新时代中国特色社会主义思想为指导，牢固树立社会主义生态文明观，推动形成节约资源和保护环境的空间格局、产业结构、生产方式、生活方式，提升生态文明，建设美丽中国，为人民创造良好生产生活环境。

构建科学适度有序的国土空间布局体系。加快构建国土空间开发保护制度，科学布局生产空间、生活空间、生态空间。坚定不移实施主体功能区战略。实施重要生态系统保护和修复重大工程，完成生态保护红线、永久基本农田、城镇开发边界三条控制线划定工作，开展国土绿化行动，优化生态安全屏障体系。

建立健全绿色低碳循环发展的经济体系。加快调整产业结构，坚定不移化解过剩产能，大力发展先进制造业、高新技术产业、现代服务业，积极壮大节能环保产业。推进资源全面节约和循环利用，大幅降低重点行业和企业能耗、物耗，实现生产系统和生活系统循环链接。推进能源生产和消费革命，开展煤炭消费减量行动，稳步提高风电等清洁能源消费占比，构建清洁低碳、安全高效的能源体系。

全面加强环境污染治理。持续实施大气污染防治行动计划，确保各项污染物浓度持续下降、重污染天数不断减少，坚决打赢蓝天保卫战。加大水污染防治和水生态保护力度，实施流域环境和近岸海域综合治理，为人民群众提供更多的亲水环境。扎实开展净土行动，加快推进土壤污染状况详查，强化土壤污染管控和修复。开展农村人居环境整治行动，加强农业面源污染防治，大力整治农村“脏乱差”。

深化生态文明体制改革。改革生态环境监管体制，建立和完善环境治理制度。健全环境保护督察机制，全面推开省以下环保机构监测监察执法垂直管理制度改革，加快推动排污许可证核发、环境监测事权上收，流域环境监管和行政执法机构试点、设置跨地区环保机构试点。强化排污者责任，健全环保信用评价、信息强制性披露、严惩重罚等制度。构建绿色金融体系。推进社会化生态环境治理和保护。建立市场化、多元化生态补偿机制。

开展全民绿色行动。积极发挥政府引导示范作用，完善企业行业自律机制，鼓励公众主动参与，构建政府为主导、企业为主体、社会组织和公众共同参与的环境治理体系。开展生态环境保护宣传教育，推行绿色办公，创建节约型机关。强化企业排污者责任，确保实现达标排放，开展自行监测并向社会公开。倡导简约适度、绿色低碳的生活方式，开展创建绿色家庭、绿色学校、绿色社区和绿色出行等行动。引导生态环境保护社会组织健康有序发展。

（原文刊载于2017年12月8日《学习时报》）

中华人民共和国国务院令

（第 693 号）

现公布《中华人民共和国环境保护税法实施条例》，自 2018 年 1 月 1 日起施行。

总理 李克强

2017 年 12 月 25 日

中华人民共和国环境保护税法实施条例

第一章　总则

第一条　根据《中华人民共和国环境保护税法》（以下简称“环境保护税法”），制定本条例。

第二条　环境保护税法所附《环境保护税税目税额表》所称其他固体废物的具体范围，依照环境保护税法第六条第二款规定的程序确定。

第三条　环境保护税法第五条第一款、第十二条第一款第三项规定的城乡污水集中处理场所，是指为社会公众提供生活污水处理服务的场所，不包括为工业园区、开发区等工业聚集区域内的企业事业单位和其他生产经营者提供污水处理服务的场所，以及企业事业单位和其他生产经营者自建自用的污水处理场所。

第四条　达到省级人民政府确定的规模标准并且有污染物排放口的畜禽养殖场，应当依法缴纳环境保护税；依法对畜禽养殖废弃物进行综合利用和无害化处理的，不属于直接向环境排放污染物，不缴纳环境保护税。

第二章　计税依据

第五条　应税固体废物的计税依据，按照固体废物的排放量确定。固体废物的排放量为当期应税固体废物的产生量减去当期应税固体废物的贮存量、处置量、综合利用量的余额。

前款规定的固体废物的贮存量、处置量，是指在符合国家和地方环境保护标准的设施、场所贮存或者处置的固体废物数量；固体废物的综合利用量，是指按照国务院发展改革、工业和信息化主管部门关于资源综合利用要求以及国家和地方环境保护标准进行综合利用的固体废物数量。

第六条 纳税人有下列情形之一的，以其当期应税固体废物的产生量作为固体废物的排放量：

（一）非法倾倒应税固体废物；

（二）进行虚假纳税申报。

第七条 应税大气污染物、水污染物的计税依据，按照污染物排放量折合的污染当量数确定。

纳税人有下列情形之一的，以其当期应税大气污染物、水污染物的产生量作为污染物的排放量：

（一）未依法安装使用污染物自动监测设备或者未将污染物自动监测设备与环境保护主管部门的监控设备联网；

（二）损毁或者擅自移动、改变污染物自动监测设备；

（三）篡改、伪造污染物监测数据；

（四）通过暗管、渗井、渗坑、灌注或者稀释排放以及不正常运行防治污染设施等方式违法排放应税污染物；

（五）进行虚假纳税申报。

第八条 从两个以上排放口排放应税污染物的，对每一排放口排放的应税污染物分别计算征收环境保护税；纳税人持有排污许可证的，其污染物排放口按照排污许可证载明的污染物排放口确定。

第九条 属于环境保护税法第十条第二项规定情形的纳税人，自行对污染物进行监测所获取的监测数据，符合国家有关规定和监测规范的，视同环境保护税法第十条第二项规定的监测机构出具的监测数据。

第三章 税收减免

第十条 环境保护税法第十三条所称应税大气污染物或者水污染物的浓度值，是指纳税人安装使用的污染物自动监测设备当月自动监测的应税大气污染物浓度值的小时平均值再平均所得数值或者应税水污染物浓度值的日平均值再平均所得数值，或者监测机构当月监测的应税大气污染物、水污染物浓度值的平均值。

依照环境保护税法第十三条的规定减征环境保护税的，前款规定的应税大气污染物浓度值的小时平均值或者应税水污染物浓度值的日平均值，以及监测机构当月每次监测的应税大气污染物、水污染物的浓度值，均不得超过国家和地方规定的污染物排放标准。

第十一条 依照环境保护税法第十三条的规定减征环境保护税的，应当对每一排放口排放的不同应税污染物分别计算。

第四章 征收管理

第十二条 税务机关依法履行环境保护税纳税申报受理、涉税信息比对、组织税款入库等职责。

环境保护主管部门依法负责应税污染物监测管理，制定和完善污染物监测规范。

第十三条 县级以上地方人民政府应当加强对环境保护税征收管理工作的领导，及时协调、解决环境保护税征收管理工作中的重大问题。

第十四条 国务院税务、环境保护主管部门制定涉税信息共享平台技术标准以及数据采集、存储、传输、查询和使用规范。

第十五条 环境保护主管部门应当通过涉税信息共享平台向税务机关交送在环境保护监督管理中获取的下列信息：

（一）排污单位的名称、统一社会信用代码以及污染物排放口、排放污染物种类等基本信息；

（二）排污单位的污染物排放数据（包括污染物排放量以及大气污染物、水污染物的浓度值等数据）；

（三）排污单位环境违法和受行政处罚情况；

（四）对税务机关提请复核的纳税人的纳税申报数据资料异常或者纳税人未按照规定期限办理纳税申报的复核意见；

（五）与税务机关商定交送的其他信息。

第十六条 税务机关应当通过涉税信息共享平台向环境保护主管部门交送下列环境保护税涉税信息：

（一）纳税人基本信息；

（二）纳税申报信息；

（三）税款入库、减免税额、欠缴税款以及风险疑点等信息；

（四）纳税人涉税违法和受行政处罚情况；

（五）纳税人的纳税申报数据资料异常或者纳税人未按照规定期限办理纳税申报的信息；

（六）与环境保护主管部门商定交送的其他信息。

第十七条 环境保护税法第十七条所称应税污染物排放地是指：

（一）应税大气污染物、水污染物排放口所在地；

（二）应税固体废物产生地；

（三）应税噪声产生地。

第十八条 纳税人跨区域排放应税污染物，税务机关对税收征收管辖有争议的，由争议各方按照有利于征收管理的原则协商解决；不能协商一致的，报请共同的上级税务机关决定。

第十九条 税务机关应当依据环境保护主管部门交送的排污单位信息进行纳税人识别。

在环境保护主管部门交送的排污单位信息中没有对应信息的纳税人，由税务机关在纳税人首次办理环境保护税纳税申报时进行纳税人识别，并将相关信息交送环境保护主管部门。

第二十条 环境保护主管部门发现纳税人申报的应税污染物排放信息或者适用的排污系数、物料衡算方法有误的，应当通知税务机关处理。

第二十一条 纳税人申报的污染物排放数据与环境保护主管部门交送的相关数据不一致的，按照环境保护主管部门交送的数据确定应税污染物的计税依据。

第二十二条 环境保护税法第二十条第二款所称纳税人的纳税申报数据资料异常，包括但不限于下列情形：

（一）纳税人当期申报的应税污染物排放量与上一年同期相比明显偏低，且无正当理由；

（二）纳税人单位产品污染物排放量与同类型纳税人相比明显偏低，且无正当理由。

第二十三条 税务机关、环境保护主管部门应当无偿为纳税人提供与缴纳环境保护税有关的辅导、培训和咨询服务。

第二十四条 税务机关依法实施环境保护税的税务检查，环境保护主管部门予以配合。

第二十五条 纳税人应当按照税收征收管理的有关规定，妥善保管应税污染物监测和管理的有关资料。

第五章 附则

第二十六条 本条例自2018年1月1日起施行。2003年1月2日国务院公布的《排污费征收使用管理条例》同时废止。

第六部分

自主创新投资

国务院关于强化实施创新驱动发展战略进一步推进大众创业万众创新深入发展的意见

国务院

2017 年 7 月 21 日

各省、自治区、直辖市人民政府，国务院各部委、各直属机构：

创新是社会进步的灵魂，创业是推进经济社会发展、改善民生的重要途径，创新和创业相连一体、共生共存。近年来，大众创业、万众创新蓬勃兴起，催生了数量众多的市场新生力量，促进了观念更新、制度创新和生产经营管理方式的深刻变革，有效提高了创新效率、缩短了创新路径，已成为稳定和扩大就业的重要支撑、推动新旧动能转换和结构转型升级的重要力量，正在成为中国经济行稳致远的活力之源。为进一步系统性优化创新创业生态环境，强化政策供给，突破发展瓶颈，充分释放全社会创新创业潜能，在更大范围、更高层次、更深程度上推进大众创业、万众创新，现提出如下意见。

一、大众创业、万众创新深入发展是实施创新驱动发展战略的重要载体

深入推进供给侧结构性改革，全面实施创新驱动发展战略，加快新旧动能接续转换，着力振兴实体经济，必须坚持"融合、协同、共享"，推进大众创业、万众创新深入发展。要进一步优化创新创业的生态环境，着力推动"放管服"改革，构建包容创新的审慎监管机制，有效促进政府职能转变；进一步拓展创新创业的覆盖广度，着力推动创新创业群体更加多元，发挥大企业、科研院所和高等院校的领军作用，有效促进各类市场主体融通发展；进一步提升创新创业的科技内涵，着力激发专业技术人才、高技能人才等的创造潜能，强化基础研究和应用技术研究的有机衔接，加速科技成果向现实生产力转化，有效促进创新型创业蓬勃发展；进一步增强创新创业的发展实效，着力推进创新创业与实体经济发展深度融合，结合"互联网＋"、"中国制造 2025"和军民融合发展等重大举措，有效促进新技术、新业态、新模式加快发展和产业结构优化升级。

——创新为本、高端引领。以科技创新为基础支撑，实现创新带动创业、创业促进创新的良性循环。坚持质量效率并重，引导创新创业多元化、特色化、专业化发展，推动产业迈向中高端。坚持创新创业与实体经济相结合，实现一二三产业相互渗透，推动军民融合深入发展，创造新供给、释放新需求，增强产业活力和核心竞争力。

——改革先行、精准施策。以深化改革为核心动力，主动适应、把握、引领经济发展新常态，面向新趋势、新特征、新需求，主动作为，针对重点领域、典型区域、关键群体的特点精准发力，出实招、下实功、见实效。着力破除制约创新创业发展的体制机制障碍，促进生产、管理、分配和创新模式的深刻变革，继续深入推进“放管服”改革，积极探索包容审慎监管，为新动能的成长打开更大空间。

——人才优先、主体联动。以人才支撑为第一要素，改革人才引进、激励、发展和评价机制，激发人才创造潜能，鼓励科技人员、中高等院校毕业生、留学回国人才、农民工、退役士兵等有梦想、有意愿、有能力的群体更多投身创新创业。加强科研机构、高校、企业、创客等主体协同，促进大中小微企业优势互补，推动城镇与农村创新创业同步发展，形成创新创业多元主体合力汇聚、活力迸发的良性格局。

——市场主导、资源聚合。充分发挥市场配置资源的决定性作用，整合政府、企业、社会等多方资源，建设众创、众包、众扶、众筹支撑平台，健全创新创业服务体系，推动政策、技术、资本等各类要素向创新创业集聚，充分发挥社会资本作用，以市场化机制促进多元化供给与多样化需求更好对接，实现优化配置。

——价值创造、共享发展。以价值创造为本质内涵，大力弘扬创新文化，厚植创业沃土，营造敢为人先、宽容失败的良好氛围，推动创新创业成为生活方式和人生追求。践行共享发展理念，实现人人参与、人人尽力、人人享有，使创新创业成果更多更公平地惠及全体人民，促进社会公平正义。

二、加快科技成果转化

重点突破科技成果转移转化的制度障碍，保护知识产权，活跃技术交易，提升创业服务能力，优化激励机制，共享创新资源，加速科技成果向现实生产力转化。

（一）建立完善知识产权运用和快速协同保护体系，扩大知识产权快速授权、确权、维权覆盖面，加快推进快速保护由单一产业领域向多领域扩展。搭建集专利快速审查、快速确权、快速维权等于一体，审查确权、行政执法、维权援助、仲裁调解、司法衔接相联动的知识产权保护中心。探索建立海外知识产权维权援助机制。发挥国家知识产权运营公共服务平台枢纽作用，加快建设国家知识产权运营服务体系。（国家知识产权局牵头负责）

（二）推动科技成果、专利等无形资产价值市场化，促进知识产权、基金、证券、保险等新型服务模式创新发展，依法发挥资产评估的功能作用，简化资产评估备案程序，实现协议定价和挂牌、拍卖定价。促进科技成果、专利在企业的推广应用。（国家知识产权局、财政部、科技部、中国科协等单位按职责分工负责）

（三）探索在战略性新兴产业相关领域率先建立利用财政资金形成的科技成果限时转化制度。财政资金支持形成的科技成果，除涉及国防、国家安全、国家利益、重大社会公共利益外，在合理期限内未能转化的，可由国家依法强制许可实施转化。（科技部、财政部、国家发展改革委等部门按职责分工负责）

（四）引导众创空间向专业化、精细化方向升级，支持龙头骨干企业、高校、科研院所围绕优势细分领域建设平台型众创空间。探索将创投孵化器等新型孵化器纳入科技企业孵化器管理服务体系，并享受相应扶持政策。（科技部牵头负责）

（五）推动科研院所落实国家科技成果转化法律法规和政策，强化激励导向，提高科研院所成果转化效率。坚持试点先行，进一步扩大科研院所自主权，激发科研院所和科技人员创新创业积极性。（科技部、人力资源社会保障部等部门按职责分工负责）

（六）促进仪器设备开放共享，探索仪器设备所有权和经营权分离机制，对于财政资金购置的仪器设备，探索引入专业服务机构进行社会化服务等多种方式。（科技部牵头负责）

（七）实施科研院所创新创业共享行动，鼓励科研院所发挥自身优势，进一步提高科技成果转化能力和创新创业能力，进一步开放现有科研设施和资源，推动科技成果在全社会范围实现共享和转化。（国家发展改革委、中科院、科技部等单位按职责分工负责）

三、拓展企业融资渠道

不断完善金融财税政策，创新金融产品，扩大信贷支持，发展创业投资，优化投入方式，推动破解创新创业企业融资难题。

（八）在有效防控风险的前提下，合理赋予大型银行县支行信贷业务权限。支持地方性法人银行在符合条件的情况下在基层区域增设小微支行、社区支行，提供普惠金融服务。支持商业银行改造小微企业信贷流程和信用评价模型，提高审批效率。（银监会牵头负责）

（九）完善债权、股权等融资服务机制，为科技型中小企业提供覆盖全生命周期的投融资服务。稳妥推进投贷联动试点工作。推广专利权质押等知识产权融资模式，鼓励保险公司为科技型中小企业知识产权融资提供保证保险服务，对符合条件的由地方各级人民政府提供风险补偿或保费补贴。持续优化科技型中小企业直接融资机制，稳步扩大创新创业公司债券试点规模。支持政府性融资担保机构为科技型中小企业发债提供担保。鼓励地方各级人民政府建立政银担、政银保等不同类型的风险补偿机制。（银监会、人民银行、保监会、财政部、科技部、国家知识产权局、证监会等部门按职责分工负责）

（十）改革财政资金、国有资本参与创业投资的投入、管理与退出标准和规则，建立完善与其特点相适应的绩效评价体系。依法依规豁免国有创业投资机构和国有创业投资引导基金国有股转持义务。（财政部、国务院国资委等部门按职责分工负责）

（十一）适时推广创业投资企业和天使投资个人有关税收试点政策，引导社会资本参与创业投资。推动创业投资企业、创业投资管理企业及其从业人员在第三方征信机构完善信用记录，实现创业投资领域信用记录全覆盖。（财政部、税务总局、国家发展改革委等部门按职责分工负责）

（十二）推动国家新兴产业创业投资引导基金、国家中小企业发展基金、国家科技成果转化引导基金设立一批创业投资子基金。引导和规范地方各级人民政府设立创业投资引导基金，建立完善对引导基金的运行监管机制、财政资金的绩效考核机制和基金管理机构的信用信息评价机制。（国家发展改革委、财政部、工业和信息化部等部门按职责分工负责）

（十三）健全完善创新券、创业券的管理制度和运行机制，在全面创新改革试验区域探索建立创新券、创业券跨区域互通互认机制。（科技部、国家发展改革委等部门按职责分工负责）

四、促进实体经济转型升级

深入实施“互联网+”、“中国制造2025”、军民融合发展、新一代人工智能等重大举措，着力加强创新创业平台建设，培育新兴业态，发展分享经济，以新技术、新业态、新模式改造传统产业，增强核心竞争力，实现新兴产业与传统产业协同发展。

（十四）加强基础研究，提升原始创新能力。改革和创新科研管理、投入和经费使用方式。高校和科研院所要鼓励科研人员与创业者开展合作和互动交流，建立集群思、汇众智、解难题的众创空间。面向企业和社会创新的难点，凝练和解决科学问题，举办各种形式的创新挑战赛，通过众包共议方式，提高创新效率和水平。（科技部、财政部等部门按职责分工负责）

（十五）在战略性领域布局建设若干产业创新中心，整合利用现有创新资源形成充满活力的创新网络。依托企业、联合高校和科研院所，建设符合发展需求的制造业创新中心，开展关键共性重大技术研究和产业化应用示范。推动建立一批军民结合、产学研一体的科技协同创新平台。（国家发展改革委、工业和信息化部、科技部、教育部等部门按职责分工负责）

（十六）实施企业创新创业协同行动。支持大型企业开放供应链资源和市场渠道，推动开展内部创新创业，带动产业链上下游发展，促进大中小微企业融通发展。（国家发展改革委、工业和信息化部、国务院国资委、全国工商联等单位按职责分工负责）

（十七）鼓励大型企业全面推进“双创”工作，建设“双创”服务平台与网络，开展各类“双创”活动，推广各类大型企业“双创”典型经验，促进跨界融合和成果转化。（国家发展改革委、工业和信息化部、国务院国资委、全国工商联等单位按职责分工负责）

（十八）促进分享经济发展，合理引导预期，创新监管模式，推动构建适应分享经济发展的包容审慎监管机制和社会多方协同治理机制，完善新就业形态、消费者权益、社会保障、信用体系建设、风险控制等方面的政策法规，研究完善适应分享经济特点的税收征管措施，研究建立平台企业履职尽责与依法获得责任豁免的联动机制。（国家发展改革委、人力资源社会保障部、人民银行、工商总局、税务总局、中央网信办等单位按职责分工负责）

（十九）发布促进数字经济发展战略纲要，强化系统性设计，打破制约数字生产力发展的制度障碍，推进市场化的生产资料分享，提升市场配置资源效率，加速数字化转型，引领和适应数字经济发展。发起“一带一路”数字经济国际合作倡议，促进“一带一路”沿线国家数字经济交流与合作。（国家发展改革委、中央网信办等单位按职责分工负责）

（二十）进一步完善新产业新业态新模式统计分类，充分利用大数据等现代信息技术手段，研究制定“双创”发展统计指标体系，科学、准确、及时反映经济结构优化升级的新进展。（国家统计局牵头负责）

（二十一）加快研究制定工业互联网安全技术标准，建设工业互联网网络安全监测平台和中小企业网络安全公共服务平台，强化工业互联网安全保障支撑能力。（工业和信息化部牵头负责）

（二十二）积极落实支持大众创业、万众创新的用地政策，加大新供用地保障力度，鼓励盘活利用现有用地，引导新产业集聚发展，完善新产业用地监管制度。（国土资源部牵头负责）

（二十三）研究制定促进首台（套）重大技术装备示范应用的意见，建立健全首台（套）重大技术装备研发、检测评定、示范应用体系，完善财政、金融、保险等支持政策，明确相关招标采购要求，建立示范应用激励和保障机制，营造良好的政策和市场环境。（国家发展改革委牵头负责）

（二十四）充分利用产业投资基金支持先进制造业发展。实施新一轮技术改造升级重大工程，支持关键领域和瓶颈环节技术改造。（国家发展改革委、工业和信息化部、财政部等部门按职责分工负责）

五、完善人才流动激励机制

充分激发人才创新创业活力，改革分配机制，引进国际高层次人才，促进人才合理流动，健全保障体系，加快形成规模宏大、结构合理、素质优良的创新创业人才队伍。

（二十五）制定人才签证实施细则，明确外国人申请和取得人才签证的标准条件和办理程序；全面实施外国人来华工作许可制度，简化外国高层次人才办理工作许可证和居留证件的程序。开展外国高层次人才服务“一卡通”试点，建立安居保障、子女入学和医疗保健服务通道。进一步完善外国人才由工作居留向永久居留转换机制，实现工作许可、签证和居留有机衔接。（国家外专局、公安部、外交部、人力资源社会保障部等部门按职责分工负责）

（二十六）允许外国留学生凭高校毕业证书、创业计划申请加注“创业”的私人事务类居留许可。外国人依法申请注册成为企业的，可凭创办企业注册证明等材料向有关部门申请工作许可和工作类居留许可。（公安部、人力资源社会保障部、国家外专局等部门按职责分工负责）

（二十七）实施留学人员回国创新创业启动支持计划，吸引更多高素质留学人才回国创新创业。继续推进两岸青年创新创业基地建设，推动内地与港澳地区开展创新创业交流合作。深入开展“万侨创新行动”，支持建设华侨华人创新创业基地，探索建立华侨华人创新创业综合服务体系，为华侨华人高层次专业人才和企业家出入境、停居留以及申办外国人永久居留身份证件提供便利。推动来内地创业的港澳同胞、回国（来华）创业的华侨华人享受当地城镇居民同等待遇的社会公共服务。继续推进海外人才离岸创新创业基地建设。（人力资源社会保障部、外交部、公安部、国务院港澳办、国务院台办、国务院侨办、中国科协等单位按职责分工负责）

（二十八）完善高校和科研院所绩效考核办法，在核定的绩效工资总量内高校和科研院所可自主分配。事业单位引进高层次人员和招聘急需紧缺人才，可简化招录程序，没有岗位空缺的可申请设置特设岗

位，并按相关规定办理人事关系，确定岗位薪资。（人力资源社会保障部、教育部、科技部等部门按职责分工负责）

（二十九）实施社团创新创业融合行动，搭建创新创业资源对接平台，推介一批创新创业典型人物和案例，推动创新精神、企业家精神和工匠精神融合，进一步引导和推动各类科技人员投身创新创业大潮。（国家发展改革委、中国科协等单位按职责分工负责）

（三十）加快将现有支持“双创”相关财政政策措施向返乡下乡人员创新创业拓展，将符合条件的返乡下乡人员创新创业项目纳入强农惠农富农政策范围。探索实施农村承包土地经营权以及农业设施、农机具抵押贷款试点。允许返乡下乡人员依法使用集体建设用地开展创新创业。返乡农民工可在创业地参加各项社会保险。鼓励有条件的地方将返乡农民工纳入住房公积金缴存范围，按规定将其子女纳入城镇（城乡）居民基本医疗保险参保范围。地方人民政府要建立协调推动机制，有条件的县级人民政府应设立“绿色通道”，为返乡下乡人员创新创业提供便利服务。（农业部、人力资源社会保障部、国土资源部等部门和有关地方人民政府按职责分工负责）

（三十一）各地区可根据实际需要制定灵活的引才引智政策，采取不改变人才的户籍、人事关系等方式，以用为本，发挥实效，解决关键领域高素质人才稀缺等问题。（各地方人民政府负责）

六、创新政府管理方式

持续深化“放管服”改革，加大普惠性政策支持力度，改善营商环境，放宽市场准入，推进试点示范，加强文化建设，推动形成政府、企业、社会良性互动的创新创业生态。

（三十二）出台公平竞争审查实施细则，进一步健全审查机制，明确审查程序，强化审查责任，推动全面实施公平竞争审查制度，为创新创业营造统一开放、竞争有序的市场环境。（国家发展改革委、财政部、商务部、工商总局等部门按职责分工负责）

（三十三）推进“多证合一”登记制度改革，将涉企登记、备案等有关事项和各类证照进一步整合到营业执照上。对内外资企业，在支持政策上一视同仁，推动实施一个窗口登记注册和限时办结。推动取消企业名称预先核准，推广自主申报。全面实施企业简易注销登记改革，实现市场主体退出便利化。建设全国统一的电子营业执照管理系统，推进无介质电子营业执照建设和应用。（工商总局牵头负责）

（三十四）加大事中事后监管力度，实现“双随机、一公开”监管全覆盖，开展跨部门“双随机”联合检查，提高监管效能。健全跨部门、跨地区执法协作机制，推进市场监管领域综合执法改革。（工商总局、中央编办、国务院法制办等单位按职责分工负责）

（三十五）在有条件的基层政府设立专业化的行政审批机构，实行审批职责、审批事项、审批环节“三个全集中”。（各地方人民政府、有关部门按职责分工负责）

（三十六）适时适当放宽教育等行业互联网准入条件，降低创新创业门槛，加强新兴业态领域事中事后监管。（教育部牵头负责）

（三十七）推进跨省经营企业部分涉税事项全国通办。推进银行卡受理终端、网上银行、手机银行等多元化缴税方式。加强国税、地税联合办税。建立健全市、县两级银税合作工作机制，加大基层银税合作力度，逐步扩大税务、银行信用信息共享内容。探索通过建立电子平台或在银税双方系统中互设接口等方式，实现银税信息“线上”互动。（税务总局牵头负责）

（三十八）积极有序推进试点示范，加快建设全国双创示范基地，推进小微企业创业创新基地城市示范，整合创建一批农村创新创业示范基地。推广全面创新改革试验经验。研究新设一批国家自主创新示范区、高新区，深化国家自主创新示范区政策试点。（国家发展改革委、科技部、财政部、工业和信息化部、农业部等部门按职责分工负责）

（三十九）办好全国“双创”活动周，营造创新创业良好氛围。组织实施好“创响中国”系列活动，开展创业投资企业、院士专家、新闻媒体地方行。高质量办好创新创业赛事，推动创新创业理念更加深入人心。（国家发展改革委、中国科协等单位按职责分工负责）

各地区、各部门要认真落实本意见的各项要求，进一步细化政策措施，切实履职尽责，密切配合，勇于探索，主动作为，及时总结经验，加强监督检查，确保各项政策落到实处，推进大众创业、万众创新深入发展，为全面实施创新驱动发展战略、培育壮大新动能、改造提升传统动能和促进我国经济保持中高速增长、迈向中高端水平提供强劲支撑。

国务院办公厅关于促进开发区改革和创新发展的若干意见

国务院办公厅

2017年1月19日

各省、自治区、直辖市人民政府，国务院各部委、各直属机构：

开发区建设是我国改革开放的成功实践，对促进体制改革、改善投资环境、引导产业集聚、发展开放型经济发挥了不可替代的作用，开发区已成为推动我国工业化、城镇化快速发展和对外开放的重要平台。当前，全球经济和产业格局正在发生深刻变化，我国经济发展进入新常态，面对新形势，必须进一步发挥开发区作为改革开放排头兵的作用，形成新的集聚效应和增长动力，引领经济结构优化调整和发展方式转变。为深入贯彻落实《中共中央国务院关于构建开放型经济新体制的若干意见》，经国务院同意，现就促进开发区改革和创新发展提出以下意见。

一、总体要求

（一）**指导思想**。全面贯彻党的十八大和十八届三中、四中、五中、六中全会精神，深入贯彻习近平总书记系列重要讲话精神和治国理政新理念新思想新战略，认真落实党中央、国务院决策部署，紧紧围绕统筹推进“五位一体”总体布局和协调推进“四个全面”战略布局，牢固树立创新、协调、绿色、开放、共享的发展理念，加强对各类开发区的统筹规划，加快开发区转型升级，促进开发区体制机制创新，完善开发区管理制度和政策体系，进一步增强开发区功能优势，把各类开发区建设成为新型工业化发展的引领区、高水平营商环境的示范区、大众创业万众创新的集聚区、开放型经济和体制创新的先行区，推进供给侧结构性改革，形成经济增长的新动力。

（二）**基本原则**。坚持改革创新。强化开发区精简高效的管理特色，创新开发区运营模式，以改革创新激发新时期开发区发展的动力和活力。坚持规划引领。完善开发区空间布局和数量规模，形成布局合理、错位发展、功能协调的全国开发区发展格局，切实提高经济发展质量和效益。坚持集聚集约。完善公共设施和服务体系，引导工业项目向开发区集中，促进产业集聚、资源集约、绿色发展，切实发挥开发区规模经济效应。坚持发展导向。构建促进开发区发展的长效机制，以规范促发展，正确把握发展和规范的关系，不断探索开发区发展新路径、新经验。

二、优化开发区形态和布局

（三）**科学把握开发区功能定位**。开发区要坚持以产业发展为主，成为本地区制造业、高新技术产业和生产性服务业集聚发展平台，成为实施制造强国战略和创新驱动发展战略的重要载体。开发区要科学规划功能布局，突出生产功能，统筹生活区、商务区、办公区等城市功能建设，促进新型城镇化发展。开发区要继续把优化营商环境作为首要任务，着力为企业投资经营提供优质高效的服务、配套完备的设施、共享便捷的资源，着力推进经济体制改革和政府职能转变。

（四）**明确各类开发区发展方向**。经济技术开发区、高新技术产业开发区、海关特殊监管区域等国家级开发区要发挥示范引领作用，突出先进制造业、战略性新兴产业、加工贸易等产业特色，主动对接国际通行规则，建设具有国际竞争力的高水平园区，打造具有国际影响力的园区品牌。经济开发区、工业园区、高新技术产业园区等省级开发区要依托区域资源优势，推动产业要素集聚，提升营商环境国际化水平，向主导产业明确、延伸产业链条、综合配套完备的方向发展，成为区域经济增长极，带动区域经济结构优化升级。

（五）**推动各区域开发区协调发展**。推进东部地区现有开发区转型升级，增强开发区发展的内生动力，培育有全球影响力的制造研发基地，提高我国产业在全球价值链中的地位。支持中西部地区、东北地区进一步完善开发区软硬件环境，加强开发区承接产业转移的能力建设，增强产业发展动力。鼓励东部地区开发区输出品牌、人才、技术、资金和管理经验，按照优势互补、产业联动、市场导向、利益共享的原则，与中西部地区、东北地区合作共建开发区。围绕“一带一路”建设、京津冀协同发展、长江经济带发展，推动沿海沿江沿线开发区良性互动发展，建设一批具有辐射带动效应的转型升级示范开发区，引导产业优化布局和分工协作。

三、加快开发区转型升级

（六）**推进开发区创新驱动发展**。开发区要贯彻落实创新驱动发展战略，促进科技创新、制度创新，吸引集聚创新资源，提高创新服务水平，推动由要素驱动向创新驱动转变。支持开发区内企业技术中心建设，在有条件的开发区优先布局工程（技术）研究中心、工程实验室、国家（部门）重点实验室、国家地方联合创新平台、制造业创新中心。鼓励开发区加快发展众创空间、大学科技园、科技企业孵化器等创业服务平台，构建公共技术服务平台，设立科技创新发展基金、创业投资基金、产业投资基金，完善融资、咨询、培训、场所等创新服务，培育创新创业生态，创新人才培养和引进机制，营造大众创业、万众创新良好氛围。支持有条件的国家高新技术产业开发区创建国家自主创新示范区，为在全国范围内完善科技创新政策提供可复制经验。

（七）**加快开发区产业结构优化**。开发区要适应新一轮产业变革趋势，加快实施“中国制造 2025”战略，通过优化园区功能、强化产业链条、扶持重大项目、支持科技研发、腾笼换鸟等措施，支持传统制造业通过技术改造向中高端迈进，促进信息技术与制造业结合；主动培育高端装备、机器人、新一代信息技术、生物技术、新能源、新材料、数字创意等战略性新兴产业；促进生产型制造向服务型制造转变，大力发展研发设计、科技咨询、第三方物流、知识产权服务、检验检测认证、融资租赁、人力资源服务等生产性服务业。以开发区为载体，努力形成一批战略性新兴产业集聚区、国家高（新）技术产业（化）基地、国家新型工业化产业示范基地，打造世界级产业集群。

（八）促进开发区开放型经济发展。开发区要不断提高对外开放水平，继续发挥开放型经济主力军作用。支持开发区完善外贸综合服务体系和促进体系，鼓励开发区积极吸引外商投资和承接国际产业转移。支持开发区内符合条件的跨国企业集团开展跨境双向人民币资金池业务。允许符合条件的开发区内企业在全口径外债和资本流动审慎管理框架下，通过贷款、发行债券等形式从境外融入本外币资金。促进海关特殊监管区域整合优化，将符合条件的出口加工区、保税港区等类型的海关特殊监管区域逐步整合为综合保税区。

（九）推动开发区实现绿色发展。开发区要积极推行低碳化、循环化、集约化发展，推进产业耦合，推广合同能源管理模式，积极参加全国碳交易市场建设和运行。鼓励开发区推进绿色工厂建设，实现厂房集约化、原料无害化、生产洁净化、废物资源化、能源低碳化。推进园区循环化改造，按照循环经济“减量化、再利用、资源化”的理念，推动企业循环式生产、产业循环式组合，搭建资源共享、废物处理、服务高效的公共平台，促进废物交换利用、能量梯级利用、水的分类利用和循环使用，实现绿色循环低碳发展。

（十）提升开发区基础设施水平。开发区基础设施建设要整体规划，配套电力、燃气、供热、供水、通信、道路、消防、防汛、人防、治污等设施，并将为企业服务的公共信息、技术、物流等服务平台和必要的社会事业建设项目统一纳入整体规划。推进海绵型开发区建设，增强防涝能力。开发区新建道路要按规划同步建设地下综合管廊，加快实施既有路面城市电网、通信网络架空线入地工程。推进实施“互联网+”行动，建设智慧、智能园区。积极利用专项建设基金，鼓励政策性、开发性、商业性金融机构创新金融产品和服务，支持开发区基础设施建设。

四、全面深化开发区体制改革

（十一）完善开发区管理体制。开发区管理机构作为所在地人民政府的派出机关，要按照精简高效的原则，进一步整合归并内设机构，集中精力抓好经济管理和投资服务，焕发体制机制活力。各地要加强对开发区与行政区的统筹协调，完善开发区财政预算管理和独立核算机制，充分依托所在地各级人民政府开展社会管理、公共服务和市场监管，减少向开发区派驻的部门，逐步理顺开发区与代管乡镇、街道的关系，依据行政区划管理有关规定确定开发区管理机构管辖范围。对于开发区管理机构与行政区人民政府合并的开发区，应完善政府职能设置，体现开发区精简高效的管理特点。对于区域合作共建的开发区，共建双方应理顺管理、投入、分配机制。各类开发区要积极推行政企分开、政资分开，实行管理机构与开发运营企业分离。各地要及时总结开发区发展经验，积极探索开发区法规规章建设。

（十二）促进开发区整合优化发展。各省（区、市）人民政府要积极探索建立开发区统一协调机制，避免开发区同质化和低水平恶性竞争，形成各具特色、差异化的开发区发展格局。鼓励以国家级开发区和发展水平高的省级开发区为主体，整合区位相邻、相近的开发区，对小而散的各类开发区进行清理、整合、撤销，建立统一的管理机构、实行统一管理。被整合的开发区的地区生产总值、财政收入等经济统计数据，可按属地原则进行分成。对于位于中心城区、工业比重低的开发区，积极推动向城市综合功能区转型。

（十三）提高开发区行政管理效能。各省（区、市）人民政府要加大简政放权力度，将能够下放的经济管理权限，依照法定程序下放给开发区。对于开发区内企业投资经营过程中需要由所在地人民政府有关部门逐级转报的审批事项，探索取消预审环节，简化申报程序，可由开发区管理机构直接向审批部门转报。对于具有公共属性的审批事项，探索由开发区内企业分别申报调整为以开发区为单位进行整体申报或转报。科学制定开发区权责清单，优化开发区行政管理流程，积极推进并联审批、网上办理等模式创新，提高审批效率。

（十四）做好开发区投资促进工作。开发区要把投资促进作为重要任务，推进相关体制机制创新，营造国际化营商环境。鼓励开发区设立综合服务平台，为投资者提供行政审批一站式服务。开发区要积极主动开展招商引资活动，创新招商引资方式，从政府主导向政府招商与市场化招商相结合转变，加强招商引资人员培训，提升招商引资工作专业化水平。开发区可结合产业发展方向，在政策允许和权限范围内制定相应的招商引资优惠政策。

（十五）推进开发区建设和运营模式创新。引导社会资本参与开发区建设，探索多元化的开发区运营模式。支持以各种所有制企业为主体，按照国家有关规定投资建设、运营开发区，或者托管现有的开发区，享受开发区相关政策。鼓励以政府和社会资本合作（PPP）模式进行开发区公共服务、基础设施类项目建设，鼓励社会资本在现有的开发区中投资建设、运营特色产业园，积极探索合作办园区的发展模式。支持符合条件的开发区开发运营企业在境内外上市、发行债券融资。充分发挥开发区相关协会组织作用，制订开发区服务规范，促进开发区自律发展。

五、完善开发区土地利用机制

（十六）优化开发区土地利用政策。对发展较好、用地集约的开发区，在安排年度新增建设用地指标时给予适度倾斜。适应开发区转型升级需要，加强开发区公共配套服务、基础设施建设等用地保障，提高生产性服务业用地比例，适当增加生活性服务业用地供给。利用存量工业房产发展生产性服务业以及兴办创客空间、创新工场等众创空间的，可在5年内继续按原用途和土地权利类型使用土地，5年期满或涉及转让需办理相关用地手续的，可按新用途、新权利类型、市场价，以协议方式办理。允许工业用地使用权人按照有关规定经批准后对土地进行再开发，涉及原划拨土地使用权转让需补办出让手续的，可采取规定方式办理并按照市场价缴纳土地出让价款。

（十七）严格开发区土地利用管理。各类开发区用地均须纳入所在市、县用地统一供应管理，并依据开发区用地和建设规划，合理确定用地结构。严格执行土地出让制度和用地标准、国家工业项目建设用地控制指标。推动开发区集约利用土地、提高土地利用效率，从建设用地开发强度、土地投资强度、人均用地指标的管控和综合效益等方面加强开发区土地集约利用评价。积极推行在开发区建设多层标准厂房，并充分利用地下空间。

六、完善开发区管理制度

（十八）加强开发区发展的规划指导。开发区建设应符合国民经济和社会发展规划、主体功能区规划、土地利用总体规划、城镇体系规划、城市总体规划和生态环境保护规划。提升开发区规划水平，增强规划的科学性和权威性，促进“多规合一”。为促进各类开发区合理有序良性发展，各省（区、市）人民政府要组织编制开发区总体发展规划，综合考虑本地区经济发展现状、资源和环境条件、产业基础和特点，科学确定开发区的区域布局，明确开发区的数量、产业定位、管理体制和未来发展方向。

（十九）规范开发区设立、扩区和升级管理。各省（区、市）人民政府要根据开发区总体发展规划和当地经济发展需要，稳步有序推进开发区设立、扩区和升级工作，原则上每个县（市、区）的开发区不超过1家。限制开发区域原则上不得建设开发区，禁止开发区域严禁建设开发区。对于按照核准面积和用途已基本建成的现有开发区，在达到依法、合理、集约用地标准后，方可申请扩区。发展较好的省级开发区可按规定程序升级为国家级开发区。

（二十）完善开发区审批程序和公告制度。国家级开发区的设立、扩区和省级开发区升级为国家级开发区，由省（区、市）人民政府向国务院提出申请，由科技部、商务部、海关总署等会同有关部门共同研究、通盘考虑，提出审核意见报国务院审批。省级开发区的设立、扩区、调区，由所在地人民政府提出申请，报省（区、市）人民政府审批，并报国务院备案。国家发展改革委会同国土资源部、住房城乡建设部等部门定期修订全国开发区审核公告目录，向社会公布符合条件的开发区名称、面积、主导产业等，接受社会监督。

（二十一）**强化开发区环境、资源、安全监管**。开发区布局和建设必须依法执行环境影响评价制度，在空间布局、总量管控、环境准入等方面运用环境影响评价成果，对入区企业或项目设定环境准入要求，积极推行环境污染第三方治理。落实最严格水资源管理制度，实行水资源消耗总量和强度双控，严格执行水资源论证制度，严格水土保持监督管理，防控废弃渣土水土流失危害，加强节约用水管理。推动现有开发区全面完成污水集中处理，新建开发区必须同步配套污水集中处理设施和污染在线监控系统。开发区规划、建设要加强安全管理，严格执行安全设施“三同时”制度，强化安全执法能力建设和安全监管责任体系建设。加强开发区各相关规划的衔接，严格落实安全生产和环境保护所需的防护距离，促进产业发展与人居环境相和谐。

（二十二）**完善开发区评价考核制度**。有关主管部门和各省（区、市）人民政府要建立健全开发区综合评价考核体系，统计部门要积极支持建立健全开发区统计体系，全面反映开发区的开发程度、产业集聚度、技术创新能力、创新创业环境、单位土地投资强度、产出率、带动就业能力、经济效益、环境保护、循环经济发展水平、能源利用效率、低碳发展、社会效益、债务风险等情况。

（二十三）**建立开发区动态管理机制**。开发区考核结果要与奖惩措施挂钩，对考核结果好的开发区优先考虑扩区、升级，加大政策支持力度；对考核结果不合格的开发区，要限制新增土地指标，提出警告，限期整改；对整改不力，特别是长期圈占土地、开发程度低的开发区，要核减面积或予以降级、撤销，不允许纳入全国开发区审核公告目录。

加强新形势下开发区的改革发展，是适应我国经济发展新常态、加快转变经济发展方式的重要举措，对于推进供给侧结构性改革、推动经济持续健康发展具有重要意义。各地区、各部门要高度重视，上下配合，按照职责分工，加强对开发区工作的指导和监督，营造有利的政策环境，共同开创开发区持续健康发展的新局面。

国务院办公厅关于创新农村基础设施投融资体制机制的指导意见

国务院办公厅
2017年2月6日

各省、自治区、直辖市人民政府，国务院各部委、各直属机构：

农村基础设施是社会主义新农村建设的重要内容，是农村经济社会发展的重要支撑。近年来，我国农村道路、供水、污水垃圾处理、供电、电信等基础设施建设步伐不断加快，生产生活条件逐步改善，但由于历史欠账较多、资金投入不足、融资渠道不畅等原因，农村基础设施总体上仍比较薄弱，与全面建成小康社会的要求还有较大差距。为创新农村基础设施投融资体制机制，加快农村基础设施建设步伐，经国务院同意，现提出以下意见。

一、总体要求

（一）**指导思想**。全面贯彻党的十八大和十八届三中、四中、五中、六中全会精神，深入贯彻习近平总书记系列重要讲话精神和治国理政新理念新思想新战略，认真落实党中央、国务院决策部署，统筹推进“五位一体”总体布局和协调推进“四个全面”战略布局，牢固树立和贯彻落实创新、协调、绿色、开放、共享的发展理念，以加快补齐农村基础设施短板、推进城乡发展一体化为目标，以创新投融资体制机制为突破口，明确各级政府事权和投入责任，拓宽投融资渠道，优化投融资模式，加大建设投入，完善管护机制，全面提高农村基础设施建设和管理水平。

（二）**基本原则**。政府主导、社会参与。明确农村基础设施的公共产品定位，强化政府投入和主导责任，加强城乡基础设施统筹规划，加大政策支持力度。破除体制机制障碍，引导和鼓励社会资本投向农村基础设施领域，提高建设和管护市场化、专业化程度。

农民受益、民主决策。发挥农民作为农村基础设施直接受益主体的作用，引导农民和农村集体经济组织积极参与项目建设和管理，推动决策民主化，保障农民知情权、参与权和监督权。

因地制宜、分类施策。充分发挥地方政府和投资主体的积极性，探索适合不同地区、不同基础设施特点的投融资机制。兼顾公平与效率，实施差别化投融资政策，加大对贫困地区的支持力度。

建管并重、统筹推进。坚持先建机制、后建工程，合理确定农村基础设施投融资模式和运行方式。推进投融资体制机制创新与建设管护机制创新、农村集体产权制度改革等有机结合，实现可持续发展。

（三）**主要目标**。到2020年，主体多元、充满活力的投融资体制基本形成，市场运作、专业高效的建管机制逐步建立，城乡基础设施建设管理一体化水平明显提高，农村基础设施条件明显改善，美丽宜居乡村建设取得明显进展，广大农民共享改革发展成果的获得感进一步增强。

二、构建多元化投融资新格局，健全投入长效机制

（四）健全分级分类投入体制。明确各级政府事权和投入责任，构建事权清晰、权责一致、中央支持、省级统筹、县级负责的农村基础设施投入体系。对农村道路等没有收益的基础设施，建设投入以政府为主，鼓励社会资本和农民参与。对农村供水、污水垃圾处理等有一定收益的基础设施，建设投入以政府和社会资本为主，积极引导农民投入。对农村供电、电信等以经营性为主的基础设施，建设投入以企业为主，政府对贫困地区和重点区域给予补助。（国家发展改革委、财政部牵头负责）

（五）完善财政投入稳定增长机制。优先保障财政对农业农村的投入，相应支出列入各级财政预算，坚持把农业农村作为国家固定资产投资的重点领域，确保力度不减弱、总量有增加。统筹政府土地出让收益等各类资金，支持农村基础设施建设。支持地方政府以规划为依据，整合不同渠道下达但建设内容相近的资金，形成合力。（财政部、国家发展改革委牵头负责）

（六）创新政府投资支持方式。发挥政府投资的引导和撬动作用，采取直接投资、投资补助、资本金注入、财政贴息、以奖代补、先建后补、无偿提供建筑材料等多种方式支持农村基础设施建设。鼓励地方政府和社会资本设立农村基础设施建设投资基金。建立规范的地方政府举债融资机制，推动地方融资平台转型改制和市场化融资，重点向农村基础设施建设倾斜。允许地方政府发行一般债券支持农村道路建设，发行专项债券支持农村供水、污水垃圾处理设施建设，探索发行县级农村基础设施建设项目集合债。支持符合条件的企业发行企业债券，用于农村供电、电信设施建设。鼓励地方政府通过财政拨款、特许或委托经营等渠道筹措资金，设立不向社会征收的政府性农村基础设施维修养护基金。鼓励有条件的地区将农村基础设施与产业、园区、乡村旅游等进行捆绑，实行一体化开发和建设，实现相互促进、互利共赢。（国家发展改革委、财政部、人民银行、银监会、证监会等负责）

（七）建立政府和社会资本合作机制。支持各地通过政府和社会资本合作模式，引导社会资本投向农村基础设施领域。鼓励按照“公益性项目、市场化运作”理念，大力推进政府购买服务，创新农村基础设施建设和运营模式。支持地方政府将农村基础设施项目整体打包，提高收益能力，并建立运营补偿机制，保障社会资本获得合理投资回报。对农村基础设施项目在用电、用地等方面优先保障。（国家发展改革委、财政部、工业和信息化部、国土资源部、住房城乡建设部、水利部、农业部、国家林业局、国家能源局等负责）

（八）充分调动农民参与积极性。尊重农民主体地位，加强宣传教育，发挥其在农村基础设施决策、投入、建设、管护等方面作用。完善村民一事一议制度，合理确定筹资筹劳限额，加大财政奖补力度。鼓励农民和农村集体经济组织自主筹资筹劳开展村内基础设施建设。推行农村基础设施建设项目公示制度，发挥村民理事会、新型农业经营主体等监督作用。（农业部、水利部、国家林业局、民政部、住房城乡建设部等负责）

（九）加大金融支持力度。政策性银行和开发性金融机构要结合各自职能定位和业务范围，强化对农村基础设施建设的支持。鼓励商业银行加大农村基础设施信贷投放力度，改善农村金融服务。发挥农业银行面向三农、商业运作的优势，加大对农村基础设施的支持力度。支持银行业金融机构开展收费权、特许经营权等担保创新类贷款业务。完善涉农贷款财政奖励补助政策，支持收益较好、能够市场化运作的农村基础设施重点项目开展股权和债权融资。建立并规范发展融资担保、保险等多种形式的增信机制，提高各类投资建设主体的融资能力。加快推进农村信用体系建设。鼓励利用国际金融组织和外国政府贷款建设农村基础设施。（人民银行、银监会、证监会、保监会、国家发展改革委、财政部、农业发展银行、开发银行、农业银行等负责）

（十）强化国有企业社会责任。切实发挥输配电企业、基础电信运营企业的主体作用，加大对农村电网改造升级、电信设施建设的投入力度。鼓励其他领域的国有企业拓展农村基础设施建设业务，支持中央企业和地方国有企业通过帮扶援建等方式参与农村基础设施建设。（国务院国资委、国家发展改革委、财政部、工业和信息化部、国家能源局等负责）

（十一）引导社会各界积极援建。鼓励企业、社会组织、个人通过捐资捐物、结对帮扶、包村包项目等形式，支持农村基础设施建设和运行管护。引导国内外机构、基金会、社会团体和各界人士依托公益捐助平台，为农村基础设施建设筹资筹物。落实企业和个人公益性捐赠所得税税前扣除政策。进一步推进东西部扶贫协作，支持贫困地区农村基础设施建设。（民政部、财政部、税务总局、国家发展改革委、国务院扶贫办等负责）

三、完善建设管护机制，保障工程长期发挥效益

（十二）完善农村公路建设养护机制。将农村公路建设、养护、管理机构运行经费及人员基本支出纳入一般公共财政预算。推广“建养一体化”模式，通过政府购买服务等方式，引入专业企业、社会资本建设和养护农村公路。鼓励采取出让公路冠名权、广告权、相关资源开发权等方式，筹资建设和养护农村公路。结合物价上涨、里程增加、等级提升等因素，合理确定农村公路养护资金补助标准。（交通运输部、财政部、国家发展改革委等负责）

（十三）加快农村供水设施产权制度改革。以政府投入为主兴建、规模较大的农村集中供水基础设施，由县级人民政府或其授权部门根据国家有关规定确定产权归属；以政府投入为主兴建、规模较小的农村供水基础设施，资产交由农村集体经济组织或农民用水合作组织所有；单户或联户农村供水基础设施，国家补助资金所形成的资产归受益农户所有；社会资本投资兴建的农村供水基础设施，所形成的资产归投资者所有，或依据投资者意愿确定产权归属。由产权所有者建立管护制度，落实管护责任。鼓励开展农村供水设施产权交易，通过拍卖、租赁、承包、股份合作、委托经营等方式将一定期限内的管护权、收益权划归社会投资者。推进国有供水企业股份制改造，引入第三方参与运行管理。（水利部、住房城乡建设部、国家发展改革委、财政部等负责）

（十四）理顺农村污水垃圾处理管理体制。探索建立农村污水垃圾处理统一管理体制，切实解决多头管理问题。鼓励实施城乡生活污水“统一规划、统一建设、统一运行、统一管理”集中处理与农村污水“分户、联户、村组”分散处理相结合的模式，推动农村垃圾分类和资源化利用，完善农村垃圾“户分类、村组收集、乡镇转运、市县处理”集中处置与“户分类、村组收集、乡镇（或村）就地处理”分散处置相结合的模式，推广建立村庄保洁制度。推进建立统一的农村人居环境建设管理信息化平台，促进相关资源统筹利用。（住房城乡建设部、环境保护部牵头负责）

（十五）积极推进农村电力管理体制改革。加快建立规范的现代电力企业制度，鼓励有条件的地区开展县级电网企业股份制改革试点。逐步向符合条件的市场主体放开增量配电网投资业务，赋予投资主体新增配电网的所有权和经营权。鼓励以混合所有制方式发展配电业务，通过公私合营模式引入社会资本参与农村电网改造升级及运营。支持社会资本投资建设清洁能源项目和分布式电源并网工程。（国家能源局、国家发展改革委牵头负责）

（十六）鼓励农村电信设施建设向民间资本开放。创新农村电信基础设施建设项目融资模式，支持民间资本以资本入股、业务代理、网络代维等多种形式与基础电信企业开展合作，参与农村电信基础设施建设。加快推进东中部发达地区农村宽带接入市场向民间资本开放试点工作，逐步深化试点，鼓励和引导民间资本开展农村宽带接入网络建设和业务运营。（工业和信息化部牵头负责）

（十七）改进项目管理和绩效评价方式。建立涵盖需求决策、投资管理、建设运营等全过程、多层次的农村基础设施建设项目综合评价体系。对具备条件的项目，通过公开招标、邀请招标、定向委托、竞争性谈判等多种方式选择专业化的第三方机构，参与项目前期论证、招投标、建设监理、效益评价等，

建立绩效考核、监督激励和定期评价机制。（国家发展改革委、财政部牵头负责）

四、健全定价机制，激发投资动力和活力

（十八）合理确定农村供水价格。在建立使用者付费制度、促进节约用水的基础上，完善农村供水水价形成机制。对城市周边已纳入城镇自来水供应范围的农户，实行统一的居民阶梯水价政策。对实行农村集中式供水的，按照补偿成本、合理盈利的原则确定水价，实行有偿服务、计量收费。地方政府和具备条件的农村集体经济组织可根据实际情况对运营单位进行合理补偿。通过加强水费征收和运行维护费用补偿等措施，保障工程正常运行及日常维护。（国家发展改革委、水利部牵头负责）

（十九）探索建立污水垃圾处理农户缴费制度。鼓励先行先试，在有条件的地区实行污水垃圾处理农户缴费制度，保障运营单位获得合理收益，综合考虑污染防治形势、经济社会承受能力、农村居民意愿等因素，合理确定缴费水平和标准，建立财政补贴与农户缴费合理分摊机制。完善农村污水垃圾处理费用调整机制，建立上下游价格调整联动机制，价格调整不到位时，地方政府和具备条件的村集体可根据实际情况对运营单位给予合理补偿。（住房城乡建设部、国家发展改革委、财政部等负责）

（二十）完善输配电价机制。按照“管住中间、放开两头”的原则，推进输配电价改革，严格成本审核和监管，完善分类定价、阶梯电价政策，落实好“两分钱”农网还贷资金政策，研究建立电力普遍服务补偿机制，支持农村地区发展。（国家发展改革委、国家能源局牵头负责）

（二十一）推进农村地区宽带网络提速降费。加快农村宽带网络建设，引导基础电信企业公平竞争。指导和推动基础电信企业简化资费结构，切实提高农村宽带上网等业务的性价比，为农村贫困户提供更加优惠的资费方案，为发展“互联网＋”提供有力支撑。（工业和信息化部牵头负责）

五、保障措施

（二十二）强化规划引导作用。按照城乡一体化发展的要求，衔接协调各类规划，推进县域乡村建设规划编制，统筹农村道路、供水、污水垃圾处理、供电、电信等基础设施建设布局。推动城镇基础设施向农村延伸，鼓励将城市周边农村、规模较大的中心镇纳入城镇基础设施建设规划，实行统一规划、统一建设、统一管护。（住房城乡建设部牵头负责）

（二十三）完善相关法律法规。完善农村基础设施投融资相关法律法规，依法保护投资者合法权益，维护公平有序的市场投资环境。推动公路法、村庄和集镇规划建设管理条例等相关法律法规修订工作，为创新农村基础设施投融资体制机制创造条件。加快修订相关规定，适当放宽对农村小型基础设施投资项目管理“四制”要求。（交通运输部、住房城乡建设部、国家发展改革委、农业部、国务院法制办等负责）

（二十四）落实地方政府责任。地方各级人民政府要把农村基础设施建设管护摆上重要议事日程，统筹本辖区内国有林区、林场、垦区等基础设施建设，积极创新投融资体制机制。县级人民政府是农村基础设施建设管护的责任主体，要结合本地实际，制定实施意见，确保各项措施落到实处。（各省级人民政府负责）

（二十五）加强部门协作。国务院各有关部门要根据本意见，按照职责分工，密切协作配合，抓紧制定相关配套措施。国家发展改革委要会同有关部门对意见落实情况进行跟踪分析和定期评估，并向国务院报告。（国家发展改革委牵头负责）

国务院办公厅关于县域创新驱动发展的若干意见

国务院办公厅

2017年5月11日

各省、自治区、直辖市人民政府，国务院各部委、各直属机构：

实施创新驱动发展战略，基础在县域，活力在县域，难点也在县域。新形势下，支持县域开展以科技创新为核心的全面创新，推动大众创业、万众创新，加快实现创新驱动发展，是打造发展新引擎、培育发展新动能的重要举措，对于推动县域经济社会协调发展、确保如期实现全面建成小康社会奋斗目标具有重要意义。经过多年努力，我国县域科技创新取得了长足进步，对县域经济社会发展的支撑作用显著增强，但总体仍然比较薄弱，区域发展不平衡等现象突出。为贯彻落实全国科技创新大会精神，全面实施《国家创新驱动发展战略纲要》，推动实现县域创新驱动发展，现提出以下意见。

一、总体要求

（一）指导思想

全面贯彻党的十八大和十八届三中、四中、五中、六中全会精神，深入贯彻习近平总书记系列重要讲话精神和治国理政新理念新思想新战略，按照党中央、国务院决策部署，统筹推进“五位一体”总体布局和协调推进“四个全面”战略布局，牢固树立和贯彻落实新发展理念，发挥科技创新在县域供给侧结构性改革中的支撑引领作用，强化科技与县域经济社会发展有效对接，打通从科技强、产业强到经济社会发展强的通道。以建设创新型县（市）和创新型乡镇为抓手，深入推动大众创业、万众创新，整合优化县域创新创业资源，构建多层次、多元化县域创新创业格局，推动形成县域创新创业新热潮，以创业带动就业，培育新动能、发展新经济，促进实现县域创新驱动发展。

（二）基本原则

创新驱动。坚持创新是引领发展的第一动力，加强创新资源共享，完善创业培育服务，激发全社会创新创业活力，推动大众创业、万众创新向更大范围、更高层次、更深程度发展，加快形成具有县域特色的创新驱动发展路径。

人才为先。坚持把人才作为支撑县域创新发展的第一资源，实施更加积极的创新创业激励和人才吸引政策，优化县域人才环境，加快培育集聚创新创业人才队伍。

需求导向。紧扣县域经济社会发展内在需求，提高科技创新供给质量和效率，集聚各类创新资源，促进产学研用结合，加快先进适用科技成果向县域转移转化，做大做强县域特色产业。

差异发展。坚持分类指导、精准施策，结合县域经济社会发展水平和定位，因地制宜确定县域创新驱动发展的目标和任务，加快经济发展方式转变和社会转型，推动实现县域差异化、可持续发展。

（三）主要目标

到2020年，县域创新驱动发展环境显著改善，创新驱动发展能力明显增强，全社会科技投入进一步提高，公民科学素质整体提升，大众创业、万众创新的氛围更加浓厚，形成经济社会协调发展的新格局，为我国建成创新型国家奠定基础。

到2030年，县域创新驱动发展环境进一步优化，创新驱动发展能力大幅提升，创新创业活力有效释放，产业竞争力明显增强，城乡居民收入显著提高，生态环境更加友好，为跻身创新型国家前列提供有力支撑。

二、重点任务

（四）加快产业转型升级

落实区域发展总体战略和主体功能区规划，支持城镇化地区整合各类创新资源，推动制造、加工等传统产业改造升级，加大新一代信息网络、智能绿色制造等产业关键技术推广应用，培育具有核心竞争力的产业集群。支持农产品主产区加快发展农业高新技术产业，促进农业与旅游休闲、教育文化、健康养生等产业深度融合，发展观光农业、体验农业、创意农业、电子商务、物流等新业态，推动商业模式创新，走产出高效、产品安全、资源节约、环境友好的现代农业发展道路，带动农民增收致富。实施农业产业竞争力提升科技行动，建设国家现代农业产业科技创新中心。支持重点生态功能区以保护自然生态为前提、以资源承载能力和环境容量为基础，科学有度有序开发，促进人口、经济、资源环境均衡发展。结合地方资源禀赋和发展基础，发展知识产权密集型产业，促进县域特色主导产业绿色化、品牌化、高端化、集群化发展。

（五）培育壮大创新型企业

找准县域创新驱动发展的着力点，加强企业技术创新平台和环境建设，在有条件的县（市）培育一批具有较强自主创新能力和国际竞争力的高新技术企业。加快实施《促进科技成果转移转化行动方案》，指导县域内企业加强与高等学校、科研院所的产学研合作，支持有条件的县（市）加强基础研究成果转化和产业化。引导金融机构支持县域科技创新，提升县域科技资源配置和使用效率。支持符合条件的高成长性科技企业上市，引导企业有效利用主板、中小板、创业板、新三板、区域性股权交易市场等多层次资本市场融资。鼓励有条件的县（市）设立科技成果转化基金、创业投资引导基金等，引导社会资本投资初创期、种子期科技型中小企业。鼓励有条件的县（市）采取科技创新券等科技经费后补助措施，支持小微企业应用新技术、新工艺、新材料，发展新服务、新模式、新业态，培育一批掌握行业“专精特新”技术的科技“小巨人”企业。

（六）集聚创新创业人才

发挥企业家在县域创新驱动发展中的关键作用，营造有利于创新型企业家发展的良好环境，支持企业家整合技术、资金、人才等资源，加快企业创新发展。深入推行科技特派员制度，支持科技领军人才、高技能人才、专业技术人才等到县域开展创业服务，引导高校毕业生到县域就业创业，推进农村大众创业、万众创新。推广“科技镇长团”、“博士服务团”等模式，发挥乡土人才等农村实用人才作用，提升县域人才集聚和创新管理服务能力。落实《中华人民共和国促进科技成果转化法》、《实施〈中华人民共和国促进科技成果转化法〉若干规定》，通过股权期权激励等措施，让创新人才在科技成果转移转化过程中得到合理回报，激发各类人才的创新创业活力。加强农民就业创业培训，培育新型职业农民，推动农村劳动力转移就业。

（七）加强创新创业载体建设

科学编制县城总体规划，支持有条件的县（市）高起点规划、高标准建设高新技术产业开发区、农业科技园区、火炬特色产业基地等创新创业平台，并将相关园区纳入县城总体规划统一管理，引领县域创新驱动发展。推动符合条件的科技园区升级为国家高新技术产业开发区，建设若干国家农业高新技术产业开发区。在有条件的县（市）建设创新型县（市）、创新型乡镇。结合县域需求实际，依托科技园区、高等学校、科研院所等，加快发展“互联网+”创业网络体系，建设一批低成本、便利化、全要素、开放式的众创空间、“星创天地”，降低创业门槛，促进创业与创新、创业与就业、线上与线下相结合。鼓励国家（重点）实验室、国家工程（技术）研究中心、高等学校新农村发展研究院等各类创新平台在县域开展应用示范，实现开放共享，为大众创业、万众创新提供有力支撑。推动县域生产力促进中心建设，提升知识产权代理、交易、咨询、评估等服务水平。

（八）促进县域社会事业发展

加大大气污染防治、土壤治理、水环境保护、资源高效利用等领域核心关键技术转化应用力度，强化重点地区生态保护与修复。围绕重大慢病防控、人口老龄化应对等人口健康重大问题，加强疾病防治技术普及推广，加快临床医学研究中心协同创新网络向县域发展，推进健康中国建设。开展集生产生活、文化娱乐、科技教育、医疗卫生等多种服务功能于一体的社区综合技术集成与应用，推动科技成果更多惠及民生改善。加快实施“雪亮工程”，推进县域公共安全视频监控建设和联网应用，加强县乡村三级综合治理信息化建设，提高县域社会治安综合治理科技化水平，建设平安中国。充分发挥市场主体作用，结合地方特色产业基础和发展潜力，加大对经济发达镇、特色小镇、专业小镇、技术创新专业镇等的支持力度，建设美丽乡村。

（九）创新驱动精准扶贫精准脱贫

实施科技扶贫行动，强化科技创新对精准扶贫、精准脱贫的支撑引领作用，瞄准县域脱贫攻坚中存在的科技和人才短板，动员全社会科技资源投身脱贫攻坚，提升县域发展的内生动力。精准对接贫困地区发展的科技需求，加强先进、成熟、适用技术的应用推广和集成示范，支持发展优势特色产业。推进创业式扶贫，激发贫困地区的创新创业热情，提高农民技能素质，以创业式扶贫带动产业发展，帮助建档立卡贫困户脱贫致富。

（十）加大科学普及力度。

把县域科学普及摆在与科技创新同等重要的位置，深入开展农业科技教育培训和农村科普活动，切实提高农民科学素质。以社会主义核心价值观为引领，着重在县域普及科学知识、弘扬科学精神、传播科学思想、倡导科学方法，推动形成讲科学、爱科学、学科学、用科学的良好氛围。充分发挥县级学会、企业科协、农技协开展农村科普的独特优势和科技社团促进科技成果转移转化的纽带作用，面向县域有针对性地开展科学普及和信息服务。提高县域中小学科普教育质量，为青少年提供更多参加科普活动的机会。

（十一）抓好科技创新政策落地

加强国家与地方科技创新政策衔接，加大普惠性科技创新政策落实力度，落实企业研发费用税前加计扣除、高新技术企业所得税优惠等创新政策。加大创新产品和服务采购力度，鼓励采用首购、订购等方式支持县域企业发展。面向县域企业等创新主体加强政策培训解读，建立县域科技创新政策落实督查机制，帮助企业更好享受优惠政策。

三、保障措施

（十二）加强组织领导

推动部省市县联动，建立适应县域创新驱动发展的组织领导体制和工作推进体系，科学谋划创新发展工作格局。强化县（市）科技管理队伍建设，提高县（市）科技部门管理和服务能力，加强对乡镇科技工作的指导。支持有条件的县（市）制定创新发展规划，在科技管理、知识产权运用和保护、人才吸引等方面探索先行先试改革措施。

（十三）加大支持力度

国务院各有关部门要加强对县域创新驱动发展的政策扶持，通过技术创新引导专项（基金）、人才支持计划等，支持县域开展科技创新创业。各地要积极支持县域开展科技创新活动，确保一定比例的科技创新项目、一定数量的科技创新平台和载体在县域落地。

（十四）开展监测评价

实施国家创新调查制度，开展县（市）创新能力监测，加强县（市）创新驱动发展战略研究，优化区域创新布局。指导有条件的地方参照国家创新调查制度开展各具特色的区域创新调查工作。

（十五）做好宣传总结

在推动县域创新驱动发展中及时发现新典型、总结新模式、探索新机制，按照国家有关规定对先进单位、先进个人进行奖励和表彰。宣传推广各地成功经验和做法，形成全社会支持县域创新驱动发展的良好局面。

国务院办公厅关于建设第二批大众创业万众创新示范基地的实施意见

国务院办公厅

2017年6月15日

各省、自治区、直辖市人民政府，国务院各部委、各直属机构：

《国务院办公厅关于建设大众创业万众创新示范基地的实施意见》（国办发〔2016〕35号）印发以来，首批双创示范基地结合实际，不断探索实践，持续完善创新创业生态，建设创新创业平台，厚植创新创业文化，取得了显著成效，形成了一批创新创业高地，打造了一批创新创业品牌，探索了一批创新创业制度模式。双创示范基地已经成为促进转型升级和创新发展的重要抓手。

根据2017年《政府工作报告》部署要求，为在更大范围、更高层次、更深程度上推进大众创业万众创新，持续打造发展新引擎，突破阻碍创新创业发展的政策障碍，形成可复制可推广的创新创业模式和典型经验，经国务院同意，决定在部分地区、高校和科研院所、企业建设第二批双创示范基地，并提出如下实施意见。

一、总体目标

坚持以推进供给侧结构性改革为主线，深入实施创新驱动发展战略，纵深推进大众创业万众创新，在创新创业基础较好、特色明显、具备示范带动能力的区域、高校和科研院所、企业等，再支持建设一批双创示范基地，进一步强化支撑能力，放大标杆效应，提升社会影响，形成新的创新创业经验并在全社会复制推广，推动大中小企业融通发展，拓展就业空间，为培育壮大发展新动能、促进新旧动能接续转换提供重要支撑。

二、政策举措

认真贯彻国务院决策部署，扎实推进落实既定改革举措和建设任务，推动创新创业资源向双创示范基地集聚，确保各项“双创”支持政策真正落地。同时，针对创新创业重点领域、主要环节、关键群体，继续探索创新、先行先试，再推出一批有效的改革举措，逐步建立完善多元化、特色化、专业化的创新创业制度体系。

（一）深化“放管服”改革。进一步减少行政审批事项，简化优化办事流程，规范改进审批行为。编制统一、规范的政务服务事项目录。鼓励双创示范基地设立专业化的行政审批机构，实行审批职责、审批事项、审批环节“三个全集中”。实施市场准入负面清单制度，出台互联网市场准入负面清单。放宽民间资本市场准入，扩大服务领域开放，推进非基本公共服务市场化、产业化和基本公共服务供给模式多元化。探索实行信用评价与税收便利服务挂钩制度，将优惠政策由备案管理和事前审批，逐渐向加强事中事后监管转变，提高中小企业优惠政策获得感。

（二）**优化营商环境**。深化商事制度改革，全面实施企业“五证合一、一照一码”、个体工商户“两证整合”，深入推进“多证合一”。推动整合涉企证照登记和审批备案信息，建设电子营业执照管理系统，推进无介质电子营业执照应用，实现电子营业执照发照、亮照、验照、公示、变更、注销等功能。鼓励推行商标网上申请，将网上申请由仅对商标代理机构开放扩大至对所有申请人开放。扩大商标网上申请业务范围，将网上申请由仅接受商标注册申请逐步扩大至接受续展、转让、注销、变更等商标业务申请。鼓励双创示范基地结合实际整合市场监管职能和执法力量，推进市场监管领域综合行政执法改革，着力解决重复检查、多头执法等问题。

（三）**支持新兴业态发展**。加快发布分享经济发展指南，推动构建适应分享经济发展的监管机制，建立健全创新创业平台型企业运营规则，明确权责边界。以新一代信息和网络技术为支撑，加强技术集成和商业模式创新，推动平台经济、众包经济、分享经济等创新发展。将鼓励创新创业发展的优惠政策面向新兴业态企业开放，符合条件的新兴业态企业均可享受相关财政、信贷等优惠政策。积极发展农产品加工、休闲农业、乡村旅游和农村电子商务等农村新产业、新业态。通过发展新兴业态，实现劳动者多元化就业。建立政府、平台、行业组织、劳动者、消费者共同参与的规则协商、利益分配和权益保障新机制。调动第三方、同业、公众、媒体等监督力量，形成社会力量共同参与的分享经济治理格局。健全适应新兴经济领域融合发展的生产核算等制度。在部分新兴经济领域探索实施新型股权管理制度。

（四）**加强知识产权保护**。在有条件的双创示范基地加快建设知识产权保护中心，扩大知识产权快速维权覆盖面，试点将知识产权保护中心服务业务扩展至发明、实用新型、外观设计专利申请以及专利复审、无效等，大幅缩短知识产权保护中心处理案件的审查周期。搭建集专利申请、维权援助、调解执法等于一体的一站式综合服务平台，探索建立海外知识产权维权援助机制。

（五）**加快科技成果转化应用**。进一步打通科研和产业之间的通道，加速双创示范基地科技成果转移转化。落实好提高科技型中小企业研发费用加计扣除比例的政策。建立有利于提升创新创业效率的科研管理、资产管理和破产清算等制度体系。出台激励国有企业加大研发投入力度、参与国家重大科技项目的措施办法。通过股权期权激励等措施，让创新人才在科技成果转化过程中得到合理回报，激发各类人才的创新创业活力。加强国家与地方科技创新政策衔接，加大普惠性科技创新政策落实力度，落实高新技术企业所得税优惠等创新政策。

（六）**完善人才激励政策**。鼓励双创示范基地研究制定“柔性引才”政策，吸引关键领域高素质人才。完善各类灵活就业人员参加社会保险的管理措施，制定相应的个人申报登记、个人缴费和资格审查办法。对首次创办小微企业或从事个体经营并正常经营1年以上的高校毕业生、就业困难人员，鼓励双创示范基地开展一次性创业补贴试点工作。探索适应灵活就业人员的失业、工伤保险保障方式，符合条件的可享受灵活就业、自主创业扶持政策。

（七）**支持建设“双创”支撑平台**。采取政府资金与社会资本相结合的方式支持双创示范基地建设，引导各类社会资源向创新创业支撑平台集聚，加快建设进度，提高服务水平。支持示范区域内的龙头骨干企业、高校和科研院所建设专业化、平台型众创空间。对条件成熟的专业化众创空间进行备案，给予精准扶持。依托科技园区、高等学校、科研院所等，加快发展“互联网 +”创业网络体系，建设一批低成本、便利化、全要素、开放式的众创空间，降低创业门槛。

试点推动老旧商业设施、仓储设施、闲置楼宇、过剩商业地产转为创业孵化基地。双创示范基地可根据创业孵化基地入驻实体数量和孵化效果，给予一定奖补。

（八）加快发展创业投融资。充分发挥国家新兴产业创业投资引导基金、中小企业发展基金作用，支持设立一批扶持早中期、初创期创新型企业的创业投资基金。引导和规范政府设立创业投资引导基金，建立完善引导基金运行监管机制、财政资金绩效考核机制和信用信息评价机制。加快创业投资领域信用体系建设，实现创业投资领域信用记录全覆盖。根据国务院统一部署，支持双创示范基地按照相关规定和程序开展投贷联动、专利质押融资贷款等金融改革试点。落实好创业担保贷款政策，鼓励金融机构和担保机构依托信用信息，科学评估创业者还款能力，改进风险防控，降低反担保要求，健全代偿机制，推行信贷尽职免责制度。研究建立有利于国有企业、国有资本从事创业投资的容错机制。

（九）支持农民工返乡创业。鼓励和引导返乡农民工按照法律法规和政策规定，通过承包、租赁、入股、合作等多种形式，创办领办家庭农场林场、农民合作社、农业企业、农业社会化服务组织等新型农业经营主体。通过发展农村电商平台，利用互联网思维和技术，实施“互联网 +”现代农业行动，开展网上创业。返乡下乡人员可在创业地按相关规定参加各项社会保险，有条件的地方要将其纳入住房公积金缴存范围，按规定将其子女纳入城镇（城乡）居民基本医疗保险参保范围。鼓励双创示范基地设立“绿色通道”，为返乡下乡人员创新创业提供便利服务，对进入创业园区的，提供有针对性的创业辅导、政策咨询、集中办理证照等服务。

（十）支持海外人才回国（来华）创业。探索建立华侨华人回国（来华）创业综合服务体系，逐步推广已在部分地区试行的海外人才优惠便利政策。促进留学回国人员就业创业，鼓励留学人员以知识产权等无形资产入股方式创办企业。简化留学人员学历认证等手续，降低服务门槛，依法为全国重点引才计划引进人才及由政府主管部门认定的海外高层次留学人才申请永久居留提供便利。实施有效的人才引进和扶持政策，吸引更多人才回流，投身创新创业。

（十一）推动融合协同共享发展。支持双创示范基地之间建立协同机制，开展合作交流，共同完善政策环境，共享创新创业资源，共建创新创业支撑平台。支持双创示范基地“走出去”，与相关国家、地区开展合作交流。实施院所创新创业共享行动，支持科研院所创新创业，开放科研设施和资源，推动科技成果实现共享和转化，促进创业与科技创新深度融合。实施企业创新创业协同行动，鼓励行业领军企业、大型互联网企业向各类主体开放技术、开发、营销、推广等资源，推动开展内部创新创业，打造与中小微企业协同发展的格局。

（十二）营造创新创业浓厚氛围。办好全国“双创”活动周，展现各行业、各区域开展创新创业活动的丰硕成果。办好“创响中国”系列活动，开展双创示范基地政策行、导师行、科技行、投资行、宣传行等活动。实施社团创新创业融合行动，推介一批创新创业典型人物和案例，进一步引导和推动各类科技人员投身创新创业大潮。继续举办各类创新创业大赛，推动创新创业理念更加深入人心。面向双创示范基地企业等创新主体加强政策培训解读，建立双创示范基地科技创新政策落实督查机制，帮助企业更好享受优惠政策。

同时，不断增加创新创业政策供给。结合双创示范基地建设实践探索和成功经验，加快研究制定进一步推进大众创业万众创新纵深发展的政策文件，在改革政府管理方式、转化创新成果、拓展企业融资渠道、促进实体经济转型升级、完善人才流动激励机制等方面出台更加有力的政策措施，并与现有政策统筹协调、各有侧重，形成更大的政策合力。

三、步骤安排

2017 年 7 月底前，第二批双创示范基地结合自身特点，研究制定工作方案，明确建设目标和重点。有关部门和地方论证、完善工作方案。工作方案要向社会公布，接受社会监督。

2017年年底前，第二批双创示范基地按照工作方案，落实和完善相关政策举措，加快推进双创示范基地建设，并取得阶段性成果。

2018年上半年，国家发展改革委会同相关部门组织对首批和第二批双创示范基地建设工作开展督促检查和第三方评估。

各地区、各部门要按照有关要求，认真抓好第二批双创示范基地建设工作。双创示范基地所在地人民政府要高度重视，加强领导，完善组织体系，把双创示范基地建设作为重要抓手和载体，认真抓好落实；要出台有针对性的政策措施，保证政策真正落地生根，进一步释放全社会创新创业活力。国家发展改革委要会同相关部门加强指导，建立地方政府、部门政策协调联动机制，为高校、科研院所、各类企业等提供政策支持、科技支撑、人才引进、公共服务等保障条件，形成强大合力，推动形成大众创业万众创新纵深发展的新局面。

附件

第二批双创示范基地名单（92个）

一、区域示范基地（45个）

北京市顺义区

天津滨海高新技术产业开发区

河北省保定国家高新技术产业开发区

山西转型综合改革示范区学府产业园区

内蒙古自治区包头稀土高新技术产业开发区

辽宁省大连高新技术产业园区

辽宁省鞍山高新技术产业开发区

吉林长春新区

黑龙江哈尔滨新区

上海市徐汇区

江苏省南京市雨花台区

浙江省杭州经济技术开发区

浙江省宁波市鄞州区

浙江省嘉兴南湖高新技术产业园区

安徽省芜湖高新技术产业开发区

福建省厦门火炬高技术产业开发区

福建省泉州市丰泽区

江西赣江新区

山东省青岛高新技术产业开发区

山东省淄博市张店区

山东省威海火炬高技术产业开发区

河南省许昌市城乡一体化示范区

河南省鹿邑县

湖北省武汉市江岸区

湖北省荆门高新技术产业开发区

湖北省黄冈市罗田县

湖南省湘潭高新技术产业开发区

广东省深圳市福田区

广东省汕头华侨经济文化合作试验区

广东省中山火炬高技术产业开发区
广西壮族自治区南宁高新技术产业开发区
海南省海口国家高新技术产业开发区
重庆市永川区
四川天府新区
四川省巴中市平昌县
贵州省贵阳高新技术产业开发区
贵州省遵义市汇川区
云南省昆明经济技术开发区
西藏自治区拉萨市柳梧新区
陕西省杨凌农业高新技术产业示范区
甘肃省兰州市城关区
青海省青海国家高新技术产业开发区
宁夏回族自治区银川经济技术开发区
新疆维吾尔自治区乌鲁木齐高新技术产业开发区
新疆生产建设兵团石河子高新技术产业开发区

二、高校和科研院所示范基地（26个）

北京大学
河北农业大学
吉林大学
哈尔滨工业大学
复旦大学
上海科技大学
南京理工大学
南京工业职业技术学院
浙江大学
山东大学
武汉大学
华中科技大学
中南大学
华南理工大学
西安电子科技大学
中国信息通信研究院
国家工业信息安全发展研究中心
中国科学院计算技术研究所
中国科学院大连化学物理研究所
中国科学院长春光学精密机械与物理研究所
中国科学院上海微系统与信息技术研究所
中国科学院苏州纳米技术与纳米仿生研究所
中国科学院宁波材料技术与工程研究所
中国科学院合肥物质科学研究院
中国科学院深圳先进技术研究院
中国科学院西安光学精密机械研究所

三、企业示范基地（21个）

中国航空工业集团公司
中国船舶重工集团公司
中国电子科技集团公司
国家电网公司
中国移动通信集团公司
中国电子信息产业集团有限公司
中国宝武钢铁集团有限公司
中国钢研科技集团有限公司
北京有色金属研究总院
中国普天信息产业集团公司
三一重工股份有限公司
北京百度网讯科技有限公司
长春国信现代农业科技发展股份有限公司
万向集团公司
合肥荣事达电子电器集团有限公司
浪潮集团有限公司
迪尚集团有限公司
深圳市腾讯计算机系统有限公司
重庆猪八戒网络有限公司
四川长虹电子控股集团有限公司
新希望集团有限公司

国务院办公厅关于推广支持创新相关改革举措的通知

国务院办公厅

2017年9月7日

各省、自治区、直辖市人民政府，国务院各部委、各直属机构：

为深入实施创新驱动发展战略，党中央、国务院确定在京津冀、上海、广东（珠三角）、安徽（合芜蚌）、四川（成德绵）、湖北武汉、陕西西安、辽宁沈阳等8个区域开展全面创新改革试验，推进相关改革举措先行先试，着力破除制约创新发展的体制机制障碍。有关地区和部门认真落实党中央、国务院决策部署，在深化科技体制改革、提升自主创新能力、优化创新创业环境等方面进行了大胆探索，形成了一批支持创新的相关改革举措。为进一步加大支持创新的力度，营造有利于大众创业、万众创新的制度环境和公平竞争市场环境，为创新发展提供更加优质的服务，经国务院批准，将有关改革举措在全国或8个改革试验区域内推广。现就有关事项通知如下：

一、推广改革举措的主要内容

（一）科技金融创新方面3项："以关联企业从产业链核心龙头企业获得的应收账款为质押的融资服务"、"面向中小企业的一站式投融资信息服务"、"贷款、保险、财政风险补偿捆绑的专利权质押融资服务"。

（二）创新创业政策环境方面5项："专利快速审查、确权、维权一站式服务"、"强化创新导向的国有企业考核与激励"、"事业单位可采取年薪制、协议工资制、项目工资等灵活多样的分配形式引进紧缺或高层次人才"、"事业单位编制省内统筹使用"、"国税地税联合办税"。

（三）外籍人才引进方面2项："鼓励引导优秀外国留学生在华就业创业，符合条件的外国留学生可直接申请工作许可和居留许可"、"积极引进外籍高层次人才，简化来华工作手续办理流程，新增工作居留向永久居留转换的申请渠道"。

（四）军民融合创新方面3项："军民大型国防科研仪器设备整合共享"、"以股权为纽带的军民两用技术联盟创新合作"、"民口企业配套核心军品的认定和准入标准"。

二、高度重视推广工作

各地区、各部门要深入实施创新驱动发展战略，深刻认识推广支持创新相关改革举措的重大意义，将其作为深入贯彻落实创新、协调、绿色、开放、共享发展理念和推进供给侧结构性改革的重要抓手。要着力推动政策制度创新，深化简政放权、放管结合、优化服务改革，加快政府职能转变，提高政府管理水平，推进构建与创新驱动发展要求相适应的新体制、新模式，持续释放改革红利，激发全社会的创新创造活力，加快培育壮大经济发展新动能。

三、切实做好组织实施

各省（区、市）人民政府要将支持创新相关改革举措推广工作列为本地区重点工作，结合实际情况，积极创造条件、扎实推进，确保改革举措落地生根、产生实效。国务院各有关部门要结合工作职能，积极协调、指导推进推广工作。国家发展改革委和科技部要适时督促检查推广工作进展情况及效果，重大问题及时向国务院报告。

附件

支持创新相关改革举措推广清单

序号	改革举措	主要内容	责任部门	推广范围
1	专利快速审查、确权、维权一站式服务	在专利密集型产业集聚区，依托知识产权快速维权中心，开展集专利快速审查、快速确权、快速维权于一体的一站式综合服务。	国家知识产权局	全国
2	以关联企业从产业链核心龙头企业获得的应收账款为质押的融资服务	以从核心龙头企业获得的应收账款作为质押，为关联产业链大企业、供应商中小微企业提供融资服务。	人民银行、工业和信息化部	全国
3	面向中小企业的一站式投融资信息服务	构建物理载体和信息载体，通过政府引导、民间参与、市场化运作，搭建债权融资服务、股权融资服务、增值服务三大信息服务体系，加强科技与金融融合，为中小企业提供全方位、一站式投融资信息服务。	人民银行、银监会、证监会	全国
4	贷款、保险、财政风险补偿捆绑的专利权质押融资服务	金融机构、地方政府等依法按市场化方式自主选择建立"贷款＋保险保障＋财政风险补偿"的专利权质押融资新模式，为中小企业专利贷款提供保证保险服务。	人民银行、国家知识产权局、银监会、保监会	全国
5	强化创新导向的国有企业考核与激励	完善对地方国有企业重大创新工程和项目的容错机制，引入领导人员任期激励等创新导向的中长期激励方式。	国务院国资委	全国
6	事业单位可采取年薪制、协议工资制、项目工资等灵活多样的分配形式引进紧缺或高层次人才	高校和科研院所采取年薪制、协议工资制或项目工资等灵活多样的形式引进紧缺或高层次人才。	人力资源社会保障部、财政部、教育部、中科院	全国

续表

7	事业单位编制省内统筹使用	建立“动态调整、周转使用”的事业单位编制省内统筹调剂使用制度，形成需求引领、基数不变、存量整合、动态供给的编制管理新模式。	中央编办、人力资源社会保障部、教育部、财政部	全国
8	国税地税联合办税	国税、地税合作共建办税服务厅，统筹整合双方办税资源，实现“进一家门、办两家事”的目标。	税务总局	全国
9	军民大型国防科研仪器设备整合共享	建立共享服务平台，整合一定区域内大型国防科研设施与高校、科研院所仪器设备，逐步实现开放共享。	国家国防科工局、中央军委装备发展部、财政部	全国
10	以股权为纽带的军民两用技术联盟创新合作	联盟成员单位通过股权合作，构建紧密的组织形式和成果分享机制，提升军民两用技术的联合研发创新能力，促进科技成果转化。	国家国防科工局、中央军委装备发展部	全国
11	民口企业配套核心军品的认定和准入标准	在军工企业中确定可面向民口企业配套核心军品的认定、准入标准，形成军工企业与民口企业分工协作的合作模式。	国家国防科工局、中央军委装备发展部	全国
12	鼓励引导优秀外国留学生在华就业创业，符合条件的外国留学生可直接申请工作许可和居留许可	外国留学生凭国内高校毕业证书、创业计划书，可申请加注“创业”的私人事务类居留许可；注册企业的，凭国内高校毕业证书和企业注册证明等材料，可申请工作许可和工作类居留许可。	人力资源社会保障部、教育部、公安部、国家外专局	全国
		获得硕士及以上学位的外国留学生，符合一定条件的，可直接申请外国人来华工作许可和工作类居留许可。	国家外专局、人力资源社会保障部、教育部、公安部	全国
13	积极引进外籍高层次人才，简化来华工作手续办理流程，新增工作居留向永久居留转换的申请渠道	整合外国专家来华工作许可和外国人入境就业许可，实行一个窗口办理发放外国人来华工作许可证。	国家外专局、人力资源社会保障部	全国
		在原有永久居留政策基础上，新增与工资和税收挂钩的市场化渠道，外籍人员达到工资、缴税、工作年限等方面规定标准后，即可申请永久居留。	公安部、国家外专局、人力资源社会保障部	8个改革试验区域

国家发展改革委关于印发 2017 年国家级新区体制机制创新工作要点的通知

国家发展改革委

2017 年 3 月 28 日

各国家级新区人民政府（管委会）、有关省（市）发展改革委：

为促进国家级新区在深化改革创新和推动产业转型升级等方面深化探索，进一步提升发展质量和效益，多积累可复制可推广的经验，切实发挥辐射带动作用，经与有关方面沟通衔接，我委制定了《2017 年国家级新区体制机制创新工作要点》（以下简称《要点》），现印发你们。

各国家级新区要着眼于服务全国改革开放大局，立足既有工作基础，按照《要点》要求，研究制定具体实施方案，切实抓好组织实施，着力增创新优势、培育新动能、发展新经济，提升发展质量和效益，积极探索形成可复制可推广的经验。有关省（市）发展改革委要加强工作指导和支持，总结工作进展和经验，今年底前将有关整体情况报送我委。

我委将会同有关部门对各国家级新区改革创新继续予以指导，帮助协调解决改革发展中的突出困难和问题，及时总结改革创新经验并上报国务院。

附件

2017 年国家级新区体制机制创新工作要点

为落实国家“十三五”规划纲要关于鼓励国家级新区体制机制和管理模式创新的部署，遵照李克强总理关于国家级新区创新发展的重要批示，促进国家级新区（以下简称“新区”）在深化改革创新和推动产业转型升级等方面深化探索，进一步提升发展质量和效益，多积累可复制可推广的经验，切实发挥辐射带动作用，制定本工作要点。

2017 年，各新区要在以习近平同志为核心的党中央领导下，全面贯彻党的十八大和十八届三中、四中、五中、六中全会精神，深入贯彻习近平总书记系列重要讲话精神和治国理政新理念新思想新战略，统筹推进“五位一体”总体布局和协调推进“四个全面”战略布局，牢固树立和落实新发展理念，适应把握引领经济发展新常态，坚持以提高发展质量和效益为中心，坚持以推进供给侧结构性改革为主线，紧紧围绕率先全面深化“放管服”改革、大力发展实体经济、主动融入国家重大战略、推动全方位对外开放、实施创新驱动发展、构建市场化规范化法制化体制机制和发展环境等方面，立足各自发展阶段和比较优势，坚持目标导向和问题导向相结合，因地制宜、精准发力，以新思路、新视角、新方法探索形成破除发展难题和体制障碍的特色化新路径，进一步激发新区发展动能，打造改革开放新高地、创新发展新引擎，为其它地区改革发展提供新区样板和引领示范，以优异成绩迎接党的十九大胜利召开。

一、上海浦东新区

以制度创新为抓手，推进各类功能平台融合联动、协同互促，力争在深化自由贸易试验区改革创新、推进科技创新中心建设和推进社会治理创新上有新作为，持续在构建高标准开放型经济新体制上发挥引领示范作用。

1. 全面推进自由贸易试验区建设，深化投资领域创新与商事制度改革，完善便利化最优的贸易监管制度创新，创新社会治理模式，稳健推动金融开放创新试点，提升金融中心建设水平。

2. 进一步聚焦科创中心核心功能区建设，推动张江从科技园区向科学城转型，全面提升张江园区形态与功能。进一步优化科技创新综合环境，持续深化科技管理制度创新，完善科技综合服务体系。

3. 加强综合配套改革试验区、自由贸易试验区、科技创新中心、国家人才改革试验区建设等融合联动，探索重点改革事项、重大平台建设统筹协同、互促共进的有效方式。

二、天津滨海新区

着力在深化“放管服”改革、培育壮大新动能、扩大双向开放等方面先行先试、率先突破，全面提升开发开放水平和能级，进一步发挥在京津冀协同发展中的示范带动作用。

1. 建设电子市民中心，探索构建新型“互联网+政务服务”体系、电子证照等政务数据跨部门共享机制和智能监管体系，努力打造全面深化“放管服”改革的新平台。

2. 加快建设天津滨海—中关村科技园和“双创”示范基地，全力推进京津冀全面创新改革试验区建设探索，率先形成个性化定制、服务型制造等新模式。

3. 深化自由贸易试验区制度创新，探索与天津港联动的“区港绿色通道”，创新港产城融合发展方式，深入开展开放型经济新体制建设创新探索，提升承接国际产业梯度转移能力。

三、重庆两江新区

以深化内陆开放领域体制机制创新为重点，以战略性新兴产业为抓手，探索开放型经济运行管理新模式，推动建立质量效益导向型外贸发展新格局，进一步发挥在“一带一路”建设和长江经济带发展方面的引领作用。

1. 创新“产业链+价值链+物流链+信息链+资金链”的内陆加工贸易发展方式，探索构建开放型产业新体系，打造内陆战略性新兴产业集聚区。

2. 探索科技创新服务新机制，发挥创新创业和“互联网+”集智汇力的乘数效应，建设有特色、高水平的国家双创示范基地。

3. 健全外商投资管理制度，探索促进国际投资合作新方式，完善境外投资活动真实性核查制度，创新专业化、精准化、集群化招商模式和共同出资、共同受益的资本运作模式。

四、浙江舟山群岛新区

依托舟山港综合保税区和舟山江海联运服务中心建设，开展自由贸易港区建设探索，推动建立与国际接轨的通行制度。

1. 以宁波—舟山港为依托，大力推进舟山江海联运服务中心建设，加快江海直达船舶研究应用和江海联运公共信息平台建设，深化港口一体化发展创新，提升大宗商品储备加工交易能力。

2. 创新外商投资便利化管理和促进机制，完善自由贸易背景下贸易服务体系，在符合相关政策前提下，开展全业态船舶供应服务探索，促进服务贸易市场拓展、品牌培育和产业发展。

五、兰州新区

探索促进产业集聚和科技创新的新机制，打造务实高效的政务服务环境，充分激发社会投资动力和活力。

1. 依托兰白科技创新改革试验区建设，深化人才引进与知识产权保护机制创新，加快创新要素集聚，完善“创业苗圃＋孵化器＋加速器＋产业园”的孵化链条，培育提升发展动能。

2. 优化开发建设秩序，聚焦核心功能区建设，集约节约利用土地，分区分步滚动开发，提高产业集聚度，严格管控审批新的房地产项目，着力推进房地产去库存。

六、广州南沙新区

深化粤港澳深度合作探索，推动建设粤港澳专业服务集聚区、港澳科技成果产业化平台和人才合作示范区，引领区域开放合作模式创新与发展动能转换。

1. 创新与港澳在资讯科技、专业服务、金融及金融后台服务、科技研发及成果转化等领域合作方式，推进服务业执业资格互认，吸引专业人才落户。

2. 完善“智慧通关”体系，推动建设全领域、全流程“线上海关”，构建国际国内资源双向流动的投资促进服务平台。探索建立法院主导、社会参与、多方并举、法制保障的国际化、专业化、社会化多元纠纷解决平台，优化法治环境。

七、陕西西咸新区

深化城市发展方式创新和特色化产业发展路径探索，进一步发挥国家创新城市发展方式试验区的综合功能和在“一带一路”建设中的重要作用。

1. 探索突显文化特色、注重绿色集成创新、保障群众利益的城市发展方式，创新优美小镇建设模式。

2. 深化中俄丝路创新园建设探索，推动与广州南沙新区等共建产业合作基地、创新型孵化器等举措实施，在跨国、跨区域园区共建和产业孵化引领产业发展方面积累新经验。

八、贵州贵安新区

依托大数据产业发展集聚区、南方数据中心示范基地和绿色数据中心建设，探索以数字经济助推产业转型升级，促进新旧动能顺畅接续的供给侧结构性改革路径。

1. 创新政府服务模式，探索“人才＋项目＋团队”“人才＋基地”等人才培养新模式，大力打造集储存、挖掘、分析、清洗、展示、应用、数据产品评估和交易等为一体的大数据核心产业链条。

2. 构建“研发＋孵化＋制造＋融合＋平台＋应用”科技创新模式，形成闭合的产业生态圈，催生新产业新业态，推进“大数据＋大开放”，创新开放合作形式。

九、青岛西海岸新区

深入推进青岛（古镇口）军民融合创新示范区和青岛蓝谷海洋经济发展示范区建设探索，持续深化军民融合体制机制和海洋科技发展创新。

1、完善军民融合发展体制机制与政策举措，以“融”为核心，开展军民协同创新，探索构建集产业、科技、人才、保障为一体的军民综合创新体系，聚焦关键要素，挖掘培育军事文化特色。

2. 推进面向深海、深地、深空、深蓝的科技创新中心建设，探索科技企业阶梯培育机制，完善科技创新券机制，开展中德生态园知识产权保险试点，加快全要素孵化加速的众创平台建设。

十、大连金普新区

进一步创新管理体制，探索以科技创新和双向开放促进产业转型升级的有效途径，加快形成创新发展的内在动力。

1. 深化市场配置资源、经济运行管理、面向东北亚开放合作等方面的制度创新，加快大连东北亚航运中心建设探索，启动保税区管理体制改革，健全与新区发展相适应的管理体制和运行机制。

2. 推进沈大国家自主创新示范区高端装备、集成电路、通用航空等产业创新基地和专业技术研发、创新创业服务等创新平台建设探索，力争在园区协同开放、招商引资机制创新等方面有所突破。

十一、四川天府新区

突出“全面加速、提升发展”两大重点，加快全面创新改革，全力破解体制机制难题，进一步提升产业和区域整体竞争力。

1. 纵深推进全面创新改革试验，在军民融合、产学研协调创新等关键环节和重点领域实现率先突破，围绕增强产业发展核心竞争力，创新推动产业动能转换再提速方式。

2. 健全协同管理体制，开展立法探索，构建有效统筹成都片区和眉山片区间、成都片区各区域间关系的管理运营方式，破解管理体制碎片化难题，提升区域融合发展水平。

十二、湖南湘江新区

深化要素市场创新，持续推进生态文明建设体制机制改革探索，在推进绿色集约高效发展与产城融合、城乡一体化发展等方面有所突破。

1. 深化土地集约节约利用、投资方式及科技成果孵化转化机制创新探索，加强金融创新，丰富金融业态，推动形成高效规范的资源要素市场化配置方式。

2. 完善多元化生态补偿机制，建设生态技术指标体系，开展绿色市政建设与循环化发展探索，依托水环境综合治理试点，建立特色化流域保护、管理执法机制，积极参加全国碳交易市场建设。

十三、南京江北新区

以科技创新培育发展新动能，以新技术助推行政管理体制改革，努力打造优良创新环境，积极发挥辐射带动作用。

1. 进一步理顺管理体制和运行机制，探索以法定机构形式建设运营江北新区大数据管理中心，运用大数据促进政府管理方式创新。

2. 开展专利、商标、版权“三合一”知识产权综合管理体制改革试点，推进科技创新资源集聚区建设，发挥江北高校联盟作用，创新科技成果转化方式，促进众创空间、创客联盟、创业学院发展。

十四、福州新区

积极对接国家“一带一路”建设，建立健全特色化综合服务平台，推进各类功能区深度融合。

1. 研究推进海洋产权交易中心和海域使用二级市场建设探索，为海洋产权交易积累有益经验。依托中国—东盟海交所等，提升海产品跨境结算平台功能。

2. 持续推进新区与平潭综合实验区、自由贸易试验区福州片区融合发展探索，建立健全两地共建共享机制。

十五、云南滇中新区

围绕建设面向南亚东南亚辐射中心的重要支点战略定位，进一步理顺管理体制，健全要素保障机制，夯实开发开放基础。

1. 聚焦解决新区与昆明市之间人流、物流、资金流、信息流一体化问题，进一步推进市区融合发展体制机制创新，推动形成以市带区、重点保障、市区一体的融合协同发展格局。

2. 探索推动构建沿边开放新高地的体制机制，加快构建企业自主决策、融资渠道畅通、职能转变到位、政府行为规范、法治保障健全的新型投融资体制，创新优化发展环境。

十六、哈尔滨新区

以优化发展环境为载体，以招商引资、产业集聚、对俄合作为重点，探索促进老工业基地转型发展新路径。

1. 探索建立精简高效的管理体制和运行机制，继续推进扁平化管理体制和大部门制优化调整，促进管理职能下沉，开展功能区运营模式改革，选择基础条件较好的功能区开展市场化运营试点。

2. 探索产业转型升级有效途径，创新市场化招商方式，围绕新区重点产业的垂直供需链和横向协作链开展“精准”招商，依托中俄博览会、国际交通走廊建设等，深化对俄全方位合作，推动贸易结构优化升级。

十七、长春新区

构建科技创新平台，培育经济新动能，探索深化面向图们江区域合作开发新路径。

1. 加快长东北科技创新中心、北湖科技园等创新平台建设，积极打造创新创业平台，提高科技成果本地转化率，深化人才改革试验区建设探索，创新人才培养和引进模式。

2. 以东北亚国际陆港和空港经济开发区建设为载体，完善口岸服务功能，促进物流、健康养老等特色化产业集聚，探索提升参与图们江区域合作开发水平新路径。

十八、江西赣江新区

围绕完善管理体制机制、创新发展平台、促进产城融合发展等方面进行探索，在促进中部地区崛起方面发挥积极作用。

1. 按照基础设施优先、环境优先、公共配套优先、产业优先原则，谋划推进空间形态有特色、功能内涵有内容的生态健康城建设，开展产城融合发展改革探索。

2. 依托共青城，建设科技创新及成果转化的示范区，多举措探索创新创业新方式，打造“双创”平台。

国家发展改革委　国家能源局
关于印发《依托能源工程推进燃气轮机创新发展的若干意见》的通知

国家发展改革委　国家能源局

2017 年 5 月 12 日

各省、自治区、直辖市及计划单列市、新疆生产建设兵团发展改革委、能源局、各有关中央企业：

为落实国务院领导有关指示，依托能源工程加快推进燃气轮机创新发展，国家发展改革委、国家能源局制定了《依托能源工程推进燃气轮机创新发展的若干意见》。现印发你们，请认真贯彻执行。

附件

依托能源工程推进燃气轮机创新发展的若干意见

加快发展燃气轮机是落实能源技术革命、推动能源装备制造升级的重要任务，也是进一步提升我国工业基础和能源装备制造水平的重要抓手。为落实国务院领导推进“航空发动机及燃气轮机”国家重大专项实施的有关指示，推动燃机产业发展、优化调整能源结构、确保能源供应安全，现就依托能源工程加快推动燃气轮机创新发展提出如下意见：

一、总体要求

（一）指导思想

全面贯彻落实党中央推进能源生产、消费、技术、体制革命和国际合作的能源发展战略精神，落实党中央、国务院关于实施“航空发动机及燃气轮机”国家重大专项的战略决策，紧密围绕能源革命和装备制造业发展新要求，加快推动燃气轮机创新发展。以市场为导向、企业为主体，重型和多用途中小型燃气轮机并举，组织推动燃气轮机关键技术攻关和产业发展，有效保障能源革命需求。依托能源工程建设，进一步完善产业政策，通过组织燃气轮机示范和市场推广应用有力支撑燃气轮机技术进步和产业发展。

（二）基本原则

坚持市场需求导向，支撑能源发展。以能源发展需求为导向，加快推动各类燃机发展并支持工程应用，重点突破发电用重型燃气轮机、工业驱动用中型燃气轮机、分布式能源用中小型燃气轮机以及燃气轮机运维服务技术。

坚持开放自主创新，掌握核心技术。结合引进技术的消化吸收再创新，立足自主掌握核心技术，多种形式合作发展，突破燃气轮机设计、高温部件制造、关键材料、试验验证和运行维护等核心技术，培育自主知识产权的燃气轮机产业。

立足现有产业基础，推进产业升级。紧密依托国内已有产业基础和制造体系，加快突破关键技术瓶颈，弥补发展短板，打造体系完善、分工合理的专业化产业链，形成自主创新和持续发展的系统能力。

依托能源工程建设，形成集中合力。依托各类能源工程建设，进一步完善支持政策，推动研发、设计、制造、试验、应用各环节形成合力。

（三）发展目标

到 2020 年，结合引进技术消化吸收，突破重型燃气轮机设计技术、高温部件制造技术和运行维护技术，解决燃气发电项目设备瓶颈，国内基本形成完整的重型燃气轮机产业体系。各类中小型燃机自主设计制造体系进一步完善，各类中小型燃气轮机装备初步实现系列化，满足各类能源项目需求。燃机运行维护服务基本立足国内，开展先进燃气轮机自主研发。形成燃气轮机自主研发、设计、制造、试验、维修服务和应用结合的高效机制，具备自主持续发展的能力，有效保障能源各领域对燃气轮机需求。

二、重点任务

（一）重点推动重型燃机发展

1．加快发展重型燃机。根据能源市场需求，在消化吸收引进技术基础上，加快发展自主知识产权的 300MW 等级、F 级燃机。继续推动 50 ~ 70MW 等级原型机自主开发、制造和试验。在开展 F 级燃机技术研究的同时，推动 G/H 级先进高效燃机自主研制。

2．全面掌握设计技术。通过发展 300MW 等级、F 级燃机，掌握燃机设计工具和规范。重点突破整体设计以及高效多级轴流压气机设计、高效低排放燃烧室设计、高性能透平设计、控制保护系统设计、先进气动布局与通流设计、宽适应性多燃料燃烧、先进高效冷却等技术，优化联合循环系统设计提高运行效率。形成基本完整的自主知识产权重型燃机设计体系以及相应规范、软件和数据库。

3．自主制造关键部件。以热部件为标志，进一步完善和提升重型燃机关键部件制造技术和能力。自主制造重型燃机高性能轴流压气机、高效燃烧室（燃料喷射系统、燃烧室套筒和连接件等）和高性能透平（透平轮盘、叶片、喷嘴等）以及控制保护系统。突破高精度气体燃料控制阀门、高可靠性大型滑动轴承、大功率传动齿轮箱等辅机配套关键零部件。进一步提升气缸、压气机轮盘、压气机叶片、轴承箱等部件加工制造技术和工艺水平。

4．完善试验验证能力。建设完善重型燃机三大子系统的性能、结构强度等试验条件，具备大型部件级性能试验能力。结合重型燃机发电项目建设，建设 F 级及以下各容量等级燃用天然气和合成气的燃气轮机整机发电试验平台，并考虑进行更先进级别燃机整机发电试验的可能。开展自主重型燃机的大负荷发电系统化测试，建立相关测试试验考核方法、流程和规范，掌握重型燃机系统化测试和试验验证技术。

5．研究先进重型燃机技术。针对单循环功率 400MW 等级、联合循环效率达到 60% 以上的 G/H 级重型燃机，研究高压比大流量压气机、低 NOx 排放燃烧室及等温燃烧、高效透平及其气动、冷却设计技术等。

（二）发展中小系列燃气轮机

1．完善驱动用燃机产业体系

（1）自主掌握 30MW 级驱动燃机设计技术消化吸收引进技术，自主掌握 30MW 等级驱动用燃机设计技术并完善设计体系。针对 30MW 等级驱动用燃机关键部件和总体设计等，重点突破以下关键技术：高效多级轴流压气机设计、高效透平先进气动布局与通流设计、高效稳定低污染燃烧、宽适应性多燃料燃烧、先进高效冷却等技术。

（2）形成中小型驱动燃机制造能力。建设完善中小型驱动用燃机研发制造、工艺体系和售后服务平台。提升驱动用燃机材料设计研发、零部件制造、整机总装试验能力，实现中小型驱动燃机的批量制造。

（3）完善试验验证能力。根据后续燃机新产品的试验需求，进一步提升工业驱动燃机关键部件和整机试验验证能力。建立完善驱动燃机应用考核的试验测试方法、试验流程和试验规范。重点完善低排放燃烧试验、多燃料燃烧试验、燃烧监测和诊断、调整技术研发试验、热表工艺研发试验、整机试验和应用考核试验和示范平台。

（4）加快示范和推广应用。依托天然气长输管线工程和页岩气开采压裂车动力驱动等示范项目，加快完成自主制造驱动燃机的工业试验、考核和示范。依托天然气长输管线工程建设，推广应用自主驱动燃机。

2．发展分布式能源用系列燃机

（1）发展中、小、微型系列燃机。发展功率 1MW 以下等级微型燃机，突破微型燃机设计、试验、制造和系统集成等关键技术，建设完善微型燃机制造体系。

发展功率 1 ~ 10MW 等级小型燃气轮机，开展关键部件试验、样机制造与整机试验验证，完善相关设计和生产规范，实现分布式供能用、适用多种燃料的燃气轮机产品化和系列化。

发展功率 10 ~ 80MW 等级的中型燃气轮机，研制具有自主知识产权、性能达到国际先进水平的中型工业燃气轮机装备，形成较完善的设计、制造和试验体系。

（2）突破各类型燃机设计和验证。突破微型燃机离心式压气机气动及冷却设计、结构设计、加工与试验验证，向心透平气动设计、加工与试验验证，高温高效回热器设计与验证，整体插拔式单筒燃烧室设计，燃气轮机与高速电机一体化设计，轴承轴系的结构完整性和动力稳定性技术，气浮轴承、磁悬浮轴承技术。

突破小型燃机双级离心压气机／组合压气机／多级轴流压气机气动及冷却设计，高温高效低阻回热器设计，高效轴流式动力透平设计，先进喷嘴设计，研制伴生气、煤制气等低热值燃料燃烧室，分布式冷热电供能及其多能互补系统设计与集成，分布式供能系统测试和评价方法，远程监测、诊断和信息化管理技术。

突破中型燃机高性能压气机设计、高性能低排放及双燃料燃烧室设计、高温气冷透平设计技术和数字式控制系统技术，完成整机设计、关键部件试验、样机制造以及试验验证。

(3) 加快试验示范和推广应用。建设完善具有一定通用性的中、小、微型燃机试验平台，满足各类型燃机试验需求。依托海洋平台和各类分布式能源系统建设，推进各类型燃机示范应用。加快在海洋平台和分布式能源系统等场合推广应用具有一定成熟度的国产燃气轮机发电机组。

（三）加快突破燃机关键材料

1．关键部件材料。加快突破压气机轮盘和叶片、燃烧室部件、喷嘴、透平轮盘和叶片等高温合金材料。开展高温母合金研发设计，形成母合金规范并实现批量化生产制备。建设完善关键部件材料的力学和物理性能试验以及无损探伤等条件，完善热通道部件材料力学和物理性能数据库。进一步提升大尺寸高温合金叶片（单晶、定向结晶等）铸造、复杂结构高温合金精密铸造、透平轮盘制造和其它设备铸件等技术和工艺水平。

2．涂层材料。突破压气机叶片涂层、燃烧室内衬涂层、透平叶片涂层和护环涂层的材料及制备等技术。研发和提升真空等离子喷涂、物理气相沉积等工艺。加强各种先进长寿命热障涂层材料的研发和试验，形成持续研发和创新能力。

3．其他材料。进一步提升复杂结构陶瓷型芯制造技术、高强抗热冲击陶瓷模壳和高精度模具制造技术、高性能陶瓷基复合材料制备技术等水平。

（四）掌握燃机运行维护服务技术

1．培育自主运行维护服务体系。培育自主燃机运行维护服务体系，掌握完整的燃机检修、服务核心技术和能力，制定燃机检修维护管理标准，形成自主知识产权的图纸和规范。重点突破部件运行状态监测与评估技术，寿命评估及延长技术，燃烧监测和诊断、燃烧调整、燃烧室优化改造技术，热通道部件检测评估及修复技术（包含燃烧室和透平高温部件服役损伤检测评估、高温部件基体焊接、涂层修复及修复评估等技术），机组性能提升及整机匹配技术，智能远程监控及诊断技术，联合循环及分布式供能系统集成与运行效能诊断技术，智能化电站运行技术等。开展燃机性能升级、降低排放、维护保养、寿命延长、远程诊断、智能运行等服务。

2．发展第三方运维服务。依托国内燃机研发、制造和运维单位，发展专业燃气轮机运维服务，开展逆向工程，结合自主技术和已有产业体系，开展技术攻关和转化，掌握国内主要机型热通道部件的设计原理，形成自主知识产权的图纸和规范，加强燃机热部件修理、燃机现场检修。重点突破精确扫描及建模造型技术、通流部件（压气机、燃烧室、透平）流场分析与结构设计技术、燃机整机特性分析及部件匹配设计技术和加工规范等。

（五）加快培育和发展燃气轮机应用市场。推进落实《能源发展“十三五”规划》、《电力发展“十三五”规划》和《加快推进天然气利用的意见》，提高天然气发电利用比重，加快培育和发展各类型燃气轮机的应用市场。根据区域冷热电需求大力发展天然气分布式多联供项目。支持用电负荷中心和风电、光伏发电端发展燃气调峰电站，提升电力安全保障水平和降低弃风弃光率。在大气污染防治重点地区结合热、电负荷需求和气源条件等有序发展燃气热电联产项目。支持利用煤层气、煤制气、高炉煤气等低热值气发电。依托天然气输送管线压缩站建设，推动驱动用燃机应用。通过推动国内各类型燃气轮机技术和产业进步，明显降低燃气轮机设备造价和维修服务费用。

三、保障措施

（一）加强项目监管

各类燃气轮机相关项目要与“航空发动机及燃气轮机”国家重大专项的指导思想保持一致，以能源工程建设有效保障重大专项的实施。各级投资主管和行业管理部门要加强燃气发电及其它燃机项目的审批和监管，项目建设方案要与燃气轮机自主化要求协调配合，建立燃气轮机运行情况监管系统，支持自主技术装备的示范试验和推广应用。各级投资主管和行业管理部门要加强对燃气轮机设备制造项目的监管和引导，防止技术重复引进和生产能力盲目扩张。

（二）支持能力建设

与重大专项协调配合，高效利用先进制造产业投资基金、国家新兴产业创业投资引导基金等，研究采用PPP模式建立燃气轮机产业发展基金，支持政府、金融机构、企业等在防范风险基础上创新合作机制和投融资模式，灵活应用投资补贴、贷款贴息、低息贷款、债券、租赁、证券等，重点支持各类燃气轮机关键技术攻关、关键部件制造条件升级、试验能力建设、运维服务能力提升和示范应用。鼓励对承担国家燃气轮机关键技术装备示范任务的项目给予贷款、保险、融资等支持。鼓励民营企业和社会资本积极参与燃气轮机研发制造和工程应用。

（三）组织示范工程

组织示范工程承担各类燃气轮机示范试验和推广应用任务。依托燃气调峰发电、热电联产、IGCC和煤气低热值应用等项目建设组织示范工程，开展重型燃气轮机关键部件和整机示范试验。依托天然气长输管线工程建设，组织燃气轮机驱动增压站示范，开展驱动用燃气轮机示范应用。根据天然气分布式能源和海洋平台等发展需求，组织中小型燃气轮机发电示范。结合典型燃气轮机运行维护服务需求，组织燃机运行维护服务自主化示范。各类燃气轮机示范项目须制定自主化方案，按要求报行业主管部门审核备案。

（四）完善支持政策

国家明确的各类燃气轮机示范项目优先纳入相关规划，由各级投资主管部门按照权限核准或审批。国家重大专项列入的试验电站项目，由项目所在地主管部门纳入相关规划和按照权限审批。

对于各类首台套示范项目，油气企业要切实保障气源供应和相关配套条件；运行调度管理部门和电网企业要确保示范项目顺利接入电网，研究建立符合燃气发电机组特性的市场化调度运行机制，保障示范项目运行时间。示范项目在示范试验阶段享受项目运行考核等优惠支持政策。

鼓励具备条件的地区燃气发电通过市场竞争或电力用户协商确定电价。完善气电价格联动机制，有条件的地方可积极采取财政补贴等措施疏导天然气发电价格矛盾。细化完善天然气分布式能源项目并网上网办法，鼓励天然气分布式能源与电力用户直接签订交易合同，自主协商确定电量和价格。鼓励各地区结合本地实际情况制定相应支持政策。

（五）严格招标采购

各类燃气轮机设备招标采购要严格按照《中华人民共和国招标投标法》及有关规定进行，严禁设立限制国内企业参与投标的歧视性条款或设立排它性条件。严禁在招标采购中设置技术性能、参数条件等指标时，出现指定进口或事实上必须进口的内容。各类示范工程经报主管部门审批，可采用谈判、竞标等灵活方式招标，保障自主技术装备的试验示范和推广应用。

国家发展改革委关于印发《服务业创新发展大纲（2017—2025年）》的通知

国家发展改革委

2017年6月13日

各省（直辖市、自治区）人民政府，新疆生产建设兵团，中央编办，国务院有关部委、直属机构：

为深入贯彻习近平总书记关于供给侧结构性改革的重要讲话精神，落实党中央、国务院决策部署，推进服务业改革开放和供给创新，我们会同有关部门研究起草了《服务业创新发展大纲（2017—2025年）》（以下简称《大纲》）。经国务院同意，现印发你们。请按照《大纲》确定的指导思想、发展目标和重点任务，加强组织领导，分解落实责任，认真组织实施。

附件

服务业创新发展大纲（2017—2025年）

加快服务业创新发展、增强服务经济发展新动能，关系人民福祉增进，是更好满足人民日益增长需求、深入推进供给侧结构性改革的重要内容；关系经济转型升级，是振兴实体经济、支撑制造强国和农业现代化建设、实现一二三次产业在更高层次上协调发展的关键所在；关系国家长远发展，是全面提升综合国力、国际竞争力和可持续发展能力的重要途径。为深入打造中国服务新品牌、建设服务业强国，为我国服务业发展提供指引，现制定《服务业创新发展大纲（2017—2025年）》。

一、背景情况

（一）世界服务业发展趋势

20世纪七八十年代以来，全球经济结构呈现出服务业主导的发展趋势，发达国家都经历了向服务业为主的经济结构转型和变革。在科技进步和经济全球化驱动下，服务业内涵更加丰富、分工更加细化、业态更加多样、模式不断创新，在产业升级中的作用更加突出，已经成为支撑发展的主要动能、价值创造的重要源泉和国际竞争的主战场。

新一轮科技革命引发服务业创新升级。新一代信息、人工智能等技术不断突破和广泛应用，加速服务内容、业态和商业模式创新，推动服务网络化、智慧化、平台化，知识密集型服务业比重快速提升。服务业转型升级正在推动新一轮产业变革和消费革命，使产业边界日渐模糊，融合发展态势更加明显，个性化、体验式、互动式等服务消费蓬勃兴起。

服务投资贸易全球化拓展服务业发展空间。服务全球化成为经济全球化进入新阶段的鲜明特征。服务业成为国际产业投资热点，制造业跨国布局带动生产性服务业全球化发展，跨国公司在全球范围内整合各类要素，资本、技术和自然人跨境流动更加便利，带动全球服务投资贸易快速增长。信息化大大提升服务可贸易性，数字服务贸易持续迅猛增长。

国际经贸规则重构推动全球服务分工格局深度调整。国际经贸新规则制定的焦点逐渐转向服务领域，多边和区域性投资贸易谈判正致力于推动服务贸易和跨境投资的自由化、便利化。服务投资贸易规则加快健全，将对全球服务业发展和国际分工格局产生深刻影响。

（二）我国服务业发展基础和条件

我国正处于实现“两个一百年”奋斗目标承上启下的历史阶段和从上中等收入国家向高收入国家迈进的关键时期，经济发展进入新常态，结构优化、动能转换、方式转变的要求更加迫切，需要以服务业整体提升为重点，构建现代产业新体系，增强服务经济发展新动能，实现经济保持中高速增长、迈向中高端水平。

服务业发展站在新的历史起点上。“十二五”以来，我国服务业发展连续迈上新台阶，2011 年成为吸纳就业最多的产业，2012 年增加值超过第二产业，2015 年增加值占国内生产总值（GDP）比重超过 50%。服务领域不断拓宽，服务品种日益丰富，新业态、新模式竞相涌现，有力支撑了经济发展、就业扩大和民生改善。

服务业发展仍面临诸多矛盾和问题。我国服务业发展整体水平不高，产业创新能力和竞争力不强，质量和效益偏低。服务供给未能适应需求变化，生产性服务业发展明显滞后，生活性服务业供给不足。服务业增加值比重仍低于世界平均水平，整体上处于国际分工中低端环节，服务贸易逆差规模持续扩大。更为关键的是，服务业发展还面临思想观念转变相对滞后，体制机制束缚较多，统一开放、公平竞争的市场环境尚不完善等障碍。

服务业进入全面跃升的重要阶段。全面深化改革、全方位对外开放和全面依法治国正释放服务业发展新动力和新活力。城乡居民收入持续增长和消费升级，为服务业发展提供了巨大需求潜力。新型工业化、信息化、城镇化、农业现代化协同推进，极大地拓展了服务业发展广度和深度。生态、养老等服务业新领域也不断涌现。

综合判断，我国服务业发展正处于重要机遇期，应当顺应发展潮流，尊重规律，立足国情，转变观念，重点在深化改革开放、营造良好发展环境上下功夫，激发全社会推动服务业创新发展的动力和活力，引领产业升级、改善民生福祉、增强发展动能，阔步迈向服务经济新时代。

二、总体要求

（一）指导思想

全面贯彻党的十八大和十八届三中、四中、五中、六中全会精神，深入贯彻习近平总书记系列重要讲话精神和治国理政新理念新思想新战略，认真落实党中央、国务院决策部署，统筹推进“五位一体”总体布局和协调推进“四个全面”战略布局，牢固树立和贯彻落实新发展理念，适应把握引领经济发展新常态，坚定不移深入推进供给侧结构性改革，以提高质量和核心竞争力为中心，努力构建优质高效、充满活力、竞争力强的现代服务产业新体系，推动中国服务与中国制造互促共进，加快形成服务经济发展新动能，推动经济转型升级和社会全面进步，确保如期全面建成小康社会，为实现第二个百年奋斗目标和中华民族伟大复兴的中国梦奠定坚实基础。

（二）基本原则

坚持以人为本、人才为基。坚持以人民为中心的发展思想，以增进人民福祉、促进人的全面发展为出发点和落脚点，扩大服务供给，更好满足多层次多样化需求。把人才作为核心资源，壮大人才队伍，提高职业素养，充分调动各类人才积极性和创造性，有力支撑服务业强国建设。

坚持市场主导、质量至上。以市场需求为导向，顺应消费升级趋势，提升服务品质，充分发挥市场在资源配置中的决定性作用和更好发挥政府作用，在公平竞争中提升服务业竞争力。树立质量第一的意识，健全服务质量治理和促进体系，打造以标准、质量、品牌为核心的竞争优势，全面提高服务业发展质量和效率。

坚持创新驱动、融合发展。把发展基点放在创新上，营造良好创新环境，深入推进大众创业、万众创新，促进新技术、新产业、新业态、新模式蓬勃发展，增强服务经济发展新动能。推进服务业与农业、制造业及服务业不同领域之间的深度融合，形成有利于提升中国制造核心竞争力的服务能力和服务模式，发挥“中国服务 + 中国制造”组合效应。

坚持重点突破、特色发展。瞄准供需矛盾突出、带动力强的重点行业，集中力量破解关键领域和薄弱环节的发展难题，推动服务业转型升级。鼓励各地发挥比较优势、培育竞争优势，因地制宜发展各具特色的服务业，增强城市综合服务功能，引领区域产业升级和分工协作，提升区域经济整体实力。强化小城镇综合服务功能，更好服务农村和农业发展。

坚持深化改革、扩大开放。以改革推动服务业发展，打破制约服务业发展的体制机制障碍，顺应服务业发展规律创新经济治理，推动制度体系和发展环境系统性优化，最大限度激发市场活力。以开放促改革、促发展，稳步扩大服务领域开放，深度参与国际分工合作，在开放竞争中拓展空间、提升水平。

（三）主要目标

到 2025 年，服务业市场化、社会化、国际化水平明显提高，发展方式转变取得重大进展，支撑经济发展、民生改善、社会进步、竞争力提升的功能显著增强，人民满意度明显提高，由服务业大国向服务业强国迈进的基础更加坚实。

发展环境全面优化。服务业加快发展的基础性制度更加健全，基础设施体系更加完善，政府服务和监管水平全面提升，统一开放、公平竞争、创新激励的市场环境加快形成。

有效供给持续扩大。在优化结构、提高质量、提升效率基础上，实现服务业增加值“十年倍增”。服务业体系更加完备、产品更加丰富，供需协调性显著增强，服务业增加值占 GDP 比重提高到 60%，就业人口占全社会就业人口比重提高到 55%。

质量效益显著改善。服务质量明显提高，经济效益、社会效益、生态效益全面提升。服务可及性、便利性明显提高，标准化、品牌化建设取得重大突破，重点领域消费者满意度达到较高水平。

创新能力大幅提升。服务业研发投入和创新成果持续较快增长，科技进步对服务业发展的支撑作用明显增强。产业融合持续深化，新服务模式和业态蓬勃发展。服务业信息化水平大幅提高，数字服务、数字贸易快速发展。

国际竞争力明显增强。在国际分工体系中的地位不断提升，逐步形成若干具有全球影响力的服务经济中心城市，形成一批具有较强国际竞争力的跨国企业和知名品牌，培育一批细分市场领军企业，服务贸易竞争力明显提高，高附加值服务出口占比持续提升、国际收支状况明显改善。

三、创新引领，增强服务业发展动能

营造激励服务业创新发展的宽松环境，促进技术工艺、产业形态、商业模式创新应用，以信息技术和先进文化提升服务业发展水平。

（一）积极发展新技术新工艺

适应服务业创新发展需要，完善创新机制和模式，推动技术工艺创新与广泛深度应用。

提升技术创新能力。强化企业技术创新主体地位，引导建立研发机构、打造研发团队、加大研发投入。推动政产学研用合作和跨领域创新协作，鼓励社会资本参与应用型研发机构市场化改革。鼓励龙头企业牵头建立技术创新战略联盟，开展共性技术联合开发和推广应用。激发中小微服务企业创新活力，促进专精特新发展。充分发挥协会商会在推动行业技术进步中的作用。鼓励服务提供商和用户通过互动开发、联合开发、开源创新等方式，构建多方参与的技术创新网络。促进人工智能、生命科学、物联网、区块链等新技术研发及其在服务领域的转化应用。建立多层次、开放型技术交易市场和转化平台。

加强技能工艺创新。适应服务专业化、精细化、个性化发展要求，支持服务企业研发应用新工艺，提升设计水平，优化服务流程。

鼓励挖掘、保护、发展传统技艺，利用新技术开发现代工艺、更好弘扬传统工艺。大力弘扬新时期工匠精神，保护一批传统工艺工匠，培养一批具有精湛技艺技能的高技能人才。

（二）鼓励发展新业态新模式

坚持包容创新、鼓励探索、积极培育的发展导向，促进各种形式的商业模式、产业形态创新应用。

鼓励平台经济发展。适应平台经济快速发展需要，加快完善有利于平台型企业发展的融资支持、复合型人才供给、兼并重组等政策，明确平台运营规则和权责边界，提升整合资源、对接供需、协同创新功能。支持平台型企业带动和整合上下游产业。

支持分享经济发展。建立健全适应分享经济发展的企业登记管理、灵活就业、质量安全、税收征管、社会保障、信用体系、风险控制等政策法规，妥善协调并保障各方合法权益。引导企业依托现有生产能力、基础设施、能源资源等发展分享经济，提供基于互联网的个性化、柔性化、分布式服务。

促进体验经济发展。鼓励企业挖掘生产、制造、流通各环节的体验价值，利用虚拟现实（VR）等新技术创新体验模式，发展线上线下新型体验服务。加强体验场所设施的质量和安全监管。

（三）大力推动服务业信息化

树立互联网、大数据思维，推动信息技术在服务领域深度应用，促进服务业数字化智能化发展。

推进服务业数字化。鼓励利用新一代信息技术改造提升服务业，创新要素配置方式，推动服务产品数字化、个性化、多样化。

加强数据资源在服务领域的开发利用和云服务平台建设，推进政府信息、公共信息等数据资源开放共享，发展大数据交易市场。全面推进重点领域大数据高效采集、有效整合、安全利用和应用拓展。

促进服务业智能化。培育人工智能产业生态，促进人工智能在教育、环境保护、海洋、交通、商业、健康医疗、金融、网络安全、社会治理等重点领域推广应用，促进规模化发展。丰富移动智能终端、可穿戴设备等服务内容及形态。

（四）丰富服务业文化内涵

发挥文化元素和价值理念对服务业创新发展的特殊作用，增强服务业发展的文化软实力。

鼓励企业提升服务产品文化价值。鼓励采用更多文化元素进行服务产品设计与创新。提升研发设计、商务咨询等服务的文化创意含量，将传统文化、民俗风情和民族区域特色注入旅游休闲、文化娱乐、体育健身、健康养老等服务。鼓励用文化提升品牌价值，打造具有文化内涵的服务品牌。

提升中国服务文化影响力。发挥中华文化博大精深、兼容并蓄优势，吸收借鉴国外优秀文化成果，发展具有独特文化魅力和吸引力的服务产品及服务模式，提升中国服务国际竞争力。推动服务走出去与文化走出去有机结合，在服务业国际化发展中展示中华文化风采。

专栏1 服务业创新引领行动

（一）创新能力提升行动。实施高技术服务业、知识密集型服务业创新发展工程，提升信息、生物、检验检测等重点领域基础和核心技术创新能力，大力促进科技研发成果转化应用。

（二）新业态新模式发展行动。鼓励发展信息资讯、商品交易、物流运输等领域平台经济，交通出行、房屋住宿、专业技能、生活服务等领域分享经济，生产制造、休闲娱乐、旅游购物、医疗保健等领域体验经济，以及其他各类服务新形态。促进区块链技术应用和分布式服务模式发展。

（三）信息化提升行动。推进服务业与互联网、物联网协同发展、融合发展，培育协同制造、个性化定制、工业云、农业信息化等服务，发展基于互联网的教育、健康、养老、旅游、文化、物流等服务，积极依托物联网拓展服务领域、丰富服务内容。

（四）文化价值提升行动。鼓励开发富有文化内涵的服务，打造富有诚信和社会责任感的企业，倡导做爱岗敬业、富有爱心和人文关怀的从业人员，建设富有文化价值的品牌。

四、转型升级，优化服务供给结构

聚焦服务业重点领域和发展短板，促进生产服务、流通服务等生产性服务业向专业化和价值链高端延伸，社会服务、居民服务等生活性服务业向精细和高品质转变。

（一）推动生产服务加快发展

以产业升级需求为导向，推动生产服务专业化、高端化发展，发展壮大高技术服务业，提升产业体系整体素质和竞争力。

信息服务。加快培育基于移动互联网、大数据、云计算、物联网等新技术的信息服务。发展网络信息服务，大力发展云计算综合服务，完善大数据资源配置和产业链，支持有条件的企业建设跨行业物联网运营和支撑平台。积极发展信息技术咨询、设计和运维服务。鼓励发展高端软件和信息安全产业。

科创服务。构建覆盖科技创新全链条、产品生产全周期的创业创新服务体系。大力发展研究开发、工业设计、技术转移转化、创业孵化、科技咨询等服务。鼓励发展多种形式的创业创新支撑和服务平台，围绕创新链拓展服务链，促进科创服务专业精细和规模集成发展。大力发展知识产权服务，完善知识产权交易和中介服务体系，建设专利运营与产业化服务平台。加快培育标准化服务业。

金融服务。发展高效安全、绿色普惠、开放创新的现代金融服务业，提高金融服务实体经济效能。完善商业性、开发性、政策性和合作金融服务体系，推进金融市场宽化、深化、国际化，促进股权、债券等市场健康发展，提高市场效率。稳步扩大金融业对内对外开放，放宽金融机构准入限制，稳妥推进金融业综合经营，培育具有国际竞争力的金融控股公司。大力发展普惠金融，鼓励发展科技金融、绿色金融，规范发展互联网金融。大力发展保险业。

积极发展融资租赁。推动金融机构数字化转型，探索区块链等金融新技术研究应用。积极稳妥推进金融产品和服务模式创新，有效防范和化解金融风险。

商务服务。积极发展工程设计、咨询评估、法律、会计审计、信用中介、检验检测认证等服务，提高专业化水平。支持专业人才队伍建设，减少和规范职业资格许可及认定，健全职业水平评价制度。鼓励各类社会资本以独资、合资、参股联营等多种形式提供商务服务，加快培育有竞争力的服务机构。鼓励发展综合与专业相互协调支撑的各类高端智库。

人力资源服务。鼓励发展招聘、人力资源服务外包和管理咨询、高级人才寻访等业态，规范发展人力资源事务代理、人才测评和技能鉴定、人力资源培训、劳务派遣等服务。发展专业化、国际化人力资源服务机构。

节能环保服务。加快发展节能环保技术、咨询、评估、计量、检测和运营管理等服务。鼓励创新服务模式，提供节能咨询、诊断、设计、融资、改造、托管等“一站式”合同能源管理综合服务。支持发展生态修复、环境风险与损害评价等服务。推动在城镇污水垃圾处理、工业园区污染集中处理等重点领域开展环境污染第三方治理，推广产业园区、小城镇环境综合治理托管。加快发展碳资产管理、碳咨询、碳排放权交易等服务。

（二）促进流通服务转型发展

以提高效率、降低流通成本为目标，积极推动流通服务创新转型，优化城乡网络布局，提升流通服务水平，增强基础支撑能力。

现代物流。大力发展社会化、专业化物流，提升物流信息化、标准化、网络化、智慧化水平，建设高效便捷、通达顺畅、绿色安全的现代物流服务体系。提高供应链管理水平，推动物流、制造、商贸等联动发展。大力发展单元化物流和多式联运。加快发展冷链物流、城乡配送和港航服务。加快推进物流基础设施建设，强化重点物流节点城市综合枢纽功能。推进交通与物流融合发展。支持物流衍生服务发展。完善国际物流大通道和境外仓布局，发展国际物流。

现代商贸。促进线上线下融合互动、平等竞争，构建差异化、特色化、便利化的现代商贸服务体系，支持商品交易市场转型升级。

开展零售业提质增效行动，推进传统商贸和实体商业转变经营模式、创新组织形式、增强体验式服务能力。支持连锁经营向多行业、多业态和农村延伸。促进电子商务规范发展，积极发展农村电商。

鼓励社区商业业态创新，拓展便民增值服务。引导流通企业加强供应链创新与应用。大力发展绿色流通和消费。

（三）扩大社会服务有效供给

充分发挥社会服务对提升人的生存质量和发展能力的重要作用，在政府保基本、兜底线的基础上，充分发挥市场主体作用，增加服务有效供给，更好满足多层次、多样化需求。社会服务增加值占 GDP 比重大幅提高。

教育培训服务。鼓励社会力量兴办各类教育，积极发展丰富多样的教育培训服务。支持和规范民办教育培训机构发展。鼓励发展继续教育、职业教育、老年教育、社区教育、校外教育，创新发展技能培训、兴趣培训。鼓励开发数字教育资源，发展开放式教育培训云服务。鼓励教育服务外包，引导社会力量提供实训实习等专业化服务。打造“留学中国”品牌，稳步扩大来华留学规模。扩大教育培训领域对外开放，支持引进优质教育资源，开展合作办学。

健康服务。深化医药卫生体制改革，完善准入制度，强化服务质量监管，建立覆盖全生命周期、满足多元化需求的全民健康服务体系。有序推进公立医疗机构改革，大力发展社会办医，支持社会力量提供多层次多样化医疗服务。鼓励发展专业性医院管理集团。

鼓励发展医学检验等第三方医疗服务，推动检验检查结果互认。推动精准医疗等新兴服务发展。推进医疗服务下基层，推广家庭医生签约服务。支持中医药养生保健、医疗康复、健康管理、心理咨询等服务发展。积极支持康复医院、护理院发展，推动医养结合。鼓励创新型新药研发。积极发展智慧医疗，鼓励医疗机构提升信息化水平，支持健康医疗大数据资源开发应用。鼓励发展第三方医疗服务评价。丰富商业健康保险产品，大力发展医疗责任险、医疗意外险等执业保险。

体育服务。倡导全民健身，鼓励兴办多种形式的健身俱乐部和健身组织，加快发展健身休闲产业。繁荣发展足球、篮球、排球、冰雪、水上、山地户外等运动，推动体育竞赛表演业发展，推进职业联赛市场化改革，鼓励发展国际品牌赛事，丰富业余体育赛事，创新项目推广普及方式。促进体育旅游、体育传媒、体育会展、体育经纪等发展。

养老服务。全面放开养老服务市场，丰富养老服务和产品供给，加快发展居家和社区养老服务，建立以企业和机构为主体、社区为纽带的养老服务网络。支持社会力量举办养老服务机构，重点支持兴办面向失能半失能、失智、高龄老年人的医养结合型养老机构，鼓励规范化、专业化、连锁化经营。推动养老服务向精神慰藉、康复护理、紧急救援、临终关怀等领域延伸。鼓励发展智慧养老。探索建立长期护理保险制度，加强与福利性护理补贴项目的整合衔接，发展商业长期护理保险等金融产品。

文化服务。加快构建结构合理、门类齐全、科技含量高、富有创意、竞争力强的现代文化产业体系。推动三网融合和媒体融合，整合广电网络、出版发行资源，鼓励文化企业联合重组，打造大型文化服务集团。加快发展数字出版、网络视听、移动多媒体、动漫游戏、网络音乐、网络文学、创意设计、绿色印刷等新兴产业，推动影视制作、工艺美术、文化会展、出版发行印刷等转型升级，鼓励演出、娱乐、艺术品市场等线上线下融合发展。鼓励实体书店建设成为复合式文化场所。提升文化原创能力和研发能力，促进文化内容和形式创新。

（四）提高居民服务质量

顺应生活方式转变和消费升级趋势，引导居民服务规范发展，改善服务体验，全面提升服务品质和消费满意度。

家政服务。加快建立供给充分、服务便捷、管理规范、惠及城乡的家政服务体系。引导社会资本投资家政服务，鼓励有条件的企业品牌化、连锁化发展，支持中小家政服务企业专业化、特色化发展。加强服务规范化和职业化建设，加大对家政服务人员培训的支持力度，制定推广雇主和家政服务人员行为规范，促进权益保护机制创新和行业诚信体系建设。

旅游休闲。开展旅游休闲提质升级行动，推动旅游资源开发集约化、产品多样化、服务优质化。推广全域旅游，积极发展都市休闲旅游和乡村旅游，打造国家精品旅游带，建设国家旅游风景道，促进精品、特色旅游线路开发建设。大力发展红色旅游，优化提升生态旅游、文化旅游，加快发展工业旅游、健康医疗旅游、冰雪旅游、研学旅行等。发展自驾车旅游、邮轮游艇旅游。支持旅游衍生品开发。加强旅游资源保护性开发，推进旅游景区建设和管理绿色化。规范旅游市场秩序，提高从业人员专业素质和游客文明素养。加强旅游休闲安全应急、紧急救援、保险支撑能力，保障旅游安全。深化国际旅游合作，推进旅游签证便利化。

房地产服务。优化住房供需结构，强化住房居住属性，构建以政府为主提供基本保障、以市场为主满足多层次需求的住房供应体系。积极发展住房租赁市场，规范发展二手房市场。促进房地产评估和经纪、土地评估和登记代理机构专业化发展，规范中介服务市场秩序。鼓励有条件的房地产企业向综合服务商转型。积极推进社区适老化改造。提升物业服务水平。

五、促进融合，构建产业协同发展体系

鼓励产业融合发展，打造一批以服务为主体的一二三产业融合型龙头企业，强化服务业对现代农业和先进制造业的全产业链支撑作用，形成交叉渗透、交互作用、跨界融合的产业生态系统。

（一）促进服务业与农业融合

加快发展农村服务业，构建全程覆盖、区域集成的新型农业社会化服务体系，增强服务业对转变农业发展方式、发展现代农业的支撑引领能力。

培育多元化融合发展主体。引导新型农业生产经营主体向生产经营服务一体化转型，壮大农村一二三产业融合发展主体。鼓励农民专业合作社、农业产业化龙头企业、工商资本、其他社会化服务组织投资发展农业服务。支持有条件的农业生产、加工、流通企业发展面向大宗农产品及区域特色农业的专业化服务。支持农机合作社发展壮大为全程机械化综合农事服务主体，促进供销社等服务主体向农业综合服务商转型。支持农商联盟发展，鼓励银行、保险、科研、邮政等机构与农村各类服务主体深度合作。

加快发展融合新业态。实施创意农业发展行动，鼓励发展生产、生活、生态有机结合的功能复合型农业。支持农业生产托管、农业产业化联合体、农业创客空间、休闲农业和乡村旅游等融合模式创新。鼓励平台型企业与农产品优势特色产区合作，形成线上线下有机结合的农产品流通模式，畅通农产品进城和农资下乡渠道。建设全国农产品商务信息服务公共平台。鼓励利用信息技术，优化农业生产和经营决策、农技培训、农产品供需对接等服务。积极探索农产品个性化定制服务、会展农业等新业态。

（二）推进服务业与制造业融合

充分发挥制造业对服务业发展的基础作用，有序推动双向融合，促进有条件的制造企业由生产型向生产服务型转变、服务企业向制造环节延伸。

发展服务型制造。促进制造企业向创意孵化、研发设计、售后服务等产业链两端延伸，建立产品、服务协同盈利新模式。鼓励有条件的制造企业向设计咨询、设备制造及采购、施工安装、维护管理等一体化服务总集成总承包商转变。支持领军制造企业“裂变”专业优势，面向全行业提供市场调研、研发设计、工程总包和系统控制等服务。鼓励制造企业优化供应链管理，推动网络化协同制造，积极发展服务外包。推进信息化与工业化深度融合，加快发展智能化服务，提高制造智能化水平。

推动服务向制造拓展。以产需互动为导向，推动以服务为主导的反向制造。鼓励服务企业开展批量定制服务，推动生产制造环节组织调整和柔性化改造。支持服务企业利用信息、营销渠道、创意等优势，向制造环节拓展业务范围，实现服务产品化发展。发展产品全生命周期管理、网络精准营销和在线支持新型云制造服务，实现创新资源、生产能力和市场需求的智能匹配和高效协同。

搭建服务制造融合平台。支持有条件的地区打造电子商务集聚区，系统构建信息、营销、售后等个性化服务体系，柔性制造、智慧工厂等智能化生产体系，电子商务、金融、物流等社会化协同体系。依托新型工业化产业示范基地等制造业集聚区，聚焦共性生产服务需求，加快建设生产服务支撑平台。支持高质量的工业云计算和大数据中心建设。

（三）鼓励服务业内部相互融合

推动服务业内部细分行业生产要素优化配置和服务系统集成，创新服务供给，拓展增值空间。

支持服务业多业态融合发展。支持服务企业拓展经营领域，加快业态和模式创新，构建产业生态圈。顺应消费升级和产业升级趋势，促进设计、物流、旅游、养老等服务业跨界融合发展。

培育服务业融合发展新载体。发挥平台型、枢纽型服务企业的引领作用，带动创新创业和小微企业发展，共建“平台 + 模块”产业集群。培育系统解决方案提供商，推动优势企业跨地区、跨行业、跨所有制整合经营，发展一批具有综合服务功能的大型企业集团或产业联盟。

六、提升质量，推动服务业优质高效发展

实施质量强国战略，创新服务质量治理，着力提升重点领域服务质量，积极推进服务标准化、规范化和品牌化。

（一）健全服务质量治理体系

构建责任清晰、多元参与、依法监管的服务质量治理和促进体系，加快形成以质取胜、优胜劣汰、激励相容的良性发展机制。

强化企业主体责任。完善激励约束机制，引导企业加强全程质量控制，建立服务质量自我评估与公开承诺制度，主动发布服务质量标准、质量状况报告。推行质量责任首负承诺，完善全过程质量责任追溯、传导和监督机制。鼓励推广服务质量保险，建立质量保证金制度。

提升政府监管和执法水平。加大服务质量随机抽查力度。完善质量安全举报核查与协同处理制度，健全质量监督检查结果公开、质量安全事故强制报告、质量信用记录、严重失信服务主体强制退出等制度。健全服务质量风险监测机制。

充分发挥社会监督作用。畅通消费者质量投诉举报渠道，推广服务质量社会监督员制度，鼓励第三方服务质量调查。支持行业协会商会加强质量自律，发布行业服务质量和安全报告。加快推进检验检测认证等质量服务市场化发展。

（二）提高服务标准化水平

开展服务标准化提升行动，加快形成政府引导、市场驱动、社会参与、协同推进的标准化建设格局。

健全服务标准体系。建立政府主导制定的标准与市场自主制定的标准协同发展、协调配套的新型标准体系。将政府主导制定的强制性国家标准限定在保障人身健康和生命财产安全、公共安全、生态环境安全及满足经济社会管理基本要求范围之内。支持社会组织制定团体标准，鼓励企业自主制定企业标准。

推行更高服务标准。加强标准制修订工作，推动国际国内标准接轨，提高服务领域标准化水平。鼓励企业制定高于国家标准或行业标准的企业标准，积极创建国际一流标准。研究建立企业标准领跑者制度，推动企业服务标准自我声明公开和监督制度全面实施，鼓励标准制定专业机构对企业公开的标准开展比对和评价。整合优化全国标准信息网络平台。

（三）打造中国服务知名品牌。

开展品牌价值提升行动，发展一批能够展示中国服务形象的品牌，发挥品牌对服务业转型升级引领作用。

鼓励企业加强品牌建设。引导企业增强品牌意识，健全品牌管理体系，提升品牌认可度和品牌价值，打造世界知名品牌。发挥行业协会商会在品牌培育和保护方面的作用。鼓励品牌培育和运营专业服务机构发展。

营造良好品牌发展环境。完善品牌、商标法律法规，完善维权与争端解决机制。加大品牌、商标保护执法力度，依法打击侵权行为。提升商标注册便利化水平，健全集体商标、证明商标注册管理制度。加强品牌宣传和展示，营造重视品牌、保护品牌的社会氛围。

专栏2　服务质量、标准、品牌建设行动

（一）服务质量满意度提升行动。建立健全符合行业特点的服务质量测评体系，在现代物流、银行保险、商贸流通、旅游住宿、医疗卫生、邮政通讯、社区服务等重点行业建立顾客满意度评价制度。

（二）服务质量标杆引领行动。鼓励社会组织分行业遴选和公布一批质量领先、管理严格、公众满意的服务标杆，总结推广先进质量管理经验。鼓励企业瞄准行业标杆开展质量比对，实施质量改进与赶超措施。

（三）服务质量监测能力提升行动。广泛动员社会各界力量，协同建设集监测、采信、分析、发布于一体的质量信息服务体系，搭建服务质量信息共享与社会监督平台。支持金融、交通运输、电子商务、旅游、健康等重点行业质量监测能力建设，鼓励建立行业质量和安全数据库。

（四）服务标准化提升行动。创新标准研制方式，完善科技、金融、物流、知识产权等生产性服务领域标准，制修订家政、养老、健康、教育、文化、旅游等生活性服务领域标准，加快新兴服务领域标准研制。建立健全服务认证制度体系。

（五）品牌价值提升行动。在金融、物流、商务服务等重点领域和电子商务、云计算、大数据、物联网等新兴领域，创建一批高价值服务品牌。鼓励中小服务企业品牌孵化器建设。支持具有文化、民族、地域特色的服务品牌建设，创建区域性知名品牌。

七、彰显特色，优化服务业空间布局

充分发挥各地比较优势，调整服务业功能分工和空间布局，构建特色鲜明、优势互补、体系健全的服务业发展新格局。

（一）优化服务业发展格局

围绕国家区域发展总体战略和“一带一路”建设、京津冀协同发展、长江经济带发展战略实施，对接新型城镇化发展，统筹规划、协调推进，促进服务业开放、集聚和协同发展。

优化服务业区域布局。充分发挥“四大板块”比较优势，推动东部地区服务业率先向价值链高端攀升、提升辐射带动能力和国际化水平；支持东北地区依托制造业和现代农业基础加快发展生产性服务业；鼓励中部地区发挥区位和产业优势，扩大服务业规模、提升服务水平；支持西部地区加快弥补服务业短板，发展特色优势产业。鼓励跨区域服务业合作，促进服务业梯度转移和有序承接。依托“一带一路”核心区和节点城市，扩大服务开放合作力度。全方位拓展京津冀地区服务业合作广度和深度，推进三地服务和要素市场一体化，促进服务业合理分工和错位发展，整体提高服务业发展层次和品质。着力扩大长江经济带中心城市辐射带动能力，增强节点城市物流与贸易功能，建设东中西互动的服务业合作联动发展带。优化提升珠三角服务业发展水平，强化与港澳地区的开放合作，推动泛珠三角区域服务业合作。结合脱贫攻坚，以生活服务和特色产业为重点，支持革命老区、民族地区、边疆地区、贫困地区及资源枯竭、产业衰退、生态严重退化等困难地区服务业加快发展。

构建城市群服务业网络。优化服务业空间组织模式，促进城市群服务业联动发展和协同创新。强化中心城市综合服务功能，优化战略性服务设施布局，发挥网络化效应，支持各具特色的服务业集聚区建设。鼓励构建跨区域信息交流与合作协调机制。

大力发展海洋服务。坚持陆海统筹，发展功能完善、业态多元、布局合理的海洋服务。发展现代航运服务和海洋物流，积极发展海洋旅游和文化产业，加快发展海洋工程咨询、新能源、生物研发、信息等服务。积极发展涉海金融、商务、商贸、会展等配套服务。推动基础较好的地区建设特色海洋服务集群。

（二）加快建设多层次服务经济中心

充分发挥中心城市资源要素密集、规模经济显著、专业分工细化和市场需求集中的优势，完善服务功能，打造不同层级的服务经济中心，增强辐射带动能力，促进服务业发展与新型工业化、城镇化良性互动。

建设具有全球影响力的现代服务经济中心。增强北京、上海和广州—深圳国际服务枢纽和文化交流门户功能，促进高端服务业和高附加值服务环节集聚，提高在全球创新链、价值链、产业链、供应链中的地位和控制力。

加快国家级服务经济中心建设。鼓励各地区依托服务业发展基础较好的超大城市和部分特大城市，加快形成以服务业为主体的产业结构，打造一批具有较强辐射功能的国家级服务经济中心。加快提升服务业层次和水平，搭建服务全国的特色化、专业化服务平台。鼓励跨国公司和企业集团设立区域性、功能型总部，支持有条件的城市提升全球影响力。

提升区域服务经济中心辐射带动能力。依托大城市建设区域服务经济中心，增强服务业集聚效应和辐射能力，更好服务区域发展。

推动生产性服务业加快发展，提升对区域产业升级的支撑能力。增强健康养老、教育培训、文化创意等服务功能，提升城市宜居度和吸引力。

增强中小城市和小城镇服务功能。充分发挥中小城市和小城镇集聚产业、服务周边、带动农村的重要作用。促进中小城市与区域中心城市产业对接，利用中心城市服务资源改造提升传统产业，打造区域物流枢纽和制造业配套协作服务中心，主动承接中心城市旅游、休闲、健康、养老等服务需求。支持具有独特资源、区位优势和民族特色的小城镇建设休闲旅游、商贸物流、科技教育、民俗文化等特色镇。

（三）加强服务平台载体建设

积极搭建各类服务平台载体，集聚资源要素、强化组合优势、深化分工合作、探索开放创新，为服务业发展提供有效支撑。

建设专业化服务经济平台。结合科研基地布局优化，在科研资源密集地区，大力发展创新设计、研发服务，建设科创服务中心。

依托重大信息基础设施建设，增强信息服务功能，建设信息服务中心。选择有条件的区域中心城市，发展多层次资本市场，规范发展区域性股权市场，建设金融服务中心。依托产业集聚规模大、专业人才集中的地区，加快发展咨询评估、财务管理、检验检测等服务，建设商务服务中心。

挖掘老城区服务业发展潜力。结合城市更新和棚户区改造，加快老城区服务业升级。科学规划土地二次开发，加强文化传承与保育，完善配套政策，支持存量房产和土地发展现代服务业，实现老城区转型发展。

促进开发区、新城新区服务业加快发展。坚持产城融合、特色发展的方向，加快完善服务功能，推动开发区、新城新区从单一功能向混合功能转型。促进商务商业、金融保险、创意设计等服务发展，增强健康医疗、教育培训、商贸物流、文体休闲等服务功能。支持开发区生产性服务业与先进制造业融合发展。

统筹推进服务业试点示范。以解决重点难点问题为导向，以推进体制机制和政策创新为重点，统筹推进各类服务业改革试点示范。继续开展服务业综合改革试点，规范有序推进自由贸易试验区、服务业扩大开放综合试点等建设。加快制度创新成果复制推广。

鼓励打造交通枢纽型经济区。依托大型机场、沿海港口、沿边口岸、高铁车站等交通枢纽设施，加强集疏运衔接配套，完善口岸等服务功能，促进高铁经济和临空、临港经济发展。依托综合交通枢纽城市，建设物流服务中心和多式联运中心。

八、深化改革，创建服务业发展良好环境

加大重点领域关键环节市场化改革力度，深入推进简政放权、放管结合、优化服务改革，最大程度释放市场主体活力和创造力。

（一）实现公平开放的市场准入

完善市场准入制度，全面实施公平竞争审查制度，清理废除妨碍统一市场和公平竞争的各种规定和做法，促进服务和要素自由流动、平等交换。

实施市场准入负面清单制度。以市场准入负面清单为核心，建立服务领域平等规范、公开透明的准入标准，并适时动态调整。放宽民间资本市场准入领域，扩大服务领域开放度，推进非基本公共服务市场化产业化、基本公共服务供给模式多元化。

破除各类显性隐性准入障碍。减少审批事项，优化审批流程，规范审批行为。清理规范各类前置审批和事中事后管理事项，明确确需保留事项的审批主体、要件、程序和时限，并向社会公开。继续推进商事制度改革。整合公共服务机构设置、执业许可等审批环节，鼓励有条件的地方为申办公共服务机构提供一站式服务。

打破市场分割和地方保护。推进统一开放、竞争有序的服务市场体系建设，打破地域分割、行业垄断和市场壁垒，营造权利平等、机会平等、规则平等的发展环境。除特殊规定外，禁止设置限制服务企业跨地区发展、服务跨地区供给的规定，纠正各种形式限制、歧视和排斥竞争的行为。加大服务业反垄断力度。

（二）发展充满活力的市场主体

依法保障各类市场主体公平竞争，深化国有企业改革，推动事业单位改革取得突破性进展，形成各类市场主体竞相发展的生动局面。

确立法人主体平等地位。依法规范市场主体行为，确保不同主体之间法律地位一律平等。实行营利和非营利分类管理，明确不同性质主体的权责。完善分类登记管理制度，规范社会服务类机构登记，明确机构性质变更实施细则。建立健全市场退出机制。

分类推进国有服务企业改革发展。对主业处于充分竞争行业和领域的国有服务企业，实行股份制公司制改革，积极引入其他国有资本或非国有资本实现股权多元化。对主业处于关系国家安全、国民经济命脉重要领域的国有服务企业，保持国有资本控股地位，支持非国有资本参股。对电信、铁路等服务行业，根据不同行业特点实行网运分开、放开竞争性业务，促进公共资源配置市场化。推进承担公共服务和准公共服务职能的国有企业改革，具备条件的可以推行投资主体多元化。完善现代企业制度。鼓励各类社会资本参与国有服务企业改革，鼓励发展非公有资本控股的混合所有制企业。进一步破除各种形式的行政垄断。

深化事业单位改革。按照政事分开、事企分开和管办分离的要求，加快推进教育、科技、文化、卫生等事业单位分类改革，将从事生产经营活动的事业单位及能够分离的生产经营部门逐步转为企业，参与服务业市场公平竞争。加快建立现代法人治理结构，推动产权管理与业务管理分开，健全内部决策、执行与监督机制，依法独立开展经营活动。改革完善人事制度，改革事业单位编制管理办法，建立与不同性质组织运作相适应的人力资源管理制度。鼓励公办医疗、养老等机构与从业人员实行弹性灵活、权责明确的聘用制度。逐步取消公立医院行政级别，改革医师执业注册办法，促进医师有序流动和多点执业。完善民办机构参与服务业公办机构改制细则，鼓励从事生产经营活动的事业单位直接改制为混合所有制企业。

（三）健全现代高效的监管体系

顺应服务业发展新趋势，更新理念、创新方式、完善机制，加快构建统一高效、开放包容、多元共治的监管体系。

创新监管理念和方式。树立依法依规、独立专业、

程序透明、结果公开的现代监管理念，推动监管方式由按行业归属监管向功能性监管转变、由具体事项的细则式监管向事先设置安全阀及红线的触发式监管转变、由分散多头监管向综合协同监管转变、由行政主导监管向依法多元监管转变。按照服务类别制定统一的监管规则、标准和程序，并向社会公开。积极运用信息技术提高监管效率、覆盖面和风险防控能力。

实行统一综合协同监管。促进监管机构和职能整合，推进综合执法。建立健全跨部门、跨区域执法联动响应和协作机制，加强信息共享和联合执法，实现违法线索互查、处理结果互认，避免交叉执法、多头执法、重复检查。推进监管能力专业化，打造专业务实高效的监管执法队伍。建立健全社会化监督机制，充分发挥公众和媒体监督作用，完善投诉举报管理制度。鼓励社会组织发挥自律互律他律作用，完善商事争议多元化解决机制。

创新新业态新模式监管方式。坚持包容创新、守住底线，适应服务经济新业态新模式特点，创新监管方式，提升监管能力。坚持审慎监管和包容式监管，避免过度监管，充分发挥平台型企业的自我约束和关联主体管理作用，创新对“互联网+”、平台经济、分享经济等的监管模式。

（四）营造公平普惠的政策环境

破除制约服务业发展的政策障碍，消除政策歧视，创新要素供给机制，加快形成公平透明、普惠友好的政策支持体系。

创新财税政策。积极构建有利于服务业创新发展的财税政策环境。落实支持服务业及小微企业发展的税收优惠政策。加大政府购买服务力度，研究制定政府购买服务指导性目录。有效发挥相关产业基金和服务业引导资金作用。推广政府与社会资本合作模式，引导社会资本投入服务业。

完善土地政策。优化土地供应调控机制，合理确定用地供给，保障服务业用地需求。依据不同服务门类特性及产业政策导向，有针对性地制定土地政策。探索对知识密集型服务业实行年租制、“先租赁后出让”等弹性供地制度。依法支持利用工业、仓储等用房用地兴办符合规划的服务业。创新适应新产业、新业态特点的建设用地用途归类方式。

优化金融支持。拓宽融资渠道，调整修订不适应服务企业特点的政策规定，支持通过发行股票、债券等直接融资方式筹集资金。探索允许营利性医疗、养老、教育等社会领域机构使用有偿取得的土地、设施等财产进行抵押融资。鼓励金融机构开发适应服务业特点的融资产品和服务。完善动产融资服务体系。鼓励有条件的地方建立小微企业信贷风险补偿机制。支持融资担保机构扩大小微企业担保业务规模。

深化价格改革。加快完善主要由市场决定价格机制，合理区分基本与非基本需求，放开竞争性领域和环节服务价格。健全交通运输价格机制，放开具备竞争条件的客货运输价格。创新公用事业和公益性服务价格管理方式。深化教育、医疗、养老等领域价格改革，营利性机构提供的服务实行经营者依法自主定价。全面清理规范涉企收费，推进实施涉企收费目录清单管理并常态化公示。

健全消费政策。鼓励消费金融创新，支持发展消费信贷。鼓励保险机构开发更多适应医疗、文化、养老、旅游等行业和小微企业特点的保险险种。

九、扩大开放，培育服务业国际竞争新优势

以“一带一路”战略为统领，推动服务领域双向开放，深度融入全球服务业分工体系，以高水平对外开放促进我国服务业大发展。

（一）深入推进服务领域对外开放

把服务领域开放作为我国新一轮对外开放的重中之重，在坚守国家安全底线的前提下，加大开放力度，丰富开放内涵，提高服务领域开放水平。

完善国际化法治化便利化营商环境。对外资全面实施准入前国民待遇加负面清单管理制度，简化外资企业设立和变更管理程序，提高市场准入透明度和可预期性。在财政政策、融资服务、土地使用和经济技术合作等方面实现内外资企业一视同仁。

推动重点领域对外开放。坚持服务全局、积极有序的原则，稳步扩大服务业对外开放。优先放开对弥

补发展短板、促进产业转型升级、提高人民生活质量具有重要作用的领域。推进教育、医疗等社会服务领域有序开放。放开建筑设计、评级服务等领域外资准入限制。有序推动银行、证券、保险等领域对外开放。健全文化、互联网等领域分类开放体系，逐步放宽准入限制。鼓励外商投资工业设计和创意、工程咨询、现代物流、检验检测认证等生产性服务业。

（二）打造服务业全方位开放新格局

推动沿海沿边内陆全方位开放，拓展对外开放空间，形成平衡协调、纵横联动的服务业对外开放格局。

提升沿海服务业开放水平。鼓励沿海地区加大引资引技引智力度，大力发展高层次外向型服务业，建设一批承接国际服务转移的重要平台和国际服务合作窗口城市。支持有条件的地区建设具有全球影响力的金融、技术、信息等要素市场。

打造内陆、沿边开放型服务经济高地。依托战略性互联互通重大项目以及重点口岸、边境城市、边境（跨境）经济合作区和重点开发开放试验区建设，引导优质服务要素集聚，提升服务业开放水平。面向国际经济合作走廊，将边境省区中心城市和口岸城镇培育成为新的交通枢纽、贸易中心和金融服务中心。支持内地空港陆港门户城市，建成新的国际物流通道和人文交流中心。优化整合中欧班列，推进品牌化发展。大力发展边境旅游，推进跨境旅游合作区、边境旅游试验区建设。

深化内地和港澳、大陆和台湾地区服务业合作。进一步扩大对港澳开放服务领域，支持港澳充分发挥金融、商贸、物流、旅游、会展及专业服务优势，积极参与内地服务业发展和多种形式合作走出去。深化内地与香港金融合作。加深内地同港澳在文化教育、医疗保健、养老安老、环境保护、食品安全等领域交流合作，支持内地与港澳开展创新及科技合作。以服务业合作为重点，加快前海、南沙、横琴等重大合作平台建设，推动粤港澳大湾区建设。促进大陆和台湾地区服务业合作。

（三）提升全球服务市场资源配置能力

鼓励服务企业在全球范围内配置资源、开拓市场，拓展发展新空间，提升国际竞争力。

加快发展服务贸易。积极开拓欧美等发达国家市场、“一带一路”沿线国家、拉美和非洲等新兴市场。巩固旅游、建筑等服务出口优势，扩大金融保险、交通运输、信息通信、研发咨询、环境服务等高附加值服务出口。积极推动文化、中医药等服务出口，加强体育、餐饮等特色服务领域的国际交流合作。大力发展服务外包，推动服务外包向价值链高端延伸。

创新全球服务资源配置方式。围绕关键短板和战略需求，支持服务企业以跨国并购、绿地投资、联合投资等方式，高效配置全球人才、技术、品牌等核心资源。鼓励企业通过在境外设立研发中心、分销中心、物流中心、展示中心等形式，构建跨境服务产业链。鼓励企业利用信息技术改造提升传统服务投资贸易方式，积极发展跨境电商、全球维修、全球采购等服务。

强化“走出去”服务支撑。鼓励会计、法律、资产评估、公共关系、海外救援等服务国际化发展，支持行业协会等机构参与建设海外支撑服务体系。健全“走出去”金融支持体系，发挥开发性、政策性金融机构作用，鼓励社会资本参与，拓宽海外投融资渠道。积极发展海外投资保险，扩大政策性保险覆盖面。构建高效有力的海外利益保护体系，提升服务能力。加强境外风险防控体系建设。

（四）积极参与国际服务投资贸易规则制定

积极参与多边双边、区域服务投资贸易谈判和全球经贸规则制定，增强在国际服务贸易中的制度性话语权。推动世界贸易组织（WTO）框架下的服务业开放谈判。主动参与相关国际服务贸易协定谈判。参与国际标准制定，推进优势、特色领域服务标准国际化，推动与主要贸易国之间标准互认。加快实施自由贸易区战略，构筑立足周边、辐射“一带一路”、面向全球的高标准自由贸易区网络。

积极开展国际投资贸易新规则试验，提高自由贸易试验区等各类相关试验区建设质量，加快探索建立适应国际规则新要求的制度体系。积极推广成熟创新经验。

十、夯实基础，强化服务业发展支撑

健全服务业配套制度和基础设施，改善社会信用环境，加强人才队伍建设，保障消费者权益，夯实服务业持续健康发展基础。

（一）健全配套基础制度

完善服务业相关法律法规体系，健全知识产权保护、信息安全、社会组织管理、统计等制度。

完善法律法规体系。研究推进服务业相关基础性法律制定修订工作，加强权益保障、公平竞争、市场监管等领域的立法工作。

健全知识产权保护制度。完善专利权、商标权、著作权、商业秘密保护等法律法规，研究完善商业模式知识产权保护制度，完善互联网、大数据、电子商务等领域知识产权保护规则。简化优化知识产权审查和注册流程。推进知识产权基础信息资源共享。健全知识产权侵权惩罚性赔偿制度。健全企业海外知识产权维权援助机制。

健全信息安全保护制度。加强国家安全、个人隐私和商业秘密保护。建立健全大数据安全管理制度，实行服务领域数据资源分类分级管理和风险评估制度。建立互联网企业数据资源资产化和利用授信机制。加快完善网络安全、个人信息保护、互联网信息服务等领域法律法规，明确数据采集、传输、存储、利用、处理等环节的安全要求及责任主体，界定数据用途和发布边界。严厉打击非法泄露和出卖数据行为。

完善社会组织管理制度。完善行业协会商会类、科技类、公益慈善类、城乡社区服务类社会组织直接依法登记制度。稳妥推进行业协会商会与行政机关脱钩，增强行业协会商会助推行业发展、促进行业自律功能。完善公益性捐赠税前扣除、非营利性组织相关税收等政策。

完善统计制度。整合优化服务业统计调查资源，健全数据互通共享机制。适应服务业特点和业态模式创新，健全服务业统计调查制度，完善统计分类标准和指标体系，改进小微服务企业抽样调查和数据采集，提高统计数据精准性。加强和改进服务业增加值核算。加强大数据在服务业统计中的应用。

（二）强化人才队伍支撑

扩大人才供给，促进人才流动，加大引进力度，大力集聚一批适应服务业创新发展要求、具有国际化经营能力的企业家人才，建设规模宏大的服务业专业技术人才和高技能人才队伍。

健全人才使用和激励机制。打破制度障碍，完善职称评定、薪酬制度、社会保障等配套政策体系，促进医疗、教育、科技、文化等各领域人才有序自由流动。引导和鼓励高校毕业生到基层工作。完善职业技能鉴定制度，畅通技能人才成长路径，推动服务从业人员职业化、专业化发展。加强劳动保护和职业防护，积极改善医疗、养老服务护理人员等工作条件。健全人才创新成果收益分配机制，支持人才以知识、技能、管理等多种创新要素参与分配。挖掘多层次人力资源，注重发挥老年人力资源作用。

实施更加开放的人才政策。加快营造具有国际竞争力的人才吸引环境。加大国际人才吸引力度，通过完善外国人永久居留制度等措施，为海外人才来华工作、出入境和居留创造更加宽松便利的条件。推动“千人计划”、“万人计划”、创新人才推进计划等重大人才计划向急需的服务行业倾斜。鼓励开展国际高水平人才交流活动。

加大人才培养培训力度。加大服务领域高端专业人才培养力度，扩大应用型、技术技能型人才规模，大力培养复合型人才。强化综合素质和创新能力培养，创新培养培训方式，深化产教融合、校企合作、工学结合的人才培养模式。推行终身职业技能培训制度，完善职业培训补贴政策，鼓励职业技能和专业知识持续更新。

（三）完善基础设施体系

适应产业结构、形态和模式变化，系统构建和完善适应服务业发展的基础设施体系。加快推进基础设施改造升级，提升智慧化和网络化水平。围绕满足新产业、新业态发展需要，补齐基础设施短板，在信息、交通、流通、旅游、社会服务等领域，组织实施基础设施建设重大工程。推进服务业相关基础设施标准化建设和改造，促进互联互通和系统功能优化。改进基础设施运营管理，提高运行效率。

专栏3 服务业相关基础设施建设重点领域

（一）信息基础设施。加快构建新一代信息基础设施。加强面向服务业应用的信息基础设施和平台建设，完善物联网、云计算及大数据平台等基础设施，统筹布局建设大型、超大型数据中心。建设数据信息资源开放平台。

（二）交通基础设施。积极构建国际运输网络。加快城市群城际铁路网建设，完善高铁快运设施。规划建设支线和通用航空机场。加快内河高等级航道建设。

推动公共交通优先发展，加快大城市中心城区轨道交通建设，推动超大、特大城市市域（郊）铁路发展。加强综合交通枢纽布局、建设和运营衔接。完善港口集疏运体系。依托重要物流节点城市和枢纽站场，建设一批多式联运货运枢纽。积极发展智慧交通。

（三）流通基础设施。加强社区和农村流通基础设施建设，优化社区商业网点、公共服务设施的规划布局和业态配置。加快城市流通基础设施升级改造。建设或改造升级一批集运输、仓储、配送、信息为一体的综合物流服务基地。推动智能仓储设施和智慧物流平台建设。统筹交通、邮政、商务、供销等物流站点资源，推动城乡末端配送点建设。加强物流标准化建设，优化农产品冷链物流设施网络。

（四）旅游基础设施。畅通景区和乡村旅游区与交通干线连接，推动从机场、客运场站、客运码头到主要景区交通无缝对接。完善景区停车场、厕所、垃圾污水处理、游客信息服务等设施。建设邮轮游艇码头、自驾车房车营地、通航机场等新型旅游基础设施。规划建设区域性旅游应急救援基地。

（五）社会服务设施。严格按照新建居住区或社区建设相关规定，配建便民商业服务、社区服务、健身休闲等设施。促进教育培训、健康、养老、文化等服务设施建设和升级。盘活存量土地用于社会服务设施建设，改造提升现有社会服务设施。

（四）加强社会信用体系建设

加强信用法律法规建设，完善褒扬诚信、惩戒失信机制，引导服务企业和从业人员树立诚信理念、弘扬诚信美德，营造优良信用环境。

着力加强服务市场诚信建设。建立健全市场主体信用记录，开展服务企业诚信承诺活动，构建跨地区、跨部门、跨领域的守信联合激励和失信联合惩戒机制。加大对非法集资、商业欺诈等违法行为和破坏市场公平竞争秩序行为的查处力度，对严重失信主体实行行业限期禁入等限制性措施。强化医疗、教育、文化、旅游、商贸等领域诚信建设，提升工程建设、广告等领域诚信水平。运用互联网技术大力推进服务领域信用体系建设。

培育和规范信用服务市场。发展各类信用服务机构，逐步建立公共和社会信用服务机构互为补充、信用信息基础服务和增值服务相辅相成的多层次信用服务体系。支持具有较高市场公信力的第三方征信机构培育和发展。支持信用服务产品开发和创新，鼓励社会机构依法使用征信产品，拓展应用范围。推进并规范信用评级行业发展。加强信用服务行业自律和自身信用建设。

（五）保障消费者合法权益

坚持消费者优先理念，健全适应服务消费特点的制度安排，强化线上线下消费者权益保护，有效维护消费者合法权益。

着力提高信息透明度。健全服务信息依法依规告知制度，明确质量、计量、标准等强制性承诺信息内容，鼓励领军企业、行业协会商会发布更高标准的服务信息指引。严格落实经营者明码标价和收费公示制度。规范商业合同格式和条款解释，推进合同条款标准化、表述通俗化。利用各种公共信息平台，将政府各部门涉及企业违规违法行为及信用状况、服务质量检查结果、顾客投诉处理结果等信息及时向全社会公布。支持第三方机构开展服务评价。加强对消费者的金融、法律等专业知识普及。

完善消费者权益保障制度。推动调整修订现行法律法规中不利于保护消费者权益的条款，完善服务质量担保、损害赔偿、风险监控、投诉响应等制度。完善和强化服务消费惩罚性赔偿制度，加大赔偿处罚力度。推行先行赔付制度。充分发挥消费者协会等组织维护消费者权益的作用，积极发挥消费者维权服务网络平台作用。

健全服务纠纷解决机制。强化消费者权益损害法律责任，坚持依法解决服务纠纷。健全公益诉讼制度，适当扩大公益诉讼主体范围。探索建立纠纷多元化解决机制，探索和完善诉讼、仲裁与调解对接机制。

加快发展服务业是产业结构优化升级的主攻方向。各地区、各部门要加快转变观念，充分认识推动服务业发展的重大意义，着力营造服务业发展的良好环境。加强组织领导，健全工作机制，强化部门协同和上下联动，形成工作合力。各地区要因地制宜、大胆创新，积极探索服务业发展的新思路新举措，及时总结推广经验。各部门要按照分工研究制定具体实施方案，细化政策措施，切实履行好政府职责。充分发挥服务业发展部际联席会议制度作用，加强战略谋划，强化统筹协调和督促落实。加强宣传解读，积极营造全社会合力推进服务业创新发展的良好氛围。

国家发展改革委办公厅关于做好第二批大众创业万众创新示范基地建设工作的通知

（节选）

国家发展改革委办公厅

2017 年 6 月 23 日

教育部、工业和信息化部、人力资源社会保障部、农业部、国资委、中科院办公厅，各省、自治区、直辖市、计划单列市、新疆生产建设兵团发展改革委，有关中央管理企业：

为落实国务院办公厅《关于建设第二批大众创业万众创新示范基地的实施意见》（国办发〔2017〕54 号，简称《实施意见》）要求，在更大范围、更高层次、更深程度上推进大众创业万众创新，现就加快推进第二批双创示范基地建设有关事项通知如下：

一、建立工作机制

各地、各有关部门要落实国务院要求，加强对示范基地建设的组织领导，牵头设立示范基地建设指导小组。其中，区域示范基地及地方所属企业示范基地由省级政府分管负责同志牵头设立指导小组，省级发展改革委负责协调相关工作。高校、科研院所及中央国有企业示范基地分别由教育部、工业和信息化部、国资委、中科院等部门分管负责同志牵头设立指导小组，并指定具体司局牵头协调相关工作。各示范基地要强化建设主体责任，组建强有力的工作班子，建立健全工作机制，切实保障示范基地建设有序推进。

二、抓好方案编制

各示范基地要按照《实施意见》的总体要求，结合本地区、本单位实际，深入分析现有的基础条件，认真编制示范基地建设工作方案。工作方案主要内容应包括示范基地的区域范围、总体思路、战略定位、发展目标及相关指标、主要任务、政策举措、重点项目和保障措施等。工作方案原则上由示范基地负责编制。国家发展改革委将委托相关机构组织专家，通过实地调研、召开咨询会或书面咨询等方式提出咨询意见。示范基地根据咨询意见进一步修改完善后，报指导小组审定，并按照程序向社会公布，同时报国家发展改革委备案。相关工作应在 2017 年 7 月底前全部完成。

三、强化协调联动

国家发展改革委会同相关部门，建立大众创业万众创新联动协调机制，指导示范基地编制工作方案，推动解决相关重大问题。国家信息中心承担推进大众创业万众创新部际联席会议办公室秘书处职责，会同各示范基地共同开展监测统计、信息沟通、能力建设、科研合作等各项工作，并结合示范基地工作方案，按季度汇总各示范基地建设进展及相关指标落实情况。

示范基地所在地方政府要高度重视，加强领导，完善组织体系，把示范基地建设作为重要抓手和载体，认真抓好落实；要出台有针对性的政策措施，支持示范基地先行先试，支持创新创业资源向示范基地集聚，支持各类政策试点向示范基地倾斜，保证政策真正落地生根，进一步释放全社会创新活力。各相关部门要加强指导，建立地方政府、部门政策协调联动机制，为高校、科研院所、各类企业等提供政策支持、科技支撑、人才引进、公共服务等保障条件，形成强大政策合力。

各示范基地要明确联系协调机制日常工作联络员，原则上联络员为示范基地建设工作牵头部门或具体负责部门负责人。请各示范基地于 2017 年 6 月 30 日前，将工作联络员名单报送国家信息中心，并在后续工作中加强沟通衔接。

四、加强经验梳理和宣传推广

各地、各部门要加大创新创业宣传力度，突出展现双创成就，展示双创示范基地建设带来的积极变化，深入挖掘推进双创对于贯彻落实新发展理念、实施创新驱动发展战略、保障改善民生、推动全面深化改革等方面的重大意义。要重视培育创新创业精神，强化创新创业素质教育，打造创新创业文化品牌，树立创新创业榜样，积极举办公益讲坛、创业论坛、创业培训等多种多样的活动，努力营造鼓励创新、宽容失败的社会氛围。要加强示范基地进展情况、推进双创主要做法和成效的梳理工作，选取有代表性的做法，结合典型案例，深入总结分析，形成可复制可推广的创新创业模式和典型经验，并于每季度结束前将相关材料报送国家发展改革委和相关部门。

国家发展改革委将会同推进大众创业万众创新部际联席会议成员单位，建立评估考核机制，在 2018 年上半年开展第三方评估工作，督促检查示范基地建设进展情况及其效果，研究提出进一步深入推进示范基地建设的意见。对实施效果好的示范基地，将报请国务院给予表扬和奖励，对不出成果、没有成效的，视情况责令整改或实行动态调整。

国家发展改革委办公厅关于做好第三批结合新型城镇化开展支持农民工等人员返乡创业试点地区申报工作的通知

国家发展改革委办公厅

2017 年 7 月 11 日

各省、自治区、直辖市发展改革委：

为贯彻落实《国家新型城镇化规划（2014—2020 年）》《国务院关于进一步做好新形势下就业创业工作的意见》（国发〔2015〕23 号）、《国务院关于印发“十三五”促进就业规划的通知》（国发〔2017〕10 号）和《国务院办公厅关于支持农民工等人员返乡创业的意见》（国办发〔2015〕47 号）精神，按照《关于结合新型城镇化开展支持农民工等人员返乡创业试点工作的通知》（发改就业〔2015〕2811 号，以下简称《通知》）要求，在做好前两批结合新型城镇化开展支持农民工等人员返乡创业试点工作的基础上，将组织实施第三批结合新型城镇化开展支持农民工等人员返乡创业试点工作，请你们按《通知》要求，抓紧商有关部门组织试点申报工作。现将有关事项通知如下：

一、试点目标

通过试点，着力培育和发展一批基础设施和公共服务明显改善、创业环境持续优化、返乡创业就业特色鲜明的城市，加速经济资本、人力资本、社会资本的提升、扩散、共享，建立多层次多样化的返乡创业就业格局，全面提升返乡创业参与率、成功率，探索形成可复制、可推广的实践经验。

二、试点主体

试点主体应是新型城镇化建设任务较重，农民工、大学生、退役士兵等外出务工人员较多的县级地区，包括县、县级市、市辖区、旗等，不包括工业园区、开发区等园区性质的地区。

拟申报试点的地区应具备以下条件：一是高度重视，主要领导亲自负责组织实施，具有深化改革、探索创新的积极性和主动性。二是具有一定的工作基础，近年来已经按照新型城镇化建设的要求，出台了支持返乡创业的鼓励政策。三是具有一定的代表性和典型意义，具备进行普及推广的示范价值。四是具有明确的试点方向和工作重点，能够突出本地区鼓励返乡创业的区域特色，具有较强的针对性和明确的侧重点。五是发展劳动密集型产业促进脱贫攻坚任务较重。

三、试点任务

按照《通知》关于试点任务的总体要求，着力破解影响返乡创业的政策壁垒，优化鼓励返乡创业的体制机制环境。围绕农民工等人员返乡创业面临的场地短缺、基础设施不完善、公共服务不配套以及融资难融资贵、证照办理环节多等突出问题，重点做好园区资源整合、服务平台和服务能力建设等工作。鼓励试点地区结合本地实际，在以返乡创业培育产业集群、发展农村电商、促进转型脱困、带动扶贫增收等方面，积极探索新路径。

四、申报要求

各省、自治区、直辖市可推荐5个左右符合条件的县级地区进行申报，并适当向化解产能、脱贫攻坚任务较重的地区倾斜。拟申报试点的地区应以人民政府名义进行申报，并加盖人民政府公章。

五、组织实施

（一）各省、自治区、直辖市发展改革委组织有关县（市、区）进行自主申报，并指导拟申报试点的地区按照附件中试点申报材料的格式和内容要求组织申报材料。

（二）各省、自治区、直辖市发展改革委会同有关部门研究确定试点推荐名单，并于2017年7月31日前将申报材料〔纸质版一式两份，以省（区、市）为单位统一刻录的电子版光盘10份〕报送至我委。

附件：申报材料提纲

附件

申报材料提纲

一、本地概况

本地区经济、社会、地理、人口、就业、资源、产业等情况。

二、工作基础

本地区返乡创业工作的基本情况，包括组织领导、政策措施、实施进展、取得的成效和经验、遇到的困难和问题等。

三、试点优势

本地区申报试点的优势，包括组织、政策、制度、资源、产业等各方面的优势。

四、总体思路

拟开展试点的基本思路、目标、方向、工作重点等，须紧密结合本地实际、突出本地特色。

五、试点内容

拟开展试点的主要任务、实施路径、进度安排等，须紧密结合本地实际、突出本地特色。

六、保障措施

注：试点申报材料须紧密结合本地实际、突出本地特色，明确方向和重点，切忌泛泛而谈，字数控制在1万字以内。如有需要说明的附件材料，仅需以电子版形式呈报，纸质版申报材料中不再体现。

国家发展改革委办公厅关于组织实施2018年“互联网+”、人工智能创新发展和数字经济试点重大工程的通知

国家发展改革委办公厅

2017年10月11日

中央和国家机关有关部门、直属机构办公厅（室），各省、自治区、直辖市及计划单列市、新疆生产建设兵团发展改革委，有关中央管理企业：

为贯彻落实“十三五”规划《纲要》，加快推进“互联网+”行动、人工智能发展规划、数字经济发展等重大部署，2018年，国家发展改革委将组织实施“互联网+”、人工智能创新发展和数字经济试点重大工程。现将有关事项通知如下：

一、“互联网+”、人工智能创新发展重大工程，由各地发展改革委和有关中央管理企业组织申报；数字经济试点重大工程由有关部门和各地发展改革委组织申报。

二、请各项目汇总申报单位按照附件要求，根据当地和行业条件、资源禀赋、工作基础，统筹考虑3个工程的申报工作，避免面面俱到，严格控制项目数量，避免“小、散”，切实体现重大、突出重点，支撑数字化转型、培育发展新动能等工作的需要。

三、请各项目汇总申报单位，按照《中央预算内投资补助和贴息项目管理办法》（国家发展改革委第45号令）和《高技术产业发展项目中央预算内投资（补助）暂行管理办法》有关规定及本通知要求，指导项目建设单位编写项目资金申请报告、纳入投资项目在线审批管理平台和重大建设项目库，并对报告及相关附件的真实性予以确认。

四、项目申报过程中暂不需提交环保、土地等落实证明材料。待我委批复后，请项目汇总申报单位负责督促项目建设单位落实所有建设条件，并及时向我委报送申请下达资金的请示，请示中需明确各项建设条件已经落实，仍存在建设条件未落实的，我委不予下达资金。同时，所有项目建设不得增加地方政府债务。

五、项目建设单位原则上应在中华人民共和国注册，具有独立法人资格和完成项目相关工作基础和必要条件，具备较强的技术开发、资金筹措、项目实施能力以及良好的社会信用，已基本具备实施条件，项目所需资金已落实、知识产权归属明晰。已基本具备实施条件的项目，应按有关规定完成审批、核准或备案。

六、我委将组织专家或委托有关部门（机构），对项目资金申请报告进行评审或评估，根据审核意见或咨询评估报告研究确定拟支持项目，并对拟支持项目进行公示。根据公示结果批复资金申请报告，并按照“成熟一批、启动一批、储备一批、谋划一批”的原则，统筹安排国家补助资金并下达投资计划。

七、请各项目汇总申报单位将3个工程申报的项目以一个申报文上报。请于2017年11月10日前，将项目申报文件（一式3份）、项目资金申请报告以及汇总表报送国家发展改革委（高技术产业司）。

第七部分 发展建设规划

西部大开发“十三五”规划

（节选）

国家发展改革委

2017年1月11日

为全面贯彻落实党中央、国务院关于深入实施西部大开发战略的决策部署，加快西部地区转方式调结构，促进区域协调发展，拓展国家新的发展空间，依据《中共中央国务院关于深入实施西部大开发战略的若干意见》和《中华人民共和国国民经济和社会发展第十三个五年规划纲要》，编制本规划。

第一章 确保如期全面建成小康社会

“十三五”时期是全面建成小康社会、实现“两个一百年”奋斗目标的第一个百年奋斗目标的决胜阶段。西部地区既是打赢脱贫攻坚战、全面建成小康社会的重点难点，也是我国发展重要回旋余地和提升全国平均发展水平的巨大潜力所在，是推进东西双向开放、构建全方位对外开放新格局的前沿，在区域发展总体战略中具有优先地位。“十三五”

时期，西部地区进入爬坡过坎、转型升级的关键阶段，必须深入实施西部大开发战略，坚持发展第一要务，全面深化改革和扩大开放，以提高发展质量和效益为中心，深刻认识、准确把握新形势新任务新要求，充分用好重要战略机遇期，推动新一轮西部大开发不断迈向深入，努力开创西部发展新局面。

第一节 发展基础

“十二五”时期，面对错综复杂的国际环境和艰巨繁重的国内改革发展稳定任务，在党中央、国务院的坚强领导和全国人民大力支持下，西部地区各族干部群众艰苦奋斗、开拓创新、众志成城、砥砺前行，推动西部大开发又迈上一个新台阶。西部地区经济实力稳步提升，主要指标增速高于全国和东部地区平均水平，城乡居民收入年均增长超过10%。2015年，地区生产总值占全国比重达到20.1%，常住人口城镇化率达到48.7%。基础设施保障能力全面增强，以高速铁路、高速公路为骨架的综合交通运输网络初步构建，铁路、公路新增里程分别达到1.2万公里和21.5万公里。特色优势产业转型力度加大，经济结构调整取得积极进展，内生发展动力和抗风险能力得到加强。生态文明建设加快推进，新一轮退耕还林还草等重点生态工程稳步实施，国家生态安全屏

障初步形成。基本公共服务体系不断完善，教育文化、医疗卫生、社会保障等覆盖面持续扩大，保障水平稳步提升。全面深化改革有力推进，改革创新意识深入人心。积极参与和融入“一带一路”建设等三大战略实施，重点经济区、国家级新区、沿边重点开发开放试验区引领效应逐步显现，一批新的增长极、增长带正在形成。

经过15年的开发建设，西部地区已具备较强的经济实力，人力资源不断积累，市场空间不断拓展，发展能力不断增强，发展活力竞相迸发，发展动力加快转换，到2020年如期实现全面建成小康社会目标已经具备坚实的基础。

第二节 发展环境

当前，我国经济发展进入新常态，经济增长下行压力加大，国际国内诸多矛盾叠加，风险隐患增多，但是经济发展方式正在加快转变，新的增长动力正在孕育形成，经济长期向好的趋势没有改变，我国发展仍处于可以大有作为的重要战略机遇期。国家全面推进"一带一路"建设、京津冀协同发展、长江经济带发展，有利于西部地区加快向西开放步伐，提升对外开放水平，深度融入世界经济体系；国家深入实施创新驱动发展战略，有利于西部地区积极培育和承接先进产能，提升产业层次；国家加快推进以人为核心的新型城镇化进程，有利于西部地区破解城乡二元结构，实现城乡协调发展；国家大力实施脱贫攻坚工程，有利于西部地区精准扶贫精准脱贫，切实打赢脱贫攻坚战；国家加快生态文明建设、推进形成主体功能区，有利于西部地区形成绿色发展方式和生活方式，巩固国家生态安全屏障。

同时也要看到，西部地区经济结构不合理、内生增长动力不足的问题仍然存在，抵御经济异常波动、防范系统性经济风险的能力仍然不强，基础设施薄弱、生态环境脆弱的瓶颈制约仍然突出，加强民族团结、维护社会稳定的任务仍然繁重，促进城乡区域协调发展的任务仍然艰巨。西部地区必须贯彻新理念、顺应新形势、应对新挑战、把握新机遇、拓展新格局，努力实现更高质量、更有效率、更加公平、更可持续的发展。

第三节 指导思想

全面贯彻党的十八大和十八届三中、四中、五中、六中全会精神，深入贯彻习近平总书记系列重要讲话精神和治国理政新理念新思想新战略，认真落实党中央、国务院决策部署，统筹推进"五位一体"总体布局和协调推进"四个全面"战略布局，牢固树立和贯彻落实新发展理念，坚持创新驱动、开放引领，充分发挥自身比较优势，紧紧抓住基础设施和生态环保两大关键，增强可持续发展支撑能力，统筹推进新型城镇化与新型工业化、信息化、农业现代化协调发展，在推动经济转型升级、缩小区域发展差距上取得阶段性突破，在持续改善民生、促进社会和谐发展上取得实质性进展，在巩固边疆安全稳定、维护民族团结进步上作出更大贡献，推动西部经济社会持续健康发展，实现与全国同步全面建成小康社会的奋斗目标。

如期实现全面建成小康社会目标，推动西部地区经济社会持续健康发展，要遵循以下基本原则：

——坚持创新驱动，加快动力转换。将创新作为推进西部大开发的第一动力，以科技创新为核心积极推进各领域创新，加大力度推进供给侧结构性改革，优化生产要素配置，大力促进大众创业、万众创新，创造新供给、释放新需求、拓展新空间，增强西部地区发展新动能。

——坚持协调协同，促进有序开发。优化空间格局，培育新的增长极和增长带，促进城乡要素平等交换和合理配置，健全城乡协调发展体制机制，推进新型工业化、城镇化、信息化和农业现代化同步发展，在协调协同中拓展发展空间，在加强薄弱领域建设中增强发展后劲。

——坚持绿色永续，建设美丽西部。有序有度利用自然，促进人与自然和谐共生，全面节约和高效利用能源资源，推动低碳循环发展，加强生态保护和修复，加大环境治理力度，严守耕地保护红线，健全生态文明制度体系，努力构筑生态安全屏障，建设天蓝、山青、水碧的秀美西部，促进国家永续发展。

——坚持开放引领，促进互利共赢。牢固树立共商共建共享理念，加强与"一带一路"建设、长江经济带发展等重大战略的统筹衔接，坚持内外需协调、进出口平衡、"引进来"和"走出去"并重，积极创新开放模式，促进沿边内陆开放与沿海开放优势互补，发展更高层次的开放型经济，深度融入世界经济体系。

——坚持民生为本，实现成果共享。始终把改善生产生活条件、提高人民生活水平作为西部大开发工作的出发点和落脚点，按照人人参与、人人尽力、人人享有的要求，稳步提高城乡居民收入，增加公共服务供给，完善社会保障制度，使西部各族人民群众在共享发展中更有获得感，朝着共同富裕稳步前进。

第四节 主要目标

紧紧围绕到2020年如期实现全面建成小康社会的总要求，努力实现以下各项发展目标：

——经济持续健康发展。区域比较优势充分发挥，经济结构趋于优化，经济增速继续高于全国平均水平，地区生产总值和城乡居民收入比2010年翻一番以上，经济社会发展水平与全国差距明显缩小。城镇化质量明显提高，按常住人口计算的城镇化率达到54%以上。

——创新驱动发展能力显著增强。国民素质和社会文明程度显著提高，创新活力逐步释放。创新要素配置更加高效，企业创新主体地位进一步确立，自主创新能力全面提升，科技进步对经济增长的贡献率显著提升，知识产权制度激励创新的保障作用有效发挥，一批有代表性的创新型城市和区域创新中心基本形成，支撑创新驱动的制度体系初步形成。

——转型升级取得实质性进展。高度重视实体经济发展，产业迈向中高端水平。第一产业综合生产能力明显增强，农业现代化取得积极进展；第二产业竞争力显著增强，工业化和信息化深度融合，先进制造业和战略性新兴产业加快发展；第三产业发展壮大，服务业比重进一步提升，具有西部特色的优势产业体系基本形成。

——基础设施进一步完善。建成现代化交通网络和比较发达的城乡支干交通网络。民航、水运、通信、环保、管网等设施保障能力全面提升。水利基础设施明显加强，工程性缺水问题得到缓解。

——生态环境实质性改善。生态文明建设和绿色发展理念深入人心，生产生活方式加快向绿色、循环、低碳转变。生态保护红线全面划定，生态保护补偿机制基本建立，重点生态区综合治理取得积极进展，水土流失面积大幅减少，生物多样性有所恢复，长江上游等重点地区生态屏障建设取得新成效。能源和水资源消耗、建设用地得到有效控制，碳排放强度继续显著下降，主要污染物排放量大幅减少，生态环境质量稳步改善。

——公共服务能力显著增强。教育、文化、社会保障、公共安全、医疗卫生、住房等公共服务体系更加健全，基本公共服务水平与全国的差距逐步缩小，劳动年龄人口平均受教育年限达到10.5年，人均预期寿命增加1岁。现行国家标准下农村贫困人口实现脱贫，贫困县全部摘帽，解决区域性整体贫困问题。

表1 西部大开发“十三五”主要规划指标

类别	指标	2015年	2020年	属性
经济发展	人均地区生产总值（元）	39210	54000	预期性
	地区生产总值（亿元）	145019	200000	
	服务业增加值比重（%）	42.5	＞45	
	常住人口城镇化率（%）	48.7	54.0	
资源环境	耕地保有量（万亩）	—	67900	约束性
	草原综合植被覆盖度（%）	50.6	53.6	
	森林覆盖率（%）	18.5	19.1	
	湿地保有量（万亩）	44850	44850	
社会发展	居民人均可支配收入（元）	16868	26000	预期性
	人均预期寿命（岁）	74.5	75.5	
	劳动年龄人口平均受教育年限（年）	9.7	10.5	
	贫困发生率（%）	10	＜3	
创新能力	研究与试验发展经费投入强度（%）	1.2	＞2	预期性
	每万人口发明专利拥有(件)	2.7	＞5.5	
	科技进步贡献率（%）	47.7	55	

第二章 构建区域发展新格局

加快实施主体功能区战略，按照因地制宜、分类指导的原则，围绕新发展理念，在推动各地区依据主体功能定位发展的基础上，优化发展空间布局，着力打造一批主题特色鲜明的试验区和示范区，形成要素有序自由流动、主体功能约束有效、基本公共服务均等、资源环境可承载的区域协调协同发展新格局。

第一节 优化空间开发布局

按照主体功能定位、现有发展基础和资源环境承载能力，以“一带一路”建设、京津冀协同发展、长江经济带发展为引领，以重要交通走廊和中心城市为依托，着力培育若干带动区域协调协同发展的增长极，构建以陆桥通道西段、京藏通道西段、长江—川藏通道西段、沪昆通道西段、珠江—西江通道西段为5条横轴，以包昆通道、呼（和浩特）南（宁）通道为两条纵轴，以沿边重点地区为一环的“五横两纵一环”西部开发总体空间格局。

加快以成渝、关中—天水、北部湾、珠江—西江、天山北坡等重点经济区为支撑的核心增长区域建设，推进兰州—西宁、呼包银榆、黔中、滇中、川南、藏中南、酒泉—嘉峪关等次级增长区域发展，在有条件的地区培育若干新增长极。把沿边重点地区培育成为边疆经济社会发展的重要支撑。

专栏2 “五横两纵一环”总体空间格局

五横

陆桥通道西段节点城市：渭南、西安、宝鸡、天水、兰州、武威、金昌、张掖、酒泉、嘉峪关、哈密、乌鲁木齐、石河子、奎屯、伊宁、库尔勒、喀什、若羌、和田。

京藏通道西段节点城市：呼和浩特、银川、白银、兰州、西宁、格尔木、那曲、拉萨。

长江—川藏通道西段节点城市：重庆、泸州、宜宾、成都、雅安、康定、昌都、林芝、拉萨。

沪昆通道西段节点城市：铜仁、凯里、贵阳、安顺、六盘水、兴义、曲靖、昆明。

珠江—西江通道西段节点城市：梧州、贵港、南宁、柳州、来宾、崇左、百色、曲靖、昆明。

两纵

包昆通道节点城市：包头、巴彦淖尔、银川、白银、兰州、陇南、广元、绵阳、德阳、成都、西昌、攀枝花、楚雄、昆明。

呼南通道节点城市：二连浩特、呼和浩特、榆林、延安、西安、安康、重庆、遵义、贵阳、都匀、河池、桂林、柳州、南宁。

一环

沿边重点地区：防城港（东兴）、凭祥、龙邦、勐腊（磨憨）、瑞丽、腾冲、河口、孟定、亚东、樟木、红其拉甫、喀什、和田、霍尔果斯、阿拉山口、布尔津、策克、甘其毛都、二连浩特、珠恩嘎达布其、满洲里。

第二节 建设重点创新试验区

充分发挥比较优势，在具备条件的地区着力推进创新试验，发挥创新集聚和示范引领作用，带动西部地区转变发展方式，调整经济结构，提升发展质量和效益。

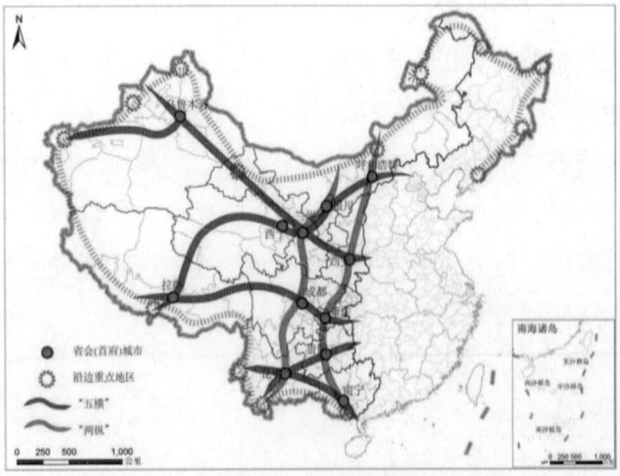

图1 “十三五”西部开发空间格局

稳步推进四川、西安等国家全面创新改革试验区建设，支持重庆建设国家自主创新示范区，打造创新示范高地。支持兰州等高教与科研资源相对密集地区完善创新体系和创新制度环境，推动产学研紧密融合。研究在西部选取若干具备条件的区域打造一批军民融合创新示范区，形成可复制、可推广、可持续的新路径新模式，促进国防经济和地方经济深度融合。深入推进柴达木循环经济试验区和攀（枝花）西（昌）、包头、崇左等稀土（钒钛）综合利用创新示范区建设。研究选择典型资源富集地区创建资源型城市转型创新试验区。支持甘肃兰（州）白（银）科技创新改革试验区深化与上海张江等自主创新示范区、高新区的合作。推动杨凌、璧山、宜宾、南充、石河子依托国家农业科技园区推进农业科技成果转化。支持两江新区、贵安新区、中卫、呼和浩特、延安等开展大数据产业技术创新试验区等建设试点。探索在有条件的地区建立若干承接区域科技转移示范园区。

第三节 培育绿色发展引领区

以绿色发展理念为指引，依据各地主体功能定位，合理确定空间开发强度，加强生态环境综合治理和国土综合整治，促进能源资源集约节约利用，把重点生态功能区、农产品主产区等建设成为全面建成小康社会的绿色发展引领区。优化创新资源富集区资源开发和利用模式，加强经济增长极等重点开发区域环境保护，实现可持续发展。加快甘肃国家生态安全屏障综合试验区建设，有序推进西部地区国家生态文明先行示范区建设。探索建设三江源、大兴安岭北部原始林区等国家公园。探索打造三江源、祁连山等一批生态补偿示范区。支持赤水河流域、三峡库区发展生态经济，支持重庆、四川南充在嘉陵江流域综合保护开发中先行先试。支持西安浐灞生态区探索开发区生态文明建设新模式。

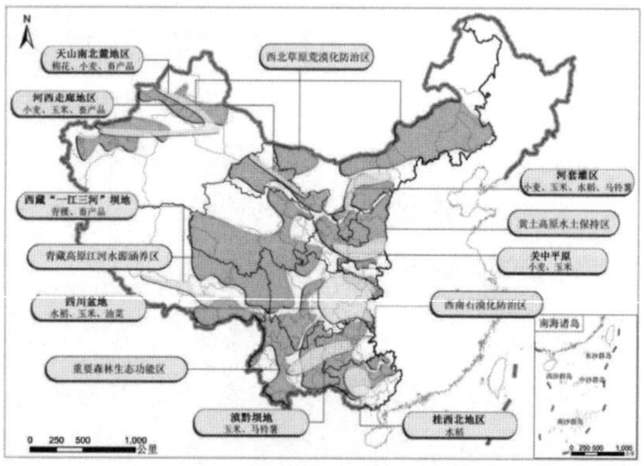

图 2　绿色发展引领区

第四节　打造内陆和沿边开放试验区

深入推进内陆地区开发开放。着力打造重庆西部开发开放的重要战略支撑和成都、西安、昆明、南宁等内陆开放型经济高地，支持建设宁夏、贵州等内陆开放型经济试验区。加快重庆两江、甘肃兰州、陕西西咸、贵州贵安、四川天府、云南滇中等国家级新区发展，在符合条件的地区新培育若干国家级新区、临空（港）经济区，优化布局一批海关特殊监管区域。支持西安国际港务区、兰州国际港务区、乌鲁木齐港务区、重庆国际物流港、成都国际铁路港、毕节国际内陆港等功能区发展。有序推进西部地区承接产业转移示范区建设。推动中国—新加坡（重庆）战略性互联互通示范项目建设。

深入推进沿边地区开发开放，推动内蒙古面向俄罗斯、蒙古，新疆面向中亚，西藏面向南亚，云南面向南亚、东南亚，广西面向东南亚开放，深化与周边国家毗邻地区合作。集中力量加快广西东兴、凭祥，云南瑞丽、勐腊（磨憨），内蒙古满洲里、二连浩特等重点开发开放试验区建设，培育若干新的重点开发开放试验区。加快喀什、霍尔果斯经济开发区建设。

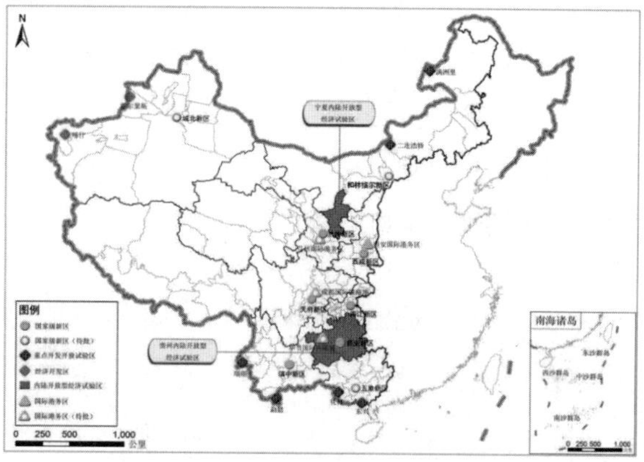

图 3　内陆和沿边开放试验区

第五节　支持全面小康攻坚区发展

采取有力措施扶持西部地区经济发展水平较低、生存环境较差、基本公共服务发展滞后的困难地区加快发展，确保如期实现全面建成小康社会目标。完善支持政策，加快陕甘宁、左右江、川陕等革命老区建设。统筹推动老工业基地全面振兴、促进产业衰退地区振兴发展，全面开展城区老工业区搬迁改造。支持资源枯竭城市、独立工矿区、采煤沉陷区等区域转型发展，促进社会和谐稳定。加快民族地区和人口较少民族发展，确保对民族地区转移支付比重继续增加，支持人口较少民族整村整族脱贫，传承发展民族传统文化，提升各族人民福祉。积极推动西藏、四省藏区、南疆四地州等地区加快发展。未列入西部大开发范围的民族自治县，由其所在的省级人民政府在职权范围内比照西部大开发的有关政策予以扶持。

第三章　筑牢国家生态安全屏障

牢固树立尊重自然、顺应自然、保护自然的理念，坚定不移实施主体功能区制度，加大自然生态系统和环境保护力度。全面促进资源节约利用，大力推进绿色发展、循环发展、低碳发展、永续发展。健全防灾减灾救灾体制，增强抵御自然灾害的综合防范能力。

第一节　实施重大生态工程

通过固坡、复土、造林，修复因自然灾害、大型建设破损的山体和矿山废弃地。继续加强农田林网营造和村镇绿化建设，提高农区和绿洲防护林体系综合防护功能。推进天然林保护二期工程，全面停止国有天然林商业性采伐，协议停止集体和个人天然林商业性采伐，推进深远山林业职工搬迁和林场撤并调整工程。对25度以上陡坡耕地、严重沙化耕地、严重污染耕地以及重要水源地 15～25 度坡耕地实施退耕还林还草。加快建设河西走廊、天山北坡谷地、南疆河谷荒漠绿洲防风固沙林和黄土高原保水固土林，横断山脉水源涵养林以及长江、珠江上游防护林。在西南岩溶石漠化地区、干热河谷地区封山育林，在西北地区和内蒙古开展工程固沙治沙和封禁保护，推进三北防护林体系建设。在长江、珠江等大江大河上游建设国家木材战略储备基地。加快实施祁连山生态保护建设与综合治理、三江源生态保护和建设二期、柴达木地区生态环境综合治理、川西藏区生态保护与建设等工程。加强南疆等地区盐碱地治理。强化国家级自然保护区、风景名胜区等保护地保护管理，积极推进国家公园体制试点。开展湿地保护和退耕还湿，到 2020 年恢复退化湿地并适当扩大湿地面积。继续推进退牧还草，完善支持政策，改进管理方式，提升工程实施效果。实施新一轮草原生态保护补助奖励政策，根据牧区发展和中央财力状况合理提高禁牧补助和草畜平衡奖励标准，严格执行基本草原保护、草畜平衡和禁牧休牧轮牧制度。

专栏 3　重点生态工程

新一轮退耕还林还草工程。调整省级耕地保有量和基本农田保护指标，实施新一轮退耕还林还草，重点对 25 度以上陡坡耕地、严重沙化耕地、重要水源地 15～25 度坡耕地实施退耕还林还草。

退牧还草工程。优化退牧还草工程建设内容，扩大工程实施范围，适当提高中央投资补助标准。安排草原围栏任务 1.5 亿亩、退化草原改良 4000 万亩，建设人工饲草地 500 万亩、舍饲棚圈 30 万户，开展岩溶地区草地治理 500 万亩。

天然林保护工程。加强工程区内森林管护，加快营造公益林；强化中幼林抚育，促进林木生长，提高林分质量；着力培育后备资源，改善林分结构，增加森林蓄积量。

自然保护区体系建设工程。加强国家级自然保护区基础设施和管护能力建设。新建一批国家级自然保护区、省级自然保护区，完成国家级和省级自然保护区天地一体化监测核查体系，开展资源本底、生物多样性、外来入侵物种、保护绩效和管理机构状况等调查评价，有步骤地对居住在自然保护区核心区与缓冲区的居民和单位实施生态移民搬迁。

湿地保护和恢复工程。针对西部地区国际重要湿地、国家重要湿地自然保护区、湿地自然保护区和湿地公园及其周边符合条件的耕地实施退耕还湿，加强湿地保护恢复，恢复和重构湿地生态系统。

石漠化治理工程。继续在贵州、云南、广西、四川、重庆等省（区、市）岩溶石漠化地区开展石漠化治理，恢复林草植被，封山育林，人工造林。

水土保持工程。以小流域为单元，以坡耕地治理为重点，以生态修复为突破口，通过工程措施、植物措施和保护性耕作等措施，加强区域水土流失综合治理；强化水土保持监督管理，有效遏制人为水土流失。

濒危野生动植物抢救性保护工程。加大对极度濒危野生动物和极小种群野生植物的拯救保护力度。

三江源生态保护和建设二期工程。湿地封育 1413.6 万亩，沙化土地治理 153 万亩，封山育林 120.5 万亩，人工造林 249 万亩，退牧还草 6150 万亩，黑土滩治理 545 万亩，开展水土保持和生物多样性保护等。

祁连山生态保护与综合治理工程。封山育林与水源地保护 111.6 万亩，沙漠化土地治理 5.1 万亩，湿地保护与建设 446.5 万亩，沙化草地及黑土滩治理 319.5 万亩，开展水土保护工程和冰川环境保护工程及科技支撑。

柴达木地区生态环境综合治理工程。综合治理面积 22.1 万平方公里。

农牧交错带已垦草原治理工程。建设优质稳定多年生人工草地，配套建设饲草储藏库，推广应用饲草播种加工贮运机械，治理 1750 万亩已垦撂荒草原。

第二节 完善生态保护补偿机制

完善森林、草原、湿地、荒漠、水流、耕地等领域生态保护补偿机制，保障生态产品产出能力和生态服务功能。逐步加大重点生态功能区转移支付力度。结合脱贫攻坚开展生态综合补偿试点。坚持中央引导、地方为主，推进地区间横向生态保护补偿试点，探索资金补偿、对口协作、产业转移、人才培训、共建园区等多元化补偿方式。探索开展长江中上游省际水环境生态补偿、高原生态补偿等试点。加强顶层制度设计，制定生态保护补偿条例，完善相关法规制度。建立生态保护补偿部际协调机制，统筹推进和落实各项任务。

第三节 加大生态环境保护力度

加强长江干流和乌江、嘉陵江及其支流水环境保护，加快建设绿色生态廊道，保护好三峡库区生态环境，筑牢长江上游重要生态屏障。加大黄河上游生态修复与保护工作力度，启动实施黄河白银段和宁夏段、甘肃"两江一水"（白龙江、白水江、西汉水）、渭河源头等生态环境综合治理工程。对额尔齐斯河、伊犁河、霍尔果斯河、湟水河、雅鲁藏布江、金沙江、岷江—大渡河、怒江、澜沧江、红河、西江、嫩江等重要河流采取预防性保护措施，加强额敏河、克鲁伦河、塔里木河、黑河、石羊河、疏勒河、清水河等河流以及青海湖、滇池、洱海、抚仙湖、草海、瀛湖、乌梁素海、呼伦湖、贝尔湖、艾比湖、博斯腾湖、沙湖、腾格里湖等湖泊综合治理，推进敦煌水资源合理利用与生态保护综合治理。加大黄土高原区、秦巴山区、武陵山区、滇桂黔石漠化地区、三峡库区等重点区域水土流失治理。开展水污染防治，严格饮用水源保护，全面推进水源涵养区、江河源头区等水源地环境整治，加强供水全过程管理，确保饮用水安全。重点对天山北坡、吐（鲁番）哈（密）盆地、河西走廊等地区实施地下水保护和超采漏斗区综合治理。实施土壤和水污染防治，开展土壤治理与修复、水污染治理试点。加大大气污染防治力度，改善大气环境质量。加强重点行业脱硫、脱硝、除尘设施建设和运行管理。实施成渝城市群、乌鲁木齐区域等大气污染防治重点工程。深入开展农村环境综合整治，加强农业面源污染防治，继续推进农村有机废弃物处理利用和无机废弃物收集转运。

第四节 促进资源节约集约循环利用

节约集约利用能源、水、土地、矿产等资源，大幅降低资源消耗强度。实施能耗总量和强度"双控"制度和全民节能行动计划，全面推动重点领域节能减排，突出抓好工业、建筑、交通运输、公共机构等领域节能，将能耗指标控制在国家约束范围内。促进煤炭、煤电、煤化工、钢铁、有色金属、磷化工等行业绿色循环低碳高效发展。严格控制高耗能、高排放行业低水平重复建设，对环保、能耗、安全生产达不到标准的，对生产不合格或淘汰类产品的企业，依法依规有序关停退出。落实最严格水资源管理制度，推行水资源消耗总量和强度双控行动，严守用水总量控制、用水效率控制、水功能区限制纳污"三条红线"，把水资源承载能力作为经济社会发展的刚性约束。加快推进绿色矿山建设，提高矿产资源回采率、选矿回收率和综合利用率。加强生活垃圾分类回收和再生资源回收的衔接，推进资源再生利用产业化。支持甘肃白银开展资源再生利用产业化试点。推进煤矸石、矿渣等大宗固体废弃物综合利用。推动农作物秸秆、废弃农膜综合利用。推行企业循环式生产、产业循环式组合、园区循环化改造，促进生产和生活系统的循环链接。推动低碳循环发展，不断降低碳排放强度。

第五节 健全绿色发展机制

实行资源有偿使用制度，加快自然资源及其产品价格改革。推动环保市场发展，开展用能权、碳排放权、排污权、水权交易试点，并逐步扩大试点范围。支持具备条件的地区建设区域性碳排放权交易中心。建立吸引社会资本投入生态环境保护的市场化机制，推行环境污染第三方治理。加快建立健全环境影响评价、排污许可、清洁生产审核、环境信息公开等制度，推进企业环境信用评价、环境污染责任保险、绿色信贷试点，建立生态保护修复和污染防治区域联动机制。把环境保护与治理纳入政绩考核。大力推进环保、节能、低碳、节水、可再生循环等绿色产品认证，开展西部区域有机产品认证示范区创建活动。

第六节 完善防灾减灾救灾体系

坚持预防为主、综合减灾，建立健全防灾减灾救灾管理体制和运行机制，提高综合防范能力。加快自然灾害监测预警、信息管理与服务、风险管理、工程防御、应急处置与恢复重建、区域联防联治等能力建设，加强部门间应急联动。开展灾害易发区灾害调查和风险评估，对灾害隐患进行排查和综合治理。对威胁县城、集镇和人口密集区等重大山洪地质灾害实施治理，对威胁农村居民的小型山洪地质灾害实行除危排险和搬迁避让。编制社区自然灾害风险图。统筹搞好农房抗震改造。加大基层救灾设施建设和装备配备支持力度，加强各类专业救援队伍建设。推进西部地区救灾物资储备库建设，进一步完善救灾物资储备网络体系。加快科技成果在防灾减灾救灾领域的集成转化和推广应用，加大防灾减

灾救灾科学知识普及力度。继续做好鲁甸地震灾区灾后恢复重建工作，提升灾区可持续发展能力。

第四章 增加公共服务供给

坚持普惠性、保基本、均等化、可持续方向，履行政府职责，提高公共服务共建能力和共享水平，力争到2020年西部地区基本公共服务接近全国平均水平。

第一节 提升国民教育质量

加大教育投入，提升教育质量，推动西部地区聚人才、育人才、出人才。鼓励普惠性幼儿园发展，加强农村普惠性学前教育建设，积极引导和扶持民办幼儿园提供普惠性学前教育服务。促进县域内义务教育均衡发展和城乡一体化发展。科学推进城乡公办义务教育学校标准化建设，完善体育运动、艺术活动、信息化设施。统筹普通高中和中等职业教育发展，新建、改扩建一批普通高中和中等职业学校。发展以就业为导向、服务西部地区经济社会发展的现代职业教育，加强职业教育实习实训基地建设和“双师型”教师队伍建设，逐步分类推进中等职业教育免除学杂费。统筹做好城乡教师队伍建设工作，继续实施乡村教师支持计划（2015—2020年）、中西部高等教育振兴计划、省级免费师范生定向培养计划等工程。加强东部高校对口支援西部高校工作，鼓励和支持西部地区有条件的高校开展中外合作办学。继续提高重点高校西部招生比例。国家重大人才工程向西部高校倾斜。加快民族教育和特殊教育发展，支持民族院校建设。

专栏4 教育重点工程

乡村教师支持计划（2015—2020年）：继续实施好农村义务教育学校教师特岗计划。统一城乡教职工编制标准，提高乡村教师生活待遇，完善乡村教师职称（职务）评聘条件和程序办法。

中西部中小学首席教师岗位计划：在中西部贫困地区中小学设置首席教师岗位，遴选师德高尚、教学水平高、带动能力强的优秀教师担任，负责组织开展教学研究，帮助青年教师提升教学水平。

幼儿园和中小学教师国家级培训计划：以乡村教师为重点，对幼儿园和中小学教师、骨干校（园）长进行专项培训。

中西部高等教育振兴计划：加强西部高校优势特色学科专业建设，促进优势教育资源共享，提高西部地区教育资源整体水平。支持西部高校加强基础能力建设，促进高校改善基础教学实验条件，优化师资队伍结构，提升学生实践能力和创业就业能力。在没有教育部直属高校的省（区）和新疆生产建设兵团各支持建设一所地方高水平高校，提高人才培养质量和科学研究水平。

第二节 健全社会保障制度

坚持就业优先，在西部地区地（市）级以上城市建立一批农民工综合服务中心，为农民工提供管理服务、权益维护、文化教育、党团活动等基本服务。进一步完善城乡基本养老保险制度，按照国家统一部署，合理调整西部地区退休人员基本养老金

水平。健全失业保险制度，逐步提高失业保险金等待遇发放标准，扩大失业保险覆盖面。加强医疗保障体系建设，到2020年力争将基本医疗保险覆盖面稳定在95%以上。完善医疗保险关系转移接续措施，逐步实现符合转诊规定的异地就医住院费用直接结算。完善城乡居民大病保险制度，全面开展重特大疾病医疗救助工作，健全疾病应急救助制度。提高工伤保险统筹层次，基本实现法定人群全覆盖，开展工伤预防和工伤康复试点。加强职业病防治工作，有效保护职工的职业健康权益。加大西部地区养老服务设施建设支持力度，建立跨区域养老服务协作机制。支持残疾人服务体系建设，推进西部地区精神卫生社区康复试点。

第三节 提高群众健康水平

加强公共卫生服务能力建设，加强西部地区县级医院、妇幼保健院和中心乡镇卫生院医疗设备配置，强化一般乡镇卫生院（社区卫生服务中心）基本医疗服务功能，加强县级公立医院和中心乡镇卫生院能力建设和学科建设。深入开展医疗系统对口支援，扎实做好全国三级医院（含军队和武警部队医院）与西部贫困地区县级医院一对一帮扶工作。完善基层医疗卫生服务体系，加强基层医护人员专业培训，提高床位利用率和县域内就诊率，加强流动医疗车等移动平台配置。稳步提升医疗卫生信息化水平，建设西部地区人口健康信息平台、远程医疗服务系统和省级远程医疗服务平台，鼓励建设覆盖县级以上医院的远程医疗信息网络。实施全面两孩政策，保持适度生育水平。全面做好计划生育工作，推进优生优育全程服务。设置危重孕产妇和新生儿急救绿色通道、急救中心。加强重大疾病联防联控。推广应用良好农业规范认证、危害分析与关键控制点认证。构建西部地区进出口食品安全监管现代化治理体系、国门生物安全体系、进出口农产品质量安全保障体系。发挥西部地区中医药（含民族医药，下同）资源优势，发展中医药健康服务，持续提升基层中医药服务能力。

专栏5 卫生计生服务体系建设重大工程

县级医院能力建设工程：支持县级医院业务用房和远程医疗服务系统建设，加强部分县级医院设备配置，提升专科诊治能力。

基层医疗卫生服务体系建设工程：开展乡镇卫生院（计生服务站）、社区卫生服务机构远程医疗服务系统建设，支持乡镇卫生院业务用房建设。开展固定与流动相结合的新型农村牧区卫生计生服务体系建设。

人口健康信息化建设工程：支持以省为单位统筹建设省、地市、县级人口健康信息平台，加快信息惠民工程建设。

医疗卫生人才培训基地建设工程：加强住院医师等规范化培训。

医疗卫生科技创新能力提升建设工程：支持三级医院、公共卫生机构科研能力建设。

中医药传承创新工程：改善中医医院基础设施条件。支持省级中医重点学科和重点专科（专病）建设，加强中医药人才培养。推动中医药科技创新，加强省、局重点实验室和研究室建设。实施中药民族药标准化行动计划。

健康城镇项目：主要包括卫生城镇创建、健康城市和健康村镇试点、农村改厕、病媒生物监测、食品安全风险监测、饮用水卫生监测、空气污染（雾霾）对人群健康影响监测、农村环境卫生监测等。

重大疾病防治项目：主要包括省市县疾病预防控制机构、省级血液中心、地市级中心血站和省级职业病、传染病、地方病、结核病等防治机构建设，艾滋病、结核病、血吸虫病、包虫病、布氏病等重点传染病防治，心脑血管疾病、癌症、慢性呼吸系统疾病、糖尿病等重大慢性病防治，精神疾病防治，重点职业病防治和医用辐射防护监测等。

健康妇幼项目：包括妇幼健康服务机构业务用房建设、危重孕妇和新生儿急救中心能力建设、基本生育服务项目、出生缺陷综合防治、国家免疫规划、贫困地区儿童营养改善、生殖健康关爱行动等。

第四节 丰富群众文化体育生活

加强基本公共文化服务能力建设，促进基本公共文化服务标准化、均等化。进一步完善公共文化设施网络，实施不达标设施提档升级，提高公共数字文化供给和服务能力。统筹设立基层综合性文化服务中心。加强文物维修保护和非物质文化遗产保护，加快推进西部地区石窟壁画文化遗产的数字化保护和国家级文化生态保护区建设。加强对西部地区基层文化队伍的培养和扶持。完善公共文化服务，推进文化信息资源共享。加强农村电视维修服务网点建设，加快推进中央广播电视节目无线数字化覆盖，增强少数民族语言节目制作、译制和传播能力。到2020年实现高质量广播电视户户通。继续实施少数民族新闻出版“东风工程”。构建和完善西部地区覆盖面广、普惠性强的公共体育服务设施。支持民族地区发展现代体育事业。

第五节 创新社会治理机制

加强和创新西部地区城乡社会治理机制建设，完善乡镇（街道）社会治理结构，健全党组织领导的社区自治机制。完善社会服务体系，加快推广政府购买社会服务等市场化办法，满足城乡群众差异化服务需求。推进西部地区社区服务体系和设施建设，稳步扩大覆盖面。完善立体化社会治安防控体系，加强公安基层基础建设。落实消防等安全保障措施，加强城镇公共消防设施建设。

第五章 打赢脱贫攻坚战

全面贯彻中央扶贫开发工作会议精神，坚持精准扶贫、精准脱贫，针对不同贫困类型分类施策，提高脱贫攻坚成效。到2020年，确保现行标准下西部地区农村贫困人口实现脱贫，贫困县全部摘帽，解决西部地区区域性整体贫困问题。

第一节 实施产业扶持脱贫

把精准扶贫和贫困地区开发结合起来，立足当地优势资源，精准选择产业、对接项目，实现就地脱贫。实施贫困村“一村一品”产业推进行动，发展特色种植、养殖及农产品加工。支持贫困地区建设绿色农产品基地，生产高附加值安全农产品。加强贫困村交通道路和宽带信息网络建设，畅通农村流通渠道。积极培育农民合作社、种养大户等新型经营主体和龙头企业，带动贫困户脱贫增收。探索企业与贫困农户建立“保底收益、按股分红”等利益联结机制，发挥龙头企业带动作用，促进贫困农户稳步增收。支持各地结合实际探索开展资产收益扶贫。深入实施科技特派员制度，引导科技人员作为科技特派员深入农村一线，与农民结成利益共同体，推广新品种新技术，开展技术培训，加快先进适用技术成果在贫困地区的转化，培育壮大特色优势产业，有效带动农业农村创新创业。稳步推进水电开发，探索开展水电扶贫试点。加大对集中连片特困地区优势非金属矿产资源科学开发的支持力度，打造特色非金属矿产业园区。贫困地区水电、矿产等资源开发，赋予土地被占用的村集体股权，让贫困人口分享资源开发收益。深入实施乡村旅游扶贫工程，对贫困乡村旅游业发展给予重点支持，以精品景区辐射带动贫困户脱贫致富。鼓励在光照资源条件好的地区因地制宜实施光伏扶贫工程。鼓励保险机构开发扶贫农业保险、小额人身保险等有针对性的扶贫保险产品，扩大贫困地区农业保险覆盖面和渗透度，提高保障水平，增强贫困人口和贫困地区产业抗风险能力。

第二节 支持转移就业脱贫

支持处于劳动年龄、有劳动能力和就业意愿的贫困人口转移就业。增加转移就业培训投入，建立以劳动力市场需求为导向的职业实用技术培训体系。建立和完善输出与输入地劳务对接机制，统筹做好职业介绍、就业指导和政策咨询等就业服务，引导农村贫困人口就地就近就业和外出就业。完善劳务输出与输入地医疗保险和社会保障对接机制，逐步解

决转移就业人口返乡养老问题。开展专项行动计划，2020年前力争使困难家庭未升学初高中毕业生、失业人员、农牧民和转岗职工等重点人群都能免费接受职业技能培训。

第三节 实施易地搬迁脱贫

对居住在地质灾害频发、环境恶劣、生态脆弱、不具备基本生产发展条件、“一方水土养不起一方人”的深山区、石山区、荒漠区、高寒区、地方病多发区的贫困人口，按照群众自愿原则，应搬尽搬，因地制宜选择搬迁安置方式，按规划、分年度、有计划地实施易地扶贫搬迁。根据安置地资源条件和环境承载力，合理确定安置规模。根据搬迁群众自身技能水平和安置地实际条件，多形式、多渠道配置安置资源，积极完善配套政策。培育增收产业，发展劳务经济、现代服务业，多渠道增加搬迁群众财产性收入，不断优化收入结构，确保搬得出、稳得住、有事做、能脱贫。

第四节 推进教育支持脱贫

加快实施教育扶贫工程，让贫困家庭子女都能接受公平、有质量的教育，阻断贫困代际传递。国家教育经费继续向西部贫困地区倾斜。加大学前教育投入力度，提高学前教育普及率。完善贫困家庭子女就学资助政策，继续实施普通高中和中等职业学校学生国家资助政策。率先对建档立卡的家庭经济困难学生实施普通高中免除学杂费。探索完善职业

教育扶贫机制，推进职教集团对口扶贫模式。继续实施重点高校面向农村和贫困地区定向招生计划。建立政府、社会、学校、社区（村）、家庭共同保障留守儿童健康成长的体系。支持少数民族地区因地制宜开展双语教育。

专栏6 教育支持脱贫项目

鼓励集中连片特困地区普惠性幼儿园发展：支持集中连片特困地区通过新建、改扩建、增设小学附属幼儿园、开展巡回支教等方式，扩大普惠性学前教育资源。

改善贫困地区义务教育办学条件：统筹农村义务教育阶段薄弱学校改造计划、义务教育学校标准化建设项目、中小学校舍安全保障长效机制等义务教育项目资金，集中改善贫困地区义务教育薄弱学校基本办学条件。

集中连片特困地区农村义务教育学生营养改善计划：中央财政为集中连片特困地区国家试点县农村义务教育学生提供营养膳食补助，对地方试点给予奖补。

高中阶段教育普及攻坚计划：支持西部贫困地区普及高中阶段教育，改善学校办学条件。

职业教育扶持计划：在西部地区重点扶持一批职业院校（含技工院校），改善办学条件，加强职业院校教师培养培训，让青年学生真正掌握谋生技能。

第五节 实施社保兜底脱贫

加快完善城乡居民基本养老保险筹资和保障机制，引导农村贫困人口积极参保续保，逐步提高保障水平。推动落实对贫困人口参加城乡居民基本医疗保险个人缴费部分由财政补贴的政策。实施健康扶贫工程，提高贫困地区基本医疗和公共卫生服务水平。推进城乡居民大病保险全覆盖，加强对重点传染病、慢性病和地方病的综合防治。加快推进农村低保制度和扶贫开发政策有效衔接，推动建立健全低保标准与物价水平联动机制，把完全或部分丧失劳动能力、无法依靠产业扶持和就业帮助脱贫的贫困家庭纳入农村低保制度覆盖范围，实现社保政策兜底脱贫。健全城乡统筹的特困人员救助供养制度。继续实施残疾人康复扶贫贷款项目，加大对贫困残疾人就业扶持力度。

第六节 实施生态保护脱贫

国家实施的退耕还林还草、天然林保护、防护林建设、石漠化治理、防沙治沙、湿地保护与恢复、坡耕地综合整治、退牧还草、水生态治理等重大生态工程，在项目和资金安排上进一步向贫困地区倾斜，提高贫困人口参与度和受益水平。加强贫困地区农业资源保护和生态治理修复，提升贫困地区可持续发展能力。逐步扩大对贫困地区和贫困人口生态保护补偿，增加生态公益岗位，使当地有劳动能力的贫困群众通过参与生态保护实现就业脱贫。支持集中连片特困地区和国家扶贫开发工作重点县的建档立卡贫困人口从事林业生态护林员工作。

第七节 形成脱贫攻坚强大合力

发挥东西部扶贫协作和中央单位定点帮扶的引领示范作用。以闽宁协作模式为样板，建立东西部扶贫协作、对口支援与建档立卡贫困村、贫困户的精准对接机制，确保产业合作、劳务协作、人才支援、资金支持精确瞄准建档立卡贫困人口。注重发挥市场机制作用，建立和完善劳务协作对接机制。支持东西部学校、医院建立对口帮扶关系。明确定点扶贫目标任务，完善定点扶贫牵头联系机制，督促指导中央单位做好定点扶贫工作。强化国有企业帮扶责任，深入推进中央企业“百县万村”活动、同舟工程。引导民营企业参与扶贫开发，组织开展“万企帮万村”精准扶贫行动。支持部队发挥优势，积极参与贫困地区软硬件建设。广泛动员社会力量帮扶，进一步发挥社会工作专业人才和志愿者扶贫作用。加强国际减贫交流合作。

第六章 促进创新驱动发展

加大技术研发投入力度，加快关键技术研发和成果转化，健全支撑创新创业的体制机制，营造有利于全面创新的社会氛围，促进新技术、新产业、新业态、新模式形成和发展，实现理论创新、科技创新、制度创新的有机统一和协同发展，为西部地区经济社会持续发展提供强大动力。

第一节 拓展创新领域

发挥科技创新在全面创新中的引领作用，加强基础研究，强化原始创新、集成创新和引进消化吸收再创新，推动西部地区经济增长由要素驱动向创新驱动转变。紧盯新一代信息技术、生物技术、节能环保、新能源、新材料、新能源汽车、航空航天、机器人与智能制造等战略方向和前沿领域，深入推进事关全局的共性关键技术和关键工艺、关键材料、重大装备、基础软件等攻关。结合西部地区特点，加快发展以技术、品牌、质量为核心的新产品、新产业和新市场，引导优势产业逐步向价值链高端攀升。通过创新推动产业结构调整，加快传统产业改造升级。依托国家级新区、国家自主创新示范区、国家级高新技术开发区和全面创新改革试验区等重要载体，建设若干具有强大带动能力的创新型城市和区域创新中心，形成若干高水平、有特色优势的产业集聚区。以推进“一带一路”建设为契机，统筹国内外创新资源，建设面向沿线国家的科技创新基地，加强国际创新合作。

第二节 培育壮大创新主体

强化企业创新主体地位和主导作用，培育一批创新型领军企业，支持科技型中小企业健康发展。鼓励和引导大型企业发挥创新骨干作用，加大科研投入，加快新技术、新产品开发应用。鼓励国内科研院所、高校和企业到西部地区建立研发分支机构。扩大高校和科研院所自主权，改革科研评价和奖励制度，赋予创新领军人才更大的人财物支配权和技术路线决策权。推动各类创新主体打破壁垒开展深度合作，促进跨领域跨行业协同创新，加快政产学研用深度融合。实施国家技术创新工程，鼓励企业整合创新资源，主导构建产业技术创新联盟，支持联盟承担产业共性技术研发重大项目。

实施更加积极的创新人才引进政策，健全人才流动机制，注重培养一线创新人才和青年科技人才，大力提高群众科学素养。重视职业技能的创新要素作用，探索创新型技能人才参与科技成果转化收益分配的激励机制。继续实施边远贫困地区、边疆民族地区和革命老区人才支持计划、科技人员专项计划，选派一批优秀干部和科技人才到西部地区开展工作。选派西部地区、民族地区优秀干部到中央单位和东部发达省市挂职锻炼。通过东西部联动等机制增加西部科技创新力量，深入实施东部城市对口支援西部人才开发工程。

第三节 搭建创新平台体系

加强西部地区创新平台建设，在具备条件的地区建设若干技术转移中心。加强区域公共科技服务平台建设，推动大型科学仪器设备、重大科技基础设施和科技信息资源共享共用。支持有条件的地区单独或联合设立孵化平台。发展一批专业化、网络化的技术和知识产权交易平台，畅通科技成果转化渠道，有效促进知识产权运用。坚持政府主导、市场运作，促进国家级经济技术开发区、国家级高新技术产业开发区、国家级农业高科技示范区等各类集聚区错位发展，提升入园企业品质，培育核心产业链，构建网络化创新体系。建设成都中韩创新创业园等创新创业国际合作平台。构建军民融合创新服务平台体系，建设一批军民融合创新孵化中心。支持各类创新主体、创新平台开展跨地区创新合作，促进区域协同创新和产业协同发展。支持“一带一路”境外产业集聚区项目建设，促进优势产能和装备、技术、标准“走出去”。

第四节 构建创新体制机制

发挥市场竞争激励创新的根本性作用，推动政府职能从研发管理向创新服务转变，营造公平、开放、透明的市场环境，强化竞争政策和产业政策的引导作用，加快创新要素自由流动、汇聚融合，形成要素价格倒逼创新机制，增强市场主体创新动力。实施严格的知识产权保护制度，选择有条件的地方开展知识产权综合改革试点。打破制约创新的行业垄断和市场分割，改进新技术、新产品、新商业模式的准入管理，健全产业技术政策和管理制度。实行以增加知识价值为导向的分配政策，深化科技成果使用、处置和收益权改革，提高科研人员成果转化收益分享比例。鼓励和引导东西部地区创新合作，通过开展科技园区共建、创新资源共享和人员交流培训，推动高等学校、科研院所、科技型企业和团队开展对接合作，互联互通创新要素、联合组织科技攻关。依托政府间科技创新合作机制和科技伙伴计划，深入推进实施科技外交官技术转移服务行动、发展中国家技术培训班，进一步提高西部地区参与国际创新合作程度。

第五节 推动大众创业万众创新

持续形成大众创业、万众创新的良好氛围，培育开放包容的创新创业生态系统，促进创新成果与市场需求和资本有效对接。加快建设一批双创示范基地，积极推动双创支撑平台建设，完善双创政策环境。加快实施“互联网 +”行动，推动技术与商业模式创新相互促进。实施科技创业者行动，重点推进科技特派员农村科技创业、医师基层服务创业、中医药大健康产业创业等专项行动，壮大科技创业者队伍。加快众创空间、“星创天地”、“孵化 + 创投”等新型孵化体系构建。组织开展创新创业大赛，支持和鼓励社会力量举办创业论坛、创业沙龙等活动，为创业者与投资机构提供对接平台。充分发挥国家新兴产业创业投资引导基金、国家中小企业发展基金、国家科技成果转化引导基金等政府投资基金作用，引导地方政府、民间资本共同设立创业投资基金。推动地方政府探索开展创业券服务，为创业者提供社会培训、管理咨询、检验检测、软件开发、研发设计等服务。

第七章 坚持开放引领发展

促进西部大开发与“一带一路”建设、长江经济带发展紧密衔接、相互支撑，加快内陆沿边开放步伐，推进同有关国家和地区多领域互利共赢务实合作，打造陆海内外联动、东西双向开放的全面开放新格局。

第一节 积极参与和融入“一带一路”建设

以推进“一带一路”建设为统领，充分发挥西部各省（区、市）比较优势，围绕政策沟通、设施联通、贸易畅通、资金融通、民心相通，加快推进中蒙俄、新亚欧大陆桥、中国—中亚—西亚、中国—中南半岛、中巴、孟中印缅等国际经济走廊境内段建设，提升对西部地区开发开放的支撑能力。加快构建联通内外、安全高效的跨境基础设施网络，稳步拓展内陆无水港体系。加强与长江经济带综合立体交通走廊等衔接。总结推广重庆等地中欧班列建设经验，统一规划建设通道路径和枢纽节点，打造具有国际竞争力和信誉度的知名物流品牌。加强现代产业基地建设，积极推进国际产能和装备制造合作，探索与相关国家合作建设高标准的产业集聚区。提升重点省会城市国际化水平和辐射带动能力，打造西部地区对外开放重要门户和枢纽。结合外方意愿，稳步推进外国在西部地区设领事宜。支持“一带一路”重点旅游城市间增开国际航线，拓展国内段业务。完善多层次对外交流合作平台体系，夯实“一带一路”沿线国家和地区民心相通、共同发展的民意基础。

第二节 全面提升内陆开放水平

大力发展内陆开放型经济，探索建立更加适应开放型经济发展的行政管理和公共服务体制，扩大西部内陆地区特色优势产业对外开放，增加利用外资规模，提升引进外资质量，有序开展对外直接投资。大力发展服务贸易，支持成都市和两江新区、贵安新区、西咸新区开展服务贸易创新发展试点。加强西部地区服务外包产业基础设施建设，推进外贸优进优出。积极促进加工贸易向西部地区有序梯次转移。全面推进“单一窗口”、一站式作业、一体化通关，提高国际贸易便利化水平。鼓励内陆开放型经济试验区在更多领域先行先试，为发展内陆开放型经济、完善对外开放格局探索新路径。复制推广上海等自由贸易试验区改革试点经验，充分发挥西部地区自贸试验区示范引领作用，推动形成更加开放透明、更加规范高效的体制环境，激发更大活力，拓展发展空间。

第三节 加快 沿边地区开发开放

充分发挥沿边省（区）和沿边各类开发开放功能区作用，大力推进兴边富民行动，建设丝绸之路经济带核心区及我国向西、向北开放的窗口和向东南亚、南亚开放的重要门户，将沿边地区建设成为沟通我国内陆地区与周边国家的合作交往平台。鼓励边境地区与毗邻国家地方政府加强务实合作，支持边境经济合作区加快发展，稳步发展跨境经济合作区。在沿边重点地区的海关特殊监管区域深化“一线放开”、“二线安全高效管住”监管服务改革，支持特色优势产业发展及其产品进出口。积极推进云南、广西沿边金融综合改革试验区建设，在符合条件的沿边地区复制推广有益经验。继续加大沿边陆路口岸建设力度，加强与毗邻国家口岸合作，共同提升口岸通关能力；研究在具备条件的地区新设若干航空口岸，建设一批进口肉类、冰鲜水产品指定口岸。培育壮大边境口岸城镇，建设国际贸易物流节点和加工基地，促进人员往来便利化。优化边民互市贸易检验检疫管理制度，强化口岸检疫，加强国际防控传染病疫情合作。支持沿边地区建设面向“一带一路”沿线国家的西部特色出口产品质量安全示范区。支持边境旅游试验区和跨境旅游合作区建设，研究制定边境地区自驾车出入境管理办法。

第四节提升区域间互动合作水平

支持西部地区与东中部和东北地区、西部省（区、市）之间依托现有机制，建立完善合作平台，开展跨区域合作。积极参与推进长江经济带发展和京津冀协同发展，深化泛珠三角、泛北部湾等区域合作，建立毗邻地区衔接机制，促进区域一体化和良性互动。引导东中部地区产业向西部地区有序转移，加强产业转移示范区建设，研究提出支持东西部地区制造业对接发展的政策措施，鼓励东部地区制造业到西部沿边地区投资设厂、建立基地，共同开拓周边国家（地区）市场。探索建设“飞地产业园区”、跨省合作园区等合作模式，鼓励和支持沿海发达地区与西部地区共建进口资源深加工基地和出口加工基地。推动重庆、成都、西安、贵阳、昆明等西部地区中心城市加强经济协作，探索合作机制。支持重庆綦江、万盛和贵州遵义开展渝黔合作先行区建设。支持川滇黔结合部打造赤水河流域合作综合扶贫开发试验区。支持宁蒙陕甘毗邻地区完善协同发展机制。加强推动跨省（区、市）基础设施对接，着力打通断头路。在海关通关、检验检疫、多式联运、电商物流等方面加强合作，提高经济要素跨区域流动效率。

第五节 培育多层次开放合作机制

充分发挥公共外交、民间外交、地方交往等多种交流形式的作用，完善西部地区对外交流合作体系。充分发挥中国—东盟博览会、中国—亚欧博览会、欧亚经济论坛、中国—南亚博览会、中国—阿拉伯国家博览会、中国西部国际博览会、中国东西部合作与投资贸易洽谈会暨丝绸之路国际博览会、生态文明贵阳国际论坛、中国（重庆）国际投资暨全球采购会、中蒙博览会、中国西藏旅游文化国际博览会、中国兰州投资贸易洽谈会等现有国家级论坛和展会作用，优化现有论坛展会结构，形成各具特色的论坛和展会品牌。支持甘肃办好丝绸之路（敦煌）国际文化博览会、广西办好中国—中南半岛经济走廊发展论坛，在“一带一路”建设重点合作领域打造一批有影响力的专业论坛展会。务实推进论坛实体化进程，支持欧亚经济综合园区核心区、中国—阿曼（杜库姆）产业园、中国—沙特吉赞产业集聚区等建设。支持开展丝绸之路国际艺术节等对外文化品牌活动，扩大精品节目品牌影响力，推动西部地区特色文化产品与服务“走出去”。提升西部民族地区展会层次和水平。支持西部地区智库探索开展智库联盟合作。推动拓展国际友好城市网络，加快构建中国—东盟港口城市合作网络。

第八章　完善基础设施网络

继续加强交通、水利、能源、通信等基础设施建设，着力构建“五横四纵四出境”综合运输大通道，加快建设适度超前、结构优化、功能配套、安全高效的现代化基础设施体系，强化设施管护，提升基础保障能力和服务水平。

第一节 提升铁路路网密度和干线等级

将西部地区铁路建设作为全国铁路建设的重点，加快推进干线铁路、高速铁路、城际铁路、开发性新线和枢纽站场建设，强化既有线路扩能改造，促进西部高速铁路成网、干线铁路升级、全网密度加大、运营提质增效。续建西安至成都、成都至贵阳、郑州至万州、昆明至南宁、银川至西安、银川至中卫、拉萨至林芝、库尔勒至格尔木、呼和浩特至张家口、赤峰至京沈高铁连接线、通辽至京沈高铁连接线等重大工程，开工建设重庆至昆明、贵阳至南宁、西宁至成都（黄胜关）、西安至重庆、西安至十堰、和田至若羌、西安经铜川至延安、包头至银川、成都经天府（国际）机场至自贡、遂宁至达州城际等重大铁路项目，贯通沪昆高速铁路、乌鲁木齐至徐州高速铁路等。加强区域国土开发性铁路建设，研究建设川藏铁路雅安至林芝段、铜仁至吉首、大理至攀枝花、安康至张家界铁路，完善区域内部网络，扩大路网覆盖面。改造和建设一批铁路运输枢纽，进一步完善布局，提高路网整体效能。

专栏7　重点铁路工程

联系东中部通道：

——陆桥通道：建成宝鸡至兰州高铁、库尔勒至格尔木等铁路，规划建设雅安至康定（新都桥）铁路。

——沿江通道：建设郑州至万州高速铁路，形成沿江新的高速铁路通道；建设拉萨至林芝、成都至雅安等铁路，深化川藏铁路其余段前期研究，适时分段组织实施；进一步优化补强沿江货运能力，完善枢纽地区和集疏运体系。

——沪昆通道：完成贵阳至昆明段建设，全线贯通沪昆高速铁路。

——西南出海通道：推进云桂、成贵铁路建设，加快成昆、南昆、渝怀等铁路扩能，开工建设贵阳至南宁高铁。

沟通南北方通道：

——西部南北通道：加快建设银川至西安、吴忠至中卫、西安至成都、重庆至贵阳、兰州至重庆等铁路项目，开工建设重庆至昆明、西宁至成都（黄胜关）、中卫至兰州、银川至包头、西安至延安、西安至十堰等铁路。

——蒙华煤运通道：加快形成“三西”煤炭富产区与华中煤炭需求区便捷大能力货运通道。

联通国内外通道：加快防城港至东兴、大理至瑞丽、玉溪至磨憨、大理至临沧铁路建设，规划建设和田至若羌、芒市至猴桥等铁路，积极推进中越、中巴、中蒙、中吉乌等铁路通道规划研究。

开发性新线：加快实施丽江至香格里拉、敦煌至格尔木、阿勒泰至准东、叙永至毕节、安顺至六盘水等铁路，推进川南城际、庆阳至平凉、纳雍至六盘水、克拉玛依至塔城、博州支线、南疆铁路至兰新铁路联络线、柳州至广州（或韶关）等项目前期工作。

既有线路扩能改造：规划实施平凉至中卫、集宁至二连浩特、南昆铁路百色至昆明段、洛湛铁路永州至玉林段、乌鲁木齐经精河至伊宁、南疆铁路（阿克苏至喀什段）、集宁至通辽、青藏铁路（格尔木至拉萨段）等铁路改造，规划实施怀化至柳州、衡阳至柳州等铁路电气化改造。

运输枢纽：强化枢纽场站建设，推进乌鲁木齐新客站、成都站、西安站、中卫站、南宁站、柳州站扩能改造，建设昆明枢纽东南环线、乌鲁木齐铁路枢纽乌西至乌北联络线、中欧班列新疆集结中心、西宁曹家堡货运基地等项目。

第二节 提升公路网络联通和畅达水平

加快区际省际高速公路通道、综合交通枢纽及民生项目等薄弱环节和短板领域建设，努力形成国内国际通道联通、区域城乡广泛覆盖、枢纽节点功能完善、运输能力大幅提升的公路基础设施网络。实施高速公路联网畅通、普通国省干线升级改造、农村公路畅通安全、枢纽站场建设推进和专项建设巩固扩展五大工程，基本实现城镇人口20万以上城市及地级行政中心通高速公路、具备条件的乡镇和建制村通硬化路，加快推进客运“零距离”换乘、货运无缝衔接。

专栏8 重点公路工程

高速公路联网畅通工程：围绕城镇人口20万以上城市及地级行政中心通高速公路目标，加快国家高速公路区际省际待贯通路段和城市群城际高速公路建设，对部分建设年代较早、交通繁忙的国家高速公路瓶颈路段进行扩容改造，优化通道能力配置。

普通国省干线升级改造工程：以沿边普通国道及通县国道为重点，加强未贯通路段建设和低等级普通国道升级改造；推进普通国省道城镇过境段改造，做好普通国省道与城市干道的有效衔接。

农村公路畅通安全工程：完成具备条件的剩余乡镇、建制村通硬化路任务，有序推进人口仍然聚居的撤并建制村通硬化路建设，加大影响通班车的农村公路窄路基路面拓宽改造及生命安全防护工程、危桥改造实施力度，实施一批旅游路、资源路、产业路等县乡道改造和联网路建设。

枢纽站场建设推进工程：建设一批衔接一体的综合客运枢纽，具备多式联运功能、线上线下结合、干支线衔接的货运枢纽，以及一定规模的口岸货运枢纽。

专项建设巩固扩展工程：适应沿边开发开放、陆水联运等需要，积极开展口岸公路、疏港公路、旅游公路等专项建设。

第三节 加快民用航空发展

加强西部地区枢纽机场扩容改造，建设成都新机场，建成重庆机场三期改扩建工程，逐步提升成都、昆明、重庆、西安、乌鲁木齐等机场国际枢纽功能和竞争力，培育呼和浩特、桂林、南宁、贵阳、拉萨、兰州、银川、西宁等机场区域枢纽功能。提升区域机场密度，优化布局结构，稳步推进一批支线机场建设。做好机场建设项目空管、供油等配套工程建设。大力拓展国际航线，重点推进与“一带一路”沿线国家互联互通。完善国内航线布局，增辟西部主要城市东向航线，增加航班密度，打造沪兰、沪昆、沪渝、广兰等空中大通道。大力发展通用航空，加快西部地区通用机场、飞行服务站和航油配送中心布局建设。推动直升机、无人机、通用飞机产业化。促进通用航空与旅游业融合发展，在适宜地区开展空中游览活动。

专栏9 机场建设布局

西南机场群：建设成都新机场、贵阳机场三期扩建、昆明机场扩建、拉萨机场改扩建工程，完成重庆机场航站区及第三跑道建设工程；研究建设重庆机场第四跑道；改扩建万州、黔江、南充、铜仁、兴义、黎平、荔波、德宏、腾冲、林芝、昌都等机场；迁建宜宾、泸州、达州、昭通机场；新建巫山、武隆、巴中、乐山、甘孜、仁怀、红河、沧源、澜沧、怒江等一批支线机场。

西北机场群：实施乌鲁木齐机场、西安咸阳机场扩建工程，完成银川机场三期扩建工程，研究实施兰州、西宁等枢纽机场扩能改造工程；改扩建敦煌、格尔木、塔城、库尔勒、阿勒泰、伊宁、和田等机场；迁建延安、安康、且末机场；新建陇南、临夏、石嘴山、果洛、祁连、共和、莎车、若羌、图木舒克、昭苏等一批支线机场。

华北机场群：实施呼和浩特机场迁建工程；新建霍林郭勒、扎兰屯、乌兰察布、东乌珠穆沁旗等一批机场。

中南机场群：实施南宁机场第二跑道建设工程；完成桂林机场航站区及站坪配套设施扩建工程；改扩建柳州机场；迁建梧州机场；新建玉林机场。

第四节 加强河流航道和沿海港口建设

全面加快长江黄金水道和西江、澜沧江等航道建设，积极推进长江干线及乌江、嘉陵江等重要支线航道治理，继续实施西江航运干线及红水河等重要支线扩能工程，加快实施右江百色、红水河龙滩、乌江构皮滩枢纽通航设施建设，启动澜沧江、金沙江部分库区、湖区航运建设工程，打通云南经西江出海通道，打通贵州经西江、长江出海通道。促进内河港口规模化、集约化、现代化发展，加快重庆长江上游航运中心建设。以重庆港、泸州港、宜宾港、南宁港、贵港港、梧州港等港口为重点，加强港口集疏运体系建设，积极发展多式联运，更好支撑沿江经济与产业发展。结合钢铁、石化等产业布局，加强公用码头、航道和锚地建设，加快既有港区结构调整和专业化改造，有序推进新港区开发建设，加强与城市等规划的协调衔接，保障港口发展空间，强化港口集疏运通道建设。促进北部湾沿海港口转型升级和功能扩展。提升航道和港口服务质量和安全管理与运营水平。

专栏 10 水运通道和港口建设

长江上游航道建设：开展宜宾至重庆段、涪陵至朝天门至九龙坡段航道治理，整治三峡库尾及库区支流航道，加强岷江、嘉陵江、乌江、汉江等支流高等级航道和金沙江、渠江、涪江、赤水河等地区重要航道建设。研究论证宜宾至水富段航道整治工程。

西江航运扩能：推进贵港以下一级航道建设，扩大西津、红花船闸通过能力，推进右江百色、红水河龙滩等水利水电枢纽通航设施建设，加强西江航运干线、柳黔江、红水河、右江等国家高等级航道和左江、都柳江、融江、桂江、绣江、贺江等地区重要航道建设。

内河港口建设：推进重庆港、泸州港、宜宾港、南宁港、贵港港、梧州港规模化、集约化发展。加强港口集疏运铁路和公路建设。

北部湾港口建设：有序推进防城港域企沙港区、钦州港域大榄坪港区、北海港域铁山港西港区等新港区开发建设，推进防城港域渔澫港区、北海港域石步岭港区等老港区结构调整和专业化改造。重点建设防城港域 30 万吨级码头及配套航道、钦州港域集装箱码头和深水航道、北部湾邮轮码头、钦州保税港区集装箱办理站等项目，继续完善沿海港区航道、防波堤等公共基础设施建设，加强港口集疏运铁路和公路建设。

第五节 改造提升水利基础设施

加强重大水利工程建设，加快推进在建水利工程建设进度，开工建设一批重大引调水工程、重点水源工程、江河湖泊骨干治理工程和大型灌区工程，着力提高水安全保障能力。加强惠及民生的水利工程建设，实施农村饮水安全巩固提升工程，大力发展规模化集中供水。加强大中型灌区续建配套和节水改造，适时启动实施灌区现代化改造，加强大中型灌排泵站的更新改造，加大小型农田水利设施建设力度，全面推进西部地区规模化高效节水灌溉行动，积极开展小水窖、小水池、小塘坝、小泵站、小水渠等“五小水利”工程建设、农村河塘清淤整治和水系连通等建设，加快解决农田灌溉最后一公里问题。稳步发展牧区水利，因地制宜开展节水灌溉饲草料地建设。加强大江大河及其主要支流治理，推进中小河流治理和小型水利设施建设。加强病险水库（水闸）除险加固，消除安全隐患，发挥工程效益。继续加强工程性缺水地区中小型水源工程建设，因地制宜加强各类抗旱水源工程和城市应急备用水源建设。

专栏 11　重点水利工程

重点水源工程：加快西藏拉洛，贵州马岭、黄家湾，重庆观景口，云南德厚，青海蓄集峡，四川李家岩等在建水源工程建设。推进云南阿岗、车马碧，贵州龙塘，青海那棱格勒，重庆藻渡等水源工程开工建设。加快甘肃马莲河，四川米市，重庆跳蹬，西藏帕孜、宗通卡、桑德，广西长塘等水库前期工作，研究论证甘肃中部生态移民扶贫开发供水工程。

新建大型灌区：加快实施嫩江尼尔基水库配套灌区，内蒙古绰勒下游灌区，青海湟水北干渠，四川都江堰灌区毗河供水一期、武引二期、升钟二期，广西桂中治旱乐滩水库引水灌区二期等在建大型灌区建设。推进四川武引蓬船、向家坝一期、大桥二期、亭子口，云南柴石滩、麻栗坝，广西驮英，青海引大济湟西干渠等灌区建设，加快广西百色水库、龙云等灌区前期工作。

重大引调水工程：加快陕西引汉济渭、甘肃引洮供水二期、贵州夹岩水利枢纽及黔西北供水等在建工程建设。推进滇中引水、引绰济辽、奎屯河引水等工程开工建设。加快引哈（尔腾河）济党（河）、白龙江引水、青海“三滩”引水生态综合治理、渝西水资源配置等工程前期工作。

江河治理骨干工程：加快长江、黄河等大江大河上游防洪工程建设，加快大藤峡、落久、阿尔塔什、卡拉贝利、大石门、黄藏寺等在建工程建设，推进东庄、土溪口、黄石盘、固军、大石峡、洋溪等工程开工建设，加快玉龙喀什、莫莫克、江家口、青峪口等水库前期工作，继续深入开展黄河古贤、黑山峡河段开发等工程前期论证。

第六节　优化能源基础设施布局

坚持统一规划、有序实施、能源输出与就地消纳并举，合理安排西部地区能源基础设施建设。积极推进中哈、中俄等国际油气管道建设，完善以西气东输、陕京线和川气东送为主的天然气骨干管网。加快推进天然气支线管网建设，优化天然气压缩母站、卫星站和加气站布局，完善城市燃气管网和调峰储备体系。增加资源产地油气供给规模，满足当地生产生活需要。有序推进金沙江、雅砻江、大渡河水电开发，凉山风电基地和金沙江、雅砻江风光水互补示范基地等建设。继续加大西电东送力度，稳步推进水电、风电基地和现代大型煤电基地外送电通道建设，重点实施锡盟—山东、蒙西—天津南、榆横—潍坊、上海庙—山东、宁东—浙江、锡盟—泰州、准东—华东、酒泉—湖南、扎鲁特—山东、陕北（神府、延安）—湖北、陕北神木—河北南网扩建、四川水电送出第四回特高压、川渝第三通道、金中直流、永仁—富宁、鲁西背靠背、滇西北—广东、元宝山—河北、毕节—重庆、白鹤滩至华中华东等输电通道建设。推动川藏联网，研究滇藏联网。加强农村电网改造升级，提升农网供电可靠性和供电能力。

第七节　扩展提升信息基础设施

加快实施“宽带中国”战略，推进光纤网络和4G网络建设，促进宽带网络优化升级，提升西部地区网络覆盖水平和质量。深入推进普遍电信服务，支持农村及偏远地区宽带建设和运行维护，提升其宽带速率，力争行政村基本通宽带，自然村和重要交通沿线通信信号基本覆盖。推进与哈萨克斯坦、巴基斯坦、缅甸等周边国家信息通信设施互联互通，加快建设中国—东盟信息港。

第九章　培育现代产业体系

实施《中国制造 2025》计划，提升特色优势产业发展水平，塑造西部地区产业核心竞争力，构建资源优势突出、创新能力较强、产业链条齐备、生态承载合理的现代产业发展体系。

第一节　增强产业发展的要素支撑

深化金融体制改革，构建多层次、宽领域、有差异的银行机构体系，引导金融机构更好服务实体经济。积极发展多层次资本市场，提高企业直接融资比例。着力发展普惠金融，加强对小微企业、农村特别是贫困地区金融服务，降低企业融资成本。继续降低市场准入门槛，引导社会资本向西部地区优势产业聚集。鼓励具备条件的地区根据当地经济发展实际稳步推进金融改革创新。提升劳动力职业素质与技能水平，加强职业院校与实训基地建设，鼓励校企对接，开展订单式、定向、定岗职业教育培训，积极推动大规模知识更新继续教育。强化能源资源供给保障能力，完善工业用地配置制度，建立时间灵活、方式多样的弹性供地制度。推进售电侧改革试点，扩大用户直购电试点，允许工业园区中小企业集体直购电。

第二节 推动传统产业转型升级

严控新增产能，确保完成钢铁、煤炭去产能目标任务。优化煤炭生产和消费结构，积极推进煤炭分级分质利用，稳步发展清洁高效煤电，在具备条件的地区开展煤制油、煤制气、煤制烯烃等升级示范。合理推动油气资源开发，建设塔里木盆地、准噶尔盆地、鄂尔多斯盆地等油气生产基地。加大页岩气、煤层气勘探开发力度。加快可再生能源开发利用，以西南水电基地为重点积极开发水电，重点建设新疆、酒泉、蒙西和蒙东四大风电基地，加快发展太阳能发电，大力推广分布式光伏发电系统，开展甘肃、宁夏、内蒙古新能源综合示范区建设，培育准东、哈密、敦煌、柴达木、蒙西等风光电清洁能源基地。有序推进陇东、宁东、准东、川东北等能源化工基地建设。推动资源深加工，加强有色金属、战略性新兴矿产、盐湖等资源的勘探开发、冶炼分离、精深加工和综合利用。构建新型制造业体系，加快西部地区制造业绿色改造升级。促进产业互动协作，推动实施“互联网+”协同制造行动，实施西部地区传统产业数字化、网络化、智能化技术改造。在西部有条件的老工业基地设立产业转型升级示范区和示范园区。

第三节 促进战略性新兴产业突破发展

培育符合西部地区实际的新一代信息技术、高端装备、新材料、新能源、生物医药等战略性新兴产业，形成新的主导产业。引导和支持有条件的地区发展大数据产业，开展云计算应用示范。支持四川、重庆、陕西、贵州、广西电子信息产业集聚发展，研究在有条件的地区建设中外创新产业合作平台。深化区域合作，促进区域间战略性新兴产业协调发展。鼓励东部地区软件和信息技术公共服务平台、园区与西部地区加强协同合作，支持发展多语种软件和信息技术服务业。积极发展地理信息产业，加强地理信息资源开发利用，支持西部地理信息科技园建设，打造西部地理信息产业应用示范基地。推动国防和民用领域先进技术双向转移转化，促进军民两用技术产业化发展，培育形成新的经济增长点。

专栏 12 战略性新兴产业布局

新能源：建设乌鲁木齐、哈密、酒泉、重庆、成都、德阳、包头、西安、商洛、海东、银川、昆明、六盘水等地风电装备、光伏产品研发生产基地，开发 2.5 兆瓦级以上风电机组、太阳能光伏电池、生物质液体燃料技术，建设云南、广西、内蒙古等生物质能源研发生产基地，建设重庆、四川、新疆等页岩气生产、页岩气装备制造与油田服务基地。

新能源汽车：建设重庆新能源及智能汽车基地，建设成都、西安、南充、柳州、包头、赤峰、毕节新能源汽车产业基地。

节能环保：建设重庆、成都、南宁、西宁、自贡、宝鸡、鄂尔多斯、包头等环保安全成套装备生产基地。

新一代信息技术：建设重庆、成都、绵阳、西安、延安、昆明、南宁、钦州、北海、天水、贵阳、银川、中卫、呼和浩特等电子信息产业基地。

生物医药：建设重庆、成都、兰州、西安、杨凌、贵阳、昆明、呼和浩特、通辽、南宁、桂林、玉林、西宁、银川等生物医药产业基地。

新材料：建设内蒙古稀土功能材料、镁铝合金材料、有机合成材料基地，陕西钨钼钛锆钒稀有金属材料、超导材料、生物医药材料基地，甘肃镍及镍钴合金材料、高性能纤维及复合材料基地，青海铝镁锂材料、蓝宝石晶体材料基地，宁夏钽铌铍、铝镁锰和光伏材料基地，重庆铝镁锂轻合金材料、高强度汽车钢、石墨烯及聚氨酯等化工新材料基地，四川光伏材料、钒钛及稀土材料、高性能纤维材料基地，贵州钛及钛合金材料基地，云南稀贵金属材料及催化材料、光电子材料基地，广西锡锑铟铝稀土材料基地，新疆铍锂稀有金属材料、铝基合金材料基地。

高端装备：建设重庆、成都、德阳轨道交通、智能制造、仪器仪表、航空产业基地，重庆高技术船舶产业基地，兰州石油装备基地，银川智能铸造、吴忠高端控制阀产业基地，渭南卤阳湖航空装备制造、国家民机科研试飞基地，富平西飞民用飞机生产线。

第四节 引导现代服务业有序发展

支持西部地区现代物流服务体系建设，大力推进“互联网+”高效物流发展，发挥商业功能区和流通节点城市功能，打造高效便捷的西部物流大通道。推动西部地区实体商业加快转型升级，大力发展商业新模式、经营新业态，创新物流资源配置方式，进一步提高流通效率，降低流通成本。加快发展家政、养老、健康等生活性服务业。加快发展高技术服务业和生产性服务业，积极培育工业设计、建筑设计、工程设计、数据挖掘、会计审计、管理咨询、会展商贸、人力资源服务等专业服务业，鼓励国内外知名科技服务机构在西部地区设立分支机构或开展业务合作。落实西部大开发文化产业税收优惠政策，促进西部地区文化产业健康发展。推动出版发行、影视制作等传统文化产业转型升级，实施特色文化产业发展工程，大力发展具有地方和民族特色的文化创意、网络视听、移动多媒体、数字出版、动漫游戏产业，规划建设一批具有民族特色的文化产业基地。加快旅游业改革发展，鼓励多元资本进入旅游市场，优化旅游发展软硬环境，推进旅游配套设施建设。重点打造丝绸之路、长江沿线、大香格里拉、大年保玉则、青藏铁路沿线等旅游带，加快培育黄河文化、沙漠探险旅游带，以及新疆、西藏、内蒙古、宁夏旅游目的地和武陵山、大巴山旅游区。加快敦煌国际文化旅游名城和国际旅游港建设。

第十章 大力发展特色优势农业

厚植农业发展基础，着力构建现代农业产业体系，加快形成资源利用高效、生态系统稳定、产地环境良好、产品质量安全、地域特色突出的农业发展新格局，促进农民持续增收。

第一节 完善农业基础设施

加强农村公路、乡村机耕道等设施建设，支持林区、垦区、特色农业基地、高产稳产饲草基地等区域作业道路建设，提高机械化作业水平。重点加强节水型农业基础设施布局建设，推动水资源集约高效利用。支持山区因地制宜建设“五小水利”工程。开展西北干旱地区和西南红层缺水地区找水工作。继续实施农村电网改造升级、低电压治理工程，加强农业用电保障。实施粮食收储供应安全保障工程，支持种粮大户等新型经营主体建设自然通风仓、烘干设备、烘储仓、冷藏库、保鲜库等初加工设施，支持农民建设小型粮食仓储设施。建设标准化水产养殖池塘和内陆渔港。建设一批高标准牲畜圈舍、储草库棚、青贮窖池、粪污处理和病死禽畜无害化处理基础设施。完善农产品流通骨干网络及服务功能。引导社会资本参与农村公益性基础设施建设、管护和运营。

第二节 优化特色农业结构布局

发挥西部地区光热水土独特资源优势，科学定位农业地区、林区山区、草原牧区产业发展方向，优化特色农业结构布局，推进现代农业示范区建设。进一步提高广西、甘肃、新疆和汾渭平原、河套灌区等农产品主产区粮食生产能力，确保国家粮食安全。加快国家玉米、水稻制种基地建设，重点培育西南水稻产业带、油菜产业带，西北和西南马铃薯产业带，广西和云南甘蔗产业带、天然橡胶产业带，西北优质酿酒葡萄产业带。调整优化棉花种植结构，建设新疆优质棉基地。积极创建特色农产品优势区，按照“一地一类、一县一品”的思路，大力发展具有地理标志和地域独特性的杂粮、果蔬、茶叶、油料、特色经济林、中药材、家禽、草食畜牧业和特色渔业等产业，建设一批高原夏菜等特色优势农产品示范基地。林区山区以及农林、农牧交错区着力发展生态友好型农业，推行种养结合等模式，加快发展粮果复合、果茶复合、林下经济等立体高效农业。草原牧区着力发展舍饲半舍饲和传统地方特色草食畜牧业，支持不同类型草原地区开展现代牧业示范区建设。拓展农业功能，大力发展休闲农业。在西南石漠化区、西北生态严重退化地区开展耕地轮作休耕制度试点，统筹粮经饲，探索农牧结合、种养结合等模式，大力推广牧区繁育、农区育肥等耦合发展方式。研究开展“北牧南移”，促进国内畜产品供应基本平衡。

第三节 大力发展安全农产品生产

立足生态环境本底，走差异化农业发展道路，鼓励扩大无公害、绿色、安全农产品生产面积，提高家禽家畜养殖和特色渔业比重，推动西部地区农业向生态化、有机化发展，培育农业新的增长点。积极构建从种子种苗和种畜种禽选育、种养管理、生产加工到物流配送的完整有机农产品生产供应链，加快安全农产品生产产业化，提高农产品质量安全水平，促进农业提质增效。以无规定动物疫病区为重点，大力开展有机畜禽养殖示范区建设。推进水产健康养殖，大力发展湖泊、水库等大水面增殖渔业。结合粮食主产区规模化经营，推动传统粮食生产模式向有机模式转换。瞄准国际国内高端市场，严格执行有机农产品生产标准，在特色木本粮油、经济林、果蔬、茶叶、中药材等主产区，培育一批有机产品生产加工基地，形成一批国际知名的农产品品牌。积极鼓励发展经营规模大、带动农户数量多的安全农产品生产项目。编制西部地区安全农产品生产发展规划。

第四节 完善现代农业服务体系

构建产前产中产后一体的多元高效农业服务体系，着力解决农业服务产加销衔接不紧密、不配套问题。培育现代农业服务市场，丰富服务内容，创新服务方式，构建服务平台，逐步建立以公共服务机构为依托、专业服务组织为基础、合作社和龙头企业为骨干、其他社会力量为补充的农业社会化服务新机制。加快培育农业经营性服务组织，创新完善农业公益性服务供给机制和服务方式，开展政府购买农业公益性服务试点，积极推广合作式、托管式、订单式等服务形式。加快建立教育培训、规范管理和政策扶持“三位一体”的新型职业农民培育体系。建立公益性农民培养培训制度，深入实施新型职业农民培育工程和农民继续教育工程。深入实施“互联网+”现代农业行动，鼓励互联网企业建立农业服务平台，加强农业大数据开发利用，完善农村物流网络体系，畅通农产品流通。强化农业科技创新，完善农业标准技术示范推广体系、动物防疫体系、植物检疫体系、质量安全监管体系。

第五节 推动农业经营方式创新

着力构建集约化家庭经营与产业化合作经营相结合的新型农业经营体制。鼓励农民合作社创新发展，支持合作社发展农产品加工流通和直供直销。把发展多种形式农业适度规模经营与延伸农业产业链有机结合起来，鼓励农民通过合作与联合的方式发展规模种养业、农产品加工业和农村服务业。开展农民以土地经营权入股农民合作社、农业产业化龙头企业试点。加快推进农村集体产权制度改革，确保如期完成土地承包权、宅基地使用权等确权登记颁证。建立健全农村产权流转市场体系，在坚持农村土地集体所有和充分尊重农民意愿的基础上，在经授权的农村改革试验区稳妥开展农户土地承包权有偿退出试点。

第十一章 推进新型城镇化

坚持走以人为核心的新型城镇化道路，因地制宜优化城镇化布局与形态，加强对西部地区城镇发展的分类指导，做好区划调整工作，提高城乡规划的科学性，强化历史文化名城名镇保护。

第一节 促进农业转移人口市民化

深入推进统筹城乡改革发展。按照尊重意愿、自主选择、因地制宜、分步推进、存量优先、带动增量的原则，加快推进农业转移人口市民化。以农业转移人口为重点，稳步推进户籍制度改革和城镇基本公共服务常住人口全覆盖。探索农民自主选择机制，探索农民依法自愿有偿转让土地承包权、集体收益分配权等权益的有效途径，鼓励和支持农业转移人口就地就近城镇化，保障农业转移人口享有与城镇居民同等权利，承担同等义务。

第二节 加快培育重点城市群

结合推进“一带一路”建设等三大战略实施，发展壮大成渝、关中平原城市群，规划引导北部湾、呼包鄂榆、黔中、滇中、兰州—西宁、宁夏沿黄、天山北坡等城市群有序发展，打造西部地区经济增长重要引擎。完善城市群基础设施网络，发挥综合性交通枢纽作用，提升对内对外开放水平，增强产业支撑能力，优化城镇布局和人口分布。完善和提升以省会城市为代表的区域性中心城市功能，优化市辖区规模结构，提高生产要素集聚能力、创新能力、组织管理能力和对周边区域辐射带动能力。加强城市间互动合作，以基础设施一体化和产业错位发展为突破口，促进相邻重点城市融合发展。

第三节 推动中小城市和小城镇健康发展

积极培育和发展中小城市，完善市政基础设施，提高公共服务水平和宜居水平。以县城为重点发展小城镇，加快人口有序集聚，带动周边农村发展，提高县域经济发展活力和综合承载能力。积极开展国家新型城镇化试点和中小城市综合改革试点工作，依托相邻重点城市、特色优势资源、重要边境口岸与对外贸易通道等，培育发展一批特色小城镇。创新西部中小城市和小城镇行政管理体制，培育发展新生中小城市。积极稳妥推进扩权强县改革试点，优化城镇布局。深入推进统筹城乡改革发展。

专栏13 百座特色小城镇

旅游休闲型城镇：重庆市武隆县仙女山镇，四川省稻城县香格里拉镇，贵州省荔波县甲良镇，云南省剑川县沙溪镇，西藏自治区林芝市巴宜区鲁朗镇，陕西省柞水县营盘镇、铜川市耀州区照金镇，甘肃省临潭县冶力关镇、康县阳坝镇，青海省贵德县河阴镇，宁夏回族自治区中卫市沙坡头区迎水桥镇，新疆维吾尔自治区吐鲁番市高昌区亚尔镇，内蒙古自治区多伦县多伦诺尔镇，广西壮族自治区阳朔县兴坪镇。

健康疗养型城镇：重庆市江津区四屏镇，四川省盐边县红格镇，贵州省石阡县中坝镇，云南省保山市隆阳区板桥镇，西藏自治区林芝市巴宜区八一镇，陕西省华阴市罗敷镇，甘肃省永靖县刘家峡镇，新疆维吾尔自治区温泉县博格达尔镇，内蒙古自治区阿尔山市温泉街、喀喇沁旗锦山镇，广西壮族自治区巴马瑶族自治县甲篆镇、富川瑶族自治县福利镇。

商贸物流型城镇：重庆市江北区寸滩街道，四川省富顺县富世镇，贵州省龙里县醒狮镇、榕江县忠诚镇，西藏自治区吉隆县吉隆镇，陕西省安康市汉滨区恒口镇、西安市灞柳基金小镇，甘肃省陇西县首阳镇，青海省大通县城关镇，宁夏回族自治区盐池县惠安堡镇，新疆维吾尔自治区巴楚县色力布亚镇、阿拉尔市沙河镇，内蒙古自治区丰镇市隆盛庄镇，广西壮族自治区防城港市防城区那良镇。

科技教育型城镇：重庆市沙坪坝区虎溪街道，四川省绵阳市游仙区游仙镇，贵州省仁怀市茅台镇，云南省昆明市呈贡区，西藏自治区拉萨市城关区蔡公堂乡，陕西省西咸新区国际学镇，甘肃省榆中县和平镇，宁夏回族自治区贺兰县习岗镇，新疆维吾尔自治区乌鲁木齐市新市区高新区，内蒙古自治区包头市石拐区五当召镇，广西壮族自治区武鸣县城厢镇。

文化民俗型城镇：重庆市奉节县白帝镇，四川省马尔康县松岗镇，云南省贡山县丙中洛镇，西藏自治区普兰县巴嘎乡，陕西省礼泉县烟霞镇、宁强县青木川镇，甘肃省肃南县马蹄藏族乡，青海省互助县威远镇，宁夏回族自治区永宁县闽宁镇，新疆维吾尔自治区阿图什市上阿图什镇，内蒙古自治区莫力达瓦旗尼尔基镇，广西壮族自治区龙胜县龙脊镇。

特色制造型城镇：重庆市九龙坡区西彭镇，四川省蒲江县寿安镇，贵州省安顺市西秀区七眼桥镇，云南省个旧市大屯镇，西藏自治区贡嘎县杰德秀镇，陕西省城固县柳林镇，甘肃省武威市凉州区黄羊镇，宁夏回族自治区贺兰县洪广镇，新疆维吾尔自治区和田市吉亚乡，内蒙古自治区鄂尔多斯市东胜区罕台镇，广西壮族自治区柳州市柳东区雒容镇。

能矿资源型城镇：重庆市涪陵区焦石镇，四川省珙县上罗镇，贵州省盘县柏果镇，云南省师宗县雄壁镇，西藏自治区江达县青泥洞乡，陕西省神木县大柳塔镇，甘肃省华亭县安口镇，青海省大柴旦行委大柴旦镇，宁夏回族自治区灵武市宁东镇、平罗县汝箕沟镇，新疆维吾尔自治区巴里坤县三塘湖镇，内蒙古自治区霍林郭勒市，广西壮族自治区平果县马头镇。

边境口岸型城镇：云南省河口县河口镇，内蒙古自治区乌拉特中旗甘其毛都镇、额济纳旗策克镇，广西壮族自治区凭祥市友谊镇。

第四节 加强城镇公共基础设施建设

进一步加大城镇公共基础设施建设投入，完善城镇公共服务功能。加强城镇生活给排水、生活垃圾收集运输处理、轨道交通、供气供热等基础设施以及各类地下管网建设和改造，推进地下综合管廊及海绵城市建设。加大城市污水处理及再生利用设施和先进垃圾处理设施建设力度，推动城市垃圾分类。加强城市道路交通基础设施建设，完善城市道路网络系统，大力发展绿色交通，科学有序布局充电桩、立体停车场等系统，优先发展公共交通，科学推进城市轨道交通、步行和自行车交通系统建设，推进城市配送系统建设。加强城市生态修复，保护和恢复城市自然山水格局。加大棚户区和危房改造力度，加快改善小城镇居民住房条件。积极构建符合西部地区特点的绿色建筑和建材标准、技术及产品支撑体系。统筹城乡市政公用设施建设，促进城镇公共基础设施向周边农村地区延伸。

第五节 建设绿色文明宜居乡村

实施西部地区农村人居环境改善工程，修订完善县域乡村建设规划和村庄规划，加强乡村规划管理。进一步加大农村危房改造力度，到 2020 年基本完成现有危房改造任务。推进村庄道路、街巷、庭院和公共空间植树绿化，实施村庄亮化工程，全面推进农村垃圾治理，促进农村整体风貌改善提升。加强西部传统村落、历史文化名村和传统建筑保护，全面推进少数民族特色村镇建设。完善通乡通村道路网络，提高道路硬化率，重点实施建制村通硬化路工程。加强农村供水供电供气设施建设，全面推进城乡用电同网同价。加快推进农村地区散煤清洁化替代工作，配套实施农网改造，大力推广以电代煤。因地制宜推进农村沼气建设，加快发展小水电、太阳能、风能、生物质能等可再生能源。巩固提升农村饮水安全，推动城镇供水管网向农村延伸，有序推进农村生活污水治理。实施邮政、快递村村通。加强农村文化建设，建设和谐文明乡村。推进美丽乡村标准化试点。加强农村基层党组织建设，健全村党组织领导的充满活力的村民自治机制。

第十二章 强化规划 实施保障

继续深化体制机制改革，正确履行政府职责，合理配置公共资源，完善规划实施机制，动员和引导全社会力量共同推进规划实施。

第一节 深化重点领域和关键环节改革

持续深化简政放权、放管结合、优化服务等重点领域改革，加快转变政府职能，健全科学决策机制，提高行政效能。深化垄断行业和国有企业改革，支持和引导非公有制经济发展，加快形成多种所有制经济平等竞争、共同发展新格局。推进电力体制改革试点，继续深化电价、水价等价格改革，理顺煤电价格关系，开展水权交易，深化小型水利工程产权制度改革。有序推进土地管理制度改革，完善西部地区土地征收制度，探索建立农村集体经营性建设用地入市制度。依法保护市场主体产权与创新收益，加强知识产权保护和运用。加快建设社会信用体系，构筑诚实守信的经济社会环境。在公共服务领域大力推广政府和社会资本合作（PPP）模式，提高公共服务供给质量和效率。继续落实好减税降费各项政策措施，降低制度性交易成本，促进形成营商环境好、要素成本低、市场潜力大的叠加优势，迸发全社会创业创新热情，吸引各类资本特别是民间资本踊跃参与西部建设。

第二节 强化政策支持

各地区、各有关部门要按照职能分工，各司其职、各负其责，进一步完善扶持政策。进一步加大资金投入力度，中央预算内投资、中央财政均衡性转移支付和专项转移支付继续向西部地区倾斜，取消民族地区县以下和集中连片特困地区市（地、州）级配套资金。支持在西部地区优先布局建设具有比较优势的项目，鼓励社会资本以市场化方式设立西部开发产业发展引导基金。实施差别化用地政策，保障西部地区重大项目建设用地。加强西部地区各类人才培养培训，积极发挥国家基础科学人才培养基金等作用，统筹推进西部地区各类人才队伍建设。加强智库建设，充分发挥各类智库在支持西部大开发中的积极作用。国家“千人计划”、“万人计划”等重大人才工程适度向西部地区倾斜，支持西部地区大力引进海外高端紧缺人才。支持四川凉山、云南怒江、甘肃临夏等民族自治州加快建设全面小康进程，研究开展州辖区改革。

第三节 创新完善投融资体制

建立有利于西部大开发的多元化、可持续投融资体制。统筹发挥商业性金融、开发性金融、政策性金融与合作性金融协同作用，形成分工合理、相互补充的金融机构体系，加大对西部地区重大基础设施建设、现代农业、民生领域的支持力度，推动提升小微企业金融服务。鼓励银行业金融机构在风险可控、商业可持续的基础上加大对西部产能过剩行业兼并重组、转型转产、技术改造等环节的信贷支持，促进化解过剩产能和传统产业转型升级。抓紧剥离融资平台公司政府融资职能，推进融资平台公司市场化转型和融资，规范地方政府债务管理，合理安排西部地区政府债务限额，做好地方政府债券发行工作，支持西部地区公益性事业发展。

第四节 健全规划实施机制

西部地区具有特殊重要战略地位，要以更大的决心、更强的力度、更有效的举措，进一步加大对西部地区的支持力度。西部各省（区、市）人民政府和新疆生产建设兵团要加强组织领导，做好本规划确定的主要目标、重点任务分解落实工作，加强年度计划与本规划的衔接。东中部地区要积极支持配合本规划实施，加强区域合作，提升对口支援、对口帮扶水平，支持本地区企业、人才到西部地区投资、创业。充分发挥人民军队在参加和支援西部大开发中的优势和积极作用。

国务院各部门要按照本规划确定的总体目标和发展重点，在有关专项规划编制、政策措施实施、重点项目安排、体制机制创新等方面给予积极指导和支持。要通力协作、密切配合，积极研究制定具体政策举措，构建齐抓共管的工作格局，形成支持西部大开发新的合力。规划实施中涉及的重大事项、重大政策和重大项目按规定程序报批。国家发展改革委要加强综合协调与服务，加强对党中央、国务院重大决策部署和有关政策措施落实情况的监督检查，适时组织开展本规划执行情况的全面评估，重大问题及时向党中央、国务院报告。

关于开发性金融支持特色小（城）镇建设促进脱贫攻坚的意见

国家发展改革委　国家开发银行

2017年1月13日

各省、自治区、直辖市及计划单列市发展改革委、新疆生产建设兵团发展改革委，国家开发银行各分行：

建设特色小（城）镇是推进供给侧结构性改革的重要平台，是深入推进新型城镇化、辐射带动新农村建设的重要抓手。全力实施脱贫攻坚、坚决打赢脱贫攻坚战是“十三五”时期的重大战略任务。在贫困地区推进特色小（城）镇建设，有利于为特色产业脱贫搭建平台，为转移就业脱贫拓展空间，为易地扶贫搬迁脱贫提供载体。为深入推进特色小（城）镇建设与脱贫攻坚战略相结合，加快脱贫攻坚致富步伐，现就开发性金融支持贫困地区特色小（城）镇建设提出以下意见。

一、总体要求

全面贯彻党的十八大和十八届三中、四中、五中、六中全会精神，统筹推进“五位一体”总体布局和协调推进“四个全面”战略布局，牢固树立和贯彻落实新发展理念，按照扶贫开发与经济社会发展相结合的要求，充分发挥开发性金融作用，推动金融扶贫与产业扶贫紧密衔接，夯实城镇产业基础，完善城镇服务功能，推动城乡一体化发展，通过特色小（城）镇建设带动区域性脱贫，实现特色小（城）镇持续健康发展和农村贫困人口脱贫双重目标，坚决打赢脱贫攻坚战。

——坚持因地制宜、稳妥推进。从各地实际出发，遵循客观规律，加强统筹协调，科学规范引导特色小（城）镇开发建设与脱贫攻坚有机结合，防止盲目建设、浪费资源、破坏环境。

——坚持协同共进、一体发展。统筹谋划脱贫攻坚与特色小（城）镇建设，促进特色产业发展、农民转移就业、易地扶贫搬迁与特色小（城）镇建设相结合，确保群众就业有保障、生活有改善、发展有前景。

——坚持规划引领、金融支持。根据各地发展实际，精准定位、规划先行，科学布局特色小（城）镇生产、生活、生态空间。通过配套系统性融资规划，合理配置金融资源，为特色小（城）镇建设提供金融支持，着力增强贫困地区自我发展能力，推动区域持续健康发展。

——坚持主体多元、合力推进。发挥政府在脱贫攻坚战中的主导作用和在特色小（城）镇建设中的引导作用，充分利用开发性金融融资、融智优势，聚集各类资源，整合优势力量，激发市场主体活力，共同支持贫困地区特色小（城）镇建设。

——坚持改革创新、务求实效。用改革的办法和创新的精神推进特色小（城）镇建设，完善建设模式、管理方式和服务手段，加强金融组织创新、产品创新和服务创新，使金融资源切实服务小（城）镇发展，有效支持脱贫攻坚。

二、主要任务

（一）加强规划引导。加强对特色小（城）镇发展的指导，推动地方政府结合经济社会发展规划，编制特色小（城）镇发展专项规划，明确发展目标、建设任务和工作进度。开发银行各分行积极参与特色小（城）镇规划编制工作，统筹考虑财税、金融、市场资金等方面因素，做好系统性融资规划和融资顾问工作，明确支持重点、融资方案和融资渠道，推动规划落地实施。各级发展改革部门要加强与开发银行各分行、特色小（城）镇所在地方政府的沟通联系，积极支持系统性融资规划编制工作。

（二）支持发展特色产业。一是各级发展改革部门和开发银行各分行要加强协调配合，根据地方资源禀赋和产业优势，探索符合当地实际的农村产业融合发展道路，不断延伸农业产业链、提升价值链、拓展农业多种功能，推进多种形式的产城融合，实现农业现代化与新型城镇化协同发展。二是开发银行各分行要运用"四台一会"（管理平台、借款平台、担保平台、公示平台和信用协会）贷款模式，推动建立风险分担和补偿机制，以批发的方式融资支持龙头企业、中小微企业、农民合作组织以及返乡农民工等各类创业者发展特色优势产业，带动周边广大农户，特别是贫困户全面融入产业发展。三是在特色小（城）镇产业发展中积极推动开展土地、资金等多种形式的股份合作，在有条件的地区，探索将"三资"（农村集体资金、资产和资源）、承包土地经营权、农民住房财产权和集体收益分配权资本化，建立和完善利益联结机制，保障贫困人口在产业发展中获得合理、稳定的收益，并实现城乡劳动力、土地、资本和创新要素高效配置。

（三）补齐特色小（城）镇发展短板。一是支持基础设施、公共服务设施和生态环境建设，包括但不限于土地及房屋的征收、拆迁和补偿；安置房建设或货币化安置；水网、电网、路网、信息网、供气、供热、地下综合管廊等公共基础设施建设；污水处理、垃圾处理、园林绿化、水体生态系统与水环境治理等环境设施建设以及生态修复工程；科技馆、学校、文化馆、医院、体育馆等科教文卫设施建设；小型集贸市场、农产品交易市场、生活超市等便民商业设施建设；其他基础设施、公共服务设施以及环境设施建设。二是支持各类产业发展的配套设施建设，包括但不限于标准厂房、孵化园、众创空间等生产平台；旅游休闲、商贸物流、人才公寓等服务平台建设；其他促进特色产业发展的配套基础设施建设。

（四）积极开展试点示范。结合贫困地区发展实际，因地制宜开展特色小（城）镇助力脱贫攻坚建设试点。对试点单位优先编制融资规划，优先安排贷款规模，优先给予政策、资金等方面的支持，鼓励各地先行先试，着力打造一批资源禀赋丰富、区位环境良好、历史文化浓厚、产业集聚发达、脱贫攻坚效果好的特色小（城）镇，为其他地区提供经验借鉴。

（五）加大金融支持力度。开发银行加大对特许经营、政府购买服务等模式的信贷支持力度，特别是通过探索多种类型的PPP模式，引入大型企业参与投资，引导社会资本广泛参与。发挥开发银行"投资、贷款、债券、租赁、证券、基金"综合服务功能和作用，在设立基金、发行债券、资产证券化等方面提供财务顾问服务。发挥资本市场在脱贫攻坚中的积极作用，盘活贫困地区特色资产资源，为特色小（城）镇建设提供多元化金融支持。各级发展改革部门和开发银行各分行要共同推动地方政府完善担保体系，建立风险补偿机制，改善当地金融生态环境。

（六）强化人才支撑。加大对贫困地区特色小（城）镇建设的智力支持力度，开发银行扶贫金融专员要把特色小（城）镇作为金融服务的重要内容，帮助派驻地（市、州）以及对口贫困县区域内的特色小（城）镇引智、引商、引技、引资，着力解决缺人才、缺技术、缺资金等突出问题。以"开发性金融支持脱贫攻坚地方干部培训班"为平台，为贫困地区干部开展特色小（城）镇专题培训，帮助正确把握政策内涵，增强运用开发性金融手段推动特色小（城）镇建设、促进脱贫攻坚的能力。

（七）建立长效合作机制。国家发展改革委和开发银行围绕特色小（城）镇建设进一步深化合作，建立定期会商机制，加大工作推动力度。各级发展改革部门和开发银行各分行要密切沟通，共同研究制定当地特色小（城）镇建设工作方案，确定重点支持领域，设计融资模式；建立特色小（城）镇重点项目批量开发推荐机制，形成项目储备库；协调解决特色小（城）镇建设过程中的困难和问题，将合作落到实处。

各级发展改革部门和开发银行各分行要支持贫困地区特色小（城）镇建设促进脱贫攻坚，加强合作机制创新、工作制度创新和发展模式创新，积极探索、勇于实践，确保特色小（城）镇建设取得新成效，打赢脱贫攻坚战。

北部湾城市群发展规划

国家发展改革委　住房城乡建设部

2017 年 2 月 10 日

北部湾城市群背靠祖国大西南、毗邻粤港澳、面向东南亚，位于全国“两横三纵”城镇化战略格局中沿海纵轴最南端，是我国沿海沿边开放的交汇地区，在我国与东盟开放合作的大格局中具有重要战略地位。依据《中华人民共和国国民经济和社会发展第十三个五年规划纲要》、《国家新型城镇化规划（2014—2020 年）》、《全国主体功能区规划》和《全国海洋主体功能区规划》，特制定本规划，作为未来一个时期培育发展北部湾城市群的指导性、约束性文件。

北部湾城市群规划范围包括广西壮族自治区南宁市、北海市、钦州市、防城港市、玉林市、崇左市，广东省湛江市、茂名市、阳江市和海南省海口市、儋州市、东方市、澄迈县、临高县、昌江县，陆域面积 11.66 万平方公里，海岸线 4234 公里，还包括相应海域。2015 年末常住人口 4141 万人，地区生产总值 16295 亿元，分别占全国的 3.01% 和 2.25%。规划期为 2017—2020 年，展望到 2030 年。

图 1 北部湾城市群规划范围示意图

第一章　规划背景

培育发展北部湾城市群，发挥其东承西联、沿海沿边的独特区位优势，有利于深化中国—东盟战略合作、促进 21 世纪海上丝绸之路和丝绸之路经济带的战略互动，有利于拓展区域发展新空间、促进东中西部地区协调发展，有利于推进海洋生态文明建设、维护国家安全。

第一节　发展基础

资源要素禀赋优越。北部湾城市群地处热带亚热带，坐拥我国南部最大海湾，生态环境质量全国一流，港口、岸线、油气、农林、旅游资源丰富，地势平坦，国土开发利用潜力较为充足，环境容量较大，人口经济承载力较强。

发展活力日渐提升。北部湾城市群经济增速近年持续保持在全国平均水平以上，海洋经济、休闲旅游等特色产业和临港型工业集群正逐步形成，创新创业活力不断涌现，人力资源较为丰富，经济综合实力不断增强。

开放合作不断深化。以北部湾港口群为起点的海上开放通道和以边境口岸为支撑的陆上开放通道加快形成，中国－东盟博览会、海南国际旅游岛、重点开发开放试验区、边境经济合作区、中马“两国双园”等开放平台建设有序推进，开放合作领域不断拓展，开放型经济初具规模。

城镇发展基础较好。南宁市已发展成为300万人以上的大城市，海口、湛江等城市引领作用逐步增强，南（宁）北（海）钦（州）防（城港）、湛（江）茂（名）阳（江）、海（口）澄（迈）文（昌）等地区城镇较为密集，其他中小城市和小城镇发育加快，热带亚热带城市风貌特征明显，基础设施日益完善。

社会人文联系紧密。北部湾城市群各城市文化同源、人缘相亲、民俗相近，人文交流密切，区域认同感较强，粤桂琼三省（区）海洋、旅游、生态治理等领域合作不断加强，毗邻区域合作逐步推进。

第二节 突出问题

经济发展水平总体不高。人均地区生产总值低于全国平均水平，人口密度和经济密度低于毗邻国家的一些地区，传统产业发展转型面临突出困难，先进制造业和现代服务业发展相对滞后，新旧动能转换仍需进一步加速。

中心城市功能亟待加强。区域内缺乏辐射带动作用强的特大城市，南宁等中心城市集聚和辐射效应不足，对高端生产要素吸引力不强，创新创业不够活跃，宜居水平有待提高，对外开放的枢纽作用尚待增强，城市综合竞争力仍需提升。

城市数量少且联系不够紧密。城市群内仅有22座城市、538个建制镇，每万平方公里城镇仅48个，城镇分布较为稀疏。港口城市多以重化工业为主，相互间经济联系不够紧密，港口间存在无序竞争现象。省际城市间缺少高效便捷交通通道，产业结构趋同，分工协作不够，孤立发展特征较明显。

基础设施建设有待完善。基础设施投入不足、欠账较多，高等级运输通道较少，机场航线设置偏少，与国内外联系通道不畅。

城际交通网络不健全，互联互通和运输服务水平亟待提高。湾区环境约束日益趋紧。北部湾为半封闭海湾，海流较弱，不利于污染物扩散与降解，近岸海域污染呈上升趋势，海洋环境污染风险加大，生态系统服务功能退化趋势尚未得到根本遏制，开发与保护的矛盾日益突出。

第三节 战略机遇

“一带一路”建设深入推进，中国—东盟自贸区升级版建设顺利开展，为北部湾城市群充分发挥独特区位优势，全方位扩大对外开放和以开放促发展提供了更大空间。国家新型城镇化和西部大开发战略深入实施，为北部湾城市群发挥政策效应，做大做强各类城市，拓展发展新空间提供了更强劲动力。国内消费结构升级和供给体系优化，为北部湾地区发挥生态海湾优势，发展绿色经济提供了更广阔市场。珠三角等发达地区进入产业转型升级新阶段，为北部湾地区发挥后发优势，承接产业转移，夯实产业基础提供了更有力支撑。

第二章 总体要求

培育发展北部湾城市群，必须着眼全国开放发展大格局，充分发挥开放引领作用，立足蓝色海湾，加快绿色崛起。

第一节 指导思想

全面贯彻党的十八大和十八届三中、四中、五中、六中全会以及中央城镇化工作会议、中央城市工作会议精神，深入贯彻习近平总书记系列重要讲话精神和治国理政新理念新思想新战略，认真落实党中央、国务院决策部署，统筹推进“五位一体”总体布局和协调推进“四个全面”战略布局，牢固树立和贯彻落实新发展理念，着力推进供给侧结构性改革，加快培育发展新动能，拓展发展新空间，以共建共保洁净海湾为前提，以打造面向东盟开放高地为重点，以构建环境友好型产业体系为基础，发展美丽经济，建设宜居城市和蓝色海湾城市群，充分发挥对“一带一路”有机衔接的重要门户作用和沿海沿边开放互动、东中西部地区协调发展的独特支撑作用。

第二节 基本原则

开放引领，绿色崛起。坚持打好开放和绿色两张牌，以开放促开发，以绿色谋发展，构建高层次开放平台和综合性开放通道，推动开放型经济体系和绿色产业体系、低碳城市建设运营模式相互支撑、互促共融，培育开放发展新优势，提升绿色发展竞争力。

陆海统筹，科学布局。将陆域和海域空间作为整体进行谋划，以陆域腹地服务海洋开发保护，以海湾环境容量约束陆地和海洋资源开发，提升陆海统筹发展水平。坚持节约资源和保护环境的基本国策，根据资源环境承载能力和国土开发适宜性评价，科学划定城镇、农业、生态空间及生态保护红线、永久基本农田和城镇开发边界，促进空间均衡发展。

优势互补，协同发展。着眼于提升区域整体竞争力，充分发挥各地比较优势，科学定位各城市职能，推动中心城市与中小城市、沿边城市与内陆城市、港口城市与腹地城市错位合作发展，同步推进城乡发展一体化和农业现代化，形成优势互补、功能完备、城乡一体的协同发展格局。

市场主导，政府引导。遵循城市群发展规律，充分发挥市场配置资源的决定性作用，更好发挥政府在空间开发管制、基础设施布局、公共服务供给、体制机制建设等方面的作用，促进资源要素充分流动和高效配置，有力有效加快城市群建设进程，全面提升发展质量。

第三节　战略定位

北部湾城市群的总体定位是：发挥地缘优势，挖掘区域特质，建设面向东盟、服务“三南”（西南、中南、华南）、宜居宜业的蓝色海湾城市群。

围绕总体定位，加快在以下发展定位上实现突破：面向东盟国际大通道的重要枢纽。充分发挥与东盟国家海陆相连优势，强化中国—中南半岛陆上国际大通道建设，完善以北部湾港口群为起点的海上运输大通道，构建中国—东盟国际信息通道，打造与东盟国家便捷联系的国际大通道枢纽。

“三南”开放发展新的战略支点。充分发挥作为“三南”地区重要出海口的作用，畅通与成渝、黔中、滇中、长江中游等城市群间的快速多向连接，推动内陆省份全面深化与东盟的交流合作。加强与粤港澳大湾区、珠江—西江经济带联动发展，优化区域合作机制，加快形成东中西部地区协调互动、优势互补的发展新格局。

21 世纪海上丝绸之路与丝绸之路经济带有机衔接的重要门户。依托独特区位优势，贯通我国西部地区与中南半岛的南北陆路新通道，强化北部湾港口群国内国外交通连接作用，推动 21 世纪海上丝绸之路与丝绸之路经济带的交汇对接、衔接互动。面向“一带一路”沿线国家，加快打造国际产能合作先行基地、重要服务平台、人文交流纽带。

全国重要绿色产业基地。按照存量绿色化改造、增量高端化发展的要求，以提供绿色农海产品、高附加值制成品、生态旅游产品为重点，淘汰转移一批不符合城市群总体定位的产业，加快建设一批特色农业基地、循环产业示范区、现代服务业集聚区，实现临港工业绿色智能发展，构建适应湾区环境要求的产业体系。

陆海统筹发展示范区。统筹推进陆域基础设施建设、产业和城镇布局、人口分布等与自然岸线利用、海洋环境保护，统筹入海河流治理与近岸海域保护，统筹近海开发与远海资源利用，促进陆域经济和海洋经济良性互动发展，建设南海开发利用服务保障基地，探索陆海协调、人海和谐的发展新模式。

第四节　发展目标

中期目标。到 2020 年，基本建成生态环境优美、经济充满活力、生活品质优良的蓝色海湾城市群框架。

蓝色海湾生态格局基本确立。以主体功能区为基础的国土开发格局基本形成，集约紧凑式开发模式成为主导，绿色产业体系初具雏形，海陆生态环境资源得到有效保护，整体环境质量保持在全国前列。陆地生态空间占比稳定在 43% 以上，自然岸线保有率稳步提高，近岸海域水质整体达到二类标准以上。

对内对外开放新格局有效构建。面向东盟的立体化国际大通道基本建成，开放合作新机制和平台更加完善，“一带一路”有机衔接重要门户作用初步显现，开放型经济向更广领域和更高层次迈进，国际竞争新优势初步形成。与珠江三角洲、成渝、长江中游等城市群联系更加紧密。

城镇体系和基础设施支撑体系初步健全。南宁、海口、湛江辐射带动作用明显增强，节点城市、口岸城市、新兴城市不断发展壮大，城市间分工联系更加密切。内畅外通、便捷高效的城市群交通运输网络骨架基本形成，能源、水利设施保障能力明显提升，面向东盟的信息枢纽作用更加突出。

一体化发展体制机制基本建立。阻碍要素自由流动的行政壁垒和体制机制障碍基本消除，区域市场一体化步伐加快，基础设施互联互通、基本公共服务均等享有、生态环境联防联治的机制初步建立，毗邻地区合作发展取得成效。

远景展望。到2030年，城市群建设达到国际一流品质，面向东盟开放合作的战略高地全面建成，城镇体系更加完善，城镇人口总量和经济密度显著提升，绿色产业竞争力明显提高，实现向国家级城市群的战略性跃升。

第三章　构建适应资源环境承载能力的空间格局

依据资源环境承载能力和国土空间开发适宜性评价，明确区域主体功能定位和城镇、农业、生态三类空间范围，形成北部湾城市群的空间开发基底。优化城镇化空间布局和形态，推动各类城市协调发展，构筑城市群空间骨架。

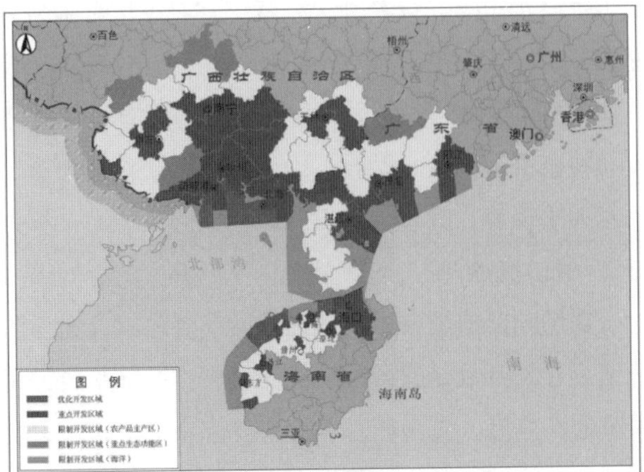

注：禁止开发区域以自然或法定边界为基本单元，分布在其他类型主体功能区区域之中。

图2　北部湾城市群主体功能区规划拼图

第一节　强化陆海空间功能分区管控

坚持区域主体功能定位。按照全国主体功能区规划、全国海洋主体功能区规划和三省（区）陆域、海域主体功能区规划，明确不同县（市）主体功能定位，构建北部湾城市群陆海统筹的主体功能分区格局。

科学划定三类空间。在主体功能分区基础上，进一步缩小空间单元，坚持生态优先，划定生态保护红线和生态空间，再依次确定农业、城镇空间范围，并划定永久基本农田和城市开发边界。

明晰国土空间分类管控方向。生态空间是指具有自然属性、以提供生态服务或生态产品为主体功能的国土空间，约占北部湾城市群陆域面积的48.5%，原则上按限制开发区域进行用途管制，其中生态保护红线范围内的空间，原则上按禁止开发区域进行用途管制。农业空间是以提供农产品为主体功能的国土空间，约占陆域面积的40.8%，原则上按限制开发区域进行用途管制，其中的永久基本农田原则上按禁止开发区域进行用途管制。城镇空间是以推进新型工业化城镇化为主体功能的国土空间，约占陆域面积的10.7%，按照集约紧凑高效的原则进行开发和管控。

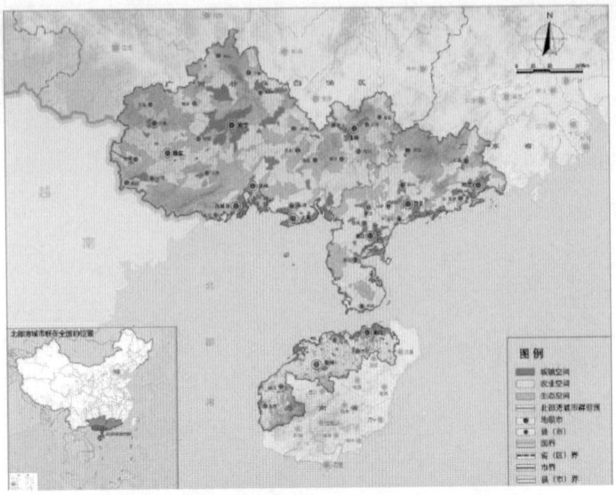

图3　北部湾城市群三类空间分布图

第二节　打造“一湾双轴、一核两极”城市群框架

彰显湾区特色，强化南宁核心辐射带动，夯实湛江、海口的支撑作用，重点建设环湾滨海地区和南北钦防、湛茂阳城镇发展轴，提升国土空间利用效率和

开发品质，打造“一湾双轴、一核两极”的城市群框架。

“一湾”，指以北海、湛江、海口等城市为支撑的环北部湾沿海地区，并延伸至近海海域。坚持生态优先，控制开发强度，瞄准世界一流品质，统筹岸线开发、港口建设、产业发展和城镇布局，提升基础设施现代化水平，着力实现特色城镇串珠分布、开发岸线有序镶嵌，打造环北部湾沿海经济带，建设蓝色宜居宜业海湾。

“双轴”，指南北钦防、湛茂阳城镇发展轴。南北钦防城镇发展轴依托南宁—北海综合运输通道，以南宁、北海等为重点，加快发展现代服务业、先进制造业，推动钦州和防城港深度同城化发展，强化面向东盟开放合作平台建设。湛茂阳城镇发展轴依托沿海综合运输通道，推动湛茂一体化发展，辐射带动阳江等地区加快发展，提升临港产业绿色发展水平，建设珠三角连接东盟、北部湾城市群连接港澳的陆路大通道。

“一核”，指南宁核心城市。以加快建设南宁特大城市和区域性国际城市为目标，推进要素集聚，强化国际合作、金融服务、信息交流、商贸物流、创业创新等核心功能，建设现代产业集聚区，规划建设五象新区等对外开放合作平台，构建“一带一路”有机衔接的门户枢纽城市和内陆开放型经济高地。带动吴圩—扶绥、伶俐—六景、宾阳—黎塘等城镇组团一体化发展，打造引领北部湾、面向东盟的现代化大都市区。

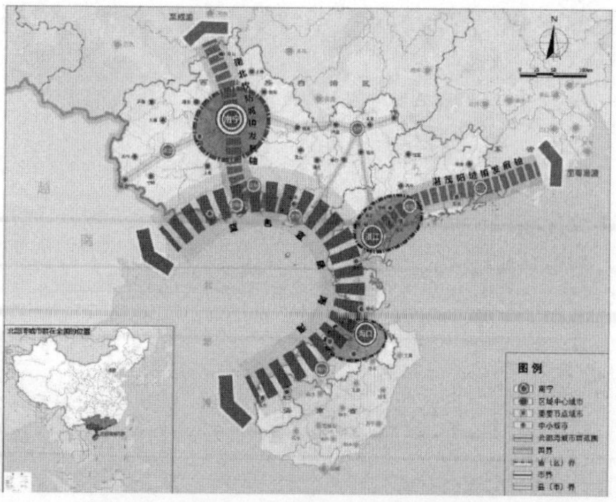

图 4　北部湾城市群空间框架示意图

“两极”，指以海口和湛江为中心的两个增长极。以共同打造 21 世纪海上丝绸之路战略支点城市为方向，充分发挥海口综合政策优势，推动集约集聚发展，推进海澄文一体化，加快建设海岛及南海海洋研发和综合产业开发基地；充分发挥湛江南方大港优势，加快构建区域性综合交通枢纽、先进制造业基地和科教创新中心，建设全国海洋经济创新发展示范城市、生态型海湾城市。

第三节　优化提升城市规模结构

做大做强南宁、海口、湛江等中心城市，做强做优北海、钦州、防城港、玉林、崇左、茂名、阳江、儋州等重要节点城市，做多做精中小城市和特色镇，提升城市建设品质，塑造城市特色风貌，推动大中小城市和小城镇协调发展。

做强做优重要节点城市。强化重要节点城市综合承载能力，合理确定城镇发展规模，完善市政设施，加快产业和人口集聚，提高要素集聚、科技创新、文化引领和综合服务功能。强化北海、防城港、钦州、儋州（洋浦）对蓝色宜居湾区建设的支撑作用，强化茂名、阳江与珠三角城市群的联系。强化玉林带动粤桂交界地区发展和崇左带动沿边城镇开发开放的能力。

做多做精中小城市和特色小城镇。优化提升北流、廉江、雷州、高州、阳春等中小城市。以横县、宾阳、灵山、合浦、容县、博白、陆川、昌江、临高、澄迈等县为重点，以黎塘、六景、官渡等特大镇为补充，加快培育发展一批经济基础较好、人口规模较大、资源环境承载能力较强的中小城市。推动小城镇建设与特色资源开发相结合，因地制宜发展特色产业，改善人居环境，完善基础设施和公共服务能力，努力打造一批特色鲜明、产城融合、充满魅力的小城镇。

加快陆路边境口岸城镇发展。支持东兴、凭祥依托重点开发开放试验区和边境经济合作区等平台，完善交通、金融、贸易和跨境旅游等综合功能，大力发展口岸经济和特色文化旅游。提升友谊关、爱店、水口、硕龙等沿边城镇的基础设施水平，发展边境贸易，打造中越开放合作的边境口岸城镇。加快提升口岸城镇功能，落实好人员往来、加工物流、旅游等方面的差别化政策，提高投资贸易便利化水平和人流物流便利化程度。

第四节　推进新型城市建设

顺应现代城市发展新理念新趋势，有机融入北部湾地区特色，推动城市绿色智能发展，增强历史文化魅力，全面提升城市品质。

建设绿色城市。把城市建设与山水林田湖系统保护紧密结合起来，融合滨海、山水、田园、文化等多种元素，统筹城市生产、生活、生态空间布局，打造人与自然和谐相处的热带亚热带绿色城市。推进森林城市建设，严格保护城市水系水体和绿心，织水成网、连绿成廊、水绿交织，开展生态修复、城市修补改造，推动城市建设显山露水、透绿见蓝。加快城市产业转型升级，推动园区循环化改造，推广绿色清洁生产。发展绿色能源，推广绿色建筑、装配式建筑和绿色建材，构建绿色交通体系。

建设海绵城市。加强水利基础设施和海绵城市建设，提高城市吸水、蓄水、渗水、净水能力。推进海绵城市建设试点，推广海绵型建筑与小区、道路与广场、公园与绿地模式，恢复和增强城市海绵体功能，就地消纳和利用雨水资源，整治城市建成区内的黑臭水体。积极推进城市地下综合管廊建设，强化管线入廊管理，提高城市排涝能力。

建设智慧城市。依托中国—东盟信息港，加快推进大数据、云计算、物联网等新一代信息技术在城市建设管理中的应用。推进城市规划、土地利用、地下管线和空间管理、园林绿化、建筑管理、历史文化街区保护等方面的信息化建设，加快智慧城市时空信息云平台建设，大力发展智慧市政、智慧交通、智慧港口、智慧能源、智慧社区、智慧园区，推进南宁、海口、湛江、北海、钦州、玉林、儋州等智慧城市建设。

建设人文城市。将秀美的滨海风光、多彩的民族风情、独特的边关优势、丰富的历史文化融入城市建设。沿海城市要突出海水、沙滩、阳光、港湾等滨海元素，沿边城市要突出边关风情和东盟元素，少数民族聚居的城市要突出民族元素。建设一批历史文化名城、名镇和街区，塑造城市文化品牌。

第四章　打造环境友好型现代产业体系

坚持绿色化、特色化发展方向，化资源优势为产业优势，以全面开放促产业发展，改造提升传统产业，大力发展海洋经济，培育壮大发展新动能。以集聚集约集群促产业提升，培育一批有特色优势的产业集聚区，创建一批新型工业化产业示范基地，全面夯实城市群产业基础。

第一节　培育绿色产业集群

推动临港工业绿色化改造。依托钦州、防城港、铁山、湛江、茂名、洋浦等港区和重点工业园区，推进传统工业绿色化改造升级，构建绿色制造体系，实现绿色产品、绿色工厂、绿色园区和绿色供应链全面发展，打造在全国具有重要影响力的湾区生态型工业集群。推进炼化一体化，发展中高端石化产品，健全产业链，打造具有较强竞争力的石化产业集群。推进北海、钦州、防城港、儋州（洋浦）、东方、阳江等能源基地绿色化改造。推进冶金产业清洁转型，打造以宝钢湛江基地为龙头的冶金精深加工产业集群。

培育新兴产业集群。依托陆海资源优势，联合打造一批创新型园区、海洋特色产业园区、战略性新兴产业基地及新闻出版、广播影视产业基地（园区），培育电子信息、高端装备、海洋产业、新能源、生物、地理信息等新兴产业集群。以南宁、海口高新技术产业园区和北海工业园区为核心，打造电子信息产业集群。推动重型机械、船舶、石化装备制造等向港区集中，打造高端装备制造基地。推进湛江国家海洋高技术产业基地、北海海洋产业科技园区建设，打造北海、防城港、钦州、阳江新能源基地。依托南宁国家高技术生物产业基地、国家南繁育种基地等，加快发展生物医药、生物制造等生物产业。

构建现代服务业集群。以商贸物流、信息服务、现代金融、商务会展、海洋服务、文化服务等为重点，推进南宁、海口等城市现代服务业集聚发展。提升南宁物流枢纽功能，打造钦州、防城港、湛江、玉林、茂名综合型商贸物流基地。提升南宁、湛江跨境金融服务功能，推动区域金融改革创新，研究开展海南离岸金融试点。强化中国—东盟博览会等会展品牌效应，提升发展中国—东盟商品交易中心，构建以南宁和海口为中心，其他城市为节点的会展体系。发展大健康产业，打造富有滨海和山水特色的健康养生基地。

发展特色农海产品加工集群。以打造“北部湾绿色健康产品”品牌为发展方向，推广先进实用装备、综合利用和质量安全技术，推进原料保障、食品加工、物流营销一体化发展，延长农海产品加工链条，联合打造制糖、粮油、饮料（茶叶）、肉禽、水产品、林果等特色农林产品加工基地，初步建成绿色农业产业集群。培育壮大农业产业化龙头企业，构建全链条的海洋产业和现代农业，促进农村一二三产业融合发展。建设雷州半岛热带亚热带现代农业示范区。

共建国际旅游休闲目的地。加快发展休闲度假、生态旅游、边境旅游、民族风情、健康养生、乡村旅游、红色旅游等业态，促进旅游业转型升级，提升城市群国际化旅游服务品质。以建设海南国际旅游岛、北海银滩国家旅游度假区以及海花岛旅游度假区、阳江海陵岛大角湾海上丝路旅游区、湛江“五岛一湾”滨海旅游示范区为重点，推进东兴—芒街、德天—板约等跨境旅游合作区建设，构建大中小城市协作协同的旅游发展格局。深入挖掘骆越、壮族、黎苗、百越、疍家、客家等特色文化资源，强化南宁、北海、崇左、湛江、海口等交通连接，打造环湾特色旅游线路。整合沿海岸线旅游资源及南海岛屿旅游资源，发展精品邮轮游艇线路。推进在重点城市实行针对特定国家和地区的免签、落地签政策。

发展壮大军民融合产业。按照军民融合、陆海统筹、资源共享、集聚发展的要求，依托南宁、钦州、防城港优势产业创新平台，打造北斗卫星导航技术产业园，推动卫星导航系统应用核心元器件产业化。打造海口、湛江、茂名航空航天产业配套基地。

共建军民融合公共服务平台，推动建设一批军民融合创新孵化中心、众创空间和产业示范园区，促进军地科技资源开放共享和军民两用技术相互转化。推进海上船舶观测和航路管理、海底海面海上低空立体观测、岛礁建设与综合管养、人工浮岛、海水淡化、水陆两用飞行器、海洋卫星、自主星载船舶自动识别系统（AIS）、船联网、船载功能模块等项目开发建设，加快海洋动力环境卫星应用。

专栏1　特色优势产业布局重点

高端装备制造产业集群：

轨道交通、通用航空、汽车制造重点布局在南宁、湛江、钦州、海口，港作机械、轻型飞机重点布局在钦州、防城港，工程机械重点布局在玉林，游艇制造重点布局在防城港，海洋工程、海洋装备制造、港口设备制造重点向沿海港口地区集中，冶金设备制造重点布局在湛江、茂名。

冶金石化产业集群：

打造湛江钢铁基地，建设阳江高端不锈钢产业基地，有色金属冶炼、原油加工、油气开发和精细化工、化工新材料等产业重点向沿海产业基础较好的少数城市集中。

电子信息产业集群：

在南宁、北海、钦州布局建设计算机整机生产与零配件产业基地、光电显示研发基地和电子信息产业园，打造南宁－钦州－北海电子信息核心产业带。

旅游产业集群：

打造北部湾滨海旅游带，邮轮游重点布局在海口、北海；滨海游重点布局在海口、北海、钦州、防城港、湛江、茂名、阳江；养生游重点布局在北海、海口、湛江；以崇左、防城港为重点打造边关风情旅游发展带。

第二节　搭建产业发展平台

建设中国—东盟产业合作园。深入参与中国—中南半岛国际经济走廊建设和中国—东盟港口城市合作网络，推进与东盟国家跨国（境）产业园区建设，提升园区合作层次。支持中马钦州产业园区加快发展，推进中马“两国双园”、中泰（玉林）旅游文化产业园、中泰（崇左）产业园、广东奋勇东盟产业园等产业合作新平台建设。创新园区建设模式，鼓励采用政府共建、企业共建、“托管”共建的多元方式建设跨国（境）产业园区。

构建区域间产业协作平台。探索建立区域产业协作利益共享和持续发展的长效机制，鼓励与国内发达地区、海外战略投资者共建产业园区。通过联合出资、项目合作、资源互补、技术支持等多种方式，推进湛江—北海粤桂北部湾经济合作区、珠三角产业转移园等跨区域合作园区建设，深化区域产业分工协作。支持城市群各城市间合作共建产业园区，逐步形成横向错位发展、纵向分工协作的发展格局。

推动新城新区健康发展。严格新城新区设立条件，控制新城新区建设规模。统筹生产区、办公区、生活区、商业区等功能区规划建设，推进功能混合和产业融合，在集聚产业的同时集聚人口，防止新城新区空心化。加快南宁经济技术开发区、南宁高新技术开发区、湛江经济技术开发区、茂名高新技术开发区等产业转型升级和城市功能改造。整合优化园区资源，推动园区资源共享、优势互补、联动发展，提升园区创新创业能力。

第三节　合理承接产业转移

打造双向承接产业转移平台。面向东盟及“一带一路”沿线国家，积极参与国际产业对接和产能合作，构建东盟企业进入中国大陆的“落脚点”和中国企业走向东盟市场的“始发站”，汇聚国际国内双向产业资源。吸引海内外投资者在重点产业集聚区设立加工制造基地、配套基地、研发中心、采购中心和物流中心。

建立产业转移跨区域合作机制，鼓励以连锁经营、委托管理、投资合作等多种形式合作共建跨区域产业园区。强化承接产业转移管理。制定城市群统一的承接产业转移政策，实施严格的污染物排放标准和环境准入标准。严格禁止高耗能、高污染和其他可能削弱地区资源环境承载能力的项目，避免低水平重复建设和产能过剩项目引进。

优化承接产业转移环境。深化简政放权、放管结合、优化服务改革，实施企业投资项目准入负面清单、行政审批清单、政府监管清单管理，建立以“一站式服务”为核心的政府公共服务平台，探索建立分产业、分功能区的协调服务机制。加快产业园区基础设施建设，完善产业配套服务体系。加大市场经济秩序整治力度，构建公平竞争的市场环境，保障投资者合理权益。

第四节　提高创新创业能力

推进区域协同创新。围绕突破海洋高技术、绿色清洁生产技术、生物产业关键技术等重点领域，推进湛江“南方海谷”高新科技产业园等重大项目建设。优化创新资源配置方式，联合建设关键技术创新平台，探索建立科技基础设施、大型科研仪器和专利信息共享机制，深化区域创新研发、集成应用、成果转化协作。

大力实施大众创业、万众创新，推动产业链协同创新，鼓励大中型企业通过生产协作、开放平台、共享资源、开放标准等方式，带动小微企业发展。

营造创新创业良好生态。整合公共服务资源，探索建立政府引导、中介服务、社会参与三位一体服务模式，积极发展创业辅导、信息咨询、技术支持、成果交易等公共服务，有条件的城市可探索提供并规范发展融资担保服务。建设南宁中关村双创中心、湛江为树双创空间、海口复兴城互联网创业基地、玉林小微企业创业创新基地等，鼓励创客空间、创业咖啡等新型创业空间发展，完善投融资模式，强化创新创业支持。

培育引进创新创业人才。实施更加积极的人才政策，为各类人才提供更加便利的工作和生活条件。大力引进国际化科技人才和高水平创新团队，吸引外籍人才和国内优秀人才到北部湾城市群创新创业。

探索构建国际合作人才培养模式，积极培养高技能人才、职业经理人和中层管理人员。完善人才激励机制，健全科研人才双向流动机制，充分激发人才活力。

引导农民工返乡创业。落实金融、财政等支持政策，降低农民工创业门槛，加强基层就业服务平台和实训基地建设，强化返乡农民工创业培训。结合农村一二三产业融合发展和特色城镇建设，因地制宜建设一批农民创业园和返乡农民工创业园。

专栏2 主导产业关键领域创新方向

新一代信息技术：

重点发展电子商务、游戏动漫和服务外包等应用服务产业，大数据、研发设计、数字内容、物联网、地理信息与卫星导航等数字平台支撑型产业，“互联网+”工业、“互联网+”旅游、“互联网+”物流等“互联网+”产业高端装备制造培育。发展现代物流装备、现代农业装备、现代航空装备、轨道交通装备、光机电一体化、卫星及应用产业、超高压输电设备、智能制造装备（机器人、智能安防装备等）、高效内燃机、风电设备、海洋工程装备和修造船、海水淡化装备、高端船舶装备、高效节能环保装备、高端零部件及关键基础部件等。大力发展生物制药、海洋医药制品、中药和民族药等，积极发展绿色生物工艺装备等。

新材料：

大力发展新型合金材料、电子信息材料、稀土功能材料、纳米材料、新型化工材料、新型建筑材料，培育发展石墨烯、镍铜、医药新材料等。

新能源：

稳妥发展核能，有序发展风能、生物质能、海洋能、太阳能等清洁能源，建设智能电网和分布式能源，鼓励发展热电联产节能环保。大力发展空气净化、海水淡化与综合利用、小型污水处理成套设备等节能环保设备和水处理、固体垃圾降解等节能环保药剂，加快资源循环利用关键性技术研发与成果应用。发展新能源汽车重点推动电机驱动、增程器、充电设施、电池与电池管理等核心技术攻关，发展整车制造。

第五章 推动基础设施互联互通

统筹推进交通、信息、能源、水利等基础设施网络建设，打通对外联系通道，提升内部连通水平，推进军地资源优化配置、功能兼容、合理共享，强化基础设施支撑和保障能力。

第一节 构建综合交通运输网络

打造空海航运体系。以南宁、海口机场为重点，以湛江、北海、玉林、儋州机场为支撑，若干通用机场为补充，形成分工明确、合作紧密的机场群。提升南宁、海口机场的国际化水平，实现与东盟国家主要城市航线全覆盖，构建面向东盟的空中国际门户。优化沿海港口布局和分工协作，避免恶性竞争和重复建设，突出海口港和北海港的客运功能，突出湛江港、钦防港群的货运枢纽港功能，突出茂名港和洋浦港的货运功能，有序推进邮轮码头建设，加快深水泊位、专业码头和深水航道等配套设施建设。

强化港口集疏运体系规划建设，提高多式联运水平。培育发展金融、保险、海事、信息等港航服务业，增强港口辐射能力，打造中国—东盟港口城市合作网络。

加强与东盟国家陆路互联互通。研究建设南宁—崇左铁路，推进东兴—芒街—下龙—河内、凭祥—河内高速公路等跨境公路建设，对接泛亚铁路，提升与越南、马来西亚、新加坡等国家互联互通水平。提升边境口岸集疏运能力，加快建设防城港—东兴铁路、崇左—水口高速公路等，实现边境口岸与城市群内部多通道高效联通。

畅通对接“三南”陆路通道。建设南北陆路新通道，推进南宁—贵阳、合浦—湛江高速铁路建设，规划建设防城港—文山—蒙自铁路，推进湛江—海口铁路改造，强化与成渝、黔中、滇中等西南地区城市群的联系。推进南宁—柳州—长沙高速公路扩建和铁路改造，建设玉林—桂林高速公路，提升外联中南地区的能力。推进茂名—深圳铁路建设，加快实施黎塘—湛江铁路电化改造，规划研究茂名—广州铁路，积极推动南宁—浦北—云浮高速公路建设，加强与珠三角城市群的联系。

构筑城市群内快速交通网络。以南宁、海口、湛江全国性综合交通枢纽为支点，以高速铁路、城际铁路、普通铁路等多层次轨道交通和高等级公路为骨干，构建“两横两纵一环”综合交通网络。打通防城港—钦州—湛江—阳江沿海高速铁路通道，推进南宁—崇左城际铁路和南宁—浦北—云浮高速公路建设，构建“两横”骨干通道。提升南宁—北钦防高速铁路城际服务功能，规划贵港—玉林城际铁路，开展湛江—海口跨海通道前期论证，构建“两纵”骨干通道，力争实现主要城市间2小时通达、邻近城市间1小时通达。贯通广西滨海公路、海南环岛旅游公路，形成“环湾”交通通道。实施国省干线公路提级改造，加强地区间互联互通，提升交通网络覆盖范围和连通程度。规划建设防城港—崇左—靖西沿边铁路，推进边境公路提级改造工程。

提升客货运输服务水平。按照“零距离换乘、无缝化衔接”要求，强化重点区域交通规划、建设和管理协调，完善重大交通设施布局和建设，加强各种运输方式的衔接和综合交通枢纽建设，打造枢纽城市内部铁路、公路、机场、港口安全便捷换乘换装体系。优化运输组织，创新服务方式，推进城际、城乡客运服务公交化运营，实现不同运输方式间的“一票到底”联运服务。

培育多式联运经营主体，鼓励发展多样化、专业化货运服务方式，实现全程无缝衔接的一体化运输服务。强化信息资源采集、整合和研判，加快智能交通系统建设，广泛应用大数据、云计算等新兴技术，促进互联网与交通网融合，提高客运网和物流网安全性和信息化水平。

专栏3 交通基础设施重点工程

铁路：

加快建设南宁—贵阳、合浦—湛江高铁，江门—茂名、湛江东海岛疏港铁路，实施黎塘—湛江铁路电化改造规划建设防城港—东兴、防城港—靖西、茂名博贺疏港铁路、洋浦支线铁路，规划实施玉林—北海、益阳—玉林、湛江—海安、茂名—广州等铁路改造。

公路：

加快推进凭祥—越南河内、东兴—越南下龙等高速公路，加快建设玉林—湛江、汕头—湛江、桂林（荔浦）—玉林、北海—柳州、南宁吴圩—浦北—云浮、万宁—儋州—洋浦等高速公路，实施柳州—南宁、南宁—钦州—防城港高速公路和沈海高速公路繁忙路段扩容改造。

工程：

建设云浮罗定—茂名信宜、吴川市区—湛江国际机场高速公路和海南环岛旅游公路、广西滨海公路等项目，推进广西沿边公路改造。

水运：

建设湛江港东海岛港区航道、防城港企沙南30万吨级航道、钦州港域30万吨级航道和20万吨级航道、北海铁山港域15万吨级航道、阳江港10万吨级航道、茂名港博贺新港区航道、珠江—西江航道等工程以及湛江港30万吨级航道改扩建等工程，建设防城港港域20万吨级锚地、钦州港域30万吨级危险品锚地、北海铁山港域10万吨级LNG大型专业锚地、湛江港锚地改扩建等水上支持保障系统枢纽综合枢纽。建设南宁、海口、茂名、儋州等城市的综合客运枢纽以及徐闻港区综合交通枢纽。

铁路枢纽。建设南宁铁路物流中心、南宁五象站、湛江西客站港口枢纽。结合中科炼化项目实施建设配套码头，建设湛江港霞山港区通用码头、华信洋浦石油储备基地配套码头、防城港企沙南30万吨级码头、防城港港域40万吨级码头、茂名港博贺新港区通用码头以及湛江港宝满港区扩建等工程机场枢纽。

建设南宁机场第二跑道，实施海口机场扩建工程，新建玉林机场、儋州机场，研究迁建湛江机场，规划建设一批通用机场。

注：具体工程项目以国家相关专项规划为准。

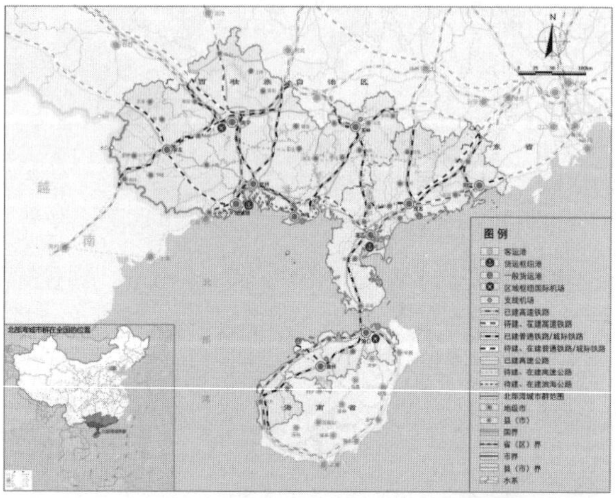

图 5 北部湾城市群综合交通规划图

第二节 打造高速共享安全的信息网络

加快建设中国—东盟信息港。建设中国—东盟海陆跨境光缆等国际通信设施和中国—东盟区域性综合信息服务平台，构建以南宁为核心的技术合作、经贸服务、信息共享、人文交流等平台，建立网络教育资源互换共享机制。

加快构建新一代信息基础设施。完善区域高速网络布局，加快通信枢纽和骨干网建设，提升网络质量。实施“宽带城市群”工程，提高百兆接入能力，推进城镇光纤到户，建成城市群高速宽带网。实施“无线城市群”工程，实现第四代移动通信（4G）网络城乡全覆盖，实现热点区域免费高速无线局域网（WLAN）全覆盖。整合城市“公共云”资源，建设南宁、海口、湛江三大综合数据服务中心，提高云资源应用水平。

搭建城市群信息服务平台。构建大数据基础资源体系，整合信息资源，推动跨城市、跨部门数据全面对接和共享。构建统一的地理信息公共服务平台，推进城市群政务信息共享和业务协同，建立数据资源清单，编制数据资源目录，制定相关技术体系、标准规范和推动机制，实现应急、公安、交通、消防、国土等多部门信息跨区域互联共享和协同联动。推进物流信息公用共享，构建覆盖城市群、联通全国、对接东盟的智能物流公共信息平台。

提升信息安全保障水平。突出重点，提升网络安全整体保障水平。贯彻实施国家网络安全等级保护制度，加强城市群网络安全工作监管。以城市群关键信息基础设施和大数据安全为重点，实现信息化建设与网络安全同步规划、同步实施、同步运行，严格落实网络安全责任制和各项网络安全等级保护工作，建立健全网络与信息安全信息通报机制，加强实时监测、通报预警、应急处置工作，严厉打击危害关键信息基础设施和数据安全的网络违法犯罪活动，构建网络安全综合防御体系，保障和促进城市群信息网络数据健康有序发展。

专栏4 信息基础设施重点工程

信息北部湾建设工程：

加快建设中国—东盟信息港，形成以南宁为支点的中国—东盟信息枢纽。构建中国与东盟的网上丝绸之路，加快推进南宁区域性国际信息中心建设。支持南宁、海口开展网络升级和应用创新示范工程，实现热点区域免费高速无线宽带局域网（WLAN）全覆盖。新建海口—湛江出岛光缆。完善城市群内部的光缆连接，提升骨干网络容量，扩大光纤到户和4G网络覆盖范围。

宽带城市工程：

开展城市宽带提速网络升级改造。城镇家庭用户宽带接入能力普遍达到20Mbps以上，并具备平滑升级至100Mbps的能力。加快布局下一代互联网，积极布局5G网络。

宽带乡村工程：

推进南宁、湛江、茂名、阳江等市行政村通光缆，提升农村地区宽带网络覆盖率。

第三节 强化节水和水安全保障

提升水资源保障能力。以解决工程性缺水和饮水安全问题为重点，共同推进跨区域重大蓄水、提水、调水工程建设，重点实施南渡江引水工程。加大应急备用水源工程建设。积极开展再生水、雨洪水等非常规水资源综合利用，推动海水淡化规模化应用，建立多水源互济的供水安全保障体系。

专栏5 水安全保障工程

大中型灌区：

推进驮英水库及灌区、红岭灌区工程建设，以及雷州青年运河罐区、高州水库灌区、合浦罐区、钦灵灌区等大型罐区续建配套与节水改造，加快罗坑水系灌区、根子水库灌区等中型灌区骨干工程改造引调水实施南渡江引水工程，开展玉林龙云水资源配置工程前期论证重点水源建设迈湾水利枢纽、天角潭水利枢纽等大型水库。

跨界河流治理：

整治中越界河披劳河、北仑河、左江流域界河段等。

强化饮用水水源地保护。严格保护邕江—郁江水系等河流型与大王滩、洪潮江等水库型饮用水水源地。严格执行饮用水水源地保护要求，建立健全流域上下游地区饮用水环境风险综合防控和协同处置制度，共同防范和妥善应对饮用水突发环境事件。调整饮用水水源地保护区周边树种，禁种速生桉。

落实最严格水资源管理制度。严格取用水总量控制，强化流域和区域水资源统一配置，开展规划和重大项目布局水资源论证，落实以水定城、以水定产。加强水功能区限制纳污红线管理，严格控制入河污染负荷。强化工业、农业、生活和服务业等领域节水，在城市新区或社区推广中水利用，建设节水型社会。

第四节 提高能源清洁安全保障水平

优化能源供应结构。加快打造绿色低碳、保障安全的沿海电源基地。安全稳妥推动阳江、防城港、昌江等核电建设，有序发展天然气发电。大力发展可再生能源，加快推动陆上和海上风电资源开发，推进海洋能工程化应用与示范，因地制宜推进农光互补、渔光互补等分布式光伏建设，积极发展天然气分布式能源和天然气车船，推进生物质能源发展。严格控制火电规模，新建燃煤发电机组大气污染物排放浓度达到燃气轮机组排放限值。在严格保护海洋生态环境前提下，推动北部湾和南海油气资源开发利用。加强能源国际合作。

完善能源储运体系。完善城市群内电力主网架结构，加快实施南方电网跨海联网二回工程，开展城乡配电网升级改造和智能电网建设，提升电网运行效率和安全保障水平。加快沿海大型石油、液化天然气（LNG）储备基地建设，完善主要城市与各炼化基地间的成品油输送管道、与各主要气源点间的天然气主干管网。统筹港口分工，推动北部湾大型煤炭储配基地和防城港、北海煤炭物流园区建设。

第五节 共筑防灾减灾体系

健全气象灾害防控体系。建设气象多灾种综合监测平台，强化灾害性天气和极端气候事件预报预警和实时监测。提升应对气象灾害能力，建设人工影响天气湛江试验基地和琼州海峡气象安全保障系统。提高海洋预警报精度和时效，增加渔港、避风锚地等避风点布局密度，提升建筑物、交通设施、供水电力通信设施等防御能力，强化海上搜救、渔业生产安全以及海上突发事件等海洋环境保障能力，有效应对台风等极端气象灾害。

健全水旱灾害防控体系。强化流域综合治理，加强江海堤围和水库（闸）除险加固，增强江河水库蓄引调洪能力，完善城市防洪排涝设施，有效防御洪涝及风暴潮。建设江河湖库水系连通工程，推进海南岛西北部、雷州半岛、北钦防等重点地区抗旱治理。

健全防震减灾体系。健全地震（海啸）灾害监测预警体系，提升地震信息服务能力。加强区域和城市生命线系统抗震设防，严格落实区域内各类工程抗震设防标准。加强城市避难场所建设，完善地震灾害应急预案，强化应急保障能力。

健全地质灾害防治体系。加强雷州半岛等重点区域地面沉降监测，开展大型矿山地质灾害调查，勘查排除重大地质灾害隐患。深化水土流失综合治理，推进工程治理和搬迁重建，有效防治滑坡、山洪、崩塌及危岩、泥石流、地面塌陷等地质灾害。

健全消防等公共安全体系。结合石油化工、港航运输、物流商贸、能源储运等产业集聚发展和新型城镇化建设，加强城乡公共消防等防灾减灾基础设施建设和装备配备、物资储备，加快发展专业灭火救援队伍，提高应对各类灾害事故的能力。

第六章 共建蓝色生态湾区

优良的生态环境是北部湾城市群核心竞争力，必须把保住一泓清水作为不可突破的底线，坚持陆海联动、生态共建、环境共治，建好蓝色生态湾区。

第一节 构筑陆海一体生态安全格局

共建区域生态屏障。坚持群内群外生态建设联动，加快推进与城市群生态安全关系密切的重点生态功能区建设，重点推动大明山水源涵养及土壤保持生态功能区、六万大山—云开大山水源涵养生态功能区、四方岭—十万大山水源涵养与生物多样性保护生态功能区、云雾山—天露山生物多样性保护与水土保持生态功能区、海南岛中部水源涵养及生物多样性保护生态功能区等的保护和修复，建设环湾滨海生态保护带，构筑环绕城市群的生态屏障，维护蓝色海湾生态安全。严格自然保护区等禁止开发区域的监督管理。加强外来有害生物监测防控。

建设水系生态廊道。构建以左江、右江、邕江、郁江、绣江等西江水系和南流江、钦江、北仑河、九洲江、鉴江、漠阳江、南渡河、南渡江等独流入海水系为主体的河流绿色生态廊道，严禁围垦河湖水域，维护河湖水域、岸线等水生态空间。加强珠江流域防护林体系建设。加强生态清洁小流域建设和生态系统保护与修复，开展湖滨带、重点湖库及小流域水土流失综合治理。提升农田、农村集水区河段滨岸植被面源污染截留功能，提高城市河段植被的固岸护坡和景观等生态服务功能。

加强海岸线保护与管控。优化近岸海域空间布局，严格控制围填海规模，强化岸线资源保护和自然属性维护，加强生态修复，确保自然岸线保有率稳步提高。优化存量占用、严控增量建设，按照海洋功能区划，提高开发岸线利用率和配置效率，实行分区管控，最大限度降低城镇建设、基础设施、产业项目对海岸线的干扰和破坏。建立海岸线管理省际协作机制，建立健全海岸线动态监测机制，加强对占用岸线项目建设的跟踪监测和动态监管。

强化海洋生态系统保护与修复。加强沿海基干防护林带红树林、海草床、河口港湾湿地、海岛等重要海洋生态系统的保护，重点推进茅尾海、涠洲岛—斜阳岛珊瑚礁、合浦儒艮、山口红树林、湛江红树林、徐闻珊瑚礁、雷州白蝶贝、茂名放鸡岛文昌鱼、海陵湾近江牡蛎、鉴江口尖紫蛤等重要海洋保护区保护与建设。

加大海洋生态修复力度，加快开展近岸海域湿地生态系统和典型海岛海洋生态系统修复工程。健全中越北部湾海洋生态保护国际合作机制。

图6 北部湾城市群生态安全格局示意图

第二节 推动环境联防联治

加强跨界水体污染治理。以小流域为单元推进水污染防治，重点加强九洲江、鹤地水库、黄华江、罗江等粤桂省际跨界河流、水库及南流江、鉴江、昌化江等跨市河流的水环境综合整治。开展近岸海域水环境保护，规范入海排污口设置，实施入海污染物总量控制和考核，严格约束陆域入海污染负荷，倒逼滨海地区产业绿色发展。

强化区域大气污染联防联控。突出治理好大气颗粒物污染，力争城市空气质量全面达优。重点抓好电力、冶金、石化、造纸等工业源治理，协同推进移动源、生活源、农业源综合治理。实施重点行业清洁生产技术改造，推行绿色交通，推进港口船舶大气污染防治。大力发展天然气等清洁能源以及生物质成型燃料等可再生能源。强化噪声源监管。

加强土壤污染防治和固体废物治理。结合城市环境质量提升和发展布局调整需要，以拟开发建设居住、商业、学校、医疗和养老机构等项目的污染地块为重点，开展土壤污染治理与修复。

对污染耕地集中区域优先组织开展治理与修复。加强固体废物无害化处置与资源化利用。以化工、石化、有色金属冶炼等行业为重点，加强危险废物的无害化处置或综合利用。加强危险废物区域协同处置能力建设。

专栏6 重大生态保护与环境治理工程

生态保护与修复工程：

实施珊瑚礁自然恢复与人工繁育工程，十万大山自然保护区建设工程，合浦儒艮自然保护区建设工程，防城金花茶自然保护区建设工程，合浦山口、北仑河口、党江、茅尾海等红树林保护区建设工程，海陵湾近江牡蛎、鉴江口尖紫蛤国家级水产种质资源保护区建设工程，涠洲火山地貌自然遗址保护工程，雷州半岛生态修复工程。

水环境改善工程：

加强九洲江、南流江、昌化江、南渡江、黄华江、罗江、鉴江等跨省跨市河流水环境保护和综合治理工程，推进邕江综合整治工程，开展城镇内河（湖）环境综合整治工程。

海洋污染防控工程：

实施近岸海域主要入海河口和陆源排污口综合整治和监管，推进港口船舶油污水、生活污水以及船舶废弃物接收处理设施建设，建立海洋生态环境监测体系。

水土保持工程：

加强南宁市、崇左市等岩溶石漠化地区水土流失综合治理，开展城市周边和重要水源地生态清洁小流域建设。

第三节 加强环境影响评价

密切跟踪规划实施对区域、流域、海域生态系统和环境以及人民健康产生的影响，重点对资源开发、城市建设、产业发展等方面可能产生的不良生态环境影响进行监测评估。建立重点生态功能区监管制度。对纳入规划的重大基础设施建设项目依法履行环评审批程序，严格土地、环保准入，合理开展项目选址或线路走向设计。建立统一、高效的环境监测体系以及跨行政区环境污染联合防治协调机制、环境联合执法监督机制、规划环评会商机制，实行最严格的环境保护制度。发展先进适用的节能减排技术，实行更加严格的排放标准，严格控制规划实施区域内重点污染物排放总量。把环境影响问题作为规划评估的重要内容，并将评估结果作为规划相关内容完善的重要依据。

第七章 深化海陆双向开放合作

以深度参与中国—东盟合作为基点，主动融入“一带一路”建设和全球经济体系，扩大与国内发达地区密切合作，加快形成海陆双向开放合作新格局。

第一节 建设“一带一路”开放通道和平台

拓展海上开放通道。以北部湾区域性航运中心为依托，面向东盟及21世纪海上丝绸之路沿线国家，建设海上开放通道。推进通往粤港澳地区的铁路、高速公路、西江干支流航道建设，打造对接粤港澳、通达太平洋的出海新通道。

建设陆路开放通道。依托泛亚铁路，加快形成城市群南向开放通道，助力中国—中南半岛国际经济走廊建设，实现与东盟国家经贸合作、文化交流、人员往来更加密切。打通北上贵阳、重庆、成都等重点城市交通线路，建设衔接丝绸之路经济带的北向新通道。

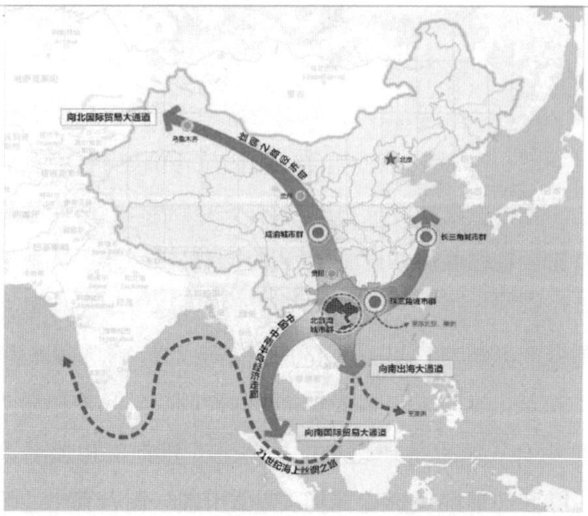

图 7　北部湾城市群开放通道示意图

提升开放平台功能。以主要港口、民航机场、铁路枢纽为基础，以重点开发开放试验区、边境经济合作区和国家一类口岸为支撑，以保税港区、综合保税区、出口加工区等为载体，构建对外开放平台体系。拓展“两国双园”模式，高标准建设中马钦州东兴、凭祥沿边重点开发开放试验区，提升沿边开放水平。继续办好中国—东盟博览会、中国海洋经济博览会、海南国际海洋旅游博览会，提升泛北部湾经济合作论坛国际影响力，建设多元开放的服务平台。

第二节　深度参与中国—东盟合作

推动经贸合作升级。大力发展一般贸易和服务贸易，加快发展加工贸易，促进新型贸易方式发展。探索推广“两国一检”新模式，强化出境检验检疫合作交流，提高通关便利化水平。扩大东盟农林等特色产品进口，促进机电机械、钢铁建材、电子信息、水海产品等出口，积极参与国际产能合作，依法合规培育橡胶、林产品等国际大宗商品交易市场，打造中国—东盟重要进出口基地。利用国内外特色资源发展出口加工业，建设一批进出口加工基地，打造跨境产业链、价值链与物流链。大力引进一批区域性企业总部、国际合作组织、国际化中介服务机构，打造面向东盟的经贸服务基地。

推动区域金融改革创新。支持人民币与东盟国家货币在银行间外汇市场直接交易，对于市场基础相对薄弱的东盟国家货币，可先行在北部湾地区开展区域交易，扩大本币在跨境投资贸易中的使用，强化中国—东盟货币指数应用。大力发展沿边金融、跨境金融。

深化科技创新合作。围绕信息、海洋、高铁、农业等重点技术领域，创新对外科技合作模式，扩大与东盟科技合作，联合建设技术研发机构和科技示范园区、联合实验室，建立面向东盟的技术协同创新中心，加快建设中国—东盟技术转移中心，推动双向技术转移与科技成果转化。合作开展 21 世纪海上丝绸之路海洋综合调查与研究。鼓励国内科研机构和创新平台“走出去”，到境外设立分支机构。

扩大人文交流领域。以骆越文化的传承与保护为纽带，开展多层次多渠道人文交流，促进与 21 世纪海上丝绸之路沿线国家人文交流合作。引导人才链与产业链、创新链相衔接，加快引进培养各类高层次人才，建设面向东盟的区域性国际人才高地。加强教育和学术交流，支持教育机构与企业合作赴境外办学，实施中国—东盟“双十万学生流动计划升级版”，吸引相关国家政治精英、专家学者、企业家和社会人士到北部湾城市研修培训。争取更多国家在北部湾城市设立领事馆和商务办事处，开展城市外交。

第三节　加强国内区域协作

全面对接珠三角城市群。把向东与珠三角城市群合作放在突出位置，加强与珠江—西江经济带联动，依托沿海高铁、南广高铁、西江航道以及湛江—广州客专等综合性运输通道，主动承接珠三角城市群的产业、资金、技术转移和辐射，全面加强在投资、金融、能源水利、生态环保、公共服务等领域的合作。充分利用内地与港澳建立更紧密经贸关系安排（CEPA）政策，深化北部湾城市群与港澳的经贸投资合作。

加强与西南、中南地区合作。推动向北向西交流合作，强化与西南、中南地区战略规划、基础设施、产业发展、生态环保等领域的协调互动。对接长江经济带建设，加强与重庆、成都、长沙、昆明、贵阳等城市的交流合作，探索建立北部湾城市群与成渝、长江中游、滇中、黔中等城市群的合作机制。加快北部湾口岸与内陆区域通关一体化进程，吸引西南和中南地区货物流利用北部湾港口群进出海。

辐射带动周边欠发达地区发展。加强与滇桂黔石漠化区等集中连片特困地区和左右江革命老区、海南贫困地区、边境地区等欠发达地区在扶贫、就业、生态环保、基础设施建设等方面的合作，帮扶产业发展，吸纳劳动人口转移就业。

第八章 建立健全城市群协同发展机制

打破行政壁垒，强化协作协同，释放市场活力，探索建立以市场体系统一开放、公共服务共建共享、基础设施互联互通、生态环境联防联治等为重点的城市群协同发展模式，大力促进一体化发展。

第一节 推进市场一体化建设

率先建立一体化市场秩序。全面清理和废除妨碍城市群统一市场形成和公平竞争的各种地方性法规和政策，加快构建统一开放、竞争有序、充满活力的区域市场体系，探索建立区域市场一体化合作机制。统一市场准入，推行负面清单管理。加强市场信用体系建设，共建共享信用信息平台，培育发展区域信用服务市场，统一失信惩戒制度。健全市场监管体系，联合打击侵权假冒行为，共同维护企业和消费者合法权益。

推进区域金融市场和产权交易市场发展。支持金融机构在风险可控的前提下依据相关规定在北部湾城市群设立分支机构。强化金融监管合作，合力防范和打击非法集资犯罪，逐步推进金融信息、外汇管理等金融管理服务一体化。建立北部湾知识产权、技术成果交易市场。按照“总量控制、合理布局、审慎审批”的原则，统筹发展排污权、水权、林权、海域使用权等交易平台；依托现有交易场所，探索发展面向西南和东盟的橡胶、能源、钢材、糖等特色商品现货交易。

促进劳动力自由流动。深化户籍制度改革，放宽南宁、海口落户限制，全面放开其他城市户籍迁移限制。推进人口服务同城化建设，实现身份证换领补领、户口迁移网上审批、出入境管理、车辆管理等事项异地办理。建立北部湾人才市场，共享就业信息和人才信息，推行各类职业资格、专业标准的城市间统一认证认可。

推进旅游市场一体化。依托北部湾（中国）旅游推广联盟，树立“美丽蓝色海湾”旅游品牌，联合打造精品旅游线路。加强城市间旅游市场合作，实现景点互推、游客互送，合力建设国际一流旅游目的地。规范发展旅游市场，统一服务标准，加强联合执法。

第二节 建立公共服务协同发展机制

加强教育合作。筹建北部湾大学、湛江科技大学，加快建设中国—东盟职业教育培训中心，推进职业教育集团化发展，提高人才培养能力和规模。鼓励开展多种形式的跨地区教育合作，支持优质学校跨地区共享教育资源，支持高校跨地区共建共用院校科研实验室、职业技能鉴定中心和实训基地。构建教育交流沟通平台，建立高校专家资源交流合作和教师培训交流合作机制。

推进医疗卫生资源共享。加强城市群各级各类医疗卫生机构建设，提升整体服务能力和水平，打造“健康北部湾”。深化医疗卫生体制改革，全面建立分级诊疗制度，提高基层服务能力。

鼓励城市群内医疗机构通过远程诊疗、派驻专家、交流进修等方式加大交流与合作。探索建立标准统一、接口统一的医疗信息化平台。积极探索重大疫情信息通报与联防联控工作机制、突发公共卫生事件应急合作机制和卫生事件互通协查机制。积极推进陆海空立体医疗转运与救治，探索建立海（水）上紧急医学救援基地。

共同推动文化繁荣。研究建设北部湾21世纪海上丝绸之路博物馆、中国—东盟文化产业基地等。挖掘“南海Ⅰ号”品牌价值，弘扬北部湾海洋历史文化。共同承办全国性乃至国际性重大文化活动和联合组织对外商演展览。建立跨地区文化联盟，探索建立跨区域公共图书馆文献、地方文献共享网络平台。加强文化市场管理相关机构执法合作，建立信息互通、联合执法机制。加强跨地区体育交流合作，联合举办区域性竞技体育和群众性体育活动，共同承办国际重大体育赛事。

推进社会保障管理服务一体化。推行“互联网＋人社”，统筹推进社会保障等领域信息化建设，形成一体化的信息化应用支撑体系，逐步实现城市群内社保“一卡通”。建立和完善社保关系跨地区转移接续机制。探索建立跨省异地就医结算机制，逐步实现城市群内参保人员信息互联共享、定点医疗机构互认和异地就医直接结算。健全基本医疗保险、大病保险、商业保险、医疗救助等“一站式”及时结算机制。完善跨部门社会救助家庭经济状况信息核对平台。

强化公共事务协同治理。整合灾害信息资源，建立一体化的防灾减灾体制，探索城市群救灾应急行动的协调和指挥，加强防洪、抗台风、病虫害防治、消防、地震预防合作。建立区域性食品药品检验检测中心，推进信息互通、资源共享、执法互助，协同保障食品药品安全。加强跨区域警务协作和联合执法，加强警务信息交流，建立群体性事件预警、案件应急处置、交通安全部门协作机制。严厉打击跨省市犯罪和非法出入境、拐卖人口、走私贩毒、恐怖主义等违法犯罪活动，在维护社会稳定、处置突发事件等方面实现区域联动。

第三节 创新利益协调机制

研究建立北部湾城市群一体化发展基金。根据城市群建设实际需求研究筹建北部湾城市群一体化发展基金，积极引入各类社会资本，重点支持跨地区基础设施建设、生态联防联治、重大公共服务平台建设等。

协同开展先行先试。探索将海南国际旅游岛建设先行先试和促进沿边地区开放的部分改革举措和政策，率先在北部湾城市群内推广，协同攻坚、共克难题。

建立成本共担和利益共享机制。鼓励北部湾城市群建立产业跨行政区转移的利益共享机制，相关项目收益由合作各方分享。

探索建立跨行政区水资源开发利用、生态环境保护和生态补偿机制。实现城市群公共交通“一卡通”和公路收费“一卡通”，取消城市群内固定电话长途费和移动数据漫游费。

第九章 规划实施

广东、广西、海南三省（区）人民政府和国务院有关部门要高度重视、精心组织，深化细化配套政策措施，建立健全协同工作机制，确保规划目标和任务如期完成。

第一节 加强组织领导

粤桂琼三省（区）人民政府是北部湾城市群建设的责任主体，要切实加强规划实施的组织领导，建立城市群建设发展协调机制，明确推进机构，制定实施方案，落实工作责任，形成工作合力。国务院有关部门要切实履行职能，研究制定支持北部湾城市群发展的具体措施，在有关规划编制、跨区域重大项目建设、土地保障、优化行政区划设置、体制机制创新等方面给予积极指导和支持。国家发展改革委、住房城乡建设部要加强对规划实施情况的跟踪分析和督促检查，适时组织开展规划实施情况评估。

第二节 推动重点工作

依据本规划的总体部署，粤桂琼三省（区）要抓紧共同编制出台相关专项规划，研究制定年度工作计划，协同推进重点任务落实；建立交通、港口、资源环境、信息、市场、公共服务、产业等专项合作机制，分领域策划和推进具体合作事项及项目。国务院有关部门要完善激励约束机制，督促各地区采取共同行动策略，保障合作的持续稳定开展；健全财力保障机制，加强财政预算与规划实施的衔接协调，强化各级财政对规划实施的保障作用，合理安排支出规模和结构。

第三节 营造舆论环境

加强北部湾城市群一体化发展的宣传报道，突出宣传城市群发展的重要意义、重大举措和成果，形成推动城市群一体化发展的舆论氛围。引导社会各界关注和参与城市群建设，畅通公众意见反馈渠道，引导各类市场主体积极、主动参与城市群建设。

“十三五”现代综合交通运输体系发展规划的通知

国务院

2017 年 2 月 3 日

交通运输是国民经济中基础性、先导性、战略性产业，是重要的服务性行业。构建现代综合交通运输体系，是适应把握引领经济发展新常态，推进供给侧结构性改革，推动国家重大战略实施，支撑全面建成小康社会的客观要求。根据《中华人民共和国国民经济和社会发展第十三个五年规划纲要》，并与“一带一路”建设、京津冀协同发展、长江经济带发展等规划相衔接，制定本规划。

一、总体要求

（一）发展环境

“十二五”时期，我国各种交通运输方式快速发展，综合交通运输体系不断完善，较好完成规划目标任务，总体适应经济社会发展要求。交通运输基础设施累计完成投资 13.4 万亿元，是“十一五”时期的 1.6 倍，高速铁路营业里程、高速公路通车里程、城市轨道交通运营里程、沿海港口万吨级及以上泊位数量均位居世界第一，天然气管网加快发展，交通运输基础设施网络初步形成。铁路、民航客运量年均增长率超过 10%，铁路客运动车组列车运量比重达到 46%，全球集装箱吞吐量排名前十位的港口我国占 7 席，快递业务量年均增长 50% 以上，城际、城市和农村交通服务能力不断增强，现代化综合交通枢纽场站一体化衔接水平不断提升。高速铁路装备制造科技创新取得重大突破，电动汽车、特种船舶、国产大型客机、中低速磁悬浮轨道交通等领域技术研发和应用取得进展，技术装备水平大幅提高，交通重大工程施工技术世界领先，走出去步伐不断加快。高速公路电子不停车收费系统（ETC）实现全国联网，新能源运输装备加快推广，交通运输安全应急保障能力进一步提高。铁路管理体制改革顺利实施，大部门管理体制初步建立，交通行政审批改革不断深化，运价改革、投融资改革扎实推进。

专栏 1 “十二五”末交通基础设施完成情况

指 标	单位	2010 年	2015 年	2015 年规划目标
铁路营业里程	万公里	9.1	12.1	12
其中：高速铁路	万公里	0.51	1.9	——
铁路复线率	%	41	53	50
铁路电气化率	%	47	61	60
公路通车里程	万公里	400.8	458	450
其中：国家高速公路	万公里	5.8	8.0	8.3
普通国道二级及以上比重	%	60	69.4	70
乡镇通沥青（水泥）路率	%	96.6	98.6	98
建制村通沥青（水泥）路率	%	81.7	94.5	90
内河高等级航道里程	万公里	1.02	1.36	1.3

续表

指 标	单位	2010年	2015年	2015年规划目标
油气管网里程	万公里	7.9	11.2	15
城市轨道交通运营里程	公里	1400	3300	3000
沿海港口万吨级及以上泊位数	个	1774	2207	2214
民用运输机场数	个	175	207	230

注：国家高速公路里程统计口径为原“7918”国家高速公路网。

“十三五”时期，交通运输发展面临的国内外环境错综复杂。从国际看，全球经济在深度调整中曲折复苏，新的增长动力尚未形成，新一轮科技革命和产业变革正在兴起，区域合作格局深度调整，能源格局深刻变化。从国内看，“十三五”时期是全面建成小康社会决胜阶段，经济发展进入新常态，生产力布局、产业结构、消费及流通格局将加速变化调整。与“十三五”经济社会发展要求相比，综合交通运输发展水平仍然存在一定差距，主要是：网络布局不完善，跨区域通道、国际通道连通不足，中西部地区、贫困地区和城市群交通发展短板明显；综合交通枢纽建设相对滞后，城市内外交通衔接不畅，信息开放共享水平不高，一体化运输服务水平亟待提升，交通运输安全形势依然严峻；适应现代综合交通运输体系发展的体制机制尚不健全，铁路市场化、空域管理、油气管网运营体制、交通投融资等方面改革仍需深化。

综合判断，“十三五”时期，我国交通运输发展正处于支撑全面建成小康社会的攻坚期、优化网络布局的关键期、提质增效升级的转型期，将进入现代化建设新阶段。站在新的发展起点上，交通运输要准确把握经济发展新常态下的新形势、新要求，切实转变发展思路、方式和路径，优化结构、转换动能、补齐短板、提质增效，更好满足多元、舒适、便捷等客运需求和经济、可靠、高效等货运需求；要突出对“一带一路”建设、京津冀协同发展、长江经济带发展三大战略和新型城镇化、脱贫攻坚的支撑保障，着力消除瓶颈制约，提升运输服务的协同性和均等化水平；要更加注重提高交通安全和应急保障能力，提升绿色、低碳、集约发展水平；要适应国际发展新环境，提高国际通道保障能力和互联互通水平，有效支撑全方位对外开放。

（二）指导思想

全面贯彻党的十八大和十八届二中、三中、四中、五中、六中全会精神，深入贯彻习近平总书记系列重要讲话精神和治国理政新理念新思想新战略，认真落实党中央、国务院决策部署，统筹推进“五位一体”总体布局和协调推进“四个全面”战略布局，牢固树立和贯彻落实新发展理念，以提高发展质量和效益为中心，深化供给侧结构性改革，坚持交通运输服务人民，着力完善基础设施网络、加强运输服务一体衔接、提高运营管理智能水平、推行绿色安全发展模式，加快完善现代综合交通运输体系，更好地发挥交通运输的支撑引领作用，为全面建成小康社会奠定坚实基础。

（三）基本原则

衔接协调、便捷高效。充分发挥各种运输方式的比较优势和组合效率，提升网络效应和规模效益。加强区域城乡交通运输一体化发展，增强交通公共服务能力，积极引导新生产消费流通方式和新业态新模式发展，扩大交通多样化有效供给，全面提升服务质量效率，实现人畅其行、货畅其流。

适度超前、开放融合。有序推进交通基础设施建设，完善功能布局，强化薄弱环节，确保运输能力适度超前，更好发挥交通先行官作用。坚持建设、运营、维护并重，推进交通与产业融合。积极推进与周边国家互联互通，构建国际大通道，为更高水平、更深层次的开放型经济发展提供支撑。

创新驱动、安全绿色。全面推广应用现代信息技术，以智能化带动交通运输现代化。深化体制机制改革，完善市场监管体系，提高综合治理能力。牢固树立安全第一理念，全面提高交通运输的安全性和可靠性。将生态保护红线意识贯穿到交通发展各环节，建立绿色发展长效机制，建设美丽交通走廊。

（四）主要目标

到 2020 年，基本建成安全、便捷、高效、绿色的现代综合交通运输体系，部分地区和领域率先基本实现交通运输现代化。

网络覆盖加密拓展。高速铁路覆盖 80% 以上的城区常住人口 100 万以上的城市，铁路、高速公路、民航运输机场基本覆盖城区常住人口 20 万以上的城市，内河高等级航道网基本建成，沿海港口万吨级及以上泊位数稳步增加，具备条件的建制村通硬化路，城市轨道交通运营里程比 2015 年增长近一倍，油气主干管网快速发展，综合交通网总里程达到 540 万公里左右。

综合衔接一体高效。各种运输方式衔接更加紧密，重要城市群核心城市间、核心城市与周边节点城市间实现 1 ~ 2 小时通达。打造一批现代化、立体式综合客运枢纽，旅客换乘更加便捷。交通物流枢纽集疏运系统更加完善，货物换装转运效率显著提高，交邮协同发展水平进一步提升。

运输服务提质升级。全国铁路客运动车服务比重进一步提升，民航航班正常率逐步提高，公路交通保障能力显著增强，公路货运车型标准化水平大幅提高、货车空驶率大幅下降，集装箱铁水联运比重明显提升，全社会运输效率明显提高。公共服务水平显著提升，实现村村直接通邮、具备条件的建制村通客车，城市公共交通出行比例不断提高。

智能技术广泛应用。交通基础设施、运载装备、经营业户和从业人员等基本要素信息全面实现数字化，各种交通方式信息交换取得突破。全国交通枢纽站点无线接入网络广泛覆盖。铁路信息化水平大幅提升，货运业务实现网上办理，客运网上售票比例明显提高。基本实现重点城市群内交通一卡通互通，车辆安装使用 ETC 比例大幅提升。交通运输行业北斗卫星导航系统前装率和使用率显著提高。

绿色安全水平提升。城市公共交通、出租车和城市配送领域新能源汽车快速发展。资源节约集约利用和节能减排成效显著，交通运输主要污染物排放强度持续下降。交通运输安全监管和应急保障能力显著提高，重特大事故得到有效遏制，安全水平明显提升。

专栏 2　“十三五”综合交通运输发展主要指标

指标名称		2015 年	2020 年	属性
基础设施	铁路营业里程（万公里）	12.1	15	预期性
	高速铁路营业里程（万公里）	1.9	3.0	预期性
	铁路复线率（%）	53	60	预期性
	铁路电气化率（%）	61	70	预期性
	公路通车里程（万公里）	458	500	预期性
	高速公路建成里程（万公里）	12.4	15	预期性
	内河高等级航道里程（万公里）	1.36	1.71	预期性
	沿海港口万吨级及以上泊位数（个）	2207	2527	预期性
	民用运输机场数（个）	207	260	预期性
	通用机场数（个）	300	500	预期性
	建制村通硬化路率（%）	94.5	99	约束性
	城市轨道交通运营里程（公里）	3300	6000	预期性
	油气管网里程（万公里）	11.2	16.5	预期性
运输服务	动车组列车承担铁路客运量比重（%）	46	60	预期性
	民航航班正常率（%）	67	80	预期性
	建制村通客车率（%）	94	99	约束性
	公路货运车型标准化率（%）	50	80	预期性
	集装箱铁水联运量年均增长率（%）	10	预期性	
	城区常住人口 100 万以上城市建成区公交站点 500 米覆盖率（%）	90	100	约束性
智能交通	交通基本要素信息数字化率（%）	90	100	预期性
	铁路客运网上售票率（%）	60	70	预期性
	公路客车 ETC 使用率（%）	30	50	预期性
绿色安全	交通运输 CO_2 排放强度下降率（%）	7*	预期性	
	道路运输较大以上等级行车事故死亡人数下降率（%）	20*	约束性	

注：①硬化路一般指沥青（水泥）路，对于西部部分建设条件特别困难、高海拔高寒和交通需求小的地区，可扩展到石质、砼预制块、砖铺、砂石等路面的公路；②通用机场统计含起降点；③排放强度指按单位运输周转量计算的 CO_2（二氧化碳）排放；④标 * 号的意指，与“十二五”末相比。

二、完善基础设施网络化布局

（一）建设多向连通的综合运输通道

构建横贯东西、纵贯南北、内畅外通的“十纵十横”综合运输大通道，加快实施重点通道连通工程和延伸工程，强化中西部和东北地区通道建设。贯通上海至瑞丽等运输通道，向东向西延伸西北北部等运输通道，将沿江运输通道由成都西延至日喀则。推进北京至昆明、北京至港澳台、烟台至重庆、二连浩特至湛江、额济纳至广州等纵向新通道建设，沟通华北、西北至西南、华南等地区；推进福州至银川、厦门至喀什、汕头至昆明、绥芬河至满洲里等横向新通道建设，沟通西北、西南至华东地区，强化进出疆、出入藏通道建设。做好国内综合运输通道对外衔接。规划建设环绕我国陆域的沿边通道。

专栏3　综合运输通道布局

（一）纵向综合运输通道

1. 沿海运输通道。起自同江，经哈尔滨、长春、沈阳、大连、秦皇岛、天津、烟台、青岛、连云港、南通、上海、宁波、福州、厦门、汕头、广州、湛江、海口，至防城港、至三亚。

2. 北京至上海运输通道。起自北京，经天津、济南、蚌埠、南京，至上海、至杭州。

3. 北京至港澳台运输通道。起自北京，经衡水、菏泽、商丘、九江、南昌、赣州、深圳，至香港（澳门）；支线经合肥、黄山、福州，至台北。

4. 黑河至港澳运输通道。起自黑河，经齐齐哈尔、通辽、沈阳、北京、石家庄、郑州、武汉、长沙、广州，至香港（澳门）。

5. 二连浩特至湛江运输通道。起自二连浩特，经集宁、大同、太原、洛阳、襄阳、宜昌、怀化，至湛江。

6. 包头至防城港运输通道。起自包头（满都拉），经延安、西安、重庆、贵阳、南宁，至防城港。

7. 临河至磨憨运输通道。起自临河（甘其毛都），经银川、平凉、宝鸡、重庆、昆明，至磨憨、至河口。

8. 北京至昆明运输通道。起自北京，经太原、西安、成都（重庆），至昆明。

9. 额济纳至广州运输通道。起自额济纳（策克），经酒泉（嘉峪关）、西宁（兰州）、成都、泸州（宜宾）、贵阳、桂林，至广州。

10. 烟台至重庆运输通道。起自烟台，经潍坊、济南、郑州、南阳、襄阳，至重庆。

（二）横向综合运输通道。

1. 绥芬河至满洲里运输通道。起自绥芬河，经牡丹江、哈尔滨、齐齐哈尔，至满洲里。

2. 珲春至二连浩特运输通道。起自珲春，经长春、通辽、锡林浩特，至二连浩特。

3. 西北北部运输通道。起自天津（唐山、秦皇岛），经北京、呼和浩特、临河、哈密、吐鲁番、库尔勒、喀什，至吐尔尕特、至伊尔克什坦、至红其拉甫；西端支线自哈密，经将军庙，至阿勒泰（吉木乃）。

4. 青岛至拉萨运输通道。起自青岛，经济南、德州、石家庄、太原、银川、兰州、西宁、格尔木，至拉萨。

5. 陆桥运输通道。起自连云港，经徐州、郑州、西安、兰州、乌鲁木齐、精河，至阿拉山口、至霍尔果斯。

6. 沿江运输通道。起自上海，经南京、芜湖、九江、武汉、岳阳、重庆、成都、林芝、拉萨、日喀则，至亚东、至樟木。

7. 上海至瑞丽运输通道。起自上海（宁波），经杭州、南昌、长沙、贵阳、昆明，至瑞丽。

8. 汕头至昆明运输通道。起自汕头，经广州、梧州、南宁、百色，至昆明。

9. 福州至银川运输通道。起自福州，经南昌、九江、武汉、襄阳、西安、庆阳，至银川。

10. 厦门至喀什运输通道。起自厦门，经赣州、长沙、重庆、成都、格尔木、若羌，至喀什。

（二）构建高品质的快速交通网

以高速铁路、高速公路、民用航空等为主体，构建服务品质高、运行速度快的综合交通骨干网络。

推进高速铁路建设。加快高速铁路网建设，贯通京哈—京港澳、陆桥、沪昆、广昆等高速铁路通道，建设京港（台）、呼南、京昆、包（银）海、青银、兰（西）广、京兰、厦渝等高速铁路通道，拓展区域连接线，扩大高速铁路覆盖范围。

完善高速公路网络。加快推进由7条首都放射线、11条北南纵线、18条东西横线，以及地区环线、并行线、联络线等组成的国家高速公路网建设，尽快打通国家高速公路主线待贯通路段，推进建设年代较早、交通繁忙的国家高速公路扩容改造和分流路线建设。有序发展地方高速公路。加强高速公路与口岸的衔接。

完善运输机场功能布局。打造国际枢纽机场，建设京津冀、长三角、珠三角世界级机场群，加快建设哈尔滨、深圳、昆明、成都、重庆、西安、乌鲁木齐等国际航空枢纽，增强区域枢纽机场功能，实施部分繁忙干线机场新建、迁建和扩能改造工程。科学安排支线机场新建和改扩建，增加中西部地区机场数量，扩大航空运输服务覆盖面。推进以货运功能为主的机场建设。优化完善航线网络，推进国内国际、客运货运、干线支线、运输通用协调发展。加快空管基础设施建设，优化空域资源配置，推进军民航空空管融合发展，提高空管服务保障水平。

专栏4 快速交通网重点工程

（一）高速铁路

建成北京至沈阳、北京至张家口至呼和浩特、大同至张家口、哈尔滨至牡丹江、石家庄至济南、济南至青岛、徐州至连云港、宝鸡至兰州、西安至成都、成都至贵阳、商丘至合肥至杭州、武汉至十堰、南昌至赣州等高速铁路。

建设银川至西安、贵阳至南宁、重庆至昆明、北京至商丘、济南至郑州、福州至厦门、西宁至成都、成都至自贡、兰州至中卫、黄冈至黄梅、十堰至西安、西安至延安、银川至包头、盐城至南通、杭州至绍兴至台州、襄阳至宜昌、赣州至深圳、长沙至赣州、南昌至景德镇至黄山、池州至黄山、安庆至九江、上海至湖州、杭州至温州、广州至汕尾、沈阳至敦化、牡丹江至佳木斯、郑州至万州、张家界至怀化、合肥至新沂等高速铁路。

（二）高速公路

实施京新高速（G7）、呼北高速（G59）、银百高速（G69）、银昆高速（G85）、汕昆高速（G78）、首都地区环线（G95）等6条区际省际通道贯通工程；推进京哈高速（G1）、京沪高速（G2）、京台高速（G3）、京港澳高速（G4）、沈海高速（G15）、沪蓉高速（G42）、连霍高速（G30）、兰海高速（G75）等8条主通道扩容工程。推进深圳至中山跨江通道建设，新建精河至阿拉山口、二连浩特至赛汗塔拉、靖西至龙邦等连接口岸的高速公路。

（三）民用航空

建成北京新机场、成都新机场以及承德、霍林郭勒、松原、白城、建三江、五大连池、上饶、信阳、武冈、岳阳、巫山、巴中、仁怀、澜沧、陇南、祁连、莎车、若羌、图木舒克、绥芬河、芜湖/宣城、瑞金、商丘、荆州、鄂州/黄冈、郴州、湘西、玉林、武隆、甘孜、黔北、红河等机场。

建设青岛、厦门、呼和浩特新机场，邢台、正蓝旗、丽水、安阳、乐山、元阳等机场。建设郑州等以货运功能为主的机场。研究建设大连新机场、聊城等机场。开展广州、三亚、拉萨新机场前期研究。

扩建上海浦东、广州、深圳、昆明、重庆、西安、乌鲁木齐、哈尔滨、长沙、武汉、郑州、海口、沈阳、贵阳、南宁、福州、兰州、西宁等机场。

推进京沪、京广、中韩、沪哈、沪昆、沪广、沪兰、胶昆等单向循环空中大通道建设，基本形成以单向运行为主的民航干线航路网格局。

（三）强化高效率的普通干线网

以普速铁路、普通国道、港口、航道、油气管道等为主体，构建运行效率高、服务能力强的综合交通普通干线网络。

完善普速铁路网。加快中西部干线铁路建设，完善东部干线铁路网络，加快推进东北地区铁路提速改造，增强区际铁路运输能力，扩大路网覆盖面。实施既有铁路复线和电气化改造，提升路网质量。拓展对外通道，推进边境铁路建设，加强铁路与口岸的连通，加快实现与境外通道的有效衔接。

推进普通国道提质改造。加快普通国道提质改造，基本消除无铺装路面，全面提升保障能力和服务水平，重点加强西部地区、集中连片特困地区、老少边穷地区低等级普通国道升级改造和未贯通路段建设。推进口岸公路建设。加强普通国道日常养护，科学实施养护工程，强化大中修养护管理。推进普通国道服务区建设，提高服务水平。

完善水路运输网络。优化港口布局，推动资源整合，促进结构调整。强化航运中心功能，稳步推进集装箱码头项目，合理把握煤炭、矿石、原油码头建设节奏，有序推进液化天然气、商品汽车等码头建设。提升沿海和内河水运设施专业化水平，加快内河高等级航道建设，统筹航道整治与河道治理，增强长江干线航运能力，推进西江航运干线和京杭运河高等级航道扩能升级改造。

强化油气管网互联互通。巩固和完善西北、东北、西南和海上四大油气进口通道。新建和改扩建一批原油管道，对接西北、东北、西南原油进口管道和海上原油码头。结合油源供应、炼化基地布局，完善成品油管网，逐步提高成品油管输比例。大力推动天然气主干管网、区域管网和互联互通管网建设，加快石油、成品油储备项目和天然气调峰设施建设。

专栏5　普通干线网重点工程

（一）普速铁路

建成蒙西至华中、库尔勒至格尔木、成昆扩能等工程。建设川藏铁路、和田至若羌、黑河至乌伊岭、酒泉至额济纳、沪通铁路太仓至四团、兴国至永安至泉州、建宁至冠豸山、瑞金至梅州、宁波至金华等铁路，实施渝怀、集通、焦柳、中卫至固原等铁路改造工程。

（二）普通国道

实现 G219、G331 等沿边国道三级及以上公路基本贯通，G228 等沿海国道二级及以上公路基本贯通。建设 G316、G318、G346、G347 等 4 条长江经济带重要线路，实施 G105、G107、G206、G310 等 4 条国道城市群地区拥堵路段扩能改造，提升 G211、G213、G215、G216、G335、G345、G356 等 7 条线路技术等级。推进 G219 线昭苏至都拉塔口岸、G306 线乌里雅斯太至珠恩嘎达布其口岸、G314 线布伦口至红其拉甫口岸等公路升级改造。

（三）沿海港口

稳步推进天津、青岛、上海、宁波—舟山、厦门、深圳、广州等港口集装箱码头建设。推进唐山、黄骅等北方港口煤炭装船码头以及南方公用煤炭接卸中转码头建设。实施黄骅、日照、宁波—舟山等港口铁矿石码头项目。推进唐山、日照、宁波—舟山、揭阳、洋浦等港口原油码头建设。有序推进商品汽车、液化天然气等专业化码头建设。

（四）内河高等级航道

推进长江干线航道系统治理，改善上游航道条件，提升中下游航道水深，加快南京以下 12.5 米深水航道建设，研究实施武汉至安庆航道整治工程、长江口深水航道减淤治理工程。继续推进西江航运干线扩能，推进贵港以下一级航道建设。加快京杭运河山东段、江苏段、浙江段航道扩能改造以及长三角高等级航道整治工程。加快合裕线、淮河、沙颍河、赣江、信江、汉江、沅水、湘江、嘉陵江、乌江、岷江、右江、北盘江—红水河、柳江—黔江、黑龙江、松花江、闽江等高等级航道建设。

（五）油气管网

建设中俄原油管道二线、仪长复线、连云港—仪征、日照—洛阳、日照—沾化、董家口—东营原油管道。新建樟树—株洲、湛江—北海、洛阳—临汾、三门峡—西安、永坪—晋中、鄂渝沿江等成品油管道，改扩建青藏成品油管道，适时建设蒙西、蒙东煤制油外输管道。建设中亚 D 线、中俄东线、西气东输三线（中段）、西气东输四线、西气东输五线、陕京四线、川气东送二线、新疆煤制气外输、鄂尔多斯—安平—沧州、青岛—南京、重庆—贵州—广西、青藏、闽粤、海口—徐闻等天然气管道，加快建设区域管网，适时建设储气库和煤层气、页岩气、煤制气外输管道。

（四）拓展广覆盖的基础服务网

以普通省道、农村公路、支线铁路、支线航道等为主体，通用航空为补充，构建覆盖空间大、通达程度深、惠及面广的综合交通基础服务网络。

合理引导普通省道发展。积极推进普通省道提级、城镇过境段改造和城市群城际路段等扩容工程，加强与城市干道衔接，提高拥挤路段通行能力。强化普通省道与口岸、支线机场以及重要资源地、农牧林区和兵团团场等有效衔接。

全面加快农村公路建设。除少数不具备条件的乡镇、建制村外，全面完成通硬化路任务，有序推进较大人口规模的撤并建制村和自然村通硬化路建设，加强县乡村公路改造，进一步完善农村公路网络。加强农村公路养护，完善安全防护设施，保障农村地区基本出行条件。积极支持国有林场林区道路建设，将国有林场林区道路按属性纳入各级政府相关公路网规划。

积极推进支线铁路建设。推进地方开发性铁路、支线铁路和沿边铁路建设。强化与矿区、产业园区、物流园区、口岸等有效衔接，增强对干线铁路网的支撑作用。

加强内河支线航道建设。推进澜沧江等国际国境河流航道建设。加强长江、西江、京杭运河、淮河重要支流航道建设。推进金沙江、黄河中上游等中西部地区库湖区航运设施建设。

加快推进通用机场建设。以偏远地区、地面交通不便地区、自然灾害多发地区、农产品主产区、主要林区和旅游景区等为重点，推进200个以上通用机场建设，鼓励有条件的运输机场兼顾通用航空服务。

完善港口集疏运网络。加强沿海、长江干线主要港口集疏运铁路、公路建设。

专栏6　基础服务网重点工程

（一）农村公路

除少数不具备条件的乡镇、建制村外，全部实现通硬化路，新增3.3万个建制村通硬化路。改造约25万公里窄路基或窄路面路段。对约65万公里存在安全隐患的路段增设安全防护设施，改造约3.6万座农村公路危桥。有序推进较大人口规模的撤并建制村通硬化路13.5万公里。

（二）港口集疏运体系建设

优先推进上海、大连、天津、宁波—舟山、厦门、南京、武汉、重庆等港口的铁路、公路连接线建设。加快推进营口、青岛、连云港、福州等其他主要港口的集疏运铁路、公路建设。支持唐山、黄骅、湄洲湾等地区性重要港口及其他港口的集疏运铁路、公路建设。新开工一批港口集疏运铁路，建设集疏运公路1500公里以上。

三、强化战略支撑作用

（一）打造"一带一路"互联互通开放通道

着力打造丝绸之路经济带国际运输走廊。以新疆为核心区，以乌鲁木齐、喀什为支点，发挥陕西、甘肃、宁夏、青海的区位优势，连接陆桥和西北北部运输通道，逐步构建经中亚、西亚分别至欧洲、北非的西北国际运输走廊。发挥广西、云南开发开放优势，建设云南面向南亚东南亚辐射中心，构建广西面向东盟国际大通道，以昆明、南宁为支点，连接上海至瑞丽、临河至磨憨、济南至昆明等运输通道，推进西藏与尼泊尔等国交通合作，逐步构建衔接东南亚、南亚的西南国际运输走廊。发挥内蒙古联通蒙俄的区位优势，加强黑龙江、吉林、辽宁与俄远东地区陆海联运合作，连接绥芬河至满洲里、珲春至二连浩特、黑河至港澳、沿海等运输通道，构建至俄罗斯远东、蒙古、朝鲜半岛的东北国际运输走廊。积极推进与周边国家和地区铁路、公路、水运、管道连通项目建设，发挥民航网络灵活性优势，率先实现与周边国家和地区互联互通。

加快推进21世纪海上丝绸之路国际通道建设。以福建为核心区，利用沿海地区开放程度高、经济实力强、辐射带动作用大的优势，提升沿海港口服务能力，加强港口与综合运输大通道衔接，拓展航空国际支撑功能，完善海外战略支点布局，构建连通内陆、辐射全球的21世纪海上丝绸之路国际运输通道。

加强"一带一路"通道与港澳台地区的交通衔接。强化内地与港澳台的交通联系，开展全方位的交通合作，提升互联互通水平。支持港澳积极参与和助力"一带一路"建设，并为台湾地区参与"一带一路"建设作出妥善安排。

（二）构建区域协调发展交通新格局

强化区域发展总体战略交通支撑。按照区域发展总体战略要求，西部地区着力补足交通短板，强化内外联通通道建设，改善落后偏远地区通行条件；东北地区提高进出关通道运输能力，提升综合交通网质量；中部地区提高贯通南北、连接东西的通道能力，提升综合交通枢纽功能；东部地区着力优化运输结构，率先建成现代综合交通运输体系。

构建京津冀协同发展的一体化网络。建设以首都为核心的世界级城市群交通体系，形成以“四纵四横一环”运输通道为主骨架、多节点、网格状的区域交通新格局。重点加强城际铁路建设，强化干线铁路与城际铁路、城市轨道交通的高效衔接，加快构建内外疏密有别、高效便捷的轨道交通网络，打造“轨道上的京津冀”。加快推进国家高速公路待贯通路段建设，提升普通国省干线技术等级，强化省际衔接路段建设。加快推进天津北方国际航运核心区建设，加强港口规划与建设的协调，构建现代化的津冀港口群。加快构建以枢纽机场为龙头、分工合作、优势互补、协调发展的世界级航空机场群。完善区域油气储运基础设施。

建设长江经济带高质量综合立体交通走廊。坚持生态优先、绿色发展，提升长江黄金水道功能。统筹推进干线航道系统化治理和支线航道建设，研究建设三峡枢纽水运新通道。优化长江岸线利用与港口布局，积极推进专业化、规模化、现代化港区建设，强化集疏运配套，促进区域港口一体化发展。发展现代航运服务，建设武汉、重庆长江中上游航运中心及南京区域性航运物流中心和舟山江海联运服务中心，实施长江船型标准化。加快铁路建设步伐，建设沿江高速铁路。统筹推进高速公路建设，加快高等级公路建设。完善航空枢纽布局与功能，拓展航空运输网络。建设沿江油气主干管道，推动管网互联互通。

（三）发挥交通扶贫脱贫攻坚基础支撑作用

强化贫困地区骨干通道建设。以革命老区、民族地区、边疆地区、集中连片特殊困难地区为重点，加强贫困地区对外运输通道建设。加强贫困地区市（地、州、盟）之间、县（市、区、旗）与市（地、州、盟）之间高等级公路建设，实施具有对外连接功能的重要干线公路提质升级工程。加快资源丰富和人口相对密集贫困地区开发性铁路建设。在具备水资源开发条件的农村地区，统筹内河航电枢纽建设和航运发展。

夯实贫困地区交通基础。实施交通扶贫脱贫“双百”工程，加快推动既有县乡公路提级改造，增强县乡城镇中心的辐射带动能力。加快通乡连村公路建设，鼓励有需求的相邻县、相邻乡镇、相邻建制村之间建设公路。改善特色小镇、农村旅游景点景区、产业园区和特色农业基地等交通运输条件。

（四）发展引领新型城镇化的城际城市交通

推进城际交通发展。加快建设京津冀、长三角、珠三角三大城市群城际铁路网，推进山东半岛、海峡西岸、中原、长江中游、成渝、关中平原、北部湾、哈长、辽中南、山西中部、呼包鄂榆、黔中、滇中、兰州—西宁、宁夏沿黄、天山北坡等城市群城际铁路建设，形成以轨道交通、高速公路为骨干，普通公路为基础，水路为补充，民航有效衔接的多层次、便捷化城际交通网络。

加强城市交通建设。完善优化超大、特大城市轨道交通网络，推进城区常住人口300万以上的城市轨道交通成网。加快建设大城市市域（郊）铁路，有效衔接大中小城市、新城新区和城镇。优化城市内外交通，完善城市交通路网结构，提高路网密度，形成城市快速路、主次干路和支路相互配合的道路网络，打通微循环。推进城市慢行交通设施和公共停车场建设。

四、加快运输服务一体化进程

（一）优化综合交通枢纽布局

完善综合交通枢纽空间布局。结合全国城镇体系布局，着力打造北京、上海、广州等国际性综合交通枢纽，加快建设全国性综合交通枢纽，积极建设区域性综合交通枢纽，优化完善综合交通枢纽布局，完善集疏运条件，提升枢纽一体化服务功能。

专栏7　综合交通枢纽布局

（一）国际性综合交通枢纽

重点打造北京—天津、上海、广州—深圳、成都—重庆国际性综合交通枢纽，建设昆明、乌鲁木齐、哈尔滨、西安、郑州、武汉、大连、厦门等国际性综合交通枢纽，强化国际人员往来、物流集散、中转服务等综合服务功能，打造通达全球、衔接高效、功能完善的交通中枢。

（二）全国性综合交通枢纽

全面提升长春、沈阳、石家庄、青岛、济南、南京、合肥、杭州、宁波、福州、海口、太原、长沙、南昌—九江、贵阳、南宁、兰州、呼和浩特、银川、西宁、拉萨、秦皇岛—唐山、连云港、徐州、湛江、大同等综合交通枢纽功能，提升部分重要枢纽的国际服务功能。推进烟台、潍坊、齐齐哈尔、吉林、营口、邯郸、包头、通辽、榆林、宝鸡、泉州、喀什、库尔勒、赣州、上饶、蚌埠、芜湖、洛阳、商丘、无锡、温州、金华—义乌、宜昌、襄阳、岳阳、怀化、泸州—宜宾、攀枝花、酒泉—嘉峪关、格尔木、大理、曲靖、遵义、桂林、柳州、汕头、三亚等综合交通枢纽建设，优化中转设施和集疏运网络，促进各种运输方式协调高效，扩大辐射范围。

（三）区域性综合交通枢纽及口岸枢纽

推进一批区域性综合交通枢纽建设，提升对周边的辐射带动能力，加强对综合运输大通道和全国性综合交通枢纽的支撑。

推进丹东、珲春、绥芬河、黑河、满洲里、二连浩特、甘其毛都、策克、巴克图、吉木乃、阿拉山口、霍尔果斯、吐尔尕特、红其拉甫、樟木、亚东、瑞丽、磨憨、河口、龙邦、凭祥、东兴等沿边重要口岸枢纽建设。

提升综合客运枢纽站场一体化服务水平。按照零距离换乘要求，在全国重点打造150个开放式、立体化综合客运枢纽。科学规划设计城市综合客运枢纽，推进多种运输方式统一设计、同步建设、协同管理，推动中转换乘信息互联共享和交通导向标识连续、一致、明晰，积极引导立体换乘、同台换乘。

促进货运枢纽站场集约化发展。按照无缝衔接要求，优化货运枢纽布局，推进多式联运型和干支衔接型货运枢纽（物流园区）建设，加快推进一批铁路物流基地、港口物流枢纽、航空转运中心、快递物流园区等规划建设和设施改造，提升口岸枢纽货运服务功能，鼓励发展内陆港。

促进枢纽站场之间有效衔接。强化城市内外交通衔接，推进城市主要站场枢纽之间直接连接，有序推进重要港区、物流园区等直通铁路，实施重要客运枢纽的轨道交通引入工程，基本实现利用城市轨道交通等骨干公交方式连接大中型高铁车站以及年吞吐量超过1000万人次的机场。

（二）提升客运服务安全便捷水平

推进旅客联程运输发展。促进不同运输方式运力、班次和信息对接，鼓励开展空铁、公铁等联程运输服务。推广普及电子客票、联网售票，健全身份查验制度，加快完善旅客联程、往返、异地等出行票务服务系统，完善铁路客运线上服务功能。推行跨运输方式异地候机候车、行李联程托运等配套服务。鼓励第三方服务平台发展“一票制”客运服务。

完善区际城际客运服务。优化航班运行链条，着力提升航班正常率，提高航空服务能力和品质。拓展铁路服务网络，扩大高铁服务范围，提升动车服务品质，改善普通旅客列车服务水平。发展大站快车、站站停等多样化城际铁路服务，提升中心城区与郊区之间的通勤化客运水平。按照定线、定时、定点要求，推进城际客运班车公交化运行。探索创新长途客运班线运输服务模式。

发展多层次城市客运服务。大力发展公共交通，推进公交都市建设，进一步提高公交出行分担率。强化城际铁路、城市轨道交通、地面公交等运输服务有机衔接，支持发展个性化、定制化运输服务，因地制宜建设多样化城市客运服务体系。

推进城乡客运服务一体化。推动城市公共交通线路向城市周边延伸，推进有条件的地区实施农村客运班线公交化改造。鼓励发展镇村公交，推广农村客运片区经营模式，实现具备条件的建制村全部通客车，提高运营安全水平。

（三）促进货运服务集约高效发展

推进货物多式联运发展。以提高货物运输集装化和运载单元标准化为重点，积极发展大宗货物和特种货物多式联运。完善铁路货运线上服务功能，推动公路甩挂运输联网。制定完善统一的多式联运规则和多式联运经营人管理制度，探索实施“一单制”联运服务模式，引导企业加强信息互联和联盟合作。

统筹城乡配送协调发展。加快建设城市货运配送体系，在城市周边布局建设公共货运场站，完善城市主要商业区、社区等末端配送节点设施，推动城市中心铁路货场转型升级为城市配送中心，优化车辆便利化通行管控措施。加快完善县、乡、村三级物流服务网络，统筹交通、邮政、商务、供销等农村物流资源，推广“多站合一”的物流节点建设，积极推广农村“货运班线”等服务模式。

促进邮政快递业健康发展。以邮区中心局为核心、邮政网点为支撑、村邮站为延伸，加快完善邮政普遍服务网络。推动重要枢纽的邮政和快递功能区建设，实施快递“上车、上船、上飞机”工程，鼓励利用铁路快捷运力运送快件。推进快递“向下、向西、向外”工程，推动快递网络下沉至乡村，扩大服务网络覆盖范围，基本实现乡乡设网点、村村通快递。

推进专业物流发展。加强大件运输管理，健全跨区域、跨部门联合审批机制，推进网上审批、综合协调和互联互认。加快发展冷链运输，完善全程温控相关技术标准和服务规范。加强危险货物全程监管，健全覆盖多种运输方式的法律体系和标准规范，创新跨区域联网联控技术手段和协调机制。

（四）增强国际化运输服务能力

完善国际运输服务网络。完善跨境运输走廊，增加便利货物和人员运输协定过境站点和运输线路。有效整合中欧班列资源，统一品牌，构建“点对点”整列直达、枢纽节点零散中转的高效运输组织体系。加强港航国际联动，鼓励企业建设海外物流中心，推进国际陆海联运、国际甩挂运输等发展。拓展国际航空运输市场，建立海外运营基地和企业，提升境外落地服务水平。完善国际邮件处理中心布局，支持建设一批国际快件转运中心和海外仓，推进快递业跨境发展。

提高国际运输便利化水平。进一步完善双多边运输国际合作机制，加快形成“一站式”口岸通关模式。推动国际运输管理与服务信息系统建设，促进陆路口岸信息资源交互共享。依托区域性国际网络平台，加强与“一带一路”沿线国家和地区在技术标准、数据交换、信息安全等方面的交流合作。积极参与国际和区域运输规则制修订，全面提升话语权与影响力。

鼓励交通运输走出去。推动企业全方位开展对外合作，通过投资、租赁、技术合作等方式参与海外交通基础设施的规划、设计、建设和运营。积极开展轨道交通一揽子合作，提升高铁、城市轨道交通等重大装备综合竞争力，加快自主品牌汽车走向国际，推动各类型国产航空装备出口，开拓港口机械、液化天然气船等船舶和海洋工程装备国际市场。

（五）发展先进适用的技术装备

推进先进技术装备自主化。提升高铁、大功率电力机车、重载货车、中低速磁悬浮轨道交通等装备技术水平，着力研制和应用中国标准动车组谱系产品，研发市域（郊）铁路列车，创新发展下一代高速列车，加快城市轨道交通装备关键技术产业化。积极发展公路专用运输车辆、大型厢式货车和城市配送车辆，鼓励发展大中型高档客车，大力发展安全、实用、经济型乡村客车。发展多式联运成套技术装备，提高集装箱、特种运输等货运装备使用比重。继续发展大型专业化运输船舶。实施适航攻关工程，积极发展国产大飞机和通用航空器。

促进技术装备标准化发展。加快推进铁路多式联运专用装备和机具技术标准体系建设。积极推动载货汽车标准化，加强车辆公告、生产、检测、注册登记、营运使用等环节的标准衔接。加快推进内河运输船舶标准化，大力发展江海直达船舶。推广应用集装化和单元化装载技术。建立共享服务平台标准化网络接口和单证自动转换标准格式。

专栏8　提升综合运输服务行动计划

（一）旅客联程运输专项行动

建设公众出行公共信息服务平台，为旅客提供一站式综合信息服务。推进跨运输方式的客运联程系统建设，实现不同运输方式间有效衔接。鼓励企业完善票务服务系统，提高联程、往返和异地票务服务便捷性。

（二）多式联运专项行动

加快完善货运枢纽多式联运服务功能，支持运载单元、快速转运设备、运输工具、停靠与卸货站点的标准化建设改造，加快多式联运信息资源共享，鼓励组织模式、管理模式和重大技术创新，培育一批具有跨运输方式货运组织能力并承担全程责任的多式联运经营企业。

（三）货车标准化专项行动

按照“政策引导消化存量、强化标准严把增量”的原则，引导发展符合国家标准要求、技术性能先进的车辆运输车、液体危险货物罐车、模块化汽车列车等货运车辆，强化对非法改装、超限超载货运车辆的治理，推动建立门类齐备、技术合理的货运车型标准体系，推进标准化货运车型广泛应用。

（四）城乡交通一体化专项行动

选取100个左右县级行政区组织开展城乡交通一体化推进行动，完善农村客货运服务网络，支持农村客货运场站网络建设和改造，鼓励创新农村客运和物流配送组织模式，推广应用农村客运标准化车型，推进城乡客运、城乡配送协调发展。

（五）公交都市建设专项行动

在地市级及以上城市全面推进公交都市建设，新能源公交车比例不低于35%，城区常住人口300万以上城市基本建成公交专用道网络，整合城市公交运输资源，发展新型服务模式，全面提升城市公共交通服务效率和品质。

五、提升交通发展智能化水平

（一）促进交通产业智能化变革

实施“互联网+”便捷交通、高效物流行动计划。将信息化智能化发展贯穿于交通建设、运行、服务、监管等全链条各环节，推动云计算、大数据、物联网、移动互联网、智能控制等技术与交通运输深度融合，实现基础设施和载运工具数字化、网络化，运营运行智能化。利用信息平台集聚要素，驱动生产组织和管理方式转变，全面提升运输效率和服务品质。

培育壮大智能交通产业。以创新驱动发展为导向，针对发展短板，着眼市场需求，大力推动智能交通等新兴前沿领域创新和产业化。鼓励交通运输科技创新和新技术应用，加快建立技术、市场和资本共同推动的智能交通产业发展模式。

（二）推动智能化运输服务升级

推行信息服务“畅行中国”。推进交通空间移动互联网化，建设形成旅客出行与公务商务、购物消费、休闲娱乐相互渗透的“交通移动空间”。支持互联网企业与交通运输企业、行业协会等整合完善各类交通信息平台，提供综合出行信息服务。完善危险路段与事故区域的实时状态感知和信息告警推送服务。推进交通一卡通跨区（市）域、跨运输方式互通。

发展“一站式”“一单制”运输组织。推动运营管理系统信息化改造，推进智能协同调度。研究铁路客票系统开放接入条件，与其他运输方式形成面向全国的“一站式”票务系统，加快移动支付在交通运输领域应用。推动使用货运电子运单，建立包含基本信息的电子标签，形成唯一赋码与电子身份，推动全流程互认和可追溯，加快发展多式联运“一单制”。

（三）优化交通运行和管理控制

建立高效运转的管理控制系统。建设综合交通运输运行协调与应急调度指挥中心，推进部门间、运输方式间的交通管理联网联控在线协同和应急联动。全面提升铁路全路网列车调度指挥和运输管理智能化水平。开展新一代国家交通控制网、智慧公路建设试点，推动路网管理、车路协同和出行信息服务的智能化。建设智慧港航和智慧海事，提高港口管理水平和服务效率，提升内河高等级航道运行状态在线监测能力。发展新一代空管系统，加强航空公司运行控制体系建设。推广应用城市轨道交通自主化全自动运行系统、基于无线通信的列车控制系统等，促进不同线路和设备之间相互联通。优化城市交通需求管理，提升城市交通智能化管理水平。

提升装备和载运工具智能化自动化水平。拓展铁路计算机联锁、编组站系统自动化应用，推进全自动集装箱码头系统建设，有序发展无人机自动物流配送。示范推广车路协同技术，推广应用智能车载设备，推进全自动驾驶车辆研发，研究使用汽车电子标识。建设智能路侧设施，提供网络接入、行驶引导和安全告警等服务。

（四）健全智能决策支持与监管

完善交通决策支持系统。增强交通规划、投资、建设、价格等领域信息化综合支撑能力，建设综合交通运输统计信息资源共享平台。充分利用政府和企业的数据信息资源，挖掘分析人口迁徙、公众出行、枢纽客货流、车辆船舶行驶等特征和规律，加强对交通发展的决策支撑。

提高交通行政管理信息化水平。推动在线行政许可"一站式"服务，推进交通运输许可证件（书）数字化，促进跨区域、跨部门行政许可信息和服务监督信息互通共享。加强全国治理超载联网管理信息系统建设，加快推动交通运输行政执法电子化，推进非现场执法系统试点建设，实现异地交换共享和联防联控。加强交通运输信用信息、安全生产等信息系统与国家相关平台的对接。

（五）加强交通发展智能化建设

打造泛在的交通运输物联网。推动运行监测设备与交通基础设施同步建设。强化全面覆盖交通网络基础设施风险状况、运行状态、移动装置走行情况、运行组织调度信息的数据采集系统，形成动态感知、全面覆盖、泛在互联的交通运输运行监控体系。

构建新一代交通信息基础网络。加快车联网、船联网等建设。在民航、高铁等载运工具及重要交通线路、客运枢纽站点提供高速无线接入互联网公共服务。建设铁路下一代移动通信系统，布局基于下一代互联网和专用短程通信的道路无线通信网。研究规划分配智能交通专用频谱。

推进云计算与大数据应用。增强国家交通运输物流公共信息平台服务功能。强化交通运输信息采集、挖掘和应用，促进交通各领域数据资源综合开发利用和跨部门共享共用。推动交通旅游服务等大数据应用示范。鼓励开展交通大数据产业化应用，推进交通运输电子政务云平台建设。

保障交通网络信息安全。构建行业网络安全信任体系，基本实现重要信息系统和关键基础设施的安全可控，提升抗毁性和容灾恢复能力。加强大数据环境下防攻击、防泄露、防窃取的网络安全监测预警和应急处置能力建设。加强交通运输数据保护，防止侵犯个人隐私和滥用用户信息等行为。

专栏9　交通运输智能化发展重点工程

（一）高速铁路、民用航空器接入互联网工程

选取示范高速铁路线路，提供基于车厢内公众移动通信和无线网的高速宽带互联网接入服务。选取示范国内民用航空器，提供空中接入互联网服务。

（二）交通运输数据资源共享开放工程

建设综合交通运输大数据中心，形成数据开放共享平台。增强国家交通运输物流公共信息平台服务功能，着力推动跨运输方式、跨部门、跨区域、跨国界交通物流信息开放与共享。

（三）综合交通枢纽协同运行与服务示范工程

在京津冀、长江经济带开展综合交通枢纽协同运行与服务示范，建设信息共享与服务平台、应急联动和协调指挥调度决策支持平台，实现城市公交与对外交通之间动态组织、灵活调度。

（四）新一代国家交通控制网示范工程

选取公路路段和中心城市，在公交智能控制、营运车辆智能协同、安全辅助驾驶等领域开展示范工程，应用高精度定位、先进传感、移动互联、智能控制等技术，提升交通调度指挥、运输组织、运营管理、安全应急、车路协同等领域智能化水平。

（五）高速公路电子不停车收费系统（ETC）应用拓展工程

提高全国高速公路ETC车道覆盖率。提高ETC系统安装、缴费等便利性，着重提升在道路客运车辆、出租汽车等各类营运车辆上的使用率。研究推进标准厢式货车不停车收费。提升客服网点和省级联网结算中心服务水平，建设高效结算体系。实现ETC系统在公路沿线、城市公交、出租汽车、停车、道路客运等领域广泛应用。

（六）北斗卫星导航系统推广工程

加快推动北斗系统在通用航空、飞行运行监视、海上应急救援和机载导航等方面的应用。加强全天候、全天时、高精度的定位、导航、授时等服务对车联网、船联网以及自动驾驶等的基础支撑作用。鼓励汽车厂商前装北斗用户端产品，推动北斗模块成为车载导航设备和智能手机的标准配置，拓宽在列车运行控制、港口运营、车辆监管、船舶监管等方面的应用。

六、促进交通运输绿色发展

（一）推动节能低碳发展

优化交通运输结构，鼓励发展铁路、水运和城市

公共交通等运输方式，优化发展航空、公路等运输方式。科学划设公交专用道，完善城市步行和自行车等慢行服务系统，积极探索合乘、拼车等共享交通发展。鼓励淘汰老旧高能耗车船，提高运输工具和港站等节能环保技术水平。加快新能源汽车充电设施建设，推进新能源运输工具规模化应用。制定发布交通运输行业重点节能低碳技术和产品推广目录，健全监督考核机制。

（二）强化生态保护和污染防治

将生态环保理念贯穿交通基础设施规划、建设、运营和养护全过程。积极倡导生态选线、环保设计，利用生态工程技术减少交通对自然保护区、风景名胜区、珍稀濒危野生动植物天然集中分布区等生态敏感区域的影响。严格落实生态保护和水土保持措施，鼓励开展生态修复。严格大城市机动车尾气排放限值标准，实施汽车检测与维护制度，探索建立重点区域交通运输温室气体与大气污染物排放协同联控机制。落实重点水域船舶排放控制区管理政策，加强近海以及长江、西江等水域船舶溢油风险防范和污染排放控制。有效防治公路、铁路沿线噪声、振动，减缓大型机场噪声影响。

（三）推进资源集约节约利用

统筹规划布局线路和枢纽设施，集约利用土地、线位、桥位、岸线等资源，采取有效措施减少耕地和基本农田占用，提高资源利用效率。在工程建设中，鼓励标准化设计及工厂预制，综合利用废旧路面、疏浚土、钢轨、轮胎和沥青等材料以及无害化处理后的工业废料、建筑垃圾，循环利用交通生产生活污水，鼓励企业加入区域资源再生综合交易系统。

专栏10　交通运输绿色化发展重点工程

（一）交通节能减排工程

支持高速公路服务区充电桩、加气站，以及长江干线、西江干线、京杭运河沿岸加气站等配套设施规划与建设。推进原油、成品油码头油气回收治理，推进靠港船舶使用岸电。在京津冀、长三角、珠三角三大区域，开展船舶污染物排放治理，到2020年硫氧化物、氮氧化物、颗粒物年排放总量在2015年基础上分别下降65%、20%、30%。

（二）交通装备绿色化工程

加快推进天然气等清洁运输装备、装卸设施以及纯电动、混合动力汽车应用，鼓励铁路推广使用交—直—交电力机车，逐步淘汰柴油发电车。加速淘汰一批长江等内河老旧客运、危险品运输船舶。

（三）交通资源节约工程

提高土地和岸线利用效率，提升单位长度码头岸线设计通过能力。积极推广公路服务区和港口水资源综合循环利用。建设一批资源循环利用试点工程。

（四）交通生态环保工程

建设一批港口、装卸站、船舶修造厂和船舶含油污水、生活污水、化学品洗舱水和垃圾等污染物的接收设施，并与城市公共转运处置设施衔接。在枢纽、高速公路服务区建设一批污水治理和循环利用设施。

七、加强安全应急保障体系建设

（一）加强安全生产管理

强化交通运输企业安全管理主体责任，推动企业依法依规设置安全生产管理机构，健全安全生产管理制度，加强安全生产标准化建设和风险管理。实施从业人员安全素质提升工程，加强安全生产培训教育。重点围绕基础设施、装备设施、运输工具、生产作业等方面安全操作与管理，打造全寿命周期品质工程。强化对安全生产法律法规和安全常识的公益宣传引导，广泛传播交通安全价值观与理念。

（二）加快监管体系建设

构建安全生产隐患排查治理和风险分级管控体系，加强重大风险源动态全过程控制，健全交通安全事故调查协调机制。完善集监测、监控和管理于一体的铁路网络智能安全监管平台和信息传输系统。完善国家公路网运行监测体系，实时监测东中部全部路段和西部重点路段的高速公路运行情况，全面实现重点营运车辆联网联控。完善近海和内河水上交通安全监管系统布局，加强远海动态巡航执法能力建设，加强“四类重点船舶”运行监测。提升民航飞机在线定位跟踪能力，建立通用航空联合监管机制，实现全过程、可追溯监管。加快城市公交安全管理体系建设，加强城市轨道交通运营安全监管和物流运行监测。实施邮政寄递渠道安全监管“绿盾”工程，实现货物来源可追溯、运输可追踪、责任可倒查。加快实现危险货物运输全链条协同监管，强化应对危险化学品运输中泄漏的应急处理能力，防范次生突发环境事件。

（三）推进应急体系建设

加强交通运输部门与公安、安全监管、气象、海洋、国土资源、水利等部门的信息共享和协调联动，完善突发事件应急救援指挥系统。完善全国交通运输运行监测与应急指挥系统，加快建设省级和中心城市运行监测与应急指挥系统。加快建设铁路、公路和民航应急救援体系。完善沿海、长江干线救助打捞飞行基地和船舶基地布局，加强我国管辖海域应急搜救能力和航海保障建设。提升深海远洋搜寻和打捞能力，加强海外撤侨等国际应急救援合作。

专栏11　交通运输安全应急保障重点工程

（一）深海远海监管搜救工程

研究启动星基船舶自动识别系统，配置中远程监管救助载人机和无人机，提升大型监管救助船舶远海搜救适航性能，推动深海远海分布式探测作业装备研发与应用。提升南海、东海等重点海域监管搜救能力。

（二）长江干线交通安全工程

完善长江干线船舶交通管理系统、船舶自动识别系统和视频监控系统，强化长江海事巡航救助一体化船舶、公安巡逻船和消防船舶配置，建设大型起重船及辅助装备、库区深潜器等成套打捞系统。加强长江干线船舶溢油应急设备库建设。

（三）铁路安保工程

加快建设国家铁路应急救援基地，加强高铁运行、监控、防灾预警等安全保障系统建设；加大道口平交改立交及栅栏封闭等安全防护设施建设力度。

（四）公路安全应急工程

继续实施公路安全生命防护工程。持续开展农村公路隐患治理，加强农村公路隧道隐患整治，继续开展农村公路危桥改造。不断完善道路交通应急体系，提高应急保障能力。

（五）航空安全工程

建设民航安保体系，提高民航空防安全保障和反恐怖防范能力。加强适航审定能力建设，建设全国民航安全保卫信息综合应用平台。依托航空运输等企业加快构建民航应急运输和搜救力量。

（六）邮政寄递渠道安全监管“绿盾”工程

建设行政执法、运行监测、安全预警、应急指挥、决策支持、公共服务等六类信息系统，完善国家邮政安全监控中心，建设省级和重点城市邮政安全监控中心。

八、拓展交通运输新领域新业态

（一）积极引导交通运输新消费

促进通用航空与旅游、文娱等相关产业联动发展，扩大通用航空消费群体，强化与互联网、创意经济融合，拓展通用航空新业态。有序推进邮轮码头建设，拓展国际国内邮轮航线，发展近海内河游艇业务，促进邮轮游艇产业发展。大力发展自驾车、房车营地，配套建设生活服务功能区。鼓励企业发展城市定制公交、农村定制班车、网络预约出租汽车、汽车租赁等新型服务，稳妥推进众包服务，鼓励单位、个人停车位等资源错时共享使用。

（二）培育壮大交通运输新动能

以高速铁路通道为依托，以高铁站区综合开发为载体，培育壮大高铁经济，引领支撑沿线城镇、产业、人口等合理布局，密切区域合作，优化资源配置，加速产业梯度转移和经济转型升级。基本建成上海国际航运中心，加快建设天津北方、大连东北亚、厦门东南国际航运中心，提升临港产业发展水平，延伸和拓展产业链。建设北京新机场、郑州航空港等临空经济区，聚集航空物流、快件快递、跨境电商、商务会展、科技创新、综合保障等产业，形成临空经济新兴增长极。

（三）打造交通物流融合新模式

打通衔接一体的全链条交通物流体系，以互联网为纽带，构筑资源共享的交通物流平台，创新发展模式，实现资源高效利用，推动交通与物流一体化、集装化、网络化、社会化、智能化发展。推进“平台＋”物流交易、供应链、跨境电商等合作模式，鼓励“互联网＋城乡配送”、“物联网＋供应链管理”等业态模式的创新发展。推进公路港等枢纽新业态发展，积极发展无车承运人等互联网平台型企业，整合公路货运资源，鼓励企业开发“卡车航班”等运输服务产品。

（四）推进交通空间综合开发利用

依据城市总体规划和交通专项规划，鼓励交通基础设施与地上、地下、周边空间综合利用，融合交通与商业、商务、会展、休闲等功能。打造依托综合交通枢纽的城市综合体和产业综合区，推动高铁、地铁等轨道交通站场、停车设施与周边空间的联动开发。重点推进地下空间分层开发，拓展地下纵深空间，统筹城市轨道交通、地下道路等交通设施与城市地下综合管廊的规划布局，研究大城市地下快速路建设。

专栏12　交通运输新领域建设重点工程

（一）通用航空工程

积极发展通用航空短途运输，鼓励有条件的地区发展公务航空。在适宜地区开展空中游览活动，发展飞行培训，提高飞行驾驶执照持有比例。利用会展、飞行赛事、航空文化交流等活动，支持通用航空俱乐部、通用航空爱好者协会等社团发展。规划建设一批航空飞行营地，完善航空运动配套服务，开展航空体育与体验飞行。

（二）国家公路港网络建设工程

以国际性、全国性综合交通枢纽为重点，建设与铁路货运站、港口、机场等有机衔接的综合型公路港；以区域性综合交通枢纽为重点，建设与主干运输通道快速连通的基地型公路港；以国家高速公路沿线城市为重点，形成一批与综合型和基地型公路港有效衔接、分布广泛的驿站型公路港。

（三）邮轮游艇服务工程

有序推进天津、大连、秦皇岛、青岛、上海、厦门、广州、深圳、北海、三亚、重庆、武汉等邮轮码头建设，在沿海沿江沿湖等地区发展公共旅游和私人游艇业务，完善运动船艇配套服务。

（四）汽车营地建设工程

依托重点生态旅游目的地、精品生态旅游线路和国家旅游风景道，规划建设一批服务自驾车、房车等停靠式和综合型汽车营地，利用环保节能材料和技术配套建设生活服务等功能区。

（五）城市交通空间开发利用工程

重点在国际性、全国性综合交通枢纽，以高速铁路客运站、城际铁路客运站、机场为主体，建设一批集交通、商业、商务、会展、文化、休闲于一体的开放式城市功能区。鼓励建设停车楼、地下停车场、机械式立体停车库等集约化停车设施，并按照一定比例配建充电设施。

（六）步道自行车路网建设工程

规划建设城市步行和自行车交通体系，逐步打造国家步道系统和自行车路网，重点建设一批山地户外营地、徒步骑行服务站。

九、全面深化交通运输改革

（一）深化交通管理体制改革

深入推进简政放权、放管结合、优化服务改革，最大程度取消和下放审批事项，加强规划引导，推动交通项目多评合一、统一评审，简化审批流程，缩短审批时间；研究探索交通运输监管政策和管理方式，加强诚信体系建设，完善信用考核标准，强化考核评价监督。完善“大交通”管理体制，推进交通运输综合行政执法改革，建设正规化、专业化、规范化、标准化的执法队伍。完善收费公路政策，逐步建立高速公路与普通公路统筹发展机制。全面推进空域管理体制改革，扎实推进空域规划、精细化改革试点和“低慢小”飞行管理改革、航线审批改革等重点工作，加快开放低空空域。加快油气管网运营体制改革，推动油气企业管网业务独立，组建国有资本控股、投资主体多元的油气管道公司和全国油气运输调度中心，实现网运分离。

（二）推进交通市场化改革

加快建立统一开放、竞争有序的交通运输市场，营造良好营商环境。加快开放民航、铁路等行业的竞争性业务，健全准入与退出机制，促进运输资源跨方式、跨区域优化配置。健全交通运输价格机制，适时放开竞争性领域价格，逐步扩大由市场定价的范围。深化铁路企业和客货运输改革，建立健全法人治理结构，加快铁路市场化运行机制建设。有序推进公路养护市场化进程。加快民航运输市场化进程，有序发展专业化货运公司。积极稳妥深化出租汽车行业改革，完善经营权管理制度。

（三）加快交通投融资改革

建立健全中央与地方投资联动机制，优化政府投资安排方式。在试点示范的基础上，加快推动政府和社会资本合作（PPP）模式在交通运输领域的推广应用，鼓励通过特许经营、政府购买服务等方式参与交通项目建设、运营和维护。在风险可控的前提下，加大政策性、开发性等金融机构信贷资金支持力度，扩大直接融资规模，支持保险资金通过债权、股权等多种方式参与重大交通基础设施建设。积极利用亚洲基础设施投资银行、丝路基金等平台，推动互联互通交通项目建设。

十、强化政策支持保障

（一）加强规划组织实施

各有关部门要按照职能分工，完善相关配套政策措施，做好交通军民融合工作，为本规划实施创造有利条件；做好本规划与国土空间开发、重大产业布局、生态环境建设、信息通信发展等规划的衔接，以及铁路、公路、水运、民航、油气管网、邮政等专项规划对本规划的衔接落实；加强部际合作和沟通配合，协调推进重大项目、重大工程，加强国防交通规划建设；加强规划实施事中事后监管和动态监测分析，适时开展中期评估、环境影响跟踪评估和建设项目后评估，根据规划落实情况及时动态调整。地方各级人民政府要紧密结合发展实际，细化落实本规划确定的主要目标和重点任务，各地综合交通运输体系规划要做好对本规划的衔接落实。

（二）加大政策支持力度

健全公益性交通设施与运输服务政策支持体系，加强土地、投资、补贴等组合政策支撑保障。切实保障交通建设用地，在用地计划、供地方式等方面给予一定政策倾斜。加大中央投资对铁路、水运等绿色集约运输方式的支持力度。充分发挥各方积极性，用好用足铁路土地综合开发、铁路发展基金等既有支持政策，尽快形成铁路公益性运输财政补贴的制度性安排，积极改善铁路企业债务结构。统筹各类交通建设资金，重点支持交通扶贫脱贫攻坚。充分落实地方政府主体责任，采用中央与地方共建等方式推动综合交通枢纽一体化建设。

（三）完善法规标准体系

研究修订铁路法、公路法、港口法、民用航空法、收费公路管理条例、道路运输条例等，推动制定快递条例，研究制定铁路运输条例等法规。加快制定完善先进适用的高速铁路、城际铁路、市域（郊）铁路、城市轨道交通、联程联运、综合性交通枢纽、交通信息化智能化等技术标准，强化各类标准衔接，加强标准、计量、质量监督，构建综合交通运输标准体系和统计体系。完善城市轨道交通装备标准规范体系，开展城市轨道交通装备认证。依托境外交通投资项目，带动装备、技术和服务等标准走出去。

（四）强化交通科技创新

发挥重点科研平台、产学研联合创新平台作用，加大基础性、战略性、前沿性技术攻关力度，力争在特殊重大工程建设、交通通道能力和工程品质提升、安全风险防控与应急技术装备、综合运输智能管控和协同运行、交通大气污染防控等重大关键技术上取得突破。发挥企业的创新主体作用，鼓励企业以满足市场需求为导向开展技术、服务、组织和模式等各类创新，提高科技含量和技术水平，不断向产业链和价值链高端延伸。

（五）培育多元人才队伍

加快综合交通运输人才队伍建设，培养急需的高层次、高技能人才，加强重点领域科技领军人才和优秀青年人才培养。加强人才使用与激励机制建设，提升行业教育培训的基础条件和软硬件环境。做好国外智力引进和国际组织人才培养推送工作，促进人才国际交流与合作。

中国（陕西）自由贸易试验区总体方案

国务院

2017年3月15日

建立中国（陕西）自由贸易试验区（以下简称自贸试验区）是党中央、国务院作出的重大决策，是新形势下全面深化改革、扩大开放和加快推进“一带一路”建设、深入推进西部大开发的重大举措。为全面有效推进自贸试验区建设，制定本方案。

一、总体要求

（一）指导思想

全面贯彻党的十八大和十八届三中、四中、五中、六中全会精神，深入贯彻习近平总书记系列重要讲话精神和治国理政新理念新思想新战略，认真落实党中央、国务院决策部署，统筹推进“五位一体”总体布局和协调推进“四个全面”战略布局，坚持稳中求进工作总基调，牢固树立和贯彻落实创新、协调、绿色、开放、共享的发展理念，进一步解放思想、先行先试，以开放促改革、促发展，立足于推进“一带一路”建设和西部大开发，为全面深化改革和扩大开放探索新途径、积累新经验，发挥示范带动、服务全国的积极作用。

（二）战略定位

以制度创新为核心，以可复制可推广为基本要求，全面落实党中央、国务院关于更好发挥“一带一路”建设对西部大开发带动作用、加大西部地区门户城市开放力度的要求，努力将自贸试验区建设成为全面改革开放试验田、内陆型改革开放新高地、“一带一路”经济合作和人文交流重要支点。

（三）发展目标

经过三至五年改革探索，形成与国际投资贸易通行规则相衔接的制度创新体系，营造法治化、国际化、便利化的营商环境，努力建成投资贸易便利、高端产业聚集、金融服务完善、人文交流深入、监管高效便捷、法治环境规范的高水平高标准自由贸易园区，推动“一带一路”建设和西部大开发战略的深入实施。

二、区位布局

（一）实施范围

自贸试验区的实施范围119.95平方公里，涵盖三个片区：中心片区87.76平方公里（含陕西西安出口加工区A区0.75平方公里、B区0.79平方公里，西安高新综合保税区3.64平方公里和陕西西咸保税物流中心〔B型〕0.36平方公里），西安国际港务区片区26.43平方公里（含西安综合保税区6.17平方公里），杨凌示范区片区5.76平方公里。

自贸试验区土地开发利用须遵守土地利用、环境保护、城乡规划法律法规，符合土地利用总体规划，并符合节约集约用地的有关要求。

（二）功能划分

按区域布局划分，自贸试验区中心片区重点发展战略性新兴产业和高新技术产业，着力发展高端制造、航空物流、贸易金融等产业，推进服务贸易促进体系建设，拓展科技、教育、文化、旅游、健康医疗等人文交流的深度和广度，打造面向“一带一路”的高端产业高地和人文交流高地；西安国际港务区片区重点发展国际贸易、现代物流、金融服务、旅游会展、电子商务等产业，建设“一带一路”国际中转内陆枢纽港、开放型金融产业创新高地及欧亚贸易和人文交流合作新平台；杨凌示范区片区以农业科技创新、示范推广为重点，通过全面扩大农业领域国际合作交流，打造“一带一路”现代农业国际合作中心。

按海关监管方式划分，自贸试验区内的海关特殊监管区域重点探索以贸易便利化为主要内容的制度创新，开展保税加工、保税物流、保税服务等业务；非海关特殊监管区域重点探索投资体制改革，创新内陆地区开放发展机制，完善事中事后监管，推动金融制度创新，积极发展现代服务业和先进制造业。

三、主要任务和措施

（一）切实转变政府职能

1. 改革创新政府管理方式。按照法治化、国际化、便利化的要求，积极探索建立与国际高标准投资和贸易规则体系相适应的行政管理体系，推动政府管理由注重事前审批转为注重事中事后监管。深化商事制度改革。实施“多证合一”综合审批服务运行模式，建立“一口受理、并联审批”工作机制。推动税收服务创新，包括一窗国地办税、一厅自助办理、培训辅导点单、缴纳方式多元、业务自主预约、税银信息互动、税收遵从合作、创新网上服务等举措。打造事前诚信承诺、事中评估分类、事后联动奖惩的全链条信用监管体系。完善社会信用体系，推动各部门间依法履职信息的联通和共享。健全守信激励和失信惩戒机制。配合商务部开展经营者集中反垄断审查。建立优质、高效、便捷的法律服务体系，建设网上法律服务平台，为自贸试验区内企业提供律师、公证、司法鉴定等综合性法律服务。推动与“一带一路”沿线国家执法联络网络建设。

2. 开展知识产权综合管理改革试点。紧扣创新发展需求，发挥专利、商标、版权等知识产权的引领作用，打通知识产权创造、运用、保护、管理、服务全链条，建立高效的知识产权综合管理体制，构建便民利民的知识产权公共服务体系，探索支撑创新发展的知识产权运行机制，推动形成权界清晰、分工合理、责权一致、运转高效、法治保障的体制机制。探索建立自贸试验区跨部门知识产权执法协作机制，完善纠纷调解、援助、仲裁工作机制。探索建立重点产业快速协同保护机制。

（二）深化投资领域改革

3. 提升利用外资水平。对外商投资实行准入前国民待遇加负面清单管理制度，着力构建与负面清单管理方式相适应的事中事后监管制度。外商投资准入特别管理措施（负面清单）之外领域的外商投资项目（国务院规定对国内投资项目保留核准的除外）和外商投资企业设立及变更实行备案制，由自贸试验区负责办理。进一步减少或取消外商投资准入限制，提高开放度和透明度，做好对外开放的压力测试和风险测试。鼓励外资更多投向高端装备制造、新一代信息技术、新材料、生物医药等先进制造业领域。鼓励跨国公司在自贸试验区设立地区总部、研发中心、销售中心、物流中心和结算中心。积极有效引进境外资金、先进技术和高端人才，提升利用外资综合质量。外商在自贸试验区内投资适用《自由贸易试验区外商投资准入特别管理措施（负面清单）》和《自由贸易试验区外商投资国家安全审查试行办法》。探索强化外商投资实际控制人管理，建立外商投资信息报告制度和外商投资信息公示平台，充分发挥国家企业信用信息公示系统作用，提升外商投资全周期监管的科学性、规范性和透明度。完善投资者权益保障机制，允许符合条件的境外投资者自由转移其投资收益。

4. 构建对外投资促进体系。将自贸试验区建设成为企业“走出去”的窗口和综合服务平台。对一般境外投资项目和设立企业实行备案制，属省级管理权限的，由自贸试验区负责备案管理。确立企业对外投资主体地位，支持企业开展多种形式的对外直接投资。建立对外投资合作“一站式”服务平台。加强境外投资事中事后监管和服务，完善境外资产和人员安全风险防范和应急保障体系。

（三）推动贸易转型升级

5. 拓展新型贸易方式。积极培育贸易新型业态和功能，形成以技术、品牌、质量、服务为核心的外贸竞争新优势。鼓励企业统筹开展国际国内贸易，实现内外贸一体化发展。支持进口先进技术和资源类商品。扶持和培育外贸综合服务企业，为中小企业提供通关、融资、退税、保险等服务。

探索创新服务贸易发展模式，扩大服务贸易双向开放。建立以政府部门“服务清单”制度为核心的服务贸易服务体系，建立一批具有项目对接、海外市场拓展、技术共享等功能的服务贸易公共服务平台。大力发展生产性服务贸易，引导出口企业从生产型企业向生产服务型企业转变，推动金融、保险、物流、信息、研发设计等资本和技术密集型服务出口。推进企业依托海关特殊监管区域开展面向国内外市场的高技术、高附加值的检测维修等保税服务业务。巩固提高旅游、航空运输等传统服务业竞争力，大力促进文化艺术、数字出版、动漫游戏开发、软件开发测试、中医药、技术等服务贸易发展。打造服务外包产业集聚区，培育一批领头企业和国际品牌，提高服务外包产业国际竞争力。支持知识产权服务业集聚发展，完善挂牌竞价、交易、信息检索、政策咨询、价值评估等功能，推动知识产权跨境交易便利化。

6. 创新通关监管服务模式。不断探索海关监管和检验检疫制度创新，鼓励企业参与“自主报税、自助通关、自动审放、重点稽核”等监管制度创新试点。依托电子口岸公共平台，开展国际贸易“单一窗口”建设，完善货物进出口和运输工具进出境的应用功能，进一步优化口岸监管执法流程和通关流程，实现贸易许可、资质登记平台功能。将出口退税申报功能纳入“单一窗口”建设项目，将涉及贸易监管的部门逐步纳入“单一窗口”管理平台。

完善海关特殊监管区域功能。自贸试验区海关特殊监管区域内实施“一线放开”、“二线安全高效管住”的通关监管服务模式。在确保有效监管前提下，在海关特殊监管区域探索建立货物状态分类监管模式。对注册在自贸试验区海关特殊监管区域内的融资租赁企业进出口飞机、船舶等大型设备涉及跨关区的，在确保有效监管和执行现行相关税收政策的前提下，按物流实际需要，实行海关异地委托监管。在执行现行税收政策的前提下，提升超大超限货物的通关、运输、口岸服务等综合能力。在严格执行货物进出口税收政策的前提下，允许在自贸试验区内的海关特殊监管区域设立保税展示交易平台。加快形成贸易便利化创新举措的标准化制度规范，覆盖到所有符合条件的企业。

完善通关合作机制。开展货物通关、贸易统计、原产地证书核查、“经认证的经营者”互认、检验检测认证等方面合作，逐步实现信息互换、监管互认、执法互助。支持自贸试验区与“一带一路”沿线国家开展海关、检验检疫、认证认可、标准计量等方面的合作与交流，探索与“一带一路”沿线国家开展贸易供应链安全与便利合作。推进自贸试验区内各区域之间通关一体化。

（四）深化金融领域开放创新

7. 推动金融制度创新。探索建立与自贸试验区相适应的本外币账户管理体系，促进跨境贸易、投融资便利化。推动人民币作为自贸试验区与“一带一路”沿线国家跨境贸易和投资计价、结算的主要货币。拓展跨境电子商务人民币结算。推行自贸试验区内跨国企业集团跨境双向人民币资金池业务。支持自贸试验区内符合互认条件的基金产品参与内地与香港基金产品互认。自贸试验区内银行可按有关规定发放境外项目人民币贷款。

支持自贸试验区内符合条件的企业按规定开展境外证券投资。支持开展人民币跨境再保险业务，培育发展再保险市场。大力发展自贸试验区国际航运、国际贸易等重点产业责任保险、信用保险、融资租赁保险。取消对自贸试验区内保险支公司高管人员任职资格的事前审批，由省级保监机构[1]实施备案管理。支持商业保理业务发展，探索适合商业保理发展的外汇管理模式。

8. 增强金融服务功能。支持符合条件的“一带一路”沿线国家的金融机构在自贸试验区内以人民币直接投资设立或参股金融机构。支持符合条件的法人在自贸试验区内依法设立金融租赁公司、财务公司、

[1] 注：2018 年十三届人大会议后，根据机构改革方案，银监会与保监会已合二为一。

汽车金融公司、消费金融公司等金融机构。支持符合条件的境内纯中资民营企业发起设立民营银行。支持全国性中资商业银行、陕西本地银行、符合条件的外资银行在自贸试验区内新设分行或营业机构。允许外商投资在自贸试验区内新设一家合资证券公司。进一步推进内资融资租赁企业试点，注册在自贸试验区内的内资融资租赁试点企业由自贸试验区所在省级商务主管部门和同级国家税务局审核；加强事中事后监管，探索建立融资租赁企业设立和变更的备案制度、违反行业管理规定的处罚制度、失信和经营异常企业公示制度、属地监管部门对企业定期抽查检查制度。

鼓励自贸试验区内银行业金融机构为能源、科技、文化、绿色环保等领域企业提供高效优质金融服务。放宽跨国公司外汇资金集中运营管理准入条件。进一步简化资金池管理，允许经银行审核真实、合法的电子单证办理经常项目集中收付汇、轧差净额结算业务。进一步简化经常项目外汇收支手续，在真实、合法交易基础上，自贸试验区内货物贸易外汇管理分类等级为A类企业的外汇收入无需开立待核查账户。银行按照“了解客户、了解业务、尽职审查”的展业三原则办理经常项目收结汇、购付汇手续。允许自贸试验区内符合条件的融资租赁业务收取外币租金。

允许外资股权投资管理机构、外资创业投资管理机构在自贸试验区内发起管理人民币股权投资和创业投资基金。地方可结合实际，引入社会资本在自贸试验区内设立多币种的产业股权投资基金、产业结构调整基金、创业投资基金和服务贸易创新发展引导基金，为符合产业导向的企业提供融资支持服务。鼓励金融机构创新金融产品和服务，为“轻资产”服务贸易企业提供融资便利。鼓励各类金融机构创新供应链融资、贸易融资等业务。

9. 建立健全金融风险防范体系。落实风险为本的原则，探索建立跨境资金流动风险监管机制，强化开展反洗钱、反恐怖融资、反逃税工作，防止非法资金跨境、跨区流动，切实防范开放环境下的金融风险。

（五）扩大与“一带一路”沿线国家经济合作

10. 创新互联互通合作机制。健全政府对话、企业合作、民间互动的多层次、多领域合作机制。按照共商、共建、共享的原则，构筑全方位立体化开放大通道，建设“一带一路”交通、商贸、快递物流中心。创新航空港、陆港联动发展机制。完善集疏运体系，加密航线航班，增加国际货运航线航班。在自贸试验区内组建符合条件的本地货运航空公司，大力发展空港货运物流，打造国家航空运输枢纽。拓展西安陆路口岸铁路监管功能，推动国际中转集拼业务发展。提升中欧班列（西安）辐射能力，推动将中欧班列（西安）纳入中欧“安智贸”试点计划。深入发展多式联运，引进航运及国际船舶运输服务等经纪公司。引导多式联运企业联盟合作，在设施共享、单证统一、规则衔接、信息互联等方面先行先试。建设国际邮件互换局（交换站）。加快西安领事馆区建设。

11. 创新国际产能合作模式。系统推进与“一带一路”沿线国家产能合作机制建设。发挥金融对“一带一路”经济合作的推动作用，地方可根据实际需要，引入社会资本推动设立“走出去”发展引导基金。

推动合作园区建设。按照开放、共享的原则，加强境外经贸合作区、产业集聚区、农业合作区等建设，开启“两国双园”国际产能合作新模式。

打造绿色丝绸之路。制定鼓励绿色消费的经济政策，落实绿色产品认证制度，建立政府监督、企业自律、公众参与的环保监督机制。支持自贸试验区内的企业按照绿色低碳要求和循环经济理念设计发展战略、生产流程、营销模式、企业文化，打造绿色低碳企业集群和国家级绿色品牌企业。鼓励自贸试验区内绿色低碳龙头企业“走出去”，建设国际产能合作绿色产业园区。加强自贸试验区内重点产业知识产权海外布局和风险防控。

12. 创新现代农业交流合作机制。打造农业领域国际合作交流创新平台，积极推进国际旱作农业交流与合作，组建面向“一带一路”沿线国家的现代农业合作联盟和全球农业智库联盟，拓展在农业新技术、新品种、新业态以及节水农业、设施农业、农业装备制造等领域的国际合作。创立国家（杨凌）农业技术标准创新基地，承担农业技术标准的制定工作，提升

"杨凌农科"品牌标准的国际化水平。创新中外农业高等教育和职业教育联合办学模式，开展面向"一带一路"沿线国家的援外农业技术培训。支持杨凌示范区片区加快建设国家现代农业国际创新园和"星创天地"。深化农业金融改革创新，允许引进符合条件的国外专业保险公司，开展涉农保险业务。支持建设"一带一路"现代农业国际合作中心。

（六）创建与"一带一路"沿线国家人文交流新模式

13. 创新科技合作机制。建立健全政府间科技创新合作及对话机制。发挥企业创新主体作用，引导企业成为"一带一路"科技创新合作的投入、执行和收益主体，形成骨干企业先导带动、中小企业大规模参与的合作局面，并吸引社会力量参与。积极发现与"一带一路"沿线国家产业发展的契合点和共振点，引导各类创新主体在沿线国家共建创新平台，深化产学研合作，鼓励企业设立海外研发中心。发挥民间组织作用，鼓励通过青年交往、志愿者互派、学术往来与交流等方式，丰富民间科技交往内容，鼓励民间科技组织广泛开展各类科技公益活动。探索建设信息丝绸之路。以信息基础设施为载体，开辟以通信和互联网产业为抓手的新型国际贸易之路，推动"一带一路"信息文明的创新与传播。

14. 创新教育合作机制。拓展与"一带一路"沿线国家跨境教育合作空间，推动教育资源共享，建设智力丝绸之路。围绕"一带一路"建设需求，调整优化相关院校的学科及专业设置，推进面向"一带一路"沿线国家的教育培训基地建设。在自贸试验区设立国际汉唐学院和中国书法学院。允许获得硕士及以上学位的优秀外国留学生毕业后直接在自贸试验区工作，完善留学生实习居留、工作居留和创新创业奖励制度。

15. 创新文化交流合作机制。加强与"一带一路"沿线国家合作，构建全方位、多层次、宽领域的对外文化交流新格局。保护和传承中华老字号，大力推动中医药、中华传统餐饮、工艺美术等企业"走出去"。与"一带一路"沿线国家共同开展文物保护与考古研究工作，开展博物馆国际交流与合作，建设以丝绸之路文化为主题的智慧博物馆国际合作交流平台和历史文化研究交流平台。依托自贸试验区开展陕西文物国际展示、国际交流试点。鼓励社会资本以多种形式参与文化产业和文化园区建设。鼓励民营文化企业健康快速发展。加强对非物质文化遗产、民间文艺、传统知识的普查、保护和合理利用，振兴传统工艺，推进文化创意、设计服务与相关产业融合发展，打造"国风秦韵"等具有国际影响力的文化品牌。建设中影丝路国际电影城等一批文化产业项目，推出一批具有国际影响力的文化艺术精品。依托现有交易场所，在国家政策法规允许范围内开展文化艺术品交易业务。

发展对外文化贸易。积极推动文化产品和服务出口，减少对文化出口的行政审批事项。拓展艺术品交易市场功能。对完全针对国外外语市场开展出版业务的非公有制企业、中外合资企业给予特殊政策扶持。依托海关特殊监管区域政策功能，促进文化产业发展。加快西安国家数字出版基地、西安印刷包装产业基地建设，创建国家级出版物物流基地。开展文化产品跨境电子商务试点，依托现有交易场所开展文化产品跨境电子交易，鼓励文化企业借助电子商务等新型交易模式拓展国际业务。试点以政府和社会资本合作（PPP）等模式推动对外文化投资。加强文化知识产权保护。积极推进文化金融改革创新。

16. 创新旅游合作机制。深化旅游业资源开放、信息共享、行业监管、公共服务、旅游安全、标准化服务等方面的国际合作，提升旅游服务水平。允许在自贸试验区内注册的符合条件的中外合资旅行社，从事除台湾地区以外的出境旅游服务。吸引外商投资旅行社在自贸试验区内设立公司运营总部。积极与"一带一路"沿线国家签订旅游合作框架协议、旅游合作备忘录等整体性协议，合作举办国际旅游展会。推动中医药健康旅游发展。

17. 创新医疗卫生合作机制。发挥陕西医疗资源、医学教育、医学科研及区位优势，在卫生合作机制、重点传染病防控、重大慢性非传染性疾病防治、突发急性传染病防控与紧急医学救援、能力建设与人才培养、传统医药、卫生体制和政策、卫生发展援助、健康产业发展等重点领域，与“一带一路”沿线国家进行广泛合作。允许“一带一路”沿线国家与国内中医药服务机构在自贸试验区内投资中医理疗、康复、培训、宣传、国际推广等机构，搭建中医药健康养生国际综合服务平台。

（七）推动西部大开发战略深入实施

18. 带动区域开放型经济发展。充分利用自贸试验区的载体和平台作用，在积极承接外向型产业转移的同时，将陕西的科技、产业优势向西部其他地区辐射。培育建设产业集群发展带，推动关中—天水、新疆天山北坡、呼包银榆等重点经济区域协同开放、一体发展，形成西部地区新增长极。联合西部地区相关省份开展多式联运，畅通沟通境内外、连接东中西的新亚欧大陆桥国际经济走廊。建立西部地区联合对外合作交流平台，以资源优势为重点，以资源加工工业为主体，强化国际国内交流，带动西部贫困地区、民族地区开放战略实施。加强区域口岸合作，推动陆港联动，实现口岸功能延伸，提升对外开放、公共卫生安全保障能力。推动检验检疫部门与地方卫生部门等加强联防联控合作，防止传染病跨境传播。

19. 推动区域创新发展。积极鼓励自贸试验区各科研院所与西部地区各类企业合作，推进协同创新。及时总结推广“双创”示范、系统推进全面创新改革及知识产权保护的经验，推动有条件的地区建设具有强大带动力的创新型城市和区域创新中心，培育一批知识产权试点示范城市和知识产权强市、强县。创新军民融合发展机制，建立军民成果双向转化“人才池”和“专利池”。建立重点产业专利导航工作机制，建设国家知识产权服务业聚集区。积极推动国家军民融合知识产权运营工作，依托国家知识产权运营军民融合特色试点平台，探索国防专利横向流通转化、国防专利解密与普通专利跟进保护有机衔接、普通专利参与军品研发生产等机制，促进军民科技成果共享共用。推动西部地区军民技术相互有效利用，开展军民两用技术联合攻关，推动产业化发展。

20. 促进区域产业转型升级。通过自贸试验区高端产业集聚，促进西部地区优化现代服务业、先进制造业和战略性新兴产业布局，创新区域经济合作模式。以产业链为纽带，促进西部地区在研发设计、生产销售和物流配送等环节的协同配合，支持西部地区企业通过跨区域兼并重组实现产业转型升级。

21. 构建服务区域发展的人才高地。率先在自贸试验区建立健全高层次人才评价机制、简化高层次人才评价认定程序、完善符合条件的外国籍高层次人才签证及居留政策等，推动境内外专业人才双向流动，为外国籍高层次人才来陕工作开辟绿色通道，简化手续，在出入境、工作、停居留等方面提供便利，积累经验并向西部地区推广。联合打造西部优质人才载体，提升西部地区高层次人才发展及创业创新平台建设水平。建设面向西部地区的高层次人才综合服务体系，大力发展人力资源服务业。

四、保障机制

（一）强化法制保障

自贸试验区需要暂时调整实施有关行政法规、国务院文件和经国务院批准的部门规章的部分规定的，按规定程序办理。各有关部门要支持自贸试验区在各领域深化改革开放试点、加大压力测试、加强监管、防控风险，做好与相关法律立改废释的衔接，及时解决试点过程中的制度保障问题。陕西省要通过地方立法，建立与试点要求相适应的自贸试验区管理制度。

（二）完善配套税收政策

落实现有相关税收政策，充分发挥现有政策的支撑促进作用。中国（上海）自由贸易试验区、中国（广东）自由贸易试验区、中国（天津）自由贸易试验区和中国（福建）自由贸易试验区已经试点的税收政策原则上可在自贸试验区进行试点，其中促进贸易的选择性征收关税、其他相关进出口税收等政策在自贸试验区内的海关特殊监管区域进行试点。自贸试验区内的海关特殊监管区域范围和税收政策适用范围维持不变。此外，在符合税制改革方向和国际惯例，以及不导致利润转移和税基侵蚀的前提下，积极研究完善境外所得税收抵免的税收政策。

（三）加强组织实施

按照党中央、国务院统一部署，在国务院自由贸易试验区工作部际联席会议统筹协调下，由陕西省完善试点任务组织实施保障机制，按照总体筹划、分步实施、率先突破、逐步完善的原则加快实施；按照既有利于合力推进自贸试验区建设，又有利于各片区独立自主运作的原则，建立精简高效、统一管理、分级负责的自贸试验区管理体系。各有关部门要大力支持，及时制定实施细则或办法，加强指导和服务，共同推进相关体制机制创新，把自贸试验区建设好、管理好。在实施过程中，要创新思路、寻找规律、解决问题、积累经验；要充分发挥地方和部门的积极性，因地制宜、突出特色，做好对比试验和互补试验；要抓好改革措施的落实，重大事项要及时向国务院请示报告。

（四）总结推广可复制的试点经验

自贸试验区要及时总结改革创新经验和成果。国务院自由贸易试验区工作部际联席会议办公室要会同陕西省人民政府及有关部门，及时总结评估自贸试验区改革开放创新试点任务实施效果，加强各领域试点经验系统集成，并委托第三方机构进行独立评估。对试点效果好、风险可控且可复制可推广的成果，实施分类审查程序后复制推广至全国其他地区。

中国（四川）自由贸易试验区总体方案

国务院

2017年3月15日

建立中国（四川）自由贸易试验区（以下简称自贸试验区）是党中央、国务院作出的重大决策，是新形势下全面深化改革、扩大开放和深入推进西部大开发、长江经济带发展的重大举措。为全面有效推进自贸试验区建设，制定本方案。

一、总体要求

（一）指导思想

全面贯彻党的十八大和十八届三中、四中、五中、六中全会精神，深入贯彻习近平总书记系列重要讲话精神和治国理政新理念新思想新战略，认真落实党中央、国务院决策部署，统筹推进“五位一体”总体布局和协调推进“四个全面”战略布局，坚持稳中求进工作总基调，牢固树立和贯彻落实创新、协调、绿色、开放、共享的发展理念，进一步解放思想、先行先试，以开放促改革、促发展，以推进供给侧结构性改革为主线，积极培育内陆地区参与国际经济合作竞争新优势，全力打造区域协调发展新引擎，为全面深化改革和扩大开放探索新途径、积累新经验，发挥示范带动、服务全国的积极作用。

（二）战略定位

以制度创新为核心，以可复制可推广为基本要求，立足内陆、承东启西，服务全国、面向世界，将自贸试验区建设成为西部门户城市开发开放引领区、内陆开放战略支撑带先导区、国际开放通道枢纽区、内陆开放型经济新高地、内陆与沿海沿边沿江协同开放示范区。

（三）发展目标

经过三至五年改革探索，力争建成法治环境规范、投资贸易便利、创新要素集聚、监管高效便捷、协同开放效果显著的高水平高标准自由贸易园区，在打造内陆开放型经济高地、深入推进西部大开发和长江经济带发展中发挥示范作用。

二、区位布局

（一）实施范围

自贸试验区的实施范围119.99平方公里，涵盖三个片区：成都天府新区片区90.32平方公里（含成都高新综合保税区区块四〔双流园区〕4平方公里、成都空港保税物流中心〔B型〕0.09平方公里），成都青白江铁路港片区9.68平方公里（含成都铁路保税物流中心〔B型〕0.18平方公里），川南临港片区19.99平方公里（含泸州港保税物流中心〔B型〕0.21平方公里）。

自贸试验区土地开发利用须遵守土地利用、环境保护、城乡规划法律法规，符合土地利用总体规划，并符合节约集约用地的有关要求。

（二）功能划分

按区域布局划分，成都天府新区片区重点发展现代服务业、高端制造业、高新技术、临空经济、口岸服务等产业，建设国家重要的现代高端产业集聚区、创新驱动发展引领区、开放型金融产业创新高地、商贸物流中心和国际性航空枢纽，打造西部地区门户城市开放高地；成都青白江铁路港片区重点发展国际商品集散转运、分拨展示、保税物流仓储、国际货代、整车进口、特色金融等口岸服务业和信息服务、科技服务、会展服务等现代服务业，打造内陆地区联通丝绸之路经济带的西向国际贸易大通道重要支点；川南临港片区重点发展航运物流、港口贸易、教育医疗等现代服务业，以及装备制造、现代医药、食品饮料等先进制造和特色优势产业，建设成为重要区域性综合交通枢纽和成渝城市群南向开放、辐射滇黔的重要门户。

按海关监管方式划分，自贸试验区内的海关特殊监管区域重点探索以贸易便利化为主要内容的制度创新，开展保税加工、保税物流、保税服务等业务；非海关特殊监管区域重点探索投资、金融、创新创业等制度改革，完善事中事后监管，积极发展现代服务业和高端制造业。

三、主要任务和措施

（一）切实转变政府职能

1. 推进简政放权。按照权责一致原则，建立行政权责清单制度，明确政府职能边界。深化政府机构改革，探索设立法定机构，推进相关政府机构从直接提供公共服务转变为通过合同管理交由第三方机构提供。深化行政审批制度改革，最大限度取消行政审批事项。推进行政审批标准化、信息化建设，探索全程电子化登记、电子营业执照管理。放宽企业名称表述限制，开放企业名称数据库，推行企业名称自主申报、网上核准，完善企业名称争议纠纷处理机制。放宽企业住所登记条件，探索以邮政通信地址作为企业住所的登记方式。建立“一窗受理、协同审批”的“一站式”高效服务模式，建设市场准入统一平台，实现多部门信息共享和协同管理。依托“互联网＋税务”，创新税收征管服务。

2. 构建事中事后监管体系。推进统一社会信用代码制度建设和部门间数据交换共享，建设公共信用信息目录和运用清单。完善社会信用体系，推动各部门间依法履职信息的联通和共享。健全守信激励和失信惩戒机制。建立企业网上信用承诺制度。政府部门加强对第三方企业信用征信、评估机构开展企业登记评价工作的引导和监督检查。规范开放征信服务，为公民、企业、社会组织、司法部门、政府机构提供信用查询等服务。在监管、执法等方面全面推行“双随机”抽查监管机制。完善行业监管制度和资格审查制度，进一步规范开展文化、教育、信息服务的内容审查。构建事前提醒告知、轻微违法约谈与告诫、严重违法依法处置的“三段式”监管方式。建立健全律师、公证员、司法鉴定人员等法律服务工作者诚信执业制度、违法违规执业惩戒制度。

3. 优化法治环境。建立统一集中的综合行政执法体系，相对集中执法权，建设网上执法办案系统，建设联勤联动指挥平台。建立健全国际仲裁、商事调解机制。对标高标准国际规则，强化企业责任，完善工资支付保障机制，建立工作环境损害监督等制度，严格执行环境保护法规和标准，探索开展出口产品低碳认证。配合商务部开展经营者集中反垄断审查。建立健全廉洁监督机制。开展知识产权综合管理改革试点。紧扣创新发展需求，发挥专利、商标、版权等知识产权的引领作用，打通知识产权创造、运用、保护、管理、服务全链条，建立高效的知识产权综合管理体制，构建便民利民的知识产权公共服务体系，探索支撑创新发展的知识产权运行机制，推动形成权界清晰、分工合理、责权一致、运转高效、法治保障的体制机制。探索建立自贸试验区跨部门知识产权执法协作机制，完善纠纷调解、援助、仲裁工作机制。

4. 建设多方参与的社会治理新体系。健全依法决策机制，明确重大行政决策的范围和标准，把专家咨询、社会听证、第三方评估作为重大行政决策必经程序，建立决策问责和纠错机制。建立行政咨询体系，成立由专业人士组成的专业咨询委员会，为自贸试验区发展提供咨询。编制向社会组织转移职能目录，将由政府部门承担的资产评估、鉴定、认证、检验检测等逐步交由专业服务机构承担。

（二）统筹双向投资合作

5. 提升利用外资水平。对外商投资实行准入前国民待遇加负面清单管理制度，着力构建与负面清单管理方式相适应的事中事后监管制度。外商投资准入特别管理措施（负面清单）之外领域的外商投资项目（国务院规定对国内投资项目保留核准的除外）和外商投资企业设立及变更实行备案制，由自贸试验区负责办理。进一步减少或取消外商投资准入限制，提高开放度和透明度，做好对外开放的压力测试和风险测试。允许在自贸试验区内注册的符合条件的中外合资旅行社，从事除台湾地区以外的出境旅游业务；鼓励外资企业通过多种形式参与投资医疗服务业；鼓励外资发展“互联网＋”健康服务。积极有效引进境外资金、先进技术和高端人才，提升利用外资综合质量。外商在自贸试验区投资适用《自由贸易试验区外商投资准入特别管理措施（负面清单）》和《自由贸易试验区外商投资国家安全审查试行办法》。探索强化外商投资实际控制人管理，建立外商投资信息报告制度和外商投资信息公示平台，充分发挥国家企业信用信息公示系统作用，提升外商投资全周期监管的科学性、规范性和透明度。完善投资者权益保障机制，允许符合条件的境外投资者自由转移其投资收益。

6. 构筑对外投资服务促进体系。实施对外投资管理体制改革，确立企业对外投资主体地位，支持企业开展多种形式的境外投资合作，在法律法规规定的范围内，允许自担风险到境外自由承揽项目。建立对外投资合作“一站式”服务平台。加强境外投资事后管理和服务，完善境外资产和人员安全风险预警和应急保障体系。依托港澳在金融服务、信息资讯、国际贸易网络、风险管理等方面的优势，将自贸试验区建设成为企业“走出去”的窗口和综合服务平台。

7. 创新国际产能合作。对一般性境外投资项目和设立企业实行备案制。为企业对外投资提供高效优质的金融支持和服务保障。鼓励地方政府引入社会资本在自贸试验区内设立境内机构投资者投资基金和境外合作基金。提高办理境外资产评估和抵押处置手续便利化程度。探索开展知识产权、股权、探矿权、采矿权、应收账款、订单、出口退税等抵质押融资业务。推动企业用好“内保外贷”等政策，开展企业“走出去”综合性金融创新服务。加快“中国标准”国际化推广，积极开展与主要贸易国别标准的比对，推动认证认可结果与主要贸易投资合作国家（地区）双向互认。加强与港澳在项目对接、投资拓展、信息交流、人才培训等方面交流合作，共同赴境外开展基础设施建设和能源资源等合作。

8. 深化园区国际合作。坚持引资、引智、引技与优势产业、产品、技术及服务“走出去”相结合，围绕产业合作、科技创新、中小企业合作、职业教育、新型城镇化等领域合作发展，采取“平台 + 园区”、“政府 + 机构 + 企业”的共享开放合作模式，支持在自贸试验区内建设国别产业合作园区，推进创新创业、产业升级。探索建立土地节约集约利用新模式，自贸试验区内土地可以按不同功能用途混合利用，允许同一地块或同一建筑兼容多种功能，产业用地实行弹性年期供应，根据产业政策和项目类别可采取先租后让、差异化年期出让等供地措施。

9. 深化国有企业改革。坚持市场化导向，进一步完善自贸试验区内国有企业现代企业制度，建立健全长效激励约束机制，提升国有资本监管的针对性和有效性。设立国有资本运营平台，提升资本运营能力和水平。鼓励国有企业依托自贸试验区探索创新发展新路径。进一步推进自贸试验区内国有企业产权多元化改革，稳妥发展混合所有制经济。探索国家铁路运输企业、国家铁路控股合资铁路公司与地方政府合作参与成都国际铁路港运营管理，推动铁路资源有效整合。

（三）推动贸易便利化

10. 加快服务贸易创新发展。加快推进服务贸易创新发展试点，积极探索服务贸易发展新模式，建立完善服务贸易公共服务体系和贸易促进平台。重点推进与欧洲地区在产业人才合作、企业对接联动、项目载体共建、商务环境优化等领域的深入合作，提升对欧服务贸易水平。加快发展技术创新和商业模式创新相融合的新兴服务贸易和技术贸易。在海关特殊监管区域内不断拓展保税维修、检测、研发等业务。对注册在自贸试验区海关特殊监管区域内的融资租赁企业进出口飞机、船舶、海洋工程结构物等大型结构设备涉及跨关区的，在确保有效监管和执行现行相关税收政策的前提下，按物流实际需要，实行海关异地委托监管。在环境风险可控的前提下，支持在海关特殊监管区域内开展航空发动机等高技术含量、高附加值商品境内外维修业务试点。鼓励发展动漫创意、信息管理、数据处理、供应链管理等服务外包产业。搭建便利化的知识产权公共服务平台，设立知识产权服务工作站，大力发展知识产权专业服务业。探索建立自贸试验区重点产业专利导航制度和重点产业快速协同保护机制。依托现有交易场所开展知识产权跨境交易，推动建立市场化运作的知识产权质物处置机制。支持和鼓励商标品牌服务机构在品牌设计、价值评估、注册代理、法律服务等方面不断提升服务水平。扩大对外文化贸易和版权贸易。深化艺术品交易市场功能拓展，支持在海关特殊监管区域（保税监管场所）内开展艺术品保税业务，为境内外艺术品生产、物流、仓储、展示和交易提供服务，对从境外进入海关特殊监管区域（保税监管场所）的文化产品，除法律、行政法规和规章另有规定的外，不实行许可证管理。创新文化服务海外推广模式，支持发展以传统手工技艺、武术、戏曲、民族音乐和舞蹈等为代表的非物质文化遗产与旅游、会展、品牌授权相结合的开发模式，鼓励广播影视、新闻出版等企业以项目合作方式进入国际市场，试点国外巡演的商业化运作。大力发展中医药服务贸易，建立四川省中医药服务及贸易大平台，积极与境外开展中药材种植、研发等合作，鼓励开展中医药国际健康旅游线路建设，扩大国际市场。允许境外服务提供者以跨境交付形式提供管理培训、咨询服务。

11. 促进服务要素自由流动。为服务贸易专业人才出入境提供便利。研究制定自贸试验区外籍高层次人才认定办法，落实人才签证实施细则，明确外国人才申请和取得人才签证的标准条件和办理程序。对外籍高层次人才开辟绿色通道、简化手续，为高层次人才入出境、工作、在华停居留提供便利。允许获得硕士及以上学位的优秀外国留学生毕业后直接在自贸试验区工作。提供有针对性的指导服务和语言学习机会，多形式多渠道帮助外国人才更好地融入中国社会。创新建设国际社区，探索外籍人士参与社区治理模式。

12. 助推外贸转型升级。在执行现行税收政策的前提下，允许在自贸试验区非海关特殊监管区域内依托现有交易场所开展大宗商品交易。完善进口商品网络零售和进出口分拨物流体系。探索中欧班列（成都）邮（快）件运输，推动跨境电子商务发展。探索建立适应跨境电商贸易特点的检验检疫监管机制。在严格执行货物进出口税收政策前提下，允许在海关特殊监管区域内设立保税展示交易平台。在海关特殊监管区域内推动保税售后维修业务升级，构建“全球市场销售、本地运营结算”的新型外贸业态新模式。

13. 创新口岸服务机制。加大对口岸和场站公共服务的政策和资金支持。制定口岸作业、报关报检、查验等环节的工作和服务标准。创新税收担保模式，推行涉税担保信息化管理，支持符合条件的涉税担保业务适用总担保制度。建设完善四川电子口岸，依托电子口岸公共平台建设国际贸易“单一窗口”，实现口岸服务一体化。推动口岸监管部门信息互换、监管互认、执法互助。推进企业运营信息与监管系统对接，鼓励企业参与“自主报税、自助通关、自动审放、重点稽核”等监管制度创新试点。创新自贸试验区国际会展检验检疫监管模式。探索检验检疫证书国际联网核查机制。支持自贸试验区与“一带一路”沿线国家开展海关、检验检疫、认证认可、标准计量等方面的合作与交流，探索与“一带一路”沿线国家开展贸易供应链安全与便利合作。

14. 优化监管通关流程。实施 24 小时预约通关服务，建立进出口货物口岸放行时间评价体系。健全与跨境电子商务、进口特殊商品指定口岸、外贸综合服务发展相适应的通关管理机制。积极推动实施一体化通关。积极推进无纸化申报、无纸化放行，探索施检过程无纸化。在确保有效监管前提下，鼓励口岸监管部门优化查验机制。建设空、铁、公、水多式联运物流监管中心，多方联网共享物流全程信息，实现多式联运货物“单一窗口”办理。深化保税货物流转模式改革。对资信良好、管理规范、符合海关监管要求的企业，探索实施自动备案、自核单耗和自主核报。试行企业“主动披露”制度，对企业主动报告海关未发现的违规事项，可依法视情从轻、减轻或不予行政处罚。在确保有效监管前提下，在海关特殊监管区域探索建立货物状态分类监管模式。支持区外法人企业依法在海关特殊监管区域（保税监管场所）内设立分支机构。加强与深圳、珠海等口岸机构的沟通与合作，全面实现供港澳蔬菜出口直放。

（四）深化金融领域改革创新

15. 促进跨境投融资便利化。探索建立与自贸试验区相适应的本外币账户管理体系，促进跨境贸易、投融资结算便利化。鼓励允许自贸试验区内法人金融机构和企业按照有关规定在境外发行人民币和外币债券，所筹资金可根据需要调回自贸试验区内使用。支持符合条件的企业参与跨国公司总部外汇资金集中运营管理和跨境双向人民币资金池业务。支持跨国公司成立全球或区域结算中心。研究探索自贸试验区内银行业金融机构在依法合规、风险可控的前提下，向境外销售人民币理财产品、开展人民币项下跨境担保等业务。允许自贸试验区内符合条件的金融机构和企业按照规定开展境外证券投资业务。

16. 增强金融服务功能。在符合现行法律法规及政策导向的前提下，支持在自贸试验区内设立银行、证券、保险等金融机构。支持外资银行和中外合资银行在自贸试验区内设立营业性机构，发挥外资银行跨境业务的网络平台优势，为跨境企业提供综合金融服务。支持银行业金融机构与已获相应业务许可资质的非银行支付机构合作开展企业和个人跨境货物贸易、服务贸易人民币结算服务。加快发展金融 IC 卡（芯片银行卡）和移动金融，打造金融 IC 卡无障碍示范区。优化境外银行卡刷卡消费环境。支持在自贸试验区内设立货币兑换、征信等专业化机构。支持符合条件的自贸试验区内机构按照规定投资境内外证券市场。支持股权托管交易机构在自贸试验区内建立综合金融服务平台。依托现有交易场所开展长江上游生产要素国际交易业务以及粮食、矿石和建筑材料等大宗商品现货交易业务。支持设立健康、科技、养老等专业保险机构。支持注册在自贸试验区内的法人寿险机构创新发展。支持自贸试验区内保险机构大力开展跨境人民币再保险。鼓励各类保险机构在自贸试验区创新特殊风险分散机制，开展特殊风险保险业务。鼓励保险公司创新保险产品，不断拓展责任保险服务领域。建立完善巨灾保险制度。支持专业性保险中介机构等服务机构以及从事再保险业务的社会组织和个人在自贸试验区依法开展相关业务，为保险业发展提供专业技术配套服务。探索与“一带一路”沿线国家的金融合作。支持符合条件的“一带一路”沿线国家的金融机构在自贸试验区以人民币进行新设、增资或参股自贸试验区金融机构等直接投资活动。进一步简化经常项目外汇收支手续，在真实、合法交易基础上，自贸试验区内货物贸易外汇管理分类等级为A类企业的外汇收入无需开立待核查账户。银行按照“了解客户、了解业务、尽职审查”的展业三原则办理经常项目收结汇、购付汇手续。

17．发展新兴金融业态。积极引进设立各类金融总部、专业子公司、区域总部等机构。支持民营资本依法合规进入金融业，依法设立财务公司、汽车金融公司和消费金融公司等金融机构，支持符合条件的境内纯中资民营企业发起设立民营银行。地方可结合实际试点设立地方资产管理公司和并购基金等。研究探索自贸试验区内金融机构在依法合规、风险可控的前提下，依托各类跨境投融资工具，研发跨市场投资理财产品。支持自贸试验区发展科技金融，按照国务院统一部署，积极争取纳入投贷联动试点，促进创业创新。鼓励通过社会资本设立融资担保基金，缓解中小微企业融资难。支持符合条件的内地和港澳台机构在自贸试验区设立金融租赁公司、融资租赁公司，鼓励在飞机、船舶及其零部件、机器人、农机、医疗设备及基础设施等领域开展业务，支持其在符合相关规定前提下，设立项目公司开展境内外融资租赁业务。支持在海关特殊监管区域内开展飞机融资租赁。允许自贸试验区内符合条件的融资租赁业务收取外币租金。进一步推进内资融资租赁企业试点，注册在自贸试验区内的内资融资租赁试点企业由自贸试验区所在省级商务主管部门和同级国家税务局审核；加强事中事后监管，探索建立融资租赁企业设立和变更的备案制度、违反行业管理规定的处罚制度、失信和经营异常企业公示制度、属地监管部门对企业定期抽查检查制度。支持租赁业境外融资，鼓励各类租赁公司扩大跨境人民币资金使用范围。鼓励国内期货交易所在自贸试验区的海关特殊监管区域内开展期货保税交易、仓单质押融资等业务。支持证券业经营机构在自贸试验区内依法设立分支机构或专业子公司。支持商业保理业务发展，探索适合商业保理业务发展的监管模式。

18．探索创新金融监管机制。探索建立与自贸试验区相适应的新型风险监管体系。落实风险为本的原则，探索建立跨境资金流动风险监管机制，强化开展反洗钱、反恐怖融资、反逃税工作，防止非法资金跨境、跨区流动。鼓励金融行业协会、自律组织独立或者联合依法开展专业调解，建立调解与仲裁、诉讼的对接机制，加大对金融消费者维权的支持力度。支持建立健全金融消费者教育服务体系，积极创新自贸试验区特色多元化金融消费者教育产品和方式。

（五）实施内陆与沿海沿边沿江协同开放战略

19．增强产业辐射带动能力。探索形成有利于高端制造业和现代服务业向自贸试验区集聚集群发展的体制机制。探索自贸试验区与周边地区产业合作新路径，促进区域产业合理布局、优势互补、错位发展。促进研发设计、生产销售和物流配送等环节协同配合。建立市场化运作的产业基金，建立产业协作发展和收益分享机制。发挥川酒优势，在自贸试验区内探索白酒产销体制创新。深化中国国际酒业博览会功能，依托现有交易场所开展国际性酒类产品展示、投资、技术等交易，打造中国白酒创新创业集聚地。依法合规开展大宗商品现货交易，加快推进大宗商品现货市场发展，强化监管、创新制度、探索经验。推动西部地区区域金融合作，依托现有交易场所在西部地区开展产权、技术、排污权、碳排放权等交易。鼓励企业跨区域兼并重组，在基础设施、公共设施建设运营领域，推广政府和社会资本合作等投融资模式。构建自贸试验区与陕滇黔渝藏等西部地区、东部发达地区和长江经济带的国家级开发区协同合作机制，探索共建产业合作园区。探索自贸试验区与其他长江经济带自贸试验区协同开放机制，实现成果共享、监管互认、业务互通。积极承接东部地区优势产业转移，着力打造与东部产业配套协作的高端制造业、现代服务业和临港产业基地。

20．畅通国际开放通道。依托双流航空枢纽、成都国际铁路港、川南临港口岸，构建与“一带一路”沿线相关国家和长江经济带空、铁、公、水联运的综合物流服务体系。支持成都国际铁路港建设国家对外开放口岸，依托中欧班列（成都）等打造国际铁路运输重要枢纽，推进与泛欧泛亚国家（地区）枢纽城市的互联互通。积极探索与“一带一路”沿线国家相关机构在运输安全、环境保护、通关查验等方面建立合作机制。加快推进国际航空枢纽建设，大力发展临空经济。支持国际航班代码共享，鼓励符合条件的航空公司新开、加密、优化国际（地区）国内航线。构建国际（地区）国内有效衔接、相互支撑的航线网络和航班时刻分配机制。允许设立符合条件的全货运基地航空公司。优化多种运输方式衔接、中转流程，完善多式联运标准和服务规则，探索与沿海沿边沿江重要枢纽城市高效联运新模式，加速构建集高铁、地铁、城际铁路、高速公路于一体的综合交通体系，建设中欧陆空联运基地。推进内陆地区国际多式联运示范建设，试点签发具备物权凭证性质的多式联运提单，探索多式联运“一单制”。在交通运输领域，完善快件处理设施和绿色通道。加快发展快递等现代物流业。

21．打造沿江开放口岸。支持川南临港片区设立国家对外开放口岸，加快建设高等级航道，促进与长江主要港口的协同开放合作。打造长江口岸现代航运服务系统，推进水运口岸“单一窗口”试点。支持开展内外贸同船运输、国轮捎带业务。大力发展船舶交易、航运物流信息、船员培训、船舶维修等航运服务业。创新长江船舶登记制度，优化船舶运营、检验与登记业务流程，简化入区申报手续，试行电子数据自动填报，加快智能物流网络建设。推进与沿海沿江口岸信息对接互联。大力发展长江航运金融服务，探索组建专业化地方法人航运保险机构，鼓励境内外航运服务中介机构设立营业机构。

（六）激活创新创业要素

22．优化创新创业制度环境。建立完善技术类无形资产交易制度，制定技术类国有无形资产管理办法。加强国际科技合作平台建设。在海关特殊监管区域内创新企业研发进口设备及材料监管模式，降低企业研发成本。

23．创新科技金融服务机制。建立科技企业信用评价体系和标准，引导金融机构探索完善科技企业信用风险管理机制。引导境内外资本为创新创业项目提供投融资支持，拓宽创新创业项目境外融资渠道。

24．整合全球创新创业要素。加强与发达国家（地区）在高端技术、重点技术领域的联合研究和技术引进。引导国内外知名孵化机构和优秀平台运营团队参与构建“众创空间—孵化器—加速器—产业园”全链条创新创业体系。探索本土高校自主扩大海外留学生招生规模，与国外高校合作开展学科建设。开展海外人才离岸创新创业试点，完善创新创业人才社会服务机制。

四、保障机制

（一）强化法制保障

自贸试验区需要暂时调整实施有关行政法规、国务院文件和经国务院批准的部门规章的部分规定的，按规定程序办理。各有关部门要支持自贸试验区在各领域深化改革开放试点、加大压力测试、加强监管、防控风险，做好与相关法律立改废释的衔接，及时解决试点过程中的制度保障问题。四川省要通过地方立法，建立与试点要求相适应的自贸试验区管理制度。

（二）完善配套税收政策

落实现有相关税收政策，充分发挥现有政策的支持促进作用。中国（上海）自由贸易试验区、中国（广东）自由贸易试验区、中国（天津）自由贸易试验区和中国（福建）自由贸易试验区已经试点的税收政策原则上可在自贸试验区进行试点，其中，促进贸易的选择性征收关税、其他相关进出口税收等政策在自贸试验区内的海关特殊监管区域进行试点。自贸试验区内的海关特殊监管区域范围和税收政策适用范围维持不变。此外，在符合税制改革方向和国际惯例，以及不导致利润转移和税基侵蚀的前提下，积极研究完善境外所得税收抵免的税收政策。

（三）加强组织实施

按照党中央、国务院统一部署，在国务院自由贸易试验区工作部际联席会议统筹协调下，由四川省完善试点任务组织实施保障机制，按照总体筹划、分步实施、率先突破、逐步完善的原则加快实施。按照既有利于整体推进自贸试验区建设，又有利于发挥各片区积极性的原则，建立精简高效、统筹协调的自贸试验区管理体系。各有关部门要大力支持，及时制定实施细则或办法，加强指导和服务，共同推进相关体制机制创新，把自贸试验区建设好、管理好。在实施过程中，要创新思路、寻找规律、解决问题、积累经验；要充分发挥地方和部门的积极性，因地制宜、突出特色，做好对比试验和互补试验；要抓好改革措施的落实，重大事项要及时向国务院请示报告。

（四）总结推广可复制的试点经验

自贸试验区要及时总结改革创新经验和成果。国务院自由贸易试验区工作部际联席会议办公室要会同四川省人民政府及有关部门，及时总结评估自贸试验区改革开放创新试点任务实施效果，加强各领域试点经验系统集成，并委托第三方机构进行独立评估。对试点效果好、风险可控且可复制可推广的成果，实施分类审查程序后复制推广至全国其他地区。

中国（重庆）自由贸易试验区总体方案

国务院

2017年3月15日

建立中国（重庆）自由贸易试验区（以下简称自贸试验区）是党中央、国务院作出的重大决策，是新形势下全面深化改革、扩大开放和深入推进“一带一路”建设、长江经济带发展、西部大开发战略的重大举措。为全面有效推进自贸试验区建设，制定本方案。

一、总体要求

（一）指导思想

全面贯彻党的十八大和十八届三中、四中、五中、六中全会精神，深入贯彻习近平总书记系列重要讲话精神和治国理政新理念新思想新战略，认真落实党中央、国务院决策部署，统筹推进“五位一体”总体布局和协调推进“四个全面”战略布局，坚持稳中求进工作总基调，牢固树立和贯彻落实创新、协调、绿色、开放、共享的发展理念，进一步解放思想、先行先试，以开放促改革、促发展，努力为新形势下内陆开放型经济发展起到示范引领作用，为“一带一路”建设和长江经济带发展打好坚实基础，为全面深化改革和扩大开放探索新途径、积累新经验，发挥示范带动、服务全国的积极作用。

（二）战略定位

以制度创新为核心，以可复制可推广为基本要求，全面落实党中央、国务院关于发挥重庆战略支点和连接点重要作用、加大西部地区门户城市开放力度的要求，努力将自贸试验区建设成为“一带一路”和长江经济带互联互通重要枢纽、西部大开发战略重要支点。

（三）发展目标

经过三至五年改革探索，努力建成投资贸易便利、高端产业集聚、监管高效便捷、金融服务完善、法治环境规范、辐射带动作用突出的高水平高标准自由贸易园区，努力建成服务于“一带一路”建设和长江经济带发展的国际物流枢纽和口岸高地，推动构建西部地区门户城市全方位开放新格局，带动西部大开发战略深入实施。

二、区位布局

（一）实施范围

自贸试验区的实施范围119.98平方公里，涵盖3个片区：两江片区66.29平方公里（含重庆两路寸滩保税港区8.37平方公里），西永片区22.81平方公里（含重庆西永综合保税区8.8平方公里、重庆铁路保税物流中心〔B型〕0.15平方公里），果园港片区30.88平方公里。

自贸试验区土地开发利用须遵守土地利用、环境保护、城乡规划法律法规，符合土地利用总体规划，并符合节约集约用地的有关要求。

（二）功能划分

按区域布局划分，两江片区着力打造高端产业与高端要素集聚区，重点发展高端装备、电子核心部件、云计算、生物医药等新兴产业及总部贸易、服务贸易、电子商务、展示交易、仓储分拨、专业服务、融资租赁、研发设计等现代服务业，推进金融业开放创新，加快实施创新驱动发展战略，增强物流、技术、资本、人才等要素资源的集聚辐射能力；西永片区着力打造加工贸易转型升级示范区，重点发展电子信息、智能装备等制造业及保税物流中转分拨等生产性服务业，优化加工贸易发展模式；果园港片区着力打造多式联运物流转运中心，重点发展国际中转、集拼分拨等服务业，探索先进制造业创新发展。

按海关监管方式划分，自贸试验区内的海关特殊监管区域重点探索以贸易便利化为主要内容的制度创新，开展保税加工、保税物流、保税服务等业务；非海关特殊监管区域重点探索投资领域开放、投资管理体制改革、完善事中事后监管，推动金融制度创新，积极发展高端制造业和现代服务业。

三、主要任务和措施

（一）建设法治化国际化便利化营商环境

1. 优化法治环境。在扩大开放的制度建设上大胆探索、先行先试，加快形成高标准投资贸易规则体系。按照统一、公开、公平原则，试点开展对内对外开放的执法与司法建设，实现各类主体公平竞争。对涉及自贸试验区投资贸易等商事案件，建立专业化审理机制。支持发展国际仲裁、商事调解机制。开展知识产权综合管理改革试点。紧扣创新发展需求，发挥专利、商标、版权等知识产权的引领作用，打通知识产权创造、运用、保护、管理、服务全链条，建立高效的知识产权综合管理体制，构建便民利民的知识产权公共服务体系，探索支撑创新发展的知识产权运行机制，推动形成权界清晰、分工合理、责权一致、运转高效、法治保障的体制机制。搭建便利化的知识产权公共服务平台，设立知识产权服务工作站，大力发展知识产权专业服务业。探索建立自贸试验区跨部门知识产权执法协作机制，完善纠纷调解、援助、仲裁工作机制。探索建立自贸试验区重点产业专利导航制度和重点产业快速协同保护机制。

2. 深化行政管理体制改革。以切实维护国家安全和市场公平竞争为原则，加强各部门与重庆市人民政府的协同，完善政府的经济调节、市场监管、社会管理和公共服务职能，提高维护经济社会安全的服务保障能力。按照权责一致原则，建立行政权责清单制度，明确政府职能边界。深化行政审批制度改革，进一步取消和调整行政审批项目，健全行政审批服务体系。进一步创新和优化服务，推进政府部分职能向行业协会商会转移试点，减少政府对微观事务的管理。探索建立以综合监管为基础、专业监管为支撑的事中事后监管体系。构建市场主体自律、业界自治、社会监督、政府监管“四位一体”的综合监管体系，充分发挥社会多元共治的作用。完善社会信用体系，推动各部门间依法履职信息的联通和共享。健全守信激励和失信惩戒机制。健全市场主体权益保障机制。公开权力运行流程，完善网上行政审批系统，探索建立体现投资者参与、符合国际规则的信息公开机制。配合商务部开展经营者集中反垄断审查。

3．提高行政管理效能。重庆市依法向自贸试验区下放经济管理权限，精简行政机构，提高行政效能。实施全程电子化登记和电子营业执照管理，建立“一口受理、同步审批”的“一站式”高效服务模式。完善企业准入“一窗式”受理制度，实现多部门信息共享和协同管理。推动税收服务创新，包括一窗国地办税、一厅自助办理、培训辅导点单、缴纳方式多元化、业务自主预约、税银信息互动、税收遵从合作、创新网上服务等举措。建设社区服务中心，统筹自贸试验区内社会事务，完善便民服务机制，提供高标准的社区公共服务和市政管理服务。

（二）扩大投资领域开放

4．提升利用外资水平。对外商投资实行准入前国民待遇加负面清单管理制度，着力构建与负面清单管理方式相适应的事中事后监管制度。外商投资准入特别管理措施（负面清单）之外领域的外商投资项目（国务院规定对国内投资项目保留核准的除外）和外商投资企业设立及变更实行备案制，由自贸试验区负责办理。进一步减少或取消外商投资准入限制，提高开放度和透明度，做好对外开放的压力测试和风险测试。积极有效引进境外资金、先进技术和高端人才，提升利用外资综合质量。外商在自贸试验区内投资适用《自由贸易试验区外商投资准入特别管理措施（负面清单）》和《自由贸易试验区外商投资国家安全审查试行办法》。探索强化外商投资实际控制人管理，建立外商投资信息报告制度和外商投资信息公示平台，充分发挥国家企业信用公示系统作用，提升外商投资全周期监管的科学性、规范性和透明度。建立多部门共享的外资管理综合信息数据系统。完善投资者权益保障机制，允许符合条件的境外投资者自由转移其投资收益。

5．构筑对外投资服务促进体系。实施对外投资管理体制改革，确立企业对外投资主体地位，对不涉及敏感国家和地区、敏感行业的境外投资项目实行备案制，支持企业开展多种形式的境外投资合作，在法律法规规定的范围内，允许自担风险到境外开展投资合作。鼓励企业创新对外投资合作方式。依托港澳在金融服务、信息资讯、国际贸易网络、风险管理等方面的优势，将自贸试验区建设成为内地企业“走出去”的窗口和综合服务平台。加强与港澳在项目对接、投资拓展、信息交流、人才培训等方面交流合作，共同开拓国际市场。加强境外投资事后管理和服务，完善境外资产和人员安全风险预警和应急保障体系。

（三）推进贸易转型升级

6．促进加工贸易转型升级。充分发挥重庆作为加工贸易承接转移示范地的优势和作用，在自贸试验区打造产业梯度转移的国际加工基地，完善以“整机＋核心零部件＋原材料”为龙头的全流程产业链，推动加工贸易由水平分工变为垂直整合，鼓励向产业链、价值链高端拓展，提高附加值。探索“产业链＋价值链＋物流链”的内陆加工贸易发展新模式。实施仓储企业联网监管，实行加工贸易工单式核销，探索更为先进的核销制度。支持在自贸试验区设立符合内销规定的加工贸易产品内销平台，建设加工贸易产品内销后续服务基地。大力培育高端饰品、精密仪器、智能机器人、集成电路、平板显示等加工贸易新产业集群，搭建加工贸易转型升级的技术研发、工业设计、知识产权等公共服务平台。

7．大力发展服务贸易。鼓励跨国公司在自贸试验区设立地区性总部、研发中心、销售中心、维修中心、物流中心和结算中心，鼓励先进制造业延伸价值链，与现代服务业融合发展。支持“互联网+”发展，推进互联网与现代制造产业深度融合，推广大数据分析在商贸服务、医疗、教育、金融和公共管理等领域的应用。大力发展面向设计开发、生产制造、售后服务全过程的检验检测、标准、认证等第三方服务。鼓励开展研发设计、高技术高附加值产品开发和面向全球市场、风险可控的境内外维修、检测、拆解等业务。依托自贸试验区内的海关特殊监管区域，加快发展对外文化贸易，支持开展面向全球的保税文化艺术品的展示、拍卖、交易业务。深化艺术品交易市场功能拓展。培育文化产业，重点发展影视后期制作、光盘复刻、印刷、胶片拷贝等。

8. 加快发展新型贸易。支持自贸试验区内企业开展全球维修、国际分拨中转等业务。鼓励开展国内商品海外寄售代销业务。支持发展市场采购贸易。大力发展转口贸易，放宽海运货物直接运输判定标准。在自贸试验区海关特殊监管区域内，大力发展临空产业，拓宽进境维修领域，加快发展航空维修业务。允许在自贸试验区海关特殊监管区域内开展进口汽车整车保税仓储业务和保税货物质押融资业务。支持符合条件的境内外机构在自贸试验区内设立金融租赁公司、融资租赁公司，开展飞机、船舶和大型工程设备等融资租赁业务。按照公平竞争原则，积极发展跨境电子商务，完善相应的海关监管、检验检疫、退税、物流等支撑系统，加快推进跨境贸易电子商务配套平台建设。支持在自贸试验区海关特殊监管区域内建立进出口货物集散中心。支持发展国际快递物流，条件具备时，在自贸试验区试点航空快件国际中转集拼业务。支持国内外快递企业在自贸试验区内的非海关特殊监管区域，办理符合条件的国际快件属地报关、报检业务。

9. 实施高效监管服务模式。探索创新海关特殊监管区域监管模式、监管制度。在自贸试验区海关特殊监管区域内，实施“一线放开”、“二线安全高效管住”的通关监管服务模式。根据自贸试验区发展需求，不断探索口岸监管制度创新。推进将企业运营信息纳入监管系统。逐步实现基于企业诚信评价和商品风险评估的货物抽检制度。除废物原料、危险化学品及其包装、散装货物外，检验检疫在一线实行“进出境检疫，重点和敏感商品检验”模式，创新监管技术和方法；在二线简化检验检疫流程，推行“方便进出，严密防范质量安全风险”的检验检疫监管模式。推进自贸试验区检验检疫电子服务平台、数据交换平台和检验检疫智能执法系统建设，提高检验检疫对各类新业态的信息监管服务水平。探索内陆通关及口岸监管“空检通放”新模式。

10. 推进通关机制创新。深化保税货物流转模式改革。在确保有效监管前提下，在海关特殊监管区域探索建立货物状态分类监管模式。对注册在自贸试验区海关特殊监管区域内的融资租赁企业进出口飞机、船舶、海洋工程结构物等大型设备涉及跨关区的，在确保有效监管和执行现行相关税收政策的前提下，按物流实际需要，实行海关异地委托监管。推进海关通关一体化改革。鼓励企业参与“自主报税、自助通关、自动审放、重点稽核”等监管制度创新试点。依托电子口岸公共平台，完善国际贸易“单一窗口”的货物进出口、运输工具进出境、贸易协定实施等应用功能，进一步优化口岸监管执法流程和通关流程，实现贸易许可、资质登记等平台功能，将涉及贸易监管的部门逐步纳入“单一窗口”管理平台。支持将出口退税申报功能纳入国际贸易“单一窗口”建设项目。在符合监管要求和条件的前提下，支持开展进口整车在汽车整车进口口岸间转关试点。在执行现行税收政策前提下，提升超大超限货物通关、运输、口岸服务等综合能力。对入境维修复出口、入境再制造机电料件免于实施装运前检验。加快形成贸易便利化创新举措的标准化制度规范，覆盖到自贸试验区内所有符合条件的企业。

（四）深化金融领域开放创新

11. 优化跨境金融结算服务。支持自贸试验区开展适应内陆加工贸易、转口贸易等多种贸易业态的结算便利化试点。探索与要素市场跨境交易相适应的外汇收支便利化措施，支持区域要素市场开展国际贸易业务。支持发展总部经济，放宽跨国公司外汇资金集中运营管理准入条件。允许重庆市内银行业金融机构与自贸试验区内持有《支付业务许可证》且许可业务范围包括互联网支付的支付机构合作，按照有关管理政策为跨境电子商务（货物贸易或服务贸易）提供跨境本外币支付结算服务。进一步深化支付机构跨境外汇支付业务试点，在保证交易真实性情况下，逐步扩大服务贸易业务范围。

12．推动跨境人民币业务创新发展。推动自贸试验区与境外开展双向人民币融资。自贸试验区内企业可根据自身经营和管理需要，开展集团内跨境双向人民币资金池业务。允许在自贸试验区内注册的融资租赁企业开展跨境双向人民币资金池业务。允许自贸试验区内租赁企业在境外开立人民币账户用于跨境人民币租赁业务。支持自贸试验区内保险机构开展跨境人民币再保险和全球保单分入业务。研究探索区内金融机构在依法合规、风险可控的前提下向境外销售人民币理财产品、开展人民币项下跨境担保等业务。鼓励在自贸试验区内设立人民币海外投贷基金。在自贸试验区开展人民币基金投资境外项目试点政策下，开展区域性净头寸总规模约束管理试点。允许外资股权投资管理机构、外资创业投资管理机构在自贸试验区发起管理人民币股权投资和创业投资基金。鼓励自贸试验区内金融机构积极创新面向国际的人民币金融产品，扩大境外人民币投资境内金融产品的范围。支持自贸试验区内符合条件的企业按规定开展人民币境外证券投资业务。

13．探索跨境投融资便利化改革创新。探索建立与自贸试验区相适应的本外币账户管理体系，促进跨境贸易、投融资结算便利化。进一步简化经常项目外汇收支手续，在真实、合法交易基础上，自贸试验区内货物贸易外汇管理分类等级为A类企业的外汇收入无需开立待核查账户。银行按照“了解客户、了解业务、尽职审查”的展业三原则办理经常项目收结汇、购付汇业务。允许自贸试验区内符合条件的融资租赁业务收取外币租金。支持自贸试验区内企业和金融机构通过境外上市、按照有关规定发行债券及标准化金融证券等方式开展境外融资并将资金调回境内使用。支持自贸试验区内符合条件的单位和个人按照规定双向投资于境内外证券市场。逐步允许境外企业参与商品期货交易。支持商业保理业务发展，探索适合商业保理业务发展的监管模式。

14．增强跨境金融服务功能。支持符合条件的民间资本、境外资本在符合现行法律法规及政策导向的前提下，在自贸试验区内发起和参与设立金融机构。在遵循机构总部统一业务管理政策的前提下，授予自贸试验区内银行业金融机构更多业务自主权，在风险可控的前提下自主开展资金交易业务。支持证券经营机构在自贸试验区内依法设立分支机构或专业子公司。支持在自贸试验区内设立货币兑换、征信等专业化机构。支持符合条件的重庆市证券期货经营机构进入银行间外汇市场，开展人民币对外汇即期业务和衍生品交易。支持自贸试验区符合互认条件的基金产品参与内地与香港基金产品互认。支持符合条件的银行业金融机构在自贸试验区内发行大额存单，区内注册的内外资企业均可参与投资。支持在自贸试验区设立内外资再保险、外资健康保险、国际多式联运物流专业保险等机构。鼓励在自贸试验区设立保险资产管理公司、自保公司、相互制保险机构等新型保险组织，以及为保险业发展提供配套服务的保险经纪、保险代理等专业性保险服务机构。探索在自贸试验区开展巨灾保险服务创新试点。支持在自贸试验区内建立保险资产登记交易平台。鼓励国内期货交易所在自贸试验区的海关特殊监管区域内开展期货保税交易、仓单质押融资等业务。在总结期货保税交割试点经验基础上，鼓励国内期货交易所在自贸试验区的海关特殊监管区域内开展业务，扩大期货保税交割试点的品种。进一步推进内资融资租赁企业试点，注册在自贸试验区内的内资融资租赁试点企业由自贸试验区所在省级商务主管部门和同级国家税务局审核；加强事中事后监管，探索建立融资租赁企业设立和变更的备案制度、违反行业管理规定的处罚制度、失信和经营异常企业公示制度、属地监管部门对企业定期抽查检查制度。支持自贸试验区发展科技金融，按照国务院统一部署，积极争取纳入投贷联动试点。

15. 完善金融风险防控体系。落实风险为本的原则，探索建立跨境资金流动风险监管机制，强化做好反洗钱、反恐怖融资、反逃税工作，防范非法资金跨境、跨区流动。探索建立综合性金融监管协调机制，深入开展跨行业、跨市场的金融风险监测评估，加强对重大风险的预警防范，切实防范开放环境下的金融风险。

（五）推进“一带一路”和长江经济带联动发展

16. 构建多式联运国际物流体系。支持在自贸试验区内建立海关多式联运监管中心，打造覆盖铁、公、水、空多种运输方式的国际物流运输体系。依托中欧国际铁路联运通道，强化运输安全，提高运输效率，降低运输成本，构建中欧陆路国际贸易通道和规则体系，发展国际铁路联运；依托长江黄金水道，探索建立沪渝外贸集装箱“五定”快班轮三峡船闸优先放行机制，发展江海联运；依托渝昆泛亚铁路通道、东南沿海港口、陆路边境口岸，以铁路和高速公路网为陆路通道，发展铁海联运和跨区域、跨国境的国际陆路运输；依托重庆江北国际机场，探索空域和航空资源管理改革，支持国内外大型企业设立基地航空公司，完善集疏运体系，加密航线航班，构建基本覆盖全球主要经济体的航线网络。

17. 探索建立“一带一路”政策支持体系。以中欧国际铁路联运通道为重点，完善自贸试验区与“一带一路”沿线各国海关、检验检疫、标准认证部门和机构之间的通关合作机制，开展货物通关、贸易统计、“经认证的经营者”互认、检验检测认证等方面合作，逐步实现信息互换、监管互认、执法互助。探索与“一带一路”沿线国家开展贸易供应链安全与便利化合作。支持自贸试验区内企业以自建、收购、股权合作等多种方式在“一带一路”沿线国家建立境外营销、物流、结算等区域性运营总部。支持以自贸试验区为依托，建设中德、中韩等国际经贸、产业、人文合作平台。探索共同出资、共同受益的资本运作模式，支持在自贸试验区建立市场化的合作基金，为基础设施建设、投资贸易和产业发展提供资金支持。加强自贸试验区与“一带一路”沿线国家的高校联合培养和交流合作，加快培养适合多双边贸易投资的各方面人才。研究制定自贸试验区外籍高层次人才认定办法，落实人才签证实施细则，明确外国人才申请和取得人才签证的标准条件和办理程序，对外籍高层次人才开辟绿色通道，简化手续，为高层次人才入出境、工作、在华停居留提供便利。允许获得硕士及以上学位的外国优秀留学生毕业后直接在自贸试验区工作，完善留学生实习居留、工作居留和创新创业奖励制度。

（六）推动长江经济带和成渝城市群协同发展

18. 探索建立区域联动发展机制。通过自贸试验区高端产业聚集，促进内陆地区现代服务业、先进制造业和战略性新兴产业加快发展。创新区域经济合作、利益共享模式，促进区域一体化发展。依托长江黄金水道，推进自贸试验区内沿江区域有序承接产业转移。鼓励拓展服务功能和范围，自贸试验区内企业原则上不受地域限制，可到区外再投资或开展业务，如有特殊规定要求办理相关手续，应按照相关规定办理。提升自贸试验区与周边地区交通运输服务水平，优化运输组织，创新服务方式，推进自贸试验区与周边城市客运服务公交化运营，鼓励同城化服务。鼓励在自贸试验区发展货运班线、城际速递、共同配送等多样化、专业化服务方式。

19. 促进区域产业转型升级。以产业链为纽带，在自贸试验区内建立市场化运作的产业转移引导基金，促进长江经济带各省市、成渝城市群的相关园区、企业、研发机构等在研发设计、生产销售和物流配送等环节的协同配合。充分发挥长江黄金水道的重大件运输通道优势，整合内陆装备制造业优势资源，推动汽车、重型机械、船舶配套设备、轨道交通设备等向自贸试验区沿江区域集中。充分发挥自贸试验区高端要素集聚平台作用，瞄准全球和国家科技创新趋势，重点突破创新链的关键技术、产业链的关键环节，加快形成电子核心部件、新材料、物联网、航空器及零部件研发制造、高端交通装备、新能源汽车及智能汽车、生物医药、能源环保装备、智能终端等战略性新兴产业集群。在自贸试验区设立区域联合研发和配套协作平台，提高装备设计、制造和集成能力。

鼓励各地区高校、科研院所在自贸试验区打造创新创业发展平台，发展新型创业孵化机构。完善自贸试验区创新创业服务体系，大力发展创业辅导、信息咨询、技术支持、融资担保、成果交易、检验检测认证等公共服务。

20. 增强口岸服务辐射功能。按照“零距离换乘”、“无缝衔接”的要求，强化自贸试验区与周边地区水运、铁路、公路、航空等运输方式有机衔接。拓展口岸功能，扩大水运口岸范围，完善自贸试验区内进口整车、水果、肉类等指定口岸建设。推动自贸试验区根据实际需要申报设立进口粮食、植物种苗、金伯利进程国际证书制度等指定口岸和指定实施机构，提升内陆口岸对周边的辐射带动作用。鼓励发展直接或间接依托口岸的经济业态，强化自贸试验区口岸服务功能，提升便利化程度，聚集人流、物流、资金流、信息流，带动腹地经济融入国际国内两个市场，形成扩大开放的叠加效应。

四、保障机制

（一）强化法制保障

自贸试验区需要暂时调整实施有关行政法规、国务院文件和经国务院批准的部门规章的部分规定的，按规定程序办理。各有关部门要支持自贸试验区在各领域深化改革开放试点、加大压力测试、加强监管、防控风险，做好与相关法律立改废释的衔接，及时解决试点过程中的制度保障问题。重庆市要通过地方立法，建立与试点要求相适应的自贸试验区管理制度。

（二）完善配套税收政策

落实现有相关税收政策，充分发挥现有政策的支持促进作用。中国（上海）自由贸易试验区、中国（广东）自由贸易试验区、中国（天津）自由贸易试验区和中国（福建）自由贸易试验区已经试点的税收政策原则上可在自贸试验区进行试点，其中促进贸易的选择性征收关税、其他相关进出口税收等政策在自贸试验区内的海关特殊监管区域进行试点。自贸试验区内的海关特殊监管区域范围和税收政策适用范围维持不变。此外，在符合税制改革方向和国际惯例，以及不导致利润转移和税基侵蚀的前提下，积极研究完善境外所得税收抵免的税收政策。

（三）加强组织实施

按照党中央、国务院统一部署，在国务院自由贸易试验区工作部际联席会议统筹协调下，由重庆市完善试点任务组织实施保障机制，按照总体筹划、分步实施、率先突破、逐步完善的原则加快实施；按照既有利于合力推进自贸试验区建设，又有利于各片区独立自主运作的原则，建立精简高效、统一管理、分级负责的自贸试验区管理体系。各有关部门要大力支持，及时制定实施细则或办法，加强指导和服务，共同推进相关体制机制创新，把自贸试验区建设好、管理好。在实施过程中，要创新思路、寻找规律、解决问题、积累经验；要充分发挥地方和部门的积极性，因地制宜、突出特色，做好对比试验和互补试验；要抓好改革措施的落实，重大事项要及时向国务院请示报告。

（四）总结推广可复制的试点经验

自贸试验区要及时总结改革创新经验和成果。国务院自由贸易试验区工作部际联席会议办公室要会同重庆市人民政府及有关部门，及时总结评估自贸试验区改革开放创新试点任务实施效果，加强各领域试点经验系统集成，并委托第三方机构进行独立评估。对试点效果好、风险可控且可复制可推广的成果，实施分类审查程序后复制推广至全国其他地区。

中国（湖北）自由贸易试验区总体方案

2017 年 3 月 15 日

建立中国（湖北）自由贸易试验区（以下简称自贸试验区）是党中央、国务院作出的重大决策，是新形势下全面深化改革、扩大开放和加快推进中部崛起、长江经济带发展的重大举措。为全面有效推进自贸试验区建设，制定本方案。

一、总体要求

（一）指导思想

全面贯彻党的十八大和十八届三中、四中、五中、六中全会精神，深入贯彻习近平总书记系列重要讲话精神和治国理政新理念新思想新战略，认真落实党中央、国务院决策部署，统筹推进“五位一体”总体布局和协调推进“四个全面”战略布局，坚持稳中求进工作总基调，牢固树立和贯彻落实创新、协调、绿色、开放、共享的发展理念，进一步解放思想、先行先试，以开放促改革、促发展，按照“开放先导、创新驱动、绿色引领、产业集聚”的总体思路，全力打造区域经济发展新引擎，为全面深化改革和扩大开放探索新途径、积累新经验，发挥示范带动、服务全国的积极作用。

（二）战略定位

以制度创新为核心，以可复制可推广为基本要求，立足中部、辐射全国、走向世界，努力成为中部有序承接产业转移示范区、战略性新兴产业和高技术产业集聚区、全面改革开放试验田和内陆对外开放新高地。

（三）发展目标

经过三至五年改革探索，对接国际高标准投资贸易规则体系，力争建成高端产业集聚、创新创业活跃、金融服务完善、监管高效便捷、辐射带动作用突出的高水平高标准自由贸易园区，在实施中部崛起战略和推进长江经济带发展中发挥示范作用。

二、区位布局

（一）实施范围

自贸试验区的实施范围 119.96 平方公里，涵盖三个片区：武汉片区 70 平方公里（含武汉东湖综合保税区 5.41 平方公里），襄阳片区 21.99 平方公里（含襄阳保税物流中心〔B 型〕0.281 平方公里），宜昌片区 27.97 平方公里。

自贸试验区土地开发利用须遵守土地利用、环境保护、城乡规划法律法规，符合土地利用总体规划，并符合节约集约用地的有关要求。

（二）功能划分

按区域布局划分，武汉片区重点发展新一代信息技术、生命健康、智能制造等战略性新兴产业和国际商贸、金融服务、现代物流、检验检测、研发设计、信息服务、专业服务等现代服务业；襄阳片区重点发展高端装备制造、新能源汽车、大数据、云计算、商贸物流、检验检测等产业；宜昌片区重点发展先进制造、生物医药、电子信息、新材料等高新产业及研发设计、总部经济、电子商务等现代服务业。

按海关监管方式划分，自贸试验区内的海关特殊监管区域重点探索以贸易便利化为主要内容的制度创新，主要开展保税加工、保税物流、保税服务等业务；非海关特殊监管区域重点探索投资体制改革，完善事中事后监管，推动金融制度创新，积极发展现代服务业和高端制造业。

三、主要任务和措施

（一）加快政府职能转变

1. 深化行政管理体制改革。按照打造法治化、国际化、便利化营商环境的要求，深入推进简政放权、放管结合、优化服务改革，加快推动政府管理模式创新。湖北省能够下放给自贸试验区的经济社会管理权限，全部依法下放。自贸试验区内工作部门依法公开管理权限和流程，建立各部门权力清单和责任清单制度，明确政府职能边界。探索实行市场准入负面清单制度。加快行政审批制度改革，最大限度取消行政审批事项，建立健全行政审批目录管理制度，实行审管职能分离，建立相对集中行政许可权机制，完善“一口受理”服务模式。推进行政审批标准化、信息化建设。开展“证照分离”改革试点。深化商事制度改革，探索“多证合一”模式，开展企业登记全程电子化和电子营业执照试点。推动税收服务创新，包括一窗国地办税、一厅自助办理、培训辅导点单、缴纳方式多元、业务自主预约、税银信息互动、税收遵从合作、创新网上服务等。健全社会服务体系，将由政府部门承担的资产评估、鉴定、咨询、认证、检验检测等职能逐步交由法律、会计、信用、检验检测认证等专业服务机构承担。对接国际商事争议解决规则，提高商事纠纷仲裁国际化程度。

2. 强化事中事后监管。建立健全以信用监管为核心的事中事后监管体系。完善社会信用体系，推动各部门间依法履职信息的联通和共享。健全守信激励和失信惩戒机制。探索大数据监管，加强风险监测分析。建立集中统一的综合执法体系，提高执法效能。配合商务部开展经营者集中反垄断审查。支持社会力量多渠道参与市场监督。

（二）深化投资领域改革

3. 提升利用外资水平。对外商投资实行准入前国民待遇加负面清单管理制度，着力构建与负面清单管理方式相适应的事中事后监管制度。外商投资准入特别管理措施（负面清单）之外领域的外商投资项目（国务院规定对国内投资项目保留核准的除外）和外商投资企业设立及变更实行备案制，由自贸试验区负责办理。进一步减少或取消外商投资准入限制，提高开放度和透明度，做好对外开放的压力测试和风险测试。积极有效引进境外资金、先进技术和高端人才，提升利用外资综合质量。外商在自贸试验区内投资适用《自由贸易试验区外商投资准入特别管理措施（负面清单）》和《自由贸易试验区外商投资国家安全审查试行办法》。探索强化外商投资实际控制人管理，建立外商投资信息报告制度和外商投资信息公示平台，充分发挥国家企业信用信息公示系统作用，提升外商投资全周期监管的科学性、规范性和透明度。完善投资者权益保障机制，允许符合条件的境外投资者自由转移其投资收益。探索优化投资准入后的管理流程，提升投资便利化水平。

4. 完善对外投资合作促进体系。确立企业对外投资主体地位，支持企业按规定开展多种形式的对外直接投资。对在境外投资开办企业，实行以备案制为主的管理方式，属省级管理权限的，由自贸试验区负责办理。鼓励企业创新对外投资合作方式。完善对外投资合作相关政策促进、服务保障和风险防控体系，推动企业“走出去”方式转型升级，加强国际产能和装备制造合作，融入“一带一路”建设。

（三）推动贸易转型升级

5. 培育新型贸易方式。积极培育、拓展新型贸易业态和功能，形成以技术、品牌、质量、服务为核心的外贸竞争新优势。按照公平竞争原则，积极发展跨境电子商务，完善相应的海关监管、检验检疫、退税、物流等支撑系统，加快推进跨境贸易电子商务配套平台建设。扶持和培育外贸综合服务平台，为中小企业提供通关、融资、退税等服务。

支持国内期货交易所在自贸试验区的海关特殊监管区域内开展期货保税交割、仓单质押融资等业务，在总结期货保税交割试点经验基础上，适时扩大期货保税交割试点的品种。在严格执行货物进出口税收政策前提下，允许在海关特殊监管区域内设立保税展示交易平台。在环境风险可控的前提下，开展境内外高技术、高附加值产品的检测维修业务试点。探索开展境外高技术、高附加值产品的再制造业务试点。

6. 加快服务贸易创新发展。搭建服务贸易促进平台，探索与服务贸易特点相适应的监管模式。推动发展技术转让、许可证贸易、技术咨询及服务、成套设备引进等多种形式的技术贸易。扩大对外文化贸易和版权贸易。积极承接信息技术、生物医药研发、管理咨询、工程设计等服务外包业务。

7. 创新通关监管服务模式。自贸试验区内的海关特殊监管区域比照中国（上海）自由贸易试验区，实施“一线放开”、“二线安全高效管住”的通关监管服务模式。自贸试验区内的非海关特殊监管区域，仍按照现行模式实施监管。加快形成贸易便利化创新举措的标准化制度规范，覆盖到所有符合条件的企业。依托电子口岸公共平台，加快建设国际贸易“单一窗口”，将出口退税申报功能纳入建设项目。积极推动海关、检验检疫、边防、海事等口岸监管部门实现信息互换、监管互认、执法互助。探索在海关特殊监管区域之间使用社会运输工具进行转关作业。支持湖北省内口岸、海关特殊监管区域与自贸试验区联动发展。鼓励企业参与“自主报税、自助通关、自动审放、重点稽核”等监管制度创新试点。在执行现行税收政策前提下，提升超大超限货物的通关、运输、口岸服务等综合能力。在确保有效监管前提下，在海关特殊监管区域探索建立货物状态分类监管模式。实行保税展示交易货物分线监管、预检验和登记核销管理模式。推动建立检验检疫证书国际联网核查机制。鼓励设立第三方检验检测鉴定机构，实施第三方结果采信。有序推进基于企业诚信评价的货物抽验制度。检验检疫按照一线放开、二线管住、严密防范质量安全风险和最大便利化的原则，一线主要实施进出境现场检疫、查验及处理；二线主要实施进出口产品检验检疫监管及实验室检测，维护质量安全。深化长江经济带海关通关一体化改革。完善通关合作机制，开展货物通关、贸易统计、“经认证的经营者”互认、检验检测认证等方面合作。支持自贸试验区与“一带一路”沿线国家开展海关、检验检疫、认证认可、标准计量等方面的合作与交流，探索与“一带一路”沿线国家开展贸易供应链安全与便利合作。

（四）深化金融领域开放创新

8. 扩大金融领域对外开放。探索建立与自贸试验区相适应的本外币账户管理体系，促进跨境贸易、投融资结算便利化。在风险可控前提下，时机成熟时，开展以资本项目可兑换为重点的外汇管理改革试点。拓宽自贸试验区内企业资本项下外币资金结汇用途。自贸试验区内企业可根据自身经营和管理需要，开展集团内跨境双向人民币资金池业务。放宽跨国公司外汇资金集中运营管理准入条件。进一步简化资金池管理，允许经银行审核真实、合法的电子单证办理经常项目集中收付汇、轧差净额结算业务。进一步简化经常项目外汇收支手续，在真实、合法交易基础上，自贸试验区内货物贸易外汇管理分类等级为A类企业的外汇收入无需开立待核查账户。银行按照“了解客户、了解业务、尽职审查”的展业三原则办理经常项目收结汇、购付汇手续。提高自贸试验区内企业跨境投资便利化程度。允许自贸试验区内企业的境外母公司按照有关规定在境内发行人民币债券。支持自贸试验区内银行发放境外人民币贷款。允许自贸试验区内银行和已获相应业务许可的非银行支付机构与境外银行和支付机构开展跨境支付合作。鼓励取得互联网支付业务许可的湖北省法人支付机构申请本外币跨境支付业务许可，支持已获得本外币跨境支付业务许可的全国性支付机构在自贸试验区内设立分支机构，按规定为跨境电商交易提供本外币资金收付及结售汇业务。支持自贸试验区内符合互认条件的基金产品参与内地与香港基金产品互认。逐步允许境外企业参与商品期货交易。支持自贸试验区内保险机构开展境外投资。

9. 增强金融服务功能。允许中、外资银行立足当地实际需求，依据监管政策导向，在自贸试验区内新设分行或专营机构、将区内现有银行网点升格为分行。支持符合条件的境内纯中资民营企业在武汉片区发起设立民营银行，服务长江经济带发展。在符合法律法规及政策导向的前提下，支持外资在自贸试验区内设立金融机构。支持符合条件的发起人在自贸试验区内设立金融租赁、汽车金融、消费金融公司和企业集团财务公司等非银行金融机构。支持自贸试验区内银行业金融机构按有关规定开展信贷资产证券化业务。将自贸试验区内符合条件的金融机构纳入优先发行大额可转让存单的机构范围，在自贸试验区内开展大额可转让存单发行试点。鼓励金融机构积极开展动产融资业务，利用动产融资统一登记平台，服务中小企业发展。支持商业保理业务发展，探索适合商业保理业务发展的监管模式。支持证券经营机构在自贸试验区内注册成立分公司或专业子公司，支持证券经营机构利用自贸试验区平台“走出去”，取得合格境内机构投资者（QDII）和人民币合格境内机构投资者(RQDII)资格,开展境外证券投资业务;支持其境外子公司取得合格境外机构投资者（QFII）、人民币合格境外机构投资者（RQFII）资格；支持境外股权投资基金以合格境外有限合伙人（QFLP）开展跨境投资相关业务。支持在自贸试验区内设立健康保险、科技保险和内河航运保险等专业保险机构，扩大出口信用保险覆盖面。完善保险市场体系，推动保险产品研发中心、再保险中心等功能型平台建设。取消对自贸试验区内保险支公司高管人员任职资格的事前审批，由省级保监机构实施备案管理。

大力发展融资租赁业务。进一步推进内资融资租赁企业试点，注册在自贸试验区内的内资融资租赁试点企业由自贸试验区所在省级商务主管部门和同级国家税务局审核；加强事中事后监管，探索建立融资租赁企业设立和变更的备案制度、违反行业管理规定的处罚制度、失信和经营异常企业公示制度、属地监管部门对企业定期抽查检查制度。允许符合条件的融资租赁业务收取外币租金，简化船舶、飞机等大型融资租赁项目预付款手续。支持开展跨境融资租赁服务。支持符合条件的金融租赁公司和融资租赁公司设立专业子公司。经相关部门认可，允许融资租赁公司开展主营业务相关的福费廷业务。对注册在自贸试验区海关特殊监管区域内的融资租赁企业进出口飞机、船舶等大型设备涉及跨关区的，在确保有效监管和执行现行相关税收政策前提下，按物流实际需要，实行海关异地委托监管。支持租赁业境外融资，鼓励各类租赁公司扩大跨境人民币资金使用范围。允许自贸试验区内融资租赁机构依法合规开展跨境双向人民币资金池业务。

10．推进科技金融创新。完善自贸试验区内股权、技术等资本或要素交易市场，允许外资参与投资。允许外资股权投资管理机构、外资创业投资管理机构在自贸试验区内发起管理人民币股权投资和创业投资基金。鼓励境外天使投资、创业投资等风险投资机构在自贸试验区内开展业务，鼓励“内投外”和“外投内”双向股权投资基金发展，试点开展合格境外有限合伙人（QFLP）和人民币合格境外有限合伙人（RQFLP）业务。鼓励在自贸试验区内设立成套设备进出口保理公司等中介服务机构，有条件的可探索设立并规范发展科技型融资担保公司。促进金融和互联网的融合发展。支持科技型企业通过外资金融机构开展海外上市、离岸并购、特殊目的载体收购。支持武汉股权托管交易中心在依法合规的前提下创新发展，支持武汉股权托管交易中心设立海外归国人员创新创业企业板，推动建立武汉股权托管交易中心与全国中小企业股份转让系统之间的合作对接机制。建立知识产权质押融资市场化风险补偿机制，按照风险可控、商业可持续的原则，开展知识产权质押融资。加快发展科技保险，推进专利保险试点。积极引进海外创新投资机构落户自贸试验区开展相关业务。

11．建立健全金融风险防控体系。建立金融监管协调机制，完善跨行业、跨市场的金融风险监测评估机制，加强对重大风险的识别和对系统性金融风险的防范。完善对持有各类牌照金融机构的分类监管机制。探索建立跨境资金流动风险监管机制，对企业跨境收支进行全面监测评价，实施分类管理。强化外汇风险防控，实施主体监管，建立合规评价体系，以大数据为依托开展事中事后监管。做好反洗钱、反恐怖融资、反逃税工作，防范非法资金跨境、跨区流动。

（五）推动创新驱动发展

12．深化科技体制改革。全面推进产业技术创新、科技成果转移转化、科研机构改革、知识产权保护运用、国际创新合作等领域体制机制改革。完善以企业为主体的产业技术创新体系，健全企业主体创新投入机制，支持国有科技型企业开展股权和分红激励。构建市场导向的科技成果转移转化体系。大力发展技术转移中介服务机构，完善技术经纪人制度。完善高校院所科研评价制度。

13. 健全知识产权保护运用机制。开展知识产权综合管理改革试点。紧扣创新发展需求，发挥专利、商标、版权等知识产权的引领作用，打通知识产权创造、运用、保护、管理、服务全链条，建立高效的知识产权综合管理体制，构建便民利民的知识产权公共服务体系，探索支撑创新发展的知识产权运行机制，推动形成权界清晰、分工合理、责权一致、运转高效、法治保障的体制机制。

搭建便利化的知识产权公共服务平台，设立知识产权服务工作站，大力发展知识产权专业服务业。加快建设武汉东湖国家知识产权服务业集聚区。探索建立自贸试验区跨部门知识产权执法协作机制，完善纠纷调解、援助、仲裁工作机制。探索建立自贸试验区重点产业专利导航制度和重点产业快速协同保护机制。建立长江经济带知识产权运营中心，积极推进高校知识产权运营等特色平台建设。

14. 集聚和利用国际创新要素。加快建设现有国家技术标准创新基地和国家宽带网络产品质量监督检验中心。发挥国家技术转移中部中心的作用，促进国际先进技术向自贸试验区转移转化。鼓励国外企业在自贸试验区内设立外资研发中心。鼓励在自贸试验区内建设国际化创新创业孵化平台，重点吸引国际知名孵化器、创业投资机构、高端创新创业人才集聚。

积极融入全球创新网络。鼓励自贸试验区内的企业、高校院所“走出去”，在国外设立研发机构，参与国际科技项目合作。简化自贸试验区内企业海外技术并购审批手续，试行以事后备案代替事前审批。探索通过并购、技术转移、合作参股等多种方式在海外建立孵化基地。

15. 构建人才支撑系统。健全人才激励机制。实行以增加知识价值为导向的激励机制，探索高校、科研院所负责人年薪制和急需紧缺等特殊人才协议工资、项目工资等多种分配办法。完善科研人才双向流动机制，鼓励高校院所科技人员离岗创新创业或到企业兼职。制定外国人在自贸试验区工作管理办法。研究制定自贸试验区外籍高层次人才认定办法，落实人才签证实施细则，明确外国人才申请和取得人才签证的标准条件和办理程序。放宽外国高层次人才工作许可年龄限制。对外籍高层次人才开辟绿色通道、简化手续，为高层次人才入出境、工作、在华停居留提供便利。允许获得硕士及以上学位的优秀外国留学生毕业后直接在自贸试验区工作。探索建立技术移民制度，放宽技术型人才取得外国人永久居留证的条件；对持有外国人永久居留证的外籍高层次人才在自贸试验区内创办科技型企业等创新活动，给予其与中国公民同等的待遇。放宽科研事业单位对外籍人员的岗位限制。提供有针对性的指导服务和语言学习机会，多形式多渠道帮助外国人才更好地融入中国社会。鼓励有条件的国内人力资源服务机构“走出去”与国外人力资源服务机构开展合作，在境外设立分支机构，积极参与国际人才竞争与合作。推进跨国教育和人才培养合作，支持引进境外知名大学、外国机构与中方教育机构合作在自贸试验区内创办人才培养机构；支持在自贸试验区内设立外籍人员子女学校，鼓励中方教育机构与海外学校共建友好学校和人才实习实训基地。建立涉自贸试验区法律服务人才培养机制。

（六）促进中部地区和长江经济带产业转型升级

16. 加快建设长江中游航运中心。鼓励拓展干支直达、江海直达航线和近洋航线。促进航运要素集聚，支持依托自贸试验区发展长江航运电子商务等业务，培育航运保险、海事仲裁、船舶检测认证等高端航运服务业态，探索形成具有国际竞争力的航运发展机制和运作模式。将武汉长江中游航运中心打造成通江达海、辐射中部、面向全国、具有国际影响力的现代化航运中心，初步形成资源高度集聚、服务功能齐全、市场环境优良、现代物流便捷高效的内河航运体系，提升服务长江经济带发展能力。

增强航运服务功能。在保障安全的前提下，放宽船舶融资租赁登记地选择，简化换证程序。将外资经营国际船舶管理业务的许可权限下放给湖北省。逐步开放中国籍国际航行船舶入级检验，允许特定条件下租用外籍船舶从事临时运输。扩大内外贸同船运输、国轮捎带运输适用范围，提升运力资源综合效能。

17. 构建国际物流枢纽。大力推进铁、水、公、空多式联运。支持自贸试验区内有条件的铁路、航空、内河口岸升级为一类开放口岸。贯彻落实“一带一路”建设战略，推进中欧班列（武汉）发展，支持设立中欧班列华中拆拼箱中心。支持有条件的航空口岸开通和增加国际客货运航班，开通至各大洲主要物流节点城市的全货运航线和国际中转货运航班。支持设立国际航空运输服务企业，在条件具备时，在自贸试验区试点航空快件国际中转集拼业务。大力引进国际物流企业在自贸试验区内建立区域总部或营运中心，支持在自贸试验区内设立国际邮件互换局和交换站。支持国内外快递企业在自贸试验区内的非海关特殊监管区域，办理符合条件的国际快件属地报关报检业务。支持建设多式联运物流监管中心，对换装地不改变施封状态的予以直接放行。

18. 促进区域产业转型升级和绿色发展。发挥自贸试验区作为开放高地的综合优势，支持非公企业进入电力、铁路、民航、电信等特许经营领域，支持军民融合深度发展，推动各类要素有序自由流动和优化配置。支持自贸试验区发展总部经济。充分利用长江经济带产业基金等跨区域的产业转移引导基金，推动中部地区和长江经济带产业合理布局、协同发展。全面整合老工业基地调整改造等产业政策资源，推进传统优势产业的跨区域兼并重组、技术改造和转型升级。创新推进战略性新兴产业集聚发展的体制机制，支持建立符合发展需求的制造业创新中心，大力发展股权投资基金等新型投融资模式，鼓励信息技术、智能制造、新能源汽车、生物医药、海工装备、航空航天、北斗、轨道交通装备等高端产业向自贸试验区集聚，推进与提升新型工业化产业示范基地建设，在重点领域培育打造长江经济带世界级产业集群。支持建立“互联网＋制造”融合发展的标准、认证、安全管理等体制机制。促进“设计＋”“旅游＋”“物流＋”“养老＋”“商业＋”等新型服务业态发展。统筹研究部分国家旅游团入境免签政策，打造国际文化旅游目的地。允许在自贸试验区内注册的符合条件的中外合资旅行社，从事除台湾地区以外的出境旅游业务。按照全国主体功能区规划要求，探索在自贸试验区内建立生态环境硬约束机制，明确环境质量要求，促进中部地区和长江经济带绿色发展。支持建立环评会商、联合执法、信息共享、预警应急联动机制。探索建立环境保护、绿色发展指标体系。

19. 打造区域发展综合服务平台。推动自贸试验区与中部和长江经济带其他地区开展广泛的经贸合作，更好发挥示范带动作用。推动国家级经济技术开发区与自贸试验区互动发展。探索构建区域商品交易集散中心、信息中心和价格形成中心，增强对中部地区的市场集聚和辐射功能。在遵守国家规定前提下，中部地区产权交易市场、技术交易市场、排污权交易市场和碳排放权交易市场可在自贸试验区内开展合作。

四、保障机制

（一）强化法制保障

自贸试验区需要暂时调整实施有关行政法规、国务院文件和经国务院批准的部门规章的部分规定的，按规定程序办理。各有关部门要支持自贸试验区在各领域深化改革开放试点、加大压力测试、加强监管、防控风险，做好与相关法律立改废释的衔接，及时解决试点过程中的制度保障问题。湖北省要通过地方立法，制定自贸试验区条例和管理办法，不断完善法制保障体系。

（二）完善配套税收政策

落实现有相关税收政策，充分发挥现有政策的支持促进作用。中国（上海）自由贸易试验区、中国（广东）自由贸易试验区、中国（天津）自由贸易试验区和中国（福建）自由贸易试验区已经试点的税收政策原则上可在自贸试验区进行试点，其中促进贸易的选择性征收关税、其他相关进出口税收等政策在自贸试验区内的海关特殊监管区域进行试点。自贸试验区内的海关特殊监管区域范围和税收政策适用范围维持不变。此外，在符合税制改革方向和国际惯例，以及不导致利润转移和税基侵蚀的前提下，积极研究完善境外所得税收抵免的税收政策。

（三）加强组织实施

按照党中央、国务院统一部署，在国务院自由贸易试验区工作部际联席会议统筹协调下，由湖北省完善试点任务组织实施保障机制，按照总体筹划、分步实施、率先突破、逐步完善的原则加快实施。按照既有利于合力推进自贸试验区建设，又有利于各片区独立自主运作的原则，建立精简高效、统一管理、分级负责的自贸试验区管理体系。各有关部门要大力支持，及时制定实施细则或办法，加强指导和服务，共同推进相关体制机制创新，把自贸试验区建设好、管理好。在实施过程中，要创新思路、寻找规律、解决问题、积累经验；要充分发挥地方和部门的积极性，因地制宜、突出特色，做好对比试验和互补试验；要抓好改革措施的落实，重大事项要及时向国务院请示报告。

（四）总结推广可复制的试点经验

自贸试验区要及时总结改革创新经验和成果。国务院自由贸易试验区工作部际联席会议办公室要会同湖北省人民政府及有关部门，及时总结评估自贸试验区改革开放创新试点任务实施效果，加强各领域试点经验系统集成，并委托第三方机构进行独立评估。对试点效果好、风险可控且可复制可推广的成果，实施分类审查程序后复制推广至全国其他地区。

中国（河南）自由贸易试验区总体方案

国务院

2017 年 3 月 15 日

建立中国（河南）自由贸易试验区（以下简称自贸试验区）是党中央、国务院作出的重大决策，是新形势下全面深化改革、扩大开放和深入推进“一带一路”建设的重大举措。为全面有效推进自贸试验区建设，制定本方案。

一、总体要求

（一）指导思想

全面贯彻党的十八大和十八届三中、四中、五中、六中全会精神，深入贯彻习近平总书记系列重要讲话精神和治国理政新理念新思想新战略，认真落实党中央、国务院决策部署，统筹推进“五位一体”总体布局和协调推进“四个全面”战略布局，坚持稳中求进工作总基调，牢固树立和贯彻落实创新、协调、绿色、开放、共享的发展理念，进一步解放思想、先行先试，以开放促改革、促发展，为加强与“一带一路”沿线国家交流合作拓展新空间、搭建新平台，为全面深化改革和扩大开放探索新途径、积累新经验，发挥示范带动、服务全国的积极作用。

（二）战略定位

以制度创新为核心，以可复制可推广为基本要求，加快建设贯通南北、连接东西的现代立体交通体系和现代物流体系，将自贸试验区建设成为服务于“一带一路”建设的现代综合交通枢纽、全面改革开放试验田和内陆开放型经济示范区。

（三）发展目标

经过三至五年改革探索，形成与国际投资贸易通行规则相衔接的制度创新体系，营造法治化、国际化、便利化的营商环境，努力将自贸试验区建设成为投资贸易便利、高端产业集聚、交通物流通达、监管高效便捷、辐射带动作用突出的高水平高标准自由贸易园区，引领内陆经济转型发展，推动构建全方位对外开放新格局。

二、区位布局

（一）实施范围

自贸试验区的实施范围119.77平方公里，涵盖三个片区：郑州片区73.17平方公里（含河南郑州出口加工区A区0.89平方公里、河南保税物流中心0.41平方公里），开封片区19.94平方公里，洛阳片区26.66平方公里。

自贸试验区土地开发利用须遵守土地利用、环境保护、城乡规划法律法规，符合土地利用总体规划，并符合节约集约用地的有关要求。

（二）功能划分

按区域布局划分，郑州片区重点发展智能终端、高端装备及汽车制造、生物医药等先进制造业以及现代物流、国际商贸、跨境电商、现代金融服务、服务外包、创意设计、商务会展、动漫游戏等现代服务业，在促进交通物流融合发展和投资贸易便利化方面推进体制机制创新，打造多式联运国际性物流中心，发挥服务“一带一路”建设的现代综合交通枢纽作用；开封片区重点发展服务外包、医疗旅游、创意设计、文化传媒、文化金融、艺术品交易、现代物流等服务业，提升装备制造、农副产品加工国际合作及贸易能力，构建国际文化贸易和人文旅游合作平台，打造服务贸易创新发展区和文创产业对外开放先行区，促进国际文化旅游融合发展；洛阳片区重点发展装备制造、机器人、新材料等高端制造业以及研发设计、电子商务、服务外包、国际文化旅游、文化创意、文化贸易、文化展示等现代服务业，提升装备制造业转型升级能力和国际产能合作能力，打造国际智能制造合作示范区，推进华夏历史文明传承创新区建设。

按海关监管方式划分，自贸试验区内的海关特殊监管区域重点探索以贸易便利化为主要内容的制度创新，开展保税加工、保税物流、保税服务等业务；非海关特殊监管区域重点探索投资体制改革，创新内陆地区开放发展机制，完善事中事后监管，积极发展高端制造业和现代服务业。

三、主要任务和措施

（一）加快政府职能转变

1．深化行政管理体制改革。深入推进简政放权、放管结合、优化服务改革，最大限度减少行政审批事项。探索相对集中的行政许可权模式，建立综合统一的行政审批机构。完善“一口受理”服务模式，推进行政审批规范化、标准化、信息化建设，实施行政审批目录化管理。深化投融资体制改革，试行企业投资项目承诺制。精简投资项目准入阶段的相关手续，探索建立“多评合一、统一评审”的新模式。简化整合投资项目报建手续，探索实行先建后验的管理模式。深化商事制度改革，全面实施“五证合一、一照一码”登记制度，探索实行“多证合一”模式，积极推动工商登记全程电子化和使用电子营业执照。将由政府部门承担的资产评估、鉴定、咨询等职能逐步交由法律、会计、信用等专业服务机构承担。开展知识产权综合管理改革试点，紧扣创新发展需求，发挥专利、商标、版权等知识产权的引领作用，打通知识产权创造、运用、保护、管理、服务全链条，建立高效的知识产权综合管理体制，构建便民利民的知识产权公共服务体系，探索支撑创新发展的知识产权运行机制，推动形成权界清晰、分工合理、责权一致、运转高效、法治保障的体制机制。探索建立自贸试验区跨部门知识产权执法协作机制，完善纠纷调解、援助、仲裁工作机制。

2. 完善市场监管机制。推进政府管理由注重事前审批向注重事中事后监管转变，完善信息网络平台，提高行政透明度，实现跨部门协同管理。完善社会信用体系，推动各部门间依法履职信息的联通和共享。健全守信激励和失信惩戒机制。建立集中统一的综合行政执法体系，建设网上执法办案系统。选择重点敏感产业，配合国家有关部门建立与开放市场环境相匹配的产业预警体系，及时发布产业预警信息。建立资源环境承载能力监测预警机制和社会监督举报机制，探索试行环境损害责任追究和赔偿制度。实施公平竞争审查制度。配合商务部开展经营者集中反垄断审查。建立部门协同监管机制，统筹多元化监管力量，整合监管信息，打造事前诚信承诺、事中评估分类、事后联动奖惩的全链条信用监管体系。

3. 提高行政服务效能。河南省依法向自贸试验区下放经济社会管理权限。完善行政部门权力清单和责任清单，建立健全清单动态管理机制。推广政府和社会资本合作模式，完善基本公共服务体系，提高公共服务供给效率。大力推行“互联网＋政务服务”，推进实体政务大厅向网上办事大厅延伸，打造政务服务“一张网”，对企业和群众办事实行“一号申请、一窗受理、一网通办”。推动税收服务创新，包括一窗国地办税[1]、一厅自助办理、培训辅导点单、缴纳方式多元、业务自主预约、税银信息互动、税收遵从合作、创新网上服务等举措。建立自贸试验区综合统计调查、监测分析制度。建立完善深化改革量化指标体系，加快形成更有吸引力的法治化、国际化、便利化营商环境。

（二）扩大投资领域开放

4. 提升利用外资水平。对外商投资实行准入前国民待遇加负面清单管理制度，着力构建与负面清单管理方式相适应的事中事后监管制度。外商投资准入特别管理措施（负面清单）之外领域的外商投资项目（国务院规定对国内投资项目保留核准的除外）和外商投资企业设立及变更实行备案制，由自贸试验区负责办理。进一步减少或取消外商投资准入限制，提高开放度和透明度，做好对外开放的压力测试和风险测试。积极有效引进境外资金、先进技术和高端人才，提升利用外资综合质量。大力引进国际组织和机构、金融总部、区域性总部入驻自贸试验区。外商在自贸试验区内投资适用《自由贸易试验区外商投资准入特别管理措施（负面清单）》和《自由贸易试验区外商投资国家安全审查试行办法》。探索强化外商投资实际控制人管理，建立外商投资信息报告制度和外商投资信息公示平台，充分发挥国家企业信用信息公示系统作用，提升外商投资全周期监管的科学性、规范性和透明度。完善投资者权益保障机制，允许符合条件的境外投资者自由转移其投资收益。

5. 构建对外投资合作服务平台。改革境外投资管理方式，将自贸试验区建设成为企业“走出去”的窗口和综合服务平台。对一般境外投资项目和设立企业实行备案制，属省级管理权限的，由自贸试验区负责备案管理。确立企业对外投资主体地位，支持自贸试验区内企业开展多种形式的对外直接投资。完善“走出去”政策促进、服务保障和风险防控体系。加强与港澳在项目对接、投资拓展、信息交流、人才培训等方面交流合作，共同开拓国际市场。加强境外投资事后管理和服务，完善境外资产和人员安全风险预警和应急保障体系。

（三）推动贸易转型升级

6. 完善外贸发展载体。依托郑州商品交易所，支持拓展新的交易品种，促进发展大宗商品国际贸易。探索建立与国际大宗商品交易相适应的外汇管理和海关监管制度。在总结期货保税交割试点经验基础上，鼓励国内期货交易所在自贸试验区的海关特殊监管区域内开展期货保税交易、仓单质押融资等业务，扩大期货保税交割试点的品种。搭建便利

[1] 根据 2018 年政府机构改革方案，国税和地税合二为一。

化的知识产权公共服务平台，设立知识产权服务工作站，大力发展知识产权专业服务业。探索建立自贸试验区重点产业专利导航制度和重点产业快速协同保护机制。探索建设中部地区知识产权运营中心，加快建设郑州国家知识产权服务业集聚区。深化艺术品交易市场功能拓展。依托电子口岸公共平台，建设国际贸易“单一窗口”，将出口退税申报功能纳入国际贸易“单一窗口”建设项目。加快形成贸易便利化创新举措的标准化制度规范，覆盖到所有符合条件的企业。

7. 拓展新型贸易方式。积极培育贸易新型业态和功能，形成以技术、品牌、质量、服务为核心的竞争新优势。大力发展服务贸易，推进金融、文化创意、客户服务、供应链管理等服务外包发展。在环境风险可控的前提下开展飞机及零部件维修试点。按照公平竞争原则，依托中国（郑州）跨境电子商务综合试验区，积极发展跨境电子商务，完善相应的海关监管、检验检疫、退税、物流等支撑系统，加快推进跨境贸易电子商务配套平台建设。支持企业建设出口商品“海外仓”和海外运营中心，加快融入境外零售体系，探索建设全球性产品交易展示中心和国内进出口货物集散中心。支持电子信息、装备制造、智能终端、汽车及零部件、航空航天等辐射能力和技术溢出能力强的先进制造业加工贸易发展，搭建服务于加工贸易转型升级的技术研发、工业设计等公共服务平台，建设加工贸易产品内销后续服务基地。引导优势企业积极参与国际标准化活动，打造质量标准品牌新高地。积极发展离岸贸易。推动转口贸易发展，依托国际空港、陆港和各类口岸，完善国际中转集拼和国际转口贸易枢纽功能。

8. 创新通关监管机制。自贸试验区内的海关特殊监管区域实施“一线放开”、“二线安全高效管住”的通关监管服务模式。在确保有效监管前提下，在海关特殊监管区域探索建立货物状态分类监管模式。鼓励企业参与“自主报税、自助通关、自动审放、重点稽核”等监管制度创新试点。按照严密防范质量安全风险和最大便利化的原则，一线主要实施进出境现场检疫、查验及处理；二线主要实施进出口产品检验检疫监管及实验室检测，维护质量安全。完善国际贸易“单一窗口”的货物进出口和运输工具进出境的应用功能，进一步优化监管执法流程和通关流程，实现贸易许可、资质登记等平台功能，将涉及贸易监管的部门逐步纳入“单一窗口”管理平台。完善通关合作机制，开展货物通关、贸易统计、“经认证的经营者”互认、检验检测认证等方面合作，逐步实现信息互换、监管互认、执法互助。推进自贸试验区内各区域之间通关一体化。支持自贸试验区与“一带一路”沿线国家开展海关、检验检疫、认证认可、标准计量等方面的合作与交流，探索与“一带一路”沿线国家开展贸易供应链安全便利合作。

（四）深化金融领域开放创新

9. 扩大金融对内对外开放。进一步简化经常项目外汇收支手续，在真实、合法交易基础上，自贸试验区内货物贸易外汇管理分类等级为A类企业的外汇收入无需开立待核查账户。推动金融服务业对符合条件的民营资本有序开放，在符合现行法律法规及国家政策导向的前提下，允许符合条件的境内纯中资民营企业在自贸试验区依法发起设立中小型银行等金融机构。探索自贸试验区内符合条件的单位和个人按照规定双向投资于境内外证券市场。允许外资股权投资管理机构、外资创业投资管理机构在自贸试验区发起管理人民币股权投资和创业投资基金。支持发展总部经济，放宽跨国公司外汇资金集中运营管理准入条件。逐步允许境外企业参与商品期货交易。支持保险机构在自贸试验区内开展业务创新，探索特殊风险分散机制，加大再保险对巨灾保险、特殊风险的保险保障力度。取消对自贸试验区内保险支公司高管人员任职资格的事前审批，由省级保监机构实施备案管理。

10. 拓展金融服务功能。拓展跨境电子商务金融服务，开展跨境电子商务人民币结算，推动跨境电子商务线上融资及担保方式创新，鼓励保险机构发展出口信用保险，拓宽服务领域。支持自贸试验区发展科技金融，按照国务院统一部署，积极争取纳入投贷联动试点。创建金融集成电路（IC）卡“一卡通”示范区。进一步简化资金池管理，允许经银行审核真实、合法的电子单证办理经常项目集中收付汇、轧差净额结算业务。进一步推进内资融资租赁企业试点，注册在自贸试验区内的内资融资租赁试点企业由自贸试验区所在省级商务主管部门和同级国家税务局审核；加强事中事后监管，探索建立融资租赁企业设立和变更的备案制度、违反行业管理规定的处罚制度、失信和经营异常企业公示制度、属地监管部门对企业定期抽查检查制度。支持在自贸试验区设立金融租赁公司、融资租赁公司，在符合相关规定前提下，设立项目公司开展飞机、工程机械、大型设备等融资租赁业务。允许自贸试验区内符合条件的融资租赁业务收取外币租金。支持商业保理业务发展，探索适合商业保理发展的监管模式。银行按照“了解客户、了解业务、尽职审查”的展业三原则办理经常项目收结汇、购付汇手续。

11．推动跨境投融资创新。探索建立与自贸试验区相适应的本外币账户管理体系，促进跨境贸易、投融资结算便利化。在健全风险防控机制的前提下，允许自贸试验区内符合条件的企业、金融机构按照有关规定通过贷款、发债等形式从境外自主融入本外币资金，拓宽境外资金回流渠道。允许自贸试验区内跨国企业集团开展跨境双向人民币资金池业务。允许自贸试验区内企业的境外母公司按照有关规定在境内发行人民币债券。自贸试验区内银行可按有关规定发放境外项目人民币贷款。支持开展人民币跨境再保险业务，培育发展再保险市场。支持自贸试验区内符合互认条件的基金产品参与内地与香港基金产品互认。

12．建立健全金融风险防控体系。建立对持有各类牌照金融机构的分类监管机制，健全符合自贸试验区内金融业发展实际的监控指标，完善金融监管措施，加强监管协调与合作，确保自贸试验区内金融机构风险可控。逐步建立跨境资金流动风险监管机制，对企业跨境收支进行全面监测评价。做好反洗钱、反恐怖融资、反逃税工作，防范非法资金跨境、跨区流动。建立健全自贸试验区金融消费者权益保护工作机制。

（五）增强服务“一带一路”建设的交通物流枢纽功能

13．畅通国际交通物流通道。增加国际货运航线航班，构建连接全球主要枢纽机场的空中通道。积极探索以郑州和国外重要枢纽城市协同联动的国内国外“双枢纽”发展模式。依托陆桥通道，加密至丝绸之路经济带沿线国家的中欧班列（郑州），支持开展拼箱、集装箱分装大型设备、国际邮运业务，允许在国内沿线口岸和郑州国际陆港之间开展进出口集装箱加挂业务试点；开通至沿海港口的快捷货运列车，构建东联西进、陆海相通的国际运输通道。完善促进国际便利化运输的相关政策和双边运输合作机制，增加便利运输协定的过境站点和运输线路，加快海外物流基地建设。支持建设自贸试验区至我国国际通信业务出入口局的直达国际数据专用通道，打造互联互通的“信息丝绸之路”，推动国际交通物流通道建设。

14．完善国内陆空集疏网络。鼓励快递企业利用铁路运送快件，配套建设快件物流基地，依托自贸试验区推动郑州建设全国快递中转集散中心，打造覆盖全国主要经济区域的4小时快件集疏网络。支持国内外快递企业在自贸试验区内的非海关特殊监管区域办理符合条件的国际快件属地报关报检业务。开展道路货运无车承运人试点，加快普及公路甩挂运输，扩大“卡车航班”覆盖范围和运营规模，构建以郑州为中心500公里范围的公路集疏圈。支持周边省市在自贸试验区建设专属物流园区，开展现代物流业务。加密完善至国内热点城市的“空中快线”，鼓励发展全货机航班、腹舱货运，构建长距离航空集疏网。

15．开展多式联运先行示范。发展以“一单制”为核心的便捷多式联运。建立健全适合内陆多式联运的标准规范和服务规则，加强与国际联运规则的相互衔接。鼓励企业间联盟合作，率先突破陆空联运、公铁联运，试点推进快件空铁联运，打造多式联运国际性物流中心。在交通运输领域，完善快件处理设施和绿色通道。拓展郑州机场“空空＋空地”货物集疏模式，增加国际中转集拼航线和试点企业。支持设立国际航空运输服务企业，在条件具备时，在自贸试验区试点航空快件国际中转及集拼业务。依托航空和铁路口岸，促进海关特殊监管区域协调联动，创新多式联运（内陆型）监管模式，推进铁路舱单与海运、公路、航空舱单共享和舱单分拨、分拆、合并。建设承载“一单制”电子标签赋码及信息汇集、共享、监测等功能的公共服务平台，推进不同运输方式、不同企业间多式联运信息开放共享和互联互通。在执行现行税收政策前提下，提升超大超限货物的通关、运输、口岸服务等综合能力。推进跨方式技术装备标准化，推广应用托盘、集装箱等标准运载单元。

16．扩大航空服务对外开放。积极引入基地航空公司和国内外知名物流集成商。允许具备条件的外国航空公司和基地航空公司开展国际航班代码共享。探索与国际枢纽机场建立航空货运联盟，在航线网络、货品、数据共享等方面开展合作。支持航空器及零部件研发、制造、维修企业在自贸试验区集聚，对海关特殊监管区域内企业生产所需的进口机器、设备予以免税。对注册在自贸试验区海关特殊监管区域内的融资租赁企业进出口飞机等大型设备涉及跨关区的，在确保有效监管和执行现行相关税收政策的前提下，按物流实际需要，实行海关异地委托监管。

17．推进内陆口岸经济创新发展。依托自贸试验区带动郑州航空和铁路国际枢纽口岸建设，支持设立药品、进境植物种苗、木材等指定口岸，提升进境粮食、进口肉类等口岸运营水平，促进各类口岸与物流、贸易联动发展，形成辐射全球主要经济体、带动区域产业升级的口岸开放新格局。探索前端研发设计和后端销售服务“两头在区”、中间加工环节在外的企业集聚模式，优化先进制造业、现代服务业布局，打造高质高端高附加值产业集群，建设中西部制造业总部基地。支持开展进境邮件“一点通关、分拨全国”，研究开展跨境电子商务和商业快件及邮政包裹搭乘中欧班列（郑州）出口等业务。充分发挥海关特殊监管区域功能政策优势，促进形成具有世界竞争力的高技术含量产品售后维修中心。在严格执行货物进出口税收和检验检疫监督管理政策的前提下，允许在海关特殊监管区域内设立保税展示交易平台。

18．促进国际医疗旅游产业融合发展。发挥国际航空网络和文化旅游优势，积极吸引国际高端医疗企业和研发机构集聚，以健康检查、慢性病治疗康复、中医养生保健、整形美容、先进医疗技术研发和孵化为重点，培育康复、健身、养生与休闲旅游融合发展新业态。鼓励自贸试验区在医疗机构治未病服务项目纳入收费项目和确定收费标准等方面先行试点。鼓励社会资本在自贸试验区举办规范的中医养生保健机构。自贸试验区内医疗机构按照现行干细胞临床研究规定开展相关工作。允许在自贸试验区内注册的符合条件的中外合资旅行社，从事除台湾地区以外的出境旅游业务。

19．培育“一带一路”合作交流新优势。建立健全与“一带一路”沿线国家的合作机制，重点在农业、矿业、装备制造、物流、工程承包、科技教育等领域开展国际合作。建设服务于内陆地区“走出去”和“引进来”的重要窗口，探索内外贸相互促进机制、与“一带一路”沿线国家重点城市产能合作机制，吸引企业统筹开展国际国内贸易，建设一批双向合作经贸产业园区。探索与“一带一路”沿线国家文化交流、文化贸易创新发展机制，推进文化传承和开发，完善服务链条，推进华夏历史文明传承创新区建设。围绕服务“一带一路”建设，探索食品、农产品及水产品的快速检验检疫模式，优化药品、保健食品、化妆品、医疗器械的审评审批程序。支持河南省与教育部在自贸试验区合作共建教育国际化综合改革试验区，积极引进境外优质教育资源开展高水平、示范性合作办学，加大对“一带一路”沿线国家的中国政府奖学金支持力度。积极为经贸类团组和企业人员出国（境）提供便利。研究制定自贸试验区外籍高层次人才认定办法，落实人才签证实施细则，明确外国人才申请和取得人才签证的标准条件和办理程序。对外籍高层次人才开辟绿色通道、简化手续，为高层次人才入出境、工作、在华停居留提供便利。允许获得硕士及以上学位的优秀外国留学生毕业后直接在自贸试验区工作。提供有针对性的指导服务和语言学习机会，多形式多渠道帮助外国人才更好融入中国社会。

四、保障机制

（一）强化法制保障

自贸试验区需要暂时调整实施有关行政法规、国务院文件和经国务院批准的部门规章的部分规定的，按规定程序办理。各有关部门要支持自贸试验区在各领域深化改革开放试点、加大压力测试、加强监管、防控风险，做好与相关法律立改废释的衔接，及时解决试点过程中的制度保障问题。河南省要通过地方立法，建立与试点要求相适应的自贸试验区管理制度。

（二）完善配套税收政策

落实现有相关税收政策，充分发挥现有政策的支持促进作用。中国（上海）自由贸易试验区、中国（广东）自由贸易试验区、中国（天津）自由贸易试验区和中国（福建）自由贸易试验区已经试点的税收政策原则上可在自贸试验区进行试点，其中促进贸易的选择性征收关税、其他相关进出口税收等政策在自贸试验区内的海关特殊监管区域进行试点。自贸试验区内的海关特殊监管区域范围和税收政策适用范围维持不变。此外，在符合税制改革方向和国际惯例，以及不导致利润转移和税基侵蚀的前提下，积极研究完善境外所得税收抵免的税收政策。

（三）加强组织实施

按照党中央、国务院统一部署，在国务院自由贸易试验区工作部际联席会议统筹协调下，由河南省完善试点任务组织实施保障机制，按照总体筹划、分步实施、率先突破、逐步完善的原则加快实施。各有关部门要大力支持，及时制定实施细则或办法，加强指导和服务，共同推进相关体制机制创新，把自贸试验区建设好、管理好。在实施过程中，要创新思路、寻找规律、解决问题、积累经验；要充分发挥地方和部门的积极性，因地制宜、突出特色，做好对比试验和互补试验；要抓好改革措施的落实，重大事项要及时向国务院请示报告。

（四）总结推广可复制的试点经验

自贸试验区要及时总结改革创新经验和成果。国务院自由贸易试验区工作部际联席会议办公室要会同河南省人民政府及有关部门，及时总结评估自贸试验区改革开放创新试点任务实施效果，加强各领域试点经验系统集成，并委托第三方机构进行独立评估。对试点效果好、风险可控且可复制可推广的成果，实施分类审查程序后复制推广至全国其他地区。

中国（浙江）自由贸易试验区总体方案

国务院

2017 年 3 月 15 日

建立中国（浙江）自由贸易试验区（以下简称自贸试验区）是党中央、国务院作出的重大决策，是新形势下全面深化改革、扩大开放和提升我国资源配置全球竞争力的重大举措。为全面有效推进自贸试验区建设，制定本方案。

一、总体要求

（一）指导思想

全面贯彻党的十八大和十八届三中、四中、五中、六中全会精神，深入贯彻习近平总书记系列重要讲话精神和治国理政新理念新思想新战略，认真落实党中央、国务院决策部署，统筹推进“五位一体”总体布局和协调推进“四个全面”战略布局，坚持稳中求进工作总基调，牢固树立和贯彻落实创新、协调、绿色、开放、共享的发展理念，进一步解放思想、先行先试，以开放促改革、促发展，为新形势下推动大宗商品贸易自由化发挥示范引领作用，努力营造法治化、国际化、便利化营商环境，为全面深化改革和扩大开放探索新途径、积累新经验，发挥示范带动、服务全国的积极作用。

（二）战略定位

以制度创新为核心，以可复制可推广为基本要求，将自贸试验区建设成为东部地区重要海上开放门户示范区、国际大宗商品贸易自由化先导区和具有国际影响力的资源配置基地。

（三）发展目标

经过三年左右有特色的改革探索，基本实现投资贸易便利、高端产业集聚、法治环境规范、金融服务完善、监管高效便捷、辐射带动作用突出，以油品为核心的大宗商品全球配置能力显著提升，对接国际标准，初步建成自由贸易港区先行区。

二、区位布局

（一）实施范围

自贸试验区的实施范围 119.95 平方公里，由陆域和相关海洋锚地组成，涵盖三个片区：舟山离岛片区 78.98 平方公里（含舟山港综合保税区区块二 3.02 平方公里），舟山岛北部片区 15.62 平方公里（含舟山港综合保税区区块一 2.83 平方公里），舟山岛南部片区 25.35 平方公里。

自贸试验区土地开发利用须遵守土地利用、环境保护、城乡规划法律法规，符合土地利用总体规划，并符合节约集约用地的有关要求；涉及海域的，须符合《中华人民共和国海域使用管理法》有关规定和国务院印发的《全国海洋主体功能区规划》、国务院批复的海洋功能区划、近岸海域环境功能区划、浙江省出台的海洋生态红线制度；涉及无居民海岛的，须符合《中华人民共和国海岛保护法》有关规定。

（二）功能划分

按区域布局划分，舟山离岛片区鱼山岛重点建设国际一流的绿色石化基地，鼠浪湖岛、黄泽山岛、双子山岛、衢山岛、小衢山岛、马迹山岛重点发展油品等大宗商品储存、中转、贸易产业，海洋锚地重点发展保税燃料油供应服务；舟山岛北部片区重点发展油品等大宗商品贸易、保税燃料油供应、石油石化产业配套装备保税物流、仓储、制造等产业；舟山岛南部片区重点发展大宗商品交易、航空制造、零部件物流、研发设计及相关配套产业，建设舟山航空产业园，着力发展水产品贸易、海洋旅游、海水利用、现代商贸、金融服务、航运、信息咨询、高新技术等产业。

按海关监管方式划分，自贸试验区内的海关特殊监管区域重点探索以贸易便利化为主要内容的制度创新，重点开展国际贸易和保税加工、保税物流、保税服务等业务；非海关特殊监管区域重点探索投资制度、金融制度等体制机制创新，积极发展以油品为核心的大宗商品中转、加工贸易、保税燃料油供应、装备制造、航空制造、国际海事服务等业务。

三、主要任务和措施

（一）切实转变政府职能

1. 深化行政体制改革。深入推进简政放权、放管结合、优化服务改革。建立权责明确、管理高效、运转协调的自贸试验区行政管理体制。深化完善自贸试验区行政管理权力清单、责任清单。深化行政审批制度改革，建立精简高效的统一行政审批机构，开展相对集中行政许可权改革，依法统一行使相关行政许可权。建立市场准入统一平台，依托电子口岸公共平台建设国际贸易“单一窗口”。深化商事制度改革，全面落实“多证合一、一照一码”等措施。深化完善陆上和海洋综合行政执法体系改革。

开展知识产权综合管理改革试点。紧扣创新发展需求，发挥专利、商标、版权等知识产权的引领作用，打通知识产权创造、运用、保护、管理、服务全链条，建立高效的知识产权综合管理体制，构建便民利民的知识产权公共服务体系，探索支撑创新发展的知识产权运行机制，推动形成权界清晰、分工合理、责权一致、运转高效、法治保障的体制机制。搭建便利化的知识产权公共服务平台，设立知识产权服务工作站，大力发展知识产权专业服务业。探索建立自贸试验区跨部门知识产权执法协作机制，完善纠纷调解、援助、仲裁工作机制。探索建立自贸试验区重点产业专利导航制度和重点产业快速协同保护机制。

推动税收服务创新，包括一窗国地办税、一厅自助办理、培训辅导点单、缴纳方式多元、业务自主预约、税银信息互动、税收遵从合作、创新网上服务等举措。

2. 建立统一开放的市场准入和高标准监管制度。建立与自贸试验区相适应的行政监督管理制度，加强与负面清单管理体制相适应的事中事后监管体系建设。完善社会信用体系，推动各部门间依法履职信息的联通和共享。健全守信激励和失信惩戒机制。对涉及自贸试验区内的投资贸易等商事案件，建立专业化审理机制。严格执行环境保护法规和标准。强化安全监管保障，制定安全生产区域规划，建立自贸试验区油品安全管理制度。建立健全应急联动机制，充实应急救援力量，全力强化应急保障。鼓励企业履行社会责任，保障劳动者权益。配合商务部开展经营者集中反垄断审查。

3. 提升利用外资水平。对外商投资实行准入前国民待遇加负面清单管理制度，着力构建与负面清单管理方式相适应的事中事后监管制度。外商投资准入特别管理措施（负面清单）之外领域的外商投资项目（国务院规定对国内投资项目保留核准的除外）和外商投资企业设立及变更实行备案制，由自贸试验区负责办理。进一步减少或取消外商投资准入限制，提高开放度和透明度，做好对外开放的压力测试和风险测试。积极有效引进境外资金、先进技术和高端人才，提升利用外资综合质量。外商在自贸试验区内投资适用《自由贸易试验区外商投资准入特别管理措施（负面清单）》和《自由贸易试验区外商投资国家安全审查试行办法》。探索强化外商投资实际控制人管理，建立外商投资信息报告制度和外商投资信息公示平台，充分发挥国家企业信用信息公示系统作用，提升外商投资全周期监管的科学性、规范性和透明度。

完善投资者权益保障机制，允许符合条件的境外投资者自由转移其投资收益。

（二）推动油品全产业链投资便利化和贸易自由化

4. 建设国际海事服务基地。对照国际通行税收政策，增强国际竞争力，探索研究推动油品全产业链发展的政策措施。建设东北亚保税燃料油加注中心。制订中国（浙江）自由贸易试验区国际航行船舶保税油管理办法，将区内国际航行船舶保税加油许可权下放至舟山市人民政府。吸引保税燃料油供应商开展供油服务，鼓励企业总部或结算中心落户，丰富市场竞争主体。加快供油港口、储罐、加注锚地等配套设施建设，合理布局海上保税燃料油加注区域，允许在自贸试验区内设立海上保税燃料油供应仓库。在符合监管条件的前提下，允许注册在自贸试验区内的企业开展不同税号下保税油品混兑调和。鼓励自贸试验区内油品企业生产保税燃料油。允许开展保税燃料油跨关区直供业务。全力优化通关等服务方式，将保税燃料油加注纳入“单一窗口”申报平台，开通挂港加油船舶通航、通关特殊通道，简化和加快加油船舶进出自贸试验区通关手续，方便符合条件的船舶驶入特定海域（码头）进行加油操作。

加快拓展国际船舶管理服务。积极培育壮大外轮供应企业，丰富外轮供应品种，为进入自贸试验区的船舶提供生活用品、备品备件、物料、工程服务和代理服务等服务。加快发展自贸试验区内国际船舶修造业务，在海关特殊监管区域内对修造所需的相关进口船舶配件予以保税，支持舟山港船舶配件交易市场建设。

提升国际航运服务功能。积极探索有助于促进油品等大宗商品贸易的航运制度和运作模式。适应自贸试验区发展需要，支持自贸试验区引导液货危险品运输企业加强整合，实现规模化、集约化发展。大力发展转口贸易，放宽海运货物直接运输判定标准。优化沿海捎带业务监管模式，提高中资非五星旗船沿海捎带业务通关效率。推动与旅游相关的邮轮、游艇等旅游运输工具出行的便利化。积极推动国际航运相关的海事、金融、法律、经纪等服务业发展。支持境内外企业开展航运保险、航运仲裁、海损理算、航运交易等高端航运服务。探索组建海洋保险等专业性法人机构，允许符合条件的境内外保险代理公司、保险经纪和保险公估公司等中介机构在自贸试验区设立营业机构并依法开展相关业务。吸引海事仲裁机构和船级社等入驻，打造国际航运服务平台。

5. 建设国际油品储运基地。完善油品储运基础设施。加快码头、管网、油罐、地下油库、锚地、物流基地等物流基础设施建设。以原油、成品油为重点，承接全球资源，面向亚太市场，满足国内需求，在舟山离岛片区布局形成大型油品储运基地。

推进油品储运投资便利化。培育多元化的油品储运主体，鼓励各类主体按照国际标准参与投资建设油品接卸泊位、储运罐区、输油管道等设施。加快自贸试验区港口岸线使用审批。

完善油品储备体系。以原油为主要品种，积极开展汽油、柴油、航空煤油、液化气等储备，科学合理确定储备品种，探索和创新油品储备模式，建立国储、义储、商储、企储相结合的储存体系和运作模式，允许国储租赁符合条件的民企油罐、商储租赁国有企业商业油罐。建立油品储存可动用应急机制。

加强油品储备国际合作。盘活民间闲置的油品储备库资源，为国际组织、跨国石油公司等储存油品。支持与国际产油国共建油品储存基地，加快形成舟山国际油品保税交割体系。

6. 建设国际石化基地。建设国际一流的石化基地。按照国家战略布局，实行最严格的环保准入和监管措施，在鱼山岛打造国际一流的石化产业基地。支持基地以原油精炼为基础产品，以乙烯、芳烃等高端产品为特色，完善上下游一体化产业链，加快形成国际一流的石化产业集群。

扩大油品加工领域投资开放。鼓励国内外投资商以资源、资金、技术、市场参与建设经营石化基地。允许世界一流石油化工企业以及“一带一路”沿线石油富集国企业参与投资建设。

落实产业配套政策。赋予自贸试验区内符合条件的油品加工企业原油进口资质和配额，给予原油进口使用权。

7. 建设国际油品交易中心。依托中国（浙江）大宗商品交易中心，开展原油、成品油、保税燃料油现货交易，条件成熟时开展与期货相关的业务。

放宽原油、成品油资质和配额限制（允许量），支持赋予符合条件的 2 ～ 3 家自贸试验区内企业原油进口和使用资质。支持自贸试验区企业积极开展油品离岸和在岸贸易。

集聚境内外原油贸易商做强原油现货交易，加快形成具有国际影响力的原油现货交易市场。加快设立舟山国际原油保税交割中心。鼓励在中国（浙江）大宗商品交易中心开展原油现货交易。

大力发展成品油内外贸分销网络和交易市场。支持在中国（浙江）大宗商品交易中心开展成品油现货交易，在扩大现货交易的基础上，支持自贸试验区发展成品油交割、仓储、保税。简化成品油批发资质条件，支持开展成品油内贸分销业务，逐步搭建成品油内贸分销网络。

建设东北亚保税燃料油交易中心。加快在中国（浙江）大宗商品交易中心开展保税燃料油现货交易，在扩大现货交易基础上，支持自贸试验区发展保税燃料油交割、仓储、保税。

积极开展天然气交易。加快完善天然气配套管网、码头等基础设施布局，实现管网互联互通。

8. 加快石油石化科技研发和人才集聚。积极支持舟山创建以石油石化产业为特色的国家高新技术产业开发区，鼓励在自贸试验区内开展石油石化科学研究和技术服务，加快形成国际石油石化人才培养和集聚机制。

（三）拓展新型贸易投资方式

9. 建设国际矿石中转基地。依托鼠浪湖岛、马迹山岛矿石中转码头，建设国际配矿贸易中心，以接卸外贸进口矿石为主，为长江沿线冶金企业提供中转运输服务，优化完善区域矿石接卸系统布局，为我国沿海、东亚地区提供仓储、分销、加工及配送服务。依托中国（浙江）大宗商品交易中心，大力发展矿石现货交易和国际贸易，形成区域性的矿石信息中心和价格形成中心。支持海关特殊监管区域内矿石保税储存、保税加工、保税出口。

10. 建设舟山航空产业园。在朱家尖岛布局建设舟山航空产业园，通过通用飞机总装组装、制造，对接国际航空产业转移，形成航空产业集群。在环境风险可控的前提下开展飞机零部件制造维修业务试点，积极引进飞行驾驶培训、空中旅游观光、通用航空基地运营服务及相关科研机构，鼓励高端先进航空制造、零部件物流、研发设计及配套产业向自贸试验区集聚。

11. 加强现代贸易投资合作。依托港澳在金融服务、信息资讯、国际贸易网络、风险管理等方面的优势，将自贸试验区建设成为内地企业“走出去”的窗口和综合服务平台。加强与港澳在项目对接、投资拓展、信息交流、人才培训等方面交流合作，共同到境外开展基础设施建设和能源等合作。按照公平竞争原则，积极发展跨境电子商务，完善相应的海关监管、检验检疫、退税、物流等支撑系统，加快推进跨境贸易电子商务配套平台建设。

（四）推动金融管理领域体制机制创新

12. 扩大金融服务领域开放。允许符合条件的中资商业银行立足当地实际需求，依据监管政策导向，在自贸试验区内设立分支机构。支持外资银行在自贸试验区内设立子行、分行、专营机构。支持符合条件的民营资本在区内依法设立金融租赁公司、财务公司等金融机构，支持符合条件的境内纯中资民营企业发起设立民营银行。支持金融租赁公司在自贸试验区内设立专业子公司。支持商业保理业务发展，探索适合保理业务发展的外汇管理模式。支持自贸试验区内符合条件的企业按规定开展人民币境外证券投资等业务。允许外资股权投资管理机构、外资创业投资管理机构在自贸试验区发起管理人民币股权投资和创业投资基金。进一步简化经常项目外汇收支手续，在真实、合法交易基础上，自贸试验区内货物贸易外汇管理分类等级为 A 类企业的外汇收入无需开立待核查账户。允许自贸试验区内符合条件的融资租赁业务收取外币租金。支持自贸试验区内符合条件的个人按规定投资境内外证券市场。支持自贸试验区内符合互认条件的基金产品参与内地与香港基金产品互认。

13. 拓展金融服务功能。探索建立与自贸试验区相适应的本外币账户管理体系，促进跨境贸易、投融资结算便利化。为符合条件的自贸试验区内主体办理油品贸易相关的跨境经常项下结算业务、政策允许的资本项下结算业务。在自贸试验区内设立的法人机构可根据经营和管理需要，按规定开展跨国公司外汇资金集中运营管理业务和跨国企业集团内跨境双向人民币资金池业务、享受跨境投融资汇兑便利等政策。支持融资租赁公司依托自贸试验区在大宗商品领域开展包含人民币计价结算、跨境双向人民币资金池等跨境人民币创新业务。鼓励地方政府通过引入社会资本方式，在自贸试验区内设立跨境人民币各类投资基金，按注册地管理，开展跨境人民币双向投资业务。允许自贸试验区内从事油品等大宗商品为主的交易平台或交易所在约定的商业银行设立贸易专用账户，存放大宗商品交易保证金。支持自贸试验区发展与油品贸易相关的总部经济，放宽跨国公司外汇资金集中运营管理的准入条件。进一步简化资金池管理，允许经银行审核真实、合法的电子单证办理经常项目集中收付汇、轧差净额结算业务。允许自贸试验区开展油品现期货交易初期采用双币种计价、结算，逐步探索采用人民币计价、结算，推动人民币国际化进程。完善结售汇管理。允许境内外金融机构、金融技术企业、金融信息服务企业参与自贸试验区油品交易现货市场建设。逐步允许境外企业参与商品期货交易。加强与国际金融机构和国际油品贸易公司的合作，积极构建与国际接轨的油品贸易信息统计、监测体系，建立油品交易市场风险管理体系。

14. 积极发展融资租赁与保险业务。鼓励境内外投资者在自贸试验区设立融资租赁企业，进一步推进内资融资租赁企业试点，注册在自贸试验区内的内资融资租赁试点企业由自贸试验区所在省级商务主管部门和同级国家税务局审核；加强事中事后监管，探索建立融资租赁企业设立和变更的备案制度、违反行业管理规定的处罚制度、失信和经营异常企业公示制度、属地监管部门对企业定期抽查检查制度。支持融资租赁企业在自贸试验区设立特殊项目公司。根据期货保税交割业务需要，允许自贸试验区拓展仓单质押融资等功能，推动完善仓单质押融资所涉及的仓单确权等工作。支持在自贸试验区内探索设立服务石油行业的专营保险公司或分支机构，设立为保险业发展提供配套服务的保险经纪、保险代理、风险评估、损失理算、法律咨询等专业性保险服务机构。取消对自贸试验区内保险支公司高管人员任职资格的事前审批，由自贸试验区所在省保监局实施备案管理。创新针对石油行业的特殊风险分散机制，开展能源、化工等特殊风险保险业务，加大再保险对巨灾保险、特殊风险保险的支持力度。

15. 建立健全金融风险防范体系。落实风险为本的原则，探索建立跨境资金流动风险监管机制，强化开展反洗钱、反恐怖融资、反逃税工作，防止非法资金跨境、跨区流动，切实防范开放环境下的金融风险。

（五）推动通关监管领域体制机制创新

16. 创新通关监管服务模式。对自贸试验区内的海关特殊监管区域实施“一线放开”、“二线安全高效管住”的通关监管服务模式。按照严密防范质量安全风险和最大便利化的原则，一线主要实施进出境现场检疫、查验及处理；二线主要实施进出口产品检验检疫监管及实验室检测，维护质量安全。

在确保有效监管前提下，在海关特殊监管区域探索建立货物状态分类监管模式。对注册在自贸试验区海关特殊监管区域内的融资租赁企业进出口飞机、船舶和海洋工程结构物等大型设备涉及跨关区的，在确保有效监管和执行现行相关税收政策的前提下，按物流实际需要，实行海关异地委托监管。在严格执行货物进出口税收政策的前提下，允许在海关特殊监管区域内设立保税展示交易平台。加快形成贸易便利化创新举措的标准化制度规范，覆盖到所有符合条件的企业。完善通关合作机制，开展货物通关、贸易统计、“经认证的经营者”互认、检验检测认证等方面合作，逐步实现信息互换、监管互认、执法互助。支持自贸试验区与“一带一路”沿线国家开展海关、检验检疫、认证认可、标准计量等方面的合作与交流，探索与“一带一路”沿线国家开展贸易供应链安全与便利合作。依托电子口岸公共平台，完善国际贸易“单一窗口”的货物进出口和运输工具进出境的应用功能。将出口退税申报功能纳入国际贸易“单一窗口”建设项目。进一步优化口岸监管执法流程和通关流程，实现贸易许可、资质登记等平台功能，将涉及贸易监管的部门逐步纳入“单一窗口”管理平台。在执行现行税收政策的前提下，提升超大超限货物的通关、运输、口岸服务等综合能力。推进自贸试验区内各区域之间通关一体化。

对自贸试验区内本国人员和外籍人员实行相应的便捷安全管控措施。支持舟山普陀山机场航空口岸对外开放。支持浙江省人民政府向国务院申请在舟山对外开放口岸开展外国人口岸签证业务。在自贸试验区实施人才签证制度。加强外国人才工作部门机构和队伍建设。对外籍高层次人才开辟绿色通道，制定有效政策，简化手续，为高层次人才入出境、工作、在华停居留提供便利。允许获得硕士及以上学位的优秀外国留学生毕业后直接在自贸试验区工作。提供有针对性的指导服务和语言学习机会，多形式多渠道帮助外国人才更好融入中国社会。

四、保障机制

（一）强化法制保障

自贸试验区需要暂时调整实施有关行政法规、国务院文件和经国务院批准的部门规章的部分规定的，按规定程序办理。各有关部门要支持自贸试验区在各领域深化改革开放试点、加大压力测试、加强监管、防控风险，做好与相关法律立改废释的衔接，及时解决试点过程中的制度保障问题。浙江省要通过地方立法，建立与试点要求相适应的自贸试验区管理制度。

（二）完善配套税收政策

落实现有相关税收政策，充分发挥现有政策的支持促进作用。中国（上海）自由贸易试验区、中国（广东）自由贸易试验区、中国（天津）自由贸易试验区和中国（福建）自由贸易试验区已经试点的税收政策原则上可在自贸试验区进行试点，其中促进贸易的选择性征收关税、其他相关进出口税收等政策在自贸试验区内的海关特殊监管区域进行试点。自贸试验区内的海关特殊监管区域范围和税收政策适用范围维持不变。此外，在符合税制改革方向和国际惯例，以及不导致利润转移和税基侵蚀的前提下，积极研究完善境外所得税收抵免的税收政策。

（三）加强组织实施

按照党中央、国务院统一部署，在国务院自由贸易试验区工作部际联席会议统筹协调下，由浙江省完善试点任务组织实施保障机制，按照总体筹划、分步实施、率先突破、逐步完善的原则加快实施。各有关部门要大力支持，及时制定实施细则或办法，加强指导和服务，共同推进相关体制机制创新，把自贸试验区建设好、管理好。在实施过程中，要创新思路、寻找规律、解决问题、积累经验；要充分发挥地方和部门的积极性，因地制宜、突出特色，做好对比试验和互补试验；要抓好改革措施的落实，重大事项要及时向国务院请示报告。

（四）总结推广可复制的试点经验

自贸试验区要及时总结改革创新经验和成果。国务院自由贸易试验区工作部际联席会议办公室要会同浙江省人民政府及有关部门，及时总结评估自贸试验区改革开放创新试点任务实施效果，加强各领域试点经验系统集成，并委托第三方机构进行独立评估。对试点效果好、风险可控且可复制可推广的成果，实施分类审查程序后复制推广至全国其他地区。

中国（辽宁）自由贸易试验区总体方案

国务院

2017年3月15日

建立中国（辽宁）自由贸易试验区（以下简称自贸试验区）是党中央、国务院作出的重大决策，是新形势下全面深化改革、扩大开放和推动东北地区等老工业基地振兴的重大举措。为全面有效推进自贸试验区建设，制定本方案。

一、总体要求

（一）指导思想

全面贯彻党的十八大和十八届三中、四中、五中、六中全会精神，深入贯彻习近平总书记系列重要讲话精神和治国理政新理念新思想新战略，认真落实党中央、国务院决策部署，统筹推进"五位一体"总体布局和协调推进"四个全面"战略布局，坚持稳中求进工作总基调，牢固树立和贯彻落实创新、协调、绿色、开放、共享的发展理念，进一步解放思想、先行先试，以开放促改革、促发展，着力完善体制机制，着力推进结构调整，着力鼓励创新创业，着力保障和改善民生，为全面深化改革和扩大开放探索新途径、积累新经验，发挥示范带动、服务全国的积极作用。

（二）战略定位

以制度创新为核心，以可复制可推广为基本要求，加快市场取向体制机制改革、积极推动结构调整，努力将自贸试验区建设成为提升东北老工业基地发展整体竞争力和对外开放水平的新引擎。

（三）发展目标

经过三至五年改革探索，形成与国际投资贸易通行规则相衔接的制度创新体系，营造法治化、国际化、便利化的营商环境，巩固提升对人才、资本等要素的吸引力，努力建成高端产业集聚、投资贸易便利、金融服务完善、监管高效便捷、法治环境规范的高水平高标准自由贸易园区，引领东北地区转变经济发展方式、提高经济发展质量和水平。

二、区位布局

（一）实施范围

自贸试验区的实施范围119.89平方公里，涵盖三个片区：大连片区59.96平方公里（含大连保税区1.25平方公里、大连出口加工区2.95平方公里、大连大窑湾保税港区6.88平方公里），沈阳片区29.97平方公里，营口片区29.96平方公里。

自贸试验区土地开发利用须遵守土地利用、环境保护、城乡规划法律法规，符合土地利用总体规划，并符合节约集约用地的有关要求；涉及海域的，须符合《中华人民共和国海域使用管理法》有关规定和国务院印发的《全国海洋主体功能区规划》、国务院批复的海洋功能区划、辽宁省出台的海洋生态红线制度；涉及无居民海岛的，须符合《中华人民共和国海岛保护法》有关规定。

（二）功能划分

按区域布局划分，大连片区重点发展港航物流、金融商贸、先进装备制造、高新技术、循环经济、航运服务等产业，推动东北亚国际航运中心、国际物流中心建设进程，形成面向东北亚开放合作的战略高地；沈阳片区重点发展装备制造、汽车及零部件、航空装备等先进制造业和金融、科技、物流等现代服务业，提高国家新型工业化示范城市、东北地区科技创新中心发展水平，建设具有国际竞争力的先进装备制造业基地；营口片区重点发展商贸物流、跨境电商、金融等现代服务业和新一代信息技术、高端装备制造等战略性新兴产业，建设区域性国际物流中心和高端装备制造、高新技术产业基地，构建国际海铁联运大通道的重要枢纽。

按海关监管方式划分，自贸试验区内的海关特殊监管区域重点探索以贸易便利化为主要内容的制度创新，开展保税加工、保税物流、保税服务等业务；非海关特殊监管区域重点探索投资体制改革，推进制造业转型、金融创新和服务业开放。

三、主要任务和措施

（一）切实转变政府职能

1．深化行政管理体制改革。深入推进简政放权、放管结合、优化服务改革。辽宁省能够下放的经济社会管理权限，全部下放给自贸试验区。建立权责清单制度、行政审批管理目录制度。深化商事制度改革。推进政府管理由注重事前审批向注重事中事后监管转变，构建事前诚信承诺、事中评估分类、事后联动奖惩的全链条信用监管体系。完善信息网络平台，建立企业信用信息采集共享机制，实现跨部门协同管理。实施“多规合一”改革。配合商务部开展经营者集中反垄断审查。

2．打造更加公平便利的营商环境。开展知识产权综合管理改革试点。紧扣创新发展需求，发挥专利、商标、版权等知识产权的引领作用，打通知识产权创造、运用、保护、管理、服务全链条，建立高效的知识产权综合管理体制，构建便民利民的知识产权公共服务体系，探索支撑创新发展的知识产权运行机制，推动形成权界清晰、分工合理、责权一致、运转高效、法治保障的体制机制。搭建便利化的知识产权公共服务平台，设立知识产权服务工作站，大力发展知识产权专业服务业。探索建立自贸试验区跨部门知识产权执法协作机制，完善纠纷调解、援助、仲裁工作机制。探索建立自贸试验区重点产业专利导航制度和重点产业快速协同保护机制。

推动税收服务创新，包括一窗国地办税、一厅自助办理、培训辅导点单、缴纳方式多元、业务自主预约、税银信息互动、税收遵从合作、创新网上服务等举措。推进产业预警、信息公开、公平竞争、权益保障制度创新。建立健全国际仲裁、商事调解机制。

（二）深化投资领域改革

3．提升利用外资水平。对外商投资实行准入前国民待遇加负面清单管理制度，着力构建与负面清单管理方式相适应的事中事后监管制度。外商投资准入特别管理措施（负面清单）之外领域的外商投资项目（国务院规定对国内投资项目保留核准的除外）和外商投资企业设立及变更实行备案制，由自贸试验区负责办理。进一步减少或取消外商投资准入限制，提高开放度和透明度，做好对外开放的压力测试和风险测试。积极有效引进境外资金、先进技术和高端人才，提升利用外资综合质量。外商在自贸试验区内投资适用《自由贸易试验区外商投资准入特别管理措施（负面清单）》和《自由贸易试验区外商投资国家安全审查试行办法》。探索强化外商投资实际控制人管理，建立外商投资信息报告制度和外商投资信息公示平台，充分发挥国家企业信用信息公示系统作用，提升外商投资全周期监管的科学性、规范性和透明度。完善投资者权益保障机制，允许符合条件的境外投资者自由转移其投资收益。

4．构筑对外投资服务促进体系。实行以备案制为主的境外投资管理方式。鼓励企业开展多种形式的对外投资合作。发挥优惠贷款作用，支持自贸试验区内企业参与大型成套设备出口、工程承包和大型投资项目。支持“走出去”企业以境外资产和股权、矿权等权益为抵押获得贷款，提高企业融资能力。完善“走出去”政策促进、服务保障和风险防控体系，扩大企业对外投资。

（三）推进贸易转型升级

5．实施贸易便利化措施。依托电子口岸公共平台，完善国际贸易“单一窗口”的货物进出口和运输工具进出境的应用功能，实现贸易许可、资质登记等平台作用，将涉及贸易监管的部门逐步纳入“单一窗口”管理平台，进一步优化口岸监管执法流程和通关流程。将出口退税申报功能纳入“单一窗口”建设项目。推进自贸试验区内各区域之间通关一体化。大力发展转口贸易，放宽海运货物直接运输判定标准。优化沿海捎带业务监管模式，提高中资非五星旗船沿海捎带业务通关效率。在执行现行税收政策的前提下，提升超大超限货物的通关、运输、口岸服务等综合能力。鼓励企业参与“自主报税、自助通关、自动审放、重点稽核”等监管制度创新试点。加快形成贸易便利化创新举措的标准化制度规范，覆盖到所有符合条件的企业。

自贸试验区内的海关特殊监管区域实施“一线放开”、“二线安全高效管住”的通关监管服务模式。在确保有效监管前提下，在海关特殊监管区域探索建立货物状态分类监管模式。在严格执行货物进出口税收政策的前提下，允许在海关特殊监管区域内设立保税展示交易平台。试点开展境内外高技术、高附加值、风险可控的维修业务。对注册在自贸试验区海关特殊监管区域内的融资租赁企业进出口飞机、船舶和海洋工程结构物等大型设备涉及跨关区的，在确保有效监管和执行现行相关税收政策的前提下，按物流实际需要，实行海关异地委托监管。

6. 完善国际贸易服务体系。建立离岸贸易制度，发展离岸贸易。培育跨国企业设立面对国内外两个市场的结算中心和区域性总部，建立整合物流、贸易等功能的营运中心。依托大连商品交易所，支持拓展新的交易品种，促进发展大宗商品国际贸易。探索建立与国际大宗商品交易相适应的外汇管理和海关监管制度。鼓励国内期货交易所在自贸试验区海关特殊监管区域内开展期货保税交易、仓单质押融资等业务。在总结期货保税交割试点经验基础上，扩大期货保税交割试点的品种。推动自贸试验区内符合条件的原油加工企业申请原油进口及使用资质。鼓励自贸试验区内企业统筹开展国际国内贸易，形成内外贸一体化发展促进机制。推进对外文化贸易基地建设，深化艺术品交易市场功能拓展。推动检测维修、生物医药、软件信息、管理咨询、数据服务、文化创意等服务外包业务发展。依托中国（大连）跨境电子商务综合试验区，加快推进跨境贸易电子商务配套平台建设。按照公平竞争原则，完善海关监管、检验检疫、退税、物流等国际贸易支撑系统。鼓励设立第三方检验鉴定机构，积极推进采信第三方检验鉴定结果。

（四）深化金融领域开放创新

7. 推动跨境人民币业务创新发展。探索建立与自贸试验区相适应的本外币账户管理体系，促进跨境贸易、投融资结算便利化。允许自贸试验区内企业的境外母公司或子公司按照有关规定在境内发行人民币债券。允许外资股权投资管理机构、外资创业投资管理机构在自贸试验区发起管理人民币股权投资和创业投资基金。允许自贸试验区内租赁公司在境外开立人民币账户用于跨境人民币租赁业务。扩大人民币跨境使用，自贸试验区内银行可按有关规定发放境外项目人民币贷款。开展跨国企业集团跨境双向人民币资金池业务。

8. 深化外汇管理体制改革。进一步简化经常项目外汇收支手续，在真实、合法交易基础上，自贸试验区内货物贸易外汇管理分类等级为A类企业的外汇收入无需开立待核查账户。银行按照“了解客户、了解业务、尽职审查”的展业三原则办理经常项目收结汇、购付汇手续。进一步简化资金池管理，允许经银行审核真实、合法的电子单证办理经常项目集中收付汇、轧差净额结算业务。支持商业保理业务发展，探索适合商业保理发展的外汇管理模式。允许自贸试验区内符合条件的融资租赁业务收取外币租金。支持发展总部经济。放宽跨国公司外汇资金集中运营管理准入条件。

9. 增强金融服务功能。进一步推进内资融资租赁企业试点，注册在自贸试验区内的内资融资租赁试点企业由自贸试验区所在省级商务主管部门和同级国家税务局审核；加强事中事后监管，探索建立融资租赁企业设立和变更的备案制度、违反行业管理规定的处罚制度、失信和经营异常企业公示制度、属地监管部门对企业定期抽查检查制度。支持自贸试验区内符合互认条件的基金产品参与内地与香港基金产品互认。取消对自贸试验区内保险支公司高管人员任职资格的事前审批，由自贸试验区所在省级保监机构实施备案管理。逐步允许境外企业参与商品期货交易。结合自贸试验区产业基础和产业发展方向，围绕新型工业化方向和产业转型升级需求，创新金融产品和金融服务。进一步提升金融服务实体经济的能力，逐步完善适合东北老工业基地振兴发展的新型金融支撑体系。

10. 建立健全金融风险防控体系。落实风险为本的原则，探索建立跨境资金流动风险监管机制，强化开展反洗钱、反恐怖融资、反逃税工作，防止非法资金跨境、跨区流动。建立适应金融改革创新举措的事中事后监管体系。

（五）加快老工业基地结构调整

11. 深化国资国企改革。完善国有企业治理模式和经营机制，实施分类监管和改革，探索健全以管资本为主的国有资产监管体系。稳妥推进自贸试验区内企业混合所有制改革，探索各种所有制资本优势互补、相互促进的体制机制。建立健全产权清晰、权责明确、政企分开、管理科学的现代企业制度。推进经营性国有资产集中统一监管，优化国有资本配置，放大国有资本功能，大力推进国有资产资本化。简化地方国有创投企业股权投资退出程序，地方国有创投企业使用国有资产评估报告实行事后备案。

12. 促进产业转型升级。完善有利于推动产业集群发展的体制机制，鼓励智能装备、海洋工程装备、航空制造、汽车（重点是新能源汽车）、新材料、高技术船舶、电子信息、生物医药和高端医疗器械、商贸及快递等现代物流、海水利用等产业向自贸试验区集聚。加快工业化与信息化深度融合，培育发展大数据、云计算、工业互联网等新一代信息技术产业，构建先进装备制造业、战略性新兴产业和现代服务业融合发展的产业布局。利用地方政府投资设立的产业（创业）投资引导基金，支持新兴特色产业集群式发展。鼓励自贸试验区内企业通过跨区域兼并重组推动产业整合。加快中德（沈阳）高端装备制造产业园、大连国家生态工业示范园区与自贸试验区协同发展，打造国际产业投资贸易合作平台。

13. 发展生产性服务业。鼓励自贸试验区内企业开展系统集成、设备租赁、提供解决方案、再制造、检验检测、远程咨询等增值服务。推进专业技术研发、工业设计等集成创新载体及工程研究中心、科研实验室、企业技术中心建设。搭建科技成果推广、科技管理咨询、市场营销等公共服务平台。支持设立符合规定的加工贸易产品内销平台和加工贸易采购、分拨中心。鼓励金融机构、装备制造企业集团在自贸试验区内设立租赁公司或专营租赁业务的子公司，重点开展飞机、船舶、海洋工程结构物、轨道交通车辆、农用机械、高端医疗设备、大型成套设备等融资租赁服务。

14. 构筑科技创新和人才高地。推动科研机构、高校、企业协同创新。按市场化方式，加强与国家科技成果转化引导基金、战略性新兴产业创业投资引导基金、国家中小企业发展基金的对接，设立一批专业化创业投资子基金。依托现有交易场所开展科技成果转化交易。引进境外优质教育资源，推动教育国际化。探索适应企业国际化发展需要的创新人才服务体系和国际人才流动制度。完善创新人才集聚和培育机制，推进人才、项目、资金深度融合。加大对海外人才服务力度，提高境内外人员出入境、外籍人员签证和居留、就业许可、驾照申领等事项办理的便利化水平。

15. 推进东北一体化协同发展。增强自贸试验区口岸服务辐射功能，完善海关通关一体化改革，开展货物通关、贸易统计、“经认证的经营者”互认、检验检测认证等方面合作，逐步实现信息互换、监管互认、执法互助。优化内陆无水港和物流网络布局，加速实现自贸试验区与东北其他地区口岸间互通互联，推进东北地区在研发设计、生产销售、物流配送、人才交流、教育培训等方面的协同配合。

（六）加强东北亚区域开放合作

16. 推进与东北亚全方位经济合作。充分发挥辽宁作为全国重要的老工业基地和欧亚大陆桥东部重要节点的区位、交通、产业及人文等综合优势，推进国家自主创新示范区、全面创新改革试验区、大连金普新区、国家级经济技术开发区、国家级高新技术产业开发区与自贸试验区的互动发展。加快融入“一带一路”建设，不断扩大和丰富东北亚区域合作内涵，全面融入中蒙俄经济走廊建设，巩固对日、对韩合作，加速利用国际国内两个市场、两种资源，进一步扩大东北亚国际合作，在更大范围、更宽领域参与国际竞争。

17. 加快构建双向投资促进合作新机制。推进自贸试验区与“一带一路”沿线国家及日、韩、朝等国的国际产能和装备制造合作，完善国际产能合作金融支持体系，促进由装备产品输出为主向技术输出、资本输出、产品输出、服务输出和标准输出并举转变，加大优势产业“走出去”拓展国际市场的步伐。充分利用自贸试验区国际化贸易规则，提升优势产品在“一带一路”沿线国家及日、韩、朝等国的市场占有率。引导优势企业开展境外工程承包，投资建设境外园区。推动日、韩、俄等国先进制造业、战略性新兴产业、现代服务业等产业在自贸试验区内集聚发展。探索与东北亚各国在文化、教育、体育、卫生、娱乐等专业服务领域开展投资合作。

18. 构建连接亚欧的海陆空大通道。依托自贸试验区加快大连东北亚国际航运中心建设进程，推进营口港海铁联运和沈阳跨境铁路通道建设。加快沈阳内陆无水港建设步伐，支持海关多式联运监管中心建设，构建沈阳—营口陆海联运系统。支持自贸试验区与“一带一路”沿线国家开展海关、检验检疫、认证认可、标准计量等方面的合作与交流，探索与“一带一路”沿线国家开展贸易供应链安全与便利合作。

19. 建设现代物流体系和国际航运中心。打造面向东北亚的现代物流体系和具有国际竞争力的港航发展制度与运作模式。深化自贸试验区多港区联动机制，推进海陆空邮联动发展。建立航空物流枢纽中心，促进港航要素集聚，增强空港服务功能。加快东北亚区域性邮轮港口和国际客滚中心建设。加强邮政和快递集散中心建设，依托日韩海运和中欧班列（辽宁）海铁联运运输邮件、快件，建设有影响力的国际邮件互换局。在交通运输领域，完善快件处理设施和绿色通道。将外资经营国际船舶管理业务的许可权限下放给辽宁省。建设保税航油站和保税油供应基地。支持开展船员管理改革试点工作，在船员培训方面按规定给予政策支持。推动与旅游相关的邮轮、游艇等旅游运输工具出行的便利化。

四、保障机制

（一）强化法制保障

自贸试验区需要暂时调整实施有关行政法规、国务院文件和经国务院批准的部门规章的部分规定的，按规定程序办理。各有关部门要支持自贸试验区在各领域深化改革开放试点、加大压力测试，辽宁省要通过地方立法，建立与试点要求相适应的自贸试验区管理制度。

（二）完善配套税收政策

落实现有相关税收政策，充分发挥现有政策的支持促进作用。中国（上海）自由贸易试验区、中国（广东）自由贸易试验区、中国（天津）自由贸易试验区和中国（福建）自由贸易试验区已经试点的税收政策原则上可在自贸试验区进行试点，其中促进贸易的选择性征收关税、其他相关进出口税收等政策在自贸试验区内的海关特殊监管区域进行试点。自贸试验区内的海关特殊监管区域范围和税收政策适用范围维持不变。此外，在符合税制改革方向和国际惯例，以及不导致利润转移和税基侵蚀的前提下，积极研究完善境外所得税收抵免的税收政策。

（三）加强组织实施

按照党中央、国务院统一部署，在国务院自由贸易试验区工作部际联席会议统筹协调下，由辽宁省完善试点任务组织实施保障机制，按照总体筹划、分步实施、率先突破、逐步完善的原则加快实施。各有关部门要大力支持，及时制定实施细则或办法，加强指导和服务，共同推进相关体制机制创新，把自贸试验区建设好、管理好。在实施过程中，要创新思路、寻找规律、解决问题、积累经验；要充分发挥地方和部门的积极性，因地制宜、突出特色，做好对比试验和互补试验；要抓好改革措施的落实，重大事项要及时向国务院请示报告。

（四）总结推广可复制的试点经验

自贸试验区要及时总结改革创新经验和成果。国务院自由贸易试验区工作部际联席会议办公室要会同辽宁省人民政府及有关部门，及时总结评估自贸试验区改革开放创新试点任务实施效果，加强各领域试点经验系统集成，并委托第三方机构进行独立评估。对试点效果好、风险可控且可复制可推广的成果，实施分类审查程序后复制推广至全国其他地区。

关于支持“飞地经济”发展的指导意见

国家发展改革委　国土资源部　环境保护部　商务部　海关总署

国家工商总局　国家质检总局　国家统计局

2017年5月12日

各省、自治区、直辖市发展改革委（区域合作主管部门）、国土资源厅（局）、环境保护厅（局）、商务厅（局）、工商局（市场监管部门）、质监局、统计局，新疆生产建设兵团发展改革委、国土资源局、环保局、商务局、质监分局、统计局，海关总署广东分署、天津、上海特派办、各直属海关，各出入境检验检疫局，国家统计局各调查总队：

近年来，有关省（区、市）打破行政区划界限，创新跨区域合作模式，探索政府引导、企业参与、优势互补、园区共建、利益共享的“飞地经济”合作，取得了积极成效，同时也面临一些问题和制约。为贯彻落实国家“十三五”规划《纲要》等有关文件要求，支持“飞地经济”发展，现提出以下意见。

一、总体要求

（一）指导思想

全面贯彻党的十八大和十八届三中、四中、五中、六中全会精神，深入贯彻落实习近平总书记系列重要讲话精神和治国理政新理念新思想新战略，按照党中央、国务院决策部署，牢固树立和贯彻落实新发展理念，深入实施区域发展总体战略，服务“一带一路”建设、京津冀协同发展、长江经济带发展三大战略，创新“飞地经济”合作机制，发挥不同地区比较优势，优化资源配置，强化资源集约节约利用，提升市场化运作水平，完善发展成果分享机制，加快统一市场建设，促进要素自由有序流动，为推进区域协同发展做出新贡献。

（二）基本原则

政府引导、市场运作。政府加强统筹协调，完善组织管理架构，健全议事协调机制，加强跨区域政策衔接，提高公共服务质量。发挥“飞地经济”在对口支援、帮扶、协作中的积极作用。遵循市场规律，引导企业积极参与，发挥行业协会作用，着力提升合作园区开发建设、经营管理的市场化和专业化水平。

优势互补、合作共赢。充分发挥各地区比较优势，促进土地、技术、管理等资源优势互补和优化配置，共同参与园区建设和运营管理，建立合理的成本分担和利益共享机制，促进合作各方良性互动、互利共赢。

平等协商、权责一致。强化合作发展理念，从合作大局和长远发展出发，着力扩大发展成果，充分调动合作各方积极性，共同协商规划建设、运营管理、成本分担、利益分配等事项，实现权利与责任对等。

改革创新、先行探索。充分尊重基层首创精神，创新“飞地经济”合作机制，积极探索主体结构、开发建设、运营管理、利益分配等方面的新模式，有条件地创新政策供给，力争在重点领域和关键环节取得突破。

二、完善“飞地经济”合作机制

（三）支持“飞地经济”合作方共同研究商定规划建设、运营管理、利益分配等事项，签订规范、详细、可操作的合作协议，做到分工明确、权责对等、共建共享。

（四）支持合作方创新合作模式，允许以资金、技术成果、品牌、管理等多种形式参与合作；如各方共同组建市场化运营主体的，应符合《公司法》等相关法律规定。支持各方合理分担园区建设运营成本，征地拆迁、基础设施建设、招商引资、社会管理、环境保护等事项产生的投入和费用，由合作方根据协议商定分摊比例。

（五）支持合作方建立常态化的议事协调机制，加强在产业发展、功能布局等方面的政策对接，及时研究解决园区建设、项目引进和运营管理中的问题。支持合作方共同建立园区管理委员会，选派干部到园区任职、挂职，不断创新管理体制，完善组织架构。

（六）请园区所在地政府提供相关公共服务和保障。合作各方要做好政策衔接和统筹协调，促进跨区域转移项目落地和正常运营。

（七）鼓励按照市场化原则和方式开展“飞地经济”合作。鼓励合作方共同设立投融资公司，采取政府和社会资本合作（PPP）等模式，吸引社会资本参与园区开发和运营管理。提高园区专业化运行水平，支持通过特许经营、政府购买服务等方式，将园区部分或全部事务委托给第三方运营管理，条件成熟地区可探索园区管理与日常运营相分离。

三、强化资源高效集约节约利用

（八）园区建设用地原则上使用所在地土地指标，原则上应依托现有各类开发区（园区）开展“飞地经济”合作，如涉及征地拆迁、土地整理等事务，相关工作由所在地政府负责。加强耕地资源保护，防止在园区建设过程中违规侵占永久基本农田。充分利用未利用地资源，加强未利用地的生态保护和开发利用。加强土地集约节约利用，制定相关行业建设用地控制标准，提高土地投资强度，设置合理的建筑密度和容积率，鼓励和推广多层厂房建设。

（九）强化绿色发展理念，鼓励建设绿色园区，推进节能、节水、减排和资源综合利用，严格执行能耗、水耗、环保等政策，禁止不符合国家和地方产业政策的项目入驻园区，避免低水平重复建设。

（十）围绕改善环境质量目标，依法开展规划环评并优化规划编制和实施。园区环境质量实行属地化管理，由所在地政府负责，园区环境污染防治监管、污染减排和达标排放监管、排污许可证核发监管、环境执法等各项环境管理事项由所在地环保部门负责。

四、规范指标统计口径和方法

（十一）在统计经济社会发展情况时，园区各项指标由所在地政府统计部门按现行统计制度和口径进行统计、核算和发布。

（十二）在政府内部考核时，对于地区生产总值、工业总产值、固定资产投资额、进出口额、外商投资额等经济指标，允许合作方综合考虑权责关系和出资比例，以及能源消费、污染物排放等资源环境因素，进行协商划分，仅作专门用途供内部使用。园区污染物排放等指标应按照属地管理原则由所在地政府有关部门按现行制度和口径进行统计考核。

五、加快统一市场建设

（十三）支持合作方优化行政审批流程，逐步探索行政许可跨区域互认，推进转移企业工商登记协调衔接。

（十四）支持合作方开展质检、通关、市场执法等领域的标准对接和结果互认。

六、支持在各类对口支援、帮扶、协作中开展“飞地经济”合作

（十五）在对口支援（对口帮扶、对口协作）中，支持援受双方发展“飞地经济”，积极发挥市场机制，探索互惠互利的合作模式。鼓励援助方输出成熟的园区管理经验，选派干部到园区任职、挂职。

（十六）在东西部扶贫协作中，支持结对双方共建飞地园区，加强产业合作，引导企业参与，促进产业转移，积极吸纳贫困地区劳动力就业。

（十七）支持通过“飞地经济”模式，探索完善异地开发生态保护补偿机制，在生态受益区共建合作园区，健全保护区与受益区的利益分配机制。

（十八）在推动长江经济带发展战略中，鼓励上海、江苏、浙江到长江中上游地区共建产业园区，共同拓展市场和发展空间。

七、保障措施

（十九）国家发展改革委会同有关部门加强对“飞地经济”发展的指导，帮助协调解决“飞地经济”发展中的重大问题。

（二十）各省（区、市）和新疆生产建设兵团发展改革委（区域合作主管部门）会同有关部门加大对“飞地经济”发展的支持力度，遇到的新情况和新问题要及时报告。

（二十一）相关省（区、市）内部开展的“飞地经济”合作，可参照执行。

铁路“十三五”发展规划

国家发展改革委　交通运输部　国家铁路局　中国铁路总公司

2017 年 11 月 20 日

铁路是国民经济大动脉、关键基础设施和重大民生工程，是综合交通运输体系的骨干和主要运输方式之一，在我国经济社会发展中的地位和作用至关重要。加强现代化铁路建设，对扩大铁路运输有效供给，构建现代综合交通运输体系，建设交通强国，实现“两个一百年”奋斗目标和中华民族伟大复兴的中国梦，具有十分重要的意义。贯彻落实党的十九大精神，根据《国民经济和社会发展第十三个五年规划纲要》《“十三五”现代综合交通运输体系发展规划》和《中长期铁路网规划》，结合铁路行业实际，制定本规划。

一、现状与形势

（一）发展基础

“十二五”时期，我国铁路改革发展成效显著，基础设施建设持续加快，运输能力大幅提升，服务水平明显提高，科技创新取得重大突破，基本适应经济社会发展需要。

体制改革实现重大突破。实施政企分开，组建国家铁路局、中国铁路总公司。推进简政放权，加快职能转变，大幅削减铁路行政审批事项，进一步激发市场活力。铁路投融资体制改革快速推进，支持铁路实施土地综合开发，进一步鼓励和扩大社会资本投资建设铁路，发起设立铁路发展基金，有序推进铁路运输价格市场化改革，铁路发展的支持政策更加完善。

设施网络建设快速推进。“四纵四横”高速铁路基本建成，中西部路网骨架加快形成，综合枢纽同步完善，路网规模不断扩大，结构日趋优化，质量大幅提升，铁路建设取得显著成绩。“十二五”铁路完成固定资产投资 3.58 万亿元、新线投产 3.05 万公里，较“十一五”分别增长 47%、109%，投资规模和投产规模达到历史高位。

运输服务品质显著改善。铁路运输服务多样性、选择性、舒适性和便捷性不断增强。动车组承担客运比重接近 50%，12306 网络售票全面推广，人民群众获得感明显增强，客运量年均增长 10%。货运能力不断释放提升，重点物资运输保障有力，受理服务明显改善，中欧班列形成品牌效应。运输安全基础进一步夯实，国防和应急保障能力显著增强。

科技创新能力明显提高。工程建设、装备制造等取得一系列科技创新成果，形成自主知识产权技术体系，核心竞争力不断增强，铁路总体技术水平进入世界先进行列。“复兴号”中国标准动车组全面实现自主化设计，京沪高速铁路工程荣获国家科学技术进步奖特等奖，自主开发的铁路列车调度指挥系统和运输调度管理系统全面应用。

“走出去”成为新亮点。铁路成为我国对外交流合作新名片和共建“一带一路”倡议的重要领域。铁路建设、装备、运输等企业积极开拓国际市场，承建的土耳其安伊高速铁路建成通车，肯尼亚蒙内铁路等开工建设，雅万高铁和中老、匈、塞等铁路合作积极推进，机车车辆等装备实现较大规模整装出口。

“十二五”规划建设目标的全面实现，为“十三五”发展奠定了良好基础。但铁路发展仍面临不少困难和问题，主要表现在：路网结构尚不完善，区域发展仍不平衡，部分通道还未形成系统能力，有效供给和运行效率有待进一步提升；现代物流及多式联运发展中铁路骨干作用发挥不够充分，“最后一公里”集疏运体系仍存在短板；综合交通枢纽发展不足，铁路与城市交通衔接水平有待提升；铁路债务不断攀升，防范风险压力加大，市场化、投融资等改革仍需深化。

（二）形势要求

“十三五”时期，国内外形势正在发生深刻复杂变化，我国发展仍处于重要战略机遇期，经济由高速增长阶段转向高质量发展，交通运输处于支撑全面建成小康社会的攻坚期、优化网络布局的关键期、提质增效升级的转型期，进入现代化建设和交通强国建设新时代，对铁路改革发展提出新的要求。

全面建成小康社会要求铁路增强服务保障能力。决胜全面建成小康社会，铁路发展要着眼满足人民日益增长的美好生活需要，增加有效供给，提升服务水平，保障和改善民生，补齐铁路网络和运输服务短板，把有效支撑精准扶贫、精准脱贫放在突出位置，加强革命老区、民族地区、边疆地区、贫困地区铁路对外运输通道建设，提升铁路服务水平和覆盖程度。

推进实施国家重大战略要求铁路发挥引领带动作用。贯彻落实推进“一带一路”建设部署和区域发展总体战略及京津冀协同发展、长江经济带发展等战略，推进新型城镇化和军民融合深度发展，要求继续推进以中西部地区为重点的铁路建设，加快形成快速畅通的铁路大通道，进一步完善覆盖广泛的运输网络，缩小地区发展差距，推动更大范围更高水平更深层次区域协同合作。

加强生态文明建设要求铁路绿色低碳发展。当前，我国资源约束趋紧、环境污染严重、生态系统退化等形势严峻，资源能源、生态环境约束更为突出，要求节约集约利用资源，优化交通运输结构，更加注重发挥铁路运量大、能耗少、排放低等比较优势，推动形成绿色高效交通运输发展方式，为建设美丽中国做出贡献。

全面深化改革要求铁路着力强化改革创新。贯彻落实全面深化改革总体部署，要求铁路坚持创新发展理念，主动适应新需求，推进铁路供给侧结构性改革，深化铁路企业和客货运输改革，加快市场化运行机制建设，优化投资环境，拓展多渠道多层次多元化的投融资模式，加强政府监管和服务，推进治理能力现代化。

全面开放新格局要求铁路提升国际竞争能力。我国正在构建以“一带一路”建设为重点的全面开放新格局，铁路作为国际合作的重要领域和优先方向，要拓展全球视野，统筹国际国内两个市场，强化与周边国家互联互通，加快铁路“走出去”，打造中国铁路技术、装备、标准、运输等品牌，提升国际影响力和竞争力。

二、总体思路

（一）指导思想

深入学习贯彻党的十九大精神，以习近平新时代中国特色社会主义思想为指导，紧紧围绕统筹推进“五位一体”总体布局和协调推进“四个全面”战略布局，牢固树立和贯彻落实创新、协调、绿色、开放、共享的发展理念，主动适应引领经济发展新常态，坚持稳中求进总基调，以服务人民为根本，以供给侧结构性改革为主线，以构建现代综合交通运输体系为导向，以深化改革为动力，以创新驱动为支撑，加强铁路基础设施网络建设，发挥骨干优势作用，提升运输服务品质，促进军民融合深度发展，提升智能绿色安全发展水平，提高发展质量效益，增强国际竞争能力，为决胜全面建成小康社会提供有力支撑。

（二）基本原则

协调发展，当好先行。加强铁路基础网络建设，突出重点，优化布局，协调区域、干支、站线能力，注重方式衔接，积极贯彻国防要求，加强统筹衔接，军民兼容、同步建设。

尽力而为，量力而行。有序发展，科学确定规模标准，有效防控债务风险，更好发挥铁路对经济社会发展的支撑引领作用。

改革引领，创新驱动。把改革创新贯穿于铁路发展各领域，完善市场环境和机制，激发市场活力和动力，增强供给结构适应性和灵活性。深入实施创新驱动，推进铁路技术、管理、服务和体制创新，培育铁路发展新动能。

转型升级，提质增效。加快转变铁路发展方式，精准对接运输需求变化，全面提升服务品质和经营效益。加强与其他运输方式、现代物流等融合发展，延伸拓展服务链条，挖掘盘活存量资源，增强铁路持续发展能力。

恪守红线，安全发展。始终坚持将安全作为铁路发展生命线，统筹发展与安全，强化安全质量，落实企业安全生产主体责任，健全政府安全监管体系，构建安全管理长效机制，强化运输安全及应急保障能力。

（三）发展目标

到 2020 年，路网布局优化完善，装备水平先进适用，运输安全持续稳定，运营管理现代科学，创新能力不断提高，运输能力和服务品质全面提升，市场竞争力和国际影响力明显增强，适应全面建成小康社会需要。

1．路网建设

全国铁路营业里程达到 15 万公里，其中高速铁路 3 万公里，复线率和电气化率分别达到 60% 和 70% 左右，基本形成布局合理、覆盖广泛、层次分明、安全高效的铁路网络。

——高速铁路扩展成网。在建成“四纵四横”主骨架的基础上，高速铁路建设有序推进，高速铁路服务范围进一步扩大，基本形成高速铁路网络。

——干线路网优化完善。东部路网持续优化完善，中西部路网规模继续扩大，西部与东中部联系通道进一步拓展，区域内部联系更加紧密，中西部路网规模达到9万公里左右。对外通道建设有序推进，与周边国家铁路互联互通取得积极进展。

——城际、市域（郊）铁路有序推进。经济发达、人口稠密、城镇密集地区形成城际、市域（郊）铁路骨架网络，其他适宜区域因地制宜、量力而行布局建设，城际和市域（郊）铁路规模达到2000公里左右。

——综合枢纽配套衔接。建成一批设施设备配套完善、现代高效的综合交通枢纽，建设支线铁路约3000公里，铁路与其他运输方式一体衔接效率明显提升，基本实现客运“零距离”换乘和货运“无缝化”衔接。

2．运输服务

——覆盖范围更为广泛。全国铁路网基本覆盖城区常住人口20万以上城市，高速铁路网覆盖80%以上的大城市。

——旅客出行更为便捷。动车组列车承担旅客运量比重达到65%。实现北京至大部分省会城市之间2～8小时通达，相邻大中城市1～4小时快速联系，主要城市群内0.5～2小时便捷通勤。

——货物运输更为高效。货运能力基本满足跨区域能源、资源等物资运输需要，重载、快捷及集装箱等专业化运输水平显著提高，“门到门”、快速送达的全程物流服务体系初步形成。铁水、铁公、铁空等多式联运比重大幅提升。

3．信息化建设

——客货服务网络化。客运网上售票比例达80%，实现货物受理、电子支付、物流追踪等货运业务网上办理。

——运输组织智能化。以铁路地理信息平台为依托、服务铁路建设运营管理的数字化铁路基础框架加快建设，调度指挥智能化水平进一步提高，基本实现运输生产全过程信息化。

——安全监控自动化。集监测、监控和管理于一体的安全监管信息系统基本建立，实现安全生产动态信息的实时监测监控，提升铁路运输安全监测专业化、自动化水平。

专栏1 “十三五”铁路发展主要指标

指标	2020年	五年增加值	年均增长率（%）
营业里程（万公里）	15	2.9	4.8
#高速铁路营业里程（万公里）	3	1.1	11.6
复线率（%）	60	7	> 2.0
电气化率（%）	70	9	> 2.5
客运量（亿人）	40	14.6	9.5
货运量（亿吨）	37	3.4	2.0
#国家铁路货运量（亿吨）	30	2.9	2.1
旅客周转量（亿人公里）	16000	4040	6.0
货运周转量（亿吨公里）	25780	2030	1.7
#国家铁路货运周转量（亿吨公里）	23500	1902	1.8

三、重点任务

（一）完善铁路设施网络

以推进“一带一路”建设、京津冀协同发展、长江经济带发展等重大国家战略为引领，按照分类建设要求，落实各类投资主体，以中西部干线铁路、高速铁路等建设为重点，推进重点地区和重点方向铁路建设，继续实施既有线及枢纽配套改造，发展城际和市域（郊）铁路，推动对外骨干通道建设，充分考虑国防需求，促进点线能力协调，提高综合效能，不断增强铁路对经济建设和国防安全的基础保障能力。

1．构建高速铁路网络

在全面贯通“四纵四横”高速铁路主骨架的基础上，推进“八纵八横”主通道建设，实施一批客流支撑、发展需要、条件成熟的高速铁路项目，构建便捷、高效的高速铁路网络，拓展服务覆盖范围，缩短区域间的时空距离。

专栏2 高速铁路重点项目

建成北京至沈阳、北京至张家口至呼和浩特、大同至张家口、石家庄至济南、济南至青岛、郑州至徐州、宝鸡至兰州、西安至成都、商丘至合肥至杭州、武汉至十堰、南昌至赣州等高速铁路。

建设沈阳至敦化、包头至银川、银川至西安、北京至商丘、太原至焦作、郑州至济南、郑州至万州、黄冈至黄梅、十堰至西安、合肥至安庆至九江、徐州至连云港、重庆至黔江、重庆至昆明、贵阳至南宁、长沙至赣州、赣州至深圳、福州至厦门等高速铁路。

2．完善干线铁路布局

优化干线铁路网络布局，推进主要城市群之间区际干线铁路建设，以中西部地区为重点，拓展中西部路网覆盖面。完善东部路网，实施既有线改造，盘活路网资源，提升路网质量和效益。研究推进沿边铁路建设。

专栏3　干线铁路重点项目

建成哈尔滨至佳木斯、青岛至连云港、九江至景德镇至衢州、黔江至张家界至常德、怀化至邵阳至衡阳、南宁至昆明、重庆至贵阳、衢州至宁德、丽江至香格里拉、敦煌至格尔木、库尔勒至格尔木、蒙西至华中铁路煤运通道等干线铁路。

建设西宁至成都、和田至若羌、拉萨至林芝、酒泉至额济纳、兴国至永安至泉州、金华至宁波、攀枝花至大理等干线铁路。

实施成昆线、焦柳线、集通线、京通线、京原线等电化或扩能改造。

3．推进城际铁路建设

加快建设与新型城镇化发展相适应、服务城市群间及内部旅客运输的城际铁路，重点建设京津冀、长江三角洲、珠江三角洲等地区城际铁路，为构建轨道上的城市和城市群打好基础。统筹干线、城际铁路和城市交通的有效衔接及合理分工，鼓励适宜地区盘活存量资产、优先利用既有铁路提供城际、城市运输服务，有序新建市域（郊）铁路，强化城市群内部便捷高效连接。

4．统筹支线铁路建设

落实所有权、经营权的放开条件，鼓励地方政府和社会资本投资建设和运营一批地方开发性铁路和支线铁路。加快推进煤运通道集疏运支线、港口支线和普通支线铁路建设，着力解决铁水联运“最后一公里”问题，促进铁路支线向重要货源发生地延伸，扩大铁路覆盖范围，为干线铁路网的高效运营提供基础支撑。

5．强化综合交通枢纽功能

完善枢纽空间布局，加强各种运输方式规划衔接，一体化建设站场设施。构建多种运输方式和城市内外交通有机衔接的铁路综合客运枢纽，加强与城市功能有机融合，提高出行效率和换乘体验。

加快推进铁路物流基地、物流中心、集装箱中心站建设，完善货运配套设施，加强信息共享平台建设，发展多式联运和铁路现代物流。

实施一批枢纽联络线、疏解线等工程，进一步完善检修、维修配套设施，提升铁路枢纽衔接配套水平。

6．实施周边互联互通工程

贯彻落实推进“一带一路”建设部署和周边基础设施互联互通总体规划，加强国际合作，共同推进对外骨干铁路通道建设，加快建设带动双多边矿产及旅游资源开发、促进经贸往来等口岸铁路及配套设施，加强与境外陆路枢纽合作，构建联通内外、安全通畅的综合交通运输网络。

专栏4　互联互通铁路及口岸铁路重点项目

建成同江铁路大桥，建设大理至瑞丽、玉溪至磨憨、防城港至东兴等铁路；规划研究中巴、中吉乌等铁路境内段，临沧至清水河等铁路。

建成同江等铁路口岸，规划建设瑞丽、磨憨、东兴等铁路口岸；规划研究红其拉甫、吐尔尕特（伊尔克什坦）等铁路口岸。

7．推动军民融合深度发展

贯彻落实军民融合发展战略，根据国防安全需要，在铁路规划设计、建设运营全过程积极贯彻国防要求。完善军民融合交通运输网络，强化铁路线路和站点配套设施国防功能，提高装卸载地域整体保障水平，推进国防信息通信网与铁路信息基础网络互联建设。

（二）提升技术装备水平

贯彻落实创新驱动发展战略和《中国制造2025》，加强科技研发和自主创新，提高智能、绿色、高端装备比例，全面提升铁路装备现代化水平。

1．大力推进机车车辆装备升级

结合路网建设和运输需求，扩大动车组上线运行范围，推进智能动车组研发。建设国家高速列车技术创新中心，加快推进具有自主知识产权的系列化“复兴号”中国标准动车组研制及应用。研制先进适用和绿色智能安全的机车车辆装备，发展适合城际、市域（郊）铁路特点的新型动车组，优化普客车型结构。发展适应“门到门”、多式联运、国际互联互通运输等货运成套技术装备，不断提高适应重载、集装箱、特种运输等货运装备水平。

2．加快发展先进列车控制系统

加快通信信号装备升级改造，推进通信信号装备小型化、一体化和铁路下一代移动通信技术研究，优化完善通信基础网。加强系统集成和自主创新，提高列车控制系统核心技术水平和运营安全保障能力，逐步推广应用具有自主知识产权的高速铁路列车运行控制系统。全面提升普速铁路列车运行控制系统技术装备水平，开展基于列车运行控制系统的自动驾驶功能（ATO）研究和下一代列车运行控制系统的研究，逐步形成完善的技术标准体系。

3．着力强化监控检测保障能力

进一步健全完善高速铁路、普速铁路检测、监测和修理技术装备体系，提高检测养护机械装备水平，全面提升基础保障能力。构建覆盖全路主要干线基于卫星定位的测量控制网络，进一步完善高速铁路、城际铁路和重要干线路基沉降及轨道变形监测系统。加快综合视频监控系统建设，全面推广计算机联锁系统和编组站综合自动化系统。加强供电综合自动化与远动、诊断系统建设，构建供电综合监控系统，强化检测维修手段和能力，全面提升牵引供电系统智能化水平。

（三）改善铁路运输服务

突出便民、利民、惠民服务理念，不断拓展服务内涵，打造服务优势，创建服务品牌，努力实现服务品质与服务能力同步提升，运营效益和比较优势同步增强。

1．提高旅客运输能力

发挥高速铁路运输网络准点高效、快速通达、覆盖面广的优势，优化组织和调度，深度挖掘客运潜力，提升网络客运能力。加强对城际、市域（郊）及其他短途客运市场、旅游市场的开发和培育，充分利用既有能力开行城际、市域（郊）列车。加大客运产品开发，创新服务理念和服务模式，形成高速动车、城际列车、普速客车、市域（郊）列车等层次多样、能力协同、适应需求的客运系列产品，提高铁路有效供给能力和质量。

2．提升客运服务水平

适应一体化、高品质出行服务需求，修订完善铁路旅客运输服务质量标准体系，加强各种运输方式运力衔接与组织协同，积极开展旅客联程运输服务。优化售票组织和服务，进一步完善12306网络售票，积极采用互联网购票和手机APP购票等方式。完善动静态引导系统、图形标志及广播、视频监控等站车设施设备，提高信息服务能力，地市级车站全面实现自助实名验证和检票。提高旅客列车正点率，提升动车服务品质，改善普通旅客列车服务水平，为旅客提供更好出行体验。

3．拓展铁路货运市场

充分发挥铁路绿色环保和规模运输优势，盘活路网资源，扩大铁路在大宗货物运输中的市场份额。大力发展集装箱、铁路快运、冷链运输、商品汽车运输等新业务，构建快捷货运班列网络。引导培育多式联运市场主体，加强多式联运技术标准、服务规范、信息资源等有效衔接，推进铁水、铁公等多式联运发展，探索开展双层集装箱运输、驮背运输等。进一步简化货运办理手续，全面畅通货运受理渠道。强化运输环境治理，规范货运经营者收费行为，提高透明度，接受社会监督。

4．发展铁路现代物流

推进物流基础设施建设，依托主要经济中心、港口、铁路车站等打造铁路区域物流中心，加快形成京沪、京广、欧亚大陆桥等连通国内外主要经济区域、与其他运输方式有效衔接的物流大通道。

大力发展铁路现代物流综合服务，加强铁路物流园区、货运场站及物流信息平台建设，促进各类平台之间的互联互通和信息共享，推进运输、仓储、加工、信息服务等融合发展。加强铁路与邮政、快递等物流设施衔接协同，积极发展高铁快运及电商快递班列等。进一步创新铁路运输组织模式，培育壮大一批竞争力强的现代铁路物流骨干企业。

（四）强化安全生产管理

牢固树立安全生产红线意识，提高铁路安全管理法治化水平，加快建立企业负责、政府监管、社会监督“三位一体”的铁路安全管理体系，强化铁路安全风险管理，确保铁路运输持续安全稳定。

1．突出抓好高速铁路安全

在统筹抓好普速铁路安全的基础上，全面提升高速铁路安全管理水平。严格执行有关标准规范和验收要求，确保高速铁路建设质量安全。强化高速铁路运输安全管理，加大重要领域、关键部位的安全设施设备投入，构建全方位的高速铁路安防体系，强化反恐防暴能力建设。加强高速铁路运行监测、监控、防灾预警等安全保障系统建设，强化设备运行状态检测，加强对运行数据采集分析和安全风险研判，实现可视、可监、可控，夯实安全保障基础。

2．强化企业安全生产主体责任

铁路运输、建设、装备等企业要健全安全生产管理长效机制，建立安全风险分级管控和隐患排查治理双重预防工作制度，同步强化安全意识和责任意识，同步落实领导责任和岗位责任，切实提高安全管理科学化水平和安全自控能力。规范建设运营管理各环节作业程序，严格施工、维修、新线开通、危险货物运输等安全管理，加强安全生产教育培训和考核，强化人才队伍建设。落实车票实名购买、查验制度和客运安全检查制度。加强铁路站车食品安全管理。

3．落实政府安全监管责任

强化政府监管职能，创新安全监管方式，健全安全监管体系和法规标准体系。加快高速铁路沿线环境安全综合治理地方性法规建设，制定铁路安全生产监管权力清单和责任清单，加强运输安全、建设工程质量和施工安全等重点领域安全生产行政执法和监督检查。强化铁路市场诚信体系建设，完善装备产品认证制度，严格实施设备产品、从业资质准入制度。完善事故调查体制机制。加快铁路线路安全保护区划定和“公跨铁”立交桥移交管理，推进城市重点道口“平改立”和线路封闭工作，加强铁路沿线安全综合治理。

4．加强应急救援体系建设

建立安全生产形势分析预警及突发事件预案机制，提高安全事故研判与预防能力。建立完善铁路行业监管部门与国家相关部门、地方政府、企业及社会共同参与、协同配合的铁路安全保障和应急救援体制机制，加快国家铁路应急救援基地建设和专业救援队伍组建，增强突发事件应急救援保障和处置能力，全面提升安全应急保障水平。

（五）推进智能化现代化

充分发挥信息技术基础性、引领性作用，发展物联网技术，实施大数据战略，加快推进新一代信息技术与铁路融合发展，大力促进数字化、信息化、智能化铁路建设。

1．加强信息化智能化建设

加快推动北斗系统在铁路领域的应用推广，完善铁路客货服务智能化信息系统，建立综合信息交换平台，推动与其他运输方式，以及气象、环境、地理、人文、媒体、快递等信息平台互联互通，为公众提供多渠道、全方位、普惠化服务信息。综合集成铁路运输组织和生产经营等信息系统，实现客货运输计划、调度指挥、行车作业、运输组织等业务全程运输智能化管理。以建设“精品工程、智能京张”高速铁路为示范，深入开展智能铁路技术顶层框架及关键技术研究。

2．提升安全监控自动化水平

应用物联网、移动互联和智能感知等技术，深化专业安全监测监控应用，建立集监测、监控和管理于一体的安全监管信息系统，实现安全生产动态信息实时监测监控。加快推进运输安全防灾系统建设，积极推动北斗卫星导航、地理信息和大数据分析技术在防灾预警、应急救援等方面应用，完善对自然灾害的预警和监测。

3．推进信息综合集成应用

基本建成满足铁路需求的现代化绿色数据中心，建成覆盖全国铁路的大宽带高速通信网络，实现信息资源共享和便捷管理，提升信息服务能力。加快完善铁路行业云数据中心和灾备中心建设，进一步加强网络安全技术研究，促进铁路网络与互联网互联互通，强化安全风险管理，确保网络和信息安全。加大数据分析和研发力度，大力推进数据资源开发利用，提升决策的科学性，促进资源优化配置。推进公共资源交易信息共享。

（六）推动铁路绿色发展

按照生态文明建设要求，将生态环保理念贯穿铁路规划、建设、运营和养护全过程，节约集约利用资源，加大技术性、结构性及管理性节能减排力度。

1．发挥铁路比较优势

适应多样化、个性化市场需求，加强政策引导，提升物流运行效率和服务质量，降低物流成本，进一步夯实铁路货运比较优势。转变交通消费模式，倡导绿色出行方式，更好发挥铁路骨干运输作用，引导不同出行方式合理分工、优势互补，促进运输方式结构优化，加快构建以绿色铁路为骨干的复合型物流大通道和节能型综合交通运输体系。

2．加强生态环境保护

在铁路规划建设过程中，节约集约利用土地、线位、通道等资源，推进铁路场站及周边土地综合立体开发利用。依法开展区域路网规划和铁路建设项目环境影响评价，加强用地预审、水土保持方案编制等工作，严格落实各项环保要求。加强铁路环境保护管理，建立健全铁路环保技术标准、考核评价体系和产品认证制度。推广应用环保新技术、新材料、新工艺，加大环保治理投入和既有环保设施的更新改造力度，采取综合措施有效防治铁路沿线噪声、振动。加强铁路绿色通道建设。

3．加大节能减排力度

优化路网技术结构，加强既有铁路电气化改造，发展重载、快捷等高效专业化运输，提高电气化铁路承担运输量比重。加大既有建筑、设备节能改造，淘汰技术落后的机车设备，加强铁路建设工程及车站节能优化设计，广泛应用节能型的新技术、新装备、新材料。强化能耗管理，推广智能化节能管控，提高能源综合利用。优化运输组织，提高运输效率，进一步降低铁路运输能耗水平。

（七）加强国际交流合作

充分发挥我国铁路行业整体竞争优势，加强铁路对外交流合作，加快铁路“走出去”，推进中国铁路标准国际化进程，将中欧班列打造成为世界知名物流品牌。

1．推动铁路“走出去”

综合运用国际国内两个市场和两种资源，积极推进我国技术咨询、建设施工、装备制造、运输管理、人才培训及技术标准等全方位对外合作，促进铁路“走出去”向产业链、价值链高端方向发展。突出重点区域和重点项目，统筹安排资源投入，注重分类施策，强化政策支持，力求取得务实成果。培育满足全球市场需求的铁路装备技术、标准和服务能力，进一步提升铁路装备国际化水平。

2．打造中欧班列物流品牌

落实《中欧班列品牌建设方案》，创新中欧班列服务模式，增强综合服务能力，打造成为具有国际竞争力和良好商誉度的世界知名物流品牌，成为推进“一带一路”建设的重要平台。完善中欧铁路运输通道，在内陆主要货源地、主要铁路枢纽、沿海重要港口、沿边陆路口岸等规划设立一批中欧班列枢纽节点，强化货源支撑和运输组织，降低全程物流成本，推进便利化大通关，基本形成布局合理、设施完善、运量稳定、便捷高效、安全畅通的中欧班列综合服务体系。

3．提升中国铁路标准国际影响力

跟踪国际铁路标准发展动态，积极参与ISO/

TC269、IEC/TC9、UIC 等国际标准化组织战略、标准、规范制定和修改，开展中外标准研究对比分析，积极转化适合我国国情的国际标准。加快我国铁路标准外文版翻译出版工作，结合海外工程承包、重大装备设备出口和对外援建等，多层面、多方式宣传和推介中国标准。健全知识产权管理体系，完善知识产权全球布局，提升知识产权保护水平。

四、保障措施

（一）持续深化改革

按照全面深化改革的要求，继续转变政府职能，简政放权，进一步深化铁路企业内部改革，加快建立现代企业制度，推进企业优化重组和结构调整，建立健全有效制衡的法人治理结构。全面推进铁路投融资体制改革，落实各项鼓励社会资本建设经营铁路的重大政策措施，研究推动东部地区有稳定现金流、资产质量优良的高速铁路企业资产证券化和优质资产股改上市等相关工作。加快建立市场化清算和争议协调、仲裁机制，规范市场秩序，保障投资者合法权益，营造权利平等、机会平等、规则平等的市场环境。

（二）加强协同监管

建立健全铁路安全生产、运输服务质量和铁路工程质量监管体系和运行机制，强化部门协作和信息共享，推动多方联动、协同监管。强化政府公共服务职能，加强法规、政策、规划、标准等制定和实施，强化规划科学性和严肃性，严格按照规划推进项目实施，更好指导铁路行业长远发展。坚持放管结合，强化事中事后监管，创新监管理念和监管方式，以服务促监管，提高依法监管能力和科学服务水平。

（三）防控债务风险

贯彻落实党的十九大精神和全国金融工作会议精神，积极研究化解铁路债务措施，建立规范的地方政府举债融资机制，进一步规范铁路领域政府和社会资本合作，有效防范和化解财政金融风险。加大对铁路项目地方出资能力的审查力度，充分评估铁路项目建设可能带来的地方政府债务和风险隐患，合理控制建设规模和节奏，严控地方政府债务增量，确保建设时机、建设标准等与发展需求、筹资能力相适应。引导地方政府按照相关规定开展 PPP 项目，严禁通过 PPP 等形式违法违规变相举债。加快铁路优质资产盘活，对具有较好收益预期的高铁，按照市场化、法治化原则推进债转股。

（四）加大政策支持

加大国家对铁路支持力度，发挥好铁路建设债券融资支持作

用，继续向社会资本推出一批市场前景较好、投资预期收益较稳定的铁路项目。拓宽铁路发展基金融资渠道，鼓励采用股权投资方式推进铁路混合所有制改革。研究出台具有公益性铁路和公益性运输特点项目的财政补贴政策，以及鼓励利用铁路运输的相关政策。支持铁路运输企业通过科学规划、有序实施铁路站点周边及沿线土地开发，提高物流服务及旅游、餐饮外延服务水平等，增强综合经济效益。

（五）健全法规标准

加快推进以《铁路法》、《铁路运输条例》为重点的铁路法律法规制修订工作，完善政府监管规章制度和保障铁路持续健康发展的规章制度，协调推动铁路地方立法。积极推行法律顾问制度和铁路企业公司律师制度，深入开展“七五”法治宣传教育工作。加强铁路标准体系建设，完善高速铁路、城际铁路、市域（郊）铁路等技术标准，推进铁路与公路、民航、邮政等协调衔接的标准制修订，积极贯彻国防要求。完善铁路行业统计指标体系和统计工作。

（六）强化科技创新

建立健全国家、行业、企业高效协同的铁路科技创新机制，加大技术创新力度，加速重大科研成果转化应用，开展磁浮交通系统等重要技术研究，尽快实现高速铁路、高效货运、安全保障、互联互通和提质增效等关键核心技术突破及关联产业发展。加强铁路行业研究实验、创新平台建设，深化基础性、前瞻性、通用性研究，推动基础研究、应用研究、成果转化及产业化紧密结合。加强设计咨询、施工建造、装备制造、运营管理、科研院校以及“走出去”等人才队伍建设。

五、环境影响评价

（一）综合评价

规划紧密衔接《国民经济和社会发展第十三个五年规划纲要》、《“十三五”现代综合交通运输体系发展规划》等，深入分析研判铁路面临的新机遇新挑战，充分发挥铁路绿色高效的比较优势，路网规模、布局和结构符合国民经济和社会发展对铁路的要求，符合国土开发、城镇布局和综合交通等相关规划，符合国家运输产业政策和调整能源结构及节能降耗政策，对建设“美丽中国”、支撑国家重大发展战略和实现全面建成小康社会具有重要作用。

规划坚持选址选线的环保避让原则，新增铁路用地约 13 万公顷，路网布局严格坚守重点生态功能区、生态环境敏感区和脆弱区等区域划定生态保护红线，确保生态保护与铁路建设有序推进，提升铁路沿线区域生态服务功能。在铁路规划及建设中，加强与区域环境功能区划和各类环境敏感区域的协调。规划坚持绿色、可持续发展理念，提升电气化率至 70% 以上，集约节约利用土地资源，采取有效措施减缓对声环境、水环境、大气环境等的影响，不断降低污染物排放，提高铁路环境污染防治水平，实施环境质量和污染排放总量的双控制，与国家及区域环境保护规划相协调，确保规划实施具有环境合理性。工程建设积极采用环保节能新技术、新设备、新工艺，加大新能源、新材料利用，从源头上控制污染物排放及能耗增长。

（二）环境保护对策和措施

一是加强生态保护。坚持科学布局，严守生态保护红线，按照“保护优先、避让为主”的选线原则，尽量避让自然保护区、风景名胜区、水源保护区及人口密集的居民区等环境敏感区，严格执行“三同时”制度，加强环境监理工作，做好水土保持和生态环境恢复工作。二是节约集约利用土地资源。坚持源头控制，做到土地复垦与项目建设统一规划；保护耕地，优先利用存量用地，高效实施土地综合开发利用；铁路建设尽量共用交通廊道，适当提高桥隧比例。三是强化能源节约。采取铁路综合节能与效能管理措施，提高铁路建设标准和技术装备现代化水平。发展先进适用的节能减排技术，加强新型智能、节能环保技术装备的研发和应用，加强再生制动能量利用技术和能耗综合管理系统研究，大力推广适用于生产实际的节能管理办法，提高铁路整体能效水平和铁路节能工作水平。四是做好污染物排放控制。采用综合措施有效防治铁路沿线振动和噪声，改善铁路沿线声环境和振动环境质量，严格控制气体和固体污染物排放。五是严格遵守环境保护相关法律法规。严格执行环境影响评价制度，严格项目审批和土地、环保、节能等准入。

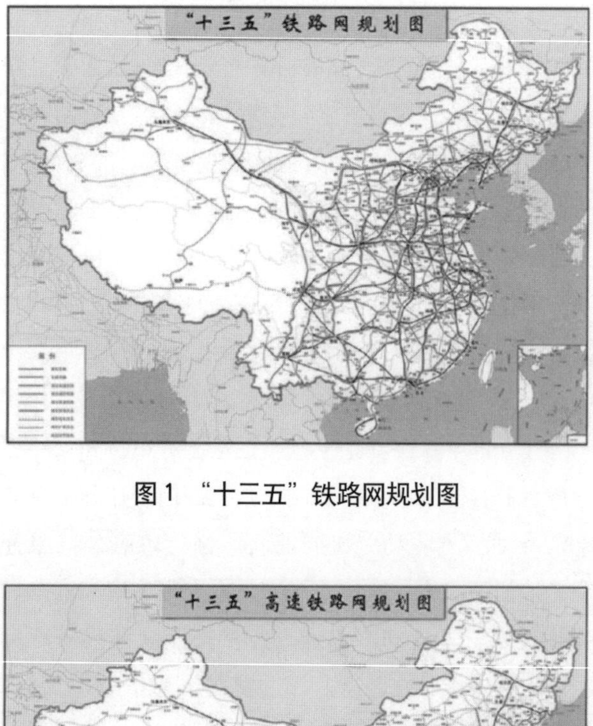

图 1 “十三五”铁路网规划图

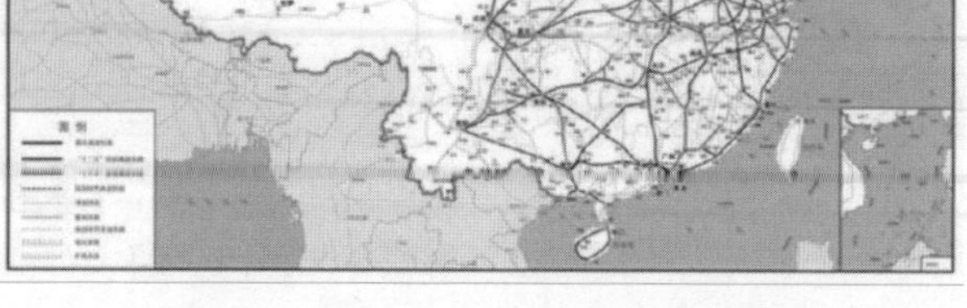

图 2 “十三五”高速铁路网规划图

第八部分

银行信贷与证券投资

2017年四季度金融机构贷款投向统计报告

中国人民银行调查统计司

2018年1月19日

人民银行统计，2017年年末，金融机构人民币各项贷款余额120.1万亿元，同比增长12.7%，增速比上年年末低0.8个百分点；全年增加13.5万亿元，同比多增8782亿元。当年贷款投向呈现以下特点：

一、企业中长期贷款增速提高

2017年年末，本外币非金融企业及机关团体贷款余额81万亿元，同比增长8.8%，增速比上年年末高0.5个百分点；全年增加6.6万亿元，同比多增8454亿元。

分期限看，年末非金融企业及机关团体短期贷款及票据融资余额33万亿元，同比下降0.02%，增速比上年年末低4.6个百分点，全年增加676亿元，同比少增1.4万亿元；中长期贷款余额45.9万亿元，同比增长15.9%，增速比上年年末高4.8个百分点，全年增加6.2万亿元，同比多增2.2万亿元。

从用途看，年末非金融企业及机关团体固定资产贷款余额34.6万亿元，同比增长12.2%，增速比上年年末高4.9个百分点；经营性贷款余额36.2万亿元，同比增长11.6%，增速比上年年末高5个百分点。

二、小微企业贷款增长较快

2017年年末，人民币小微企业贷款余额24.3万亿元，同比增长16.4%，增速比上年年末高0.4个百分点，比同期大型和中型企业贷款增速分别高3.8个和5.8个百分点。

2017年年末，小微企业贷款余额占企业贷款余额的33%，占比比上年年末高0.9个百分点。全年小微企业贷款增加3.4万亿元，同比多增3967亿元，增量占同期企业新增贷款的39.9%，比上年占比水平低9.2个百分点。

三、工业和服务业中长期贷款增速上升

2017年年末，本外币工业中长期贷款余额8.1万亿元，同比增长5.1%，增速比上年年末高2个百分点；全年增加3944亿元，同比多增1648亿元。其中，重工业中长期贷款余额7.2万亿元，同比增长5.1%，增速比上年年末高2.1个百分点；轻工业中长期贷款余额9389亿元，同比增长5.2%，增速比上年年末高1.9个百分点。

2017年年末，本外币服务业中长期贷款余额30.8万亿元，同比增长18.2%，增速比上年年末高7个百分点。其中，交通运输、仓储和邮政业中长期贷款余额同比增长10.3%，增速比上年年末高4个百分点；水利环境和公共设施管理业中长期贷款余额同比增长25.9%，增速比上年年末高14.6个百分点。

四、农村和农业贷款增速上升

2017年年末，本外币农村（县及县以下）贷款余额25.1万亿元，同比增长9.3%，增速比上年年末高2.8个百分点，全年增加2.5万亿元，同比多增6060亿元；农户贷款余额8.1万亿元，同比增长14.4%，增速比上年年末高0.8个百分点，全年增加1万亿元，同比多增880亿元；农业贷款余额3.9万亿元，同比增长5.7%，增速比上年年末高1.5个百分点，全年增加2187亿元，同比多增394亿元。

五、房地产贷款增速回落

2017年年末，人民币房地产贷款余额32.2万亿元，同比增长20.9%，增速比上年年末低6.1个百分点；全年增加5.6万亿元，同比少增1087亿元。

2017年年末，房产开发贷款余额7万亿元，同比增长21.7%，增速比上年年末高9.5个百分点，其中，保障性住房开发贷款余额3.3万亿元，同比增长32.6%，比上年年末低5.7个百分点，全年增加8203亿元，增量占同期房产开发贷款的61.8%，比上年占比低51.7个百分点（上年保障性住房开发贷款增量占同期房产开发贷款增量的113.5%）；地产开发贷款余额1.3万亿元，同比下降8%，降幅比上年年末扩大3.1个百分点。个人住房贷款余额21.9万亿元，同比增长22.2%，增速比上年年末低14.5个百分点。

六、住户消费性贷款增速减缓，经营性贷款增速提升

2017年年末，本外币住户贷款余额40.5万亿元，同比增长21.4%，增速比上年年末低2.1个百分点；全年增加7.1万亿元，同比多增8010亿元。

2017年年末，本外币住户消费性贷款余额31.5万亿元，同比增长25.8%，增速比上年年末低6.4个百分点，全年增加6.5万亿元，同比多增3693亿元；住户经营性贷款余额9万亿元，同比增长8.1%，增速比上年年末高5个百分点，全年增加6625亿元，同比多增4316亿元。

2016年中国建设银行贷款与投资

2016年年末，本集团资产总额20.96万亿元，较上年增加2.61万亿元，增幅14.25%，其中客户贷款总额11.76万亿元，较上年增加1.27万亿元，增幅12.13%。负债总额19.37万亿元，较上年增加2.47万亿元，增幅14.61%，其中客户存款总额15.40万亿元，较上年增加1.73万亿元，增幅12.69%。

核心财务指标表现良好。积极消化5次降息、利率市场化等因素影响，本集团实现净利润2323.89亿元，较上年增长1.53%。手续费及佣金净收入1185.09亿元，在营业收入中的占比较上年提升0.83个百分点。平均资产回报率1.18%，加权平均净资产收益率15.44%，净利息收益率2.20%，成本收入比为27.49%，资本充足率14.94%，均居同业领先水平。

一、客户贷款和垫款

下表列出了所示日期本集团客户贷款和垫款总额及构成情况。

表1　2015年12月31日及2016年12月31日集团客户贷款和垫款情况一览表

（人民币百万元，百分比除外）

	2016年12月31日		2015年12月31日	
	金额	占总额百分比（%）	金额	占总额百分比（%）
公司类贷款和垫款	5864895	49.89	5777513	55.11
短期贷款	1786442	15.20	1811557	17.28

（续表）

	2016年12月31日		2015年12月31日	
	金额	占总额百分比（%）	金额	占总额百分比（%）
中长期贷款	4078453	34.69	3965956	37.83
个人贷款和垫款	4338349	36.90	3466810	33.06
个人住房贷款	3585647	30.50	2773895	26.45
信用卡贷款	442001	3.76	390274	3.72
个人消费贷款	75039	0.64	55427	0.53
个人助业贷款	46395	0.39	63153	0.60
其他贷款	189267	1.61	184061	1.76
票据贴现	495140	4.21	433153	4.13
海外和子公司	1058648	9.00	807664	7.70
客户贷款和垫款总额	11757032	100.00	10485140	100.00

2016年12月31日，本集团客户贷款和垫款总额117570.32亿元，较上年增加12718.92亿元，增幅为12.13%。本行境内公司类贷款和垫款58648.95亿元，较上年增加873.82亿元，增幅为1.51%，主要投向基础设施行业、小微企业等领域。其中，短期贷款减少251.15亿元，降幅1.39%；中长期贷款增加1124.97亿元，增幅2.84%。本行抓住市场及政策机遇，支持轻资本占用的个人贷款发展。境内个人贷款和垫款43383.49亿元，较上年增加8715.39亿元，增幅25.14%。其中，个人住房贷款35856.47亿元，较上年增加8117.52亿元，增幅29.26%；信用卡贷款4420.01亿元，较上年增加517.27亿元，增幅13.25%；个人消费贷款750.39亿元，较上年增加196.12亿元，增幅35.38%；个人助业贷款余额有所下降，主要是加强贷款风险控制、调整贷款产品结构所致。票据贴现4951.40亿元，较上年增加619.87亿元，增幅为14.31%，主要用于满足重点优质客户短期融资需求。海外和子公司客户贷款和垫款10586.48亿元，较上年增加2509.84亿元，增幅为31.08%，主要是海外分行的境内外联动业务增加。

二、投资

下表列出了所示日期按金融资产性质划分的投资构成情况。

表2　2015年12月31日和2016年12月31日金融资产投资构成情况一览表

（人民币百万元，百分比除外）

	2016年12月31日		2015年12月31日	
	金额	占总额百分比（%）	金额	占总额百分比（%）
债券投资	4445214	87.70	3986820	93.34
权益工具和基金	303398	5.99	35722	0.83
其他债务工具	319972	6.31	248864	5.83
投资总额	5068584	100.00	4271406	100.00

2016年，本集团按照年度投资交易策略和风险政策要求，积极应对监管及市场环境变化，合理把握风险与收益的平衡，不断优化投资组合的结构。2016年12月31日，投资总额50685.84亿元，较上年增加7971.78亿元，增幅为18.66%。其中，债券投资在投资总额中的占比为87.70%，较上年下降5.64个百分点；权益工具和基金在投资总额中的占比为5.99%，较上年上升5.16个百分点。

下表列出了所示日期本集团按持有目的划分的投资构成情况。

表3 2015年12月31日和2016年12月31日按持有目的划分的投资构成情况一览表

（人民币百万元，百分比除外）

	2016年12月31日		2015年12月31日	
	金额	占总额百分比（%）	金额	占总额百分比（%）
以公允价值计量且其变动计入当期损益的金融资产	488370	9.64	271173	6.35
可供出售金融资产	1633834	32.23	1066752	24.97
持有至到期投资	2438417	48.11	2563980	60.03
应收款项类投资	507963	10.02	369501	8.65
投资总额	5068584	100.00	4271406	100.00

2016年中国银行贷款与投资

2016年年末本行资产总额18.15万亿元，负债总额16.66万亿元，归属于母公司所有者权益合计1.41万亿元，分别比上年年末增长7.93%、7.79%和8.18%。全年实现净利润1841亿元，比上年增长2.58%。核心一级资本充足率、一级资本充足率和资本充足率分别为11.37%、12.28%和14.28%。不良贷款率1.46%，比上年年末上升0.03个百分点，资产质量控制在目标区间。

过去一年，本行深化业务转型，经营效益持续提高。资产负债结构优化。客户存款新增1.2万亿元，增长10.32%。中国内地人民币活期存款平均余额占比上升3.47个百分点。客户贷款新增8375亿元，增长9.17%。积极增长类、选择增长类行业贷款占比提高2.3个百分点。小微贷款圆满完成“三个不低于”的目标。主动把握市场有利时机出售债券，债券投资收益增长238%。业务转型成效显著。个人金融业务综合收益占比提升1.3个百分点，加快发展个人金融业务的战略取得明显成效。公司金融业务转型加快，积极建设“一带一路”金融大动脉，累计投放金额594亿美元。全年提供跨境并购融资金额148亿美元，在亚太区列同业第一。金融市场业务保持同业领先，结售汇交易量居同业首位。跨境人民币结算量和清算量继续保持全球同业第一。重点地区战略成效显著，京津冀、长三角、粤港澳等重点地区营业收入占比提高3.6个百分点。

一、客户贷款

本行紧紧围绕实体经济需求，坚决贯彻国家宏观政策，合理安排投放节奏，贷款规模保持平稳适度增长。持续优化信贷结构，支持重点投资领域，促进区域经济协调发展，为“一带一路”金融大动脉建设、产能跨境转移、中国内地企业“走出去”提供信贷支持。严格限制高污染、高能耗行业和严重产能过剩行业贷款投放。年年末集团客户贷款总额99733.62亿元，比上年年末增加8375.02亿元，增长9.17%。其中，人民币贷款总额76077.30亿元，比上年年末增加5958.63亿元，增长8.50%。外币贷款总额折合3410.17亿美元，比上年年末增加139.27亿美元，增长4.26%。

本行进一步完善风险管理体系，密切关注宏观经济形势变化，加强重点领域风险识别和管控，加大不良资产清收力度，资产质量保持相对稳定。年年末集团贷款减值准备余额2377.16亿元，比上年年末增加370.51亿元。重组贷款总额为96.99亿元，比上年年末增加43.94亿元。

二、投资

本行密切跟踪金融市场动态，加大本外币债券投资力度，持续优化投资结构，合理摆布投资久期，综合平衡风险收益。

年年末集团投资总额39728.84亿元，比上年年末增加3777.89亿元，增长10.51%。其中，人民币投资总额30009.35亿元，比上年年末增加1678.73亿元，增长5.93%。外币投资总额折合1401.11亿美元，比上年年末增加227.60亿美元，增长19.39%。

集团投资结构如下表所示：

表4　2015年12月31日和2016年12月31日中国银行投资一览表

（人民币百万元，百分比除外）

	2016年12月31日		2015年12月31日	
	金额	占总额百分比（%）	金额	占总额百分比（%）
以公允价值计量且其变动计入当期损益的金融资产	124090	3.12%	119062	3.31%
可供出售金融资产	1609830	40.52%	1078533	30.00%
持有至到期投资	1843043	46.39%	1790790	49.81%
应收款项类投资	395921	9.97%	606710	16.88%
合计	3972884	100.00%	3595095	100.00%

2016年中国农业银行贷款与投资

2016年年末，本行总资产规模19.57万亿元，较上年年末增长10.0%。存贷款增量市场位次稳定，个人存款增量保持同业领先。贷款拨备余额、拨贷比、拨备覆盖率等财务指标居可比同业首位。

在全行减值准备计提稳中有升的情况下，实现净利润1840.60亿元，比上年增长1.8%。成本收入比34.59%，还原营改增影响因素后同比总体稳定。

调整优化信贷结构，服务“三农”和实体经济成效明显。本行以“五大发展理念”为指导，紧紧围绕供给侧结构性改革和“三去一降一补”五大任务，做好信贷“加减法”，全力服务国家重大战略、重点任务和重点工程，有力支持了实体经济发展。持续加大对国家重大项目的金融资源供给，新增重大项目贷款3598亿元，同比多增1212亿元；通过债券、理财融资、产业基金等多元化融资方式，为实体经济提供融资7200亿元。强化“双创”和小微企业金融服务，小微企业贷款增加1154亿元，增速连续8年高于全行平均水平。个人贷款增加6130亿元，增速22.5%。“三农”和金融扶贫服务力度进一步加大。县域城镇化、水利、新型农业经营主体等“三农”重点领域贷款实现了较快增长。创新推出“农民安家贷”特色产品，支持农民进城购房，全年共发放贷款1676亿元。扎实做好金融精准扶贫，832个扶贫重点县贷款增加920亿元，增速高出全行贷款平均增速近6个百分点。在做好信贷“加法”的同时，坚决落实去产能政策要求，调整压缩产能严重过剩行业用信，煤炭、钢铁等行业贷款余额下降。

加快发展战略新兴业务，多元化收入来源进一步拓宽。紧跟市场需求变化，大力发展金融市场、投行、理财等轻资本型业务，实现手续费及佣金净收入909亿元，增速10.2%。金融市场投资和做市能力持续提升，债券投资收益率连续5年保持同业领先。投行业务转型发展取得积极成效，资产证券化、绿色债券、跨境并购等领域实现较大突破。资产管理业务规模和收入双增长，理财产品余额三年增加了近一倍，达到1.63万亿元。私人银行、信用卡、贵金属、托管等战略新兴业务发展较快，国际结算、结售汇、跨境人民币业务市场份额稳中有升。境外机构稳步增长，在15个国家和地区设立了18家境外机构及1家合资银行，实现了五大洲经营网络全覆盖。完善综合化经营平台，启动债转股专营机构筹备工作，行司联动取得新的成效。

扎实推进风险管控，资产质量保持稳定。降旧控新两端发力，严防不良贷款大幅上升，牢牢守住了风险底线。突出抓好关键领域风险治理和大额客户风险化解，着力控制不良贷款增量，不良贷款发生率比上年有所下降。在立足清收、加快核销的基础上，创新处置方式，积极压降不良贷款存量。成功发行不良资产证券化产品102亿元，稳步推进市场化债转股工作。截至2016年年末，本行不良贷款率2.37%，比上年年末下降0.02个百分点；拨备覆盖率173.40%，保持较强的风险抵补和损失吸收能力。

强化基层基础管理，经营管理效能稳步提升。针对管理领域的薄弱环节和瓶颈问题，实施了一批强基层、打基础、利长远的建设工程和专项治理行动，夯实管理基础、激发创新活力。启动运营风险监控体系改革，实施柜面业务综合化改造，全面升级推广超级柜台，运营风险防控能力和服务水平进一步提升。加快推进“信息化银行”建设，互联网金融三大平台主体功能全部投产，大数据建设取得新突破，信息科技的综合服务能力得到增强。针对票据、“飞单”、违规代销、员工异常交易等风险高发领域，以及电信网络诈骗、违规征信查询等行为，开展全面排查和专项整治行动，及时处置和消除了一批风险隐患。强化反洗钱合规管理，加快构建高标准的反洗钱合规体系，进一步夯实合规管理基础。精简优化信贷、运营、产品研发等流程，提升市场响应速度。

发放贷款和垫款利息收入4107.90亿元，较上年减少661.98亿元，下降13.9%，主要是由于平均收益率下降114个基点，但部分被平均余额增加7366.14亿元所抵销。

下表列示了本行发放贷款和垫款按业务类型划分的平均余额、利息收入以及平均收益率情况。

表1　2015年和2016年中国农业银行发放贷款及垫款与收益情况一览表

（人民币百万元，百分比除外）

项目	2016年			2015年		
	平均余额	利息收入	平均收益率（%）	平均余额	利息收入	平均收益率（%）
公司类贷款	5455502	250729	4.60	5375881	308531	5.74
短期公司类贷款	2249014	96411	4.29	2267447	123082	5.43
中长期公司类贷款	3206488	154318	4.81	3108434	185449	5.97
票据贴现	450555	14326	3.18	252083	10765	4.27
个人贷款	3031025	134990	4.45	2558245	145036	5.67
境外及其他	433118	10745	2.48	447377	12656	2.83
发放贷款和垫款总额	9370200	410790	4.38	8633586	476988	5.52

公司类贷款利息收入2507.29亿元，较上年减少578.02亿元，下降18.7%，主要是由于平均收益率下降114个基点。个人贷款利息收入1349.90亿元，较上年减少100.46亿元，下降6.9%，主要是由于平均收益率下降122个基点。

截至2016年12月31日，本行发放贷款和垫款净额增加8126.89亿元，增长9.6%；投资净额增加8214.88亿元，增长18.2%；现金及存放中央银行款项增加2245.96亿元，增长8.7%，主要是由于存放中央银行的法定存款准备金增加；存放同业和拆出资金增加14.39亿元，增长0.1%；买入返售金融资产减少1487.58亿元，下降31.5%，主要是由于买入返售票据减少。

一、资产主要项目

表2　2015年12月31日和2016年12月31日中国农业银行主要资产情况一览表

（人民币百万元，百分比除外）

项目	2016年12月31日		2015年12月31日	
	金额	占比（%）	金额	占比（%）
发放贷款和垫款总额	719639	–	8909918	–
减：贷款减值准备	400275	–	403243	–
发放贷款和垫款净额	9319364	47.6	8506675	47.8
投资净额	5333535	27.3	4512047	25.4
现金及存放中央银行款项	2811653	14.4	2587057	14.5
存放同业和拆出资金	1203614	6.2	1202175	6.8
买入返售金融资产	323051	1.7	471809	2.6
其他	578844	2.8	511630	2.9
资产合计	19570061	100.0	17791393	100.0

二、发放贷款和垫款

截至2016年12月31日，本行发放贷款和垫款总额97196.39亿元，较上年年末增加8097.21亿元，增长9.1%。

表3　按业务类型划分的发放贷款和垫款分布情况一览表

（人民币百万元，百分比除外）

项目	2016年12月31日		2015年12月31日	
	金额	占比（%）	金额	占比（%）
境内分行贷款	9279077	95.5	8463286	95.0
公司类贷款	5368250	55.2	5378404	60.4
票据贴现	569948	5.9	356992	4.0
个人贷款	3340879	34.4	2727890	30.6
境外及其他	440562	4.5	446632	5.0
合计	9719639	100.0	8909918	100.0
其他	578844	2.8	511630	2.9
资产合计	19570061	100.0	17791393	100.0

公司类贷款53682.50亿元，较上年年末减少101.54亿元，下降0.2%，主要是由于有效信贷需求变化影响，以及本行加大了不良贷款处置力度。

个人贷款33408.79亿元，较上年年末增加6129.89亿元，增长22.5%，主要是由于本 行加强零售客户营销力度，加大个人住房贷款的投放力度。

票据贴现5699.48亿元，较上年年末增加2129.56亿元，增长59.7%，主要是由于本行根据市场变化情况适度增加了票据资产配置。

境外及其他贷款4405.62亿元，较上年年末减少60.70亿元，下降1.4%。

表4　按产品期限划分的公司类贷款分布情况一览表

（人民币百万元，百分比除外）

项目	2016年12月31日		2015年12月31日	
	金额	占比（%）	金额	占比（%）
短期公司类贷款	2169949	40.4	2283318	42.5
中长期公司类贷款	3198301	59.6	3095086	57.5
合计	5368250	100.0	5378404	100.0

短期公司类贷款减少1133.69亿元，下降5.0%。中长期公司类贷款增加1032.15亿元，增长3.3%，占比较上年年末上升2.1个百分点至59.6%，主要是由于基础设施建设项目贷款增长较快。

表5 按行业划分的公司类贷款分布情况一览表

（人民币百万元，百分比除外）

项目	2016年12月31日		2015年12月31日	
	金额	占比（%）	金额	占比（%）
制造业	1225322	22.8	1367358	25.4
电力、热力、燃气及水生产和供应业	660361	12.3	592832	11.0
房地产业	449687	8.4	526408	9.8
交通运输、仓储和邮政业	1006903	18.8	893535	16.6
批发和零售业	404172	7.5	504342	9.4
水利、环境和公共设施管理业	236880	4.4	205021	3.8
建筑业	181634	3.4	210539	3.9
采矿业	230098	4.3	249938	4.7
租赁和商务服务业	552447	10.3	453344	8.4
金融业	179338	3.3	130682	2.4
信息传输、软件和信息技术服务业	23804	0.4	26929	0.5
其他行业	217604	4.1	217476	4.1
合计	5368250	100.0	5378404	100.0

注：1.本表按照借款人所在的行业对贷款进行划分。房地产业贷款包括发放给主营业务为房地产行业企业的房地产开发贷款、经营性物业抵押贷款和其他发放给房地产行业企业的非房地产用途的贷款。

2.其他行业主要包括农、林、牧、渔业，教育业以及住宿和餐饮业。

报告期内，本行进一步加强行业深度研究和精准指导。主动调整信贷行业结构，积极支持新兴产业发展和传统行业升级改造，加大战略性新兴产业、基础设施行业信贷投放，将绿色信贷作为业务发展和结构调整的重点方向。“两高一剩”相关行业及贸易类客户实施“白名单”管理，严控“两高一剩”相关行业用信。

截至2016年12月31日，本行五大主要贷款行业包括：（1）制造业；（2）交通运输、仓储和邮政业；（3）电力、热力、燃气及水的生产和供应业；（4）租赁和商务服务业；（5）房地产业。五大行业贷款余额合计占公司类贷款总额的72.6%，较上年年末上升1.4个百分点。全年贷款占比上升最多的三大行业为（1）交通运输、仓储和邮政业；（2）租赁和商务服务业；（3）电力、热力、燃气及水生产和供应业。制造业贷款占比下降最多。

表6　按产品类型划分的个人贷款分布情况一览表

（人民币百万元，百分比除外）

项目	2016年12月31日		2015年12月31日	
	金额	占比（%）	金额	占比（%）
个人住房贷款	2559970	76.6	1927018	70.7
个人消费贷款	153251	4.6	179453	6.6
个人经营贷款	192213	5.8	230223	8.4
个人卡透支	242451	7.3	222206	8.1
农户贷款	191770	5.7	167695	6.1
其他	1224	–	1295	0.1
合计	3340879	100.0	2727890	100.0

截至2016年12月31日，个人住房贷款25599.70亿元，较上年年末增加6329.52亿元，增长32.8%。主要是由于本行贯彻落实国家房地产宏观调控政策，大力积极支持居民合理自住购房。

个人消费贷款1532.51亿元，较上年年末减少262.02亿元，下降14.6%；个人经营贷款1922.13亿元，较上年年末减少380.10亿元，下降16.5%。个人消费贷款和个人经营贷款减少主要是由于本行适应个人信贷市场变化，主动调整个人信贷业务结构。

个人卡透支2424.51亿元，较上年年末增加202.45亿元，增长9.1%，主要是由于信用卡发卡量以及卡消费金额增加。

农户贷款1917.70亿元，较上年年末增加240.75亿元，增长14.4%，主要是由于本行进一步加大对新型农业经营主体的支持力度。

表7　按地域划分的贷款分布情况一览表

（人民币百万元，百分比除外）

项目	2016年12月31日		2015年12月31日	
	金额	占比（%）	金额	占比（%）
总行	279762	2.9	215418	2.4
长江三角洲地区	2170468	22.3	2048393	23.0
珠江三角洲地区	1466397	15.1	1263044	14.2
环渤海地区	1500014	15.4	1463574	16.4
中部地区	1309273	13.5	1132516	12.7
东北地区	394896	4.1	364412	4.1
西部地区	2158267	22.2	1975929	22.2
境外及其他	440562	4.5	446632	5.0
合计	9719639	100.0	8909918	100.0

报告期内，本行跟踪"一带一路"、京津冀协同发展和长江经济带国家三大战略的实施进展，积极对接项目，加大信贷支持力度。抓住东部地区产业向中西部地区转移以及中西部地区和东北地区基础设施投资大幅增加的机遇，加大中西部和东北地区相关领域的信贷投放。

三、投资

截至2016年12月31日，本行投资净额53335.35亿元，较上年年末增加8214.88亿元，增长18.2%。

表8 按产品类型划分的投资情况一览表

（人民币百万元，百分比除外）

项目	2016年12月31日		2015年12月31日	
	金额	占比（%）	金额	占比（%）
非重组类债券	4789697	89.8	3885091	86.1
重组类债券	365323	6.9	365323	8.1
权益工具	12954	0.2	9308	0.2
其他	165561	3.1	252325	5.6
合计	5333535	100.0	4512047	100.0

注：1.主要包括本行通过发行理财产品募集资金并按约定进行投资而形成的资产。

2.该数据已按本年列报方式进行重新分类。

2016年债券市场收益率波动较大，信用违约事件频发。本行较好把握市场走势，合理安排投资节奏，增加综合投资回报较好的债券配置力度，债券投资组合规模有所扩大。截至2016年12月31日，非重组类债券投资较上年年末增加9046.06亿元。

表9 按发行人划分的非重组类债券投资分布情况一览表

（人民币百万元，百分比除外）

项目	2016年12月31日		2015年12月31日	
	金额	占比（%）	金额	占比（%）
政府	1927598	40.3	1231991	31.6
政策性银行	–	–	21404	0.6
政策性银行	1442999	30.1	1499520	38.6
同业及其他金融机构	814571	17.0	492298	12.7

（续表）

项目	2016年12月31日		2015年12月31日	
	金额	占比（%）	金额	占比（%）
公共实体	174025	3.6	162436	4.2
公司	430504	9.0	477442	12.3
合计	4789697	100.0	3885091	100.0

2016年，本行深入分析国内外宏观经济形势，密切跟踪债券市场变化和信用违约事件，加强风险控制，适度加大地方债、金融机构债及同业存单的投资力度，减持部分产能过剩行业及低资质信用债。

表10 按剩余期限划分的非重组类债券投资分布情况一览表

（人民币百万元，百分比除外）

剩余期限	2016年12月31日		2015年12月31日	
	金额	占比（%）	金额	占比（%）
已逾期	–	–	1	–
3个月内	279454	5.8	185155	4.8
3～12个月	695366	14.5	587915	15.1
1～5年	2296876	48.0	1889171	48.6
5年以上	1518001	31.7	1222849	31.5
合计	4789697	100.0	3885091	100.0

2016年，本行根据收益期限相配比的原则，合理调整投资组合期限结构，适度扩大短期限品种投资规模，合理配置中长期限品种。

表11 按币种划分的非重组类债券投资分布情况一览表

（人民币百万元，百分比除外）

项目	2016年12月31日		2015年12月31日	
	金额	占比（%）	金额	占比（%）
人民币	4546871	94.9	3744671	96.4
美元	191831	4.0	100809	2.6
其他外币	50995	1.1	39611	1.0
合计	4789697	100.0	3885091	100.0

2016年，本行根据国内外债券市场情况，适度配置国外主权和非主权实体发行的美元债券和其他外币债券，优化债券投资组合的币种结构。

表12　按持有目的划分的投资分布情况一览表

（人民币百万元，百分比除外）

项目	2016年12月31日		2015年12月31日	
	金额	占比（%）	金额	占比（%）
以公允价值计量且其变动计入当期损益的金融资产	17955	7.8	439261	9.7
可供出售金融资产	1408881	26.5	1214542	26.9
持有至到期投资	2882152	54.0	2300824	51.0
应收款项类投资	624547	11.7	557420	12.4
合计	4789697	100.0	3885091	100.0

四、金融债券

金融债券指由政策性银行、同业及其他金融机构发行的，按约定还本付息的有价证券。截至2016年12月31日，本行金融债券余额22575.70亿元，其中政策性银行债券14429.99亿元，同业及其他金融机构债券8145.71亿元。

下表列示了截至2016年12月31日，本行持有的面值最大十只金融债券的情况。

表13　持有金融债券的情况一览表

（人民币百万元，百分比除外）

年份	债券名称	面值	年利率	到期日
2014	年政策性银行债券	19181	5.44%	2019年04月08日
2015	年政策性银行债券	16721	3.97%	2025年02月27日
2016	年政策性银行债券	13886	3.01%	2021年01月06日
2014	年政策性银行债券	13819	5.61%	2021年04月08日
2016	年政策性银行债券	13576	2.96%	2021年02月18日
2016	年政策性银行债券	13257	5.67%	2024年04月08日
2014	年政策性银行债券	12693	4.21%	2025年04月13日
2015	年政策性银行债券	11944	4.02%	2020年01月14日
2015	年政策性银行债券	11167	3.99%	2025年02月09日
2015	年政策性银行债券	11011	3.07%	2021年02月22日

注：本表所列减值指按个别方式计提的减值准备，不包括组合方式计提的减值准备。

2016年中国工商银行贷款与投资

一、贷款

2016年，本行根据宏观经济环境变化和金融监管要求，积极贯彻国家政策导向，深化支持供给侧结构性改革，持续优化信贷结构，着力提升服务实体经济质效。加大对国家重点建设项目支持力度，积极对接国家“三大支撑带”和“四大板块”发展战略，创新推广小微金融服务模式，积极支持居民合理信贷需求和消费升级。2016年年末，各项贷款130568.46亿元，比上年年末增加11233.80亿元，增长9.4%。其中，境内分行人民币贷款114429.41亿元，增加8449.05亿元，增长8.0%。

表1　按业务类型划分的贷款结构一览表

（人民币百万元，百分比除外）

项目	2016年12月31日		2015年12月31日	
	金额	占比（%）	金额	占比（%）
公司类贷款	8140684	62.4	7869552	65.9
票据贴现	719993	5.5	522052	4.4
个人贷款	4196169	32.1	3541862	29.7
合计	13056846	100.0	11933466	100.0

公司类贷款比上年年末增加2711.32亿元，增长3.4%。从品种结构上看，流动资金贷款减少343.44亿元，主要是受经济结构调整、产业转型升级和进出口贸易减少等因素影响，企业流动资金信贷需求下降所致；项目贷款增加2733.23亿元，增长6.9%，主要是继续支持国家重点项目及重大工程建设，加大力度支持实体经济发展和产业升级改造。

票据贴现比上年年末增加1979.41亿元，增长37.9%，主要是为满足资产负债组合管理需要适度增加票据贴现资产配置。

个人贷款比上年年末增加6543.07亿元，增长18.5%，其中个人住房贷款增加7246.41亿元，增长28.8%，主要是本行紧跟国家房地产政策导向，积极支持居民自住及改善型合理购房融资需求；个人消费贷款减少640.55亿元，下降20.6%，主要是本行加强个人消费贷款用途管理，同时受互联网金融竞争加剧等因素综合影响，个人消费融资需求下降所致；个人经营性贷款减少388.19亿元，下降13.2%，主要是受部分小微企业主有效融资需求有所减少所致；信用卡透支增加325.40亿元，增长7.8%，主要是信用卡发卡量和消费额稳定增长以及信用卡分期付款业务持续发展所致。

表2 贷款五级分类分布情况一览表

（人民币百万元，百分比除外）

项目	2016年12月31日		2015年12月31日	
	金额	占比（%）	金额	占比（%）
正常	12261034	93.91	11233456	94.13
关注	584011	4.47	520492	4.36
不良贷款	211801	1.62	179518	1.50
次级	109434	0.84	104805	0.87
可疑	82505	0.63	60512	0.51
损失	19862	0.15	14201	0.12
合计	13056846	100.0	11933466	100.0

贷款质量保持总体稳定。2016年年末，按照五级分类，正常贷款122610.34亿元，比上年年末增加10275.78亿元，占各项贷款的93.91%。关注贷款5840.11亿元，增加635.19亿元，占比4.47%。不良贷款2118.01亿元，增加322.83亿元，不良贷款率1.62%。新常态下经济增速放缓，结构性改革深化，产业转型加速，部分行业及企业资金链偏紧，偿债能力下降，导致本行资产质量管控承压。

表3 按行业划分的境内分行公司类贷款和不良贷款结构一览表

（人民币百万元，百分比除外）

项目	2016年12月31日				2015年12月31日			
	贷款	占比（%）	不良贷款	不良贷款率（%）	贷款	占比（%）	不良贷款	不良贷款率（%）
公司类贷款	8140684	62.4	159871	1.96	7869552	65.9	135256	1.72
票据贴现	719993	5.5	598	0.08	522052	4.4	524	0.10
个人贷款	4196169	32.1	51332	1.22	3541862	29.7	43738	1.23
合计	13056846	100.0	211801	1.62	11933466	100.0	179518	1.50

公司类不良贷款1598.71亿元，比上年年末增加246.15亿元，不良贷款率1.96%，主要是受经济结构调整和产业转型升级等多重因素影响，部分企业资金紧张加剧，贸易类企业以及传统产业中的中小企业经营困难，导致贷款违约。个人不良贷款513.32亿元，增加75.94亿元，不良贷款率1.22%，主要是部分借款人经营性收益下降或工资性收入减少导致个人贷款不良额上升。

表4 按担保类型划分的贷款结构一览表

（人民币百万元，百分比除外）

项目	2016年12月31日				2015年12月31日			
	贷款	占比(%)	不良贷款	不良贷款率(%)	贷款	占比(%)	不良贷款	不良贷款率(%)
交通运输、仓储和邮政业	1516089	21.8	3022	0.20	1429697	20.7	3985	0.28
制造业	1414408	20.4	60639	4.29	1496241	21.6	51353	3.43
化工	241712	3.5	1796	4.88	254497	3.7	8566	3.37
机械	212649	3.1	8308	3.91	235873	3.4	7996	3.39
金属加工	154493	2.2	9635	6.24	171065	2.5	7138	4.17
纺织及服装	124729	1.8	7201	5.77	140369	2.0	6644	4.73
计算机、通信和其他电子设备	118588	1.7	1718	1.45	97733	1.4	1064	1.09
钢铁	108554	1.6	509	0.47	113841	1.6	1043	0.92
交通运输设备	92572	1.3	4080	4.41	91944	1.3	4710	5.12
非金属矿物	65051	0.9	2455	3.77	69875	1.0	1756	2.51
石油加工、炼焦及核燃料	53706	0.8	1296	2.41	52127	0.8	240	0.46
其他	242354	3.5	13641	5.63	268917	3.9	12196	4.54
电力、热力、燃气及水生产和供应业	820692	11.9	501	0.06	780370	11.3	1494	0.19
租赁和商务服务业	736921	10.7	4938	0.67	652956	9.5	4906	0.75
批发和零售业	625488	9.0	58029	9.28	734994	10.7	48522	6.60
水利、环境和公共设施管理业	517542	7.5	1302	0.25	461542	6.7	278	0.06
房地产业	426999	6.2	9367	2.19	427306	6.2	6293	1.47
采矿业	225505	3.3	4425	1.96	246541	3.6	3722	1.51
建筑业	187363	2.7	4222	2.25	210294	3.0	3047	1.45
科教文卫	122294	1.8	675	0.55	124542	1.8	575	0.46
住宿和餐饮业	122117	1.8	2742	2.25	145175	2.1	3453	2.38
其他	197119	2.9	2456	1.25	191430	2.8	1967	1.03
合计	6912537	100.0	152318	2.20	6901088	100.0	129595	1.88

2016年，本行主动对接国家重大发展战略，着力满足国家重点领域投资项目贷款需求，对传统产业中符合国家政策、具有良好发展前景的子行业进行重点服务，支持行业龙头企业及转型升级，持续推进行业信贷结构优化调整。其中，交通运输、仓储和邮政业贷款增加863.92亿元，增长6.0%，主要投向国家优质交通基础设施建设项目；租赁和商务服务业贷款增加839.65亿元，增长12.9%，主要是投资与资产管理等商务服务业贷款增长较快；水利、环境和公共设施管理业贷款增加560.00亿元，增长12.1%，主要是支持基础设施建设；电力、热力、燃气及水生产和供应业贷款增加403.22亿元，增长5.2%，主要是支持城市基础设施建设、公用事业建设和清洁能源发展的信贷需求。

不良贷款余额增加较多的行业是批发和零售业以及制造业。批发和零售业不良贷款增加主要是受商贸市场供需结构未有实质性改善、商品流通和进出口贸易规模延续下行走势、社会消费品零售总额增速逐年下降、电商平台冲击传统零售业等因素影响，批发和零售业企业贷款违约增加。制造业不良贷款增加主要是受行业产能过剩、市场有效需求不足等因素影响，部分制造业企业经营困难、资金紧张导致贷款违约所致。

表5　按地域划分的贷款和不良贷款结构一览表

（人民币百万元，百分比除外）

项目	2016年12月31日				2015年12月31日			
	贷款	占比（%）	不良贷款	不良贷款率（%）	贷款	占比（%）	不良贷款	不良贷款率（%）
总行	581084	4.5	13758	2.37	541087	4.5	9053	1.67
长江三角洲	24097	18.4	35325	1.47	2283391	19.1	39297	1.72
珠江三角洲	17435	13.4	35913	2.06	1545400	13.0	29946	1.94
环渤海地区	215602	16.5	41097	1.91	2007028	16.8	30605	1.52
中部地区	1819143	13.9	28575	1.57	1668136	14.0	23707	1.42
西部地区	2313507	17.7	37623	1.63	2171273	18.2	32472	1.50
东北地区	706472	5.4	11571	1.64	668572	5.6	8518	1.27
境外及其他	13273	10.2	7939	0.60	1048579	8.8	5920	0.56
合计	1305	100.0	211801	1.62	11933466	100.0	179518	1.50

表6 贷款减值准备变动情况一览表

（人民币百万元，百分比除外）

项目	单项评估	组合评估	合计
年初余额	51499	229155	280654
本年计提	83966	2172	86138
其中：本年新增	110992	151577	262569
本年划转	865	(865)	–
本年回拨	(27891)	(148540)	(176431)
已减值贷款利息收入	(5135)	–	(5135)
本年核销	(65999)	(8145)	(74144)
收回以前年度核销	1226	773	1999
年末余额	65557	223955	289512

2016年年末，贷款减值准备余额2895.12亿元，比上年年末增加88.58亿元；拨备覆盖率136.69%；贷款拨备率2.22%。

表7 按担保类型划分的贷款结构一览表

（人民币百万元，百分比除外）

项目	2016年12月31日		2015年12月31日	
	金额	占比（%）	金额	占比（%）
抵押贷款	5986629	45.9	5499003	46.1
其中：个人住房贷款	3237427	24.8	2516196	21.1
质押贷款	1610680	12.3	1505144	12.6
其中：票据贴现	719993	5.5	522052	4.4
保证贷款	1867424	14.3	1642370	13.8
信用贷款	3592113	27.5	3286949	27.5
合计	13056846	100.0	11933466	100.0

抵押贷款59866.29亿元，比上年年末增加4876.26亿元，增长8.9%。质押贷款16106.80亿元，增加1055.36亿元，增长7.0%。保证贷款18674.24亿元，增加2250.54亿元，增长13.7%。信用贷款35921.13亿元，增加3051.64亿元，增长9.3%。

表8 逾期贷款情况一览表

（人民币百万元，百分比除外）

项目	2016年12月31日		2015年12月31日	
	金额	占比（%）	金额	占比（%）
3个月以内	151115	1.16	169902	1.42
3个月至1年	75550	0.58	84808	0.71
1年至3年	101916	0.78	62783	0.53
3年以上	17546	0.13	15205	0.13
合计	346127	2.65	332698	2.79

注：当客户贷款及垫款的本金或利息逾期时，被认定为逾期。对于可以分期付款偿还的客户贷款及垫款，如果部分分期付款已逾期，该等贷款的全部金额均被分类为逾期。

逾期贷款3461.27亿元，比上年年末增加134.29亿元。其中逾期3个月以上贷款1950.12亿元，增加322.16亿元。

二、重组贷款

重组贷款和垫款55.41亿元，比上年年末增加9.84亿元。其中逾期3个月以上的重组贷款和垫款13.98亿元，减少1.72亿元。

三、借款人集中度

本行对最大单一客户的贷款总额占资本净额的4.5%，对最大10家单一客户的贷款总额占资本净额的13.3%。最大10家单一客户贷款总额2836.29亿元，占各项贷款的2.2%。

四、投资

2016年，本行不断完善债券组合投资体系，大力支持实体经济发展，在保证流动性和风险可控的基础上，适度增加投资规模。2016年年末，投资54811.74亿元，比上年年末增加4712.11亿元，增长9.4%。

表9 2015年12月31日和2016年12月31日中国工商银行投资情况一览表

（人民币百万元，百分比除外）

项目	2016年12月31日		2015年12月31日	
	金额	占比（%）	金额	占比（%）
债务工具	5196535	94.8	4775767	95.3
非重组类债券	4982776	90.9	4548687	90.8
重组类债券	179249	3.3	193187	3.9
其他债务工具	34510	0.6	33893	0.6
权益工具及其他	284639	5.2	234196	4.7
合计	5481174	100.0	5009963	100.0

非重组类债券49827.76亿元，比上年年末增加4340.89亿元，增长9.5%；重组类债券投资1792.49亿元，减少139.38亿元，主要是报告期内部分华融债券提前还款所致。

表10　按发行主体划分的非重组类债券投资结构一览表

（人民币百万元，百分比除外）

项目	2016年12月31日		2015年12月31日	
	金额	占比（%）	金额	占比（%）
政府债券	2399463	48.1	1468674	32.3
中央银行债券	58024	1.2	356425	7.8
政策性银行债券	1319450	26.5	1513092	33.3
其他债券	1205839	24.2	1210496	26.6
合计	4982776	100.0	4548687	100.0

从发行主体结构上看，政府债券增加9307.89亿元，增长63.4%；中央银行债券减少2984.01亿元，下降83.7%；政策性银行债券减少1936.42亿元，下降12.8%；其他债券减少46.57亿元，下降0.4%。为支持实体经济发展，本行加大了对地方政府债和国债的配置力度；报告期内受债券正常到期兑付、债券市场供给结构变化影响，中央银行债券、政策性银行债券和其他债券余额出现不同程度下降。

表11　按持有目的划分的投资结构一览表

（人民币百万元，百分比除外）

项目	2016年12月31日		2015年12月31日	
	金额	占比（%）	金额	占比（%）
以公允价值计量且其变动计入当期损益的金融资产	474475	8.7	343272	6.9
可供出售金融资产	1742287	31.8	1444195	28.8
持有至到期投资	2973042	54.2	2870353	57.3
应收款项类投资	291370	5.3	352143	7.0
合计	5481174	100.0	5009963	100.0

2016年年末，本集团持有金融债券120009.25亿元，包括政策性银行债券13194.50亿元和同业及非银行金融机构债券6814.75亿元，分别占65.9%和34.1%。

2016年交通银行贷款与投资

截至2016年年末，境内银行机构人民币贷款较年初增加3008.83亿元，公司信贷和类信贷收回移位再贷规模人民币6872.79亿元，投资地方债人民币4189.57亿元。集团资产规模突破人民币8万亿元，达到人民币8.40万亿元。本集团各项存款人民币5.38万亿元，增幅9.72%，其中结算类活期存款日均余额占比已达40.09%，为利率市场化背景下巩固息差扎牢防线。

一、客户贷款

报告期内，本集团合理把握信贷投放总量、投向和节奏，贷款实现均衡平稳增长。截至报告期末，本集团客户贷款余额为人民币41029.59亿元，较年初增加人民币3809.53亿元，增幅10.24%。其中，境内银行机构人民币贷款较年初增加人民币3008.83亿元，增幅9.14%。

二、行业集中度

报告期内，本集团积极支持产业结构升级和实体经济发展，大力推动业务结构优化。

表1 客户贷款按行业分布的情况一览表

（除另有标明外，人民币百万元）

项目	2016年12月31日		2015年12月31日	
	金额	占比（%）	金额	占比（%）
采矿业	107787	2.63	101647	2.73
制造业				
－石油化工	106514	2.60	125952	3.38
－电子	59942	1.46	75424	2.03
－钢铁	36841	0.90	36879	0.99
－机械	118200	2.88	105187	2.83
－纺织及服装	33714	0.82	40680	1.09
－其他制造业	224455	5.47	238027	6.40
电力、燃气及水的生产和供应业	147141	3.59	138256	3.71
建筑业	99487	2.42	109893	2.95
交通运输、仓储和邮政业	495427	12.07	418057	11.23
电信、计算机服务和软件业	20594	0.51	13413	0.36
批发和零售业	319579	7.79	333903	8.97

（续表）

项目	2016年12月31日		2015年12月31日	
	金额	占比（%）	金额	占比（%）
住宿和餐饮业	34489	0.84	35070	0.94
金融业	94464	2.30	50832	1.37
房地产业	204111	4.97	227061	6.10
服务业	300929	7.33	262750	7.06
水利、环境和公共设施管理业	188622	4.60	132061	3.55
科教文卫	80597	1.96	71731	1.93
其他	117290	2.86	94420	2.53
贴现	126589	3.09	117444	3.16
公司贷款总额	2916772	71.09	2728687	73.31
个人贷款总额	1186187	28.91	993319	26.69
贷款和垫款总额	4102959	100.00	3722006	100.00

截至报告期末，本集团公司贷款余额为人民币29167.72亿元，较年初增加人民币1880.85亿元，增幅6.89%。其中，贷款分布最多的4个行业是制造业，交通运输、仓储和邮政业，批发和零售业，以及服务业，占全部公司贷款的58.13%。

截至报告期末，本集团个人贷款余额为人民币11861.87亿元，较年初增加人民币1928.68亿元，增幅19.42%，在客户贷款中的占比较年初上升2.22个百分点至28.91%。

三、借款人集中度

截至报告期末，本集团对最大单一客户的贷款总额占集团资本净额的3.02%，对最大十家客户的贷款总额占集团资本净额的12.72%，均符合监管要求。

下表列示了在所示日期本集团向十大借款人提供的贷款余额情况：

表2　十大借款人贷款余额情况一览表

（除另有标明外，人民币百万元）

2016年12月31日			
客户	行业类型	贷款余额	占贷款总额比例（%）
客户A	交通运输、仓储和邮政业	21867	0.54
客户B	交通运输、仓储和邮政业	12469	0.30
客户C	交通运输、仓储和邮政业	9571	0.23
客户D	交通运输、仓储和邮政业	8536	0.21
客户E	交通运输、仓储和邮政业	7902	0.19
客户F	交通运输、仓储和邮政业	6792	0.17
客户G	批发和零售业	6740	0.16
客户H	采矿业	6340	0.15

（续表）

2016年12月31日			
客户	行业类型	贷款余额	占贷款总额比例（%）
客户I	制造业－其他制造业	6000	0.15
客户J	交通运输、仓储和邮政业	5892	0.14
十大客户合计		92109	2.24

四、地域集中度

本集团贷款主要集中在长江三角洲、环渤海经济圈和珠江三角洲地区。截至报告期末，上述三个地区贷款余额占比分别为31.68%、17.87%和7.76%，贷款余额较年初分别增长6.62%、4.37%和12.00%。

五、贷款质量

截至报告期末，本集团减值贷款率为1.52%，较年初上升0.01个百分点；拨备覆盖率为150.50%，较年初下降5.07个百分点。

六、证券投资

截至报告期末，本集团证券投资净额为人民币22523.92亿元，较年初增加人民币6218.33亿元，增幅38.14%；本集团证券投资总体收益率为3.71%。

表3　按持有目的划分的投资结构一览表

（除另有标明外，人民币百万元）

项目	2016年12月31日		2015年12月31日	
	余额	占比（%）	余额	占比（%）
以公允价值计量且其变动计入当期损益的金融资产	117168	5.20	108458	6.65
应收款项类投资	385020	17.09	323679	19.85
可供出售金融资产	342755	15.22	264739	16.24
持有至到期投资	1407449	62.49	933683	57.26
合计	2252392	100.00	1630559	100.00

表4　按发行主体划分的投资结构一览表

（除另有标明外，人民币百万元）

项目	2016年12月31日		2015年12月31日	
	余额	占比（%）	余额	占比（%）
政府及中央银行	1132581	50.28	662337	40.62
公共实体	33451	1.49	21939	1.35
金融机构	652835	28.98	496184	30.43
公司法人	433525	19.25	450099	27.60
合计	2252392	100.00	1630559	100.00

2016年中信银行贷款与投资

客户贷款及垫款

截至2016年末，中信银行集团实现营业收入1537.81亿元，同比增长5.96%；归属于股东净利润416.29亿元，同比增长1.14%；资产总额59310.50亿元，同比增长15.79%；不良贷款率1.69%，较上年上升0.26个百分点，总体保持了持续稳健的发展态势。

截至报告期末，本集团客户贷款及垫款总额28779.27亿元，比上年末增长13.81%。客户贷款及垫款净额占总资产比重为47.2%，比上年年末降低1.0个百分点。

本集团公司类贷款（不含票据贴现）余额达18462.74亿元，比上年年末增加788.52亿元，增长4.46%；个人贷款余额为9566.06亿元，比上年年末增加2879.93亿元，增长43.07%。本集团个人贷款余额占比达到33.2%，比上年年末提升6.8个百分点。

表1 中信银行贷款与垫款情况一览表

（单位：百万元人民币）

项目	2016年12月31日		2015年12月31日	
	余额	占比（%）	余额	占比（%）
公司贷款	1846274	64.2	1767422	69.9
贴现贷款	75047	2.6	92745	3.7
个人贷款	956606	33.2	668613	26.4
客户贷款及垫款总额	2877927	100.00	2528780	100.00
客户贷款及垫款减值准备	(75543)		(60497)	
客户贷款及垫款净额	2802384		2468283	

2016年中国民生银行贷款与投资

截至报告期末，本集团资产总额58958.77亿元，比上年年末增长13751.89亿元，增幅30.42%；发放贷款和垫款总额24615.86亿元，比上年年末增长4135.38亿元，增幅20.19%；吸收存款总额30822.42亿元，比上年年末增长3499.80亿元，增幅12.81%。零售消费及住房贷款余额3584.76亿元，比上年年末增长1795.35亿元，在发放贷款和垫款总额中占比为14.56%，比上年年末提升5.82个百分点，小微贷款中抵（质）押贷款占比61.93%，比上年年末上升11.55个百分点。本集团交易和银行账户投资净额22069.09亿元，在资产总额中占比达到37.43%，比上年年末提高17.22个百分点。

一、发放贷款和垫款

截至报告期末，本集团发放贷款和垫款总额为24615.86亿元，比上年年末增加4135.38亿元，增幅20.19%，发放贷款和垫款总额在资产总额中的占比为41.76%，比上年年末下降3.54个百分点。

按产品类型划分的发放贷款和垫款分布情况如下表1所示：

表1 按产品类型划分的贷款发放和垫款分布情况一览表

（单位：人民币百万元）

项目	2016年12月31日		2015年12月31日	
	金额	占比（%）	金额	占比（%）
公司贷款和垫款	1560664	63.4	1320020	64.45
其中：票据贴现	165800	6.74	79084	3.86
个人贷款和垫款	900922	36.6	728028	35.55
合计	2461586	100.00	2048048	100.00

个人贷款和垫款的结构分布如下表2所示：

表2 个人贷款和垫款的结构分布情况一览表

（单位：人民币百万元）

项目	2016年12月31日		2015年12月31日	
	金额	占比（%）	金额	占比（%）
小微企业贷款	335074	37.19	378177	51.95
住房贷款	295875	32.84	114328	15.70
信用卡透支	207372	23.02	170910	23.48
其他	62601	6.95	64613	8.87
合计	900922	100.00	728028	100.00

二、金融债券持有情况

截至报告期末，本集团所持金融债券主要是政策性金融债、普通金融债和其他金融机构债券。

其中，面值最大的10只金融债券的有关情况如下表3所示：

表3　面值最大的10只金融债券的有关情况一览表

（单位：人民币百万元）

项目	面值	年利率（%）	到期日	减值准备
2014年金融债券	5370	5.70	2017年1月14日	–
2012年金融债券	4500	4.20	2017年2月28日	–
2016年金融债券	3469	1.00	2019年9月29日	–
2016年金融债券	3210	3.18	2026年4月5日	–
2013年金融债券	3000	4.37	2018年7月29日	–
2016年金融债券	2760	3.20	2019年7月18日	–
2013年金融债券	2480	2.80	2020年4月8日	–
2016年金融债券	2081	1.00	2019年9月26日	–
2015年金融债券	2060	4.18	2018年4月3日	–
2015年金融债券	2000	4.21	2025年4月13日	–
合计	30930			

表4　中国民生银行衍生金融工具一览表

（单位：人民币百万元）

项目	名义金额	公允价值	
		资产	负债
货币掉期合约	467061	4350	7045
利率掉期合约	312133	104	141
贵金属类衍生合约	90504	2775	1978
外汇远期合约	39093	354	968
货币期权合约	22748	171	145
延期选择权	5000	–	–
信用类衍生合约	139	1	–
其他衍生	21	88	–
合计	–	7843	10277

三、投资

截至报告期末，本公司银行账户投资净额21112.30亿元，比上年年末增加12282.68亿元，增幅139.11%；交易账户投资余额862.88亿元，比上年年末增加601.22亿元，增幅229.77%。2016年，本公司综合考虑收益率、流动性及资本占用等因素，增加了债券和其他类型投资品种的配置。截至报告期末，本公司交易和银行账户投资净额在总资产中占比较上年年末上升17.58个百分点。

2016年招商银行贷款与投资

截至2016年年末，本集团资产总额为59423.11亿元，比上年年末增长8.54%；贷款和垫款总额为32616.81亿元，比上年年末增长15.49%；负债总额55389.49亿元，比上年年末增长8.33%；客户存款总额为38020.49亿元，比上年年末增长6.45%。

一、贷款和垫款

截至2016年12月31日，本集团贷款和垫款总额为32616.81亿元，比上年年末增长15.49%；贷款和垫款总额占资产总额的比例为54.89%，比上年年末上升3.30个百分点。

表1　招商银行资资产总额构成情况一览表

（人民币百万元，百分比除外）

项目	2016年12月31日		2015年12月31日	
	金额	占比（%）	金额	占比（%）
贷款和垫款总额	3261681	54.89	2824286	51.59
贷款减值准备	(110032)	(1.85)	(84842)	(1.55)
贷款和垫款净额	3151649	53.04	2739444	50.04
投资证券及其他金融资产	1463322	24.63	1440803	26.32
现金、贵金属及存放中央银行款项	600510	10.11	600441	10.97
存放同业和其他金融机构款项	103013	1.73	63779	1.16
拆出资金及买入返售金融资产	478950	8.06	529617	9.67
商誉	9954	0.17	9954	0.18
其他（注）	134913	2.26	90940	1.66
资产总额	5942311	100.00	5474978	100.00

注：包括应收利息、固定资产、无形资产、投资性房地产、递延所得税资产和其他资产。

二、投资

本集团投资证券及其他金融资产包括以人民币和外币计价的上市和非上市金融工具。

表2 按会计分类列出的招商银行投资组合情况一览表

（人民币百万元，百分比除外）

项目	2016年12月31日		2015年12月31日	
	金额	占比（%）	金额	占比（%）
以公允价值计量且其变动计入当期损益的金融资产	55972	3.82	59081	4.10
可供出售金融资产	389138	26.59	299559	20.79
持有至到期投资	477064	32.60	353137	24.51
应收款项类投资	528748	36.13	716064	49.70
长期股权投资	3712	0.27	2786	0.19
衍生金融资产	8688	0.59	10176	0.71
投资证券及其他金融资产总额	1463322	100.00	1440803	100.00

2016年光大银行贷款与投资

截至报告期末，本集团资产总额为40200.42亿元，比上年年末增加8523.32亿元，增长26.91%；贷款余额17952.78亿元，比上年年末增加2817.35亿元，增长18.61%；存款余额21208.87亿元，比上年年末增加1270.44亿元，增长6.37%。

本集团实现营业收入940.37亿元，比上年增加8.78亿元，增长0.94%；发生营业支出541.00亿元，比上年增加1.81亿元，增长0.34%；实现税前利润401.80亿元，比上年增加8.22亿元，增长2.09%；归属于本行股东净利润303.29亿元，比上年增加8.01亿元，增长2.71%。实现手续费及佣金净收入281.12亿元，同比增加18.11亿元，增长6.89%，成为营业收入增长的重要驱动因素。手续费及佣金净收入在营业收入中的占比达29.89%，同比上升1.66个百分点，收入结构进一步优化。

一、贷款和垫款

截至报告期末，本集团贷款和垫款总额17952.78亿元，比上年年末增加2817.35亿元，增长18.61%；贷款和垫款净额在资产总额中占比43.57%，比上年年末下降3.01个百分点。

下表1列出了本集团贷款和垫款主要构成情况：

表1 本集团贷款和垫款主要项目构成情况一览表

（单位：人民币百万元）

项目	2016年12月31日		2015年12月31日	
	余额	占比（%）	余额	占比（%）
企业贷款	1075974	59.93	917327	60.62
零售贷款	663131	36.94	525020	34.68
贴现	56173	3.13	71196	4.70
贷款和垫款总额	1795278	100.0	1513543	100.0

二、投资证券及其他金融资产

截至报告期末，本集团投资证券以及其他金融资产13230.93亿元，比上年年末增加4175.97亿元，在资产总额中占比32.91%，比上年年末上升4.32个百分点。

表2 本集团投资证券及其他金融资产主要项目构成情况一览表

（单位：人民币百万元）

项目	2016年12月31日		2015年12月31日	
	余额	占比（%）	余额	占比（%）
以公允价值计量且其变动计入当期损益的金融资产	7834	0.59	5637	0.62
衍生金融资产	4950	0.37	1625	0.18
可供出售金融资产	425131	32.13	222495	24.57
持有至到期投资	257500	19.46	152312	16.82
应收款项类投资	627678	47.45	523427	57.81
投资证券及其他金融资产总额	1323093	100.00	905496	100.00

表3 持有金融债券的类别和金额情况一览表

（单位：人民币百万元）

项目	2016年12月31日		2015年12月31日	
	余额	占比（%）	余额	占比（%）
以公允价值计量且其变动计入当期损益的金融资产	1861	1.63	1419	2.13
可供出售金融资产	54146	47.53	47331	71.24
持有至到期投资	57920	50.84	17690	26.63
合计	113927	100.00	66440	100.00

下表4列出了本集团贷款的行业分布情况：

表4 中国光大银行贷款的行业分布情况一览表

（单位：人民币百万元）

项目	2016年12月31日		2015年12月31日	
	余额	占比（%）	余额	占比（%）
制造业	235514	21.89	246140	26.83
水利、环境和公共设施管理业	160657	14.93	70864	7.72
房地产业	126717	11.78	143428	15.64
批发和零售业	112165	10.42	123907	13.51
租赁和商业服务业	95554	8.88	54119	5.90
交通运输、仓储和邮政业	92260	8.57	75108	8.19
建筑业	62480	5.81	50084	5.46
金融业	51275	4.77	28592	3.12
电力、燃气及水的生产和供应业	34201	3.18	26349	2.87
采矿业	28473	2.65	31416	3.42
其他（注）	76678	7.12	67320	7.34
企业贷款小计	1075974	100.00	91732	100.00
零售贷款	663131	–	525020	–
贴现	56173	–	71196	–
贷款和垫款总额	1795278	–	1513543	–

注：“其他”包括农、林、牧、渔业；住宿和餐饮业；公共管理和社会组织；信息传输、计算机服务和软件业；卫生、社会保障和社会福利业；居民服务和其他服务业；科学研究、技术服务和地质勘查业；文化、体育和娱乐业；教育业等。

2016年华夏银行贷款与投资

报告期末，本集团总资产规模达到23562.35亿元，比年初增加3356.31亿元，增长16.61%，比去年同期快7.48个百分点；贷款总额12166.54亿元，比年初增加1474.82亿元，增长13.79%。

报告期末，持有至到期投资余额3455.93亿元，较年初增加1510.50亿元，增长77.64%；应收款项类投资余额1973.78亿元，较年初增加1199.18亿元，增长154.81%；存放同业款项余额1337.80亿元，较年初增加842.86亿元，增长170.30%；以上资产变动幅度较大的主要原因是本公司结合自身发展，把握市场行情，适度增加同业业务，扩大投资规模。

表1 贷款投放按行业分布情况一览表

（单位：百万元）

行业分布	年末		年初	
	账面余额	比例（%）	账面余额	比例（%）
制造业	214201	17.60	213414	19.96
批发和零售业	155962	12.82	147267	13.77
租赁和商务服务业	155004	12.74	110083	10.30
房地产业	90119	7.41	78867	7.38
建筑业	83378	6.85	84291	7.88
水利、环境和公共设施管理业	65591	5.39	42344	3.96
交通运输、仓储和邮政业	49758	4.09	50704	4.74
采矿业	33016	2.71	31930	2.99
电力、热力、燃气及水生产和供应业	32206	2.65	25366	2.37
其他对公行业	64302	5.29	52523	4.92
票据贴现	27459	2.26	31478	2.94
个人贷款	245658	20.19	200905	18.79
合计	1216654	100.00	1069172	100.00

报告期内，本集团支持实体经济发展，积极引导信贷资源对基础设施建设、民生工程、绿色信贷、战略新兴产业等重点行业、优质客户的配置，持续调整控制产能过剩、房地产、贸易融资等重点领域风险及信贷需求，行业信贷结构持续均衡增长。

二、投资状况

表2 公司持有其他上市公司发行的股票情况一览表

（单位：百万元）

证券简称	初始投资金额	占该公司股权比例（%）	期末账面价值	报告期收益
Visa Inc.	1	0.0003	1	0.03

表3 公司持有非上市金融企业、拟上市公司股权的情况一览表

（单位：百万元）

持有对象名称	初始投资金额	持股数量（百万股）	占该公司股权比例（%）	期末账面价值	报告期收益
中国银联股份有限公司	81	62.50	2.13	81	5.01
北京大兴华夏村镇银行有限责任公司	100	100	80	100	–
昆明呈贡华夏村镇银行股份有限公司	35	35	70	35	–
四川江油华夏村镇银行股份有限公司	35	35	70	35	–
华夏金融租赁有限公司	2460	2460	82	2460	–

注：本集团以上股权投资采用成本法核算，除取得投资时实际支付的价款或对价中包含的已宣告但尚未发放的现金股利或利润外，被投资单位宣告分派的现金股利或利润，确认为投资收益计入当期损益。

表4 与公允价值计量相关的项目情况一览表

（单位：百万元）

项目	期初数	本期公允价值变动损益	计入权益的累计公允价值变动	本期计提的减值	期末数
以公允价值计量且其变动计入当期损益的金融资产	11872	−182	–	–	4939
衍生金融资产	191	612	–	–	803
可供出售金融资产	73118	–	22	2	92170
金融资产合计	85181	430	22	2	97912
衍生金融负债	169	−924	–	–	1093

注：本表不存在必然的沟稽关系。

2016年金融市场运行情况

中国人民银行

2017年2月22日

2016年，债券市场发行规模增长，交易量继续增加，债券收益率曲线整体上移，市场投资者结构进一步多元化；货币市场利率中枢有所上行，交易量同比增长；互换利率震荡上行；股指先下后上，整体下跌，成交量同比下降。

一、债券发行规模同比增长，但增速有所下降

2016年，债券市场发行各类债券规模达36.1万亿元，较上年增长54.2%，增速较上年降低42.4个百分点。其中，银行间债券市场发行债券32.2万亿元，同比增长53.8%。2016年12月末，债券市场托管余额为63.7万亿元，其中银行间债券市场托管余额为56.3万亿元。

2016年，国债发行2.9万亿元，地方政府债券发行6万亿元，国家开发银行、中国进出口银行和中国农业发展银行发行债券3.4万亿元，政府支持机构发行债券2250亿元，商业银行等金融机构发行金融债券1.3万亿元，信贷资产支持证券发行3838.1亿元，同业存单发行13万亿元，公司信用类债券发行8.2万亿元，同比增长16.5%，增速较上年下降19.8个百分点。

（单位：亿元）

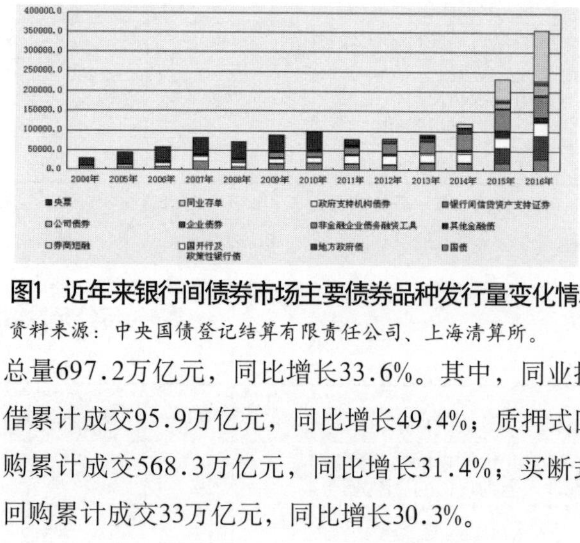

图1 近年来银行间债券市场主要债券品种发行量变化情况

资料来源：中央国债登记结算有限责任公司、上海清算所。

二、银行间市场成交量同比增长

2016年，银行间市场信用拆借、回购交易成交总量697.2万亿元，同比增长33.6%。其中，同业拆借累计成交95.9万亿元，同比增长49.4%；质押式回购累计成交568.3万亿元，同比增长31.4%；买断式回购累计成交33万亿元，同比增长30.3%。

2016年，债券市场现券交易量132.2万亿元，同比增长46.6%。其中，银行间市场现券累计成交127万亿元，日均成交5063亿元，同比增长44.1%。交易所现券累计成交5.1万亿元，日均成交207.6亿元，同比增长49%。

三、货币市场利率中枢上行，债券收益率曲线整体上移

2016年前三季度，货币市场利率窄幅震荡，同年10月下旬开始货币市场利率加快上行。2016年12月份，银行间货币市场质押式回购月加权平均利率

为2.56%，较上年同期上升61个基点。

2016年，债券市场波动加大，国债收益率曲线整体上移。同年12月末，1年、3年、5年、7年、10年期国债收益率较上年年末分别上升35个、24个、15个、16个、19个基点，10年期与1年期国债期限利差为36个基点，较年初收窄16个基点。银行间市场债券指数由上年年末的171.37点上升到年末的174.44点，升幅1.79%；交易所市场国债指数由上年年末的154.54点上升到年末的159.79点，升幅3.39%。

公司信用类债券收益率曲线大幅上行，年末5年期AAA级、AA+级和AA级企业债收益率较上年年末分别上行65个、44个和24个基点。短期、中高信用等级公司信用类债券与国开行金融债券的信用利差扩大，中长期公司信用类债券的信用利差有所收窄，3年期AAA级、AA级、A级中短期票据与国开行金融债券的信用利差较上年年末分别收窄4个、44个、27个基点。

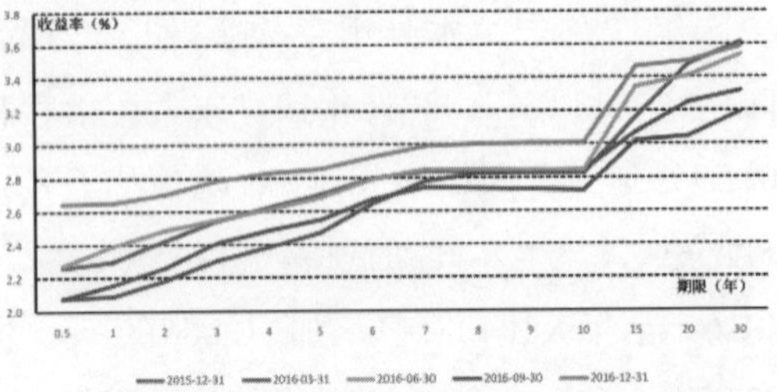

图2 2016年银行间市场国债收益率曲线变化情况

资料来源：中央国债登记结算有限责任公司。

四、投资者群体进一步丰富，投资者结构更加多元化

截至2016年年末，银行间市场各类参与主体共计14127家，较上年年末增加4491家。其中，境内法人类参与机构2329家，较上年增加235家；境内非法人类机构投资者11391家，较上年增加4151家；境外机构投资者407家，较上年增加105家。

2016年年末，存款类金融机构持有债券余额34万亿元，持债占比60.4%，较上年年末下降1.7个百分点；非法人机构投资者持债规模14.5万亿元，占比为25.7%，较上年年末提高3.5个百分点。

公司信用类债券持有者中存款类机构继续下降，存款类金融机构、非银行金融机构、非法人机构投资者和其他投资者的持有债券占比分别为28.8%、7.8%、63.4%。

五、利率衍生品交易量继续增加，互换利率震荡上行

2016年，银行间人民币利率衍生品市场累计成交9.9万亿元，同比增长13.1%。其中，普通利率互换成交名义本金额9.9万亿元，同比增长20%；标准利率互换成交8亿元，标准债券远期成交1亿元，远期利率协议成交1亿元。普通利率互换期限品种仍以短期品种为主，1年期及以下交易名义本金额占总成交量的79.3%；浮动端参考利率主要为7天回购定盘利率（FR007）占比达85.9%。

互换利率震荡上行，下半年升幅较大。2016年年末，1年期FR007互换利率为3.35%，5年期FR007互换利率为3.81%，分别较上年年末上升103和123个基点。

六、股指下跌，两市成交量下降

2016年，股票市场主要指数先下后上，整体下跌，成交量明显下降。上证综指年初开盘于3536点，一度跌至2638点，年末收于3103点，较上年年末下跌12.31%；深圳成指开盘于12650点，一度下跌至8986点，年末收于10177点，较上年年末下跌19.64%。两市全年成交额127.8万亿元，同比下降50.01%。

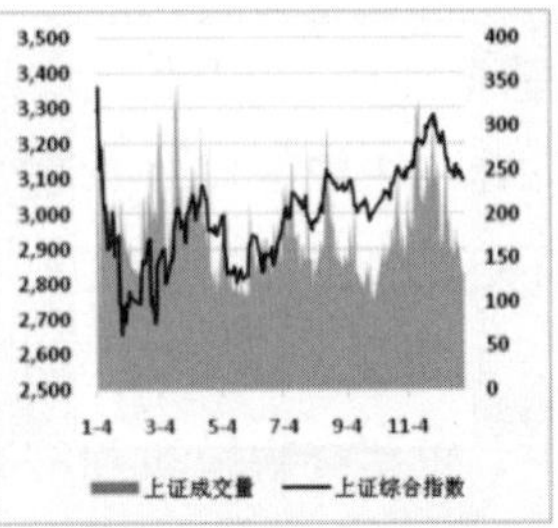

图3 2016年上交所股票成交量价走势

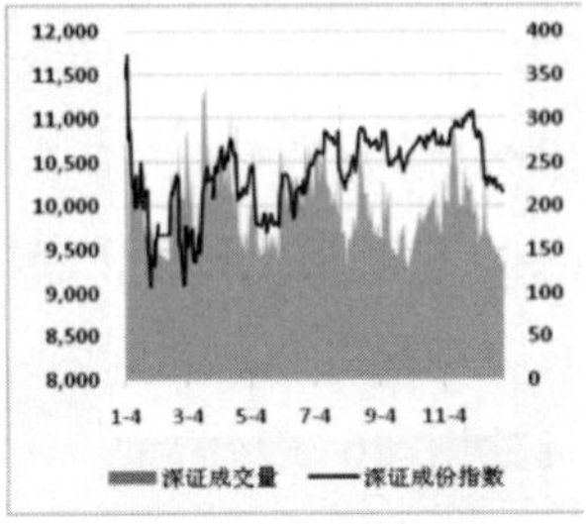

图4 2016年深交所股票成交量价走势

资料来源：上海证券交易所、深圳证券交易所。

（注：本文中的资料来源于中国证券监督管理委员会、中央国债登记结算有限责任公司、全国银行间同业拆借中心、银行间市场清算所股份有限公司、上海证券交易所和深圳证券交易所）

2016年金融统计数据报告

中国人民银行

2017年01月13日

一、广义货币增长11.3%，狭义货币增长21.4%

2016年12月末，广义货币(M2)余额155.01万亿元，同比增长11.3%，增速分别比上月末和上年同期低0.1个和2个百分点；狭义货币(M1)余额48.66万亿元，同比增长21.4%，增速比上月末低1.3个百分点，比上年同期高6.2个百分点；流通中货币(M0)余额6.83万亿元，同比增长8.1%。2016年全年净投放现金5087亿元。

二、2016年全年人民币贷款增加12.65万亿元，外币贷款减少445亿美元

2016年12月末，本外币贷款余额112.06万亿元，同比增长12.8%。2016年12月月末人民币贷款余额106.6万亿元，同比增长13.5%，增速比上月末高0.4个百分点，比上年同期低0.8个百分点。

2016年全年人民币贷款增加12.65万亿元，同比多增9257亿元。分部门看，住户部门贷款增加6.33万亿元，其中，短期贷款增加6494亿元，中长期贷款增加5.68万亿元；非金融企业及机关团体贷款增加6.1万亿元，其中，短期贷款增加7283亿元，中长期贷款增加4.18万亿元，票据融资增加8946亿元；非银行业金融机构贷款增加992亿元。2016年12月份，人民币贷款增加1.04万亿元，同比多增4466亿元。

2016年12月末，外币贷款余额7858亿美元，同比下降5.4%。全年外币贷款减少445亿美元，同比少减57亿美元。2016年12月份，外币贷款减少166亿美元，同比多减63亿美元。

三、2016年全年人民币存款增加14.88万亿元，外币存款增加845亿美元

2016年12月末，本外币存款余额155.52万亿元，同比增长11.3%。2016年12月末人民币存款余额150.59万亿元，同比增长11%，增速比上月末高0.2个百分点，比上年同期低1.4个百分点。

2016年全年人民币存款增加14.88万亿元，同比少增924亿元。其中，住户存款增加5.16万亿元，非金融企业存款增加7.25万亿元，财政性存款增加805亿元，非银行业金融机构存款减少783亿元。2016年12月份，人民币存款增加1635亿元，同比多增2005亿元。

2016年12月末，外币存款余额7119亿美元，同比增长13.5%。2016年全年外币存款增加845亿美元，同比多增678亿美元。2016年12月份，外币存款增加93亿美元，同比多增125亿美元。

四、2016年12月份银行间人民币市场同业拆借月加权平均利率为2.44%，质押式债券回购月加权平均利率为2.56%

2016年全年银行间人民币市场以拆借、现券和

回购方式合计成交824.31万亿元，日均成交3.28万亿元，日均成交比上年同期增长34.4%。其中，同业拆借、现券和质押式回购日均成交分别同比增长48.2%、45.4%和30.4%。

2016年12月当月同业拆借加权平均利率为2.44%，分别比上月和上年同期高0.11个和0.47个百分点；质押式回购加权平均利率为2.56%，分别比上月和上年同期高0.18个和0.61个百分点。

五、国家外汇储备余额3.01万亿美元

2016年12月末，国家外汇储备余额为3.01万亿美元。2016年12月末，人民币汇率为1美元兑6.9370元人民币。

六、2016年跨境贸易人民币结算业务发生5.23万亿元，直接投资人民币结算业务发生2.46万亿元

初步统计，2016年以人民币进行结算的跨境货物贸易、服务贸易及其他经常项目、对外直接投资、外商直接投资分别发生41209亿元、11066亿元、10619亿元、13988亿元。

注1：当期数据为初步数。

注2：2011年10月起，货币供应量已包括住房公积金中心存款和非存款类金融机构在存款类金融机构的存款。

注3：自2014年8月份开始，转口贸易被调整到货物贸易进行统计，货物贸易金额扩大，服务贸易金额相应减少。

注4：自2015年起，人民币、外币和本外币存款含非银行业金融机构存放款项，人民币、外币和本外币贷款含拆放给非银行业金融机构的款项。

2016年社会融资规模增量统计数据报告

中国人民银行

2017年1月12日

初步统计，2016年社会融资规模增量为17.8万亿元，比上年多2.4万亿元。其中，对实体经济发放的人民币贷款增加12.44万亿元，同比多增1.17万亿元；对实体经济发放的外币贷款折合人民币减少5640亿元，同比少减788亿元；委托贷款增加2.19万亿元，同比多增5943亿元；信托贷款增加8593亿元，同比多增8159亿元；未贴现的银行承兑汇票减少1.95万亿元，同比多减8964亿元；企业债券净融资3万亿元，同比多605亿元；非金融企业境内股票融资1.24万亿元，同比多4826亿元。2016年12月份，社会融资规模增量为1.63万亿元，分别比上月和上年同期少2068亿元和1855亿元。

从结构看，2016年对实体经济发放的人民币贷款占同期社会融资规模的69.9%，同比低3.3个百分点；对实体经济发放的外币贷款占比为-3.2%，同比高1个百分点；委托贷款占比12.3%，同比高1.9个百分点；信托贷款占比4.8%，同比高4.5个百分点；未贴现的银行承兑汇票占比为-11%，同比低4.1个百分

点；企业债券占比16.8%，同比低2.2个百分点；非金融企业境内股票融资占比7%，同比高2个百分点。

注1：社会融资规模是指实体经济(境内非金融企业和住户，下同)从金融体系获得的资金。其中，增量指标是指一定时期内(每月、每季或每年)获得的资金额；存量指标是指一定时期末(月末、季末或年末)获得的资金余额。

注2：社会融资规模统计数据来源于人民银行、国家发展改革委、证监会、保监会、中央国债登记结算有限责任公司和银行间市场交易商协会等部门。

注3：社会融资规模中的本外币贷款是指一定时期内实体经济从金融体系获得的人民币和外币贷款，不包含银行业金融机构拆放给非银行业金融机构的款项和境外贷款。

注4：2015年1月起，委托贷款统计制度进行了调整，将委托贷款划分为现金管理项下的委托贷款和一般委托贷款。社会融资规模中的委托贷款只包括由企事业单位及个人等委托人提供资金，由金融机构(即贷款人或受托人)根据委托人确定的贷款对象、用途、金额、期限、利率等向境内实体经济代为发放、监督使用并协助收回的一般委托贷款。

注5：当期数据为初步统计数，当月比上月、比上年同期的数据为可比口径数据。

2016年社会融资规模存量统计数据报告

中国人民银行

2017年1月12日

初步统计，2016年社会融资规模存量为155.99万亿元，同比增长12.8%。其中，对实体经济发放的人民币贷款余额为105.19万亿元，同比增长13.4%；对实体经济发放的外币贷款折合人民币余额为2.63万亿元，同比下降12.9%；委托贷款余额为13.2万亿元，同比增长19.8%；信托贷款余额为6.31万亿元，同比增长15.8%；未贴现的银行承兑汇票余额为3.9万亿元，同比下降33.4%；企业债券余额为17.92万亿元，同比增长22.5%；非金融企业境内股票余额为5.77万亿元，同比增长27.6%。

从结构看，2016年对实体经济发放的人民币贷款余额占同期社会融资规模存量的67.4%，同比高0.3个百分点；对实体经济发放的外币贷款余额占比1.7%，同比低0.5个百分点；委托贷款余额占比8.5%，同比高0.5个百分点；信托贷款余额占比4%，同比高0.1个百分点；未贴现的银行承兑汇票余额占比2.5%，同比低1.7个百分点；企业债券余额占比11.5%，同比高0.9个百分点；非金融企业境内股票余额占比3.7%，同比高0.4个百分点。

第九部分 投资政策法规

融资担保公司监督管理条例

国务院

2017年08月21日

第一章　总则

第一条　为了支持普惠金融发展，促进资金融通，规范融资担保公司的行为，防范风险，制定本条例。

第二条　本条例所称融资担保，是指担保人为被担保人借款、发行债券等债务融资提供担保的行为；所称融资担保公司，是指依法设立、经营融资担保业务的有限责任公司或者股份有限公司。

第三条　融资担保公司开展业务，应当遵守法律法规，审慎经营，诚实守信，不得损害国家利益、社会公共利益和他人合法权益。

第四条　省、自治区、直辖市人民政府确定的部门（以下称监督管理部门）负责对本地区融资担保公司的监督管理。

省、自治区、直辖市人民政府负责制定促进本地区融资担保行业发展的政策措施、处置融资担保公司风险，督促监督管理部门严格履行职责。

国务院建立融资性担保业务监管部际联席会议，负责拟订融资担保公司监督管理制度，协调解决融资担保公司监督管理中的重大问题，督促指导地方人民政府对融资担保公司进行监督管理和风险处置。融资性担保业务监管部际联席会议由国务院银行业监督管理机构牵头，国务院有关部门参加。

第五条　国家推动建立政府性融资担保体系，发展政府支持的融资担保公司，建立政府、银行业金融机构、融资担保公司合作机制，扩大为小微企业和农业、农村、农民提供融资担保业务的规模并保持较低的费率水平。

各级人民政府财政部门通过资本金投入、建立风险分担机制等方式，对主要为小微企业和农业、农村、农民服务的融资担保公司提供财政支持，具体办法由国务院财政部门制定。

第二章　设立、变更和终止

第六条　设立融资担保公司，应当经监督管理部门批准。

融资担保公司的名称中应当标明融资担保字样。

未经监督管理部门批准，任何单位和个人不得经营融资担保业务，任何单位不得在名称中使用融资担保字样。国家另有规定的除外。

第七条　设立融资担保公司，应当符合《中华人民共和国公司法》的规定，并具备下列条件：

（一）股东信誉良好，最近3年无重大违法违规记录；

（二）注册资本不低于人民币2000万元，且为实缴货币资本；

（三）拟任董事、监事、高级管理人员熟悉与融资担保业务相关的法律法规，具有履行职责所需的从业经验和管理能力；

（四）有健全的业务规范和风险控制等内部管理制度。

省、自治区、直辖市根据本地区经济发展水平和融资担保行业发展的实际情况，可以提高前款规定的注册资本最低限额。

第八条 申请设立融资担保公司，应当向监督管理部门提交申请书和证明其符合本条例第七条规定条件的材料。

监督管理部门应当自受理申请之日起30日内作出批准或者不予批准的决定。决定批准的，颁发融资担保业务经营许可证；不予批准的，书面通知申请人并说明理由。

经批准设立的融资担保公司由监督管理部门予以公告。

第九条 融资担保公司合并、分立或者减少注册资本，应当经监督管理部门批准。

融资担保公司在住所地所在省、自治区、直辖市范围内设立分支机构，变更名称，变更持有5%以上股权的股东或者变更董事、监事、高级管理人员，应当自分支机构设立之日起或者变更相关事项之日起30日内向监督管理部门备案；变更后的相关事项应当符合本条例第六条第二款、第七条的规定。

第十条 融资担保公司跨省、自治区、直辖市设立分支机构，应当具备下列条件，并经拟设分支机构所在地监督管理部门批准：

（一）注册资本不低于人民币10亿元；

（二）经营融资担保业务3年以上，且最近2个会计年度连续盈利；

（三）最近2年无重大违法违规记录。

拟设分支机构所在地监督管理部门审批的程序和期限，适用本条例第八条的规定。

融资担保公司应当自分支机构设立之日起30日内，将有关情况报告公司住所地监督管理部门。

融资担保公司跨省、自治区、直辖市设立的分支机构的日常监督管理，由分支机构所在地监督管理部门负责，融资担保公司住所地监督管理部门应当予以配合。

第十一条 融资担保公司解散的，应当依法成立清算组进行清算，并对未到期融资担保责任的承接作出明确安排。清算过程应当接受监督管理部门的监督。

融资担保公司解散或者被依法宣告破产的，应当将融资担保业务经营许可证交监督管理部门注销，并由监督管理部门予以公告。

第三章 经营规则

第十二条 除经营借款担保、发行债券担保等融资担保业务外，经营稳健、财务状况良好的融资担保公司还可以经营投标担保、工程履约担保、诉讼保全担保等非融资担保业务以及与担保业务有关的咨询等服务业务。

第十三条 融资担保公司应当按照审慎经营原则，建立健全融资担保项目评审、担保后管理、代偿责任追偿等方面的业务规范以及风险管理等内部控制制度。

政府支持的融资担保公司应当增强运用大数据等现代信息技术手段的能力，为小微企业和农业、农村、农民的融资需求服务。

第十四条 融资担保公司应当按照国家规定的风险权重，计量担保责任余额。

第十五条 融资担保公司的担保责任余额不得超过其净资产的10倍。

对主要为小微企业和农业、农村、农民服务的融资担保公司，前款规定的倍数上限可以提高至15倍。

第十六条 融资担保公司对同一被担保人的担保责任余额与融资担保公司净资产的比例不得超过10%，对同一被担保人及其关联方的担保责任余额与融资担保公司净资产的比例不得超过15%。

第十七条 融资担保公司不得为其控股股东、实际控制人提供融资担保，为其他关联方提供融资担保的条件不得优于为非关联方提供同类担保的条件。

融资担保公司为关联方提供融资担保的，应当自提供担保之日起30日内向监督管理部门报告，并在会计报表附注中予以披露。

第十八条 融资担保公司应当按照国家有关规定提取相应的准备金。

第十九条 融资担保费率由融资担保公司与被担保人协商确定。

纳入政府推动建立的融资担保风险分担机制的

融资担保公司，应当按照国家有关规定降低对小微企业和农业、农村、农民的融资担保费率。

第二十条 被担保人或者第三人以抵押、质押方式向融资担保公司提供反担保，依法需要办理登记的，有关登记机关应当依法予以办理。

第二十一条 融资担保公司有权要求被担保人提供与融资担保有关的业务活动和财务状况等信息。

融资担保公司应当向被担保人的债权人提供与融资担保有关的业务活动和财务状况等信息。

第二十二条 融资担保公司自有资金的运用，应当符合国家有关融资担保公司资产安全性、流动性的规定。

第二十三条融资担保公司不得从事下列活动：

（一）吸收存款或者变相吸收存款；

（二）自营贷款或者受托贷款；

（三）受托投资。

第四章　监督管理

第二十四条 监督管理部门应当建立健全监督管理工作制度，运用大数据等现代信息技术手段实时监测风险，加强对融资担保公司的非现场监管和现场检查，并与有关部门建立监督管理协调机制和信息共享机制。

第二十五条 监督管理部门应当根据融资担保公司的经营规模、主要服务对象、内部管理水平、风险状况等，对融资担保公司实施分类监督管理。

第二十六条 监督管理部门应当按照国家有关融资担保统计制度的要求，向本级人民政府和国务院银行业监督管理机构报送本地区融资担保公司统计数据。

第二十七条 监督管理部门应当分析评估本地区融资担保行业发展和监督管理情况，按年度向本级人民政府和国务院银行业监督管理机构报告，并向社会公布。

第二十八条 监督管理部门进行现场检查，可以采取下列措施：

（一）进入融资担保公司进行检查；

（二）询问融资担保公司的工作人员，要求其对有关检查事项作出说明；

（三）检查融资担保公司的计算机信息管理系统；

（四）查阅、复制与检查事项有关的文件、资料，对可能被转移、隐匿或者毁损的文件、资料、电子设备予以封存。

进行现场检查，应当经监督管理部门负责人批准。检查人员不得少于2人，并应当出示合法证件和检查通知书。

第二十九条 监督管理部门根据履行职责的需要，可以与融资担保公司的董事、监事、高级管理人员进行监督管理谈话，要求其就融资担保公司业务活动和风险管理的重大事项作出说明。

监督管理部门可以向被担保人的债权人通报融资担保公司的违法违规行为或者风险情况。

第三十条 监督管理部门发现融资担保公司的经营活动可能形成重大风险的，经监督管理部门主要负责人批准，可以区别情形，采取下列措施：

（一）责令其暂停部分业务；

（二）限制其自有资金运用的规模和方式；

（三）责令其停止增设分支机构。

融资担保公司应当及时采取措施，消除重大风险隐患，并向监督管理部门报告有关情况。经监督管理部门验收，确认重大风险隐患已经消除的，监督管理部门应当自验收完毕之日起3日内解除前款规定的措施。

第三十一条 融资担保公司应当按照要求向监督管理部门报送经营报告、财务报告以及注册会计师出具的年度审计报告等文件和资料。

融资担保公司跨省、自治区、直辖市开展业务的，应当按季度向住所地监督管理部门和业务发生地监督管理部门报告业务开展情况。

第三十二条 融资担保公司对监督管理部门依法实施的监督检查应当予以配合，不得拒绝、阻碍。

第三十三条 监督管理部门应当建立健全融资担保公司信用记录制度。融资担保公司信用记录纳入全国信用信息共享平台。

第三十四条　监督管理部门应当会同有关部门建立融资担保公司重大风险事件的预警、防范和处置机制，制定融资担保公司重大风险事件应急预案。

融资担保公司发生重大风险事件的，应当立即采取应急措施，并及时向监督管理部门报告。监督管理部门应当及时处置，并向本级人民政府、国务院银行业监督管理机构和中国人民银行报告。

第三十五条　监督管理部门及其工作人员对监督管理工作中知悉的商业秘密，应当予以保密。

第五章　法律责任

第三十六条　违反本条例规定，未经批准擅自设立融资担保公司或者经营融资担保业务的，由监督管理部门予以取缔或者责令停止经营，处50万元以上100万元以下的罚款，有违法所得的，没收违法所得；构成犯罪的，依法追究刑事责任。

违反本条例规定，未经批准在名称中使用融资担保字样的，由监督管理部门责令限期改正；逾期不改正的，处5万元以上10万元以下的罚款，有违法所得的，没收违法所得。

第三十七条　融资担保公司有下列情形之一的，由监督管理部门责令限期改正，处10万元以上50万元以下的罚款，有违法所得的，没收违法所得；逾期不改正的，责令停业整顿，情节严重的，吊销其融资担保业务经营许可证：

（一）未经批准合并或者分立；

（二）未经批准减少注册资本；

（三）未经批准跨省、自治区、直辖市设立分支机构。

第三十八条　融资担保公司变更相关事项，未按照本条例规定备案，或者变更后的相关事项不符合本条例规定的，由监督管理部门责令限期改正；逾期不改正的，处5万元以上10万元以下的罚款，情节严重的，责令停业整顿。

第三十九条　融资担保公司受托投资的，由监督管理部门责令限期改正，处50万元以上100万元以下的罚款，有违法所得的，没收违法所得；逾期不改正的，责令停业整顿，情节严重的，吊销其融资担保业务经营许可证。

融资担保公司吸收公众存款或者变相吸收公众存款、从事自营贷款或者受托贷款的，依照有关法律、行政法规予以处罚。

第四十条　融资担保公司有下列情形之一的，由监督管理部门责令限期改正；逾期不改正的，处10万元以上50万元以下的罚款，有违法所得的，没收违法所得，并可以责令停业整顿，情节严重的，吊销其融资担保业务经营许可证：

（一）担保责任余额与其净资产的比例不符合规定；

（二）为控股股东、实际控制人提供融资担保，或者为其他关联方提供融资担保的条件优于为非关联方提供同类担保的条件；

（三）未按照规定提取相应的准备金；

（四）自有资金的运用不符合国家有关融资担保公司资产安全性、流动性的规定。

第四十一条　融资担保公司未按照要求向监督管理部门报送经营报告、财务报告、年度审计报告等文件、资料或者业务开展情况，或者未报告其发生的重大风险事件的，由监督管理部门责令限期改正，处5万元以上20万元以下的罚款；逾期不改正的，责令停业整顿，情节严重的，吊销其融资担保业务经营许可证。

第四十二条　融资担保公司有下列情形之一的，由监督管理部门责令限期改正，处20万元以上50万元以下的罚款；逾期不改正的，责令停业整顿，情节严重的，吊销其融资担保业务经营许可证；构成违反治安管理行为的，依照《中华人民共和国治安管理处罚法》予以处罚；构成犯罪的，依法追究刑事责任：

（一）拒绝、阻碍监督管理部门依法实施监督检查；

（二）向监督管理部门提供虚假的经营报告、

财务报告、年度审计报告等文件、资料；

（三）拒绝执行监督管理部门依照本条例第三十条第一款规定采取的措施。

第四十三条 依照本条例规定对融资担保公司处以罚款的，根据具体情形，可以同时对负有直接责任的董事、监事、高级管理人员处5万元以下的罚款。

融资担保公司违反本条例规定，情节严重的，监督管理部门对负有直接责任的董事、监事、高级管理人员，可以禁止其在一定期限内担任或者终身禁止其担任融资担保公司的董事、监事、高级管理人员。

第四十四条 监督管理部门的工作人员在融资担保公司监督管理工作中滥用职权、玩忽职守、徇私舞弊的，依法给予处分；构成犯罪的，依法追究刑事责任。

第六章 附　　则

第四十五条 融资担保行业组织依照法律法规和章程的规定，发挥服务、协调和行业自律作用，引导融资担保公司依法经营，公平竞争。

第四十六条 政府性基金或者政府部门为促进就业创业等直接设立运营机构开展融资担保业务，按照国家有关规定执行。

农村互助式融资担保组织开展担保业务、林业经营主体间开展林权收储担保业务，不适用本条例。

第四十七条 融资再担保公司的管理办法，由国务院银行业监督管理机构会同国务院有关部门另行制定，报国务院批准。

第四十八条 本条例施行前设立的融资担保公司，不符合本条例规定条件的，应当在监督管理部门规定的期限内达到本条例规定的条件；逾期仍不符合规定条件的，不得开展新的融资担保业务。

第四十九条 本条例自2017年10月1日起施行。

食盐专营办法

国务院

2017年12月26日

第一章 总则

第一条 为了加强对食盐的管理，保障食盐科学加碘工作的有效实施，确保食盐质量安全和供应安全，保护公民的身体健康，制定本办法。

第二条 国家实行食盐专营管理。

本办法所称食盐，是指直接食用和制作食品所用的盐。

第三条 本办法适用于中华人民共和国境内的食盐生产、销售和储备活动。

第四条 国务院盐业主管部门主管全国盐业工作，负责管理全国食盐专营工作。县级以上地方人民政府确定的盐业主管部门负责管理本行政区域的食盐专营工作。

国务院食品药品监督管理部门负责全国食盐质

量安全监督管理。县级以上地方人民政府确定的食盐质量安全监督管理部门负责本行政区域的食盐质量安全监督管理。

第五条　盐业主管部门应当加强对工业用盐等非食用盐的管理，防止非食用盐流入食盐市场。

第六条　国务院盐业主管部门应当会同有关部门加强对食盐生产、批发企业及其董事、监事、高级管理人员的信用管理，建立健全信用信息记录、公示制度，提高食盐行业信用水平。

第七条　依法成立的盐业行业组织依照法律、行政法规和章程，保护企业合法权益，加强行业自律，促进企业守法、诚信经营，引导企业公平竞争。

第二章　食盐生产

第八条　国家实行食盐定点生产制度。非食盐定点生产企业不得生产食盐。

第九条　省、自治区、直辖市人民政府盐业主管部门按照统一规划、合理布局的要求审批确定食盐定点生产企业，颁发食盐定点生产企业证书，及时向社会公布食盐定点生产企业名单，并报国务院盐业主管部门备案。

第十条　食盐定点生产企业和非食用盐生产企业应当建立生产销售记录制度，如实记录并保存相关凭证。记录和凭证保存期限不得少于2年。

食盐应当按照规定在外包装上作出标识，非食用盐的包装、标识应当明显区别于食盐。

第十一条　禁止利用井矿盐卤水熬制食盐。

第三章　食盐销售

第十二条　国家实行食盐定点批发制度。非食盐定点批发企业不得经营食盐批发业务。

第十三条　省、自治区、直辖市人民政府盐业主管部门按照统一规划、合理布局的要求审批确定食盐定点批发企业，颁发食盐定点批发企业证书，及时向社会公布食盐定点批发企业名单，并报国务院盐业主管部门备案。

食盐定点生产企业申请经营食盐批发业务的，省、自治区、直辖市人民政府盐业主管部门应当确定其为食盐定点批发企业并颁发食盐定点批发企业证书。

第十四条　食盐定点批发企业应当从食盐定点生产企业或者其他食盐定点批发企业购进食盐，在国家规定的范围内销售。

食盐定点批发企业在国家规定的范围内销售食盐，任何单位或者个人不得阻止或者限制。

第十五条　食盐定点批发企业应当建立采购销售记录制度，如实记录并保存相关凭证。记录和凭证保存期限不得少于2年。

第十六条　食盐零售单位应当从食盐定点批发企业购进食盐。

第十七条　食盐价格由经营者自主确定。

县级以上地方人民政府价格主管部门应当加强对食盐零售价格的市场日常监测。当食盐价格显著上涨或者有可能显著上涨时，省、自治区、直辖市人民政府可以依法采取价格干预或者其他应急措施。

第十八条　县级以上地方人民政府应当根据实际情况，采取必要措施，保障边远地区和民族地区的食盐供应。

第十九条　禁止销售不符合食品安全标准的食盐。

禁止将下列产品作为食盐销售：

（一）液体盐（含天然卤水）；

（二）工业用盐和其他非食用盐；

（三）利用盐土、硝土或者工业废渣、废液制作的盐；

（四）利用井矿盐卤水熬制的盐；

（五）外包装上无标识或者标识不符合国家有关规定的盐。

第四章　食盐的储备和应急管理

第二十条　省、自治区、直辖市人民政府盐业主管部门应当根据本行政区域食盐供需情况，建立健全食盐储备制度，承担政府食盐储备责任。

第二十一条　食盐定点生产企业和食盐定点批

发企业应当按照食盐储备制度要求，承担企业食盐储备责任，保持食盐的合理库存。

第二十二条 盐业主管部门应当会同有关部门制定食盐供应应急预案，在发生突发事件时协调、保障食盐供应。

第五章 监督管理

第二十三条 盐业主管部门依法履行监督检查职责，可以采取下列措施：

（一）向有关单位和个人了解情况；

（二）查阅或者复制有关合同、票据、账簿、购销记录及其他有关资料；

（三）查封、扣押与涉嫌盐业违法行为有关的食盐及原材料，以及用于违法生产或者销售食盐的工具、设备；

（四）查封涉嫌违法生产或者销售食盐的场所。

采取前款第三项、第四项规定的措施，应当向盐业主管部门主要负责人书面报告，并经批准。

盐业主管部门调查涉嫌盐业违法行为，应当遵守《中华人民共和国行政强制法》和其他有关法律、行政法规的规定。

第二十四条 盐业主管部门、食盐质量安全监督管理部门应当各司其职，加强协作，相互配合，通过政务信息系统等实现信息共享，建立健全行政执法协作配合制度。

盐业主管部门、食盐质量安全监督管理部门在监督管理工作中发现依法不属于本部门处理权限的涉嫌违法行为，应当及时移交有权处理的部门；有权处理的部门应当依法及时处理，并及时反馈处理结果。

第二十五条 盐业主管部门、食盐质量安全监督管理部门应当向社会公布本部门的联系方式，方便公众举报违法行为。

盐业主管部门、食盐质量安全监督管理部门接到举报，应当及时依法调查处理。对实名举报，盐业主管部门、食盐质量安全监督管理部门应当为举报人保密，并将处理结果告知举报人。

第六章 法律责任

第二十六条 有下列情形之一的，由县级以上地方人民政府盐业主管部门予以取缔，没收违法生产经营的食盐和违法所得。违法生产经营的食盐货值金额不足1万元的，可以处5万元以下的罚款；货值金额1万元以上的，并处货值金额5倍以上10倍以下的罚款：

（一）非食盐定点生产企业生产食盐；

（二）非食盐定点批发企业经营食盐批发业务。

第二十七条 有下列情形之一的，由县级以上地方人民政府盐业主管部门责令改正，处5000元以上5万元以下的罚款；情节严重的，责令停产停业整顿，直至吊销食盐定点生产、食盐定点批发企业证书：

（一）食盐定点生产企业、非食用盐生产企业未按照本办法规定保存生产销售记录；

（二）食盐定点批发企业未按照本办法规定保存采购销售记录；

（三）食盐定点批发企业超出国家规定的范围销售食盐；

（四）将非食用盐产品作为食盐销售。

第二十八条 有下列情形之一的，由县级以上地方人民政府盐业主管部门责令改正，没收违法购进的食盐，可以处违法购进的食盐货值金额3倍以下的罚款：

（一）食盐定点批发企业从除食盐定点生产企业、其他食盐定点批发企业以外的单位或者个人购进食盐；

（二）食盐零售单位从食盐定点批发企业以外的单位或者个人购进食盐。

第二十九条 未按照本办法第十条的规定作出标识的，由有关主管部门依据职责分工，责令改正，可以处5万元以下的罚款。

第三十条 经营者的行为违反本办法的规定同时违反《中华人民共和国食品安全法》的，由县级以上地方人民政府食盐质量安全监督管理部门依照《中华人民共和国食品安全法》进行处罚。

第三十一条 食盐定点生产企业、食盐定点批发企业违反本办法的规定，被处以吊销食盐定点生产、食盐定点批发企业证书行政处罚的，其法定代表人、直接负责的主管人员和其他直接责任人员自处罚决定作出之日起5年内不得从事食盐生产经营管理活动，不得担任食盐定点生产企业、食盐定点批发企业的董事、监事或者高级管理人员。

食盐定点生产企业、食盐定点批发企业违反前款规定聘用人员的，由盐业主管部门责令改正；拒不改正的，吊销其食盐定点生产、食盐定点批发企业证书。

第三十二条 违反本办法的规定，构成违反治安管理行为的，依法给予治安管理处罚；构成犯罪的，依法追究刑事责任。

第三十三条 盐业主管部门以及其他有关部门的工作人员滥用职权、玩忽职守、徇私舞弊，构成犯罪的，依法追究刑事责任；尚不构成犯罪的，依法给予处分。

第七章 附则

第三十四条 除本办法的规定外，食盐质量安全监督管理、食盐加碘工作还应当依照有关法律、行政法规的规定执行。

第三十五条 渔业、畜牧用盐管理办法，由国务院盐业主管部门会同国务院农业行政主管部门另行制定。

第三十六条 本办法自公布之日起施行。1990年3月2日国务院发布的《盐业管理条例》同时废止。

企业境外投资管理办法

国家发展和改革委员会

2017年12月26日

第一章 总则

第一条 为加强境外投资宏观指导，优化境外投资综合服务，完善境外投资全程监管，促进境外投资持续健康发展，维护我国国家利益和国家安全，根据《中华人民共和国行政许可法》《国务院关于投资体制改革的决定》《国务院对确需保留的行政审批项目设定行政许可的决定》等法律法规，制定本办法。

第二条 本办法所称境外投资，是指中华人民共和国境内企业（以下称“投资主体”）直接或通过其控制的境外企业，以投入资产、权益或提供融资、担保等方式，获得境外所有权、控制权、经营管理权及其他相关权益的投资活动。

前款所称投资活动，主要包括但不限于下列情形：

(一)获得境外土地所有权、使用权等权益；

(二)获得境外自然资源勘探、开发特许权等权益；

(三)获得境外基础设施所有权、经营管理权等权益；

(四)获得境外企业或资产所有权、经营管理权等权益；

(五)新建或改扩建境外固定资产；

(六)新建境外企业或向既有境外企业增加投资；

(七)新设或参股境外股权投资基金；

(八)通过协议、信托等方式控制境外企业或资产。

本办法所称企业，包括各种类型的非金融企业和金融企业。

本办法所称控制，是指直接或间接拥有企业半数以上表决权，或虽不拥有半数以上表决权，但能够支配企业的经营、财务、人事、技术等重要事项。

第三条 投资主体依法享有境外投资自主权，自主决策、自担风险。

第四条 投资主体开展境外投资，应当履行境外投资项目（以下称“项目”）核准、备案等手续，报告有关信息，配合监督检查。

第五条 投资主体开展境外投资，不得违反我国法律法规，不得威胁或损害我国国家利益和国家安全。

第六条 国家发展和改革委员会（以下称“国家发展改革委”）在国务院规定的职责范围内，履行境外投资主管部门职责，根据维护我国国家利益和国家安全的需要，对境外投资进行宏观指导、综合服务和全程监管。

第七条 国家发展改革委建立境外投资管理和服务网络系统（以下称“网络系统”）。投资主体可以通过网络系统履行核准和备案手续、报告有关信息；涉及国家秘密或不适宜使用网络系统的事项，投资主体可以另行使用纸质材料提交。网络系统操作指南由国家发展改革委发布。

第二章　境外投资指导和服务

第八条 投资主体可以就境外投资向国家发展改革委咨询政策和信息、反映情况和问题、提出意见和建议。

第九条 国家发展改革委在国务院规定的职责范围内，会同有关部门根据国民经济和社会发展需要制定完善相关领域专项规划及产业政策，为投资主体开展境外投资提供宏观指导。

第十条 国家发展改革委在国务院规定的职责范围内，会同有关部门加强国际投资形势分析，发布境外投资有关数据、情况等信息，为投资主体提供信息服务。

第十一条 国家发展改革委在国务院规定的职责范围内，会同有关部门参与国际投资规则制定，建立健全投资合作机制，加强政策交流和协调，推动有关国家和地区为我国企业开展投资提供公平环境。

第十二条 国家发展改革委在国务院规定的职责范围内，推动海外利益安全保护体系和能力建设，指导投资主体防范和应对重大风险，维护我国企业合法权益。

第三章　境外投资项目核准和备案

第一节 核准、备案的范围

第十三条 实行核准管理的范围是投资主体直接或通过其控制的境外企业开展的敏感类项目。核准机关是国家发展改革委。

本办法所称敏感类项目包括：

(一)涉及敏感国家和地区的项目；

(二)涉及敏感行业的项目。

本办法所称敏感国家和地区包括：

(一)与我国未建交的国家和地区；

(二)发生战争、内乱的国家和地区；

(三)根据我国缔结或参加的国际条约、协定等，需要限制企业对其投资的国家和地区；

(四)其他敏感国家和地区。

本办法所称敏感行业包括：

(一)武器装备的研制生产维修；

(二)跨境水资源开发利用；

(三)新闻传媒；

(四)根据我国法律法规和有关调控政策，需要限制企业境外投资的行业。

敏感行业目录由国家发展改革委发布。

第十四条 实行备案管理的范围是投资主体直接

开展的非敏感类项目，也即涉及投资主体直接投入资产、权益或提供融资、担保的非敏感类项目。

实行备案管理的项目中，投资主体是中央管理企业（含中央管理金融企业、国务院或国务院所属机构直接管理的企业，下同）的，备案机关是国家发展改革委；投资主体是地方企业，且中方投资额3亿美元及以上的，备案机关是国家发展改革委；投资主体是地方企业，且中方投资额3亿美元以下的，备案机关是投资主体注册地的省级政府发展改革部门。

本办法所称非敏感类项目，是指不涉及敏感国家和地区且不涉及敏感行业的项目。

本办法所称中方投资额，是指投资主体直接以及通过其控制的境外企业为项目投入的货币、证券、实物、技术、知识产权、股权、债权等资产、权益以及提供融资、担保的总额。

本办法所称省级政府发展改革部门，包括各省、自治区、直辖市及计划单列市人民政府发展改革部门和新疆生产建设兵团发展改革部门。

第十五条 投资主体可以向核准、备案机关咨询拟开展的项目是否属于核准、备案范围，核准、备案机关应当及时予以告知。

第十六条 两个以上投资主体共同开展的项目，应当由投资额较大一方在征求其他投资方书面同意后提出核准、备案申请。如各方投资额相等，应当协商一致后由其中一方提出核准、备案申请。

第十七条 对项目所需前期费用（包括履约保证金、保函手续费、中介服务费、资源勘探费等）规模较大的，投资主体可以参照本办法第十三条、第十四条规定对项目前期费用提出核准、备案申请。经核准或备案的项目前期费用计入项目中方投资额。

第二节 核准的程序和时限

第十八条 实行核准管理的项目，投资主体应当通过网络系统向核准机关提交项目申请报告并附具有关文件。其中，投资主体是中央管理企业的，由其集团公司或总公司向核准机关提交；投资主体是地方企业的，由其直接向核准机关提交。

第十九条 项目申请报告应当包括以下内容：

(一)投资主体情况；

(二)项目情况，包括项目名称、投资目的地、主要内容和规模、中方投资额等；

(三)项目对我国国家利益和国家安全的影响分析；

(四)投资主体关于项目真实性的声明。

项目申请报告的通用文本以及应当附具的文件（以下称“附件”）清单由国家发展改革委发布。

第二十条 项目申请报告可以由投资主体自行编写，也可以由投资主体自主委托具有相关经验和能力的中介服务机构编写。

第二十一条 项目申请报告和附件齐全、符合法定形式的，核准机关应当予以受理。

项目申请报告或附件不齐全、不符合法定形式的，核准机关应当在收到项目申请报告之日起 5 个工作日内一次性告知投资主体需要补正的内容。逾期不告知的，自收到项目申请报告之日起即为受理。

核准机关受理或不予受理项目申请报告，都应当通过网络系统告知投资主体。投资主体需要受理或不予受理凭证的，可以通过网络系统自行打印或要求核准机关出具。

第二十二条 项目涉及有关部门职责的，核准机关应当商请有关部门在7个工作日内出具书面审查意见。有关部门逾期没有反馈书面审查意见的，视为同意。

第二十三条 核准机关在受理项目申请报告后，如确有必要，应当在4个工作日内委托咨询机构进行评估。除项目情况复杂的，评估时限不得超过30个工作日。项目情况复杂的，经核准机关同意，可以延长评估时限，但延长的时限不得超过60个工作日。

核准机关应当将咨询机构进行评估所需的时间告知投资主体。

接受委托的咨询机构应当在规定时限内提出评估报告，并对评估结论承担责任。

评估费用由核准机关承担，咨询机构及其工作人员不得收取投资主体任何费用。

第二十四条 核准机关可以结合有关单位意见、评估意见等，建议投资主体对项目申请报告有关内容进行调整，或要求投资主体对有关情况或材料作进一步澄清、补充。

第二十五条 核准机关应当在受理项目申请报告后 20 个工作日内作出是否予以核准的决定。项目情况复杂或需要征求有关单位意见的，经核准机关负责人批准，可以延长核准时限，但延长的核准时限不得超过10个工作日，并应当将延长时限的理由告知投资主体。

前款规定的核准时限，包括征求有关单位意见的时间，不包括咨询机构评估的时间。

第二十六条 核准机关对项目予以核准的条件为：

(一)不违反我国法律法规；

(二)不违反我国有关发展规划、宏观调控政策、产业政策和对外开放政策；

(三)不违反我国缔结或参加的国际条约、协定；

(四)不威胁、不损害我国国家利益和国家安全。

第二十七条 对符合核准条件的项目，核准机关应当予以核准，并向投资主体出具书面核准文件。

对不符合核准条件的项目，核准机关应当出具不予核准书面通知，并说明不予核准的理由。

第二十八条 项目违反有关法律法规、违反有关规划或政策、违反有关国际条约或协定、威胁或损害我国国家利益和国家安全的，核准机关可以不经过征求意见、委托评估等程序，直接作出不予核准的决定。

第三节 备案的程序和时限

第二十九条 实行备案管理的项目，投资主体应当通过网络系统向备案机关提交项目备案表并附具有关文件。其中，投资主体是中央管理企业的，由其集团公司或总公司向备案机关提交；投资主体是地方企业的，由其直接向备案机关提交。

项目备案表格式文本及附件清单由国家发展改革委发布。

第三十条 项目备案表和附件齐全、符合法定形式的，备案机关应当予以受理。

项目备案表或附件不齐全、项目备案表或附件不符合法定形式、项目不属于备案管理范围、项目不属于备案机关管理权限的，备案机关应当在收到项目备案表之日起5个工作日内一次性告知投资主体。逾期不告知的，自收到项目备案表之日起即为受理。

备案机关受理或不予受理项目备案表，都应当通过网络系统告知投资主体。投资主体需要受理或不予受理凭证的，可以通过网络系统自行打印或要求备案机关出具。

第三十一条 备案机关在受理项目备案表之日起7个工作日内向投资主体出具备案通知书。

备案机关发现项目违反有关法律法规、违反有关规划或政策、违反有关国际条约或协定、威胁或损害我国国家利益和国家安全的，应当在受理项目备案表之日起7个工作日内向投资主体出具不予备案书面通知，并说明不予备案的理由。

第四节 核准、备案的效力、变更和延期

第三十二条 属于核准、备案管理范围的项目，投资主体应当在项目实施前取得项目核准文件或备案通知书。

本办法所称项目实施前，是指投资主体或其控制的境外企业为项目投入资产、权益（已按照本办法第十七条办理核准、备案的项目前期费用除外）或提供融资、担保之前。

第三十三条 属于核准、备案管理范围的项目，投资主体未取得有效核准文件或备案通知书的，外汇管理、海关等有关部门依法不予办理相关手续，金融企业依法不予办理相关资金结算和融资业务。

第三十四条 已核准、备案的项目，发生下列情

形之一的，投资主体应当在有关情形发生前向出具该项目核准文件或备案通知书的机关提出变更申请：

(一)投资主体增加或减少；

(二)投资地点发生重大变化；

(三)主要内容和规模发生重大变化；

(四)中方投资额变化幅度达到或超过原核准、备案金额的20%，或中方投资额变化1亿美元及以上；

(五)需要对项目核准文件或备案通知书有关内容进行重大调整的其他情形。

核准机关应当在受理变更申请之日起20个工作日内作出是否同意变更核准的书面决定。备案机关应当在受理变更申请之日起7个工作日内作出是否同意变更备案的书面决定。

第三十五条　核准文件、备案通知书有效期2年。确需延长有效期的，投资主体应当在有效期届满的30个工作日前向出具该项目核准文件或备案通知书的机关提出延长有效期的申请。

核准机关应当在受理延期申请之日起20个工作日内作出是否同意延长核准文件有效期的书面决定。备案机关应当在受理延期申请之日起7个工作日内作出是否同意延长备案通知书有效期的书面决定。

第三十六条　核准、备案机关应当依法履行职责，严格按照规定权限、程序、时限等要求实施核准、备案行为，提高行政效能，提供优质服务。

第三十七条　对核准、备案机关实施的核准、备案行为，相关利害关系人有权依法申请行政复议或提起行政诉讼。

第三十八条　对不符合本办法规定条件的项目予以核准、备案，或违反本办法规定权限和程序予以核准、备案的，应当依法予以撤销。

第三十九条　核准、备案机关应当按照《政府信息公开条例》规定将核准、备案有关信息予以公开。

第四章　境外投资监管

第四十条　国家发展改革委和省级政府发展改革部门根据境外投资有关法律法规和政策，按照本办法第十三条、第十四条规定的分工，联合同级政府有关部门建立协同监管机制，通过在线监测、约谈函询、抽查核实等方式对境外投资进行监督检查，对违法违规行为予以处理。

第四十一条　倡导投资主体创新境外投资方式、坚持诚信经营原则、避免不当竞争行为、保障员工合法权益、尊重当地公序良俗、履行必要社会责任、注重生态环境保护、树立中国投资者良好形象。

第四十二条　投资主体通过其控制的境外企业开展大额非敏感类项目的，投资主体应当在项目实施前通过网络系统提交大额非敏感类项目情况报告表，将有关信息告知国家发展改革委。

投资主体提交的大额非敏感类项目情况报告表内容不完整的，国家发展改革委应当在收到之日起5个工作日内一次性告知投资主体需要补正的内容。逾期不告知的，视作内容完整。大额非敏感类项目情况报告表格式文本由国家发展改革委发布。

本办法所称大额非敏感类项目，是指中方投资额3亿美元及以上的非敏感类项目。

第四十三条　境外投资过程中发生外派人员重大伤亡、境外资产重大损失、损害我国与有关国家外交关系等重大不利情况的，投资主体应当在有关情况发生之日起5个工作日内通过网络系统提交重大不利情况报告表。重大不利情况报告表格式文本由国家发展改革委发布。

第四十四条　属于核准、备案管理范围的项目，投资主体应当在项目完成之日起20个工作日内通过网络系统提交项目完成情况报告表。项目完成情况报告表格式文本由国家发展改革委发布。

前款所称项目完成，是指项目所属的建设工程竣工、投资标的股权或资产交割、中方投资额支出完毕等情形。

第四十五条　国家发展改革委、省级政府发展改革部门可以就境外投资过程中的重大事项向投资主体发出重大事项问询函。

投资主体应当按照重大事项问询函载明的问询事项和时限要求提交书面报告。

国家发展改革委、省级政府发展改革部门认为确有必要的，可以公示重大事项问询函及投资主体提交的书面报告。

第四十六条 投资主体按照本办法第四十二条、第四十三条、第四十四条、第四十五条规定提交有关报告表或书面报告后，需要凭证的，可以通过网络系统自行打印提交完成凭证。

第四十七条 国家发展改革委、省级政府发展改革部门可以根据其掌握的国际国内经济社会运行情况和风险状况，向投资主体或利益相关方发出风险提示，供投资主体或利益相关方参考。

第四十八条 投资主体应当对自身通过网络系统和线下提交的各类材料的真实性、合法性、完整性负责，不得有虚假、误导性陈述和重大遗漏。

第四十九条 有关部门和单位、驻外使领馆等发现企业违反本办法规定的，可以告知核准、备案机关。公民、法人或其他组织发现企业违反本办法规定的，可以据实向核准、备案机关举报。

国家发展改革委建立境外投资违法违规行为记录，公布并更新企业违反本办法规定的行为及相应的处罚措施，将有关信息纳入全国信用信息共享平台、国家企业信用信息公示系统、“信用中国”网站等进行公示，会同有关部门和单位实施联合惩戒。

第五章　法律责任

第五十条 国家发展改革委工作人员有下列行为之一的，责令其限期改正，并依法追究有关责任人的行政责任；构成犯罪的，依法追究刑事责任：

(一)滥用职权、玩忽职守、徇私舞弊、索贿受贿的；

(二)违反本办法规定程序和条件办理项目核准、备案的；

(三)其他违反本办法规定的行为。

第五十一条 投资主体通过恶意分拆项目、隐瞒有关情况或提供虚假材料等手段申请核准、备案的，核准、备案机关不予受理或不予核准、备案，对投资主体及主要责任人处以警告。

第五十二条 投资主体通过欺骗、贿赂等不正当手段取得项目核准文件或备案通知书的，核准、备案机关应当撤销该核准文件或备案通知书，对投资主体及主要责任人处以警告；构成犯罪的，依法追究刑事责任。

第五十三条 属于核准、备案管理范围的项目，投资主体有下列行为之一的，由核准、备案机关责令投资主体中止或停止实施该项目并限期改正，对投资主体及有关责任人处以警告；构成犯罪的，依法追究刑事责任：

(一)未取得核准文件或备案通知书而擅自实施的；

(二)应当履行核准、备案变更手续，但未经核准、备案机关同意而擅自实施变更的。

第五十四条 投资主体有下列行为之一的，由国家发展改革委或投资主体注册地的省级政府发展改革部门责令投资主体限期改正；情节严重或逾期不改正的，对投资主体及有关责任人处以警告：

(一)未按本办法第四十二条、第四十三条、第四十四条、第四十五条规定报告有关信息的；

(二)违反本办法第四十八条规定的。

第五十五条 投资主体在境外投资过程中实施不正当竞争行为、扰乱境外投资市场秩序的，由国家发展改革委或投资主体注册地的省级政府发展改革部门责令投资主体中止或停止开展该项目并限期改正，对投资主体及主要责任人处以警告。

第五十六条 境外投资威胁我国国家利益和国家安全的，由国家发展改革委或投资主体注册地的省级政府发展改革部门责令投资主体中止实施项目并限期改正。

境外投资损害我国国家利益和国家安全的，由国家发展改革委或投资主体注册地的省级政府发展改革部门责令投资主体停止实施项目、限期改正并采取补救措施，对投资主体及有关责任人处以警告；构成犯罪的，依法追究刑事责任。

投资主体按照本办法第四十三条规定及时提交重大不利情况报告表并主动改正的，可以减轻或免除本条规定的行政处罚。

第五十七条 金融企业为属于核准、备案管理范围但未取得核准文件或备案通知书的项目提供融资、担保的，由国家发展改革委通报该违规行为并商请有关金融监管部门依法依规处罚该金融企业及有关责任人。

第六章 附则

第五十八条 各省级政府发展改革部门要加强对本地企业境外投资的指导、服务和监管，可以按照本办法的规定制定具体实施办法。

第五十九条 国家发展改革委对省级政府发展改革部门的境外投资管理工作进行指导和监督，对发现的问题及时予以纠正。

第六十条 核准、备案机关及其工作人员，以及被核准机关征求意见、受核准机关委托进行评估的单位及其工作人员，依法对投资主体根据本办法提交的材料负有保守商业秘密的义务。

第六十一条 事业单位、社会团体等非企业组织对境外开展投资参照本办法执行。

第六十二条 投资主体直接或通过其控制的企业对香港、澳门、台湾地区开展投资的，参照本办法执行。

投资主体通过其控制的香港、澳门、台湾地区企业对境外开展投资的，参照本办法执行。

第六十三条 境内自然人通过其控制的境外企业或香港、澳门、台湾地区企业对境外开展投资的，参照本办法执行。境内自然人直接对境外开展投资不适用本办法。境内自然人直接对香港、澳门、台湾地区开展投资不适用本办法。

第六十四条 法律、行政法规对境外投资管理有专门规定的，从其规定。

第六十五条 本办法由国家发展改革委负责解释。

第六十六条 本办法自2018年3月1日起施行。《境外投资项目核准和备案管理办法》（国家发展和改革委员会令第9号）同时废止。

关于促进食品工业健康发展的指导意见

国家发展改革委 工业和信息化部

2017年1月5日

国务院有关部门，各省、自治区、直辖市及计划单列市、新疆生产建设兵团发展改革委、工业和信息化主管部门：

食品工业是“为耕者谋利、为食者造福”的传统民生产业，在实施制造强国战略和推进健康中国建设中具有重要地位。当前，我国经济进入新常态，供给侧结构性改革处在关键期，小康社会建设处在决胜阶段，为贯彻“创新、协调、绿色、开放、共享”发展理念，落实《国民经济和社会发展第十三个五年规划纲要》，加快食品行业发展，推动食品工业转型升级，满足城乡居民安全、多样、健康、营养、方便的食品消费需求，促进农业增效、农民增收、农村发展，培育形成经济发展新动能，现提出“十三五”期间食品工业发展意见。

一、现状与形势

“十二五”期间，食品工业发展取得了突出成绩。主要表现在：一是产业规模持续壮大，支柱地位不断提升。2015年，规模以上食品工业企业39647家，实现主营业务收入11.35万亿元，比2010年增长了87.3%，年均增长13.4%；主营业务收入占全国工业的比重从2010年的8.7%提升到10.3%。二是标准法规体系不断完善，食品安全保持较好水平。修订了《食品安全法》，发布了新的食品安全国家标准501项。食品安全示范城市和农产品质量安全示范县创建成效显著，食品安全风险监测能力和保障水平逐步提升。2015年，国家食品质量安全监督抽检合格率达96.8%。三是科技创新取得积极进展，技术装备水平持续提高。在食品非热加工、包装材料、在线监控等领域突破了一批关键共性技术，部分成果达到国际先进水平，自主创新能力明显增强。屠宰加工、饮料灌装、乳制品加工等重点领域装备技术进步加快推进，信息化、智能化水平不断提升。四是区域发展协调性增强，绿色发展水平不断提高。东部地区继续处于领先和优势地位，中部地区利用农业资源禀赋推动食品工业快速发展，中、西部地区食品工业增加值比重增加。食品工业大力发展循环经济，资源综合利用水平进一步提高，节能减排取得积极成效。

但是，食品工业发展中还存在一些突出问题：一是食品质量安全水平与人民群众期望尚存差距。源头污染问题突出，部分食用农产品存在超标使用农兽药和滥用添加剂现象，食品冷链物流建设滞后，食品生产加工销售过程质量安全问题时有发生，食品质量安全隐患依然存在。二是高品质食品有效供给不足。随着食品消费结构升级和生活方式的变化，消费者对食品的方便性、营养化和安全水平更加关注，但高品质食品供应与市场需求不相匹配，难以很好适应消费变化，消费者信赖的自主知名品牌不多。三是科技创新能力不强。食品工业基础研究薄弱，产学研用结合不紧密，加工技术储备不足。重大技术和高端装备依赖进口，自主研发水平较低。四是循环经济发展水平较低。部分行业副产物综合利用率不高，部分产品单位能耗、水耗和污染物排放仍然较高，节能减排压力加大。

今后一个时期，食品工业发展挑战和机遇并存。从国际上看，一方面，世界经济复苏乏力，食品跨国集团加快全球布局，不断提升核心竞争能力，对我国食品产业发展带来一定影响和挑战。另一方面，随着“一带一路”倡议的深入推进，以及各种国际贸易协定的签订，对外投资环境不断改善，有利于我国食品企业加快实施“走出去”战略。从国内来看，中国经济进入新常态，一方面增长预期放缓，人力、土地、环境资源保护等综合成本不断上升，食品工业保持高速发展难度加大。另一方面，食品消费需求呈刚性增长态势，随着消费结构升级，消费者对食品的营养与健康要求更高，品牌意识不断增强，食品工业发展模式将从量的扩张向质的提升转变。

二、总体要求

（一）指导思想

全面贯彻党的十八大和十八届三中、四中、五中、六中全会精神，以邓小平理论、“三个代表”重要思想、科学发展观为指导，深入贯彻习近平总书记系列重要讲话精神，围绕“五位一体”总体布局和“四个全面”战略布局，坚持“创新、协调、绿色、开放、共享”的发展理念，围绕提升食品质量和安全水平，以满足人民群众日益增长和不断升级的安全、多样、健康、营养、方便食品消费需求为目标，以供给侧结构性改革为主线，以创新驱动为引领，着力提高供给质量和效率，推动食品工业转型升级、膳食消费结构改善，满足小康社会城乡居民更高层次的食品需求。

（二）基本原则

诚信为本、安全为基。强化企业质量安全主体责任，加强食品全产业链质量安全管理，健全食品安全诚信自律制度。营造良好市场环境，提高食品监管能力。实施品牌提升行动，强化食品品牌建设，培育国际品牌。

科技支撑、创新驱动。发挥科技创新的支撑作用，着力推进食品工业原始创新、集成创新、引进消化吸收再创新及创新示范，促进创新成果产业化，加快管理创新和商业模式创新，积极培育新产业新业态。

集约高效、绿色循环。着力化解过剩产能，加快培育先进产能。大力发展循环经济，提高精深加工和副产物综合利用水平，推进清洁生产和节能减排，促进食品制造绿色化，提高能源利用效率，实现食品工业与生态环境和谐发展。

协调推进、融合发展。加快推进新一代信息技术在食品工业领域的深度应用，提升产业发展质量和管理水平。健全食品产业链，推进食品工业转型升级与关联产业交融互动，促进一二三产业融合协调发展。

内外统筹、开放合作。统筹用好国际国内两种资源，构建渠道多元、供给稳定的进口保障体系，支持食品企业“走出去”，加强与“一带一路”沿线国家的合作，推动形成互惠互利格局，提升食品工业开放发展水平。

（三）主要目标

到2020年，食品工业规模化、智能化、集约化、绿色化发展水平明显提升，供给质量和效率显著提高。产业规模不断壮大，产业结构持续优化，规模以上食品工业企业主营业务收入预期年均增长7%左右；创新能力显著增强，“两化”融合水平显著提升，新技术、新产品、新模式、新业态不断涌现；食品安全保障水平稳步提升，标准体系进一步完善；资源利用和节能减排取得突出成效，能耗、水耗和主要污染物排放进一步下降。

三、主要任务

（一）改善供给结构，提高供给质量

优化产品结构。积极推进传统主食及中式菜肴工业化、规模化生产，深入发掘地方特色食品和中华传统食品。开展食品健康功效评价，加快发展婴幼儿配方食品、老年食品和满足特定人群需求的功能性食品，支持发展养生保健食品，研究开发功能性蛋白、功能性膳食纤维、功能性糖原、功能性油脂、益生菌类、生物活性肽等保健和健康食品，并开展应用示范。

提升产品品质。进一步健全标准体系，加快推进食品安全国家标准的清理整合，开展重点品种和领域的标准制（修）订，推动食品添加剂等标准与国际标准接轨。鼓励地方根据实际需要完善地方特色食品标准，引导企业建立和完善标准自我声明制度。强化食品生产经营者主体责任，推动建立自身食品安全制度规范。引导企业建立食品安全可追溯制度，搭建基于标识解析等技术的质量追溯信息化平台，形成上下游产业食品质量安全可查询可控制可追究的追溯体系和责任机制。鼓励企业按照良好生产经营规范组织生产，实施危害分析与关键控制点等食品安全管理体系。建立健全食品安全诚信自律制度，探索建立食品工业企业诚信档案，引导食品工业企业依法诚信经营。

强化品牌建设。引导企业增强品牌意识，鼓励食品企业加强品牌建设，夯实品牌发展基础，提升产品附加值和软实力，打造百年食品品牌。创新商业模式，加强与大型电商品牌对接，拓宽销售渠道。推动中华老字号及地方老字号食品传承升级，开发适应市场需求变化的新产品。鼓励知名食品品牌企业开展国际交流活动，建设海外营销渠道，支持品牌企业参加国际展览展销，开拓海外市场。积极挖掘新的品牌资源，逐步形成一批具有较强品牌影响力的产品和知名企业。

（二）优化产业结构，促进转型升级

完善产业组织体系。支持大型企业做优做强，鼓励企业兼并重组，建立海外原料和加工基地，重点培育具有国际竞争力的大型食品工业企业集团；引导中小型企业做优做精，鼓励小型企业采用先进适用技术和设备，形成大型骨干企业支撑力强、中小型企业特色鲜明的协调发展格局。

优化区域布局。推动东部地区食品工业加快转型升级，采用先进技术和装备，更好满足食品消费升级需求。鼓励中西部地区充分利用当地优势资源，巩固食品工业支柱产业地位。支持东北地区食品工业发展，大力发展绿色优质食品，打造成为支持新一轮东北地区老工业基地振兴的支柱产业。

推动特色食品加工示范基地建设。在原料资源富集地区，选择一批已初具规模、地方特色突出的食品产业园区，以知名品牌和龙头企业为引领，开展集食品研发创新、检测认证、包装印刷、冷链物流、人才培训、工业旅游、集中供热、污水集中处理等为一体的现代食品工业示范基地建设，提高基础设施和公共服务水平，使关联企业集聚发展、土地集约使用、产品质量集中监管，促进食品产业转型升级。

推进绿色制造。探索资源节约和环境友好的食品工业可持续发展模式，支持食品加工园区的循环化改造，引导企业建设绿色工厂，加快应用节水、节能、节粮等高效节能环保技术装备。强化资源循环利用，鼓励企业加强副产物二次开发利用，提高资源综合利用水平。严格落实国家“去产能”有关政策，依法加快淘汰污染严重、能耗水耗超标的落后产能。

加强产业链建设。支持骨干食品企业延伸产业链条，推进原料生产、加工物流、市场营销等环节融合发展。鼓励食品企业发展订单农业，推进原料专业化、标准化、规模化、优质化生产，建立稳定的食品原料生产基地。健全食品冷链物流建设和运行标准，提高冷链物流效率和水平。

（三）强化创新驱动，加快“两化”融合

强化企业创新主体地位。健全技术创新的市场导向机制，突出食品企业创新主体地位和主导作用，打造一批具有国际竞争力的创新型食品领军企业。健全有利于企业创新的资助机制，支持有条件的企业设立高水平研发机构，构建以企业为主体、产学研用一体的技术创新体系，引导各类创新要素向企业集聚，不断增强企业创新动力、创新活力、创新实力，提高协同创新水平。

推动产业科技发展。重点围绕食品加工制造、机械装备、质量安全、冷链物流、营养健康等主要领域，通过实施国家重点研发计划等，从基础前沿、重大关键共性技术到应用示范全链条创新设计，强化原始创新能力，依靠科技创新推动食品产业持续健康发展。

完善创新服务体系。围绕食品基础研究、重大技术应用、关键装备自主化、创新成果产业化开发等，加强技术攻关，加快突破食品制造、流通等领域关键共性技术。构建以国家级创新平台为龙头，以地方和企业等各类食品技术创新中心为基础的资源共享、开放合作创新平台体系。依托现有交易场所开展食品技术和知识产权交易，完善食品工业创业创新服务体系。搭建面向中小微企业的低成本、便利化、开放式创新服务平台，打造创业创新服务与投资相结合的开放式服务载体。

推进“两化”深度融合。加快工业云、大数据、物联网等新一代信息技术在食品工业研发设计、生产制造、流通消费等领域的应用。加快推进个性化定制和柔性化制造，鼓励重点行业企业建设数字化车间，开展食品制造智能工厂建设试点示范，提高智能化水平。支持骨干食品企业扩大追溯体系覆盖面，实现食品“从农田到餐桌”全过程可追溯。

培育发展新业态新模式。推动食品工业与教育文化、健康养生深度融合，鼓励发展食品工业旅游、制造工艺体验、产品设计创意等新业态。规范发展电子商务，推广在线交易、电子支付及线上线下的一体化集成，创新电子商务与食品工业的集成应用模式。要围绕食品产业发展重大任务，推动社会力量发展多层次多样化生产性服务，为食品产业发展提供有力支撑。

（四）统筹国内国外，扩大开放合作

健全对外开放新体制。加快探索食品工业对外资准入前国民待遇加负面清单管理制度，完善外商投资国家安全审查制度。积极参与国际标准制（修）订，推动我国食品标准与国际先进标准接轨，积极开展食品农产品认证国际互认合作。发挥贸易投资促进机构、行业协（商）会等作用，提高我国企业在国际食品贸易中的地位和影响。

增强“走出去”能力。紧密结合“一带一路”战略，鼓励食品企业采取设立境外办事处和技术中心等多种方式“走出去”，支持加工企业到海外建立粮油、乳制品、肉制品等重要食品原料基地。鼓励开展对目标国法律、政策、标准、贸易规则等研究和服务，支持有实力的企业通过并购、合资等方式进入海外食品加工和研发领域，拓展营销网络，深度融入全球食品产业链。

提高“引进来”水平。结合食品工业转型升级，支持企业引进国外食品工业智能化、集约化绿色制造技术和装备，鼓励外资进入营养健康食品制造、天然食品添加剂开发生产、食品加工副产物综合利用等领域，合作研发新技术、新产品、新装备。适度扩大优质食品进口，优化食品及原料进口结构，满足不断升级的食品消费需求。

（五）增强监管能力，提高安全水平

完善食品安全法规标准。加快修订出台《食品安全法实施条例》，制（修）订食品标识管理、食品安全事件调查处理、食品安全信息公布、食品安全全程追溯、诚信体系建设、进出口食品安全监督管理等方面的法规及规章制度。制（修）订食品安全国家标准、检验方法标准等，加快与国际标准对接。完善食品安全“黑名单”“红名单”制度，对列入“黑名单”的企业给予严厉惩罚和重点监管，列入“红名单”的企业给予国家优惠政策的优先和重点支持，形成失信联合惩戒、守信联合激励机制。

强化食品产业链全程监管。建立统一权威的食品安全监管体制，加强部门联动、协调配合，提高监管工作的系统性、协调性和一致性。强化食用农产品质量安全源头治理，实施专项治理工程，推进农业投入品的规范化管理和安全使用，健全食用农产品产地环境质量监测和评价机制，保护食用农产品产地环境。规范加工制造、仓储物流、批发零售、进出口等各环节的生产经营行为。实施食品安全监管行动计划，全面加强现场检查，实现食品安全抽检品种全覆盖，强化食品安全治理整顿，全面保障食品质量安全。

提升食品安全监管和技术支撑能力。推动食品安全检验检测资源整合，构建科学高效的食品安全检测体系。健全食品安全风险交流制度，提升风险监测和风险评估水平。强化食品安全应急处置能力，完善突发事件应急处理和追究机制。加强基层监管能力建设，提高食品安全监管基层机构执法装备标准化配备率，有效改善基层基础设施条件。健全基层食品安全监管执法规范化、标准化管理制度，规范监管职责、任务、程序、标准，提升食品安全监管规范化管理水平。

四、保障措施

（一）营造食品工业良好发展环境

提高政府公共服务能力和水平，优化行政审批流程，为企业提供优质公共服务。推进管理部门信息共享、监管互认，对信用记录良好的企业降低监督检查频率，激励企业诚信守法行为。加强知识产权保护，加大对专利、产品标识、商业秘密等方面侵权假冒的打击力度，降低企业维权成本。依法确定收费范围，规范服务收费行为，合理降低经营性服务收费标准，清理各种不合理收费。加强市场、价格、安全等方面的监管，形成有利于企业、行业、产业良性发展格局。

（二）完善食品工业支持政策

发挥财政资金导向作用，通过国家科技计划支持食品工业基础研究、关键共性技术开发及关键装备自主化等。落实企业研发费用加计扣除政策，支持企业加大研发投入。充分利用现有资金渠道，重点支持食品行业重大技术改造、食品工业“三品”战略和特色食品加工示范基地建设等。落实《享受企业所得税优惠政策的农产品初加工范围（试行）》，稳妥推进农产品增值税进项税额核定扣除试点。鼓励企业通过租赁方式流转农民承包土地经营权，建设专用食品原料生产加工基地，推动一二三产业融合发展。积极拓宽融资渠道，引导金融机构加大对食品工业企业的信贷支持。

（三）加强人才队伍建设

加大专业人才培养及创新团队建设，鼓励高等院校加强食品行业亟需中高端人才的培养。建立人才梯度储备制度，支持企业引进优秀人才，鼓励各地把食品产业高端和创新人才纳入本地区优秀人才引进目录清单，对引进的高层次人才给予奖励。加强监管队伍建设，努力打造一支政治素质高、工作作风扎实、专业知识过硬的职业化、专业化的食品安全监管队伍。

（四）充分发挥行业组织的积极作用

支持行业组织承接政府转移职能，积极发挥其在政策研究、标准制（修）订、质量品牌建设、行业诚信自律和国际合作交流等方面的重要作用。支持行业组织协调企业、科研院所，组织开展科技联合攻关，推动食品工业技术进步。依托行业组织，建立食品行业公共信息发布平台。发挥行业组织在品牌建设中的组织协调作用，做好优秀品牌的宣传与产品推广工作。支持行业组织建立健全诚信自律制度，引导企业加强诚信体系建设，完善食品质量安全长效机制，保障食品质量安全。

促进食品工业健康发展是贯彻落实供给侧结构性改革的重要内容，各有关部门应充分认识发展食品工业的重要意义，加强协调配合，完善配套政策措施，营造良好发展环境，推动各项任务落实。各省（区、市）发展改革、工业和信息化等部门要结合当地实际，切实抓好组织落实。

关于进一步下放政府投资交通项目审批权的通知

国家发展改革委

2017年1月25日

交通运输部、铁路局、民航局、中国铁路总公司，各省、自治区、直辖市及计划单列市、新疆生产建设兵团发展改革委：

经报国务院批准同意，我委以交通领域作为深化投资项目审批改革的重点，除涉及国务院、中央军委事权外，对能用规划实行有效管理的项目最大程度下放审批，仅保留少部分重大项目和中央投资为主项目的审批权限，同时加强规划管理和事中事后监管。现将有关事项通知如下：

一、下放政府投资交通项目审批事项

（一）列入国家批准的相关规划中非跨省的新建（含增建双线）普通铁路项目，铁路总公司投资为主的由铁路总公司自行决定，地方和社会投资为主的由省级政府审批可行性研究报告，均通过投资项目在线审批监管平台报国务院投资主管部门备案。

（二）列入国家批准的相关规划中的新建高速公路项目，由省级政府审批可行性研究报告，通过投资项目在线审批监管平台报国务院投资主管部门备案。

（三）列入国家批准的相关规划中的跨10万吨级及以上航道海域、跨大江大河（现状或规划为一级及以上通航段）的独立公（铁）路桥梁（隧道）项目，由省级政府审批可行性研究报告，通过投资项目在线审批监管平台报国务院投资主管部门备案。

（四）列入国家批准的相关规划中的交通行业直属院校、科研机构等中央本级非经营项目（使用中央预算内投资5000万元及以上项目除外），由行业部门审批可行性研究报告，通过投资项目在线审批监管平台报国务院投资主管部门备案。

二、强化规划引领和约束作用

在下放项目审批权限的同时，我委将强化规划引领和约束作用，提高“管”的有效性；提升行政服务质量和水平，增强“服”的主动性。加快实现从微观转向宏观、从审批转向监管、从项目安排转向制度供给，更好适应把握引领经济发展新常态。

（一）完善规划体系

借鉴城市轨道等交通项目审批权下放后以审批建设规划作为管理手段的经验，我委将强化交通规划编制、审批和组织实施，重要规划报国务院审批，实现简政放权后的有效管控。编制和完善铁路、公路、内河高等级航道、沿海港口、民用机场、油气管道等中长期布局规划，编制综合交通五年发展建设规划，编制或审批国防交通、城际铁路、城市轨道交通、高速公路、内河高等级航道、沿海港口、空管系统等专项建设规划，建立健全“中长期布局规划+五年发展建设规划+年度实施方案”相结合的规划管理体系，更好指导交通行业重大基础设施布局和项目建设实施。

（二）强化规划实施监管

我委将联合有关部门形成多方联动、共同监管工作格局，加强组织协调，层层分解、细化落实规划任务，明确各级责任主体，全程跟踪了解规划实施进展。充分利用信息化手段，依托投资项目在线审批监管平台等政府监管服务平台，运用市场、信用、法治等手段协同监管，切实保障规划有序实施。

（三）提升服务保障能力

对于下放的审批事项，我委将加强对承接单位的业务指导，开展规划、管理、技术等方面人才培训和交流，提高依法行政、依法管理的能力水平。完善交通项目有关报告编制和评估等规范，积极研究支持规划实施、项目建设的相关配套政策，协调解决跨部门、跨领域等重点难点问题。

三、有关要求

本次下放到省级政府的审批事项不得再行下放，由有关部门和单位自行审批或决定的事项不得再行转移。请各地方、有关部门和单位落实责任，完善制度办法，规范审批行为，加强能力建设，切实接住管好，提高行政效率和决策水平。

关于扎实推进高标准农田建设的意见

国家发展改革委　财政部　国土资源部　水利部　农业部　人民银行　国家标准委

2017年2月17日

各省、自治区、直辖市发展改革委、财政厅、国土资源主管部门、水利厅、农业厅、人民银行分支机构、质量技术监督局（市场监督管理部门）：

高标准农田是农业生产的重要物质基础。近年来，各地、各有关部门按照党中央、国务院决策部署和《全国高标准农田建设总体规划》要求，切实加强高标准农田建设，改善了农业生产条件，提高了农田抗灾减灾能力，夯实了国家粮食安全基础，取得明显成效。但也要看到，当前高标准农田建设工作还存在一些薄弱环节，主要表现在部门间专项规划和资金安排统筹衔接不够、建设内容不配套、建设管理不到位、建后管护机制不健全等，需要在统筹规划、整合资金、规范管理等方面进一步加大工作力度。为扎实推进高标准农田建设，尽快补齐农业基础设施短板，提高农业综合生产能力，经国务院同意，现提出如下意见：

一、总体要求

（一）指导思想

全面贯彻党的十八大和十八届三中、四中、五中、六中全会精神，深入贯彻习近平总书记系列重要讲话精神和治国理政新理念新思想新战略，认真落实党中央、国务院决策部署，统筹推进“五位一体”总体布局和协调推进“四个全面”战略布局，牢固树立和贯彻落实创新、协调、绿色、开放、共享的发展理念，实施藏粮于地、藏粮于技战略，以确保谷物基本自给、口粮绝对安全和保障重要农产品有效供给为目标，以提升农业综合生产能力为主线，以永久基本农田保护区、粮食主产区和重要农产品生产保护区为重点，建立健全协调推进机制，加强资金整合，加大投入力度，提高建设标准，充实建设内容，加强建后管护，切实抓好高标准农田建设和管理，为保障国家粮食安全、发展现代农业、全面建成小康社会奠定坚实基础。

（二）基本原则

统筹推进，突出重点。将高标准农田建设与发展多种形式适度规模经营、改造中低产田、推进农业机械化和节水灌溉紧密结合，同步推进。整合完善建设规划，统一建设标准、统一监管考核、统一上图入库。优先在粮食主产区建设高标准农田，着力提高口粮生产能力。

健全机制，强化监管。探索资金整合、工程建设和建后管护新机制，统筹使用建设资金，实现工程建设全过程监管，落实工程建后管护责任，总结经验，逐步推广。

分工负责，协同推进。按照粮食安全省长责任制的要求，地方政府对高标准农田建设和管理负总责。国务院有关部门加强工作指导、政策和资金支持。

多元投资，社会参与。充分发挥财政资金的引导作用，吸引社会资本投入。稳定农村土地承包关系，调动广大农民群众、新型经营主体和集体经济组织的积极性，参与工程建设和管理。

（三）主要任务

按照集中连片、旱涝保收、稳产高产、生态友好的要求，加大投入力度，加快建设步伐，到2020年确保建成8亿亩、力争建成10亿亩高标准农田。

二、加强规划和资金统筹，形成工作合力

（四）统筹推进规划实施

各省（区、市）发展改革部门要会同财政、国土资源、水利、农业等部门，根据《全国高标准农田建设总体规划》，衔接本省（区、市）的新增粮食产能、农业综合开发、土地整治等有关规划，完善省级高标准农田建设规划，结合永久基本农田划定工作，将本省（区、市）的高标准农田建设目标任务分解落实到县，细化相关配套政策，建立部门联动、上下衔接、省负总责的工作机制，明确县级政府责任。地方各级国土资源部门要会同有关部门按照《全国土地整治规划（2016—2020年）》，加快编制“十三五”土地整治规划，形成国家、省、市、县四级土地整治规划体系，分解落实建设任务，明确重点区域，确定重大工程和重点项目，其中县级土地整治规划要把高标准农田建设任务落实到项目、地块和图上。省级高标准农田建设规划完善工作和省级“十三五”土地整治规划编制工作要在2017年6月底前完成。

（五）加快工程建设步伐

各省（区、市）要按照集中连片、整体推进的要求，整合各方面资源，大规模开展高标准农田建设。要优化高标准农田建设布局，合理确定建设优先顺序，围绕巩固和提升粮食等重要农产品综合生产能力，优先在粮食主产区建设确保口粮安全的高标准农田，优先安排已划为永久基本农田、水土资源条件较好、开发潜力较大的地块，优先安排干部群众积极性高、地方投入能力强的地区，积极支持贫困地区建设高标准农田。加强中低产田改造，切实提高农田集中连片程度和产出能力。积极支持种粮大户、家庭农场、农民专业合作组织和农业企业等新型经营主体建设高标准农田，优先将新型经营主体经营的土地纳入规划范围和年度建设计划，增加资金投入，充实建设内容，实行连片治理，推进规模化、集约化、专业化和机械化生产，提高土地产出率，促进土地有序流转和适度规模经营。

（六）加强建设资金整合

湖南省要按照《财政部发展改革委国土资源部水利部农业部关于以高标准农田建设为平台开展涉农资金整合试点的意见》（财农〔2015〕247号）要求，积极推进高标准农田建设资金整合试点工作，积累经验，完善政策，建立健全统筹安排建设资金的长效机制，为在全国更大范围内开展资金整合试点提供借鉴。各地要结合实际，以县为单位，探索多种形式的资金整合模式，可以按照统筹规划、分部门实施进行整合，也可以突破高标准农田建设资金使用部门界限推进资金整合。

三、规范项目管理，科学推进工程建设

（七）科学设计建设内容

各省（区、市）要按照《全国高标准农田建设总体规划》和《高标准农田建设通则》（GB/T30600—2014）的要求，科学合理地设计高标准农田建设内容，组织开展田、水、路、林综合治理。以畅通骨干灌排渠系为基础，协调推进土地平整、灌排沟渠、田间道路、农田林网与生态环境保护等基础设施建设。树立可持续发展理念，重视土壤改良和地力培肥，大力推广土地深耕和节水灌溉，同步采取农艺和工程技术措施。

（八）强化工程建设监管

各省（区、市）要进一步完善高标准农田建设和管理制度，梳理和规范项目申报、勘察设计、招标投标、工程施工、工程监理、竣工验收、监督检查等各个环节的操作规程，实现项目建设管理精细化。项目建设地点、建设内容和规模、项目批复文件、竣工验收报告等相关信息，要及时公开、公示，接受社会监督。依托国土资源遥感监测"一张图"和综合监管平台，利用农村土地整治监测监管等有关部门的管理系统，建立信息化管理机制，对高标准农田实现全程监控、精准管理。国土资源部门要升级完善监测监管系统，统一数据要求，开放数据接口，公开统计结果，为相关部门共享系统提供便利。各有关部门要完善本部门负责的高标准农田建设范围拐点坐标、主要工程量等信息，做好数据汇总和提交，实现信息互通、资源共享。

（九）健全建后管护机制

按照先建机制、后建工程的原则，推动建立健全高标准农田建后管护长效机制。高标准农田建设竣工验收后，要及时移交使用人或农村集体经济组织，做好登记造册。通过签订协议等方式，明确工程设施所有权和使用权。落实管护责任主体和管护经费，确保管护到位。强化用途管控，及时将建成的高标准农田划为永久基本农田，实行特殊保护。建成后的高标准农田优先用于重要农产品特别是粮食种植，防止高标准农田非农化。在开展粮食生产功能区和重要农产品生产保护区划定工作时，要优先将高标准农田建设区域纳入范围。国务院有关部门要把建后管护机制落实情况纳入高标准农田建设考核范围。

四、增加建设投入，确保质量进度

（十）加大政府投入力度

国务院有关部门要把高标准农田建设作为支农投入的重点，不断加大投入力度，支持地方加快高标准农田建设，合理制订不同类型区的亩均投资标准。各地要调整优化本级财政支出结构，将高标准农田建设作为重点支持范围。

（十一）积极吸引社会投资

探索将通过土地整治增加的耕地作为占补平衡补充耕地指标，并适当安排补充耕地指标调剂收益用于高标准农田建设。调动社会力量积极性，共同参与高标准农田建设和管护。各地可探索实行委托代建、特许经营和购买服务等方式，支持专业大户、家庭农场、农民合作社和农业企业等新型经营主体和工商资本投资建设高标准农田。对于利用社会资金加快高标准农田建设的地区，国务院有关部门将按照各地承担的规划任务，继续安排年度建设资金，确保国家投入力度不减，进一步扩大高标准农田建设规模，提高高标准农田建设质量和水平。

（十二）创新投融资模式

采取政府和社会资本合作、设立基金、贷款贴息、先建后补等方式，支持地方和社会资本开展高标准农田建设。鼓励和引导商业性、政策性、开发性等各类金融机构在依法合规、风险可控的前提下，积极为高标准农田建设提供信贷支持等金融服务。各地要通过发展壮大新型经营主体，搭建投融资平台等方式，培育符合要求的贷款主体，为高标准农田建设融资提供便利。

五、加强组织领导，强化监督检查

（十三）落实地方责任

各地要切实加强组织领导，根据实际情况建立由发展改革、财政、国土资源、水利、农业（农机）、人民银行、林业、银监以及农业综合开发、标准化管理等有关部门参加的协调机制，强化部门分工协作和协调沟通。要研究制定本地区支持高标准农田建设的工作方案和政策措施，逐级落实建设任务和工作责任，做好建设情况自查和总结，全面客观反映高标准农田建设任务落实情况。

（十四）加强部门协作

国务院有关部门要加强对高标准农田建设的指导、协调和监督检查，密切跟踪掌握建设情况，不断完善政策措施，支持地方政府做好工作。国家发展改革委要牵头做好协调和统筹规划，适时组织第三方评估；财政部要会同有关部门加强资金统筹整合和使用监管，落实建设资金；国土资源部要会同有关部门督促各地及时将建成的高标准农田上图入库。国土资源部、水利部、农业部和国家标准委要按职责分工做好技术指导和服务，完善标准体系。中国人民银行、银监会要指导金融机构加大对高标准农田建设的信贷支持。

（十五）强化评价与考核

各地、各有关部门要根据《高标准农田建设评价规范》（GB/T33130-2016），开展建设任务、质量、成效、管理和社会影响等方面的评价工作。依据规划及确定的年度安排，按照《粮食安全省长责任制考核办法》（国办发〔2015〕80号）要求和相应的评价规范，国土资源部会同国家发展改革委、财政部、水利部、农业部，对各省（区、市）高标准农田建设任务完成情况进行年度考核，考核结果与下一年度中央财政用于高标准农田建设的资金安排挂钩，纳入地方各级政府耕地保护责任目标考核内容。

促进汽车动力电池产业发展行动方案

工业和信息化部　国家发展和改革委员会　科学技术部　财政部

2017年2月20日

动力电池是电动汽车的心脏，是新能源汽车产业发展的关键。经过十多年的发展，我国动力电池产业取得长足进步，但是目前动力电池产品性能、质量和成本仍然难以满足新能源汽车推广普及需求，尤其在基础关键材料、系统集成技术、制造装备和工艺等方面与国际先进水平仍有较大差距。为加快提升我国汽车动力电池产业发展能力和水平，推动新能源汽车产业健康可持续发展，制定本行动方案。

一、总体要求

（一）指导思想

深入贯彻落实党的十八大和十八届三中、四中、五中、六中全会精神，牢固树立创新、协调、绿色、开放、共享的发展理念，以推动供给侧结构性改革为主线，加快实施创新驱动发展战略，按照《中国制造2025》总体部署，落实新能源汽车发展战略目标，发挥企业主体作用，加大政策扶持力度，完善协同创新体系，突破关键核心技术，加快形成具有国际竞争力的动力电池产业体系。

（二）基本原则

坚持创新驱动。以市场为导向、企业为主体，强化产学研用协同创新体系建设，加快关键核心技术突破，大幅提升产品安全和质量水平。

坚持产业协同。加强政策措施引导，充分发挥行业组织、产业联盟作用，促进动力电池与材料、零部件、装备、整车等产业紧密联动，推进全产业链协同发展。

坚持绿色发展。倡导全生命周期理念，完善政策法规体系，大力推行生态设计，推动梯级利用和回收再利用体系建设，实现低碳化、循环化、集约化发展。

坚持开放合作。充分利用全球资源和市场，创新思路和模式，不断提升合作的层次和水平，积极参与国际标准和技术法规制定，不断提高国际竞争能力。

二、发展方向和主要目标

（一）发展方向

持续提升现有产品的性能质量和安全性，进一步降低成本，2018年前保障高品质动力电池供应；大力推进新型锂离子动力电池研发和产业化，2020年实现大规模应用；着力加强新体系动力电池基础研究，2025年实现技术变革和开发测试。

（二）主要目标

1.产品性能大幅提升。到2020年，新型锂离子动力电池单体比能量超过300瓦时/公斤；系统比能量力争达到260瓦时/公斤、成本降至1元/瓦时以下，使用环境达-30℃到55℃，可具备3C充电能力。到2025年，新体系动力电池技术取得突破性进展，单体比能量达500瓦时/公斤。

2.产品安全性满足大规模使用需求。新型材料得到广泛应用，智能化生产制造和一致性控制水平显著提高，产品设计和系统集成满足功能安全要求，实现全生命周期的安全生产和使用。

3.产业规模合理有序发展。到2020年，动力电池行业总产能超过1000亿瓦时，形成产销规模在400亿瓦时以上、具有国际竞争力的龙头企业。

4.关键材料及零部件取得重大突破。到2020年，正负极、隔膜、电解液等关键材料及零部件达到国际一流水平，上游产业链实现均衡协调发展，形成具有核心竞争力的创新型骨干企业。

5.高端装备支撑产业发展。到2020年，动力电池研发制造、测试验证、回收利用等装备实现自动化、智能化发展，生产效率和质量控制水平显著提高，制造成本大幅降低。

三、重点任务

（一）建设动力电池创新中心

推动大中小企业、高校、科研院所等搭建协同攻关、开放共享的动力电池创新平台，引导支持优势资源组建市场化运作的创新中心。加快建设具有国际先进水平的研发设计、中试开发、测试验证和行业服务能力，开展动力电池关键材料、单体电池、电池系统等重大关键共性技术、基础技术和前瞻技术研究，以及知识产权布局和储备研究，为行业提供技术开发、标准制定、人才培养和国际交流等方面的支撑。（工业和信息化部）

（二）实施动力电池提升工程

通过国家科技计划（专项、基金）等统筹支持动力电池研发，实现2020年单体比能量超过300瓦时/公斤，不断提高产品性能，加快实现高水平产品装车应用。鼓励动力电池龙头企业协同上下游优势资源，集中力量突破材料及零部件、电池单体和系统关键技术，大幅度提升动力电池产品性能和安全性，力争实现单体350瓦时/公斤、系统260瓦时/公斤的新型锂离子产品产业化和整车应用。（工业和信息化部、科技部）

（三）加强新体系动力电池研究

通过国家重点研发计划、国家自然科学基金等，鼓励高等院校、研究机构、重点企业等协同开展新体系动力电池产品的研发创新，积极推动锂硫电池、金属空气电池、固态电池等新体系电池的研究和工程化开发，2020年单体电池比能量达到400瓦

时/公斤以上、2025年达到500瓦时/公斤。（科技部、工业和信息化部、自然科学基金会）

（四）推进全产业链协同发展

依托重大技改升级工程、增强制造业核心竞争力重大工程包，加大对瓶颈制约环节突破、关键核心技术产业化等的支持，加快在正负极、隔膜、电解液、电池管理系统等领域培育若干优势企业，促进动力电池与材料、零部件、装备、整车等产业协同发展，推进自主可控、协调高效、适应发展目标的产业链体系建设。支持高性能超级电容器系统的研发，进一步加大产业化应用。（工业和信息化部、国家发展改革委、科技部）

（五）提升产品质量安全水平

结合技术进步、产业发展情况，调整完善动力电池行业规范条件、新能源汽车生产企业及产品准入管理规则等管理措施，加强产品质量和安全性监督检查，促进动力电池生产企业加强技术和管理创新，健全产品生产规范和质量保证体系，确保产品安全生产，提高产品质量在线监测、在线控制和产品全生命周期质量追溯能力，不断提升产品性能和质量安全水平。（工业和信息化部、国家质检总局）

（六）加快建设完善标准体系

发布实施并不断完善新能源汽车标准化路线图。加强动力电池产品性能、寿命、安全性、可靠性和智能制造、回收利用等标准的制修订工作；制定并实施动力电池规格尺寸、产品编码规则等标准。做好国家标准的贯彻实施工作，鼓励企业建立高于国家标准要求的企业标准体系。支持行业组织和企业积极参与国际标准和技术法规的制定，不断提升在国际标准和技术法规领域的话语权。（工业和信息化部、国家质检总局）

（七）加强测试分析和评价能力建设

通过中国制造2025专项资金、国家科技计划等，支持动力电池检测和分析能力建设。加强测试技术及评价方法研究，加快制定行业通用的测试评价规程，完善企业自主检测、公共服务检测和国家认证检测相结合的评价体系。鼓励研究机构、检测认证机构以及动力电池、新能源汽车生产企业加强产品测试验证等相关数据积累，为产品开发、标准制修订、产品一致性管控夯实基础。（工业和信息化部、发展改革委、科技部、国家质检总局）

（八）建立完善安全监管体系

实施动力电池生产、使用、报废等全过程监管，鼓励行业组织、专业机构建立产品信息服务平台。完善新能源汽车安全监管体系建设，新能源汽车生产企业应对所销售的整车及动力电池等关键系统运行和安全状态进行监测和管理，建立产品安全预警制度和安全隐患定期排查机制，加强安全事故防范。（国家质检总局、工业和信息化部）

（九）加快关键装备研发与产业化

通过重大短板装备升级工程等，推进智能化制造成套装备产业化，鼓励动力电池生产企业与装备生产企业等强强联合，探索构建资本与风险共担的合作模式，加强关键环节制造设备的协同攻关，推进数字化制造成套装备产业化发展，提升装备精度的稳定性和可靠性以及智能化水平，有效满足动力电池生产制造、资源回收利用的需求。（工业和信息化部、国家发展改革委）

四、保障措施

（一）加大政策支持力度

发挥政府投资对社会资本的引导作用，鼓励利用社会资本设立动力电池产业发展基金，加大对动力电池产业化技术的支持力度。通过国家科技计划（专项、基金）等统筹支持核心技术研发；利用工业转型升级、技术改造、高技术产业发展专项、智能制造专项、先进制造产业投资基金等资金渠道，在前沿基础研究、电池产品和关键零部件、制造装备、回收利用等领域，重点扶持领跑者企业。动力电池产品符合条件的，按规定免征消费税；动力电池企业符合条件的，按规定享受高新技术企业、技术转让、技术开发等税收优惠政策。（工业和信息化部、财政部、国家税务总局、科技部、国家发展改革委、商务部）

（二）完善产业发展环境

全面清理整顿不利于全国公平竞争的政策措施。国家统一产品检测标准及规范，地方严格贯彻落实国家标准。加强对第三方检测机构的监督检查，保障检验测试公平公正。落实《电动汽车动力蓄电池回收利用技术政策（2015年版）》；适时发布实施动力电池回收利用管理办法，强化企业在动力电池生产、使用、回收、再利用等环节的主体责任，逐步建立完善动力电池回收利用管理体系。预防和制止垄断行为和不正当竞争行为。加强舆论监督和引导，营造产业发展的良好舆论环境。（工业和信息化部、国家质检总局、国家发展改革委、科技部、商务部）

（三）发挥产业联盟作用

在动力电池企业与科研机构、高等学校、上下游产业之间建立有效运行的产学研合作新机制，充分利用现有的基础和条件，建立健全动力电池产业创新联盟，发挥行业协会等组织的作用，围绕共性关键技术开发、知识产权许可和保护、标准研究、政策措施建议等交流协作，加强行业自律管理，促进动力电池及相关产业的协同发展。（工业和信息化部）

（四）加快人才培养和引进

建立多层次的人才培养体系，推进人才培养、引进和引智工作。鼓励企业、科研院所在材料、系统集成等关键核心技术领域，加快培养和聚集一批国际知名领军人才。加强动力电池及系统集成等相关学科建设，鼓励企业、科研院所和高校建立联合培养机制，加强联合培养基地建设，培养相关学科应用型人才。（教育部、人力资源社会保障部、工业和信息化部）

（五）加强国际合作与交流

充分发挥多边或双边合作机制的作用，加强技术标准、政策法规等方面的国际交流与合作，积极参与和推动国际标准和技术法规的制定。鼓励国内企业与国外高水平企业的互利合作，推进动力电池技术和人才交流、项目合作和成果产业化。支持国内动力电池企业技术输出、产品出口以及到国外投资建厂，鼓励有条件的企业在发达国家设立研发机构。（工业和信息化部、国家质检总局、商务部、科技部）

加快推进天然气利用的意见

（节选）

国家发展改革委 科技部 工业和信息化部 财政部 国土资源部 环境保护部

住房和城乡建设部 交通运输部 商务部 国资委 国家税务总局

国家质检总局 国家能源局

2017年6月23日

为加快推进天然气利用，提高天然气在我国一次能源消费结构中的比重，稳步推进能源消费革命和农村生活方式革命，有效治理大气污染，积极应对气候变化，现形成以下意见。

一、总体要求

（一）指导思想

全面贯彻党的十八大和十八届三中、四中、五中、六中全会精神，深入落实习近平总书记系列重要讲话精神，牢固树立创新、协调、绿色、开放、共享的发展理念，遵循“四个革命、一个合作”能源发展战略思想，发挥市场在资源配置中的决定性作用，以燃料清洁替代和新兴市场开拓为主要抓手，加快推进天然气在城镇燃气、工业燃料、燃气发电、交通运输等领域的大规模高效科学利用，产业上中下游协调发展，天然气在一次能源消费中的占比显著提升。

（二）基本原则

规划引领、政策驱动。充分发挥规划引领作用，明确天然气利用目标、部署及保障措施。切实落实大气污染防治行动计划，限制使用高污染燃料。推进北方地区清洁取暖，加快提高清洁供暖比重。充分发挥环保、产业、金融、财政、价格政策对扩大天然气利用的驱动作用。

改革创新、市场运作。深入推进天然气体制改革，着力破解影响天然气产业健康发展的体制机制障碍，发挥市场在天然气资源配置中的决定性作用。有序放开竞争性环节，鼓励各类资本进入天然气基础设施建设和利用领域，加快推进天然气价格市场化。

全面推进、突出重点。将北方地区冬季清洁取暖、工业和民用“煤改气”、天然气调峰发电、天然气分布式、天然气车船作为重点。因地制宜、以点带面，积极推进试点示范，积累经验后逐步推广。

产业协调、健康发展。重视天然气产业链上中下游协调，构建从气田开发、国际贸易、接收站接转、管道输配、储气调峰、现期货交易到终端利用各环节协调发展产业链，以市场化手段为主，做好供需平衡和调峰应急。各环节均要努力降低成本，确保终端用户获得实惠，增强天然气竞争力。

（三）总体目标

逐步将天然气培育成为我国现代清洁能源体系的主体能源之一，到2020年，天然气在一次能源消费结构中的占比力争达到10%左右，地下储气库形成有效工作气量148亿立方米。到2030年，力争将天然气在一次能源消费中的占比提高到15%左右，地下储气库形成有效工作气量350亿立方米以上。

二、重点任务

（一）实施城镇燃气工程

推进北方地区冬季清洁取暖。按照企业为主、政府推动、居民可承受的方针，宜气则气、宜电则电，尽可能利用清洁能源，加快提高清洁供暖比重。以京津冀及周边大气污染传输通道内的重点城市（2+26）为抓手，力争5年内有条件地区基本实现天然气、电力、余热、浅层地能等取暖替代散烧煤。在落实气源的情况下，积极鼓励燃气空调、分户式采暖和天然气分布式能源发展。

快速提高城镇居民燃气供应水平。结合新型城镇化建设，完善城镇燃气公共服务体系，支持城市建成区、新区、新建住宅小区及公共服务机构配套建设燃气设施，加强城中村、城乡接合部、棚户区燃气设施改造及以气代煤。加快燃气老旧管网改造。支持南方有条件地区因地制宜开展天然气分户式采暖试点。

打通天然气利用“最后一公里”。开展天然气下乡试点，鼓励多种主体参与，宜管则管、宜罐则罐，采用管道气、压缩天然气（CNG）、液化天然气（LNG）、液化石油气（LPG）储配站等多种形式，提高偏远及农村地区天然气通达能力。结合新农村建设，引导农村居民因地制宜使用天然气，在有条件的地方大力发展生物天然气（沼气）。

（二）实施天然气发电工程

大力发展天然气分布式能源。在大中城市具有冷热电需求的能源负荷中心、产业和物流园区、旅游服务区、商业中心、交通枢纽、医院、学校等推广天然气分布式能源示范项目，探索“互联网+”、能源智能微网等新模式，实现多能协同供应和能源综合梯级利用。在管网未覆盖区域开展以LNG为气源的分布式能源应用试点。

鼓励发展天然气调峰电站。鼓励在用电负荷中心新建以及利用现有燃煤电厂已有土地、已有厂房、输电线路等设施建设天然气调峰电站，提升负荷中心电力安全保障水平。鼓励风电、光伏等发电端配套建设燃气调峰电站，开展可再生能源与天然气结合的多能互补项目示范，提升电源输出稳定性，降低弃风弃光率。

有序发展天然气热电联产。在京津冀及周边、长三角、珠三角、东北等大气污染防治重点地区具有稳定热、电负荷的大型开发区、工业聚集区、产业园区等适度发展热电联产燃气电站。

（三）实施工业燃料升级工程

工业企业要按照各级大气污染防治行动计划中规定的淘汰标准与时限，在“高污染燃料禁燃区”重点开展20蒸吨及以下燃煤燃油工业锅炉、窑炉的天然气替代，新建、改扩建的工业锅炉、窑炉严格控制使用煤炭、重油、石油焦、人工煤气作为燃料。

鼓励玻璃、陶瓷、建材、机电、轻纺等重点工业领域天然气替代和利用。在工业热负荷相对集中的开发区、工业聚集区、产业园区等，鼓励新建和改建天然气集中供热设施。支持用户对管道气、CNG、LNG气源做市场化选择，相关设施的规划、建设和运营应符合法律法规和技术规范要求。

（四）实施交通燃料升级工程

加快天然气车船发展。提高天然气在公共交通、货运物流、船舶燃料中的比重。天然气汽车重点发展公交出租、长途重卡，以及环卫、场区、港区、景点等作业和摆渡车辆等。在京津冀等大气污染防治重点地区加快推广重型天然气（LNG）汽车代替重型柴油车。船舶领域重点发展内河、沿海以天然气为燃料的运输和作业船舶，并配备相应的后处理系统。

加快加气（注）站建设。在高速公路、国道省道沿线、矿区、物流集中区、旅游区、公路客运中心等，鼓励发展CNG加气站、LNG加气站、CNG/LNG两用站、油气合建站、油气电合建站等。

充分利用现有公交站场内或周边符合规划的用地建设加气站，支持具备场地等条件的加油站增加加气功能。鼓励有条件的交通运输企业建设企业自备加气站。推进船用LNG加注站建设，加快完善船用LNG加注站（码头）布局规划。加气（注）站的设置应符合相关法律法规和工程、技术规范标准。

三、政策保障

（一）实行更加严格的环保政策

划定并逐步扩大高污染燃料禁燃区范围。地方人民政府要加快高污染燃料禁燃区划定工作，已划定高污染燃料禁燃区的地区应根据大气环境质量改善要求和天然气等清洁能源供应情况，逐步扩大实施范围，由城区扩展到近郊。高污染燃料禁燃区内禁止销售、燃用高污染燃料，禁止新建、扩建燃用高污染燃料的设施，已建成的，在城市人民政府规定的期限内改用天然气、电力或其他清洁能源。针对大气污染防治重点地区，制定更为严格的排放标准，实施特别排放限值，全面推进排污许可管理。各地能源监管、质量监督、工商行政管理、环境保护等部门按照各自职责对高污染燃料禁燃区内的煤炭生产、流通、使用实施严格监管，同步加强对工业、发电企业用煤监管。

严控交通领域污染排放。强化陆上交通移动源污染防治、船舶排放控制，制定严格的运输工具污染物排放标准和单位运输周转量CO_2排放降低要求。在长三角、珠三角等沿海重点海域严格落实船舶污染物排放控制有关要求，加强内河船舶排放污染防治工作。大气污染防治重点地区全面安装车辆排污监控设备，加强协同管控，重点筛查柴油货车和高排放汽油车，严格限制超标排放车辆上路行驶。

将煤改清洁能源纳入环保考核。建立对各省（区、市）环保措施落实的考核问责机制，切实落实党委政府环保“党政同责”、“一岗双责”，将民用和工业燃料“煤改气”等纳入考核内容，确保实施效果。

（二）完善天然气价格机制

深化天然气价格改革。推进非居民用气价格市场化改革，进一步完善居民用气定价机制。上游经营主体多元化和基础设施第三方公平接入实现后，适时放开气源和销售价格。各地要加强省内天然气管道运输和配气价格监管，抓紧制定监管规则，建立健全成本监审制度，推行成本信息公开，强化社会监督。

完善天然气发电价格机制。完善气电价格联动机制，有条件的地方可积极采取财政补贴等措施疏导天然气发电价格矛盾。随着电力体制改革进程推进以及电力辅助服务市场的进一步推广，推进天然气发电价格市场化。细化完善天然气分布式能源项目并网上网办法。

（三）健全天然气市场体系

减少供气中间环节。要积极推进体制机制改革，尽量压缩省内天然气供应中间环节，减少供气层级，有效降低各环节输配费用。天然气主干管网可以实现供气的区域和用户，不得以统购统销等名义，增设供气输配环节，提高供气成本。对没有实质性管网投入或不需要提供输配服务的加价，要立即取消。各地在项目核准时，对省内天然气管道项目建设要认真论证，对增设不必要中间环节的管道项目要严格把关，坚决杜绝新建管道“拦截收费”现象。

建立用户自主选择资源和供气路径的机制。用户可自主选择资源方和供气路径，减少供气层级，降低用气成本。用户自主选择资源方和供气路径的，应当符合当地城乡发展规划、天然气和燃气发展等专项规划，地方人民政府应加强统筹协调给予支持。企业应按照《城镇燃气管理条例》的规定，申请取得燃气经营许可证后方可经营供气。支持天然气交易中心有序建设和运营，鼓励天然气市场化交易。

（四）完善产业政策

加快法规标准“立改废释”。加快清理和修改不适合新形势和改革要求的法律法规和规范性文件。简化优化天然气利用行政审批事项，消除行业性、地区性、经营性壁垒，促进公平竞争。加快天然气计量、天然气车船制造、LNG陆路内河储配、加气（注）站安全防护和安全距离等标准规范的制修订工作。研究内河LNG动力船舶过闸、LNG动力船舶过三峡大坝等政策。启动船舶用油质量升级。结合南方地区天然气分户采暖试点工作，研究制定地方标准，稳步提高居住建筑节能标准。

强化天然气设施用地保障。各省（区、市）应将天然气储气调峰设施、加气（注）站项目布局纳入能源及相关行业规划，并做好与土地利用、城乡建设等规划的衔接。支持企业依法利用存量用地建设以上项目。对符合划拨用地目录的天然气设施用地优先划拨，鼓励以出让、租赁方式供应天然气设施用地。优先保证储气调峰设施建设用地需求。

落实碳排放权交易制度。推动建设并不断完善全国统一的碳排放权交易市场，在发电、石化、化工、建材、钢铁、有色金属、造纸等行业，对以天然气为燃料、原料的设施和企业分配碳排放配额时予以重点倾斜。

（五）强化财政和投融资支持

完善财政支持。鼓励地方政府因地制宜配套财政支持，推进天然气管道、城镇燃气管网、储气调峰设施、“煤改气”、天然气车船、船用LNG加注站、天然气调峰电站、天然气热电联产、天然气分布式等项目发展。2017年12月31日前对新建LNG动力船或以动力系统整体更新方式改建为LNG动力船舶按规定享受有关专项补贴政策。

拓宽融资渠道。支持地方政府、金融机构、企业等在防范风险基础上创新合作机制和投融资模式，创新和灵活运用贷款、基金、债券、租赁、证券等多种金融工具，加大天然气利用及基础设施建设运营领域融资支持。加强对民间投资的金融服务，积极推广政府和社会资本合作（PPP）等方式，吸引社会资本投资、建设、运营天然气基础设施。在清洁能源利用和大气污染治理领域，支持京津冀晋鲁豫等重点地区金融支持政策先行先试。

（六）加大科技创新

加快科技攻关和装备产业化。政、产、学、研、用相结合，加大天然气利用基础研究和应用研究投入，促进成果转化。紧密跟踪世界前沿技术发展，加强交流合作。推动天然气利用领域的材料（包括高锰奥氏体钢、因瓦合金等）和装备（包括燃气轮机、小型燃机、车用第五代高压直喷发动机、大型LNG船用单燃料发动机等）科技攻关及国产化，鼓励和推动天然气利用装备产业化。

研发LNG运输和车用气技术。加快提升水运、铁路、公路LNG运输效率，推进多式联运，探索研发集装箱方式运输LNG的技术和装备，增强LNG运输的灵活性。鼓励并引导LNG整车企业加大对电控、发动机、气瓶和蒸发气体回收等方面技术的研发力度，提高天然气车辆运营效率。

（七）推进试点示范

积极探索、试点先行，着力加强重点领域、关键环节改革创新试点，探索一批可持续、可推广的试点经验。一是在油气体制改革总体方案框架内，有序支持四川、重庆、新疆、贵州、江苏、上海、河北等省市开展天然气体制改革综合试点或专项试点。二是健全天然气管道第三方公平准入机制，推进LNG接收站第三方开放试点，强化天然气管网设施公平开放监管。三是推进天然气价格市场化改革试点等。

四、加强资源供应保障

（一）提高资源保障能力

立足国内加大常规、深海深层以及非常规天然气勘探开发投入，积极引进国外天然气资源，加强油气替代技术研发，推进煤制气产业示范，促进生物质能开发利用，构筑经济、可靠的多元化供应格局。鼓励社会资本和企业参与海外天然气资源勘探开发、LNG采购以及LNG接收站、管道等基础设施建设。优先保障城镇居民和公共服务用气。

（二）加强基础设施建设和管道互联互通

油气企业要加快天然气干支线、联络线等国家重大项目推进力度。建立项目单位定期向项目主管部门报告建设情况的制度，项目主管部门建立与重大项目稽查部门沟通机制，共享有关项目建设信息。重大项目稽查部门可根据项目建设情况，加强事中事后监管，开展不定期检查，督促项目建设。

支持煤层气、页岩气、煤制天然气配套外输管道建设和气源就近接入。集中推进管道互联互通，打破企业间、区域间及行政性垄断，提高资源协同调配能力。加快推进城市周边、城乡接合部和农村地区天然气利用“最后一公里”基础设施建设。开展天然气基础设施建设项目通过招投标等方式选择投资主体试点工作。

（三）建立综合储气调峰和应急保障体系

天然气销售企业承担所供应市场的季节（月）调峰供气责任，城镇燃气企业承担所供应市场的小时调峰供气责任，日调峰供气责任由销售企业和城镇燃气企业共同承担，并在天然气购销合同中予以约定。天然气销售企业、基础设施运营企业、城镇燃气企业等要建立天然气应急保障预案。天然气销售企业应当建立企业天然气储备，到2020年拥有不低于其年合同销售量10%的工作气量。县级以上地方人民政府要推进LNG、CNG等储气调峰设施建设，组织编制燃气应急预案，采取综合措施至少形成不低于保障本行政区域平均3天需求量的应急储气能力。

支持承担储气调峰责任的企业自建、合建、租赁储气设施，鼓励承担储气调峰责任的企业从第三方购买储气调峰服务和调峰气量等辅助服务创新。支持用户通过购买可中断供气服务等方式参与天然气调峰。放开储气地质构造的使用权，鼓励各方资本参与，创新投融资和建设运营模式。鼓励现有LNG接收站新增储罐泊位，扩建增压气化设施，提高接收站储转能力。

全国海堤建设方案

国家发展改革委　水利部

2017年7月27日

海堤是沿海地区抗御台风风暴潮灾害，保障经济社会发展和人民群众生命财产安全的重要基础设施。经过多年的努力，目前，我国已建成海堤1.45万公里，在防御台风风暴潮灾害中发挥了重要作用。但随着沿海地区对防台防潮减灾要求的不断提高，海堤建设还存在工程体系不完善、建设标准较低等问题。

按照《中华人民共和国国民经济和社会发展第十三个五年规划纲要》和2016年国务院批准《水利改革发展“十三五”规划》提出“推进重点海堤达标建设”、“以保护沿海地区重要城市、重要经济区、重要基础设施为重点，逐步构筑完善的沿海防潮减灾体系”的要求，国家发展改革委、水利部组织编制了《全国海堤建设方案》，明确了当前和今后一个时期海堤工程建设的指导思想、基本原则、总体目标、重点任务、项目安排、投资规模和政策措施，是推动地方进一步科学有序开展海堤建设的指导性文件。

一、编制背景

（一）沿海区域状况

1.自然地理

我国由北向南依次濒临渤海、黄海、东海和南海，拥有大陆岸线1.8万多公里，有辽东、山东、雷州三个半岛，渤海、琼州、台湾三个海峡，以及17条主要入海河流和众多港湾。

2.经济社会发展

我国沿海地区经济社会发展相对较快，特别是改革开放以来，作为我国改革开放的前沿阵地，沿海地区经济社会迅猛发展，已成为我国经济最为发达、人口最为稠密、社会财富高度集中的地区。沿海11个省份的国土面积约占全国总面积的13%，根据《中国统计年鉴2016》，2015年沿海省份地区生产总值占全国57.7%，社会固定资产投资占全国的46.0%，居住人口占全国的43.3%。其中，广东、江苏、山东、浙江生产总值在全国排前四位。

3.台风灾害情况

近年来，我国台风灾害呈多发、频发、连发的态势，风力大、海浪高、破坏性强，有的强台风反复登陆，造成严重的经济损失。

台风灾害多见于夏秋季节，其特点是来势猛、速度快、强度大、破坏力强。每年的5～12月都可能有台风登陆，但主要集中在7～9月。台风受灾地区主要在广东、福建、浙江、海南和广西等沿海地带，少数登陆浙江、福建后北上或转向移入黄海、渤海的台风对上海、江苏、山东、河北、天津、辽宁等省市也会造成灾害。

台风灾害影响包括狂风引发的风灾、暴雨造成的洪涝以及风暴潮、海浪、滑坡、泥石流等次生灾害，往往造成沿海地区重大经济和人员损失。台风过境期间常出现较大范围大暴雨，台风风暴潮遭遇江河洪水入海，进一步加剧潮位抬升，与海浪共同作用下对海堤产生严重危害，极端情况下导致海堤溃决或漫堤，堤后陆域遭受洪水淹没。台风致灾严重程度与台风路径、台风强度、海岸地形地势、潮汐以及海岸内地的水文情势、社会及经济情况等多种要素密切相关。

（二）海堤建设情况及问题

1.总体情况

新中国成立以来，经过多年持续建设，我国海堤保有量不断增长，达标率不断提高，防潮减灾能力大幅提升，为抗御台风风暴潮灾害提供了重要保障，在历次防御台风风暴潮灾害中发挥了重要作用。截至2015年年底，我国已建成海堤1.45万公里，沿海主要城市基本形成了防御20年一遇以上台风风暴潮的抗灾保障体系，上海市防潮标准达到100～200年一遇，其他重要城市重点堤段防御标准达到50～100年一遇以上，其余大部分地区防潮标准仍不足20年一遇。

2.海堤结构型式

海堤结构型式主要有斜坡式、直立式和复合式等。目前，我国沿海地区海堤建设以斜坡式海堤为基本结构型式，此类海堤能较好地适应海岸滩涂软土地基条件，整体稳定性较好，消浪效果明显，对强风浪区有较强的适应性，对高、中、低潮带围堤和深水围堤都具有良好的适用性；筑堤土料和围内填土一般可就地取材，施工工艺相对简单，维修养护较容易，缺点是工程量相对较大，工程造价相对较高。此外，部分地区还建有一些直立式和复合式海堤。直立式海堤堤身断面较经济、占地面积小、工程造价相对较低，缺点是对地基要求高、稳定性较差、不利于消浪。复合式海堤为直立式、斜坡式相结合的海堤型式，兼有两种海堤型式的优缺点，适用于深水围堤。海堤堤身通常采用土堤或土石结构，部分采用钢筋混凝土沉箱、浆砌石挡土墙等结构。护坡结构主要有干砌块石、浆砌块石、灌砌块石和人工护面块体等。为消减波浪对护坡的压力和削减波浪爬高，通常在堤坡上设置消浪平台，安放消浪块体，在堤顶设置弧形防浪墙。

根据南京水利科学研究院、中国国际工程咨询公司对沿海省份海堤建设情况现场调研成果，受海堤工程所在地区、所处地理位置和经济发展程度等影响，各地海堤的建设标准、结构型式等存在较大差异。南海（广东、广西、海南）及东海沿海（上海、浙江、福建），海岸曲折，港湾、岛屿众多，海堤堤段相对较多；由于受台风风暴潮影响较大且台风风暴潮频发，海堤建设标准较高，面向外海且掩护条件差的海堤，大都采用人工护面块体（如扭工字块体、四脚空心方块、栅栏板等）进行防护，并设有防浪墙，堤顶及后坡均有完善的防护措施。黄渤海沿海（辽宁、河北、天津、山东、江苏），黄河、海河、辽河等河流入海泥沙多，沿海多为冲积平原，海岸地势平坦，海滩平宽，潮水涨落影响范围大，海堤保护面积宽阔；海堤护面大多采用干砌石、浆砌石或灌砌石，堤顶及后坡大都未做防护，对于风浪较大的局部海堤，采用四角空心方块或栅栏板护面并设有防浪墙。近年来，各地正在逐步转变海堤建设理念，更加重视生态环境保护，在充分考虑自然条件和防潮安全基础上，以传统土堤替代混凝土、块石等刚性结构，营造植物护岸、湿地等海岸生态系统，形成以抗御台风风暴潮为主，兼顾绿化、湿地及生物多样性保护等多目标的生态海堤模式，部分项目已对沿海地区生态环境产生积极作用。

3.存在的主要问题

虽然我国海堤建设取得了很大成绩，但从总体上看，海堤建设历史欠账较多，工程总体还较为薄弱，主要存在以下问题：

（1）工程体系不完善。除了个别经济较发达地区的海堤工程体系较为完备外，大多数沿海地区海堤保护范围分散，全国尚有约4000公里具有防潮任务的海岸线缺少海堤保护。一些已建海堤的设计和施工方案偏重传统的单一工程措施，对周边环境协调性、生态友好性等方面综合考虑不足，未充分考虑与植物护岸、湿地等生态措施协同，工程建设甚至对湿地、滩涂、红树林保护等造成了一定影响。一些海堤工程安全监测、通信设施等非工程措施不完善。

（2）建设标准偏低。已建1.45万公里海堤中，达标海堤长度6181.8公里，达标率仅42.5%。部分海堤由沿海企事业单位或当地群众自发修建，海堤建设标准和建设质量参差不齐，一些海堤存在堤身单薄、护坡质量较差、背水坡未护坡、堤顶未硬化等问题，有的海堤存在沉降、渗漏、变形及涵闸损坏等安全隐患。

（3）管理体制不健全。一些地方相关部门和沿海企业对海堤建设多头管理、缺乏协调，不利海堤工程的统一规划、建设、管理和发挥整体防潮效益。部分海堤工程管护主体和日常运行管理、维修养护经费及责任不落实，影响工程长期发挥效益。工程建设主要依靠政府投入为主，投资渠道较为单一。

（三）加强海堤建设的必要性

沿海地区防台防潮减灾事关人民群众生命安全，事关社会和谐稳定。《中华人民共和国国民经济和社会发展第十三个五年规划纲要》明确要求“推进重点海堤达标建设”。2016年，国务院批准的《水利改革发展“十三五”规划》提出，“开展重点海堤达标建设，以保护沿海地区重要城市、重要经济区、重要基础设施为重点，逐步构筑完善的沿海防潮减灾体系”。为进一步提高沿海地区防洪防潮能力，减轻台风风暴潮灾害损失，加强海堤建设是十分必要的。

一是保障沿海地区经济社会发展和人民群众生命财产安全的需要。《中华人民共和国国民经济和社会发展第十三个五年规划纲要》提出，“支持沿海地区全面参与全球经济合作和竞争，发挥环渤海、长三角、珠三角地区的对外开放门户作用，率先对接国际高标准投资和贸易规则体系，培育具有全球竞争力的经济区”。经济社会快速发展对沿海地区防潮减灾提出了新的更高的要求，但近年来，台风风暴潮灾害呈多发、频发、连发态势，灾害损失日趋加重。海堤是防御台风风暴潮灾害的第一道防线，加强海堤建设，对于保障沿海地区经济社会发展和人民群众生命财产安全具有重要作用。

二是有效应对气候变化引起台风风暴潮灾害的需要。近年来，在气候持续变化和极端天气频发的影响下，我国沿海台风风暴潮灾害强度有增加的趋势，气候变化导致的海平面上升将抬升台风风暴潮发生时的基础水位，使得超设计水位可能性增大，进一步加剧台风风暴潮的致灾程度。在沿海地区新建和布局各类重大经济项目及基础设施时，需充分考虑海平面上升和台风风暴潮灾害增强等因素，提高海堤工程标准，加强海堤建设，提升抗御台风风暴潮冲刷和破坏的能力。

三是完善防洪防潮减灾体系的需要。海堤工程是我国防洪防潮减灾体系的重要组成部分，也是防洪防潮减灾体系的突出薄弱环节。国务院批复的长江、黄河、淮河、海河、珠江等流域综合规划、防洪规划都将加强海堤建设，提高沿海地区防潮标准作为重要内容。加强海堤工程规划和建设，是提升流域和区域防洪防潮减灾能力，完善防洪防潮减灾体系的必然要求。

二、总体要求

（一）指导思想

全面贯彻落实党的十八大和十八届三中、四中、五中、六中全会精神，深入贯彻习近平总书记系列重要讲话精神和治国理政新理念新思想新战略，坚持节水优先、空间均衡、系统治理、两手发力，牢固树立灾害风险管理和综合减灾理念，坚持以防为主、防抗救相结合的方针，坚持常态减灾与非常态救灾相统一，努力实现从注重灾后救助向注重灾前预防转变，从减少灾害损失向减轻灾害风险转变，从应对单一灾种向综合减灾转变，主动适应沿海经济社会发展对防御台风风暴潮灾害的新要求，科学把握气候变化的新特点，统筹规划、因地制宜、合理布局、健全机制，合理确定海堤建设目标任务和建设标准，指导地方加快完善沿海地区防潮减灾体系，提高防御台风风暴潮灾害能力，保障沿海地区经济社会可持续发展和人民群众生命财产安全。

（二）基本原则

1.突出重点，有序推进海堤建设。区分轻重缓急，将经济发达、人口密集、社会财富高度集中并且台风风暴潮灾害严重的地区作为建设重点地区，优先实施现状海堤体系不完善、建设标准低、建设质量差、灾害风险大并且能够发挥防潮保护区整体防潮减灾效益的海堤建设。

2.注重生态，落实绿色发展理念。更加注重生态保护，妥善处理海堤建设和海岸生态环境保护的关系。科学布置堤线，尽可能维护海岸自然形态，严格履行环境影响评价程序，切实落实生态环境保护措施。

3.统筹兼顾，合理确定建设标准。统筹考虑沿海地区经济发展和防御台风风暴潮灾害的需要，处理好沿海地区近期与远期、整体与局部、城市和乡村的防台防潮减灾关系，合理确定建设标准。加强流域综合规划、防洪规划、河口规划、海岸带规划、滩涂规划、城市总体规划等相关规划的衔接。

4.建管并重，充分发挥工程效益。强化海堤建设管理，确保海堤工程建设质量与安全。高度重视海堤工程运行管理，理顺海堤工程管理体制，明确管理责任，明晰工程产权，落实管理经费，构建海堤工程长效管护机制，确保工程长期发挥效益。

（三）总体目标

力争用10年左右的时间，进一步完善沿海地区防潮减灾体系，全国海堤长度达到1.5万公里，已建海堤达标率提高到57.1%，使受台风风暴潮威胁严重的重要城市、重要经济开发区域的防潮安全得到基本保障。健全完善海堤工程管理体制，提升海堤工程管理的规范化水平，为海堤工程的正常运用和工程安全创造条件，确保海堤工程长期发挥效益。

（四）编制依据

1.有关法律法规。《中华人民共和国水法》《中华人民共和国防洪法》《中华人民共和国环境保护法》等。

2.相关规划。《中华人民共和国国民经济和社会发展第十三个五年规划纲要》《水利改革发展“十三五”规划》，国务院批复的长江、黄河、淮河、海河、辽河、珠江、太湖流域综合规划和防洪规划等。

3.相关技术标准和规范。《防洪标准》（GB50201—2010）《海堤工程设计规范》（GB/T51015—2014）《水闸设计规范》（SL265—001）等。

三、建设内容与区域布局

（一）建设范围

根据地方申报情况，《全国海堤建设方案》（以下简称《方案》）建设范围包括辽宁、河北、天津、山东、江苏、上海、浙江、福建、广东、广西、海南等11个省（自治区、直辖市）。

（二）建设内容

主要包括新建或加固海堤，涵管、水闸、泵站等附属建（构）筑物以及安全监测、通信预警、工程检测等设施设备。

（三）建设标准

按照《海堤工程设计规范》选定海堤工程的防潮（洪）标准，特别重要城市防潮（洪）标准200年一遇，重要城市100～200年一遇，中等城市50～100年一遇，其余大部分地区20～50年一遇。根据海堤标准相应确定海堤工程的级别，当遭受潮（洪）灾害或海堤工程失事后损失巨大，对防护区造成严重影响的海堤工程，其级别可适当提高；当受灾或失事后损失和影响较小的海堤工程，其级别可适当降低。海堤工程上的涵管、水闸、泵站等建筑物及其他构筑物的级别，不应低于海堤工程的级别；对于规模较大的建筑物，其级别应同时满足相应规范的规定。

（四）建设重点

黄渤海沿海地区重点推进辽宁省沿海产业基地、河北省唐山湾国际旅游岛、天津市滨海新区、山东省重点发展区域的“蓝黄两区”及江苏省重要城市等区域海堤建设。东海沿海地区重点推进上海市长三角经济圈，浙江省钱塘江两岸、象山港保护区、台州湾保护区、乐清湾保护区、舟山群岛保护区，以及福建省的部分重点城市及大部分乡镇等区域海堤建设。南海沿海地区重点推进广东省珠三角经济圈、粤东及粤西、广西沿海主要市中心区及部分乡镇、海南省国际旅游岛等区域海堤建设。

四、投资规模

（一）项目筛选原则

1.台风灾害情况。优先安排近年台风灾害中暴露出严重安全隐患、亟需治理，能够发挥防潮保护区整体防潮减灾效益的海堤项目。

2.前期工作和建设条件。项目建设的必要性、工程布局和建设任务、建设方案和规模已进行初步分析论证，具备一定前期工作基础，在土地利用、征地拆迁、生态环境等方面不存在重大制约因素。

3.统筹需求与可能。统筹考虑各地需求、地方建设积极性及项目排序、区域平衡和投资可能等因素，合理确定总体建设规模。

（二）项目安排

纳入《方案》的海堤建设长度2360.6公里，项目126个。其中，海堤加固长度1930.84公里，项目89个，占总体建设任务的81.8%；新建海堤长度429.76公里，项目37个，占总体建设任务的18.2%。

（三）资金筹措

海堤建设和受益主要在局部地区，根据中央和地方的事权划分原则，工程建设资金由地方负责落实。各地要在加大财政投入力度的同时，积极推行市场化运作，拓宽海堤建设投融资渠道，鼓励和吸引社会资本参与工程建设和管理。

五、项目实施与管理

（一）项目前期工作

海堤建设项目由地方按规定履行项目建设程序。要做好和完善项目前期工作，加强工程建设方案论证，合理确定海堤建设规模和建设标准。涉及市县边界的项目，省级水行政主管部门要按职责加强指导，做好项目衔接。各有关部门和单位要按照职能分工对建设项目前期工作严格把关，确保质量、深度和进度，做好项目储备。对于初步纳入《方案》的项目，各地可在实施中根据项目建设条件、台风风暴潮灾害情况等进行适当调整。在工程设计中，要树立绿色发展理念，坚持建设、开发与保护相结合，注重沿海地区生态环境保护，既要充分考虑防台风风暴潮的需要，也要充分考虑海岸资源综合开发和海岸环境保护的要求，使海堤工程与沿海生态环境保护相协调。

（二）建设管理

海堤工程建设应按照确定的工程布局和建设标准等有序实施，有关水行政主管部门应加强监督管理和协调，确保充分发挥海堤工程体系的整体防潮效益。各地要按照有关规定和程序，落实工程项目法人责任制等各项建设管理制度，严格招标投标程序，建立健全工程质量管理监督体系和安全管理监督体系，确保工程质量、安全和进度。建设项目完工后，要及时竣工验收并办理交接手续。

（三）运行管理

各地要建立健全海堤工程管理体制，明确管理机构，落实管理责任和管护经费，做好海堤工程的日常管理、观测、维修和养护，提升管理水平，确保工程长期发挥效益。相关部门或沿海企事业单位自行建设并管理的海堤工程，应当按照水行政主管部门提出的工程管理要求，加强维修养护和除险加固，并服从工程所在地水行政主管部门的监督检查。建设跨堤、穿堤、临堤的码头、厂房、桥梁、道路、渡口、船闸、船坞、管道缆线等基础设施，不得影响海堤安全，不得妨碍防潮抢险。

六、实施效果评价

《方案》中海堤建设项目实施后，将产生较明显的防潮效益，并具有较好的社会效益和生态环境效益。

（一）防潮效益

《方案》实施后，全国海堤总长将达到1.5万公里，其中，海堤达标长度将达8542.4公里，增加2360.6公里，海堤达标率将由现状的42.5%提高到57.1%，沿海地区防潮减灾体系进一步完善。沿海地区海堤设防标准将进一步提高，重要城市防潮标准基本提高至100～200年一遇，中等城市的防潮（洪）标准达到50～100年一遇，其余大部分地区的防潮（洪）标准达到20～50年一遇，沿海地区防潮减灾能力得到有效提高，对保障经济社会发展、人民生命财产安全和经济社会活动正常运行具有重要作用。

（二）社会效益

《方案》实施后，可保护沿海重要城市、重要经济开发区域以及6914万人、7104万亩耕地防潮安全，有效减轻保护区内台风风暴潮灾害带来的经济损失，保护区内基础设施、固定资产、工农业生产、群众生命及财产都将得到有效保护，社会效益显著，为沿海地区社会稳定、经济持续发展创造了良好的基础条件。

（三）生态环境效益

海堤工程的实施，可减轻沿海地区水土流失，提高海岸抗冲刷能力，有效遏制海岸侵蚀现象，为当地社会安定、人民安居乐业创造了良好的生存环境。海堤建设可保护沿海土地、植被等自然资源，为动植物的生长和繁衍创造有利条件，对促进区域生态环境改善具有积极作用。海堤工程有利于保护海岸滩涂，可通过加强造林绿化，扩大植被覆盖面积，同时，海堤建设还可以与公路、林网建设结合，建成“带、网、片”结合的防护林工程体系，使海岸形成10～50米宽的防风固沙绿色屏障。

七、环境影响评价

（一）主要环境影响问题

1.占地及移民安置的影响。项目建设有部分工程占地和由于占地产生的少量移民生产安置。在项目的设计和施工中应通过优化设计和合理安排，尽量减少移民占地，以及对移民生产安置地区带来的生态环境不利影响。

2.对水环境的影响。建设项目对水环境的影响主要是施工期的影响。工程建成投入运行后，工程的运行本身不会产生水污染物，不会对水环境造成负面的影响。

3.对大气环境的影响。对大气环境的影响主要在施工期，施工活动产生的废气中的主要污染物有总悬浮微粒(TSP)、二氧化硫(SO_2)、二氧化氮(NO_2)、一氧化碳(CO)、粉尘等。海堤项目属于非污染项目，工程建成后，无大气污染物排放，对大气环境的影响将随之消失。

4.对声环境的影响。对声环境的影响主要是施工噪音。项目建成后，海堤工程运行期间无噪声产生，对声环境的影响随之消失。

5.清淤弃土堆放对环境的影响。工程施工产生的固体废弃物主要是弃土、建筑物拆迁垃圾和清淤底泥。工程部分弃土可以用于平整场地、回填，与建筑垃圾一同运到指定地点处置；底泥的疏挖、运输、处置过程可能会产生底泥渗沥液、异味、粉尘、噪声等影响，只要做好项目施工方案，合理选择固体废弃物堆放地点，并按照环保要求妥善处置底泥，工程产生的固体废物及底泥对环境影响较小。

（二）综合评价与对策措施

《方案》实施可提高海堤防潮（洪）标准、持续改善生态环境、有效治理水土流失。

《方案》实施过程中，所产生的海堤工程占地和移民生产安置问题，可通过项目优化设计尽量减少影响。同时，依法妥善做好征地补偿和移民安置工作。施工活动停止之后，工程建设对水环境、大气环境、声环境的影响随之消失。施工期清淤与弃土堆放应在工程设计中合理选择堆放地点，同时按照环保要求妥善处置。项目实施应按照国家有关法律法规要求，加强环境保护管理，落实环境保护措施投资，严格执行“三同时”管理制度。

八、保障措施

（一）加强组织领导

各地要高度重视海堤建设工作，加强组织领导与协调，及时研究解决工程建设和运行管理中的重大问题。省级水行政主管部门要充分发挥职能部门作用，会同有关方面逐级分解细化本区域建设任务和方案。各有关部门要按照职能分工，密切协作配合，共同推进海堤建设顺利实施。

（二）完善前期工作

加大海堤建设项目前期工作经费投入，保障前期工作顺利开展。有关水行政主管部门要加强项目前期工作组织管理，严格审核把关，优化工程型式和设计方案，并协调加快审查审批，做好项目储备。

（三）落实建设投资

各地要统筹加大财政投入力度，建立健全海堤建设多元投入机制，多渠道筹集落实建设资金，鼓励和引导社会资本参与海堤建设，保障各重点项目建设资金需求。

（四）强化监督检查

地方各级水利（水务）、发展改革部门要加大对海堤建设项目实施的监督检查力度，视情况组织专项检查和稽查，保证工程质量、安全和进度。对检查中发现的问题，要督促相关单位及时整改，对问题严重的项目实行挂牌督办。

关于开展大中型灌区农业节水综合示范工作的指导意见

国家发展改革委　水利部

2017年11月23日

有关省、自治区、直辖市、新疆生产建设兵团发展改革委、水利（水务）厅（局）：

为贯彻落实《中共中央国务院关于深入推进农业供给侧结构性改革加快培育农业农村发展新动能的若干意见》(中发〔2017〕1号)有关要求，把农业节水作为方向性、战略性大事来抓，加快完善国家支持农业节水政策体系，现就开展大中型灌区农业节水综合示范工作提出如下意见。

一、充分认识大中型灌区农业节水综合示范工作的重要意义

我国是一个水资源相对短缺的国家，农业是用水大户。按照党中央、国务院的决策部署，近年来，各地区、有关部门持续加大投入和工作力度，在农业节水方面做了大量卓有成效的工作，积累了很多好的做法和经验，农业用水效率效益不断提高。但同时也要看到，农业节水涉及面广、工作任务重、影响因素多，当前总体还存在着工程设施体系不完善、管理体制和运行机制改革不到位、节水内生动力不足等问题，需要认真加以解决。

目前，我国共有设计灌溉面积30万亩及以上的大中型灌区456处，现状用水量也约占全国农业用水总量的三分之一，用水总量大，节水任务重。按照国家“十三五”规划纲要、水利改革发展“十三五”规划等有关要求，2017年4月，国家发展改革委、水利部印发了《全国大中型灌区续建配套节水改造实施方案（2016—2020年）》（以下简称《方案》），对“十三五”期间大中型灌区骨干工程设施配套改造、量测水设施建设、灌区管理体制和水权水价改革等作出了全面安排，计划到2020年“完成434处大型灌区续建配套和节水改造任务”。结合该《方案》实施，选取不同区域、不同资源环境禀赋、不同工程设施和管理条件的大中型灌区开展农业节水综合示范，总结有效做法，提炼推广模式，树立节水标杆，对于以点带面推动农业节水工作，加快补齐农业节水“短板”，完善农业节水政策体系，推动农田水利建设从提高供水能力向更加重视提高节水能力转变，推动水资源管理从注重工程建设向更加重视制度建设转变，具有重要意义和作用。

二、总体要求

（一）指导思想。全面贯彻党的十九大精神，深入学习贯彻习近平新时代中国特色社会主义思想，按照“五位一体”总体布局和“四个全面”战略布局，认真落实党中央、国务院决策部署，以提高灌区水资源利用效率和效益为目标，以完善灌区工程设施体系和水权制度体系为基础，以创新体制机制为核心，坚持统筹谋划、综合施策，全面推进灌区农业综合节水，尽快补齐农业节水工程和制度“短板”，以水资源可持续利用保障农业和经济社会可持续发展。

（二）基本原则。坚持统筹谋划。加强顶层设计，从各灌区实际出发，因地制宜、综合施策，合

理确定区域农业节水目标、实现途径、工作重点和改革举措，推动实现农业节水与现代农业、现代水利发展以及区域经济社会发展、生态环境保护等的有机融合。

坚持量水而行。落实最严格水资源管理制度，加强灌区用水源头管控和过程管理，严格控制取用水总量，严格落实定额管理制度，调整优化农业种植结构，不断提高用水效率和效益。

坚持改革创新。按照“先建机制、后建工程”的要求，积极改革灌区运行和管理机制，推动农业节水理念创新、制度创新、科技创新、实践创新，综合采用工程措施、农业措施和技术措施，统筹发挥市场配置资源的决定性作用和更好发挥政府作用，引导各方积极支持和参与农业节水工作。

（三）示范范围。《方案》内有工程改造建设任务、具有一定代表性的灌区。有关省（区、市）和新疆生产建设兵团开展示范的灌区数量应占本行政区《方案》内有工程改造建设任务大中型灌区总数的五分之一左右。示范期3年。

（四）总体目标。到2020年，示范灌区的农业综合生产能力进一步提高，农业种植结构和区域水资源配置格局更加优化，各类工程和管理设施持续稳定运行，各种节水技术不断普及推广，用水效率效益得到提升，争取率先全面完成农业水价综合改革任务，率先建立较为完善的农业节水长效机制和国家支持农业节水政策体系。

三、重点任务

（一）实行源头管控，探索进一步健全农业水权分配制度。全面落实灌区取水许可制度，以用水总量控制和定额管理指标为基础，按照适度从紧的原则，由有关地方人民政府或者其授权的水行政主管部门通过颁发水权证等形式将灌区农业用水权益明确到用水主体，实行丰增枯减、年度调整。根据灌区实际，合理确定农业水权确权层级，既可以确权到灌区或片区，也可以确权到农村集体经济组织、用水户协会或村民小组、用水户。坚持以水定地、以水定产，将农业水权与土地权属管理、农业种植结构调整等相结合，增强水权分配的科学性和导向性。

（二）推动水权流转，探索进一步培育和发展灌区节水市场。倡导地方政府建立农业节水回购制度，对农民通过农艺节水、高效节水灌溉设施等新增的节水量予以回购，增加河湖生态环境水量。鼓励工业园区、企业等新增用水户与灌区开展节水水权交易，合理扩大灌区供水领域和范围，通过市场机制实现灌区节约水资源在流域上下游及地区间、行业间、用水户间的有效流转。充分发挥中国水权交易所等各级水权交易平台的作用，开展水权鉴定、水权买卖、信息发布、业务咨询等综合服务，促进水权交易公开、公正、规范开展。

（三）强化利益调节，探索进一步深化农业水价综合改革。统筹考虑供水成本、水资源稀缺程度、用户承受能力、补贴机制建立等因素，合理确定农业水价及调价幅度和频次，一步或分步将水价提高到运行维护成本水平，有条件的地区提高到完全成本水平。根据计量设施建设情况，合理划分水费基本核算单元，进一步提高按量收费的比例。对提高后的水价，探索实行多种分担和补贴模式，完善制度，提补分离，既总体上不增加农民负担，又着力激发节水内生动力。强化农业用水定额管理，对超定额用水逐步实行累进加价制度，探索对粮食作物、经济作物、养殖业用水等实行分类水价。

（四）夯实工程基础，探索进一步加快完善农业节水设施体系。全面完成大中型灌区续建配套节水改造规划建设任务，对灌区渠首、骨干输水渠道、排水沟、渠系建筑物等进行配套完善和更新改造，提升骨干工程改造的技术含量和效益，提高工程配套率、完好率。因地制宜发展低压管道输水灌溉、喷灌、微灌，推广农艺、农机和生物节水技术。结合灌区骨干渠道、渠系建筑物改造与布置，在渠首、干支渠重要引水口、分水口、供用水分界断面以及主要的泄水、退水、排水口建设安装相关量测水设施，同时，根据需要配套完善斗渠及以下的量测水设施，实现灌区用水有监控、节水有考核。有条件的灌区可采用自动量测系统。

（五）推广适应种植，探索进一步优化农业用水结构。强化灌区农业用水需求管理和过程管理，切实落实灌区农业用水总量控制和用水效率提升要求，以水资源刚性约束倒逼推动调整优化灌区农业种植结构和布局，推广选用与区域水资源条件相适应的作物品种，逐步调减水资源短缺地区高耗水作物面积。适应市场优质化、个性化、多样化的需求，在灌区大力发展地方优势特色农产品，鼓励种植耗水少、附加值高的农作物。

（六）拓宽资金来源，探索进一步完善农业节水投入机制。在中央预算内投资补助大中型灌区续建配套节水改造工程建设的同时，落实各级地方政府投入责任，统筹加大地方财政支持力度。多渠道落实农业用水精准补贴和节水奖励资金，增强资金投入的有效性、可持续性。鼓励和引导社会资本参与农业节水工程建设和运营管理。探索通过水权交易、灌区改造新增耕地指标交易等方式筹集灌区改造工程建设资金。

（七）坚持市场导向，探索进一步大力发展新型农业节水主体。把节水与现代农业发展等紧密结合，大力培育发展农民用水户协会、农民合作社、家庭农场、种植大户、龙头企业等新型农业节水和生产经营主体，提高灌区土地规模化、集约化经营水平和效益，增强受益群众和有关市场主体对农业节水工程建设、管护的意愿和能力。积极推行农业节水合同管理，引入社会资本，募集先进技术，推行节水服务商模式。加强市场监管，规范农业节水材料和设备市场。

（八）理顺体制机制，探索进一步保障工程持续良性运行。深化灌区管理体制与运行机制改革，科学界定政府、灌区专管机构、群管组织等各自的责任、权利、义务，理顺管理体制，落实管护主体，畅通经费渠道，完善支持政策，加快健全灌区工程良性运行管护机制。重视发挥村社集体等组织的作用，进一步探索符合基层实际、科学可行的群众参与灌溉管理模式，规范和扩大用水户参与。

四、组织实施

（一）加强组织领导。大中型灌区农业节水综合示范工作实行地方政府主责、发展改革部门会同水行政主管部门主抓、其他相关部门配合的管理体制。国家有关部门各司其职，密切协作配合，加强指导、支持和监督。各地要进一步提高认识，切实落实工作主体责任，明确各部门和地方的任务以及职责分工，采取更加有力、有效的措施，深入做好各项工作。各省级发展改革、水利部门要建立大中型灌区农业节水综合示范工作定期调度机制，强化工作评价和考核监督，并于每年12月底前将年度示范工作进展情况报国家发展改革委、水利部。

（二）科学制定方案。各省级发展改革、水利部门要根据辖区内各灌区气候地理条件、水资源状况、农作物种类、灌区规模等情况，重点选择地方工作积极性高、基础条件好、具有一定代表性的灌区开展示范工作，编制具体工作方案，明确灌区节水能力增加、用水效率效益提升等考核评价指标和重点示范任务，以及分年度实施计划，争取尽快形成有特色、有亮点的经验做法。各省份的灌区农业节水综合示范工作方案请于2018年1月底前报国家发展改革委和水利部备核。

（三）强化指导支持。国家发展改革委、水利部相关司局将加强对示范工作的统筹指导，根据需要适时组织开展专题调研、咨询论证和督导检查，密切跟踪若干重点灌区示范工作进展情况，并建立年度中央预算内相关水利投资与示范工作的挂钩机制，对示范工作取得明显成效的省份及灌区给予重点支持。各地发展改革、水利部门要加强与同级财政、国土资源、农业等部门的沟通协商，协调联动，统筹加大对示范项目的政策支持力度，推动各项工作尽快取得实效。要加强区域水资源优化配置，对大中型灌区周边的新增城镇生活、工业用水需求，优先考虑通过灌区实施农业节水后增加供水能力提供；对综合改革不到位、节水还有很大潜力的地区，原则上不得新建供水工程。

（四）加强宣传引导。各有关部门、地区和灌区管理单位要加强政策解读和舆论引导，强化水情教育，引导农民增强节水意识和有偿用水意识，提高节约用水的自觉性。及时总结工作经验，通过制作案例、召开现场会等方式，利用报刊、网络、广播、电视等媒介进行宣传推广，充分发挥示范效应。

推进京津冀民航协同发展实施意见

国家发展改革委　民航局

2017年11月27日

推动京津冀协同发展，是党中央、国务院在新的历史条件下确定的重大国家战略，是一项历史性工程。深化区域民航协同发展是京津冀交通一体化发展的重要抓手之一。为深化改革创新、率先突破，加快京津冀民航协同发展，依据《京津冀协同发展规划纲要》和《京津冀协同发展交通一体化规划》，制定本意见。

一、指导思想

深入学习贯彻党的十九大精神，以习近平新时代中国特色社会主义思想为指导，贯彻新发展理念，落实《京津冀协同发展规划纲要》重要决策部署，坚持以民航强国战略为导向，践行以人民为中心的发展思想，紧密围绕京津冀民航协同发展，按照国家发展一个新的动力源要求加快北京新机场建设，打造国际一流的航空枢纽，建设京津冀世界级机场群，全面提升京津冀区域航空保障能力和运输服务水平，为京津冀协同发展提供有力支撑和保障。

二、基本原则

分工协作、互利共赢。创新北京“双枢纽”机场运营模式，显著增强国际竞争力，提升京津冀机场群的综合保障能力。进一步明确区域机场功能定位，充分发挥各自比较优势，错位发展、协同发展，提升天津、石家庄航空运输市场规模，强化民航对京津冀区域经济社会发展和对外开放的支撑带动作用。

协调联动、两翼齐飞。完善运输机场功能布局，科学规划通用机场，发挥通用航空运输服务功能以及对社会公共服务的支撑作用，构建公共运输航空、通用航空两翼协调衔接的京津冀航空服务网络，加快推进京津冀地区现代综合交通运输系统建设。

互联互通、一体发展。以需求为导向，加强民航与轨道交通等其他快速交通方式的高效衔接，构建以枢纽机场为核心的综合交通枢纽，提升智能化、信息化管理水平，实现设施连通、信息互通、票务畅通，提升空地一体化发展水平。

创新融合、扩大开放。立足京津冀城市群整体空间布局以及京津冀三省市比较优势，适应疏解北京非首都功能和产业转型升级要求，充分发挥机场群的辐射和带动作用，有力支撑京津冀城市群经济社会发展。

三、发展目标

2020年，北京新机场建成投入使用，首都机场国际旅客占比提高2至3个百分点，北京“双枢纽”机场与天津机场、石家庄机场实现与轨道交通等有效衔接，初步形成统一管理、差异化发展的格局，京津冀机场群协同发展水平显著提升，整体服务水平、智能化水平、运营管理力争达到国际先进水平。2030年，北京“双枢纽”机场成熟运营，协调发展、适度竞争，国际竞争力位居世界前列，天津、石家庄机场区域航空枢纽辐射能力显著增强，将天津建成我国国际航空物流中心，基本实现京津冀地区主要机场与轨道交通等有效衔接，打造形成分工合作、优势互补、空铁联运、协同发展的世界级机场群。

四、重点任务

（一）提升机场综合保障能力。加快北京新机场建设，完善首都机场服务功能，形成优势互补、适度竞争、具有国际竞争力的“双枢纽”机场格局，显著增强北京地区民航运输保障能力和辐射带动作用，大幅提升北京航空枢纽国际竞争力。改扩建天津滨海机场，增强区域枢纽作用，建设我国国际航空物流中心。改扩建石家庄正定机场，充分发挥比较优势，增强对周边的集聚辐射能力，逐步培育成为区域航空枢纽。新建邢台、沧州、康保、丰宁等支线机场。推进唐山、张家口、邯郸等机场改扩建。研究优化京津冀地区军民航机场功能与布局，确保京津冀地区军民航协调发展、安全运行。

（二）优化航路航线网络结构。优化首都机场航线网络结构，与北京新机场形成优势互补的“双枢纽”航线网络格局，进一步扩大国际航线网络覆盖面和通达性，合理引导国内中小机场通过区域枢纽与北京“双枢纽”机场衔接。加快完善天津机场、石家庄机场区域枢纽航线网络布局，提升区域机场综合保障能力。

（三）提高空管保障服务水平。加快推进北京终端管制中心和区域空管保障设施建设。调整优化京津冀地区空域结构，结合运行需求，持续推进北京终端区空域结构的优化调整。研究建立京津冀机场群与西南、中南、华东、西北等地区的空中单向循环通道建设，实现与主要地区航路航线网络的高效衔接。完善空域灵活使用机制，推进临时航线划设和使用，提高空域使用效率。

（四）打造通用航空服务网络。加快编制通用机场布局规划，加强区域协作，共同打造规模适度、结构合理、功能协调、兼容互补的区域通用机场网络。鼓励在枢纽运输机场周边规划建设通用机场，疏解枢纽运输机场非核心业务。支持支线机场增设通用航空设施，拓展业务范围，兼顾区域通用航空运营服务综合保障。以医疗救护、应急救援等为重点，探索建立京津冀地区通用航空公共服务网络，基本覆盖京津冀三省市。

（五）统筹区域机场运行管理。构建京津冀三省市航空枢纽协作机制，推进三地机场协同运行和联合管理，进一步加强安全、运行、服务等标准对接，实现目标一致化、定位差异化、运营协同化、管理一体化。

（六）建设以枢纽机场为核心的综合交通枢纽。加快北京新机场“五纵两横”综合交通网络建设，打造京津冀区域综合交通枢纽。以首都机场和北京新机场为核心，加快推进首都机场至北京新机场城际铁路联络线、北京至雄安城际铁路、北京至唐山铁路等建设，研究建设北京新机场至雄安高速公路；以天津机场为核心，加快京津城际铁路延伸至天津机场、京滨城际铁路、天津地铁Z2线建设，有序实施沿海高速铁路天津至潍坊段、天津至承德铁路等；以石家庄机场为核心，完善石家庄机场与京广高速铁路正定机场站之间的顺畅连接，有序实施石家庄至雄安、石家庄至邯郸等城际铁路；以京津冀地区支线机场为主要节点，有序实施唐山至曹妃甸、唐山至遵化、衡水经沧州至黄骅等城际铁路，基本实现京津冀地区主要机场之间以及与周边重要城镇节点和功能区通过轨道交通快速连接，建设形成分工合作、优势互补、协同发展的世界级机场群。

（七）推动空铁联程联运。充分利用大数据、互联网等条件，加快民航、铁路、道路运输等信息系统对接，鼓励开展空铁等联程运输服务，实现运力班次有效衔接、中转换乘信息互联共享。推广普及电子客票、联网售票，提升智能化管理水平。鼓励在有条件的重要高铁站点建设城市航站楼，设置综合交通服务平台，推行异地候机、行李联程托运等配套服务。

（八）加大政策支持引导。加强北京新机场运营初期的市场培育，加大国际航线和航班时刻的投放。制定并完善有利于北京“双枢纽”建设的航权分配、航班时刻、市场准入、差异化收费等政策，合理引导航空公司运力投放，促进京津冀机场资源合理、高效使用。鼓励“三地四场”主要基地航空公司实行枢纽化运营，支持天津机场发展航空物流，支持石家庄机场发展低成本航空。简化“三地四场”24小时直接过境程序，在符合海关监管条件的空港运行通程航班业务。实施京津冀144小时过境免签。地方政府积极协调口岸检查检验机构和税务、金融机构等部门联合提升航空口岸服务水平，实现航空货运7×24小时通关服务，实现京津冀空港通关一体化，提升口岸通关效率。

（九）提升政府监管能力。加强北京新机场民航安全监管力量建设，提升安全监管能力，保障北京新机场安全正常运行。加强北京新机场空中交通管理能力建设，提升新机场运行效率。

（十）强化规划约束作用。加强机场总体规划、临空经济区规划与地方城乡规划、土地利用总体规划等协调衔接，科学规划机场周边发展用地和空管用地，强化规划实施评估和监督检查。

国务院有关部门、军方有关单位与京津冀三省（市）要充分认识加快京津冀民航协同发展的重要性，统一思想认识、密切协同合作、主动担当作为，按照职能分工，认真履行职责，切实抓好各项重点任务落实，确保京津冀民航协同发展取得实效。

关于建立健全煤炭最低库存和最高库存制度的指导意见（试行）

国家发展改革委　国家能源局

2017年11月28日

为深入贯彻落实党的十九大精神，建设现代化经济体系，深化供给侧结构性改革，按照进一步健全国家储备制度和建立推动煤炭行业长期健康发展长效机制的工作要求，不断增强煤炭稳定供应和应急保障能力，实现供需动态平衡，促进经济平稳运行，现就建立健全煤炭最低库存和最高库存制度提出以下意见。

一、建立健全煤炭最低库存和最高库存制度的必要性

煤炭是我国的基础能源和重要原材料，保持合理库存是实现煤炭稳定供应、避免价格大幅波动的

有力保障。近年来，部分地区和有关重点行业围绕建立煤炭储备制度、提高库存水平陆续出台了一系列管理办法和规定，为缓解区域性、时段性供需矛盾发挥了积极作用，但从实践情况看，还存在着覆盖面不全、约束力不强、标准要求不统一等问题，难以满足新形势的发展变化需要。为此，在现有工作基础上，建立健全以最低库存和最高库存为主要内容的社会责任储备制度，具有十分重要的意义。

完善和健全库存制度是保障国家能源安全的客观要求。2016年我国煤炭消费占能源消费总量的62%，随着经济发展进入新常态，煤炭消费所占比重虽然有所下降，但大幅度提高新能源和可再生能源的利用比重还需要一个较长的过程，短期内煤炭作为我国主体能源的地位难以改变，保障煤炭稳定供应对经济发展和能源安全具有重要意义。

完善和健全库存制度是保证煤炭稳定供应的现实需要。我国煤炭消费区与主产地呈逆向分布，跨省区的资源协调和运力保障难度较大。特别是近两年随着煤炭去产能的深入推进，原有的煤炭产运需格局发生了明显变化，加之自然灾害、安全事故等突发事件，区域性、时段性的供需矛盾时有发生，提高社会煤炭整体库存水平有利于促进供需平衡，保障市场稳定供应。

完善和健全库存制度是保障上下游企业安全生产的重要条件。连续性平稳生产是煤炭、电力行业的主要特征，也是保障安全运行的重要条件。当煤炭需求出现大幅波动，价格高企时，极有可能导致煤炭企业超能力生产和违法违规生产，增加安全风险隐患；当电厂存煤过低时，也将会导致发电机组运行不稳定，甚至出现缺煤停机的情况，给电厂和电网安全带来不利影响。保持合理库存有利于煤炭上下游企业均衡组织生产，提升安全总体水平。

完善和健全库存制度是规范煤炭合理库存的有效手段。目前煤炭生产、经营、消费环节的库存主要由企业根据自身经营状况和需求确定，由于缺少相关库存标准规范或文件依据，地方有关部门对企业库存变化难以进行有效监管，存在着部分企业社会责任意识不强、存煤储煤随意性较大、库存数量达不到合理水平等问题。强化库存监管有助于提升企业责任意识和规范储煤行为。

完善和健全库存制度是促进煤炭价格处于合理区间的有力措施。当煤炭供过于求、价格下跌时，通过设立最低库存，引导煤炭产供需各方多存煤，有利于促进供需平衡；当煤炭供不应求、价格上涨时，通过设立最高库存，有利于防止产供需各方特别是中间环节囤积惜售，加剧市场失衡，造成价格剧烈波动。进一步发挥好库存的蓄水池和调节器作用，有利于促进煤炭价格稳定在合理区间。

此外，从储备技术条件看，煤炭分类存放、分区管理、分层压实组堆、煤堆覆盖、定期检温制度等存煤方式日趋成熟，具备了增加存煤的技术条件。同时，一批现代化新型电厂相继建成投产，这些新建电厂集疏运设施完备，煤炭堆存能力较大，具备了提高存煤水平的基本条件。

二、总体要求和主要原则

深入贯彻落实党的十九大精神，以习近平新时代中国特色社会主义思想为指引，持续深化煤炭供给侧结构性改革，积极推动促进行业健康发展的长效机制建设，通过建立健全煤炭最低库存和最高库存制度，进一步落实企业主体责任和社会责任，强化地方政府监管责任，督促指导煤炭生产、经营、消费企业保持合理库存水平，不断提升供应保障能力和市场风险防范能力，促进供需动态平衡，为经济社会平稳运行提供有力支撑。

建立健全煤炭最低库存和最高库存制度应遵循以下原则：

一是坚持社会责任与鼓励引导相结合。最低库存和最高库存是煤炭生产、经营、消费企业的社会责任，应认真履行；执行中，鼓励引导煤炭消费企业在规定的库存水平范围内，根据市场变化和自身需求合理增加存煤，以增强应对市场波动的能力。

二是坚持安全性与经济性相结合。最低库存和最高库存标准的确定，要以满足企业正常生产和经营为前提，既不能因标准过低，达不到保障安全生产运行的要求，也不能因标准过高，超出了企业承受能力的范围。

三是坚持常态化与因时制宜相结合。在明确常态下最低库存和最高库存的同时，对迎峰度夏度冬用煤高峰时段，以及价格出现大幅波动等特殊情况下的存煤标准及适用范围进行适当调整。

三、科学确定不同领域煤炭最低库存和最高库存根据现有相关行业标准规范，综合考虑煤炭开采布局、资源禀赋、运输条件和产运需结构变化等因素，按照不同环节、不同区域、不同企业、不同时段，科学确定煤炭最低库存和最高库存

（一）煤炭生产企业。根据《煤炭工业矿井设计规范》（GB50215—2015）、《煤矿生产能力核定标准》（安监总煤行〔2014〕61号）等有关规定，煤矿地面生产系统中的储煤能力应达到3～7天的矿井设计产量，储煤能力包括储煤场和贮煤装车仓总能力。依据《关于平抑煤炭市场价格异常波动的备忘录》（发改运行〔2016〕2808号）对不同价格区间的设定，煤炭生产企业应遵循以下原则进行储煤：设有储煤厂的煤矿，当动力煤价格处于绿色区域时，应保持不低于5天设计产量的最低储煤量；当动力煤价格出现大幅下跌超出绿色区域下限时，煤矿应保持不低于7天设计产量的最低储煤量；当动力煤价格出现大幅上涨超出绿色区域上限时，煤矿储煤量可不高于3天设计产量。不设储煤厂的煤矿，应根据《煤炭工业矿井设计规范》有关规定，保持装车仓最大设计储煤量。

（二）煤炭经营企业。从事原煤、配煤及洗选、型煤加工产品经销等活动的煤炭经营企业，最低库存原则上不低于上一年度3天的日常经营量。当市场供不应求、动力煤价格出现大幅上涨超出绿色区域上限时，煤炭经营企业最高库存原则上不超过上一年度月均经营量。

（三）煤炭主要用户。电力、建材、冶金、化工等重点耗煤行业的相关企业，日常生产经营过程中煤炭最低库存原则上不应低于近3年企业储煤平均水平；在市场供不应求、价格连续快速上涨时，其存煤量不应高于最高库存，最高库存原则上不超过两倍的最低库存量。

库存界定范围。生产企业的库存包括场存煤、站存煤，不包括发运到港口、集运站或分销基地的存煤。主要用户的库存指厂存煤（包括距厂较近的自有或租用堆场、专用码头存煤），不包括在途煤。

考虑到电煤占煤炭消费的比例最高，又是保障电力企业稳定生产的关键，目前先行制定重点燃煤电厂煤炭最低库存和最高库存规定，其他相关行业可参照电力行业或根据行业实际情况，由有关部门会同行业协会研究制定。各省（区、市）有关部门可根据本指导意见要求，结合地方实际情况，在保证稳定供应的前提下，研究制定本地区煤炭最低库存和最高库存管理实施细则，并报国家有关部门备案。

四、最低库存和最高库存的适用情形

参照《关于平抑煤炭市场价格异常波动的备忘录》等文件规定，最低库存和最高库存分为以下三种适用情形：

（一）当市场供不应求，价格大幅上涨至红色区域时，加强对煤炭生产、经营、消费企业最高库存情况的监督检查，防止囤积惜售，加剧供应紧张状况。在此期间，可不考核生产和经营企业最低库存，鼓励各方加大资源投放，以满足市场需求。

（二）当市场供过于求，价格大幅下跌至红色区域时，加强对煤炭生产、经营、消费企业最低库存情况的监督检查，防止企业少存煤甚至不存煤，影响安全生产稳定运行。期间，可不考核最高库存，鼓励企业多存煤，以促进市场供需平衡。

（三）其他情形均对最低库存和最高库存进行考核。

五、组织实施

（一）落实职责分工。建立健全国家指导、地方监管、企业主体的煤炭最低库存和最高库存制度。

国务院有关部门负责加强顶层设计，提出总体工作要求；地方有关部门负责组织实施和日常监管；企业履行主体责任，按照相关要求保持合理库存。

（二）**加强运行监测**。各地运行调节部门要会同有关方面建立覆盖煤炭产供需的运行监测体系，跟踪掌握煤炭供需和库存变化情况，做好预测预警和信息引导。相关企业应定期向地方运行调节部门报送煤炭生产、经营、消耗及库存数量。

（三）**加大监督考核**。各地煤炭管理部门负责对本地区煤炭生产和经营企业最低库存和最高库存执行情况进行监督考核，运行调节部门负责对重点用煤企业的最低库存和最高库存执行情况进行监督考核。发现企业库存未达到要求的，要督促其在确保安全的前提下限期整改，到期仍达不到要求的，由有关部门依法依规采取惩戒措施；对造成缺煤停机、影响发电供热的，要按照相关规定追究责任；对囤积居奇、哄抬物价、扰乱市场秩序的价格违法行为，依法进行查处。对因自然灾害、安全事故、设备检修、资源运力受限等特殊情况影响正常生产运行，无法满足存煤要求的，相关企业应第一时间向有关部门报备，期间暂不对其最低库存和最高库存进行考核，可免于执行相应惩戒措施，但在影响消除后应及时补足库存。

（四）**完善政策支持**。有关部门要加强协调服务，为落实好最低库存和最高库存制度创造有利条件。当煤炭资源或运力出现紧张时，各级运行调节部门要组织重点用户加强与煤炭生产企业、运输企业的沟通和协调，保证企业库存处于合理水平。各地不得出台限制煤炭正常流通等地方保护性措施。各地可根据实际对储煤设施改造力度较大、最低库存和最高库存制度执行较好的企业给予相应的政策支持。

（五）**强化行业自律和信用约束**。充分发挥煤炭、电力等行业协会的作用，督促引导企业主动履行社会责任，自觉遵守最低库存和最高库存要求。委托第三方信用服务机构适时开展企业最低库存和最高库存执行情况的信用数据采集工作，并纳入企业信用记录。建立完善相关企业失信黑名单和重点关注名单制度，定期公布最低库存和最高库存执行情况信用评估报告，实施守信联合激励和失信联合惩戒。

本意见自2018年1月1日起施行，有效期至2022年12月31日。

附 件

重点燃煤电厂煤炭最低库存和最高库存规定

根据《大中型火力发电厂设计规范》（GB50660—2011）等规定，综合考虑电厂所处地区资源禀赋、运输条件以及机组类型等因素，参照近年来全国重点电厂煤炭库存情况，分区域、分类别、分时段制定重点燃煤电厂煤炭最低库存和最高库存标准。

一、最低库存

区域存煤标准。主要考虑各省（区、市）煤炭消费量和自给率等因素，结合近年来各区域电煤库存平均可用天数，将各地最低库存标准分为两档，具体为：山西、陕西、内蒙古等煤炭主产区的燃煤电厂，库存量原则上不少于15天耗煤量；其他地区的燃煤电厂，库存量原则上不少于20天耗煤量。

电厂存煤标准。燃煤电厂最低库存量还应综合考虑运输方式、运输距离、资源矿点、煤种类型等因素，具体为：(1)运距不大于50公里的燃煤电厂，库存量不应少于5天耗煤量；运距大于50公里、小于100公里的燃煤电厂，采用汽车运输时库存量不应少于7天耗煤量，采用铁路运输时不应少于10天耗煤量；运距大于100公里的燃煤电厂，库存量不应少于15天耗煤量。(2)铁路和水路联运的燃煤电厂，库存量不应少于20天耗煤量。(3)对于燃烧褐煤的燃煤电厂，库存量不应少于10天耗煤量。当存在两种以上供煤方式或供煤矿井较多时，最低库存量可取上述要求中的较小值。

常态下燃煤电厂的最低库存，选取区域存煤与电厂存煤标准的低值。对于运输条件较好的煤电联营项目，可适当调低最低库存标准。

特殊时段标准。为确保迎峰度夏度冬及重大活动用煤需要，有关电力企业要提前做好煤炭收储工作，确保在用煤高峰到来前，将最低库存水平在常态基础上再提高5～10天，其中燃烧褐煤的电厂的最低库存水平在常态基础上提高5天。

已建成燃煤电厂存煤能力达不到最低煤炭库存标准要求的，应对现有设施进行改造；不具备改造条件的，需与有关煤炭生产经营企业或邻近电厂签订代储、互保协议，满足存煤要求。

二、最高库存

当市场供不应求、价格连续快速上涨时，燃煤电厂库存量应保持在合理水平，原则上不超过两倍的最低库存量，迎峰度夏度冬及重大活动期间，最高库存量可再适当上浮10～20天。

燃煤电厂最低库存和最高库存适用范围，按照《关于建立健全煤炭最低库存和最高库存制度的指导意见（试行）》有关规定执行。

三、库存天数测算

用于计算库存天数的日煤耗基准值，原则上由省级运行调节部门根据电厂前30天平均耗煤量确定。特殊地区（水电丰富、露天矿比例较高、电厂耗煤季节性差距较大等地区）可根据实际确定本地区日耗煤基准值的测算标准。

关于进一步推进煤炭企业兼并重组转型升级的意见

国家发展改革委　财政部　人力资源社会保障部　国土资源部　环境保护部
人民银行　国资委　质检总局　安全监管总局　银监会
能源局　煤矿安监局

2017年12月19日

各省、自治区、直辖市及新疆生产建设兵团发展改革委（能源局）、经信委（工信委、工信厅）、财政厅（局）、人力资源社会保障厅（局）、国土资源厅（局）、环境保护厅（局）、国资委、质量技术监督局、安全监管局、煤炭厅（局、办），各银监局，各省级煤矿安监局，人民银行上海总部、各分行、营业管理部、省会（首府）城市中心支行、副省级城市中心支行：

为贯彻落实《国务院关于煤炭行业化解过剩产能实现脱困发展的意见》（国发〔2016〕7号），深入推进煤炭供给侧结构性改革，进一步优化存量资源配置，扩大优质增量供给，实现煤炭供需动态平衡，有效抵御市场风险，提升煤炭行业发展的质量和效益，现就推进煤炭企业兼并重组转型升级提出如下意见：

一、总体要求

（一）指导思想。认真学习贯彻党的十九大精神，充分发挥市场在资源配置中的决定性作用，更好发挥政府作用，把提高供给体系质量作为主攻方向，通过市场机制、经济手段、法治办法，促进煤炭企业加快兼并重组和上下游深度融合发展，大幅提高煤矿规模化、集约化、现代化水平，实现煤炭行业转型升级。

（二）基本原则。坚持市场主导、企业主体和政府支持相结合；坚持发展先进生产力和淘汰落后产能、化解过剩产能相结合；坚持做强做优做大主业和上下游产业融合发展相结合；坚持提高产业集中度和优化生产布局相结合。

（三）主要目标。通过兼并重组，实现煤炭企业平均规模明显扩大，中低水平煤矿数量明显减少，上下游产业融合度显著提高，经济活力得到增强，产业格局得到优化。到2020年年底，争取在全国形成若干个具有较强国际竞争力的亿吨级特大型煤炭企业集团，发展和培育一批现代化煤炭企业集团。

二、主要途径及目的

（四）支持有条件的煤炭企业之间实施兼并重组。大力推进不同规模、不同区域、不同所有制、不同煤种的煤炭企业实施兼并重组，丰富产品种类，提升企业规模，扩大覆盖范围，创新经营机制，进一步提升煤炭企业的综合竞争力。推进中央专业煤炭企业重组其他涉煤中央企业所属煤矿，实现专业煤炭企业做强做优做大。鼓励各级国资监管机构设立资产管理专业平台公司，通过资产移交等方式，对国有企业开办煤矿业务进行整合。支持煤炭企业由单一生产型企业向生产服务型企业转变，加快专业化公司建设，推动煤炭产业迈向中高端。

（五）支持发展煤电联营。支持煤炭、电力企业通过实施兼并重组，采取出资购买、控股参股等方式，积极发展煤电联营。结合电煤运输格局，以中东部地区为重点，推进电煤购销关系长期稳定且科学合理的相关煤炭、电力企业开展联营。支持大型发电企业对煤炭企业实施重组，提高能源供应安全保障水平。

（六）支持煤炭与煤化工企业兼并重组。鼓励煤炭与煤化工企业根据市场需要出发实施兼并重组，有序发展现代煤化工，促进煤炭就地转化，发展高科技含量、高附加值产品。实现煤炭原料上下游产业的有机融合，增强产业相互带动作用。

（七）支持煤炭与其他关联产业企业兼并重组。鼓励具备实力的钢铁企业结合资源需求，与煤炭企业实施兼并重组。鼓励铁路、港航运输企业与煤炭企业实施兼并重组，发挥大宗物资运输的产业链优势，提高运输保障水平，形成稳定的货源渠道，提高抵御市场抗风险能力。

（八）通过兼并重组推动过剩产能退出。鼓励通过兼并重组加快淘汰落后产能和其他不符合产业政策的产能，引导规模小、安全差、效率低的煤矿主动退出。引导和鼓励对化解煤炭过剩产能实施方案以外的煤矿进行减量重组，培育和发展先进产能，保留煤矿能力不得高于重组前各煤矿能力总和，支持保留煤矿统一开发被重组煤矿剩余煤炭资源；允许资源不相邻的煤矿异地减量重组，重组后资源分期开发，保留煤矿退出前不得开采被重组煤矿剩余煤炭资源，重组主体企业做出分期开发承诺，省级人民政府有关部门向社会进行公告。有关省（区、市）制定具体方案并组织实施。

（九）通过兼并重组推进技术进步和升级。进一步研究完善煤炭先进产能标准，鼓励企业通过兼并重组，进一步发挥资源、技术、装备、管理、资金优势，积极培育发展工艺先进、生产效率和资源利用率高、安全保障能力强、环境保护水平高、单位产品能源消耗低的先进产能，实现安全环保集约化开采。到2025年，形成以大型企业为骨干、先进产能为主体的煤炭供给新格局。支持企业通过兼并重组，推广应用成熟、先进、适用的技术装备，加强技术攻关和科技成果转化，进一步提高机械化、自动化、信息化和智能化水平。

（十）通过兼并重组实现煤炭资源优化配置。煤炭资源实行集约开发，按照一个矿区原则上由一个主体开发的原则，推进矿区内煤炭企业兼并重组。对不符合优化布局的煤矿资源，通过市场化的方式进行兼并重组，促进资源进一步向优势企业集中，提高资源利用率。

（十一）通过兼并重组提高煤矿安全生产保障水平。通过兼并重组引导安全保障程度低的煤矿加快退出，进一步压减煤矿数量，减少事故隐患，通过实施机械化、自动化和智能化，推动煤矿生产系统改造升级，提高技术装备水平和安全保障水平。

（十二）通过兼并重组加快“僵尸企业”处置。坚持问题导向，从实际出发，对于因管理粗放、冗员较多、技术水平和劳动生产率低等原因暂时陷入困境，但具有一定发展潜力和重组价值的“僵尸企业”，支持实施兼并重组，提高经营管理水平和经济效益。对于产能落后、不符合产业政策的“僵尸企业”，坚决停止各种不合理补贴，强化环保、能耗、质量、安全等执法约束，加快退出。

（十三）通过兼并重组实现煤炭产业的优化布局。统筹资源禀赋、开发强度、市场区位、环境容量、输送通道等因素，按照“压缩东部、限制中部和东北、优化西部”的要求，进一步降低鲁西、冀中、河南、两淮煤炭基地生产规模，控制蒙东（东北）、宁东、晋北、晋中、晋东、云贵煤炭基地生产规模，支持陕北、神东、黄陇、新疆煤炭基地通过兼并重组适度扩大规模，减少区内开发主体数量。中南、西南、东北等小煤矿集中地区，应以淘汰退出为主。

三、政策措施

（十四）支持土地矿产处置。支持兼并重组企业依法依规增扩部分夹缝资源、深部资源和无法新设矿业权的边角资源。支持兼并重组企业盘活土地资产，涉及的划拨土地符合划拨用地条件的，经所在地县级以上人民政府批准可继续以划拨方式使用；不符合划拨用地条件的，依法实行有偿使用。兼并重组企业的土地，涉及改变用途的，经批准可采取协议出让方式办理用地手续，转产为国家鼓励发展的生产性服务业的，可以5年为限继续按原用途和土地权利类型使用土地；工业用地不涉及改变用途的，提高土地利用率和增加建设容积率可不再增收土地价款。经省级以上人民政府批准兼并重组改制的国有企业，其使用的原生产经营性划拨土地，可以国家作价出资（入股）方式处置；兼并重组企业涉及的集体建设用地发生转移的，相关企业可与农村集体土地所有权主体协商，确定土地使用期限，签订土地使用合同，依法办理集体建设用地使用权转移手续。

（十五）完善煤矿新建项目核准审批条件。根据国民经济和社会发展对煤炭的需求，为保障煤炭供需动态平衡，在落实产能置换长效机制前提下，对确需新建的煤矿，优先支持煤电联营项目和兼并重组主体企业新建项目。

（十六）严格安全标准约束。加强煤矿安全执法检查，新发生重大安全生产事故的煤矿、存在重大安全生产隐患经限期整改仍不达标的煤矿，列入兼并重组重点对象企业范围。对其中剩余资源确有开采价值的，经省级人民政府有关部门同意并向社会公告后，由兼并重组主体企业对其资源进行整合，重新规划、设计开采方案，被兼并重组的煤矿必须关闭井筒、不得保留原生产系统，严禁多系统、多井口出煤，防止简单组合，逃避退出。

（十七）严格环保法规标准约束。加强煤矿环境保护执法检查，严格环境准入。兼并重组项目应符合矿区总体规划和规划环评要求，依法履行项目环评手续。项目生产过程应落实各项生态保护措施，做到开采过程排放达标。项目违法建成投产的，须依法接受处罚并停止生产，列入兼并重组重点对象企业范围。

（十八）严格质量标准约束。生产高硫高灰煤的煤矿应当限制产量，产量逐年减少。凡生产高硫高灰劣质煤，经过洗选商品煤质量仍达不到《商品煤质量管理暂行办法》规定标准的煤矿，列入兼并重组重点对象企业范围。

（十九）严格规模技术标准。煤炭生产技术与装备达不到《煤炭生产技术与装备政策导向》的煤矿，属于《关于做好2017年钢铁煤炭行业化解过剩产能实现脱困发展工作的意见》（发改运行〔2017〕691号）文件所明确加快推进兼并重组的煤矿，列入兼并重组重点对象企业范围。

（二十）强化煤炭企业诚实守信政策引导。由主管部门、行业协会牵头，第三方征信机构参与，推动行业信用体系建设。煤炭生产企业应该在有资质的第三方征信机构建立信用记录。凡未建立信用记录，或者存在重大失信行为被列入严重失信企业黑名单的，列入兼并重组重点对象企业范围。

（二十一）实行兼并重组重点对象企业和主体企业名录管理。对第十六条至第二十条中列入兼并重组重点对象企业范围的，实行名录管理。对具有经济、技术和管理等优势的煤炭企业和大型火电企业，建立兼并重组主体企业名录。鼓励兼并重组主体名录企业对兼并重组重点对象企业实施兼并重组。煤炭行业管理部门会同有关部门和单位负责制定兼并重组重点对象企业和主体企业名录管理办法，开展名录认定和公开等工作。

（二十二）支持兼并重组企业市场融资和资产债务重组。对符合条件的兼并重组主体企业，鼓励其通过资本市场和其他融资渠道筹集资金，对具备重组价值的企业进行兼并重组，并按照依法合规、平等协商的原则，与被兼并重组企业债权人确定债务承接的具体办法。鼓励银行业金融机构按照《中国银监会办公厅关于做好银行业金融机构债权人委员会相关工作的通知》（银监办便函〔2016〕1196

号）等文件规定，充分发挥债权人委员会作用，开展债务重组工作。对确有资金需求的兼并重组企业，鼓励银行业金融机构按照依法合规、自主决策、风险可控、商业可持续原则，采取银团贷款等方式，积极稳妥开展并购贷款业务，避免出现逃废债行为。鼓励各省级人民政府依法合规设立地方资产管理公司，进一步拓宽煤炭企业不良资产处置渠道。

（二十三）对不具备长期发展条件、列入兼并重组重点对象的煤炭企业实行审慎的信贷政策。银行业金融机构要加强风险监测和识别，有效评估企业发展前景、财务状况和还款来源，对不具备长期发展条件、列入兼并重组重点对象的煤炭企业，审慎给予信贷支持。

（二十四）对不具备长期发展条件、列入兼并重组重点对象的煤炭企业实行审慎的关联产业政策。不符合国家产业政策以及产品和工艺属于淘汰类的煤炭企业不得参与电力直接交易。有关部门不得向其下达出口配额，不得给予中央财政安全技术改造补助资金。

（二十五）对不具备长期发展条件、列入兼并重组重点对象的煤炭企业加强债券风险防范。凡属此类情形的，评级公司及时做好跟踪评级，有关部门严格按照相关规则指引，审慎开展企业债券注册发行工作。已经发行企业债券的，加强债券资金用途监管，实施企业偿债能力动态监控，综合施策防范信用违约风险。

四、工作要求

（二十六）加强组织领导。相关部门要加强协调，督促、指导、协调煤炭企业兼并重组转型升级工作。各有关省级人民政府要加强组织领导，研究制定重大政策，协调解决重大问题，防止国有资产流失，防止违法违规煤矿借兼并重组逃避处罚、应淘汰退出的落后煤矿借兼并重组逃避退出，全面推动本地区煤炭企业兼并重组转型升级工作。要突出市场的决定性作用，杜绝“拉郎配”行为。

（二十七）简化工作程序。坚持公开、公平、公正，保证煤炭企业兼并重组工作规范有序进行。要强化服务意识，制订切实可行的配套措施，减轻企业负担，简化办事程序，提高工作效率。有关部门要建立一站式服务的部门协调机制，在规定时间内尽快办结有关行政审批和证照变更等工作。

（二十八）加强煤炭领域诚信建设。引导兼并重组相关企业主动发布综合信用承诺和依法依规生产、化解过剩产能等专项承诺，自觉接受社会监督。鼓励行业协会与有资质的第三方征信机构合作，完善会员企业信用评价机制，建立健全行业自律公约和职业道德准则。

（二十九）做好宣传引导。充分利用主流媒体，深入宣传党中央、国务院化解煤炭行业过剩产能实现脱困发展的决策部署，宣传煤炭工业发展“十三五”规划和产业政策，宣传推进煤炭企业兼并重组转型升级的相关原则和思路。推广先进经验和工作成果，营造良好的舆论环境。

（三十）确保社会稳定。要高度重视煤炭企业兼并重组转型升级中的职工安置工作，依法依规制定和落实职工安置方案，妥善处理劳动关系，稳妥接续社会保险关系，落实各项再就业帮扶政策措施。

关于开展秸秆气化清洁能源利用工程建设的指导意见

国家发展改革委办公厅　农业部办公厅　国家能源局综合司

2017年12月28日

有关省、自治区、直辖市、新疆生产建设兵团、黑龙江省农垦总局发展改革委、农业厅（委、办、局）、能源局（办）：

为贯彻落实党的十九大会议精神，大力推进生态文明建设、乡村振兴战略和农村能源革命，开展秸秆气化清洁能源利用工程建设，拓展农村清洁能源供给渠道，推动秸秆综合利用高值化、产业化发展，完成“十三五”秸秆综合利用目标任务，提出如下意见。

一、实施秸秆气化清洁能源利用工程的重要意义

（一）实施秸秆气化清洁能源利用工程是提高秸秆综合利用率的重要抓手。秸秆气化清洁能源利用工程是以农作物秸秆为主要原料的农林废弃物，采用热解汽化或厌氧发酵等工艺，生产热解气、沼气（热、电）、生物炭（肥）、沼肥或油等多联产项目。2017年《政府工作报告》提出要加快秸秆综合利用，“十三五”秸秆综合利用目标任务艰巨，到2020年秸秆综合利用率要达到85%，比2015年增加近5个百分点。在坚持农用优先，秸秆饲料化、肥料化利用相对稳定的基础上，实施秸秆气化清洁能源利用工程，能够进一步拓展综合利用渠道，切实提高秸秆综合利用率。

（二）实施秸秆气化清洁能源利用工程是农村清洁能源供给的重要方式。国务院办公厅《关于印发能源发展战略行动计划（2014—2020）》（国办发〔2014〕31号），提出要推动能源生产和消费革命，实施新城镇、新能源、新生活行动计划，促进农村用能方式变革。当前，农村清洁能源供需矛盾依旧突出，农村地区生活能源仍以秸秆、薪柴和煤炭为主，燃烧效率低下，污染严重。因地制宜推动秸秆气化清洁能源利用，能够完善农村能源基础设施、优化农村用能结构、提高农村用能水平。

（三）实施秸秆气化清洁能源利用工程是解决突出环境问题的有效手段。2016年，全国人大修订实施的《大气污染防治法》规定，要发展农业循环经济，加大对废弃物综合处理的支持力度，禁止露天焚烧秸秆、落叶等产生烟尘污染的物质。当前，秸秆违规焚烧现象屡禁不止，随意抛弃现象时有发生，造成局部地区环境污染加剧。通过推广秸秆气化清洁能源利用，推动秸秆综合利用产业化发展，能够有效减少秸秆露天焚烧和资源浪费，改善区域生态环境质量，提高民生福祉。

二、总体要求

（一）总体思路。全面贯彻落实党的十九大会议精神，以“创新、协调、绿色、开放、共享”五大发展理念为指导，以加快推进秸秆综合利用和改善农村能源供应体系为目标，以加强政策引领、整县推进为抓手，优化产业组织结构，促进农村生

产、生活和产业体系相融合，切实发挥龙头企业带动作用，推进粮棉主产区和北方地区冬季清洁取暖，推动秸秆综合利用高值化、产业化发展，促进2020年全国秸秆综合利用率目标任务完成。

（二）基本原则。坚持区域统筹，因地制宜。根据当地秸秆种类和产生量、秸秆综合利用现状与发展条件、社会经济发展水平、农村清洁能源需求，统筹规划，合理布局。

坚持突出重点、集中建设。以生态文明试验区、先行示范区，循环经济示范城市（县）和绿色能源示范县、农业可持续发展试验示范区为重点，以乡镇居民集中居住区为中心集中建设，整县推进。

坚持政府推动、市场运作。坚持政府扶持引导，以企业为主体，实施秸秆气化清洁能源利用工程项目，充分发挥市场配置资源作用，形成农村清洁能源供应体系，构建利益链，实现多方共赢。

坚持科技创新、强化支撑。鼓励产学研相结合，加强技术自主创新，推广先进适用成熟技术和设备，提升产业技术装备水平。

（三）总体目标。到2020年，建成若干秸秆气化清洁能源利用实施县，实施区域内秸秆综合利用率达到85%以上，有效替代农村散煤，为农户以及乡镇学校、医院、养老院等公共设施供应炊事取暖清洁燃气。

三、重点任务

（一）根据资源禀赋，科学规划布局。根据各地农业生产特点和清洁能源需求，立足秸秆资源禀赋与社会经济发展水平，主要在北方冬季取暖地区和粮棉主产省（区）以县为单位规划实施秸秆气化清洁能源利用工程。各地重点选择一批秸秆产量大、利用能力强、基础条件好的县（区、市）作为实施县，科学制定建设方案，合理规划项目布局，宜气则气、宜暖则暖，规模化推进秸秆气化清洁能源利用工程建设，构建“集星成月”的格局。

（二）合理选择技术工艺，确保终端产品全量利用。秸秆气化技术主要包括秸秆热解气化和秸秆沼气等。实施县要根据自身实际情况，合理选择工艺路线，生物质燃气产生和净化设备能够适应于以秸秆为主要原料的农林废弃物，生物质燃气要达到相应标准，能够满足农村居民炊事采暖需求；要选择在技术、资金、运营管理等方面综合实力较强的行业龙头企业作为项目实施主体，确保生物质燃气入农户、工业锅炉、燃气发电等技术方案的可行性和安全性；要合理配套生物炭、焦油、木醋液、沼渣沼液等副产物资源化利用系统，确保终端产品得到全量利用，避免造成二次污染，提高工程效益。

（三）严格执行标准，确保工程质量。严格履行法定的项目建设程序和相关标准规范，规范招投标行为，落实工程建设质量主体责任，切实把加强质量监管贯穿于规划、建设、运营全过程。项目前期工作扎实，备案、规划、土地、环评、安评、资金证明等手续齐全。项目的原料和产品的收集、储存、运输应满足相关规程、规范和条例的要求。工程必须贯彻国家、地方行政当局颁布的有关环境保护法令、条例、标准和行业的有关规定。

（四）创新运营机制，推动产业化发展。建立健全政府引导、市场主体、多方参与的产业化发展机制，吸引社会资本投入，培育一批可市场化运营的经营主体，提高秸秆气化清洁能源利用工程建设的规范化、标准化水平，健全以市场化为导向的长效机制和政策扶持体系，壮大秸秆气化清洁能源利用产业，推动秸秆综合利用产业结构优化、提质增效。

（五）依托新型经营主体，健全收储运体系。针对目前各地秸秆离田利用收储运主体少、装备水平低等问题，加快培育秸秆收储运专业化人才队伍和社会化服务组织。根据区域产业布局和秸秆时空分布现状，建设秸秆储存规范化场所，配备秸秆收储运专业化装备，完善激励措施，建立健全区域范围内全覆盖的服务网络体系，逐步形成商品化秸秆收储和供应能力，为秸秆气化清洁能源利用工程提供有力保障。

四、保障措施

（一）加强组织领导。各地发展改革、农业、能源部门按照职能分工，密切配合，充分发挥秸秆综合利用统筹协调机制作用，共同研究确定积极性高、符合相关条件的实施县。确定的实施县人民政府，结合本地资源禀赋、能源需求等情况，积极编制《秸秆气化清洁能源利用工程实施方案》（以下简称《实施方案》）。搞好统筹规划和组织协调，认真组织实施，做到领导到位，责任到人，目标明确，重点突出，将《实施方案》的主要目标和重点任务，按年度逐级分解，建立考核制度，加强目标考核。

（二）加大支持力度。国家发展改革委、农业部、国家能源局将加强统筹协调和示范引导，加大支持力度，推动秸秆气化清洁能源利用工程建设。农业部成立专家委员会，对秸秆气化清洁能源利用工程实施提供技术指导，定期组织专家对实施县建设进行跟踪评估；国家能源局协调相关省（区、市）能源主管部门做好秸秆气化发电接入电网等工作，按照可再生能源法及相关规定，由电网企业全额收购秸秆气化发电上网电量。省级相关部门加强对实施县的监督检查，确保实施县达到预期目标。实施县相关部门要为秸秆气化项目积极争取本地区清洁能源利用、燃煤替代、秸秆禁烧与综合利用等相关优惠政策，为项目可持续运营提供政策保障，进一步调动企业参与的积极性。

（三）抓好安全生产。各级管理部门要落实安全监管职责，建立和完善安全隐患排查治理闭环管理机制，加强对秸秆气化清洁利用工程的安全隐患监管排查，定期组织监督检查。督促企业制定应急预案，落实安全生产主体责任，明确岗位职责，细化操作规程，加强对从业人员的教育管理和用户的宣传培训，自觉排查治理安全隐患，确保生产安全。

（四）总结推广应用。各省（区、市）要及时总结秸秆气化清洁能源利用工程建设工作进展情况，形成年度报告，并报送国家发展改革委、农业部等有关部门，及时总结成功经验，树立先进典型，在全国范围内进行宣传推广，用技术指导群众，用示范带动群众，用效益吸引群众，逐步提高全社会对秸秆气化清洁能源利用工程的认识程度。

第十部分 投融资统计

一、宏观经济与全社会固定资产投资

1-1 国民经济和社会发展总量与速度指标

指 标	总量指标				指数(%)(2016为以下各年)			平均增长速度(%)	
	1978	2000	2015	2016	1978	2000	2015	1979—2016	2001—2016
人口 (万人)									
总人口(年末)	96259	126743	137462	138271	143.6	109.1	100.6	1.0	0.5
城镇人口	17245	45906	77116	79298	459.8	172.7	102.8	4.1	3.5
乡村人口	79014	80837	60346	58973	74.6	73.0	97.7	-0.8	-2.0
就业 (万人)									
就业人员数	40152	72085	77451	77603	193.3	107.7	100.2	1.7	0.5
第一产业	28318	36043	21919	21496	75.9	59.6	98.1	-0.7	-3.2
第二产业	6945	16219	22693	22350	321.8	137.8	98.5	3.1	2.0
第三产业	4890	19823	32839	33757	690.3	170.3	102.8	5.2	3.4
城镇登记失业人数	530	595	966	982	185.3	165.0	101.7	1.6	3.2
国民经济核算									
国民总收入 (亿元)	3678.7	99066.1	686449.6	741140.4	3216.7	428.3	106.7	9.6	9.5
国内生产总值(亿元)	3678.7	100280.1	689052.1	744127.2	3229.7	424.8	106.7	9.6	9.5
第一产业	1018.5	14717.4	60862.1	63670.7	517.0	187.7	103.3	4.4	4.0
第二产业	1755.2	45664.8	282040.3	296236.0	5015.1	467.6	106.1	10.9	10.1
第三产业	905.1	39897.9	346149.7	384220.5	4481.7	467.5	107.8	10.5	10.1
人均国内生产总值(元)	385	7942	50251	53980	2240.2	389.1	106.1	8.5	8.9
人民生活									
全国居民人均可支配收入(元)			21966	23821			108.4		
城镇居民人均可支配收入	343	6280	31195	33616			107.8		
农村居民人均可支配收入	134	2253	11422	12363			108.2		
财政 (亿元)									
一般公共预算收入	1132	13395	152269	159605	14096.1	1191.5	104.8	13.9	16.7
一般公共预算支出	1122	15887	175878	187755	16732.6	1181.9	106.8	14.4	16.7
环境、灾害									
废水中化学需氧量排放量(万吨)			2224	1047			47.1		
废气中二氧化硫排放量 (万吨)			1859	1103			59.3		
能源 (万吨标准煤)									
能源生产总量	62770	138570	361476	346000	551.2	249.7	95.7	4.6	5.9
能源消费总量	57144	146964	429905	436000	763.0	296.7	101.4	5.5	7.0

续表

指 标	总量指标				指数(%)(2016为以下各年)			平均增长速度(%)	
	1978	2000	2015	2016	1978	2000	2015	1979—2016	2001—2016
全社会固定资产投资总额(亿元)		32918	562000	606466			107.9		21.6
#房地产开发		4984	95979	102581			106.9		23.3
全社会住宅投资		7594	80248	83660					
#住宅		180634	669297	660662		365.7	98.7		9.5
全社会房屋竣工面积(万平方米)		181974	350973	312119		171.5	88.9		4.6
#住宅		134529	179738	171471		127.5	95.4		2.1
对外经济贸易 (亿美元)									
货物进出口总额	206.4	4743.0	39530.3	36855.6	17856.4	777.1	93.2	14.6	13.7
出口额	97.5	2492.0	22734.7	20976.3	21514.2	841.7	92.3	15.2	14.2
进口额	108.9	2250.9	16795.6	15879.3	14581.5	705.5	94.5	14.0	13.0
外商直接投资		407.2	1262.7	1260.0		309.5	99.8		7.3
农业									
农林牧渔业总产值(亿元)	1397.0	24915.8	107056.4	112091.3	788.9	201.5	103.9	5.6	4.5
主要农产品产量(万吨)									
粮 食	30476.5	46217.5	62143.9	61625.0	202.2	133.3	99.2	1.9	1.8
棉 花	216.7	441.7	560.3	529.9	244.6	120.0	94.6	2.4	1.1
油 料	521.8	2954.8	3537.0	3629.5	695.6	122.8	102.6	5.2	1.3
肉 类	943.0	6013.9	8625.0	8537.8	950.4	142.0	99.0	6.0	2.2
水产品	465.4	3706.2	6699.6	6901.3	1483.0	186.2	103.0	7.4	4.0
工业									
主要工业产品产量									
原 煤 (亿吨)	6.2	13.8	37.5	34.1	551.9	246.4	91.0	4.6	5.8
原 油 (万吨)	10405.0	16300.0	21455.6	19968.5	191.9	122.5	93.1	1.7	1.3
天然气 (亿立方米)	137.3	272.0	1346.1	1368.7	996.8	503.2	101.7	6.2	10.6
水 泥 (万吨)	6524.0	59700.0	235918.8	241031.0	3694.5	403.7	102.2	10.0	9.1
粗 钢 (万吨)	3178.0	12850.0	80382.5	80760.9	2541.3	628.5	100.5	8.9	12.2
钢 材 (万吨)	2208.0	13146.0	112349.6	113460.7	5138.6	863.1	101.0	10.9	14.4
汽 车 (万辆)	14.9	207.0	2450.4	2811.9	18859.2	1358.4	114.8	14.8	17.7
发电机组 (万千瓦)	483.8	1249.0	12431.4	13119.8	2711.8	1050.4	105.5	9.1	15.8
金属切削机床(万台)	18.3	17.7	75.5	67.3	367.2	381.0	89.1	3.5	8.7
发电量(亿千瓦小时)	2566.0	13556.0	58145.7	61424.9	2393.8	453.1	105.6	8.7	9.9
规模以上工业企业主要指标(亿元)									
资产总计		126211	1023398	1085866		860.4	106.1		14.4
主营业务收入		84152	1109853	1158999		1377.3	104.4		17.8
利润总额		4393	66187	71921		1637.0	108.7		19.1
建筑业总产值 (亿元)		12498	180757	193567		1548.8	107.1		18.7
房地产企业房屋施工面积(万平方米)		65897	735693	758975		1151.8	103.2		16.5

续表

指 标	总量指标				指数(%)(2016为以下各年)			平均增长速度(%)	
	1978	2000	2015	2016	1978	2000	2015	1979—2016	2001—2016
房地产企业房屋竣工面积(万平方米)		25105	100039	106128		422.7	106.1		9.4
房地产企业商品房销售面积(万平方米)		18637	128495	157349		844.3	122.5		14.3
#住宅		16570	112412	137540		830.0	122.4		14.1
#住宅		3229	72770	99064		3068.3	136.1		23.9
批发、零售和旅游业									
社会消费品零售总额(亿元)	1558.6	39106.0	300930.8	332316.3	21321.5	849.8	110.4	15.2	14.3
外国入境旅客 (万人次)	23.0	1016.0	2598.5	2815.0	12260.5	277.1	108.3	13.5	6.6
国内旅客 (亿人次)		7.4	40.0	44.4		596.8	111.0		11.8
国际旅游收入 (亿美元)	2.6	162.2	1136.5	1200.0	45627.4	739.6	105.6	17.5	13.3
国内旅游总花费 (亿元)		3175.5	34195.1	39390.0		1240.4	115.2		17.0
交通运输业									
客运量 (万人)	253993	1478573	1943271	1900194	748.1	128.5	97.8	5.4	1.6
铁 路	81491	105073	253484	281405	345.3	267.8	111.0	3.3	6.4
公 路	149229	1347392	1619097	1542759	1033.8	114.5	95.3	6.3	0.8
水 运	23042	19386	27072	27234	118.2	140.5	100.6	0.4	2.1
民 航	231	6722	43618	48796	21123.8	725.9	111.9	15.1	13.2
货运量 (万吨)	319431	1358682	4175886	4386763	1373.3	322.9	105.0	7.1	7.6
铁 路	110119	178581	335801	333186	302.6	186.6	99.2	3.0	4.0
公 路	151602	1038813	3150019	3341259	2204.0	321.6	106.1	8.5	7.6
水 运	47357	122391	613567	638238	1347.7	521.5	104.0	7.1	10.9
民 航	6.4	196.7	629.3	668.0	10437.7	339.6	106.2	13.0	7.9
管 道	10347	18700	75870	73411	709.5	392.6	96.8	5.3	8.9
沿海规模以上港口货物吞吐量 (万吨)	19834	125603	784578	810933	4088.6	645.6	103.4	10.3	12.4
民用汽车拥有量 (万辆)	135.8	1608.9	16284.5	18574.5	13673.8	1154.5	114.1	13.8	16.5
#私人汽车		625.3	14099.1	16330.2		2611.5	115.8		22.6
邮政、电信和信息软件业									
邮政业务总量 (亿元)	14.9	232.8	5078.7	7397.2	49579.4	68391.0	145.7	17.7	50.4
电信业务总量 (亿元)	19.2	4559.9	23346.3	15617.0	81465.6	68392.0	66.9	19.3	50.4
移动电话年末用户 (万户)		8453.3	127139.7	132193.4		1563.8	104.0		18.8
固定电话年末用户 (万户)	192.5	14482.9	23099.6	20662.4	10731.3	142.7	89.4	13.1	2.2
局用交换机容量 (万门)	405.9	17825.6	26446.5	22441.6	5529.1	125.9	84.9	11.1	1.4
互联网宽带接入用户 (万户)			25946.6	29720.7			114.5		
软件业务收入 (亿元)			42847.9	48232.2			112.6		
金融业									
社会融资规模增量 (万亿元)			15.4	17.8					
货币(M1) (万亿元)		5.3	40.1	48.7		915.5	121.4		14.8
流通中现金(M0) (万亿元)		1.5	6.3	6.8		466.2	108.0		10.1
金融机构人民币各项存款余额(万亿元)	0.1	12.4	135.7	150.6	130376.7	1216.3	111.0	20.8	16.9
金融机构人民币各项贷款余额(万亿元)	0.2	9.9	94.0	106.6	56391.7	1072.8	113.5	18.1	16.0

续表

指标	总量指标				指数(%)(2016为以下各年)			平均增长速度(%)	
	1978	2000	2015	2016	1978	2000	2015	1979—2016	2001—2016
股票筹资额(亿元)		2103.2	10974.9	16257.4		773.0	148.1		13.6
保险公司保费金额(亿元)		1598.0	24282.5	30904.2		1933.9	127.3		20.3
保险公司赔款及给付金额(亿元)		526.0	8674.1	10515.7		1999.2	121.2		20.6
研究与试验发展经费支出(亿元)		895.7	14169.9	15676.7		1750.2	110.6		19.6
发明专利申请授权数(万件)		1.3	35.9	40.4		3109.3	112.5		24.0
技术市场成交额(亿元)		650.8	9836.0	11407.0		1752.8	116.0		19.6
教育									
专任教师数 (万人)									
#普通高等学校	20.6	46.3	157.3	160.2	777.7	346.1	101.9	5.5	8.1
普通高中	74.1	75.7	169.5	173.3	233.9	229.0	102.2	2.3	5.3
初中	244.1	328.7	347.6	348.8	142.9	106.1	100.3	0.9	0.4
普通小学	522.6	586.0	568.5	578.9	110.8	98.8	101.8	0.3	-0.1
在校学生数(万人)									
#普通本专科	85.6	556.1	2625.3	2695.8	3149.3	484.8	102.7	9.5	10.4
普通高中	1553.1	1201.3	2374.4	2366.6	152.4	197.0	99.7	1.1	4.3
初中	4995.2	6256.3	4312.0	4329.4	86.7	69.2	100.4	-0.4	-2.3
普通小学	14624.0	13013.3	9692.2	9913.0	67.8	76.2	102.3	-1.0	-1.7
教育经费支出(亿元)		3849.1	36129.2						
卫生									
医院(个)	9293	16318	27587	29140	313.6	178.6	105.6	3.1	3.7
医院床位数(万张)	110.0	216.7	533.1	568.9	517.2	262.6	106.7	4.4	6.2
执业(助理)医师(万人)	97.8	207.6	303.9	319.1	326.2	153.7	105.0	3.2	2.7
卫生总费用(亿元)	110.2	4586.6	40974.6	46344.9	42051.4	1010.4	113.1	17.2	15.6
文化									
图书出版总印数(亿册、亿张)	37.7	62.7	86.6	90.4	239.4	144.0	104.3	2.3	2.3
电视节目制作时间(万小时)		58.5	352.0	350.7		599.5	99.6		11.8
故事影片产量(部)	46.0	91.0	686.0	772.0	1678.3	848.4	112.5	7.7	14.3
社会保险									
社会保险基金收入(亿元)		2644.9	46012.1	53562.7		2025.1	116.4		20.7
社会保险基金支出(亿元)		2385.6	38988.1	46888.4		1965.5	120.3		20.5
参加基本养老保险人数(万人)		13617.4	85833.4	88776.8		651.9	103.4		12.4
参加城镇基本医疗保险人数 (万人)		3786.9	66581.6	74391.6		1964.4	111.7		20.5
参加失业保险人数(万人)		10408.4	17326.0	18088.8		173.8	104.4		3.5

注：1.本表速度指标中，国民总收入、国内生产总值及三次产业增加值、农林牧渔业总产值和城乡居民收入指标均按可比价格计算。固定资产投资平均增长速度按累计法计算。

2.农村居民人均可支配收入2000年以前为人均纯收入。

3.2011年起，固定资产投资除房地产投资、农村个人投资外，统计起点由50万元提高至500万元，城镇固定资产投资数据发布口径改为固定资产投资(不含农户)，即原口径的城镇固定资产投资加上农村企事业组织的项目投资。

1-2 国民经济和社会发展结构指标

单位：%

指　标	1978	1990	2000	2016
人口				
性别				
男	51.5	51.5	51.6	51.2
女	48.5	48.5	48.4	48.8
年龄				
0～14岁		27.7	22.9	16.7
15～64岁		66.7	70.1	72.5
65岁及以上		5.6	7.0	10.8
城乡				
城镇	17.9	26.4	36.2	57.4
乡村	82.1	73.6	63.8	42.7
国民经济核算				
国内生产总值(生产法)				
第一产业	27.7	26.6	14.7	8.6
第二产业	47.7	41.0	45.5	39.8
第三产业	24.6	32.4	39.8	51.6
国内生产总值(支出法)				
消费支出	61.4	62.9	63.3	53.6
固定资本形成	38.9	34.4	34.3	44.2
净出口	–0.3	2.7	2.4	2.2
就业				
第一产业	70.5	60.1	50.0	27.7
第二产业	17.3	21.4	22.5	28.8
第三产业	12.2	18.5	27.5	43.5
人民生活				
城镇居民人均现金消费支出				
食品烟酒		54.2	39.4	34.4
衣　着		13.4	10.0	9.0
居　住		4.8	11.3	9.4
家庭设备及用品		8.5	7.5	7.4
交通通信		3.2	8.5	16.4
文教娱乐		8.8	13.4	13.7
医疗保健		2.0	6.4	6.7
其　他		5.2	3.4	3.1
农村居民人均消费支出				
食品烟酒		58.8	49.1	32.2
衣　着		7.8	5.7	5.7
居　住		17.3	15.5	21.2
家庭设备及用品		5.3	4.5	5.9

续表

指　标	1978	1990	2000	2016
交通通信		1.4	5.6	13.4
文教娱乐		5.4	11.2	10.6
医疗保健		3.3	5.2	9.2
其　他		0.7	3.1	1.8
财政				
一般公共预算收入				
中央	15.5	33.8	52.2	45.3
地方	84.5	66.2	47.8	54.7
一般公共预算支出				
中央	47.4	32.6	34.7	14.6
地方	52.6	67.4	65.3	85.4
一般公共预算收入中				
税收收入	45.9	96.1	93.9	81.7
#国内增值税		13.6	34.0	25.5
国内消费税			6.4	6.4
营业税		17.6	14.0	7.2
企业所得税		24.4	7.5	18.1
个人所得税			4.9	6.3
关　税	2.5	5.4	5.6	1.6
能源				
能源生产				
原煤	70.3	74.2	72.9	69.6
原油	23.7	19.0	16.8	8.2
天然气	2.9	2.0	2.6	5.3
一次电力及其他能源	3.1	4.8	7.7	16.9
能源消费				
煤炭	70.7	76.2	68.5	62.0
石油	22.7	16.6	22.0	18.3
天然气	3.2	2.1	2.2	6.4
一次电力及其他能源	3.4	5.1	7.3	13.3
固定资产投资				
实际到位资金				
国家预算资金		8.7	6.4	5.9
国内贷款		19.6	20.3	10.9
利用外资		6.3	5.1	0.4
自筹和其他投资		65.4	68.2	82.9
全社会固定资产投资				
建筑安装工程		66.6	62.4	69.8
设备工器具购置		25.8	23.7	18.7
其他费用		7.6	13.9	11.5
货物进出口				
出口				
初级产品		25.6	10.2	5.0

续表

指　标	1978	1990	2000	2016
工业制成品		74.4	89.8	95.0
进口				
初级产品		18.5	20.8	27.8
工业制成品		81.5	79.2	72.2
农业				
农林牧渔业产值				
#农业	80.0	64.7	55.7	52.9
林业	3.4	4.3	3.8	4.1
牧业	15.0	25.7	29.7	28.3
渔业	1.6	5.4	10.9	10.4
工业(规模以上)				
工业企业资产				
采矿业				8.8
制造业				77.0
电力、热力、燃气及水生产				14.2
供应业				
工业企业资产				
大型企业			56.3	46.8
中型企业			12.9	23.9
小型企业			30.8	29.4
交通运输业				
货运量				
铁　路	34.5	15.5	13.1	7.6
公　路	47.5	74.6	76.5	76.2
水　运	14.8	8.3	9.0	14.5
民　航	0.002	0.004	0.014	0.015
管　道	3.2	1.6	1.4	1.7
科技				
研究与试验发展经费支出				
#基础研究			5.2	5.2
应用研究			17.0	10.3
试验发展			77.8	84.5
#政府资金				20.0
企业资金				76.1
教育				
教育经费				
国家财政性教育经费			66.6	80.9
#公共财政教育经费			56.9	71.6
卫生				
卫生技术人员				
#执业(助理)医师	39.7	45.2	46.2	35.9
注册护士	16.4	25.0	28.2	38.3
药师(士)	10.8	10.4	9.2	5.0

续表

指　标	1978	1990	2000	2016
卫生费用				
政府卫生支出	32.2	25.1	15.5	30.0
社会卫生支出	47.4	39.2	25.6	41.2
个人现金卫生支出	20.4	35.7	59.0	28.8
社会保障				
社会保险基金收入				
基本养老保险		95.7	86.1	70.9
失业保险		3.9	6.1	2.3
城镇基本医疗保险			6.4	24.4
工伤保险			0.9	1.4
生育保险			0.4	1.0
社会保险基金支出				
基本养老保险		98.3	88.7	72.5
失业保险		1.7	5.2	2.1
城镇基本医疗保险			5.2	23.0
工伤保险			0.6	1.3
生育保险			0.3	1.1

注：教育经费为2015年数据。

1-3 国民经济和社会发展比例和效益指标

指　标	1978	1990	2000	2016
人口与就业				
出生率（‰）	18.25	14.03	12.07	12.95
死亡率（‰）	6.25	6.45	7.11	7.09
自然增长率（‰）	12.00	7.58	4.96	5.86
总抚养比（%）		42.6	37.0	37.9
少儿抚养比（%）		32.6	22.6	22.9
老年抚养比（%）		9.9	14.3	15.0
城镇登记失业率（%）	5.3	3.1	4.05	4.02
国民经济核算				
人均国内生产总值（元）	385	7942	50251	53980
人民生活				
城乡收入比(农村居民收入为1)	2.57	2.79	2.73	2.72
基尼系数			0.462	0.465
农村贫困发生率(2010年标准)(%)	97.5	49.8	5.7	4.5
财政				
一般公共预算收入与国内生产总值之比(%)	30.8	13.4	22.1	21.4
一般公共预算支出与国内生产总值之比(%)	30.5	15.8	25.5	25.2
外债				
偿债率（%）		9.2	5.0	6.1
负债率(%)		12.1	12.5	12.7
债务率（%）		52.1	58.6	64.6
能源				
能源生产弹性系数		0.59		
电力生产弹性系数		1.11	0.42	0.84
能源消费弹性系数		0.54	0.14	0.21
电力消费弹性系数		1.12	0.42	0.75
万元国内生产总值能源消费量(吨标准煤/万元)		1.47	0.62	0.59
能源加工转换总效率(%)		69.38	73.72	
资源环境				
万元国内生产总值用水量(立方米)		548	89	82
万元工业增加值用水量(立方米)		283	56	52
工业固体废物综合利用率(%)		45.9	60.8	59.5
环境污染治理投资与国内生产总值之比（%）			1.28	1.24
固定资产投资				
固定资产(不含农户)项目建成投产率(%)		60.9	74.0	68.5
固定资产(不含农户)交付使用率(%)		79.0	70.0	59.3
房地产开发企业房屋建筑面积竣工率(%)		38.1	13.6	14.0

续表

指　标	1978	1990	2000	2016
对外贸易				
进出口总额与国内生产总值之比（按人民币计算） (%)	9.7	39.2	35.6	32.7
农业				
每公顷播种面积农产品产量 (公斤)				
谷物		4753	5984	5990
棉花	445	1093	1476	1584
工业				
资产负债率 (%)		60.81	56.61	55.87
流动资产周转次数 (次/年)		1.62	2.41	2.36
成本费用利润率 (%)		5.56	6.31	6.57
建筑业				
建筑业劳动生产率 (元／人)（按增加值计算）		15929	64650	65507
交通运输业				
铁路网密度 (公里／万平方公里)	53.9	71.6	126.0	129.2
公路网密度 (公里／万平方公里)	927	1750	4768	4892
邮电通信业				
电话普及率(含移动电话)(部/百人)	0.4	19.1	109.3	110.5
移动电话普及率 (部/百人)		6.7	92.5	95.6
金融业				
货币和准货币(M2)与国内生产总值之比 (%)		134.2	202.1	208.3
金融机构存款与国内生产总值之比 (%)	31.4	123.5	196.9	202.4
金融机构贷款与国内生产总值之比 (%)	51.4	99.1	136.4	143.3
科技				
研究与试验发展经费内部支出与国内生产总值之比 (%)		0.89	2.06	2.11
教育				
小学学龄儿童净入学率 (%)	95.5	99.1	99.9	99.9
小学升学率 (%)	87.7	94.9	98.2	98.7
初中升学率 (%)	40.9	51.2	94.1	93.7
高中升学率 (%)		73.2	92.5	94.5
卫生				
每万人口执业(助理)医师数 (人)	10.8	16.8	22.2	23.1
每万人口医疗卫生机构床位数(张)			51.1	53.7
医疗卫生机构病床使用率 (%)		60.8	85.4	85.3
城市市政建设				
用水普及率 (%)		63.9	98.1	98.4
燃气普及率 (%)		45.4	95.3	95.8
人均公园绿地面积 (平方米)		3.7	13.3	13.7

注：1.城乡收入比2015年起按一体化调查的人均可支配收入计算。

2.计算万元国内生产总值能源消费量、万元国内生产总值用水量、万元工业增加值用水量2000年按2000年可比价计算，2015年、2016年按2015年可比价计算。

1—4　国内生产总值

本表按当年价格计算

年 份	国民总收入	国内生产总值					
			第一产业	第二产业	第三产业	农林牧渔业	工业
1978	3678.7	3678.7	1018.5	1755.2	905.1	1027.5	1621.5
1979	4100.5	4100.5	1259.0	1925.4	916.1	1270.2	1786.5
1980	4587.6	4587.6	1359.5	2204.7	1023.4	1371.6	2014.9
1981	4933.7	4935.8	1545.7	2269.1	1121.1	1559.4	2067.7
1982	5380.5	5373.4	1761.7	2397.7	1214.0	1777.3	2183.0
1983	6043.8	6020.9	1960.9	2663.0	1397.0	1978.3	2399.1
1984	7314.2	7278.5	2295.6	3124.8	1858.1	2316.0	2815.9
1985	9123.6	9098.9	2541.7	3886.5	2670.7	2564.3	3478.3
1986	10375.4	10376.2	2764.1	4515.2	3096.9	2788.6	4000.8
1987	12166.6	12174.6	3204.5	5274.0	3696.2	3232.9	4621.3
1988	15174.4	15180.4	3831.2	6607.4	4741.8	3865.2	5814.1
1989	17188.4	17179.7	4228.2	7300.9	5650.6	4265.8	6525.7
1990	18923.3	18872.9	5017.2	7744.3	6111.4	5061.8	6904.7
1991	22050.3	22005.6	5288.8	9129.8	7587.0	5341.9	8138.2
1992	27208.2	27194.5	5800.3	11725.3	9668.9	5866.2	10340.5
1993	35599.2	35673.2	6887.6	16473.1	12312.6	6963.3	14248.8
1994	48548.2	48637.5	9471.8	22453.1	16712.5	9572.1	19546.9
1995	60356.6	61339.9	12020.5	28677.5	20641.9	12135.1	25023.9
1996	70779.6	71813.6	13878.3	33828.1	24107.2	14014.7	29529.8
1997	78802.9	79715.0	14265.2	37546.0	27903.8	14440.8	33023.5
1998	83817.6	85195.5	14618.7	39018.5	31558.3	14816.4	34134.9
1999	89366.5	90564.4	14549.0	41080.9	34934.5	14768.7	36015.4
2000	99066.1	100280.1	14717.4	45664.8	39897.9	14943.6	40259.7
2001	109276.2	110863.1	15502.5	49660.7	45700.0	15780.0	43855.6
2002	120480.4	121717.4	16190.2	54105.5	51421.7	16535.7	47776.3
2003	136576.3	137422.0	16970.2	62697.4	57754.4	17380.6	55363.8
2004	161415.4	161840.2	20904.3	74286.9	66648.9	21410.7	65776.8
2005	185998.9	187318.9	21806.7	88084.4	77427.8	22416.2	77960.5
2006	219028.5	219438.5	23317.0	104361.8	91759.7	24036.4	92238.4
2007	270844.0	270232.3	27788.0	126633.6	115810.7	28623.7	111693.9
2008	321500.5	319515.5	32753.2	149956.6	136805.8	33699.1	131727.6
2009	348498.5	349081.4	34161.8	160171.7	154747.9	35223.3	138095.5
2010	411265.2	413030.3	39362.6	191629.8	182038.0	40530.0	165126.4
2011	484753.2	489300.6	46163.1	227038.8	216098.6	47483.0	195142.8
2012	539116.5	540367.4	50902.3	244643.3	244821.9	52368.7	208905.6
2013	590422.4	595244.4	55329.1	261956.1	277959.3	56973.6	222337.6
2014	644791.1	643974.0	58343.5	277571.8	308058.6	60165.7	233856.4
2015	686449.6	689052.1	60862.1	282040.3	346149.7	62911.8	236506.3
2016	741140.4	744127.2	63670.7	296236.0	384220.5	65964.4	247860.1

单位：%

建筑业	批发和零售业	交通运输、仓储和邮政业	住宿和餐饮业	金融业	房地产业	其他	人均国内生产总值(元)
138.9	242.3	182.0	44.6	76.5	79.9	265.5	385
144.6	200.9	193.7	44.0	75.9	86.3	298.4	423
196.3	193.8	213.4	47.4	85.8	96.4	368.1	468
208.0	231.1	220.8	54.1	91.6	99.9	403.2	497
221.6	171.4	246.9	62.3	130.6	110.8	469.3	533
271.7	198.7	275.0	72.5	168.9	121.8	535.0	588
317.9	363.5	338.6	96.8	230.5	162.3	637.0	702
419.3	802.4	421.8	138.3	293.8	215.2	765.5	866
527.3	852.6	499.0	163.2	401.0	298.1	845.6	973
667.5	1059.6	568.5	187.1	506.0	382.6	949.2	1123
811.8	1483.4	685.9	241.4	658.6	473.8	1146.1	1378
796.1	1536.2	812.9	277.4	1079.6	566.2	1319.9	1536
861.7	1268.9	1167.2	301.9	1143.7	662.2	1500.7	1663
1017.7	1834.6	1420.5	442.3	1194.7	763.7	1852.1	1912
1417.9	2405.0	1689.2	584.6	1481.5	1101.3	2308.3	2334
2269.9	2816.6	2174.3	712.1	1902.6	1379.6	3206.0	3027
2968.8	3773.4	2788.2	1008.5	2556.5	1909.3	4513.7	4081
3733.7	4778.6	3244.7	1200.1	3209.7	2354.0	5660.0	5091
4393.0	5599.7	3782.6	1336.8	3698.3	2617.6	6841.3	5898
4628.3	6327.4	4149.1	1561.3	4176.1	2921.1	8487.4	6481
4993.0	6913.2	4661.5	1786.9	4314.3	3434.5	10140.9	6860
5180.9	7491.1	5175.9	1941.2	4484.9	3681.8	11824.5	7229
5534.0	8158.6	6161.9	2146.3	4836.2	4149.1	14090.8	7942
5945.5	9119.4	6871.3	2400.1	5195.3	4715.1	16980.9	8717
6482.1	9995.4	7494.3	2724.8	5546.6	5346.4	19816.0	9506
7510.8	11169.5	7914.8	3126.1	6034.7	6172.7	22749.2	10666
8720.5	12453.8	9306.5	3664.8	6586.8	7174.1	26746.1	12487
10400.5	13966.2	10668.8	4195.7	7469.5	8516.4	31725.0	14368
12450.1	16530.7	12186.3	4792.6	9951.7	10370.5	36881.9	16738
15348.0	20937.8	14605.1	5548.1	15173.7	13809.7	44492.1	20505
18807.6	26182.3	16367.6	6616.1	18313.4	14738.7	53063.2	24121
22681.5	29001.5	16522.4	6957.0	21798.1	18966.9	59835.2	26222
27259.3	35904.4	18783.6	7712.0	25680.4	23569.9	68464.3	30876
32926.5	43730.5	21842.0	8565.4	30678.9	28167.6	80763.9	36403
36896.1	49831.0	23763.2	9536.9	35188.4	31248.3	92629.2	40007
40896.8	56284.1	26042.7	10228.3	41191.0	35987.6	105302.8	43852
44880.5	62423.5	28500.9	11158.5	46665.2	38000.8	118322.7	47203
46626.7	66186.7	30487.8	12153.7	57872.6	41701.0	134605.5	50251
49522.2	71113.4	33355.3	13280.8	62132.4	48132.8	152765.8	53980

注：1980年以后国民总收入(原称国民生产总值)与国内生产总值的差额为国外净要素收入。

1—5　国内生产总值构成

本表按当年价格计算

单位：%

年份	国内生产总值	第一产业	第二产业	第三产业	农林牧渔业	工业	建筑业	批发和零售业	交通运输、仓储和邮政业	住宿和餐饮业	金融业	房地产业	其他
1978	100.0	27.7	47.7	24.6	27.9	44.1	3.8	6.6	4.9	1.2	2.1	2.2	7.2
1979	100.0	30.7	47.0	22.3	31.0	43.6	3.5	4.9	4.7	1.1	1.9	2.1	7.3
1980	100.0	29.6	48.1	22.3	29.9	43.9	4.3	4.2	4.7	1.0	1.9	2.1	8.0
1981	100.0	31.3	46.0	22.7	31.6	41.9	4.2	4.7	4.5	1.1	1.9	2.0	8.2
1982	100.0	32.8	44.6	22.6	33.1	40.6	4.1	3.2	4.6	1.2	2.4	2.1	8.7
1983	100.0	32.6	44.2	23.2	32.9	39.8	4.5	3.3	4.6	1.2	2.8	2.0	8.9
1984	100.0	31.5	42.9	25.5	31.8	38.7	4.4	5.0	4.7	1.3	3.2	2.2	8.8
1985	100.0	27.9	42.7	29.4	28.2	38.2	4.6	8.8	4.6	1.5	3.2	2.4	8.4
1986	100.0	26.6	43.5	29.8	26.9	38.6	5.1	8.2	4.8	1.6	3.9	2.9	8.1
1987	100.0	26.3	43.3	30.4	26.6	38.0	5.5	8.7	4.7	1.5	4.2	3.1	7.8
1988	100.0	25.2	43.5	31.2	25.5	38.3	5.3	9.8	4.5	1.6	4.3	3.1	7.5
1989	100.0	24.6	42.5	32.9	24.8	38.0	4.6	8.9	4.7	1.6	6.3	3.3	7.7
1990	100.0	26.6	41.0	32.4	26.8	36.6	4.6	6.7	6.2	1.6	6.1	3.5	8.0
1991	100.0	24.0	41.5	34.5	24.3	37.0	4.6	8.3	6.5	2.0	5.4	3.5	8.4
1992	100.0	21.3	43.1	35.6	21.6	38.0	5.2	8.8	6.2	2.1	5.4	4.0	8.5
1993	100.0	19.3	46.2	34.5	19.5	39.9	6.4	7.9	6.1	2.0	5.3	3.9	9.0
1994	100.0	19.5	46.2	34.4	19.7	40.2	6.1	7.8	5.7	2.1	5.3	3.9	9.3
1995	100.0	19.6	46.8	33.7	19.8	40.8	6.1	7.8	5.3	2.0	5.2	3.8	9.2
1996	100.0	19.3	47.1	33.6	19.5	41.1	6.1	7.8	5.3	1.9	5.1	3.6	9.5
1997	100.0	17.9	47.1	35.0	18.1	41.4	5.8	7.9	5.2	2.0	5.2	3.7	10.6
1998	100.0	17.2	45.8	37.0	17.4	40.1	5.9	8.1	5.5	2.1	5.1	4.0	11.9
1999	100.0	16.1	45.4	38.6	16.3	39.8	5.7	8.3	5.7	2.1	5.0	4.1	13.1
2000	100.0	14.7	45.5	39.8	14.9	40.1	5.5	8.1	6.1	2.1	4.8	4.1	14.1
2001	100.0	14.0	44.8	41.2	14.2	39.6	5.4	8.2	6.2	2.2	4.7	4.3	15.3
2002	100.0	13.3	44.5	42.2	13.6	39.3	5.3	8.2	6.2	2.2	4.6	4.4	16.3
2003	100.0	12.3	45.6	42.0	12.6	40.3	5.5	8.1	5.8	2.3	4.4	4.5	16.6
2004	100.0	12.9	45.9	41.2	13.2	40.6	5.4	7.7	5.8	2.3	4.1	4.4	16.5
2005	100.0	11.6	47.0	41.3	12.0	41.6	5.6	7.5	5.7	2.2	4.0	4.5	16.9
2006	100.0	10.6	47.6	41.8	11.0	42.0	5.7	7.5	5.6	2.2	4.5	4.7	16.8
2007	100.0	10.3	46.9	42.9	10.6	41.3	5.7	7.7	5.4	2.1	5.6	5.1	16.5
2008	100.0	10.3	46.9	42.8	10.5	41.2	5.9	8.2	5.1	2.1	5.7	4.6	16.6
2009	100.0	9.8	45.9	44.3	10.1	39.6	6.5	8.3	4.7	2.0	6.2	5.4	17.1
2010	100.0	9.5	46.4	44.1	9.8	40.0	6.6	8.7	4.5	1.9	6.2	5.7	16.6
2011	100.0	9.4	46.4	44.2	9.7	39.9	6.7	8.9	4.5	1.8	6.3	5.8	16.5
2012	100.0	9.4	45.3	45.3	9.7	38.7	6.8	9.2	4.4	1.8	6.5	5.8	17.1
2013	100.0	9.3	44.0	46.7	9.6	37.4	6.9	9.5	4.4	1.7	6.9	6.0	17.7
2014	100.0	9.1	43.1	47.8	9.3	36.3	7.0	9.7	4.4	1.7	7.2	5.9	18.4
2015	100.0	8.8	40.9	50.2	9.1	34.3	6.8	9.6	4.4	1.8	8.4	6.1	19.5
2016	100.0	8.6	39.8	51.6	8.9	33.3	6.7	9.6	4.5	1.8	8.3	6.5	20.5

1–6 不变价国内生产总值

单位：亿元

年份	国内生产总值	第一产业	第二产业	第三产业	农林牧渔业	工业	建筑业	批发和零售业	交通运输、仓储和邮政业	住宿和餐饮业	金融业	房地产业	其他
按1970年价格计算													
1978	3593.0	927.8	1776.5	888.8	936.0	1659.5	122.0	253.3	179.7	44.8	77.0	65.0	255.5
1979	3865.8	984.7	1922.6	958.5	993.4	1803.6	124.5	275.4	194.6	49.8	75.5	67.6	281.2
1980	4168.6	970.1	2181.9	1016.6	978.7	2030.5	157.7	270.3	202.9	51.7	81.0	73.0	322.8
按1980年价格计算													
1980	4587.6	1359.5	2204.7	1023.4	1371.6	2014.9	196.3	193.8	213.4	47.4	85.8	96.4	368.1
1981	4822.1	1454.4	2246.3	1121.5	1467.3	2050.0	202.6	251.0	217.4	55.7	89.8	93.0	395.3
1982	5257.0	1622.1	2371.5	1263.4	1636.5	2168.7	209.5	249.1	242.1	73.3	128.5	101.5	447.7
1983	5823.1	1757.1	2617.8	1448.2	1772.7	2379.9	245.2	302.0	265.1	87.5	162.6	106.7	501.3
1984	6707.8	1983.5	2995.3	1729.0	2001.1	2731.9	271.8	376.7	304.6	94.6	212.6	136.3	578.2
1985	7608.7	2020.0	3546.5	2042.1	2038.0	3224.5	331.9	503.0	346.6	100.6	249.0	170.4	644.7
1986	8289.6	2087.1	3908.9	2293.7	2105.6	3535.2	384.6	550.5	394.6	116.3	324.3	214.4	664.1
1987	9256.0	2185.3	4440.3	2630.4	2204.7	3999.5	453.1	631.6	432.6	127.5	397.5	277.2	732.3
1988	10294.7	2240.8	5077.0	2976.9	2260.8	4603.3	489.2	705.9	486.7	159.5	477.8	312.4	799.3
1989	10727.8	2309.8	5267.3	3150.7	2330.3	4835.5	448.0	630.3	507.2	175.4	601.1	362.2	837.9
1990	11148.3	2479.0	5434.5	3234.8	2501.0	4997.9	453.4	597.1	549.5	181.5	614.1	384.8	869.1
按1990年价格计算													
1990	18872.9	5017.2	7744.3	6111.4	5061.8	6904.7	861.7	1268.9	1167.2	301.9	1143.7	662.2	1500.7
1991	20621.0	5135.3	8811.9	6673.8	5183.2	7892.2	944.0	1334.6	1290.4	326.5	1176.1	741.4	1732.6
1992	23554.3	5374.1	10665.4	7514.8	5426.9	9552.7	1142.1	1474.9	1420.2	414.7	1252.1	938.7	1932.0
1993	26824.5	5624.0	12771.2	8429.3	5682.0	11459.2	1347.3	1601.5	1598.2	448.9	1393.2	1039.7	2254.4
1994	30321.5	5845.9	15088.1	9387.5	5909.3	13611.8	1531.2	1732.6	1734.4	570.7	1528.8	1164.1	2538.6
1995	33642.9	6134.8	17174.1	10334.0	6204.7	15515.9	1720.8	1875.2	1924.8	629.1	1663.7	1308.9	2799.7
1996	36981.2	6444.0	19250.8	11286.4	6521.2	17454.0	1867.2	2018.4	2137.3	672.1	1795.2	1361.7	3154.0
1997	40397.0	6665.5	21267.9	12463.7	6749.4	19429.9	1916.4	2195.4	2333.9	745.7	1957.3	1418.0	3651.1
1998	43566.6	6894.3	23161.4	13510.9	6985.5	21157.6	2089.1	2338.3	2581.0	828.2	2057.4	1526.9	4002.5
1999	46904.5	7082.6	25061.4	14760.5	7181.1	22969.7	2179.1	2541.9	2895.2	892.1	2167.5	1617.6	4460.1
2000	50886.7	7247.5	27435.6	16203.5	7353.5	25234.0	2303.4	2781.3	3143.7	975.4	2318.5	1732.6	5044.4
按2000年价格计算													
2000	100280.1	14717.4	45664.8	39897.9	14943.6	40259.7	5534.0	8158.6	6161.9	2146.3	4836.2	4149.1	14090.8
2001	108639.2	15105.6	49542.4	43991.2	15362.0	43769.3	5910.3	8900.6	6704.6	2310.4	5175.1	4605.1	15902.0
2002	118561.9	15513.5	54444.5	48604.0	15807.4	48164.5	6431.0	9684.7	7182.5	2590.9	5563.7	5061.4	18075.7
2003	130463.2	15881.4	61341.1	53240.7	16202.5	54306.1	7208.2	10647.2	7622.6	2911.0	5977.0	5557.6	20031.0
2004	143657.8	16851.0	68178.1	58628.6	17223.2	60580.5	7795.6	11346.4	8726.1	3270.2	6256.0	5885.5	22574.2
2005	160027.0	17706.0	76447.0	65873.9	18124.5	67635.9	9043.2	12824.4	9703.9	3671.2	7140.0	6605.7	25278.2
按2005年价格计算													
2005	187318.9	21806.7	88084.4	77427.8	22416.2	77960.5	10400.5	13966.2	10668.8	4195.7	7469.5	8516.4	31725.0
2006	211147.7	22843.7	99932.3	88371.6	23537.2	88039.7	12192.3	16684.6	11732.4	4723.0	9243.1	9834.8	35160.5
2007	241195.8	23648.6	114972.9	102574.3	24418.7	101199.1	14166.5	20057.5	13117.2	5177.3	11630.2	12230.1	39199.2

续表

年份	国内生产总值	第一产业	第二产业	第三产业	农林牧渔业	工业	建筑业	批发和零售业	交通运输、仓储和邮政业	住宿和餐饮业	金融业	房地产业	其他
2009	289329.9	25863.3	139282.4	124184.2	26809.9	121404.1	18453.8	26002.9	14552.9	5887.4	15170.1	13806.0	47242.8
2010	320102.6	26962.7	156948.4	136191.5	27954.2	136674.6	21005.1	29798.8	15930.6	6371.4	16525.3	14842.9	50999.8
按2010年价格计算													
2010	413030.3	39362.6	191629.8	182038.0	40530.0	165126.4	27259.3	35904.4	18783.6	7712.0	25680.4	23569.9	68464.3
2011	452429.9	41006.9	212112.4	199310.5	42253.1	183197.4	29910.4	40379.7	20598.3	8106.2	27647.9	25312.3	75024.7
2012	487976.2	42839.8	229852.7	215283.7	44174.0	198081.9	32827.7	44538.3	21852.4	8629.3	30258.8	26499.3	81114.5
2013	525835.4	44473.5	248211.4	233150.5	45923.5	213401.7	36004.7	49221.6	23294.2	8966.1	33455.3	28409.0	87159.2
2014	564194.4	46277.5	266564.1	251352.9	47849.3	228420.8	39279.9	54015.4	24807.0	9485.8	36776.7	28990.9	94568.7
2015	603124.9	48084.5	283086.3	271954.1	49786.7	242210.0	41955.8	57318.2	25812.8	10071.6	42675.0	29915.7	103379.1
按2015年价格计算													
2015	689052.1	60862.1	282040.3	346149.7	62911.8	236506.3	46626.7	66186.7	30487.8	12153.7	57872.6	41701.0	134605.5
2016	735149.0	62872.2	299280.1	372996.7	65098.4	250727.7	49701.8	70602.7	32465.0	12995.9	61162.8	45281.1	147113.6

注：1.更换基期的年份有两个不变价数据，一个按上一基期价格计算，一个按新基期价格计算。

2.有关不变价国内生产总值的解释见简要说明。

1-7　国内生产总值指数（上年=100）

本表按不变价格计算

年份	国民总收入	国内生产总值	第一产业	第二产业	第三产业	农林牧渔业	工业	建筑业	批发和零售业	交通运输、仓储和邮政业	住宿和餐饮业	金融业	房地产业	其他	人均国内生产总值
1978	111.7	111.7	104.1	115.0	113.6	104.1	116.4	99.5	123.1	108.9	118.1	110.1	105.7	111.2	110.2
1979	107.6	107.6	106.1	108.2	107.8	106.1	108.7	102.0	108.7	108.3	111.1	98.0	104.1	110.1	106.2
1980	107.8	107.8	98.5	113.5	106.1	98.5	112.6	126.6	98.1	104.3	103.9	107.3	107.9	114.8	106.5
1981	105.1	105.1	107.0	101.9	109.6	107.0	101.7	103.2	129.5	101.9	117.5	104.7	96.5	107.4	103.8
1982	109.2	109.0	111.5	105.6	112.7	111.5	105.8	103.4	99.3	111.4	131.6	143.1	109.1	113.3	107.4
1983	111.0	110.8	108.3	110.4	114.6	108.3	109.7	117.0	121.2	109.5	119.4	126.5	105.2	112.0	109.2
1984	115.3	115.2	112.9	114.4	119.4	112.9	114.8	110.8	124.7	114.9	108.1	130.7	127.7	115.3	113.7
1985	113.2	113.4	101.8	110.4	118.1	101.8	118.0	122.1	133.5	113.8	106.3	117.1	126.0	111.6	111.9
1986	108.6	108.9	103.3	110.2	112.3	103.3	109.6	115.8	109.4	113.9	115.6	130.2	125.9	103.0	107.3
1987	111.6	111.7	104.7	113.6	114.7	104.7	113.1	117.8	114.7	109.6	109.7	122.6	129.3	110.3	109.9
1988	111.3	111.2	102.5	114.3	113.2	102.5	115.1	108.0	111.8	112.5	125.1	120.2	112.7	109.1	109.4

续表

年份	国民总收入	国内生产总值	第一产业	第二产业	第三产业	农林牧渔业	工业	建筑业	批发和零售业	交通运输、仓储和邮政业	住宿和餐饮业	金融业	房地产业	其他	人均国内生产总值
1990	104.1	103.9	107.3	103.2	102.7	107.3	103.4	101.2	94.7	108.3	103.5	102.2	106.2	103.7	102.4
1991	109.2	109.3	102.4	113.8	109.2	102.4	114.3	109.6	105.2	110.6	108.2	102.8	112.0	115.4	107.8
1992	114.1	114.2	104.7	121.0	112.6	104.7	121.0	121.0	110.5	110.1	127.0	106.5	126.6	111.5	112.8
1993	113.6	113.9	104.6	119.7	112.2	104.7	120.0	118.0	108.6	112.5	108.2	111.3	110.8	116.7	112.6
1994	113.1	113.0	103.9	118.1	111.4	104.0	118.8	113.6	108.2	108.5	127.1	109.7	112.0	112.6	111.8
1995	109.4	111.0	104.9	113.8	110.1	105.0	114.0	112.4	108.2	111.0	110.2	108.8	112.4	110.3	109.8
1996	110.1	109.9	105.0	112.1	109.2	105.1	112.5	108.5	107.6	111.0	106.8	107.9	104.0	112.7	108.8
1997	109.6	109.2	103.4	110.5	110.4	103.5	111.3	102.6	108.8	109.2	110.9	109.0	104.1	115.8	108.1
1998	107.3	107.8	103.4	108.9	108.4	103.5	108.9	109.0	106.5	110.6	111.1	105.1	107.7	109.6	106.8
1999	108.0	107.7	102.7	108.2	109.2	102.8	108.6	104.3	108.7	112.2	107.7	105.4	105.9	111.4	106.7
2000	108.6	108.5	102.3	109.5	109.8	102.4	109.9	105.7	109.4	108.6	109.3	107.0	107.1	113.1	107.6
2001	108.1	108.3	102.6	108.5	110.3	102.8	108.7	106.8	109.1	108.8	107.6	107.0	111.0	112.9	107.6
2002	109.6	109.1	102.7	109.9	110.5	102.9	110.0	108.8	108.8	107.1	112.1	107.5	109.9	113.7	108.4
2003	110.5	110.0	102.4	112.7	109.5	102.5	112.8	112.1	109.9	106.1	112.4	107.4	109.8	110.8	109.4
2004	110.5	110.1	106.1	111.1	110.1	106.3	111.6	108.2	106.6	114.5	112.3	104.7	105.9	112.7	109.5
2005	110.9	111.4	105.1	112.1	112.4	105.2	111.6	116.0	113.0	111.2	112.3	114.1	112.2	112.0	110.7
2006	113.3	112.7	104.8	113.5	114.1	105.0	112.9	117.2	119.5	110.0	112.6	123.7	115.5	110.8	112.1
2007	114.7	114.2	103.5	115.1	116.1	103.7	114.9	116.2	120.2	111.8	109.6	125.8	124.4	111.5	113.6
2008	110.1	109.7	105.2	109.8	110.5	105.4	110.0	109.5	115.9	107.3	109.6	112.1	101.0	111.1	109.1
2009	108.5	109.4	104.0	110.3	109.6	104.2	109.1	118.9	111.9	103.4	103.8	116.4	111.8	108.5	108.9
2010	110.3	110.6	104.3	112.7	109.7	104.3	112.6	113.8	114.6	109.5	108.2	108.9	107.5	108.0	110.1
2011	109.0	109.5	104.2	110.7	109.5	104.3	110.9	109.7	112.5	109.7	105.1	107.7	107.4	109.6	109.0
2012	108.6	107.9	104.5	108.4	108.0	104.5	108.1	109.8	110.3	106.1	106.5	109.4	104.7	108.1	107.3
2013	107.1	107.8	103.8	108.0	108.3	104.0	107.7	109.7	110.5	106.6	103.9	110.6	107.2	107.5	107.2
2014	108.3	107.3	104.1	107.4	107.8	104.2	107.0	109.1	109.7	106.5	105.8	109.9	102.0	108.5	106.8
2015	106.4	106.9	103.9	106.2	108.2	104.0	106.0	106.8	106.1	104.1	106.2	116.0	103.2	109.3	106.4
2016	106.7	106.7	103.3	106.1	107.8	103.5	106.0	106.6	106.7	106.5	106.9	105.7	108.6	109.3	106.1

1—8　国内生产总值指数（1978=100）

本表按不变价格计算

年 份	国民总收入	国内生产总值	第一产业	第二产业	第三产业	农林牧渔业	工业
1978	100.0	100.0	100.0	100.0	100.0	100.0	100.0
1979	107.6	107.6	106.1	108.2	107.8	106.1	108.7
1980	116.0	116.0	104.6	122.8	114.4	104.6	122.4
1981	121.9	122.0	111.9	125.1	125.3	111.9	124.5
1982	133.1	132.9	124.8	132.1	141.2	124.8	131.7
1983	147.8	147.3	135.1	145.8	161.9	135.1	144.5
1984	170.5	169.6	152.6	166.9	193.3	152.6	165.9
1985	192.9	192.4	155.4	197.6	228.3	155.4	195.8
1986	209.6	209.6	160.5	217.8	256.4	160.5	214.7
1987	233.9	234.1	168.1	247.4	294.0	168.1	242.9
1988	260.3	260.4	172.3	282.8	332.7	172.3	279.5
1989	271.4	271.3	177.6	293.4	352.2	177.6	293.6
1990	282.7	281.9	190.7	302.8	361.6	190.7	303.5
1991	308.7	308.1	195.2	344.5	394.8	195.2	346.9
1992	352.1	351.9	204.2	416.9	444.6	204.4	419.9
1993	399.9	400.7	213.7	499.3	498.7	214.0	503.7
1994	452.1	453.0	222.2	589.8	555.4	222.6	598.3
1995	494.5	502.6	233.1	671.4	611.4	233.7	682.0
1996	544.5	552.5	244.9	752.6	667.7	245.6	767.2
1997	596.6	603.5	253.3	831.4	737.4	254.2	854.1
1998	640.3	650.8	262.0	905.5	799.3	263.1	930.0
1999	691.4	700.7	269.2	979.7	873.3	270.5	1009.7
2000	751.0	760.2	275.4	1072.6	958.6	277.0	1109.2
2001	811.8	823.6	282.7	1163.6	1057.0	284.7	1205.9
2002	889.7	898.8	290.3	1278.8	1167.8	293.0	1327.0
2003	982.9	989.0	297.2	1440.8	1279.2	300.3	1496.2
2004	1086.2	1089.0	315.4	1601.3	1408.7	319.2	1669.1
2005	1204.6	1213.1	331.4	1795.6	1582.8	336.0	1863.5
2006	1364.9	1367.4	347.1	2037.1	1806.5	352.8	2104.4
2007	1565.6	1562.0	359.3	2343.7	2096.8	366.0	2418.9
2008	1723.4	1712.8	377.9	2574.3	2316.5	385.6	2660.1
2009	1870.6	1873.8	393.0	2839.2	2538.6	401.8	2901.9
2010	2064.2	2073.1	409.7	3199.3	2784.0	418.9	3266.9
2011	2249.7	2270.8	426.8	3541.3	3048.2	436.8	3624.4
2012	2443.6	2449.2	445.9	3837.5	3292.4	456.6	3918.9
2013	2617.9	2639.2	462.9	4144.0	3565.7	474.7	4221.9
2014	2835.4	2831.8	481.7	4450.4	3844.1	494.6	4519.1
2015	3015.7	3027.2	500.5	4726.2	4159.1	514.6	4791.9
2016	3216.7	3229.7	517.0	5015.1	4481.7	532.5	5080.0

续表

建筑业	批发和零售业	交通运输、仓储和邮政业	住宿和餐饮业	金融业	房地产业	其他	人均国内生产总值(元)
100.0	100.0	100.0	100.0	100.0	100.0	100.0	100.0
102.0	108.7	108.3	111.1	98.0	104.1	110.1	106.2
129.2	106.7	112.9	115.5	105.2	112.3	126.3	113.1
133.3	138.2	115.0	135.6	110.2	108.4	135.6	117.3
137.9	137.2	128.1	178.5	157.6	118.2	153.7	126.0
161.3	166.3	140.2	213.1	199.5	124.3	172.0	137.6
178.8	207.4	161.1	230.3	260.8	158.7	198.4	156.4
218.4	277.0	183.3	244.8	305.4	198.4	221.3	175.1
253.0	303.2	208.8	283.1	397.8	249.7	227.9	187.9
298.1	347.8	228.8	310.5	487.6	322.9	251.3	206.5
321.8	388.7	257.5	388.5	586.1	363.8	274.3	226.0
294.8	347.1	268.3	426.9	737.4	421.8	287.5	231.9
298.3	328.8	290.7	441.8	753.3	448.2	298.2	237.5
326.8	345.8	321.4	477.9	774.6	501.7	344.3	256.0
395.4	382.2	353.7	607.0	824.7	635.3	383.9	288.8
466.4	414.9	398.0	657.0	917.6	703.6	448.0	325.1
530.0	448.9	432.0	835.3	1006.9	787.8	504.5	363.4
595.7	485.9	479.4	920.8	1095.8	885.8	556.4	398.9
646.4	523.0	532.3	983.8	1182.4	921.6	626.8	433.9
663.4	568.8	581.3	1091.4	1289.2	959.6	725.6	469.1
723.2	605.9	642.8	1212.2	1355.1	1033.3	795.4	501.1
754.3	658.6	721.1	1305.7	1427.6	1094.7	886.4	534.8
797.3	720.7	782.9	1427.7	1527.0	1172.5	1002.5	575.7
851.5	786.2	851.9	1536.8	1634.0	1301.4	1131.3	619.1
926.6	855.5	912.6	1723.4	1756.7	1430.3	1286.0	671.2
1038.5	940.5	968.5	1936.4	1887.2	1570.5	1425.1	734.0
1123.2	1002.2	1108.8	2175.3	1975.3	1663.2	1606.0	803.4
1302.9	1132.8	1233.0	2442.0	2254.4	1866.7	1798.4	889.7
1527.4	1353.3	1355.9	2748.9	2789.7	2155.7	1993.1	997.3
1774.7	1626.9	1516.0	3013.3	3510.2	2680.7	2222.1	1133.3
1943.5	1884.7	1627.0	3302.6	3935.0	2706.4	2469.3	1236.3
2311.8	2109.1	1681.9	3426.6	4578.6	3026.2	2678.0	1345.8
2631.4	2417.0	1841.1	3708.3	4987.6	3253.4	2891.0	1481.8
2887.3	2718.2	2019.0	3897.9	5369.8	3493.9	3168.0	1615.4
3168.9	2998.2	2141.9	4149.4	5876.9	3657.8	3425.2	1733.8
3475.6	3313.4	2283.2	4311.4	6497.7	3921.4	3680.4	1859.1
3791.8	3636.1	2431.5	4561.3	7142.7	4001.7	3993.3	1984.7
4050.1	3858.5	2530.1	4843.0	8288.3	4129.4	4365.4	2110.9
4317.2	4115.9	2694.2	5178.6	8759.5	4483.9	4771.0	2240.2

1-9　三次产业和主要行业贡献率

本表按不变价格计算　　　　单位：%

年 份	国内生产总值	第一产业	第二产业	第三产业	工业	批发和零售业	金融业
1978	100.0	9.8	61.8	28.4	62.2	12.7	1.9
1979	100.0	20.9	53.6	25.6	52.8	8.1	-0.6
1980	100.0	-4.8	85.6	19.2	74.9	-1.7	1.8
1981	100.0	40.5	17.7	41.8	15.0	24.4	1.7
1982	100.0	38.6	28.8	32.6	27.3	-0.4	8.9
1983	100.0	23.9	43.5	32.7	37.3	9.3	6.0
1984	100.0	25.6	42.7	31.7	39.8	8.4	5.6
1985	100.0	4.1	61.2	34.8	54.7	14.0	4.0
1986	100.0	9.8	53.2	36.9	45.6	7.0	11.1
1987	100.0	10.2	55.0	34.8	48.0	8.4	7.6
1988	100.0	5.4	61.3	33.4	58.1	7.2	7.7
1989	100.0	15.9	44.0	40.1	53.6	-17.5	28.5
1990	100.0	40.2	39.8	20.0	38.6	-7.9	3.1
1991	100.0	6.8	61.1	32.2	56.5	3.8	1.8
1992	100.0	8.1	63.2	28.7	56.6	4.8	2.6
1993	100.0	7.6	64.4	28.0	58.3	3.9	4.3
1994	100.0	6.3	66.3	27.4	61.6	3.8	3.9
1995	100.0	8.7	62.8	28.5	57.3	4.3	4.1
1996	100.0	9.3	62.2	28.5	58.1	4.3	3.9
1997	100.0	6.5	59.1	34.5	57.8	5.2	4.7
1998	100.0	7.2	59.7	33.0	54.5	4.5	3.2
1999	100.0	5.6	56.9	37.4	54.3	6.1	3.3
2000	100.0	4.1	59.6	36.2	56.9	6.0	3.8
2001	100.0	4.6	46.4	49.0	42.0	8.9	4.1
2002	100.0	4.1	49.4	46.5	44.3	7.9	3.9
2003	100.0	3.1	57.9	39.0	51.6	8.1	3.5
2004	100.0	7.3	51.8	40.8	47.6	5.3	2.1
2005	100.0	5.2	50.5	44.3	43.1	9.0	5.4
2006	100.0	4.4	49.7	45.9	42.3	11.4	7.4
2007	100.0	2.7	50.1	47.3	43.8	11.2	7.9
2008	100.0	5.2	48.6	46.2	43.4	13.7	6.0
2009	100.0	4.0	52.3	43.7	40.7	11.1	8.6
2010	100.0	3.6	57.4	39.0	49.6	12.3	4.4
2011	100.0	4.2	52.0	43.8	45.9	11.4	5.0
2012	100.0	5.2	49.9	44.9	41.9	11.7	7.3
2013	100.0	4.3	48.5	47.2	40.5	12.4	8.4
2014	100.0	4.7	47.8	47.5	39.2	12.5	8.7
2015	100.0	4.6	42.4	52.9	35.4	8.5	15.2
2016	100.0	4.4	37.4	58.2	30.9	9.6	7.1

注：贡献率指三次产业或主要行业增加值增量与GDP增量之比。

1–10 三次产业和主要行业对国内生产总值增长的拉动

本表按不变价格计算　　　　单位：%

年 份	国内生产总值						
		第一产业	第二产业	第三产业	工业	批发和零售业	金融业
1978	11.7	1.1	7.2	3.3	7.3	1.5	0.2
1979	7.6	1.6	4.1	1.9	4.0	0.6	
1980	7.8	–0.4	6.7	1.5	5.9	–0.1	0.1
1981	5.1	2.1	0.9	2.1	0.8	1.2	0.1
1982	9.0	3.5	2.6	2.9	2.5		0.8
1983	10.8	2.6	4.7	3.5	4.0	1.0	0.6
1984	15.2	3.9	6.5	4.8	6.0	1.3	0.9
1985	13.4	0.5	8.2	4.7	7.3	1.9	0.5
1986	8.9	0.9	4.8	3.3	4.1	0.6	1.0
1987	11.7	1.2	6.4	4.1	5.6	1.0	0.9
1988	11.2	0.6	6.9	3.7	6.5	0.8	0.9
1989	4.2	0.7	1.8	1.7	2.3	–0.7	1.2
1990	3.9	1.6	1.6	0.8	1.5	–0.3	0.1
1991	9.3	0.6	5.7	3.0	5.2	0.3	0.2
1992	14.2	1.2	9.0	4.1	8.1	0.7	0.4
1993	13.9	1.1	8.9	3.9	8.1	0.5	0.6
1994	13.0	0.8	8.6	3.6	8.0	0.5	0.5
1995	11.0	1.0	6.9	3.1	6.3	0.5	0.4
1996	9.9	0.9	6.2	2.8	5.8	0.4	0.4
1997	9.2	0.6	5.5	3.2	5.3	0.5	0.4
1998	7.8	0.6	4.7	2.6	4.3	0.4	0.2
1999	7.7	0.4	4.4	2.9	4.2	0.5	0.3
2000	8.5	0.4	5.1	3.1	4.8	0.5	0.3
2001	8.3	0.4	3.9	4.1	3.5	0.7	0.3
2002	9.1	0.4	4.5	4.2	4.0	0.7	0.4
2003	10.0	0.3	5.8	3.9	5.2	0.8	0.3
2004	10.1	0.7	5.2	4.1	4.8	0.5	0.2
2005	11.4	0.6	5.8	5.0	4.9	1.0	0.6
2006	12.7	0.6	6.3	5.8	5.4	1.5	0.9
2007	14.2	0.4	7.1	6.7	6.2	1.6	1.1
2008	9.7	0.5	4.7	4.5	4.2	1.3	0.6
2009	9.4	0.4	4.9	4.1	3.8	1.0	0.8
2010	10.6	0.4	6.1	4.2	5.3	1.3	0.5
2011	9.5	0.4	5.0	4.2	4.4	1.1	0.5
2012	7.9	0.4	3.9	3.5	3.3	0.9	0.6
2013	7.8	0.3	3.8	3.7	3.1	1.0	0.7
2014	7.3	0.3	3.5	3.5	2.9	0.9	0.6
2015	6.9	0.3	2.9	3.7	2.4	0.6	1.0
2016	6.7	0.3	2.5	3.9	2.1	0.6	0.5

注：拉动指GDP增长速度与三次产业或主要行业贡献率之乘积。

1-11 支出法国内生产总值

本表按当年价格计算

年 份	支出法国内生产总值(亿元)	最终消费支出	资本形成总额	货物和服务净出口	最终消费率(消费率)(%)	资本形成率(投资率)(%)
1978	3634	2233	1413	-11	61.4	38.9
1979	4078	2578	1520	-20	63.2	37.3
1980	4575	2967	1623	-15	64.8	35.5
1981	4957	3277	1663	17	66.1	33.5
1982	5426	3576	1760	91	65.9	32.4
1983	6079	4060	1968	51	66.8	32.4
1984	7346	4784	2560	1	65.1	34.9
1985	9180	5918	3630	-367	64.5	39.5
1986	10474	6727	4002	-255	64.2	38.2
1987	12294	7639	4645	11	62.1	37.8
1988	15332	9423	6060	-151	61.5	39.5
1989	17360	11033	6512	-186	63.6	37.5
1990	19067	12001	6555	510	62.9	34.4
1991	22124	13614	7893	618	61.5	35.7
1992	27334	16225	10834	276	59.4	39.6
1993	35900	20797	15783	-679	57.9	44.0
1994	48823	28272	19916	634	57.9	40.8
1995	61539	36198	24343	999	58.8	39.6
1996	72102	43087	27557	1459	59.8	38.2
1997	80025	47509	28966	3550	59.4	36.2
1998	85486	51460	30397	3629	60.2	35.6
1999	90824	56622	31666	2537	62.3	34.9
2000	100577	63668	34526	2383	63.3	34.3
2001	111250	68547	40379	2325	61.6	36.3
2002	122292	74068	45130	3094	60.6	36.9
2003	138315	79513	55837	2965	57.5	40.4
2004	162742	89086	69421	4236	54.7	42.7
2005	189190	101448	77534	10209	53.6	41.0
2006	221207	114729	89823	16655	51.9	40.6
2007	271699	136229	112047	23423	50.1	41.2
2008	319936	157466	138243	24227	49.2	43.2
2009	349883	172728	162118	15037	49.4	46.3
2010	410708	198998	196653	15057	48.5	47.9
2011	486038	241022	233327	11688	49.6	48.0
2012	540989	271113	255240	14636	50.1	47.2
2013	596963	300338	282073	14552	50.3	47.3
2014	647182	328313	302717	16152	50.7	46.8
2015	699109	362267	312836	24007	51.8	44.7
2016	746315	400176	329727	16412	53.6	44.2

注：最终消费率指最终消费支出占支出法国内生产总值的比重；资本形成率指资本形成总额占支出法国内生产总值的比重。

1–12 支出法国内生产总值及构成

本表按当年价格计算

年份	最终消费支出								资本形成总额			
	绝对数(亿元)				构成				绝对数(亿元)		构成(资本形成总额=100)	
	居民消费支出			政府消费支出	最终消费支出=100		居民消费支出=100		固定资本形成总额	存货变动	固定资本形成总额	存货变动
		城镇居民	农村居民		居民消费支出	政府消费支出	城镇居民	农村居民				
1978	1759	667	1092	474	78.8	21.2	37.9	62.1	1109	304	78.5	21.5
1979	2014	759	1255	564	78.1	21.9	37.7	62.3	1194	326	78.6	21.4
1980	2337	922	1415	630	78.8	21.2	39.5	60.5	1346	277	82.9	17.1
1981	2628	1017	1610	650	80.2	19.8	38.7	61.3	1382	281	83.1	16.9
1982	2867	1050	1817	708	80.2	19.8	36.6	63.4	1559	201	88.6	11.4
1983	3221	1197	2024	839	79.3	20.7	37.1	62.9	1743	226	88.5	11.5
1984	3690	1438	2251	1095	77.1	22.9	39.0	61.0	2192	368	85.6	14.4
1985	4627	1841	2787	1290	78.2	21.8	39.8	60.2	2844	786	78.4	21.6
1986	5294	2180	3113	1433	78.7	21.3	41.2	58.8	3300	702	82.5	17.5
1987	6048	2576	3472	1591	79.2	20.8	42.6	57.4	3821	823	82.3	17.7
1988	7532	3381	4152	1891	79.9	20.1	44.9	55.1	4842	1218	79.9	20.1
1989	8778	3913	4865	2255	79.6	20.4	44.6	55.4	4519	1993	69.4	30.6
1990	9435	4194	5241	2566	78.6	21.4	44.5	55.5	4636	1919	70.7	29.3
1991	10544	4971	5573	3070	77.5	22.5	47.1	52.9	5795	2098	73.4	26.6
1992	12312	6366	5947	3913	75.9	24.1	51.7	48.3	8461	2373	78.1	21.9
1993	15696	8695	7001	5101	75.5	24.5	55.4	44.6	13574	2209	86.0	14.0
1994	21446	12274	9172	6826	75.9	24.1	57.2	42.8	17188	2728	86.3	13.7
1995	28073	16535	11538	8125	77.6	22.4	58.9	41.1	20357	3985	83.6	16.4
1996	33660	19505	14155	9426	78.1	21.9	57.9	42.1	23320	4237	84.6	15.4
1997	36626	21665	14961	10882	77.1	22.9	59.2	40.8	25363	3603	87.6	12.4
1998	38822	23947	14875	12639	75.4	24.6	61.7	38.3	28751	1645	94.6	5.4
1999	41915	27104	14811	14707	74.0	26.0	64.7	35.3	30241	1424	95.5	4.5
2000	46988	31376	15612	16680	73.8	26.2	66.8	33.2	33528	998	97.1	2.9
2001	50709	34411	16297	17838	74.0	26.0	67.9	32.1	38064	2315	94.3	5.7
2002	55076	38060	17017	18992	74.4	25.6	69.1	30.9	43797	1333	97.0	3.0
2003	59344	41569	17775	20169	74.6	25.4	70.0	30.0	53964	1872	96.6	3.4
2004	66587	47354	19233	22499	74.7	25.3	71.1	28.9	65670	3751	94.6	5.4
2005	75232	54320	20912	26215	74.2	25.8	72.2	27.8	75810	1724	97.8	2.2
2006	84119	61480	22640	30609	73.3	26.7	73.1	26.9	87223	2600	97.1	2.9
2007	99793	74205	25589	36436	73.3	26.7	74.4	25.6	105052	6995	93.8	6.2
2008	115338	86498	28841	42128	73.2	26.8	75.0	25.0	128002	10241	92.6	7.4
2009	126661	95995	30666	46067	73.3	26.7	75.8	24.2	156735	5383	96.7	3.3
2010	146058	112447	33610	52940	73.4	26.6	77.0	23.0	185827	10826	94.5	5.5
2011	176532	135457	41075	64490	73.2	26.8	76.7	23.3	219671	13656	94.1	5.9
2012	198537	153314	45223	72576	73.2	26.8	77.2	22.8	244601	10639	95.8	4.2
2013	219763	170330	49432	80575	73.2	26.8	77.5	22.5	270924	11149	96.0	4.0
2014	242540	188174	54366	85773	73.9	26.1	77.6	22.4	290053	12664	95.8	4.2
2015	265980	206837	59143	96286	73.4	26.6	77.8	22.2	301503	11333	96.4	3.6
2016	292661	228517	64145	107514	73.1	26.9	78.1	21.9	318912	10816	96.7	3.3

1-13　三大需求对国内生产总值增长的贡献率和拉动

本表按不变价格计算

年　份	最终消费支出		资本形成总额		货物和服务净出口	
	贡献率(%)	拉动(百分点)	贡献率(%)	拉动(百分点)	贡献率(%)	拉动(百分点)
1978	38.3	4.5	67.0	7.8	-5.3	-0.6
1980	77.3	6.1	20.9	1.6	1.8	0.1
1985	71.1	9.5	79.8	10.7	-50.9	-6.8
1990	91.7	3.6	-74.6	-2.9	82.9	3.2
1995	46.2	5.1	46.6	5.1	7.2	0.8
2000	78.1	6.6	22.4	1.9	-0.5	0.0
2001	49.0	4.1	64.0	5.3	-13.0	-1.1
2002	55.6	5.1	39.8	3.6	4.6	0.4
2003	35.4	3.6	70.0	7.0	-5.4	-0.6
2004	42.6	4.3	61.6	6.2	-4.2	-0.4
2005	54.4	6.2	33.1	3.8	12.5	1.4
2006	42.0	5.3	42.9	5.5	15.1	1.9
2007	45.3	6.4	44.1	6.3	10.6	1.5
2008	44.2	4.3	53.2	5.1	2.6	0.3
2009	56.1	5.3	86.5	8.1	-42.6	-4.0
2010	44.9	4.8	66.3	7.1	-11.2	-1.3
2011	61.9	5.9	46.2	4.4	-8.1	-0.8
2012	54.9	4.3	43.4	3.4	1.7	0.2
2013	47.0	3.6	55.3	4.3	-2.3	-0.1
2014	48.8	3.6	46.9	3.4	4.3	0.3
2015	59.7	4.1	41.6	2.9	-1.3	-0.1
2016	64.6	4.3	42.2	2.8	-6.8	-0.4

注：1.三大需求指支出法国内生产总值的三大构成项目，即最终消费支出、资本形成总额、货物和服务净出口。

2.贡献率指三大需求增量与支出法国内生产总值增量之比。

3.拉动指国内生产总值增长速度与三大需求贡献率的乘积。

1—14 地区生产总值（2016年）

本表绝对数按当年价格计算，指数按不变价格计算 单位：亿元

地 区	地区生产总值	三次产业增加值			分行业增加值					
		第一产业	第二产业	第三产业	农林牧渔业	工 业	建筑业	批发和零售业	交通运输、仓储和邮政业	住宿和餐饮业
北 京	25669.13	129.79	4944.44	20594.90	132.20	4026.68	1025.50	2372.89	1060.97	399.35
天 津	17885.39	220.22	7571.35	10093.82	222.05	6805.13	786.89	2256.54	725.31	292.11
河 北	32070.45	3492.81	15256.93	13320.71	3644.82	13387.46	1885.27	2536.85	2369.27	440.39
山 西	13050.41	784.78	5028.99	7236.64	827.32	4148.91	895.63	1058.12	930.75	375.75
内蒙古	18128.10	1637.39	8553.63	7937.08	1663.87	7233.00	1322.50	1841.71	1141.97	682.12
辽 宁	22246.90	2173.06	8606.54	11467.30	2296.55	6818.32	1880.85	2822.87	1245.27	457.00
吉 林	14776.80	1498.52	7004.95	6273.33	1549.26	6070.07	960.87	1203.14	558.38	368.76
黑龙江	15386.09	2670.46	4400.69	8314.94	2731.65	3647.14	874.23	1795.83	758.01	522.56
上 海	28178.65	109.47	8406.28	19662.90	113.47	7555.34	879.81	4119.59	1237.32	388.98
江 苏	77388.28	4077.18	34619.50	38691.60	4323.53	30455.15	4173.66	7470.27	2837.16	1291.32
浙 江	47251.36	1965.18	21194.61	24091.57	2000.23	18655.12	2610.72	5754.19	1774.37	1119.00
安 徽	24407.62	2567.72	11821.58	10018.32	2693.19	10076.94	1763.53	1775.87	826.90	458.02
福 建	28810.58	2363.22	14093.47	12353.89	2444.81	11698.36	2421.34	2204.60	1689.82	421.51
江 西	18499.00	1904.53	8829.54	7764.93	1962.35	7219.11	1610.91	1264.66	796.47	425.34
山 东	68024.49	4929.13	31343.67	31751.69	5171.13	27588.70	3806.31	9044.95	2725.41	1440.16
河 南	40471.79	4286.21	19275.82	16909.76	4439.96	17042.72	2292.04	2987.25	1938.06	1110.87
湖 北	32665.38	3659.33	14654.38	14351.67	3780.80	12536.39	2192.97	2485.05	1297.48	748.61
湖 南	31551.37	3578.37	13341.17	14631.83	3725.90	11337.28	2016.59	2487.80	1356.56	666.12
广 东	80854.91	3694.37	35109.66	42050.88	3781.83	32650.89	2551.82	8382.48	3209.72	1569.37
广 西	18317.64	2796.80	8273.66	7247.18	2873.47	6816.64	1458.41	1215.06	855.67	398.17
海 南	4053.20	948.35	905.95	2198.90	977.63	482.50	424.50	467.80	199.89	191.96
重 庆	17740.59	1303.24	7898.92	8538.43	1324.66	6183.80	1715.12	1470.85	848.22	391.19
四 川	32934.54	3929.33	13448.92	15556.29	4005.42	11058.79	2472.96	2138.45	1472.57	941.28
贵 州	11776.73	1846.19	4669.53	5261.01	1944.32	3715.64	955.44	732.71	987.47	400.93
云 南	14788.42	2195.11	5690.16	6903.15	2242.22	3891.20	1806.22	1441.95	328.41	478.34
西 藏	1151.41	115.78	429.17	606.46	118.76	86.44	342.73	70.35	31.26	33.07
陕 西	19399.59	1693.85	9490.72	8215.02	1776.29	7598.00	1943.20	1604.40	771.77	457.63
甘 肃	7200.37	983.39	2515.56	3701.42	1027.73	1757.53	776.35	536.70	271.25	213.70
青 海	2572.49	221.19	1249.98	1101.32	224.69	901.68	348.67	163.04	94.99	46.17
宁 夏	3168.59	241.60	1488.44	1438.55	256.27	1054.34	434.20	145.41	205.75	54.98
新 疆	9649.70	1648.97	3647.01	4353.72	1691.80	2677.63	1049.93	586.32	567.54	160.40

续表

地区	分行业增加值			人均地区生产总值(元)	构成(地区生产总值=100)			指数(上年=100)				
	金融业	房地产业	其他		第一产业	第二产业	第三产业	地区生产总值	第一产业	第二产业	第三产业	人均地区生产总值
北京	4270.82	1672.68	10708.04	118198	0.5	19.3	80.2	106.8	91.3	106.3	107.0	106.3
天津	1793.57	805.92	4197.87	115053	1.2	42.3	56.4	109.1	103.0	108.4	110.0	107.5
河北	1731.23	1488.42	4586.74	43062	10.9	47.6	41.5	106.8	103.5	104.9	109.9	106.1
山西	1207.35	698.53	2908.05	35532	6.0	38.5	55.5	104.5	102.8	101.5	106.9	104.0
内蒙古	992.14	453.80	2796.99	72064	9.0	47.2	43.8	107.2	103.0	106.9	108.3	106.8
辽宁	1829.22	1037.33	3859.49	50791	9.8	38.7	51.5	97.5	95.4	92.3	102.5	97.7
吉林	659.55	476.58	2930.19	53868	10.1	47.4	42.5	106.9	103.9	106.2	108.8	107.3
黑龙江	900.84	616.90	3538.93	40432	17.4	28.6	54.0	106.1	105.3	102.6	108.5	106.5
上海	4765.83	2125.62	6992.69	116562	0.4	29.8	69.8	106.9	93.4	101.2	109.6	107.0
江苏	6011.13	4292.79	16533.28	96887	5.3	44.7	50.0	107.8	100.7	106.6	109.8	107.5
浙江	3050.61	2607.00	9680.12	84916	4.2	44.9	51.0	107.6	102.7	105.7	109.7	106.8
安徽	1447.02	1124.07	4242.09	39561	10.5	48.4	41.0	108.7	102.7	108.1	111.1	107.7
福建	1866.17	1269.67	4794.30	74707	8.2	48.9	42.9	108.4	103.6	106.8	111.4	107.5
江西	1056.30	745.89	3417.97	40400	10.3	47.7	42.0	109.0	104.2	108.5	111.1	108.4
山东	3364.56	2773.29	12109.97	68733	7.2	46.1	46.7	107.6	103.9	106.6	109.3	106.7
河南	2256.61	1890.01	6514.27	42575	10.6	47.6	41.8	108.1	104.2	107.3	110.3	107.6
湖北	2318.87	1291.35	6013.85	55665	11.2	44.9	43.9	108.1	103.9	107.8	109.5	107.5
湖南	1272.71	879.62	7808.79	46382	11.3	42.3	46.4	108.0	103.3	106.5	110.6	107.3
广东	6127.05	6229.50	16352.25	74016	4.6	43.4	52.0	107.5	103.1	106.1	109.2	106.2
广西	1136.85	749.04	2814.33	38027	15.3	45.2	39.6	107.3	103.4	107.4	108.6	106.3
海南	281.90	349.95	677.07	44347	23.4	22.4	54.3	107.5	104.0	104.7	110.2	106.7
重庆	1642.59	926.19	3237.97	58502	7.3	44.5	48.1	110.7	104.6	111.3	111.0	109.6
四川	2729.45	1516.61	6599.01	40003	11.9	40.8	47.2	107.8	103.8	107.6	109.2	107.0
贵州	689.40	249.20	2101.63	33246	15.7	39.7	44.7	110.5	106.0	111.3	111.4	109.8
云南	1092.60	303.96	3203.52	31093	14.8	38.5	46.7	108.7	105.6	108.9	109.5	108.0
西藏	93.05	33.47	342.28	35184	10.1	37.3	52.7	110.1	104.5	112.2	109.6	107.9
陕西	1181.54	747.17	3319.59	51015	8.7	48.9	42.3	107.6	104.0	107.3	108.8	107.1
甘肃	507.02	259.89	1850.21	27643	13.7	34.9	51.4	107.6	105.5	106.8	108.9	107.2
青海	245.81	56.13	491.31	43531	8.6	48.6	42.8	108.0	105.4	108.5	108.0	107.1
宁夏	284.11	102.57	630.96	47194	7.6	47.0	45.4	108.1	104.5	107.9	109.0	107.0
新疆	573.70	298.62	2043.76	40564	17.1	37.8	45.1	107.6	105.8	106.2	109.4	105.3

1—15　支出法地区生产总值（2016年）

本表按当年价格计算

地　区	支出法地区生产总值(亿元)	最终消费支出	资本形成总额	货物和服务净流出	最终消费率(消费率)(%)	资本形成率(投资率)(%)
北　京	25669.1	15406.5	10074.1	188.5	60.0	39.2
天　津	17885.4	8012.0	10584.1	−710.8	44.8	59.2
河　北	32070.5	14536.1	18636.5	−1102.2	45.3	58.1
山　西	13055.6	7451.5	9464.3	−3860.2	57.1	72.5
内蒙古	18128.1	8030.9	12617.8	−2520.6	44.3	69.6
辽　宁	22246.9	13149.5	9682.0	−584.6	59.1	43.5
吉　林	14776.8	5567.1	10152.9	−943.1	37.7	68.7
黑龙江	15386.1	9580.0	9360.3	−3554.2	62.3	60.8
上　海	28178.7	16177.0	11321.2	680.4	57.4	40.2
江　苏	77388.3	39499.9	33123.3	4765.1	51.0	42.8
浙　江	47251.4	22751.7	21393.8	3105.9	48.2	45.3
安　徽	24407.6	12112.8	12507.8	−212.9	49.6	51.2
福　建	28810.6	11614.4	16633.8	562.4	40.3	57.7
江　西	18499.0	9362.7	9303.6	−167.4	50.6	50.3
山　东	68024.5	32149.7	34637.3	1237.6	47.3	50.9
河　南	40471.8	20777.0	29560.1	−9865.3	51.3	73.0
湖　北	32665.4	15255.0	18786.3	−1375.9	46.7	57.5
湖　南	31551.4	16122.6	16737.3	−1308.5	51.1	53.0
广　东	80854.9	40885.9	34647.1	5321.9	50.6	42.9
广　西	18317.6	9834.5	12363.9	−3880.7	53.7	67.5
海　南	4053.2	2489.6	2577.1	−1013.5	61.4	63.6
重　庆	17740.6	8444.5	9551.6	−255.5	47.6	53.8
四　川	32934.5	17237.9	16165.3	−468.7	52.3	49.1
贵　州	11776.7	6746.0	8195.0	−3164.3	57.3	69.6
云　南	14788.4	9592.7	13903.3	−8707.6	64.9	94.0
西　藏	1151.4	901.0	1162.8	−912.4	78.2	101.0
陕　西	19399.6	8790.9	12907.7	−2299.0	45.3	66.5
甘　肃	7200.4	4751.4	4875.1	−2426.1	66.0	67.7
青　海	2572.5	1676.4	3565.5	−2669.4	65.2	138.6
宁　夏	3168.6	1891.6	3827.9	−2550.9	59.7	120.8
新　疆	9649.7	6155.3	8670.1	−5175.7	63.8	89.8

1–16　分地区资本形成总额及构成(2016年)

本表按当年价格计算

地 区	资本形成总额(亿元)			构成 (资本形成总额=100)	
		固定资本形成总额	存货变动	固定资本形成总额	存货变动
北 京	10074.1	9716.1	358.0	96.4	3.6
天 津	10584.1	10113.9	470.2	95.6	4.4
河 北	18636.5	18595.7	40.8	99.8	0.2
山 西	9464.3	8369.4	1095.0	88.4	11.6
内蒙古	12617.8	12489.5	128.3	99.0	1.0
辽 宁	9682.0	9171.7	510.3	94.7	5.3
吉 林	10152.9	10185.7	–32.9	100.3	–0.3
黑龙江	9360.3	9151.4	208.9	97.8	2.2
上 海	11321.2	10631.4	689.8	93.9	6.1
江 苏	33123.3	32254.6	868.7	97.4	2.6
浙 江	21393.8	20677.8	716.0	96.7	3.3
安 徽	12507.8	12345.1	162.6	98.7	1.3
福 建	16633.8	15576.1	1057.7	93.6	6.4
江 西	9303.6	9029.5	274.1	97.1	2.9
山 东	34637.3	33548.7	1088.6	96.9	3.1
河 南	29560.1	29595.1	–35.0	100.1	–0.1
湖 北	18786.3	18515.8	270.4	98.6	1.4
湖 南	16737.3	16477.4	259.9	98.4	1.6
广 东	34647.1	33279.7	1367.4	96.1	3.9
广 西	12363.9	12114.1	249.8	98.0	2.0
海 南	2577.1	2519.1	58.1	97.7	2.3
重 庆	9551.6	9114.9	436.8	95.4	4.6
四 川	16165.3	15800.5	364.8	97.7	2.3
贵 州	8195.0	7975.5	219.6	97.3	2.7
云 南	13903.3	13321.1	582.2	95.8	4.2
西 藏	1162.8	1151.9	10.9	99.1	0.9
陕 西	12907.7	12584.8	322.9	97.5	2.5
甘 肃	4875.1	4894.0	–18.9	100.4	–0.4
青 海	3565.5	3551.9	13.6	99.6	0.4
宁 夏	3827.9	3757.1	70.8	98.2	1.8
新 疆	8670.1	8655.1	15.0	99.8	0.2

1–17　全社会固定资产投资主要指标

指　　标	2014	2015	2015年比上年增长(%)
投资总额　(亿元)	561999.8	606465.7	7.9
按构成分			
建筑安装工程	388163.5	423107.2	9.0
设备工具器具购置	111110.2	113389.0	2.1
其他费用	62726.1	69969.5	11.5
按三次产业分			
第一产业	17542.1	20917.6	19.2
第二产业	224258.6	232001.9	3.5
第三产业	320199.1	353546.2	10.4
本年实际到位资金小计(亿元)	584198.8	616933.5	5.6
国家预算资金	30924.3	36211.7	17.1
国内贷款	61054.0	67200.3	10.1
利用外资	2854.4	2270.3	−20.5
自筹资金	414802.4	413828.6	−0.2
其他资金	74563.6	97422.6	30.7
房屋建筑面积　(万平方米)			
施工面积	1292371.7	1264395.3	−2.2
#住宅	669297.1	660662.1	−1.3
竣工面积	350973.0	312119.0	−11.1
#住宅	179737.8	171471.3	−4.6

注：1.投资实际到位资金为财务拨款数，各项相加不等于投资总额。
2.增长速度未扣除价格因素（以下各表同）。
3.自2013年起，三产划分按《国家统计局关于印发〈三次产业划分规定〉的通知》（国统字(2012)108号)执行，增速按可比口径计算。
4.根据第三次经济普查结果，对2013年全社会固定资产投资数据进行了修订，增速按修订后数据计算。

1–18　全社会固定资产投资和全社会住宅投资

单位：亿元

年 份/地 区	全社会投资	城 镇		全社会住宅投资	城 镇	
			房地产开发			#房地产开发
1995	20019.3	15643.7	3149.0	4736.7	3278.2	1753.1
2000	32917.7	26221.8	4984.1	7594.1	5435.3	3312.0
2005	88773.6	75095.1	15909.2	15427.2	12825.8	10860.9
2006	109998.2	93368.7	19422.9	19333.1	16305.5	13638.4
2007	137323.9	117464.5	25288.8	25005.0	21238.3	18005.4
2008	172828.4	148738.3	31203.2	30881.2	26516.0	22440.9
2009	224598.8	193920.4	36241.8	36428.2	30512.7	25613.7
2010	(278121.9)	(241430.9)	(48259.4)	(45936.1)	(39473.7)	(34026.2)
	251683.8	243797.8	48259.4	45027.0	39763.1	34026.2

续表

年 份/地 区	全社会投资	城 镇	房地产开发	全社会住宅投资	城 镇	#房地产开发
2011	311485.1	302396.1	61796.9	57824.4	51773.4	44319.5
2012	374694.7	364854.1	71803.8	64412.8	57844.3	49374.2
2013	446294.1	435747.4	86013.4	74870.7	67483.4	58950.8
2014	512020.7	501264.9	95035.6	80615.1	72888.4	64352.2
2015	561999.8	551590.0	95978.8	80247.7	72746.0	64595.2
2016	606465.7	596500.8	102580.6	83660.2	76649.9	68703.9
北 京	7943.9	7888.7	4000.6	2124.3	2073.2	1925.9
天 津	12779.4	12756.4	2300.0	1725.8	1716.1	1598.3
河 北	31750.0	31340.1	4695.6	3965.0	3669.8	3475.5
山 西	14198.0	13859.4	1597.4	1882.8	1665.5	1141.1
内蒙古	15080.0	14894.0	1133.5	1132.1	1034.6	793.7
辽 宁	6692.2	6436.3	2094.8	1625.1	1512.4	1505.4
吉 林	13923.2	13773.2	1016.8	788.3	747.5	710.7
黑龙江	10648.3	10432.6	864.8	709.2	669.9	598.0
上 海	6755.9	6751.7	3709.0	1979.8	1975.8	1965.4
江 苏	49663.2	49370.9	8956.4	7161.4	6971.1	6628.9
浙 江	30276.1	29571.0	7469.4	5945.3	5347.6	4806.6
安 徽	27033.4	26577.4	4603.6	3718.9	3414.8	3069.4
福 建	23237.4	22928.0	4588.8	3424.8	3204.7	2999.3
江 西	19694.2	19378.7	1770.9	1752.9	1499.5	1247.6
山 东	53322.9	52364.5	6323.4	5806.8	5343.7	4690.2
河 南	40415.1	39753.9	6179.1	5629.4	5094.4	4558.1
湖 北	30011.7	29503.9	4296.4	3817.5	3434.8	3012.3
湖 南	28353.3	27688.4	2957.0	2661.5	2125.1	1871.3
广 东	33303.6	32947.3	10307.8	7472.8	7147.4	6977.7
广 西	18236.8	17652.9	2398.0	2239.1	1822.8	1725.3
海 南	3890.4	3747.0	1787.6	1476.6	1353.7	1317.7
重 庆	16048.1	15931.8	3725.9	2567.0	2482.0	2320.0
四 川	28812.0	28229.8	5282.6	4194.3	3760.0	3185.6
贵 州	13204.0	12929.2	2149.0	1535.5	1349.9	1243.6
云 南	16119.4	15662.5	2688.3	2871.5	2515.1	1635.4
西 藏	1596.0	1596.0	48.5	71.0	71.0	39.1
陕 西	20825.3	20474.9	2736.8	2647.4	2344.6	1916.1
甘 肃	9664.0	9534.1	850.0	788.8	720.9	563.8
青 海	3528.1	3455.5	396.9	383.7	322.7	227.8
宁 夏	3794.2	3709.0	728.2	524.9	468.5	435.4
新 疆	10287.5	9983.9	923.4	1036.9	790.8	518.8
不分地区	5378.0	5378.0				

注：1.1995—1996年，除房地产投资、农村集体投资、个人投资以外，投资统计的起点为5万元；自1997年起，除房地产投资、农村集体投资、个人投资以外，投资统计的起点由5万元提高到50万元；自2011年起，除房地产投资、农村个人投资外，固定资产投资的统计起点由50万元提高至500万元，城镇固定资产投资数据发布口径改为固定资产投资(不含农户)，固定资产投资(不含农户)等于原口径的城镇固定资产投资加上农村企事业组织的项目投资(以下有关各表同)。

2.为便于比较，对1996年、2010年的相应数据作了调整，这两年数据中括号内为原口径数，未加括号的为调整后的新口径数。新口径数据中，1996年为50万元起点以上数；2010年为500万元起点以上数，同时其中的城镇固定资产投资数据发布口径改为固定资产投资(不含农户)(以下有关各表同)。

1-19 全社会固定资产投资实际到位资金和按构成分固定资产投资

年 份	实际到位资金				投资按构成分		
	国家预算资金	国内贷款	利用外资	自筹和其他资金	建筑安装工程	设备工器具购置	其他费用
总量 (亿元)							
1981	269.8	122.0	36.4	532.9	689.8	223.6	47.5
1982	279.3	176.1	60.5	714.5	871.1	291.4	67.9
1983	339.7	175.5	66.6	848.3	993.3	358.3	78.4
1984	421.0	258.5	70.7	1082.7	1217.6	509.2	106.1
1985	407.8	510.3	91.5	1533.6	1655.5	718.1	169.7
1986	455.6	658.5	137.3	1869.2	2059.7	852.0	209.0
1987	496.6	872.0	182.0	2241.1	2475.7	1038.8	277.3
1988	432.0	977.8	275.3	2968.7	3099.7	1305.4	348.8
1989	366.1	763.0	291.1	2990.3	2994.6	1115.8	300.0
1990	393.0	885.5	284.6	2954.4	3008.7	1165.5	342.7
1991	380.4	1314.7	318.9	3580.4	3647.7	1460.2	486.6
1992	347.5	2214.0	468.7	5050.0	5163.4	2125.1	791.6
1993	483.7	3072.0	954.3	8562.4	8201.2	3315.9	1555.2
1994	529.6	3997.6	1769.0	11531.0	10786.5	4328.3	1928.1
1995	621.1	4198.7	2295.9	13409.2	13173.3	4262.5	2583.5
1996	(629.7)	(4576.5)	(2747.4)	(15465.4)	(15153.4)	(4940.8)	(2879.8)
	625.9	4573.7	2746.6	15412.4	15109.3	4926.0	2878.3
1997	696.7	4782.6	2683.9	17096.5	15614.0	6044.8	3282.3
1998	1197.4	5542.9	2617.0	19359.6	17874.5	6528.5	4003.1
1999	1852.1	5725.9	2006.8	20169.7	18795.9	7053.0	4005.7
2000	2109.5	6727.3	1696.3	22577.4	20536.3	7785.6	4595.9
2001	2546.4	7239.8	1730.7	26470.0	22954.9	8833.8	5424.8
2002	3161.0	8859.1	2085.0	30941.9	26578.9	9884.5	7036.6
2003	2687.8	12044.4	2599.4	41284.8	33447.2	12681.9	9437.5
2004	3254.9	13788.0	3285.7	54236.3	42803.6	16527.0	11146.8
2005	4154.3	16319.0	3978.8	70138.7	53382.6	21422.9	13968.1
2006	4672.0	19590.5	4334.3	90360.2	66775.8	25563.9	17658.4
2007	5857.1	23044.2	5132.7	116769.7	83518.3	31574.8	22230.9
2008	7954.8	26443.7	5311.9	143204.9	104958.9	40594.1	27275.5
2009	12685.7	39302.8	4623.7	193617.4	138758.3	50844.2	34996.2
2010	(14677.8)	(47258.0)	(4986.8)	(244041.7)	(171351.8)	(61681.5)	(45088.5)
	13012.7	44020.8	4703.6	224042.0	155580.5	53842.8	42260.5
2011	14843.3	46344.5	5062.0	279734.4	200195.7	65152.3	46137.1
2012	18958.7	51593.5	4468.8	334654.7	243617.5	77724.1	53353.1
2013	22305.3	59442.0	4319.4	405545.8	298424.2	91074.4	56795.5
2014	26745.4	65221.0	4052.9	447461.2	349789.0	101005.2	61226.4
2015	30924.3	61054.0	2854.4	489366.0	388163.5	111110.2	62726.1

续表

年 份	实际到位资金				投资按构成分		
	国家预算资金	国内贷款	利用外资	自筹和其他资金	建筑安装工程	设备工器具购置	其他费用
2016	36211.7	67200.3	2270.3	511251.2	423107.2	113389.0	69969.5
构成(%)							
1981	28.1	12.7	3.8	55.4	71.8	23.3	4.9
1982	22.7	14.3	4.9	58.1	70.8	23.7	5.5
1983	23.8	12.3	4.7	59.2	69.5	25.1	5.4
1984	23.0	14.1	3.9	59.0	66.4	27.8	5.8
1985	16.0	20.1	3.6	60.3	65.1	28.2	6.7
1986	14.6	21.1	4.4	59.9	66.0	27.3	6.7
1987	13.1	23.0	4.8	59.1	65.3	27.4	7.3
1988	9.3	21.0	5.9	63.8	65.2	27.5	7.3
1989	8.3	17.3	6.6	67.8	67.9	25.3	6.8
1990	8.7	19.6	6.3	65.4	66.6	25.8	7.6
1991	6.8	23.5	5.7	64.0	65.2	26.1	8.7
1992	4.3	27.4	5.8	62.5	63.9	26.3	9.8
1993	3.7	23.5	7.3	65.5	62.7	25.4	11.9
1994	3.0	22.4	9.9	64.7	63.3	25.4	11.3
1995	3.0	20.5	11.2	65.3	65.8	21.3	12.9
1996	2.7	19.6	11.8	66.0	66.0	21.5	12.5
1997	2.8	18.9	10.6	67.7	62.6	24.2	13.2
1998	4.2	19.3	9.1	67.4	62.9	23.0	14.1
1999	6.2	19.2	6.7	67.8	63.0	23.6	13.4
2000	6.4	20.3	5.1	68.2	62.4	23.7	13.9
2001	6.7	19.1	4.6	69.6	61.7	23.7	14.6
2002	7.0	19.7	4.6	68.7	61.1	22.7	16.2
2003	4.6	20.5	4.4	70.5	60.2	22.8	17.0
2004	4.4	18.5	4.4	72.7	60.7	23.5	15.8
2005	4.4	17.3	4.2	74.1	60.1	24.1	15.7
2006	3.9	16.5	3.6	76.0	60.7	23.2	16.1
2007	3.9	15.3	3.4	77.4	60.8	23.0	16.2
2008	4.3	14.5	2.9	78.3	60.7	23.5	15.8
2009	5.1	15.7	1.8	77.4	61.8	22.6	15.6
2010	4.7	15.2	1.6	78.5	61.6	22.2	16.2
2011	4.3	13.4	1.5	80.9	64.3	20.9	14.8
2012	4.6	12.6	1.1	81.7	65.0	20.7	14.2
2013	4.5	12.1	0.9	82.5	66.9	20.4	12.7
2014	4.9	12.0	0.7	82.3	68.3	19.7	12.0
2015	5.3	10.5	0.5	83.8	69.1	19.8	11.2
2016	5.9	10.9	0.4	82.9	69.8	18.7	11.5

1-20 全社会固定资产投资实际到位资金

单位：亿元

年份/地区	实际到位资金小计	国家预算资金	国内贷款	利用外资	自筹资金	其他资金
1995	20524.9	621.1	4198.7	2295.9	10647.9	2761.3
2000	33110.3	2109.5	6727.3	1696.3	16317.3	6260.1
2005	94590.8	4154.3	16319.0	3978.8	55105.8	15033.0
2006	118957.0	4672.0	19590.5	4334.3	71076.5	19283.7
2007	150803.6	5857.1	23044.2	5132.7	91373.2	25396.4
2008	182915.3	7954.8	26443.7	5311.9	118510.4	24694.4
2009	250229.7	12685.7	39302.8	4623.7	153514.8	40102.6
2010	(310964.2)	(14677.8)	(47258.0)	(4986.8)	(197099.2)	(46942.4)
	285779.2	13012.7	44020.8	4703.6	178744.3	45297.7
2011	345984.2	14843.3	46344.5	5062.0	229346.8	50387.5
2012	409675.6	18958.7	51593.5	4468.8	277792.4	56862.4
2013	491612.5	22305.3	59442.0	4319.4	334280.0	71265.8
2014	543480.6	26745.4	65221.0	4052.9	379737.8	67723.4
2015	584198.8	30924.3	61054.0	2854.4	414802.4	74563.6
2016	616933.5	36211.7	67200.3	2270.3	413828.6	97422.6
北 京	11656.0	1080.8	2656.0	13.0	3695.7	4210.5
天 津	14211.9	232.2	2415.7	122.1	8701.1	2740.9
河 北	30938.9	1260.4	1797.9	31.6	25518.2	2330.7
山 西	11938.5	707.8	701.2	5.6	9506.8	1017.1
内蒙古	14134.3	1094.3	1753.2	1.5	10309.8	975.4
辽 宁	7606.4	276.4	1031.2	113.8	4793.3	1391.6
吉 林	13622.9	555.8	654.0	17.9	11602.8	792.3
黑龙江	10686.0	499.0	404.3	4.4	9009.8	768.6
上 海	9198.9	564.7	2104.1	18.7	2993.3	3518.1
江 苏	54758.3	990.4	5787.9	599.9	36534.5	10845.6
浙 江	32110.2	1702.2	3580.0	172.1	18965.2	7690.8
安 徽	27107.1	1384.0	1714.7	82.4	19357.4	4568.8
福 建	22994.9	1901.7	2285.3	55.5	14831.1	3921.2
江 西	19716.7	1160.6	1522.4	43.0	14839.4	2151.3
山 东	53920.9	1073.3	5187.6	234.9	41751.9	5673.3
河 南	39774.4	1295.8	4083.0	59.3	31513.8	2822.5
湖 北	29484.8	1804.5	3071.0	44.1	20711.0	3854.2
湖 南	28991.1	1452.2	2634.6	47.0	21212.6	3644.8
广 东	39864.8	1980.0	5026.4	263.7	21029.6	11565.2
广 西	18478.1	1669.3	2196.2	20.5	11967.8	2624.2
海 南	4354.1	351.0	694.3	2.2	2188.4	1118.2
重 庆	17018.5	942.1	2310.7	57.8	10313.9	3394.0
四 川	28770.0	2110.8	2499.3	23.9	18725.4	5410.6
贵 州	11415.9	682.6	2132.7	43.9	6778.3	1778.4
云 南	13074.6	1772.9	2306.6	5.5	6539.1	2450.5
西 藏	1675.1	1153.8	78.5		366.0	76.9
陕 西	19557.0	1632.5	1876.5	137.9	14183.9	1726.2
甘 肃	9057.4	1226.3	1047.5	7.5	5808.4	967.8
青 海	3462.7	837.8	738.9	19.0	1493.5	373.5
宁 夏	2960.7	244.3	754.3	4.1	1567.9	390.0
新 疆	9692.6	1818.6	825.1	4.0	5828.5	1216.3
不分地区	4699.9	753.7	1329.1	13.7	1190.1	1413.3

1−21 按主要行业分的全社会固定资产投资

单位：亿元

年份 地区	合计	农、林、牧、渔业	采矿业	制造业	电力、热力、燃气及水生产和供应业	建筑业	批发和零售业	交通运输、仓储和邮政业	住宿和餐饮业	信息传输、软件和信息技术服务业
2003	55566.6	1652.3	1775.2	14689.5	3962.4	924.4	922.7	6289.4	423.0	1660.7
2004	70477.4	1890.7	2395.9	19585.5	5795.1	964.0	1273.0	7646.2	560.8	1657.7
2005	88773.6	2323.7	3587.4	26576.0	7554.4	1119.0	1716.4	9614.0	808.8	1581.8
2006	109998.2	2749.9	4678.4	34089.5	8585.7	1125.5	2265.3	12138.1	1095.7	1875.9
2007	137323.9	3403.5	5878.8	44505.1	9467.6	1302.3	2880.3	14154.0	1519.4	1848.1
2008	172828.4	5064.5	7705.8	56702.4	10997.2	1555.9	3741.8	17024.4	1959.2	2162.6
2009	224598.8	6894.9	9210.8	70612.9	14434.6	1992.5	5132.8	24974.7	2625.4	2589.0
2010	278121.9	7923.1	11000.9	88619.2	15679.7	2802.2	6032.2	30074.5	3366.8	2454.5
2011	311485.1	8757.8	11747.0	102712.9	14659.7	3357.1	7439.4	28291.7	3956.6	2174.4
2012	374694.7	10996.4	13300.8	124550.0	16672.7	3739.0	9810.7	31444.9	5153.5	2692.0
2013	446294.1	13478.8	14650.8	147705.0	19634.7	3669.8	12720.5	36790.1	6041.1	3084.9
2014	512020.7	16573.8	14538.9	167025.3	22829.7	4125.8	15800.2	43215.7	6230.1	4110.0
2015	561999.8	21042.7	12970.8	180370.4	26722.8	4956.6	18924.9	49200.0	6546.7	5521.9
2016	606465.7	24853.1	10320.3	187962.1	29747.7	4614.9	18166.9	53890.4	5976.2	6325.5
北　京	7943.9	104.7	2.9	384.8	323.3	6.6	30.0	761.6	45.8	198.9
天　津	12779.4	324.9	109.6	3230.9	328.3	96.9	847.0	735.1	66.8	165.3
河　北	31750.0	1775.3	442.4	13450.8	1889.8	9.5	857.8	2095.3	186.1	239.1
山　西	14198.0	1978.8	1054.6	2643.4	1264.0	14.2	369.8	912.6	75.6	100.9
内蒙古	15080.0	1011.3	904.1	3562.4	1903.5	151.1	387.0	1427.7	68.2	126.8
辽　宁	6692.2	245.2	124.3	1765.2	296.6	15.1	217.1	661.2	74.2	63.1
吉　林	13923.2	807.0	450.0	6012.9	546.9	177.9	748.1	1170.0	154.3	226.2
黑龙江	10648.3	1178.2	366.0	3024.0	374.1	205.9	638.1	1134.6	232.5	229.2
上　海	6755.9	4.1	0.3	761.3	218.0	3.1	37.2	944.9	20.6	136.9
江　苏	49663.2	481.3	72.9	22882.9	1619.7	130.8	1648.5	2551.0	455.9	635.5
浙　江	30276.1	433.0	58.6	7860.4	1217.1	12.0	374.7	2581.9	296.8	318.8
安　徽	27033.4	938.2	232.9	10388.3	993.7	156.2	935.9	1628.5	275.9	301.7
福　建	23237.4	892.2	220.0	6455.4	1143.9	81.4	416.6	2505.4	192.5	311.1
江　西	19694.2	538.0	302.0	9190.8	792.2	52.8	941.5	965.4	275.5	171.2
山　东	53322.9	1577.3	499.4	23444.3	2499.6	1072.1	2361.7	2982.2	375.2	294.4
河　南	40415.1	2250.4	567.6	16241.4	1731.8	3.6	1236.1	1954.5	358.0	238.9
湖　北	30011.7	1157.8	329.4	10522.4	939.0	475.9	726.6	2833.0	292.1	150.7
湖　南	28353.3	1330.0	499.4	8824.5	950.8	326.4	1118.4	1944.4	296.6	298.3
广　东	33303.6	541.3	163.6	9600.6	1297.0	38.7	795.3	3032.3	352.4	506.7
广　西	18236.8	1065.1	276.4	5181.7	938.4	185.0	759.0	1849.8	201.8	223.2
海　南	3890.4	56.9	9.7	100.7	111.8	67.2	53.2	467.1	135.5	88.4
重　庆	16048.1	455.3	200.9	4720.5	480.1	4.4	224.2	1630.7	160.3	90.9
四　川	28812.0	1190.0	419.5	5910.9	1773.4	23.9	508.2	3738.0	354.5	292.9
贵　州	13204.0	457.3	525.6	1723.1	484.7	17.1	273.8	1779.9	227.8	67.0
云　南	16119.4	951.5	378.8	1616.3	855.1	2.1	274.5	2577.5	232.4	228.5
西　藏	1596.0	88.0	48.2	38.3	200.9	4.0	14.0	542.3	22.0	11.4
陕　西	20825.3	1421.7	673.4	3659.0	1253.1	29.9	643.5	1584.6	250.0	225.5
甘　肃	9664.0	702.0	178.9	1315.2	722.9	1007.6	488.6	1100.0	195.6	105.3
青　海	3528.1	147.5	97.0	647.0	443.0	101.5	32.2	589.9	30.1	76.0
宁　夏	3794.2	196.8	47.4	946.3	635.9	0.6	47.3	367.7	20.5	66.5
新　疆	10287.5	552.0	579.3	1856.3	1302.9	141.3	161.3	836.1	50.5	136.2
不分地区	5378.0		485.1		216.4			4005.1		

续表

年份/地区	金融业	房地产业	租赁和商务服务业	科学研究和技术服务业	水利、环境和公共设施管理业	居民服务、修理和其他服务业	教育	卫生和社会工作	文化、体育和娱乐业	公共管理、社会保障和社会组织	国际组织
2003	90.2	13143.4	375.5	285.8	4365.8	241.6	1671.1	405.8	531.5	2153.7	2.5
2004	136.0	16678.9	420.8	333.1	5071.7	313.7	2024.8	516.7	773.4	2437.4	2.0
2005	109.5	19505.3	549.6	435.1	6274.3	363.5	2209.2	661.8	857.0	2926.8	0.2
2006	121.4	24524.4	725.6	495.3	8152.7	389.5	2270.2	769.0	955.4	2990.5	0.1
2007	157.6	32438.9	949.3	560.0	10154.3	434.7	2375.6	885.0	1243.4	3166.1	
2008	260.6	40441.8	1355.9	782.0	13534.3	522.0	2523.8	1155.6	1589.9	3748.5	0.3
2009	360.2	49358.5	2036.2	1200.8	19874.4	801.9	3521.2	1858.6	2383.4	4735.9	0.2
2010	489.4	64877.3	2692.6	1379.3	24827.6	1114.1	4033.6	2119.0	2959.4	5676.6	
2011	638.7	81686.1	3382.8	1679.8	24523.1	1443.3	3894.6	2330.3	3162.0	5647.8	
2012	923.9	99159.3	4700.4	2475.8	29621.6	1905.0	4613.0	2617.1	4271.3	6047.4	
2013	1242.0	118809.4	5893.2	3133.2	37663.9	2099.3	5433.0	3139.3	5231.1	5874.1	
2014	1363.0	131348.2	7965.2	4219.1	46225.0	2371.7	6708.7	3991.5	6178.4	7200.5	
2015	1367.2	134284.3	9447.9	4752.0	55679.6	2730.3	7726.8	5175.6	6728.3	7851.1	
2016	1310.2	142359.4	12341.9	5567.8	68647.6	2750.9	9326.7	6282.1	7834.2	8187.7	
北京	50.6	4726.7	129.2	70.6	722.2	16.3	139.9	56.9	153.2	19.7	
天津	20.4	3290.6	1122.4	301.4	1629.1	167.4	140.4	55.7	119.7	27.6	
河北	93.1	5764.9	501.1	351.8	2705.9	95.0	325.3	316.4	461.7	188.9	
山西	9.2	2940.8	164.8	104.6	1873.6	45.2	188.5	167.3	192.9	97.1	
内蒙古	16.8	1829.4	141.6	87.8	2645.3	35.2	149.2	127.6	210.5	294.5	
辽宁	12.9	2255.7	93.1	44.0	505.2	49.0	57.9	66.0	83.6	62.8	
吉林	68.5	1251.2	266.9	150.8	1161.3	106.0	123.9	145.4	107.8	248.1	
黑龙江	64.8	1190.1	258.7	194.3	864.5	102.4	164.2	156.9	146.7	122.9	
上海	18.5	3720.7	119.9	40.4	474.4	2.6	79.1	52.8	107.1	14.1	
江苏	141.6	10467.4	1545.7	639.2	3965.4	260.9	590.1	446.4	642.2	485.8	
浙江	88.9	10281.5	645.9	141.3	4361.4	130.7	506.8	273.1	390.2	302.9	
安徽	92.4	6068.3	655.5	345.3	2597.1	109.8	375.4	231.4	242.7	464.2	
福建	50.6	5682.5	337.2	116.0	3588.5	51.7	328.2	198.7	324.0	341.5	
江西	48.9	2775.6	494.7	153.3	2004.4	120.4	218.3	145.6	176.0	327.6	
山东	101.8	9405.0	1184.0	1055.7	2959.7	315.4	745.4	545.9	829.0	1074.9	
河南	30.8	9484.1	455.4	252.2	3698.3	153.8	533.7	555.9	547.7	121.0	
湖北	33.0	6446.4	806.4	151.9	3735.2	142.0	366.7	269.5	324.1	309.8	
湖南	78.6	4906.0	723.5	358.2	4526.2	137.0	568.1	414.3	512.8	539.9	
广东	94.1	12087.4	437.2	223.5	2843.2	40.1	514.7	215.3	319.2	201.1	
广西	72.1	3400.5	560.5	152.5	2076.5	112.3	478.4	218.5	223.0	261.9	
海南		2118.0	33.0	38.3	399.3	10.1	62.5	57.3	63.0	18.6	
重庆	12.2	4346.1	244.8	30.8	2839.8	44.7	243.5	131.7	112.7	74.7	
四川	21.3	8543.1	401.2	96.2	3977.1	60.9	579.3	402.1	234.7	284.9	
贵州	13.6	3479.4	324.0	32.4	2960.4	49.2	326.2	171.7	262.0	28.6	
云南	10.2	5484.1	60.0	18.1	2022.1	59.2	438.8	215.5	186.1	508.6	
西藏	4.9	176.6	17.3	7.3	193.5	8.0	39.5	17.4	26.2	136.4	
陕西	22.9	5127.4	259.4	215.5	4026.5	125.8	424.7	307.3	348.8	226.2	
甘肃	22.5	1433.7	145.0	79.0	1073.6	147.5	294.3	155.1	292.1	205.2	
青海	4.8	638.8	42.5	39.5	327.4	6.1	64.4	26.1	44.7	169.3	
宁夏	1.0	874.3	22.7	17.2	348.3	20.2	56.9	45.6	45.3	33.9	
新疆	9.2	2163.4	148.3	58.8	1539.8	26.6	202.4	92.6	104.4	326.0	
不分地区					2.4					669.0	

1—22　分地区按登记注册类型分全社会固定资产投资(2016年)

单位：亿元

地区	总计	内资										港、澳、台商投资	外商投资
			国有	集体	股份合作	联营	有限责任公司	股份有限公司	私营	个体	其他		
全国总计	606465.7	580396.1	129038.5	8928.5	1121.7	832.0	201075.8	17820.3	187214.1	12110.5	22254.7	14223.2	11846.3
北京	7943.9	7303.1	1422.1	61.7	1.7	0.1	5117.9	251.6	370.8	55.2	22.1	337.7	303.1
天津	12779.4	12002.8	1505.6	487.0	12.9	37.6	5307.1	469.0	3665.4	54.9	463.2	355.1	421.5
河北	31750.0	30921.2	4286.2	174.7	46.5	12.1	10154.9	1074.7	13446.6	509.9	1215.6	373.1	455.7
山西	14198.0	13915.9	2849.4	442.7	6.6	14.0	2965.7	215.9	5248.2	487.2	1686.2	172.3	109.8
内蒙古	15080.0	14943.7	6417.6	162.2	48.6	19.1	4537.8	351.8	2875.7	251.5	279.3	28.7	107.6
辽宁	6692.2	5956.1	895.9	19.2	6.5	7.6	2126.9	232.6	2338.3	260.7	68.5	332.6	403.6
吉林	13923.2	13666.7	2422.9	78.3	11.2	22.3	4536.6	664.1	5175.0	259.5	496.7	95.3	161.2
黑龙江	10648.3	10521.5	2506.0	66.3	46.7	5.8	3179.2	199.7	3113.8	344.1	1059.9	53.4	73.4
上海	6755.9	5581.5	1197.5	20.2	5.2	4.6	3063.8	227.4	1052.9	4.2	5.8	679.3	495.1
江苏	49663.2	44975.7	6455.0	752.1	37.9	156.3	12195.0	1203.0	23318.1	352.5	505.9	2309.5	2378.0
浙江	30276.1	28212.2	5334.6	599.8	35.7	35.6	10822.4	706.8	9080.0	783.5	813.9	1339.7	724.1
安徽	27033.4	26462.1	5251.3	185.3	19.9	24.9	8002.1	825.7	10769.9	499.4	883.5	344.6	226.7
福建	23237.4	22011.3	4174.2	945.3	10.4	43.0	8583.5	552.9	6367.7	424.5	909.7	885.2	340.8
江西	19694.2	19074.5	3254.9	84.1	48.6	34.3	7289.0	536.3	6974.1	378.0	475.0	389.9	229.9
山东	53322.9	50908.4	6385.0	1470.2	70.3	20.6	14516.9	1748.7	22096.4	1021.3	3579.1	884.3	1530.2
河南	40415.1	39670.1	4620.4	361.7	69.4	23.7	19202.5	1494.1	10616.9	765.4	2516.0	507.6	237.3
湖北	30011.7	29224.2	6447.3	358.3	299.7	80.3	10230.3	984.8	9322.1	534.6	966.8	443.7	343.8
湖南	28353.3	27869.6	6491.5	301.8	64.0	39.6	8239.4	736.3	10254.7	774.7	967.5	279.9	203.8
广东	33303.6	29274.3	4474.5	971.1	55.8	53.7	13144.1	1017.8	7632.2	772.2	1152.9	2486.6	1542.8
广西	18236.8	17727.6	3846.1	162.4	52.3	45.1	5012.8	409.9	6233.4	738.1	1227.5	295.7	213.4
海南	3890.4	3586.7	532.7	1.8	6.0	7.1	2062.9	297.5	507.2	143.7	27.8	206.0	97.8
重庆	16048.1	15130.2	2648.4	93.0	41.2	6.1	6151.6	521.7	4821.0	127.6	719.5	563.7	354.2
四川	28812.0	28119.9	8546.8	110.4	32.1	24.7	10729.3	893.0	6468.0	652.4	663.3	347.0	345.1
贵州	13204.0	13054.4	3379.3	49.2	16.6	21.0	6019.3	144.2	2973.5	299.9	151.4	122.3	27.2
云南	16119.4	15991.3	7235.6	444.5	5.4	10.0	4757.0	335.3	2542.1	532.1	129.4	70.0	58.1
西藏	1596.0	1588.8	1239.6	1.9	4.4	4.5	144.8	22.2	93.1	19.8	58.6	3.3	4.0
陕西	20825.3	20283.1	8277.5	330.8	28.7	12.1	6164.0	698.2	3799.5	379.6	592.7	159.2	383.0
甘肃	9664.0	9631.7	4235.9	159.9	6.7	30.1	2163.2	279.1	2256.2	154.3	346.4	18.7	13.6
青海	3528.1	3494.4	1713.0	6.3	4.3	0.4	810.1	190.8	565.5	123.5	80.5	12.3	21.4
宁夏	3794.2	3686.8	996.3	0.1	0.7	29.4	1079.0	77.2	1347.6	86.5	70.0	96.7	10.8
新疆	10287.5	10228.2	4697.5	26.1	25.8	6.4	2686.6	458.2	1888.1	319.4	120.0	29.9	29.4
不分地区	5378.0	5378.0	5298.0				80.0						

1–23 新增主要产品生产能力

能力名称	2012	2013	2014	2015	2016
原煤开采（万吨/年）	39852	39915	29545	22642	12870
焦炭（万吨/年）	6125	6692	4996	2622	1541
天然原油开采（万吨/年）	2494	2731	2717	3666	2724
天然气开采（亿立方米/年）	274	146	157	176	158
铁矿开采（原矿）（万吨/年）	20297	23684	13337	12740	7534
生铁（万吨/年）	3662	1443	1263	898	159
粗钢（万吨/年）	1853	2487	2258	1948	
铜采矿（原矿）（万吨/年）	3882	4369	2334	2310	1033
电解铜（吨/年）	686934	611067	429100	460920	141750
电解铝（吨/年）	2861219	2866584	1645297	1619410	550000
发电装机容量（万千瓦）	8971	10650	11098	13667	12222
水力发电（万千瓦）	2200	3581	2396	1476	1680
火力发电（万千瓦）	3755	3943	4374	6023	4520
核能发电（万千瓦）	310	232	505	654	394
风能发电（万千瓦）	1783	1712	2142	3104	2009
太阳能发电（万千瓦）		758	1127	1750	3006
其他发电（万千瓦）	923	425	554	660	613
水泥（万吨/年）	36095	34030	24996	11711	6938
氮肥（吨/年）	5794220	5980099	5833138	4282678	3305405
磷肥（吨/年）	2304059	1565680	1196202	1470362	1627477
钾肥（吨/年）	2262290	1097975	1123140	1435297	1447199
塑料树脂及共聚物（吨/年）	6839554	7239904	6828288	5975396	3204489
轮胎外胎（万条/年）	12562	9118	8656	7627	5354
载货汽车制造（辆/年）	244871	112830	124200	192514	120836
客车制造（辆/年）	393728	191322	190200	217640	296311
轿车制造（辆/年）	1366160	1716975	2119281	1312160	1583461
其他汽车制造（辆/年）	212052	191345	84238	107216	103956
电视机（万部/年）	569	539	668	588	222
化学纤维（吨/年）	4053366	4607954	6442328	4084155	2799085
棉纺锭（锭）	11616127	9970292	8401945	9407274	11099694
啤酒（万吨／年）	379	267	275	342	179
白酒（万吨／年）	290	202	143	133	134
其他酒（万吨／年）	47	113	101	49	46

续表

能力名称	2012	2013	2014	2015	2016
卷烟(箱/年)	1320000	1630800	1750000	1254134	1287601
机制纸浆(万吨/年)	190	148	114	170	235
家用电冰箱　(万台/年)	1673	803	315	936	190
新建公路　　(公里)	68846	61589	65352	70902	66194
新(扩)建港口码头					
年吞吐量　(万吨/年)	43936	29342	39239	28563	14582
泊位　　　(个)	269	298	337	226	145
城市自来水供水能力(万吨/日)	1942	1131	1400	1721	3418

1—24　全社会主要产品建设规模（2016年）

能力名称	建设规模	本年施工规模	本年新开工	累计新增	本年新增
原煤开采(万吨/年)	84212	44291	13620	24529	12870
焦炭(万吨/年)	5727	4733	1557	2578	1541
天然原油开采(万吨/年)	4132	3348	2801	2756	2724
天然气开采(亿立方米/年)	371	231	199	174	158
铁矿开采(原矿)(万吨/年)	20030	13317	8945	9189	7534
生铁(万吨/年)	1441	1059	1059	525	159
粗钢(万吨/年)	300			100	
铜采矿(原矿)(万吨/年)	3493	1858	1159	1715	1033
电解铜(吨/年)	441750	181750	46750	141750	141750
电解铝(吨/年)	7001100	1560000	1060000	5240000	550000
发电装机容量(万千瓦)	358935	127601	61653	56685	12222
水力发电(万千瓦)	19364	7881	2965	6875	1680
火力发电(万千瓦)	22637	13371	4427	6677	4520
核能发电(万千瓦)	4266	1709		1818	394

续表

能力名称	建设规模	本年施工规模	本年新开工	累计新增	本年新增
风能发电(万千瓦)	230456	45622	2219	37039	2009
太阳能发电(万千瓦)	80945	58098	51505	3593	3006
其他发电 (万千瓦)	1268	920	537	682	613
水泥(万吨/年)	13572	9897	6371	9204	6938
氮肥(吨/年)	9436467	6397429	3650915	3788176	3305405
磷肥 (吨/年)	2655355	2024215	1703180	1667767	1627477
钾肥(吨/年)	5302800	2855798	2453725	2660495	1447199
塑料树脂及共聚物 (吨/年)	8334557	5368180	2382309	4248268	3204489
轮胎外胎(万条/年)	18262	8856	4199	10046	5354
载货汽车制造(辆/年)	564098	252535	154635	252450	120836
客车制造(辆/年)	3324040	2426513	2315782	514398	296311
轿车制造 (辆/年)	7003225	5084438	1191736	4148807	1583461
其他汽车制造(辆/年)	335577	160832	108948	177600	103956
电视机(万部/年)	1650	330	270	1322	222
化学纤维(吨/年)	9118095	5467360	2761696	3367906	2799085
棉纺锭(锭)	23402640	15778390	13010399	13649595	11099694
啤酒(万吨/年)	356	207	149	200	179
白酒(万吨/年)	237	183	146	158	134
其他酒(万吨/年)	82	58	51	50	46
卷烟(箱/年)	5921891	4714321	1598067	1757401	1287601
机制纸浆(万吨/年)	433	349	229	259	235
家用电冰箱(万台/年)	340	268	203	190	190
新建公路(公里)	118590	94026	74163	77521	66194
新(扩)建港口码头					
年吞吐量 (万吨/年)	96002	48603	18729	22635	14582
泊位 (个)	567	380	197	231	145
城市自来水供水能力(万吨/日)	6590	4669	3692	3765	3418
新建公路(公里)	123050	100286	70595	82994	70902
改建公路(公里)	105655	92116	78648	89895	76997
新(扩)建港口码头					
年吞吐量(万吨/年)	135941	96244	42516	52446	28563
泊位(个)	675	544	328	314	226
城市自来水供水能力(万吨/日)	2850	2508	1683	1908	1721

1-25 固定资产投资价格指数

年 份	上年=100				1990年=100			
	固定资产投资	建筑安装工程	设备工器具购置	其他费用	固定资产投资	建筑安装工程	设备工器具购置	其他费用
1990	108.0	106.9	109.1	112.4	100.0	100.0	100.0	100.0
1991	109.5	109.7	106.1	116.8	109.5	109.7	106.1	116.8
1992	115.3	116.8	109.4	120.9	126.3	128.1	116.1	141.2
1993	126.6	131.3	119.7	123.4	159.8	168.2	138.9	174.3
1994	110.4	110.4	109.5	112.1	176.5	185.7	152.1	195.3
1995	105.9	104.7	106.3	112.4	186.9	194.5	161.7	219.6
1996	104.0	105.1	101.6	104.3	194.3	204.4	164.3	229.0
1997	101.7	102.9	98.1	102.9	197.6	210.3	161.2	235.6
1998	99.8	100.5	97.5	100.4	197.3	211.4	157.2	236.6
1999	99.6	100.3	97.5	99.9	196.5	212.0	153.2	236.3
2000	101.1	102.4	97.4	101.0	198.6	217.1	149.2	238.7
2001	100.4	101.4	97.0	101.0	199.4	220.1	144.8	241.1
2002	100.2	101.0	97.0	101.2	199.8	222.3	140.4	244.0
2003	102.2	104.2	97.0	101.6	204.2	231.7	136.2	247.9
2004	105.6	108.2	99.4	103.5	215.7	250.7	135.4	256.6
2005	101.6	101.8	99.4	103.2	219.1	255.2	134.6	264.8
2006	101.5	101.3	100.7	103.3	222.4	258.5	135.5	273.5
2007	103.9	105.1	100.2	104.2	231.1	271.8	135.7	284.9
2008	108.9	112.9	100.6	105.4	251.8	306.9	136.4	300.3
2009	97.6	96.3	97.6	102.4	245.8	295.5	133.1	307.5
2010	103.6	104.9	100.3	103.1	254.6	310.0	133.5	317.0
2011	106.6	109.2	101.1	104.0	271.4	338.5	135.0	329.7
2012	101.1	101.6	98.9	102.2	274.4	343.9	133.5	337.0
2013	100.3	100.3	99.0	101.7	275.2	344.9	132.2	342.7
2014	100.5	100.6	99.7	101.4	276.6	347.0	131.8	347.5
2015	98.2	97.3	99.3	100.7	271.6	337.6	130.9	349.9
2016	99.4	99.4	98.9	100.5	270.0	335.6	129.5	351.6

1-26 分地区固定资产投资价格指数(上年=100)

地 区	2014				2015			
	固定资产投资	建筑安装工程	设备工器具购置	其他费用	固定资产投资	建筑安装工程	设备工器具购置	其他费用
全 国	98.2	97.3	99.3	100.7	99.4	99.4	98.9	100.5
北 京	97.6	94.4	99.5	100.5	99.7	98.8	99.0	100.7
天 津	99.9	99.6	99.3	101.2	99.4	98.9	98.8	101.2
河 北	98.0	97.1	99.3	100.4	99.4	99.4	98.7	100.8
山 西	98.2	97.7	99.3	99.3	100.0	100.5	98.9	99.9
内蒙古	98.0	97.3	99.3	100.6	99.5	99.6	98.9	100.6
辽 宁	97.9	97.0	99.3	101.1	99.2	99.1	98.8	100.9
吉 林	97.6	96.3	99.3	100.1	98.7	98.6	98.7	100.0
黑龙江	99.0	98.7	99.2	101.9	99.4	99.4	99.0	100.7
上 海	97.0	94.9	99.8	100.6	99.6	99.3	99.7	100.2
江 苏	96.2	93.4	99.5	101.8	98.8	98.3	98.7	102.1
浙 江	97.4	95.4	99.2	100.9	99.5	99.3	98.9	100.5
安 徽	96.9	95.5	99.3	100.8	99.2	99.3	98.5	100.2
福 建	98.3	97.6	99.5	100.1	100.0	99.8	100.0	100.7
江 西	96.8	95.4	99.2	101.1	100.0	100.3	98.7	100.5
山 东	97.7	96.6	99.2	100.9	99.1	99.1	98.7	100.0
河 南	97.6	96.5	99.0	100.5	99.2	99.1	98.6	100.7
湖 北	99.4	99.1	99.5	101.2	100.1	100.2	99.1	100.7
湖 南	100.4	100.3	99.9	101.7	100.4	100.7	99.4	100.7
广 东	99.0	98.4	99.4	101.1	100.3	100.4	99.3	100.7
广 西	98.8	98.0	99.8	100.4	99.5	99.4	99.4	100.0
海 南	99.4	99.2	99.3	100.3	100.1	100.4	98.9	99.6
重 庆	98.2	97.5	99.4	100.8	98.9	98.5	98.8	100.6
四 川	97.9	96.4	99.7	100.2	99.8	100.1	98.9	99.8
贵 州	98.4	98.1	99.5	99.4	98.6	98.3	99.2	100.9
云 南	99.1	98.7	98.8	101.0	100.1	100.1	98.6	101.0
西 藏								
陕 西	98.8	98.4	99.1	100.7	99.9	99.8	98.9	101.3
甘 肃	97.7	97.5	97.9	99.6	98.7	98.5	99.4	100.4
青 海	98.2	97.7	99.5	100.9	99.6	99.6	99.1	101.0
宁 夏	97.5	96.9	99.1	100.1	99.6	99.5	99.0	100.8
新 疆	98.3	97.6	99.1	102.6	99.9	99.9	99.3	101.7

1-27 建筑安装工程价格指数(上年=100)

年份	建筑安装工程价格指数	人工费	材料费			
				钢材	木材	水泥
2007	105.1	108.9	104.5	106.0	104.1	103.9
2008	112.9	113.8	114.1	120.1	108.3	110.4
2009	96.3	106.6	92.8	85.3	101.5	100.4
2010	104.9	109.1	104.3	105.0	103.8	103.1
2011	109.2	113.5	108.7	109.8	106.6	109.2
2012	101.6	109.7	98.0	94.4	102.6	97.8
2013	100.3	108.1	97.6	94.1	101.6	98.6
2014	100.6	106.1	98.5	94.9	101.8	100.7
2015	97.3	104.6	94.0	88.1	100.7	96.7
2016	99.4	103.5	97.6	96.3	100.2	96.7

二、固定资产投资（不含农户）与城市建设

2-1　固定资产投资（不含农户）实际到位资金和按隶属关系分固定资产投资（不含农户）

单位：亿元

年份/地区	实际到位资金					投资按隶属关系分	
	国家预算资金	国内贷款	利用外资	自筹资金	其他资金	中央项目	地方项目
1995	569.0	3511.9	2114.1	7940.8	2013.7	4274.5	11369.2
2000	1795.0	6245.8	1526.2	11227.5	5620.0	6275.6	19946.2
2005	3637.9	15363.9	3386.4	44154.5	14369.7	9111.0	65984.1
2006	4438.7	18814.8	3811.0	56547.5	18147.0	10856.5	82512.2
2007	5464.1	22136.1	4549.0	74520.9	24073.3	13165.3	104299.2
2008	7377.0	25466.0	4695.8	97846.5	23194.4	17172.5	131565.8
2009	11493.6	37634.1	3983.5	127557.7	38117.7	20697.4	173223.0
2010	13104.7	45104.7	4339.6	165752.0	44823.6	22790.6	218640.2
2011	14843.3	46034.8	5062.0	220860.2	50094.8	21797.2	280598.8
2012	18958.7	51292.4	4468.8	268560.2	56555.0	23763.8	341090.4
2013	22305.3	59056.3	4319.4	324431.5	70953.3	24658.1	411089.4
2014	26745.4	64512.2	4052.9	369964.7	67449.6	26448.6	474816.2
2015	30924.3	60756.6	2854.4	405008.7	74244.9	25942.3	525647.8
2016	36211.7	66767.1	2270.3	404766.8	96952.7	26727.9	569772.9
北京	1080.8	2656.0	13.0	3640.4	4210.5	843.4	7045.3
天津	232.2	2414.2	122.1	8680.0	2740.4	539.0	12217.4
河北	1260.4	1768.6	31.6	25168.4	2300.0	847.2	30492.8
山西	707.8	666.4	5.6	9205.5	1014.6	538.1	13321.2
内蒙古	1094.3	1739.6	1.5	10146.4	966.5	894.2	13999.7

续表

年份/地区	实际到位资金					投资按隶属关系分	
	国家预算资金	国内贷款	利用外资	自筹资金	其他资金	中央项目	地方项目
辽 宁	276.4	1030.1	113.8	4539.4	1390.8	355.1	6081.3
吉 林	555.8	653.5	17.9	11459.4	786.2	382.8	13390.4
黑龙江	499.0	381.8	4.4	8839.6	745.5	749.7	9682.8
上 海	564.7	2104.1	18.7	2989.1	3518.1	685.2	6066.5
江 苏	990.4	5778.2	599.9	36252.0	10845.4	933.4	48437.5
浙 江	1702.2	3526.6	172.1	18405.5	7598.9	658.3	28912.7
安 徽	1384.0	1699.5	82.4	18926.3	4559.1	443.6	26133.8
福 建	1901.7	2225.8	55.5	14587.4	3915.1	716.3	22211.7
江 西	1160.6	1521.1	43.0	14529.4	2147.1	242.5	19136.2
山 东	1073.3	5184.3	234.9	40797.2	5672.8	1233.3	51131.2
河 南	1295.8	4058.3	59.3	30881.6	2818.3	308.9	39445.0
湖 北	1804.5	3024.7	44.1	20261.9	3841.8	759.4	28744.5
湖 南	1452.2	2612.1	47.0	20596.8	3618.2	443.5	27244.9
广 东	1980.0	5021.8	263.7	20681.9	11561.1	1758.3	31189.0
广 西	1669.3	2180.8	20.5	11408.0	2615.6	567.3	17085.7
海 南	351.0	693.8	2.2	2045.9	1117.8	214.4	3532.6
重 庆	942.1	2309.3	57.8	10200.0	3392.9	718.4	15213.4
四 川	2110.8	2482.7	23.9	18299.1	5271.3	1374.0	26855.8
贵 州	682.6	2122.7	43.9	6521.1	1770.8	248.1	12681.1
云 南	1772.9	2306.2	5.5	6089.3	2443.8	1281.6	14380.9
西 藏	1153.8	78.5		366.0	76.9	148.3	1447.7
陕 西	1632.5	1872.5	137.9	13841.0	1722.7	943.3	19531.5
甘 肃	1226.3	1039.1	7.5	5690.1	964.6	259.0	9275.1
青 海	837.8	730.1	19.0	1445.9	357.3	327.7	3127.8
宁 夏	244.3	746.6	4.1	1491.9	388.5	264.8	3444.2
新 疆	1818.6	809.1	4.0	5590.2	1166.9	1670.9	8313.0
不分地区	753.7	1329.1	13.7	1190.1	1413.3	5378.0	

注：表中2010年及以前年份数据统计口径为城镇固定资产投资(以下有关各表同)。

2–2 按构成和建设性质分固定资产投资（不含农户）

单位：亿元

年份/地区	投资额	按构成分			按建设性质分		
		建筑安装工程	设备工器具购置	其他费用	新建	扩建	改建和技术改造
1995	15643.7	9395.1	3758.2	2490.4	4661.7	4488.2	1878.1
2000	26221.8	16346.0	5846.7	4029.1	8484.5	6390.5	3827.0
2005	75095.1	46154.1	16439.2	12501.8	34126.6	13154.5	8721.1
2006	93368.7	57099.4	20397.6	15871.7	41514.2	16761.3	11075.5
2007	117464.5	71595.3	25694.8	20174.4	51963.1	19705.4	14136.0
2008	148738.3	90361.9	33572.3	24804.1	65727.3	24371.0	19138.3
2009	193920.4	119780.4	42333.8	31806.2	89993.2	30303.8	27171.9
2010	241430.9	148601.3	51692.6	41137.0	113860.0	33694.9	33375.8
2011	302396.1	193644.6	63580.0	45171.4	143604.9	42242.3	41696.4
2012	364854.1	236601.1	75938.3	52314.8	251045.6	47983.1	52413.6
2013	435747.4	290334.0	89296.4	56117.1	302909.1	54024.0	62332.8
2014	501264.9	341154.9	99387.5	60722.5	350782.8	60391.3	71061.4
2015	551590.0	379728.4	109522.8	62338.9	380958.9	67268.8	81857.7
2016	596500.8	415196.3	111859.9	69444.6	421160.3	68981.9	85391.5
北 京	7888.7	3038.5	855.9	3994.3	6488.7	362.0	486.6
天 津	12756.4	8563.5	2580.9	1612.0	9306.5	929.6	1050.7
河 北	31340.1	22029.5	6294.9	3015.6	19525.0	4485.0	6451.0
山 西	13859.4	10377.7	2117.0	1364.7	10467.8	1577.8	1181.1
内蒙古	14894.0	10865.3	2956.7	1071.9	11301.8	1353.0	1979.2
辽 宁	6436.3	4753.7	969.4	713.1	5476.5	441.5	276.0
吉 林	13773.2	8515.5	4251.2	1006.4	7056.7	2280.9	3433.0
黑龙江	10432.6	7270.2	2556.1	606.3	6235.0	1554.7	1553.3
上 海	6751.7	3864.9	823.9	2062.9	5689.3	311.5	277.7

续表

年份/地区	投资额	按构成分			按建设性质分		
		建筑安装工程	设备工器具购置	其他费用	新建	扩建	改建和技术改造
江苏	49370.9	28989.3	15368.6	5012.9	30021.0	8049.6	8967.1
浙江	29571.0	17849.8	4939.4	6781.7	18769.2	4288.9	5280.1
安徽	26577.4	19918.7	4828.6	1830.1	18797.7	2740.6	4591.9
福建	22928.0	16139.0	3239.0	3549.9	14820.4	4602.0	2843.1
江西	19378.7	14613.2	3177.5	1588.0	13826.4	2063.4	3015.5
山东	52364.5	33121.7	15449.1	3793.6	27941.8	9051.8	13670.4
河南	39753.9	27120.9	8953.8	3679.3	34321.7	3430.4	1240.8
湖北	29503.9	22876.6	4124.2	2503.1	22699.5	2931.0	3206.5
湖南	27688.4	20718.6	3676.2	3293.6	18158.4	2547.9	6726.2
广东	32947.3	21396.8	5806.2	5744.3	24798.8	3299.1	3305.3
广西	17652.9	11978.1	3883.1	1791.8	10539.9	2251.3	4272.0
海南	3747.0	2628.4	264.5	854.2	3406.5	194.0	74.6
重庆	15931.8	12184.8	1463.7	2283.3	13460.6	1022.1	1226.1
四川	28229.8	21779.6	3391.3	3058.9	20406.2	1622.6	5578.1
贵州	12929.2	10679.5	733.7	1516.0	11589.1	652.6	531.7
云南	15662.5	12917.3	926.2	1819.0	10061.9	3356.7	1780.8
西藏	1596.0	1377.3	143.7	75.0	1269.4	110.0	151.1
陕西	20474.9	15489.2	2954.0	2031.7	17464.4	1440.1	855.8
甘肃	9534.1	7976.8	944.5	612.9	8448.7	367.0	492.7
青海	3455.5	2718.1	515.8	221.6	2989.8	172.2	219.6
宁夏	3709.0	2512.0	901.3	295.7	3087.5	408.2	183.2
新疆	9983.9	7728.4	1600.3	655.2	8436.3	936.8	430.4
不分地区	5378.0	3203.1	1169.5	1005.5	4297.9	147.6	60.0

2-3 按行业分固定资产投资（不含农户）

单位：亿元

年份/地区	合计	农、林、牧、渔业	采矿业	制造业	电力、热力、燃气及水生产和供应业	建筑业	批发和零售业	交通运输、仓储和邮政业	住宿和餐饮业	信息传输、软件和信息技术服务业	金融业
2003	45811.7	535.0	1551.9	10744.0	3803.9	528.0	791.4	5669.0	321.3	1645.7	86.2
2004	59028.2	645.1	2126.3	14657.2	5525.1	526.3	1117.2	7091.5	438.1	1638.0	97.6
2005	75095.1	842.8	3234.3	20406.6	7286.6	664.3	1532.1	8860.4	675.9	1561.6	105.6
2006	93368.7	1118.2	4152.5	26336.0	8260.7	795.7	1896.5	11224.5	938.7	1772.0	118.7
2007	117464.5	1460.0	5256.1	35476.7	9088.9	992.5	2450.6	12997.1	1329.9	1819.4	151.9
2008	148738.3	2250.4	6846.8	46368.3	10489.1	1195.8	3193.0	15700.5	1735.0	2131.3	252.8
2009	193920.4	3356.4	8170.8	58706.1	13545.4	1569.1	4491.0	23271.3	2328.6	2543.5	348.5
2010	241430.9	3926.2	9694.7	74485.2	14591.3	2241.7	5233.4	27883.1	2980.2	2392.9	477.7
2011	302396.1	6819.2	11746.8	102566.3	14659.2	3239.9	7379.7	27765.9	3918.8	2174.2	638.7
2012	364854.1	8772.4	13298.8	124403.9	16671.9	3685.3	9762.9	30881.4	5107.6	2691.3	923.9
2013	435747.4	11401.2	14648.8	147584.4	19628.9	3532.3	12601.1	36329.4	6012.4	3084.9	1242.0
2014	501264.9	14574.0	14537.2	166897.7	22825.0	4034.0	15552.5	42889.5	6188.7	4103.0	1363.0
2015	551590.0	19062.3	12970.2	180233.4	26709.6	4896.7	18681.4	48974.8	6504.2	5516.4	1367.2
2016	596500.8	22773.9	10319.7	187836.0	29736.0	4577.4	17939.1	53628.5	5947.4	6318.7	1310.2
北 京	7888.7	103.0	2.9	383.6	323.3	6.3	29.6	761.4	45.7	198.9	50.6
天 津	12756.4	321.6	109.6	3229.6	328.3	96.5	846.6	727.5	66.8	165.3	20.4
河 北	31340.1	1686.6	442.4	13448.9	1889.8	7.0	851.7	2081.3	185.6	239.1	93.1
山 西	13859.4	1905.9	1054.6	2643.0	1264.0	13.4	363.7	881.7	73.3	100.9	9.2
内蒙古	14894.0	931.5	904.1	3562.4	1903.5	151.1	385.3	1427.7	67.3	126.0	16.8
辽 宁	6436.3	131.4	124.3	1765.2	296.6	15.1	196.6	652.7	73.9	63.1	12.9
吉 林	13773.2	708.5	450.0	6011.6	546.9	177.9	746.8	1162.7	154.3	226.2	68.5
黑龙江	10432.6	1008.6	366.0	3024.0	374.1	205.9	637.9	1127.9	232.5	229.2	64.8
上 海	6751.7	4.0	0.3	761.3	218.0	3.1	37.2	944.9	20.6	136.9	18.5
江 苏	49370.9	410.5	72.9	22869.7	1619.7	129.4	1640.5	2542.3	455.9	635.5	141.6
浙 江	29571.0	386.2	58.6	7822.1	1216.4	12.0	370.3	2577.4	295.1	318.8	88.9
安 徽	26577.4	817.9	232.9	10380.8	993.7	155.6	930.9	1614.2	275.7	301.7	92.4
福 建	22928.0	818.3	219.5	6454.6	1143.9	80.6	413.8	2498.6	191.5	311.1	50.6
江 西	19378.7	491.2	302.0	9190.7	792.2	46.3	940.1	958.3	275.4	171.2	48.9
山 东	52364.5	1268.7	499.4	23399.9	2499.0	1070.3	2276.0	2982.2	369.9	290.7	101.8
河 南	39753.9	2159.8	567.6	16237.2	1731.8	3.6	1221.8	1944.6	358.0	238.9	30.8
湖 北	29503.9	1086.5	329.4	10522.4	934.7	475.5	725.3	2794.2	286.0	150.7	33.0
湖 南	27688.4	1231.7	499.4	8824.5	950.8	318.7	1104.8	1944.4	293.9	298.3	78.6
广 东	32947.3	519.8	163.6	9600.6	1294.6	37.5	795.1	3032.3	350.6	506.5	94.1
广 西	17652.9	948.9	276.4	5178.9	938.4	184.3	756.2	1824.0	201.6	223.2	72.1
海 南	3747.0	40.7	9.7	100.7	111.8	67.2	49.0	467.1	135.3	88.4	
重 庆	15931.8	436.4	200.9	4720.5	480.0	2.4	219.0	1628.9	159.7	90.9	12.2
四 川	28229.8	1090.2	419.5	5904.3	1769.9	23.8	507.4	3704.3	354.3	292.9	21.3
贵 州	12929.2	412.0	525.6	1722.4	484.7	12.6	254.1	1779.9	225.7	66.4	13.6
云 南	15662.5	874.6	378.8	1616.3	855.1	0.7	273.9	2560.5	232.0	228.5	10.2
西 藏	1596.0	88.0	48.2	38.3	200.9	4.0	14.0	542.3	22.0	11.4	4.9
陕 西	20474.9	1392.5	673.4	3659.0	1253.1	29.5	633.8	1576.6	249.9	225.5	22.9
甘 肃	9534.1	678.3	178.8	1315.2	722.9	1004.2	481.1	1100.0	195.6	105.0	22.5
青 海	3455.5	142.3	97.0	647.0	443.0	101.2	28.8	589.9	30.0	75.3	4.8
宁 夏	3709.0	180.3	47.4	944.8	635.9	0.6	46.7	357.4	20.5	66.5	1.0
新 疆	9983.9	498.0	579.3	1856.3	1302.9	141.2	161.2	836.1	48.6	135.9	9.2
不分地区	5378.0		485.1		216.4			4005.1			

续表

年份/地区	房地产业	租赁和商务服务业	科学研究和技术服务业	水利、环境和公共设施管理业	居民服务、修理和其他服务业	教育	卫生和社会工作	文化、体育和娱乐业	公共管理、社会保障和社会组织	国际组织
2003	309.8	281.7	4220.2	65.6	1474.1	357.7	479.6	1841.2	1841.2	0.3
2004	361.7	311.8	4890.8	107.6	1803.0	446.9	531.2	2165.6	2165.6	0.3
2005	486.2	424.5	6097.9	135.5	1966.9	591.8	685.8	2438.1	2438.1	
2006	662.6	465.1	7506.7	183.6	2128.8	708.0	858.2	2655.8	2655.8	0.1
2007	860.7	521.2	9276.0	235.8	2220.9	809.4	1129.8	2768.4	2768.4	
2008	1255.1	717.6	12279.1	312.7	2355.4	1065.9	1436.5	3239.0	3239.0	
2009	1880.4	1084.0	17878.9	518.6	3242.5	1698.0	2125.4	4034.2	4034.2	
2010	2486.4	1269.2	22333.7	757.1	3718.1	1959.5	2605.9	4761.6	4761.6	
2011	3379.9	1679.8	24520.7	1219.1	3890.4	2330.2	3155.6	5647.8	5647.8	
2012	4694.7	2475.8	29618.4	1685.8	4608.2	2617.0	4268.1	6047.4	6047.4	
2013	5874.6	3133.2	37662.7	1994.4	5399.9	3138.3	5225.5	5873.7	5873.7	
2014	7953.5	4219.1	46224.4	2275.6	6705.6	3991.0	6174.1	7198.6	7198.6	
2015	9435.8	4751.5	55679.0	2628.2	7723.2	5174.7	6724.1	7850.9	7850.9	
2016	12315.7	5567.8	68647.2	2676.6	9323.7	6281.6	7830.1	8187.5	59.3	
北京	129.2	70.6	722.2	16.1	139.9	56.9	153.2	19.7	106.8	
天津	1122.4	301.4	1629.1	167.1	140.4	55.7	119.7	27.6	49.0	
河北	501.0	351.8	2705.9	93.9	325.3	316.4	461.7	188.9	299.1	
山西	162.6	104.6	1873.6	42.1	186.8	166.8	192.8	96.9	136.4	
内蒙古	141.6	87.8	2645.3	33.9	149.2	127.6	210.5	294.5	291.4	
辽宁	93.1	44.0	505.2	48.9	57.9	66.0	83.6	62.8	11.6	
吉林	266.7	150.8	1161.3	105.4	123.9	145.4	107.8	248.1	370.5	
黑龙江	258.7	194.3	864.5	102.4	164.2	156.9	146.7	122.9	320.6	
上海	119.9	40.4	474.4	2.6	79.1	52.8	107.1	14.1	358.4	
江苏	1545.7	639.2	3965.4	260.9	590.1	446.4	642.2	485.8	226.8	
浙江	645.9	141.3	4361.4	119.8	506.8	273.1	390.0	302.9	1134.0	
安徽	655.5	345.3	2597.1	105.7	375.4	231.4	242.7	464.2	192.1	
福建	336.0	116.0	3588.5	50.4	328.2	198.7	324.0	341.5	337.1	
江西	494.7	153.3	2004.4	120.2	218.3	145.6	176.0	327.6	619.6	
山东	1183.1	1055.7	2959.7	305.7	744.2	545.9	827.4	1074.9	133.5	
河南	450.2	252.2	3697.9	152.2	533.7	555.9	547.7	121.0	17.5	
湖北	806.4	151.9	3735.2	139.2	366.7	269.5	323.9	309.8	124.7	
湖南	723.4	358.2	4526.2	131.0	568.1	414.3	512.8	539.9	187.5	
广东	433.7	223.5	2843.2	39.9	514.7	215.3	319.2	201.1	26.1	
广西	560.1	152.5	2076.5	93.8	478.4	218.5	223.0	261.9	297.8	
海南	33.0	38.3	399.3	10.0	62.5	57.3	63.0	18.6	164.9	
重庆	244.6	30.8	2839.8	44.3	243.4	131.7	112.7	74.6	304.1	
四川	400.4	96.2	3977.1	59.9	579.3	402.1	233.3	284.9	156.3	
贵州	313.3	32.4	2960.4	48.5	326.2	171.7	262.0	28.6	34.8	
云南	59.4	18.1	2022.1	55.5	438.8	215.5	186.1	508.6	199.5	
西藏	17.3	7.3	103.5	8.0	30.5	17.4	26.2	136.4	600.1	
陕西	259.4	215.5	4026.5	125.8	424.7	307.3	348.8	226.2		
甘肃	145.0	79.0	1073.6	142.0	294.3	155.1	291.7	205.2		
青海	42.4	39.5	327.4	5.9	64.4	26.1	44.7	169.3		
宁夏	22.7	17.2	348.3	20.1	56.9	45.6	45.3	33.9		
新疆	148.3	58.8	1539.8	25.6	202.4	92.6	104.4	326.0		
不分地区			2.4					669.0		

2-4 按项目规模分固定资产投资（不含农户）

单位：亿元

年 份/地 区	500万元～1亿元	1亿～5亿元	5亿～10亿元	10亿元以上
1995	3696.7	2493.9	1029.0	3807.5
2000	6627.2	4485.1	1706.4	6219.1
2005	19892.7	14564.0	5206.1	17835.3
2006	27426.5	17001.4	6190.8	21604.9
2007	35938.3	20513.0	7918.3	25853.8
2008	47807.9	23486.1	10056.0	34181.1
2009	67205.8	29222.3	13992.9	45210.4
2010	73973.1	38334.1	19120.4	58885.2
2011	103680.5	52773.6	23147.6	60997.5
2012	117218.8	74461.3	32804.3	68565.9
2013	134287.8	93779.9	42668.0	78998.4
2014	156426.6	109897.5	52140.8	87764.4
2015	209276.3	101771.0	55612.8	88951.1
2016	211891.5	116448.2	61713.7	103866.8
北 京	342.7	730.2	534.1	2281.1
天 津	6058.7	1301.2	883.0	2213.4
河 北	7194.1	7337.4	4631.2	7481.7
山 西	6554.5	2482.6	870.6	2354.4
内蒙古	7759.2	1341.3	1046.7	3613.3
辽 宁	1430.4	1074.6	497.1	1339.3
吉 林	8071.7	2333.7	696.1	1655.0
黑龙江	6950.0	956.1	350.0	1311.6
上 海	380.6	808.5	645.2	1208.3
江 苏	20293.8	10154.3	3151.8	6814.7
浙 江	9175.4	5480.3	2674.3	4771.7
安 徽	11853.2	5133.2	2453.5	2533.8
福 建	9519.1	3025.4	1850.9	3943.8
江 西	6354.5	5158.8	3277.5	2816.8
山 东	20347.5	12412.8	5083.9	8196.9
河 南	5216.7	13181.6	10553.2	4623.3
湖 北	6262.0	8726.4	4303.4	5915.8
湖 南	14485.1	5134.2	2310.2	2801.9
广 东	10819.5	3968.2	1535.3	6316.5
广 西	10903.0	1527.2	779.0	2045.8
海 南	259.1	358.3	223.6	1118.4
重 庆	5152.7	2213.8	2081.0	2758.3
四 川	10487.4	5621.7	3275.9	3562.1
贵 州	1797.0	3906.5	1886.0	3190.6
云 南	6544.8	2052.0	1061.6	3315.8
西 藏	579.2	352.8	145.9	469.6
陕 西	6777.6	4703.1	2696.3	3561.0
甘 肃	5192.0	1699.5	589.1	1203.5
青 海	872.8	696.8	318.4	1170.5
宁 夏	697.2	663.4	384.7	1235.6
新 疆	3559.1	1912.3	924.1	2665.0
不分地区	0.9			5377.2

注：本表不含房地产投资。

2–5 各行业按建设性质和构成分固定资产投资(不含农户)(2016年)

单位：亿元

指　标	投资额	新 建	扩 建	改建和技术改造	建筑安装工程投资	设备工器具购置	其他费用
全 国 总 计	596500.8	421160.3	68981.9	85391.5	415196.3	111859.9	69444.6
农、林、牧、渔业	22773.9	18061.0	3074.7	1371.6	17007.4	2982.1	2784.4
农业	10232.6	8376.4	1273.7	503.2	7552.1	1321.9	1358.7
林业	2175.7	1727.5	300.9	131.7	1452.4	189.8	533.5
畜牧业	5344.9	4241.1	845.4	232.6	4118.8	772.8	453.3
渔业	1085.2	772.8	137.6	123.7	799.8	188.5	96.9
农、林、牧、渔服务业	3935.6	2943.1	517.2	380.3	3084.4	509.2	342.0
采矿业	10319.7	5492.8	1689.7	2925.6	6974.7	2388.2	956.8
煤炭开采和洗选业	3037.7	1452.4	446.0	1010.6	1843.8	871.6	322.2
石油和天然气开采业	2331.0	1845.0	245.9	231.7	1886.6	227.2	217.1
黑色金属矿采选业	978.3	328.4	216.2	426.1	644.2	278.4	55.8
有色金属矿采选业	1428.7	670.6	324.4	425.9	950.2	275.3	203.3
非金属矿采选业	2126.2	970.7	419.1	691.6	1364.7	619.7	141.8
开采辅助活动	342.8	186.2	30.2	113.7	234.5	97.4	10.8
其他采矿业	75.0	39.5	7.8	25.9	50.7	18.5	5.8
制造业	187836.0	90319.3	34162.9	53802.3	105773.4	70857.3	11205.3
农副食品加工业	11786.4	6131.8	2250.7	3108.9	7614.5	3479.8	692.0
食品制造业	5824.8	2991.7	1078.1	1531.9	3588.4	1874.0	362.5
酒、饮料和精制茶制造业	4106.0	1987.8	783.1	1166.6	2699.5	1132.8	273.7
烟草制品业	209.2	90.1	24.9	66.0	126.1	68.1	15.0
纺织业	6642.6	2447.8	1796.0	2093.3	3139.9	3144.2	358.6
纺织服装、服饰业	4780.9	2349.4	1008.1	1236.1	2848.4	1685.3	247.2
皮革、毛皮、羽毛及其制品和制鞋业	2305.9	1120.2	498.3	580.4	1391.0	782.9	131.9
木材加工和木、竹、藤、棕、草制品业	4307.7	1768.4	1013.8	1404.6	2583.9	1453.3	270.6
家具制造业	3067.6	1591.3	547.4	822.6	1897.8	969.8	200.0
造纸及纸制品业	3091.3	1320.7	673.4	917.2	1726.3	1193.1	172.0
印刷和记录媒介复制业	1853.8	701.7	378.6	606.7	1000.7	762.0	91.1
文教、工美、体育和娱乐用品制造业	2641.9	1230.5	588.0	706.6	1618.0	846.3	177.6
石油加工、炼焦及核燃料加工业	2696.2	1448.2	499.8	686.2	1386.0	1057.6	252.6

续表

指　　标	投资额						
		新　建	扩　建	改建和技术改造	建筑安装工程投资	设备工器具购置	其他费用
化学原料及化学制品制造业	14753.1	6848.2	2645.7	4720.4	7826.7	5954.8	971.7
医药制造业	6299.2	3378.8	1034.7	1639.4	3966.6	1992.0	340.5
化学纤维制造业	1116.0	471.5	300.8	301.8	543.6	502.7	69.7
橡胶和塑料制品业	7015.0	2992.9	1515.9	2115.0	3801.1	2840.6	373.3
非金属矿物制品业	16869.3	8137.7	3042.8	5193.8	10009.0	5825.4	1035.0
黑色金属冶炼和压延加工业	4161.5	1535.6	678.4	1803.2	2225.3	1720.0	216.2
有色金属冶炼和压延加工业	5258.5	2809.1	907.6	1292.3	2755.5	2181.5	321.5
金属制品业	10111.3	4608.1	1924.5	3032.6	5651.6	3895.6	564.1
通用设备制造业	13060.7	5456.0	2508.3	4187.3	6828.6	5514.5	717.6
专用设备制造业	12037.0	5732.4	1997.6	3527.3	6624.9	4724.3	687.8
汽车制造业	12036.9	6174.6	1802.1	3364.2	6438.7	4821.1	777.2
铁路、船舶、航空航天和其他运输设备制造业	2929.6	1668.1	430.6	670.6	1737.9	976.7	215.0
电气机械和器材制造业	12781.5	6531.5	2049.3	3390.0	7041.1	5106.2	634.2
计算机、通信和其他电子设备制造业	10464.4	5761.7	1306.4	2246.6	5229.2	4662.1	573.2
仪器仪表制造业	1746.3	796.2	277.2	522.7	963.0	672.7	110.7
其他制造业	2205.2	1327.9	362.3	391.7	1468.2	497.7	239.3
废弃资源综合利用业	1375.4	763.7	189.8	394.9	858.8	423.3	93.3
金属制品、机械和设备修理业	300.5	145.8	48.9	81.3	183.4	97.0	20.1
电力、热力、燃气及水生产和供应业	29736.0	20720.7	3684.5	5012.8	17532.4	9677.7	2525.9
电力、热力生产和供应业	22637.7	15928.7	2662.7	3825.2	12193.6	8427.9	2016.2
燃气生产和供应业	2134.8	1398.3	347.5	344.0	1479.5	526.5	128.8
水的生产和供应业	4963.5	3393.8	674.2	843.7	3859.3	723.3	380.9
建筑业	4577.4	3339.0	449.4	514.0	3735.7	616.3	225.5
房屋建筑业	1284.9	1035.4	106.6	81.4	1107.3	133.1	44.5
土木工程建筑业	2376.9	1757.9	228.6	270.8	1980.0	266.8	130.1
建筑安装业	272.7	173.1	22.3	53.3	196.5	66.7	9.5
建筑装饰和其他建筑业	642.9	372.6	91.9	108.5	451.8	149.7	41.4
批发和零售业	17939.1	12114.9	2547.2	2475.6	13267.1	3339.2	1332.8
批发业	9220.7	5873.2	1415.7	1387.9	6624.0	2001.7	595.0
零售业	8718.3	6241.7	1131.5	1087.7	6643.2	1337.4	737.8
交通运输、仓储和邮政业	53628.5	39971.3	5825.5	4821.7	40302.7	5919.8	7405.9
铁路运输业	7748.1	6081.5	439.9	321.4	5086.3	1048.6	1613.2

续表

指　　标	投资额						
		新　建	扩　建	改建和技术改造	建筑安装工程投资	设备工器具购置	其他费用
道路运输业	32937.3	24543.0	3855.2	3827.4	26492.3	1834.8	4610.3
水上运输业	2163.3	1517.4	205.0	126.8	1367.1	560.4	235.8
航空运输业	2219.6	909.8	339.0	48.9	809.7	1197.0	212.9
管道运输业	262.7	196.0	31.3	32.8	174.2	61.5	27.0
装卸搬运和运输代理业	1089.4	829.9	139.3	77.9	783.6	206.8	99.1
仓储业	6983.5	5742.1	775.9	373.6	5429.4	961.0	593.1
邮政业	224.4	151.8	39.9	12.8	160.2	49.7	14.5
住宿和餐饮业	5947.4	4361.5	783.9	703.5	4826.0	623.9	497.4
住宿业	4137.8	3211.7	500.6	375.9	3392.1	366.6	379.0
餐饮业	1809.6	1149.9	283.3	327.6	1433.9	257.3	118.4
信息传输、软件和信息技术服务业	6318.7	3878.1	675.6	1214.6	3561.2	2359.0	398.5
电信、广播电视和卫星传输服务	2647.0	1349.1	394.9	773.3	1313.9	1181.6	151.6
互联网和相关服务	938.4	606.6	72.5	116.1	530.5	345.8	62.1
软件和信息技术服务业	2733.2	1922.3	208.2	325.2	1716.8	831.6	184.8
金融业	1310.2	923.1	92.5	165.6	955.6	247.7	107.0
货币金融服务	560.0	368.4	42.9	75.6	373.5	129.2	57.3
资本市场服务	430.7	315.8	35.3	58.5	346.6	58.7	25.4
保险业	118.1	95.7	6.6	10.5	98.2	13.8	6.1
其他金融业	201.4	143.3	7.7	21.0	137.2	45.9	18.2
房地产业	135283.7	129494.2	2513.4	1798.8	103884.3	2385.7	29013.7
租赁和商务服务业	12315.7	8942.7	1162.5	863.0	8932.1	2246.0	1137.7
租赁业	1594.5	392.9	56.8	64.4	345.3	1219.8	29.4
商务服务业	10721.2	8549.8	1105.6	798.6	8586.7	1026.1	1108.3
科学研究和技术服务业	5567.8	3906.0	633.7	676.5	3866.5	1204.9	496.5
研究和试验发展	1359.2	1027.9	141.6	133.8	914.6	264.7	179.8
专业技术服务业	1950.7	1283.4	232.0	258.0	1384.4	412.4	153.9
科技推广和应用服务业	2257.9	1594.6	260.1	284.8	1567.4	527.7	162.7
水利、环境和公共设施管理业	68647.2	53827.4	7486.5	6475.5	57092.1	3373.0	8182.1
水利管理业	8725.4	6651.2	1010.2	988.7	7379.3	359.1	986.9
生态保护和环境治理业	3145.6	2236.8	302.8	526.7	2309.2	361.0	475.4
公共设施管理业	56776.3	44939.4	6173.5	4960.1	47403.6	2652.9	6719.8
居民服务、修理和其他服务业	2676.6	1906.0	329.2	329.3	2058.2	415.8	202.7

续表

指 标	投资额	新 建	扩 建	改建和技术改造	建筑安装工程投资	设备工器具购置	其他费用
居民服务业	1490.7	1119.4	177.3	153.6	1197.5	166.7	126.5
机动车、电子产品和日用产品修理业	577.6	342.1	95.4	99.0	403.5	140.8	33.2
其他服务业	608.3	444.5	56.5	76.7	457.2	108.2	42.9
教育	9323.7	6779.4	1425.7	653.7	7744.4	746.0	833.2
卫生和社会工作	6281.6	4412.8	811.9	410.0	4852.9	963.6	465.1
卫生	4601.4	3015.7	633.5	327.2	3461.5	818.5	321.5
社会工作	1680.1	1397.1	178.3	82.9	1391.4	145.1	143.6
文化、体育和娱乐业	7830.1	6448.9	701.8	504.1	6009.7	824.8	995.7
新闻和出版业	99.8	70.5	9.4	10.5	69.0	18.4	12.5
广播、电视、电影和影视录音制作业	619.1	494.5	27.4	55.9	388.5	125.4	105.3
文化艺术业	3407.9	2724.6	359.0	248.5	2676.0	264.5	467.4
体育	1421.3	1215.2	113.4	72.7	1174.9	125.5	120.9
娱乐业	2282.0	1944.0	192.6	116.5	1701.3	291.0	289.7
公共管理、社会保障和社会组织	8187.5	6261.1	931.7	673.4	6819.9	689.0	678.6
中国共产党机关	31.8	25.7	1.5	3.3	28.6	2.1	1.1
国家机构	5770.7	4587.7	500.7	436.4	4690.6	562.9	517.2
人民政协、民主党派	3.9	2.6	0.3	0.5	3.1	0.8	0.0
社会保障	261.3	215.5	30.9	11.0	226.3	9.7	25.4
群众团体、社会团体和其他	476.5	299.1	110.5	47.6	408.1	34.6	33.8
成员组织							
基层群众自治组织	1643.3	1130.6	287.9	174.6	1463.2	79.0	101.2
国际组织							

2-6 各行业按隶属关系、登记注册类型和控股情况分固定资产投资（不含农户）(2016年)

单位：亿元

指　　标	投资额	中　央	地　方	内　资	港澳台商投资	外商投资	国有控股	集体控股	私人控股
全 国 总 计	596500.8	26727.9	569772.9	570431.2	14223.2	11846.3	178933.1	24141.7	279032.5
农、林、牧、渔业	22773.9	228.1	22545.8	22638.1	92.0	43.9	4481.5	1153.9	10913.4
农业	10232.6	68.9	10163.7	10185.5	30.7	16.4	1405.9	504.0	4802.2
林业	2175.7	20.6	2155.1	2167.6	6.7	1.3	829.9	129.8	813.3
畜牧业	5344.9	41.6	5303.3	5274.5	50.3	20.0	466.3	150.2	3487.5
渔业	1085.2	2.6	1082.5	1081.5	2.2	1.5	64.6	91.7	622.9
农、林、牧、渔服务业	3935.6	94.3	3841.2	3929.0	1.9	4.6	1714.9	278.2	1187.5
采矿业	10319.7	2065.9	8253.9	10138.3	86.2	95.1	5805.3	436.0	5876.5
煤炭开采和洗选业	3037.7	214.2	2823.5	3007.6	8.9	21.2	1708.3	176.3	1844.8
石油和天然气开采业	2331.0	1730.6	600.4	2252.5	39.1	39.4	3130.3	13.0	202.9
黑色金属矿采选业	978.3	27.9	950.4	965.8	6.8	5.7	182.8	33.2	1022.5
有色金属矿采选业	1428.7	63.0	1365.7	1383.4	23.6	21.7	477.1	62.5	921.4
非金属矿采选业	2126.2	5.0	2121.2	2113.0	6.1	7.1	110.1	75.7	1701.9
开采辅助活动	342.8	24.3	318.4	341.3	1.4		186.5	74.6	129.6
其他采矿业	75.0	0.8	74.2	74.8	0.2		10.2	0.6	53.3
制造业	187836.0	2708.2	185127.7	174409.0	5412.7	8014.4	13799.4	3506.2	139967.0
农副食品加工业	11786.4	27.2	11759.2	11345.5	131.8	309.1	406.3	183.8	9092.0
食品制造业	5824.8	6.4	5818.4	5418.2	186.7	219.9	177.9	67.2	4220.5
酒、饮料和精制茶制造业	4106.0	15.5	4090.5	3791.3	132.3	182.5	239.0	95.0	3242.9
烟草制品业	209.2	58.2	151.1	209.1	0.1		209.3	14.1	24.4
纺织业	6642.6	11.6	6631.0	6259.0	253.5	130.0	148.2	82.1	5204.1
纺织服装、服饰业	4780.9	5.6	4775.3	4502.8	177.5	100.6	62.8	61.5	3973.1
皮革、毛皮、羽毛及其制品和	2305.9	6.9	2299.0	2123.0	112.9	70.0	42.4	24.1	1889.5
制鞋业							76.2	32.0	3620.0
木材加工和木、竹、藤、棕、草	4307.7	3.0	4304.7	4231.1	35.0	41.6	55.0	44.2	2455.7
制品业							43.6	37.5	2226.9
家具制造业	3067.6	4.7	3063.0	2971.3	40.0	56.3	84.0	41.5	1543.8

续表

指　标	投资额	中 央	地 方	内 资	港澳台商投资	外商投资	国有控股	集体控股	私人控股
造纸及纸制品业	3091.3	3.2	3088.1	2773.6	163.2	154.5	44.0	35.7	1947.4
印刷和记录媒介复制业	1853.8	8.2	1845.7	1775.7	41.2	37.0	827.0	62.1	1366.0
文教、工美、体育和娱乐用品	2641.9	0.3	2641.6	2406.1	101.9	134.0			
制造业							1836.3	273.5	10997.0
石油加工、炼焦及核燃料	2696.2	545.5	2150.8	2577.5	83.3	35.5	390.0	146.9	4378.9
加工业							88.0	22.3	901.2
化学原料及化学制品制造业	14753.1	187.5	14565.6	13618.7	518.6	615.8	132.3	144.4	5510.5
医药制造业	6299.2	16.3	6282.8	5851.2	176.1	271.8	544.3	289.0	14122.9
化学纤维制造业	1116.0	14.8	1101.2	1009.5	61.2	45.4	823.0	140.0	2906.8
橡胶和塑料制品业	7015.0	23.8	6991.2	6581.0	178.9	255.1	578.5	97.6	4037.5
非金属矿物制品业	16869.3	201.8	16667.6	16409.2	271.8	188.4	347.0	201.2	7910.8
黑色金属冶炼和压延加工业	4161.5	166.2	3995.2	3955.7	116.5	89.2	471.5	195.7	11255.4
有色金属冶炼和压延加工业	5258.5	136.1	5122.4	5008.4	110.9	139.2	726.4	319.2	9769.4
金属制品业	10111.3	79.8	10031.5	9709.7	222.7	178.9	1817.2	214.4	7365.5
通用设备制造业	13060.7	90.5	12970.2	12469.0	235.9	355.9	855.4	100.1	1921.7
专用设备制造业	12037.0	150.8	11886.2	11367.5	286.1	383.3	573.6	163.1	9247.3
汽车制造业	12036.9	324.9	11712.0	10096.1	227.7	1713.1	1231.3	217.9	5053.2
铁路、船舶、航空航天和其他	2929.6	291.2	2638.4	2730.6	54.7	144.3	132.0	31.1	1257.6
运输设备制造业							610.8	108.6	1337.4
电气机械和器材制造业	12781.5	87.7	12693.9	11792.3	465.4	523.9	112.9	41.9	1012.1
计算机、通信和其他电子	10464.4	169.2	10295.2	8087.7	902.5	1474.2	113.3	17.7	174.6
设备制造业							16518.8	754.5	7347.3
仪器仪表制造业	1746.3	15.0	1731.3	1596.9	49.4	100.0	12850.5	441.8	5483.6
其他制造业	2205.2	35.7	2169.5	2141.3	32.0	31.9	845.5	52.1	1140.0
废弃资源综合利用业	1375.4	9.2	1366.2	1310.9	40.5	24.0	2822.8	260.6	723.7
金属制品、机械和设备修理业	300.5	11.5	288.9	289.0	2.8	8.7	2639.2	268.0	1364.3
电力、热力、燃气及水	29736.0	6938.7	22797.3	28540.0	776.9	419.1	701.5	97.2	478.9
生产和供应业							1736.9	128.4	377.2
电力、热力生产和供应业	22637.7	6713.9	15923.8	21704.1	628.4	305.2	71.5	4.2	157.6
燃气生产和供应业	2134.8	143.4	1991.4	1973.1	101.7	60.0	129.2	38.1	350.6
水的生产和供应业	4963.5	81.4	4882.1	4862.8	46.8	53.9	1635.5	1056.8	13898.4
建筑业	4577.4	96.6	4480.8	4558.1	12.0	7.3	637.6	355.5	7428.9

续表

指　　标	投资额	中　央	地　方	内　资	港澳台商投资	外商投资	国有控股	集体控股	私人控股
房屋建筑业	1284.9	11.4	1273.5	1282.6	1.1	1.1	997.9	701.3	6469.5
土木工程建筑业	2376.9	82.2	2294.7	2362.4	9.3	5.1	36114.5	1255.0	8887.3
建筑安装业	272.7	2.0	270.7	271.4	0.5	0.8	7428.2	58.4	173.1
建筑装饰和其他建筑业	642.9	1.0	641.9	641.6	1.0	0.3	24260.8	777.5	2511.9
批发和零售业	17939.1	103.6	17835.5	17647.6	161.5	130.0	1378.7	96.6	678.0
批发业	9220.7	68.2	9152.6	9069.1	92.7	58.9	1472.6	51.8	154.1
零售业	8718.3	35.4	8682.9	8578.5	68.8	71.0	183.2	5.8	57.2
交通运输、仓储和邮政业	53628.5	7756.9	45871.6	52606.8	675.9	345.7	185.0	49.9	888.6
铁路运输业	7748.1	5625.0	2123.1	7747.4	0.0	0.6	1163.0	209.2	4261.9
道路运输业	32937.3	754.3	32183.0	32865.2	44.0	28.1	43.0	5.8	162.5
水上运输业	2163.3	213.0	1950.4	2038.6	75.1	49.6	832.3	263.4	4594.1
航空运输业	2219.6	905.4	1314.2	2031.2	188.4		655.2	205.1	3173.2
管道运输业	262.7	68.9	193.8	244.5	15.1	3.1	177.1	58.2	1420.9
装卸搬运和运输代理业	1089.4	26.9	1062.6	1043.8	35.9	9.7	2645.1	176.9	1771.3
仓储业	6983.5	153.0	6830.5	6414.5	316.2	252.7	1899.7	59.0	137.1
邮政业	224.4	10.5	213.9	221.5	1.1	1.8	306.8	30.3	319.0
住宿和餐饮业	5947.4	54.4	5893.0	5784.3	91.0	72.1	438.7	87.6	1315.1
住宿业	4137.8	51.5	4086.3	3994.4	79.3	64.2	644.9	111.1	422.9
餐饮业	1809.6	2.8	1806.7	1789.9	11.7	8.0	366.2	92.1	116.8
信息传输、软件和信息技术服务业	6318.7	1277.6	5041.1	5658.4	395.4	264.9	100.8	11.6	196.3
电信、广播电视和卫星传输服务	2647.0	1146.0	1501.1	2289.8	229.7	127.5	98.1	1.5	25.8
							79.8	5.9	84.0
互联网和相关服务	938.4	71.9	866.5	785.8	90.7	61.9	30734.8	7661.3	62890.2
软件和信息技术服务业	2733.2	59.7	2673.5	2582.8	75.0	75.5	2739.7	678.3	4792.3
金融业	1310.2	139.6	1170.6	1286.0	22.8	1.5	212.2	63.5	357.4
货币金融服务	560.0	78.0	482.0	542.4	17.0	0.6	2527.5	614.8	4434.9
资本市场服务	430.7	16.7	414.0	425.9	4.2	0.5	1469.3	267.5	2463.5
保险业	118.1	41.0	77.1	117.8		0.3	570.2	52.4	598.5
其他金融业	201.4	3.8	197.5	199.8	1.5	0.1	594.7	130.1	825.4
房地产业	135283.7	2725.7	132558.0	127315.6	5955.8	2012.3	304.4	85.0	1039.6
租赁和商务服务业	12315.7	233.8	12081.9	11905.9	288.2	121.6	41047.3	3939.0	6922.9
租赁业	1594.5	124.7	1469.8	1333.2	170.6	90.7	6204.7	431.6	343.3
商务服务业	10721.2	109.1	10612.1	10572.7	117.6	30.9	1366.7	158.2	518.2

续表

指 标	投资额								
		中 央	地 方	内 资	港澳台商投资	外商投资	国有控股	集体控股	私人控股
科学研究和技术服务业	5567.8	267.0	5300.8	5426.1	65.5	76.2	33475.8	3349.3	6061.3
研究和试验发展	1359.2	130.7	1228.5	1268.2	48.8	42.2	646.1	317.8	1273.2
专业技术服务业	1950.7	107.9	1842.8	1929.1	6.4	15.1	510.9	215.2	501.8
科技推广和应用服务业	2257.9	28.4	2229.5	2228.8	10.3	18.9	39.5	16.4	527.5
水利、环境和公共设施管理业	68647.2	864.0	67783.2	68473.7	87.5	86.0	95.7	86.1	244.0
							5569.7	381.2	1232.2
水利管理业	8725.4	138.9	8586.5	8718.2	4.4	2.8	3131.2	310.2	1314.8
生态保护和环境治理业	3145.6	81.9	3063.7	3102.3	15.7	27.6	2632.1	209.8	813.6
公共设施管理业	56776.3	643.2	56133.0	56653.3	67.3	55.6	499.2	100.4	501.1
居民服务、修理和其他服务业	2676.6	36.1	2640.6	2653.4	13.9	9.3	2767.8	537.9	2726.6
居民服务业	1490.7	25.8	1464.9	1473.7	10.1	6.9	87.8	0.0	36.5
机动车、电子产品和日用产品修理业	577.6	2.0	575.6	577.1		0.5	161.7	58.4	229.7
其他服务业	608.3	8.2	600.1	602.6	3.8	2.0	1528.5	333.5	927.6
教育	9323.7	269.2	9054.5	9312.5	3.3	7.9	558.8	68.4	303.9
卫生和社会工作	6281.6	107.6	6173.9	6250.1	12.6	18.9	431.0	77.6	1228.9
卫生	4601.4	89.3	4512.1	4573.0	10.2	18.3	5710.6	1066.7	374.5
社会工作	1680.1	18.3	1661.8	1677.1	2.4	0.6	20.6	0.3	2.5
文化、体育和娱乐业	7830.1	86.8	7743.3	7641.8	69.5	118.9	4639.6	230.3	137.2
新闻和出版业	99.8	3.3	96.5	99.3	0.3	0.3	6.6		7.8
广播、电视、电影和影视录音制作业	619.1	29.7	589.4	616.4	2.5	0.2	169.5	57.3	24.4
							313.2	69.9	91.4
文化艺术业	3407.9	25.2	3382.7	3384.9	20.5	2.4	561.2	708.9	111.3
体育	1421.3	14.9	1406.4	1390.8	23.8	6.7			
娱乐业	2282.0	13.8	2268.2	2150.3	22.4	109.2			
公共管理、社会保障和社会组织	8187.5	768.1	7419.4	8185.7	0.6	1.3			
中国共产党机关	31.8	0.5	31.3	31.8					
国家机构	5770.7	756.5	5014.2	5770.3		0.5			
人民政协、民主党派	3.9		3.9	3.9					
社会保障	261.3	0.5	260.8	260.9		0.5			
群众团体、社会团体和其他成员组织	476.5	1.3	475.3	475.6	0.6	0.3			
基层群众自治组织	1643.3	9.3	1634.0	1643.3					
国际组织									

2-7 固定资产投资(不含农户)各行业实际到位资金和新增固定资产(2016年)

单位：亿元

指　标	本年实际到位资金小计	国家预算资金	国内贷款	利用外资	自筹资金	其他资金	投资额	新增固定资产	固定资产交付使用率(%)
全国总计	606968.6	36211.7	66767.1	2270.3	404766.8	96952.7	596500.8	353530.5	59.3
农、林、牧、渔业	21862.7	1749.4	880.3	41.3	18098.3	1093.5	22773.9	17451.3	76.6
农业	9829.0	449.5	414.6	18.7	8524.1	422.0	10232.6	7643.5	74.7
林业	2075.5	327.6	91.6	4.4	1509.7	142.2	2175.7	1651.0	75.9
畜牧业	5149.4	114.7	209.0	11.5	4614.4	199.9	5344.9	4225.9	79.1
渔业	1058.3	14.5	31.2	1.6	965.9	45.1	1085.2	838.0	77.2
农、林、牧、渔服务业	3750.4	843.1	133.9	5.1	2484.1	284.2	3935.6	3092.9	78.6
采矿业	9759.3	106.3	1036.5	29.5	8286.5	300.6	10319.7	7525.0	72.9
煤炭开采和洗选业	2795.3	20.7	378.9	0.5	2277.2	118.0	3037.7	2356.5	77.6
石油和天然气开采业	2297.7	53.2	359.9	23.9	1805.7	55.0	2331.0	1406.4	60.3
黑色金属矿采选业	910.6	2.1	54.4	0.0	834.4	19.7	978.3	812.9	83.1
有色金属矿采选业	1346.3	6.3	117.0	3.3	1176.5	43.3	1428.7	954.8	66.8
非金属矿采选业	2041.0	5.4	110.3	1.5	1867.1	56.7	2126.2	1666.1	78.4
开采辅助活动	294.6	17.9	13.4		256.7	6.6	342.8	271.4	79.2
其他采矿业	73.8	0.8	2.6	0.2	68.9	1.3	75.0	57.0	75.9
制造业	180841.8	640.4	12655.9	1584.7	162215.8	3745.1	187836.0	128756.1	68.6
农副食品加工业	11419.1	56.9	673.8	56.5	10333.5	298.4	11786.4	8546.1	72.5
食品制造业	5661.1	15.5	321.7	44.9	5173.0	106.0	5824.8	4103.9	70.5
酒、饮料和精制茶制造业	3955.1	19.4	227.1	28.7	3575.4	104.7	4106.0	2816.8	68.6
烟草制品业	209.6	6.9	6.8		192.5	3.4	209.2	105.4	50.4
纺织业	6427.0	17.1	446.9	22.3	5813.1	127.5	6642.6	4905.5	73.9
纺织服装、服饰业	4665.9	19.0	225.9	31.3	4296.2	93.6	4780.9	3518.3	73.6
皮革、毛皮、羽毛及其制品和制鞋业	2259.4	4.1	149.4	19.7	2025.0	61.2	2305.9	1758.1	76.3
木材加工和木、竹、藤、棕、草制品业	4188.2	15.2	247.3	5.8	3820.3	99.5	4307.7	3381.0	78.5
家具制造业	2991.2	7.4	169.9	13.3	2742.0	58.6	3067.6	2267.9	73.9

续表

指标	本年实际到位资金小计	国家预算资金	国内贷款	利用外资	自筹资金	其他资金	投资额	新增固定资产	固定资产交付使用率(%)
造纸及纸制品业	3019.5	4.3	223.4	39.5	2686.3	65.9	3091.3	2236.5	72.4
印刷和记录媒介复制业	1815.1	6.2	92.5	5.9	1679.6	31.0	1853.8	1396.2	75.3
文教、工美、体育和娱乐用品制造业	2574.1	8.5	209.0	40.2	2270.9	45.6	2641.9	1903.0	72.0
石油加工、炼焦及核燃料加工业	2462.4	30.5	376.0	6.3	1983.9	65.7	2696.2	1399.0	51.9
化学原料及化学制品制造业	13975.5	26.6	1412.7	117.8	12163.3	255.2	14753.1	9740.4	66.0
医药制造业	6094.1	29.0	384.5	33.3	5531.6	115.6	6299.2	3946.1	62.6
化学纤维制造业	1073.2	4.5	106.4	3.6	924.6	34.1	1116.0	602.3	54.0
橡胶和塑料制品业	6802.4	6.7	495.8	60.5	6114.4	125.0	7015.0	5161.8	73.6
非金属矿物制品业	16187.7	55.2	953.7	34.5	14753.9	390.4	16869.3	12621.6	74.8
黑色金属冶炼和压延加工业	4086.0	5.2	437.0	4.0	3596.8	43.0	4161.5	2939.6	70.6
有色金属冶炼和压延加工业	4970.7	10.4	452.1	16.8	4279.2	212.2	5258.5	3088.2	58.7
金属制品业	9797.5	10.9	597.7	47.9	8960.2	180.8	10111.3	7607.9	75.2
通用设备制造业	12667.3	31.8	891.0	77.9	11453.9	212.7	13060.7	9573.6	73.3
专用设备制造业	11519.1	55.8	734.5	87.4	10429.3	212.0	12037.0	8455.5	70.3
汽车制造业	11609.4	22.1	688.5	102.0	10534.0	262.8	12036.9	7280.7	60.5
铁路、船舶、航空航天和其他运输设备制造业	2811.0	21.9	174.3	9.7	2530.7	74.5	2929.6	1741.6	59.5
电气机械和器材制造业	12230.9	32.5	890.4	100.1	11038.7	169.2	12781.5	8172.4	63.9
计算机、通信和其他电子设备制造业	10061.4	40.5	730.3	530.3	8593.7	166.6	10464.4	5526.5	52.8
仪器仪表制造业	1698.1	10.7	113.1	35.9	1507.5	31.0	1746.3	1207.3	69.1
其他制造业	2028.9	37.8	109.2	6.7	1808.3	66.9	2205.2	1528.6	69.3
废弃资源综合利用业	1300.9	12.3	94.7	1.8	1167.3	24.8	1375.4	1005.4	73.1
金属制品、机械和设备修理业	280.2	15.8	20.4		236.8	7.3	300.5	219.0	72.9
电力、热力、燃气及水	27059.1	1968.9	5499.0	62.4	18362.8	1165.9	29736.0	17669.8	59.4

续表

指　标	本年实际到位资金小计	国家预算资　金	国内贷款	利用外资	自筹资金	其他资金	投资额	新　增固定资产	固定资产交付使用率(%)
生产和供应业									
电力、热力生产和供应业	20613.2	1158.7	4913.9	52.8	13732.6	755.2	22637.7	12898.1	57.0
燃气生产和供应业	1966.9	70.8	144.1	3.1	1692.4	56.5	2134.8	1497.3	70.1
水的生产和供应业	4479.1	739.5	441.1	6.5	2937.8	354.2	4963.5	3274.3	66.0
建筑业	4430.1	675.1	229.8	2.0	3208.5	314.7	4577.4	3137.7	68.6
房屋建筑业	1270.2	178.0	54.6	0.1	974.9	62.6	1284.9	925.6	72.0
土木工程建筑业	2251.2	462.8	149.6	1.4	1429.2	208.2	2376.9	1571.7	66.1
建筑安装业	278.0	15.1	5.8		250.4	6.7	272.7	196.1	71.9
建筑装饰和其他建筑业	630.7	19.1	19.8	0.5	554.1	37.2	642.9	444.3	69.1
批发和零售业	17347.6	170.9	963.3	48.1	15551.4	613.9	17939.1	12986.2	72.4
批发业	8963.4	62.1	468.9	19.9	8078.4	334.1	9220.7	6802.0	73.8
零售业	8384.2	108.8	494.4	28.2	7473.0	279.8	8718.3	6184.2	70.9
交通运输、仓储和邮政业	47732.3	8234.2	9855.3	116.9	24165.1	5360.8	53628.5	25037.8	46.7
铁路运输业	7020.7	1062.8	1863.8	13.7	2293.2	1787.2	7748.1	836.0	10.8
道路运输业	28515.3	6468.0	6248.0	49.1	12684.7	3065.5	32937.3	16882.5	51.3
水上运输业	1967.4	205.5	354.6	3.7	1291.5	112.1	2163.3	987.5	45.7
航空运输业	2156.7	300.2	740.2		949.9	166.3	2219.6	1294.4	58.3
管道运输业	287.5	22.9	27.7	0.6	227.5	8.8	262.7	142.9	54.4
装卸搬运和运输代理业	1024.7	26.3	79.1	2.9	887.5	28.9	1089.4	633.0	58.1
仓储业	6545.2	146.3	535.2	46.7	5632.5	184.5	6983.5	4150.1	59.4
邮政业	214.9	2.2	6.7	0.3	198.2	7.5	224.4	111.4	49.6
住宿和餐饮业	5654.6	72.0	373.4	18.1	4967.6	223.6	5947.4	3976.5	66.9
住宿业	3905.8	59.2	308.7	14.5	3346.9	176.5	4137.8	2573.5	62.2
餐饮业	1748.8	12.7	64.7	3.6	1620.7	47.1	1809.6	1403.0	77.5
信息传输、软件和信息技术服务业	6103.8	130.5	307.2	9.5	5500.8	155.7	6318.7	3789.1	60.0
电信、广播电视和卫星传输服务	2579.5	80.6	53.4	0.7	2382.2	62.6	2647.0	1549.6	58.5
互联网和相关服务	907.7	20.1	29.1	1.5	824.8	32.2	938.4	609.0	64.9
软件和信息技术服务业	2616.6	29.8	224.7	7.3	2293.9	60.9	2733.2	1630.5	59.7
金融业	1285.2	26.9	85.6	0.1	1137.4	35.2	1310.2	721.8	55.1
货币金融服务	544.3	16.0	16.4	0.0	492.7	19.2	560.0	351.0	62.7
资本市场服务	425.0	8.1	57.1		345.5	14.3	430.7	215.8	50.1
保险业	124.3	0.6	0.6		122.8	0.2	118.1	42.1	35.7
其他金融业	191.6	2.2	11.5	0.1	176.4	1.4	201.4	113.0	56.1
房地产业	174212.0	3637.5	25383.6	171.3	69057.0	75962.6	135283.7	59020.2	43.6
租赁和商务服务业	11643.0	403.2	1349.6	25.2	9326.7	538.3	12315.7	7322.1	59.5

续表

指　标	本年实际到位资金小计						投资额	新　增固定资产	固定资产交付使用率(%)
		国家预算资　金	国内贷款	利用外资	自筹资金	其他资金			
租赁业	1442.6	15.2	323.8	8.4	1079.1	16.2	1594.5	1328.8	83.3
商务服务业	10200.4	388.0	1025.8	16.9	8247.6	522.1	10721.2	5993.3	55.9
科学研究和技术服务业	5516.6	337.4	475.6	30.3	4485.0	188.3	5567.8	3636.9	65.3
研究和试验发展	1262.5	63.5	88.9	5.6	1064.5	39.9	1359.2	749.4	55.1
专业技术服务业	2075.8	213.9	233.6	14.8	1516.7	96.8	1950.7	1336.5	68.5
科技推广和应用服务业	2178.3	60.0	153.1	9.8	1903.8	51.5	2257.9	1551.0	68.7
水利、环境和公共设施管理业	61505.0	11460.0	5729.5	85.4	39317.5	4912.6	68647.2	41096.9	59.9
水利管理业	7851.6	2816.1	588.9	6.1	3528.5	912.0	8725.4	5371.0	61.6
生态保护和环境治理业	2828.3	618.8	155.5	10.2	1813.4	230.3	3145.6	1909.8	60.7
公共设施管理业	50825.1	8025.1	4985.1	69.1	33975.6	3770.2	56776.3	33816.1	59.6
居民服务、修理和其他服务业	2529.5	179.2	139.6	5.0	2100.4	105.4	2676.6	1958.5	73.2
居民服务业	1389.5	144.5	85.4	4.0	1090.7	65.0	1490.7	989.3	66.4
机动车、电子产品和日用产品修理业	562.4	5.0	22.6	0.3	518.7	15.8	577.6	486.3	84.2
其他服务业	577.7	29.7	31.6	0.7	491.1	24.5	608.3	482.9	79.4
教育	8750.4	2505.7	501.8	9.7	5069.0	664.2	9323.7	6025.4	64.6
卫生和社会工作	5842.6	906.4	387.6	10.7	4169.6	368.4	6281.6	3649.4	58.1
卫生	4268.7	719.1	291.7	9.1	2974.2	274.6	4601.4	2646.7	57.5
社会工作	1573.9	187.3	95.9	1.6	1195.3	93.8	1680.1	1002.7	59.7
文化、体育和娱乐业	7338.5	753.3	656.8	17.9	5419.4	491.1	7830.1	4308.6	55.0
新闻和出版业	101.8	3.5	13.3		82.8	2.2	99.8	49.5	49.6
广播、电视、电影和影视录音制作业	558.5	27.0	22.9		479.5	29.1	619.1	364.3	58.9
文化艺术业	3211.7	466.2	294.8	1.8	2174.9	274.0	3407.9	1950.3	57.2
体育	1304.0	175.2	102.5	12.7	914.1	99.5	1421.3	808.5	56.9
娱乐业	2162.5	81.4	223.3	3.3	1768.2	86.3	2282.0	1136.0	49.8
公共管理、社会保障和社会组织	7554.4	2254.3	256.8	2.3	4328.2	712.8	8187.5	5461.2	66.7
中国共产党机关	30.9	10.7	1.6		17.1	1.6	31.8	24.1	75.9
国家机构	5294.2	1900.9	188.7	1.9	2778.3	424.4	5770.7	3631.9	62.9
人民政协、民主党派	3.5	0.6			2.9		3.9	2.9	74.7
社会保障	260.1	64.8	6.8		125.5	63.0	261.3	172.5	66.0
群众团体、社会团体和其他成员组织	454.7	44.9	8.1	0.3	358.4	42.9	476.5	347.4	72.9
基层群众自治组织	1510.9	232.4	51.6	0.0	1046.0	180.9	1643.3	1282.3	78.0
国际组织									

2-8 能源工业固定资产投资(不含农户)

单位：亿元

年 份/地 区	合 计	煤炭开采和洗选业	石油和天然气开 采 业	石油和炼焦加 工 业	电力、热力、燃气及水生产和供应业
2003	5508.4	436.4	946.0	322.0	3803.9
2004	7504.8	690.4	1112.3	637.9	5064.2
2005	10205.6	1162.9	1463.6	801.3	6777.8
2006	11826.3	1459.0	1822.2	939.3	7605.8
2007	13698.6	1804.6	2225.5	1415.4	8253.2
2008	16345.5	2399.2	2675.1	1827.5	9443.7
2009	19477.9	3056.9	2791.5	1839.8	11789.7
2010	21627.1	3784.7	2928.0	2035.1	12879.4
2011	23045.6	4907.3	3022.0	2268.5	12847.9
2012	25499.8	5370.2	3076.5	2500.5	14552.6
2013	29008.9	5212.6	3820.6	3039.1	16936.6
2014	31514.9	4684.5	3947.9	3208.5	19674.1
2015	32562.1	4006.7	3424.9	2538.6	22591.9
2016	32837.4	3037.7	2331.0	2696.2	24772.5
北 京	222.7			1.7	221.0
天 津	422.1	0.7	101.1	27.0	293.2
河 北	2053.1	51.3	30.7	278.8	1692.3
山 西	2121.0	769.2	63.0	110.9	1177.9
内蒙古	2231.7	452.8	115.6	84.9	1578.4
辽 宁	451.3	7.9	47.8	140.7	254.9
吉 林	735.9	57.8	173.5	51.9	452.6
黑龙江	625.3	82.2	200.9	31.6	310.6
上 海	163.5			4.3	159.2
江 苏	1584.0	14.0	17.3	147.1	1405.5
浙 江	998.3	0.1	0.2	88.1	910.0
安 徽	909.6	50.2	0.6	35.4	823.4
福 建	1009.6	50.3		67.9	891.4
江 西	710.1	32.8		24.4	652.8
山 东	2950.3	78.7	133.3	490.4	2247.9
河 南	1662.4	67.4	15.7	88.4	1490.9
湖 北	759.8	22.6	5.1	36.3	695.8
湖 南	744.0	166.9		25.7	551.4
广 东	1349.3	0.3	42.5	270.1	1036.4
广 西	811.4	4.8	1.5	27.4	777.8
海 南	114.5		4.8	17.7	92.0
重 庆	463.3	31.8	75.6	18.2	337.6
四 川	1659.9	111.0	92.0	61.8	1395.0
贵 州	648.0	329.8	16.0	5.1	297.2
云 南	1004.9	155.4		76.5	773.0
西 藏	189.0	0.0	0.2	2.3	186.5
陕 西	1802.6	281.2	274.5	203.3	1043.7
甘 肃	682.7	43.6	25.8	32.3	580.9
青 海	496.6	16.5	48.6	5.2	426.3
宁 夏	672.6	25.1	2.1	28.1	617.2
新 疆	1886.4	133.1	357.5	212.8	1183.1
不分地区	701.5		485.1		216.4

2-9 固定资产投资(不含农户)新增固定资产及交付使用率

年 份/ 地 区	固定资产投资额 (亿元)	新增固定资产 (亿元)	固定资产交付使用率 (%)
1995	15643.7	10146.2	64.9
2000	26221.8	20715.2	79.0
2005	75095.1	45206.6	60.2
2006	93368.7	56290.9	60.3
2007	117464.5	67367.5	57.4
2008	148738.3	84545.3	56.8
2009	193920.4	113943.9	58.8
2010	241430.9	136970.3	56.7
2011	302396.1	184353.9	61.0
2012	364854.1	222399.8	61.0
2013	435747.4	269780.3	61.9
2014	501264.9	333339.0	66.5
2015	551590.0	386200.1	70.0
2016	596500.8	353530.5	59.3
北 京	7888.7	3191.0	40.5
天 津	12756.4	7635.2	59.9
河 北	31340.1	22385.8	71.4
山 西	13859.4	9665.3	69.7
内蒙古	14894.0	10161.0	68.2
辽 宁	6436.3	3182.0	49.4
吉 林	13773.2	9948.4	72.2
黑龙江	10432.6	8281.8	79.4
上 海	6751.7	2955.2	43.8
江 苏	49370.9	33750.9	68.4
浙 江	29571.0	18832.5	63.7
安 徽	26577.4	15981.5	60.1
福 建	22928.0	13194.4	57.6
江 西	19378.7	10606.6	54.7
山 东	52364.5	31182.1	59.6
河 南	39753.9	22342.1	56.2
湖 北	29503.9	15424.4	52.3
湖 南	27688.4	16329.0	59.0

续表

年份/地区	固定资产投资额(亿元)	新增固定资产(亿元)	固定资产交付使用率(%)
广东	32947.3	17075.7	51.8
广西	17652.9	11350.5	64.3
海南	3747.0	1334.2	35.6
重庆	15931.8	8710.7	54.7
四川	28229.8	18227.7	64.6
贵州	12929.2	6592.6	51.0
云南	15662.5	8124.8	51.9
西藏	1596.0	691.6	43.3
陕西	20474.9	10654.4	52.0
甘肃	9534.1	5934.2	62.2
青海	3455.5	1762.1	51.0
宁夏	3709.0	2009.5	54.2
新疆	9983.9	6013.6	60.2
不分地区	5378.0		

2-10 固定资产投资（不含农户）按行业分新增固定资产

单位：亿元

年份/地区	合计	农、林、牧、渔业	采矿业	制造业	电力、热力、燃气及水生产和供应业	建筑业	批发和零售业	交通运输、仓储和邮政业	住宿和餐饮业	信息传输、软件和信息技术服务业	金融业
2003	28663.9	375.0	1182.9	6646.9	2228.4	344.3	535.5	3531.4	204.5	1053.0	71.4
2004	34731.4	458.9	1398.0	9023.3	3110.0	364.6	717.4	4237.8	267.6	1153.3	111.4
2005	45206.6	608.8	2015.8	13276.5	3429.3	374.8	1019.4	5235.8	431.7	958.2	81.5
2006	56290.9	807.0	2853.9	17268.0	4683.6	475.3	1266.7	5751.0	580.4	1082.4	78.9
2007	67367.5	1094.8	3438.5	21654.6	6151.5	584.2	1604.8	6527.9	813.8	1077.7	114.6
2008	84545.3	1694.1	3981.8	28335.2	6042.5	788.5	2238.9	7802.7	1106.8	1197.8	178.6
2009	113943.9	2529.3	5781.3	40317.0	7001.9	963.3	3250.9	9593.1	1624.1	1567.3	247.1
2010	136970.3	2865.0	5847.7	48751.7	8435.2	1363.9	3495.2	12387.4	1849.4	1514.7	226.3
2011	184353.9	5381.6	8139.1	70849.0	8940.8	2204.8	4921.5	13074.9	2539.3	1337.2	450.8
2012	222399.8	6731.5	9290.9	86517.3	10495.4	2600.7	6448.4	15033.9	3178.6	1838.0	458.5
2013	269780.3	9035.3	10413.8	103244.6	12601.2	2592.7	8308.2	20080.7	3925.8	2030.6	688.8
2014	333339.0	11892.0	10341.8	124992.0	16032.7	3015.3	11695.2	25088.7	4828.7	3044.9	865.3

续表

年份/地区	合计	农、林、牧、渔业	采矿业	制造业	电力、热力、燃气及水生产和供应业	建筑业	批发和零售业	交通运输、仓储和邮政业	住宿和餐饮业	信息传输、软件和信息技术服务业	金融业
2015	386200.1	16594.9	9980.3	144434.7	18465.5	3738.2	15296.7	29471.7	5148.7	3981.2	912.5
2016	353530.5	17451.3	7525.0	128756.1	17669.8	3137.7	12986.2	25037.8	3976.5	3789.1	721.8
北 京	3191.0	44.9	0.1	266.7	160.0	1.3	11.5	298.9	49.8	121.3	9.3
天 津	7635.2	247.6	101.9	2187.3	126.8	68.3	615.1	300.4	59.4	125.6	12.6
河 北	22385.8	1371.5	448.6	10832.8	1271.8	7.3	675.9	1740.8	146.5	153.5	62.2
山 西	9665.3	1616.8	789.1	2128.8	751.8	11.2	291.3	593.4	54.7	59.4	8.5
内蒙古	10161.0	772.4	631.5	2133.5	1291.3	111.6	341.7	934.5	57.4	113.9	13.4
辽 宁	3182.0	83.4	87.0	820.7	251.4	2.8	101.1	200.9	32.8	12.0	4.2
吉 林	9948.4	603.5	359.5	4784.1	371.0	150.3	665.6	669.1	107.9	157.0	34.7
黑龙江	8281.8	886.0	316.2	2567.9	235.8	180.8	581.9	582.5	199.7	154.6	59.3
上 海	2955.2	3.1		383.8	114.0	1.5	21.2	487.6	0.8	59.0	0.1
江 苏	33750.9	316.5	57.6	17279.8	926.3	91.8	1325.6	1486.5	332.9	476.5	57.3
浙 江	18832.5	285.3	39.9	5980.6	766.7	7.3	235.3	1232.1	155.2	179.8	55.6
安 徽	15981.5	588.4	157.9	6613.0	598.9	125.8	742.5	889.1	195.4	212.2	50.7
福 建	13194.4	679.0	183.4	4521.4	748.7	48.7	325.1	1209.1	106.1	216.7	39.6
江 西	10606.6	291.0	185.9	5600.0	429.5	42.0	639.1	415.7	189.7	110.0	28.2
山 东	31182.1	897.2	320.9	15425.4	1244.6	668.8	1634.6	1459.7	240.0	152.6	50.6
河 南	22342.1	1491.0	373.3	10422.9	938.3	3.6	771.3	1019.4	201.6	92.8	23.6
湖 北	15424.4	759.1	238.2	5930.6	474.7	261.8	429.7	1360.9	210.0	97.6	17.1
湖 南	16329.0	882.5	379.7	6033.4	557.1	199.4	710.6	876.6	192.3	180.7	58.6
广 东	17075.7	453.7	112.5	6776.6	753.6	36.8	563.7	1266.0	231.6	166.6	14.6
广 西	11350.5	776.7	242.6	4066.2	1017.4	123.4	576.5	832.8	147.0	142.5	50.4
海 南	1334.2	14.5	3.3	26.7	81.8	51.6	15.7	193.8	8.7	12.8	
重 庆	8710.7	303.7	94.6	2771.6	277.7	3.6	126.4	811.5	112.1	22.8	0.9
四 川	18227.7	802.7	515.8	4233.9	986.7	16.5	346.0	2549.1	237.3	238.4	16.3
贵 州	6592.6	286.2	433.7	1317.4	257.0	4.7	135.0	688.7	145.5	28.9	5.4
云 南	8124.8	685.5	222.8	1063.3	494.5	0.6	187.1	880.8	174.3	91.1	5.8
西 藏	691.6	60.6	12.1	29.1	85.4	1.8	9.1	111.0	21.3	10.2	4.4
陕 西	10654.4	1057.4	685.2	1986.6	587.0	19.2	455.7	666.0	163.1	161.2	9.2
甘 肃	5934.2	506.5	120.4	953.9	394.9	753.9	317.1	456.7	138.7	77.4	19.1
青 海	1762.1	123.7	33.7	233.6	282.1	48.0	17.9	331.2	15.5	14.7	1.5
宁 夏	2009.5	135.1	40.2	315.7	355.4	4.4	18.1	203.3	11.8	42.7	0.7
新 疆	6013.6	425.8	337.5	1069.0	837.7	89.2	98.7	289.5	37.2	104.5	7.9
不分地区											

续表

年份/地区	房地产业	租赁和商务服务业	科学研究和技术服务业	水利、环境和公共设施管理业	居民服务、修理和其他服务业	教育	卫生和社会工作	文化、体育和娱乐业	公共管理、社会保障和社会组织	国际组织
2003	7242.0	171.7	146.7	2222.2	43.2	994.5	263.3	219.9	1186.7	0.3
2004	7893.3	160.6	200.4	2406.5	74.4	1209.5	308.5	243.3	1392.4	0.2
2005	10419.3	268.5	196.2	3068.2	75.4	1430.4	391.6	374.7	1550.5	
2006	12968.5	279.0	258.5	3707.0	121.1	1379.6	475.6	473.8	1780.6	0.1
2007	14483.2	383.3	327.8	4390.7	175.6	1573.9	566.8	541.0	1862.9	
2008	18385.7	623.5	437.4	6122.1	244.5	1613.0	683.7	815.2	2253.4	
2009	22553.3	948.4	690.8	9361.2	372.2	2098.2	1055.0	1134.1	2855.7	
2010	27643.0	1323.5	749.9	11959.6	411.6	2364.2	1222.6	1448.1	3111.1	
2011	37294.8	1757.6	1060.4	15238.4	810.5	2864.3	1551.0	1868.3	4069.6	
2012	45705.3	2387.3	1566.3	17571.8	1087.9	3189.0	1761.3	2366.9	4170.8	
2013	53134.0	3208.8	2198.0	23344.2	1414.0	3831.9	2157.4	3347.2	4223.2	
2014	61874.6	5207.1	3072.6	32390.2	1929.4	5095.7	2814.6	3806.5	5351.8	
2015	63883.2	6402.5	3770.2	41168.5	2085.2	6037.7	3828.6	4652.7	6347.2	
2016	59020.2	7322.1	3636.9	41096.9	1958.5	6025.4	3649.4	4308.6	5461.2	
北 京	1597.7	25.4	72.0	247.1	15.6	90.0	24.8	144.1	10.7	
天 津	1553.1	951.0	196.9	792.6	149.2	62.6	30.3	41.2	13.2	
河 北	2232.5	258.3	271.0	1984.0	72.0	269.6	189.5	239.8	158.3	
山 西	1448.1	112.9	77.0	1230.1	38.2	153.0	82.9	153.4	64.5	
内蒙古	897.2	68.0	72.1	2070.7	22.8	137.6	93.3	137.9	260.1	
辽 宁	1067.1	37.1	18.4	307.1	27.7	29.7	23.6	39.7	35.3	
吉 林	537.7	166.8	122.0	640.9	88.3	82.9	111.7	77.4	218.1	
黑龙江	853.2	218.7	184.7	663.8	95.8	153.5	127.0	99.5	120.8	
上 海	1558.7	44.3	11.3	200.5	0.5	49.0	9.3	3.5	6.9	
江 苏	5379.2	1056.5	466.1	2820.5	202.4	404.8	250.1	396.1	424.5	
浙 江	5526.9	417.8	97.3	2929.8	63.2	274.3	120.2	246.1	219.0	
安 徽	2571.8	431.4	208.6	1689.1	85.5	228.9	135.0	145.3	312.0	
福 建	1795.2	212.4	66.7	2217.6	43.9	209.9	116.8	180.9	273.1	
江 西	856.2	214.5	103.8	926.3	92.4	135.2	75.2	107.9	164.0	
山 东	3738.9	714.8	671.7	1860.1	207.4	467.2	295.2	367.1	765.3	
河 南	3258.7	236.7	178.4	2160.3	117.3	363.9	334.3	256.8	97.9	
湖 北	2267.2	390.4	91.1	1990.2	88.6	252.6	171.0	176.2	217.3	
湖 南	2026.9	379.4	233.3	2316.9	101.6	335.0	237.0	268.4	359.7	
广 东	4013.3	245.7	74.8	1635.4	36.9	309.5	118.8	172.3	93.3	
广 西	865.9	292.6	109.5	1243.0	76.4	324.7	153.2	122.3	187.5	
海 南	811.5	10.0	1.9	47.2	4.8	27.8	9.1	6.9	6.2	
重 庆	2064.5	161.9	15.1	1617.8	20.1	133.8	87.4	45.2	40.0	
四 川	4239.4	204.4	65.6	2661.1	50.3	408.7	276.8	169.9	208.8	
贵 州	1271.0	129.0	13.5	1431.5	32.1	161.7	73.1	157.9	20.2	
云 南	2277.7	21.9	10.4	1123.7	19.9	298.8	105.8	94.7	366.2	
西 藏	94.6	7.9	6.3	92.0	5.5	29.7	12.6	10.6	87.4	
陕 西	1737.9	137.1	105.6	2038.7	78.7	220.9	107.0	171.0	180.0	
甘 肃	658.2	66.1	49.1	754.4	86.3	172.7	89.9	162.8	156.2	
青 海	230.5	44.0	7.0	189.1	2.6	41.2	13.7	25.4	106.7	
宁 夏	478.0	14.3	12.8	221.7	14.4	53.5	29.4	35.7	22.2	
新 疆	1111.4	50.7	23.2	993.6	17.9	136.7	65.3	51.9	265.8	
不分地区										

2–11 固定资产投资（不含农户）施工、投产项目个数

年份/地区	施工项目（个）	新开工项目（个）	全部建成投产项目（个）	项目建成投产率（%）
1995	169163	103305	102115	60.4
2000	170430	113225	103749	60.9
2005	261535	190755	148753	56.9
2006	283920	203963	162383	57.2
2007	326204	231531	187525	57.5
2008	359213	257075	220418	61.4
2009	451262	339795	288033	63.8
2010	463608	329321	289585	62.5
2011	471376	327348	298499	63.3
2012	462633	323062	286605	62.0
2013	520732	363492	331781	63.7
2014	585093	413004	399808	68.3
2015	663683	494602	490964	74.0
2016	788959	616496	540462	68.5
北 京	3534	1464	1284	36.3
天 津	15786	14293	10365	65.7
河 北	23995	19234	17932	74.7
山 西	23317	19716	18236	78.2
内蒙古	22813	19653	18738	82.1
辽 宁	6735	4151	3043	45.2
吉 林	20533	18546	16629	81.0
黑龙江	19149	16743	15198	79.4
上 海	3112	1536	924	29.7
江 苏	60525	50197	47600	78.7
浙 江	50257	36582	32167	64.0
安 徽	42281	34738	27221	64.4
福 建	32878	26796	22001	66.9
江 西	21587	15295	14239	66.0
山 东	56605	43765	42816	75.6
河 南	24602	17959	16409	66.7
湖 北	29367	21863	19430	66.2
湖 南	49962	40912	33188	66.4
广 东	44599	32056	29103	65.3
广 西	46742	37521	33647	72.0

续表

年份/地区	施工项目(个)	新开工项目(个)	全部建成投产项目(个)	项目建成投产率(%)
海南	2400	1195	727	30.3
重庆	18602	13768	9984	53.7
四川	45518	32274	26741	58.8
贵州	9013	6115	5662	62.8
云南	33327	26020	21539	64.6
西藏	4254	3163	2359	55.5
陕西	26447	21214	17550	66.4
甘肃	22155	18006	15865	71.6
青海	5445	3694	3389	62.2
宁夏	4216	3143	2878	68.3
新疆	19123	14869	13598	71.1
不分地区	80	15		

注：本表不含房地产投资。

2-12 固定资产投资(不含农户)按行业分施工、投产项目个数（2016年）

行业	施工项目(个)	新开工项目(个)	全部建成投产项目(个)	项目建成投产率(%)
全国总计	788959	616496	540462	68.5
农、林、牧、渔业	62660	52628	46703	74.5
农业	25877	21732	18851	72.9
林业	5879	4926	4547	77.3
畜牧业	15501	13224	11625	75.0
渔业	2871	2378	2105	73.3
农、林、牧、渔服务业	12532	10368	9575	76.4
采矿业	14599	11537	10752	73.7
煤炭开采和洗选业	4467	3490	3233	72.4
石油和天然气开采业	809	670	609	75.3
黑色金属矿采选业	1491	1161	1125	75.5
有色金属矿采选业	2033	1588	1402	69.0
非金属矿采选业	4912	3880	3743	76.2
开采辅助活动	702	601	507	72.2
其他采矿业	185	147	133	71.9

续表

行 业	施 工 项 目（个）	新开工项目（个）	全部建成投产项目（个）	项目建成投产率（%）
制造业	280771	223097	200653	71.5
农副食品加工业	22514	18378	16134	71.7
食品制造业	9565	7676	6790	71.0
酒、饮料和精制茶制造业	7169	5496	4984	69.5
烟草制品业	234	140	122	52.1
纺织业	11621	9689	9019	77.6
纺织服装、服饰业	9153	7457	6874	75.1
皮革、毛皮、羽毛及其制品和制鞋业	4566	3745	3404	74.6
木材加工和木、竹、藤、棕、草制品业	9879	8345	7553	76.5
家具制造业	5724	4526	4189	73.2
造纸及纸制品业	4817	3894	3521	73.1
印刷和记录媒介复制业	3604	2961	2689	74.6
文教、工美、体育和娱乐用品制造业	5036	4075	3724	74.0
石油加工、炼焦及核燃料加工业	1915	1410	1227	64.1
化学原料及化学制品制造业	17832	13871	12602	70.7
医药制造业	7270	5158	4496	61.8
化学纤维制造业	1044	798	718	68.8
橡胶和塑料制品业	12420	10138	9064	73.0
非金属矿物制品业	29752	23784	22070	74.2
黑色金属冶炼和压延加工业	4684	3630	3310	70.7
有色金属冶炼和压延加工业	4837	3668	3323	68.7
金属制品业	16670	13520	12426	74.5
通用设备制造业	21443	17402	15818	73.8
专用设备制造业	18201	14343	12933	71.1
汽车制造业	12666	9542	7960	62.9
铁路、船舶、航空航天和其他运输设备制造业	3350	2583	2234	66.7
电气机械和器材制造业	16475	12838	11367	69.0
计算机、通信和其他电子设备制造业	9645	7127	6080	63.0
仪器仪表制造业	2634	2082	1765	67.0
其他制造业	3425	2710	2370	69.2

续表

行 业	施工项目（个）	新开工项目（个）	全部建成投产项目（个）	项目建成投产率（%）
废弃资源综合利用业	2103	1682	1522	72.4
金属制品、机械和设备修理业	523	429	365	69.8
电力、热力、燃气及水生产和供应业	34356	24476	21754	63.3
电力、热力生产和供应业	20242	14127	12738	62.9
燃气生产和供应业	3624	2673	2302	63.5
水的生产和供应业	10490	7676	6714	64.0
建筑业	11596	9702	8215	70.8
房屋建筑业	3761	3071	2715	72.2
土木工程建筑业	5696	4749	3970	69.7
建筑安装业	646	581	450	69.7
建筑装饰和其他建筑业	1493	1301	1080	72.3
批发和零售业	35441	29712	26361	74.4
批发业	17920	15279	13400	74.8
零售业	17521	14433	12961	74.0
交通运输、仓储和邮政业	55407	40692	34970	63.1
铁路运输业	933	471	400	42.9
道路运输业	42146	31425	26970	64.0
水上运输业	1395	765	673	48.2
航空运输业	376	184	132	35.1
管道运输业	357	235	232	65.0
装卸搬运和运输代理业	1345	994	823	61.2
仓储业	8497	6339	5523	65.0
邮政业	358	279	217	60.6
住宿和餐饮业	12244	9661	8667	70.8
住宿业	7376	5518	4857	65.9
餐饮业	4868	4143	3810	78.3
信息传输、软件和信息技术服务业	8742	7087	5561	63.6
电信、广播电视和卫星传输服务	3257	2553	2018	62.0
互联网和相关服务	1536	1317	1025	66.7
软件和信息技术服务业	3949	3217	2518	63.8
金融业	1941	1474	1279	65.9
货币金融服务	1059	775	703	66.4
资本市场服务	523	422	331	63.3
保险业	125	93	84	67.2
其他金融业	234	184	161	68.8

续表

行 业	施 工 项 目 (个)	新开工项目 (个)	全部建成投产项目 (个)	项目建成投产率 (%)
房地产业	42902	30818	26370	61.5
租赁和商务服务业	14788	11628	9430	63.8
租赁业	900	804	646	71.8
商务服务业	13888	10824	8784	63.3
科学研究和技术服务业	9165	7280	6137	67.0
研究和试验发展	1837	1288	1088	59.2
专业技术服务业	3684	2948	2532	68.7
科技推广和应用服务业	3644	3044	2517	69.1
水利、环境和公共设施管理业	127597	98312	82342	64.5
水利管理业	20698	15479	13634	65.9
生态保护和环境治理业	6283	4882	4154	66.1
公共设施管理业	100616	77951	64554	64.2
居民服务、修理和其他服务业	6477	5398	4855	75.0
居民服务业	3488	2851	2475	71.0
机动车、电子产品和日用产品修理业	1661	1408	1319	79.4
其他服务业	1328	1139	1061	79.9
教育	23878	17617	15812	66.2
卫生和社会工作	12257	8760	7589	61.9
卫生	8313	5746	5059	60.9
社会工作	3944	3014	2530	64.2
文化、体育和娱乐业	12994	9991	8392	64.6
新闻和出版业	120	70	59	49.2
广播、电视、电影和影视录音制作业	905	707	617	68.2
文化艺术业	6311	4751	4043	64.1
体育	2705	2147	1685	62.3
娱乐业	2953	2316	1988	67.3
公共管理、社会保障和社会组织	21144	16626	14620	69.1
中国共产党机关	110	93	83	75.5
国家机构	13094	9833	8823	67.4
人民政协、民主党派	17	14	10	58.8
社会保障	729	565	487	66.8
群众团体、社会团体和其他成员组织	1330	1011	934	70.2
基层群众自治组织	5864	5110	4283	73.0
国际组织				

注：本表不含房地产投资。

2-13　城市公用事业基本情况

项　目	1990	1995	2000	2010	2015	2016
城市建设						
城区面积 (平方公里)	1165970	1171698	878015	178692	191776	198179
建成区面积 (平方公里)	12856	19264	22439	40058	52102	54331
城市建设用地面积 (平方公里)	11608	22064	22114	39758	51584	52761
城市人口密度 (人/平方公里)	279	322	442	2209	2399	2408
城市供水、燃气及集中供热						
全年供水总量 (亿立方米)	382.3	481.6	469.0	507.9	560.5	580.7
#生活用水	100.1	158.1	200.0	238.8	287.3	303.1
人均生活用水 (吨)	67.9	71.3	95.5	62.6	63.7	64.6
用水普及率 (%)	48.0	58.7	63.9	96.7	98.1	98.4
人工煤气供气量 (亿立方米)	174.7	126.7	152.4	279.9	47.1	44.1
#家庭用量	27.4	45.7	63.1	26.9	10.8	10.9
天然气供气量 (亿立方米)	64.2	67.3	82.1	487.6	1040.8	1171.7
#家庭用量	11.6	16.4	24.8	117.2	208.0	286.4
液化石油气供气量 (万吨)	219.0	488.7	1053.7	1268.0	1039.2	1078.8
#家庭用量	142.8	370.2	532.3	633.9	587.1	573.9
供气管道长度 (万公里)	2.4	4.4	8.9	30.9	52.8	57.8
燃气普及率 (%)	19.1	34.3	45.4	92.0	95.3	95.8
集中供热面积 (亿平方米)	2.1	6.5	11.1	43.6	67.2	73.9
城市市政设施						
年末实有道路长度 (万公里)	9.5	13.0	16.0	29.4	36.5	38.2
每万人拥有道路长度 (公里)	3.1	3.8	4.1	7.5	7.9	8.0
年末实有道路面积 (亿平方米)	10.2	16.5	23.8	52.1	71.8	75.4
人均拥有道路面积 (平方米)	3.1	4.4	6.1	13.2	15.6	15.8
城市排水管道长度 (万公里)	5.8	11.0	14.2	37.0	54.0	57.7
城市公共交通						
年末公共交通车辆运营数 (万辆)	6.2	13.7	22.6	38.3	50.3	53.9
每万人拥有公交车辆 (标台)	2.2	3.6	5.3	11.2	13.3	13.8
出租汽车数 (万辆)	11.1	50.4	82.5	98.6	109.2	110.3
城市绿化和园林						
城市绿地面积 (万公顷)	47.5	67.8	86.5	213.4	267.0	278.6
人均公园绿地面积 (平方米)	1.8	2.5	3.7	11.2	13.3	13.7
公园个数 (个)	1970	3619	4455	9955	13834	15370
公园面积 (万公顷)	3.9	7.3	8.2	25.8	38.4	41.7
城市环境卫生						
生活垃圾清运量 (万吨)	6767	10671	11819	15805	19142	20362
粪便清运量 (万吨)	2385	3066	2829	1951	1437	1299
每万人拥有公厕 (座)	3.0	3.0	2.7	3.0	2.7	2.7

注：1.2006年以前"城区面积"为"城市面积"。

2.计算人均和普及率指标所使用的人口数2006年以前为城市人口，2006年起为城区人口与城区暂住人口之和，以公安部门的户籍统计和暂住人口统计为准。

2–14 分地区城市建设情况（2016年）

地区	城区面积(平方公里)	建成区面积(平方公里)	城市建设用地面积(平方公里)	本年征用土地面积(平方公里)	城市人口密度(人/平方公里)
全 国	198178.6	54331.5	52761.3	1713.6	2408
北 京	16410.0	1419.7	1463.8	15.7	1145
天 津	2583.3	1007.9	961.7	20.3	3639
河 北	6613.4	2056.5	1944.9	50.4	2659
山 西	2893.3	1157.6	1129.0	19.5	3908
内蒙古	4871.7	1241.6	1146.9	28.4	1822
辽 宁	15148.1	2798.2	2718.2	28.2	1485
吉 林	5111.5	1425.8	1379.5	68.1	2231
黑龙江	2735.6	1810.2	1821.8	17.7	5244
上 海	6340.5	998.8	1913.3	24.5	3816
江 苏	15277.6	4299.3	4367.4	155.6	2057
浙 江	11311.8	2673.3	2573.4	100.0	2059
安 徽	6100.4	2001.7	1959.7	130.2	2487
福 建	4440.9	1469.2	1365.6	90.1	2758
江 西	2369.3	1371.0	1279.3	60.6	4613
山 东	22424.2	4795.5	4540.0	114.1	1502
河 南	4822.8	2544.3	2424.6	28.2	5056
湖 北	8334.2	2248.9	2111.8	90.6	2475
湖 南	4373.1	1625.6	1511.1	61.7	3523
广 东	17086.3	5808.1	5266.6	126.9	3193
广 西	5752.0	1333.8	1292.6	118.0	1891
海 南	1428.2	321.0	302.1	3.6	2050
重 庆	7438.5	1350.7	1179.6	91.3	1953
四 川	7872.7	2615.6	2468.5	79.3	2901
贵 州	3104.8	844.6	776.9	33.8	2182
云 南	3127.7	1131.3	1027.2	34.7	2995
西 藏	449.8	145.2	186.8	5.1	2624
陕 西	2334.8	1127.4	1096.3	44.2	4240
甘 肃	1580.1	870.4	806.0	37.2	4076
青 海	688.2	197.4	176.0	3.3	2710
宁 夏	2119.2	441.8	384.1	9.5	1343
新 疆	3034.9	1199.4	1187.0	23.2	2456

2–15 分地区城市供水情况（2016年）

地区	年末供水综合生产能力(万立方米/日)	年末供水管道长度(公里)	全年供水总量(万立方米)	生活用水	生产用水	用水人口(万人)	人均日生活用水量(升)
全国	30320.7	756623	5806911	3031376	1606911	46958.4	176.9
北京	2452.5	27927	191371	131954	28215	2088.5	173.1
天津	454.6	18249	87040	39104	30989	940.1	114.0
河北	814.6	19025	168877	84305	57957	1749.8	132.0
山西	494.4	11378	89141	46933	32775	1122.8	114.5
内蒙古	422.8	9486	77592	33163	26135	878.4	103.4
辽宁	1238.3	39313	265148	118880	77677	2226.8	146.3
吉林	631.0	11360	105306	48402	25671	1065.1	124.5
黑龙江	806.9	14491	142260	59768	49775	1395.1	117.4
上海	1152.0	36642	320385	177385	50415	2419.7	200.9
江苏	3369.7	83470	533098	246698	201351	3138.0	215.4
浙江	1833.5	60406	329034	159059	122200	2328.2	187.2
安徽	1111.6	25535	186543	98979	51844	1505.0	180.2
福建	737.0	18824	164603	85224	34464	1219.2	191.5
江西	494.3	16916	119865	66785	20271	1067.7	171.4
山东	1807.8	50553	373322	162959	155395	3360.8	132.8
河南	1180.3	22234	203936	96130	61084	2278.0	115.6
湖北	1467.4	33725	293887	152463	79792	2045.0	204.3
湖南	1014.2	24377	215427	118195	39800	1491.4	217.1
广东	3971.7	102718	870036	480617	210933	5349.5	246.1
广西	684.7	17493	176719	99436	51263	1062.6	256.4
海南	156.2	4203	44211	26340	5191	285.2	253.1
重庆	566.1	16629	128327	78096	28933	1411.4	151.6
四川	1056.6	37830	246981	166544	39966	2125.8	214.6
贵州	290.0	11215	65624	40839	11128	650.6	172.0
云南	394.8	12714	86890	43627	21141	905.6	132.0
西藏	81.4	1341	16815	10687	2613	79.8	367.0
陕西	445.2	8552	104174	55022	32490	946.5	159.3
甘肃	342.2	5319	48671	28840	13564	630.7	125.3
青海	97.4	2465	25387	11498	8630	185.0	170.3
宁夏	160.8	2532	33184	18482	9895	269.7	187.8
新疆	590.8	9701	93059	44964	25354	736.8	167.2

2–16 分地区城市燃气情况（2016年）

地 区	人工煤气生产能力(万立方米/日)	管道长度(公里) 人工煤气	天然气	液化石油气	全年供气总量 人工煤气(万立方米)	天然气(万立方米)	液化石油气(吨)	用气人口(万人) 人工煤气	天然气	液化石油气
全 国	1456.5	18513	551031	8716	440944	11717186	10788042	1085.2	30855.6	13743.8
北 京			23575	405		1622393	500213		1447.3	432.3
天 津			18671			341705	55954		890.9	49.2
河 北	88.1	2494	21894	276	73300	366439	170737	67.3	1373.5	297.7
山 西	50.5	1268	12387	145	30742	261057	33614	61.6	952.4	93.2
内蒙古		520	8863	73	6800	152198	69198	15.8	587.1	239.3
辽 宁	317.0	5661	15979	641	48835	204093	492499	506.3	1154.7	500.7
吉 林	8.1	336	9309	79	3868	130251	177927	42.8	674.4	343.2
黑龙江	115.0	393	8574	28	6832	121539	197456	57.8	801.6	383.8
上 海			29554	263		770332	397885		1621.3	798.4
江 苏			66599	298		962542	515611		2505.6	622.3
浙 江	1.8	112	32541	2705	421	386397	759710	4.3	1170.4	1153.0
安 徽			21308	262		285424	731114		1264.0	223.6
福 建	8.0	335	8486	213	3000	159641	277437	21.1	491.4	678.2
江 西	49.0	1072	10611	102	19362	90645	242942	11.0	537.6	493.1
山 东			47887	159		675242	343724		2722.7	629.0
河 南	224.5	241	21183	12	40302	366133	215099	3.4	1652.3	512.6
湖 北			27922	287		377102	347891		1413.6	573.2
湖 南		486	12892	27	3032	225562	243865	34.5	888.0	514.6
广 东			28700	2008		1662579	3901892		2043.1	3272.3
广 西	10.6	463	4966		4428	48713	255863	42.0	423.3	577.2
海 南			2671			23611	82559		169.6	115.4
重 庆			21847			384521	81603		1296.4	100.0
四 川	511.0	622	46267	439	166428	688686	174570	51.8	1909.8	134.7
贵 州	6.0	775	4662	139	2705	39822	94902	31.0	270.5	278.9
云 南	10.0	3291	5582	81	27293	16799	207073	114.8	256.3	366.8
西 藏			1677	1		1346	66661		26.0	36.6
陕 西			14185	0		342797	24423		876.5	60.6
甘 肃	10.8	385	2492		1845	168571	49611	14.6	404.2	149.0
青 海			1297			136733	6763		144.1	19.2
宁 夏			5057			214980	9145		216.4	41.7
新 疆	46.0	61	13395	75	1752	489334	60103	5.0	670.5	54.0

2–17 分地区城市集中供热情况（2016年）

地 区	供热能力 蒸 汽 (吨/小时)	热 水 (兆瓦)	供热总量 蒸 汽 (万吉焦)	热 水 (万吉焦)	管道长度 蒸 汽 (公里)	热 水 (公里)	供热面积 (万平方米)
全 国	78307	493254	41501	318044	12180	201389	738663
北 京	300	42951	166	37568	44	13545	61136
天 津	3348	26312	1257	13634	328	21823	41833
河 北	7944	35556	4463	23680	1241	12191	68067
山 西	1262	27389	1044	16529	300	9762	57432
内蒙古	342	41988	184	30638	28	10718	50537
辽 宁	12915	74373	7340	51245	2923	35207	108760
吉 林	1453	42992	990	24395	107	18879	51864
黑龙江	4949	47511	2286	38181	362	18536	67781
上 海							
江 苏							
浙 江							
安 徽	4393	142	1490	36	660	15	2891
福 建							
江 西							
山 东	24690	53700	12925	32782	2886	35628	107113
河 南	6477	16446	3379	7132	1507	4029	26506
湖 北	2286		1392		401		1797
湖 南							
广 东							
广 西							
海 南							
重 庆							
四 川							
贵 州		35		10		36	49
云 南							
西 藏	14		14		34		22
陕 西	3742	23027	2183	8090	325	2114	27010
甘 肃	26	15441	8	10251	24	4409	17435
青 海		348		290		179	462
宁 夏	1795	8286	1022	4534	845	3361	11011
新 疆	2372	36758	1359	18449	166	10960	36050

2-18 分地区城市市政设施（2016）

地区	年末实有道路长度(公里)	年末实有道路面积(万平方米)	城市桥梁(座)	城市排水管道长度(公里)	城市污水日处理能力(万立方米)	城市道路照明灯(千盏)
全国	382454	753819	67737	576617	16779.2	25623.3
北京	8086	14316	2282	16901	630.9	300.6
天津	7888	14466	987	20951	291.5	353.1
河北	14418	33252	1470	17954	607.0	753.1
山西	7671	16705	1124	8169	257.9	543.3
内蒙古	9728	20808	382	12971	245.5	756.6
辽宁	16394	29277	1862	18275	831.4	1282.6
吉林	10669	17084	861	8445	318.7	527.9
黑龙江	12750	19667	1121	10722	758.2	646.0
上海	5129	10582	2596	19508	806.9	559.1
江苏	44999	79733	15117	72823	1742.9	3510.4
浙江	21215	41286	10633	40550	1001.8	1526.3
安徽	14154	33100	1748	26388	507.7	1015.0
福建	8656	17657	1841	14329	382.8	723.3
江西	8977	18936	850	13326	259.9	686.7
山东	40685	83011	5481	56796	1069.9	1869.8
河南	13140	31621	1421	21376	679.7	897.5
湖北	18622	33293	1972	23922	687.7	746.9
湖南	12292	22477	894	13846	613.1	697.2
广东	38930	71204	6319	56323	2039.1	2596.8
广西	8585	18555	896	11480	718.0	677.3
海南	2503	5195	200	4192	90.9	173.7
重庆	8498	17776	1663	15553	289.7	569.6
四川	14835	31352	2355	26486	609.5	1189.1
贵州	4022	8208	714	6060	183.9	473.6
云南	5995	14768	731	13133	250.9	514.8
西藏	1134	1986	18	1422	25.9	60.2
陕西	6783	15265	764	8678	348.0	653.9
甘肃	4668	9933	587	5802	131.7	306.9
青海	1019	2059	144	1744	51.8	122.1
宁夏	2214	6578	193	1626	91.0	258.3
新疆	7791	13673	511	6864	255.3	631.5

2-19 分地区城市公共交通情况（2016）

地区	年末公共交通车辆运营数(辆)	公共汽、电车	轨道交通	运营线路总长度(公里)	公共汽、电车	轨道交通	公共交通客运总量(万人次)	公共汽、电车	轨道交通	出租汽车（辆）
全国	538842	515051	23791	729418	725690	3728	8441316	6826235	1615081	1102563
北京	27892	22688	5204	20392	19818	574	734953	369019	365934	68484
天津	13655	12699	956	17932	17757	175	180790	149935	30855	31940
河北	21479	21479		26077	26077		186048	186048		53034
山西	8895	8895		13813	13813		126350	126350		30690
内蒙古	8000	8000		16495	16495		114588	114588		45499
辽宁	22950	22046	904	26222	26001	221	424262	379069	45193	80743
吉林	11670	11272	398	13267	13203	64	171369	163291	8078	56413
黑龙江	16939	16861	78	20256	20239	17	253420	246570	6850	64158
上海	20718	16693	4025	24787	24169	618	579218	239112	340106	47271
江苏	41131	39147	1984	62726	62333	393	551021	443998	107023	53376
浙江	32551	31651	900	70040	69884	156	383041	346196	36845	37781
安徽	14605	14473	132	14785	14760	25	186678	186608	70	39199
福建	16238	16094	144	23563	23554	9	220573	220394	179	21727
江西	8136	7974	162	14311	14282	29	115528	107570	7958	13712
山东	47419	47268	151	82149	82116	33	391136	390015	1121	61314
河南	22955	22697	258	20840	20794	46	253910	241534	12376	46598
湖北	20915	19809	1106	18826	18646	180	390223	318564	71659	36415
湖南	19363	19018	345	17779	17710	69	275146	259113	16033	26173
广东	63670	59584	4086	102707	102075	632	1078618	689654	388964	68504
广西	9093	8949	144	13143	13111	32	118481	117839	642	17337
海南	3080	3080		5866	5866		43803	43803		6683
重庆	12810	11832	978	14565	14352	213	319626	250283	69343	21100
四川	23583	22617	966	24910	24804	106	406466	350249	56217	33394
贵州	6565	6565		8656	8656		155528	155528		19021
云南	11166	10926	240	20821	20775	46	156646	147825	8821	19130
西藏	580	580		1035	1035		8688	8688		1882
陕西	12606	12066	630	10542	10453	89	269406	228590	40816	24458
甘肃	5233	5233		6429	6429		114549	114549		23395
青海	2248	2248		3039	3039		37768	37768		8344
宁夏	3357	3357		5019	5019		41898	41898		12504
新疆	9250	9250		8429	8429		151588	151588		32284

2-20 分地区城市绿地和园林（2016）

地区	城市绿地面积(公顷)	公园绿地	公园(个)	公园面积(公顷)	建成区绿化覆盖率(%)
全国	2786080	653555	15370	416881	40.3
北京	82113	30069	297	30069	48.4
天津	33398	9959	115	2211	37.2
河北	85426	25160	615	19022	40.8
山西	42986	13411	295	10395	40.5
内蒙古	65552	17541	265	13821	39.9
辽宁	116601	25500	439	14595	36.4
吉林	46595	15244	232	6957	35.0
黑龙江	77048	17083	359	9816	35.4
上海	128847	18957	217	2655	38.6
江苏	281855	46476	1074	29076	42.9
浙江	154314	30675	1197	18213	41.0
安徽	98555	21265	392	12670	41.7
福建	67248	16017	590	12426	43.3
江西	56768	15475	408	9467	43.6
山东	225794	60336	920	36771	42.3
河南	95410	25429	344	11877	39.3
湖北	82242	22681	374	12890	37.6
湖南	61453	16292	313	11975	40.6
广东	452666	97514	3986	74092	42.4
广西	84484	12799	239	8928	37.6
海南	15265	3518	84	2103	40.3
重庆	59758	24505	397	12620	40.8
四川	100557	28479	561	15762	39.9
贵州	40808	10150	133	7963	36.8
云南	43101	10611	751	8179	37.8
西藏	6224	926	81	978	32.6
陕西	58679	12178	229	6116	40.1
甘肃	26339	8976	131	5752	31.5
青海	6151	2011	44	1365	31.1
宁夏	25088	5209	77	2485	40.4
新疆	64755	9110	211	5633	38.5

注：公园绿地面积包括综合公园、社区公园、专类公园、带状公园和街旁绿地。

2-21 分地区城市设施水平（2016）

地 区	城市用水普及率(%)	城市燃气普及率(%)	每万人拥有公共交通车辆(标台)	人均城市道路面积(平方米)	人均公园绿地面积(平方米)	每万人拥有公共厕所(座)
全 国	98.42	95.75	13.84	15.80	13.70	2.72
北 京	100.00	100.00	24.31	7.62	16.01	2.87
天 津	100.00	100.00	18.09	15.39	10.59	1.44
河 北	99.52	98.88	13.68	18.91	14.31	3.15
山 西	99.29	97.92	9.42	14.77	11.86	3.14
内蒙古	98.98	94.90	10.26	23.45	19.77	4.69
辽 宁	98.96	96.07	12.91	13.01	11.33	2.40
吉 林	93.40	93.00	10.26	14.98	13.37	3.14
黑龙江	97.25	86.66	13.58	13.71	11.91	4.28
上 海	100.00	100.00	12.70	4.37	7.83	2.57
江 苏	99.86	99.54	16.57	25.37	14.79	3.86
浙 江	99.97	99.95	16.27	17.73	13.17	3.50
安 徽	99.20	98.05	11.95	21.82	14.02	2.25
福 建	99.52	97.21	15.26	14.41	13.08	2.15
江 西	97.69	95.31	8.86	17.33	14.16	1.90
山 东	99.78	99.51	15.88	24.65	17.91	2.04
河 南	93.42	88.93	10.88	12.97	10.43	3.25
湖 北	99.12	96.30	12.76	16.14	10.99	2.64
湖 南	96.81	93.28	15.13	14.59	10.57	2.32
广 东	98.06	97.43	14.20	13.05	17.87	1.95
广 西	97.70	95.85	9.77	17.06	11.77	1.38
海 南	97.41	97.34	11.35	17.75	12.02	2.44
重 庆	97.13	96.11	10.70	12.23	16.86	2.43
四 川	93.07	91.78	12.90	13.73	12.47	2.18
贵 州	96.03	85.66	11.36	12.11	14.98	2.01
云 南	96.66	78.78	13.17	15.76	11.33	3.46
西 藏	67.57	52.99	6.20	16.82	7.84	2.69
陕 西	95.61	94.66	16.01	15.42	12.30	4.47
甘 肃	97.03	88.15	9.16	15.42	13.94	2.58
青 海	99.21	87.55	14.49	11.04	10.78	3.74
宁 夏	94.75	90.69	13.47	23.11	18.30	2.62
新 疆	98.86	97.89	15.24	18.35	12.22	3.28

注：人均和普及率指标按城区人口与暂住人口之和计算，以公安部门的户籍统计和暂住人口统计为准。

2-22 分地区县城市政公用设施水平(2016年)

地 区	人口密度(人/平方公里)	人均日生活用水量(升)	用水普及率(%)	燃气普及率(%)	建成区供水管道密度(公里/平方公里)	人均道路面积(平方米)	建成区排水管道密度(公里/平方公里)
全 国	2127	119.43	90.50	78.19	10.86	16.41	8.83
北 京							
天 津							
河 北	2426	107.40	97.05	90.29	9.69	22.38	8.00
山 西	2920	83.72	98.18	79.23	11.56	15.74	9.38
内蒙古	932	83.78	96.20	83.31	10.33	26.43	7.75
辽 宁	1843	93.70	86.47	72.90	13.11	10.98	6.05
吉 林	3029	105.80	73.18	72.79	11.21	9.45	6.76
黑龙江	2724	85.04	82.22	52.48	9.87	12.50	5.60
上 海							
江 苏	1991	133.33	99.50	99.34	16.84	20.11	12.10
浙 江	884	178.11	99.96	98.80	24.85	21.00	15.81
安 徽	1701	127.33	92.94	86.04	12.24	20.91	11.44
福 建	2448	174.48	98.12	96.73	12.39	14.74	11.02
江 西	4921	116.62	94.97	88.62	11.09	18.66	10.65
山 东	1333	129.21	98.54	95.43	7.65	22.56	9.72
河 南	2531	114.20	74.32	53.66	6.58	14.63	8.06
湖 北	3002	132.37	92.91	85.85	9.36	16.60	7.89
湖 南	4367	128.86	86.08	76.12	12.04	12.49	9.33
广 东	1667	160.49	90.49	85.82	16.36	11.08	6.53
广 西	2392	152.75	93.73	84.09	11.01	14.49	9.90
海 南	3181	167.10	93.17	90.60	9.90	23.58	5.21
重 庆	2643	108.70	96.25	92.92	14.64	8.70	13.69
四 川	1353	124.79	82.20	77.54	10.94	10.44	7.85
贵 州	2616	101.15	89.01	55.99	8.38	12.47	5.29
云 南	3306	108.42	90.43	52.32	13.07	13.21	11.07
西 藏	1888	313.65	52.92	30.62	6.91	12.51	4.46
陕 西	3848	90.88	91.56	77.34	7.03	14.35	7.18
甘 肃	5152	65.73	92.04	57.28	8.87	13.21	6.72
青 海	2000	98.30	95.92	53.41	10.11	16.67	6.73
宁 夏	3141	100.81	94.46	69.77	8.31	27.95	7.79
新 疆	3084	119.36	93.81	86.17	10.59	20.55	6.45

续表

地区	污水处理率(%)	污水处理厂集中处理率	人均公园绿地面积(平方米)	建成区绿化覆盖率(%)	建成区绿地率(%)	生活垃圾处理率(%)	生活垃圾无害化处理率
全国	87.38	85.80	11.05	32.53	28.74	93.01	85.22
北京							
天津							
河北	95.03	94.43	11.90	37.86	33.72	96.89	92.48
山西	89.41	89.41	11.22	37.82	33.30	79.73	75.53
内蒙古	93.02	93.02	19.82	34.45	31.73	96.89	96.89
辽宁	91.53	91.53	9.15	18.53	16.24	88.96	84.60
吉林	81.47	81.47	8.52	24.08	19.56	76.74	60.88
黑龙江	90.65	88.62	11.14	21.09	17.44	63.90	38.90
上海							
江苏	84.63	80.59	12.22	41.23	38.72	100.00	100.00
浙江	90.27	87.78	13.76	39.77	35.99	100.00	99.89
安徽	92.09	90.96	11.78	34.84	30.90	98.45	90.21
福建	86.83	86.74	14.15	41.82	38.52	97.58	92.83
江西	82.72	82.72	14.46	40.56	36.80	99.79	73.22
山东	95.36	95.29	15.01	38.46	33.81	99.59	99.59
河南	88.48	88.48	7.27	23.03	19.64	86.98	86.98
湖北	88.22	83.24	9.94	30.84	27.28	88.52	72.83
湖南	92.63	90.82	9.80	37.45	32.22	99.16	99.16
广东	85.40	82.82	11.68	30.44	27.65	95.35	87.63
广西	88.27	82.58	9.49	31.27	27.42	97.80	95.98
海南	80.34	80.34	9.78	34.27	29.78	99.68	99.68
重庆	94.74	94.74	11.14	40.98	36.69	100.00	100.00
四川	71.19	67.40	9.82	31.94	27.44	91.20	83.00
贵州	80.60	80.60	7.69	21.87	19.41	81.52	81.12
云南	79.94	79.94	8.71	30.66	26.84	89.03	76.30
西藏	12.63	12.63	4.86	4.81	3.94	74.03	74.03
陕西	87.62	87.62	9.89	33.05	28.73	95.38	91.14
甘肃	85.36	85.36	7.73	19.20	14.88	97.37	74.93
青海	60.06	60.06	3.85	16.02	11.98	93.71	66.89
宁夏	92.21	73.44	16.16	33.82	30.44	97.58	97.58
新疆	76.92	70.58	11.36	31.99	29.09	92.16	42.95

2–23 分地区建制镇市政公用设施水平（2016）

地 区	人口密度(人/平方公里)	人均日生活用水量(升)	用水普及率(%)	燃气普及率(%)	人均道路面积(平方米)	排水管道暗渠密度(公里/平方公里)	人均公园绿地面积(平方米)	绿化覆盖率(%)	绿地率(%)
全 国	4902	99.01	83.86	49.52	12.84	6.28	2.46	16.85	9.43
北 京	3652	110.68	77.38	48.50	14.20	5.28	4.51	19.59	13.07
天 津	4468	90.24	93.80	69.32	14.79	5.78	0.87	19.71	7.94
河 北	4204	72.10	83.37	40.07	9.33	2.76	0.46	10.98	4.45
山 西	4970	76.78	88.01	18.42	12.82	5.13	0.80	20.09	7.84
内蒙古	2929	67.21	70.74	19.49	16.84	2.75	1.69	11.99	6.27
辽 宁	3642	88.16	74.69	34.69	13.55	4.65	0.86	14.77	3.86
吉 林	3764	80.92	74.61	21.42	10.84	2.22	0.56	6.65	2.20
黑龙江	3666	67.19	84.14	18.54	16.10	2.56	1.23	5.56	2.59
上 海	5318	138.93	92.85	84.01	9.38	4.57	2.04	15.79	10.44
江 苏	5858	106.51	97.94	90.18	18.18	11.55	6.68	29.42	22.20
浙 江	4918	126.83	81.07	54.54	13.71	7.91	2.25	15.56	10.14
安 徽	4743	102.76	72.83	45.51	12.06	6.58	2.18	19.52	11.23
福 建	5765	117.30	89.51	68.90	13.64	6.96	7.26	26.43	16.74
江 西	4906	94.80	69.30	34.13	10.53	5.70	1.30	9.86	5.34
山 东	4748	77.28	93.95	68.83	18.67	8.67	5.32	27.66	17.82
河 南	5497	85.93	76.22	10.01	11.62	5.16	1.33	21.47	4.55
湖 北	4732	101.47	89.40	48.92	11.15	6.26	0.95	16.01	8.60
湖 南	5241	109.03	68.66	34.01	8.89	4.85	1.63	23.24	11.07
广 东	4754	129.72	87.63	67.60	14.50	6.89	3.13	14.31	8.79
广 西	6881	102.15	88.43	71.56	11.24	8.39	0.37	9.80	4.11
海 南	3783	94.55	85.99	77.20	12.89	5.03	1.41	18.59	11.00
重 庆	6625	97.36	90.49	63.15	5.87	6.77	0.20	7.87	4.31
四 川	5219	95.45	81.09	51.68	10.28	6.09	0.62	8.13	3.96
贵 州	4793	84.43	76.50	10.13	10.11	4.69	0.72	10.72	3.87
云 南	5629	94.20	88.07	12.85	9.63	5.93	0.80	6.95	4.40
西 藏									
陕 西	4958	69.49	78.11	17.40	9.77	5.77	0.81	6.25	4.00
甘 肃	3968	56.58	76.94	7.75	12.16	3.34	0.57	6.95	3.12
青 海	3842	65.48	76.83	20.70	8.52	2.63	2.26	11.31	8.62
宁 夏	3568	75.72	78.93	36.42	13.49	6.52	0.55	8.03	4.62
新 疆	3050	77.97	86.55	13.24	21.09	2.88	1.27	14.61	10.38

2-24 分地区乡市政公用设施水平(2016年)

地 区	人口密度(人/平方公里)	人均日生活用水量(升)	用水普及率(%)	燃气普及率(%)	人均道路面积(平方米)	排水管道暗渠密度(公里/平方公里)	人均公园绿地面积(平方米)	绿化覆盖率(%)	绿地率(%)
全 国	4450	85.33	71.90	22.00	13.56	4.52	1.11	13.74	5.91
北 京	2612	114.07	86.95	15.27	18.29	5.53	1.91	32.10	13.25
天 津	3175	100.58	95.30	39.19	10.67	3.73	0.01	28.15	0.32
河 北	3963	71.40	73.39	23.36	11.72	3.02	0.44	10.40	3.76
山 西	4414	66.96	81.53	12.42	13.20	3.80	1.26	19.56	7.93
内蒙古	2513	61.98	60.80	12.88	20.95	2.31	0.46	9.32	5.11
辽 宁	3759	87.20	47.07	16.01	16.39	3.67	0.28	14.09	2.40
吉 林	3102	78.82	50.15	10.82	14.60	1.55	0.34	5.74	2.70
黑龙江	3126	66.02	76.79	9.95	22.09	1.48	0.58	5.84	2.62
上 海	3949	144.79	98.40	98.40	15.11	15.25	9.43	30.25	22.58
江 苏	5262	105.25	97.66	89.17	18.19	10.97	5.47	27.06	18.12
浙 江	5127	117.12	81.67	47.28	15.11	10.20	1.31	12.10	6.85
安 徽	4458	97.69	66.82	42.52	12.90	6.13	3.01	20.14	11.30
福 建	6429	111.44	89.39	65.23	14.76	8.15	7.10	27.26	15.71
江 西	4931	91.87	65.52	30.71	12.50	7.16	0.86	11.01	5.94
山 东	3773	77.70	88.39	51.33	25.40	8.41	1.79	20.19	9.12
河 南	5713	81.21	69.73	5.43	12.91	5.14	0.93	21.81	4.58
湖 北	4254	100.32	82.42	35.04	12.04	5.64	1.13	11.75	5.85
湖 南	4381	104.70	57.67	21.12	10.48	3.53	1.36	18.69	9.09
广 东	4219	135.90	83.06	57.72	15.91	9.18	1.68	19.77	5.16
广 西	7057	92.96	84.23	56.52	11.60	7.02	0.27	10.23	5.77
海 南	2367	86.27	91.21	74.77	17.44	2.02	0.53	21.33	12.30
重 庆	5799	82.52	81.38	29.70	10.34	9.41	0.22	11.03	5.69
四 川	4364	81.53	64.23	24.70	10.18	4.09	0.10	6.84	1.81
贵 州	4679	81.10	78.09	6.16	11.37	3.93	0.35	10.03	4.42
云 南	5135	93.93	85.88	9.49	11.89	6.08	0.29	5.88	3.12
西 藏									
陕 西	5339	61.20	65.17	4.21	11.50	5.65	0.03	5.32	3.47
甘 肃	3573	60.46	52.86	4.58	14.11	3.23	0.57	9.00	3.61
青 海	5057	62.57	45.80	0.24	12.29	2.72		6.66	2.76
宁 夏	4083	69.71	75.99	19.83	15.07	5.04	0.29	10.65	4.85
新 疆	3022	78.75	79.82	5.26	24.54	1.08	1.30	16.86	11.83

三、住宅投资与房地产开发

3-1 全社会房屋施工、竣工面积

年份/地区	房屋施工面积(万平方米)	住宅	商品住宅	房屋竣工面积(万平方米)	住宅	商品住宅
1995	215084.6	140451.9	32902.3	145600.1	107433.1	11951.3
2000	265293.5	180634.3	50498.3	181974.4	134528.8	20603.3
2005	431123.0	239769.6	129078.4	227588.7	132835.9	43682.9
2006	462677.0	265565.3	151742.7	212542.2	131408.2	45471.7
2007	548542.0	315629.8	186788.4	238425.3	146282.7	49831.3
2008	632261.0	364354.4	222891.8	260307.0	159404.6	54334.1
2009	754189.4	431463.2	251328.8	302116.5	184209.5	59628.7
2010	(885173.4)	(492763.6)	(314760.1)	(304306.1)	(183172.3)	(63443.1)
	844056.9	480772.9	314760.1	278564.5	174603.9	63443.1
2011	1035518.9	574909.9	387706.0	329073.3	197452.2	74319.1
2012	1167238.4	614990.6	428964.1	335503.6	195102.9	79043.2
2013	1336287.6	673163.3	486347.3	349895.8	193328.5	78740.6
2014	1355559.7	689041.2	515096.4	355068.4	192545.0	80868.3
2015	1292371.7	669297.1	511569.5	350973.0	179737.8	73777.4
2016	1264395.3	660662.1	521310.2	312119.0	171471.3	77185.2
北 京	22221.4	7596.0	5857.6	3442.7	1728.3	1267.1
天 津	19422.8	7335.9	6311.7	5368.0	2317.7	2189.1
河 北	49121.1	28155.9	23407.2	16221.3	7024.8	3352.6
山 西	28565.8	18239.9	12222.3	9348.4	6265.6	2042.2
内蒙古	22167.1	13577.4	11141.4	5446.4	2969.6	1203.3
辽 宁	31661.7	20117.4	19104.6	4819.9	3141.4	2210.1
吉 林	18735.6	8861.1	8306.0	4997.5	1504.1	1008.4
黑龙江	15579.8	8740.1	7746.0	4535.7	2344.1	1757.1
上 海	17733.2	8157.2	8073.9	2840.2	1558.0	1532.9
江 苏	95997.6	47280.5	43002.9	26655.3	10209.5	7602.7
浙 江	77382.5	33271.0	24709.4	20763.8	9402.9	5092.0
安 徽	59490.6	31404.9	24115.1	14502.6	8359.2	4047.7
福 建	46858.1	22528.2	19436.5	11749.9	4330.5	2420.5
江 西	31758.7	17061.7	12000.5	8120.8	4588.7	1316.3
山 东	96821.1	56134.2	44158.1	29205.4	16756.2	6358.2

续表

年份/地区	房屋施工面积（万平方米）	住宅	商品住宅	房屋竣工面积（万平方米）	住宅	商品住宅
河南	75452.1	45175.5	35579.0	18614.1	11952.0	5015.2
湖北	48504.2	28187.3	21803.0	12678.0	7138.4	2348.4
湖南	100295.6	28186.7	21617.2	12092.3	8300.8	3358.5
广东	87713.1	48071.7	44171.0	16436.4	7496.8	4773.0
广西	35031.9	22349.4	15339.3	9829.8	7428.0	1373.3
海南	11312.9	8111.7	6686.0	2681.3	2280.5	1444.5
重庆	34143.2	19954.8	17932.7	7643.3	4570.0	3084.0
四川	65603.2	35977.2	26425.5	17524.4	10509.2	4677.4
贵州	35015.9	16694.4	12847.1	9223.4	3683.4	1283.2
云南	43473.1	27343.5	13324.6	15568.1	10776.4	1433.9
西藏	3050.7	380.6	232.6	106.3	73.0	25.2
陕西	37180.9	21943.9	16164.3	6782.3	5043.6	1922.8
甘肃	16249.9	8435.6	6191.7	4137.8	2170.2	730.3
青海	5685.1	3058.1	1753.4	1590.7	1204.2	231.2
宁夏	9386.0	5161.3	4555.3	2113.2	1421.2	931.2
新疆	22616.7	13169.0	7094.2	7079.4	4923.0	1153.0
不分地区	163.8					

3-2 固定资产投资(不含农户)房屋施工、竣工面积

年份/地区	房屋施工面积（万平方米）	住宅	房屋竣工面积（万平方米）	住宅
1995	120453.6	68557.9	58631.1	37489.1
2000	151691.3	94441.6	80507.9	54859.9
2005	304904.3	166143.4	118125.8	66141.9
2006	345152.0	187898.4	120705.3	63046.9
2007	414941.8	226159.7	134247.5	68820.8
2008	489110.6	269918.4	147066.4	75969.1
2009	577357.3	312039.7	164539.3	82101.5
2010	706379.2	376588.5	175429.6	86879.8
2011	917063.7	465729.7	226020.0	102513.2
2012	1061721.8	516797.0	241315.7	107327.0
2013	1227045.6	573119.9	257234.1	107375.5
2014	1251886.6	594324.9	264780.9	108775.5

续表

年份/地区	房屋施工面积(万平方米)	住宅	房屋竣工面积(万平方米)	住宅
2015	1193995.0	579855.6	265656.3	100357.6
2016	1172355.5	577521.9	232469.9	98419.8
北京	21777.9	7165.4	3025.3	1324.6
天津	19318.6	7247.7	5287.9	2245.6
河北	44758.2	24508.5	12469.5	3745.2
山西	25557.8	15342.9	6496.7	3579.8
内蒙古	21071.1	12630.3	4343.4	2010.2
辽宁	30258.3	19145.6	3510.4	2215.8
吉林	18256.7	8427.1	4533.6	1070.0
黑龙江	15082.2	8341.6	4080.3	1979.1
上海	17698.2	8123.6	2814.3	1532.9
江苏	93782.5	45255.0	24665.2	8335.5
浙江	73050.2	29043.1	17652.0	6380.6
安徽	54531.0	27000.6	10595.1	4762.4
福建	44558.5	20265.7	10228.2	2836.3
江西	28037.1	13509.6	4890.7	1656.3
山东	86011.1	47141.2	18744.4	7558.2
河南	68765.6	39092.6	12596.2	6381.9
湖北	44198.7	24286.6	8878.6	3582.2
湖南	94888.7	23189.9	7342.7	3866.0
广东	84639.9	45076.1	13983.2	5091.6
广西	28479.4	16276.0	3852.3	1658.6
海南	10040.6	6993.2	1819.9	1496.7
重庆	33004.1	18932.9	6686.0	3698.0
四川	60347.6	31310.4	12955.1	6375.5
贵州	32600.9	14355.8	6987.6	1518.6
云南	36150.4	20977.1	9790.8	5581.0
西藏	3050.7	380.6	106.3	73.0
陕西	34141.7	18942.0	4194.3	2595.1
甘肃	14900.9	7202.6	2867.8	1047.2
青海	4968.0	2387.2	926.8	568.3
宁夏	8930.0	4762.3	1657.2	1022.2
新疆	19334.9	10208.8	4487.8	2631.3
不分地区	163.8			

3-3 农村农户固定资产投资和建房

年 份/地 区	投资总额(亿元)	竣工房屋投资		房屋施工面积(万平方米)	房屋竣工面积(万平方米)		竣工房屋造价(元/平方米)	
			住 宅			住 宅		住 宅
1985	478.4	350.1	313.2		78973.0	69542.0	44.0	45.0
1990	876.5	777.1	649.8	76819.0	71136.0	67812.0	109.0	96.0
1995	2007.9	1709.4	1349.9	78192.0	73522.0	66230.0	233.0	204.0
2000	2904.3	1969.3	1846.8	88231.8	81270.2	75515.3	242.3	244.6
2005	3940.6	2190.6	2083.1	73109.2	66604.2	62292.4	328.9	334.4
2006	4436.2	2620.1	2490.2	76189.4	69237.9	64563.7	378.4	385.7
2007	5123.3	3228.3	3022.0	86665.6	78321.2	72676.4	412.2	415.8
2008	5951.8	3748.5	3547.1	91911.4	84407.0	78585.7	444.1	451.4
2009	7434.5	5029.9	4743.3	116099.4	105683.0	95570.5	475.9	496.3
2010	7886.0	5247.0	4931.7	106679.8	94114.8	87947.1	557.5	560.8
2011	9089.1	5983.7	5636.0	118455.2	103053.2	94939.1	580.6	593.6
2012	9840.6	6395.3	6051.6	105516.6	94187.8	87775.9	679.0	689.4
2013	10546.7	7249.6	6735.9	109242.0	92661.7	85953.0	782.4	783.7
2014	10755.8	7387.5	6843.0	103672.9	90287.4	83769.6	818.2	816.9
2015	10409.8	7157.1	6709.6	98376.7	85316.8	79380.2	838.9	845.2
2016	9964.9	6812.6	6331.3	92039.7	79649.1	73051.4	855.3	866.7
北 京	55.2	50.0	48.9	443.5	417.3	403.7	1198.6	1210.6
天 津	23.0	9.5	8.7	104.2	80.2	72.1	1191.1	1211.7
河 北	409.9	323.4	281.0	4362.9	3751.9	3279.6	861.9	856.9
山 西	338.6	209.0	205.5	3007.9	2851.7	2685.8	732.9	765.2
内蒙古	186.1	104.2	94.8	1096.0	1103.0	959.4	945.1	988.4
辽 宁	255.9	121.4	105.7	1403.4	1309.5	925.6	927.3	1141.7
吉 林	150.0	42.4	40.7	478.9	463.9	434.0	914.2	938.0
黑龙江	215.8	40.0	35.5	497.6	455.4	365.0	878.5	971.8
上 海	4.2	3.4	3.3	35.0	25.9	25.1	1322.9	1325.1
江 苏	292.4	174.4	168.2	2215.0	1990.1	1874.0	876.1	897.3
浙 江	705.1	440.8	432.9	4332.3	3111.8	3022.3	1416.6	1432.3
安 徽	456.0	276.6	257.3	4959.6	3907.5	3596.8	707.8	715.3
福 建	309.4	174.0	166.5	2299.6	1521.7	1494.2	1143.7	1114.5
江 西	315.5	237.0	227.9	3721.6	3230.1	2932.4	733.6	777.3
山 东	958.4	541.4	455.6	10810.0	10461.0	9198.0	517.5	495.3
河 南	661.2	526.2	494.0	6686.4	6017.9	5570.1	874.4	886.8
湖 北	507.8	372.0	349.9	4305.5	3799.3	3556.2	979.3	984.0
湖 南	664.9	534.8	503.6	5406.9	4749.6	4434.7	1126.0	1135.6
广 东	356.3	303.7	297.1	3073.2	2453.2	2405.2	1237.9	1235.3
广 西	583.8	359.9	353.3	6552.5	5977.5	5769.3	602.1	612.3
海 南	143.4	110.4	104.4	1272.3	861.4	783.7	1282.1	1332.3
重 庆	116.3	87.1	83.6	1139.1	957.3	872.0	910.2	959.3
四 川	582.2	461.5	397.0	5255.6	4569.3	4133.7	1009.9	960.4
贵 州	274.8	182.0	177.3	2414.9	2235.8	2164.9	813.9	819.0
云 南	456.9	492.7	450.7	7322.6	5777.3	5195.4	852.9	867.4
陕 西	350.4	261.2	244.5	3039.1	2588.1	2448.5	1009.2	998.5
甘 肃	129.9	76.0	67.9	1349.0	1270.0	1123.0	598.5	604.2
青 海	72.5	60.3	58.5	717.1	663.9	635.9	908.1	919.9
宁 夏	85.2	34.5	26.5	456.0	456.0	399.0	756.2	663.4
新 疆	303.7	202.7	190.5	3281.8	2591.6	2291.7	782.2	831.5

3–4　房地产开发企业主要指标

指 标	2012	2013	2014	2015
企业个数(个)	91444	94197	93426	94948
内资	86379	89218	88773	90408
#国有	1739	1476	1329	1093
集体	570	457	409	364
港、澳、台投资	3391	3414	3235	3232
外商投资	1674	1565	1418	1308
平均从业人数(万人)	259.18	276.01	273.85	275.23
内资企业	239.78	256.18	255.15	257.65
#国有	6.61	6.15	5.73	4.71
集体	1.30	1.14	1.08	0.99
港、澳、台投资企业	12.18	12.93	12.45	11.85
外商投资企业	7.22	6.90	6.25	5.73
本年土地购置面积(万平方米)	38814.38	33383.03	22810.79	22025.25
本年完成投资(亿元)	86013.38	95035.61	95978.85	102580.61
#住宅	58950.76	64352.15	64595.24	68703.87
本年实际到位资金小计(亿元)	122122.47	121991.48	125203.06	144214.05
#国内贷款	19672.66	21242.61	20214.38	21512.40
利用外资	534.17	639.26	296.53	140.44
自筹资金	47424.95	50419.80	49037.56	49132.85
房屋建筑面积(万平方米)				
施工面积	665571.89	726482.34	735693.37	758974.80
竣工面积	101434.99	107459.05	100039.10	106127.71
本年新开工面积	201207.84	179592.49	154453.68	166928.13
#住宅	145844.80	124877.00	106651.30	115910.60
商品房销售面积(万平方米)	130550.59	120648.54	128494.97	157348.53
#住宅	115722.69	105187.79	112412.29	137539.93
商品房平均销售价格(元/平方米)	6237	6324	6793	7476
#住宅	5850	5933	6473	7203
实收资本合计(亿元)	59987.59	76566.04	78329.42	79278.30
资产负债率(%)	76.0	77.0	77.7	78.3
主营业务收入(亿元)	70706.67	66463.80	70174.34	90091.51
#土地转让收入	671.42	571.95	600.54	666.32

注：1.商品房平均销售价格由报告期内新建商品房销售额除以销售面积计算而成。不同时期的商品房平均销售价格可能会受商品房区域、房屋类型等各种因素的影响。(19—12、19—17表同)

2.2004年以前的商品房销售面积和销售额为实际销售统计口径；2005年以后的销售面积和销售额包括期房和现房(以下表均同)。

3-5 房地产开发企业个数

单位：个

年 份/地 区	企业个数	内资企业			港、澳、台投资企业	外商投资企业
			国 有	集 体		
1998	24378	19960	7958	4538	3214	1204
2000	27303	23277	6641	3492	2899	1127
2005	56290	50957	4145	1796	3443	1890
2006	58710	53268	3797	1586	3519	1923
2007	62518	56965	3617	1430	3524	2029
2008	87562	81282	3941	1520	3916	2364
2009	80407	74674	3835	1361	3633	2100
2010	85218	79489	3685	1220	3677	2052
2011	88419	83011	3427	1023	3565	1843
2012	89859	84695	3354	904	3451	1713
2013	91444	86379	1739	570	3391	1674
2014	94197	89218	1476	457	3414	1565
2015	93426	88773	1329	409	3235	1418
北 京	2784	2545	60	16	141	98
天 津	1267	1164	56	6	58	45
河 北	3181	3130	9		33	18
山 西	2430	2410	66	7	13	7
内蒙古	2048	2043	7	1	2	3
辽 宁	3514	3166	19	4	233	115
吉 林	1727	1702	6	1	17	8
黑龙江	2041	2012	39	1	19	10
上 海	2758	2354	54	15	273	131
江 苏	6642	6056	69	32	396	190
浙 江	6252	5911	51	15	225	116
安 徽	3620	3537	46	6	55	28
福 建	3151	2773	71	17	283	95
江 西	2187	2095	37	5	71	21
山 东	6606	6395	104	59	145	66
河 南	6158	6069	66	6	60	29
湖 北	4212	4107	75	14	78	27
湖 南	3710	3623	65	6	62	25
广 东	7341	6451	103	146	689	201
广 西	2423	2329	52	11	57	37
海 南	1103	1037	24	1	51	15
重 庆	2585	2450	31	2	99	36
四 川	4032	3903	43	8	75	54
贵 州	2633	2595	29	3	29	9
云 南	2649	2610	37	4	30	9
西 藏	45	45	1			
陕 西	2070	2031	62	10	23	10
甘 肃	1533	1516	30	12	12	5
青 海	330	329	3			1
宁 夏	539	535	1		2	2
新 疆	1855	1850	13	1	4	1

注：2004年数据中除企业个数、平均从业人数、房屋销售价格、住宅竣工套数以及财务指标为经济普查数据外，其他数据均为快报数据（以下各表同）。

3–6　房地产开发企业土地开发及购置

年 份／地 区	待开发土地面积（万平方米）	本年土地购置面积（万平方米）	本年土地成交价款（亿元）	土地购置费用（亿元）
1998	13530.70	10109.32		375.40
2000	14754.77	16905.24		733.99
2005	27522.00	38253.73	3269.32	2904.37
2006	37523.65	36573.57	3318.04	3814.49
2007	41483.97	40245.85	4573.18	4873.25
2008	48161.07	39353.43	4831.68	5995.62
2009	32816.54	31909.45	5150.14	6023.71
2010	31457.95	39953.10	8206.71	9999.92
2011	40220.76	44327.44	8894.03	11527.25
2012	40195.99	35666.80	7409.64	12100.15
2013	42280.47	38814.38	9918.29	13501.73
2014	42136.28	33383.03	10019.88	17458.53
2015	36638.48	22810.79	7621.61	17675.44
2016	35121.01	22025.25	9129.31	18778.68
北 京	444.23	268.50	470.12	1921.89
天 津	634.78	476.91	239.88	579.75
河 北	1122.37	929.93	190.15	337.84
山 西	603.29	351.74	127.99	169.57
内蒙古	511.55	230.28	32.52	77.89
辽 宁	989.65	654.52	127.52	258.10
吉 林	293.70	699.59	157.90	139.52
黑龙江	101.12	161.20	37.34	83.27
上 海	440.17	229.11	375.12	1208.28
江 苏	3445.47	1736.90	845.47	1835.03
浙 江	1125.34	1302.96	967.78	2634.37
安 徽	2560.32	2142.70	660.36	622.08
福 建	865.47	969.81	601.17	1107.32
江 西	668.27	443.13	121.20	200.74
山 东	2637.90	2093.90	483.35	937.66
河 南	2475.98	1108.04	453.46	681.51
湖 北	1091.48	648.64	214.93	570.12
湖 南	1871.03	811.40	165.09	312.97
广 东	4101.92	1750.32	1399.39	2243.98
广 西	704.81	639.10	206.53	398.75
海 南	893.07	178.72	63.08	271.50
重 庆	2335.03	959.00	429.73	562.48
四 川	1369.73	1304.72	381.60	832.27
贵 州	926.65	317.06	41.54	82.03
云 南	750.48	518.81	146.21	301.11
西 藏	5.00	2.94	0.66	1.98
陕 西	1122.93	357.28	77.89	177.96
甘 肃	175.37	131.94	33.53	56.49
青 海	29.04	18.52	8.49	49.83
宁 夏	202.60	158.97	24.63	62.61
新 疆	622.25	428.60	44.68	59.76

3-7 房地产开发企业投资总规模及完成情况(2016年)

单位：亿元

地 区	计划总投资	自开始建设至本年底累计完成投资	本年完成投资	建筑安装工程	设备工器具购置	其他费用
全 国	587857.24	427854.38	102580.61	76302.19	1461.55	24816.87
北 京	25006.50	19437.38	4000.57	1332.29	20.80	2647.48
天 津	15426.78	10103.55	2300.01	1409.94	13.13	876.94
河 北	19475.89	13701.89	4695.63	4045.90	110.35	539.38
山 西	8892.58	6111.23	1597.35	1293.52	22.14	281.70
内蒙古	8580.29	5818.58	1133.48	1006.34	14.81	112.33
辽 宁	21656.15	15792.28	2094.85	1719.99	41.12	333.73
吉 林	6917.03	4771.64	1016.76	829.57	10.12	177.08
黑龙江	5983.43	4117.61	864.84	754.90	9.84	100.10
上 海	25644.95	18429.60	3709.03	2220.89	21.94	1466.20
江 苏	55012.08	39182.94	8956.37	6604.18	141.68	2210.50
浙 江	34950.04	29107.59	7469.37	4165.81	86.69	3216.87
安 徽	28041.43	19853.46	4603.56	3746.99	89.31	767.26
福 建	23593.01	20590.91	4588.83	3275.72	33.81	1279.30
江 西	10360.79	6963.99	1770.94	1471.48	29.29	270.18
山 东	38155.92	26847.39	6323.38	5112.56	67.98	1142.85
河 南	29267.28	17780.99	6179.13	4974.04	170.72	1034.37
湖 北	22221.03	17028.40	4296.38	3377.98	75.45	842.96
湖 南	18797.51	13257.62	2957.04	2442.84	48.73	465.48
广 东	57620.45	44244.39	10307.80	7325.72	99.12	2882.96
广 西	13268.79	9698.29	2397.99	1867.67	26.72	503.60
海 南	11128.21	7818.03	1787.60	1363.62	13.69	410.29
重 庆	22129.52	17354.14	3725.95	2837.90	39.65	848.40
四 川	23951.76	18000.11	5282.64	4147.61	108.28	1026.75
贵 州	14041.72	9967.87	2148.96	1878.93	25.25	244.78
云 南	15310.60	10730.65	2688.34	2192.80	42.08	453.46
西 藏	195.31	151.84	48.54	44.75	1.47	2.31
陕 西	17024.26	10500.07	2736.75	2366.16	43.97	326.62
甘 肃	4342.00	2933.71	850.03	736.39	15.38	98.27
青 海	1696.09	1240.28	396.92	323.78	8.73	64.41
宁 夏	3981.20	2903.78	728.16	628.54	7.93	91.69
新 疆	5184.66	3414.18	923.40	803.40	21.37	98.63

3–8　按用途分房地产开发企业完成投资

单位：亿元

年 份／地 区	本年完成投 资	住 宅	别 墅、高档公寓	办公楼	商业营业用 房	其 他
1998	3614.23	2081.56	181.85	433.80	475.83	623.04
2000	4984.05	3311.98	270.01	297.85	579.99	794.23
2005	15909.25	10860.93	1049.41	763.07	2039.53	2245.72
2006	19422.92	13638.41	1445.00	928.06	2353.88	2502.57
2007	25288.84	18005.42	1807.12	1035.04	2785.65	3462.73
2008	31203.19	22440.87	2032.31	1167.17	3354.48	4240.67
2009	36241.81	25613.69	2073.34	1377.21	4180.66	5070.25
2010	48259.40	34026.23	2829.81	1807.38	5648.40	6777.39
2011	61796.89	44319.50	3424.16	2558.79	7424.05	7494.55
2012	71803.79	49374.21	3448.37	3366.61	9312.00	9750.96
2013	86013.38	58950.76	3637.90	4652.45	11944.83	10465.34
2014	95035.61	64352.15	3844.72	5641.19	14346.25	10696.02
2015	95978.85	64595.24	3481.37	6209.74	14607.49	10566.37
2016	102580.61	68703.87	3478.74	6532.60	15837.53	11506.61
北 京	4000.57	1925.86	187.71	699.08	484.12	891.52
天 津	2300.01	1598.27	92.75	124.64	252.44	324.66
河 北	4695.63	3475.48	52.71	219.26	651.57	349.33
山 西	1597.35	1141.08	9.40	75.15	217.29	163.83
内蒙古	1133.48	793.70	28.27	31.35	188.90	119.52
辽 宁	2094.85	1505.42	39.65	65.25	358.80	165.37
吉 林	1016.76	710.69	16.43	41.74	189.38	74.94
黑龙江	864.84	597.96	17.35	24.36	171.48	71.04
上 海	3709.03	1965.43	416.50	695.95	519.41	528.24
江 苏	8956.37	6628.87	485.17	363.17	1246.13	718.20
浙 江	7469.37	4806.64	273.58	480.98	984.91	1196.84
安 徽	4603.56	3069.36	95.74	202.91	970.61	360.68
福 建	4588.83	2999.29	120.56	339.01	590.95	659.58
江 西	1770.94	1247.58	52.26	73.87	315.81	133.69
山 东	6323.38	4690.22	136.45	346.30	827.82	459.05
河 南	6179.13	4558.07	41.80	230.86	789.84	600.36
湖 北	4296.38	3012.35	78.88	223.90	547.69	512.44
湖 南	2957.04	1871.30	55.98	159.65	598.60	327.50
广 东	10307.80	6977.66	461.12	852.06	1390.28	1087.79
广 西	2397.99	1725.29	36.88	93.53	320.21	258.96
海 南	1787.60	1317.73	184.16	52.70	181.18	235.99
重 庆	3725.95	2319.97	178.83	166.04	704.37	535.57
四 川	5282.64	3185.64	114.32	278.51	1166.03	652.47
贵 州	2148.96	1243.60	36.58	151.81	562.53	191.02
云 南	2688.34	1635.38	148.52	159.80	497.36	395.80
西 藏	48.54	39.14	1.98	1.73	5.37	2.30
陕 西	2736.75	1916.13	58.17	190.62	415.95	214.06
甘 肃	850.03	563.75	3.08	46.37	173.48	66.43
青 海	396.92	227.78	2.77	32.51	96.02	40.62
宁 夏	728.16	435.41	13.10	51.87	152.45	88.43
新 疆	923.40	518.83	38.02	57.64	266.55	80.39

3-9 房地产开发企业实际到位资金

单位：亿元

年份/地区	本年实际到位资金小计	国内贷款	利用外资	外商直接投资	自筹资金	其他资金来源
1998	4414.94	1053.17	361.76	258.87	1166.98	1811.85
2000	5997.63	1385.08	168.70	134.80	1614.21	2819.29
2005	21397.84	3918.08	257.81	171.41	7000.39	10221.56
2006	27135.55	5356.98	400.15	303.05	8597.09	12781.33
2007	37477.96	7015.64	641.04	485.39	11772.53	18048.75
2008	39619.36	7605.69	728.22	634.99	15312.10	15973.35
2009	57799.04	11364.51	479.39	403.32	17949.12	28006.01
2010	72944.04	12563.70	790.68	673.45	26637.21	32952.45
2011	85688.73	13056.80	785.15	689.54	35004.57	36842.22
2012	96536.81	14778.39	402.09	358.52	39081.96	42274.38
2013	122122.47	19672.66	534.17	467.12	47424.95	54490.70
2014	121991.48	21242.61	639.26	598.91	50419.80	49689.81
2015	125203.06	20214.38	296.53	286.08	49037.56	55654.60
2016	144214.05	21512.40	140.44	132.53	49132.85	73428.37
北京	8051.29	2148.48	1.00	1.00	1978.50	3923.32
天津	4397.22	1066.99	2.05	0.02	899.63	2428.54
河北	5102.36	456.10	1.71	1.71	3224.49	1420.07
山西	1588.02	98.33			811.06	678.64
内蒙古	1173.88	74.80			815.14	283.94
辽宁	3080.81	451.39	2.71	2.70	1351.14	1275.57
吉林	1254.99	141.45	0.02		583.16	530.37
黑龙江	1061.64	90.54	0.90	0.90	552.19	418.00
上海	6408.78	1446.18	2.31	2.31	1490.78	3469.51
江苏	15501.08	2299.18	8.29	4.29	3172.21	10021.40
浙江	10859.57	1541.37	32.33	32.33	2672.05	6613.82
安徽	6209.27	657.62	13.69	13.69	1906.23	3631.73
福建	6067.78	808.76	1.57	1.57	2263.99	2993.45
江西	2517.95	291.73	0.70	0.70	790.71	1434.81
山东	8596.12	1012.41	10.22	10.22	3451.65	4121.84
河南	6558.25	698.56	1.76	1.76	3671.81	2186.12
湖北	5696.35	1031.66	0.80		2175.22	2488.67
湖南	4164.90	523.34	0.01		1229.32	2412.23
广东	17666.05	2559.13	30.23	29.98	4844.00	10232.68
广西	3159.72	468.38			1115.04	1576.30
海南	2379.45	403.36			1034.56	941.53
重庆	5006.57	1012.91	29.06	29.06	1488.38	2476.21
四川	6635.69	751.74	0.88	0.23	2679.98	3203.09
贵州	2179.27	201.46			834.77	1143.04
云南	2590.37	453.50	0.19	0.06	1157.71	978.96
西藏	53.80	1.00			36.85	15.95
陕西	3071.81	379.56			1550.64	1141.62
甘肃	1011.47	179.05			456.50	375.92
青海	423.25	71.58			197.17	154.50
宁夏	678.74	96.80			260.03	321.91
新疆	1067.61	95.00			437.97	534.63

3–10　房地产开发企业建设房屋建筑面积和造价

年 份 / 地 区	房屋施工面积(万平方米)	房屋竣工面积(万平方米)	房屋建筑面积竣工率(%)	房屋竣工价值(亿元)	房屋竣工造价(元/平方米)
	50770.14	17566.60	34.6	2139.19	1218
1998	65896.92	25104.86	38.1	2859.35	1139
2000	166053.26	53417.04	32.2	7752.24	1451
2005	194786.42	55830.92	28.7	8729.35	1564
2006	236318.24	60606.68	25.6	10039.89	1657
2007	283266.20	66544.80	23.5	11947.57	1795
2008	320368.20	72677.40	22.7	14689.37	2021
2009	405356.40	78743.90	19.4	17542.73	2228
2010	506775.48	92619.94	18.3	21975.91	2373
2011	573417.52	99424.96	17.3	24836.62	2498
2012	665571.89	101434.99	15.2	26805.38	2643
2013	726482.34	107459.05	14.8	30261.99	2816
2014	735693.37	100039.10	13.6	30552.38	3054
2015	758974.80	106127.71	14.0	32252.13	3039
2016					
北 京	12976.00	2369.95	18.3	839.97	3544
天 津	9349.76	2914.25	31.2	1081.20	3710
河 北	30476.78	4287.78	14.1	1139.31	2657
山 西	17069.25	2683.59	15.7	785.57	2927
内蒙古	16906.28	1664.02	9.8	415.38	2496
辽 宁	26364.11	2709.29	10.3	788.20	2909
吉 林	11797.33	1351.65	11.5	313.79	2322
黑龙江	10865.75	2375.61	21.9	599.75	2525
上 海	15111.24	2550.64	16.9	1472.33	5772
江 苏	58761.73	10073.96	17.1	3678.24	3651
浙 江	41609.78	7925.40	19.0	3079.61	3886
安 徽	35645.44	5382.95	15.1	1544.37	2869
福 建	31064.14	3665.25	11.8	1009.60	2755
江 西	16427.25	1635.61	10.0	413.92	2531
山 东	59957.07	8253.50	13.8	1873.70	2270
河 南	47359.55	6299.44	13.3	1260.41	2001
湖 北	29879.88	3127.49	10.5	940.66	3008
湖 南	30139.38	4533.74	15.0	1189.42	2623
广 东	64233.80	6593.75	10.3	2493.40	3781
广 西	21134.65	1735.05	8.2	433.73	2500
海 南	8936.78	1674.61	18.7	669.52	3998
重 庆	27363.39	4421.30	16.2	1411.77	3193
四 川	41532.14	7050.24	17.0	2002.50	2840
贵 州	20352.24	1901.45	9.3	469.47	2469
云 南	20593.19	2115.08	10.3	586.95	2775
西 藏	348.77	31.53	9.0	10.24	3247
陕 西	22297.53	2431.70	10.9	648.61	2667
甘 肃	8933.24	991.73	11.1	254.25	2564
青 海	2847.71	386.67	13.6	111.39	2881
宁 夏	7110.06	1294.55	18.2	344.94	2665
新 疆	11530.59	1695.91	14.7	389.95	2299

3-11 按用途分房地产开发企业房屋新开工面积

单位：万平方米

年份/地区	本年房屋新开工面积	住宅	别墅、高档公寓	办公楼	商业营业用房	其他
1998	20387.90	16637.50	638.60	871.50	1938.65	940.25
2000	29582.64	24401.15	1169.09	898.81	3034.77	1247.91
2005	68064.44	55185.07	2834.97	1671.10	7675.47	3532.79
2006	79252.83	64403.80	4058.32	2134.94	8473.23	4240.86
2007	95401.53	78795.51	4914.41	2141.44	9093.89	5370.70
2008	102553.37	83642.12	4336.97	2471.95	10040.69	6398.62
2009	116422.05	93298.41	3649.80	2860.76	12415.03	7847.84
2010	163646.87	129359.31	5080.05	3668.07	17472.58	13146.91
2011	191236.87	147163.11	5653.01	5399.20	20730.78	17943.77
2012	177333.62	130695.42	4228.31	5986.46	22006.85	18644.89
2013	201207.84	145844.80	4454.59	6887.24	25902.00	22573.80
2014	179592.49	124877.00	4275.01	7349.10	25047.73	22318.66
2015	154453.68	106651.30	3318.41	6569.12	22530.29	18702.96
2016	166928.13	115910.60	3662.14	6415.29	22316.63	22285.61
北 京	2795.57	1199.43	67.51	464.41	278.50	853.23
天 津	2511.47	1943.39	106.83	41.48	228.70	297.90
河 北	8161.30	6190.29	74.82	342.23	849.33	779.45
山 西	3854.78	2654.28	18.36	157.73	494.28	548.49
内蒙古	2563.70	1742.40	32.11	20.14	525.00	276.17
辽 宁	3733.61	2800.75	42.89	57.01	554.09	321.76
吉 林	2115.99	1493.55	24.75	87.27	341.48	193.68
黑龙江	2006.31	1541.95	44.21	24.12	264.28	175.96
上 海	2840.95	1436.13	322.79	384.49	401.78	618.56
江 苏	13670.83	10534.34	505.60	385.10	1422.47	1328.93
浙 江	7282.02	4516.71	175.31	370.04	838.03	1557.24
安 徽	8586.37	6007.40	134.41	238.51	1459.81	880.64
福 建	4875.06	3168.77	67.49	272.90	433.30	1000.09
江 西	3875.01	2855.03	93.72	139.22	576.39	304.37
山 东	13293.69	9747.12	210.85	439.26	1437.37	1669.95
河 南	14669.72	10954.03	101.07	331.61	1791.85	1592.22
湖 北	6850.10	4946.70	117.41	230.77	872.28	800.35
湖 南	7472.56	5272.08	113.91	214.68	1171.02	814.77
广 东	14847.51	10165.64	422.72	795.96	1596.87	2289.05
广 西	4984.18	3577.13	90.36	239.56	556.47	611.02
海 南	1976.16	1382.36	175.03	53.08	238.61	302.11
重 庆	4875.16	2998.92	98.33	160.79	899.94	815.51
四 川	10825.16	6941.73	233.17	278.00	1649.58	1955.85
贵 州	3467.55	2172.14	111.04	81.06	732.19	482.17
云 南	3453.08	2201.31	140.07	144.40	529.77	578.47
西 藏	57.01	35.53	2.72	1.66	13.46	6.37
陕 西	4483.64	3106.22	41.45	225.09	683.84	468.50
甘 肃	2331.71	1587.23	18.32	40.42	454.64	249.41
青 海	870.10	524.82	1.67	47.97	191.01	106.30
宁 夏	1391.34	875.41	15.06	72.11	276.92	166.89
新 疆	2205.57	1337.76	58.17	74.20	553.37	240.23

3-12 按用途分商品房销售面积

单位：万平方米

年份/地区	商品房销售面积	住宅	别墅、高档公寓	办公楼	商业营业用房	其他
1998	12185.30	10827.10	345.30	400.60	810.80	146.80
2000	18637.13	16570.28	640.72	436.98	1399.31	230.56
2005	55486.22	49587.83	2818.44	1096.23	4081.38	720.78
2006	61857.07	55422.95	3672.44	1231.04	4337.79	865.29
2007	77354.72	70135.88	4581.31	1465.23	4644.61	1109.01
2008	65969.83	59280.35	2865.25	1157.05	4206.06	1326.37
2009	94755.00	86184.89	4626.05	1544.43	5328.03	1697.65
2010	104764.65	93376.60	4219.10	1889.97	6994.84	2503.24
2011	109366.75	96528.41	3729.93	2004.97	7868.65	2964.71
2012	111303.65	98467.51	3476.00	2253.65	7759.28	2823.21
2013	130550.59	115722.69	3632.03	2883.35	8469.22	3475.33
2014	120648.54	105187.79	3047.35	2505.45	9076.93	3878.37
2015	128494.97	112412.29	3487.40	2912.59	9254.79	3915.29
2016	157348.53	137539.93	4470.00	3826.22	10811.96	5170.43
北 京	1658.93	981.37	153.44	413.86	125.85	137.87
天 津	2711.08	2521.87	161.35	31.06	97.03	61.12
河 北	6682.29	5899.72	71.60	126.59	448.71	207.27
山 西	2061.06	1881.51	18.88	38.62	98.69	42.24
内蒙古	2527.85	2073.36	36.84	18.30	301.10	135.09
辽 宁	3711.90	3383.08	43.26	34.64	216.69	77.48
吉 林	1919.30	1630.72	31.46	37.87	175.73	74.98
黑龙江	2117.29	1797.02	31.99	26.35	221.97	71.96
上 海	2705.69	2019.80	445.42	306.40	205.87	173.63
江 苏	13962.09	12657.66	782.24	265.68	849.92	188.83
浙 江	8636.79	7234.19	351.27	410.07	529.68	462.85
安 徽	8499.65	7506.87	116.57	185.35	670.96	136.48
福 建	4915.35	4134.46	104.45	181.16	305.47	294.26
江 西	4691.84	4140.55	82.00	87.53	361.29	102.47
山 东	11789.88	10598.58	200.43	196.41	635.69	359.20
河 南	11306.27	10137.13	90.56	173.35	816.65	179.14
湖 北	7427.16	6789.21	143.69	103.73	393.74	140.48
湖 南	8085.36	7190.66	137.36	99.96	555.02	239.73
广 东	14611.60	13021.97	534.57	399.15	677.93	512.55
广 西	4215.39	3864.01	65.56	50.27	170.39	130.72
海 南	1508.53	1417.09	154.04	9.47	55.99	25.98
重 庆	6257.15	5105.46	157.38	106.99	622.18	422.51
四 川	9300.47	7884.09	161.34	150.58	728.11	537.69
贵 州	4156.93	3426.96	68.88	86.08	542.01	101.88
云 南	3639.75	2933.10	200.36	108.92	382.39	215.34
西 藏	74.61	71.16	2.76	1.07	2.33	0.05
陕 西	3262.70	3012.61	50.46	70.72	132.40	46.97
甘 肃	1679.49	1478.81	6.83	44.75	133.98	21.94
青 海	437.85	373.03	0.49	19.13	34.97	10.72
宁 夏	966.07	830.22	15.31	7.15	104.82	23.88
新 疆	1828.22	1543.66	49.23	35.01	214.42	35.13

3-13 按用途分商品房销售额

单位：亿元

年份/地区	商品房销售额	住宅	别墅、高档公寓	办公楼	商业营业用房	其他
1998	2513.30	2006.87	158.70	222.41	257.06	26.97
2000	3935.44	3228.60	274.75	207.63	456.23	42.98
2005	17576.13	14563.76	1644.27	758.87	2049.57	203.94
2006	20825.96	17287.81	2418.28	991.33	2275.87	270.95
2007	29889.12	25565.81	3422.81	1269.91	2681.72	371.68
2008	25068.18	21196.00	2235.07	969.36	2475.85	426.97
2009	44355.17	38432.90	4469.76	1638.41	3660.67	623.20
2010	52721.24	44120.65	4613.11	2155.71	5418.82	1026.07
2011	58588.86	48198.32	4100.66	2471.58	6679.08	1239.88
2012	64455.79	53467.18	3983.56	2773.43	6999.57	1215.60
2013	81428.28	67694.94	4573.19	3747.35	8280.48	1705.52
2014	76292.41	62410.95	3950.86	2962.93	8910.62	2007.91
2015	87280.84	72769.82	5286.00	3761.42	8852.78	1896.81
2016	117627.05	99064.17	7112.42	5483.81	10580.80	2498.26
北 京	4561.60	2795.81	657.86	1261.90	376.65	127.25
天 津	3478.22	3245.60	216.73	44.71	140.06	47.85
河 北	4301.83	3710.88	74.09	121.80	394.35	74.80
山 西	1027.14	900.79	18.87	33.48	79.83	13.04
内蒙古	1149.08	838.08	16.37	11.83	232.12	67.05
辽 宁	2256.91	1988.03	49.65	59.67	174.94	34.27
吉 林	1029.58	806.49	34.60	24.43	150.24	48.42
黑龙江	1121.04	903.66	30.28	21.39	155.06	40.92
上 海	6695.85	5233.29	1903.48	903.17	470.49	88.89
江 苏	12293.02	11055.36	1062.56	255.37	893.99	88.29
浙 江	9605.10	8280.85	516.18	464.60	653.06	206.59
安 徽	5035.55	4231.59	92.52	145.68	606.60	51.67
福 建	4530.79	3793.41	146.26	219.98	353.40	164.01
江 西	2678.37	2207.17	60.98	66.82	347.94	56.44
山 东	6902.90	6070.54	230.12	184.83	496.30	151.23
河 南	5612.90	4839.03	74.20	141.16	552.52	80.20
湖 北	4994.05	4383.81	130.56	123.33	380.00	106.91
湖 南	3751.86	3113.62	95.53	89.64	455.86	92.74
广 东	16214.61	14240.33	850.35	731.56	896.03	346.70
广 西	2207.47	1948.23	52.43	47.50	159.27	52.47
海 南	1490.20	1385.26	253.68	12.66	66.31	25.97
重 庆	3432.00	2635.64	134.90	98.86	552.77	144.73
四 川	5358.91	4296.27	159.95	120.53	741.30	200.81
贵 州	1790.53	1269.43	46.93	60.36	426.30	34.45
云 南	1917.76	1411.38	110.02	87.68	325.52	93.18
西 藏	38.14	34.70	1.75	0.74	2.69	0.01
陕 西	1785.17	1585.71	44.93	58.41	115.77	25.27
甘 肃	873.46	712.35	6.54	45.45	106.32	9.34
青 海	236.44	172.06	0.47	13.06	46.18	5.14
宁 夏	409.71	325.89	8.91	5.75	69.75	8.32
新 疆	846.84	648.94	30.70	27.41	159.18	11.31

3-14 按用途分商品房平均销售价格

单位：元/平方米

年 份/地 区	商品房平均销售价格	住 宅		办公楼	商业营业用 房	其 他
			别 墅、高档公寓			
1998	2063	1854	4596	5552	3170	1837
2000	2112	1948	4288	4751	3260	1864
2005	3168	2937	5834	6923	5022	2829
2006	3367	3119	6585	8053	5247	3131
2007	3864	3645	7471	8667	5774	3351
2008	3800	3576	7801	8378	5886	3219
2009	4681	4459	9662	10608	6871	3671
2010	5032	4725	10934	11406	7747	4099
2011	5357	4993	10994	12327	8488	4182
2012	5791	5430	11460	12306	9021	4306
2013	6237	5850	12591	12997	9777	4907
2014	6324	5933	12965	11826	9817	5177
2015	6793	6473	15157	12914	9566	4845
2016	7476	7203	15911	14332	9786	4832
北 京	27497	28489	42874	30491	29929	9230
天 津	12830	12870	13433	14396	14434	7829
河 北	6438	6290	10347	9622	8789	3609
山 西	4984	4788	9992	8669	8089	3087
内蒙古	4546	4042	4444	6467	7709	4963
辽 宁	6080	5876	11479	17226	8073	4423
吉 林	5364	4946	10997	6452	8550	6457
黑龙江	5295	5029	9468	8119	6986	5687
上 海	24747	25910	42735	29477	22854	5120
江 苏	8805	8734	13584	9612	10519	4676
浙 江	11121	11447	14695	11330	12329	4463
安 徽	5924	5637	7937	7860	9041	3786
福 建	9218	9175	14003	12143	11569	5573
江 西	5709	5331	7437	7634	9631	5508
山 东	5855	5728	11481	9411	7807	4210
河 南	4964	4774	8193	8143	6766	4477
湖 北	6724	6457	9086	11889	9651	7610
湖 南	4640	4330	6955	8968	8213	3869
广 东	11097	10936	15907	18328	13217	6764
广 西	5237	5042	7998	9450	9347	4014
海 南	9878	9775	16468	13372	11842	9997
重 庆	5485	5162	8572	9239	8884	3426
四 川	5762	5449	9913	8005	10181	3735
贵 州	4307	3704	6813	7012	7865	3381
云 南	5269	4812	5491	8051	8513	4327
西 藏	5112	4876	6333	6920	11546	2165
陕 西	5471	5264	8905	8260	8744	5381
甘 肃	5201	4817	9576	10156	7936	4256
青 海	5400	4612	9534	6829	13207	4798
宁 夏	4241	3925	5824	8036	6655	3482
新 疆	4632	4204	6236	7829	7424	3218

3−15 分地区按项目规模分房地产开发完成投资（2016年）

单位：亿元

地 区	500万元 以 下	500万～ 1000万元	1000万～ 3000万元	3000万～ 5000万元	5000万～ 1亿元	1亿～5 亿元	5亿～10 亿元	10亿元 以 上
全 国	1.05	8.57	148.51	354.77	1732.54	20369.39	21381.37	58584.41
北 京		0.07	0.07	0.70	4.01	106.27	314.92	3574.55
天 津			0.15	1.06	3.14	250.28	472.13	1573.26
河 北		0.06	5.35	15.84	97.40	1552.31	1181.81	1842.86
山 西		0.40	5.86	11.82	58.87	484.66	353.18	682.58
内蒙古	0.03	0.28	7.32	17.25	46.33	259.89	248.50	553.88
辽 宁	0.02	0.10	3.97	9.19	40.75	525.30	506.46	1009.07
吉 林	0.05	0.29	3.36	6.38	39.24	311.99	206.84	448.62
黑龙江		0.31	5.30	15.68	36.57	226.37	167.25	413.35
上 海		0.00	0.50	0.71	3.50	171.06	464.82	3068.43
江 苏	0.04		2.89	11.07	79.12	1248.59	2119.68	5494.98
浙 江	0.00	0.10	4.86	13.41	69.78	1081.78	1632.28	4667.15
安 徽	0.07	0.41	5.23	11.83	46.17	923.13	1177.32	2439.42
福 建		0.15	2.27	5.47	34.86	590.89	840.88	3114.32
江 西		0.07	4.99	6.60	43.85	561.66	424.05	729.74
山 东	0.10	0.20	10.55	23.48	158.95	1609.64	1447.48	3073.00
河 南		0.27	3.32	11.21	91.25	1523.05	1653.54	2896.49
湖 北	0.05	0.36	7.67	20.72	74.82	837.93	754.76	2600.07
湖 南	0.17	0.41	13.02	31.93	157.82	860.50	587.91	1305.29
广 东	0.14	1.18	12.68	24.92	115.69	1564.43	1787.63	6801.13
广 西	0.00	0.33	5.91	15.07	74.53	655.74	450.00	1196.40
海 南		0.04	0.63	2.61	15.88	272.24	323.58	1172.61
重 庆	0.05	0.17	2.89	9.32	50.27	554.17	607.53	2501.56
四 川	0.09	0.58	4.73	13.10	85.64	1358.94	1700.77	2118.80
贵 州		0.27	2.27	6.76	34.04	641.08	383.40	1081.14
云 南		0.42	4.26	14.15	62.72	554.71	447.42	1604.66
西 藏			0.02		2.14	21.01	20.45	4.92
陕 西	0.04	0.18	3.12	8.43	37.14	508.97	482.77	1696.10
甘 肃	0.01	0.40	7.85	14.32	65.18	327.75	176.96	257.56
青 海		0.07	1.11	3.68	10.41	111.62	74.91	195.13
宁 夏		0.06	1.84	4.59	18.37	280.46	172.54	250.30
新 疆	0.20	1.42	14.52	23.48	74.14	392.98	199.61	217.06

3-16 房地产开发企业成套住宅竣工与销售情况

年 份/地 区	住宅竣工套数合计(套)	别 墅、高档公寓	住宅销售套数合计(套)	别 墅、高档公寓
2000	2139702	59880		
2005	3682523	135276	4235372	152339
2006	4005305	139632	5049094	219982
2007	4401203	159423	6251263	257776
2008	4939189	144618	5565827	157455
2009	5548897	143621	8040470	240129
2010	6019767	163207	8817526	223596
2011	7219163	155923	9139672	191881
2012	7642379	161899	9446424	184001
2013	7493133	126444	11046279	202081
2014	7659418	145182	10104351	167469
2015	7050109	126972	10578898	191594
2016	7455409	218297	12822565	258582
北 京	135606	2530	92387	4859
天 津	219734	5416	242287	10005
河 北	319948	3192	565634	4012
山 西	178002	654	166423	1307
内蒙古	106592	3301	195175	2095
辽 宁	247146	1462	371332	2574
吉 林	113320	978	172275	1498
黑龙江	195343	1254	192389	2209
上 海	157370	13641	195044	28646
江 苏	649768	21610	1096211	37091
浙 江	434798	6322	614849	13479
安 徽	386790	3058	709401	7556
福 建	223190	4724	378563	4650
江 西	116627	1997	369982	6431
山 东	570374	6505	935027	11774
河 南	448902	2366	913280	6317
湖 北	254145	4606	631330	8039
湖 南	288795	3845	630886	10075
广 东	414143	18591	1196094	33430
广 西	121447	905	354015	3769
海 南	251915	82274	172347	16176
重 庆	343593	11387	565075	10278
四 川	566002	3238	822273	10304
贵 州	114983	888	319528	4249
云 南	121545	5590	247148	8664
西 藏	2505	131	6323	198
陕 西	176644	1139	276798	4177
甘 肃	71194	21	138886	343
青 海	27106	230	35710	20
宁 夏	88380	1304	72994	1752
新 疆	109502	5138	142899	2605

注：住宅销售套数包括期房。

3–17　35个大中城市主要指标完成情况（2016）

城市	本年完成投资(亿元)	住宅	办公楼	商业营业用房	房屋施工面积(万平方米)	房屋竣工面积(万平方米)	住 宅	商品房销售面积(万平方米)	住宅	商品房平均销售价格(元/平方米)	住 宅	本年土地购置面积(万平方米)
总 计	51864.47	32345.79	5036.97	7376.88	295090.51	40469.14	27521.86	56784.38	47970.07	10777	10503	7660.85
北 京	4000.57	1925.86	699.08	484.12	12976.00	2369.95	1267.06	1658.93	981.37	27497	28489	268.50
天 津	2300.01	1598.27	124.64	252.44	9349.76	2914.25	2189.14	2711.08	2521.87	12830	12870	476.91
石家庄	1015.77	663.78	106.94	136.53	3963.23	396.48	306.19	798.42	652.52	8281	7354	58.59
太 原	680.13	494.58	45.66	51.98	5716.47	560.46	458.32	609.84	556.44	7667	7348	155.86
呼和浩特	520.52	370.69	20.58	79.51	5133.32	333.36	235.46	425.49	344.80	6425	5196	27.86
沈 阳	709.67	490.38	31.97	125.84	7058.07	903.15	802.08	1184.32	1099.39	7128	6838	105.88
大 连	535.17	392.47	22.16	66.81	4655.07	191.92	146.62	707.49	654.62	9354	9119	137.25
长 春	596.65	401.45	35.27	106.67	6522.22	761.95	538.51	1017.75	834.49	6557	6018	436.70
哈尔滨	526.13	361.60	21.65	95.33	4842.49	1518.21	1145.41	1057.96	908.16	6680	6338	56.88
上 海	3709.03	1965.43	695.95	519.41	15111.24	2550.64	1532.88	2705.69	2019.80	24747	25910	229.11
南 京	1845.60	1392.76	96.68	195.05	7691.41	1241.33	911.63	1558.18	1406.29	17754	17884	283.19
杭 州	2606.63	1560.20	252.83	304.25	11567.82	1922.99	1113.35	2327.86	1888.28	15753	16211	219.28
宁 波	1270.33	792.68	83.35	144.15	6565.28	1097.22	651.57	1336.95	1126.06	11228	11738	175.95
合 肥	1352.59	861.02	120.86	234.13	7818.54	1180.33	860.61	2098.34	1705.72	9369	9312	501.64
福 州	1679.44	1123.59	123.18	241.67	7760.77	823.82	524.62	1221.33	1021.23	11089	11058	164.35
厦 门	765.80	427.60	116.40	66.29	4312.20	453.55	239.57	528.86	322.34	20021	25251	98.00
南 昌	674.60	471.84	49.93	102.39	4982.72	417.14	338.63	1244.65	1077.82	8218	7707	134.26
济 南	1164.14	805.76	111.30	166.56	7920.35	1134.12	802.77	1425.29	1232.72	8247	8405	170.34
青 岛	1369.14	956.18	119.25	146.99	9100.73	1425.79	951.51	1939.22	1752.08	9230	8997	213.82
郑 州	2778.95	1916.40	145.04	290.79	14229.97	1455.24	1056.28	2859.18	2571.44	8163	8093	473.70
武 汉	2517.44	1726.79	190.46	237.65	11803.10	813.17	600.10	3255.66	2931.06	10048	9819	222.12
长 沙	1266.63	693.59	138.50	256.91	9679.47	1646.66	1105.99	2613.26	2308.24	6410	6160	204.77
广 州	2540.85	1594.44	304.15	375.94	10061.92	1202.24	818.43	1949.10	1624.01	16384	16346	246.91
深 圳	1756.52	1044.54	310.44	246.45	5173.99	490.03	280.64	736.19	660.08	45146	45498	189.29
南 宁	854.00	583.20	67.24	84.60	6191.24	471.61	338.10	1327.53	1150.15	6887	6767	192.76
海 口	551.29	342.41	43.41	81.60	3081.90	306.72	234.29	432.71	394.33	9043	8868	76.15
重 庆	3725.95	2319.97	166.04	704.37	27363.39	4421.30	3084.00	6257.15	5105.46	5485	5162	959.00
成 都	2641.14	1417.95	217.24	577.31	19880.94	2734.24	1738.50	3928.77	3279.17	7504	7377	531.16
贵 阳	923.26	490.16	122.81	211.57	6086.75	974.00	636.96	981.87	826.21	5957	5392	33.29
昆 明	1530.50	931.82	130.32	222.68	9518.45	468.97	211.05	1520.87	1128.89	7030	6851	231.06
西 安	1949.50	1337.35	172.19	289.26	14686.85	1545.43	1251.00	2036.18	1866.50	6602	6385	191.13
兰 州	370.39	238.01	36.25	62.19	4010.16	260.52	166.03	828.79	713.92	6601	6162	39.53
西 宁	316.50	173.38	30.89	74.39	2146.77	319.05	187.11	352.60	292.11	5910	5007	17.19
银 川	474.94	278.16	45.79	78.62	4272.83	765.66	517.92	564.86	492.84	4790	4448	44.42
乌鲁木齐	344.71	201.46	38.51	62.47	3855.08	397.61	279.51	582.00	519.66	6314	5829	94.00

四、涉外投资与环保投资

4-1 利用外资概况

项目单位：个；　金额单位：亿美元

年　份	总　计		外商直接投资		外商其他投资额
	项　目	金　额	项　目	金　额	
合同利用外资					
1979—1984	3841	281.26	3724	97.50	13.98
1985	3145	102.69	3073	63.33	4.02
1986	1551	122.33	1498	33.30	4.96
1987	2289	121.36	2233	37.09	6.10
1988	6063	160.04	5945	52.97	8.94
1989	5909	114.79	5779	56.00	6.94
1990	7371	120.86	7273	65.96	3.91
1991	13086	195.83	12978	119.77	4.45
1992	48858	694.39	48764	581.24	6.12
1993	83595	1232.73	83437	1114.36	5.31
1994	47646	937.56	47549	826.80	4.08
1995	37184	1032.05	37011	912.82	6.35
1996	24673	816.10	24556	732.76	3.71
1997	21138	610.58	21001	510.03	41.82
1998	19850	632.01	19799	521.02	27.14
1999	17022	520.09	16918	412.23	24.26
2000	22347	711.30	22347	623.80	87.50
2001	26140	719.76	26140	691.95	27.81
2002	34171	847.51	34171	827.68	19.82
2003	41081	1169.01	41081	1150.69	18.32
2004	43664	1565.88	43664	1534.79	31.09
2005	44001	1925.93	44001	1890.65	35.28
2006	41473	1982.16	41473	1937.27	44.89
2007	37871		37871		
2008	27514		27514		
2009	23435		23435		
2010	27406		27406		
2011	27712		27712		

续表

年 份	总 计		外商直接投资		外商其他投资额
	项 目	金 额	项 目	金 额	
2012	24925		24925		
2013	22773		22773		
2014	23778		23778		
2015	26575		26575		
2016	27900		27900		
实际使用外资					
1979—1984		181.87		41.04	10.42
1985		47.60		19.56	2.98
1986		76.28		22.44	3.70
1987		84.52		23.14	3.33
1988		102.26		31.94	5.45
1989		100.60		33.92	3.81
1990		102.89		34.87	2.68
1991		115.54		43.66	3.00
1992		192.03		110.08	2.84
1993		389.60		275.15	2.56
1994		432.13		337.67	1.79
1995		481.33		375.21	2.85
1996		548.05		417.26	4.10
1997		644.08		452.57	71.30
1998		585.57		454.63	20.94
1999		526.59		403.19	21.28
2000		593.56		407.15	86.41
2001		496.72		468.78	27.94
2002		550.11		527.43	22.68
2003		561.40		535.05	26.35
2004		640.72		606.30	34.42
2005		638.05		603.25	34.80
2006		670.76		630.21	40.55
2007		783.39		747.68	35.72
2008		952.53		923.95	28.58
2009		918.04		900.33	17.71
2010		1088.21		1057.35	30.86
2011		1176.98		1160.11	16.87
2012		1132.94		1117.16	15.78
2013		1187.21		1175.86	11.34
2014		1197.05		1195.62	1.44
2015		1262.67		1262.67	
2016		1260.01		1260.01	

注：1.本表资料由商务部提供。

2.2000年及以前，外商投资合同金额和实际使用外资额均含对外借款；从2007年起商务部不再对外公布外资合同金额数据。

4-2 按国别（地区）分实际外商投资额

单位：万美元

国别(地区)	2015	2016
总计	12626555	12600142
亚洲	10415946	9883103
阿富汗	50	35
孟加拉国	24	7
文莱	7258	6567
缅甸		2
柬埔寨	1000	
塞浦路斯	195	216
朝鲜	7	
中国香港	8638672	8146508
印度	8080	5181
印度尼西亚	10754	6399
伊朗	246	382
伊拉克	102	223
以色列	523	5008
日本	319496	309585
约旦	5	155
科威特	220	152
黎巴嫩	1114	160
中国澳门	88540	81756
马来西亚	48048	22113
阿曼		6
巴基斯坦	65	65
巴勒斯坦		8
菲律宾	3867	7760
卡塔尔	90	
沙特阿拉伯	27774	1345
新加坡	690407	604668
韩国	403401	475112
斯里兰卡	3	20
叙利亚	55	105
泰国	4438	5615
土耳其	2701	3205
阿联酋	3899	3933
也门	249	251
中国台湾	153710	196280
哈萨克斯坦	953	275
吉尔吉斯斯坦		3
乌兹别克斯坦		3
非洲	58507	112720
阿尔及利亚		3
安哥拉	90	359
贝宁	17	
博茨瓦纳	4	
喀麦隆	5	4
埃及	50	269

续表

国别(地区)	2015	2016
埃塞俄比亚		6
冈比亚		7
加纳	6	
科特迪瓦		2
肯尼亚	2	6
利比里亚		572
利比亚	10	18
马达加斯加	1	
马里	8	4
毛里求斯	34601	86176
尼日利亚	300	87
塞舌尔	22600	24593
索马里		34
南非	198	382
苏丹		50
坦桑尼亚	25	112
多哥		-56
突尼斯	13	
赞比亚	512	
津巴布韦	65	
非洲其他国家(地区)		92
欧洲	689705	943439
比利时	7629	14765
丹麦	10466	16281
英国	49648	135368
德国	155636	271046
法国	122390	86975
爱尔兰	45157	3308
意大利	24519	22317
卢森堡	63011	138635
荷兰	75179	55586
希腊	7	9
葡萄牙	202	1042
西班牙	19726	19815
奥地利	7842	4271
保加利亚	14	133
芬兰	5432	25804
匈牙利	317	325
冰岛	735	58
列支敦士登	331	
马耳他	177	5740
摩纳哥		11
挪威	12798	366
波兰	8277	585
罗马尼亚		204
圣马力诺	134	
瑞典	52721	74697
瑞士	21885	54749

续表

国别(地区)	2015	2016
爱沙尼亚	7	
拉脱维亚		10
立陶宛	22	1554
格鲁吉亚	10	
亚美尼亚	2	
阿塞拜疆	8	8
白俄罗斯		4
俄罗斯	1312	7343
乌克兰	50	172
斯洛文尼亚	3	55
克罗地亚	10	37
捷克	1627	1148
斯洛伐克	1071	66
欧洲其他国家 (地区)	1350	952
拉丁美洲	913768	1221618
阿根廷		3
巴哈马	14895	4271
巴巴多斯	3911	17902
伯利兹	3180	1988
玻利维亚		64
巴西	5084	4667
开曼群岛	144446	515133
智利	526	300
哥伦比亚	12	6
多米尼克		4
古巴		761
墨西哥	731	74
巴拿马	2064	2427
秘鲁	28	1
圣文森特和格林纳丁斯	18	15
乌拉圭	12	
委内瑞拉	6	3
维尔京群岛	738778	673957
圣基茨和尼维斯	52	35
拉美洲其他国家 (地区)	25	7
北美洲	304272	310421
加拿大	22392	26240
美国	208889	238601
百慕大	71018	45580
北美洲其他国家 (地区)	1973	
大洋洲及太平洋岛屿	244357	126794
澳大利亚	30689	26264
瓦努阿图	624	2920
新西兰	2247	3182
萨摩亚	199109	87248
马绍尔群岛	7189	4825
安奎拉	3416	
大洋洲其他国家 (地区)	1083	2355
其他		2047

4—3 按方式分外商投资额

金额单位：亿美元

指　标	2014		2015	
	项目（个）	实际使用金　额	项目（个）	实际使用金　额
总　计	26575	1262.67	27900	1260.01
外商直接投资	26575	1262.67	27900	1260.01
合资经营企业	5989	258.85	6662	302.04
合作经营企业	110	18.45	126	8.30
外资企业	20398	952.85	21024	861.26
外商投资股份制企业	78	32.51	86	88.42
合作开发				
其他				
外商其他投资				
对外发行股票				
国际租赁				
补偿贸易				
加工装配				

4—4 按行业分外商直接投资（2016年）

行　业	合同项目（个）	实际使用金额（万美元）
总　计	27900	12600142
农、林、牧、渔业	558	189770
采矿业	26	9634
制造业	4013	3549230
电力、燃气及水的生产和供应业	311	214677
建筑业	268	247744
交通运输、仓储和邮政业	425	508944

续表

行　业	合同项目 (个)	实际使用金额 (万美元)
信息传输、计算机服务和软件业	1463	844249
批发和零售业	9399	1587016
住宿和餐饮业	620	36512
金融业	2476	1028901
房地产业	378	1965528
租赁和商务服务业	4631	1613171
科学研究、技术服务和地质勘查业	2444	651989
水利、环境和公共设施管理业	97	42159
居民服务和其他服务业	245	49038
教育	96	9437
卫生、社会保障和社会福利业	77	25411
文化、体育和娱乐业	371	26732
公共管理和社会组织	2	

注：本表中的行业分类仍执行2002年版的国民经济行业分类标准。

4–5 按行业分外商投资企业年底注册登记情况（2016年）

行　业	企业数（户）	投资总额 （亿美元）	注册资本 （亿美元）	外　方
总　计	505151	51240	31243	23918
农、林、牧、渔业	6866	814	525	452
采矿业	788	199	119	86
制造业	154158	20223	10709	8468
电力、热力、燃气及水生产 和供应业	4919	2364	1028	562
建筑业	5243	1091	684	379
批发和零售业	121447	3539	2008	1681

续表

行 业	企业数（户）	投资总额（亿美元）	注册资本（亿美元）	外 方
交通运输、仓储和邮政业	12329	1717	978	576
住宿和餐饮业	29490	532	360	314
信息传输、软件和信息技术服务业	43239	1675	969	852
金融业	14174	2376	2288	1373
房地产业	17559	6576	4009	3360
租赁和商务服务业	56401	5964	5177	3941
科学研究和技术服务业	27628	3118	1788	1400
水利、环境和公共设施管理业	1189	329	167	133
居民服务、修理和其他服务业	4688	182	107	89
教育	531	12	7	6
卫生和社会工作	349	136	59	46
文化、体育和娱乐业	3846	368	243	187
其他	307	27	18	13

注：本表数据来自国家工商总局(下表同)。

4-6 分地区外商投资企业年底注册登记情况

地 区	企业数(户)		投资总额(亿美元)		注册资本(亿美元)			
							外 方	
	2015	2016	2015	2016	2015	2016	2015	2016
全 国	481179	505151	45390	51240	26682	31243	20757	23918
北 京	29396	30401	3810	4274	2457	2755	1722	1895
天 津	12278	13339	1813	2226	1120	1485	881	1092
河 北	6867	7286	736	848	380	427	280	320
山 西	3606	3699	411	422	228	229	109	111
内蒙古	2967	3362	351	411	173	197	106	126
辽 宁	17745	16949	2066	2133	1264	1318	1029	1057

续表

地区	企业数(户)		投资总额(亿美元)		注册资本(亿美元)			
							外方	
	2015	2016	2015	2016	2015	2016	2015	2016
吉林	4437	3853	352	356	167	121	104	76
黑龙江	4149	4227	223	283	127	149	97	110
上海	74885	79410	6613	7342	4497	5087	3515	3922
江苏	53551	55938	7822	8799	4229	4718	3573	3952
浙江	32778	34442	2918	3199	1714	1921	1364	1519
安徽	5063	5549	1065	673	309	346	223	255
福建	25895	28351	1967	2263	1109	1321	900	1051
江西	7094	6918	726	777	481	551	416	439
山东	27240	28527	2193	2519	1272	1476	993	1152
河南	8316	8058	687	822	348	449	248	332
湖北	8646	8976	892	993	482	544	359	420
湖南	5865	6677	521	580	281	309	201	221
广东	111169	119688	6443	7816	3906	5086	3081	3728
广西	4215	4485	425	437	215	230	176	190
海南	3111	2660	312	760	180	607	117	549
重庆	5009	5555	788	881	494	549	388	427
四川	10594	10370	884	942	510	553	385	411
贵州	1662	1511	181	237	102	131	83	100
云南	3901	4087	327	330	177	187	103	133
西藏	221	236	20	23	16	17	10	12
陕西	6017	5953	516	561	284	310	194	209
甘肃	2130	2079	77	75	33	32	23	22
青海	404	440	74	75	28	29	13	13
宁夏	584	651	90	87	52	53	27	31
新疆	1384	1474	85	97	48	56	36	41

4-7 按主要国别（地区）分对外直接投资

单位：万美元

国家 (地区)	对外直接投资净额		截至2016年对外直接投资存量
	2015	2016	
合计	14566715	19614943	135739045
亚洲	10837087	13026769	90944547
#中国香港	8978978	11423259	78074489
印度	70525	9293	310715
印度尼西亚	145057	146088	954554
日本	24042	34401	318401
中国澳门	108065	82150	678339
新加坡	1045248	317186	3344564
韩国	132455	114837	423724
泰国	40724	112169	453348
越南	56017	127904	498363
非洲	297792	239873	3987747
#阿尔及利亚	21057	-9989	255248
苏丹	3171	-68994	110434
几内亚	-2572	3667	41774
马达加斯加	3384	-655	29763
尼日利亚	5058	10850	254168
南非	23317	84322	650084
欧洲	711843	1069323	8720192
#英国	184816	148039	1761210
德国	40963	238058	784175
法国	32788	149957	511617
俄罗斯	296086	129307	1297951
拉丁美洲	1261036	2722705	20715257
#巴西	-6328	12477	296251
开曼群岛	1021303	1352283	10420893
墨西哥	-628	21184	57860
英属维尔京群岛	184900	1228849	8876589
北美洲	1071848	2035096	7547246
#加拿大	156283	287150	1272599
美国	802867	1698081	6057998
大洋洲	387109	521177	3824056
#澳大利亚	340131	418688	3335056
新西兰	34809	90585	210247

4-8 按行业分对外直接投资

单位：万美元

行业	对外直接投资净额		截至2016年对外直接投资存量
	2015	2016	
总计	14566715	19614943	135739045
农、林、牧、渔业	257208	328715	1488502
采矿业	1125261	193020	15236959
制造业	1998629	2904872	10811271
电力、热力、燃气及水生产和供应业	213507	353599	2282141
建筑业	373501	439248	3241975
批发和零售业	1921785	2089417	16916820
交通运输、仓储和邮政业	272682	167881	4142202
住宿和餐饮业	72319	162549	419407
信息传输、软件和信息技术服务业	682037	1866022	6480151
金融业	2424553	1491809	17734245
房地产业	778656	1524674	4610471
租赁和商务服务业	3625788	6578157	47399432
科学研究和技术服务业	334540	423806	1972019
水利、环境和公共设施管理业	136773	84705	357469
居民服务、修理和其他服务业	159948	542429	1690188
教育	6229	28452	72372
卫生和社会工作	8387	48719	92137
文化、体育和娱乐业	174751	386869	791284
公共管理、社会保障和社会组织	160		

4–9 环境污染治理投资

指 标	2012	2013	2014	2015	2016
环境污染治理投资总额(亿元)	8253.5	9037.2	9575.5	8806.3	9219.8
#城镇环境基础设施建设投资	5062.7	5223.0	5463.9	4946.8	5412.0
#燃气	551.8	607.9	574.0	463.1	532.0
集中供热	798.1	819.5	763.0	687.8	662.5
排水	934.1	1055.0	1196.1	1248.5	1485.5
园林绿化	2380.0	2234.9	2338.5	2075.4	2170.9
市容环境卫生	398.6	505.7	592.2	472.0	561.1
工业污染源治理投资	500.5	849.7	997.7	773.7	819.0
当年完成环保验收项目环保投资	2690.4	2964.5	3113.9	3085.8	2988.8
环境污染治理投资总额占国内生产总值比重(%)	1.53	1.52	1.49	1.28	1.24

注：1.城镇环境基础设施建设投资中增加了县城基础设施建设投资。

2.2016年工业污染源治理投资和当年完成环保验收项目环保投资为初步数。

4–10 工业污染治理投资完成情况

单位：万元

年 份／地 区	工业污染治理完成投资	治理废水	治理废气	治理固体废物	治理噪声	治理其他
2000	2347895	1095897	909242	114673	13692	214390
2005	4581909	1337147	2129571	274181	30613	810396
2006	4839485	1511165	2332697	182631	30145	782848
2007	5523909	1960722	2752642	182532	18279	606838
2008	5426404	1945977	2656987	196851	28383	598206
2009	4426207	1494606	2324616	218536	14100	374349
2010	3969768	1295519	1881883	142692	14193	620021
2011	4443610	1577471	2116811	313875	21623	413831
2012	5004573	1403448	2577139	247499	11627	764860
2013	8496647	1248822	6409109	140480	17628	680608
2014	9976511	1152473	7893935	150504	10950	768649
2015	7736822	1184138	5218073	161468	27892	1145251

续表

年份/地区	工业污染治理					
	完成投资	治理废水	治理废气	治理固体废物	治理噪声	治理其他
2016	8190041	1082395	5614702	466733	6236	1019974
北京	98770	3235	94599	465		472
天津	103597	2334	63218	21	10	38014
河北	248465	11061	230068	80	80	7176
山西	300742	18504	228807	2817	53	50561
内蒙古	406191	39959	320819	20950	158	24306
辽宁	193853	8003	180275	3999	307	1270
吉林	98402	910	48397	35	50	49010
黑龙江	173809	14854	154168	4282		505
上海	519488	80144	331860	582	9	106892
江苏	747786	158518	469245	3723	710	115590
浙江	601869	101044	369172	20354	16	111284
安徽	415486	69977	207750	42620	123	95016
福建	226267	73455	62751	56956	102	33002
江西	104485	23972	70413	4132	215	5753
山东	1264063	115007	966722	29049	1135	152150
河南	651538	30863	551861	1480	153	67182
湖北	369051	39707	98518	208465	367	21994
湖南	127037	31960	81056	93		13928
广东	264812	70168	187475	2413	708	4049
广西	130433	10906	104591	14096		840
海南	16138	2701	12271	1155		11
重庆	37141	3489	26666	4504		2482
四川	116049	30509	62672	6862	92	15914
贵州	56904	11637	40980	3570	79	637
云南	127174	16567	93983	15147	755	721
西藏	1116	15	47			1054
陕西	194913	18884	157196	2302	1036	15495
甘肃	109742	34162	56999	10732	10	7839
青海	96249	5830	85164	338		4917
宁夏	242101	36037	178048	4206	69	23741
新疆	146370	17984	78910	1305		48170

注：本表数据为初步数。

4—11 林业投资完成情况（2016）

单位：万元

地 区	本年完成投资				
		生态建设与保护	林业支撑与保障	林业产业发展	其他投资
全 国	45095738	21100041	4033827	17419315	2542555
北 京	1755104	1485940	117773	30847	120544
天 津	123328	111181	3299		8848
河 北	1131022	829170	84663	153834	63355
山 西	1231851	1000419	62721	75683	93028
内蒙古	1627553	1214327	257416	3536	152274
辽 宁	421582	285106	58782	24831	52863
吉 林	818957	594675	155953	25091	43238
黑龙江	1385455	1093950	168063	57291	66151
上 海	232668	224446	2273	142	5807
江 苏	1049407	704947	70728	268879	4853
浙 江	824296	479300	109891	118458	116647
安 徽	1018263	622318	86826	256477	52642
福 建	2448630	814684	367129	1243574	23243
江 西	1163236	610801	124847	265175	162413
山 东	3170368	764059	456629	1885854	63826
河 南	1204485	801059	46690	331676	25060
湖 北	1669467	506729	87013	997272	78453
湖 南	2672818	849216	174363	1414261	234978
广 东	790191	502344	128069	41066	118712
广 西	10146123	1732217	602659	7713937	97310
海 南	145151	91226	34865	2655	16405
重 庆	557574	321919	60530	115054	60071
四 川	2680872	972380	120930	1503719	83843
贵 州	620938	581658	10159	5458	23663
云 南	1077250	707370	150734	84388	134758
西 藏	365069	314372	50697		
陕 西	1330824	907845	73310	242340	107329
甘 肃	993682	564417	60030	152807	207420
青 海	330888	239443	16710	49382	25353
宁 夏	309983	167338	35233	67934	39478
新 疆	1132655	625116	98989	287298	121252
大兴安岭	666048	380069	146845	396	138738

4-12 造林面积

单位：公顷

年份/地区	造林总面积	按造林方式分				
		人工造林	飞播造林	新封山育林	退化林修复	人工更新
2000	5105138	4345008	760130			
2005	3647942	3231556	416386			
2006	2717925	2446122	271803			
2007	3907711	2738521	118671	1050519		
2008	5354387	3684913	154065	1515409		
2009	6262330	4156293	226337	1879700		
2010	5909919	3872762	195948	1841209		
2011	5996613	4065693	196931	1733989		
2012	5595791	3820704	136409	1638678		
2013	6100057	4209686	154400	1735971		
2014	5549612	4052912	108055	1388645		
2015	7683695	4362589	128390	2152877	739334	300505
2016	7203509	3823656	162322	1953638	991088	272805
北 京	19064	10012		4000	3999	1053
天 津	9291	9291				
河 北	583361	345625	33333	135107	65653	3643
山 西	266694	199696		59998	7000	
内蒙古	618484	311052	74094	136006	90382	6950
辽 宁	142438	55332		55337	25069	6700
吉 林	157905	88646		2333	53291	13635
黑龙江	92999	41262		36814	14923	
上 海	3941	3941				
江 苏	30625	27214		333	299	2779
浙 江	55648	12837		4784	27398	10629
安 徽	128042	91380		31747	3316	1599
福 建	228675	10300		141936	19540	56899
江 西	289560	94933		78344	109669	6614
山 东	146684	115179			22282	9223
河 南	149002	97647	13429	22417	15376	133
湖 北	245705	171735		66747	2763	4460
湖 南	503235	197453		167464	124874	13444
广 东	305404	100658		97347	59791	47608
广 西	193341	82410		28135	8180	74616
海 南	14521	8325			133	6063
重 庆	226333	100600		62400	63333	
四 川	568532	425550	1600	31519	106629	3234
贵 州	478701	228138		250563		
云 南	496451	308415		97272	90667	97
西 藏	55277	42864		12413		
陕 西	297642	184108	33602	63865	16067	
甘 肃	325580	260144		57438	7998	
青 海	178414	16051		159734	2629	
宁 夏	91531	58960		22938	8298	1335
新 疆	263903	118105	6264	126647	10796	2091
大兴安岭	36526	5793			30733	

注：自2015年起造林面积包括人工造林、飞播造林、新封山育林、退化林修复和人工更新。

4—13 分地区废水中主要污染物排放情况（2016年）

地 区	废水排放总量（万吨）	废水中主要污染物排放量					
		化学需氧量(万吨)	氨氮(万吨)	总氮(万吨)	总磷(万吨)	石油类(吨)	挥发酚(吨)
全 国	7110954	1046.53	141.78	212.11	13.94	8838.7	381.2
北 京	166419	8.71	0.56	1.86	0.07	20.8	0.1
天 津	91534	10.33	1.56	2.39	0.16	38.5	0.1
河 北	288795	41.12	6.15	8.31	0.55	554.5	11.7
山 西	139291	22.71	3.26	4.49	0.34	447.3	171.1
内蒙古	104696	16.95	2.13	2.80	0.15	237.9	6.2
辽 宁	228202	25.82	5.14	7.19	0.28	320.1	8.1
吉 林	97073	17.74	2.32	3.39	0.25	323.7	0.8
黑龙江	138335	29.63	4.37	6.07	0.32	174.0	37.0
上 海	220759	14.75	3.84	6.51	0.32	512.9	1.2
江 苏	616624	74.65	10.28	17.02	1.13	559.6	22.6
浙 江	430857	46.15	7.30	12.49	0.79	244.4	2.5
安 徽	240666	49.63	5.63	8.60	0.45	439.3	2.7
福 建	237016	39.16	5.33	7.36	0.64	153.0	0.3
江 西	221092	55.47	6.04	8.23	0.60	407.9	20.6
山 东	507591	53.05	7.80	13.24	0.85	426.3	31.2
河 南	402055	46.43	6.48	10.17	0.54	425.1	2.6
湖 北	274787	51.99	6.84	9.76	0.62	498.4	11.9
湖 南	298757	60.26	8.11	12.57	0.83	313.1	18.8
广 东	938261	96.42	14.39	20.76	1.37	367.2	3.2
广 西	193186	41.60	4.62	6.43	0.46	146.8	2.7
海 南	44097	7.59	1.10	1.53	0.09	9.8	0.0
重 庆	202061	25.57	3.61	5.16	0.32	199.5	2.0
四 川	352826	67.68	8.01	11.32	0.85	323.9	0.9
贵 州	100720	25.59	3.08	4.25	0.39	136.6	1.7
云 南	181089	37.38	4.35	6.26	0.48	161.1	0.6
西 藏	6143	2.74	0.34	0.43	0.03	0.0	
陕 西	166565	18.73	2.51	3.78	0.36	694.3	10.4
甘 肃	66325	16.15	2.26	3.12	0.19	194.6	1.7
青 海	27275	7.03	0.94	1.37	0.13	129.4	1.1
宁 夏	33949	11.97	0.93	1.45	0.13	65.4	2.2
新 疆	93907	23.54	2.50	3.83	0.25	313.0	5.2

续表

地区	废水中主要污染物排放量					
	铅(千克)	汞(千克)	镉(千克)	六价铬(千克)	总铬(千克)	砷(千克)
全 国	52930.5	613.0	11219.4	15535.4	52877.5	41946.7
北 京	19.5	1.3	2.0	55.3	69.4	8.2
天 津	155.4	53.5	12.0	55.5	274.0	11.3
河 北	333.6	33.1	5.1	2084.5	4707.2	16.0
山 西	76.8	5.5	33.0	21.8	145.4	114.6
内蒙古	2066.6	19.8	542.5	45.7	107.8	3877.4
辽 宁	81.2	2.2	11.7	87.7	845.8	10.1
吉 林	219.4	5.4	70.9	64.1	116.8	1594.1
黑龙江	31.1	10.3	5.3	61.0	116.4	33.7
上 海	213.7	13.7	22.4	595.6	1773.2	147.6
江 苏	739.0	2.8	18.1	1921.9	6540.3	56.9
浙 江	524.8	9.0	68.2	2394.9	7411.2	187.4
安 徽	1124.5	84.1	104.3	188.9	644.7	1711.5
福 建	398.2	2.2	43.7	674.8	4519.6	375.9
江 西	8602.0	90.6	1817.5	732.3	1496.5	12940.0
山 东	570.8	6.1	59.1	500.0	6465.8	436.9
河 南	1389.2	14.6	176.9	641.1	2808.0	330.7
湖 北	1751.6	7.9	301.4	1034.1	1810.1	1777.9
湖 南	14564.8	90.3	4494.1	719.7	2299.7	4311.3
广 东	4200.3	43.2	589.9	1488.4	4669.5	522.1
广 西	1300.9	9.4	131.1	255.5	653.8	450.3
海 南	21.1	0.5	12.0	31.3	63.5	11.2
重 庆	113.1	0.5	4.8	264.7	494.2	4.5
四 川	1137.4	19.1	94.0	263.9	1143.2	525.3
贵 州	41.7	3.0	12.3	654.8	786.0	133.4
云 南	4158.9	37.6	645.6	100.6	156.2	7399.1
西 藏	10.4	0.3	2.9	0.9	4.3	28.6
陕 西	1002.3	17.7	316.9	162.5	709.4	1391.5
甘 肃	7228.8	15.4	1569.6	133.2	1068.3	1701.2
青 海	559.4	4.7	33.2	3.3	6.0	936.5
宁 夏	5.1	1.3	1.0	237.4	636.8	52.8
新 疆	288.9	7.8	17.9	60.0	334.5	848.9

4-14 主要城市废水中主要污染物排放情况（2016年）

城 市	工业废水排放量(万吨)	工业化学需氧量排放量(吨)	工业氨氮排放量(吨)	城镇生活污水排放量(万吨)	生活化学需氧量排放量(吨)	生活氨氮排放量(吨)
北 京	8515	2381	114	157680	63904	5138
天 津	18022	10967	1120	73440	77431	14417
石家庄	13022	23788	3998	43147	3457	1231
太 原	3879	1024	83	26014	9385	2793
呼和浩特	2339	2006	217	16246	16517	3148
沈 阳	5547	4074	590	41254	30817	9077
长 春	2548	3206	474	21278	22330	3423
哈尔滨	4235	4092	364	37747	60587	10775
上 海	36599	14388	1525	183780	128545	36601
南 京	21624	9036	539	70486	83350	10730
杭 州	28382	17571	765	55167	30389	7692
合 肥	5130	2689	252	40258	68306	6321
福 州	3696	2433	151	38474	61487	8534
南 昌	10258	5022	380	22252	47755	6828
济 南	5993	2777	186	28518	25815	4119
郑 州	6710	5182	453	68432	22796	8965
武 汉	12623	5632	561	78367	78918	11342
长 沙	4287	6497	585	61497	34258	6519
广 州	19325	9448	550	141562	106424	19206
南 宁	3834	8189	368	31622	50842	6755
海 口	507	184	12	15862	6198	2922
重 庆	25875	18316	1169	176021	236657	34782
成 都	9262	6479	368	131680	93239	9873
贵 阳	3768	2187	131	30189	19627	3282
昆 明	3622	6355	194	51104	9268	3793
拉 萨	198	359	12	3042	11409	1431
西 安	4030	1416	96	66846	25452	2886
兰 州	3342	900	67	17531	30937	4270
西 宁	1775	2367	225	10131	15098	3609
银 川	3672	4697	551	10680	14255	2820
乌鲁木齐	4658	4100	436	17749	11111	3858

注：本表数据为初步数。

4–15 分地区废气中主要污染物排放情况（2016年）

单位：万吨

地区	二氧化硫	氮氧化物	烟(粉)尘
全国	1102.86	1394.31	1010.66
北京	3.32	9.61	3.45
天津	7.06	14.47	7.81
河北	78.94	112.66	125.68
山西	68.64	67.28	68.15
内蒙古	62.57	64.53	59.90
辽宁	50.77	61.53	64.91
吉林	18.81	30.07	21.87
黑龙江	33.82	53.97	44.71
上海	7.42	16.63	7.95
江苏	57.01	93.03	47.17
浙江	26.84	38.04	18.23
安徽	28.16	50.76	32.13
福建	18.93	26.18	23.79
江西	27.69	41.93	33.31
山东	113.45	122.94	87.38
河南	41.36	80.83	42.89
湖北	28.56	39.14	27.58
湖南	34.68	42.06	26.21
广东	35.37	84.27	28.17
广西	20.11	30.29	26.19
海南	1.70	6.20	2.08
重庆	28.83	21.77	9.58
四川	48.83	45.10	27.27
贵州	64.71	37.79	20.43
云南	52.62	44.69	24.76
西藏	0.54	5.52	1.65
陕西	31.80	38.03	28.74
甘肃	27.20	25.80	18.03
青海	11.37	9.42	14.86
宁夏	23.69	19.78	20.12
新疆	48.07	59.98	45.67

4-16 主要城市废气中主要污染物排放情况（2016年）

单位：吨

城市	工业二氧化硫排放量	工业氮氧化物排放量	工业烟(粉)尘排放量	生活二氧化硫排放量	生活氮氧化物排放量	生活烟尘排放量
北京	10257	23412	7874	22943	11652	24630
天津	56701	88338	57314	13879	8308	15223
石家庄	85815	106023	52705	31212	9918	41310
太原	15707	39215	41174	86692	8399	31872
呼和浩特	52316	39561	79103	28370	5015	21455
沈阳	37530	42044	30130	23875	5201	28605
长春	21893	37459	24451	7344	1600	8000
哈尔滨	26217	63102	21781	83997	30881	154406
上海	67383	78685	72782	6843	4322	1512
南京	28639	79440	48591	163	318	100
杭州	39499	42311	20414	996	334	236
合肥	9011	21102	11483	2166	364	1456
福州	39196	30329	67548	2329	324	1096
南昌	13800	10107	33926	243	710	201
济南	28458	34502	54678	15934	2012	7714
郑州	22943	33814	21097	15883	4942	10560
武汉	17917	47919	54089	6864	2919	1800
长沙	6634	9287	6893	4298	579	1432
广州	20726	20867	8951	79	246	34
南宁	9382	20776	9694	8748	1068	4631
海口	593	415	156	71	119	35
重庆	172966	100522	83787	115248	8309	4752
成都	17318	24538	12534	10366	2589	1296
贵阳	40373	21210	8475	29523	1977	8541
昆明	51347	35134	13853	4859	651	2287
拉萨	519	2454	131	614	66	270
西安	4914	6169	2853	42636	7919	28215
兰州	19192	28558	15892	7959	1611	3746
西宁	23303	13983	28348	8725	2252	8105
银川	24366	26006	11220	15810	1887	8370
乌鲁木齐	42494	46767	38411	7168	3322	5600

注：本表数据为初步数。

4-17 分地区固体废物处理利用情况（2016年）

单位：万吨

地区	一般工业固体废物产生量	一般工业固体废物综合利用量	一般工业固体废物处置量	一般工业固体废物贮存量	一般工业固体废物倾倒丢弃量	危险废物产生量	危险废物综合利用量	危险废物处置量	危险废物贮存量
全国	309210	184096	65522	62599	32.23	5347.30	2823.71	1605.80	1158.26
北京	629	543	87	0	0.00	17.83	8.28	9.41	0.15
天津	1490	1475	15	0		15.90	3.25	12.68	0.03
河北	33236	18455	13818	1287	0.00	93.73	73.16	21.70	5.46
山西	28845	13950	11835	3104	0.41	36.94	22.35	15.24	2.00
内蒙古	24762	11359	6245	7329	1.81	235.53	68.21	136.72	91.43
辽宁	22822	9363	3253	10286	5.97	75.37	33.57	37.17	6.97
吉林	4006	2234	1069	734	0.01	200.55	62.26	66.73	74.39
黑龙江	6940	3582	1675	1685	1.61	57.48	24.51	29.10	8.99
上海	1680	1608	73	1	0.00	64.89	28.88	35.78	1.19
江苏	11649	10662	742	283	0.37	350.98	177.13	157.74	30.18
浙江	4263	3951	312	27	0.28	233.08	89.48	147.20	13.46
安徽	12653	10830	1182	1113	0.28	137.11	69.54	31.49	37.84
福建	4449	3091	1166	247	0.01	86.62	56.67	27.33	14.11
江西	12665	4909	866	6907	11.37	63.93	42.51	20.44	3.69
山东	22510	18976	1390	2352	0.05	1188.28	975.27	203.91	82.59
河南	14256	10486	3254	541	0.00	74.23	32.13	42.16	1.83
湖北	8193	4715	1588	2138	0.32	101.15	55.95	45.09	2.11
湖南	5320	3994	543	907		307.20	246.29	21.43	43.17
广东	5610	4904	550	174	1.16	206.19	85.35	121.21	1.79
广西	6938	4487	281	2268	0.41	190.77	129.02	31.72	32.80
海南	330	211	61	65	0.02	14.77	0.22	13.42	1.29
重庆	2344	1848	395	157	1.10	54.09	28.72	24.06	1.91
四川	11765	4612	3838	3584	0.06	247.48	148.11	81.09	22.59
贵州	7753	4530	2044	1221	0.07	40.35	26.57	11.97	2.71
云南	13122	6690	4083	2765	1.52	220.27	124.36	40.13	59.89
西藏	426	13	42	391	0.00				
陕西	8648	6639	1441	579	0.05	65.26	18.36	35.90	15.21
甘肃	5091	2628	1554	964		120.16	74.47	15.39	39.29
青海	14669	7325	3	7352	0.44	462.05	32.65	5.69	424.25
宁夏	3618	1886	1135	610		49.66	35.63	13.27	1.14
新疆	8530	4140	983	3527	4.92	335.42	50.81	150.60	135.82

注：本表数据为初步数。

4-18 主要城市固体废物处理利用情况(2016年)

单位：万吨

城 市	一般工业固体废物产生量	一般工业固体废物综合利用量	一般工业固体废物处置量	一般工业固体废物贮存量
北 京	629.10	542.53	86.99	0.19
天 津	1489.99	1474.97	15.05	0.09
石家庄	1444.65	1371.84	34.44	40.43
太 原	2588.56	1329.47	1137.19	121.91
呼和浩特	805.78	352.76	399.91	53.32
沈 阳	587.51	457.34	85.73	44.54
长 春	538.19	531.28	6.96	
哈尔滨	573.79	508.51	2.10	63.21
上 海	1680.10	1607.51	73.44	0.69
南 京	2016.69	1729.45	183.68	104.56
杭 州	427.48	368.21	59.31	6.32
合 肥	991.99	791.85	172.39	111.03
福 州	489.05	478.04	11.21	0.10
南 昌	155.71	147.91	8.25	0.16
济 南	918.74	910.88	7.71	0.28
郑 州	1585.88	1321.07	204.35	60.97
武 汉	1308.61	1314.25	52.11	33.30
长 沙	141.34	132.84	8.73	0.03
广 州	498.92	471.34	24.61	3.10
南 宁	174.45	149.29	13.21	13.42
海 口	3.74	3.35	0.40	
重 庆	2343.66	1848.38	394.85	157.34
成 都	295.85	227.91	70.45	0.38
贵 阳	1417.78	554.71	838.22	25.25
昆 明	2069.54	780.28	1269.36	19.90
拉 萨	237.74	2.65	25.02	229.97
西 安	192.10	167.75	25.10	0.06
兰 州	291.05	280.72	10.07	0.55
西 宁	408.72	412.36	3.29	4.99
银 川	902.39	334.96	309.39	261.19
乌鲁木齐	767.46	706.71	59.23	1.51

注：本表数据为初步数。

4-19 环保重点城市空气质量情况（2015）

城　市	二氧化硫年平均浓度（μg/m³）	二氧化氮年平均浓度（μg/m³）	可吸入颗粒物(PM2.5)年平均浓度（μg/m³）	一氧化碳日均值第95百分位浓度(mg/m³)	臭氧(O_3)日最大8小时第90百分位浓度（μg/m³）	细颗粒物(PM10)年平均浓度（μg/m³）	空气质量达到及好于二级的天数(天)
北　京	10	48	92	3.2	199	73	198
天　津	21	48	103	2.7	157	69	226
石家庄	41	58	164	3.9	164	99	172
唐　山	46	58	127	4.1	178	74	200
秦皇岛	28	48	87	2.9	149	46	280
邯　郸	42	55	151	3.9	160	82	189
保　定	39	58	147	4.4	174	93	155
太　原	68	46	125	3.3	140	66	232
大　同	48	29	78	2.7	134	37	320
阳　泉	62	48	131	2.7	168	63	202
长　治	61	40	114	3.7	155	69	219
临　汾	83	34	120	5.0	136	74	244
呼和浩特	28	42	95	2.8	148	41	283
包　头	31	39	105	2.7	146	47	269
赤　峰	32	19	77	2.0	127	37	310
沈　阳	47	40	94	1.7	162	54	249
大　连	26	30	67	1.5	155	39	299
鞍　山	39	34	93	2.2	138	56	290
抚　顺	27	33	78	2.1	162	44	284
本　溪	36	33	74	2.1	137	45	316
锦　州	52	37	81	2.0	180	55	246
长　春	28	40	78	1.6	141	46	291
吉　林	23	30	69	1.5	151	42	290
哈尔滨	29	44	74	1.8	103	52	282
齐齐哈尔	23	23	61	1.5	98	36	333
牡丹江	18	26	68	1.5	104	37	329
上　海	15	43	59	1.3	164	45	276
南　京	18	44	85	1.8	184	48	242
无　锡	18	47	83	1.8	186	53	245
徐　州	35	42	118	2.2	153	60	238
常　州	22	42	90	1.6	175	53	246
苏　州	17	51	72	1.5	167	46	252
南　通	25	36	70	1.3	174	46	263
连云港	25	30	87	1.6	158	46	280
扬　州	23	32	87	1.6	163	51	262
镇　江	24	38	80	1.4	162	50	268
杭　州	12	45	79	1.3	171	49	260
宁　波	13	39	62	1.2	149	38	310

续表

城市	二氧化硫年平均浓度(μg/m^3)	二氧化氮年平均浓度(μg/m^3)	可吸入颗粒物(PM2.5)年平均浓度(μg/m^3)	一氧化碳日均值第95百分位浓度(mg/m^3)	臭氧(O_3)日最大8小时第90百分位浓度(μg/m^3)	细颗粒物(PM10)年平均浓度(μg/m^3)	空气质量达到及好于二级的天数(天)
温州	13	41	69	1.3	140	38	334
湖州	17	37	68	1.3	196	46	243
绍兴	15	38	69	1.4	146	46	292
合肥	15	46	83	1.6	150	57	253
芜湖	21	45	75	1.8	116	53	294
马鞍山	20	34	75	2.0	158	49	272
福州	6	30	51	1.1	116	27	361
厦门	11	31	47	0.9	102	28	360
泉州	11	27	48	1.0	109	28	360
南昌	17	33	78	1.6	138	43	318
九江	21	28	73	1.3	142	50	287
济南	37	48	146	2.3	178	76	168
青岛	21	36	89	1.4	146	46	293
淄博	59	53	133	2.9	182	77	168
枣庄	36	29	137	1.6	170	77	188
烟台	22	35	76	1.5	137	40	317
潍坊	37	35	124	1.8	180	64	202
济宁	42	42	114	2.0	169	70	209
泰安	36	39	113	2.4	200	65	169
日照	21	38	101	1.9	158	59	236
郑州	29	56	143	2.8	177	78	159
开封	28	40	122	2.7	152	72	227
洛阳	38	48	129	3.5	189	79	160
平顶山	30	43	125	2.1	165	75	192
安阳	52	51	155	4.7	154	86	178
焦作	40	48	141	3.9	166	85	175
三门峡	33	39	127	3.0	162	66	199
武汉	11	46	92	1.7	160	57	237
宜昌	14	35	97	1.7	126	62	247
荆州	23	34	100	1.8	156	60	237
长沙	16	38	73	1.4	150	53	266
株洲	25	35	83	1.4	142	51	284
湘潭	25	37	85	1.4	142	51	286
岳阳	21	25	72	1.4	158	49	284
常德	19	23	80	1.8	136	56	267
张家界	7	21	72	2.2	124	48	307
广州	12	46	56	1.3	155	36	310
韶关	16	26	51	1.6	134	33	341
深圳	8	33	42	1.1	134	27	354
珠海	9	32	42	1.1	144	26	346

续表

城　市	二氧化硫年平均浓度(μg/m³)	二氧化氮年平均浓度(μg/m³)	可吸入颗粒物(PM2.5)年平均浓度(μg/m³)	一氧化碳日均值第95百分位浓度(mg/m³)	臭氧(O_3)日最大8小时第90百分位浓度(μg/m³)	细颗粒物(PM10)年平均浓度(μg/m³)	空气质量达到及好于二级的天数(天)
汕　头	14	21	48	1.2	132	30	357
湛　江	10	14	39	1.2	138	26	356
南　宁	12	32	62	1.3	114	36	348
柳　州	21	24	66	1.6	123	44	316
桂　林	17	27	64	1.7	135	47	306
北　海	9	13	44	1.3	136	28	350
海　口	6	16	39	0.9	107	21	361
重　庆	13	46	77	1.4	141	54	289
成　都	14	54	105	1.8	168	63	214
自　贡	15	33	99	1.5	116	73	223
攀枝花	38	34	65	2.2	112	32	366
泸　州	18	29	87	0.9	154	64	233
德　阳	12	26	88	1.4	159	53	248
绵　阳	11	36	78	1.6	136	49	279
南　充	12	31	82	1.3	111	57	276
宜　宾	19	30	78	1.4	133	56	266
贵　阳	13	29	64	1.1	130	37	350
遵　义	11	32	69	1.2	112	44	339
昆　明	17	28	55	1.5	122	28	362
曲　靖	22	20	55	1.3	132	31	356
玉　溪	17	19	42	2.5	100	25	365
拉　萨	8	24	80	1.0	151	28	313
西　安	20	53	137	3.1	162	71	192
铜　川	22	35	104	2.2	170	59	210
宝　鸡	13	39	111	2.2	158	59	239
咸　阳	20	49	149	2.6	174	82	170
渭　南	22	47	139	2.7	173	76	173
延　安	28	48	92	3.0	148	44	290
兰　州	19	57	132	2.9	144	54	243
金　昌	37	17	104	1.9	128	32	304
西　宁	31	42	113	3.2	128	49	271
银　川	57	37	111	2.6	147	56	252
石嘴山	68	29	114	2.4	158	47	236
乌鲁木齐	14	53	115	3.8	112	74	246
克拉玛依	7	18	55	1.9	128	30	330

注：本表数据为初步数。

4-20 分地区城市生活垃圾清运和处理情况（2016年）

地 区	生活垃圾清运量(万吨)	无害化处理厂数(座)				无害化处理能力(吨/日)			
			卫生填埋	焚 烧	其 他		卫生填埋	焚 烧	其 他
全 国	20362.0	940	657	249	34	621351	350103	255850	15398
北 京	872.6	27	14	7	6	24341	9141	10400	4800
天 津	269.0	9	4	5		10800	5100	5700	
河 北	725.2	51	39	10	2	23140	12480	10100	560
山 西	469.4	23	18	5		13456	9644	3812	
内蒙古	345.3	28	26	2		11969	9619	2350	
辽 宁	933.1	33	27	2	4	25603	22513	1780	1310
吉 林	534.1	28	21	4	3	15095	9395	4700	1000
黑龙江	541.9	34	27	4	3	16306	11763	3000	1543
上 海	629.4	14	5	7	2	23530	11230	11300	1000
江 苏	1562.3	61	31	30		55403	22310	33093	
浙 江	1433.5	61	25	35	1	48250	13558	34492	200
安 徽	540.0	28	17	11		18087	9037	9050	
福 建	657.0	26	11	14	1	19431	5865	13066	500
江 西	399.5	17	16	1		10505	9865	640	
山 东	1466.3	66	38	24	4	42484	20074	20550	1860
河 南	915.4	45	40	5		24757	19907	4850	
湖 北	880.1	44	29	12	3	25136	11340	12521	1275
湖 南	681.6	33	29	4		23013	18833	4180	
广 东	2391.0	76	48	24	4	71217	39972	30045	1200
广 西	411.2	25	20	5		12651	8851	3800	
海 南	188.7	10	6	4		6133	2233	3900	
重 庆	494.1	24	21	3		11753	7353	4400	
四 川	886.7	44	30	14		24500	12400	12100	
贵 州	294.0	18	14	4		9290	6890	2400	
云 南	432.1	29	21	8		11079	4179	6900	
西 藏	46.1	6	6			1151	1151		
陕 西	532.8	22	20	1	1	18075	16425	1500	150
甘 肃	257.2	20	18	2		7840	4919	2921	
青 海	82.0	8	8			2253	2253		
宁 夏	112.2	9	8	1		4460	2960	1500	
新 疆	378.7	21	20	1		9643	8843	800	

续表

地 区	无害化处理量(万吨)	卫生填埋	焚 烧	其 他	粪 便清运量(万吨)	粪便无害化处理量(万吨)	生活垃圾无害化处理率(%)
全 国	19673.8	11866.4	7378.4	428.9	1299.2	647.1	96.6
北 京	871.2	472.8	272.5	126.0	204.0	190.5	99.8
天 津	253.3	113.4	140.0		28.4	6.4	94.2
河 北	709.2	408.4	288.6	12.2	92.6	17.8	97.8
山 西	444.1	320.3	123.8		35.3	1.0	94.6
内蒙古	341.4	302.2	39.2		60.0	12.0	98.9
辽 宁	870.2	756.0	66.4	47.8	85.9	18.4	93.3
吉 林	460.9	298.5	130.6	31.9	62.5	39.2	86.3
黑龙江	436.9	307.3	85.0	44.6	120.7	32.7	80.6
上 海	629.4	329.6	272.9	26.9	159.7	53.2	100.0
江 苏	1561.2	451.9	1109.3		65.9	47.2	99.9
浙 江	1433.2	598.5	834.8		75.4	62.5	100.0
安 徽	539.6	258.1	281.5		13.0	8.3	99.9
福 建	646.7	206.0	421.4	19.3	4.0	2.9	98.4
江 西	379.4	348.7	30.7		7.8	6.2	95.0
山 东	1466.3	705.3	707.5	53.4	22.2	22.2	100.0
河 南	903.9	746.6	157.4		36.9	17.6	98.8
湖 北	843.1	444.9	374.6	23.6	16.4	4.4	95.8
湖 南	680.8	565.7	115.1		2.8	2.3	99.9
广 东	2300.6	1476.8	785.9	37.9	89.3	54.2	96.2
广 西	406.9	329.3	77.6		7.7	3.9	99.0
海 南	188.6	58.5	130.1		0.6	0.4	99.9
重 庆	494.1	299.4	194.6		45.7	10.8	100.0
四 川	874.2	512.3	361.9		15.9	5.6	98.6
贵 州	278.3	237.8	40.4		0.9		94.7
云 南	401.7	155.8	245.9		15.1	7.5	93.0
西 藏	42.0	42.0			0.1		91.2
陕 西	525.0	506.5	13.0	5.5	7.3	5.9	98.5
甘 肃	187.1	154.7	32.4		16.2	9.7	72.8
青 海	78.9	78.9			1.4		96.3
宁 夏	110.2	76.0	34.3		5.7	4.7	98.3
新 疆	315.4	304.4	11.0		0.2		83.3

4-21 全海域未达到第一类海水水质标准的海域面积(2016年)

单位：平方公里

项 目	第二类水质海域面积	第三类水质海域面积	第四类水质海域面积	劣于第四类水质海域面积
总 计	49310	31020	17770	37420
渤 海	9950	5690	3130	5000
黄 海	12160	7440	3260	2530
东 海	22740	8070	8060	21950
南 海	4460	9820	3320	7940

五、金融概况

5-1　资金流量表(非金融交易，2015年)

单位：亿元

交易项目	非金融企业部门		金融机构部门		政府部门		住户部门	
	运　用	来　源	运　用	来　源	运　用	来　源	运　用	来　源
一、净出口								
二、增加值		407653.5		57872.6		55791.4		167734.6
三、劳动者报酬	172403.0		17431.4		48215.9		117323.1	357075.8
四、生产税净额	67736.7		7425.3		318.6	79668.7	4188.0	
五、财产收入	56503.9	24602.7	54735.9	51947.3	7758.5	23450.7	10216.2	24908.8
(一)利息	25831.0	20403.3	49199.2	51058.6	7748.7	7987.2	10170.9	19534.1
(二)红利	23789.4	4068.8	2345.9	888.7		8483.3		2314.6
(三)地租	6697.7					6743.0	45.3	
(四)其他	185.9	130.6	3190.7		9.8	237.2		3060.1
六、初次分配总收入		135612.6		30227.4		102617.8		417991.9
七、经常转移	23688.5	1254.1	12412.8	4847.7	61150.1	85718.5	51142.5	55779.7
(一)所得税、财产税等经常税	18741.1		8392.8			36025.3	8891.4	
(二)社会保险缴款					10244.2	46354.1	36109.9	
(三)社会保险福利					39117.7			39117.7
(四)社会补助	291.0				11396.6			11687.6
(五)其他	4656.4	1254.1	4020.0	4847.7	391.7	3339.1	6141.1	4974.5
八、可支配总收入		113178.2		22662.3		127186.1		422629.2
九、最终消费支出					96286.4		265980.1	
(一)居民消费支出							265980.1	
(二)政府消费支出					96286.4			
十、总储蓄		113178.2		22662.3		30899.7		156649.1
十一、资本转移	3736.6	8750.6			8762.9	3863.9	95.6	
(一)投资性补助		8750.6			8750.6			
(二)其他	3736.6				12.3	3863.9	95.6	
十二、资本形成总额	200717.8		641.5		37759.3		73716.9	
(一)固定资本形成总额	192556.0		641.5		37370.2		70935.3	
(二)存货增加	8161.8				389.1		2781.6	
十三、其他非金融资产获得减处置	21345.6				−5749.5		−15596.1	
十四、净金融投资	−103871.2		22020.8		−6009.0		98432.7	

续表

交易项目	国内合计		国外部门		合计	
	运用	来源	运用	来源	运用	来源
一、净出口				-22346.5		-22346.5
二、增加值		689052.1				
三、劳动者报酬	355373.3	357075.8	2058.7	356.2	357432.0	357432.0
四、生产税净额	79668.7	79668.7			79668.7	79668.7
五、财产收入	129214.5	124909.5	11818.1	16123.1	141032.7	141032.7
(一)利息	92949.8	98983.2	7698.1	1664.6	100647.8	100647.8
(二)红利	26135.3	15755.4	4068.8	14448.7	30204.1	30204.1
(三)地租	6743.0	6743.0			6743.0	6743.0
(四)其他	3386.4	3427.9	51.3	9.8	3437.7	3437.7
六、初次分配总收入		686449.6				
七、经常转移	148393.9	147600.1	2236.4	3030.2	150630.3	150630.3
(一)所得税、财产税等经常税	36025.3	36025.3			36025.3	36025.3
(二)社会保险缴款	46354.1	46354.1			46354.1	46354.1
(三)社会保险福利	39117.7	39117.7			39117.7	39117.7
(四)社会补助	11687.6	11687.6			11687.6	11687.6
(五)其他	15209.3	14415.5	2236.4	3030.2	17445.7	17445.7
八、可支配总收入		685655.9				685655.9
九、最终消费支出	362266.5				362266.5	
(一)居民消费支出	265980.1				265980.1	
(二)政府消费支出	96286.4				96286.4	
十、总储蓄		323389.4		-18950.3		304439.1
十一、资本转移	12595.0	12614.5	31.7	12.3	12626.8	12626.8
(一)投资性补助	8750.6	8750.6			8750.6	8750.6
(二)其他	3844.4	3863.9	31.7	12.3	3876.2	3876.2
十二、资本形成总额	312835.7				312835.7	
(一)固定资本形成总额	301503.0				301503.0	
(二)存货增加	11332.7				11332.7	
十三、其他非金融资产获得减处置						
十四、净金融投资	10573.1		-18969.7		-8396.6	

注：本表数据根据研发支出资本化修订后GDP数据进行编制。

5-2　资金流量表（金融交易，2015年）

单位：亿元

机构部门 交易项目	非金融企业部门		金融机构部门		政府部门		住户部门	
	运　用	来　源	运　用	来　源	运　用	来　源	运　用	来　源
净金融投资	−10807		−61245		11508		81185	
资金运用合计	130106		290968		65901		122682	
资金来源合计		140913		352213		54393		41497
通货	266		353	2957	59		2101	
存款	67002		30346	155584	23972		46818	
活期存款	31202			63491	11522		20768	
定期存款	21601			53635	7102		24932	
财政存款				−914	−914			
外汇存款	7049		−2086	1045	107		1148	
其他存款	7149		32433	38327	6155		−30	
证券公司客户保证金	3715		1313	11201	1837		4232	
贷款		82867	144190	15781				41497
短期贷款与票据融资		35650	46723					11074
中长期贷款		35406	65929					30523
外汇贷款		−7182	−3130	14				−7
委托贷款		15913	15913					
其他贷款		3080	18754	15766				−92
未贴现的银行承兑汇票	−10569	−10569	−10569	−10569				
保险准备金	970			8391		7025	14446	
金融机构往来			−8167	−18134				
准备金			−17471	−17513				
证券	7191	37097	110432	44111	4093	47252	8156	
债券	3529	29340	107795	42416	2695	47252	4938	
国债	25		45121		−6	47252	2112	
金融债券	381		41654	42366	331			
中央银行债券			0	50				
企业债券	3124	29340	21020		2370		2826	
股票	3662	7757	2637	1695	1397		3218	
证券投资基金份额	7837		2770	23630	3876		8927	
库存现金			−208	−222				
中央银行贷款			−1038	−1038				
其他（净）	38273	32000	62433	138772	32064		38001	
直接投资	11298	15169						
其他对外债权债务	4123	−3910	−2026	−738		116		
国际储备资产			−21390					
国际收支错误与遗漏		−11742						

续表

机构部门 交易项目	国内合计		国外部门		合 计	
	运 用	来 源	运 用	来 源	运 用	来 源
净金融投资	589017		-15624			
资金运用合计	523831		15592		539423	
资金来源合计		508207		31216		539423
通货	1587	1688	101		1688	1688
存款	133478	130364	2220	5334	135698	135698
活期存款	12364	12364			12364	12364
定期存款	74886	74886			74886	74886
财政存款	5531	5531			5531	5531
外汇存款	10663	6608	1279	5334	11942	11942
其他存款	30034	30975	941		30975	30975
证券公司客户保证金	8029	8169	140		8169	8169
贷款	139435	139909	2777	2303	142212	142212
短期贷款与票据融资	38520	38520			38520	38520
中长期贷款						
外汇贷款	60644	60644			60644	60644
委托贷款	3548	4022	2777	2303	6326	6326
其他贷款	25070	25070			25070	25070
未贴现的银行承兑汇票	11654	11654			11654	11654
保险准备金	-2396	-2396			-2396	-2396
金融机构往来	14248	14248			14248	14248
准备金	38876	28153	-4688	6035	34188	34188
证券	21112	20834	-279		20834	20834
债券	61050	64281	3316	85	64366	64366
国债	54015	54064	49		54064	54064
金融债券	11804	11804			11804	11804
中央银行债券	19171	19171			19171	19171
企业债券	-1240	-1240			-1240	-1240
股票	24280	24329	49		24329	24329
证券投资基金份额	7035	10217	3267	85	10303	10303
库存现金	15066	15328	262		15328	15328
中央银行贷款	742	482		260	742	742
其他（净）	15665	15665			15665	15665
直接投资	59740	59777	37		59777	59777
其他对外债权债务	4903	17626	17626	4903	22529	22529
国际储备资产	5115	2623	2623	5115	7738	7738
国际收支错误与遗漏	7181			7181	7181	7181
国际收支错误与遗漏		-8544	-8544		-8544	-8544

5-3 国际收支平衡表（2016）

单位：万美元

项目	2016	项目	2016
1. 经常账户	19638023	借方	-1291269
贷方	245464052	1.A.b.7 金融服务	114070
借方	-225826029	贷方	317418
1.A 货物和服务	24991389	借方	-203349
贷方	219792247	1.A.b.8 知识产权使用费	-2281838
借方	-194800858	贷方	116120
1.A.a 货物	49407700	借方	-2397958
贷方	198951864	1.A.b.9 电信、计算机和信息服务	1269488
借方	-149544164	贷方	2543249
1.A.b 服务	-24416311	借方	-1273761
贷方	20840383	1.A.b.10 其他商业服务	1471254
借方	-45256694	贷方	5795671
1.A.b.1 加工服务	1838178	借方	-4324417
贷方	1853990	1.A.b.11 个人、文化和娱乐服务	-139821
借方	-15812	贷方	74233
1.A.b.2 维护和维修服务	323969	借方	-214054
贷方	520219	1.A.b.12 别处未提及的政府服务	-197328
借方	-196250	贷方	121171
1.A.b.3 运输	-4675309	借方	-318499
贷方	3382713	1.B 初次收入	-4401340
借方	-8058022	贷方	22581796
1.A.b.4 旅行	-21669756	借方	-26983137
贷方	4443158	1.B.1 雇员报酬	2067239
借方	-26112914	贷方	2688328
1.A.b.5 建设	415672	借方	-621089
贷方	1266061	1.B.2 投资收益	-6503135
借方	-850389	贷方	19837423
1.A.b.6 保险和养老金服务	-884890	借方	-26340559
贷方	406379	1.B.3 其他初次收入	34556

续表

项　目	2016
贷方	56045
借方	-21489
1.C 二次收入	-952026
贷方	3090009
借方	-4042035
2. 资本和金融账户	2632790
2.1 资本账户	-34441
贷方	31794
借方	-66235
2.2 金融账户	2667230
资产	-21743006
负债	24410236
2.2.1 非储备性质的金融账户	-41699229
资产	-66109465
负债	24410236
2.2.1.1 直接投资	-4664642
2.2.1.1.1 资产	-21720294
2.2.1.1.1.1 股权	-14842225
2.2.1.1.1.2 关联企业债务	-6878070
2.2.1.1.2负债	17055653
2.2.1.1.2.1 股权	16418241
2.2.1.1.2.2 关联企业债务	637411
2.2.1.2 证券投资	-6218307
2.2.1.2.1 资产	-10339573
2.2.1.2.1.1 股权	-3853965
2.2.1.2.1.2 债券	-6485608
2.2.1.2.2 负债	4121266
2.2.1.2.2.1 股权	1894531
2.2.1.2.2.2 债券	2226735
2.2.1.3 金融衍生工具	-465776
2.2.1.3.1 资产	-689552
2.2.1.3.2 负债	223776
2.2.1.4 其他投资	-30350504
2.2.1.4.1 资产	-33360046
2.2.1.4.1.1 其他股权	-163
2.2.1.4.1.2 货币和存款	-4348336
2.2.1.4.1.3 贷款	-11472179
2.2.1.4.1.4 保险和养老金	-28359
2.2.1.4.1.5 贸易信贷	-10080000
2.2.1.4.1.6 其他	-7431009
2.2.1.4.2 负债	3009542
2.2.1.4.2.1 其他股权	
2.2.1.4.2.2 货币和存款	1015118
2.2.1.4.2.3 贷款	-1956907
2.2.1.4.2.4 保险和养老金	-57371
2.2.1.4.2.5 贸易信贷	1620000
2.2.1.4.2.6 其他	2388701
2.2.1.4.2.7 特别提款权	
2.2.2 储备资产	44366460
2.2.2.1 货币黄金	
2.2.2.2 特别提款权	32624
2.2.2.3 在国际货币基金组织的储备头寸	-534220
2.2.2.4 外汇储备	44868055
2.2.2.5 其他储备资产	
3. 净误差与遗漏	-22270813
3. 净误差与遗漏	-18824355

注：1.根据《国际收支和国际投资头寸手册》(第六版)编制，资本和金融账户中包含储备资产。

2.“贷方”按正值列示，“借方”按负值列示，差额等于“贷方”加上“借方”。本表除标注“贷方”和“借方”的项目外，其他项目均指差额。

3.本表计数采用四舍五入原则。

5-4 货币供应量（年底余额）

单位：亿元

年 份	货币和准货币	货 币			准货币			
			流通中货币	单位活期存款		单位定期存款	个人存款	其他存款
1990	15293.4	6950.7	2644.4	4306.3	8342.7			
1991	19349.9	8633.3	3177.8	5455.5	10716.6			
1992	25402.2	11731.5	4336.0	7395.2	13670.7			
1993	34879.8	16280.4	5864.7	10415.7	18599.4	1247.9	15203.5	2148.0
1994	46923.5	20540.7	7288.6	13252.1	26382.8	1943.1	21518.8	2920.9
1995	60750.5	23987.1	7885.3	16101.8	36763.4	3324.2	29662.2	3777.0
1996	76094.9	28514.8	8802.0	19712.8	47580.1	5041.9	38520.8	4017.4
1997	90995.3	34826.3	10177.6	24648.7	56169.1	6738.5	46279.8	3150.7
1998	104498.5	38953.7	11204.2	27749.5	65544.9	8301.9	53407.5	3835.5
1999	119897.9	45837.3	13455.5	32381.8	74060.6	9476.8	59621.8	4962.0
2000	134610.3	53147.2	14652.7	38494.5	81463.1	11261.1	64332.4	5869.7
2001	158301.9	59871.6	15688.8	44182.8	98430.3	14180.1	73762.4	10487.8
2002	185007.0	70881.8	17278.0	53603.8	114125.2	16433.8	86910.7	10780.7
2003	221222.8	84118.6	19745.9	64372.6	137104.3	20940.4	103617.7	12546.2
2004	254107.0	95969.7	21468.3	74501.4	158137.2	25382.2	119555.4	13199.7
2005	298755.7	107278.8	24031.7	83247.1	191476.9	33100.0	141051.0	17325.9
2006	345577.9	126028.1	27072.6	98955.4	219549.9	38715.9	161587.3	19246.7
2007	403442.2	152560.1	30375.2	122184.9	250882.1	46932.5	172534.2	31415.4
2008	475166.6	166217.1	34219.0	131998.2	308949.5	60103.1	217885.4	30961.1
2009	610224.5	221445.8	38247.0	183198.8	388778.7	84819.5	260752.7	43206.5
2010	725851.8	266621.5	44628.2	221993.4	459230.3	105858.7	303302.5	50069.1
2011	851590.9	289847.7	50748.5	239099.2	561743.2	166616.0	352797.5	42329.7
2012	974148.8	308664.2	54659.8	254004.5	665484.6	195940.1	411362.6	58181.9
2013	1106525.0	337291.1	58574.4	278716.6	769233.9	232696.6	467031.1	69506.2
2014	1228374.8	348056.4	60259.5	287796.9	880318.4	264055.7	508878.1	107384.6
2015	1392278.1	400953.4	63216.6	337736.9	991324.7	288240.7	552073.5	151010.5
2016	1550066.7	486557.2	68303.9	418253.4	1063509.4	307989.6	603504.2	152015.6

注：1.2001年6月起，将证券公司客户保证金计入货币供应量M2，含在其他存款项内。

2.自2011年10月起，货币供应量已包含住房公积金中心存款和非存款类金融机构在存款类金融机构的存款。

5-5 货币供应量同比增长率

单位：%

年 份	货币和准货币	货 币			准货币			
			流通中货币	单位活期存款		单位定期存款	个人存款	其他存款
1991	26.5	24.2	20.2	26.7	28.5			
1992	31.3	35.9	36.4	35.6	27.6			
1993								
1994	34.5	26.2	24.3	27.2	41.9	55.7	41.5	36.0
1995	29.5	16.8	8.2	21.5	39.4	71.1	37.9	29.3
1996	25.3	18.9	11.6	22.4	29.4	51.7	29.9	6.4
1997	17.3	16.5	15.6	16.9	17.8	24.5	19.3	-8.9
1998	14.8	11.9	10.1	12.6	16.7	23.2	15.4	21.7
1999	14.7	17.7	20.1	16.7	13.0	14.2	11.6	29.3
2000	12.3	16.0	8.9	18.9	10.0	18.8	7.9	18.3
2001	14.4	12.7	7.1	14.8	15.5	25.9	14.7	9.1
2002	16.8	16.8	10.1	19.2	16.8	21.8	17.8	2.8
2003	19.6	18.7	14.3	20.3	20.1	27.4	19.2	16.4
2004	14.7	13.6	8.7	15.1	15.3	21.2	15.4	5.2
2005	17.6	11.8	11.9	11.7	21.1	30.4	18.0	31.3
2006	16.9	17.5	12.7	18.9	16.6	17.1	14.6	36.2
2007	16.7	21.1	12.2	23.5	14.3	21.2	6.8	63.2
2008	17.8	9.1	12.7	8.2	23.2	28.1	26.3	-1.5
2009	28.5	33.2	11.8	38.8	26.0	42.0	19.7	39.6
2010	19.7	21.2	16.7	22.1	18.9	28.7	16.3	16.0
2011	13.6	7.9	13.8	6.7	16.8	18.1	16.2	17.7
2012	13.8	6.5	7.7	6.2	17.6	17.6	16.6	25.1
2013	13.6	9.3	7.2	9.7	15.6	18.8	13.5	19.5
2014	12.2	3.2	2.9	3.3	14.4	13.5	9.0	54.5
2015	13.3	15.2	4.9	17.4	12.6	9.2	8.5	40.6
2016	11.3	21.4	8.1	23.8	7.3	6.9	9.3	0.7

注：1.同比增长率按可比口径计算。1993年口径调整，故1993年未计算增长率。

2.2001年6月起，将证券公司客户保证金计入货币供应量M2，含在其他存款内。

3.1997年初，中国人民银行对金融统计制度进行了调整，因此自1997年起的数据与历史数据不完全可比。

5–6　社会融资规模增量及构成

单位：亿元

年 份	社会融资规模增量	人民币贷款	外币贷款(折合人民币)	委托贷款	信托贷款	未贴现银行承兑汇票	企业债券	非金融企业境内股票融资
2002	20112	18475	731	175		−695	367	628
2003	34113	27652	2285	601		2010	499	559
2004	28629	22673	1381	3118		−290	467	673
2005	30008	23544	1415	1961		24	2010	339
2006	42696	31523	1459	2695	825	1500	2310	1536
2007	59663	36323	3864	3371	1702	6701	2284	4333
2008	69802	49041	1947	4262	3144	1064	5523	3324
2009	139104	95942	9265	6780	4364	4606	12367	3350
2010	140191	79451	4855	8748	3865	23346	11063	5786
2011	128286	74715	5712	12962	2034	10271	13658	4377
2012	157631	82038	9163	12838	12845	10499	22551	2508
2013	173169	88916	5848	25466	18404	7756	18111	2219
2014	158761	97452	1235	21740	5174	−1198	24329	4350
2015	154063	112693	−6427	15911	434	−10567	29388	7590
2016	178159	124372	−5640	21854	8593	−19514	30025	12416

注：社会融资规模增量是指一定时期内实体经济(境内非金融企业和住户)从金融体系获得的资金总额。

5–7　社会融资规模存量及增长率

年 份	社会融资规模存量(亿元)	社会融资规模存量同比增速(%)	人民币贷款	外币贷款(折合人民币)	委托贷款	信托贷款	未贴现银行承兑汇票	企业债券	非金融企业境内股票融资
2002	148532								
2003	181655	22.3	21.4	26.6	13.3		126.0	132.9	8.0
2004	204143	14.9	14.3	16.8	61.6		−8.0	4.0	8.5
2005	224265	13.5	13.3	11.0	11.8		0.7	129.1	4.2
2006	264500	18.1	16.3	9.0	20.0		44.9	68.7	12.5
2007	321326	21.5	16.4	21.9	29.9	84.0	138.4	41.0	45.8
2008	379765	20.5	18.7	5.1	29.1	84.3	9.2	78.7	17.7
2009	511835	34.8	31.3	55.5	35.8	63.4	36.5	86.2	18.3
2010	649869	27.0	19.9	15.9	44.2	34.4	135.5	42.3	30.9
2011	767791	18.3	16.1	13.1	21.2	13.5	25.6	36.2	17.7
2012	914675	19.1	15.0	27.2	17.1	75.0	21.0	44.4	8.6
2013	1075217	17.6	14.2	7.2	39.7	61.1	12.7	24.2	6.7
2014	1229386	14.3	13.6	4.1	29.2	10.8	−1.1	25.8	11.8
2015	1382824	12.5	13.9	−13.0	18.0	2.0	−14.8	25.1	20.2
2016	1560044	12.8	13.4	−12.9	19.8	15.8	−33.3	22.5	27.6

注：1.社会融资规模存量是指一定时期末(月末、季末或年末)实体经济(境内非金融企业和住户)从金融体系获得的资金余额。

2.同比增速为可比口径数据。

5-8 证券市场基本情况

项　目	2015	2016
境内上市公司数 (A、B股)(家)	2827	3052
境内上市外资股公司数(B股)(家)	101	100
境外上市公司数 (H股) (家)	229	241
股票总发行股本 (亿股)	43024	48820
#流通股本 (亿股)	37043	41139
股票市价总值 (亿元)	531463	507685
#股票流通市值 (亿元)	417881	393402
股票成交量 (亿股)	171039	94691
股票成交金额 (亿元)	2550541	1273846
上证综合指数 (收盘)	3539.18	3103.64
深证综合指数 (收盘)	2308.91	1969.11
股票有效账户数 (万户)	21477	11741
静态市盈率(平均市盈率)		
上海	18.94	18.03
深圳	62.36	52.20
年换手率(平均换手率) (%)		
上海	489.63	220.89
深圳	826.28	539.68
国债发行额 (亿元)	54908.00	29457.69
公司信用类债券发行额 (亿元)	67704.24	36668.36
债券成交额 (亿元)	1309219.03	2387096.06
债券现货成交金额 (亿元)	33920.00	51269.93
债券回购成交金额 (亿元)	1275299.03	2335826.13
证券投资基金只数 (只)	2723	3873
证券投资基金规模 (亿份)	76674.13	88428.32
证券投资基金成交金额 (亿元)	44251.69	26240.65
期货总成交量 (万手)	357791.06	413781.27
期货总成交额 (亿元)	5542346.94	1956339.41

注：1.股票总发行股本中含(A+H)股公司发行的H股。

2.换手率=全年成交金额/[（本年末流通市值+上年末流通市值)/2]x100%

3.公司信用类债券包含非金融企业债务融资工具、企业债券以及公司债、可转债、可分离债、中小企业私募债。

4.债券成交数据为交易所债券市场数据。

5-9 股票发行量和筹资额

年 份	股票发行量(亿股)				股票筹资额(亿元)				
		A 股	H股	B 股		A 股	#配 股	H股	B 股
1991	5.00	5.00			5.00	5.00			
1992	20.75	10.00		10.75	94.09	50.00			44.09
1993	95.79	42.59	40.41	12.79	375.47	276.41	81.58	60.93	38.13
1994	91.26	10.97	69.89	10.40	326.78	99.78	50.16	188.73	38.27
1995	31.60	5.32	15.38	10.90	150.32	85.51	62.83	31.46	33.35
1996	86.11	38.29	31.77	16.05	425.08	294.34	69.89	83.56	47.18
1997	267.63	105.65	136.88	25.10	1293.82	825.92	170.86	360.00	107.90
1998	109.06	86.30	12.86	9.90	841.52	778.02	334.97	37.95	25.55
1999	122.93	98.11	23.05	1.77	944.56	893.60	320.97	47.17	3.79
2000	512.04	145.68	359.26	7.10	2103.24	1527.03	519.46	562.21	13.99
2001	141.48	93.00	48.48		1252.34	1182.13	430.63	70.21	
2002	291.74	134.20	157.54		961.75	779.75	56.61	181.99	
2003	281.43	83.64	196.79	1.00	1357.75	819.56	74.79	534.65	3.54
2004	227.92	54.88	171.51	1.53	1510.94	835.71	104.54	648.08	27.16
2005	567.05	13.80	553.25		1882.51	338.13	2.62	1544.38	
2006	1287.77	351.11	936.66		5594.29	2463.70	4.32	3130.59	
2007	637.24	413.27	223.97		8680.17	7722.99	227.68	957.18	
2008	180.34	114.96	65.38		3852.21	3457.75	151.57	317.26	
2009	400.05	244.47	155.58		6124.69	5004.90	105.97	1073.18	
2010	920.99	553.95	367.04		11971.93	9606.31	1438.25	2365.62	
2011	272.36	163.99	108.37		5814.19	5073.07	421.96	741.12	
2012	299.81	78.86	220.95		4134.38	3127.54	121.00	1006.84	
2013	259.92		259.92		3868.88	2802.76		1066.12	
2014	354.50	70.10	284.40		7087.44	4834.04	137.98	2253.40	
2015	595.67	175.86	444.15		10974.85	8295.14	36.43	2679.71	
2016	390.14	137.47	252.67		16257.42	15020.79	298.51	1236.63	

注：表中股票发行量仅指IPO数量，A股股票筹资额不含资产项。

5-10 股票交易情况

项目	2009	2010	2011	2012	2013	2014	2015
上市公司数（家）	2063	2342	2494	2489	2613	2827	3052
上市股票数（只）	2149	2428	2579	2574	2696	2909	3134
A股	2041	2320	2472	2468	2592	2808	3034
B股	108	108	107	106	104	101	100
股票总发行股本(亿股)	26984.49	29745.11	31833.62	33822.04	36795.10	43024.14	48819.73
A股	26701.51	29448.59	31551.24	33538.25	36517.75	42753.16	48779.27
B股	282.98	296.52	282.38	283.79	277.35	270.98	40.46
#流通股本	19442.15	22499.86	24778.22	29997.12	32289.25	37043.37	41138.56
A股	19160.47	22204.54	24497.05	29714.53	32013.11	36773.67	41098.10
B股	281.68	295.32	281.17	282.59	276.14	269.70	40.46
股票市价总值(亿元)	265423	214758	230358	239077	372547	531463	507685
A股	263221	213310	228775	237403	370823	529252	505773
B股	2202	1448	1582	1674	1724	2211	1912
#股票流通市值	193110	164921	181658	199580	315624	417881	393402
A股	190917	163479	180083	197916	313910	415681	391499
B股	2193	1442	1575	1664	1714	2200	1903
股票成交金额(亿元)	545634	421645	314667	468729	742385	2550541	1273846
A股	563466	420339	313715	466630	741378	2546838	1272358
B股	2168	1305	868	1439	1007	3704	1488
总成交股数（亿股）	42151.98	33956.57	32860.54	48372.68	73383.09	171039.48	94690.52
A股	41806.42	33748.72	32681.93	47916.23	73188.22	170541.00	94480.51
B股	345.56	207.85	178.61	263.89	194.87	498.48	210.01
上证综合指数							
最高	3306.75	3067.46	2478.38	2444.80	3239.36	5178.19	3538.69
最低	2319.74	2134.02	1949.46	1849.65	1974.38	2850.71	2638.30
收盘	2808.08	2199.42	2269.13	2115.98	3234.68	3539.18	3103.64
深证综合指数							
最高	1412.64	1316.19	1020.29	1106.27	1504.48	3156.96	2304.49
最低	890.24	828.83	724.97	815.89	1004.93	1408.99	1618.12
收盘	1290.86	866.65	881.17	1057.67	1415.19	2308.91	1969.11

注：1.本表股票总发行股本不含(A+H)股公司发行的H股。

2.2012、2013年股票总成交金额中包含约定购回式证券成交金额，故总成交金额大于A股B股成交金额之和。

5–11　黄金和外汇储备

年　份	黄金储备(万盎司)	外汇储备(亿美元)	年　份	黄金储备(万盎司)	外汇储备(亿美元)
1978	1280	1.67	1998	1267	1449.59
1979	1280	8.40	1999	1267	1546.75
1980	1280	–12.96	2000	1267	1655.74
1981	1267	27.08	2001	1608	2121.65
1982	1267	69.86	2002	1929	2864.07
1983	1267	89.01	2003	1929	4032.51
1984	1267	82.20	2004	1929	6099.32
1985	1267	26.44	2005	1929	8188.72
1986	1267	20.72	2006	1929	10663.40
1987	1267	29.23	2007	1929	15282.49
1988	1267	33.72	2008	1929	19460.30
1989	1267	55.50	2009	3389	23991.52
1990	1267	110.93	2010	3389	28473.38
1991	1267	217.12	2011	3389	31811.48
1992	1267	194.43	2012	3389	33115.89
1993	1267	211.99	2013	3389	38213.15
1994	1267	516.20	2014	3389	38430.18
1995	1267	735.97	2015	5666	33303.62
1996	1267	1050.29	2016	5924	30105.17
1997	1267	1398.90			

5–12　人民币汇率（年平均价）

单位：人民币元

年　份	100美元	100日元	100港元	100欧元
1985	293.67	1.2457	37.57	
1986	345.28	2.0694	44.22	
1987	372.21	2.5799	47.74	
1988	372.21	2.9082	47.70	
1989	376.51	2.7360	48.28	
1990	478.32	3.3233	61.39	
1991	532.33	3.9602	68.45	

续表

年 份	100美元	100日元	100港元	100欧元
1992	551.46	4.3608	71.24	
1993	576.20	5.2020	74.41	
1994	861.87	8.4370	111.53	
1995	835.10	8.9225	107.96	
1996	831.42	7.6352	107.51	
1997	828.98	6.8600	107.09	
1998	827.91	6.3488	106.88	
1999	827.83	7.2932	106.66	
2000	827.84	7.6864	106.18	
2001	827.70	6.8075	106.08	
2002	827.70	6.6237	106.07	800.58
2003	827.70	7.1466	106.24	936.13
2004	827.68	7.6552	106.23	1029.00
2005	819.17	7.4484	105.30	1019.53
2006	797.18	6.8570	102.62	1001.90
2007	760.40	6.4632	97.46	1041.75
2008	694.51	6.7427	89.19	1022.27
2009	683.10	7.2986	88.12	952.70
2010	676.95	7.7279	87.13	897.25
2011	645.88	8.1050	82.97	900.11
2012	631.25	7.9037	81.38	810.67
2013	619.32	6.3323	79.85	822.19
2014	614.28	5.8196	79.22	816.51
2015	622.84	5.1543	80.34	691.41
2016	664.23	6.1243	85.58	734.26
2010	676.95	7.7279	87.13	897.25
2011	645.88	8.1050	82.97	900.11
2012	631.25	7.9037	81.38	810.67
2013	619.32	6.3323	79.85	822.19
2014	614.28	5.8196	79.22	816.51
2015	622.84	5.1543	80.34	691.41
2016	664.23	6.1243	85.58	734.26

5-13 中央财政债务余额情况

单位：亿元

年 份	合计	国内债务	国外债务
2005	32614.21	31848.59	765.52
2006	35015.28	34380.24	635.02
2007	52074.65	51467.39	607.26
2008	53271.54	52799.32	472.22
2009	60237.68	59736.95	500.73
2010	67548.11	66987.97	560.14
2011	72044.51	71410.80	633.71
2012	77565.70	76747.91	817.79
2013	86746.91	85836.05	910.86
2014	95655.45	94676.31	979.14
2015	106599.59	105467.48	1132.11
2016	120066.75	118811.24	1255.51

5-14 按部门划分的外债总额头寸

单位：亿美元

债务类型	2014末	2015末
广义政府	1114	1239
短期	30	122
货币与存款		
债务证券	30	122
贷款		
贸易信贷与预付款		
其他债务负债		
长期	1084	1117
SDR分配		
货币与存款		
债务证券	615	697
贷款	469	421
贸易信贷与预付款		
其他债务负债		
中央银行	430	555

续表

债务类型	2014末	2015末
短期	132	89
货币与存款	132	89
债务证券		
贷款		
贸易信贷与预付款		
其他债务负债		
长期	298	466
SDR分配	97	94
货币与存款		
债务证券	55	
贷款		
贸易信贷与预付款		
其他债务负债	147	372
其他接受存款公司	6120	6042
短期	5020	4677
货币与存款	3184	3022
债务证券	755	460
贷款	1081	1194
贸易信贷与预付款		
其他债务负债		
长期	1100	1364
货币与存款		
债务证券	657	800
贷款	442	562
贸易信贷与预付款		
其他债务负债	1	2
其他部门	4272	4277
短期	3041	3126
货币与存款		1
债务证券	9	4
贷款	355	285
贸易信贷与预付款	2673	2833
其他债务负债	3	4
长期	1231	1151
货币与存款		
债务证券	211	217
贷款	868	782
贸易信贷与预付款	48	50
其他债务负债	104	101
直接投资：公司间贷款	1894	2094
直接投资企业对直接投资者的债务负债	1590	1553
直接投资者对直接投资企业的债务负债	2	18
对关联企业的债务负债	301	523
外债总额头寸	13830	14207

注：1.本表按照签约期限划分长期、短期外债。

2.本表统计采用四舍五入法。

5-15　外债风险指标

单位：%

年　份	偿　债　率	负　债　率	债　务　率
1985	2.7	5.2	56.0
1986	15.4	7.3	72.1
1987	9.0	9.4	77.1
1988	6.5	10.0	87.1
1989	8.3	9.2	86.4
1990	8.7	13.4	91.6
1991	8.5	14.7	91.9
1992	7.1	14.1	87.9
1993	10.2	13.6	96.5
1994	9.1	16.5	78.0
1995	7.6	14.6	72.4
1996	6.0	13.5	67.7
1997	7.3	13.7	63.2
1998	10.9	14.2	70.4
1999	11.2	13.9	68.7
2000	9.2	12.1	52.1
2001	7.5	15.3	67.9
2002	7.9	13.9	55.5
2003	6.9	13.3	45.2
2004	3.2	13.5	40.2
2005	3.1	13.1	35.4
2006	2.1	12.4	31.9
2007	2.0	11.0	29.0
2008	1.8	8.6	24.7
2009	2.9	8.5	32.2
2010	1.6	9.1	29.2
2011	1.7	9.3	33.3
2012	1.6	8.7	32.8
2013	1.6	9.1	35.6
2014	2.6	17.2	69.9
2015	5.0	12.5	58.6
2016	6.1	12.7	64.6

注：1.2015年，我国按照国际货币基金组织数据公布特殊标准(SDDS)调整了外债统计口径并对外公布全口径外债数据，将人民币外债纳入统计，并按照签约期限划分中长期和短期外债。为保证数据的可比性，将2014年末外债数据相应调整为全口径外债数据，之前年份未做调整。

2.负债率是指年末外债余额与当年国内生产总值的比率；债务率是指年末外债余额与当年国际收支统计口径的货物　　与服务贸易出口收入的比率；偿债率是指当年外债还本付息额(中长期外债还本付息额加上短期外债付息额)与当年国际收支统计口径的货物与服务贸易出口收入的比率。

5-16 货币当局资产负债表（年底余额）

单位：亿元

项　目	2014	2015	2016
总资产	338248.8	317837.0	343711.6
国外资产	278622.9	253830.7	229795.8
外汇	270681.3	248537.6	219425.3
货币黄金	669.8	2329.5	2541.5
其他国外资产	7271.7	2963.6	7829.0
对政府债权	15312.7	15312.7	15274.1
对其他存款性公司债权	24985.3	26626.4	84739.0
对其他金融性公司债权	7848.8	6656.6	6324.4
对非金融性公司债权	11.6	71.7	81.0
其他资产	11467.5	15338.9	7497.3
总负债	338248.8	317837.0	343711.6
储备货币	294093.0	276377.5	308979.6
货币发行	67151.3	69886.0	74884.4
其他存款性公司存款	226941.7	206491.6	234095.2
不计入储备货币的金融性公司存款	1558.4	2826.4	6485.0
发行债券	6522.0	6572.0	500.0
国外负债	1833.8	1807.3	3195.1
政府存款	31275.3	27179.0	25062.7
自有资金	219.8	219.8	219.8
其他负债	2746.5	2855.0	-730.6

注：1.自2011年1月起，人民银行采用国际货币基金组织关于储备货币的定义，不再将其他金融性公司在货币当局的存款计入储备货币。

2.自2011年1月起，境外金融机构在人民银行存款数据计入国外负债项目，不再计入其他存款性公司存款。

5—17　其他存款性公司资产负债表（年底余额）

单位：亿元

项　　目	2014	2015	2016
总资产	1722029.9	1991556.5	2303755.7
国外资产	36689.0	41594.5	50019.6
储备资产	233488.7	219330.1	246447.2
准备金存款	226597.0	212660.7	239866.6
库存现金	6891.7	6669.3	6580.6
对政府债权	71009.6	110163.3	172140.2
对中央银行债权	6564.0	6229.2	525.2
对其他存款性公司债权	280389.3	314186.5	315878.2
对其他金融性公司债权	111553.5	176579.4	265298.6
对非金融性公司债权	673285.7	783762.1	836467.9
对其他居民部门债权	229215.6	267325.9	329543.7
其他资产	79834.6	72385.5	87435.1
总负债	1722029.9	1991556.5	2303755.7
对非金融机构及住户负债	1102202.6	1249742.7	1420678.7
纳入广义货币的存款	1060730.7	1178051.0	1329747.2
单位活期存款	287796.9	337736.9	418253.4
单位定期存款	264055.7	288240.7	307989.6
个人存款	508878.1	552073.5	603504.2
不纳入广义货币的存款	31135.8	36439.9	44874.5
可转让存款	8156.7	10806.2	14028.4
其他存款	22979.1	25633.7	30846.1
其他负债	10336.0	35251.9	46057.0
对中央银行负债	26616.7	33638.1	87879.7
对其他存款性公司负债	111117.9	131306.0	144836.8
对其他金融性公司负债	112400.8	155914.9	157274.9
#计入广义货币的存款	107384.6	151010.5	152015.6
国外负债	25087.6	12978.4	12672.7
债券发行	123119.4	160003.7	201110.9
实收资本	36410.4	42994.7	46946.8
其他负债	185074.5	204978.0	232355.2

5-18 外资银行资产负债表（年底余额）

单位：亿元

项　目	2014	2015	2016
总资产	28143	27684	31670
国外资产	1889	2391	2071
储备资产	3205	2899	4060
准备金	3194	2889	4051
库存现金	11	10	9
对政府债权	2185	1793	1958
对中央银行债权	40	105	
对其他存款性公司债权	5775	4689	5698
对其他金融性公司债权	2125	2590	2738
对非金融性公司债权	11077	10267	10254
对其他居民部门债权	970	980	1081
其他资产	877	1969	3809
总负债	28143	27684	31670
对非金融机构及住户负债	15731	14593	17153
纳入广义货币的存款	12685	11214	12731
单位活期存款	3315	3751	4425
单位定期存款	7440	5959	6996
个人存款	1930	1504	1310
不纳入广义货币的存款	2621	2774	3478
可转让存款	1249	1563	1845
其他存款	1372	1211	1633
其他负债	424	605	945
对中央银行负债	2	5	168
对其他存款性公司负债	1785	2019	2611
对其他金融性公司负债	709	1524	1241
#计入广义货币的存款	512	1315	1027
国外负债	6057	4241	3247
债券发行	115	257	184
实收资本	1654	1744	1761
其他负债	2092	3301	5305

5-19 金融机构人民币信贷收支表（年底余额）（资金来源）

单位：亿元

项 目	2014	2015	2016
资金来源合计	1323453	1541204	1759952
各项存款	1138645	1357022	1505864
境内存款		1345783	1497169
住户存款	502504	546078	597751
非金融企业存款	378334	430247	502178
政府存款	221794	241832	270379
非银行业金融机构存款		127625	126860
其他存款	28360		
境外存款	7653	11239	8695
金融债券	9843	10062	31579
流通中货币	60260	63217	68304
对国际金融机构负债	867	823	2407
其他	113838	110081	151799

注：1.2015年起，由于修订金融统计制度，《金融机构人民币信贷收支》分类项目发生较大调整，部分数据与2015年以前不可比(以下相关表同)。

2.本表机构包括中国人民银行、银行业存款类金融机构、银行业非存款类金融机构(以下相关表同)

3.银行业存款类金融机构包括银行、信用社和财务公司。银行业非存款类金融机构包括信托投资公司、金融租赁公司、汽车金融公司和贷款公司等银行业非存款类金融机构。银行业存款类金融机构包括银行、信用社和财务公司(以下相关表同)。

4.自2015年起，“各项存款”含非银行业金融机构存放款项，“各项贷款”含拆放给非银行业金融机构款项(以下相关表同)。

5-20 金融机构人民币信贷收支表（年底余额）（资金运用）

单位：亿元

项 目	2014	2015	2016
资金运用合计	1323453	1541204	1759952
各项贷款	816770	939540	1066040
境内贷款	814780	936387	1061667
住户贷款	231410	270214	333615
非金融企业及机关团体贷款	583370	657633	718521
非银行业金融机构贷款		8539	9532
境外贷款	1990	3153	
债券投资	144954	197636	247604
股权及其他投资	65452	134326	220820
黄金占款	670	2330	2542
中央银行外汇占款			219425
在国际金融机构资产	1516	1513	3521

注：2016年起，“外汇买卖”改为“中央银行外汇占款”，指标口径有所调整。

2014年外汇买卖为294090亿元，2015年外汇买卖为265859亿元。

5–21 金融机构人民币法定存款基准利率

单位：年利率%

项目	2010.10.20	2010.12.26	2011.02.09	2011.04.06	2011.07.07	2012.06.08	2012.07.06	2014.11.22	2015.03.01	2015.05.11	2015.06.28	2015.08.26	2015.10.24
活期	0.36	0.36	0.40	0.50	0.50	0.40	0.35	0.35	0.35	0.35	0.35	0.35	0.35
定期													
三个月	1.91	2.25	2.60	2.85	3.10	2.85	2.60	2.35	2.10	1.85	1.60	1.35	1.10
半年	2.20	2.50	2.80	3.05	3.30	3.05	2.80	2.55	2.30	2.05	1.80	1.55	1.30
一年	2.50	2.75	3.00	3.25	3.50	3.25	3.00	2.75	2.50	2.25	2.00	1.75	1.50
二年	3.25	3.55	3.90	4.15	4.40	4.10	3.75	3.35	3.10	2.85	2.60	2.35	2.10
三年	3.85	4.15	4.50	4.75	5.00	4.65	4.25	4.00	3.75	3.50	3.25	3.00	2.75
五年	4.20	4.55	5.00	5.25	5.50	5.10	4.75						

注：1.2014年11月22日，金融机构存款利率浮动区间由存款基准利率的1.1倍调整为1.2倍。

2.自2014年11月22日起，人民银行不再公布金融机构人民币五年期定期存款基准利率。

5–22 金融机构人民币法定贷款基准利率

单位：年利率%

项目	2010.12.26	2011.02.09	2011.04.06	2011.07.07	2012.06.08	2012.07.06	2014.11.22	2015.03.01	2015.05.11	2015.06.28	2015.08.26	2015.10.24
短期贷款												
六个月	5.35	5.60	5.85	6.10	5.85	5.60	5.60	5.35	5.10	4.85	4.60	4.35
一年	5.81	6.06	6.31	6.56	6.31	6.00	5.60	5.35	5.10	4.85	4.60	4.35
中长期贷款												
一年以上至三年	5.85	6.10	6.40	6.65	6.40	6.15	6.00	5.75	5.50	5.25	5.00	4.75
三年以上至五年	6.22	6.45	6.65	6.90	6.65	6.40	6.00	5.75	5.50	5.25	5.00	4.75
五年以上	6.40	6.60	6.80	7.05	6.80	6.55	6.15	5.90	5.65	5.40	5.15	4.90

5-23　社会保险基本情况

单位：万人

年 份	年末参加基本养老保险人数	城镇职工基本养老保险					城乡居民基本养老保险
		合 计	职 工	#企业(含其他)	离退休人员	#企业(含其他)	
1989	5710.3	5710.3	4816.9	4816.9	893.4	893.4	
1990	6166.0	6166.0	5200.7	5200.7	965.3	965.3	
1991	6740.3	6740.3	5653.7	5653.7	1086.6	1086.6	
1992	9456.2	9456.2	7774.7	7774.7	1681.5	1681.5	
1993	9847.6	9847.6	8008.2	8008.2	1839.4	1839.4	
1994	10573.5	10573.5	8494.1	8494.1	2079.4	2079.4	
1995	10979.0	10979.0	8737.8	8737.8	2241.2	2241.2	
1996	11116.7	11116.7	8758.4	8758.4	2358.3	2358.3	
1997	11203.9	11203.9	8670.9	8670.9	2533.0	2533.0	
1998	11203.1	11203.1	8475.8	8475.8	2727.3	2727.3	
1999	12485.4	12485.4	9501.8	8859.2	2983.6	2863.8	
2000	13617.4	13617.4	10447.5	9469.9	3169.9	3016.5	
2001	14182.5	14182.5	10801.9	9733.0	3380.6	3171.3	
2002	14736.6	14736.6	11128.8	9929.4	3607.8	3349.2	
2003	15506.7	15506.7	11646.5	10324.5	3860.2	3556.9	
2004	16352.9	16352.9	12250.3	10903.9	4102.6	3775.0	
2005	17487.9	17487.9	13120.4	11710.6	4367.5	4005.2	
2006	18766.3	18766.3	14130.9	12618.0	4635.4	4238.6	
2007	20136.9	20136.9	15183.2	13690.6	4953.7	4544.0	
2008	21891.1	21891.1	16587.5	15083.4	5303.6	4868.0	
2009	23549.9	23549.9	17743.0	16219.0	5806.9	5348.0	
2010	35984.1	25707.3	19402.3	17822.7	6305.0	5811.6	10276.8
2011	61573.3	28391.3	21565.0	19970.0	6826.2	6314.0	33182.0
2012	78796.3	30426.8	22981.1	21360.9	7445.7	6910.9	48369.5
2013	81968.4	32218.4	24177.3	22564.7	8041.0	7484.8	49750.1
2014	84231.9	34124.4	25531.0	23932.3	8593.4	8013.6	50107.5
2015	85833.4	35361.2	26219.2	24586.8	9141.9	8536.5	50472.2
2016	88776.8	37929.7	27826.3	25239.6	10103.4	9023.9	50847.1

续表

单位：万人

年份	失业保险			城镇基本医疗保险			工伤保险		年末参加生育保险人数(万人)
	年末参保人数(万人)	全年发放失业保险金人数(万人)	全年发放失业保险金(亿元)	年末参保人数(万人)	年末参保城镇职工	年末参保城镇居民	年末参保人数(万人)	年末享受工伤待遇的人数(万人)	
1989									
1990									
1991									
1992									
1993									
1994	7967.8	196.5	5.1	400.3	400.3		1822.1	5.8	915.9
1995	8237.7	261.3	8.2	745.9	745.9		2614.8	7.1	1500.2
1996	8333.1	330.8	13.9	855.7	855.7		3102.6	10.1	2015.6
1997	7961.4	319.0	18.7	1762.0	1762.0		3507.8	12.5	2485.9
1998	7927.9	158.1	20.4	1877.6	1877.6		3781.3	15.3	2776.7
1999	9852.0	271.4	31.9	2065.3	2065.3		3912.3	15.1	2929.8
2000	10408.4	329.7	56.2	3786.9	3786.9		4350.3	18.8	3001.6
2001	10354.6	468.5	83.3	7285.9	7285.9		4345.3	18.7	3455.1
2002	10181.6	657.0	116.8	9401.2	9401.2		4405.6	26.5	3488.2
2003	10372.9	741.6	133.4	10901.7	10901.7		4574.8	32.9	3655.4
2004	10583.9	753.5	137.5	12403.6	12403.6		6845.2	51.9	4383.8
2005	10647.7	677.8	132.4	13782.9	13782.9		8478.0	65.1	5408.5
2006	11186.6	598.1	125.8	15731.8	15731.8		10268.5	77.8	6458.9
2007	11644.6	538.5	129.4	22311.1	18020.0	4291.1	12173.3	96.0	7775.3
2008	12399.8	516.7	139.5	31821.6	19995.6	11826.0	13787.2	117.8	9254.1
2009	12715.5	483.9	145.8	40147.0	21937.4	18209.6	14895.5	129.6	10875.7
2010	13375.6	431.6	140.4	43262.9	23734.7	19528.3	16160.7	147.5	12335.9
2011	14317.1	394.4	159.9	47343.2	25227.1	22116.1	17695.9	163.0	13892.0
2012	15224.7	390.1	181.3	53641.3	26485.6	27155.7	19010.1	190.5	15428.7
2013	16416.8	416.7	203.2	57072.6	27443.1	29629.4	19917.2	195.2	16392.0
2014	17042.6	422.0	233.3	59746.9	28296.0	31450.9	20639.2	198.2	17038.7
2015	17326.0	456.8	269.8	66581.6	28893.1	37688.5	21432.5	201.9	17771.0
2016	18088.8	483.9	309.4	74391.6	29531.5	44860.0	21889.3	196.0	18451.0

5-24　社会保险基金收支及累计结余

单位：亿元

年　份	合　计	基本养老保险	失业保险	城镇基本医疗保险	工伤保险	生育保险
基金收入						
1990	186.8	178.8	7.2			
1995	1006.0	950.1	35.3	9.7	8.1	2.9
2000	2644.9	2278.5	160.4	170.0	24.8	11.2
2001	3101.9	2489.0	187.3	383.6	28.3	13.7
2002	4048.7	3171.5	213.4	607.8	32.0	21.8
2003	4882.9	3680.0	249.5	890.0	37.6	25.8
2004	5780.3	4258.4	290.8	1140.5	58.3	32.1
2005	6975.2	5093.3	340.3	1405.3	92.5	43.8
2006	8643.2	6309.8	402.4	1747.1	121.8	62.1
2007	10812.3	7834.2	471.7	2257.2	165.6	83.6
2008	13696.1	9740.2	585.1	3040.4	216.7	113.7
2009	16115.6	11490.8	580.4	3671.9	240.1	132.4
2010	19276.1	13872.9	649.8	4308.9	284.9	159.6
2011	25153.3	18004.8	923.1	5539.2	466.4	219.8
2012	30738.8	21830.2	1138.9	6938.7	526.7	304.2
2013	35252.9	24732.6	1288.9	8248.3	614.8	368.4
2014	39827.7	27619.9	1379.8	9687.2	694.8	446.1
2015	46012.1	32195.5	1367.8	11192.9	754.2	501.7
2016	53562.7	37990.8	1228.9	13084.3	736.9	521.9
基金支出						
1990	151.9	149.3	2.5			
1995	877.1	847.6	18.9	7.3	1.8	1.6
2000	2385.6	2115.5	123.4	124.5	13.8	8.3
2001	2748.0	2321.3	156.6	244.1	16.5	9.6
2002	3471.5	2842.9	182.6	409.4	19.9	12.8
2003	4016.4	3122.1	199.8	653.9	27.1	13.5
2004	4627.4	3502.1	211.3	862.2	33.3	18.8
2005	5400.8	4040.3	206.9	1078.7	47.5	27.4
2006	6477.4	4896.7	198.0	1276.7	68.5	37.5
2007	7887.8	5964.9	217.7	1561.8	87.9	55.6
2008	9925.1	7389.6	253.5	2083.6	126.9	71.5
2009	12302.6	8894.4	366.8	2797.4	155.7	88.3
2010	15018.9	10755.3	423.3	3538.1	192.4	109.9
2011	18652.9	13363.2	432.8	4431.4	286.4	139.2

续表

年　份	合　计	基本养老保险	失业保险	城镇基本医疗保险	工伤保险	生育保险
2012	23331.3	16711.5	450.6	5543.6	406.3	219.3
2013	27916.3	19818.7	531.6	6801.0	482.1	282.8
2014	33002.7	23325.8	614.7	8133.6	560.5	368.1
2015	38988.1	27929.4	736.4	9312.1	598.7	411.5
2016	46888.4	34004.3	976.1	10767.1	610.3	530.6
累计结余						
1990	117.3	97.9	19.5			
1995	516.8	429.8	68.4	3.1	12.7	2.7
2000	1327.5	947.1	195.9	109.8	57.9	16.8
2001	1622.8	1054.1	226.2	253.0	68.9	20.6
2002	2423.4	1608.0	253.8	450.7	81.1	29.7
2003	3313.8	2206.5	303.5	670.6	91.2	42.0
2004	4493.4	2975.0	385.8	957.9	118.6	55.9
2005	6073.7	4041.0	519.0	1278.1	163.5	72.1
2006	8255.9	5488.9	724.8	1752.4	192.9	96.9
2007	11236.6	7391.4	979.1	2476.9	262.6	126.6
2008	15225.6	9931.0	1310.1	3431.7	384.6	168.2
2009	19006.5	12526.1	1523.6	4275.9	468.8	212.1
2010	23407.5	15787.8	1749.8	5047.1	561.4	261.4
2011	30233.1	20727.8	2240.2	6180.0	742.6	342.5
2012	38106.6	26243.5	2929.0	7644.5	861.9	427.6
2013	45588.1	31274.8	3685.9	9116.5	996.2	514.7
2014	52462.3	35644.5	4451.5	10644.8	1128.8	592.7
2015	59532.5	39937.1	5083.0	12542.8	1285.3	684.4
2016	66349.7	43965.2	5333.3	14964.3	1410.9	675.9
2007	11236.6	7391.4	979.1	2476.9	262.6	126.6
2008	15225.6	9931.0	1310.1	3431.7	384.6	168.2
2009	19006.5	12526.1	1523.6	4275.9	468.8	212.1
2010	23407.5	15787.8	1749.8	5047.1	561.4	261.4
2011	30233.1	20727.8	2240.2	6180.0	742.6	342.5
2012	38106.6	26243.5	2929.0	7644.5	861.9	427.6
2013	45588.1	31274.8	3685.9	9116.5	996.2	514.7
2014	52462.3	35644.5	4451.5	10644.8	1128.8	592.7
2015	59532.5	39937.1	5083.0	12542.8	1285.3	684.4
2016	66349.7	43965.2	5333.3	14964.3	1410.9	675.9

注：1.2007年及以后城镇基本医疗保险基金中包括城镇职工基本医疗保险和城镇居民基本医疗保险。

2.2010年及以后基本养老保险基金中包括城镇职工基本养老保险和城乡居民基本养老保险。

3.工伤保险累计结余中含储备金。

5–25　保险公司资金运用情况

单位：亿元

年 份	资金运用余 额	银行存款	国 债	金融债券	企业债券	证券投资基金
2004	10778.62	5071.10	2618.44	1026.25	639.73	666.32
2005	14092.69	5165.55	3590.65	1804.71	1204.55	1107.00
2006	17785.40	5989.11	3647.01	2754.25	2121.56	912.08
2007	26647.81	6503.44	3956.56	4897.84	2799.76	2519.41
2008	30552.83	8087.49	4208.26	8754.06	4598.46	1646.46
2009	37417.12	10519.68	4053.82	8746.10	6074.56	2758.78
2010	46046.62	13909.97	4815.78	10038.75	7935.69	2620.73
2011	55192.98	17692.69	4741.90	12418.80	8755.86	2909.92
2012	68542.58	23446.00	4795.02	14832.57	10899.98	3625.58
2013	76873.41	22640.98	4776.73	14811.84	13727.75	3575.52
2014	93314.43	25310.73	5009.88	15067.12	15465.13	4714.28
2015	111795.49	24349.67	5831.12	15215.31	17307.38	8856.50
2016	133910.67	24844.21	7796.24	16260.35	18627.99	8554.46

5–26　分地区原保险保费收入和赔付支出情况（2016年）

单位：亿元

地 区	原保险保费收入			赔付支出		
	小计	财产险业务	人身险业务	小计	财产险业务	人身险业务
全 国	30904.15	8724.17	22179.99	10515.68	4729.48	5786.20
北 京	1834.25	369.25	1465.00	596.66	229.31	367.36
天 津	527.99	127.56	400.43	177.70	94.40	83.30
山 西	698.20	174.15	524.05	239.04	92.48	146.56
河 北	1491.49	442.13	1049.35	548.24	215.52	332.72
内蒙古	487.04	162.73	324.31	137.80	78.91	58.89
辽 宁	837.76	221.76	616.00	288.50	124.99	163.51
#大 连	277.28	73.07	204.21	98.77	42.26	56.51

续表

地 区	原保险保费收入			赔付支出		
	小计	财产险业务	人身险业务	小计	财产险业务	人身险业务
吉 林	557.12	133.23	423.89	161.22	72.87	88.35
黑龙江	685.53	148.91	536.62	237.75	95.02	142.73
上 海	1528.79	371.59	1157.19	528.28	222.05	306.23
江 苏	2679.68	733.44	1946.24	915.07	437.64	477.42
浙 江	1527.65	569.35	958.30	517.92	335.25	182.67
#宁 波	257.53	127.22	130.32	115.35	78.96	36.38
安 徽	873.70	312.79	560.91	357.47	175.06	182.42
福 建	754.91	211.13	543.79	242.85	116.96	125.88
#厦 门	162.60	63.17	99.42	74.72	51.11	23.61
江 西	608.72	183.65	425.08	207.10	94.99	112.11
山 东	1963.32	520.32	1443.00	673.21	271.13	402.08
#青 岛	334.78	105.97	228.82	113.67	54.29	59.38
河 南	1551.82	372.95	1178.87	548.00	184.31	363.69
湖 北	1047.79	263.22	784.57	372.29	141.74	230.55
湖 南	884.98	273.05	611.93	339.81	143.24	196.58
广 东	2982.11	707.69	2274.42	816.94	349.41	467.53
#深 圳	834.22	237.26	596.96	218.52	119.59	98.93
广 西	469.17	165.71	303.46	158.95	75.98	82.97
海 南	133.21	47.60	85.61	49.24	26.53	22.71
重 庆	600.33	165.23	435.10	250.16	90.36	159.79
四 川	1703.52	457.21	1246.31	554.36	216.89	337.47
贵 州	320.69	153.15	167.55	131.52	79.47	52.06
云 南	529.23	224.43	304.80	206.19	110.76	95.43
西 藏	22.25	13.90	8.35	9.84	6.97	2.87
陕 西	713.97	191.38	522.58	238.45	93.43	145.02
甘 肃	307.66	100.61	207.04	109.38	51.43	57.95
青 海	68.75	29.64	39.11	27.38	14.89	12.49
宁 夏	133.89	46.09	87.80	42.84	24.82	18.02
新 疆	430.20	163.16	286.13	154.97	83.62	71.35
集团、总公司本级	72.92	70.47	2.45	55.52	32.82	22.70

注：1.本表数据为各公司上报中国保险统计信息系统年报数据，未经审计。

2.全国本级是指集团、总公司直接开展的业务，不计入任何地区。

六、香港、澳门、台湾省生产总值与投资

6-1 香港本地生产总值

年 份	本地生产总值(以当年价格计算)		本地生产总值与上年比较的实际增长(%)	人均本地生产总值(以当年价格计算)	
	(亿港元)	(亿美元)		(港元)	(美元)
1990	5993	769	3.8	105050	13487
1991	6913	890	5.7	120188	15466
1992	8071	1043	6.2	139148	17975
1993	9310	1203	6.2	157772	20395
1994	10496	1358	6.0	173909	22504
1995	11190	1446	2.4	181772	23497
1996	12353	1597	4.3	191951	24819
1997	13731	1774	5.1	211592	27330
1998	13081	1689	–5.9	199898	25810
1999	12859	1658	2.5	194649	25090
2000	13375	1717	7.7	200675	25757
2001	13211	1694	0.6	196765	25230
2002	12973	1663	1.7	192367	24666
2003	12567	1614	3.1	186704	23976
2004	13169	1691	8.7	194140	24928
2005	14121	1816	7.4	207263	26651
2006	15034	1935	7.0	219240	28223
2007	16508	2116	6.5	238676	30596
2008	17075	2193	2.1	245406	31515
2009	16592	2140	–2.5	237960	30697
2010	17763	2286	6.8	252887	32551
2011	19344	2485	4.8	273549	35142
2012	20371	2626	1.7	284899	36733
2013	21383	2757	3.1	297860	38404
2014	22600	2915	2.8	312609	40316
2015	23984	3094	2.4	328945	42434
2016	24910	3209	2.0	339531	43743

6-2 香港支出法本地生产总值

单位：亿港元，另有注明除外

本地生产总值组成部分	2012	2013	2014	2015	2016
按当年价格计算					
私人消费开支	13150	14131	15028	15932	16481
政府消费开支	1853	1986	2142	2313	2481
固定资本形成总额	5174	5155	5309	5372	5362
存货增减	–37	–17	75	–206	56
货物出口(离岸价)①	36330	39261	39868	38892	39005
减：货物进口(离岸价)①	37797	41427	42377	40665	40369
服务出口①	7640	8126	8291	8089	7670
减：服务进口①	5943	5832	5735	5743	5775
本地生产总值	20371	21383	22600	23984	24910
人均本地生产总值(港元)	284899	297860	312609	328945	339531
按2015年环比物量计算②					
私人消费开支	14066	14715	15207	15932	16221
政府消费开支	2113	2170	2236	2313	2391
固定资本形成总额	5416	5555	5549	5372	5358
存货增减	–34	–12	79	–206	58
货物出口(离岸价)①	36268	39246	39575	38892	39575
货物进口(离岸价)①	37459	41175	41782	40665	41100
服务出口①	7489	7934	8063	8089	7829
服务进口①	5715	5593	5472	5743	5857
本地生产总值	22108	22794	23424	23984	24475
人均本地生产总值(港元)	309201	317512	323999	328945	333601

注：① 货物出口及进口与服务出口及进口数字，是根据《2008年国民经济核算体系》的标准，采用所有权转移原则记录外地加工货品及转手商贸活动编制而成的。

② 以环比物量计算的本地生产总值及其组成部分的参照年，已由2014年重订为2015年。重订参照年会影响以环比物量计算的数值，但不会影响其变动率。整体物量数值与其组成部分相加的总和可能存在差额。不可相加性是环比物量计算的一个技术属性。

6-3 香港本地居民总收入

单位：亿港元，另有注明除外

项　目	2012	2013	2014	2015	2016
以2015年环比物量计算①					
本地生产总值	22108	22794	23424	23984	24475
对外初次收入流量净值	315	427	476	444	829
实质本地居民总收入②	22048	22934	23543	24428	25397
人均本地生产总值(港元)	309201	317512	323999	328945	333601
人均实质本地居民总收入(港元)	308353	319461	325647	335031	346163
按当年价格计算					
本地生产总值	20371	21383	22600	23984	24910
对外初次收入流量净值	295	405	466	444	841
本地居民总收入	20665	21788	23066	24428	25751
人均本地生产总值(港元)	284899	297860	312609	328945	339531
人均本地居民总收入(港元)	289019	303504	319056	335031	350996

注：①以环比物量计算的本地生产总值、对外初次收入流量净值及实质本地居民总收入的参照年，已由2014年重订为2015年。

②实质本地居民总收入是把贸易价格比率变动的调整及实质对外初次收入流量净值加进实质本地生产总值而得出。

6-4 香港国际投资头寸（期末头寸）

单位：亿港元

概括组成部分	2011	2012	2013	2014	2015	2016
资产	240620	268580	291248	323915	338245	354972
直接投资	87677	98726	104835	123585	132308	133568
证券投资	64125	76515	86936	90777	97555	106149
金融衍生工具	5392	6615	5680	6235	6411	8301
其他投资	62420	63420	69669	77842	74161	77008
储备资产	21005	23305	24128	25475	27809	29946
负债	185391	212662	232478	256427	260497	263422
直接投资	91983	105090	113467	127145	136973	138448
证券投资	27928	37435	40458	40858	35922	33835
金融衍生工具	4774	6387	5121	5503	5757	7874
其他投资	60706	63750	73432	82921	81845	83265
国际投资头寸净值①	55229	55918	58770	67488	77747	91550

注：①国际投资头寸净值是对外金融资产总值与对外金融负债总值之间的差额。

6-5 香港按选定主要投资者国家/地区划分的外来直接投资头寸及流动

单位：亿港元

主要投资者国家/地区	以市值计算的外来直接投资					
	年底头寸			年间流入		
	2013	2014	2015	2013	2014	2015
英属维尔京群岛	35370	41234	43255	3419	4767	4375
中国内地	33416	34935	32703	466	2218	2008
开曼群岛	2626	3971	8617	344	167	4043
荷兰	6966	7459	7787	161	448	344
百慕大	6138	6129	5697	457	-47	594
新加坡	2259	3185	3431	140	590	233
美国	3475	3850	3146	212	83	30
英国	1596	1319	2564	231	444	559
日本	2058	2265	2258	63	108	225
科克群岛	1191	1178	1022	156	98	63
其他	9734	10503	12878	114	-109	1042
总计	104829	116029	123359	5762	8765	13515

注：根据香港近年从个别投资者国家/地区的外商直接投资头寸选取。

6–6 香港按选定主要接受投资国家／地区划分的向外直接投资头寸及流动

单位：亿港元

主要接受投资国家/地区	以市值计算的向外直接投资					
	年底头寸			年间流出		
	2013	2014	2015	2013	2014	2015
英属维尔京群岛	37660	45981	48405	1559	1509	−164
中国内地	39523	45600	47018	3969	6379	3066
开曼群岛	2332	2447	4552	195	649	2245
英国	2320	2420	2485	17	22	171
百慕大	2546	2833	2270	224	262	240
澳大利亚	1135	1303	1354	92	156	6
美国	695	781	857	56	36	−170
加拿大	730	739	745	−9	§	2
新加坡	802	847	714	−22	113	−82
卢森堡	857	781	700	2	−17	−4
其他	7597	8737	9594	182	514	256
总计	96197	112469	118694	6265	9622	5567

注：根据香港近年对个别接受投资国家／地区的对外直接投资头寸选取。

6–7 香港按楼宇种类划分的新落成私人楼宇

楼宇类	2012	2013	2014	2015	2016
住宅楼宇					
楼宇数目 (栋)	323	396	181	283	262
实用楼面面积 (万平方米)①	28.1	20.5	42.3	27.6	33.0
商住两用楼宇					
楼宇数目 (栋)	33	96	51	113	67
实用楼面面积(万平方米)					
住宅	22.6	12.2	20.7	29.4	28.4
非住宅	5.0	2.7	3.2	2.8	6.8
商业楼宇					
楼宇数目 (栋)	12	16	19	16	21
实用楼面面积 (万平方米)	17.6	11.7	13.2	21.3	19.3
工业楼宇					
楼宇数目 (栋)	18	10	17	18	13
实用楼面面积 (万平方米)	19.7	9.8	17.2	5.3	9.1
其他用途楼宇					
楼宇数目 (栋)	215	160	198	182	193

续表

楼宇类	2012	2013	2014	2015	2016
实用楼面面积 (万平方米)					
住宅	5.1	2.1	1.5	1.6	2.3
非住宅	41.4	24.0	11.8	15.3	23.9
总计					
楼宇数目 (栋)	601	678	466	612	556
实用楼面面积 (万平方米)					
住宅①	55.8	34.8	64.5	58.5	63.7
非住宅	83.7	48.3	45.4	44.8	59.2

注：①包括住宅楼宇内用作非住宅用途的实用楼面面积，例如：会所/娱乐设施、管理员办事处/宿舍、电机房等。

6–8 香港按楼宇种类划分的获批准可动工兴建私人楼宇

年 份	住宅楼宇		商住两用楼宇			商业楼宇	
	楼宇数目 (栋)	实用楼面面积 (万平方米)①	楼宇数目 (栋)	实用楼面面积 (万平方米)		楼宇数目 (栋)	实用楼面面积 (万平方米)
				住 宅	非住宅		
2011							
初次呈交	52	14.1	65	17.9	2.7	14	6.4
重大修改	79	14.8	85	9.0	1.7	3	2.6
2012							
初次呈交	102	27.2	69	35.0	5.8	19	15.1
重大修改	86	14.9	2	0.6	0.1		
2013							
初次呈交	329	18.1	54	20.1	2.8	21	23.1
重大修改	445	21.1	53	21.1	1.8	2	3.2
2014							
初次呈交	254	24.0	41	22.0	6.2	16	16.9
重大修改	200	9.6	5	6.0	2.7	1	3.2
2015							
初次呈交	261	36.9	99	19.2	5.1	20	19.8
重大修改	65	1.4	66	28.5	7.0	1	0.3
2016							
初次呈交	262	31.7	53	9.6	5.3	9	18.7
重大修改	110	18.8	36	4.0	1.3	6	5.9

续表

年份	商业楼宇		工业楼宇		其他用途楼宇			总计		
	楼宇数目(栋)	实用楼面面积(万平方米)	楼宇数目(栋)	实用楼面面积(万平方米)	楼宇数目(栋)	实用楼面面积(万平方米)		楼宇数目(栋)	实用楼面面积(万平方米)	
						住宅	非住宅		住宅①	非住宅
2011										
初次呈交	14	6.4	13	10.9	84	1.4	18.4	228	33.5	38.4
重大修改	3	2.6	2	§	17	0.7	4.8	186	24.6	9.1
2012										
初次呈交	19	15.1	8	4.6	68	0.9	39.2	266	63.0	64.8
重大修改			3	2.4	23	1.1	3.7	114	16.6	6.2
2013										
初次呈交	21	23.1	9	10.1	35	0.1	12.7	448	38.4	48.8
重大修改	2	3.2	4	3.7	18	1.0	0.9	522	43.2	9.6
2014										
初次呈交	16	16.9	6	10.4	45	2.8	14.2	362	48.8	47.7
重大修改	1	3.2	1	0.2	12	0.2	7.5	219	15.9	13.6
2015										
初次呈交	20	19.8	21	20.6	85	2.8	38.2	486	59.0	83.7
重大修改	1	0.3	1	1.9	26	0.2	17.3	159	30.1	26.5
2016										
初次呈交	9	18.7	12	6.3	47	0.4	16.4	383	41.8	46.7
重大修改	6	5.9	3	1.3	8		7.2	163	22.8	15.6

注：①包括住宅楼宇内用作非住宅用途的实用楼面面积，例如会所/娱乐设施、管理员办事处/宿舍、电机房等。

6-9 澳门本地生产总值（当年价格）

年 份	本地生产总值		实际增长率 (%)	人均本地生产总值	
	(亿澳门元)	(亿美元)		(澳门元)	(美元)
1993	448.2	56.3	5.2	116729	14650
1994	498.8	62.7	4.3	125708	15792
1995	557.4	70.0	3.3	136192	17093
1996	567.4	71.2	−0.4	136693	17159
1997	575.1	72.1	−0.3	137821	17282
1998	538.0	67.4	−4.6	127386	15966
1999	518.7	64.9	−2.4	121363	15186
2000	539.4	67.2	5.7	125271	15608
2001	547.2	68.1	2.9	126107	15698
2002	588.3	73.2	8.9	134181	16703
2003	657.3	81.9	11.7	148182	18473
2004	849.2	105.9	26.8	186776	23281
2005	968.7	120.9	8.1	204607	25541
2006	1183.4	147.9	13.3	238057	29755
2007	1473.8	183.4	14.4	282962	35212
2008	1677.6	209.2	3.4	312149	38918
2009	1714.7	214.8	1.3	318611	39905
2010	2250.5	281.2	25.3	419153	52380
2011	2943.5	367.1	21.7	536178	66867
2012	3438.2	430.3	9.2	603525	75536
2013	4118.7	515.5	11.2	692501	86680
2014	4420.7	553.5	−1.2	710895	89005
2015	3626.4	454.2	−21.5	565301	70795
2016	3582.0	448.0	−2.1	554619	69372

6-10 澳门支出法本地生产总值

单位：亿澳门元

本地生产总值组成部分	2012	2013	2014	2015	2016
按当年价格计算					
私人消费支出	700.2	791.2	885.6	945.5	953.6
政府最终消费支出	236.9	267.7	311.3	348.0	367.4
固定资本形成总额	466.5	549.3	831.0	892.5	774.5
存货增加	39.0	29.7	36.1	17.3	14.7
货物出口	111.8	119.3	142.7	156.4	121.3
减:货物进口	832.3	961.8	1087.7	1079.8	914.9
服务出口	3020.5	3613.8	3612.1	2662.3	2591.7
减:服务进口	304.4	290.4	310.4	315.8	326.3
本地生产总值	3438.2	4118.7	4420.7	3626.4	3582.0
人均本地生产总值 (澳门元)	603525	692501	710895	565301	554619
以环比物量(2015年)计算					
私人消费支出	819.1	874.1	925.6	945.5	933.3
政府最终消费支出	297.5	314.0	334.1	348.0	353.9
固定资本形成总额	565.3	617.6	846.6	892.5	773.6
存货增加	38.0	29.3	35.8	17.3	14.9
货物出口	109.8	117.7	142.0	156.4	122.3
减:货物进口	808.2	939.3	1073.3	1079.8	929.4
服务出口	3451.4	3912.9	3705.7	2662.3	2596.3
减:服务进口	308.6	294.6	314.3	315.8	316.0
本地生产总值	4206.8	4678.0	4621.8	3626.4	3548.9
人均本地生产总值 (澳门元)	738454	786552	743239	565301	549495

6-11 澳门按用途划分的建成私人建筑

项　目	2012	2013	2014	2015	2016
住宅					
单位数目(个)	2443	1055	2885	4218	404
建筑面积(万平方米)	32.5	9.8	31.6	64.9	4.6
商铺及办公室					
单位数目(个)	100	252	100	109	85
建筑面积(万平方米)	4.6	3.9	1.1	4.6	1.5
工业					
单位数目(个)	–	2	–	3	1
建筑面积(万平方米)	–	0.8	–	2.7	0.4
其他用途					
单位数目(个)	15	7	16	34	8
建筑面积(万平方米)	119.7	41.7	11.2	185.5	12.7
总计					
单位数目(个)	2558	1316	3001	4364	498
建筑面积(万平方米)	156.8	56.2	44.0	257.8	19.2

6-12 澳门按用途划分的新动工私人建筑

项　目	2012	2013	2014	2015	2016
住宅					
单位数目(个)	1526	2124	1744	5265	4957
建筑面积(万平方米)	17.9	19.7	15.9	60.2	50.8
商铺及办公室					
单位数目(个)	49	94	123	113	128
建筑面积(万平方米)	0.7	1.4	2.5	3.5	8.0
工业					
单位数目(个)	1	4	3	3	7
建筑面积(万平方米)	1.1	0.7	4.0	3.1	3.1
其他用途					
单位数目(个)	16	19	30	24	30
建筑面积(万平方米)	10.8	217.9	201.5	131.7	24.9
总计					
单位数目(个)	1592	2241	1900	5405	5122
建筑面积(万平方米)	30.4	239.6	223.9	198.4	86.8

6-13 台湾省本地居民生产总值

年　份	本地居民生产总值			人均本地居民生产总值	
	新台币亿元	实际年增长率 %	亿美元[①]	新台币元	美元[①]
2005	123831	3.0	3848	544798	16930
2006	129525	4.6	3982	567508	17446
2007	137398	6.1	4184	599536	18256
2008	134656	-2.0	4270	585519	18564
2009	133757	-0.7	4046	579574	17531
2010	145489	8.8	4597	628706	19864
2011	147006	1.0	4988	633822	21507
2012	151411	3.0	5112	650660	21967
2013	156546	3.4	5259	670585	22526
2014	165824	5.9	5460	708540	23330
2015	173179	4.4	5427	738097	23131
2016	177166	2.3	5484	753565	23325

注：①按当年汇率折算。

6-14 台湾省本地生产总值支出构成

单位：%

年　份	本地生产总值(新台币亿元)	居民消费	政府消费	固定资本形成总额	存货增加	货物及服务出口	减：货物及服务进口
2005	120923	56.1	15.3	24.2	0.3	60.6	56.4
2006	126408	55.0	14.7	24.2	0.4	65.8	60.0
2007	134071	53.7	14.3	23.9	0.1	69.7	61.8
2008	131510	55.2	15.1	23.2	1.3	70.2	65.0
2009	129617	55.4	15.9	21.3	-1.4	60.4	51.5
2010	141192	53.1	14.9	23.6	1.3	70.9	63.9
2011	143122	54.5	15.1	23.4	0.3	72.8	66.1
2012	146869	54.7	15.3	22.3	0.1	70.4	63.0
2013	152307	54.2	14.7	22.2	-0.1	69.5	60.4
2014	161119	53.3	14.5	21.7	0.2	69.8	59.6
2015	167590	52.3	14.0	20.8	0.1	64.3	51.5
2016	171113	52.7	14.3	21.0	-0.1	62.8	50.8

6-15 台湾省本地生产总值产业构成

单位：%

年 份	本地生产总值(新台币亿元)	农 业	工 业	制造业	水电燃气及污染治理业	建 筑 业	服 务 业	批发及零售业	金融及保险业	不动产业	咨讯及通讯传播业
2005	120923	1.61	32.28	27.77	2.01	2.35	66.11	17.12	7.48	7.85	3.47
2006	126408	1.56	32.38	27.72	1.87	2.63	66.06	17.37	7.13	8.20	3.38
2007	134071	1.45	32.96	28.44	1.67	2.67	65.59	17.45	7.13	8.24	3.38
2008	131510	1.55	31.30	27.41	0.98	2.73	67.15	17.82	7.01	8.52	3.49
2009	129617	1.68	31.50	26.73	2.14	2.50	66.82	17.36	6.23	8.96	3.54
2010	141192	1.60	33.78	29.06	1.97	2.61	64.63	16.82	6.19	8.45	3.31
2011	143122	1.72	33.02	28.66	1.56	2.68	65.27	17.07	6.39	8.47	3.23
2012	146869	1.67	32.75	28.37	1.62	2.65	65.58	16.88	6.42	8.55	3.18
2013	152307	1.69	33.46	28.75	2.00	2.61	64.85	16.97	6.41	8.49	3.08
2014	161119	1.80	34.79	29.99	2.14	2.56	63.41	16.41	6.53	8.20	2.96
2015	167590	1.70	35.13	30.05	2.46	2.52	63.17	16.37	6.56	8.16	2.92
2016	171113	1.82	35.06	30.18	2.41	2.38	63.13	16.17	6.59	8.19	2.84

6-16 台湾省按用途分批准动工的建筑物面积

单位：万平方米

年 份	总计	商业类	工业、仓储类	休闲、文教类	办公、服务类	住宿类	
						宿舍	住宅
2007	3473	197	596	197	294	36	1936
2008	2617	90	554	144	212	31	1391
2009	1992	77	336	187	180	24	1009
2010	3117	101	640	174	247	13	1674
2011	3415	76	613	129	208	21	1979
2012	3288	106	562	118	197	18	1932
2013	3976	164	584	109	198	21	2542
2014	3863	196	630	96	253	29	2223
2015	3260	87	660	84	172	28	1823
2016	2624	105	559	89	146	17	1326

6–17 台湾省政府公债

单位：新台币亿元

年 份	合计			台湾省级政府发行			市级发行		
	发行额	偿还额	余额	发行额	偿还额	余额	发行额	偿还额	余额
2007	4022	2670	35198	3932	2225	34100	90	446	1098
2008	4387	2224	37362	4100	2103	36097	287	121	1265
2009	4956	2608	39709	4700	2502	38296	256	107	1414
2010	6293	2659	43343	6100	2520	41876	193	140	1467
2011	6400	3299	46444	6200	2980	45096	200	319	1348
2012	6884	3983	49345	6650	3982	47763	234	1	1581
2013	6419	3668	52095	6419	3500	50682		168	1413
2014	6753	4446	54402	6753	4050	53385		396	1017
2015	6135	4843	55694	6053	4650	54788	82	193	906
2016	5635	5276	56053	5635	5000	55423		276	631

6–18 台湾省金融概况

年 份	货币供应量M1(新台币亿元)	流动性负债(新台币亿元)	储备货币(新台币亿元)	主要金融机构存款(新台币亿元)	主要金融机构放款与投资(新台币亿元)	再贴现率(年息%)	汇率(卖出价)(新台币/美元)
2008	81537	388270	21254	278702	213315	2.00	32.91
2009	105116	416730	23040	294486	214823	1.25	32.08
2010	114571	445203	25018	310063	228037	1.63	30.42
2011	118302	469541	27209	323022	241729	1.88	30.32
2012	124184	496032	29021	333004	255488	1.88	29.08
2013	134708	530162	31208	350624	267206	1.88	29.82
2014	143101	568299	32633	371339	281106	1.88	31.68
2015	152926	607126	34524	393558	294064	1.63	32.88
2016	161777	638980	36303	407174	305475	1.38	32.30

6–19 台湾省股票交易

单位：新台币亿元

年 份	上 市 股 票			总成交额	日平均成交额	股价指数(年平均)(1966年=100)
	上市公司数 (家)	总面值①	总市值①			
2008	718	56904	117065	261154	1049	7024.06
2009	741	57729	210336	296805	1183	6459.56
2010	758	58113	238114	282187	1124	7949.63
2011	790	60268	192162	261974	1061	8155.79
2012	809	62580	213522	202382	810	7481.34
2013	838	64880	245196	189409	770	8092.77
2014	854	66653	268915	218985	883	8992.01
2015	874	68493	245036	201915	828	8959.35
2016	892	69370	272479	167711	688	8763.26

注：① 年底数。

优秀企业展示篇

扎根基建　创新产品
助力实体经济建设

——中国建设银行PPP全流程综合金融服务支持国家基础设施项目

十八届三中全会以来，我国PPP市场迎来快速发展阶段，国务院、各部委相继颁布多项政策文件促进、引导、规范PPP项目落地，助力我国公共服务领域和基础设施领域项目投融资体制转型升级。建设银行紧跟国家政策方向，积极落实党中央、国务院的重大部署，通过研究政策、创新产品、优化服务，打造“PPP全流程综合金融服务商”，发挥集团优势和基建领域传统优势，全力支持地方实体经济。从率先创新PPP系列贷款，到完成新形势下全国首笔PPP融资，从协助财政部筹组1800亿PPP融资支持基金，到与各地方政府组建PPP引导基金，建行PPP系列贷款和全流程综合金融服务正在祖国各地绽放，在支持国家实体经济建设中奋勇前行。

一、承袭基建领域传统优势，打造建行金融核心品牌

哪里有建设，哪里就有建行，基础设施领域建设贷款是建行传统优势业务，建行始终将国家重点工程、新型城镇化和城市基础设施等作为重点支持领域，统筹建设银行集团资源，不断优化业务流程，提供长期和稳定的信贷资金支持，持续支持基础设施领域和重大项目的建设发展，不断提升服务国家建设能力，助力国家经济社会健康发展。

建设银行积极适应新常态下投融资体制，以支持实体经济为出发点，深化对公业务战略转型，积极创新PPP系列产品、创新综合金融服务，为国家公共服务领域和基础设施领域PPP项目提供融资支持，全力打造建行在基建领域金融核心品牌。

二、契合国家战略导向，创新专属融资产品

1.迅速响应跟战略

十八届三中全会首次提出“允许社会资本通过特许经营等方式参与城市基础设施投资和运营”，2014年以来，国务院、国家发展改革委、财政部、人民银行等，陆续印发《加强地方政府性债务管理意见》（国发〔2014〕43号）、《国务院办公厅转发财政部发展改革委人民银行关于在公共服务领域推广政府和社会资本合作模式指导意见》（国办发〔2015〕42号）等政策文件，建设银行迅速响应，组织专业团队研读国家战略导向，积极应对政府职能转变，主动切合国家投融资体制改革方向，并将文件逐部梳理、分类，总结为引导性、指导性、监管性三大类文件，并同步启动需求调查、产品设计、同业摸底、项目对接，汇全行之力，跟随国家新常态下战略发展方向，为支持国家实体经济建设和投融资体制改革先行先为。

2.专属创新开先河

在深度研读国家政策性文件的基础上，建设银行在同业中率先创新PPP系列贷款，根据财政部相关文件中，结合PPP项目主要的六种运作模式：O&M（委托运营）、MC（管理合同）、BOT（建设-运营-移交）、BOO（建设-拥有-运营）、TOT（转让-运营-移交）、ROT（改建-运营-移交）各自特点和实地调研情况，量身定制“BOT、BOO”、“O&M、MC”、“TOT、ROT”三类模式融资产品，在期限、区域和担保等方面进行创新突破，用于满足项目建设、运营和存量资产融资需求，服务于

PPP项目创新需求，也填补了PPP融资市场的空白。

3.积极创新赢肯定

建设银行的主动创新意识，扎实的工作态度，专业的综合服务团队，赢得政府部门和监管机构的高度认可。2015年5月29日新华社内参《国内动态清样》第2254期刊登文章《专家建议鼓励银行在PPP模式中发挥更大作用》，对我行通过产品创新支持PPP项目的举措予以了肯定；2015年9月，作为仅有的两家受邀银行之一，建设银行行领导出席由财政部组织的第七次中英经济财金对话PPP圆桌会议。

建设银行联动全国37家一级分行，共享优质社会资本，共享PPP项目推动经验，在全国各地主动开展项目对接和储备，积极向各地政府和社会资本推介我行产品和综合金融服务，引导客户按照PPP模式对公共服务领域和基础设施领域项目进行建设运营。并多次参与国家发展改革委、财政部主办的示范项目推介和评审，赢得国家发展改革委、财政部等各部委和多个地方政府的高度赞扬。

4.集团优势赢未来

“以客户为中心”树立集团化经营理念，统筹集团优质服务，深入分析PPP项目五个阶段的客户需求和各级政府推动PPP项目中存在的问题，建设银行在同业中首次推出“融智、融信、融资”的PPP全流程综合金融服务方案，包括PPP项目咨询服务、保证类产品支持、基金、信托、租赁、银团等覆盖PPP全流程的综合金融服务。

建设银行实现从“信贷资金提供商”到“PPP全流程综合金融服务商”的成功转型。通过搭建集团综合金融服务平台，实现母子一体化、境内外一体化创新服务，全方位助力城市基础设施和公共服务领域投融资机制的转型升级，巩固建设银行基础设施领域传统优势，更好推动对公业务转型发展，树立“PPP全流程综合金融服务商”的市场形象，为国家基础设施项目提供一站式服务，提升PPP项目落地效率，同时也引领金融同业参与PPP项目方向。

5.合规推动稳发展

随着国家全面加强地方政府性债务管理，PPP系列贷款成为地方政府在公共服务领域和基础设施领域项目建设资金最主要的来源方式，建设银行积极贯彻落实国家相关政府性债务管理要求，始终坚持合规经营，严格把关涉足项目的行业、模式和区域是否切合国家投融资体制改革方向。一手促发展，一手抓合规，规范化的体制架构，完整的风险评价体系，严谨的经营推动策略，踏实的工作态度，使得建设银行PPP全流程综合金融服务健康、合规的支持国家重点基建项目建设。

建设银行也随着国家政策的持续完善，不断修订PPP贷款支持政策和PPP模式下相应行业政策，随时切合国家投融资体制改革发展战略，并符合国家相应政府性融资监管的需求，确保融资的持续性合规、稳定，使得建设银行PPP全流程综合金融服务可持续性地支持国家重点基建项目建设。

三、PPP全流程综合金融服务，支持国家实体 经济

（一）助力政府盘活优质存量资产，为后续城市建设补充血液。

2014年11月，国务院颁布《国务院关于创新重点领域投融资机制鼓励社会投资的指导意见》，鼓励通过PPP方式盘活存量资源。辽宁省盘锦市人民政府决定采取“转让–运营–移交”（TOT）的模式，盘活盘锦市体育中心项目。建设银行从政府需求出发，为其提供“融智+股权+债权”全流程综合金融服务，从项目设计咨询到社会资本的引入，从SPV公司的组建咨询到“股权+债权”融资落地，PPP全流程综合金融服务为盘锦市政府盘活优质存量资产29.24亿元，为城市建设提供资金保障。

1.项目概况

盘锦市体育中心项目，为财政部第二批示范项目，总投资29.24亿元。建行子公司建信信托与中建八局组成联合体投标，中标后中建八局、政府方、建信信托以40%:40%:20%的股权比例成立项目公司，融资需求21.93亿元，全部融资将用于项目公司获得盘锦市体育中心项目资产转让对价，盘锦市财政对项目可行性缺口部分进行补助。

2.融智服务

建行为该项目提供全流程咨询服务，包括PPP项

目设计咨询、SPV公司组建咨询、融资方案咨询。建行专业的服务团队为政府盘活存量资产需求提供实施方案和操作思路，通过子公司建信信托参与项目联合体投标和SPV公司组建，在项目准备阶段、识别阶段和采购阶段为政府方和社会资本提供一站式的解决方案，大幅提高该项目落地效率。

3.股权融资服务

建设银行子公司建信信托承接该项目股权融资部分，发行“盘锦体育中心PPP项目集合资金信托计划”，募集资金1.48亿元，用于与中建八局和政府方成立项目公司，其中优先级部分由建信信托通过自主推介向社会合格投资者募集；劣后部分由其他两个项目参与方认购，该笔股权融资为当地首笔PPP项目的权益性资金支持，建设银行母子公司联动助力地方实体经济。

4.债权融资服务

根据前期股权的投入，建设银行继续介入该项目债权融资，牵头组建银团贷款，银团份额分别为14亿元和7.93亿元。并发挥建行在基建领域的传统优势和同业良好的合作关系，成功于2017年4月1日为项目公司投放贷款21.93亿元，赶在北方基础设施项目开工前为地方政府提供大笔资金支持，建行集团发挥PPP领域专业、专注的优势，通过综合金融服务为实体经济建设开足马力，全力前行。

（二）共同成立PPP投资基金，引导地方PPP项目落地

2015年5月，国务院办公厅颁布《转发财政部发展改革委人民银行关于在公共服务领域推广政府和社会资本合作模式指导意见》，PPP模式已成为地方政府消化存量债务、新扩建各类基础设施和公共服务项目的主要运作模式。浙江省奉化市与建行子公司建信信托共同成立奉化市PPP投资基金，充分发挥建行集团综合金融服务，引导项目、吸引投资，通过投贷联动促地方PPP项目落地。

1.基金交易架构

奉化市PPP投资基金总规模40亿元，由建行银行子公司建信信托与奉化市国有资本投资控股有限公司共同出资成立，奉化市PPP投资基金将全部投资于奉化市PPP项目，建设银行通过集团优势，共同出资，解决PPP市场投资问题。

2.PPP项目架构

奉化市PPP投资基金作为社会资本方一部分投资于奉化市PPP项目股权部分，并与PPP项目政府方成立项目公司，地方政府已与建行初定了15个拟投资PPP项目，共同推动，通过基金引导激发市场活力，建行也将发挥集团优势，为目标项目提供PPP贷款在内的全流程综合金融服务。

3.落地项目情况

2016年12月21日，奉化PPP投资基金首轮1.38亿元资金投放完成，并于12月28日实现3.49亿元的PPP贷款投放，成功支持奉化市宝花路东延锦屏南路至金钟路段道路工程存量资产PPP项目、奉化市三高连接线公路工程存量资产PPP项目。建行优秀的融资方案、合理的交易结构、规范的运作管理，以及高效的执行力，赢得了当地政府高度认可，树立建行PPP全流程综合金融服务商的品牌形象。该笔PPP基金及贷款的成功落地，打开了奉化市推进PPP业务的新局面，预计将撬动150亿元以上的贷款投放，建设银行从项目前期投资介入，到项目后期的贷款支持，全程助力PPP项目落地，综合效益明显，对地方实体经济建设具有重大意义。

中国建设银行股份有限公司

2017年9月28日

光大小白卡，世界我来了

中国光大银行信用卡中心

2016年3月27日，随着一声“hello world，世界我来了”，光大小白卡呱呱坠地了。

我就是光大银行信用卡中心与京东消费金融的光大白条联名卡，大家都亲切地称我为“光大小白卡”。集万千宠爱于一身的我出生仅仅5天申请量就突破了9.5万，上线10天就达到了19万。到现在，这个数字更是逼近70万了。傲人的成绩让我成了光大信用卡中心的小明星，更是卡中心发展新的里程碑及能量源的助推器。

我的孕育经历了近一年的时间，我的创造者们为了让用户喜爱，充分利用了京东在互联网领域的优势，结合大数据技术，在整个孕育过程中付出了辛勤的劳动，这为我的茁壮成长奠定了坚实的基础。那么大家要问了，那么多的小白卡，作为光大小白卡的我又有什么别出心裁之处呢？我可是有着得天独厚的优势哦，且听我为你们娓娓道来。

为了让我与众不同，我的设计者在我萌芽时就将差异化竞争纳入了设计方案，着力凸显光大银行独特的优势，于是，目光转到了境外。我的制造者们将银联卡和Visa国际很好地融合在我的身上，就是为了满足不同的消费场景需要。当然，在这个看颜的世界，我如此深受客户喜欢还与我的高颜值有关，孕育期就经历了几十次的设计，最终将我打造成了金箔Visa卡和银白银联卡。

在这个信息和产品极大丰富的现代社会，我为了更加贴近用户心理诉求，有效抓取注意力，将营销推广放在了至关重要的地位。这一全方位的营销体系让我一下子就抓住了青年用户群体的心，获得了年轻人的共鸣和高度认同，将用户对梦想、青春、旅行的热爱投射到信用卡产品上。当然，光大银行也为我的健康成长制订了专属推广计划，大众传媒宣传，软文营销、朋友圈、地铁广告和各分行网点推荐等众多渠道的多维立体品牌输出，多管齐下，联动传播。同时，京东强大的平台优势也是我茁壮成长的保障。强强联合放大品牌效应，进一步提升了我的知名度和影响力。

自我介绍了那么久，到底我有什么神奇的功能呢？下面让我给大家说道说道：我可以终身免年费；境外消费跨境交易手续费及取现费统统全免，消费、购票、购物立减；各种折扣立减；当然，光大传统的10元看电影，10元享美食活动我也积极参加；激活首刷送50“京东钢镚”；刷卡送机场贵宾厅服务及百万出行意外险；各种惊喜赠送不断；境外购物返10%现金；积分自动返“京东钢镚”；只要刷卡就有返利；代办签证省时省力，手机退税，方便省时。

现在你是不是对小小的我刮目相看了呢？我是在信用卡中心深度挖掘了京东体系对信用卡产品的价值后才为青年客户量身定制的，通过分析客户需求，确定了消费立减、购物返现、机场贵宾厅、保险、退税等权利，并设立专属积分账户，实现广大积分与“京东钢镚”的自动兑换，最大限度借助京东的影响力和消费场景，吸引潜在客户办卡消费。同时，依托联名卡拓展相关服务，打通在京东金融查询小白卡账单及还款功能，形成全链条增值服务。另外，结合京东“6·18”、“双十一”、“双十二”等流量高峰，策划相应白条卡营销活动，持续增强产品曝光度和客户活跃度，得到了强烈响应。

下面让小有成就的我给大家分析分析我这么受人欢迎的原因吧：首先，利用互联网思维，将大数据营销真正应用到实际的信用卡业务中。我的成功就是充分利用互联网数据、消费数据、物流数据、供应商数据、信用卡数据，我的缔造者们对这些数据进行了深度的数据挖掘，在此过程中挖掘需求、满足需求、引导需求。其次，充分了解合作方的比较优势，找到合作的契合点，促进合作的成功。光大信用卡和京东消费金融的出发点都是要打造带有双方基因，能够发挥双方优势的强势产品。我当然就是最好的结果，光大信用卡充分利用京东在互联网领域的庞大平台和流量优势，全面梳理了京东的线上资源，选取对信用卡产品有促进作用的大数据，从而孕育了我。最后，与合作企业深度跨界融合，为用户争取更大权益。我集中了光大信用卡与京东白条的多种服务，是双方“爱情”的完美结晶，光大银行与京东金融创新性地实现了跨界融合。

互联网与大数据的兴起，给传统金融机构带来了新的机遇。我诞生的过程，就是光大银行顺应趋势、找到与互联网企业完美契合点的过程。

现在，我已经逐渐长大了。在我茁壮成长的过程中，我的缔造者们经历了各种酸甜苦辣，我的妈妈——光大银行信用卡中心总结了我成长中值得推广的地方，希望在今后的信用卡设计发行中可以更加高效地完成一系列工作：首先，顺应时代潮流，在谋新、谋变中谋发展。近几年，互联网风起云涌，互联网金融的兴起给传统金融机构一定的冲击。因此，传统金融机构应该结合时代因素，积极拥抱互联网、拥抱大数据，寻求与互联网企业的跨界融合。我的诞生就是很好的例子，在产品设计时就从用户的需求和用户的感受出发，围绕用户为中心设计产品。尤其是在互联网时代，用户体验产生的大数据即品牌、即口碑。信用卡业务的开展是如此，信用卡产品在设计的过程中亦是如此。其次，以用户为中心，项目产品设计始终从提升客户体验与金融服务效率出发。现在，各行各业都在谈“以用户为中心”，简单来讲，就是“思考用户需要什么”，需要围绕需求策划权益活动，提升信用卡价值和吸引力，在满足用户不同消费场景需求的同时，优化申请和审批流程，提高用户体验与金融服务效率。再次，优势产品需要定位准确进行推广营销。在信息和产品极大丰富的现代社会，贴近用户心理诉求、有效抓取注意力的营销推广至关重要。互联网黏性用户群体以青年人群为主，他们追求个性，比上一辈人更喜欢信贷消费。因此，我的成功也得益于适当的宣传主题——“Hello world，世界我来了”。这一主题快速抓住了青年用户群体，满足他们的消费需求。在推广渠道上，除了传统的大众传媒之外，互联网媒体和自媒体的传播效应也不容忽视。比如借助微信公众号等平台以软文形式介绍产品优势，可以直达客户。

听小小的我给你说了这么久，有没有对我怦然心动呢？如果你也是“90后”对世界充满向往，如果你也是朝九晚五生活一成不变但却渴望改变，如果你有一颗不羁的心灵，那么就快快带我回家吧。我可以带你去探险亚马孙的河流；带你去看非洲的动物大迁徙；带你去繁华的纽约感受自由女神给你的震撼；带你去大英帝国感受百年霸主；带你去欧洲漫步在悠闲的哥特式建筑群中；当然，更可以让你在繁忙的工作之余实现轻松简单的京东购物，享受急速物流带给你的简单便捷，为你省时省力。

还在等什么呢？快来光大信用卡中心一睹我的风采吧！

提升“一带一路”金融服务能力

中国交通银行

近年来，我国提出的“一带一路”倡议得到沿线国家和地区日益广泛的响应与支持，目前正处于全面推进的关键节点。为“一带一路”建设提供坚实有力的金融支撑、注入持续的发展动能，商业银行责有攸归，大有作为。

合作共赢是“一带一路”倡议的核心要义

在传承“驼铃阵阵、舟楫相望”古丝路精神的同时，“一带一路”倡议的提出更加契合了当前全球化合作的需要，被赋予鲜活的时代内涵。从本质上看，“一带一路”涵盖地缘政治、经济、文化，是我国统筹国内国际大局，秉承“共商、共建、共享”原则，践行“和平合作、开放包容、互学互鉴、互利互赢”理念，所构建的极具前瞻性、全方位、包容性、创新性的对外开放发展新格局。

中华民族崇尚“达则兼济天下”。“一带一路”虽由我国倡议，实则是各国的共同机遇。对我国而言，“一带一路”倡议将促进国内经济结构转型和产业升级，推动我国更深层次、更高水平对外开放，提高基础设施的支撑保障能力，拓展对外贸易的新格局。对沿线国家和地区而言，“一带一路”倡议所倡导的“政策沟通、设施联通、贸易联通、资金融通和民心相通”的“五通”，将推动沿线国家和地区间要素自由流动、资源高效配置、市场深度融合以及政策相互协调，构建开放、包容的区域经济框架体系，真正实现“美美与共，天下大同”。

“一带一路”建设孕育商业银行重大发展机遇

经济决定金融，金融为经济服务，此为市场经济的基本规律。随着“一带一路”倡议的逐步推进，我国和沿线国家、地区的经济发展格局将发生重大而深刻的变化，在基础设施、产能对接、对外贸易、跨境金融等方面产生大量新的金融服务需求，根植于实体经济的商业银行将迎来一系列重要发展契机。

“一带一路”倡议将优化商业银行的资产配置结构

从经营战略的角度考量，“一带一路”倡议的部署推进将促使商业银行及时调整行业投向，实现资产配置的持续优化。在今年的政府工作报告中，“一带一路”被多次提及，基础设施建设、国际产能合作、装备技术服务“走出去”，以及教育文化旅游交流合作等方面列入“一带一路”建设的重点内容。2016年我国对沿线国家和地区的贸易额已占贸易总额的1/4。今年第一季度，我国对“一带一路”沿线国家和地区的新增非金融类直接投资额占同期对外投资总额的14.4%，较2016年同期提高5.4

个百分点，投资合作持续升温。“兵马未动粮草先行”，在“一带一路”建设的初期，基础设施是重中之重。无论是产能合作还是对外贸易、跨境金融业务的开展，都离不开基础设施的投资建设。加之“一带一路”沿线国家和地区多为发展中经济体，原有基础设施较为薄弱，巨大的潜在需求将催生大量中长期融资业务，为商业银行在交通、能源、通信等主要基础设施领域打开广阔的金融服务空间。

“一带一路”倡议将推进商业银行的国际化进程

“一带一路”倡议为商业银行开启了一个跨地区、跨时区、跨币种、跨文化的金融服务市场，对商业银行的全球化资源配置能力提出更高要求，将有效推动商业银行加速国际化步伐。在机构设置层面，商业银行需要不断完善服务网络，进一步加强在沿线国家和地区的战略布局，以更好地利用国内国外两个市场、两种资源，为客户提供更加全面的金融支持。在业务开展层面，“一带一路”倡议将提升人民币跨境使用的广泛性和经常性，商业银行在助推人民币国际化的同时也将显著提升自身业务的国际化程度。随着“一带一路”建设纵深推进，境内企业海外直投、境外人民币回流国内市场、人民币结算清算等需求将获得长足发展，我国商业银行的跨境业务机遇日益凸显。

“一带一路”倡议将加快商业银行的综合化发展

“一带一路”沿线国家和地区的金融监管差异性较大，混业经营、分业经营兼而有之，要实现沿线各地的资金融通，对商业银行金融服务的多元化、综合化、协同性提出了更高层次的要求。商业银行既要充分发挥传统的境内授信、跨境融资、债券承销等投融资服务优势，也要在符合金融监管的条件下，加强对信托、租赁、保险、投行、基金等业务领域的渗透和融合，积极探索创新综合化经营模式。

“一带一路”倡议将提升商业银行的金融创新能力

熊彼特将创新定义为“新的生产函数的建立”，具体应用到“一带一路”建设中，不难发现跨地区、跨时区、跨币种、跨文化的市场特性和“一揽子、全流程、定制化”的金融服务需求，这使得金融创新的“自变量”发生了较大改变，客观上要求商业银行必须提高金融产品和服务的创新能力。“一带一路”倡议提振了基础设施建设、加速了国际产能合作、拓展了对外贸易新格局、注入了人民币国际化新动力，这无疑将带动商业银行跨境跨业跨市场等多维度的金融产品和服务创新。客观地讲，也只有依靠金融创新，商业银行才能赢得“一带一路”所催生出来的巨大市场。

以金融支持促进中外合作共赢

商业银行的持续发展与国家战略的推进实施相辅相成。未来，我国商业银行应敢于担当责任、发挥自身优势、谋求合作共赢、有效管控风险，主动对接“一带一路”建设，深入服务实体经济。

发挥优势，积极融入

“一带一路”倡议既面向沿线国家和地区，也面向国内相关的地区和城市。无论是大型商业银行还是中小商业银行都需要基于自身发展实际，找准突破口，积极提供多样化、差异化的优质金融服务。国际化程度相对较高的大型商业银行，可在统筹国内、国际两个市场服务“一带一路”建设中发挥主力军作用；区域化经营特色明显的中小商业银行可结合自身经营区域和业务特长，在“一带一路”相关的境内地区提供差异化的优势产品和服务。

加强合作，共谋发展

“一带一路”建设的蓬勃开展需要持续建立健

全多层次、全方位的金融服务体系。未来，我国商业银行应进一步加大与国内政策性银行、国际开发性多边金融机构的合作力度。在信息、客户、资金、项目、渠道等方面有效共享、取长补短，拓展更多优质项目，合理管控业务风险，在金融支持“一带一路”中合作共赢。

稳步推进，管控风险

“一带一路”建设可谓任重道远，其中也不可避免地蕴藏着各种风险。商业银行参与其中要时刻保持清醒认识，严防金融风险。“宜未雨而绸缪，毋临渴而掘井”。商业银行唯有筑牢全面风险管理的堤坝，才能源源不断地为“一带一路”建设引入金融服务的活水，打造出强有力的金融“大动脉”和“主干道”，从而更加广泛和深度地融入“一带一路”建设大局之中，作出金融业应有的贡献。

交通银行以改革转型提升“一带一路”金融服务能力

作为一家国有控股大型商业银行，交通银行始终坚持服务实体经济的根本宗旨，立足自身经营特点与客户服务需求，积极服务“一带一路”建设。

以战略规划为引领，做好服务“一带一路”建设的顶层设计

2016年交通银行已将贯彻落实“一带一路”倡议作为重要内容纳入《交通银行“十三五”时期（2016—2020年）发展规划纲要》，对“一带一路”沿线的国际化布局和业务经营作出纲领性谋划。在经营管理中，及时制定《授信与风险政策纲要》（“36条”）及《金融支持企业“走出去”业务指导意见》等系列相关配套政策，自上而下驱动全行服务“一带一路”建设的理念强化，引领全行战略对接的具体实施，实现资源与机会的快速高效匹配。未来，交通银行将致力于在“一带一路”建设过程中成为一家有影响力的主力银行。

以深化改革为抓手，释放机制红利，构建“一带一路”全链条金融服务体系。在公司治理机制方面，交通银行在探索有中国特色的大型商业银行公司治理机制过程中，注重发挥汇丰银行等战略投资者的作用，通过交行－汇丰“1+1”全球服务、海外地区银团贷款和离岸发债、托管与基金代销等业务合作，实现“一带一路”沿线客户与服务网络的共享互补。

在经营机制方面，深化总分行事业部制改革，提升服务“一带一路”建设的专业化经营优势

2016年交通银行在总行公司部和机构部内分别成立战略客户部，实现以“总对总”的方式对接企业集团和机构客户；在总行国际业务部内成立跨境贸易金融中心，做专做细国际结算、跨境人民币、境内外联动；调整投资银行业务中心架构，加强投行业务营销和市场对接能力。上述改革对于满足“一带一路”沿线大型客户的跨境综合化金融服务需求起到了良好的作用。

在经营模式方面，交通银行突出离岸与境外银行机构的差异化布局和特色化创新，全面加强离在岸、本外币联动，以及与境外银行机构合作，构建“境内+离岸+海外”的全链条服务体系。

境内方面，进一步完善重点项目储备制度，滚动扩充包括境内外联动业务在内的项目库，扩大业务支持的覆盖面。截至2016年末，交通银行已向境内千余个“一带一路”项目累计投放贷款逾3000亿元，投放金额占比前三位的行业分别为交通运输业、环境和公共设施管理业及港口业。境外方面，交通银行充分发挥离岸业务牌照的独特优势，通过境内外分行联动为企业提供“跟随性”金融服务。同时，在“一带一路”沿线以内保外贷、海外银团、双边贷款等方式开展跨境联动业务。2016年交通银行共向37个重点跨境联动项目提供信贷支持，支持客户当地业务发展。

以转型发展为动力，发挥综合化经营和战略合作优势，实现“一带一路”金融服务的合作共赢

为有效对接“一带一路”沿线金融服务多元化的要求，交通银行利用各子公司的经营协同和外部机构的战略合作优势，构建“博采众长，兼收并蓄”的综合性金融服务大平台。作为国内综合化经营程度最高的大型商业银行之一，交通银行充分整合各子公司平台，灵活运用信托、租赁、证券、基金、保险等多种业务手段，为“一带一路”沿线企业的跨境投融资、跨境贸易等提供综合金融服务方案。在对外战略合作方面，交通银行积极开展与国际开发性金融机构和国内政策性银行的携手联动。交通银行作为首家与金砖国家新开发银行开展境内贷款项目联动的商业银行，也在积极探索境内外联动业务合作模式，开发包括“一带一路”沿线国家和地区在内的基础设施项目，促进双方境内外各类资源的共享。2016年底，交通银行还与国家开发银行签署《全面合作协议》，共同合作以深入贯彻落实“一带一路”等国家经济金融战略和政策。

以国际化发展为依托，加快推进契合“一带一路”建设的海外布局与人才储备

国际化是交通银行“两化一行”发展战略的重要组成部分，“一带一路”倡议为交通银行推进国际化提供了强有力的依托。在完善国际化服务网络布局上，仅2016年交通银行境外机构布局就“连落五子”，跨境服务能力显著提升。下一步，交通银行将紧密围绕“一带一路”建设，紧跟中国企业“走出去”步伐，搭建全球化布局网络，重点考虑在东欧、中东、南亚等“一带一路”项目集中地区设立机构，未来3～5年力争海外银行机构数量达到20～25家，实现“以亚太为主体、以欧美为两翼、拓展全球布局”的国际化发展新突破。在完善金融支持保障体系建设中，加大培养国际化人才的力度，培育国际化核心竞争优势。2016年交通银行制定了海外机构人才储备5年计划，将培养400名国际化管理人才和专业人才，为国际化发展和“一带一路”建设做好人才储备和支撑。

上海勤义节能科技有限公司

上海勤义节能科技有限公司在2017年开发出全国独一无二的实时性显示节能节电率的节电设备系统，消除了大家争议性的安装节电设备后，如何即时确定节电率问题，以及如何计算碳排采集问题，这套系统也是全球独家推出的节能节电实时显示节电率系统。

上海勤义节能科技有限公司在2018年将全力在全国六大地区(华北地区、华东地区、华南地区、华中地区、华西地区及东北地区)扩大招募经销代理商，在国内各地区扩大推动业务，来加速推广绿色环保、节能减排的政策普及，以及扩大强占全国市场占有率。作为节能节电产业的先锋，预计三年内成为全国第一大多功能节能节电设备系统供应商，并提供协助全国各省市单位及企业，做好节能减排的工作。公司全系列节能产品，保证节能节电率可以达到10%～30%，来协助企业节能节电降排，改善大气PM2.5污染环境，又可降低企业经营成本，提高企业在同业间的竞争力，提高企业长期实质的节能获利。

上海勤义节能节电产品的优势及专长

上海勤义节能科技有限公司的优势

1．全国唯一合乎“中国配电降压节电装置国家标准”的多功能节能节电设备，国标字号：GB/T25099—2010。台湾顺富国际公司参与起草制订本国标。

2．上海勤义节能科技有限公司销售的台湾顺富节能节电系列产品，至今市场上还无同等级的节电产品可以竞争，我们在市场上有绝对独家竞争优势，唯一有国标认证，安全有效。

3．全国唯一敢保证安全、有效，长期有效(不超约有效节能可达20～30年。

A.保证节省流动电费10%～30%，最低保证节能节电率10%，否则100%原价退款。

B.节能节电设备售后保证期长，保固两年，保用10年，让客户确保短期2～3年能回收投资成本，真正长期赚到节电费用，提升企业在同业中的竞争力并长期获利。

C.2016-2017年，在国家发展改革委2016-2017年投资年鉴中，上海勤义节能公司被推荐为优秀企业。这对我们勤义节能科技公司在国内推动绿色环保，节能减排的肯定。

4．本公司所有节能节电产品合乎绿色环保、节能减排的规定——

A.合乎2015/2016年绿色节能减排的巴黎议定书协议。

B.合乎2016/2017年G20的全球绿色环保的要求规范。

C.合乎国家“十三五”的绿色环保节能减排的政策目标。

D.节能节电产品通过国家电网“武汉高压研究所”测试通过认证。

E.家用型产品有国际FCC及CE检测认证。

F.重庆、福建、北京及西门子等检测中心检测认证。

上海勤义节能科技有限公司的专长及利基

1．本公司销售的顺富节能节电产品，拥有美国及中国台湾发明、原创、结构设计专利，另外拥有中国国内七种原创、新型、实用及外型专利，以及日本、泰国、越南实用新型节电设备专利，并通过很多检测单位测试通过认证。家用型通过美国FCC和欧盟CE检测认证。

2．台湾顺富节能科技集团母公司拥有节能节电设备产品的设计、研发、制造的专业技术人才超过200位，专长开发节能节电设备相关产品超过20年，上海勤义节能科技有限公司将拥有这些专业人才，随时提供支持。

3．上海勤义节能科技有限公司推动的节能节电产品，进入国内市场已超过14年，目前在国内市场上已有十几家经销商及超过200多个专职人员在推动业务，销售装机案例已几千家客户，预计三年内要扩展到80～100家区域经销代理商，预计2018—2020年三年内成为全国最大的节能节电设备供货商及最专业的节能设备标杆企业。

上海勤义节能科技有限公司行业与发展

本公司推动销售的节能节电设备，是目前市面上唯一合乎“中国节电降压装置国家标准”的节能节电设备。台湾顺富参与起草制定了这个国家标准，此标准目前是行业唯一标准，也是上海勤义节能科技有限公司在国内推展业务的利器。

上海勤义节能科技有限公司2018年以后的业务发展规划

1．2018年4—6月间在上海周边选择优惠政策较好、交通便利的开发区，成立全国营运总部；包括华东区展示销售中心，全国经销商训练中心，家用型节电器的量产总规划生产中心。

2．2018年8月起，2年内在华北、华南、华中、华西成立地区产品展示中心，扩大业务推广中心及技术支持服务中心，提高服务效率质量。

3．2018年完成增资后，将扩大生产家用型，增大制造产能及设立新产品研究开发中心。

4．2018年将扩大成立互联网销售、服务平台，现在已有三个入口网站配合运营（中国节能设备·手机；中国节电设备·手机；中国节油设备·手机），并与市面上大型互联网公司洽谈合作联盟，销售本公司家用型节电器及节油产品。

上海勤义节能科技有限公司销售计划及市场规模除现有的五大节能节电产品

预估国内可开发全系列节能节电设备产品市场规模为人民币120万亿元以上。

上海勤义节能科技有限公司提供的全系列节能节电产品包括（涵盖98%以上用电客户）：家用型；商用型；低压工厂型；高压工厂型；三相工厂型电容器。

实时显示节能节电率设备系统，将以用电大户为主，如国企、央企、上市集团公司及民企排碳大户，协助降排，以及采集碳排量作交易(全国有7个碳排交易所，2017年12月正式挂牌交易)，再赚取可观的碳权利益。

上海勤义节能科技有限公司预计在2018年在国内推出新开发产品，包括最新的实时性显示节能节电率系统，以及中大型中央空调系统和中大型冰水主机空调系统的节能节电产品，可以保证节能节电率超过20%，届时在整个市场又将引起轰动。

目前，台湾顺富总公司正在各个国家地区申请专利，一旦申请成功并做好不被仿冒保护后，就开始全面推动，预计在2018年下半年将尽速推出，抢占市场占有率，及早日达成中央“十三五”的节能减排政策目标。

上海勤义推动的顺富全系列节电设备产品

1．全系列节能节电设备主机——

家用型

商用型

低压工厂型

高压工业型

2.全系列实时显示节能节电率系统

目前安装案例很多，在台湾地区有：台电明潭发电厂、台北市政府、中华电信、中国石油公司、台湾自来水公司拷潭高级净水厂、裕隆关系企业协欣金属工业厂、微星科技中和总公司、台湾森永制果厂、升达橡胶轮胎厂(桃园新屋厂)、海霸王冷冻工厂一、二厂、岱妮蚕丝连锁18家店面、荣璋工业汽车热处理厂、原祥塑料厂、福义轩食品厂等几万家中大型用户，家用型安装客户超过30万家。

中国大陆地区有：中国电信上海奉贤机房，中国移动广州机房，大庆油田，胜利油田，山东潍坊人民医院，武汉楚原大厦，山东潍柴动力工厂，广州灯饰厂，惠州统将二厂，广州竟华电子，厦门中禾实业，山东益都人民医院，诸城人名医院，上海维多利亚文具厂，广州市PCB厂，四川夹江盛林木业，东莞，昆山金桥电子等。安装顺富大大小小设备的有几万家的大中小型用户(含家用型客户)。

越南、泰国、菲律宾、马来西亚、新加坡、欧美等国家都有安装顺富设备的客户。

顺富节电设备拥有的专利证书

唯一合乎中国大陆“节电设备装置国家标准”的节电设备

国标字号：GB/T25099—2010

3.顺富全球独家创新的节能节电设备实时显示节电系统

本公司2018年将推出全球独家创新开发的节能节电设备系统，安装设备后可以同时看到节电前与节电后的实时工作功率(KW)及累计的用电度数(KWH)，达到真正改善客户现场用电环境、真正节电省钱的目标。我们同时推出两种系统说明如下：

第一种：数字式电表实时显示节电前与节电后所有用电数字系统。

系统面板同时显示节电前与节电后的实时的工作电流(A)、实时工作功率(KW)及实时累计的节电前与节电后的工作度数(KWH)，可以很清楚地比对节电率及节电度数，确定真的可以节电省钱，可以看到真正的节电现况，全球市场独家领先推出，并可以累计节电度数，经过认证，再到碳排交易所交易买卖。

第二种：智能电表实时显示节电前与节电后所有用电数字系统。

系统面板同时显示节电前与节电后的实时的工作电压(V)、工作电流(A)、实时工作功率(KW)，以及实时累计的节电前与节电后的工作度数(KWH)，并可选择看到节电前与节电后的实时改善状况，降低了无效功率(KVAR)，工作容量(KVA)也降低了，功率因子(PF)提高了，可以很清楚地看到顺富的节电设备实时改善客户现场的电力污染来达到真正的节电，可以马上比对节电率及节电度数，确定真的可以节电省钱，看到真正的节电现况。全球市场独家领先推出，并可以累计节电度数。可通过无线互联网下载节电资料，经过认证后，到碳排交易所交易买卖。

【诚征全国各地节能产业的经销代理合作商及投资伙伴】

欢迎有兴趣的全国各地有能力的企业加入我们集团的节能节电事业行列，共同为全国家庭、商店、企业节电省钱。也欢迎节能专业的绿色财务金融银行、绿色基金、投资公司、风投公司等一起加入投资(投资回收快、利润高、全国独家技术，国家发展改革委唯一推荐的节电产品、拥有专利多)。

欢迎共享绿色环保的收益，并为达成国家“十三五”节能减排、绿色环保的国家政策目标共同努力，减碳减排保护全国人民健康安全，减少医疗资源浪费，为保障人民生命财产，负起一己之力，回报社会。

顺富节能科技集团

上海总部

上海勤义节能科技有限公司台湾顺富节能机电股份有限公司

地址：上海市奉贤区环城东路383号16楼(16A)

电话：021-3719-8777，+86-1850-160-6889

网址：http://www.chinyi-ps.com

邮箱：18501606889@163.com

台湾总公司：

台湾顺富节能机电股份有限公司

台湾汉唐节能科技股份有限公司

地址：台北市信义路五段五号三楼(3A28)

电话：+886-2-8780-8279

网址：http://www.shun-fu-ps.com.tw

邮箱：globalnetcom1899@gmail.com

ProPlus+

博聚科技股份有限公司

提供高品质技术服务

博聚科技股份有限公司是南宝树脂公司旗下一研发型之公司，成立于2010年，致力于水性树脂和无机奈米科技之研发。本公司拥有专业技术与坚强的研发团队，结合创新的产品应用，以解决客户问题、提供高品质之技术服务为宗旨，期待本公司朝着成为“技术领先、品质第一”的企业目标迈进。

创新产品与多元应用

以水性皮革客制化服务配合客户需求，期待成为客户最信赖的伙伴。开发水性皮革用树脂、印刷用树脂与SOL-GEL无机树脂，配合高端奈米研发科技，集成出完整产品线，更创造出多元的产品应用领域，以达成客户全面的需求。

创新奈米技术

博聚科技以环保的奈米材料和创新技术，提供客户领先发展、崭新工法与优质服务，产品涵盖建筑材料与特殊奈米产品。

全方位水性树脂专家

水性树脂、皮革树脂、印刷油墨。

产品介绍

◆Sole-gel技术应用

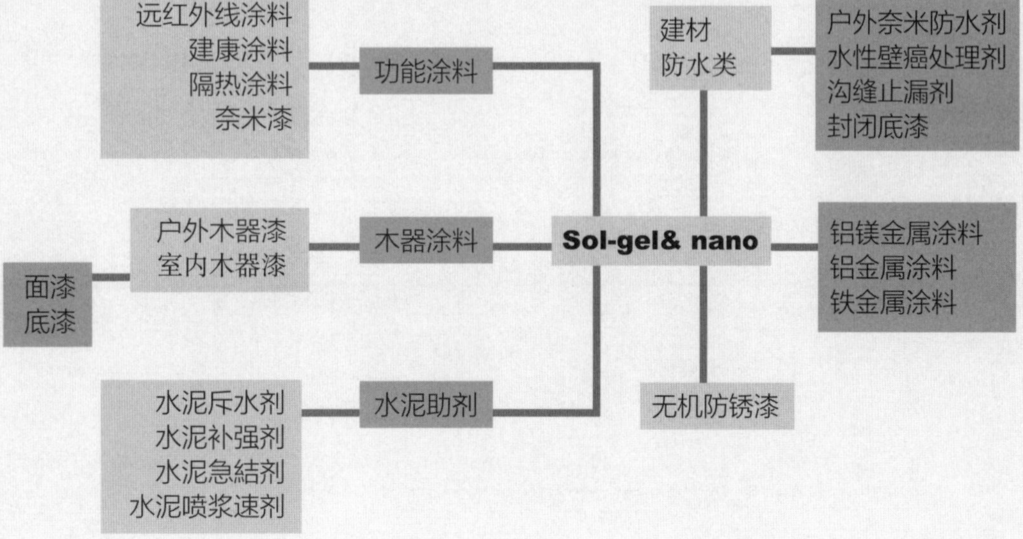

◆水性系统涂料

宝士佳健康涂料：

◎调节湿度、耐高温、耐水、制菌、防霉。

环保室内水性护木漆：

◎防霉效果佳。

户外木漆：

◎耐候性佳，适合户外木器产品。

◆特殊系统涂料

水泥助剂类：

◎水泥斥水剂 ◎水泥急结剂

◎水泥补强剂 ◎水泥喷浆速凝剂

建材防水类：

◎户外奈米防水剂 ◎水性壁癌处理剂

◎奈米沟缝止漏剂 ◎封闭底漆

◆无机系统

水性无机水泥涂料：

◎水泥墙体涂装

◎防火被覆强化剂

水性无机高温涂料：

◎金属材料防止高温氧化涂层用

无机混成涂料：

◎合金用耐污染及自洁性涂料

水性无机锌粉涂料：

◎桥梁、船舶、化学工厂等钢构物防蚀涂层

◆PU产品

不黄变水性树脂：

油墨用水性树脂：

◎纺织、鞋材用油墨、鞋中底喷漆

镜面树脂涂料／喷漆：

◎纺织、鞋材用喷漆、鞋中底喷漆、涂料、塑材用镜面喷漆

皮革用水性树脂：

◎皮革用亮面面料

◎硬质皮革镜面面料

◎中硬质皮革镜面面料

◎皮革面料

◎皮革用软质镜面树脂

◎皮革用中底涂树脂。

水性树脂接着剂：

◎木器

◎鞋漆

◎印花

◎油墨

◎PVC橡塑胶表面处理及各式皮革接着剂

◎鞋胶处理剂

◎二榔皮与PU皮热压接着剂

◎底涂

◎贴合

◎含浸

长效型水性PU硬化剂：

◎水性树脂硬化剂(无POTLIFE限制)

变性压克力：

◎耐酸硷

◎不黄变

◎耐水性

◎封闭性佳、碱性抑菌

◆水性奈米陶瓷树脂

优点：

◎生产制程短、环保

◎生产所需设备少

◎颜色多样化

◎不含八大重金属

◎金属感强

◎表面平整

◎水性环保抗菌防霉材料

◎废水排放量符合标准

◎喷涂时无空污排放问题

预防医学的领头羊

华肝基因股份有限公司

华肝基因是家有使命感的公司，创立于2000年10月，定位就是预防医学的“领头羊”，以疾病的预防为主要任务。预防医学是大健康的最主要项目，华肝致力于治疗乙肝、丙肝，并得到6个国家的专利，能够让乙肝、丙肝的病毒下降，减少甚至消灭将来发展成肝癌的机会。这是一大成就。

经过17年的努力，华肝基因的成就

1.预防肝癌、胃癌、肠癌，这三种癌症都与细菌或病毒感染有关

肝癌是以乙肝和丙肝病毒为主，胃癌是以幽门杆菌为主，而肠癌是以肠的坏菌为主。华肝基因经过十多年的努力，终于突破了利用免疫蛋黄体IgY的免疫调节因子，增加身体自然杀手细胞的抵抗力及干扰素γ。它能让乙肝的病毒降低50%，让丙肝的病毒降低90%，这是一大突破，得到6个国家的专利，名称为“治疗肝炎病毒感染的组合物及方法”，是很重要的治疗乙肝及丙肝的突破。

在胃方面，胃癌主要与幽门杆菌有关，我们发明抓住胃幽门杆菌的IgY抗体，它是利用基因工程的方式所制造，以鸡为生产工厂，来产生这个抗体，吃进去之后就能把幽门杆菌带走。目前的抗生素只能杀死85%，必须靠IgY来处理。

肠癌是个重要的癌症，与肠子的坏菌有密切关系，目前使用大量的益生菌，但是只有15%的效果。本公司发明了对8种坏菌的抗体，使用后就能把坏菌带走，让好菌就有生存的空间，同时又改善了免疫力，是预防肠癌最好的方式。

2.早期诊断肝癌的试剂与放射免疫疗法

预防肝癌目前是使用甲型胎儿蛋白，它的敏感度对于5公分的病灶约有60%功效，但对2公分以下的肝癌只有20%。本公司研发的HCCR抗体可以高达80%，所以是个很重要的突破。另外，HCCR的抗体也可应用到治疗肝癌，就是所谓的免疫放射疗法。免疫放射疗法是一种整合分子生物工程的治疗方式，HCCR抗体会找寻肿瘤细胞，结合放射性的同位素来杀死肝癌细胞，但不会杀死正常细胞，对无法开刀或手术后复发而言是一个新疗法。

3.免疫的提升

目前亚健康最大的三个问题，一是肠胃，二为心脏，三也是最重要的，即免疫。由于目前环境的污染，加上不良的饮食习惯，太多人有免疫缺陷的问题。我们的IgY免疫蛋黄体可以提高免疫力，经过动物实验证明，它会增加自然杀手细胞及干扰素，可以提高免疫力。另外，它还可抑制过敏，在动物实验上已证明了它可以降低白介素4号及5号，可让身体的B细胞不再产生IgE，可以从根本降低过敏。依据临床的统计，多年的花粉热可以在使用一个月后大为改善，所以这是对于过敏的族群及自体免疫疾病的族群一个很大的贡献。这得到3个国家的专利，名称为“免疫调节组合物”。

华肝基因经过17年的努力已经有很大的突破，在预防肝癌、胃癌、肠癌方面取得了良好

的效果，同时在免疫方面也创造了有效的保健食品，可提高免疫力同时抑制过敏。更重要的，我们将HCCR的检测试剂用于肝癌的早期诊断，并用HCCR的抗体来治疗肝癌。华肝基因一直朝着预防医学的方面来努力，希望能对民众的健康做到良好的预防，减少得病率。

陈昌平医师简介

两个中国专利

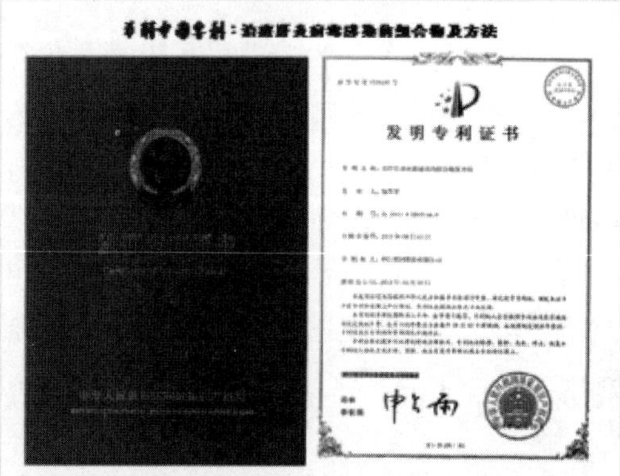

IgY制造如下

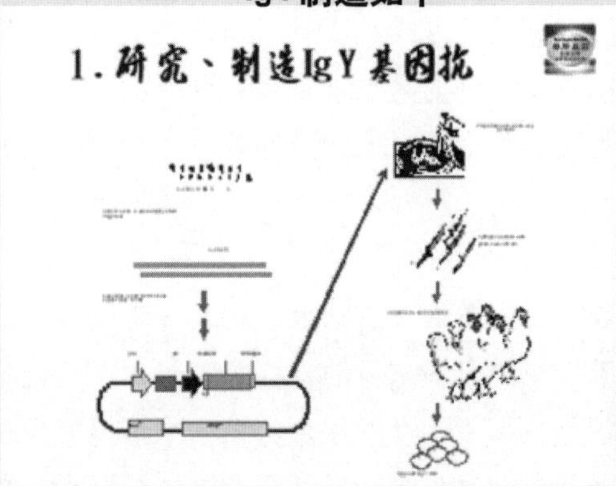

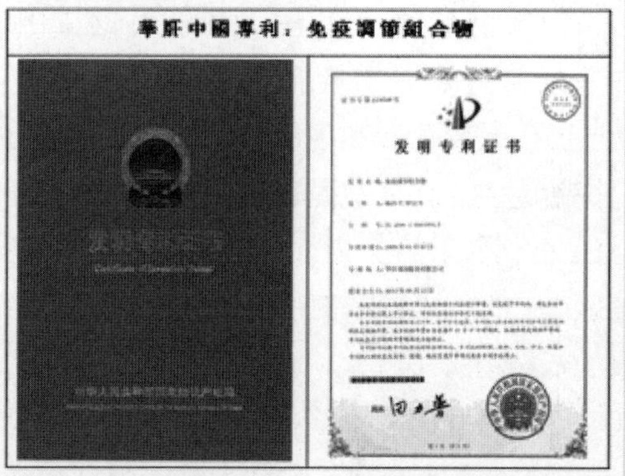

全方位健康管理

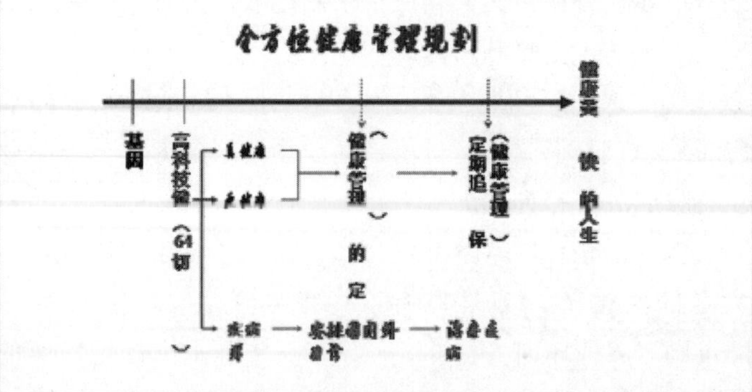

汉颖科技股份有限公司
昆山汉颖电子科技有限公司

简介

汉颖科技成立于2015年5月，公司坐落在台湾省新北市中和区。2017年11月，在江苏省昆山成立子公司。我们的目标是要成为电池管理系统(BMS)与电池包、模块(Pack/Module)研发、制造的领导厂商，进而提供更可靠稳定的电池源系统给客户。

我们的核心技术是多年的BMS芯片规划开发和大电流力子系统的经验，以及于对各类锂电芯的深入了解，因此，可以针对市场所需的功能规格，设计出兼顾安全性且延长电芯寿命的电池应用产品。

目前已经完成各种应用BMS保护板的产品，且进入市场销售，获得好评。我们的BMS产品都是平台式设计，都具有完整的、创新的、智能及可程序化调整的弹性来适用满足大部分的应用。例如电动二轮车、机汽启池储能系统太阳路灯等。

BMS内部搭载一颗高速微处理器，可以做更可靠的运算及功能，例如更精确的电池剩余容量计算、更具智能的省电模式，还有多样化线无通讯机制用来跟电池外部的装置做沟通及数据的交换。

近一年，也提供合乎需求的电池包产品给电动自行车、工业载具园艺具等厂商；接着会提出多模块串并的方案，进入中大型储能市场，甚至于电动车领域。

目前我们的动力电池组产品也已经跟数家自行车马达大厂合作开发，可提供给电自业者更完整及可靠的全解决方案。想了解进一步的详细数据，欢迎与我们联络。

核心技术：超智能安全BMS技术。汉颖的超智能安全BMS技术可提供给客户高端智能型的BMS管理系统板，使客户的电池包产品有更好的性能和更长的使用寿命。

汉颖的产品布局策略

●开放式发平台设计应用范围与目的

■应用范围：单模块支持2～30串锂电池组态，部分平台可支持双模块串联。

■目的：各式应用开发平台，可依客户需求选择适用的设计平台，快速调整成不同的功能组态，满足客户一站式服务及Time to Market的需求。

●电子设计能力

■智能电池管理专利技术——INNO-SAFETYTM

■软启动(Soft-Start)功能，消除启动时的涌浪电流

■外部回路短“预检测及保护功能”

■超低功耗设计，BMS长期静置不耗电

■熟悉各式方案芯片：TI，O2Micro，LinearTech，Seiko等，以及其他

■高电压/大电流系统设计

TEL ：+886-2-8221-4858
FAX ：+886-2-8221-5033
mail：sales@hwtco.com
www.hwtco.co

●机构结设计能力

■多电芯串并联镍片设计

■电池组内部结构设计

■热 源管理、导/散热设计

■防冲击/耐震动设计

●软件开发能力

■BMS 韧体开发

■计算器端及手机监控软件开发

TEL ：+886-2-8221-4858

FAX ：+886-2-8221-5033

mail：sales@hwtco.com

www.hwtco.co

诺瓦材料科技股份有限公司

诺瓦公司/产品

诺瓦是亚太地区生产AdBlue®触媒还原剂（车用尿素溶液)的龙头企业。

诺瓦公司创办人杨联智先生，一直对生态环境结构的变化有很深的危机意识，毕竟人受环境的影响，同时也能影响环境。就是基于“取之于地球，用之于地球”的意念，诺瓦积极研发各式废气产生污染的来源，深入了解如何抑制及破坏的各种可能，并积极促进及配合全球各项完整的环保政策。2008年决心投入生产绿色产品。

车辆排放废气是空气污染的主要来源之一，而柴油车造成的空气污染比汽油车更为严重。为了解决空气污染问题，各国陆续实行严格的废气排放标准，行政院环境保护署已于2014年实施环保五期排放标准，并将在2019年实施六期标准。因此，汽车搭配使用AdBlue®的ＳＣＲ选择性触媒还原系统，能让柴油车废气符合严格的排放法规，成为标准配备。

诺瓦为了有效率地配合废气排放标准，从欧规执行各项法规开始，虽然亚太区善未同步实施，但已积极着手研发生产，并主导推广“停止空污　保护地球”的观念给每一位诺瓦的客人。也因此率先成为拥有德国汽车工业协会VDA之QMC及美国石油协会API双认证的公司，并获得ISO9001&14001质量及环境认证。

诺瓦向来注重服务效率与顾客满意度，除了在线订购系统正式启用外，更不断积极研发提升质量的技术、串联AdBlue供应链，建置全球绿色信道，并将数据导入IoT物联网(Internet of Things)，打造全亚太第一座世界级AdBlue®云端数据中心。未来更能建构全球AdBlue数据感应数据中心及云端服务，借此提升效率、改善产能、预测未来，引领产业走向云端新世代。诺瓦希望借由这些创新技术与优化服务等积极作为，大幅提升诺瓦的竞争优势，制胜于市场。

展望未来，杨联智先生将引领着公司团队秉持稻盛和夫先生敬天爱人的理念，以持续满足全球客户需求为主轴，善尽绿色公民责任，以为地球找回洁净蓝天为使命，形塑成为绿色企业文化的一部分，作为诺瓦永续经营的使命及经营准则！

台湾医疗信息化解决方案领导者

商之器科技股份有限公司EBM Technologies（以下简称ebm），是由盘龙先生于1988年在台湾成立的华人企业，总部位于台北内湖科技园区。2007年在北京成立了全资子公司——北京亿彼恩科技有限公司，负责中国地区业务的开展与售后服务。

Ebm专注于医疗影像相关解决方案，至今被全世界超过2000家医疗院所采用，业务版图横跨中国、美国、日本、东南亚等区域，2013年11月成为台湾第一家提供医疗信息化服务挂牌上柜的高科技公司。

PACS-医院的影像管制中心

深入医院来探索，影像是医师的得力助手，在日常诊疗中扮演重要角色。Ebm自主研发医疗影像储存暨通讯系统（Picture Archiving and Communication System,以下简称PACS）近30年，见证了PACS逐步取代传统放射科阅片箱，进一步成为医院必备资讯系统的历程。医院对于PACS非常重视，建置完成后，每年编列维护预算进行系统维护、更换硬体设备，甚至要求厂商安排专业的工程师进驻医院。ebm的PACS采用开放式架构，依脉络可拆分为影像存储、影像浏览、影像备份、报告系统、排程系统、移动装置应用共六大项目，能与不同品牌的检查仪器设备介接，并通过不同模组功能，满足医院客户的需求。

技术背后，品质的诞生

“ebm PACS具有极高的DICOM相容性、系统稳定性、模组化、弹性扩充、容错、故障预警等设计与能力，是用户能安心依赖并采取无片化管理的最佳保证。”长期使用ebm PACS的医院客户表示，会如此重视DICOM相容性的原因在于医院进行设备采购时，会依各项因素综合评选，因此各项采购案的建置厂商并非相同，无奈于厂商系统不相容，让医师经常需要切换程式，医院中掌管各项系统的资讯室也为此感到头痛。

“当时坚持DICOM相容性，如今已成优势。”ebm研发团队初期开发PACS时，便将相容性与模组化列为指标。

“为了实现PACS能与各家仪器相容的设想，研发初期我们便将全部精力投入发展DICOM，当时DICOM尚未成为国际标准。”一位资深研发工程师侃侃而谈。几年后DICOM发展为医疗产业的国际标准，ebm也荣获永久会员的殊荣，拥有自主研发的DICOM函式库，类似ebm的企业，全世界不超过5家。

“符合DICOM标准后，更需进一步证明系统能与医院暨有设备连结，且不干扰彼此运作。”世界级的医疗企业，为了证明旗下产品能与医院设备协同运作，会每年相聚美国、日本、中国等地参与IHE联合测试大会，IHE协会根据不同的项目检验参赛企业系统，并发布联测结果。截至2017年5月资料，ebm通过117项目，在全球550家参赛企业中，属于排名前5%的精英企业。

SARS风暴后，PACS爆发成长

Ebm PACS凭借其符合国际DICOM标准的高度稳定性、相容性、系统维护等品质，成功服务拥有900张病床、月门诊量达12万人次的大型综合医学中心——台湾新光吴火狮纪念医院，规模相当于大陆三甲级医院。建置初期，ebm团队仔细调查各科室人员、地点、仪器使用等情况，对医院进行整体网点规划，确定每个网点应设置的工作站与服务器，通过定期与医院领导开会讨论工程实施进度，并从专业角度提出合理建议，得益于医院领导的高度重视与ebm同人的积极配合，使得这套全院级PACS仅建置4个月便成功上线。

与新光吴火狮纪念医院合作期间，恰巧遭逢台湾SARS爆发，更为此次PACS上线赋予了特殊意义。在SARS风暴期间，医院全体同人不畏传染的高度风险，胸腔内科收治了80多位SARS病患，由于全院X光片皆由数位讯息传输，无须冲洗出来进行人工冲印，有效地降低了医护人员因接触而感染的危险。风暴过后，PACS所彰显的优势引发关注，台湾医院陆续引进PACS，掀起了一波改革潮，ebm在台湾的市占率也逐步攀升，至今仍保持40%以上的市占率，稳居台湾市场第一名。

放眼世界，拥有2000家医院客户

ebm引领PACS改革浪潮，以高度整合与模组化选配优势，顺利进入台湾前五大医院，现今全台湾共有498家医院，其中228家医院采用ebm系统。站稳台湾第一后，放眼世界，ebm资深业务表示:“企业根据不同国家风情，决定通过直营或经销等不同策略，进入当地市场。”ebm布局全球市场，着重取得国际企业强调的认证，目前已经拥有美国FDA ClassII、加拿大CMDCAS、欧盟CE0120、中国CFDA、台湾GMP、ISO13485、ISO9001等认证。通过这些国际认证的检验，证明ebm的品质与国际企业并驾齐驱，截至2017年5月资料，ebm所建置的医院，于全世界已超过2000家。

PACS为基础，带动区域医疗、远距医疗成长

鉴于医疗信息对医院改革与医疗政策的重大效益，ebm近十年致力于设计建置全台影像中心（IEC）、全台影像报告中心（IRC）、全台电子病历交换中心（EEC）、医院电子病历系统（EMR）、急诊资源通报系统（MARS）、到院前心电图传输系统，为全台民众提供了最佳的医疗保护网。亦提供了远程会诊、区域医疗、区域医疗联合体（医联体）与移动医疗最佳的运作实例与实证方案。

区域医疗案例—全台湾电子病历交换中心

2009年，台湾卫生福利部与ebm合作，计划将电子病历更进一步运用，连接全台湾498家医院与20000家诊所，建造大型区域医疗平台，实现同一位病人基本资料、报告、影像能在不同医疗院所之间进行实时交换，成为各大医疗院所讯息门户之间的桥梁，但这种电子病历交换流程，需设立在对病人隐私及医师行为作严格规范的基础上。现行实施办法是通过医师的医事卡及病人的健保卡执行双卡认证，并在病人签署同意书后，方可准许进行电子病历调阅，确保病人的权益及病历资讯的正确性。2011年上线后，许多国家前来交流建置经验，也成为ebm在台湾建置的大型区域医疗平台典范之一。

ebm
Connecting Healthcare

远距医疗案例

运用物联网的概念发展远距医疗，ebm在台湾自主研发的专门抢救心肌梗塞平台——院前心电图传输系统，现阶段台湾已在七个县市上线。此系统将原先需要于医院进行的心电图检查，突破环境限制改为在救伤车上进行检查，通过物联网概念快速将讯息发送给指定的医师，让医师立即取得讯息，做更精密与准确的判断。

截至2017年5月，台湾已抢救回125位心肌梗塞病人，救援率达100%，以经济产值计算，救援超过3亿元人民币，优异的救援成果与营运期间累积的经验，吸引香港特别行政区、韩国首尔政府前来取经，以台湾成功经验，将到院前心电图传输系统推广至国际市场。

Connecting Healthcare

1988年成立至今，伴随影像核心科技与物联网应用的发展，ebm在原本科技完善医疗、追求世界级企业品质的精神理念之中，加入新的概念"Connecting Healthcare"。ebm希望能连接各方医疗资源，自原先服务医师提升医疗水平，延伸至建立保护民众健康的医疗保护网，让民众感受被先进医疗资源关怀的暖流。

ebm展望30周年，我们站稳脚步、勇敢前行，誓为与人为善的永续企业。

关键回顾

- 台湾医疗信息化服务上柜企业
- 自主研发医疗影像解决方案
- 着重DICOM国际标准
- IHE排名前5%精英企业
- 台湾市场、泰国市场市占第一
- 被全球2000家医疗院所采用
- 区域医疗典范：全台湾电子病历交换中心
- 远距医疗典范：到院前心电图传输系统

EBM Technologies
台北市内湖路一段 516 号 5 楼
www.ebmtech.com
info@ebmtech.com

北京亿彼恩科技
北京市朝阳区豆各庄乡久文路 6 号
院宇达创意中心 60 号楼
www.ebmtech.cn
bj@ebmtech.com

体温监测用手机？

爱微科股份有限公司

最火的科技产品改变生活与世界！

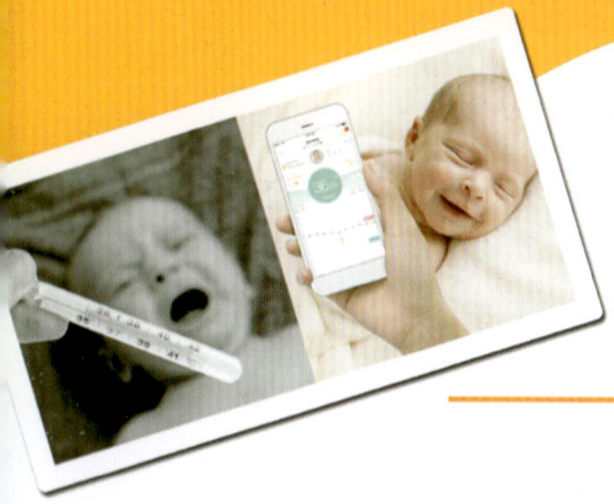

量测体温看什么？耳/额温枪、温度计……还是手机？？！！

是的，没有错！目前最火红的体温监控方式，就是用手机，而且透过云端监控，家里祖孙三代都可以看到宝宝的状况了。

本产品特色——革命性的体温量测贴片

具无线、可服贴肌肤弯曲（独家专利）、重复使用（可充电）及长时不间断（持续使用可长达40小时）特点，并为目前世界最小（2.8×2.3×0.3cm）、精准度最高（+/−0.05℃）且舒适的软性材质之体温量测。因为精准度已达医疗级标准，它同时也可以取代传统的基础体温计，只要在睡前贴上它，在睡梦中就可以测量和记录体温了，可谓备孕伴侣的福音。

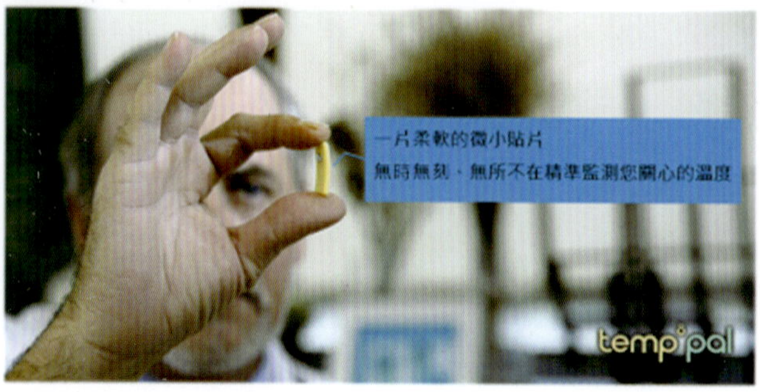

爱微科以开发无线居家照护产品应用于改善人们生活便利性之软硬体整合为宗旨，结合手机App连接云端系统，期勉收集巨量数据进行分析，并针对使用者发送提示讯息促进生活便利。因此，打造出革命性的医疗级产品——贴附式体温量测贴片Temp Pal。该产品为目前市面上最小、应用性最广之可挠式弯曲贴附贴片。

软体服务部分，主要以Temp Pal贴片为其测量载体，通过爱微科独家开发的App服务，可有效协助使用者将其体温情报资讯储存并运算于云端。提供服务全天候监控体温，并可通过使用者根据实际需要进行设定预警，提供于任何时间及地点的服务安心感。

业务应用范围上，Temp Pal贴附式体温量测贴片可适用于任何需要长时间监控体温之个人需求与产业环境。综合来看，其可应用的产业范围有：医疗机构、户外工作环境、运动需求、托育机构、长期照护与智慧家庭及其相关应用之系统商等。

目前与台湾多家上述机构进行合作（ICU、月子中心、长照中心与妇幼医院），进行长时间的体温监控。

目前市面上常见的体温测量器材不外乎以温度计、体温计、耳温枪等为主。该类器材多为“被动式”测量器具，亦即当感觉不适之主动测量或由他人协助才能进行的测量。Temp Pal——即时远距微型智能体温长期检测追踪健康照护，化被动为主动，提供民众生理温度的主动式侦测与提醒，可针对目标族群设定适合的监测预防方式，并将生理温度变化数据资料化及进行分析，提供目前族群完善的预防健康检测照护服务。

整合科技资源

放眼世界智慧农业市场，2020年综合产值将突破180亿美元，年平均复合成长率12%，是全球重要商机之一。在人类生活水准与物质达到史上最高峰的同时，也面对着前所未有的冲击，粮食来源与安全是最大问题。有鉴于此，整合科技团队解决科技带来的问题是景泽生技最大的使命。

新型智慧农业4.0

景泽以“人的健康”“食材的健康”“环境的健康”为目标，董事长谢惠景借着多年经验，从癌症病患的服务过程中，观察到有机蔬菜市场商机，投入“多功能全封闭型LED植物工厂”，堪称现代新型智慧农业4.0的生产新典范。景泽生技以专业团队优势，掌握数据分析，台湾一年有60万癌症患者，以有机蔬菜需求1%（6000位）计算，每日使用两份蔬菜（每包200克），即产生7.2吨/月需求。至此，景泽即看准两岸拥有共同的市场商机，决定自行建厂，目前苗栗、台中、彰化已建置多个厂区。位于台中市清水区的厂区，共10区，占地3300平方米，针对气候与光源作管控，月产能接近50吨，成为放眼两岸植物工厂的示范厂区。

盖厂包销/三型三代/店产店销

景泽针对不同合作对象，对闲置厂房规划出“盖厂包销”概念，四年回本，投资报酬率25%，目前两岸共有合作建置12个植物工厂。其中更推出深入家庭的植物工厂生活化，针对不同场域的“三型（纯水耕、汽雾耕、介质耕）”耕种模式及“三代（蔬菜、花卉蔬果、药用植物）”概念，更研发出60种低钾低钠的机能蔬菜。为满足不同消费族群，也提出“健康快乐一亩田”认购推广方案，让一般消费者能每月取得品质良好的蔬菜。清水厂房同时建构三合一复合健康餐厅，期待完成“店产店销”目标。

科技农业新典范

有幸受邀参与2016“第二届两岸青年农业论坛”，并于2017“TAITE EXPO”台湾国际农业创新科技展中大放异彩，《经济日报》更以“科技农业新典范”称呼之。谢惠景期待与两岸志同道合的投资团队一同参与合作研发，站稳亚洲，放眼世界，成为全球科技业投资新焦点。

景澤生技影音專區

汉颖科技股份有限公司
昆山汉颖电子科技有限公司

Han-Win Technology Co., Ltd.
漢穎科技股份有限公司

INNOvation Safety

电池管理系统 BMS 及电池模块整合的

最佳合作伙伴及方案提供者

突破性的创新技術：

超智能安全(Inno-Safety) BMS 技术：

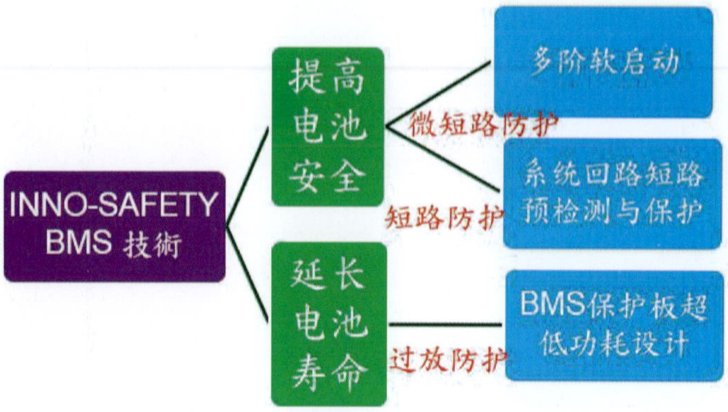

专利技术 INNO-SAFETY，达到锂电池更安全、更省电、使用寿命更长的目的。

(1)多阶软启动，消弥启动电机瞬间的“涌浪电流”对系统造成的冲击与伤害。

(2)外部系统回路短路预检测暨预保护，启动电池时，优先执行外部回路短路预先检测功能，而非立即输出电源；发现短路时，禁止电源输出，发出告警，主动防止系统因短路烧毁。

(3)可在静置(不工作)时依预定时间自动进入超级节电模式，使电池可长时间置放，不会导致电池过放电而损坏，无须维护，大幅降低维护及RMA成本。

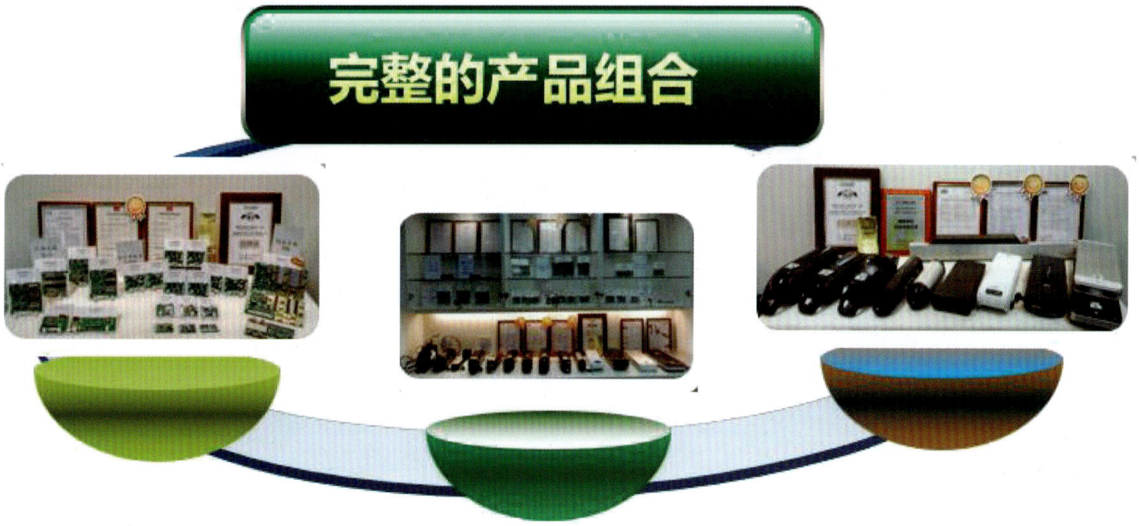

TEL : +886-2-8221-4858
FAX : +886-2-8221-5033
mail: sales@hwtco.com
www.hwtco.com

台湾女企业家协会创会理事长马爱珍

马爱珍，小时候家境贫寒，结婚3年后丈夫过世，为了一家的生活，开始努力奋斗；因为她的毅力和决心，至今事业包括房地产、建筑、贸易、农渔业等，在全世界7个国家有分公司。她创立了两个专属女性的扶轮社——芙蓉扶轮社、华丽扶轮社；创立了台湾女企业家协会，聚合了300多位台湾优秀的女企业家，她们都是各行业杰出的代表；因为他优异的表现，先后荣获了台湾地区“十大杰出女青年”“十大杰出女企业家”等荣誉，后高票当选工商建研会第八届理事长，打破了十几年来台湾四大工商团体都是由男性担任理事长的传统。她创立了台湾渔业协会，聚合了水果、蔬菜、渔业、花卉等高科技人才，并率领台湾企业到大陆投资、合作、用实际行动促进两岸经济的共赢。为此，她曾前后3次受到党和国家领导人的亲切接见。

近年来，马爱珍希望能为两岸的妇女建立更大的经贸平台，并以此带动文化交流事业的建设。她积极开展活动，推进两岸妇女经贸平台的建设。为此，2009年她举办了两岸四地女企业家经贸论坛，全国妇联有关领导和各省妇女杰出人物参加了这一盛会。这是两岸数十年来第一次女性的大型会议。2010年开始，马爱珍邀请北京、天津、山东、陕西、广西、江苏、四川等地的女企业家赴台出席经贸论坛。同时，她还率领台湾女企业家协会、台湾农渔业产销联盟发展协会等机构负责人到大陆参观访问，召开洽商会，足迹遍及全国各个省市自治区。为了帮助台湾年轻一代企业家对祖国的了解，她与清华大学及遍及大学共同合办“台湾知名企业家高级研修班”。马爱珍始终认为，海峡两岸人民血浓于水，骨肉一家的亲情是永远无法改变的。在大陆经商、交流期间，马爱珍还积极从事公益慈善事业，大陆有关部门给予高度评价。

①

②

③

④

⑤

⑧

⑥

①2000年率团参加在北京举行的海峡两岸妇女经贸合作研讨会；
②2014关怀身心障碍嘉年华会；
③2000年在台北主办两岸四地妇女经贸合作研讨会；
④主办第二届两岸四地女企业家经贸论坛；
⑤邀请中国女企业家协会访台；
⑥2004率团参加北京第十一届全球女企业家会议；
⑦热心参与社会公益活动；
⑧2014关怀身心障碍牙医义诊。

⑦

观享自在 人文之美

紫龙投资控股有限公司 董事长
台湾女企业家协会 副理事长
北京国际艺术传媒联盟主席团副主席

以杰出女企业家和公益大使双重身份为人所熟知的高琦，从小生活在充满爱的家庭，培养了华贵气质和善体人意的情商，加上个性独立、富有创意，皆奠定下发展事业的良好基础。

曾在纽约攻读学位的她，跨界行销、艺术时尚及尖端医学等领域，返国投入亚洲是市场，跨足文创与金融产业。同时作为“公益文创大使”，高琦推动人类福祉，以热心公益为动力、丰沛人际网络为媒介，串联社会资源来行善助人。

推动艺术文创，结合金融发展

人称“品味教主”高琦对艺术时尚具有独特眼光及敏锐度，源自从小培养的美学底蕴。她在北京、杭州、上海、香港与台湾构成的跨行业投资，并常出席国际艺术品拍卖、公益文创与国际论坛活动，尤其在打造品牌形象上有卓越表现。更获得“北京国际艺术传媒联盟”的肯定，受邀为主席团副主席。

经营无数国际精品代理及营销,拥有跨国企管的经验与磨练,使她益发成熟与专业,对于创新的产业与思潮拥有更宽阔的包容性,故能成为具国际视野的实战女企业家!

医养护整合，为人类至宝奋斗

高琦亦关注医养生技领域,随着全球高龄化及少子化现象,她认为在这样的社会结构下,终将影响整个经济体系,除了将面临人口紧缩、抚养比失衡外，老龄者的生活品质更是堪忧。至此，高琦的事业与公益之间有了交集。

为了老龄者的福祉与生活，她努力对接两岸资源，串联尖端医疗与生物科技、居家照护设备、互动式护伴机器人，将各方专业整合为医疗资源平台，以增进老龄者的生活品质为最高原则。同时，积极经营科普与教育书刊的发行，唯有通过体现活到老学到老的精神，才能真正丰富和滋养长者的心灵。

文化，是人们生活品质的指标

高琦指出：“文化是生活品质的指标。而提升人民生活品质，是企业与政府的终极责任。当我们有能力，更应竭尽所能增进人类福祉，发扬善之美。”

“真正有价值的事，是对世界付出贡献。从善的力量出发，不断创造自我价值。用感恩的态度，帮助周遭的人，这就是人生最重要的事。”

面对时间，只能珍惜和把握

事业公益皆获佳绩，背后的秘诀是什么？高琦分享：“时间跟缘分稍纵即逝，我能做的就是珍惜和把握当下！”在慈善的世界里，她早已播下千万善种，这些善种在高琦名为“人生的庭院”里扎根、开花又结果。

“我们都值得也必须要：用一生时间，做两世的事，活出三辈子的精彩。”高琦用这句话与大家共勉。

翻上數翻猶堅信，

十九大中再翻新；

衍疑復信兩岸印，

宏穩微活高志伸。

道法法律事務所

蔡清福敬賀

While firmly believing in future bright after what we care or concern have been repetitiously doubled or reformed to be further revamped in the 19th Party Grand Assembly, venerable ambition is to soar under macroscopically stable and microscopically flexible measures through favorable resolution of artificial distrust between two banks of Taiwan Strait.

Compliments from Deep & Far Attorneys-at-law,
Dragon Boat Festival (2017)

道法法律事務所

DEEP & FAR Attorneys-at-Law

台北市中山北路三段27號13樓　　業務涵括知識產權之申請、侵權及訴訟
13th Fl., 27 Sec. 3, Chung San N. Rd., Taipei 104, Taiwan, R.O.C.
☎: 886-2-25856688　　📠: 886-2-25989900/25978989
Email: email@deepnfar.com.tw　　www.deepnfar.com.tw

IP Prosecution
Infringement
Litigation

只要合理，本所接受您/貴公司認為有競爭性之價格。

本所自認可提供世上最優之品質，並願為此接受如下挑戰以如此核實：

一、提供一份專利說明書，讓本所評論如何改善權利要求書；

二、提供僅有技術說明之說明書，讓本所撰擬權利要求書以供比較；

三、提供他所及本所一份揭露書，讓本所撰寫權利要求書以供比較。

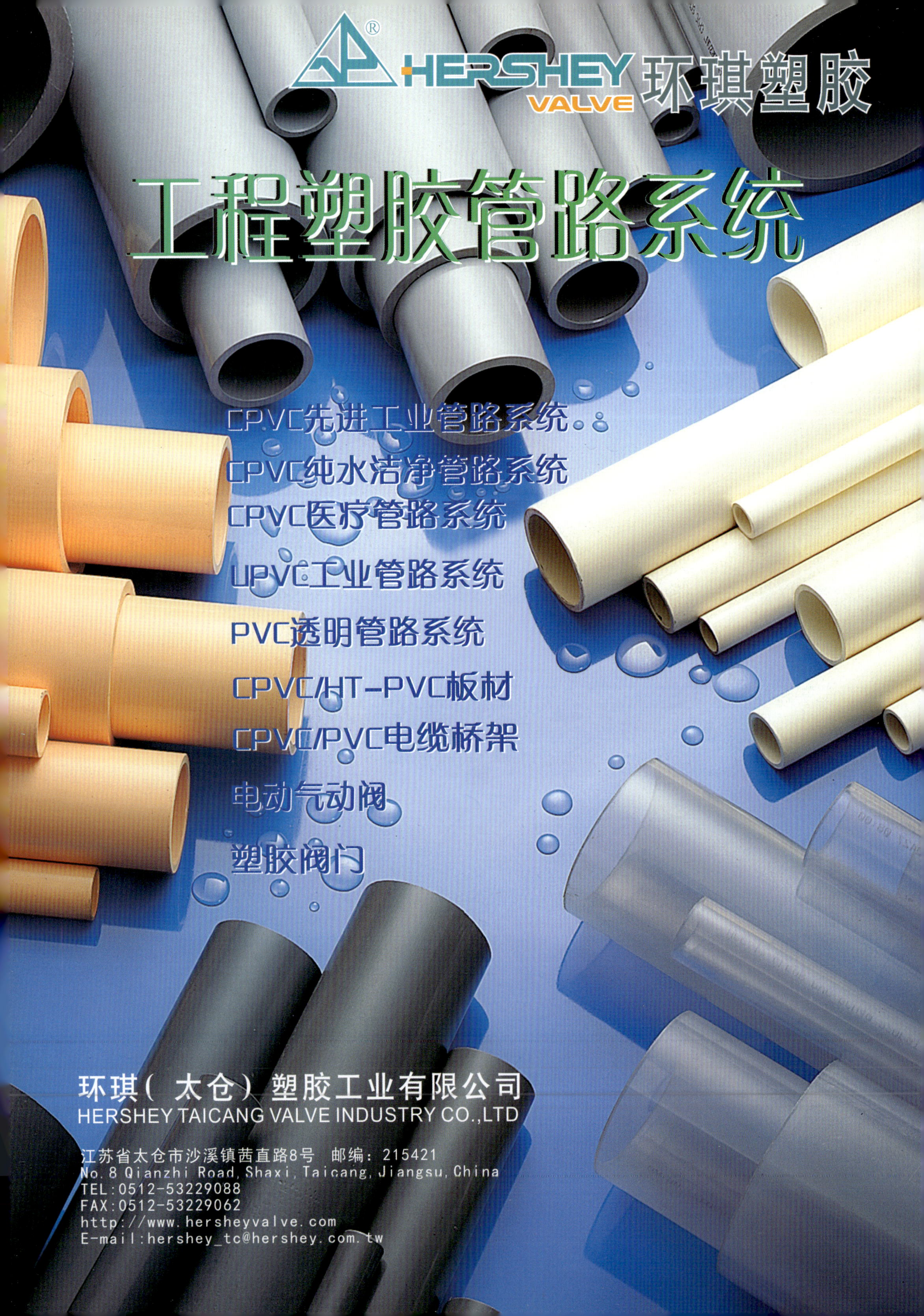
HERSHEY VALVE 环琪塑胶
工程塑胶管路系统
CPVC先进工业管路系统
CPVC纯水洁净管路系统
CPVC医疗管路系统
UPVC工业管路系统
PVC透明管路系统
CPVC/HT-PVC板材
CPVC/PVC电缆桥架
电动气动阀
塑胶阀门
环琪（太仓）塑胶工业有限公司
HERSHEY TAICANG VALVE INDUSTRY CO.,LTD
江苏省太仓市沙溪镇茜直路8号 邮编：215421
No.8 Qianzhi Road, Shaxi, Taicang, Jiangsu, China
TEL:0512-53229088
FAX:0512-53229062
http://www.hersheyvalve.com
E-mail:hershey_tc@hershey.com.tw

携手红宝 共创辉煌

HAND HONGBAO CREATE RESPLENDENCE

公司简介

转移印花技术起源于法国，后由台湾引进该项技术。转移印花首先是在白纸上印刷分散性染料油墨制成图案，即为印花纸。通过高温高压，将分散性染料油墨由转印纸升华至纤维织物，完成印花过程。

1992年，台湾林志和先生成立无锡红宝特种染料油墨有限公司，将该技术引进并推广至中国大陆各地。2008年，成立第二家油墨公司江西宽年特种油墨有限公司。

红宝集团拥有生产设备100余套，年产油墨4000吨，现已成功研发新产品，将油墨由传统的纺织品行业推广至铝型材、玻璃、陶瓷等不同领域。集团注重品质管理，通过ISO9001质量管理体系认证。集团拥有先进的检测设备,倡导绿色环保理念，产品采用环保原料，均通过OEKO-TEX STANDARD 100认证及ITS、SGS等权威机构检测，始终保持着国内外市场占有率领先的地位。

集团公司无锡宽扬印花纺织制品有限公司主要原材料为油墨，产品大部分外销，已成功进军国际知名品牌，为NIKE、FILA、ADIDAS等优质品牌指定供应商。

本着诚信、质量、服务、创新的宗旨，红宝集团目前致力于开发水性油墨。集团将积极开发新产品适用的油墨，加强自身和客户的环保意识及要求，提供更好的技术与客户共同进步。

诚信
诚实守信
SINCERITY
HONEST AND TRUSTWORTHY

质量
品质保证
QUALITY
QUALITY ASSURANCE

创新
推陈出新
INNOVATION
TECHNOLOGICAL INNOVATION

服务
客户至上
SERVICE
CUSTOMER FIRST

企业文化

企业在社会中扮演着日益重要的角色，肩负着越来越多的社会责任。红宝集团在自身不断发展壮大的同时，牢记自己的使命，加强企业文化建设，服务于客户，回报于社会。

我们为客户提供的不仅仅是一流的产品，更为客户提供一流的售后服务。

关联企业

江西宽盛塑胶纺织印花制品有限公司

无锡宽扬印花纺织制品有限公司

无锡红宝特种染料油墨有限公司
WUXI HONGBAO SPECIAL TYPE DYESTUFF & PRINTING INK CO.,LTD
地址ADD：无锡惠山经济开发区前洲配套区鑫园路6号
NO.6, XINYUAN ROAD, QIANZHOU INDUSTRIAL PARK, HUISHAN ,WUXI
邮编ZIP：214181
电话TEL：86-(0)510-83391349
传真FAX：86-(0)510-83392435
邮箱EMAIL：HONGBAO_PTCOLOR@HOTMAIL.COM

江西宽年特种油墨有限公司
JIANGXI WIDEYEAR SPECIAL TYPE PRINTING INK CO., LTD
地址ADD：江西省抚州市金溪县工业园C区
JINXI INDUSTRIAL PARK C, FUZHOU CITY, JIANGXI PROVINCE
邮编ZIP：344800
电话TEL：0794-5295128
传真FAX：0794-5259489
邮箱EMAIL：KUANNIAN@SINA.COM

SOLEN ELECTRIC CO.,LTD

我们是世界前三，自动化、智慧化、关键性零组件制造厂

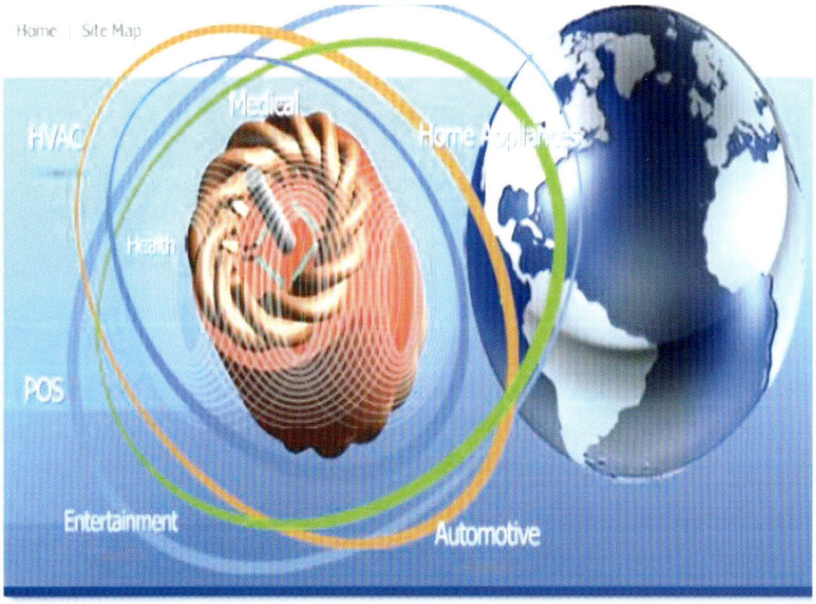

汽车头灯
远近切换组件

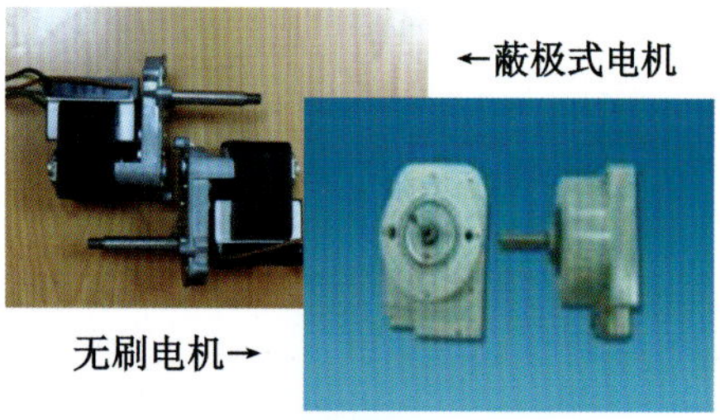

←蔽极式电机

无刷电机→

欢迎登入

信统电产 网站: Http://www.solen.solen.com.tw

我们是专业制造电磁铁、电磁阀(水阀、气阀、瓦斯阀)、电机（有刷、无刷、步进、交流)，专门供给家电、医疗、健康器材、汽车、金融、自动贩卖机、办公室自动化机器等自动化、智能化产品的客户。

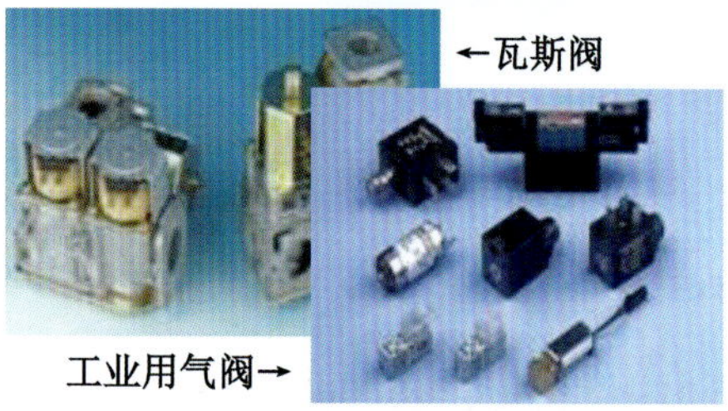

←瓦斯阀

工业用气阀→

我们的产品:

我们有电磁铁、电磁阀、电机，以及这些产品的附加组件，可以全方位满足自动化、智能化产品的需求。

电动尾门撑杆

汽车头灯远近切换组件

AC/DC 电磁铁

洗衣机/冰箱用水阀

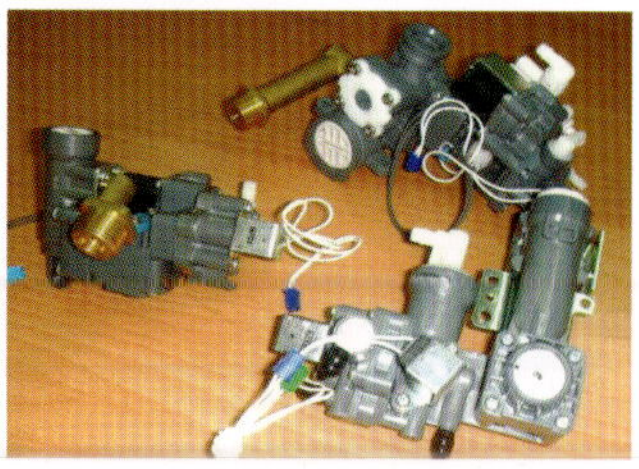

TOTO 马桶盖水阀组件

Solen Group

Solen Electric Co.,Ltd
927,Sec.2 Cheng-Kung Rd.,Kuan-Yin
Ind'l District, Taoyuan, Taiwan.
Http：// www.solen.com.tw
E-mail：solen888@mail.solen.com.tw

Wholly Own Subsidiary：

Solen Electric (Kaohsiung) Co.,Ltd
Solen Electric (Saigon) Co.,Ltd

STRIDA®
www.strida.com
2018
SIMPLE RIDE. URBAN LIFE.

金融保险事业

有效掌握大中华区的金融脉动与经济活力，积极构建海峡两岸暨香港金融服务平台，在瞬息万变之金融环境中创造利润，发挥最大之经营综效。

台湾产物保险

成立于1948年，为全台历史最悠久的产物保险公司，资本额为台湾产险业第一。秉持稳健经营与客户导向的经营政策下，长期均能维持强健的资本水准与良好的核保绩效。目前设有41个营业据点，服务网编及全台各地，并于2006年8月在上海设立“台湾产物保险股份有限公司上海代表处”，将服务延伸海外。

台名保险经纪人

成立于2002年，为全台第一家上级的保险经纪人公司，并拥有一般经代公司最为缺乏的训练和活动。秉持着“经营永续的幸福感”的经营理念为社会大众提供福祉让参与台名事业的伙伴拥有终身幸福的幸福感，也期许为保户及同人的未来养成幸福遮阴的大树。近期设立了上海聊达保代及昆山丰盛保代，锁定上海市及全江苏省代理销售保险商品，并将进一步拓展南京市产险及寿险业务。

领航融资租赁有限公司

集团看好中国汽车金融服务商机，与2016年成立领航融资租赁，为领航集团旗下福聊汽车集团公司100%投资的外商融资租赁公司，设籍上海自贸区外高桥免税特区，与国际运作接轨，增强了中国融资租赁行业在国际市场上的综合竞争力。领航融资租赁取得中国地区全国性的执照，目前业务范围主要针对中国境内的汽车消费者，提供汽车融资租赁的金融服务。包括新车、新能源汽车、二手车、企业及个人客户长租、短租、分时租赁等批售及零售金融创新业务，致力于为企业及个人客户定制化，全程式的解决移动出行问题，未来将以布局全中国业务需求为目标。

領航集團
NAVIGATOR GROUP

不动产·电子事业

不动产 事业

集团于1987年发展不动产事业，旗下设有台湾领航资产投资股份有限公司、领航建设股份有限公司及上海永信实业有限公司等多家公司，主要在不动产投资、土地开发、新社区开发、酒店服务咨询及企业管理咨询等多方面发展，除了在台湾北部及中部地区拓展版图外，更积极参与中国南京、昆山、杭州、扬州区等多个地区的土地开发案，长期以来在两岸地区均有亮眼的成绩。

台湾地区近年来陆续有台北信义区“Vision1”、桃园南“领航星世纪”、台北中山北路“玉山石”、台北万华康定路“首耀”等优质建案及台北内湖科技大楼、台北民生东路新光大楼等投资标的。目前正积极规划台北市馆前路台湾产物保险大楼都更案及与忠泰建设机构合作的台中市草悟道商圈住宅大楼建案。中国大陆地区随着上海、杭州、南京等一、二线城市经济的迅速发展，近年来已陆续完成南京九龙湖开发案、昆山希悦庭酒店式住宅案、杭州萧山聊华社区开发案，昆山维景国际大酒店及扬州杨浦区创智天地住宅案等开发案。

电子 事业

协益电子股份有限公司

协益电子成立于1968年，是专门从事产品设计、电子设计、模具设计、模具制造、塑胶射出成型、产品制造、加工、电子及产品组装等一贯化作用的国际专业制造厂。协益集团生产中心扩及台湾桃园观音厂、大陆广东东莞之协隆厂、协胜厂、协益光电厂。拥有近50年的专业制造优势与技术，秉持着技术创新与不断研究开发，以最有效率的制造流程，生产优质的产品为理念，提供众多国际知名大厂高品质产品技术与服务。协益苏州厂与海康集团光学镜头厂江西凤凰光学结盟，可望抢攻大陆庞大安控及车载镜头市场。协益协隆(东莞)厂与纳思达(股)公司及珠海市汇威打印机耗材有限公司结盟，主要供应生产Lexmark碳粉匣所需之塑胶部品。

领航集团
NAVIGATOR GROUP

汽车·饭店
公益 事业

汽车事业

福聊汽车事业股份有限公司

2003年集团首度正式跨足中国汽车市场。福聊汽车是美国汽车业巨擘福特汽车公司在中国的授权经销公司。为长安福特全中国第一大经销商，并荣获多项大奖及通过Ford QualityCareTM全球品质认证。福聊汽车已连续多年蝉联全中国福特销售量前3名。2014年10月集团更协助南京福聊在英国开曼群岛设立福聊汽车事业股份有限公司,以稳健的步伐持续拓展中国汽车市场。福聊汽车目前旗下共有26家4S店，除了福特车系外，也陆续取得了铃木、林肯、现代及长安汽车的授权，大大提升了集团汽车事业的竞争力。

饭店事业

集团利益现有房地产的资源，跨足观光业吗，除了将台北火车站周边的不动产改建为三星级的商务旅馆外，更拥有大陆昆山维景国际大酒店及台北晶玺商务旅馆。

昆山维景国际大酒店

酒店楼高24层，基地面积13437平方米、建筑面积50612平方米、地上面积40196平方米、地下面积10416平方米，共有398间精心打造的客房和套房及中西式高级餐厅及宴会厅和国际级会议中心，为大上海及昆山地区商务和休闲旅客，提供崭新豪华的住宿与享受。

晶玺商务旅馆

晶玺商旅坐落在台北市信义区内精华地段商务型酒店。紧邻世贸大楼、101金融大楼及台北国际会议中心，与威秀影城、新光三越、诚品书局同属信义商圈内，并提供娱乐、购物、餐饮、会展等需求，可服务国际商务与人文参访之旅客，致力打造精致便利之住宿品质。

公益事业

集团积极参与社会公益，2006年成立财团法人领航社会福利慈善事业基金会及2015年成立财团法人台湾产物保险文教基金会，作为企业社会责任的专责组织，积极与各方非营利组织合作，未来将透过有效的整合资源并发挥抛砖引玉的精神，持续以爱与关怀投入公益及改善医疗环境、奖励学术研究、提倡艺文及推广基层体育活动、奖助优秀学生、协助推动偏乡学童的课后辅导并积极参与宣导反毒计划，使企业经营融合社会的脉动，为社会尽最大的心力。

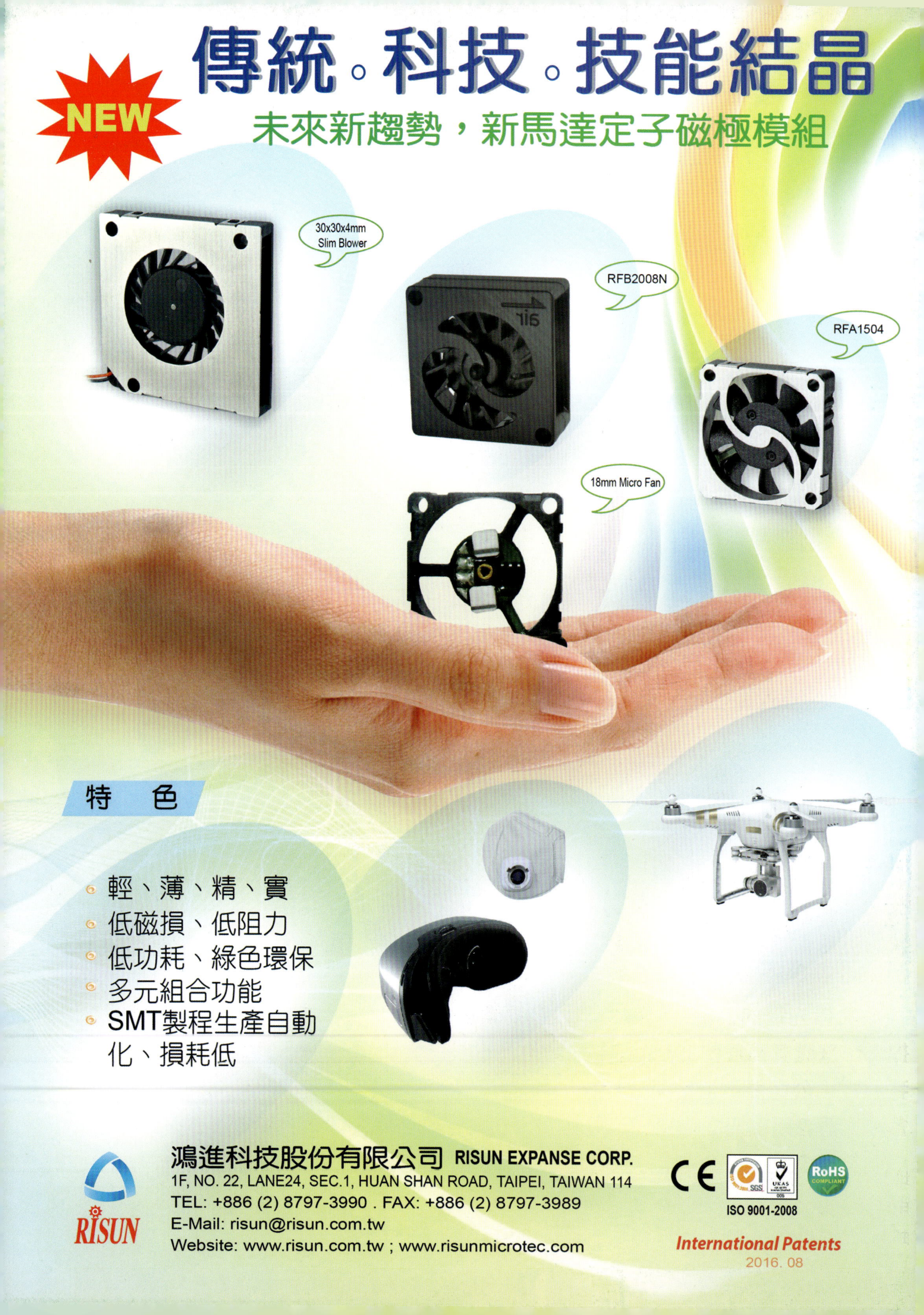
NEW
傳統。科技。技能結晶
未來新趨勢，新馬達定子磁極模組
30x30x4mm Slim Blower
RFB2008N
RFA1504
18mm Micro Fan
特　色
輕、薄、精、實
低磁損、低阻力
低功耗、綠色環保
多元組合功能
SMT製程生產自動化、損耗低
鴻進科技股份有限公司 RISUN EXPANSE CORP.
1F, NO. 22, LANE24, SEC.1, HUAN SHAN ROAD, TAIPEI, TAIWAN 114
TEL: +886 (2) 8797-3990 . FAX: +886 (2) 8797-3989
E-Mail: risun@risun.com.tw
Website: www.risun.com.tw ; www.risunmicrotec.com
RISUN
CE
RoHS
ISO 9001-2008
International Patents
2016. 08

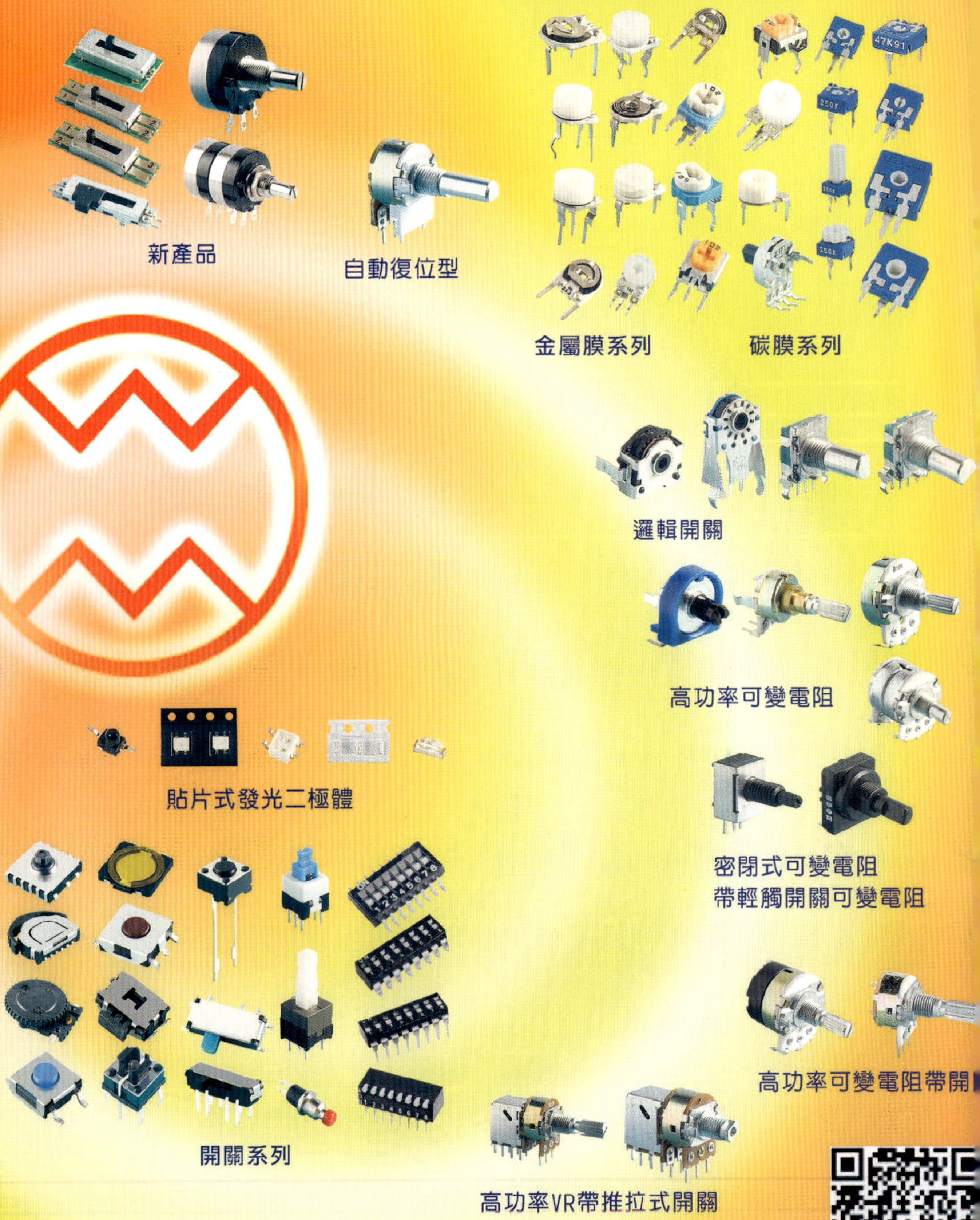
新產品
自動復位型
金屬膜系列
碳膜系列
邏輯開關
高功率可變電阻
貼片式發光二極體
密閉式可變電阻
帶輕觸開關可變電阻
高功率可變電阻帶開
開關系列
高功率VR帶推拉式開關